복 있는 사람

오직 여호와의 율법을 즐거워하여 그 율법을 주야로 묵상하는 자로다.
저는 시냇가에 심은 나무가 시절을 좇아 과실을 맺으며 그 잎사귀가 마르지 아니함 같으니
그 행사가 다 형통하리로다.(시편 1:2-3)

요동치는 역사 현실 앞에서 멀미를 하던 젊은 시절, 하나님의 전적인 타자성을 말하는 바르트 신학은 '하늘의 독백'처럼 들렸다. 세상 현실에 대해 어섯눈조차 뜨지 못한 이의 무모한 판단이었다. 그때는 은총보다는 인간의 결단과 책임이 더 장엄하게 보였다. 하지만 세월이 갈수록 인간에 대한 낙관론은 점점 흐려지고 있다. 인간적으로 성숙한 것인지 지친 것인지 알 수 없지만, 요즘은 하나님의 은총이 아니고는 세상이 변화할 수 없다는 생각에 사로잡히곤 한다. 그 때문일까? 바르트의 고뇌와 사유가 저절로 마음에 지펴 온다. 30여 년 만에 바르트의 『로마서』를 다시 찾아 읽으며 나도 모르게 고개를 끄덕이지 않을 수 없었다. 촘촘하기 이를 데 없는 신학적 사유를 이렇게도 유려한 문장으로 풀어낼 수 있다는 사실이 놀라웠다. 바르트는 익숙한 세계와 자아에 집착하는 우리를 낯섦의 세계와 대면시킨다. 그 낯섦과 부딪혀 자아가 무너지는 경험을 할 때, 그 부서진 상처를 통해 하늘 빛이 스며든다. 오늘날 성경이 사람들 속에 사건을 일으키지 않는 것은, 닳고 닳은 말로 빚어진 신학과 설교의 언어 때문이다. 바르트의 『로마서』는 그러한 상투성에서 벗어나기 위해 몸부림치는 이들의 좋은 안내자가 될 수 있다.

김기석 청파교회 담임목사

바르트의 『로마서』에 무슨 말이 더 필요하겠는가마는, 내 나름대로 붙이는 사족을 바르트도 이해해 주리라 믿는다. 스위스 시골 마을 자펜빌에서 목회하던 그는 처절하게 인간에 대해 회의하고 있었다. 이 세상을 이렇게 만들어 가는 인간에게, 아니 이성이 만든 신에게 더 절망하고 있었다. 도대체 근대의 낭만적, 유토피아적 약속이 어디로 가버리고, 죽음의 무덤 사이에서 소리 지르고 자기 몸을 돌로 치는 거라사인의 절망만 남았단 말인가? 성경 로마서의 도전에 자신의 생각이 무너져 내리고 있던 어느 날 절친한 친구 투르나이젠의 추천에 도스토옙스키를 펼쳤다. 거기에는 더 이상 타락할 수 없는, 위기에 처한 인간이 절절히 묘사되어 있었다. 그는 신 앞에 서 있는 인간을 다시 보기 시작했고 결국 『로마서』라는 대작을 완성하게 되었다. 바르트 자신의 고백대로 키르케고르와 더불어 도스토옙스키는 『로마서』 저작에 깊은 영향을 주었다. 그의 책 곳곳에 그들의 흔적이 알게 모르게 녹아 있다. 이 책은 분명 신학책이다. 그것도 200년의 신학의 물줄기를 바꿔 놓은, 새로운 신학의 흐름을 만든 책이다. 그러나 부탁컨대 신학책으로만 읽지 말기 바란다. 신학적 인문학, 인문학적 신학의 관점으로 파헤쳐 보라. 『로마서』를 통해 로마서를 읽는 새로운 눈이 열리게 될 것이고, 그 재미 또한 적지 않으리라.

김도훈 장로회신학대학교 조직신학 교수

칼 바르트의 『로마서』는 현대 신학의 역사에 있어서 중대한 사건이다. 칼 아담은 "자유주의신학자들의 놀이터에 던져진 폭탄"이라는 비유로 이 책의 의미를 담아냈다. 제1차 세계대전이 한창일 때 바르트는 그를 길러 낸 당시의 신학 풍토에 깊은 회의를 느끼고는 돌파구를 찾기 위해 로마서를 붙들고 씨름을 시작했다. 이 과정을 통해 그는 유럽 신학을 지배하고 있던 자유주의적이고 인본주의적이며 사회복음적 경향으로부터 벗어나 나중에 '신정통주의'라는 이름으로 불린 제3의 길을 찾는다. 제1판을 통해 그 길을 탐색한 바르트는 곧바로 처음부터 새롭게 주석을 쓴다. 제1판이 그 자신을 위한 습작이었다면, 제2판은 자신의 신학적 신념을 대중에게 전하기 위한 완성판이었다. 그리하여 이 책은 칼 바르트 개인에게 있어서나 20세기 신학계에 있어서나 기념비적 의미를 가지게 되었다.

이 의미 깊은 책이 정교하고 수려한 번역으로 국내 독자들에게 읽힐 수 있게 된 것이 여간 기쁜 일이 아니다. 이 주석에서 독자는 수정처럼 빛나는 명문을 만날 것이다. 단어 하나, 어구 하나, 비유 하나 그리고 문장 하나하나가 그의 내면 깊은 곳에서 빚어진 보물이다. 한 문장도 서둘러 읽고 지나갈 수가 없다. 바르트가 로마서를 읽고 씨름하면서 "도대체 바울은 어떤 존재이기에 이런 글을 남겼을까?"라고 물은 것처럼, 나도 이 주석을 읽으며 같은 질문을 던진다. "도대체 바르트는 어떤 사람인가?"

오늘 한국 교회에 바르트의 『로마서』가 절실한 이유가 있다. 그가 살던 시대와 마찬가지로 우리의 시대에도 하나님은 한없이 작아지고 인간은 분수없이 부풀려져 있기 때문이다. 그 결과 우리의 언어는 하나님과 하나님 나라의 신비를 제대로 담아내지 못하고 있고, 우리의 신학은 너무도 빈약해져 버렸다. 바르트가 수많은 형용모순과 역설과 비유 어법을 통해 담아내려 했던 그 신비를 까맣게 잊고 기독교 신앙을 천박한 삶의 지혜로 전락시켰다.

다른 주석처럼 필요한 부분을 골라 읽는 독서는 이 책에 맞지 않는다. 처음부터 끝까지 정독하고 또 정독할 책이다. 설교나 성경 공부를 위한 도움을 찾으려 하지 말라. 오직 돈독히 읽으며 당신의 눈을 맑게 하고 영혼을 정화시켜 하나님과 하나님 나라에 대한 신비와 경외감을 회복하라. 성령께서 바울 사도와 바르트를 통해 들려주시는 음성에 귀 기울이라. 진정한 갱신과 회복이 찾아올 것이다.

김영봉 와싱톤사귐의교회 담임목사

오직 소수의 선택된 책만이 명저 혹은 고전이라 불리는 영광을 누린다. 그런데 정작 너무 큰 명성을 얻게 된 책을 접하면 읽기 전부터 과연 그 책을 이해할 수 있을까 겁을 먹기도 한다. 칼 바르트의 『로마서』를 둘러싼 강렬한 아우라와 무성한 소문 덕분에, 이 책은 독자에게 공포와 전율을 일으키는 20세기 고전으로 거론되곤 했다. 하지만 이번에 새로 출간된 『로마서』는 전문적이고 친절한 주석과 신뢰할 만한 번역 덕분에 그러한 "근거 있는" 두려움을 당당하게 극복하게 한다.

바르트의 『로마서』는 신학 성향이나 교단 입장을 뛰어넘어 누구나 인정할 만한 가장 중요한 현대 신학책 중 하나이며, 그리스도교 역사상 바울의 로마서에 대한 가장 창조적이며 저돌적인 해석이라 할 수 있다. 이 책을 쓸 당시 30대 바르트의 사상에는 "하나님과 인간 사이의 질적 차이"를 왜곡시키는 그 어떤 것이라도 불살라 버릴 듯한 열정이 응축되어 있다. 쉴 새 없이 예수 그리스도를 가리키는 바르트의 생동적 언어에는 일상에 길들여진 나태하고 나약한 정신을 화들짝 일깨우는 강렬한 휘몰아침이 있다. 20세기 초 유럽 신학과 지성계에 지각변동을 일으켰던 『로마서』를 읽으며, 21세기 초 한국 독자들도 바르트에게서 솟구쳤던 급진적 창조성과 진리에 대한 숭고한 헌신을 경험하기를 기대한다.

김진혁 횃불트리니티신학대학원대학교 조직신학 교수

하나님 말씀은 영원한 진리이지만, 하나님 말씀에 대한 인간의 반응은 역사적 시간의 일시성과 우연성에 연루되기 마련이다. 열정적이고 경건한 신앙도, 진지하고 엄격한 신학도 그런 상황을 피할 수 없다. 역사적 일시성과 우연성이 영원한 하나님 말씀의 진리를 다채롭게 드러나게도 하지만, 때로는 하나님의 진리를 감추고 왜곡하는 불행을 만들기도 한다. 그런 불행이 인간의 역사 속에서 서서히 광범위하게 자리를 잡으며, 또한 일견(一見) 세상의 발전과 성공의 '옷'을 걸치고 있을 때, 그 실체를 간파하고 폭로하는 것은 쉽지 않은 일이다. 하지만 하나님의 진리의 빛은 거짓의 은폐를 뚫고 나와 한 사람을 일깨웠고, 그로 하여금 그 어둠의 장막의 실체를 폭로케 하고, 하나님의 진리가 다시 빛을 발하게 하는 사명을 부여했으니, 그가 바로 칼 바르트였다. 도도하게 흘러온 근대의 문명과 신학이 낳은 왜곡과 불행에 맞서서, 20세기에 새로운 신학의 물꼬를 트고, 새로운 신앙적 영성의 지평을 여는 선구적 역할을 바르트가 수행했다. 이 선구적 정신을 바르트에게 원초적으로 일깨운 것은 하나님의 진리의 빛, 하나님의 말씀 그 자체였다. 하나님이 그에게 말을 건넸기 때문에, 그는 그 진리를 향해 눈을 뜨고 응답할 수 있었다. 바르트가 하나님의 진리, 하나님의 말씀과 부딪힌 그 원초적인 경험이 잘 드러나는 곳이 바로 그의 역작 『로마서』다. 이 책은 명실공히 현대 신학의 시조(始祖)다. 이 책은 그 중요성에도 불구하고 독자들이 직접 접하기에는 어려웠다. 하지만 이번에 발간된 이 책은 깔끔한 번역과 편집, 무엇보다도 본문의 이해에 큰 도움이 되도록 첨부된 주해를 통해 독자들의 가독성과 접근성을 탁월하게 높였다. 종교개혁 500주년을 맞이하는 뜻깊은 해에 발간되는 바르트의 『로마서』가 교회의 계속된 갱신을 요청하는 종교개혁의 정신을 되살리고 실현하는 데 큰 도움이 되리라 확신한다.

오성현 서울신학대학교 기독교윤리학 교수

"복음은 모든 진리를 의문시한다.……복음을 이해하는 사람은 모든 것을 건 싸움, 사활이 걸린 싸움에 들어섬으로써 다른 모든 싸움에서 해방된다"(이 책 155쪽). 바르트는 본서에서 복음의 진리를 떠난 기독교 안의 이방인들을 향해 진리의 복음을 선포한다. 그는 종교적 욕구를 충족시키는 환상을 제공하는 그리스도인-교가 아니라 부활 생명의 주님의 그리스도-교를 선포한다. 본서는 정상적인 의미의 주석서는 아니다. 바르트 신학의 선언(Manifesto)이다. 위로부터 수직적으로 임하시는 주님만이 기준이다. 100년 전에 바르트가 토한 격문은 지금 한국 교회에도 여전히 유효하다. 굳이 바르티안(Barthian)이 될 필요가 없이 이 책은 한국 교회를 반성하고 복음의 진리를 회복할 수 있는 좋은 촉매가 될 것이다.

유해무 고려신학대학원 교의학 교수

칼 바르트의 『로마서』 제2판은 말 그대로 '문제적' 작품이다. 이 책을 통해 바르트는 1919년의 『로마서』 제1판에서 이미 시작되었던 자유주의신학과의 결별을 완수한다. 이제 신학은 더 이상 인간의 보편적 종교성이나 하나님과 인간 사이의 본질적 유사성에 대한 낙관적 고찰로부터 출발할 수 없게 되었다. 하나님과 세계 사이에는 메울 수 없는 "질적 차이"가 존재하고, 그런 점에서 하나님은 곧 인간과 인간의 역사 모두에 대한 "부정"이자 "위기"이며 "심판"이다. 그런 점에서 『로마서』 제2판은 자유주의신학으로부터 소위 "변증법적 신학" 혹은 "위기의 신학"이라고도 불리우게 될 새로운 신학 운동을 촉발시킨 작품이다. 하지만 동시에 이 책은 그와 같은 엄청난 신학적 전환 안에 내포되어 있는 "위기"와 이를 극복하기 위한 기획을 담고 있기도 하다. 세상에 대한 "부정"으로서의 하나님을 넘어서서, 하나님과 인간 사이의 질적 차이를 극복하는 하나님 자신의 활동, 그 "불가능한 가능성"을 해명해야만 하는 과제 앞에 선 바르트 자신의 분투가 고스란히 이 책에 담겨 있다. 그런 점에서 『로마서』 제2판은 바르트 자신이 맞닥뜨린, 아니 사실은 우리 모든 신학하는 이, 그리고 신앙하는 이들이 지금도 마주하고 있는 문제를 단번에 드러내 보여준다. 이 책은 차안과 피안의 대립, 하늘과 땅의 대립, 복음과 율법의 대립을 넘어서서 일하시는 하나님 자신을 어떻게 믿고, 인식하고, 그리고 살아가야 할 것인지를 드러내 보여주는 하나의 선구자적 작업이다. 바르트 연구를 위해서, 20세기 신학사 연구를 위해서, 나아가서는 기독교적 신앙고백 그 자체를 위해서도 반드시 주목해 보아야 할 위대한 기독교 신앙의 정신이 '드디어' 우리 앞에 펼쳐지기 시작했다.

이용주 숭실대학교 기독교학과 조직신학 교수

칼 바르트는 "하나님이 말씀하셨다"(Deus dixit)는 신학의 정신을 위대하게 증언한 개신교 신학의 교부이다. 특히 『로마서』는 20세기 현대 신학의 빗장을 새롭게 여는 여명이자 원천이다. 당대 신학과 지성사의 광야를 거닐었던 '종교', '자연', '시간', '유한', '내재', '땅'의 정신은 이제 '기독교', '계시', '영원', '무한', '초월', '하늘'의 높고 깊은 봉우리를 향한 낯선 여정을 시작한다. 이 고전은 이전의 신학과 이후의 신학을 선명하게 갈라놓았다. 『로마서』는 성경의 신비에 대한 묵상과 자펜빌의 투쟁이 빚어낸 20세기 신학의 영롱한 선물이자 위대한 유산이다. 바르트는 유한성과 세속적 힘의 노예처럼 살았던 곤궁과 허무와 혼돈의 세계사를 향해 '아니요'를 타협없이 선포하였고, '전적인 타자'인 빛의 하나님을 당당하게 복권하였다. 『로마서』는 영감이 가득한 바르트의 열정과 격정의 대서사이다.

신학이란 무엇일까. 시대에서 시대 너머의 영원성을 지시하는 행위지만, 이는 신학의 오만이자 운명이다. 신학은 망상이자 오만일 수 있으나, 시간과 역사적 존재가 포기할 수 없는 궁극적인 것에 대한 갈망과 지시의 행위이다. 바르트의 기획인 인간과 세계에 대한 강렬한 '부정'은, 여전히 가능성과 새로움으로 이 세상을 혜성처럼 찢고 들어오는 하나님에 대한 역설적 진술이기도 하다. 바르트의 신학은 오늘의 무기력한 시대정신 앞에 놓여 있는 무력한 동어반복일까. 아니면 유한성과 세속의 환영으로 인해 우리가 망각한 그 세계에 대한 환기와 증언일까. 『로마서』는 성경이 얼마나 강력한 근원이며, 빛과 별로 다가오는 하나님 앞에서 인간이 어떻게 겸허히 서 있어야 하는지를 역동적으로 잘 보여준다. 20세기 신학자들의 놀이터에 던져진 폭탄이었던 『로마서』는 여전히 "하나님의 복음"을 드러내는 목소리이며 인간의 "오래된 미래"이다. 21세기를 살아가는 우리는 이 고전을 통해 지금 여기에서 발화하는 하나님의 신비와 그 불꽃을 더욱 생생하게 만날 수 있으리라.
전철 한신대학교 신학과 조직신학 교수

칼 바르트의 『로마서』는 내게 가장 큰 영향을 끼친 다섯 권의 책 중 하나이며, 그중 내가 가장 좋아하는 책이기도 하다.
유진 피터슨

『로마서』가 현대 신학의 위대한 전환점들의 기원이라는 사실에 사람들은 일반적으로 동의하고 있다. 또한 이 책은 새로운 신학 사조의 "원인"이라기보다는 "산파"로 여겨지고 있다.
알리스터 맥그래스

우리는 바르트를 우리의 파트너로 선택할 수밖에 없다. 왜냐하면, 그는 개신교가 자신들의 대표로 전적으로 합의한 "최초의" 인물이기 때문이다. 바르트는 개신교의 뿌리, 즉 가장 깊은 근원인 칼뱅과 루터까지 거슬러 올라가는 개신교를 구현하고 있을 뿐 아니라 개신교의 시각, 그 핵심을 꿰뚫어서 가장 철저하게 보여주는 사람이다.……그의 책 『로마서』에서 그는 갑자기 엄청나게 큰 크레셴도로 하나님은 하나님, 즉 하나님은 주권적인 하나님이시며, 인간의 이성으로는 다가갈 수 없는 분이라는 사실을 모든 그리스도인들의 귓가에 울리게 했다.
한스 우르스 폰 발타자르

로마서

(제2판, 1922)

KARL BARTH

Der Römerbrief

(Zweite Fassung [1922], KARL BARTH GESAMTAUSGABE [2010])

로마서

(제2판, 1922)

칼 바르트 지음

코르넬리스 판 더르 코이·카트야 톨스타야 편집

손성현 옮김

신준호 감수

복 있는 사람

로마서(제2판, 1922)

2017년 8월 31일 초판 1쇄 발행
2024년 5월 17일 초판 4쇄 발행

지은이 칼 바르트
옮긴이 손성현
펴낸이 박종현

(주) 복 있는 사람
주소 서울특별시 마포구 연남동 246-21(성미산로23길 26-6)
전화 02-723-7183(편집), 7734(영업·마케팅) 팩스 02-723-7184
이메일 hismessage@naver.com
등록 1998년 1월 19일 제1-2280호

ISBN 979-11-7083-125-9 03230

이 도서의 국립중앙도서관 출판예정도서목록(CIP)은
서지정보유통지원시스템 홈페이지(http://seoji.nl.go.kr)와 국가자료공동목록시스템
(http://www.nl.go.kr/kolisnet)에서 이용하실 수 있습니다. (CIP 제어번호: 2017016188)

Der Römerbrief (Zweite Fassung[1922], KARL BARTH GESAMTAUSGABE[2010])
by Karl Barth

차례

원서 편집자 서문

칼 바르트 아카이브 책임자 서문

저자 서문

일러두기

1. 이 책은 칼 바르트(KARL BARTH)의 『로마서』(Der Römerbrief, 제2판[1922], 전집판[2010], TVZ)를 번역한 것이다.

2010년 현재까지 9개 언어(영어, 프랑스어, 이탈리아어, 네덜란드어, 러시아어, 스페인어, 중국어, 일본어, 한국어)로 번역되어 있다.

2. 이 책의 성경 인용은 『성경전서 개역개정판』 제4판(대한성서공회, 2005)을 따랐다.

3. 인명과 지명 등은 국립국어원의 외래어 표기 원칙을 따랐다. 부분적으로는 번역자, 감수자의 표기 기준 및 의견을 반영하기도 했다.

4. 대괄호 ([ ])의 쓰임새는 다음과 같다.

1) 표제 성경 본문 중–바르트의 번역.

이 복음은 하나님이 선지자들을 통하여 그의 아들에 관하여 성경에 미리 약속하신[오래전에 선포하신] 것이라.

2) 성경의 장절 표기 중–원서 편집자의 것.

여태껏 눈으로 보지 못하고 귀로 듣지 못하던[고전 2:9] 것의 순수하고 객관적인 인식이다.

3) 성경의 장절 표기 뒤–바르트가 사용한 『루터성경』(Luther-Bibel, 1892)과 『성경전서 개역개정판』의 장절 표기 차이를 밝힘.

구원을 받으리라(욜 2:32)[원서에는 욜 3:5로 되어 있다].

4) 한국어판에서 번역자·감수자가 추가한 내용.

그는 [사명을 받은 후에도] 같은 사람이며,

인식의 결핍은 하나님에 대한 무지, 곧 "불가지"(고전 15:34)Agnosie [Agnostizismus, 불가지론]가 될 수 있다.

주님은 자기 사람들을 아신다[딤후 2:19]. [이것은 칼 바르트 성령론의 중심 명제이며, 『교회 교의학』 IV/3, §69.4에서 광범위하게 전개된다.]

5. 본문 상단 면주(面註)의 문장부호로 연결된 숫자는 성경 로마서의 장절이며, 그다음은 제목이다.

3:31–4:8 믿음은 기적이다

6. 세로 줄(| |) 안의 숫자는 바르트의 『로마서』(제2판 2-13쇄의 원서) 쪽수이다.

오직 하나님과의 관계에서는 |4| 대단히 특별한 경우다.

7. 이 책의 편집자인 코르넬리스 판 더르 코이와 카트야 톨스타야는 바르트가 원서 본문에서 인용한 문구와 암시하는 바를 찾아서 그 출처를 밝혔는데, 한국어판은 해당 본문 각주로 밝혔다.

8. 본문의 위 첨자(로마자의 소문자)는 이 책의 본문 구성자인 드레베스에 의해 행해진 비판 장치(Apparatus criticus)이며, 후주(後註)로 처리했다. "비판 장치"는 원문의 전체 전승 상황을 보여준다. 본문 비판에 관한 더 자세한 내용은 이 책 76쪽 이하를 참조하라.

그럴 수 없느니라! Unmöglich! [a]

9. Ja, Nein을 "예", "아니요"로 번역 정리한 이유.

바르트의 신학은 "변증법"적 신학으로 불린다. "변증법"에 대한 철학적 논의는 소크라테스로부터 시작하여 헤겔에게서 절정에 이르렀다. 이 변증법의 정(These)과 반(Antithese)의 요소를 바르트는 그리스도의 "아니요"가 아니라 "예"가 되심(고후 1:19)을 기반으로, "예"와 "아니요"로 자신의 변증법을 전개한다. 그래서 바르트에게서 Ja, Nein은 고유한 변증법을 암시하는 일종의 "신호"(sign)로 판단해, Ja, Nein을 "예", "아니요"로 번역 정리했다.

10. 이 책의 편집 구성 및 장치에 관한 더 자세한 내용은 이 책 72쪽 이하를 참조하라.

약어표

Akademie-Ausgabe	*Kant's gesammelte Schriften*, hrsg. von der Königlich Preußischen Akademie der Wissenschaften, Berlin, 1900ff.
Anfänge I + II	*Anfänge der dialektischen Theologie*, hrsg. von J. Moltmann, Teil I (Theologische Bücherei 17/I), Gütersloh 1995^{6}; Teil II (Theologische Bücherei 17/II), Gütersloh, 1987^{4}
Barth, Unerledigte Anfragen	K. Barth, *Unerledigte Anfragen an die heutige Theologie*, in: K. Barth / E. Thurneysen, *Zur inneren Lage des Christentums. Eine Buchanzeige und eine Predigt*, München 1920, S. 3-24; wieder abgedruckt in: ders., *Die Theologie und die Kirche*, Gesammelte Vorträge, 2. Bd., München, 1928, S. 1-25
Barth, Konfirmandenunterricht	K. Barth, *Konfirmandenunterricht 1909-1921*, hrsg. von J. Fangmeier (Gesamtausgabe, Abt. I), Zürich, 1987
Beck	J.T. Beck, *Erklärung des Briefes Pauli an die Römer*, hrsg. von J. Lindenmeyer, 2 Hälften, Gütersloh, 1884
Bengel	J.A. Bengel, *Gnomon Novi Testamenti, in quo ex nativa verborum vi simplicitas, profunditas, concinnitas, salubritas sensuum coelestium indicatur*, nach der von E. Bengel besorgten 3. Auflage hrsg. von J. Steudel, 2 Bde., Tübingen, 1850^{3}
Brunner	E. Brunner, *Der Römerbrief von Karl Barth. Eine zeitgemäß-unmoderne Paraphrase*, in: KBRS, Jg. 34 (1919), S. 29-32; wieder abgedruckt in: Anfänge I, S. 78-87
BSLK	*Die Bekenntnisschriften der evangelisch-lutherischen Kirche*, hrsg. vom Deutschen evangelischen Kirchenausschuß, Göttingen, 1930 (2010^{13})

BSRK	*Die Bekenntnisschriften der reformierten Kirche*, hrsg. von E.Fr.K. Müller, Leipzig, 1903 (Nachdruck Zürich 1987)
Büchmann	G. Büchmann, *Geflügelte Worte. Der klassische Zitatenschatz*, unveränd. Taschenbuchausgabe der 43., neu bearb. und aktualisierten Ausgabe von W. Hofmann, München, 2007
Bw.Th.I+II	Karl Barth / Eduard Thurneysen, *Briefwechsel*, hrsg. von E. Thurneysen (Gesamtausgabe, Abt. V), Bd. I: *1913-1921*, Zürich, 1973; Bd. 2: *1921-1930*, Zürich, 1987[2]
Calvin	J. Calvin, *Commentarius in Epistolam Pauli ad Romanos*, Calvini Opera 49 (=CR 77), col. 1-292
Calvini Opera	*Ioannis Calvini opera quae supersunt omnia*, hrsg. von G. Baum, E. Cunitz und E. Reuss, 59 Bde., Braunschweig, 1863-1900
CChr.SL	*Corpus Christianorum. Series Latina*, Turnhout, 1954ff.
CR	*Corpus Reformatorum*, Halle/Braunschweig/Berlin; Leipzig; Zürich, 1834ff.
CSEL	*Corpus scriptorum ecclesiasticorum Latinorum*, Wien, 1866ff.
ChW	Die Christliche Welt. Evangelisch-Lutherisches [später: Evangelisches] Gemeinblatt für Gebildete aller Stände [1920/21: Wochenschrift für Gegenwartschristentum]
Druckmanuskript[인쇄본]	Die Fragmente der rekonstruierten Reinschrift für den Druck des *Römerbriefs*(Zweite Fassung) 1922
Eberle	Chr. G. Eberle (Hrsg.), *Luthers Episteln-Auslegung. Ein Commentar zur Apostelgeschichte, den apostolischen Briefen und der Offenbarung. Aus seinen homiletischen und exegetischen Werken für Schriftforscher, Prediger und erbauungsuchende Leser*, Stuttgart, 1866
EG	[Deutsches] Evangelisches Gesangbuch (eingeführt ab 1993)
GERS (1891)	*Gesangbuch für die Evangelisch-reformierte Kirche der deutschen Schweiz* (eingeführt 1891)

GERS (1952)	*Gesangbuch der evangelisch-reformierten Kirchen der deutschsprachigen Schweiz* (eingeführt 1952)
Harnack, Marcion	A. von Harnack, *Marcion. Das Evangelium vom fremden Gott. Eine Monographie zur Geschichte der Grundlegung der katholischen Kirche*, Leipzig, 1921
Handexemplar[소장본]	K. Barths Handexemplar von *Der Römerbrief*, zweite Auflage in neuer Bearbeitung, München, 1922
Heiler	Fr. Heiler, *Das Gebet. Eine religionsgeschichtliche und religionspsychologische Untersuchung*, München, 1920[2]
Hofmann	J.Chr.K. von Hofmann, *Die heilige Schrift neuen Testaments zusammenhängend untersucht*, 3. Theil: *Der Brief Pauli an die Römer*, Nördlingen, 1868
HpB	H. Heppe, *Die Dogmatik der evangelisch-reformierten Kirche, dargestellt und aus den Quellen belegt*, neu durchgesehen und hrsg. von E. Bizer, Neukirchen, 1958[2]
Jülicher, Paulusausleger	A. Jülicher, *Ein moderner Paulusausleger*, in: ChW, Jg. 34 (1920), Sp. 453-457. 466-469; wieder abgedruckt in: Anfänge I, S. 87-98
Jülicher, Römerbrief	A. Jülicher, *Der Brief an die Römer*, in: *Die Schriften des Neuen Testaments neu übersetzt und für die Gegenwart erklärt*, hrsg. von. J. Weiß, Bd. II: *Die Briefe. Die johanneischen Schriften*, 2. Abschnitt, Göttingen, 1907, S. 1-95
KBA	Karl Barth-Archiv Basel
KBRS	Kirchenblatt für die reformierte Schweiz
KD	K. Barth, *Die Kirchliche Dogmatik*, 12 Bde., München 1932; Zollikon 1938; Zollikon-Zürich 1942-1959; Zürich, 1967
KGW	Kierkegaard, *Gesammelte Werke*, hrsg. von H. Gottsched, W. Pfleiderer und Chr. Schrempf, 12 Bde., Jena, 1909-1922
Kierkegaard, Abschließende Nachschrift	S. Kierkegaard, *Philosophische Brocken / Abschließende unwissenschaftliche Nachschrift*, Erster Teil, KGW, Bd. 6, Jena, 1910

Kierkegaard, Buch des Richters	S. Kierkegaard, *Buch des Richters. Seine Tagebücher 1833-1855* im Auszug aus dem Dänischen von H. Gottsched, Jena/Leipzig, 1905
Kierkegaard, Einübung	S. Kierkegaard, *Einübung im Christentum*, KGW, Bd. 9, Jena, 1912
Kierkegaard, Leben und Walten	S. Kierkegaard, *Leben und Walten der Liebe*, übersetzt von A. Dorner, A Abtheilungen, Leipzig, 1890
Kühl	E. Kühl, *Der Brief des Paulus an die Römer*, Leipzig, 1913
Lietzmann	H. Lietzmann, *Die Briefe des Apostels Paulus, I. Einführung in die Textgeschichte der Paulusbriefe. An die Römer* (Handbuch zum Neuen Testament, Bd. 3, I), Tübingen, 1919[2]
Müller, Streiflicht	A.D. Müller, *Streiflicht auf die religiössoziale Bewegung Deutschlands. Selbstbesinnung und Ausblick*, in: Neue Wege, Jg. 15 (1921), S. 228-235. 270-283
Nietzsche, Zarathustra	Fr. Nietzsche, *Also sprach Zarathustra. Ein Buch für Alle und Keinen* (1883), NW, Bd. 6, Leipzig o.J. [1919]; NWKG, 6. Abt., Bd. I, Berlin / New York, 1968
NW	*Nietzsches Werke. Klassiker Ausgabe*, 8 Bde. und ein Ergänzungsband, Leipzig o.J., [1919-1921]
NWKG	*Nietzsche Werke. Kritische Gesamtausgabe*, begr. von G. Colli und M. Montinari, weitergeführt von V. Gerhardt u.a., Berlin/New York, 1967ff.
Overbeck, Christentum und Kultur	Fr. Overbeck, *Christentum und Kultur. Gedanken und Anmerkungen zur modernen Theologie*, aus dem Nachlaß hrsg. von C.A. Bernoulli, Basel, 1919
OWN	Fr. Overbeck, *Werke und Nachlaß*, Bd. VI: *Kirchenlexikon. Materialien, I.: Christentum und Kultur. Gedanken und Anmerkungen zur modernen Theologie*, Kritische Neuausgabe, hrsg. von B. von Reibnitz, Stuttgart/Weimar, 1996
Pap.	*Søren Kierkegaards papirer*, udgivne af P.A. Heiberg og V. Kuhr, Kopenhagen, 1909-1938

PG	*Patrologiae cursus completus, Series graeca*, Paris, 1857–1866
PL	*Patrologiae cursus completus, Series latina*, Paris, 1841–1855; 1862–1864
RG (1998)	*Gesangbuch der Evangelischreformierten Kirche der deutschsprachigen Schweiz* (eingeführt 1998)
RGG$^{1-4}$	*Die Religion in Geschichte und Gegenwart. Handwörterbuch für Theologie und Religionswissenschaft*, Tübingen, 1909–1913^{1}; 1927–1932^{2}; 1956–1965^{3}; 1998–2007^{4}
Rieger	C.H. Rieger, *Betrachtungen über das Neue Testament, zum Wachsthum in der Gnade und Erkenntniß unsers Herrn und Heilandes Jesu Christi*. Nach seinem Tode herausgegeben [von C.A. Dann], II. Theil, Tübingen, 1828
RKZ	Reformierte Kirchenzeitung. Organ des reformierten Bundes für Deutschland
Römerbrief I	K. Barth, *Der Römerbrief. (Erste Fassung) 1919*, hrsg. von H. Schmidt (Gesamtausgabe, Abt. II), Zürich, 1985
Schlatter	A. Schlatter, *Der Römerbrief ausgelegt für Bibelleser*, Stuttgart, 1902^{4}
SchmP	H. Schmid, *Die Dogmatik der evangelisch-lutherischen Kirche, dargestellt und aus den Quellen belegt*, neu hrsg. und durchgesehen von H.G. Pöhlmann, Gütersloh, 1979^{9}
Schleiermacher, Der christliche Glaube	Fr. Schleiermacher, *Der christliche Glaube nach den Grundsätzen der evangelischen Kirche im Zusammenhange dargestellt. Zweite Auflage (1830/31)*, Kritische Gesamtausgabe, I. Abt., Bd. 13, Teilbände 1 und 2, hrsg. von R. Schäfer, Berlin / New York, 2003
Schleiermacher, Reden	Fr. Schleiermacher, *Über die Religion. Reden an die Gebildeten unter ihren Verächtern* (1799), Kritische Gesamtausgabe, I. Abt., Bd. 2 hrsg. von G. Meckenstock, Berlin / New York, 1984, S. 185–326
SKS	*Søren Kierkegaards skrifter*, udgivet af Søren Kierkegaard Forskningscenteret, Kopenhagen, 1977ff.

Steinhofer	*Erklärung der Epistel Pauli an die Römer*. Von M. Friedrich Christoph Steinhofer, weil. Dekan und Stadtpfarrer in Weinsberg. Mit einem Vorwort von Dr. J.T. Beck, Professor der Theologie in Tübingen, Stuttgart, 1851
StZ	Stimmen der Zeit. Monatschrift für das Geistesleben der Gegenwart
ThLZ	Theologische Literaturzeitung
V.u.kl.A. 1905-1909	K. Barth, *Vorträge und kleinere Arbeiten 1905-1909*, hrsg. in Verbindung mit H. Helms von H.-A. Drewes und H. Stoevesandt (Gesamtausgabe, Abt. III), Zürich, 1992
V.u.kl.A. 1909-1914	K. Barth, *Vorträge und kleinere Arbeiten 1909-1914*, hrsg. in Verbindung mit H. Helms und Fr.-W. Marquardt von H.-A. Drewes und H. Stoevesandt (Gesamtausgabe, Abt. III), Zürich, 1993
V.u.kl.A. 1922-1925	K. Barth, *Vorträge und kleinere Arbeiten 1922-1925*, hrsg. von H. Finze (Gesamtausgabe, Abt. III), Zürich, 1990
V.u.kl.A. 1925-1930	K. Barth, *Vorträge und kleinere Arbeiten 1925-1930*, hrsg. von H. Schmidt (Gesamtausgabe, Abt. III), Zürich, 1994
WA	M. Luther, *Werke. Kritische Gesamtausgabe*, Weimar, 1883ff.
WA.B	—Briefwechsel
WA.DB	—Deutsche Bibel
Wernle	P. Wernle, *Der Römerbrief in neuer Beleuchtung*, in: KBRS, Jg. 34 (1919), S. 163-164. 167-169
W.G.Th.	K. Barth, *Das Wort Gottes und die Theologie*, Gesammelte Vorträge, [I. Bd.,] München, 1924
Zahn	Th. Zahn, *Der Brief des Paulus an die Römer* (Kommentar zum Neuen Testament, Bd. VI), Leipzig, 1910[1.2]
ZNW	Zeitschrift für die neutestamentliche Wissenschaft und die Kunde des Urchristentums
ZSTh	Zeitschrift für systematische Theologie

감수자의 글

칼 바르트의 『로마서』 제2판에 대한 설명은 흔히 "하나님은 하늘에 계시고 너는 땅에 있음이니라"(전 5:2)라는 말씀으로 시작해서 "하나님과 인간 사이 혹은 시간과 영원 사이의 질적 차이"라는 신학적 표현으로 끝이 난다. 그러나 그런 수사학적인 표현을 넘어서서, 1920-1921년에 걸친 11개월 동안 "마치 술 취한 사람처럼" 『로마서』 원고를 새롭게 써 내려갈 때 37세 칼 바르트의 영혼을 스쳐 갔던 영감은 어떻게 우리와 조우할 수 있을까?

위의 전도서 말씀을 "하나님은 죽음 저편에 계시고, 너는 죽음 이편의 육체 안에 있다"라고 바꾸어 이해한다면, 어쩌면 우리는 『로마서』가 외치는 깊이에 조금 더 가까이 접근할 수 있을지도 모른다. 스승들의 자유주의 신학에 심취했던 20대의 바르트, 정치적·사회적 저항 운동 속에서 하나님 나라의 실현을 바라보았던 30대 초반의 바르트가 『로마서』 제2판에 이르기까지 깨닫지 못했던 것은 죽음 이편과 죽음 저편 사이의 경계였다. 그것은 죽음 저편으로부터 비쳐 오면서 죽음 이편의 세계를 위기로 몰아넣고 변혁시키는 부활의 힘이었다. 귀신을 축출하는 실천적인 하나님 나라 운동가였던 요한 크리스토프 블룸하르트Johann Christoph Blumhardt의 영향을 받으면서 『로마서』에서 바르트가 발견하여 외쳤던 것은 죽음 이편에서 꿈꾸는 삶을 사는 육체적 인간의 비참함과 죽음 저편의 부활의 생명을 드러내는 하나님의 영원한 영광 사이의 질적인 차이였다.

이 날카로운 구분은 『로마서』의 서문에서부터 단호하게 강조된다. "육신으로는 다윗의 혈통에서 나신 역사적 예수"(이 책 114쪽)와 "영으로는 죽은 자들 가운데서 부활하사 하나님의 아들로 선포되신" 예수(이 책 145쪽) 사이의 구분이 그것이다. 최초의 증인들이 목격했고 바울이 로마서 서두에서 강조하는 바로 그 죽음의 경계선이 자유주의자 바르트와 사회운동가 바르트를 사로잡아 성경이 증언하는 새로운 세계로 이끌어 갔다.

이제 바르트는 죽음 이편의 세상을 덮고 있는 어둠을 본다. 죽음의 경계선 이편에서 역사와 종교와 문화라는 이름으로 하나님을 혼동하며 살아가는 불의한 인간 세상은 "하나님의 진노" 아래 있다. "이 세상에서 인간은 감옥에 갇혀 있다"(이 책 158쪽). "인간의 피조성은 그 자신의 수갑이다. 그의 죄는 그의 빚이다. 그의 죽음이 그의 운명이다. 그의 세상은 자연의 능력, 영혼의 능력, 그 밖의 다른 능력이 형체도 없이 휘몰아치다 잦아드는 카오스다. 그의 삶은 허상이다. 바로 이것이 우리의 현실이다"(이 책 159쪽). 이와 함께 바르트는 죽음 이편의 세상 안에 있는 모든 것이 죽음에 의해 부정되는 것을 본다. 여기서 『로마서』 제2판을 특징짓는 강렬하고 급진적인 부정(이 책 250쪽)이 이해되어야 한다. 그것은 죽음 이편의 세상 안에 있는 존재의 부분적인 긍정과 부분적인 부정을 구분하는 것이 아니다. 그것은 "긍정 그리고 부정"Ja und Nein의 남김없는 부정이다. 시간 안의 그 어떤 선하고 모범적인 것도 죽음 저편에 계시는 하나님의 긍정의 영역에 들 수 없다. 그러므로 세계 내 옛 관계들의 역사적인 갱신은 하나님 나라의 실현이 아니다. 그런 상대적인 새로움을 표방하는 역사와 세계 전체는 다만 하나님의 진노의 흔적을 담고 있을 뿐이다. 죽음 저편 부활의 새로운 생명으로 아직 건너가지 못한 것, 곧 옛 세상 안의 모든 역사, 문화, 학문, 종교는 그것이 선하든지 악하든지, 진실에 가깝든지 거짓이든지, 어느 정도 아름답든지 추하든지 관계없이 모두 함께 죽음에 의해 남김없이 부정된다. 부활이라는 경계선을 넘지 못한 이편의 최종적인 언어는 죽음일 뿐이다. 세상 안의 모든 것은 하나님의 진노 아래 쓰러지며 죽음의 경계선에 부딪쳐 소멸된다. 죽음 저편에서 비치는 부활의 빛이 세상 안의 모든 것을 위기에 빠뜨린다.

그렇기에 죽음 저편에 계신 하나님은 죽음 이편의 사멸적 인간에게는 전적 타자이며 "알려지지 않은 하나님"(이 책 257쪽)이시다. 하나님이 계신 죽음 저편과 죽음 이편의 인간 세상 사이에는 그 어떤 관계도, 긍정적인 유비도 있을 수 없다. 이성과 윤리는 물론 믿음에서도 인간이 채워 넣은 내용은 남김없이 비워진다. 믿음조차도 "텅 빈 공간"일 뿐이다.

이와 같은 진노의 어둠 속에서 바르트가 우선적으로 문제 삼는 것은 그리스도교의 "하나님" 진술이다. 바로 그리스도인들이 수행하는 신학, 그들이 드린다는 예배가 하나님의 진노 아래 있다. 바르트의 사상이 시대적 단계별로 바뀌지 않았는지 질문하는 사람도 있지만, 『로마서』 제2판에서 나타나는 하나님의 진노는 바르트 만년의 마지막 강의(1961년) 속에서도 그대로 반복된다. 그것은 유명한 아모스 5장의 변주다.

> "내가 너희의 강의와 세미나들, 설교와 강연들, 또 성경공부들을 미워하고 멸시하며, 너희의 토론과 학회들, 그리고 휴식시간의 담소들을 흠향하지 않는다. 너희가 해석학적, 교의학적, 윤리적, 목회적 지식들을 서로에게 그리고 내 앞에 펼쳐 놓더라도, 나는 그러한 희생제물을 즐겨 받지 않으며, 살찐 송아지의 제물도 돌아보지 않는다. 늙은이들은 두꺼운 책을 끼고 젊은 것들은 학위 논문을 쳐들고 벌이는 고함 잔치를 내 앞에서 치워 버려라!"
> (『개신교신학 입문』, 복 있는 사람, 148쪽)

이와 같은 『로마서』의 비판은 오늘의 한국 교회와 개신교 신학에 뼈아픈 질문을 던진다. 그것은 오늘 우리가 믿는 하나님이 참 하나님이 아니고 "거짓 신"일 수 있다는 질문이다. 『로마서』는 우리가 신학과 설교에서 하나님을 말한다고 하면서도 실상 거울에 투영된 자기 모습과 자기 소원을 주장하고 있지는 않은지 성찰할 것을 요청한다. 하나님과 인간적 소원이 투영된 우상은 구분되어야 한다.

1921년에 『로마서』의 날카로운 비판은 젊은 바르트의 스승들이었던 독일 신학대학의 학자들과 교육부 관리를 향했고, 독일 전역에서 큰 반향을 불러일으켰다. 결국 세월이 흘러 제2차 세계대전의 참상을 겪으면서 독일의 신학과 교회는 바르트의 비판이 옳았음을 인정하지 않을 수 없었다. 히틀러의 전쟁 정책을 지지했던 바르트의 스승들 그리고 독일 개신교회 전체는 『로마서』 제2판이 지적했던 대로 성경이 증언하는 참 하나님이 아니라 온갖 종류의 인간적 사상이 만들어 낸 "거짓 신"을 말해 왔다는 사실이 역사를 통해 증명되었다.

이제 오늘의 한국 교회와 신학도 칼 바르트의 『로마서』 제2판이 제기하는 질문에 답할 수 있어야 한다. 강의실과 저작들, 나아가 설교에서 말해지는 "하나님"이 "거짓 신"인 것은 아닌가? 그 하나님은 20-21세기의 약탈적 자본주의 시대를 살아가는 한국인의 탐욕을 투사한 인간 자신의 형상에 불과한 것은 아닌가? 제2차 세계대전을 겪으면서 독일 신학과 교회의 믿음이 거짓으로 폭로되었던 것처럼, 이지러진 자본주의 시대가 무너져 마침내 그 참상이 드러나는 새로운 시대가 올 때, 한국의 신학교와 부유한 교회들이 외쳐 왔던 소위 "하나님들"은 "거짓 신"이었음이 드러나게 될지도 모른다.

한국 교회를 향한 바르트의 비판은 우리가 단순히 생각하는 것보다 한층 더 깊은 곳을 폭로할 수 있다. 사회적 약자의 고통을 외면하고 기득권

계층을 옹호해 온 한국 교회의 권력자들과 대형 교회가 말해 온 하나님이 "거짓 신"이었다는 비판이 한쪽 측면이라면, 『로마서』의 비판에서 우리가 반드시 읽고 통찰해야 하는 다른 한쪽 측면이 있다. 그것은 저들의 종교적 위선과 자본주의적 탐욕에 정치적으로 맞서 저항했던 좌파-그리스도교적 신앙도 (비록 대의명분은 사회윤리적으로 올바른 것이었다고 해도) 성경이 말하는 하나님, 곧 죽음 이편의 세상에 대해 전적 타자로서 머무시는 하나님을 바르게 가리키지 못했을 수도 있다는 사실이다. 『로마서』 안에서 울려 퍼지는 바르트의 외침을 통해 우파-그리스도교의 거짓 신은 물론, 윤리적인 좌파-그리스도교 신앙이 바라보았던 하나님 나라의 사상도 신론적 검증대 위에 서게 된다. 『로마서』의 부정은 단순히 세계 내의 기만적 긍정성과 대립하는 부정에 그치는 것이 아니라, 인간적인 모든 것의 "긍정 그리고 부정"을 동시에 지양하는 철저하고 급진적인 부정이기 때문이다.

이와 같은 한 차원 더 깊은 부정의 힘은 예수 그리스도의 부활 사건으로부터 온다. 바르트에 의하면 그 사건은 인류에게 보내진 하나님의 메시지이며, 예수 그리스도의 십자가의 죽음에 대한 단호한 대답이다. 부활의 힘은 이미 서두의 첫 단락부터 강력하게 예시된다. 부활을 모르는 우리 세상은 "육체"의 세상, 인간 세상, 시간과 사물의 세상이며, 부활의 복음은 "하나님의 능력"이다. 이것은 그분의 의미의 계시와 인식이며, 다른 신들 앞에서 확인된 그분의 탁월함이다. 이것은 [신적인] 행동, 모든 기적 중의 기적이니, 곧 하나님께서 그 누구도 다가설 수 없는 빛(딤전 6:16) 속에 계시는 알지 못하는 하나님으로서, 거룩한 분으로서, 창조자요 구원자로서 자신을 알리시는 기적이다. "너희가 알지 못하고 위하는 그것을 내가 너희에게 알게 하리라"(행 17:23).

죽은 자의 부활에 대한 믿음 안에서 인간은 생명의 영 안에 있게 된다.

그것은 그리스도 예수 안에서 나타난 지양, 곧 이편 인간성의 지양, 그래서 그분이 새로운 인간으로 기초되는 바로 그 지양 속으로 들어감이다. 이 새로운 인간은 죽음으로부터 생명(요일 3:14)에 이르렀다(이 책 588쪽). "하나님께서 그분을 보내신다.……이는 육신을 도덕으로 개선하거나 예술로 미화하거나 학문으로 합리화하거나 종교라는 신기루로 드높이기 위함이 아니라, 육신의 부활 곧 새로운 인간을 선포하기 위함이다"(이 책 596쪽).

이와 같이 하나님의 진노의 어둠에 덮인 세상 안으로 비치는 부활의 빛은 새로운 인간성을 창조한다. 그것은 죽음 저편의 세계와 죽음 이편의 세상을 잇는 인간성이며 "내세를 사는 현세인"의 인간성이다. 그것은 "예수를 죽은 자 가운데서 살리신 이가 너희 안에 거하는 그의 영으로 말미암아 너희 죽을 몸도 살리시리라"(롬 8:11)라는 말씀이 이루어 가는 인간성이다. 이것이 바르트의 『로마서』의 외침이 도달하는 마지막 결론이다. 죽음 이편의 세상 안에서 현세적 긍정성과 부정성에 빠져 있는 인간성이 죽음 저편 부활의 영에 힘입어 "내세를 사는 현세인"의 새로운 인간으로 변화할 때, 하나님의 진노는 하나님의 긍휼로 바뀌며 어둠의 세상을 덮은 위기는 부활의 빛과 죽음 저편의 참 하나님과 만나게 된다.

위기의 극복은 진정한 하나님 나라를 실현할 수 있는 기회가 된다. 격심한 혼동과 혼란에 빠져 있고 많은 청년들이 교회를 떠나는 현재 상황에서 한국 교회는 『로마서』 안에서 참된 변혁과 개혁의 새로운 길을 배울 수 있을지 모른다. 『로마서』에 따르면 변혁은 죽음 이편의 세상 안에서 생성될 수 없으며, 오로지 죽음 저편으로부터 비쳐오는 부활의 희망에 의해 시작될 수 있다.

한 가지 기억해야 할 사실이 있다. 『로마서』는 인간 세상의 전적인 부정, 그리고 그 가운데 비쳐 오는 부활의 빛과 새로운 인간성을 외치는 것에서 끝난다. 흔히 말하는 "후기 바르트"의 사상은 아직 나타나지 않는다. 그러나 죽음 이편에 대한 로마서의 강한 부정을 정확하게 이해하지 못할 경우 "후기 바르트"를 오해하게 된다. 오해했던 사람들은 『교회 교의학』 화해론의 중반에 이르러 "새로운 바르트"가 나타났다고 말하기까지 했다. 그러나 "후기 바르트"의 사상은 어디까지나 『로마서』의 연장선상에 있다. 부활의 빛 안에서, 다시 말해 새로운 인간성을 회복한 그리스도교의 출애굽 공동체 안에서 바르트가 20대에 심취했던 자유주의신학의 학문성과 30대에 몸담았던 정치적·사회적 저항 운동은 하나님 나라의 실현을 위한 새로운 의미로서 긍정되는 것이다. 새로운 의미라는 것은 죽음 저편을 향한 희망을 품은 출애굽 공동체가 죽음 이편의 세계를 변혁시켜 가는 것을 뜻한다. 새로운 희망을 품은 사람들이 중간 시대의 세상 안에서 학문, 예술, 종교를 긍정적으로 실행할 수 있으며, 그 과정에서 죽음 저편과 이편 사이의 접촉점은 인정될 수 있다. 단 그 모든 참된 그리스도교적 삶과 윤리에 대한 바르트의 단호한 전제는 바로 『로마서』가 비추는 "부활의 빛 안에서"이다.

『로마서』 제2판은 더없이 수려한 우리말 문체로 옮겨졌다. 난해한 바르트의 독일어를 현재 상황에서 이 이상으로 훌륭하게 번역하는 것은 아마도 어려울 것이다. 때로는 번역자의 부드럽고 섬세한 표현이 바르트의 과격하고 투박한 문체를 가리지 않을까 염려될 정도이다. 반 페이지(때로는 그 이상!)에 달하는 거대한 한 문장이 번역자의 고심어린 노력 끝에 잘게 썰어지고 문학적 재능이 넘치는 짧은 문장으로 새롭게 표현되었다. 그러면서도 전체 맥락이 지닌 의미는 명확하게 살아 있다. 바르트의 사상을 단기간에 숙달하는 것은 쉽지 않겠지만, 이 책을 우리말로 읽는 일은 바르트 신학을 탐구하는 모든 사람에게 흥미롭고 유익한 시간이 될 것이다.

2017년 6월

신준호 박사

옮긴이의 글

"우리가 읽어야 할 책은 읽는 사람을 물어뜯고 찌르는 책, 오직 그런 책만 읽어야 한다는 것이 나의 생각이야. 우리가 읽고 있는 책이 주먹으로 머리통을 한 대 후려쳐서 우리를 깨어나게 하는 그런 책이 아니라면, 도대체 무엇을 위해 그걸 읽는다는 말인가?……한 권의 책은 우리 안에 얼어붙은 바다를 깨뜨리는 도끼 같아야 하네."
(1904년 1월 27일, 프란츠 카프카가 친구 오스카 폴락에게 보낸 편지 중에서)

내 안에도 얼어붙은 바다, 혹은 꽁꽁 얼어붙은 강처럼 느껴지는 생각, 감정, 행동이 있다. 얼어붙었다는 것은 차갑게 굳어 있는 상태, 아주 오랜 시간에 걸친 결빙結氷의 결과물이라서 어지간한 충격으로는 깨질 수 없는 상태를 뜻한다. 하나님에 관한 생각, 믿음, 실천이 어느새 생동하는 힘을 잃고 한데 고이더니 순식간에 딱딱하게 굳은 바닥이 되어 있었다. 그 위를 안전하게 걸으며 설교하고, 그 위에서 내 멋대로 사유의 유희를 즐기는 것이 신학인 줄 알았다. 도끼가 나타나기 전까지는……. 도끼는 나의 해묵은 생각을 인정사정없이 내리친다. '쩍!' 소리를 내며 얼음이 갈라지기 시작한다. 그 아래로 물소리가 들리기 시작한다. 흐름이 느껴진다. 끝 모를 깊이가 눈이 시릴 정도로 시퍼렇게 모습을 드러낸다. 이제는 안전하지 않다. 그러나 그 불안함과 도전을 받아들여야 신학을 다시 시작할 수 있다는 확신이 점점 강해진다.

2014년 4월, 나는 그 도끼와 만났다. 처음부터 그 파괴력을 느낀 것은 아니었다. 신학 공부 20년 만에 늦깎이 목사가 된 나에게 젊은 바르트의 문체는 부담스러웠다. 혈기 왕성하고 도발적이었다. 휘몰아치듯 파상 공세를 해오는 그의 글 앞에서 당혹스러워할 때가 많았다. 나는 내키지 않는 마음으로 번역의 의무를 졌다. 그러다가 4월 16일을 맞았다. 믿기지 않는, 믿을 수 없는 현실 앞에서 절규하며 오열했다. 2014년 4월 16일 세월호 참사 이후의 시간 속에서 믿기지 않는, 믿을 수 없는 것은 현실만이 아니라 하나님이었다. 과연 우리는 어떤 하나님을 믿고 있었으며, 지금 그 하나님은 어디 있는가? 교회, 어쩌면 우리가 믿었던 것은—바르트가 단호한 목소리로 지적하고 있는 것처럼—하나님이 아니라 '거짓 신'Nicht-Gott이었다는 충격적인 자각이 강하게 나를 파고들었다. 이 책을 큰 소리 내어 한 줄 한 줄 읽으며, 나의 정신에 가해지는 타격을 몸으로도 느꼈다. 그리고 젊은 바르트의 정신적 고뇌에 동참할 수 있었다. "1914년 8월 1일", 제1차 세계대전의 현실, 그리고 그 현실 속에서 독일 교회와 그 신학이 보여준 모습에 대한 바르트의 처절한 절망감을 세월호 참사 이후 한국의 절망적인 분위기와 겹쳐서 읽지 않을 수 없었다. 그렇게 3년 이상을 바르트의 『로마서』와 함께 보냈다. 도끼는 나의 신앙과 신학에 크고 깊은 균열을 냈다. 나는 그 이전으로 돌아갈 수 없다.

번역을 마치고 다시 한 번 에버하르트 부쉬의 『칼 바르트』를 읽으며, 『로마서』 집필 이전의 급박한 현실과 바르트의 내면을 헤아려 보았다. 제1차 세계대전이 터지고 『로마서』라는 도끼를 깎고 벼리는 시간이 생동감 있게 다가왔다. 신학에 대한 절망, 사회주의에 대한 실망에 빠져 헤어 나오지 못하던 바르트는 요한 크리스토프 블룸하르트와 만난 이후 "자기 자신에게, 그리고 다른 사람에게 본질적인 것을 보여주려는 갈망"을 키워 갔다. 하지만 어떻게? 바르트는 온 존재로 고민하면서 자신이 "목사로서 거기에 꼼짝없이 매인 몸"이라는 사실을 괴로워했다. "목사 말고 다른 것이 될 수만 있다면!" 이것이 어찌 바르트만의 고민이었으랴?

할 수만 있다면 벗어나고 싶은 그 실존을, 그러나 바르트는 정면으로 응시하며 의미심장한 선언에 도달했다. 우리에게 가능한 모든 것을 시도하는 것이 아니라 "처음부터 다시 시작"하자! 어쩔 수 없는 목사, 젊은 목사 바르트가 처음부터 다시 시작하기 위해 만든 도끼, 신학 사상의 도끼 자루는 아무래도 사과나무로 만든 것 같다. 1916년 6월 초 바르트는 "신학의 기초를 새로이 연마하는 과정에서 구약성경과 신약성경을 다시 한 번, 그리고 이전보다 더 깊이 있게 읽고 주석하려는 시도"를 시작했다. "그런데 보라! 성경이 우리에게 말하기 시작했다……나는 당시 내가 사용할 수 있는 모든 장비를 갖추고 사과나무 아래 앉아서 로마서 읽기에 몰두했다……나는 로마서를 한 번도 읽어 보지 못한 사람처럼 읽기 시작했다. 독서 중에 새롭게 발견한 것을 하나하나 조심스럽게 적어 나갔다. 나는 읽고 또 읽었다. 쓰고 또 썼다." 그 새로운 읽기와 쓰기를 통해 그가 도달한 지점은 어디인가? "우리의 일이 모조리 무너져 내릴 때, 하나님의 일은 철저하게 그분의 일이라는 사실이 확연히 드러날 수밖에 없다. 오늘 우리는 그 자리에 서 있다."

사과나무 아래에서 시작된 일은 제1차 세계대전의 혼란 속에서 계속되었다. 읽고 또 쓰는 과정에서 바르트는 투르나이젠에게 이렇게 말했다. "만일 우리가 조금 더 일찍 성경으로 되돌아갔다면, 지금 우리는 확고한 터전 위에 서 있을 텐데! 지금 우리는 신문과 신약성경을 왔다 갔다 하면서 고민하는데, 두 세계 사이의 유기적 연관성에 대해서는 사실상 끔찍할 정도로 잘 모르고 있네. 이제 우리는 그 연관성을 분명하고 강력하게 증언할 수 있어야 할 거야." 1918년 11월, 『로마서』의 원고 교정을 보면서 그가 한 말이다. 1918년 12월에 인쇄가 완료되었다. 그 후로 거의 100년이라는 시간이 흘렀다.

번역에 착수하는 시점에 많은 고민이 있었다. 『로마서』 제1판을 번역하는 것이 좋을까, 아니면 제2판을 번역하는 것이 좋을까? 출판사와 번역자는 제2판이야말로 젊은 바르트가 "처음부터 다시 시작"한 신학의 체계를 훨씬 정교하게 다듬은 것일 뿐 아니라, 바르트의 운명과 긴밀하게 결부된 작품이라는 데 의견을 모으고 제2판을 붙잡았다. 실제로 바르트는 『로마서』 제1판에서 제기한 관점을 더욱 폭넓고 집중적으로 연구하면서 본문을 비판적으로 재검토하고 보완했다. 바르트 자신의 평가에 의하면, 제1판은 "여전히 구름이 잔뜩 낀 것 같은 사변적인 형태"였으나 제2판은 "선명하게 윤곽이 드러난 반反명제", 곧 하나님의 불가시성, 피안성, 철저한 다름, 숨어 계심을 강조하는 강력한 부정의 언어로 독자들을 집중시켰다. 그렇게 철저하게 다시 쓴 원고는 1921년 9월 26일, 바르트의 책상 위에 완성된 형태의 원고가 되어 인쇄를 기다렸다. 마침내 1922년에 출간된 『로마서』 제2판 저자 소장본에 바르트는 이렇게 적었다. "칼 바르트가 친애하는 칼 바르트에게!"

그러나 이 책은 전 세계의 신학자, 목회자, 설교자, 고민하는 신앙인들에게 바쳐진 책이 되었다. 그런 확신으로, 칼 바르트의 『로마서』가 21세기의 교회에서도 지속적으로 읽히고 토론되기를 바라는 마음으로, 네덜란드 암스테르담 자유대학교 조직신학 교수인 코르넬리스 판 더르 코이Cornelis van der Kooi와 카트야 톨스타야Katja Tolstaja 그리고 칼 바르트 아카이브 팀이 수십 년 간 함께 작업하여 2010년 11월에 새로 편집한 『로마서』 제2판(칼 바르트 전집 II. 47)을 붙잡고, 거기 실린 각주까지 꼼꼼하게 번역했다. 1997년 우리말로 번역된 이후, 20년 만에 다시 나온 두 번째 번역이다. "칼 바르트가 친애하는 한국 독자들에게!" 그들의 머리와 심장에 가닿아, 얼어붙은 바다를 깨는 도끼가 되기를 바라는 마음으로 여기까지 왔다.

그러고 보니 1997년 여름, 지금으로부터 20년 전, 바르트 『로마서』의 첫 번째 우리말 번역본과 만났던 때의 기억이 남아 있다. 그리고 그 책의 번역자와 만났던 기억이 흐리지 않게 남아 있다. 1997년 번역본 앞쪽에 나는 조남홍 선생님의 전화번호와 주소까지 적어 놓고 번역자를 만나고 싶어 했던 것 같다. 마침내 냉천동 감리교신학대학교 대학원 뒤뜰, 상수리나무 벤치 아래에서 『로마서』의 이곳저곳을 펼쳐 가며 질문하고 또 질문하던 젊은 신학생에게 성심껏 답변해 주셨던 번역자 조남홍 선생님의 모습이 한 장의 스냅 사진처럼 기억의 갈피에 꽂혀 있다. 연필로 적어 주신 독일어 단어도 지우지 않고 그대로 남아 있다. 까다로운 젊은 사람에게 참 친절하게 『로마서』의 세계를 설명해 주시던 번역자의 굵직한 '육성'이 20년의 세월을 뚫고 지금의 나에게도 들려오는 것 같다. 조남홍 선생님에 대한 기억, 그리고 한국의 많은 바르트 연구자들에 대한 감사, 그분들의 조언 덕분에 나의 두 번째 번역은 조금씩 앞으로 나아갈 수 있었다.

바르트의 『로마서』를 읽는 일은 결코 쉬운 일이 아니다. 그래서 권한다. 소리 내어, 천천히 읽기를……. 그러면 책과 우리 사이에는 그 옛날 바르트와 투르나이젠 사이의 대화와 비슷한 공감의 메아리가 일어날 것이다. 『로마서』 제2판 작업을 함께했던 두 사람은 어느 날, 하루 종일 마주 앉아 있었다. 한 시간 후 바르트가 말한다. '어쩌면 그럴 수도!' 또 한 시간의 침묵이 흐른 후 투르나이젠이 말한다. '어쩌면 아닐 수도!'

우리 시대의 독자들과 바르트 사이에도 이런 대화가 필요하다. 『로마서』를 중심에 두고 신학자와 목사 사이에 이런 대화가 필요하다. 신학 교수와 신학생 사이에 이런 우정 어린 대화가 필요하다. 도무지 이런 대화를 나눠 본 적이 언제였던가? 『로마서』는 우리를 기다리고 있다.

이 번역은 나에게 또 하나의 중요한 '삶의 자리'와 긴밀하게 연결되어 있다. 사실 훨씬 일찍 끝날 수 있었던 이 책의 번역은, 내가 한 교회 공동체 안에 깊숙이 몸을 담그게 된 사건으로 인해 많이 더뎌졌다. 그러나 무뎌지지는 않았다. 청년들 앞에서 설교자로 서야 하는 상황이 오히려 『로마서』를 더욱 실존적으로 읽고 번역할 수 있도록 해주었다. 새벽기도회를 마치고 『로마서』 앞에 앉아, 나의 '불가능성'을 쓰라리게 곱씹으면서도 간절히 '가능성'으로 나아가려 발버둥 칠 수 있었던 것은, 그들과 믿음 안에서 경험한 연대와 소망 덕분이었다.

그런 의미에서 창천교회 청년부 공동체에게 가슴 깊은 곳에서 우러나오는 감사의 마음을 전하고 싶다. 나에게 이 웅숭깊은 책의 번역을 맡겨 주신 박종현 대표님, 편집을 맡아 온 힘을 기울인 편집부와 '복 있는 사람' 식구들 모두에게 머리 숙여 감사한다. 나의 번역을 처음부터 끝까지 읽고 감수해 주신 신준호 박사님께 감사드린다. 끝으로 나의 목회와 설교에 결정적인 영향을 주신 청파교회 김기석 목사님과 창천교회 구자경 목사님께도 진심으로 감사드린다.

"머잖아 우리는 온갖 문제와 갈등으로 부대끼던 그 시절, 지쳐 쓰러질 때까지 집요하게 파고들던 그 시절을 마치 행복한 유년 시절을 추억하듯 떠올리게 될 것 같다. 이제 다가오고 있는 것은 한 여름의 더위이기 때문이다." (1921년, 바르트가 투르나이젠에게 쓴 편지 중에서)

2017년 6월

손성현 목사

원서 편집자 서문

I. 새로운 시대를 여는 작품

사도 바울의 로마서에 대한 칼 바르트의 주석Kommentar인 『로마서』Der Römerbrief 제2판은 그 출간 연도가 1922년으로 되어 있지만, 사실은 1921년 성탄절 직전에 출간되었다. 이 해석서Auslegung는 새로운 시대를 여는 작품이다. 이 주석은 자유적이고 역사주의적인 신학과 성경 해석Exegese에 반대하고, 스스로 변증법적 신학으로 편성되면서 하나님 생각Gottesgedanken의 계시 신학적·해석학적 반성의 넓은 지평을 열어젖힌 20세기 서구 신학의 서곡序曲이라 할 수 있을 뿐만 아니라, 동시에 이 시기에 일어날 대대적인 발전을 훤히 내다본 선구자적인 저작이기도 하다.

이 책은 여러 가지 면에서 주목할 만한 책이지만 특별히 문화적 영역에서, 유럽 문화와 기독교의 하나님 신앙Gottesglauben 사이에서 새로운 관계 모색을 암시하기도 한다. 모든 것을 포괄하는 종교적이며 세계관적인 틀[기독교]이 가진 자명성[당연함]이 눈에 띄게 위축되고 종교의 지평은 뒤로 물러서던 시기, 니체의 말을 빌리면 [그 틀과 지평이] 아예 말끔히 지워 버려진[1]

1 Fr. Nietzsche, *Die fröhliche Wissenschaft*(1882, 『즐거운 학문』, 책세상), NWKG, 5. Abt., Bd. 2, Berlin / New York, 1973, S. 159, Z. 4f. "누가 우리에게 저 지평 전체를 말끔히 지워 버릴 해면 스펀지[지우개]를 주었는가?"

시기에 이 책이 나온다. 바르트는 이러한 하나님 신앙에 작별을 고하지는 않는다. 인간이 하나님을 만난다는 사실, 인간의 근원Ursprung [2]인 생명[삶]Leben의 중심에서 하나님을 만난다는 사실이 바로 그가 가장 집중적으로 추구한 생각이다. 하지만 독자들에게 맹렬하게 [미리] 경고되는 사실은 수 세기 동안 유럽 문화와 기독교를 묶어 준 것으로 각인된 오래된 접촉점들Anknüpfungspunkte과 연결하는 다리들Brückenverbindungen과 같은 것이 이 [바르트의] 하나님 신앙에는 빠져 있다는 것이다. 19세기의 문화 개신교주의Kulturprotestantismus 때는 기독교와 서구 문화가 광범위하게 상호 간에 동일시되었으며, 기독교의 가치관은 그 사회를 구성하는 물리적·화학적 토대로 간주되었지만, 이제 바르트는 "계시"와 "기독교"를 구분한다. **기독교**는 하나의 문화적 현상이며, 인간 실존에 형식을 제공하고 인간의 공동생활에 구조를 제공하는 행동과 확신과 습관의 총합이다. 이와는 대조적으로 **하나님의 계시**는 이런 문화적인 형태들과 구분되어야만 한다. 신앙에서 중요한 것은 하나님과 맞닥뜨리는 것인데, 여기서 하나님은 전적으로 다른 질서의 범주[에 속한 존재]이다. 그래서 하나님은—표현주의적이고 역설적이며 다소 극단적

2 이 개념['근원']은 이미 1913년의 견신례 설교에도 나타난다(K. Barth, *Predigten 1913*, hrsg. von N. Barth und G. Sauter[Gesamtausgabe, Abt. I], Zürich, 1994, S. 136. Konfirmandenunterricht, S. 125, 258, 366f., Römerbrief I, Register). 그러나 이 개념이 칼 바르트에게 모든 하나님 인식의 초월적 관련 지점으로서 핵심적인 의미를 띠게 된 것은 동생 하인리히 바르트(Heinrich Barth)의 철학과 관계되면서부터다. H. Barth, *Das Problem des Ursprungs in der Philosophie Platons*, München, 1921, *Gotteserkenntnis*, *Vorträge an der Aarauer Studentenkonferenz 1919*, Basel, 1919, S. 35-79 = Anfänge I, S. 221-255. 마르부르크의 신칸트주의자(H. Cohen, P. Natorp)와의 관계, 그리고 바르트가 이 개념을 새롭게 강조한 것에 관해서는 J. Fr. Lohmann, *Karl Barth und der Neukantianismus. Die Rezeption des Neukantianismus im «Römerbrief» und ihre Bedeutung für die weitere Ausarbeitung der Theologie Karl Barths*, Berlin / New York, 1995 참조.

으로 말하자면—충격적으로 위험하게 다가오는 파악할 수 없는 존재, 알려지지 않은 어떤 존재이다. 그러므로, 하나님은 "절대적 위기"다. "사물과 시간과 인간 세상에 대한 하나님의 의미인 절대적 위기는……."[3]

이렇게 계시를 전면에 부각시키는 것은 이미 1919년의 첫 번째 주석(『로마서』 제1판)의 특징이기도 하다. 개정판인 제2판에서 새로운 것은 하나님의 "같지 않음"[비동일성]Nicht-Identität 혹은 다르게 정식화한다면 하나님의 "타자성"에 대한 강조다. 뚫고 들어오시며 제어되지 않는 타자이신 하나님은 은혜, 다시 말해 궁극적인 "예"["예수 그리스도는 예 하고 아니라 함이 되지 아니하셨으니 그에게는 예만 되었느니라"(고후 1:19)][Ja]—인간에게 선포되었지만 결코 소유될 수 없는—의 보증이다. "하나님은 언제나 인간의 저편에, 새롭게, 멀리, 낯설게, 탁월하게 계신다. 절대로 인간의 영역에 계시지 않으며 인간의 소유가 되지 않으신다."[4] 이것들이 『로마서』 제2판에서 들을 수 있는 가장 날카롭고도 분명한 선율이다. 이런 울림이 한 신학을 시작하는 음악의 도입부 소절을 구성한다. 그 신학은 엄격한 의미에서 계시 신학[하나님을 인식하는 원천은 '자연'이 아니라 '계시'라고 주장하는 신학]Offenbarungstheologie으로 이해되기를 바라고, 특히 『교회 교의학』*Kirchliche Dogmatik*을 통해 상세히 전개된다. 세상을 향한 기독교 신앙[믿음]Glaube과 소망은 다른 곳이 아닌 바로 하나님의 말씀에 그 기초[근거]가 있다.

3 이 책 236쪽.

4 이 책 311쪽.

II. 대화하며

[『로마서』의] 1922년 판이 가장 널리 알려지긴 했어도 이것은 새로운 방향 추구를 강조한 칼 바르트의 초판 주석은 아니다. 이 1922년 판은 1919년에 출간된 초판 (『로마서』 제1판)을 개정한 것으로서 그 개정 작업은 약 11개월이라는 짧은 기간에 이루어졌다.[5] 바르트는 근본적인 개정 작업에 착수하게 된 일련의 요인들을 열거한다. 바울에 대한 광범위하고도 전폭적인 연구, 오버베크Overbeck의 저서 독서, 동생 하인리히 바르트Heinrich Barth 덕분에 생긴 플라톤과 칸트의 사상에 대한 보다 나은 통찰력과 키르케고르Kierkegaard와 도스토옙스키Dostojewski의 영향 등이다. 바르트가 네 번째 요인으로 꼽은 것은 첫 주석 작업에서 부분적으로 행해졌던 전적으로 유익한 여러 논의들이었다.

칼 바르트는 다른 사람들과 대화를 통해 스스로 발전한 사상가였다. 1920년 10월 27일 투르나이젠에게 보낸 편지에서 바르트는 프리드리히 고가르텐Friedrich Gogarten의 방문에 대해 언급하면서 그 방문이 "아주 기뻤다"는 소회를 밝히고 있다. 고가르텐의 방문은 바르트 자신에게도 놀라운 일이지만 포괄적인 개정 작업을 결심하는 데 소위 촉매제 역할을 하였다. "자 이제 진기하고도 놀랄 만한 소식이 있네. 고가르텐이……가고 난 뒤에 로마서 껍질이 갑자기 벗겨지기 시작했다네. 다시 말해, 로마서가 지금의 모습 그대로 그냥 인쇄되어서는 안 된다는 사실, 머리에서부터 발끝까지 개혁되

5 1920년 10월 27일과 1921년 9월 27일에 바르트가 투르나이젠에게 보낸 편지(Bw.Th.I, 435f.) 참조. 바르트가 달력에 써 놓은 것을 보면 이 작업은 1920년 10월 25일에 시작해서 1921년 9월 22일에 끝이 났다.

어야 한다는 사실을 깨닫게 된 걸세." 바르트가 보기에 초판은 이제 "피상적이고 과장되고 애매모호한" 것 같았다. 그는 "아주 크게 '만세!'[대박] 분위기를 타고 있는 이 책"을 개정하지 않고 새롭게 다시 찍는다면 "오해와 오류의 단초를 계속 제공할 것"[6]을 우려했다. 초판의 영향, 그 초판이 불러일으킨 오해, 그리고 고가르텐과의 만남 등이 바르트로 하여금 근본적인 개정 작업을 요구하였다. 그는 제기된 문제를 새로운 서문에서 부분적으로 답하기도 하였지만, 무엇보다도 새로운 본문 그 자체를 통해 해명을 시도하였다. 그러므로 바르트가 자신의 텍스트에서 암시적으로 혹은 분명하게 대화하는 그 비평자들의 말을 들어 보는 것은 신학사적으로도 유익한 일이다.

『로마서』 초판은 많은 반응과 비평을 불러일으켰으며, 바르트 자신도 그 가운데 약 45개를 모았다. 이런 반응 가운데 많은 수가 1922년 신판의 서문의 배경이 될 뿐 아니라, 심지어는 한 장 전체의 해석에 그 배경이 되기도 하였다. 뮐러A.D. Müller의 논문이 그 경우다.[7] 문헌으로 소개된 바르트의 연관성을 최대한 살펴 편집자의 각주를 통해 해명할 것이다. 특히 1922년판의 저자 서문에 각주 장치가 너무 많아지지 않도록 [초판에 대한] 여러 반응 가운데서 주목할 만한 몇몇 개념과 비평을 이 서문에서 언급하고자 한다 (1-6). 『로마서』 초판에 대한 제2판의 관계를 내용적으로 밝히는 것이 이 책의 목적이 아니라 해도, 그런 관계는 몇몇 특별한 경우에 있어서는 각주를 통해 잠깐 언급만 할 것이며,[8] 『로마서』 초판에 대한 여러 반응들을 통해 몇몇 관계들을 언급할 기회 또한 있을 것이다. 물론 많은 경우에는 초

6 Bw.Th.I, 435f.

7 이 책 859쪽, 각주 1.

8 여기서 우리는 다행히도 『로마서』 초판의 편집자인 헤르만 슈미트(Hermann Schmidt)의 작업을 활용할 수 있었다.

판의 영향을 논의하는 데 집중하겠지만, 칼 바르트의 신학이 특징지워진 특정한 개념인 가령 "신 정통"neue Orthodoxie과 "주지주의"Intellektualismus 같은 개념에도 자주 집중할 것이다. 학문으로서의 신학에 대한 바르트의 태도는 비판의 표적이 되거나 아니면 소위 그의 자만으로 여겨졌다. 그다음으로 우리는 바르트의 인용 방식과 관련된 몇몇 문제를 다루고(III), 『로마서』가 집필되는 과정에서 투르나이젠의 역할을 살피고자 한다(IV).

1. 신학적인 반응들

"바르트의 『로마서』는 처음 그 모습을 드러냈을 때 마치……신학자들의 놀이터에 터진 폭탄 같았고, 그 후에 끼친 영향은 교황 비오 10세Pius X가 1907년 9월 7일에 반포한 "주님의 양떼의 사목"Pascendi Dominici Gregis의 반反현대주의적 교서에 비견할 만하다."[9] 아담K. Adam의 이 유명한 묘사는 다른 문헌을 통해서도 확증된다. 에어랑겐 대학교의 개혁신학 교수였던 뮐러K. Müller, 1863-1935는 『로마서』 초판의 영향을 다음과 같이 직접적이고 생생하게 묘사한다. "로마서 해석서 같은 한 권의 책이 신학생들 사이에서 이처럼 결정적인 영향을 끼친 경우는 거의 없다.……1920/21년 겨울 학기가 끝났을 때, 바르트가 내일 우리 집에 와서 몇 시간 머무를 것이라는 소식이 알려지자, 적어도 28명 이상의 학생들이 초대를 받지도 않았는데 그 자리에 나타났다. 그때는 대다수 학생들이 방학을 맞아 집으로 이미 떠났을 때였다. **젊은 우리 신학생들을 대상으로 한 바르트 모임**이 있었는데, 특히 현대정신의 입김으로 보다 심오한 어떤 것을 추구하는 남녀 학생들 가운데 그

9 K. Adam, *Die Theologie der Krisis*, Hochland 23/II (1925/26), 271-286, 276f. *Gesammelte Aufsätze zur Dogmengeschichte und Theologie der Gegenwart*, Augsburg, 1936, S. 319-337, S. 325.

모임이 존재했었다."[10]

그러나 모두가 바르트 신학을 혁신적인 것이라고 생각했던 것은 아니다. 아돌프 폰 하르나크Adolf von Harnack는 1921년 10월 3일 아이제나흐에서 열린 **그리스도교 세계 친구들** 특별 총회에서 바르트의 신학을 비판했는데, 이것은 뮐러의 묘사와 확연히 대조된다. 마르틴 라데Martin Rade는 1921년 10월 13일 바르트에게 보내는 편지에서 하르나크의 비판을 전했는데, 그때는 바르트가 "제2판 서문"을 쓰고 있을 때였다. "자네에 대한 가장 신랄한 비판은 토론 중에 하르나크가 한 말일세.……나[하르나크]는 그[바르트]의 견해가 '오만하고 모순으로 가득하고 낡고 미성숙하게 보여지는데, **꼭 그렇지도 않은 것 같아서**da sie das nicht sind, 옆으로 제쳐두었다'라고 그는 말했다네." 여기서 하르나크의 말이 아주 분명하지는 않지만, 하르나크가 바르트에 대해 비판적인 거리를 두고 있다는 것만큼은 전적으로 분명하다.[11]

1921년 10월 28일 투르나이젠E. Thurneysen이 고가르텐에게 보낸 편지는 이 비판이 어떻게 수용되었는지를 이해하는 데 빛을 던져 준다. "마침 내가 칼 바르트와 함께 오버리덴에 있을 때" 라데의 편지가 도착했다. "그 편지는—모든 불필요한 소문을 사전에 막기 위해—하르나크가 그 대회에서 바르트를 겨냥한 몇몇 무력한 비난들을 회의록처럼 충실히 보고해 주었지요. 하르나크의 말에는 이제 물러나는 세대가 [젊은] 우리에 대해 느끼는 감정이 전적으로 분명히 드러나는 것 같더군요. 여기서 그 [물러나는 세대의] 목소리를 대변하고 나선 사람이 바로 **하르나크**라는 사실을 생각해 보

10 K. Müller, *Karl Barth's Römerbrief*, RKZ. Jg. 71 (1921), S. 103-105, S. 103. 이 책 107쪽 이하.

11 K. Barth - M. Rade, *Ein Briefwechsel*, hrsg. von Chr. Schwöbel, Gütersloh, 1981, S. 161. 그때의 회의록을 보면 하르나크는 나중에 이렇게 말했다. "어쨌거나 그 이상이므로 나는 거기에 대해서는 말하고 싶지 않다"(S. 162, Anm. 3)

면, 그분들이 얼마나 심하게 공격받았다고 느끼는지를(선생님의 경우라면 **트뢸치**Troeltsch에게 그런 역할이 주어지겠군요!), 나아가 그분들은 자신을 최대한 방어하려고 하며 실제로 그럴 것이라는 사실을 분명히 알 수 있습니다."[12]

바르트가 경악한 것은 무엇보다도 내용적인 오해와 오류였다.[13] 종교적인 실제 상황에 대한 다양한 관찰과 비평에서 바르트와 그의 『로마서』 제1판은 놀랍게도 바르트와는 철저히 다른 방향에 있는 일련의 작가와 개혁자들과 같은 노선에 놓여졌다. 푈만H. Pöhlmann의 논문에서 바르트는 슈타이너R. Steiner, 슈펭글러O. Spengler, 카이절링H. Keyserling과 동시에 언급된다.[14] 바르트의 ChW[Die Christliche Welt, 「그리스도교 세계」, 이 책 16쪽 "약어표" 참조] 소장본을 보면, 자신이 그렇게 언급된 줄 옆에 느낌표를 두 개 하고, "역사Historie의 가치가 그[블뤼어, 독일 반더포겔Wandervogel 운동의 '최초의 역사가']Blüher에게는 서사시Epos나 신화Mythus 옆에 있지 않다. 이 점은 슈타이너 혹은 심지어 바르트와도 비교해 보라"는 문장 옆에는 "아, 이럴 수가!"라고 적어 놓았다.[15] 플랑크R. Planck는 독일의 정신적 지도권을 놓고 경합을 벌이는 슈타이너, 발터 라테나우, 슈펭글러, 요한네스 뮐러Johannes Müller 등을 거명한 뒤에 "요하네스 뮐러는 '마침내 칼 바르트에게서 자신과 대등한 동반자를 발견했으니, 우리가 참 부러워할 만한 일이요, 이 두 사람이 이제 다시 하나가 되었으니 우리 민족을 생각할 때 진심으로 기쁜 일이다.'"[16]라고 말했다. 바르트가 소장한 「그리스도교 세계」에는 이 문장 옆에

12 H.G.Göckeritz(Hrsg.), *Friedrich Gogartens Briefwechsel mit Karl Barth, Eduard Thurneysen und Emil Brunner*, Tübingen, 2009, 309f.

13 이 책 90쪽.

14 H. Pöhlmann, *Blühers Christus*, ChW, Jg. 35 (1921), Sp. 564-566, Sp. 564.

15 A.a.O., Sp. 565.

“sic!”[실제 원문]이라는 글씨가 적혀 있다.

2. “이 책은 기다릴 수 있다”

바르트는 1920년 10월 27일 투르나이젠에게 편지를 쓴 이후 11개월 만에 자신의 주석을 아주 철저히 고쳤다. 그래서 어쩌면 자신이 고친 그 책이 “악평을 듣게 된 초판의 마지막 문장인 ‘이 책은 기다릴 수 있다.……’”는 글과 모순되는 것처럼 보일 수 있다. 바르트는 새 판의 서문 앞부분에서 초판의 서문 마지막 문장에 대해 직접 언급한다.[17] 그는 크게 주목을 받았다. 베르레P. Wernle는 다음과 같이 말한다. “서문 마지막 문장, ‘그의 책은 때를 기다려야 한다. 로마서 자체도 기다리고 있다’는 문장 때문에 충격을 받은 사람은 나 혼자가 아니었다. 나는 그의 새 주석이 [성경의] 로마서와 전적으로 같은 수준에 서려고 하지 않기를 바란다. 바울을 이해하기 위한 우리의 모든 노력이 정당하게 잊힌다 해도 우리는 바울의 말씀으로 살 것이다.”[18] 이 “서문”의 마지막 문장에 대한 또 다른 반응은 베른 대학교 신약학 교수이자 베른 대성당[개신교 교회이다]Berner Münster의 목사인 하도른W. Hadorn에게서 나왔다. “이것은 강력하고 놀라운 책이다. 이 책의 영향력은 아마도 후대에 비로소 바르게 나타날 것이다. 저자는 이러한 기대를 대담하게 확신에 찬 믿음을 가지고 다음과 같이 표현하였다. ‘그의 책은 기다릴 수

16 R. Planck, *Der Streit um die Führer*, ChW, Jg. 35 (1921), Sp. 569-575, Sp. 570. A. Albers, *Johannes Müller und Karl Barth – was sie uns heute sind*, ChW, JG. 35 (1921), Sp. 498-510.

17 이 책 87쪽.

18 Wernle S. 169. 1919년 10월 24일 바르트가 베르레에게 보낸 편지, Römerbrief I, S. 638-646, 645f.

있다. 로마서도 기다리고 있다.'"[19]

그 당시 역사적·비평적 성서학의 대가이자 마르부르크 대학교의 교수인 율리허A. Jülicher도 서평에서 두 번이나 이에 대해 언급했다. "나는 바르트의 책을 읽는 많은 독자들이 그 까다로운[요구하는 바가 많은]anspruchsvoll 서문을 우선 건너뛰고 읽기를 바란다." 또 "새로운 것을 찾으려는 가장 결정적인 의지를 가진 발견자[바르트]라 해도, 그 모든 의지에도 불구하고 바로 자신 앞에 존재했던 것[예전 것, 곧 『로마서』 제1판]에 얼마나 강력하게 의존하고 있는지를 보여주는 책이 바로 칼 바르트의 『로마서』다. 이 『로마서』는 기다릴 필요가 없다."[20]

동일한 마지막 문장에 대해 목사 부어만W. Wuhrmann은 노골적인 조롱 조로 논평한다. "바르트는 서문에서 '그의 책은 때를 기다려야 한다. 로마서 자체도 기다리고 있다'고 썼다. 그러므로 오늘날 다음과 같은 점에 신경을 써야 한다. 우리의 책들은 기다릴 수 있어야 하고, 우리의 공공 도서관들도 모두에게 기다리는 장소를 기꺼이 제공해야 한다. 그리고 바르트의 [책을 내는] 출판사도 종이를 선택할 때 오랫동안 기다리는 시간을 고려해야 한다."[21]

1907년에서 1911년까지 자펜빌 교회의 목사였던 푸에터K. Fueter는 바르트의 "서문"이 "(최소한 내가 보기에) 거만하다"[22]고 평한다. 그에 반해 브라운M. Braun은 그 문장을 긍정적인 의미로 해석한다. "서문에서 바르트가 말

19 W. Hadorn, *Der Römerbrief*, Berner Tagblatt, Jg. 32 (1920), Nr.33(1920년 1월 24일).

20 Jülicher, Paulusausleger, Sp. 454, 469, S. 88, S. 98.

21 W. Wuhrmann, *Karl Barth, Der Römerbrief*, Schweizerische theologische Zeitschrift, Jg. 37 (1920), S. 60.

22 K. Fueter, *Allerlei Theologisches*, Neue Zürcher Zeitung, Jg. 140 (1919), Nr. 2008(1919년 12월 21일).

하고자 한 바는 사람들이 자신의 책을 즉시 이해하지 못한다 해도 그 책은 기다릴 수 있다는 뜻이다. 독일에서는 이 책이 오히려 여러 측면에서 구원의 기쁜 소식으로 불려질 것을 나는 확신한다. 왜냐하면, 현실에서 일어나는 소름끼치는 일들로 모든 것이 흔들리는 곳, 급기야 윤리적·종교적 의식까지도 흔들리는 곳인 독일에서 사람들이 갈망하는 것은 세계 [현상]에 대해 위로하는 해석이 아니라, 신적인 사실, 다시 말해 하나님의 역사의 드러남[계시]을 갈망한다. 스위스 친구들[바르트는 스위스 태생이다]이 그런 영혼을 돌보는[목회, 독일어로 '목사'는 '영혼을 돌보는 사람'이다]Seelsorge 직무를 감당한다면, 우리는 극심한 시험을 겪은 모든 이들과 더불어 진심으로 감사할 것이다."[23]

3. Πίστις[믿음]을 "하나님의 신실하심"으로

여기서 다룰 두 번째 문제는 바르트가 πίστις[믿음]을 "하나님의 신실하심"으로 번역한 것인데 논쟁을 불러일으켰다. 율리허, 슈테헬린E. Staechelin, 부리H. Burri, 뮐러K. Müller, 빈디쉬H. Windisch, 바흐만Ph. Bachmann 등이 각각 바르트의 책을 논평하면서 이 번역의 문제를 거론하였다.[24]

바르트는 자신의 책 제2판 서문에서 이 문제를 재론한다. "πίστις를

23 M. Braun, *Weltgeschehen und Gottesgeschichte. Probleme auf der Aarauer Studentenkonferenz 1919*, Die Furche, Jg. 10 (1919/20), S. 188-191. S. 190f.

24 Jülicher, Paulusausleger, Sp. 456f. S. 92f.; E. Staehelin, *Wer versteht das Christentum?* Basler Nachrichten, Jg. 75 (1919), Nr. 100(1919년 2월 28일); H. Burri, *Der Römerbrief*, Der Kirchenfreund, Jg. 53, Nr.6(1919년 3월 1일), S. 50; K. Müller, a.a.O. (이 책 41쪽, 각주 10), S. 104; Wernle, S. 164; H. Windisch, *Barth, Pfr. Karl: Der Römerbrief*, ThLZ, Jg. 41 (1920), Sp. 200f.; R. Steinmetz, *Barth, Karl, Der Römerbrief*, Theologishces Literaturblatt, Jg. 41, Nr. 21(1920년 10월 8일) S. 324; Ph. Bachmann, *Der Römerbrief verdeutscht und vergegenwärtigt. Ein Wort zu K. Barths Römerbrief*, Neue kirchliche Zeitschrift, Jg. 32 (1921), 519f.

'하나님의 신실하심'으로 번역한 것이 중요하게 보일 텐데, 어쨌거나 내게는 그렇지 않다. 율리허는 내가 이 사안으로 '발견자의 기쁨'을 느꼈다면서, 그 기쁨으로 초판 서문에서 내가 다소 낭만적으로 말하고 있다고 했다."[25] 미쉐르E. Mischer는 이 부분을 긍정적으로 언급한다. "필자 스스로도 밝힌 것처럼, 그는 발견자의 기쁨으로 썼다. 만약 그가 사도 자신이라면 그렇게 하지 않았을 것 같은 그런 방식으로 표현하고 있다는 느낌을 우리는 종종 받는다. 그러나 생각하는 독자라면 이미 알고 있던 것을 새로운 조명에서 보고서 발견자의 기쁨을 체험하는 데 어려움이 없을 것이다."[26]

바르트는 이 사안에 대해 좀 더 설명한다. "무엇보다도 이제 사실을 말하자면, 이러한 개선의 정신적 아버지는 리히텐한R. Liechtenhan이다. 그는 예전에 내게 편지를 써서 내가 이런 번역의 가능성에 관심을 갖게 했고, 내가 관심을 가지는 동안 이 새 번역을 공적으로도 지지하였다."[27] 리히텐한은 바르트의 먼 친척[사촌 누나의 남편]으로서 목사였고, 훗날 바젤 대학교의 신약학 교수가 되었다. 그는 1917년 5월 30일 바르트에게 보낸 편지에서 롬 1:17에 대해 이렇게 쓴다. "나는 여기서 처음으로 πίστις를 **하나님의** 속성으로 파악하고자 한다. 하지만 이를 지지하는 유명한 주석학자의 "dictum probans"[증빙 구절]을 찾을 수가 없다. 나는 고린도전서에서 여러 번 사용된 문구인 πιστὸς ὁ θεός를 따라 πίστις를 '신실함'으로 번역한다. 왜냐하면, 하나님은 아브라함에게 주신 약속과 예언자를 통해 미리 선포하신 복음에 신실하시기 때문이다.……인간의 πίστις는 인간

25 이 책 86쪽. Jülicher, Paulusausleger, Sp. 456 S. 92.

26 E. Miescher, *Karl Barth*, 《*Der Römerbrief*》, Christlicher Volksfreund, Jg. 45 (1919), S. 71.

27 이 책 109쪽.

이 하나님의 πίστις에 의지하는 데 있다."[28] 리히텐한은 베르레가 비판하며 한 번역[29]에 맞서서 로마서의 몇몇 구절에서 그 번역을 옹호했지만, 그럼에도 리히텐한은 바르트가 "발견자의 기쁨"에 혹해서 "너무나 일방적인 결론 도출"을 했다고 생각했다.[30]

4. "신 정통"

1919년의 로마서 초판을 쓰는 데는 중간의 공백기까지 포함해서 거의 2년이 넘는 시간이 걸렸는데, 제2판 집필은 현기증을 느낄 정도로 빠른 속도로 진행되었다. 바르트는 1921년 8월 3일 투르나이젠에게 보낸 편지에서 자신의 집필 방식을 이렇게 묘사한다. "그런데 이 뜨거운 여름을 나는 잊을 수 없을 것 같군. 나는 마치 술 취한 사람처럼 책상, 식탁, 침대를 왔다 갔다 하고 있다네. 1킬로미터를 갈 때마다 벌써 다음 킬로미터를 염두에 두고 있네."[31] 그 무렵 바르트는 자기 이름과 결부된 일종의 권위에 대한 맹신Autoritätsglaube으로 볼 수 있는 어떤 것이 생기고 있음을 의식하게 되었다. 하지만 이 초판에 대해 커져만 가는 자신의 불만족으로 인해 이런 분위기는 바르트의 심기를 불편하게 했다. 우리는 『로마서』에서 바르트의 자기비판을 자주 보게 된다. 예를 들어 롬 12:3a에 대한 바르트의 주석을 보자. "우리는 가르침을 받자마자 가르치기 시작한다. 역사주의와 심리학주의에 대한 환상에서 벗어나자마자 '성경'과 '살아 계신 하나님'과 '죽음

28 KBA 9317. 87.

29 Wernle, S. 167.

30 R. Liechtenhan, *Zur Frage nach der Treue Gottes*, KBRS, Jg. 34 (1919), S. 192.f, S. 192.

31 Bw.Th.I, S. 508.

의 지혜' 안에서 새로운 우상이 막 생겨나려고 한다."[32] 이러한 불편한 심기의 메아리를 우리는 그의 "서문"에서도 볼 수 있다. 여기서 그는 자신의 신학이 일종의 "신 정통"이 되려고 한다는 비난을 다음과 같은 말로 반박한다. "인간의 모든 일은 한갓 사전 작업에 불과하다. 신학책은 모든 다른 일보다 더욱 그러하다!"[33]

바르트는 "신 정통"neue Orthodoxie이라는 표현에 인용 부호를 하지 않는다. 사실 이 표현은 [매번] 똑같이 정형화된 비난으로 인쇄된 비판과 관계되기보다는 오히려 바르트를 수용하는 분위기와 관계된 것으로 보인다. 훗날 라가츠L. Ragaz는 이런 [정형화된] 비판을 글자 그대로 반복했다. 변증법적 신학은 "시간이 흐르면서 일종의 신 정통, 곧 정통의 모든 액세서리를 다 달고 있는 신 정통이 되었다."[34] 첫 『로마서』의 반응에 대한 분명한 사례—바르트 자신도 "신 정통"이라는 비난으로 파악한—는 베르레의 글에서 엿볼 수 있다. "이 새 해석서를 중심으로 일종의 새로운 권위에 대한 맹신이 이렇게 빠르게 형성되는 것을 내가 목도하지 않았다면, 이 문제[루터의 로마서와 칼뱅의 로마서보다 칼 바르트의 로마서에서 과연 훨씬 더 많은 유익을 얻을 수 있을지의 질문]에 대해서 쓰지 않았을 것이다."[35]

32 이 책 886쪽.

33 이 책 87쪽.

34 L. Ragaz, *Mein Weg*, Bd. 2, Zürich, 1952, S. 188.

35 Wernle, S. 163. 바르트는 1919년 10월 24일 베르레에게 쓴 편지에서 대답한다(Römerbrief I, S. 644). "나는 플라톤에게도 전적으로 같은 의미로 접근할 것입니다. 그런데도 당신은 '권위에 대한 맹신'(Autoritätsglaube)이나 '성경 문자주의'(Biblizismus) 같은 식상한 말들로—내게는 위협이 될 만한 것들이 없다는 식으로—나를 무마하려는 부당한 일을 제게 행하셨습니다. 이런 말들은 내게 해당하는 말도 아닙니다. 꼭 해야 한다면 나는 그 텍스트도 비판할 것입니다. 그런데, 로마서의 경우에는 꼭 그렇게 할 필요가 없었습니다. 나는 [로마서의 딱딱한] 모든 껍질들이 벗겨졌다는 생각

에밀 브루너Emil Brunner와 같은 비판적 지지자도 바르트와 투르나이젠에게 "교조주의"[어떤 인식이나 진술이 의심할 수 없이 확실하다고 믿고 따르는 것]Dogmatismus의 위험이 있다고 지적했다. "우리는 다음과 같은 오류를 범해서는 안 됩니다. 하나님 인식[하나님의 존재와 본질을 향한 인간의 인식 능력]Gotteserkenntnis은 무한히 단순한 것입니다. 제가 설령 로마서 전체를, 아니 오래된 로마서[고대로부터 출판된 로마서 주석서들]까지 다 소화했다 해도, 그것으로 제가 하나님 인식에 한 치도 더 가까이 간 것이 아닙니다. 제가 '우리 아버지'[주기도문]Unser Vater를 하거나 '아빠라고 부르짖을 때'Abbaschrein와 비교해서 말입니다. 물론 하나님 인식은 경건주의가 생각하는 저 강렬함에 의존하지 않으며, 논리나 설명의 확장이나 완전성에는 더더욱 의존하지 않습니다. 논리적 객관성은 경건주의적인 주관성보다 [하나님 인식에] 훨씬 더 멀리 떨어져 있습니다. 자신이나 타인에게 본질에 관해 행하는 모든 설명은 참된 본질로 결코 인도되지 않습니다. '궁극적인 것'Ein-für allemal으로 말하고 싶은 모든 것이 그 형식적인 의미에 있어서 주지주의적인intellektualistisch 오류이며 교조주의이며 정통입니다. 두 분은 이 모든 것을 당연히 알고 계실 것입니다. 그러나 제 눈에는 두 분의 현재 신학에, 이 신학 작업에 어떤 위험한 것이 있다는 것을 잊으신 것처럼 보입니다."[36]

이 들 때까지 오랫동안 두들겼습니다. 내가 로마서의 껍질이 벗겨졌다고 **생각**만 했다고 해서 과연 실제로 벗겨졌는지는 사실 서로 다른 것입니다. 하지만 내가 가졌던 의도[로마서의 껍질을 벗기려는 의도]가 '정통파'라고 불려지는 위협으로 인해 망쳐져서는 안 될 것입니다. 내가 원하는 그 일을 할 수 없다면, 그 일을 할 수 있는 다른 사람이 나타날 것입니다. 그렇게 되면, '현대 의식'—당신이 그렇게 부르고 또 당신의 편이라고 하는—을 과연 당신이 가졌는지 아니면 우리[칼 바르트와 동생]가 가졌는지의 질문이 제기될 것입니다. [이 사안에 대해서는] 현재 플라톤 책을 출간하고 있는 내 동생과 함께 저는 똑같은 생각입니다."

5. 주지주의主知主義

"당황", "오해" 등, 바르트가 1920년 10월 27일 투르나이젠에게 보낸 편지에서 언급한 것은 그의 "주지주의"Intellektualismus에 관한 [여러] 반응을 통해 설명될 수 있다. 다양한 신학적 진영과 노선으로부터 바르트의 "주지주의"는 긍정적이든 부정적이든 폭 넓은 스펙트럼에서 평가되었다. 이런 평가를 하면서 사람들은 이 "주지주의"란 개념을 서로 다른 뜻으로 사용했다. 우선적으로 그 뜻은 이성적이며 신학적인 개념 파악을 위해 구체적인 삶을 추상화[도외시]abstrahieren한다는 뜻으로 이해되었다. 바르트는 1920년 4월 18일 바젤에서 하르나크와 피셔E. Vischer[37]를 만났는데, 두 신학자는 그 자리에서 특별히 바르트의 주지주의를 비판했다.[38] 그때 오고 간 말들은 하르나크가 1920년 4월 26일 피셔에게 쓴 편지로 좀 더 자세히 알 수 있다. 하르나크는 바르트의 아라우 강연을 염두에 두고 다음과 같이 썼다. "이런 유의 종교는 실제[현실] 삶[생명]에 일반적으로 적용될 수 없다. 오히려 그것은 마치 반짝이며 터지는 별똥별처럼, 다시 말해 그 별똥별 같은 인상[감동]이 절대 약화되지 않을 것처럼 그[바르트]에게 보이겠지만, 사람들은 **목사**가, 다시 말해 **영혼을 돌보는 사람**이 어떻게 이런 판단을 하는지 매번 묻지 않을 수 없다. 제 경우에는 주일의 대화를 통해서 그런 인상이 약화되긴 하였습니다. 하지만 그 대화를 통해서 바르트도 자신이 자의적으로 꾸민 성경 문자주의[성경을 경직되게 해석하는 19세기의 한 신학 사조]Biblizismus로부터 벗어나기만

36 브루너가 투르나이젠에게 보낸 편지(1919년 5월 3일), 바젤 대학교 도서관, Nachlass 290; E. Thurneysen, B 38, 44.

37 피셔(1865-1946)는 1902년부터 바젤의 교회사 교수였다. 원래 오버베크를 위해 만든 교수직이었는데 피셔가 그 직을 이어받았다.

38 1920년 4월 20일 바르트가 투르나이젠에게 보낸 편지(Bw.Th.I, 379).

한다면 충분히 변할 수 있다는 작은 희망을 갖게 되었습니다."[39]

["주지주의"] 개념을 이와 같은 뜻으로 사용한 용례는 작센 주의 목사로 1930년부터 라이프치히 대학교의 실천신학 교수였던 뮐러A.D. Müller, 1890-1972에게서 볼 수 있다. 뮐러는 바르트와 투르나이젠이 독일의 종교-사회 운동에 끼친 영향을 비판적으로 평가하면서, 바르트의 신학이 주지주의에 머물러 있어서 공동체적이며 사회적이며 국제적인 어려운 문제들을 시야에서 놓치고 있지는 않은지 우려하였다. "주지주의는 다음과 같은 곳 어디에나 있다. 존재하는 생명[삶]Leben의 충동이 생각Denken 속에 머물러 있는 곳, 생각이 나아갈 생명의 길이 구축되지 않은 곳, 생각이 삶[생명]을 섬기는 수단으로 제시되지 않고 생각 그 자체의 목적으로 제시되는 곳, 생각한 것을 생생하게 체화體化, Verkörperung하려는 갈망이 생각—제멋대로 끝까지 간 생각—에 의해 삼켜진 곳, 바로 이런 곳에 주지주의가 존재한다."[40] 뮐러의 이 비판은 이미 르죈R. Lejeune이 한 『로마서』 제1판의 비판과 같은 맥락에 있다. "어쨌든 우리는 자신의 다양한 나쁜 첨가어를 집어넣는 본래적인 서기관의 모습을 [바르트에게서] 보는 듯한 감을 여기서도 여전히 갖게 된다. 반면에, 똑같이 오직 성경만을 해석하고자 한 블룸하르트Blumhardt는—모든 서기관의 기법과 거리를 유지하면서—우리로 하여금 예수를 다시 듣게 한다. 다시 말해, 예수는 자신의 꾸밈없음과 능력으로 단순한 갈릴리 백성들도 자기 말을 듣게 했으며, [블룸하르트 또한] 그 백성들이 예전에 분명히 들었던 것처럼 우리 또한 듣게 한다."[41] 바르트는 르죈과 뮐러의 글

39 바젤 대학교 도서관, Nachlass 81: E. Vischer, G 1.

40 Müller, Streiflicht, S. 278 (원본은 완전한 격자체[이 책 666쪽, 각주 83]로 되어 있다) 이 책 859쪽, 각주 1.

41 R. Lejeune, *Vorbemerkung zu. J. Chr. Blumhardt*, *Das Reichsgebet*, Neue Wege, Jg. 14 (1920), S. 243-246, S. 245f., Anm. 2. 이 글에서 소개한 텍스트는 요한 크리스토프 블룸하르트의

에 내포된 자신에 대한 "비판", 곧 자신의 신학적 작업이 "완고한 신학적 교만의 한 시도"라는 비판을 즉시 "거부"하였다.[42]

6. 학문에 대한 바르트의 태도

바르트의 신학이 주지주의라는 비난은—때로는 모순적인 방식으로[한편에서는 바르트가 너무나 학문적이라는 비난을 하고, 다른 편에서는 신앙 감정을 중시한 나머지 그에게는 학문성이 결여되어 그의 신학은 학문적이 아니라는 비난이 동시에 함께 제기되는 방식으로]—바르트에 반대해 계속해서 제기된 비난, 다시 말해 학문적 신학에 대한 그의 태도가 직면한 비난과 관련이 있다. 다수의 평론가들은 바르트가 학문(신학적인)에 대해 너무나 비판적인 태도를 취한다고 비난했다. 쾰러W. Köhler는 심지어 다음과 같이 주장하였다. 바르트는 하나의 순수한 기독교에 이르려는 새로운 추세의 대표자로서 학문을 역행한다고 말이다. 쾰러의 말을 들어보자. "'오직 이성Vernunft과 학문Wissenschaft을 경멸하라!'는 여기서[바르트의 신학에서] 구호일 뿐 아니라 교만하게 고취된 감정이다. 저 두 권력[이성과 학문]은 주지주의로 금기시되었다. [그러므로, 이 둘을 제외하고 남은] '감정이 전부다.' 오래된 사안[문제]에 대한 새로운 이름을 사람들이 발견하게 되었으니, 그 이름은 '체험'Erlebnis이다."[43]

이 비판은 당시 행해지던 논의 곧 신약성경의 "학문적" 이해에 영향을 끼쳤다. 바르트와 친분이 있는 에프레히트R.H. Epprecht 목사는 '바르트의 해

"주님의 기도, 즉 하나님 나라 기도에 관한 단상"의 축약본(Karlsruhe, 1886²)이다.

42 이 책 91쪽.

43 Justinus (W. Köhler의 가명), *Zur religiösen Lage der Gegenwart*, Neue Zürcher Zeitung, Jg. 141 (1920), Nr. 1732 (1920년 10월 21일). 쾰러는 이런 추세의 대표자로 바르트와 함께 폭스(Fox), 로츠키(Lhotzky)를 언급한다.

석을 토대로 비로소 로마서의 중심되는 믿음[신앙]Glaube의 의미를 이해하는 법을 배우게 되었으며, 사실 그때까지 신학이라는 학문이 신앙[믿음]을 위해 연구되지 않았다'고 썼다.[44] 이 문제와 관련해서 아마도 바르트와 가장 가까운 견해를 가진 에밀 브루너E. Brunner는 다음과 같이 표현했다. "[바르트의] 전체 책과 그의 모든 개별적인 생각에서 말로 표현되지 않았지만 전제된 인식은, 학문이 발전한 역사에서 보자면 '학문'에 대한 우리의 생각은—이것이 근세의 오만이며 신신학의 오만이기도 하다—한갓 상대적인 의미에 관한 것이며, 그 결과 또한 한갓 상대적인 진리에 관한 것이라는 사실이다.……사실이 **그러하다면**, 다시 말해 소위 바울 '신학'의 토대와 구조가 하나님 인식Gotteserkenntnis의 본래적인 '논리'에서 나온 **것이라면**, 그렇다면 이것이 뜻하는 바는 우리 시대의 성서학이 본질적인 것을 간과하고 있다는 것과 다르지 않을 것이다. 우리 시대의 성서학이 바울의 경고를 무시하고 '정신적[영적]인 것을 비정신적[비영적]인 것으로', 다시 말해 낯선(소외된) 기준으로 **판단하면서**, **학문**이 되려고 하면서 성서학의 대상(목표)에서 소외되고(낯설어지고) 그 밖에 머무르게 되었다. 그래서 성서학은—쿠터Kutter가 아주 멋지게 표현한 것처럼—그림책에서 그림은 보지 않고 종이와 색만 분석하는 사람들의 상황에 처하게 되는데, 그 사람들에게는 그림을 관찰하고 이해하는 그들의 본래 과제가 '비학문적'으로 보이기 때문이다. 그래서 비판적·역사적 신학은 그 대상에서 완전히 벗어난 말을 한다. 다시 말해 그런 신학은 이전 세대보다 더욱 확고히 그리고 더욱 흠잡을 데 없을 정도로 '여러 부분들을 그 손에 잡고 있지만, 안타깝게도 [그

44 R.H. Epprecht, *Religiöse Literatur. Der Römerbrief von Karl Barth*, Aargauer Tagblatt, Jg. 73 (1919), Nr. 102 (1919년 5월 3일).

각 부분들을 묶을] 정신적인[영적인] 끈이 딱 하나 빠져 있다.'"[45] 바르트는 자신의 새로운 주석에서 다음과 같은 사실이 의심의 여지 없이 [분명히] 드러나도록 했다. "한 텍스트의 실제[사실]적 해명[설명]은 주석적 정밀함 이상이다."Wirkliche Erklärung eines Textes ist mehr als exegetische Akribie 한스게오르크 가다머 Hans-Georg Gadamer가 바르트의 『로마서』를 "일종의 해석학적 선언"이라고 부른 것은 괜한 일이 아니었다.[46]

III.『로마서』 내부의 인용과 암시들

로마서에 대한 바르트의 두 권의 주석은 여러 관점에서 혁명적이다. 이 두 책은 대화체로 구성되어 있으며 선동[도발]적이다. 두 책 모두 현대적 의미에서 학문적인 작품은 아니다. 무엇보다도 바르트의 인용Zitat과 암시 Anspielungm하는 방식에서 알 수 있다. 여기서 우리는 몇 개의 문제 사례를 제시하면서 그의 인용과 암시하는 방식을 범주화하고자 한다.

『로마서』의 인용은 일반적으로 여섯 그룹으로 구분된다. [제시되는] 사례들은 편집자가 『로마서』를 비평하면서 접할 수밖에 없었던 문제를 예시로 보여줄 뿐 아니라, 이 [작은] 하나의 틈을 통해 『로마서』라는 실험실 안을 들여다볼 수 있는 가능성을 독자들에게 제공한다. 또한 여기 제시된 본문들은 [로마서를 저술할] 당시의 신학적·역사적 분위기를 반영하고 있다. 때로는 출전出典을 추적할 때 어떤 작업가설에 의존하기도 하였다. 하지만

45 Brunner, S. 29f., 79f.

46 H.-G. Gadamer, *Wahrheit und Methode. Grundzüge einer philosophischen Hermeneutik*, Tübingen, 1974[4], S. 481.

그 밖의 경우에는 우리는 해결책을 찾았다고 믿고 있다.

1) 첫 번째 그룹의 인용은 바르트가 오직 저자만을 언급하는 경우다. 바르트는 그 저자가 쓴 책 제목을 언급하지 않지만, 이것만으로도 우리가 과제로 삼아야 할 어떤 문제가 보인다. 이 그룹에 해당하는 것으로 눈에 띄는 특별한 사례는 찬Th. Zahn의 글을 췬델Fr. Zündel의 글로 인용하는 오류이다. 이것은 이미 『로마서』 제1판에도 나타난 문제이다. 바르트는 원고를 쓰면서 문장에는 저자 이름을 쓰지 않고, 원고 여백에 이름을 써 놓았다가, 인쇄용 편집 작업을 하면서 그 인용문을 잘못 보고서 그 저자를 췬델이라고 잘못 기입한 것이다. 이런 오류가 새 주석의 모든 판에 그대로 지속되었다.[47]

2) 또 하나의 독립적이고 방대한 그룹은 인용 부호도 없고 물론 저자도 언급되지 않은 인용들이다. 바르트는 "제5판 서문"의 끝부분에 "Moniti discamus!"[우리는 경고들로부터 배운다]라고 썼다.[48] 이것은 칼뱅이 자주 사용한 표현이다.[49] 하지만 바르트가 어떤 경로로 이 표현을 알게 되었는지 확정할 수는 없다.

3) 세 번째 그룹에는 인용 부호는 있지만 저자가 언급되지 않은 표현들이 포함된다. 한 사례를 들면 다음과 같다. 바르트는 롬 9:5 주석의 끝부분에 인용 부호를 하고 질문한다. "너희는 그 표징을 듣느냐?"[50] 우리는 추적하여 두 부류의 출전을 찾았고 그 둘 모두 똑같이 개연성 있어 보였다.

47 이 책 173쪽, 각주 34. Römerbrief I, S. 25, Anm. 15.

48 이 책 130쪽.

49 이 책 130쪽, 각주 5. *Commentarii in Quinque Libros Mosis*, Calvini Opera 23 (=CR 51), Braunschweig, 1882, col. 474. 549; *Commentarius in Evangelium Ioannis*, Calvini Opera 47 (=CR 75), Braunschweig, 1892, col. 226; *Commentarius in Acta Apostolorum*, Calvini Opera 48 (=CR 76), Braunschweig, 1892, col. 122.

50 이 책 712쪽.

“너희는 제물의 그 표징을 듣느냐?”는 아우구스트 클링에만August Klingemann이 쓴 드라마에 나오는 질문이다.[51] 그리고 “높으신 양반이여, 너희는 그 표징을 듣느냐? 이제 왕의 신부가 밀라노의 문으로 들어간다.”[52]는 에른스트 라우파흐Ernst Raupach의 드라마에 나온다. 그런데 이 두 질문 가운데 어떤 것도, 또한 두 저자 가운데 누구도 여기[롬 9:5 주석의 끝부분] 외에는 바르트의 글에서 전혀 흔적을 남기지 않은 것처럼 보이며, 1900년 전후에 출간된 뷔히만Büchmann의 “날개 달린 말들”[관용구들의 출전을 밝혀 놓은 관용구 모음집]Geflügelten Worte에도 이 표현이 수록되지 않은 것을 고려한다면, 바르트가 쓴 이 표현이 우리가 추정하는 두 질문과 직간접적으로 관계있는 것으로는 거의 볼 수 없다. 그러므로 우리는 [바르트의] 인용이나 암시는 바르트가 인용 부호를 해서 명확한 강조를 한 “언명”[adlocutio]으로서 독자들을 향한 것과 관계된 것으로 보고자 한다.

4) 바르트는 어떤 규칙에 의해 표제어, 개념, 표현 등에 인용 부호를 했지만, 그 출처나 저자 등을 분명히 언급하지 않기도 하였다. 이 인용 부호를 통해서 바르트는 당시 공적으로 자주 논의되던 주제, 혹은 어떤 특정한 의미로 낙인되어 일반적으로 사용되던 개념들을 암시한다. 예를 들어 바르트는 롬 1:23-24을 설명하면서 “인격”Persönlichkeit, “어린이”das Kind, “여성”die Frau 등과 같은 표제어를 사용한다.[53] “인격”이라는 표제어에는 19세기 정신과학에서 수용된 중심 사상이 포함되어 있다. 이 사상에서 인간의 인격은 역

51 A. Klingemann, *Dramatische Werke*, Bd. 3: *Ferdinand Cortez, oder die Eroberung von Mexiko*, Wien, 1819, S. 68.

52 E. Raupach, *Dramatische Werke ernster Gattung*, Bd. 6: *Die Hohenstaufen*, Bd. 2, Hamburg, 1837, S. 219.

53 이 책 185쪽.

사의 추동력으로 간주되었다.[54] 다른 두 표제어도 비슷한 변화 과정에 있었다고 말할 수 있다. "어린이"도 엘렌 케이[스웨덴의 여류 사상가이며, 교육자이다]Ellen Key의 『어린이의 세기』(스웨덴어 원작 1900년, 독일어 번역은 1902년 베를린에서 번역되었다)가 출간된 이후로는 더 이상 구호가 아니라 하나의 강령으로 여겨졌다. "여성"이라는 표제어도 「새로운 길」Neue Wege의 몇 년 치를 읽으면 그 중요성과 반향을 분명히 알 수 있을 것이다.[55]

이 그룹의 또 다른 사례는 『로마서』 서문에서 볼 수 있다. 서문에서 바르트는 일련의 표제어를 열거하면서 율리허와 연관 짓는 듯하다. 감정, 체험, 양심, 확신, 바울의 "인격", "다메섹 체험", 후기 유대교, 헬레니즘, 고대 등.[56] 사실 이렇게 열거된 개념 대부분이 율리허의 주석에 나타나지 않

54 W. Trillhaas, "Persönlichkeit", RGG³ V, Sp. 227-230. 살아 있는 인격 개념은 자유주의로 낙인 찍혔던 바르트 자신의 초기 신학에서도 중요한 의미를 지녔다. *Der christliche Glaube und die Geschichte* (1910), V.u.kl.A. 1909-1914, S. 149-212, S. 164: "기독교 신앙의 특징은 수동적이며 능동적인 하나님 체험이 **어떤 식으로든** 역사적으로 인간 공동체 안에서 바로 그 공동체 안에 존재했던 **예수의 인격**을 통해 제한되고 규정된다는 점이다." S. 208: "역사가 우리에게 미치는 영향력은……전체 조상들이 **매개한** 개인들을 통해 가능해지고 현실적인 것이 된다." 트릴하스(Trillhaas)는 이 조상으로 아시시의 프란체스코, 보델슈빙(Bodelschwingh), 요한 제바스티안 바흐, 모차르트, 베토벤, 괴테 등을 언급한다. 이러한 인격 문화에 대한 바르트의 비판은 다음의 강연에서 분명히 드러나기 시작한다. *Die neue Welt in der Bibel* (1917), W.G.Th., S. 18-32.

55 Neue Wege, Jg. 13 (1919)에 실린 다음의 논문 참조. V. Straßer, *Die Frau*, S. 348-361; Ch. Ragaz, *Die Revolution der Frau*, S. 361-372; L. Ragaz, *Von der Schöpfung und Erlösung des Weibes. Eine biblische Betrachtung zur Frauenbewegung*, 325-329; Jg. 14 (1920): Cl. Ragaz, *Kameradschaft, Freundschaft und Liebe zwischen Mann und Frau*, S. 309-324; A. Pfenninger, *Zum Frauenstimmrecht*, S. 41-57; Cl. Ragaz, *Ein Tag der Niederlagen*, S. 78-83; M. Mattmüller, *Leonhard Ragaz und der religiöse Sozialismus. Eine Biographie*, Bd. 2: *Die Zeit des ersten Weltkrieges und der Revolutionen*, Zürich, 1968, S. 470.

56 이 책 98쪽.

는다. 이것은 자명한 것으로 인식되어 자주 사용되던 개념들을 듬성듬성 열거한 것으로 볼 수 있다. 바르트는 이 개념들을 가지고 일부 주석가들을 비판한다. 그 일부 주석가들은 바울 서신에 있는—베른레의 표현대로—"불편한 지점들"을 바울 자신의 개인적인 확신으로 소급하거나, 아니면 종교사적인 어떤 실체의 영향으로 소급하는 자들이다.

5) "인용"에 관한 또 하나의 어려운 그룹은 바르트가 개념이나 표현에 인용 부호를 붙이고 그 저자의 이름까지 밝혀 놓았지만, 그 저자가 쓴 글에서 그러한 개념이나 표현이나 말들을 찾을 수 없는 경우다. 이번에도 우리는 『로마서』 "서문"에서 그러한 사례들을 볼 수 있다. 바르트는 하나의 수사학적인 질문을 한다. "슈펭글러O. Spengler는 우리가 지금 막 '철鐵의 시대'에 돌입하려고 한다는데, 정말 그의 말이 옳은 것 아닐까?"[57] 그런데 우리는 1921년까지 슈펭글러가 쓴 글 중에서 "철의 시대"라는 표현을 찾지 못했으며, 그때까지 「그리스도 세계」에 실린 슈펭글러에 관한 논평에서도 역시 찾지 못했다. 바르트는 다른 사람의 텍스트를 참조할 때처럼 자유롭고도 창조적인 방식으로 슈펭글러의 논문 「비관주의?」Pessimismus?의 결론을 암시하는 듯하다. 아마도 바르트는 그 논문을 직접 알지는 못했지만, 슈펭글러 자신이 정식화하여 "철의 시대"라는 말로 요약되어 회자되던 다음과 같은 문구의 비평에서 이 말을 알았을 것이다. "지금 이 세상에서 시작된 것은 단단함, 로마의 단단함이다. 머잖아 다른 것을 위한 여지는 남아 있지 않으리라. 물론 예술은 남을 것이나 콘크리트와 강철 속의 예술일 것이며, 또한 문학도 남을 것이나 철鐵의 신경과 무자비하게 꿰뚫어 보는 사람들의

57 이 책 107쪽.

문학이 남으리라"[58]

두 번째 사례는 롬 6:20-23에 대한 바르트의 주석이다. "만일 인간이 '예' 안에서 혹은 '아니요' 안에서 자신의 소명을 인식하여 범죄자 혹은 성인聖人으로 자신의 길을 간다면, 천국 안에서 혹은 지옥 안에서 자신의 운명을 찾고자 하며 또 그렇게 찾는다면, [그리고] 만일 '착한 사람은 더욱더 착해지고, 악한 사람은 더욱더 악해진다'면, 그것은 단순히 우연이나 기분 그 이상인가?"[59] 우리는 이 구절과 관련해서도 문헌상의 증거를 찾을 수 없었다. 아마도 바르트는 기억에 의존하여 이 문장을 정식화한 것 같은데, 이것은 그가 아라우에서 들었던 하르나크의 강연 "역사는 세계 사건의 해석을 위한 확고한 인식에 무엇을 제공하는가?"Was hat die Historie an fester Erkenntnis zur Deutung des Weltgeschehen zu bieten[60]를 암시하는 듯하다.

6) 또 하나의 독립 그룹은 저자 언급 없이 표현이나 인물을 암시하는 부분이다. 바르트는 『로마서』에서 투르나이젠과 자신이 한 "대화"에 관한 암시를 하는데, 이것이 그런 경우다.[61] 우리는 계속해서 사례들을 살펴볼 텐데, 모두 『로마서』의 "서문"에 나오는 사례들이다.

첫 번째 사례는 다음과 같다. "그런데, 텍스트 원문이라는 '사태의 내적 변증법'innere Dialektik der Sache과 그 인식이 [그 원문을] 이해하고 해명하는 결정적인 요인이라고 내가 말했을 때, 이 말로 내가 의미하는 바는 무엇인

58 O. Spengler, *Pessimismus?*, Preußische Jahrbücher. Berliner Monatsschrift für Politik, Geschichte und Literatur, Bd. 184, Berlin, 1921, S. 73-84. S. 84.

59 이 책 504쪽, 각주 49.

60 1920년 4월 15-17일에 열린 아라우 대학생 대회 강연문. *Aarauer Studentenkonferenz 1920*, Basel, 1920, S. 47-72(초판). *Erforschtes und Erlebtes*, Reden und Aufsätze, Neue Folge, Bd. 4, Gießen, 1923, S. 171-195.

61 이 책 350쪽, 각주 24.

가? [이 물음에] 사람들은 당연히 나의 '체계'System만을 의미할 뿐이라고 말할 것이다(어떤 스위스 비평가는 아주 거친 방식으로 말하였다)."[62] 이 인용문의 배경은 바르트와 마르틴 베르너Martin Werner, 1887-1964 사이의 논쟁이다. 특별히 알베르트 슈바이처Albert Schweitzer에게 영향을 받은 베르너는 스위스 자유주의의 선도자로서, 1921년부터 1928년까지 베른 대학교의 신약학 강사였고, 1928년부터 1958년까지[원서에는 "1967년까지"로 되어 있다] 교의학 교수로 재직했다. 1921년에 시작된 바르트와 베르너 간의 논쟁은 해를 거듭하며 한층 더 격렬해졌다.[63] 베르너는 두 부분으로 구성된 자신의 논문 「**한 번 더 '비판적·역사적 신학'의 종말: 반**反**비판**」Nochmals "das Ende der kritisch-historischen Theologie": Antikritik[64]에서, 마찬가지로 두 부분으로 구성된 에밀 브루너의 논문 「**소위 비판 신학은 실제로 비판적인가?**」Ist die sogen. kritische Theologie wirklich kritisch[65]와 논쟁을 벌인다. 베르너는 자신의 논문 마지막 부분에서 바르트의 『로마서』 제1판에 대해 언급하게 된다.[66] 비판적 신약성경 연구는 바울주의Paulismus에서 모순을 확인하는 데만 급급하기 때문에, 그 연구에서 본질적인 바울의 범주에 대한 이해가 사라졌다는 논평에 대해 베르너는 다음과 같이 대답한다. "나는……현대 신약학이 이런 유행에 빠지게 된 참

62 이 책 102쪽.

63 M. Werner, *Das Weltanschauungsproblem bei Karl Barth und Albert Schweitzer. Eine Auseinandersetzung*, Bern, 1924. 바르트의 응답: *Sunt certi denique fines. Eine Mitteilung*, ZZ, Jg. 3 (1925), S. 113-116. V.u.kl.A. 1922-1925, S. 490-499(재판).

64 M. Werner, *Nochmals "das Ende der historisch-kritischen Theologie": Antikritik*, KBRS, Jg. 36 (1921), S. 146-148, S. 149-151.

65 E. Brunner, *Ist die sogen. kritische Theologie wirklich kritisch?*, KBRS, Jg. 36 (1921), S. 101f., 105f.

66 Werner, a.a.O., S. 150f.

된 이유를 보고 있다고 믿는다. 그것은 복원 신학[19세기와 20세기 초 현대 자유신학에 반대하는 보수 운동으로, 20세기 말 "근본주의"로 대체되었다] Repristinationstheologie에 맞서 다시 싸우려는 태도 때문이다. **복원 신학**은 사도를 또한 **체계화하는 사람**[조직신학자]Systematiker으로도 파악하여 그들 자신의 체계System, 곧 자신들의 교의학으로 대체한다. 비판적 연구는 이런 환상을 깨뜨리기 위하여 애쓰면서, 바울의 중요한 모순들을 찾아내는 것을 목표로 삼았다." 베르너는 계속해서 다음과 같이 추측했다. 브루너의 글은 "칼 바르트가 자신의 책 『로마서』 서문에서 미리 언급한 내용을 좀 더 명확히 하고 확장하여 의역Paraphrasierung한 것과 사실 다르지 않다.……칼 바르트의 『로마서』 안에는 사실 두 개의 줄이 꼬여 있다. 이 책에 있는 넓게 펼쳐진 [한] 줄 위에는 진정한 바울의 사상 전체가 놀랄 정도로 순수하게 이해되어 있고, 매력적인 불빛으로 장식되어 있음을 우리는 보게 된다. 그런데, 이 줄은 항상 다른 줄과 교차되고 있다. 이 다른 줄 위에서 갑자기 다른 세계로 이동하게 된다. 그 다른 세계는 바로 순수하게 바르트적인 역사철학이다."[67] 바르트는 베르너의 "순수하게 바르트적인 역사철학"이라는 표현에 상응하는 것으로 "체계"를 끼워 넣었고, "두 개의 줄"이라는 베르너의 비난에서 자신의 변증법의 특징[변증법은 정these과 반antithese의 두 요소로 시작된다] 또는 풍자를 발견했고, 사도를 "그들 자신의 체계"로 대체하려는 복원 신학자들에 대한 비판을 아마도 자신과도 관련지었을 것이다.[68]

67 Werner, a.a.O., S. 150. S. 147.

68 이 맥락에서 브루너에 대한 바르트의 논평을 언급할 필요가 있다. 브루너는 『로마서』 제1판의 인쇄본을 읽은 후 1918년 11월 28일 다음과 같이 썼다. "이 책은 일단 순수하게 객관적인 의도에서 보자면 한 권의 **성공적인 작품**이며, 흔히 하는 상투적인 표현으로는 하나의 완전한 '체계'(System)입니다. 전혀 그럴 의도가 없다고 해도 말입니다." 바르트는 브루너의 글

사실 바르트는 베르너와의 논쟁을 이미 "서문"에서—유명하게 된 해석학적 이미지와 관련해 직접—시작한다. 이 해석학적 이미지는 칼뱅에게도 중요했다. 그것은 다음과 같다. 오랫동안 본문과 씨름하여, "마침내 1세기와 16세기의 담이 **투명**해지고, 저기서 바울이 **말을 하면** 여기서 16세기의 인간이 **듣는다**." "칼뱅의 방법을 '영감설의 강요'Zwang der Inspirationslehre라는 그야말로 진부한 구호로 일축할 수 있다고 생각하는 사람은 진실로 자신이 **이** 방향으로는 전혀 **연구하지** 않았음을 드러낼 뿐이다."[69] 바르트의 수사학적인 인물인 "-하는 사람[위의 "……일축할 수 있다고 생각하는 사람"]……그 사람은" 베르너의 다음 구절을 분명히 겨누는 듯하다. "역사적·비판적 신학은 예수가 하나님의 아들이라는 사상—예수를 초대 그리스도교에서 파악한 대로—의 '객관적 진리'를 인정하지 않지만, 그 사상의 '역사적·심리학적 기원'Genesis을 지시한다. 그런데 이 거부가 일차적이며, 이것은 현대 세계관의 강요[불가피성]Zwang에서 나온 것이다. '역사적·심리학적 기원'을

《*Der Römerbrief*》 *von Karl Barth. Eine zeitgemäß-unmoderne Paraphrase*, KBRS, Jg. 34 [1919], S. 29-32 = Anfänge I, S. 78-87)을 읽은 후 1918년 12월 12일에 다음과 같이 썼다. "당신은 근본적이고 설득력 있는 작업을 하셨습니다. 제게는 그 반(反)비판(Anti-Kritik)이 전혀 필요 없을 듯합니다. 핵심은 당신이 선택한 영역에서 사실 어떻게든 이 형태로 드러날 것이기 때문입니다. 당신은……신학적 우애와 나의 바울 사이에 들어와서 당신의 역할을 훌륭히 수행하고 있습니다. 여태껏 제가 할 수 있던 것보다 더 잘 하고 계십니다. 바울에게 있는 어떤 것에 대해 제가 그렇게 '객관적'이며 '순수하게' 각(角)을 세운 것이 당신의 손을 거치면 즉시 친근한 작은 체계로 둥그스름하게 됩니다. 다시 말해 어떻게 그렇게 그 신학의 지파(Sippe)에 친근하면서도 [또한] 위협적으로 소개되는 그런 체계가 될 수 있는지 놀랐습니다. 원래 저는 먼저 다소 긴 서문을 통해 이와 비슷한 일을 하려고 했으나, 단념하였습니다. 그건 어쩌면 [나의] 무능함 때문이기도 하고, 어쩌면 그 일이 그리 절박하지 않을 것 같다는 어떤 직관 때문일 수도 있습니다."(K. Barth – E. Brunner, Briefwechsel 1916-1966, 괴팅겐 대학교 바르트 연구소, 에버하르트 부쉬 [『칼 바르트』(복 있는 사람), 『위대한 열정』(새물결플러스)] 지도, [Gesamtausgabe, Abt. II], Zürich, 2000, S. 23f., S. 37f.).

69 이 책 97쪽.

가리키는 것[암시]은 이차적인 것이며, 그 거부 자체의 정당성을 입증하는 것을 결코 의미하지 않는다.……오히려 오래된 개념, 곧 영감이나 계시 등의 개념에 맞서는 반론을 의미하는 것으로, 이 개념[영감이나 계시 등의 개념] 배후에는 의심스러운 교리를 '객관적 진리'로 사수하려는 어떤 신학이 아직도 죽지 않고 살아서 진을 치고 있다."[70] 바르트는 "서문"의 한참 뒤에서 베르너의 글에 나오는 또 하나의 주제어를 끄집어낸다. "사람들[바르트의 비판자들]이 나의 '체계', 나의 '교의학적 전제', 나의 '알렉산드리아주의'[기독교와 헬레니즘의 교차점인 알렉산드리아에 형성된 학파의 주장을 굳게 따르는 것]라고 부르는—그들이 마음대로 어떻게 부르든—것이 바울이 알고 있던 것이라는 사실을 나는 알고 있다.[71] 이것은 베르너가 다음과 같은 기대를 표출했기 때문이다. "이로써 우리는 다시 그 옛날 알렉산드리아 학파의 교훈을 떠받드는 새로운 신학, 새로운 조직신학의 도래를 경험하게 되리라."[72]

이 그룹에서 바르트의 "서문"에 나타나는 두 번째 사례는 다음의 발언과 관계된 것이다. "사람들은 나를 '**역사적 비판**[역사 비평]historische Kritik의 단

70 Werner, a.a.O., S. 147. Brunner, a.a.O., S. 31, S. 85f. Jülicher, *Paulusausleger*, Sp. 466f., S. 94. "바르트는 자신의 입장이 역사 비평의 입장이나 영감설의 입장보다 위에 있다고 정식화하면서, 자신은 역사적인 것을 통해 영원한 영인 성경의 영[정신, Geist]을 꿰뚫어 보기를 바란다. 바르트의 이 말은 자기 이전의 다른 사람들은 한갓 역사적인 것에만 도달했을 뿐이라는 뜻이다. 그는 역사적인 것을 위배하지 않지만 그것을 통해 영에 이른다. 이것은 정확히 오리게네스(Origenes)의 입장이지만 바르트는 다시 오리게네스의 영은 영이 아니라고 설명할 것이다. 그렇다면 이것은 영지주의자의 입장으로, 역사적인 것 일반에 전혀 관심을 기울이지 않는 입장이다." 계속되는 이후의 비판에 대해서는 슐라터의 글을 참조하라. A. Schlatter, *Karl Barths 《Römerbrief》*, Die Furche, Jg. 12 (1922), Sp. 228-232, Sp. 229 = Anfänge I, S. 142-147, S. 143.

71 이 책 104쪽.

72 Werner, a.a.O., S. 150.

호한 적대자'라고 부른다."[73] 그런데 정확하게 이런 표현은 어디서도 찾아볼 수가 없다. 아마 이 표현도 그 당시의 지배적인 자유주의신학이 바르트의 방법적 · 내용적 명제를 대하던 "분위기"를 압축하고 요약해서 만든 말 같다. 예컨대 쾰러W. Köhler는 아라우 대학생 대회(1920) 때 하르나크가 한 연설에 대하여 이렇게 말한다. 그 강연의 주제("역사는 세계 사건의 해석을 위한 확고한 인식에 무엇을 제공하는가?")는 "그 당시 사람들이 아무리 역사를 하찮게 여겼다고 할지라도 여기서는 정말 진지하게 문제를 느끼고 있다는 사실"을 증명한다. 하르나크의 강연은 "우연히(아마도 그 논쟁 때문에) 추가된 보충적 논의를 통해서 신랄한 반대, 곧 역사를 경멸하는 사람들과 '체험적인 그리스도인들'Erlebnischristen에 대한 확실한 반대를 표명한다. 그리고 그런 사람들이 어디에 있는지는 모르는 이가 아무도 없다."[74]

율리허의 비판도 이런 분위기를 고스란히 보여준다. "다른 견해들, 곧 역사적 비판의 견해나 종교학적인 방법의 견해를 선험적으로 배척하고, 기껏해야 그저 봐준다는 태도로 그런 견해를 예비 단계쯤으로 인정해 주긴 하지만 독자들이 직접 비교할 수 있는 기회는 아예 주지도 않고, 자기들의 생각과 자기들의 그럴 듯한 반론에 대해서는 결코 근본적인 반박을 허용하지 않는 것만으로도 충분하다고 간주되지 않는 한—그런 한에서는 이 신新 바울주의자가 '옛' 것을 극복했다고 말할 수 없을 것이다."[75]

73 이 책 94쪽.

74 W. Köhler, *Von der Aarauer Konferenz 1920*, Basler Nachrichten, Jg. 76 (1920), Nr. 429(1920년 10월 7일).

75 Jülicher, Paulusausleger, Sp. 455, 90. 율리허에 반대하여 Friedrich Gogarten, *Vom heiligen Egoismus des Christen. Eine Antwort auf Jülichers Aufsatz: 《Ein moderner Paulusausleger》*, ChW. Jg. 34 (1920), Sp. 546-550, Sp. 549 = Anfänge I, 99-105, S. 103.

율리허 이외에 파울 베른레(1872-1939)도 이런 맥락에서 생각해 볼 수 있다. 베른레는 학문적 신학의 성과에 대한 바르트의 몰이해를 비난한다. 그는 칼 바르트의 비판 때문에 개인적으로 큰 충격을 받았다고 말한다. "어디선가 그는 나를 향해서 이런 표현을 쓴다. '오, 초라한 명암의 [18]90년대 신학이여!' 우리의 노력에 대한 경멸이 담긴 말이었다. 그는 우리가 그 당시 처음으로 하나님 나라와 성령을 이해하기 위해—지금이야 그런 것이 일상적이지만—얼마나 많이 싸워야 했는지를 전혀 모르기 때문에 그런 말을 하는 것이다."[76] 투르나이젠이 바르트에게 보낸 1921년 9월 30일 편지에서[77] Bw.Th.I[Karl Barth / Eduard Thurneysen, *Briefwechsel*, 바르트와 투르나이젠의 서한집, 이 책 17쪽 "약어표" 참조]에는 나오지 않은 부분을 보면, 바르트가 투르나이젠의 충고를 따라 그 부분을 삭제한 것이 드러난다.[78] "나는 '성경 문자주의'라는 요점에 관한 호통장이 베른레와의 논쟁을 조금이나마 누그러뜨리는 것이 바람직하다고 보지만 그것은 거의 가능할 것 같지 않군. 불행히도 그 사람은 자기만의 방식으로 내가 거기서 인용한 문장에서 최대한 벗어나고 또 벗어나려고 시도하기 때문이지. 실제로 우리가 보기에 그의 주석은 피셔, 리츠만, 율리허와 비교할 때 하나의 진보, 물론 아주 상대적인 진보일 뿐이었어. 그러나 '불쾌한 것을 유쾌하게 그냥 놔두는 일'이 그냥 호락호락 일어나서는 **안 돼**. 다만 제대로 한 방 먹이려고 준비한 것, 곧 '버르장머리 없는 어린놈의 수프'만큼은 바로 그 서문의 입장 전체를 감안하여 생략하자."

76 Wernle, S. 163. 『로마서』 제1판 인용과 관련해서는 S. 306f. 참조.

77 Bw.Th.I, S. 523.

78 이 책 1051쪽, 본문 비판 k.

같은 편지에서 투르나이젠은 바르트가 우선적으로 에른스트 슈테헬린(별명은 휘도르Hydor)Ernst Staehelin과 로베르 르쥔의 이름까지 언급하려 했던 것에 대해서도 입장을 표한다.[79] "나는 특별히 III쪽에 있는 에른스트 슈테헬린과 IV쪽의 R. 르쥔은 제외할 것을 권하고 싶네. 아니, 부탁하고 싶네. 그렇게 눈에 띄는 자리에서 그들의 이름을 언급하는 것은 두 사람에게 지나치게 명예로운 일이기 때문이야. 그들은 그렇게 비중 있는 사람들은 아니지 않는가. **에버하르트 피셔**의 이름을 넣는 것은 찬성일세. 그 사람 이름은 **반드시** 있어야 해. 그는 오버베크와 베르누이Bernoulli와 관련하여, 그 밖의 어리석은 일들 때문에 충분히 이름이 언급될 만하니까.[80] 하지만 휘도르, 자네의 이름은 르쥔—자네의 이름을 고작 각주에서 한 번 언급한 르쥔—의 이름은 아닐세! 그냥 이렇게 쓰게나. '라가츠 서클이 나를 이런 말로……' 하고 말일세. 도대체 르쥔이 **누구란** 말인가? 에른스트 슈테헬린은 또 누군가?" 서문에는 두 사람의 이름이 나오지 않으니, 이것은 분명히 투르나이젠의 충고를 따른 것이다.

르쥔은 종교 사회주의 신학자로서 그 운동의 지도자였던 라가츠L. Ragaz를 친구로 둔 사람이었다. 그는 1920년대 초반, 종교 사회주의 운동의 기관지인 「새로운 길」Neue Wege의 공동 편집자 가운데 한 사람이기도 하다. 바르트는 서문에서 실제로 이름도 출처도 밝히지 않은 채 르쥔의 말을 인용한다. "라가츠 주위에 있는 사람들 가운데 하나가 나를 [아버지] 블룸하르트의 말, 곧 '**단순함**은 신적인 것의 특징이다!'*Einfachheit* ist das Kennzeichen des

79 슈테헬린은 이 책 1051쪽, 본문 비판 a. 르쥔은 이 책 1051쪽, 본문 비판 c 참조.

80 피셔는 다음의 논문에서 바르트의 오버베크 해석을 날카롭게 비판했다. E. Vischer, *Overbeck und die Theologen*, KBRS, Jg. 35 (1920), S. 122-124, 125-127. 1922년에 벌어진 논쟁, 곧 피셔와 바르트 사이의 또 다른 논쟁에 관해서는 V.u.kl.A. 1922-1925, S. 58-64 참조.

Göttlichen는 말로 끝내려고 했다."[81] 여기서 바르트는 르쥔의 『요한 크리스토프 블룸하르트의 '나라의 기도'에 붙이는 머리말』Vorbemerkung zu J.Chr. Blumhardt, Das Reichsgebet의 주에 나오는 말을 인용한다.[82] 거기서 르쥔은 바르트의 『로마서』에 대해 이렇게 적는다. "'단순함은 신적인 것의 특징이다.' 우리는 자기가 직접 체험한 진리를 소박하게 말로 드러내는 블룸하르트의 모습을 보면서 자연스럽게 이 말을 떠올리게 된다. 또한 그러한 사상의 세계를 문체상으로도 빛나게, 최대한 명민하면서도 예리하게, 특히 저자에게는 어쨌거나 대단히 중요한 논쟁의 상황에서 그 누구보다 재치 있게 옹호하는 모습에 놀라면서 이 말을 떠올리게 된다. 이렇게 어떤 사람의 경우는 이 모든 소박하고 단순한 언어를 따라 물결치는 **정신**[영, 성령]Geist이 우리를 사로잡고, 그러면서도 객관적으로 모습을 드러내는 진리와 현실성 때문에 우리가 그것을 선포하고 전달하는 저자를 거의 망각할 정도까지 되는데, 다른 어떤 사람의 경우는 바로 그 정신이 그 사람 자신의 '정신적 풍요'Geistreichigkeit(이 단어는 그 실체보다 아름답지 않다) 뒤로 물러난다. 바르트 자신도 그 정신의 효력이 발휘되는 데 이바지하려고 하지만 그것이 너무나 후퇴한 나머지, 우리는 자꾸만—때로는 미소를 짓거나 때로는 놀라거나 때로는 짜증도 내면서—연기자의 주체에 매달리게 되고 아주 자연스럽게 이런 질문을 던지게 된다. 결국 저자에게는 자기가 옹호하려는 진리 그 자체보다도 자기 자신의 빛나는 표현, 정신적으로 풍요로운 자신의 표현이 약간 더 중요한 것은 아닐까!"[83]

81 이 책 92쪽.

82 이 책 51쪽, 각주 41.

83 R. Lejeune, a.a.O., S. 245f. 각주 2.

투르나이젠의 편지는 한편으로는 이렇게 베른레와의 논쟁에 대한 관심을 불러일으키고, 다른 한편으로는 도무지 바르트가 어떤 사람의 어떤 비판을 염두에 두고 있는지 불확실해 보이는 다음의 구절을 조명한다. "나의 로마서 해설과 관련하여 내가 솔직히 인정하는 것이 있으니, 그것은 내가 이 책에서 다루고 있는 **내용**이 3년 전이나 지금이나 소위 **전체** 복음이 아니라 **실제** 복음과 관련된 것이라는 사실이다. 나는 실제 복음을 파악하는 것 말고는 **전체** 복음에 이르는 길을 알지 못한다. 그런데 그 실제 복음이 드러나는 것을 모든 측면에서 동시에 볼 수 있는 사람은 아무도 없다. 전체 복음, 믿음, 사랑, 소망, 하늘, 땅, 지옥 등을 골고루 균등하게 다루는 편안하고 일반적인 말이나 글쓰기를 나는 별로 유익하지 않다고 본다."[84] 이것은 베른레가 바르트를 비판하면서 "객관적" 바울주의라는 비난을 제기한 데 대한 반응인 것 같다.[85] 베른레는 이렇게 쓴다. "종교개혁자들이 로마서에서 끄집어낸 핵심은 **율법**, **죄**, **복음**, **은혜**, **믿음**, **영**[성령], **육**과 같은 개념, 또 **그리스도인이 어떻게**—그리스도를 통한 구원에 근거하여—**평화와 위로와 윤리적 능력을 발견하느냐**는 질문이었다. 로마서 전체의 신학은 바로 **믿음과 영**[성령]**에 관한 신학, 그리스도 없이 살아가는 인간과 그리스도와 함께 살아가는 인간에 관한 신학**이다. 이런 점에서 바울을 종교개혁자들의 관점에서 이해하는 것은 지극히 옳은 일이다."[86] 또 이렇게 말한다. "**믿음, 사랑, 소망, 인내, 평화, 기쁨 등의 개념은 하나님이 인간의 영혼 속에 거하고자 하신다는 사실을 표현하는 말에 불과하다**. 바르트는 끊임없

84 이 책 106쪽.

85 Wernle, S. 164.

86 Wernle, S. 167.

이 주관성과 개별성, 체험과 경험을 비판하고 멀리함으로써 종교의 이러한 움직임 전체를 거부한다."[87]

IV. 『로마서』 제2판에 대한 투르나이젠의 논평

"어디서 한 사람의 생각이 끝나고, 또 한 사람의 생각이 시작되었는지……."

그 당시 바르트와 투르나이젠이 주고받은 편지를 보면, 두 번째 로마서 해석서가 나오기까지 두 사람 사이에 지속적인 교류가 있었음을 보여주는 대목이 이루 헤아릴 수 없을 정도로 많다. 『로마서』 제1판을 개정하는 데 투르나이젠이 얼마나 열정적으로 관여했는지를 잘 보여주는 첫 번째 자료는 그가 바르트에게 보낸 1920년 10월 28일 편지이다. 바르트가 그에게 제1장 일부를 수정·보완한 첫 번째 원고를 보내고 나서 하루만의 일이다.[88] 투르나이젠은 즉시 그 원고를 읽고서 자기 의견을 제시하겠노라고 말한다. "가능하다면 나도 계속해서 그 일에 하나하나 동참할 수 있도록 해주게나. 아니, 그러면 너무 지나친 요구일까? 이제 나는 즉시, 다시 꼼꼼하게, 그리고 비교하면서 열심히 그 일을 시작하고자 하네. 그때그때 떠오르는 생각이 있으면 추가로 자네에게 메모해서 주겠네."[89] 바르트는 이 제안에 동의하고 그때부터 투르나이젠은 바르트의 원고를 한 구절 한 구절을 함께 읽기 시작한다. 투르나이젠이 이렇게 코멘트를 달아서 보낸 마지막 원고는 1921년 9월 30일 자펜빌로 보낸 우편물이었다. 그는 그 후 11월까지

87 Wernle, S. 168.

88 1920월 10월 27일 바르트의 편지(Bw.Th.I, S. 435f.).

89 Bw.Th.I, S. 437(생략된 부분까지 포함).

받은 인쇄원고를 계속해서 끝까지 읽었다. 이 출판 계획이 진행되면 될수록 바르트는 투르나이젠의 제안을 더 많이 받아들인다. 그 제안을 글자 그대로 받아들일 때도 많이 있었고 일부는 문체만 살짝 바꾸어 받아들였다. 바르트의 표현을 빌자면, 새로운 『로마서』가 나오는 데 투르나이젠의 "헌신적인 노력은 숨겨진 기념비"였다.[90]

바르트는 친구의 도움을 높이 평가했고 그에 대한 감사의 마음을 표현했다. 1921년 10월 괴팅겐 대학교의 개혁 신학 명예교수로 임명되어 괴팅겐으로 떠나기 며칠 전인 9월 27일 편지에서, 바르트는 두 사람이 함께 걸어온 길을 되돌아보며 이렇게 적는다. "아무튼 나는 자네가 원고를 잘 다듬느라 지난 11개월 동안, 그리고 지금까지도 많은 노력과 시간을 쏟아부은 것에 대해 미리, 온 마음으로 고마움을 전하고 싶네. 만일 자네가 없었더라면 아마 나는 지금까지도 불편한 심정으로 슐라이어마허에게 머물러 있거나 사회주의에 빠져 있었을 것이고, 『로마서』 제1판이나 제2판도 쓰지 못했을 것이고, 심지어 교수로 초빙되는 이 기이한 상황을 맞이하는 일도 분명 없었을 것이라 생각하네."[91] 투르나이젠도 사흘 뒤 바르트에게 보내는 답장에서 바르트에 대한 감사의 마음을 표한다. "자네가 없었더라면, 그리고 자네가 보여준 그 맹렬한 속도, 내가 거기에 보조를 맞추는 은총을 누렸던 바로 그 속도가 없었더라면 지금 나는 과연 어느 구석에, 그 어떤 칙칙한 구석에 주저앉아 있을까? 아마도 볼러Boller의 귀퉁이 어딘가에? 아니면 심지어 쿠터Kutter의 테이블에? 아니면 휘도르[에른스트 슈테헬린]와 비슷하게 그저 경건하고도 경박한 바젤 연못에 처박혀 있을까? 나는 자네의

90 이 책 111쪽.

91 Bw.Th.I, S. 520.

전진 의지와 닦달 덕분에 살았고 지금도 그 덕분에 사는 것이라네."[92]

바로 앞 단락에 나오는 투르나이젠의 편지만 보더라도 새로운 원고를 집필하는 과정과 또한 그 원고를 재구성하는 것과 관련하여 두 사람이 주고받은 편지를 완전히 확보하는 것이 얼마나 중요한지를 알 수 있다. 투르나이젠 자신이 이 서한집의 "서문"에서 이렇게 말한다. "이번 판版은 서신 교환을 거의 완전하게 재생하되, 다만 어떤 편지에서는 일부를 삭제하고 거기다 "……" 표시를 붙이는 일, 그리고 소수의 편지 몇 편은 아예 편지 전체를 생략하는 일이 꼭 필요하게 되었다. 이렇게 삭제되거나 생략된 부분은 주로 우리의 사적인 영역과 관계된 것이다. 모든 편지의 원본은 바르트 아카이브Barth-Archiv에 보관되어 있으므로 훗날 바르트의 전기 작가, 그 밖의 바르트 연구자들은 그 자료를 참조할 수 있을 것이다."[93] 그런데 이렇게 출간된 서한집을 보면, 『로마서』를 다시 쓰던 시기의 편지들 중에서는 바르트의 편지가 그 친구의 편지보다 훨씬 많이 실린 것이 눈에 띈다. 그 기간에 투르나이젠이 쓴 편지 상당수가 빠진 셈이다. 투르나이젠의 중요한 문서 59개 중에서 겨우 26개만이 Bw.Th.I에 실렸다. 그렇게 실린 그 시기의 편지들은 게다가 많이 축약된 형태로 출간되었다. Bw.Th.I에서는 "……"로 생략을 표시한 부분도 얼마 되지 않는다. 무엇보다도 투르나이젠의 제안이나 코멘트 대부분이 제2판에는 실리지 않았다.

Bw.Th.I은 이렇게 『로마서』가 탄생하는 과정에서 투르나이젠의 역할을 약화시킨다. 이 바르트의 주석이 존재하게 된 연대기를 연구하되 구절 하나하나를 짚으며 정밀하게 연구하고자 하는 연구자에게도 이 서한집은

92 Bw.Th.I, S. 523(생략된 부분까지 포함).

93 Bw.Th.I, S. VIf.

충분한 자료를 제공하지 못한다. 하지만 우리는 이렇게 생략된 구절들을 통해서 『로마서』에 숨겨진 암시들, 바르트가 읽었던 책들, 배경적 논의들, 정치와 신학과 가정Familie과 관련된 질문과 그 분위기에 대해서 훨씬 더 면밀하게 접근하게 된다. 투르나이젠의 자료가 지닌 이러한 위대한 신학사적·본문 비판적 중요성을 감안할 때, 두 사람의 이 서한집을 향후 완전하게 재구성하여 출간하는 것이 바람직하다. 그 책의 출간이야말로 "어디서 한 사람의 생각이 끝나고, 또 한 사람의 생각이 시작되었는지, 제아무리 전문가라도 알 수 없을 것"[94]이라고 말한 바르트의 시험에 답이 될 것이다.

V. 이 판의 편집 장치들에 관하여

각주의 장치들은 세 부분으로 나누어진다.

1) 첫 번째 장치는 별표[*]로 표시된 24개의 각주로, 주로 바울의 본문에 대한 바르트의 본문 비판적 주석이다.

2) 두 번째 장치는 바르트의 본문에 대한 본문 비판적 주석이다. 이것에 관해서는 뒤에 나오는 "본문 비판과 본문 구성"(이 책 76-83쪽)의 설명을 참조할 것.

3) 세 번째 그룹의 각주는 편집자들의 주석으로, 바르트가 쓴 본문의 출전을 제시하였다. 이 그룹의 각주에 관해서는 앞에서 이미 많은 관심을 기울였다. 여기서는 다만 아래의 사항들로 보완하고자 한다.

94 이 책 111쪽.

1. 출전

a) 저자의 이름만 제시되었거나 필요한 부분에서는 서명의 키워드만 제시된 출전은 "약어표"[이 책 16쪽]에서 완전하게 제시하였다.

b) 우리는 이런 출전 확인을 위해 일차적으로는 바르트 아카이브에 소장된 판들을 참조하려고 많이 노력하였다. 그런데 그러는 동안 어떤 저자의 비판 판kritische Ausgabe이 출간되어 표준으로 사용될 때는 이 판까지 소개하는 시도를 하였다.

2. 인용

a) 바르트의 인용 방식은 변경하지 않았다.

b) 특히 편집자의 각주에 있는 인용문은 제시된 출전의 변경되지 않은 원문을 [그대로] 인용하였다.

c) 바르트가 여기저기서 반복하는 인용이나 암시는 타당한 이유가 있는 경우에만 예외적으로 표시하였다. 찾아보기(주제)를 참조할 경우, 그 인용 또는 암시는 제일 처음 언급된 곳에서[만] 설명하였다.

3. 쪽 번호

이 판에서는 제2-13쇄의 쪽 번호를 세로 줄 사이[| |]에 넣어 표시했다. 제1쇄의 쪽 번호는 실수(본문이 3쪽이 아니라 5쪽부터 시작한다) 때문에, 각각 두 쪽이 많아졌다. 서문들에 기재된 이전 쇄의 쪽 번호는 바르트가 마지막으로 서문을 쓴 1929년의 제6판에 기재된 판본의 쪽 번호이다.

4. 성경의 장절

바르트는 로마서의 장절을 가리킬 때뿐 아니라, 로마서 외의 [성경 각

권의] 장절을 가리킬 때도 소괄호[( )] 안에 장절을 표기하였다. 여기서 유의할 것은 "제시된 절과 이어지는 절들"의 의미로 간단히 f.라고 쓰는 바르트의 습관이다. 요즘은 대개 ff.을 쓰지만 말이다. 우리는 바르트의 이 습관을 그대로 받아들였다. "언급되고 이어지는 절"이라는 오늘날의 의미로 f.가 사용될 곳에서 바르트는 두 절을 쓰고 있다. 성경의 장절과 관련하여 또 유의해야 할 것은, 바르트는 루터 번역Luther-Übersetzung [성경]을 자주 사용한다는 사실이다. 좀 더 정확히 말하면, 1892년 개정판을 사용한다. 바르트가 제시하지 않은 성경 구절은—우리가 아는 한—대괄호[[ ]] 안에 넣었다.

5. 찾아보기

[이번] 신판新版에는 찾아보기(성구, 인명, 주제)가 [새롭게] 제공되었다. 그래서 게오르크 메르츠Georg Merz가 만들어 『로마서』 2쇄부터 이후 모든 쇄에 실렸던 찾아보기는 이 [새] 찾아보기로 대체되었다.

VI. 편집자의 사례謝禮

이번 판版을 위한 작업은 이미 오래전에 시작되었다. 작업 초반에는 그 당시 칼 바르트 아카이브의 책임자였던 힌리히 슈퇴베잔트 박사Dr. Dr. h.c. mult. Hinrich Stoevesandt가 적극적으로 이 작업에 동참하였다. 이와 직접적으로 관련하여, 그의 부인 엘리자베트 슈퇴베잔트 여사에게도 감사의 마음을 전하지 않을 수 없다. 두 분이 바젤에서 베풀어 준 환대, 격려, 구체적인 도움은 결코 잊을 수 없다. 작업 후반에는 카트야 톨스타야 박사Dr. Katja Tolstaja가—그녀는 암스테르담 자유대학교 신학과의 지원을 받아—편집 작업에 합류하였으며, 2010년 현재 칼 바르트 아카이브(바젤)를 맡고 있는 한스 안톤 드레베스 박사Dr. Hans-Anton Drewes는 계속해서 도와주었다[2017년 현재는 페터 조허 박사Dr. Peter Zocher가 맡고 있다]. 드레베스 소장에게는 이 자리를 통해 각별한 감사의 마음을 표하고 싶다. 그의 개인적인 노력, 정밀함, 언제라도 도와주려는 자세가 없었다면, 그리고 그와 함께 일하는 직원들의 구체적인 도움이 없었다면, 이 책은 나오지 못했을 것이다. 한밤까지 계속된 『로마서』의 장르와 현대성에 관한 대화 후에, 그가 아널드 쇤베르크Arnold Schönberg의 '달에 홀린 피에로'Pierrot Lunaire까지 들려주며 손님들을 대접한 것은 아주 적절한 깜짝 선물이었다.

지난 20-25년 동안 다양한 세부적인 질문과 관련하여 많은 전문가들의 조언이 필요했었다. 이 자리를 빌려 그분들의 이름도 소개하려고 한다. 우리는 그분들의 도움으로 새로운 것을 발견할 때마다 엄청난 학문적인 발견자의 기쁨에 환호했으며, 그 전문가들조차 우리의 질문에 대답할 수 없을 때는 슬퍼하지 않을 수 없었다. 친절하게 정보를 제공하고 전문적인 도움을 주신 분들을 아래에 소개하고자 한다.

로테 바우어Frau Lotte Bauer 여사(뮌스터 대학교), 프랑크 베스테브로이에르트예 박사Dr. Frank Bestebreurtje(바젤 대학교), 피터 보스 박사Dr. Pieter H. Vos(네덜란드 캄펜 개신교 신학대학교), 요아힘 라타크 교수Prof. Dr. Joachim Latacz(바젤 대학교), 프리드리히 로만 교수Prof. Dr. Friedrich Lohmann(베를린 훔볼트 대학교), 클라우스 디터 오스트회베너 교수Prof. Dr. Claus-Dieter Osthövener(부퍼탈 대학교), 에버하르트 하르프스마이어 교수Prof. Dr. Eberhard Harbsmeier(덴마크 TPC-뤼굼클로스터).

끝으로 이 책을 맡아 출간해 준 TVZ출판사 대표 마리안네 슈타우파허 여사Frau Marianne Stauffacher께도 감사의 말을 전한다.

2010년 11월, 암스테르담

코르넬리스 판 더르 코이Cornelis van der Kooi · 카트야 톨스타야Katja Tolstaja

칼 바르트 아카이브 책임자 서문

본문 비판과 본문 구성

"로마서"Der Römerbrief라는 간결한 제목을 단 책이 칼 바르트를 유명하게 만들었다. 1922년에 나온 이 책의 제2판은 지금까지도 그의 책 가운데 가장 유명한 책이다. 독일어판은 1922년부터 2005년까지 16쇄, 도합 4만 7천 부를 찍었다. 그 외에도 영어, 프랑스어, 이탈리아어, 네덜란드어, 러시아어, 스페인어, 중국어, 일본어, 한국어 번역본[한들, 1997]이 나왔다.

이 책은 시간이 흐르면서 신학사의 정경正經에 속하는 "고전"古典이 되었다. 그래서 사람들이 이 고전의 본문 구성에 특별한 관심을 갖는 것은 당연한 일일 것이다. 이 관심의 출발점은 완전히 새롭게 집필된 개정판(1922)의 **2쇄**였다. 이 본은 1923년 뮌헨에 있는 카이저 출판사Chr. Kaiser에서 출간되었으며 전체적으로 보면 제3쇄에 해당한다. 제2판의 이 본문이 그 후로도 계속해서 그대로 인쇄되었으며, 문장에 오류가 있어도 어떤 수정이나 개정도 되지 않았다. 여러 세대의 남녀 독자들이 이 본문을 연구했고, 대부분의 연구가 이 본문을 참조했다. 이 본문이 이 판의 토대가 되는 이른바 "textus receptus"[공인 본문]이었다.

이와 함께 "원原 본문"Urtext이라 할 수 있는 개정판 **1쇄**(1922^2)도 물론 세밀하게 검토해야 했다. 2쇄 서문에 따르면, 1923년에 "두 번째[쇄]로 새로 찍어" 제3쇄로 출간된 본문은 이 개정판 1쇄에 기초한 것으로서 "모든 본질적인 면에서는" 아무것도 수정되지 않았다고 한다. 하지만 바르트 자신이 지적한 것처럼, 새로운 이 쇄에서는 바르트의 친구 루카스 크리스트Lukas Christ가 "문체상 윤문이 꼭 필요했던 다수 부분에서 많은 도움을 주었다." 바르트는 이런 말을 함으로써 그 당시 형성되던 지지자들 사이에서 자신의 작가적 재능이 무비판적으로 칭송되는 분위기를 누그러뜨리려 했을 것 같다는 추측은 이런 문체상의 수정이 이루어진 것을 감안할 때 사실인 것으로 보인다. 이 수정은 대개의 경우 독일어의 재귀대명사 위치를 바로잡는 수준으로, 바르트는 재귀대명사를 동사 바로 앞에 붙이곤 했는데 이것을 조동사 뒤로 옮기는 식이었다. 이런 식의 문체상의 윤문 외에도 2쇄에는 원 본문의 수정으로 안셀무스·루터·멜란히톤 등의 인용문이 부가되었다. 수정하거나 추가한 것Corrigenda resp. Addenda 대부분은 바르트 자신의 개인 소장본인 1쇄에 바르트가 직접 메모해 둔 것이다. 그렇다고 바르트가 이 메모들을 모두 기입한 것은 아니며, 모든 수정이 바르트의 지시에 따른 것 같지도 않다. 어떤 것은 식자공이 실수해서, 또 어떤 것은 나름 고쳐보겠다는 생각에서 2쇄에 흘러 들어온 것으로 보이는 것들도 있었다.

본문을 구성하면서 의심스러웠던 부분에서는 재구성된 **인쇄원고**를 토대로 신뢰할 만한[원본에 가까운] 결정을 내릴 수 있었다. 바르트는 1919년 판[제1판]의 정서[초草 잡았던 글을 깨끗이 베껴 쓴 것]淨書를 만들 때와 마찬가지로 1922년 [제2판의] 『로마서』도 22.5×18센티미터 크기의 종이에, 한쪽 면만 사용하여 정성스럽게 베껴 써 놓았다. 책이 인쇄되어 나온 뒤에는, 이제 자기 임무를 다 마친 그 원고용지를 반으로 자르고 때로는 반의반으로 잘랐다. 그리고 아무것도 적혀 있지 않는 뒷면을 세로로 길게 세워, 대략 18×11.25 혹은 11.25×9센티미터 크기의 메모장을 만들고 거기에 발췌문을 적어 괴팅겐 대학교 강의 때 주로 사용하였다. 『로마서』 1922년 판의 인쇄원고 조각의 상당수가 이런 식으로—발췌문이 적힌 이런저런 꾸러미 25개에 흩어진 채, 게다가 『로마서』 1919년 사본 조각들과 뒤섞인 채로—보존되어 있다. 원래 735쪽에 달하는 원고 가운데 완전한(한 쪽의 위와 아래가 다 있는) 것은 320쪽, 반쪽만 남은(위만 있거나 아래만 있는) 것이 279쪽이다. 더 정확하게 말하자면, 추가로 한 쪽의 2/3만 있는 것이 5쪽, 1/4만 남은 것이 1쪽, 마지막으로 세 줄 정도만 식별할 수 있는 것이 1쪽, 바르트가 츠빙글리의 책을 읽을 때 서표書標로 사용했던 길쭉한 종잇조각 하나가 있다.

칼 바르트 전집판Gesamtausgabe의 『로마서』 판형을 감안할 때 본문의 생성 과정을 완벽하게 설명하는 것을 목표로 삼을 수는 없었다. 그렇게 하려면 인쇄원고로부터 예컨대 표현상의 수정이나 보완, 추가적으로 어떤 문장이나 단락을 본문에 기입한 것까지 모두 고려해야 할 것이기 때문이다. 그러한 분석을 통해 흥미로운 통찰을 얻을 수도 있겠지만, 그런 것은 특별 연구의 영역으로 남겨 두어야 한다. 로마자 첨자는 본문 비판 장치로서, 오독이나 부주의로 인쇄 전의 원고와 인쇄된 본문이 서로 다른 부분을 뜻하는 것으로 제한하였다. 1쇄와 2쇄가 서로 다른 부분에서는 본문으로 받아들여진 표현을 보다 지지하기 위해 종종 인쇄원고를 소개하였다.

인쇄원고를 1쇄와 비교해 보면, 식자공들이 전체적으로 꽤 훌륭하게 일을 해냈다는 사실을 알게 된다. 물론 바르트의 대담한 문체가 그들을 혼란에 빠뜨린 부분이라든가, 어쩌다 한 번씩 주의력 결핍이 나타난 부분(가령 격자체로 인쇄해야 할 부분을 그냥 둔 것)은 제외하고 말이다.

그러나 1쇄와 2쇄를 비교하면 전혀 다른 상황이 전개된다. 힌리히 슈퇴베잔트Hinrich Stoevesandt는 1989년 취리히에서 출간된 14쇄(=15쇄)—이 판은 사실상 신판新版이라고 봐도 과언이 아니며 오늘날 통용되는 로마자 서체로 본문을 인쇄한 첫 번째 판이라는 점에서도 『로마서』의 역사에서 이정표로 남을 만한 작품이다—작업을 하면서, 2쇄에 "꽤 많은 수의 조판 오류[오식]誤植가 있다"[1]는 사실을 확인했다. 1쇄를 2쇄와 꼼꼼하게 비교해 보면 더욱 상세한 것을 알 수 있다. 1923년 판은 수정과 보완을 거친 문장들이 새롭게 앉혀지긴 했지만, 1쇄를 새롭게 앉히는 과정에 끝까지 집중력을 발휘하지는 못했다. 비교적 많은 부분에서 격자 표시가 없어지면서 격자 표시에 담긴 의미가 불분명해질 때도 있다. 이런 확실한 조판 오류 외에도 일부 차이가 눈에 띄는데, 이것은 경솔함 탓인 경우도 있고 지나치게 기계적인 교정 탓이기도 하다. 예컨대 찬송가 한 구절이 연상되는 표현인 "Licht vom unerschaffnen Lichte"(창조되지 않은 빛들의 빛, 이 책 864쪽)이 1쇄에는 제대로 반영되었지만, 2쇄에서는 교정한 어형인 "unerschaffenen"으로 바꾸었다. 칼 바르트는 형용사 어미에 들어가는 e를 생략하여 그냥 "unsern"(우리의) 혹은 "höhern"(더 높은)과 같은 식으로 즐겨 사용했는데, 2쇄에서는 식자공이 생략된 e를 넣어 "unseren", "höheren"으로 바꾸었다. 게다가 일관성도 없었다. 어떤 경우에는 반대로 "unserer"를 "unsrer"로 바꾸기도 하였다. 이 경우와 이와 비슷한 경우들, 다시 말해 의미가 크게 훼손되지 않는 경우에는 2쇄의 정서법을 그대로 따랐다.

1쇄와 2쇄를 전적으로 비교해 보면, 정서법에 대해 다음과 같은 인상을 말한 슈퇴베잔트의 생각에 수긍하게 된다. "[정서법이] 아주 분명하고도 그야말로 우연적인 불규칙성을 지닌 것으로 보인다."[2] 이런 인상은 문장부

1 H. Stoevesandt, *Vorbemerkung zum Neudruck*, K. Barth, *Der Römerbrief. (Zweite Fassung) 1922*, 14. Abdruck (=15. Auflage) Zürich, 1989, V-Vf. S. V.

2 A.a.O., S. VI

호의 경우에도 마찬가지이다. 하지만 이러한 인상은 2쇄의 적지 않은 수정 때문이다. 우리는 지금까지 살펴본 자료에 근거하여 본문 구성 및 본문 비판 장치를 위한 지침을 다음과 같이 제시하고자 한다.

1. 우리가 출발점으로 삼은 본문은 2쇄다. 이 본문은 가장 많이 보급된 『로마서』의 본문일 뿐 아니라, 바르트 자신이 마지막으로 일련의 수정 및 추가를 통해 수정한 책임 있는 본문이다. 앞서 언급한 것처럼, 바르트 자신이 수정 및 추가한 것은 바르트 자신의 소장본에 그때그때 메모한 것에 불과하다. 아쉽게도 이것 자체가 교정의 지침이 되지는 못하였다.

2. 이 본문은 칼 바르트 전집판의 편집 기준에 따라서, 분명한 조판 오류나 명백한 문법·구문 오류의 경우는 별도의 표시 없이 수정하였다.

3. 1922년 판에 수정을 가할 때는 다음과 같은 경우에 어느 쪽인지 판단해야 했었다. 비록 그에 해당하는 메모가 제시되지 않고 1922년 판에는 그 표현이 나타나지만, 저자로부터 촉발된 수정이거나 아니면 어쨌든 적절한 수정—본문에 반드시 가해져야 할—이 관건일지 아니면, 어떤 표현이 1922년 판에는 본문에 있고, 1923년 판에는 각주로 제시되어서, 자주 의미에 혼동을 주는 오해를 해결하는 것이 관건일지를 판단해야 했었다.

4. 몇 개 되지 않지만 그럼에도 주목할 만한 본문의 경우에는 1922년 판과 1923년 판의 해당 표현을 따르지 않고 인쇄원고의 표현을 취했으며, 1922년 판의 모든 쇄를 통해 지속적으로 실린 본문의 오류는 각주로 제시하였다. 롬 4:9 해석 중의 "형제 민족"Brudervolk(이 책 1054쪽 본문 비판 j)과 6:5 해석 중의 "죽음의 형벌"Todesstrafe(이 책 1056쪽 본문 비판 e)이 그 경우다.

여기서 몇 가지 사례로 대략 소개한 사안들뿐 아니라, 정서법과 구두법도 칼 바르트 전집판의 규정에 따라 조심스럽게 통일하는 것이 옳다고 여겨졌다. 실제로 **문장부호**의 경우도 이미 슈퇴베잔트가 말한 바와 같았다. "아주 심한 정도로 불규칙성을 띠고 있어서, 우연성에 근거하고 있다고 밖에 말할 수 없다."[3] [이 통일성 결여 또한] 2쇄에서도 여전히 줄지 않고 늘었다. 제시된 문장부호는 "저자가 의도를 가지고 붙인 문체상의 수단이어서 그의 본문에서 훼손할 수 없는 요소로 보기가[4] "어려운 것" 같다. 때에 따라서는 일반적인 규칙을 벗어난 경우도 있었고, 규칙을 벗어나지 않은[그럼에도 수정이 필요한 듯 보이는] 곳도 있었지만, 우리는 바르트의 출판물에서 주목할 만한 관용구로 인식된 하나의 문체상이나 내용상의 의도와 결부된 것으로 보고서, 그런 곳마저도 우리는 통상적인 수정을 포기했다.

정서법의 경우도 [문장부호의 수정 문제와] 마찬가지로 유보적으로 처리했다. ss를 쓸지 ß[에스체트]를 쓸지는 기본적으로 새로운 정서법을 따랐지만, 그 밖의 사안에서는 오늘날 통용되는 규칙에 조심스럽게 맞추는 것을 목표로 삼았다. 바르트의 텍스트가 지닌 독특함은 널리 알려진 사실이고, 그 독특성을 존중하는 것은 당연한 일이다. 예컨대 바르트는 슐라이어마허가 "schlechthinig"(절대적인)이라고 쓴 것을 고수했으며[정서법에 따르면 "schlechthinnig"이다], 통일성 없이 자주 지속적으로 "Alle"(모든), "Keiner"(아무도)와 같은 식으로 대문자를 사용했다. 이 외에도 부분적으로는 친필 원고에서도 통일성이 없었던 것은 마찬가지인데, 전적으로 신학적인 비중이 있는 경우에도 대문자와 소문자를 쓰는 데 통일성이 없었다. 그래서 "Alte Testament"[구약성경]이라고 해놓고서 한줄 아래에서는 "neue Testament"[신학적으로 "새로운 언약"으로도 읽힐 수 있다]라고 썼다. "Heilige Geist"[성령]도 다음에는 "heilige Geist"[신학적으로 "거

3 A.a.O., S. V

4 A.a.O., S. Vf.

룩한 영"으로도 읽힐 수 있다]라고 썼다. 그다지 중요하게 보이지 않는 단어들도 자주 다르게 쓰기도 하였다. "wohl berechtigt"(충분한 근거가 있는)를 "wohlberechtig"로 쓰기도 하였다. 이처럼 상이한 형식들에도 불구하고, 내용상의 어감이나 강조 등이 발견될 수 있는 곳에서는 어디든, 통일성을 기하려는 시도를 단념하였다. 비록 그런 것[내용상의 어감이나 강조 등]을 발견하지 못한 독자라 해도 "그 당시 생성 과정의 이 흔적"[5]이 눈에 거슬린다고 느끼지 않기를 바란다.

지금까지 대강의 작업을 소개하였다. 이 일을 되돌아보니 여러모로 도움을 주신 분들께 감사하지 않을 수 없다. 바르트의 정서 단편들에서 각각의 본문 조각을 전체 [로마서] 주석의 위치에 일치시키고, 그 후 조각들을 서로 연결해서 컴퓨터 파일로 만들고—우리가 할 수 있는 한 최선으로 만들어 낸—그 원래의 인쇄원고를 다시 눈앞에 재현하는 이 작업은 명민하고도 헌신적인 도움 없이는 불가능했을 것이다. 사회 복무 요원으로 이 일에 "조력자"로 입증된 사람들, 특히 마르코 그라프Marco Graf와 마르쿠스 그라프Markus Graf에게 감사드린다. 여러 회의에서 나와 함께 바르트의 정서와 인쇄된 텍스트를 비교하는 작업을 도와준 마르그릿 뮐러Margrit Müller 여사에게도 이 자리를 빌려 진심 어린 감사의 말을 전하고 싶다. 1쇄의 디지털화 작업 중에 정확한 비교가 가능했던 것은 베네딕트 비털리Benedikt Bitterli의 헌신 때문이었다. 그분에게 특별한 감사의 말을 전한다. 또한 텍스트를 수정하고 각주 장치 작업에 동참하여 그때그때 적절한 제안으로 개선을 꾀한 사회 복무 요원들인 레토 프라이Reto Frey, 라스 페터 클리어리Rars Peter Cleary, 바스티안 투르나이젠Bastian Thurneysen 등도 거명하지 않을 수 없다. 시몬 바인라

5 A.a.O., S. VI

이히Simon Weinreich는 거의 1년 동안 믿음직스럽게 이 일을 감당했고, 특히 상이한 텍스트를 검토하는 수고를 하였다. 마르셀 비트버 목사Pfr. Marcel Wittwer는 입증된 방식으로 찾아보기(주제)의 기초 작업을 하였으며, 안드레아스 베트샤르트Andreas Betschart와 외르크 미하엘 보넷 목사Pfr. Jörg-Michael Bohnet가 그의 작업을 이어받았다. 보넷 목사는 수정된 원고를 꼼꼼히 읽어 주었으며, 많은 개별 문제와 질문들에 친절하고도 적극적으로 참여해 주었다. 그에게 아주 특별한 감사의 말씀을 드리는 것이 마땅하다.

2010년 11월, 바젤
한스 안톤 드레베스Hans-Anton Drewes

[드레베스는 바르트 사후(1968) 윙엘(E. Jüngel)과 함께 바르트의 유고집 "그리스도교적인 삶"을 『교회교의학』(IV/4, 1976)으로 출간했으며, 1998년부터 2012년까지 칼 바르트 아카이브(바젤)의 책임자였다.]

제1판 서문

바울은 자기 시대Zeit의 아들로서 자신의 동시대 사람들에게 말했다. 그러나 이 진리보다 **훨씬** 더 중요한 다른 진리가 있으니, 곧 바울은 하나님 나라의 예언자요 사도로서 모든 시대의 모든 사람들에게 말했다는 진리이다. 물론 그때와 지금, 거기와 여기의 차이에는 주의를 기울여야 한다. 그러나 이렇게 주의를 기울이는 목적은 그 차이들이 본질적으로 **전혀** 의미가 **없다**는 오직 그 깨달음 때문이다. 역사 비평적 성경 연구 방법은 나름의 정당성이 있다. 그 방법은 이해를 위한 준비 작업을 지향하는데 그런 준비는 언제나 꼭 필요한 작업이다. 그러나 만일 내가 역사 비평적 성경 연구 방법과 전통적인 성경 영감설 가운데 하나를 선택해야 한다면 나는 단호하게 후자를 취할 것이다. 성경 영감설은 더 크고 깊으며 **더 중요한** 정당성을 갖는다. 왜냐하면 이 영감설은 이해 작업 자체를 지향하며, 이 작업이 없다면 모든 준비가 아무런 가치가 없기 때문이다. 다행히도 나는 이 둘 사이에서 하나를 선택해야 할 강요를 받고 있지 않다. 그럼에도 나의 전적인 관심은 역사적인 것을 **뚫고 들어가서** 성경의 영, 곧 영원하신 영을 보는 것을 지향하고 있다. 과거에 진지했던 것이 오늘날에도 여전히 진지한ernst 것이며, 또한 오늘날에 진지한 것이어서 한갓 우연이나 희한한 생각이 아닌 것은 과거에 진지했던 것과 직접적으로 연결되어 있다. 우리가 우리 자신을 바르게 이해한다면, 우리가 하는 질문은 바울의 질문이며, [그 질문에 대한] 바울의 대답은—그 대답의 빛이 우리를 비춘다면[조명한다면]—우리의 대답이 될 수밖에 없다.

> 참된 것이 이미 오래전에 발견되어
> 고귀한 영혼들을 묶어 주었으니,
> 그 오래고 참된 것—그것을 붙잡아라![1]

역사 이해는 어제의 지혜와 오늘의 지혜 사이에서 행해지는 대화로서, 두 지혜 간의 대화는 계속되면서 더욱 솔직하게 점점 더 파고드는 대화로, 이 두 지혜는 하나이며 같다. 나는 여기서 나의 아버지 **프리츠 바르트** 교수[2]께 존경과 감사의 마음을 표하고자 한다. 그분의 평생의 사역이 바로 이 깨달음의 실천이었다.

의에 주리고 목마른[마 5:6] 시대에서는 구경꾼으로 바울에 맞서 그와 냉정한 거리를 유지하기보다는, 그의 곁에서 구체적으로 [그의 일에] 동참하는 것이 더 자연스럽다. 이것은 확실하다. 아마도 지금 우리는 그런 시대로 진입하고 있는 듯하다. 나의 이런 생각이 착각이 아니라면, 이 책은 틀림없이 제한적이지만 특정한 사명을 감당할 수 있을 것이다. 이 책은 발견자의 기쁨Entdeckersfreude으로 쓰였다는 것을 사람들은 느낄 것이다. 바울의 힘찬 음성은 |VI| 내게 새로웠으며 지금도 새로우며, 그 음성은 다른 사람들

1 요한 볼프강 폰 괴테, '유산'(Vermächtnis) 둘째 연 시작 부분.

2 프리츠 바르트(1856-1912), 라이트나우(Reitnau)의 아르가우 목사(Aargau, 1879-1886), 바젤 개신교 설교자 학교 교사(1886-1889), 1889년 베른 대학교 고대·중세 교회사/신약학 강사, 1891년 부교수, 1895년 정교수. 라우터부르크(M. Lauterburg)가 서문에 쓴 이력 참조. Fr. Barth, *Christus unsere Hoffnung. Sammlung von religiöse Reden und Vorträgen*, Bern, 1919, S. III-XVIII.

에게도 틀림없이 새로울 것이다. 그런데 이 작업이 끝나 갈 무렵 아주 분명해진 것은 아직도 듣지 못하고 발견하지 못한 것이 훨씬 많다는 사실이다. 그러므로 이 작업은 공동 작업Mitarbeit을 요구하는 하나의 사전 작업Vorarbeit이며, 그 이상이 되려고 하지 않는다. 이 일에 부르심을 받은 정말 많은 사람들이 나타나 바로 이곳에서 샘[시 84:6, 원서에는 84:7로 되어 있다]을 파기를 바란다. 하지만 성경의 복음을 함께 새롭게 질문하고 탐구하[기를 바라]는 기쁨의 소망이 나의 착각이라면, 그렇다면 이 책은 때[시대]Zeit를 기다려야 한다. [성경의] 로마서 자체도 기다리고 있다.

1918년 8월, **자펜빌**

제2판 서문

οὐδὲ ἀνῆλθον εἰς Ἱεροσόλυμα .... ἀλλὰ ἀπῆλθον εἰς Ἀραβίαν
예루살렘으로 가지 아니하고 아라비아로 갔다가(갈 1:17).

나는 제1판 서문에서 이 책을 하나의 **"사전 작업"**Vorarbeit이라고 불렀다. 이 표현 또한 그 서문의 마지막 문장("이 책은 기다릴 수 있다.……")[1] 만큼이나 주목받았고 거의 악평을 받았다. 그래서 내가 이 책의 옛 판을 소위 돌 하나도 돌 위에 남지 않을 정도로 새롭게 개정한다고 해도, 어떤 해명의 필요도 느끼지 않는다. 제1판을 쓸 당시 나는 소망할 엄두도 못 내고 거의 소망할 수도 없었던 일, 곧 이전까지 바울과 성경 전반에 전혀 주목하지 않던 자들 몇몇이 [그 책을 통해] 이에 주목하게 되었다는 사실에서 그 책은 "제한적이지만 특정한 사명"을 감당하였다. 나름의 장점과 오류를 지닌 제1판은 이제 무대에서 사라질 수 있게 되었다. 나는 이미 시작된 작업을 계속하여 또 하나의 잠정적인 결과물을 여기 내어놓는다. [제1판을 쓸] 당시 얻은 위치는 좀 더 앞에 위치한 지점으로 옮겨졌고 거기서 새롭게 구비되고 공고히 되었다. 그래서 이 위치에서는 전혀 다른 전망이 제공된다. 역사적인 대상과 사태 자체의 통일성으로 여기[제2판]와 거기[제1판] 사이의 연속성이 확보될 것인데, 이 확보는 두 번째 "사전 작업"인 이 공동 작업mitarbeiten하는 수고를 감당하는 독자들에게 이루어질 것이다. 이 제2판 또한 한갓 사전 작

1 이 책 86쪽[다소 차이가 있다].

업이다. ["사전 작업"이라는] 이 말은 제3판을 약속하는 뜻으로 이해되어서 안 되며, 특히 어떤 최종적인 일[작품]을 뜻하는 것으로 이해되어서는 절대 안 된다. 인간의 모든 일은 **한갓** 사전 작업에 불과하다. 신학책은 모든 다른 일보다 더욱 그러하다! 내가 이 모든 말을 하는 이유는 나의 로마서에서 신 정통[2]이라는 공포의 유령이 출몰한 것을 본 사람들이 모두—아니면 내가 알고 있는 나의 일부 독자들이—사태를 |VII| 오해해서 [이번에는 내가] 너무 큰 유연성을 보인다고 반대로 비난하지 않았으면 하는 바람 때문이다.

제2판과 제1판의 관계에 대한 충분한 정보는 이 책 자체에서 제공될 텐데 거의 대부분 은연중에 제공될 것이다. 내가 기이하게 생각하는 것은, 소위 공개적인 비판을 통해 제1판의 본래적인 약점들이 전적으로 간과되었다는 점이다. 그렇다고 해서 저 제1판[의 약점들]에 관해 거의 경멸스러운 방식으로 말할 수 있고 또 그렇게 마땅히 말해야 하는 것을 독자들에게, 특히 비평가들에게 지금 이 자리에서 어떻게 전할 생각은 전혀 없다.*

* 이 책이 마무리되기 직전에 나는 **바흐만**(Ph. Bachmann)이 "Neue kirchl. Zeitschrift"(1921년 10월호)에 기고한 논문을 보았다.[3] 그 논문에는 내가 합당한 것으로 그리고 본질적으로 인정해야만 하는 이의들이 아주 조심스럽게 제기되어 있다. 그사이 그 이의들을 내가 진지하게 고민했다는 사실을 그 논문의 저자도 느낄 것이다.

2 이 책 47-49쪽.

3 Ph. Bachmann, *Der Römerbrief verdeutscht und vergegenwärtigt. Ein Wort zu K. Barths Römerbrief*, Neue Kirchliche Zeitschrift, Jg. 32 (1921), S. 517-547. 예컨대 바흐만은 524쪽 이하에서 다음과 같이 썼다. "'우리를 위한 하나님'(Gott für uns) 대신에 강력하고 삶에 밀접하며 열정적인 '우리 안의 하나님'(Gott in uns)이 들어선다. 좀 더 정확히 말하자면, 전자가 후자 속에서 영원히 몰락한다. 이로써 로마서 전체의 중요한 근본 사상 하나에 그림자가 드리워진다. 구원받은 삶이란 본질적으로 인간 안에서 창조적으로 역사하시는 하나님의 임재다. 그래서 의는 그 임재와 더불어 조성된 새로운 상태이며, 믿음은 그 상태에 깃든 신실한 태도, 신뢰하는 태도, 받아들이는 내적 영향력의 주관적인 결말이다."

다만 지금까지 수행된 진전과 전면으로 이동하도록 함께 작용한 네 가지 주된 요인쯤은 말해도 될 것 같다. 무엇보다도 **첫째**, 바울에 대한 계속된 연구이다. 나의 연구 방식은 바울 서신으로 이어진 몇몇 단편들만을 살피는 것이었는데, [바울에 대한 계속된 연구를 통해 나의 연구는] 확장되어 도처에서 로마서에 새로운 빛이 비쳐졌다.[4] **둘째**, 오버베크Overbeck이다. 모든 신학자를 향한 오버베크의 경고를 나는 투르나이젠과 함께 자세히 소개하였다.[5] 나는 그 경고를 먼저 나 자신에게 적용했고 그다음에 비로소 적에게 적용했다. 내가 쓴 이 『로마서』 제2판에서 시도된 토론—아주 주목할 만하며 보기 드물게 경건한 사람과의 논쟁—이 성공적이었는지 혹은 성공적이 아니었는지의 판단을 나는 오버베크가 최종적으로 제기한 (참으로 전기적이거나 심리학적인 수수께끼일 뿐 아니라!) 사실적인 수수께끼를 보고서 그 수수께끼를 풀려고 최소한 노력한 사람들에게 맡기지, 예컨대 에버하르트 피셔Eberhard Vischer에게 맡길 수는 **없다**!von Eberhard Vischer a 6 **셋째**, 플라톤과 칸트 사상의 본래 가르침과 관련해 더 잘 배우게 된 것—이것은 나의 동생 하인리히 바르트Heinrich Barth의 글 덕분이다[8]—과 신약성경 이해를 위

4 에베소서 설교집(*Predigten 1919*, hrsg. von H. Schmidt [Gesamtausgabe, Abt. I], Zürich, 2003, S. 173-334), 고린도후서 설교집(*Predigten 1920*, hrsg. von H. Schmidt [Gesamtausgabe, Abt. I], Zürich, 2005, S. 17-87, 143-164, 173-180, 190-301), 에베소서 강의(1919/20) 필기(*Erklärung des Epheser und des Jakobusbriefes*. 1919-1929, hrsg. von J.-M. Bohnet [Gesamtausgabe, Abt. II], Zürich, 2009, S. 3-44).

5 Overbeck, Christentum und Kultur 출간을 계기로 쓴 Barth, Unerledigte Anfragen 참조.

6 피셔가 KBRS, Jg. 35 (1920)에 쓴 논문 「오버베크와 신학자들」(Overbeck und die Theologen, S. 122-124, 125-127, 126f.)에서 제기한 비판을 암시한다.

7 이 책 1051쪽, 본문 비판 a.

8 H. Barth, *Gotteserkenntnis, Vorträge an der Aarauer Studentenkonferenz 1919*, Basel, 1919, 35-79 = Anfänge I, 221-255. *Die Seele in der Philosophie Platons*, Tübingen, 1921. *Das Problem des Ursprungs in der Philosophie Platons*, München, 1921.

해 키르케고르와 도스토옙스키에게서 배운 것에 더 많은 관심을 둔 것이다. 여기서는 특별히 에두아르트 투르나이젠Eduard Thurneysen의 암시가 내게 깨우침을 주었다.[9] **넷째**, 나의 『로마서』 제1판이 [어떻게] 받아들여졌는지를 정확히 추적한 것이다. 이에 대해 나는 제1판이 받았던 호의적인 논평이 다른 어떤 것보다도 자기비판에 도움이 되었다는 점을 말하고 싶다. 다시 말해, 몇몇 |VIII| 과찬에 나는 너무나 놀라서 문제를 다르게 말하고 적극적으로 입장 변경을 할 필요가 있었다. 이것은 즉시 시행해야 할 피할 수 없는 일이었다. 이 모든 것[네 가지 주된 요인]을 언급하는 것은 끊임없이 질문을 제기하는 사람들, 특히 [이 책의] **생성 과정**Hergang을 질문하는 사람들의 여러 추측들을 적어도 빠른 시간에 바른길로 인도하기 위해서다. 이 세상 모든 것에는 나름의 생성 과정이 있지 않은가?

내게는 제1판과 제2판 두 판에 공통으로 관계되는 몇몇 근본적인 것들이 더 중요하다.

이 책은 한 신학자가 다른 신학자들과 나눈 한 편의 대화, 그 이상도 그 이하도 아니고자 한다. 율리허와 에버하르트 피셔의 "나도 한 명의 신학자다"라는 의기양양한 단언[10]은 완전히 과한 말이다. 나는 **신학** 외에 다른

9 바르트가 로마서 개정 작업을 시작했을 때, 투르나이젠은 도스토옙스키에 관한 강연을 시작했다. 투르나이젠은 1921년 4월 21일 아라우 대학생 총회에서 강연했고, 후에 그 강연 원고를 수정해서 출판했다. E. Thurneysen, *Dostojewski*, München, 1921.

10 Jülicher, Paulusausleger, 94. "칼 바르트라는 한 사람에게는 두 개의 세계가 있으며, 그의 가슴 속에는 두 개의 영혼이 싸우고 있다. 한 영혼은 주석은……오직 넓게 분지(分枝)된 학문의 모든 보조 수단에 의해서만 성취될 수 있는 과제라고 아는 영혼이요,……다른 한 영혼은 성경 이해가 새로운 세상의 시민들에게만 제한되어 있다고, 즉 바르트에게만 제한되어 있다고 생각하는 영혼이다." E. Vischer, a.a.O.(이 책 89쪽, 각주 6), S. 126. "그럼에도 바르트는 이 놀라운 신학자의 기법을 훨씬 훌륭하게……, 아니 그야말로 대가답게 이해하고 있다. 그래서 그는 정당하게 오늘날의 사람이다."

것을 해볼 생각을 한 적이 없다. 문제는 어떤 신학이냐 하는 것뿐이다. 오늘날 중시되는 견해는 신학을 완전히 내팽개치고 모든 사람이 이해할 만한 무언가를 생각하며, 심지어는 이런 식의 말을 하고 이런 식의 글을 쓰는 것을 중시하는데, 이런 견해는 전적으로 정신신경증이며 경솔한 것으로 나는 간주한다. 나의 질문은 다음과 같다. "그렇게 모든 사람을 염두에 두고서 말하고 쓰려는 사람들이 먼저 **자기들끼리** 그 **주제**에 관하여 지금보다는 더 나은 의견 일치에 도달해야 하지 않을까?" 라가츠Ragaz와 그의 동조자들이 이 점에서 제기한 성급한 비판, 곧 이것이 완고한 신학적 교만의 한 시도[11]라고 말하는데, 나는 삼가 그 비판을 거부한다. 나의 질문이 이 순간 어떤 사람에게 정말 한가한 것으로 들린다면, 그 사람은 조용히 자기 길을 가시라. 모두가 거리에 몰려나와 소리치는 것으로 보이는 바로 이 시대에서 '무엇?'[을 말해야 하는지]Was에 대한 질문이 중요한 질문이라는 것이 우리 다른 사람들의 생각이다. 여기서 독자들을 기다리고 있는 것은 옳든 그르든 신학이라는 사실을 나는 굳이 숨기지 않는다.

이런 경고에도 불구하고 신학자가 아닌 자들이 이 책을 잡는다면—사실 내가 아는 사람들 중에는 이 책 안에 있는 내용을 많은 신학자들viele Theologen b 보다 더 잘 이해하는 이들이 있다—내게는 큰 기쁨이 될 것이다. 이 책의 질문은 모든 사람의 질문이기 때문에 이 책의 내용은 모든 사람과 관련된 것이라는 게 나의 분명한 생각이다. 그렇다고 해서 나는 그 모든 사람들을 생각해서 내가 합당하다고 생각하는 그 이상으로 쉽게 쓸 수는 없었다. 몇몇 외국어 인용구들의 경우 번역한다면 그 무게를 잃게 될 것이고, 간혹 나오는 몇몇 신학적-철학적 용어들에 대해서도 그들은 우호적으로 감내

11 이 책 52쪽.

해야만 할 것이다. 내가 아주 잘못 생각하고 있는 것이 아니라면—나는 여기서 아르투어 보누스Arthur Bonus를 반대할 수밖에 없다[12]—우리 신학자들이 "평신도들"로부터 최대한의 관심을 받을 때는 우리가 최소한의 의도와 표현력으로 그들을 대하고, 진정한 모든 수공예 장인들이 그러하듯이 단순하게 우리의 사태Sache를 살아갈 때이다. |IX|

ᶜ라가츠 주변의 한 사람Einer von denen um Ragaz ᶜ은 [아버지] 블룸하르트가 한 말인 "**단순함**은 신적인 것의 특징이다!"Einfachheit ist das Kennzeichen des Göottlichen는 말로 나를 매장하려고 했다.[13] 이에 대해 나는 "신적인 것"을 말하거나 썼다고 생각하지 않으며, 그렇게 한 기억도 전혀 나지 않는다는 말로 대답하고자 한다. "신적인 것"은 내가 아는 한 결코 책들 안에 있지 않다. 최소한 우리—아버지 블룸하르트가 아닌 우리—의 과제가 신적인 것에 관해 **묻는 것**이라면, 그렇다면 단순함—ᵈ사람이 하나님으로부터ᵈ man von Gott aus 성경과 그 밖의 다른 몇 가지를 이해할 때의 단순함, 하나님께서 친히 말씀하실 때의 단순함—은 우리 길의 시작이 아니라 끝에 있다. 단순함에 관해서는 30년 후에 계속 말하도록 하고, 오늘은 진리에 관해 말하자! **우리**나 바울의 로마서나 오늘날 신학의 상황이나 오늘날 세계 상황이나 하나님을 마주한 인간의 상황 일반 등이 [모두] 단순하지 않다. 이런 상황에서 진리가 문제인 사람은 우선 한번쯤은 단순하지 **않을** 수 있는 용기를 보여

12 A. Bonus, *Zur religiösen Krise*, Kunstwart, Jg. 34 (1920/21), S. 354-356. 여기서 보누스는 바르트의 글, 특히 로마서를 언급한 후에 계속해서 다음과 같이 말한다. "이 책들을 신학자라면 마땅히 읽어야 하겠지만 평신도에게 추천할 수 있는지는 모르겠다. 어쩌면 평신도들 가운데—바울이 고전 12:10["어떤 사람에게는 방언(Sprache)들 통역(auslegen)함을 주시나니"]에서 말한 것처럼—'언어(Sprache)를 해석(auslegen)하는' 은사를 가진 자들이 있을지도 모른다. 바르트의 언어는 너무나 신학적이다."

13 이 책 67쪽.

주어야만 한다. 오늘날 인간의 삶은 모든 관계에서 어렵고 복잡하다. [예를 들어] 일반 사람들이 말하는 "감사"Dank에 관해 말해야 할 때, 호흡곤란으로 괴로워하는 사이비 단순함의 경우는 감사[의 의미]를 우리에게 거의 알려 주지 못할 것이다. "단순함"을 향한 전적인 부르짖음은 그 자체로 아주 잘 이해되는 것과는 다른 어떤 것을 의미하는 것은 아닌지, 또한 대부분의 신학자들이 공유하는 진리—직접적이고 역설적이지 않으며 오로지 **신앙**에만 어울리지 않는 진리—에 대한 갈망과는 다른 어떤 것을 의미하는 것은 아닌지 나는 나 자신에게 진지하게 질문한다. 나는 베른레Wernle처럼 아주 진지하고 순수한 사람과 가진 경험이 생각난다. 가령 내가 "순수하고 단순하게" "그리스도는 부활하셨다!"라고 말한다면, 그렇다면 그는 품위가 아주 극도로 손상된 현대인의 이름으로 위대한 종말론적 문구를 가지고서 어렵고도 어려운 사유Denken의 문제들을 능욕했다면서 불쾌해할 것이다.[14] 그래서 나는 사유의 언어로 다시 말해, 변증법적으로 동일하게 말한다면, 그렇다면 그는 이번에는 순수하고도 단순한 그리스도인의 이름으로 그 교리는 기적이며 영적이며 [이해하기] 어려운 것이라면서 한탄할 것이다.[15]

14 Wernle, S. 169. "물론 칼 바르트는 언뜻 보기에 부러워할 만한 확실한 입장에서 성경 문자주의(Biblizismus)를 취하고 있어서 나와 대조적이다. 그는 현대 의식에서 제기되는 모든 난제들을 그냥 빠져나간다. 게다가 그는 그 난제들을 느끼는 것조차 신앙의 결함으로 여긴다.……그[바르트]에게는 그를 숭배하는 사람보다 더 많은 비판적 독자가 생기기를 바란다. 로마서가 우리 신앙에 제기하는……어려운 문제들을 그처럼 너무나 쉽게 해결하지 않는 독자들 말이다."

15 Wernle, S. 168. "결국 질문은 **로마서에 대한 어떤 이해가 우리에게 실제로 도움이 되느냐**는 것이다.……이제 내게 중요한 것은 더 이상 순수하게 학문적인 질문이 아니다. 그렇다고 해서 나는 학문적인 질문에서 사유를 배제하고 싶지는 않다." 베른레는 그리스도의 십자가와 부활을 통한 "우리 구원의 객관적 과정"에 관한 바르트의 이해를 언급한 후에, 계속해서 다음과 같이 말한다. "아주 솔직히 고백하자면, 나는 나의 단순한 신앙으로 그 이해를 따를 수 없다. 그리고 나는 예수가 나에게 의미하는 바를 좀 더 겸손한 말과 건전한 말로 표현할 수밖에 없다."

내가 어떻게 그에게 대답해야 하겠는가? 신앙의 굴절된 선을 포기하고, 잘 알려진 것, 손에 잡히는 것, 직접적인 것, 역설적이지 않은 것—[이 네 가지는] 어쨌든 진리의 나라에 있으며, **전적으로** 어린아이의 나라에 있으며, 어린아이의 나라가 아닌 배중률[형식 논리학에서 어떤 명제와 그것의 부정 가운데 하나는 반드시 참이라는 법칙]이 지배하는 나라에 존재한다—을 말하기로 결단함으로써 그렇게 그를 만족시켜야 하겠는가? 물론 나 또한 로마서에서 문제가 되는 것들을 **단순하게** 말할 수 있기를 갈망한다. 그렇게 할 수 있는 어떤 사람이 나타난다면, 즉시 내 소임은 다한 것이리라. 나는 나의 책과 나의 신학을 고집하지 않는다. 그러나 나는 지금까지 "단순하게" 말하는 사람들 가운데서 [핵심 사안이 아닌] 어떤 다른 것에 관해 단순하게 말하는 |X| 사람들만 만났었다. 그래서 나는 **그들의** 단순함을 받아들일 수 없었다.

이제 다른 쪽을 바라보고자 한다. 사람들은 나를 "**역사적 비판**[역사 비평]historische Kritik의 단호한 적대자"라고 부른다.[16] 왜 그렇게 흥분된 말들 대신에 오히려 쟁점들을 조용히 숙고하지 않을까? 사실 나는 최근에 나온 로마서 주석들에 대해 이의를 제기하고자 한다. 전적으로 소위 역사적 비판에 대한 것뿐 아니라, 예컨대 찬Zahn [17]과 퀼Kühl [18]에 대해서도 이의를 제기하고자 한다. 나는 그들의 역사적 비판을 비난하려는 것이 아니라—오히려 나는 역사적 비판의 정당성과 필요성을 다시 한 번 분명히 인정한다—그 역사적 비판이 나로서는 도저히 본문 설명이라고 말할 수 없는 그런 설명Erklärung에만 머물러 있는 것을 비판하려는 것이다. 그들의 본문 설명은 한

16 이 책 64쪽.

17 Th. Zahn, *Der Brief des Paulus an die Römer*, Leipzig, 1910².

18 E. Kühl, *Der Brief des Paulus an die Römer*, Leipzig, 1913.

갓 아주 원시적인 시도로서, 그리스어 단어들과 단어군들을 해당하는 독일어로 번역하거나 바꿔 쓰고, 그렇게 해서 얻은 소위 결과들Ergebnisse e을 문헌학적-고고학적으로 해명하고, [해명된 그] 단편들을 역사적-심리학적 실용주의에 다소 그럴듯하게 결합하여 "거기 있는 것"was da steht을 확정하려고 한다. 역사가들이 "거기 있는 것"을 이렇게 확정하면서 때로는 의심스러운 추측에 **얼마나** 불확실하게 그리고 **얼마나** 자주 의지하고 있는지, 이 사실을 율리허Jülicher와 리츠만Lietzmann이 나보다 더 잘 알고 있다. 설명을 위한 이러한 원시적 시도조차도 정밀한 학문Exakte Wissenschaft이 **아니다**. 로마서에 관한 정밀한 학문은—정확하게 말하면—사본들을 판독하고 이에 대한 색인 작업으로 정확하게 제한되어야만 한다. 그런데 역사가들은 당연히 이런 일로 제한되는 것을 원하지 않는다. 오히려 율리허와 리츠만의 주석조차도—"실증주의자들"[19]의 경우는 굳이 말할 필요도 없겠지만—저 원시적 시도를 사실 넘어서서 바울을 **이해**하는 데까지 나아가고자 하는 저자들의 수많은 흔적들을 보여주고 있다. 다시 말해 "거기 있는 것"을 어떻게 하면 그리스어나 독일어로 뒤따라 말하는nachsprechen 데 그치지 않고, 그것이 어떤 **의미**일 수 있는지를 뒤따라 **생각**[성찰, 바르트에게서 하나님 인식은 하나님이 우리와 더불어 사전에vorher 실행하신 시작을 우리가 차후에nachher 뒤따라 생각, 성찰함으로써 가능하다]nach-denken하는 것을 드러내기까지 나아가려는 많은 흔적들을 보여주고 있다. 의견의 불일치는 바로 **여기서**—선행 연구에서 역사적 비판을 당연히 사용하는 문제가 아니라—시작된다. 역사가들이

19 바르트가 거명하는 "실증주의자들"은 로마서를 자유주의적으로 해석하지 않는 [보수적인] 자들로서, 앞서 언급한 찬과 퀼 외에, 앞으로 언급될 톨루크(Tholuck), 호프만(Hofmann), 베크(Beck), 고데(Godet), 슐라터(Schlatter) 등이 있다.

저 원시적 설명 시도에 전념하는 한 나는 그들을 주목하고 감사하면서 따라갈 것이다. 또한 [그들의 시도가 단순히] "거기 있는 것"을 확정하는 영역이라면 아주 학식 있는 분들, 곧 율리허, 리츠만, 찬, 퀼, 그리고 그 선배들인 톨루크Tholuck [20], 마이어Meyer [21], 바이스B. Weiß [22], 리프시우스Lipsius [23] 등의 발치에 앉아 단순히 그들에게 귀 기울이는 것 외에 다른 것을 행할 생각을 감히 꿈도 꿀 수 없을 것이다. 하지만, 본질적인 **이해**Verstehen와 **설명**Erklärung[독일 해석학 논쟁에서 정신과학은 "이해"를 추구하며, 자연과학은 "설명"을 추구한다고 한다]으로 나아가려는 그들의 시도를 |XI| 내가 주시하는 즉시, 그들의 요구[주장]가 빈약하다는 사실에 매번 놀랐다. 나는 루터의 주석이 직관의 확실함으로 추진했던 행위, 칼뱅이 명백히 체계적으로 주석의 목표로 삼았던 행위, 최근에는 특별히 호프만[24], J.T. 베크[25], 고데[26], 슐라터[27] 등이 지

20 A. Tholuck, *Auslegung des Briefes Pauli an die Römer nebst fortlaufenden Auszügen aus den exegetischen Schriften der Kirchenväter und Reformatoren*, Berlin, 1831[3].

21 H.A.W. Meyer, *Der Brief an die Römer*(Kritisch-exegetischer Kommentar über das Neue Testament, Abt. 4) Göttingen, 1854[2].

22 B. Weiß, *Der Brief an die Römer* (Kritisch-exegetischer Kommentar über das neue Testament, IV. Abt.) Göttingen, 1899[9].

23 R.A. Lipsius, *Die Briefe an die Galater, Römer, Philipper* (Hand-Commentar zum neuen Testament, Bd. II/2), Freiburg i.B. 1891.

24 J.Chr.K. von Hofmann, *Die heilige Schrift neuen Testaments zusammenhängend untersucht*, 3. Theil: *Der Brief Pauli an die Römer*, Nördlingen, 1868.

25 J.T. Beck, *Erklärung des Briefes Pauli an die Römer*: hrsg. von. J. Lindenmeyer, 2 Hälften, Gütersloh, 1884.

26 Fr. Godet, *Commentar zu dem Brief an die Römer*, 독일어 번역: E. R. Wunderlich, I/II, Hannover, 1881/1882.

27 A. Schlatter, *Der Römerbrief ausgelegt für Bibelleser*, Calw/Stuttgart 1887, Stuttgart, 1902[4].

향했던 그 행위가 본질적인 이해와 설명이라고 생각한다. 한 번 율리허[28]를 칼뱅[29]과 나란히 놓고 보자. 칼뱅은 열정적으로 자신의 일에 착수하여, "거기 있는 것"을 어느 정도 확인한 후에는 그 본문의 의미를 **숙고**한다.[nachdenken] 그러니까, 그 분문을 최대한 붙잡고 씨름한 끝에 마침내 1세기와 16세기의 담이 **투명**해진다. 마침내 저쪽에서 바울이 **말하고** 이쪽에서 16세기의 인간이 **듣는다**. 마침내 원전과 독자의 대화가 철저하게 **핵심**에 집중하게 될 때까지(그 핵심은 저쪽이나 이쪽이나 다른 것**일 수** 없다!) 그렇게 한 것이다. 칼뱅의 방법을 "성경 영감설의 강요"[30]라는 그야말로 진부한 말로 무시해 버릴 수 있다고 생각하는 사람은 진실로 자신이 **이** 방향으로는 전혀 **연구**하지 않았음을 드러낼 뿐이다. 그와는 반대로 율리허는 (그는 하나의 사례일 뿐이다!) 예나 지금이나 이해되지 않은 상형문자와도 같은 단어에 최대한 가까이 다가서서, 철저한 의미 탐색을 통해서는 건드릴 수 없는 이런저런 해석학적 원재료를 마치 바울의 독특한 견해와 가르침인 것처럼 성급히 포장해서 내어놓으려고 한다. 게다가 자신만의 종교적 사유의 범주들(감정, 체험, 양심, 확신 등), 너무나도 통속적인 몇 가지 범주를 가지고 바울의 전모를 **이미** 이해하고 설명했다고 성급히 결론지으려고 한다. 또한 이런 일이 눈 깜박할 사이에 성공하지 않을 경우 바울주의라는 배에서 빌헬름 텔처럼 대담하게 뛰어내려[31], 성급히 그 본문의 의

28 A. Jülicher, *Der Brief an die Römer, Die Schriften des Neuen Testaments neu übersetzt und für die Gegenwart erklärt*, J. Weiß, Bd. II: *Die Briefe. Die johanneischen Schriften*, 2. Abschnitt, Göttingen, 1907, S. 1-95.

29 J. Calvin, *Commentarius in Epistolam Pauli ad Romanos*, Calvini Opera, Vol. 49 (=CR 77), Braunschweig, 1892, col. 1-292.

30 이 책 62쪽.

31 프리드리히 폰 실러, 『빌헬름 텔』, 4막, 1장, 2219-2271절.

미에 대한 책임성을 바울의 "인격성"에 내맡긴다든지, 도저히 믿을 수 없는 것까지도 설명해 내는 "다메섹 체험"에 내맡긴다든지, 후기 유대교나 헬레니즘이나 고대 세계 일반, 심지어 어떤 반신半神들에게 내맡기려고 한다.[32] "실증주의" 성향의 주석가들은 이런 면에서 "자유주의적" 학자들보다, 다소간 막강한 정통주의보다, 혹은 그 정통주의자들이 매번 의존하는 바 역사학에 속박된 그리스도성historisch gebundene f Christilichkeit보다 낫다. 어찌됐건 좀 더 멋져 보이는 빌헬름 텔의 너럭바위[33]가 문화 프로테스탄티즘의 양심 종교보다는 낫다. 근본적으로 볼 때 이것은 무엇을 의미하는가? 그들에게 끈질기게 이해하고 설명하려는 의지가 부족했다는 사실이 다른 곳보다 잘 은폐되었음을 의미한다. 거기에 맞서 내가 말하고자 하는 것은, 그 일차적이고 기초적인 설명 또 그와 관련된 것은 그저 단초에 불과하며, 그것은 엄격하면서도 유연한 변증법적 |XII| 운동의 모든 수단을 동원하여 이룩해야 할 연구 작업, 즉 **핵심을 찌르는**sachlich 본문 연구의 출발점에 그쳐야 한다. 역사 비평학자들die Historisch-Kritischen은 **더욱 비판적**kritischer이어야 한다. 왜 그런가? "**거기** 기록된 그것"을 어떻게 **이해**하느냐verstehen 하는 것은 어쩌다가 끼어든 사람의 **평가**로는 안 되기 때문이다. 다시 말해, 주석가의 다분히 우연적인 입장에 의해 규정되는 평가, 곧 본문의 어떤 단어나 단어 집단에 대한 평가를 가지고 하는 일이 아니다. 그렇다면 무엇으로 되는가? 본문이 다소간 분명하게 내보이는 개념들의 내적인 긴장 속으로 **가능한 한** 힘을 빼고, 그러나 의욕적으로 들어가는 것이다. 역사적 원전을 앞에 둔

32 이 책 57쪽.

33 빌헬름 텔은 바다 쪽으로 솟아 나온 편평한 너럭바위로 뛰어간다. 『빌헬름 텔』, V. 2253f. 2259절.

상태에서 나에게 '크리네인'(κρίνειν, 비판하다) 동사가 의미하는 것은 무엇인가? 그 원전에 담겨 있는 모든 단어와 단어 집단을 핵심에 비추어 평가함^Messen^이니, 사실 그것들은—모든 것이 속임수가 아니라면—바로 그 핵심에 관하여 말하고 있다. 또한 원전에 주어진 모든 대답들을 다시금 그것들에게 확실하게 마주 서 있는 질문들과 연결시킴이며, 나아가 그 모든 질문을 포함하고 있는 중심 문제와 다시 연결시킴^Zurückbeziehen^을 의미한다. 또한 그 원전이 말하는 모든 것을 해석하되 유일하게 말**해질 수 있는** 것, 그래서 실제로도 유일하게 말**해지는** 것의 빛에서 해석함^Deuten^을 의미한다. 그저 역사적이고 그저 주어져 있고 그저 우연적인 개념 덩어리들은 가능한 한 줄어들어야 하고, 각각의 말들이 그 말들 속에 있는 말씀과 맺고 있는 관계가 가능한 한 폭넓게 드러나야 한다. 뭔가를 이해하기 위해서라면, 나는 이제 **원본**^Urkunde^에 관련된 수수께끼가 아니라 오로지 **핵심 내용**^Sache^의 수수께끼 앞에 서는 지점까지 파고들어야 한다. 내가 저자가 아니라는 사실을 거의 잊어버리는 지점, 내가 그를 너무나 잘 이해한 나머지 그의 말을 마치 내 말처럼 하고 나의 말은 그의 말처럼 되는 지점까지 파고들어야 한다. 내가 이런 식으로 말을 하기 때문에 또다시 엄청난 비난을 당하게 되리라는 것을 알고 있다. 하지만 어쩔 수가 없다. 도대체 "이해"와 "주석"이 뭐란 말인가?—예컨대 리츠만은 이 질문을 진지하게 던져 보기라도 한 것일까?[34]—만일 우리가 이 방향에서 최소한 노력이라도 기울이고자 (그 이상은 나도 할 수 없다) 최소한의 준비도 하지 않고, 다른 방향으로는 정말 놀라울 정도의 열심을 보이면서도 **전혀** 노력하지 **않고**, 궁색하기 짝이 없는 것만 가지고 만족하는 것을 진정한 학문의 승리라고 생각한다면 말이다. 내가 진정 역사가로서 존경하는 학자들은 도대체 어째서 어떤 핵심 내용, 중심 물음, 문맥 가운데의 말씀이 있다는 사실을 전혀 모른단 말인가?

예컨대 신약의 텍스트와 같은 텍스트들이 있다는 사실을 모른단 말인가? 그런 텍스트가—어떤 희생을 감수하고라도—직접 **말하게** 하는 것이야말로 (이렇게 말해질 수 있다고 한다면) 가장 궁극적이고도 가장 심오한 문화적 과제라는 사실을 모르는가? 그들이 대학에서 가르치고 있는 학생들, 특히 교회에서 활동하게 될 학생들의 미래를 생각할 때 지금 그들 앞에 있는 물음은 단순히 실천적인 물음일 뿐 아니라 가장 그 핵심과 관련된 실질적인 물음이라는 사실을 모르는가? 이해하고 주석해야 하며 또 그러기를 원하지만 그럴 수는 없는 상황에서 해마다 똑같이 설교단을 향해 나아가야 한다는 사실이 무엇을 의미하는지를 나는 알고 있다. 왜 할 수 없다는 것인가? |XIII| 우리가 대학에서 기껏 배운 것이 그 유명한 "역사에 대한 경외심"[35]뿐이기 때문이다. 말은 참 멋지지만 사실 이 표현은 사실상 진지함과 경외심을 가진 모든 이해와 주석을 포기하자는 뜻인가? 그렇다면 역사가들은 인간 사회에 대한 자신들의 책임을 이행한답시고 제5권에서 그 부분

34 *Glanz und Niedergang der deutschen Universität. 50 Jahre deutscher Wissenschaftsgeschichte in Briefen an und von Hans Lietzmann (1892-1942)*, Berlin/New York, 1979. K. Aland는 이 책의 서문에서 다음과 같이 회고하고 있다(34쪽). "칼 바르트가 [1924년] 베를린에 왔을 때 리츠만의 로마서 강의에 들어갔다. 강의가 끝나고 바르트가 리츠만에게 (그는 바르트가 그 강의에 와 있었다는 사실을 전혀 모르고 있었다) 말을 건네자, 리츠만은 이렇게 말했다. '자, 바르트 씨, 이제는 나의 주석서에 쓰여 있는 것보다 내가 강의를 통해서 가르치는 내용이 훨씬 더 많다는 사실을 아시겠네요. 그리고 바르트는 리츠만이 내심 만족스러워하면서 설명한 내용에 대해 동의했다." 리츠만은 자신의 주석서를, 독자가 스스로 주석하는 데 도움을 주는 자료로 생각했다. 바르트가 1924년 11월 26일 투르나이젠에게 보낸 편지. 바르트는 이 만남을 "아주 기쁘게" 생각한다고 적었다. Bw.Th.II, S. 287f.

35 이러한 태도를 고전적으로 구현한 것이 하르나크의 강연이다. A. von Harnack, *Was hat die Historie an fester Erkenntnis zur Deutung des Weltgeschehens zu bieten?*, 1920년 아라우 대학생 대회에서 행한 강연(*Aarauer Stutentenkonferenz 1920*, Basel, 1920, S. 47-72). 단행본으로 다시 인쇄됨 (A. von Harnack, *Erforschtes und Erlebtes*, Reden und Aufsätze, Neue Folge, Bd.4, Gießen, 1923, S. 171-195).

을 니버갈에게 넘긴 것인가?[36] 그렇다, 나는 목사로서 내 과제의 곤경 때문에 성경을 이해하고 주석하려는 마음을 한층 벼리게 되었다. 그런데 전문적인 신약학자 진영에서는 진정 그것이—율리허가 다시 그 변함없고, 유례를 찾아보기 힘든 확실함으로 나를 향해 지적하듯이[37]—"실천신학"의 업무라고 생각할 수 있는가? 나는 율리허가 말하는 것 같은 "프뉴마주의자"(Pneumatiker, 영지주의자)[38]가 아니다. 나는 "역사 비평학의 단호한 적대자"[39]가 아니다. 나는 이 문제가 단순한 문제가 아니라는 사실을 알고 있다. 하지만 먼저 역사 비평의 문제를 그 반대편에서 들여다보고 그래서 뭔가 시정이 가능한 부분에 대해 말하는 것이 필요하다. 그래야 **내가 비판 신학**kritische Theologie이라고 부르는 것의 어려움과 위험성, 내가 결코 의식하지 못했던 것이 아닌 그 어려움과 위험성, 그리고 그 문제를 잘 피해나갈 수 있는 길을 모색할 수 있을 것이다. 그 전에는 안 된다.

그런데 내가ich g **핵심 내용의 내적인 변증법**이라고 말하는 것, 그리고 텍스트의 낱말에서 그것을 인식하는 것이야말로 이해와 주석의 결정적 요인이라고 말하는 그것은 도대체 무엇인가? 사람들은 (특히 어떤 스위스

36 1907년부터 리츠만이 편집·출간하고 있는 주석집인 *Handbuch zum Neuen Testament* 제5권은 하이델베르크(나중에는 마르부르크)의 실천신학자 프리드리히 니버갈(Fr. Niebergall, 1866-1932)이 썼다. *Praktische Auslegung des Neuen Testaments für Prediger und Religionslehrer* I/II, Tübingen, 1909(1914²). Bw.Th.I S. 235.

37 Jülicher, Paulusausleger, S. 88f.

38 Jülicher, Paulusausleger, S. 95. 마르키온, 바르트, 고가르텐에 대해서는 다음의 언급 참조. "이 사람들이 아무리 서로 다른 생각과 감정을 가졌다고 하더라도 공통점이 하나 있으니, 그것은 우리의 반대 주장을 전혀 받아들이지 않는다는 점이다. 프뉴마주의자(영지주의자)가 프시케주의자(Psychiker)나 질료주의자(Hyliker)의 가르침을 받아들인 때가 언제 있었던가? 그들은 자기들이 내세우는 주장에 또 다른 증언이 필요 없는 이들이다."

39 이 책 64쪽.

비평가가 이 점을 아주 졸렬한 방식으로 말했는데[40]) 그것이 당연히 나의 "체계"System를 의미할 것이라고 말한다. 나의 글이 의미를 풀어내기註解, auslegen보다는 끼워 넣기注入, einlegen에 가깝다는 의혹은 사람들이 나의 모든 시도에 대해 말하는 것 중에서 정말 가장 그럴 듯한 말이다. 여기에 관해서 나도 몇 가지 짚어 봐야겠다. 만일 내가 "체계"라 할 만한 것을 가지고 있다면, 그것은 키르케고르가 시간과 영원의 "무한한 질적 차이"[41]라고 부른 것의 소극적·적극적 의미를 가능한 한 끈질기게 고수하고 있기 때문이다. "하나님은 하늘에 계시고 너는 땅에 있음이니라"[전 5:2, 원서에는 5:1로 되어 있다]. **이** 인간에 대한 **이** 하나님의 관계, **이** 하나님에 대한 **이** 인간의 관계가 나에게는 성경의 주제이며 모든 철학의 총괄 핵심이다. 철학자들은 인간적 인식의 이러한 위기를 근원이라 부른다.[42] 성경은 바로 그 십자로에서 예수 그리스도를 본다. 내가 로마서와 같은 텍스트에 접근한다고 할 때 거기에는 잠정적인 전제 조건이 있다. 그것은 바울이 자신의 개념들을 만들어 나갈 때, 방금 언급한 그 관계에 담겨 있는 소박하면서도 측량할 수 없는 의미를 정확하게 꿰뚫어 봤으리라는 것이다. 적어도 지금 나에게 그런 것처럼 말이다. 나는 바울의 개념들을 주의 깊게 숙고Nachdenken h하는 데 최선을 다하고 있다. 다른 주석가가 좀 더 실용적인 성격의 일차적인 |XIV| 전제 조건, 예컨대 로마서는 진짜로 바울이 1세기에 쓴 것이라는 가정하에서 그 본문에 접근하는 것만큼은 하고 있다. 이런 전제가 타당

40 이 책 60쪽.

41 키르케고르, 『그리스도교의 훈련』(다산글방), "하나님이 특정한 하나의 인간, 혹은 임의의 하나의 인간(그것이 고귀한 사람이건 비천한 사람이건 간에, 어떤 의미에서는 꼭 같다)이라는 사실에 대해서는 최대한의, 곧 무한한 질적인 거리를 둔 상태이고, 그렇기 때문에 가장 심오한 미행이다."

42 이 책 36쪽.

한 것이냐 아니냐를 검증하는 일은 오직 실행으로만, 다시 말해 이 경우에는 본문의 한 구절, 한 구절을 꼼꼼하게 연구하고 고민해 봄으로써 드러날 수 있다. 물론 이 검증은 언제나 상대적인 검증, 확실할 수도 있지만 덜 확실할 수도 있는 검증일 뿐이다. 나의 전제 조건도 당연히 이 법칙을 따른다. 나는 바울의 로마서가 다른 어떤 것이 아니라 진실로 예수 그리스도에 관해 말하고 있다고 전제하는데, 일단 이것은 일반적인 역사학자들의 전제보다 나을 것도 없고 모자랄 것도 없는 가정이다. 내가 나의 가정을 과연 관철시켰는지, 얼마만큼 관철시켰는지를 결정할 수 있는 것은 오로지 주석Auslegung이다. 만일 그 가정이 잘못된 것이라면, 만일 바울이 시간과 영원의 지속적인 위기가 아닌 다른 어떤 것에 관해 말한 것이라면, 그렇다면 나는 그 텍스트의 흐름 속에서 저절로 모순에 빠질 것이다. 그래도 하필이면 왜 이런 가정을 가지고 로마서를 읽느냐고 물어본다면 나는 이렇게 반문할[i] 것이다. 우리가 로마서를 진지하게 생각한다면 하나님은 곧 하나님이라는 가정 이외에 다른 가정을 가질 수 있는가?[43] 사람들은 시종일관 나의 이런 가정이 바울에 대한 심각한 왜곡이라며 공격하는데 나는 이렇게 응수하려고 한다. 바울이 예수 그리스도를 말하는 것 같지만 사실은 순전히 인지학적인 혼돈을 말하도록 만드는 것, 바로 **그것**이야말로 바울을 왜곡하는 것이다. 절대적인 상대성과 상대적인 절대성이라는 인지학적 혼돈 말이다. 바울의 서신은 그런 혼돈에 대해 격렬한 혐오의 표현만을 남겨 놓지 않았던가! 나 비록 모든 것을 만족스럽게 설명했다고 주장하지는 않으나 나의 가정을 철회할 만한 이유는 전혀 없다. 바울은 하나님에 관하여 뭔가를, 우리가 보통은 알지 못하는 뭔가를 알고 있다. 물론 그것은 우리가

43 바르트 소장본에는 이 문장 옆에 "아니: 교회! 17. XI 23"이라고 적혀 있다.

충분히 알 수 있는 무엇이기도 하다. 바울이 이것을 알고 있다는 사실을 내가 알고 있다는 것, 그것이—사람들은 뭐라고 부르든—나의 "체계"이며, 나의 "교의학적 전제"이며, 나의 "알렉산드리아주의"[44]이다. 나는 이것이 **역사** 비평적 견지에서 봤을 때도 상대적으로 최고라는 사실을 알게 되었다. 왜냐하면 나와 몇몇 사람들이 보기에 현대의 바울 이미지는 바로 **역사적으로도** 믿을 만한 것이 결코 아니기 때문이다. 지금의 현상과 문제에 대한 수많은 암시는 **그저** 가르치겠다는 의미만 가진 것이다. 하지만 나의 의도는 상황에 맞게 이런저런 말을 늘어놓는 것이 아니라 |XV| 로마서를 이해하고 설명하는 것이다. 이것은 나의 주석 원칙과 관계가 있다. 그 원칙이란, 이런 목적을 이루는 데 지금 우리 시대의 흐름들, 곧 일반적인 주석들의 거의 전부를 이루는 비슷비슷한 흐름들이 우리 스스로가 증언하고 있는 과정보다 교훈적이라는 사실을 인정할 수 없다는 것이다.

또 사람들은 본문에 대한 나의 태도를 성경 문자주의Biblizismus라고 부른다. 어떤 사람들은 칭찬하며, 어떤 사람들은 책망하며 그리 부른다.[45] 비록 내가 직접 생각해 낸 것은 아니지만 그런 비유까지도 수용할 수 있다. 만일 사람들이 나 스스로 그 말을 해석할 수 있도록 허락한다면 말이다. 베르레는 단단히 화가 나서 이렇게 쓴다. "바울의 사유 가운데 그 어떤 지점도 그에게는 전혀 불편하지 않은 것 같다……우리 시대의 흔적이라고는 조금도 남아 있지 않은 것 같다." 그러면서 "불편한 지점"과 "우리 시대의 흔적"으로 "남아" 있었어야 한다고 생각하는 것을 나열한다. 예수의 지상

44 이 책 63쪽.

45 예컨대 베르레(S. 64, 168f.)는 "책망하면서"(이 책 93쪽, 각주 14), 브루너(78-87)는 "칭찬하면서" 그렇게 한다.

사역을 "경시함", 하나님의 아들 그리스도, 그리스도의 피로 화해함, 그리스도와 아담, 바울의 구약성경 인용, 이른바 "세례 성례전주의", 이중 예정론, 세속의 권위에 대한 태도.[46] 자, 한번 이런 로마서 주석을 상상해 보자. 이런 소박한 여덟 개의 지점이 해명되지 않은 채 "남아 있는" 로마서 주석, 다시 말해 그런 것들이 "불편한 지점"으로 설명되어 우리 시대의 고만고만한 일들의 틈바구니 아래에서 "남아 있는" 로마서 주석이라니! 거기에 "주석"Kommentar이라는 이름이 웬 말인가? 불편한 것을 만나면 이렇게 아무렇게나 놔두는 행태와는 달리, 나의 성경주의란 이런 "현대적 의식의 걸림돌"[47]을 오래오래 숙고하여 가끔은 그 안에서 가장 탁월한 통찰을 발견하게 된다고 주장했던 것이며, 또 가끔은 상대적으로 조금 더 그것에 대해 설명할 수 있었던 것뿐이다. 내가 얼마나 그것을 제대로 설명했느냐는 또 다른 문제다. 로마서에는 나로서도 여전히 설명하기 어려운 부분들이 있다.[j] 나는 여기서 한 걸음 더 나아가 베른레에게 이렇게 실토할 수 있다. 정확히 말해 나의 계산은 단 한 구절에서도 깔끔하게 맞아 떨어지지 않았다고, 그래서 나는 (주의 깊은 독자의 경우도 마찬가지겠지만) 도처에서 다소간 분명하게 아직 이해가 되지 않고 설명이 되지 않은 "흔적"을 예감하고 있다고 말이다. 그런 흔적은 **"가공"**加功, Verarbeitung을 기다리고 있다. 그렇다. 가공을 기다리고 있는 것이지 그냥 "남기"기를[k] 기다리는 것은 아니다. 설명되지 않은 역사적 파편이 그 자체로 진정한 연구의 보증이라는 주장은 나에게, 그러니까 이른바 "성경 문자주의자"요 알렉산드리아주의자인 나에게는 전혀 납득이 되지 않는다. '심사숙고하라!' 이것이 나의 "성경 문자주

46 Wernle, S. 169.

47 Wernle, S. 169.

의" 방법론의 구호이다. 만일 노자나 괴테 연구가 나의 직무라면 나는 이 구호를 노자나 괴테에게도 적용할 것이다. 또한 다른 성경 문헌을 연구할 때도 |XVI| 이 구호를 적용하기 위해 노력할 것이다. 정확히 말해, 사람들이 나를 가리키며 말하는 "성경 문자주의"의 본질은 내가 어떤 선입견을 가졌다는 것인데, 그 선입견이란 성경은 좋은 책이며 그래서 우리가 스스로의 생각을 진지하게 여기는 것만큼 성경의 생각도 그럴 만한 가치가 있다고 보는 것이다.

이번 로마서 해설의 **내용**과 관련하여 미리 밝혀 두고 싶은 것은, 3년 전이나 지금이나 이른바 **온전한**ganz 복음보다는 **실제적**wirklich 복음이 주된 내용이라는 사실이다. **실제적** 복음을 파악하는 것 말고는 **온전한** 복음으로 나아가는 길이 없다고 생각하기 때문이다. 그 누구도 그 실제적 복음을 동시에 사방에서 볼 수 없다. 나는 믿음, 사랑, 소망, 하늘, 땅, 지옥을 적절한 비율로 포괄하는 어떤 온전한 복음에 관한 평범하고 나태한 말과 글은 별로 도움이 되지 않는다고 생각한다.[48] 나는 여기서 말하는 것 외에 다른 것을 그리스도교의 이름으로 말하려는 사람을 비난하지 않는다. 나는 그저 그 사람에게 묻고 싶을 뿐이다. 어떻게 그가 여기서 말하는 것을 그냥 비껴갈 수 있느냐고 말이다. 바울주의[49]는 언제나 이단의 경계선에 서 있었다. 그래서 놀라지 않을 수 없는 것이다. 대다수의 로마서 주석과 바울에 관한 서적들은 절대적으로 무해하고 거리낄 것도 없는 책들이다. 도대체 왜 그런가? 아무래도 그 "불편한 지점들"이 베른레의 방침에 맞게 처리되

48 이 책 68쪽.

49 예컨대 Jülicher, Paulusausleger, S. 97 참조. 여기서 율리허는 "바르트의 바울주의"에 관해 비판적으로 말한다. 이 책 993쪽, 각주 97.

었기 때문이리라. 나는 베른레에게 공손히 예를 갖추기 위해서라도 우리 신학계의 후예들에게—물론 신학생들을 의미한다—이 책을 아주 조심스럽게 읽으라고 권면하고 싶다. 너무 빠르지 않게, 내가 참조한 헬라어 텍스트와 다른 주석서를 참조하면서 잘 점검하라고 권하고 싶다. 그리고 제발, "열광"[50]하지는 말기 바란다. 이 책이 다루고 있는 내용은 가장 진지한 작업, 생산적인 의미에서 비판적인 작업이다. 뮐러 에어랑겐K. Müller-Erlangen은 이 책이 미성숙한 정신에게는 아주 치명적인 영향을 끼칠 수 있다고 말했는데[51] 그건 정말 옳은 말이다. 하지만 그런 이유로 나를 비판하는 사람이라면 곰곰이 한번 생각해 봐야 한다. 혹시 우리는 그리스도교를 위협하는 것에 직면해서도 여전히 그 등불을 말 아래 두고 있는 것은 아닐까? [마 5:15 병행 본문] 슈펭글러는 우리가 지금 막 '철鐵의 시대'에 돌입하고 있다고 하는데[52] 정말 그의 말이 옳은 건 아닐까? 그렇다면 신학과 신학자들이 그것을 못 느낀다는 것이 도대체 가능한 일인가?

내가 한창 작업을 하고 있을 때 하르나크의 책 『마르키온』Marcion이 출간되었다.[53] 그 책을 알고 내 책도 조금이라도 읽어 본 사람이라면 내가 왜 그 책 이야기를 꺼내야 하는지 금방 눈치챌 것이다. 내가 그 책에 대한 서

50 이 책 41쪽.

51 A.a.O.,(이 책 41쪽, 각주 10) S. 105. "모든 '궁극 이전의 것들'의 상대성을 밝혀내는 무자비한 과단성은 물론 위험한 영향력을 끼칠 수 있다.……데살로니가 사람들 중에 몇몇은 주의 날이 이미 이르렀다고 믿었던 탓에 '합당하지 못하게' 행동했다. 미성숙한 정신들이 바르트의 생각을 따라가다가 모든 정치를 경멸하게 된다면, 이것도 그와 비슷한 것 아닌가?"

52 O. Spengler, *Pessimismus?* Preußische Jahrbücher. Berliner Monatsschrift für Politik, Geschichte und Literatur, Bd. 184, Berlin, 1921, S. 73-84. S. 84.

53 A. von Harnack, *Marcion. Das Evangelium vom fremden Gott. Eine Monographie zur Geschichte der Grundlegung der katholischen Kirche*, Leipzig, 1921.

평들을 봤을 때, 어느 정도 현저한 유사성이 있어서 나 역시 의아한 느낌이 들었다. 그러나 내가 부탁하고 싶은 것은 그 책이나 이 책이나 정밀하게 읽어 달라는 것이다. 너무 성급하게 나를 마르키온주의자로 규정하면서 칭찬하거나 |XVII| 질책하지 말라는 것이다. 결정적인 지점에서는 결코 같지 않다.[1] 물론 율리허는 하르나크의 이 책이 출간되기 전에도 나를 마르키온처럼 취급했다.[54] 하르나크 자신도 나를 토마스 뮌처Thomas Münzer[55]와 발터 쾰러Walther Köhler와—그리고 내 기억이 틀리지 않다면—카스파어 슈벵크펠트Kaspar Schwenkfeld[56] 같은 사람으로 취급했다. 어쩌면 이런 계기로 다음과 같은 질문을 던져 볼 수도 있을 것이다. 우리의 역사신학자들께서는 이렇게 케케묵은 이단자 분류를 참 좋아하시는데, 꼭 그래야만 서로 하나가 되는 것일까? 나는 위에서 언급된 세 연구자와 내가 얼마나 다른지를 보면서 기막혀 하는데 이번에는 사람들이 그런 나를 충분히 이해해 줄 것이다.

개별적인 것에 관해 한마디만 더 한다. πίστις를 **"하나님의 신실하심"**Treue Gottes으로 번역한 것에 어떤 중요성이 부여되었는데, 적어도 나에게는 그 번역이 그렇게까지 중요하지는 않다. 율리허는 내가 이것 때문에 그 '발견자의 기쁨'Entdeckerfreude인지 뭔지를 느꼈으며 나의 초판 서문은

54 Jülicher, Paulusausleger, S. 95.

55 C. Mennicke, *Auseinandersetzung mit Karl Barth*, Blätter für religiösen Sozialismus, Jg. I (1920), S. 5-8. S. 7. "하르나크는 아라우 대학생 집회에 다녀와서 느낀 바를 나에게 들려주었는데 그 내용에서도 알 수 있는 것이지만, 바르트가 정적주의로 기우는 것은 결코 우연이 아니다. ('그는 완전히 토마스 뮌처다.')"

56 Justinus (쾰러의 가명), *Zur religiösen Lage der Gegenwart*, Neue Zürcher Zeitung, Jg. 141 (1920), Nr. 1708(1920년 10월 17일), Nr. 1732(1920년 10월 21일). 제2부에 이런 말이 나온다. "췬델, 슈벵크펠트와 그 옛날 신비주의자들이……바르트의 글에서 되살아나고 있다."

그 기쁨에 대해 약간 낭만적으로 말했다고 주장하기까지 했다.[57] 특별히 여기서 인정해야 할 것은 이러한 새로운 번역의 정신적 아버지가 리히텐한R. Liechtenhan이라는 사실이다. 그는 이미 아주 오래전에 나에게 보낸 편지에서 이런 번역의 가능성에 관해 관심을 갖게 해주었고, 나중에는 아예 공적인 영역에서도 그 번역의 타당성을 입증하기 위해 노력했다.[58] 나는 일반적인 저항을 염두에 두고 그 번역을 선택한 구절의 수를 조금 줄였다. (반대자들에게는 여전히 제3장에 그 구절들이 몰려 있어서 불쾌해 보일 것이다.) 또 한 가지 확실하게 말할 수 있다. 그것은 이 번역이 개념의 다채로움을 보여주려 했을 뿐이라는 사실이다. 이따금 "신실함"이라는 번역어를 고집스럽게 관철시켰을 때 일어날 수 있는 일이 "믿음"이라는 너무나 뻔하고 단조로운 번역어를 썼을 때는 일어나지 않는다. 롬 3:3이나 합 2:4의 칠십인역을 볼 때, 그리고 아가페ἀγάπη, 그노시스γνωσις, 엘피스ἐλπίς, 카리스χάρις, 디카이오쉬네δικαιοσύνη, 에이레네εἰρήνη와 같은 개념들의 비슷한 상황을 볼 때 우리는 그 개념 또한 실제로 다채로운 의미를 가지고 있음을 부정해서도 안 되고 부정할 수도 없다.

이번에는 여러 가지 이유에서 **참고 문헌**을 덧붙이지 않았다. 다만 짚고 넘어가야 할 것이 있다면, 초판에서 언급한 리거 C. H. Rieger, 1726-1791의 『신약 고찰』Betrachtungen über das N. T., 1828에 나오는 로마서 해설은 1851년 편집된 슈타인호퍼Fr. Chr. Steinhofer, 1706-1761의 해설과 신기하게도 제3장부터 글자 그대로 일치한다는 사실이다.[59] 위엄 있는 리거 자신에게 표절은 큰 부담이 되

57 Jülicher, Paulusausleger, S. 92.

58 이 책 45-47쪽.

59 C. H. Rieger, *Betrachtungen über das Neue Testament, zum Wachsthum in der Gnade und Erkenntniß unsers Herrn und Heilands Jesu Christi*. 저자가 죽은 뒤 [C.A. Dann에 의해] 출

지 않을 것이다. 어쩌면 뷔르템베르크의 전문가 한 사람이 이 어두운 부분에 빛을 비쳐 줄 수 있을 것이다. 본문비평적 주석에 대해서도 한마디 해야 할 것 같다. 나를 실천신학의 잔잔한 초장으로 쫓아내려고 노력하던 율리허는 이 부분을 아예 다 |XVIII| 치워 버리라고 했다.[60] 나는 신학 서적을 읽는 사람들이라면 대개는 네슬레Nestle의 본문[61]을 손에 들고 있으리라 전제했는데[m], 그 본문에서 다르게 이해되어야 한다고 생각하는 부분에는 본문 비평적 주석을 붙여 놓았다. 내가 확실히 모르는 부분에서는 결코 끼어들려고 하지 않는다. 중요하지 않다고 말할 수 없는 부분에서 내가 다른 해석을 하고 있는 이유를 간단하게나마 밝히는 것은—잘못된 생각을 미리 깨우칠 수 있었기 때문에—완전히 그만둘 수 없었다.

할 수만 있다면 몇몇 비평가들에게 간절히 권하고 싶은 것이 있다. 이 책에 대해 성급하고 확실하게 열광하면서, 혹은 투덜거리면서 글을 쓰는 것은 초판의 경우보다 훨씬 위험스럽다는 사실을 유의하라고 말이다. 여기서 '그렇다'"**이거나**"*oder* '아니다'로 대답하는 것이 "**무엇을**" 의미하는지, 또한 친절하게 '그렇다'"**이면서**"*und* '아니다'로 대답하는 것이 무엇을 의미하는지 심사숙고하라고 충고하고 싶다. 하지만 그들이 듣지 않으면 안 된다고 외치는 것은 나의 능력 밖의 일이다.

이 책의 교정 작업에 신실하게 함께해 준 나의 친구들, 장크트갈렌의

간된 2부(II, Theil, Tübingen, 1828). 바인베르크(Weinberg)의 목사 슈타인호퍼(M. Friedrich Christoph Steinhofer)의 *Erklärung der Epistel Pauli an die Römer*, Stuttgart, 1851. 튀빙겐의 신학 교수 베크(Dr. J. T. Beck)의 서문.

60 Jülicher, Paulusausleger, S. 91. "이 박식한 각주들은……없애 버리는 것이 낫다. 이 책의 전체적인 성향과 맞지도 않고 새로운 내용을 전해 주지도 않기 때문이다."

61 E. Nestle, *Novum Testamentum Graece cum apparatu critico ex editionibus et libris manu scriptis collecto*, Stuttgart, 1912[9](1916[10], 1920[11]).

에두아르트 투르나이젠[62], 취리히의 루돌프 페스탈로치[63], 뮌헨의 게오르크 메르츠[64]에게 감사의 말을 전한다. 특히 투르나이젠은 갓 완성된 원고를 처음부터 끝까지 읽고 평가해 주었으며, 원고의 내용을 더욱 깊고 명료하고 예리하게 만들어 주는 제안을 많이 해주었다. 나는 그의 제안을 고스란히 받아들였다. 이런 그의 "헌신적인 노력은 숨겨진 기념비"가 되었다. 이번에도 확인된 우리의 견고한 공동 작업과 관련하여 어디서 한 사람의 생각이 끝나고, 또 한 사람의 생각이 시작되었는지 제아무리 전문가라도 알아낼 수 없을 것이다.

『로마서』 제2판이 완성된 것과 때를 같이하여 나 개인적으로는 자펜빌 교회를 사임하게 되었다. 그 교회에서 보낸 마지막 몇 년 동안 담임 목사는 오로지 공부방에 처박혀 있을 때가 많았고 교인들은 그런 목사와 함께 온갖 불안한 일들을 겪어 내야 했다. 이런 상황이 로마서 연구와 긴밀하게 얽혀 있었다. 교인들은 적어도 부분적으로는 이런 상황을 대단한 이해심을 발휘하여 참아 주었고 그런 연유로 나는 여기서 그분들을 감사의 마음으로 기억하고자 한다. 이 책을 좋아하는 사람이면서 직업이 목사인 사람이라면 목사가 스스로에게, 나아가 자기 교인들에게 최선을 다하지 않았다는 사실을 상당히 부담스럽게 생각할 것이다. 이 책을 좋아해 주는 모든 친구들, 내가 아는 혹은 모르는 친구들, 오랫동안 알고 지낸 혹은 최

62 투르나이젠은 1920년부터 1927년까지 장크트갈렌 부르겐(St. Gallen-Bruggen)에서 목사로 일했다.

63 루돌프 페스탈로치(1882-1961)는 1912년부터 바르트와 친분을 쌓았다. 그는 취리히 철강 무역회사의 소유주였다.

64 메르츠는 1918년부터 뮌헨에서 목사요 교사로 일했다. 바르트는 1920년 2월 그와 개인적으로 처음 만났다.

근에 알게 된 친구들, 스위스와 독일의 친구들, 각자 다양한 길을 가고 있지만 동일한 환난을 겪고 있는 친구들에게 바로 이 순간, 나 스스로 먼 길을 뒤로 하고 더욱 머나먼 길을 눈앞에 둔 이 순간, 나의 인사를 전하고 싶다. 그럴 수 있어서 기쁘다.

"1921년 9월, 자펜빌" |XIX|

제3판 서문

제3판은 중요한 내용을 그대로 둔 채 제2판을 그대로 다시 찍은 것이다. 언젠가 모든 것을 다시 한 번 완전히 다르게 말해야 할 필요성이 부각될 수도 있을 것이다. 그것은 두려운 일일 수 있지만 희망해야 할 일이다. 오늘 우리는 이상하다 싶을 정도로 빠르게 살아가고 있다. 이것이 파멸의 징표인지, 아니면 우리가 중대한 정신적 결단을 향해 나아가고 있다는 징표인지, 누가 말할 수 있으랴? 상황은 하루 또 하루 뒤로 밀려가고 있다. 대화는 계속되고 있다. 가르치고 배우는 일도 계속되고 있다. 뭔가를 말했는데 그로 인해 아주 생생한 메아리가 울려 퍼지고 있어서 차라리 두 번 말하지 않는 편이 낫겠다는 생각을 한다. 그래야 그 순수한 메아리 앞에서 뭔가 모순되는 것이 형성되지 않을 것이다. 그래야 새롭고 쓸모 있는 반론이 제기되어, 새롭고 위험스러운 갈채와 나란히 적절한 심사숙고를 요구할 것이다. "우리는 같은 강물에 두 번 뛰어들 수 없다. 그 물줄기는 항상 흩어지고 다시 모이고 흘러오고 또 흘러가기 때문이다."[1] 로마서 해설과 같은 역동적이고 책임적인 작업이 어떻게 오랫동안 가만히 고여 있을 수

1 헤라클레이토스의 단편 91, H. Diels, *Die Fragmente der Vorsokratiker*, Bd. I, Berlin (1906[2], 75 =) 1961[10], 171. ποταμωι γὰρ οὐκ ἔστιν ἔμβηναι δίς τωι αὐτωι. 단편 12, 49, 등 (64, 69 =) S. 154, 161.

있겠는가? 그러나 지금 나는 (모든 것을 완전히 다시 말해야 할) 그 필요성을 아직 느끼지 못한다. 그래서 1년 전에 발표한 내용을 확인만 하려고 한다. 제2판 서문도 여기 함께 실었는데 그것은 **이** 책을 이해하는 데 그것이 꼭 필요하다고 여겼기 때문이다. 물론 제2판 서문에 포함된 논쟁을 반복하는 것은 나의 주된 관심사가 아니다.

그때 이후로 이 책이 경험한 일 가운데 가장 놀라운 일은 불트만이 이 책의 전체적 입장에 대해 친절한 환영 의사를 표명했다는 사실[2], 그리고 슐라터가 그만큼 친절한 반대 의사를 표명했다는 사실이다.[3] 불트만의 글은 이 책이 역사 비평적 신학[4]을 디오클레티아누스[284년부터 305년까지 제위하면서 로마의 기독교 박해 중 최악의 박해를 한 로마 황제]처럼 박해했다는 고발이 (이 책은 처음부터 이런 고발을 당해야 했다) 불필요하다는 것을 확인해 주는 반가운 소식이었다. 슐라터의 글은 내가 태생적으로 친밀하게 느껴 왔던 실증신학에서조차 벗어나 나만의 독자적인 길을 걸어왔다는 사실을 증명해 주는 것이었다. 슐라터와 불트만, 나아가 콜프하우스W. Kolfhaus [5]가 지적한 새로운, 그리고 오래된 염려와 지적을 나는 일단 주의 깊게, 그리고 감사한 마음으로 받아들였다.

제2판 서문에서 "역사 비평", "핵심의 변증법", "성경 문자주의"에 대

2 R. Bultmann, *Karl Barths《Römerbrief》in zweiter Auflage*, ChW, Jg. 36 (1922), Sp. 320-323, 330-334, 358-361, 369-373 = Anfänge I, S. 119-142. 추가로 바르트와 불트만 사이의 서신 교환 참조. K. Barth-R. Bultmann, *Briefwechsel 1911-1966*, B. Jaspert(Gesamtausgabe, Abt. V), Zürich, 1944², S. 3-10.

3 A. Schlatter, *Karl Barths《Römerbrief》*, Die Furche, Jg. 12 (1922), S. 228-232 = Anfänge I, S. 142-147.

4 이 책 63-65쪽.

5 W. Kolfhaus, *Was sagt uns Karl Barth,《Römerbrief》?* RKZ, Jg. 72 (1922), S. 64f.

해 말한 것을 보완하고자 방법적인 것과 관련된 한 가지만 간단하게 언급하고 넘어가려 한다. 불트만은 자기에 비하면 |XX| 내가 충분히 급진적이지 않다고 지적한다. 내가 거기서 말했던 비판, 곧 핵심으로부터 나온 비판은 바울의 입장까지도 그 대상으로 삼아야 한다는 것이다. 그것은 바울 자신도 항상 "핵심으로부터 나온" 것이 아닌 다른 말을 할 때가 있기 때문이라고 한다. "바울의 경우에도 **그리스도의 영**pneuma Christou이 아닌 다른 영들이 발언을 한다."[6] 물론 나와 불트만 중에서 누가 더 급진적인지 다투고 싶은 마음은 조금도 없다. 하지만 사실상 그보다 조금 더 나아가 이렇게 말해야겠다. 로마서에서 **발언**하는 것들은 하나같이 "다른 영들"이다. 그가 언급하는 유대교·통속 그리스도교·헬레니즘 혹은 그 밖의 "영들"이다. 하지만 이렇게 생각해 보자. '우리가 감히 손가락으로 짚어 가며 여기는 누가 뭐래도 **그리스도의 영**이 발언하고 있다고 주장할 만한 그런 대목은 과연 어디란 말인가?' 또 거꾸로 이렇게 생각될 수도 있다. '그리스도의 영이란 것이 **다른** 영들과 **나란히** 각축을 벌이고 있는 하나의 영으로 소개될 수 있는 그런 것인가?' 그러므로 나는 이렇게 결론을 내린다. 이 책의 주요 관심은 이런 식으로—그리스도의 영의 이름으로 어떤 구절은 높이 띄우고, 바울이 "핵심으로부터" 말하지 않는 다른 구절은 깎아내리는 식으로—그리스도의 영, 곧 "핵심"을 "다른 영들"과 대치시키는 것이 될 수는 없다. 이 책의 주요 관심은 오히려 "그리스도의 영"이야말로 위기라는 사실, 곧 **전체**das Ganze를 포괄하는 위기라는 사실을 보고 그 사실을 또렷하게 만드는 것이다. **모든 것**은 "다른" 영들의 목소리, 곧 문자litera이다. 그 모든 것이 "핵심"과 같은 맥락 속에 있는 것인지, (그리스도의) 영의 목소리로 이해될 수

6 R. Bultmann, a.a.O.,(이 책 114쪽, 각주 2), Sp. 373, S. 142.

있는지, 만일 그렇다면 얼마나 그러한지는 그 문자를 연구할 때 반드시 동반되는 물음이다. 그래서 주석가는 두 가지 중에 하나를 선택해야 하는 상황을 맞게 된다. 하나는 지금 본문에서 논의되는 주제를 스스로 알고 있으면서 그 본문의 저자와 **신뢰** 관계Treueverhältnis 속으로 들어가는 것이다. 그리고 주석가 스스로도 그 주제를 마지막 한 마디까지 (사실 어디에 한계선을 그어야 한단 말인가? 역사적 의존 관계의 발견을 통해 그럴 수는 없지 않는가?) 다소간 명확하게 알고 있다는 가정하에 저자의 글을 읽는 것이다. 그럴 경우 주석가는 바울에 **대해** 주석을 쓰는 것이 아니라—적잖이 한숨도 내쉬고 고개를 설레설레 흔들지 않을 수 없겠지만 그래도 최선을 다해—마지막 한 마디까지 바울과 **함께** 쓰게 된다. 그는 "그리스도의 영"이 바울에게서 얼마만큼 나타나는지를 직접 느끼고, 또 자기의 글을 통해 생생하게 재현할 수 있는데, "그리스도의 영"[a]의 분량은 어디나 똑같은 것이 아니라 "조금 더이거나 조금 덜"이다. 그러나 그는 이 핵심과 관련하여 책임을 느낀다. 그는 "그리스도의 영"의 지배적인 음성(딸림음)을 거의 안 들리게 만드는 "다른" 영들의 목소리에 혼란스러워하지 않는다. 그는 이해력의 결핍을 바울에게서 찾는 것이 아니라 먼저 자기 자신에게서 찾는다. 그래서 그는 모든 흩어져 있는 것들이 역설적이게도 하나의 핵심과 연결되어 있음을 보며 또 보여준다. 모든 "다른" 영들이 어떤 방식으로든 그리스도의 영을 섬기고 있음을 보며 또 보여준다. 이와는 반대로 |XXI| 주석가는 그런 가정하에 바울에게 다가서지 **않을** 수도 있다. 바울에 대한 신뢰를 거부할 수도 있다. 그 주석가는 로마서와 같은 문헌이 무슨 주제를 다루고 있는지를 전혀 모르거나 알더라도 충분히 명확하게 알지는 못할 것이다. 아니면 텍스트의 한 줄 한 줄에서 자기를 향해 쟁쟁거리며 울리는 "다른" 영들의 합창 속에서 저 앎의 목소리를 들어야 한다는 과제에 절망할 수도 있

다. 그런 상황에서 주석가는 바울에 **대해** 주석을 쓸 것이다. 바울과 **함께** 쓰는 것은 이따금, 바울이 우연히 그가 이해할 수 있는 뭔가를 말할 때나 가능하다. 그런 주석가의 경우, 바울의 글에 나타난 그리스도의 영의 분량은—자기가 깨달아 이해하게 된 것을 그런 식으로 굳이 표현하고자 한다면—"일부는 이렇고 또 일부는 이렇고"라는 원칙에 따라 재현될 것이다. 그는 영과 영들의 혼합체와 **나란히** 서 있는 무책임한 관객이며, 그에게 텍스트란 그 혼합체를 의미한다. 그는 저자와 신뢰 관계가 없으며, 비록 조건적으로 그 저자와 함께 일정 구간을 걷는다고는 하지만 그와 운명을 같이 할 결연한 의지 같은 것은 전혀 없기 때문에, 그 텍스트의 불안과 의미를 알지 못한다. 만일 우리가 앞서 언급한 가정을 용감히 받아들이지도 않고 저자와 신뢰 관계를 맺지도 않는다면, 우리가 어떤 저자를 제대로 이해하고 그 저자의 육성이 다시 들리도록 하는 일은 불가능하다고 본다. 누군가에 **대해** 말하는 것은 그를 그냥 **지나쳐 가듯** 말하는 것, 그의 무덤을 더욱 단단히 봉하는 것이 될 수밖에 없다. 물론 우리도 가끔 절박함 속에서 이런 길을 걷지 **않을 수 없음**을 나도 이해한다. 우리에게 단지 뭔가에 **대해** 말하는 것만을 허용하는 현상들은 실제로 많이 있다. 하지만 그것의 불가사의한 현상들의 불가사의함을 그 현상 쪽에서 찾아야 하는지, 아니면 관찰자인 우리 쪽에서 찾아야 하는지는 언제나 잘 생각해 보아야 한다. 내가 이해할 수 **없는** 것은 불트만이 나에게 보낸 초대, 곧 불과 물을 **섞으라**는 초대이다. 바울과 함께 생각하고 글을 쓰되 일단 그의 유대교적·통속적·그리스도교적·헬레니즘적 사유 세계라는 완전히 낯선 언어로 쓰라는 것이다. 그래서 갑자기, 그 사유 세계가 너무 다채로워서 내가 참을 수 없는 지경이 되면—**모든 것**이 이질적인 거기서 뭔가 **특별히** 이질적인 것이 나와 맞닥뜨리게 될 때—"비판적으로" 바울에 **대해서** 그리고 바울에 **반대해**

서 말하라는 것이다. 도대체 불트만은 이것이 문체의 통일성이라는 관점에서만 보더라도 불가능하다는 것을 모르는 것인가? 그리고 나의 관점에서는 그것이 "우리 시대의 흔적들"과 "불편한 지점들"[7]의 방법으로 퇴행하는 것이라는 사실을 모르는 것인가? 불트만은 나의 배후에 "현대적 성경 영감설"이 있을 것[8]이라고 말한다. 그에 대한 나의 대답은 이렇다. 나는 나 자신의 연구 방식과 전통적인 축자 영감설 사이에 어느 정도 비슷한 부분이 있다는 사실(슐라터도 이 점을 지적하면서 비판했다[9])을 『로마서』 제1판 때부터 부정하지 않았다. 내가 볼 때 |XXII| 성경 영감설, 예컨대 칼뱅이 제안하는 형태의 성경 영감설은 아주 심오한 사상이며 깊이 생각할 만한 가치가 있다. 내가 그 사상을 얼마만큼 내 것으로 만들었는지는 방금 충분히 보여준 것 같다. 나는 어떤 경전의 영(어떤 영이든지!)에 이르는 길이 있다면, 그 길은 경전의 영이 다름 아닌 **문자**를 통해 우리의 영에게 말할 것이라는 가설적인 기대를 거치지 않고서는 불가능하다고 생각한다. 그렇다고 해서 그 문자들을 영으로써 불가피하게 비판해야 하는 필요성이 사라지는 것은 아니다. 오히려 그 반대라고 할 수 있다. 본문과의 신뢰 관계를 전제로 해야 비로소 개별적인 낱말에 그어져 있는 선을 암묵적 혹은 명시적으로 늘이거나 줄여야 할 필요성이 생긴다. 자꾸만 자구字句에 얽매이는 탓에 본문이 정말로 말하고 싶어 하는 것과 말해야만 하는 것을 누가 봐도 명백

7 Wernle, S. 169. "바울의 사유 가운데 그 어떤 지점도 그에게는 전혀 불편하지 않은 것 같다.……바울과 바울 주석가 사이에는 모든 것이 조화를 이루고 있다. 그리고 영원한 하나님 말씀을 알아듣는 일이 극도로 진지해져서 우리 시대의 흔적이라고는 조금도 남아 있지 않은 것 같다." 이 책 105쪽.

8 R. Bultmann, a.a.O.,(이 책 114쪽, 각주 2), Sp. 372, S. 141.

9 Schlatter, a.a.O.,(이 책 114쪽, 각주 3), Sp. 229, S. 143.

하게 억누르는 경우에 생겨나는 필요성이다. 칼뱅은 **이러한** 종류의 비판을 탁월하게 적용하되 그 과정에서 감수해야 할 규율을 소홀히 하지 않았다. 꼼꼼한 독자라면 금방 느꼈겠지만 나도 **이러한** 종류의 비판의 필요성을 회피하지 않았으며, 바라건대 그와 연관되어 촉발될 수 있는 위험성을 아무렇지도 않게 그냥 내버려 두지는 않았으리라. 그러나 나는 바울을 향해서 그런 비판의 화살을 돌리는 것을 의도적으로 피했으며 그러고 싶은 마음도 없었다. 그리스도의 영은 우리가 그것을 받아들여서 바울이라든지 혹은 그 외의 누군가를 훈계조로 가르칠 수 있게 해주는 어떤 관점이 아니다. 그러므로 우리는 그 영으로부터 완전히 떠나지는 않은 상태로 저 "다른" 영들이 있음에도 불구하고 바울 옆에서 배우고 가르치며, 이미 영적으로 말한 것을 또한 영적으로 파악하기[고전 2:13]만 하면 충분하다. 그리고 우리가 들은 것을 전파하는 우리의 목소리도 일단은 철저하게 "다른" 영들의 목소리라는 사실을 인식할 준비가 되어 있기만 하면 충분하다. 모든 인간적인 이해의 상대성, 또한 바울 사상의 상대성에 대해서 나는 불트만이나 그 밖의 모든 의식 있는 이들과 같은 의견을 가지고 있다. 그런데 상대성은 무슨 뜻인가? 의심스러움, 즉 **의문성**[**물을** 가치가 있음]*Fragwürdigkeit*이라고? 그렇다. 그러나 만일 그것이 꼭 필요한 경우라면 그 물을 **가치가 있음**을 밝혀내기 위해서 온 힘을 다 기울이는 것이야말로 그것을 가장 선명하게 드러내는 일 아니겠는가? 바로 나의 책을 보면서 바울주의의 문제성을 분명하게 깨닫는 독자가 어디 한둘이겠는가? 나는 거기에 반대할 마음이 없다. 분명 우리는 바울을 **넘어서서** 보는*hinaussehen* 법을 배워야 한다. 하지만 그러기 위해서는 앞서 언급한 신뢰 관계를 맺고 치열한 진지함으로 먼저 바울을 **들여다**보는*hineinsehen* 노력을 기울여야 한다.

나의 로마서 해설 제2판의 고유한 내용과 관련해서 나는 칼뱅의

히 11:1 주석을 머리말로 삼고 싶다. "은혜에는 모순처럼 보이는 부분이 전혀 없지 않다. 믿음은 기초를 놓는 것이다. 다시 말해 우리가 발 디딜 수 있는 지지대, 소유물이다. 하지만 |XXIII| 어떤 물건을 소유함인가? 우리 수중에 있지 않은 것을 소유함이다. 우리의 발아래 있는 것에서 아득히 멀리 있는, 우리 정신의 이해력마저도 뛰어넘는 것을 소유함이다. 이것은 믿음이 보이지 않는 것의 증거라고 불리는 것과 일맥상통한다. 왜 그런가? 증거라는 말은 눈에 보이는 것을 밝혀냄이요 따라서 우리의 감각으로 파악할 수 있는 것에만 해당된다. 그래서 이 두 가지는 겉보기에는 서로 모순되지만, 그것이 믿음과 관련될 때는 최고의 조화를 이룬다. 하나님의 영은 우리의 감각으로는 파악할 수 없는 비밀스러운 일을 우리에게 보여주신다. 그 영은 죽어 있는 우리에게 영생을 약속하신다. 그 영은 우리에게, 사방으로 썩어짐에 둘러싸인 우리에게 복된 부활을 말씀하신다. 우리는 의롭다는 인정을 받으나 여전히 우리 안에는 죄가 있다. 우리는 복되다는 말씀을 들으나 시간이 흐르면서 한없는 비참함에 짓눌린다. 우리는 넘치는 보화를 약속받았으나 배고픔과 목마름만 풍성할 뿐이다. 하나님은 '내가 곧 너희와 함께 있으리라!' 외쳐 부르시나 우리 눈에는 우리의 모든 부르짖음을 듣지 못하시는 분이다. 우리가 소망 가운데 강하지 못하다면, 우리의 마음이 하나님의 말씀과 성령으로 밝혀진 길을 따라 이 세상의 어둠을 헤치고 서둘러 나아가지 않는다면, 우리는 어떻게 될 것인가?"[10]

10 J. Calvin, *Commentarius in epistolam ad Hebraeos*, Calvini Opera 55 (=CR 83), Braunschweig, 1896, col. 143f. 마떼르(H.M. Matter)는 *Angstvallig vertalen: Ook buiten den bijbel; zelfs bij Calvijn* (De Schatkammer: Maandschrift voor den heiligen, Utrecht, 1933, Nr 10/11, 1933년 7월 3일, 75쪽)라는 짧은 글에서 바르트가 첫 문장("Nec vero gratia caret antilogiae species")을 잘못 번역했다고 지적했다. 바르트는 "gratia"를 속격(Ablativ)으로 번역하지 않고 주격(Nominativ)으로 번역하여 "은혜"

이번에도 신실한 도움을 베풀어 준 사람들에게 감사를 표하지 않을 수 없다. 게오르크 메르츠Georg Merz는 교정 및 색인 작업을 맡아 주었고[11] 프라텔른Pratteln의 루카스 크리스트Lukas Christ는 꼭 필요한 윤문 작업으로 큰 도움을 주었다.[12]

1922년 7월, 괴팅겐

라고 옮겼다. 그러나 라틴어 원문의 올바른 의미는 다음과 같다. "겉보기에는 모순이지만 이 모순은 호의(마떼르: "sierlijkheid")를 필요로 하지는 않는다." 바르트는 이 글을 접한 후 1933년 7월 7일 마떼르에게 엽서를 써서 보냈다(K. Barth, *Briefe des Jahres 1933*, E. Busch, B. Haase, B. Schenck, Zürich, 2004, S. 282). 거기에는 이렇게 적혀 있다. "나는 모든 것을 꼼꼼히 살펴보았습니다. 당신이 옳습니다. 내가 그 당시 (1922년 7월!) 어떻게 이렇게 성급하게 번역할 수 있었는지 도무지 이해가 되지 않습니다." 그래서 그때 막 나온 『로마서』(제2판 6쇄, München, 1933^{7})의 소장본에는 바르트가 즉각 그 문장에 사선을 그어 놓았다. 하지만 그 이후에 새로운 판을 찍을 때는 반영되지 않았다.

11 제2판 2쇄(=1922^{3})부터는 성구 찾아보기와 선별적 "찾아보기"(인명과 주제)가 첨부되었다.

12 프라텔른(칸톤 바젤 지방)의 루카스 크리스트 목사(1881-1958)는 바르트, 투르나이젠과 친분을 쌓았다. 그는 바르트에게 보낸 편지를 통해서 단락별로 문체상의 조언을 해주었으며, 이 편지는 KBA에서 조회할 수 있다.

제4판 서문

이 책의 많은 부분이 외부의 논의, 또한 공동의 논의를 거쳐 좀 더 분명해지고 다듬어지고 다르게 표현되어야 한다는 생각이—제3판이 출간된 이후로—나를 떠난 적이 없다. 오히려 끈질기게 나를 사로잡았다. 하지만 여기저기를 깁고 때우는 식으로 하고 싶지는 않았다. 그렇다고 1920년에 그렇게 한 것처럼 전체적인 틀을 완전히 새롭게 하기에는 시간이 허락지 않는 것 같았다. 또한 이 책의 핵심적인 내용을 결정적으로 개선할 수 있는 탁월한 지점이 눈에 들어온 상태도 아니었다. 그 내용을 가만히 보고 있으니, 그런 작업을 하려면 확실히 시간이 더 필요하다는 사실을 알게 되었다. 당분간은 기존의 모습을 계속 유지하는 수밖에 없을 것 같다. 이 책을 염두에 두고 있는 독자라면 |XXIV| 최근 신학 논쟁의 추이를 따라가면서 그 논쟁이 다소 『로마서』의 문제를 건드리는 한에서, 이 책을 읽는 데 반드시 필요한 자세, 곧 조심스럽게 의심을 품고 결정을 유보하면서 사유를 확장하려는 노력을 꺼리지 않을 것이다.

외적인 이야기 가운데 언급할 만한 것으로는 율리허가 두 번째 서평을 통해 자신의 "최후통첩"을 전하면서, 이 책이 "어느 프뉴마주의자 Pneumatiker(영지주의자)의 교만"Hybris 으로부터 나온 것이라고 선언한 것과[1] 네덜란드 개혁주의자들의 기관지가 이 책에 담긴 모든 "부정적인 것"에 불쾌해하면서 이 책에 대해 "대단히 조심"할 것을 권했고, "그래서 이것은 우리의 것이 아니"[2]라고 선언했다는 사실이다. 나에게 좀 더 생각할 거리를 준 것은 **가톨릭** 신학자들의 의견이었는데, 그들 중에서는 부분적으로 이 책의 주요 논점에 대한 합리적인 이해를 만날 수가 있었고, 내가 우리 쪽에서 존경받는 비평가들 대다수로부터는 기대할 수 없었던 수준 높은 신학적 토론을 깊은 고랑 너머에 있는 그들로부터 접할 수 있었다. 오히려 이 사람들과의 기대치 않았던 만남이 어떤 근본적인 부분에서 공감대를 형성했다는 사실을 어떻게 이해할 수 있을까? **프르지와라**Erich Przywara S.J.는 우리의 "학파"(?)가 오토-하일러Otto-Heiler 학파와는 달리 "프로테스탄티즘의 근원적이고 순수한 재탄생"이며, "그 옛날 종교개혁자들이 지녔던 열정의 뜨거운 숨결"이라고 말한다.[3] **요제프 엥어르트**Joseph Engert는 나의 『로마서』 해설

1 A. Jülicher, *Barth, Prof. Karl: Der Römerbrief. 2. Auflage in neuer Bearbeitung*, ThLZ, Jg. 47 (1922), Sp. 537-542. 이 서평은 다음과 같이 끝을 맺는다. "이미 그 나이브한 성경 신앙 (그와 함께 어떤 의미에서는 또다시 문자 신앙)에 한 방을 먹인 세계관을 위해서 바울을 독점하려는 바르트의 시도는 객관성을 유지한 학문에서 나온 것이 아니라 프뉴마주의자(영지주의자)의 교만에서 나온 것이라는 사실은 내가 바르트의 『로마서』에 대해 남기는 마지막 말이다."

2 이 말은 그로스헤이데(Grosheide)의 신랄한 평가를 인용한 것이다. F.W. Grosheide, *Karl Barths verklaring van den Brief aan de Romeinen*, De Reformatie. Weekblad tot ontwikkeling van het gereformeerde leven, Jg. 3 (1922/23), Nr. 28(1923년 4월 13일). 이 잡지 221쪽을 번역하면 다음과 같다. "우리 시대는 부정의……시대다." "그러나 바르트가 하나님의 절대성을 표현하기 위해서 다른 모든 것을 상대적이고 부정적인 것으로 만들어 버린다면 이것은 잘못된 것이다.……그러므로 우리는 바르트의 로마서 해설을 대단히 조심해야 한다. 우리는 여기에 죽음이 담겨 있는 것이 아니라는 사실, 이것이 그 텍스트에 다가서고 개인적으로 뭔가를 경험한 이야기라는 사실에 기뻐해야 할지도 모른다.……그 방식은 우리 위에 계신 하나님의 말씀의 권위에 적합한 권리를 인정하지 않는다.……그러므로 우리의 것이 아니라고 할 수 있다."

3 E. Przywara, *Gott in uns oder Gott über uns? (Immanenz und Transzendenz im heutigen Geistes-leben)* StZ, Jg. 53, 105. Bd. (1923), S. 343-362. S. 350, 355. *Ringen der Gegenwart*, Gesammelte Aufsätze, 2. Bd., Augsburg, 1929, S. 543-578. S. 553, 564(재판).

에 담긴 핵심적인 논점 모두가 (9-11장의 교회론은 예외!) 훌륭하지만, 토마스 아퀴나스와 트리엔트공의회와 로마교회 교리서가 그것을 훨씬 명료하고 단순하게 표현해 놓았을 뿐이라고 말했다.[4] 나의 『로마서』와 이것들은 분명 같은 입장이 아니다. 가톨릭 진영의 논객들은 우리에게 뭔가 말을 건네기 전에 먼저 자신들의 생각을 충분히 교환할 필요가 있다. 그런 다음에는 우리도 응답을 주저하지 않을 것이다. 하지만 일단 솔직한 나의 심정을 밝히자면, 나는 이렇게 가톨릭교회의 신학자들과 역사적 대화만이 아니라 주제 중심의 대화도 나눌 수 있게 된 것은 **양쪽** 모두를 위해서 아주 희망적이고 좋은 신호이라고 생각한다. 지금 "우리"가 그러는 것처럼, **종교개혁** 신학에 가까이 다가가려는 사람이라면 **그와 더불어** 그 신학의 **전제**, 곧 **중세 신학**에 (모든 것을 신비화하는 딜레탕티슴, 고高교회적이거나 "개신교-가톨릭"적인 딜레탕티슴은 철저하게 혐오하면서도) 가까이 다가가는 것을 부끄러워할 필요가 없다. 또 그렇게 하지도 않을 것이다.

1924년 2월, 괴팅겐 |XXV|

4 J. Engert, *Metaphysik und Historismus im Christentum*, Hochland, Jg. 21 (1923/24), S. 502-717, 638-651. S. 506. "가령 토마스 아퀴나스의 『신학대전』(*Summa theologica* I q I a 10)에 나오는 역사적 의미(sensus historicus)와 신비적 의미(sensus mysticus), 다시 말해 옛 사람들이 성경의 유형론과 성경의 이중 의미라는 개념으로 말하려 했던 바를 만약 바르트가 연구한다면 바로 그들이 자신의 견해를 훨씬 분명한 형태로 전개했음을 보게 될 것이다." 바르트가 제대로 짚은 것, 곧 "바울 기독교의 절대적 신중심성"은 "모든 가톨릭 신앙의 핵심"이며 특히 "은총론의 핵심"인데 여기와 관련된 "유일하게 참된 책은 트리엔트공의회"이다(508쪽). 바르트의 로마서 12-14장 주석에 대해서는 "나는 이 모든 것이 『가톨릭 교회 교리서』에 훨씬 단순하게 언급돼 있다고 본다"(515쪽)고 한다.

제5판 서문

이 책이 저술로서 또 내용적으로도 "성공"을 거둔 뒤에, 나는 저자로서 한 번 곰곰이 생각하지 않을 수 없다. 만일 내가 독자로 하여금 나의 고민에 동참하게 만든 경우에만 이 책은 그 독자에게 유익했다 할 수 있으리라. 지금 나는 두 가지 질문 사이에 서 있다.

내가 이 작업을 시작했을 때, 나는 그 당시 사람들의 귀를 가렵게 하는 것[딤후 4:3], 세계대전 이후에 특히 독일에서 이른바 "뜨고 있던" 것, **우리의** 시대에 "이 세대의 통치자들"[엡 1:21]이라 할 만한 사람들에게 적절하고 환영받을 만한 것을 너무 많이 말했던가? 그래서 벌을 받아 이렇게 두루두루 유행이 되어 버린 것일까? 기어이 (비스마르크 시대에 "리츨주의자"가 있었던 것처럼) "바르트주의자"가 생기는, 이런 형벌을 받아야 하는 것일까? 그래서 이 책에서 말한 모든 것, 특히 종교적 성격을 띤 인간적인 너무나도 인간적인 거품과 그 원인과 종류와 영향에 관한 말이 이제는 바로 나를 겨냥한 말처럼 보이는 것일까? 하지만 나는 책을 썼을 때 시류에 **거슬러** 헤엄치겠노라고, **굳게 닫힌** 문을 향해 망치를 휘두르겠노라고, 누군가의 마음에 들기 위한 말은 하지 않겠노라고 생각했다. 내가 스스로를 속인 것인가? 동시대인을 잘 아는 사람이 누가 있으랴? 제 자신을 완전히 아는 사람이 누가 있으랴? 자기가 얼마만큼 이끌어야 하는지, 또 얼마만큼 이끌려 다니는지 누가 알랴? 같은 시기에 **어떤** 신학책들이 비슷한 인상을

주었는지 살펴보는 것은 나한테는 정말 이상한 일이 아니겠는가? 내가 나 자신과 이 세상을 그렇게도 오해한 것인가? 그래서 나는 형편없는 신학자로서 원하든 원하지 않든 독자들의 노예가 되었다는 말인가? 독자들도 스스로를 속인 나머지 그저 시류에 알맞은 것을 유익한 것으로 여기고, 그저 니체나 키르케고르나 코엔으로 만든 잡탕을 바울이나 루터나 칼뱅으로 여긴다는 말인가? 만일 그것이 사실이라면, 이제 내게 남은 것이라고는 내가 하필이면 의식적인 "성공"이라는 형태로 받게 된 심판을 받아들이는 것 말고 뭐가 더 필요하겠는가? 그러나 그것이 사실이 아니라면 이는 분명 나의 공로도 아니고 내 책의 공로도 아니다. 내가 제1판 서문에서 "이 책은 기다릴 수 있다"[1]는 말을 썼을 때 사람들은 내가 교만하다고 생각했다. 그것이 과연 교만이었다면 그에 대한 복수가 이루어진 것이리라. 이 책이 더 훌륭한 다른 책들과는 달리 기다릴 필요가 **없어**졌기 때문이고, 헛되고 헛된 다른 것들[전 1:2]처럼 칭찬을 받음으로써 심판을 받았기 때문이다. 모든 육체는 풀이다[벧전 1:24a]. 이 말은 이 땅 위에서 나타나는 그럴싸한 성공에서—거기에 상응하는 실패의 경우보다도—더욱 분명하게 드러나곤 한다. 이것이 나의 첫 번째 질문이며, 나는 나에게 **호의를 보이는** 독자들이 나와 더불어 이 질문에 충격을 느끼고 이 질문의 무게를 함께 |XXVI| 감당할 수 있기를 바란다. 그래야 여기서도 어느 날 "풀은 마르고 꽃은 시든다"[벧전 1:24b]는 말이 분명하게 울려 퍼지더라도 나와 나의 독자들은 크게 놀라지 않을 것이다.

두 번째 질문은 훨씬 심각하다. 일단 첫 번째 질문의 의미에서 제기된 모든 반론이 옳은 것일 수는 있다. 그러나 이 작업에 수반되는 모든 세상

1 이 책 86쪽. 이 책 43-45쪽.

적인 허영과 왜곡에도 불구하고 법정 의justificatio forensis에 힘입어, 이 책이 보여주고 말하는 것을 통해 (나도 말했지만 실제로는 다른 사람들도 보고 말했던 그것과 동시에, 독립적으로, 혹은 다른 방식으로 보고 말했던 것을 통해) 우리 시대의 신학과 교회가 경청하고 그런 방향으로 나아가지 **않으면 안 될** 무엇인가가 드러났을 수도 있다. 이런 일은 대체로 보아 실제로 일어났다. **그렇다면** 나의 입장은 무엇인가? 그리고 나에게 **호의를 보이는** 독자들의 입장은? 만일 여기서 어쩌면 나 없이, 그리고 나를 거슬러 뭔가 진실된 것, 옳은 것, 필연적인 것이 나타났으며, 나는 결정적인 순간에 (바로 그런 내용으로) 뿔 나팔을 분 한 사람일 뿐이다. 하지만 이제 와서는 그것의 순수한 전개와 심화와 관철을 위해 큰 책임을 안게 되어 지금의 상황으로 (솔직히 말해 경악할 정도다) 무리한 요구를 받고 있는 것 같은데, 만일 그렇다면 나는 무슨 말을 해야 하는가? 이런 관점에서도 내가 할 수 있는 말은 오직 이것뿐이다. 내가 아르가우의 목사관에서 한갓 평화를 누리면서 이 책을 쓰고 있던 때는 아마도 열정적인 저자라면 모두 알고 있을 만한 감정, 즉 옳고도 중요한 것을 쓰고 있다는 느낌을 어렴풋하게나마 느끼고 있었으나, 이 내용이 어떤 파장을 불러일으킬지는 전혀 모르는 상태였다. 일이 이렇게까지 커져서, 나에게 들려온 사도 바울의 목소리가 이렇게 큰 메아리를 일으키고 그래서 내가 이 책을 썼다는 이유로 너무나도 많은 진지한 양반들께서 이 책 내용의 또 다른 맥락과 결론과 적용에 대한 질문으로, 때로는 그 내용의 명백한 반복에 대한 질문으로, 그저 그 질문만 가지고도 나를 마음껏 궁지에 몰게 될 줄은 정말 꿈에도 몰랐다. 내가 그럴 만한 인물이라도 된다는 말인가? 티르피츠 제독의 회고록에 나오는 말처럼, 깃발을 달아 올리는 것은 쉬우나 그것을 명예롭게 내리는 것은 어려운 일이다.[2] 나는 여기에 하나를 덧붙인다. 그보다 훨씬 어려운 일, 그것은—아무래도

깃발을 내리는 것이 당연해 보일 때—명예롭게 그 위에 매달린 깃발을 지키는 일이다. 그리고 이것이 내 경우다. 내가 이 책을 썼다는 이유 하나 때문에, 계속해서 더 해야 할 일이 분명해질 때마다 나는 차라리 이 책을 쓰지 않았으면 좋았을 것이라고 생각할 때가 많았다. 제대로 된 장비를 갖춘 상태가 아니었던 내가 하룻밤 사이에 대학교 교수라는 막중한 책임을 떠맡게 되어 매일 아주 구체적인 현장에서 쟁기를 들고 실제로 쟁기질을 **이끌어** 나가게 되었다. 그러면서 매일 아주 구체적으로 깨닫게 되는 것이 있으니, |XXVII| 그것은 그리스도교의 가르침이라는 밭을 갈아엎고 반드시 필요한 어떤 "새로운 것"을 파내는 일[렘 4:3, 호 10:12]이란 한없이 어렵다는 사실이 바로 그것이다. 만일 나의 로마서 주석의 "성공"을 이런 너그러운 관점에서 해석한다면 이 책은 모든 타당한 반론에도 불구하고 하나의 징표가 될 수 있다. 무슨 징표인가? 현대 프로테스탄티즘의 내적·외적 곤경의 성벽에 비록 아주 작지만 틈이 갈라지기 시작했다는 징표다. 바로 이 순간—만일 이 모든 것이 그저 신기루가 아니라면—우리가 교회의 곤경에, 또한 희망에 바르게 대처하기 위하여 지금 말하고 실천하지 않으면 안 되는 그것을 끊임없이 말하고 실천하는 사람들, 곧 (현대 프로테스탄티즘과는) 전혀 다른 사람들이 되지 않는다면, 그것은 **나뿐만 아니라** 나의 독자들에게 (게다가 호의를 가지고 이 책의 내용을 이해하며 함께 걷고자 하는 독자라면 더더욱) 얼마나 부끄럽고 답답한 일이겠는가! 방금 나는 지금의 내 상황과

2 A. von Tirpitz, *Erinnerungen*, Leipzig, 1920², S. 181. "깃발 하나를 깃대에 묶는 것은 쉽다. 하지만 그 깃발을 명예롭게 다시 내리기 위해서는 큰 희생이 따를 때가 많다." 알프레트 폰 티르피츠(Alfred von Tirpitz, 1849-1930)는 1911-1915년까지 독일 해군 제독이었으며, 무제한 잠수함 전쟁을 지지함으로써 제국 수상 폰 베트만홀베크(Th. von Bethmann-Hollweg)와 갈등을 빚었다. 이 책 868쪽, 각주 9.

아주 딱 맞는 시 한 편을 읽었다. 내가 개인적으로는 잘 모르는 분인데 헤센 주에 계시는 어느 목사님께서 나를 생각하며 쓰신 시라고 한다(1926년 1월 호「교회와 세계」Kirche und Welt에 실렸다).[3]

> 하나님께 필요한 건 **인간**이시니
> 인류의 거대한 문구들을 지닌 사람들이 아니라.
> 개들이 그분께 필요하나니, 그 예리한 코
> 오늘이라는 시간에 들이대고
> 거기서 영원[의 냄새]을 맡나니
> 아무리 깊은 곳에 숨겨져 있어도
> 그 자취를 계속해서 집중적으로 파헤치니
> 내일이 이르기까지.

그렇다. 하나님께 필요한 것……! 나는 그런 주님의 개Domini canis[4]가 되고 싶다. 나의 모든 독자에게 이 수도회에 들어오라고 말하고 싶다. 그런 의미에서 보면, 이 시는 나의 책과 관련하여 가장 사려 깊은 서평인 것 같다. 그리고 가장 비판적인 서평이기도 하다! 누가 그 키를 한 자라도 더할 수 있으랴?[마 6:27 병행 본문] 그리고 이런 면에서 볼 때도 "성공"은 실제

3 바르트는 *Kirche und Welt. Blätter aus der hessischen Renitenz*, Jg. 20, Nr. I, 1926년 1월, 5쪽에 실린 카를 루트비히 울로트(Karl Ludwig Uloth, 1888-1967)의 시를 인용한다. 울로트는 호프가이스마(Hofgeismar) 교구 마리엔도르프의 목사였다. 그는 일간지 "Kassler Tageblatt"가 1925년 세계교회협의회의 스톡홀름 총회와 관련하여 마련한 토론회를 계기로 이 시를 썼다.

4 이것은 수도회인 도미니크회(Dominicani)의 명칭, 즉 "주님의 개들"(Domini canes)이라는 명칭과 관계된 언어유희를 암시한다. *Note de symbolique médiévale: Domini canes*, P. Mandonnet, *Saint Dominique. L'idée, l'homme et l'œuvre*, Bd. 2, Paris, 1937, S. 70-81.

로 우리에 대한 심판이다.

우리는 이 문제적 상황에 대한 두 가지 해석을 염두에 두어야 한다. 내가 나의 슬기롭고 의욕적인 독자에게 (이번에는 다른 사람에 대해, 다른 사람에게 말하고 싶지 않다) 바라는 것이 있으니, 그것은 우리에게 한분 주님이 계시다는 사실을 나와 함께 깊이 생각하자는 것이다. 그리고 우리로 하여금 그렇게 생각하게 하는 그 사실의 엄격함과 선함을 함께 직시하자는 것이다. 16세기의 프로테스탄트 그리스도인이나 신학자가 자신의 신앙을 지키기 위해서 (언제나 그 가운데 약간은 교수대 밑에서) 겪어야 했던 구체적인 위협과 환난에 상응하는 등가물이 20세기에도 있다. **투쟁하는** 교회가 되는 것을 두려워하지 않는 사람들은 그 등가물을 피하지 않을 것이다. 물론 나도 그 가운데 내 몫을 필요로 한다. 최소한 그 등가물에 상응하는 **무언가**를 즉각 알아차리기 위해 여기서 나는 "성공"이라는 개념의 변증법을 떠올렸다. 우리는 경고들로부터 배운다! Moniti discamus [5]

이것이 내가 이번에 이 책의 서문에서 미리 말하고자 하는 것이다.

1926년 2월, 베스트팔렌 주 뮌스터 |XXVIII|

5 J. Calvin, *Homiliae in Primum Librum Samuelis*, Calvini Opera 30 (= CR 58), Braunschweig, 1886, col. 304. "Nos itaque si sapimus, et nisi volumus in mille difficultates incidere, Deum colere et revereri, nosque illi totos cum candore et simplicitate dedere moniti discamus." 이 책 55쪽.

제6판 서문

제5판이 출간된 이후 2년 반이 넘는 시간이 흐르면서 이 책과 나의 격차도 눈에 띄게 커졌다. 이것은 내가 바울 해석과 성경 해석과 관련하여 뭔가 실질적으로 다른 견해를 갖게 되었기 때문이 아니다. 사람들이 이 책을 통해 얻은 결정적인, 그리고 실질적인 자극은 똑같다. 지금도 나는 그렇게 생각하고 있다. 그 자극이 필연적이었다는 사실, 그러므로 그 자극에 대한 반대는 적절하지 않다는 사실을 사람들이 깨닫지 못했다면, 혹은 내가 그런 자극을 한 것이 잘못이라는 사실이 확인되지 않았다면, 그렇다면 나는 그 자극을 계속하지 않을 수 없으리라. 그리고 그 자극은 나에게 처음 자극이 되었던 근원적인 형태로 이 책을 통해 계속해서 가시화될 것이다. 하지만 그러기에 앞서서 한 가지 명확하게 고백할 것이 있다. 그것은 내가 오늘 다시 **이** 책의 과제 앞에서 똑같은 것을 말하지만 결국은 모든 것을 철저히 다르게 말해야 한다는 사실이다. 이것은 내가 새롭게 배운 것 때문이다. 그사이 나는 바울의 생각이 과거의 내가 생각했던 것보다 훨씬 다면적이었으며, 다른 한편으로는 훨씬 단조로웠음을 배웠다. 그래서 어떤 부분은 더 짧게, 어떤 부분은 상세하게, 어떤 부분은 더 조심스럽고 신중하게, 또 어떤 부분은 단호하고 분명하게 말할 수도 있었을 듯하다. 나 자신의 상황, 그리고 그 당시의 보편적인 상황 때문에 생겨난 여러 가지 부수적인 것들은 떼어 버려도 상관없을 듯하고, 그 당시 내가 아직 모르고 있던 수많은 맥락들은 드러내어 묘사되어야 했던 것으로 보인다. 지금의 독자들은 내가 이 책을 쓰고 7년이나 나이를 더 먹었다는 사실, 그리고 그사이 우리의 모든 노트가 수정되었다는 사실로 인해 생겨난 의구심을 염두에 두어야 할 것이다. 제5판 출간 이후 시작된 나의 교의학 출간[1]은 이 책의 입장에서는 상당한 부담을 더는 것이라 할 수 있다. 왜냐하면 이 책의 내용에 대한 진지한 비판이 적어도 이 작업, 곧 **제2의** 포괄적인 작업에**도** 해당될 것인데 그것도 가능한 한 방대하고 정교한 모습으로 이루어질 것이기 때문이다. 그러므로 이 책을 읽고 난 후에도 여전히 나에 대한 신뢰를 견지하면서 더 깊은 물음을 던지는 독자라면 이 작업을 통해서, 그리고 여기서 시작된 것을 발전시킨 다른 저작들을 통해서 답을 찾아야 할 것이다. 노이엔데텔스아우[Neuendetetelsau]에서는 "사람들이 바르트가 벌써 조금씩 어제의 인물이 되고 있다고 말할 수도 있다"(「Freimund」, 1928년 11월 8일).[2] 그렇다. 두말할 나위도 없이 분명하다. 죽은 사람은 말 달리듯 빠르게

1 K. Barth, *Die christliche Dogmatik im Entwurf*, Bd. I: *Die Lehre vom Worte Gottes. Prolegomena zur christlichen Dogmatik*, München, 1927. 이 책은 G. Sauter가 편집해서 새롭게 선보였다(Gesamtausgabe, Abt. II, Zürich, 1982). 본래 두 권을 더 써서 완성하기로 했던 계획은 이루어지지 않았다. 그 대신 바르트는 『교회 교의학』(Kirchliche Dogmatik)을 쓰기 시작했다. 바르트의 『교회 교의학』은 1932년에 첫 출간되어 1967년까지 12권이 출간되었으나 결국에는 미완으로 남았다.

2 Freimund. Kirchlich-Politisches Wochenblatt (Neuendettelsau), Jg. 74 (1928)에 실린 글 *Die Berechtigung der Arbeit des lutherischen Gotteskastens* (1928년 10월 31일, 협회장 총회의 간담회를 마친 후, 학장 라우어러[D. Lauerer]가 쓴 글), S. 358. "어쩌면 사람들이 칼 바르트가 벌써 조금씩 어제의 인물이 되고 있다고 말할 수도 있다. 그러나 우리는 그가 확실하게 보여준 위대한 공헌의 한복판에서 그의 이런 노력에 감사하지 않을 수 없다.……지금 우리가 말하고 있는 바르트의 공헌이란 루터주의와 칼뱅주의의 차이는 결코 사소하고 개별적인 것이 아니라는 사실을 눈이 있는 사람이라면 누구라도 볼 수 있도록 아주 분명하게 보여주었다는 점이다."

가고[3] 성공적인 (제5판 서문 참조) 신학자는 훨씬 더 빨리 사라진다. 내가 "오늘의 인물"이 되기에 앞서, 이론과 실천에서 어느 정도 준비가 돼 있지 않았다면 어떻게 이 책을 쓸 수 있었겠는가? 게다가 사람들이 한때 나에게 "시간"과 "역사"를 무시했다고 비난을 했었는데[4] 그래서 지금 나의 날이 저녁을 맞았고 바야흐로 어제의 날이 될 것이라고 선언되는 모욕을 당해도 되는 것인가? 이와는 무관하게 아직 나를 계속해서 조금씩 개선하고 해명할 수 있는 여유를 가진 것에 감사한다. 호의를 가지고 계신 이들 모두가 비록 나를 개선 불가능한 사람으로 여긴다 할지라도 아직 사망자 명단에는 올리지 마시길 바란다. 나로서도 정말 모든 것을 다 말할 수 있을 때까지, 그리고 "sub specie aeterni"[영원의 관점에서][5] 벌써 오래전부터 존재했던 "어제"가 시간 속에서도 누가 보든 분명하게 드러날 그때까지는 말이다.

1928년 대림절 첫째 주일, 베스트팔렌 주 뮌스터

3 고트프리트 아우구스트 뷔르거(Gottfried August Bürger, 1748-1794)의 서사시 'Lenore' 제24연.

오른쪽으로 날아가네 왼쪽으로 날아가네
산과 나무와 초원이여!
왼쪽으로 날아가네 오른쪽 다시 왼쪽
마을과 도시와 토지여!
"연인도 백발이 되더냐? 달은 밝게 비추도다!
만세! 죽은 사람은 말 달리듯 빠르게 가도다!
연인은 죽은 사람 앞에서도 백발이 되더냐?"
"아! 죽은 사람을 편히 쉬게 두어라!"

비슷한 낱말을 사용하는 17연, 20연, 27연 참조.

4 P. Althaus, *Theologie und Geschichte. Zur Auseinandersetzung mit der dialektischen Theologie*., ZSTh, Jg. I (1923/24), S. 741-786. 이 글의 제일 앞에는 "역사의 가치 저하"(Die Entwertung der Geschichte)라는 제목이 붙어 있다.

5 이 책 643쪽 각주 62.

로마 사람들에게

1장 1:1-17

서두書頭

필자가 독자들에게

1:1-7

1 예수 그리스도의 종 바울은 사도로 부르심을 받아 하나님의 복음을 위하
여 택정함을 입었으니 2 이 복음은 하나님이 선지자들을 통하여 그의 아들
에 관하여 성경에 미리 약속하신[오래전에 선포하신] 것이라. 3 그의 아들에 관
하여 말하면 육신으로는 다윗의 혈통에서 나셨고 4 성결의 영으로는 죽은
자들 가운데서 부활하사 능력으로 하나님의 아들로 선포되셨으니 곧 우리
주 예수 그리스도시니라. 5 그로 말미암아 우리가 은혜와 사도의 직분을 받
아 그의 이름을 위하여 모든 이방인 중에서 믿어 순종하게 하나니 6 너희도
그들 중에서 예수 그리스도의 것으로 부르심을 받은 자니라. 7 로마에서 하
나님의 사랑하심을 받고 성도로 부르심을 받은 모든 자에게 하나님 우리 아
버지와 주 예수 그리스도로부터 은혜와 평강이 있기를 원하노라.

"예수 그리스도의 종 바울은 사도로 부르심을 받아……." 지금 이 말을 하는 사람은 "자신의 창작에 열광하는 천재가 아니라"(췬델 Zündel)[1] 사명에 붙잡힌 심부름꾼Sendbote [a]이다. 그는 주인이 아니라 종이며, 왕을 섬기는 신하다. 바울이라는 사람이 누구든, 그가 하고자 하는 일이 무엇이든, 그에게 맡겨진 사명의 내용은 궁극적으로 그 사람 **안에** 있지 않다. 그것은 그 사람 **위에** 있으며, 도저히 극복할 수 없는 낯섦 속에, 그리고 도저히 도달할 수 없는 아득한 곳에 있다. 그는 사도의 소명을 자기 인생의 한 순간쯤으로 여길 수 없다. "사도의 소명은 어떤 역설적인 사실, 곧 자기 삶

1 프리드리히 췬델(Fr. Zündel), *Aus der Apostelzeit*, Zürich, 1886, S. 350. "이런 '자의로 아니함'(고전 9:17)이 필수불가결한 특징인 까닭은 자신의 창작에 열광하는 천재성, 곧 언제라도 기꺼이 호응하고자 하는 천재성을 가로막는 보호대와 같은 역할을 하기 때문이다."

의 처음 순간과 마지막 순간에 자신의 인격적인 동일성 너머에서 자기 자신과 함께 서 있는 어떤 것이다"(키르케고르 Kierkegaard).[2] 그는 [사명을 받은 후에도] 같은 사람이며, 모든 사람과 본질적으로 비슷하다. 하지만 그가 하나님의 부르심을 받고 보내심을 받았을 때, 그는 자신과는 모순되고 다른 모든 사람과는 구별되는 존재가 된다. 그렇다면 그는 [선별된] 바리새인인가? 그렇다. 더 높은 차원이기는 해도 어쨌든 그는 바리새인[3]이다. 그는 "선별된" 사람, 따로 떼어 내진 사람, 보통 사람과 구별되는 사람이다. 그는 모든 사람과 어울리며, 다른 모든 관계에서는 특별한 것이 없는 존재이지만, 오직 하나님과의 관계에서는 |4| 대단히 특별한 경우다. 게다가 역사적으로 실재했던 인간적인 공동체[예루살렘 공동체]와는 어떤 규정된 관계도 맺지

2 쇠렌 키르케고르(S. Kierkegaard), 『아들러에 관한 책』(*Das Buch über Adler, Der Begriff des Auserwählten*, Th. Haecker)의 독일어 번역과 역자 후기, Hellerau, 1917, S. 5-272, S. 166(Pap. VII 2 B 235, S. 139f.). "사도는 점진적으로 되는 게 아니다. 권능에 따라(κατα δυναμιν) 사도인 것이다. 왜냐하면 사도의 소명보다 앞서는 잠재적인 가능성 같은 것은 존재하지 않기 때문이다. 본질적으로 모든 인간은 사도와 거의 같은 존재다. 사도는 자신의 소명을 자기 인생의 한 단계로 의식할 수 있을 만큼 그렇게 차분하게 자기를 돌아볼 수 없다. 사도의 소명은 어떤 역설적인 사실, 곧 자기 삶의 처음 순간과 마지막 순간에 자신의 인격적인 동일성 너머에서 자기 자신과 함께 서 있는 어떤 것이다." *Über den Unterschied zwischen einem Apostel und einem Genie*, a.a.O., S. 313-333. S. 317(SKS II, S. 99), 키르케고르의 마지막 사유 양식. 바르트 소장본에는 그 두 부문에 밑줄이 그어져 있다.

3 1802년 4월 30일, 프리드리히 슐라이어마허(Fr. Schleiermacher)가 그나덴프라이(Gnadenfrei)에서 게오르크 라이머(Georg Reimer)에게 쓴 편지에서 자신을 가리켜 한 말. "여기서 먼저 신비적 소질이 전개되는데, 이것은 나에게 너무나 본질적인 것이며, 그 소질은 모든 회의주의의 폭풍우 속에서 나를 구해 주고 나를 붙잡아 주었다. 그때 그것이 발아했고 지금은 잘 발전한 상태이니, 나는 그 모든 것 이후에 다시 헤른후트의 일원이 되었다고 말할 수 있다. 단지 더 높은 차원의 헤른후트파가 된 것이다"(*Aus Schleiermachers Leben. In Briefen*, Bd. I, hrsg. v. L. Jonas und W. Dilthey, Berlin, 1860² =Berlin/New York, 1974, S. 294f.; Kritische Gesamtausgabe, 5. Abt., Bd. 5: *Briefwechsel 1801-1802*, hrsg. von A. Arndt und W. Virmond, Berlin/New York, 1999, S. 393, Z. 16-21).

않았던 사도여서, 그쪽의 입장에서 볼 때는 [b]그저 예외적인 현상, 사실 불가능한 현상에 불과하다.eine nur als Ausnahme mögliche, ja unmöliche Erscheinung [b] 그러나 이와 같은 지위에도 불구하고 그가 갖는 정당성과 그가 하는 말의 신뢰성은 하나님으로부터 온다. 인간은 그 정당성과 신뢰성을 직접적으로 알아차릴 수 없으니, 이는 인간이 하나님을 직접적으로 알아차릴 수 없는 것과 같은 이치다. 그러므로 사도는 담대하게 다른 사람에게 다가가 자신의 말을 들으라고 요구할 수 있으며, 그때 자기 자신을 너무 높이게 될까 혹은 다른 사람의 기분을 상하게 할까 염려하지 않을 수 있다. 그는 오직 하나님의 권위에 호소할 수 있으며 오직 그것만을 원한다[will c]는 사실이 그에게 권위를 부여한다.

바울이 전해야 하는 것은 "하나님의 복음"이다. 그것은 철저하게 새로운 진리, 사람들이 한 번도 들어 본 적이 없는 기쁘고 좋은 진리, 곧 하나님의 진리다. 그는 이것을 인간에게 전해야 한다. 그렇다. 그것은 분명히 **하나님의** 진리다. 다시 말해, 그것은 인간의 신성 혹은 인간의 신격화에 대한 어떤 종교적인 메시지, 설명, 지침이 아니라, 전적 타자이신[4] 한분 하나님의 메시지다. 그분은 인간으로서는 전혀 알 수도 가질 수도 없는 하나님이시며, 바로 그래서 우리가 구원을 기대할 수 있는 하나님이시다. 그와 같은 하나님의 메시지는 직접 이해할 수 있고 단번에 파악할 수 있는 여러 사물 중의 하나가 아니다. 오히려 그것은 언제나 새롭게 선포되는 말씀, 그래서

4 바르트가 이런 표현을 쓰게 된 계기는 루돌프 오토(R. Otto)의 책 때문이다. R. Otto, *Das Heilige. Über das Irrationale in der Idee des Göttlichen und sein Verhältnis zum Rationalen*, Breslau, 1918², S. 288f.(『성스러움의 의미』, 분도출판사). 그는 1919년 5월에 이 책을 구해서 "상당히 기쁘게" 읽었다. "물론 그 내용은 심리학적인 경향을 띠고 있지만 분명히 그 한계를 뛰어넘어 '누미노제'의 순간을 지시하고 있다. 이 '누미노제'는 '전적 타자성'(Ganz Andre) 곧 하나님의 신성이기 때문에 합리적으로 도달할 수 없는 것이다"(Bw.Th.I, S. 330).

두려움과 떨림으로[5] 늘 새롭게 들어야 하는 말씀이며, 만물의 근원이 되는 말씀[6]이다. 그러므로 복음은 어떤 체험[7]이나 경험이나 느낌—그것이 아무리 최고의 경지라 해도—이 아니라, 여태껏 눈으로 보지 못하고 귀로 듣지 못하던[고전 2:9] 것의 순수하고 객관적인 인식이다. 그것은 단순히 알아 두는 차원에서 끝나는 소식이 아니라 참여해야 하는 소식이며 이성만이 아니라 이해를, 공감만이 아니라 동참을 고려해야 하는 소식이다. 또한 하나님을 믿는 신앙을, 오직 그 신앙만을 전제하고 동시에 불러일으키는 소식이다.

이것은 바로 하나님의 메시지이기 때문에, "오래전에 선포"되었다. 단순히 오늘날에 이루어진 착상이 아니라 역사의 의미이자 성숙한 결실이며, 영원의 씨앗을 머금은 시간의 열매, 성취된 예언이다. 이것은 또한 그 옛날 예언자들이 외쳤던 말씀인데, 지금 우리가 들을 수 있게 되었고, 지금도 듣고 있다. 이 말씀이야말로 사도에게 맡겨진 복음의 본질인 동시에 그

5 바울의 이 표현(고후 7:15, 빌 2:12, 엡 6:5)이 그 당시 자주 사용된 것은 1843년에 출간된 다음과 같은 제목의 키르케고르 책의 영향도 있었을 것이다. *Frygt og Bæven*, 1843(『두려움과 떨림』, 지식을 만드는 지식).

6 이 책 36쪽, 각주 2.

7 "체험"(Erlebnis) 개념과 관련하여 B. W. Herrmann, *Die Lage und Aufgabe der evangelischen Dogmatik in der Gegenwart*, 1906, *Gesammelte Aufsätze*, hrsg. von F. W. Schmidt, Tübingen, 1923, S. 95-188, S. 161. 바르트 소장본에 밑줄이 그어져 있다. "자기 안에서 종교가 일깨워진 사건이 다른 사람에게는 전혀 파악될 수 없는 자기만의 체험으로 남는다는 사실을 잊는다면, 그것은 그리스도인에게 가장 안 좋은 일이 될 것이다. 하나님의 계시는……우리의 내적인 삶의 한 사건이다." "그 벗어날 수 없는 것이 우리를 자유로운 헌신으로 이끈다면, 우리는 하나님 앞에 서 있는 것이고 그 하나님은 우리에게 생명을 주신다." 바르트가 이 개념을 혼동한 것과 관련해서는 라데(W. Rade)와 헤르만(W. Hermann)과의 논쟁 참조. K. Barth - M. Rade, *Ein Briefwechsel*, hrsg. von Chr. Schwöbel, Gütersloh, 1981, S. 105-122.

가 하는 말의 보증이며, 그 말에 대한 비평이다. 예언자의 말씀, 오랫동안 자물쇠로 채워졌던 그 말씀gehaltenen, sie [d]이 이제 말을 한다. 오래전 예레미야, 욥, 설교자 솔로몬이 선포했던 말씀이 바로 지금 들려온다. 우리는 이제 그렇게 기록된 말씀을 보고 이해할 수 있다. 이제 우리는 "구약성경 전체로 들어갈 수 있는 입구"(루터)[8]를 갖게 되었다. 다시 말해, 지금 여기서 말하는 사람이 명확하게 드러나 있고 충분히 이해된 역사의 지반 위에 서 있다. "그는 [그 역사와 연속성을 떠나] 혁신자의 명예를 취하는 것을 즉각 거부한다"(슐라터 Schlatter).[9] |5|

"우리 주 예수 그리스도" 이것이 복음이며 또한 이것이 역사의 의미다. 그 이름 안에서 두 세계[10]가 만나고 헤어지며 두 개의 영역이 갈라지니, 하나는 잘 아는 영역이요 다른 하나는 알려지지 않은 영역이다. 잘 아는 영역이란 하나님이 만드셨으나 하나님과의 근원적 결합에서 떨어져 나온 탓에 구원이 필요한 세상, 곧 "육체"의 세상, 인간 세상, 시간과 사물의 세상, 우리의 세상이다. 우리가 이미 잘 알고 있는 이 세상은 알려지

8 Luther, WA.DB 7, 27, 21-24(26,12-15). "그러므로 성 바울은 이 서신에서 그리스도교와 복음의 가르침 전체를 다시 한 번 간단히 요약하고 구약성경 전체로 들어갈 수 있는 입구를 준비하려는 것처럼 보인다."

9 Schlatter, *Der Römerbrief ausgelegt für Bibelleser*, Calw/Stuttgart, 1887, S. 8. "그는 자기가 어떤 고유한 '바울적인'(paulinisch) 복음을 발견한 혁신자라도 된 것처럼 여기는 그런 생각을 거부한다." 1902[4], S. 12. "그는 자기가 어떤 고유한 '바울'(Paulinisch) 복음을 발견한 것처럼 여기는 그런 생각을 거부한다."

10 "두 세계"(zwei Welten)라는 말은 1915년 이후로 바르트의 확고한 정형어가 되었다. Konfirmandenunterricht, S. 109, 113, 116, 367f., K. Barth, *Predigten 1915*, hrsg. von H. Schmidt (Gesamtausgabe, Abt. I), Zürich, 1996, S. 197, 405. *Predigten 1916*, hrsg. von H. Schmidt (Gesamtausgabe, Abt. I), Zürich, 1998, S. 210f., *Predigten 1917*, hrsg. von H. Schmidt (Gesamtausgabe, Abt. I), Zürich, 1999, S. 53.

지 않은 다른 세상, 곧 아버지의 세상[11], 근원적 창조와 궁극적 구원으로부터 단절된 세상이다. 그러나 우리는 우리와 하나님 사이, 이 세상과 하나님의 세상 사이의 단절된 관계를 반드시 인식해야 한다. 물론 그 둘이 교차하는 교차 선[십자가의 세로 목과 가로 목이 교차하면서 만나는 지점의 선]을 통찰하기란 쉽지 않다. 이제 그 교차 선이 드러나고 또 반드시 드러나야만 하는 지점이 바로 **예수**, 나사렛 예수, **"육신으로는 다윗의 혈통에서 나신"** "역사적" 예수다. 역사적으로 규정된 "예수"야말로 우리에게 알려진 세상과 알려지지 않은 세상이 교차하는 절단면Bruchstelle을 뜻한다. 시간, 사물, 인간이 우리에게 알려진 세상 안의 그 지점에서 고양되어 저절로 다른 시간, 사물, 인간으로 건너가는 것은 아니다. 하지만 그것들은 바로 그 지점의 경계[주후 1-30년]를 표시할 수는 있으며, 그때 그 지점은 시간과 영원, 사물과 근원, 인간과 하나님 사이의 은폐된 교차 선을 드러내 보여줄 수 있다. 그러므로 주후 1-30년은 계시의 시간이요 발견의 시간이다. 다윗이 바라보았던 것처럼, 이 시간은 **모든** 시간의 새로운 운명, 다른 종류의 운명, 신성한 운명이며, **눈으로 보게 되는** 시간이다. 또한 이 특수한 시간은, 각각의 다른 시간 또한 계시의 시간과 발견의 시간이 될 가능성을 열어 줌으로써, 다른 시간 속에서 자신의 특수성을 해체한다. 그러나 그 교차 선이 드러나는 지점은—우리에게 알려지지 않은 세계의 지평과 마찬가지로—우리에게 이미 알려진 영역으로 연장되지 않는다. 오히려 그 지점은 그 알려지지 않은 세계의 현존을 통고한다. 그 교차 지점의 존재를 역사적으로 분명히 볼 수 있게 해주는 광채, 혹은 차라리 낙뢰가 내리쳐서 파인 경이로운 구덩이 그리고 빈 공간Hohlraum이라고 할 수 있

11 H. Kutter, *Die Welt des Vaters. Predigten über Lukastexte*, Zürich, 1901.

는 것은—비록 그것이 "예수의 생애"[12]라고 말해진다 해도—예수 안에서 우리의 세상과 맞닿은 저 다른 세상이 아니다. 또한 우리의 이 세상도 예수 안에서 저 다른 세상과 맞닿는 순간, 이 세상은 이제 역사적·시간적·실제적으로 직접 관찰할 수 있는 대상이기를 그친다. 예수는 "성결의 영으로는 죽은 자들 가운데서 부활하사 능력으로 하나님의 아들로 선포되셨으니" 이 선포됨이야말로 예수의 진정한 의미다. 물론 이 의미를 역사적으로 규정하는 것은 불가능하다. **그리스도** 예수, 메시아 예수는 시간의 종말이다. 그는 오직 역설(키르케고르)[13], 승리자(블룸하르트 Blumhardt)[14], |6|

12 수많은 『예수의 생애』 연구서들을 참조. A. Schweitzer, *Geschichte der Leben-Jesu-Forschung*, Tübingen 1913². D. Fr. Strauß, *Das Leben Jesu, kritisch bearbeitet*, 2 Bde., Tübingen, 1835/36; *Das Leben Jesu für das deutsche Volk*, Leipzig, 1864.

13 이것은 키르케고르가 하나님의 계시와 인간의 현실 사이의 관계를 규정하기 위해 자주 쓰던 개념이다. *Das Büch über Adler*, a.a.O.(이 책 140쪽, 각주 2), S. 89(Pap. VII 2 B 235, S. 75f.) "그리스도교는 역설적 진리다. 아니, 그 자체로 역설이다. 영원이 시간 속에 있었다는 역설이다.……영원이 시간 속에 있었다는 사실은 시간 속에서 검증될 수 있는 진리가 아니며, **인간이 검증해야** 하는 어떤 것도 아니다. 오히려 **이 사실에 의해 인간이 검증되어야** 할 역설이다." - S. 92(Pap. VII 2 B 235, S. 78). "그리스도교는 역사를 **가지지** 않는다. 왜냐하면 하나님이 시간 속에서 인간이 되셨다는 이 역설이 곧 그리스도교이기 때문이다."

14 "예수는 승리자!"라는 외침은 요한 크리스토프 블룸하르트(Johann Christoph Blumhardt, 1805-1880)에게로 거슬러 올라간다. 그는 뫼트링엔에서 고트리빈 디투스(Gottliebin Dittus)라는 여인의 고통과 치유를 체험했다. 이 외침은 요한 크리스토프 블룸하르트 자신만이 아니라 그의 아들 크리스토프 블룸하르트(1842-1919)의 삶과 활동을 특징짓는 구호로 잘 알려졌다. 고트리빈이 낫는 그 결정적인 순간에 그녀의 자매였던 카타리나의 입에서 이 외침이 터져 나왔다. Fr. Zündel, *Johann Christoph Blumhardt. Ein Lebensbild*, 6. völlig neubearbeitete Auflage von H. Schneider, Gießen, 1920, S. 154-156. "하지만 가장 중요한 것은 고트리빈이 아니라……그녀의 자매인 카타리나에게 일어난 일이었다. 그녀는 전에는 이런 류의 일을 전혀 겪어 보지 못했다. 그러나 그녀는 갑자기 미친 것 같은 상태가 되었고 사람들은 겨우 그녀를 붙잡고 있었다." "새벽 두 시, 그 소녀가 의자 위로 머리와 상체를 완전히 뒤쪽으로 구부렸을 때, 추정컨대 사탄-천사가 인간의 목청에서 나왔다고는 상상할 수 없는 소리로 '예수는 승리자!' '예수는 승리자!'라고 부르짖었다."

원原 역사(오버베크 Overbeck)[15]로만 이해될 수 있다. **그리스도** 예수는 우리에게 알려진 영역을 위로부터 수직으로[16] 가르며 들어오는 알려지지 않은 영역이다. 역사적 명료성의 테두리 안에서 그리스도 예수는 **그저** 문제나 신화로만 이해될 뿐이다. 그리스도 예수는 아버지의 세계가 도래하도록 하시지만, 역사적 명료성의 테두리 안에 있는 우리는 그것을 전혀 알지 못하고 앞으로도 전혀 알지 못할 것이다. 그러나 죽은 자들 가운데서 일어난 **부활**에서 전환이 일어난다. 이것은 그 교차점이 위로부터 "깨고 들어옴"Einsetzen이며, 거기에 상응하는 아래로부터의 깨달음[통찰]Einsicht이다. 부활은 예수께서 그리스도라는 [e]**계시**, 예수를 그리스도로 발견하는 것, 예

15 바르트는 "원 역사"(Urgeschichte) 개념을 오버베크로부터 이어받았다. 오버베크는 이 개념을 도입하여 원 그리스도교(Urchristentum)의 전승을 아주 조심스럽게 다뤄야 한다는 점을 강조하고자 했다(*Christentum und Kultur*, S. 20-28, OWN 6/1, S. 52-60). 그 영역에서는 모든 것이 "어둠 속에" 있기 때문이다(S. 20, OWN 6/1, S. 53). 바르트는 이에 대한 자신의 해석을 다음의 글에서 요약하였다. *Die christliche Dogmatik im Entwurf*, Bd. I: *Die Lehre vom Worte Gottes. Prolegomena zur christlichen Dogmatik*(1927), hrsg. von G. Sauter(Gesamtausgabe, Abt. II), Zürich, 1982, S. 309f. "프란츠 오버베크가 사용한 '원 역사'라는 개념은 신약성경 자료의 배경에서 거대한 X로 나타나는 역사, 곧 역사적 연구와 서술의 대상이 됨과 동시에 그 연구와 서술의 대상에서 벗어나는 역사, 그리스도교 교회와 선포의 생성 역사를 의미한다. 오버베크는 이 개념을 역사학적 보조 개념으로 사용했다. 우리는 그 개념을……계시와 역사의 독특한 관계를 드러내기 위한 신학적 개념으로 사용하려고 한다.……**계시는 원 역사다.**"

16 Fr. Zündel, *Aus der Apostelzeit*, Zürich, 1886, S. 26(행 2:1-13에 관하여). "하늘로부터 수직으로 내려오는 폭풍의 충격이 사도들에게 인간이 한 번도 경험하지 못한 새로운 것이 있다는 사실을 알려 주었을 때, 이것은 분명 어떤 막강한 것이었다." 바르트의 소장본에는 이 구절에 밑줄이 그어져 있다. 췬델이 쓴 이 문장의 영향을 받아 "위로부터 수직으로"라는 표현이 생겼고, 이 표현은 나중에 변증법적 신학의 핵심 개념이 되었다. K. Barth, *Der Christ in der Gesellschaft*(1919), W.G.Th., S. 40 = Anfänge I, S. 9. 추가 자료, W. Köhler(가명: Justinus)의 논평. *Zur religiösen Lage der Gegenwart*, Neue Zürcher Zeitung, Jg. 141(1920), Nr. 1732(1920년 10월 21일). "바르트가 말하는 '하늘로부터 수직으로 내려오는' 체험이란 인식론적으로 순전히 난센스다."

수 안에서 하나님이 나타나신 것, 예수 안에 계신 하나님을 인식하는 것die *Offenbarung*, die Entdeckung Jesu als des Christus, die Erscheinung Gottes und die Erkenntnis Gottes 이다. 부활은 어떤 필연성의 도래를 뜻하니, 그것은 하나님께 영광을 돌리는 것, 예수 안에 우리가 알지 못하고 볼 수도 없는 무엇인가가 있음을 예감하는 것, 예수를 시간의 종말, 역설, 원 역사 그리고 승리자로 인정해야 하는 필연성이다. 부활 안에서 성령의 새 세상이 육체의 옛 세상과 맞닿는다. 그러나 새 세상이 옛 세상과 맞닿는 것은 마치 탄젠트 접선이 원圓과 스치는 것처럼[17], [무한히 수렴하여] 닿지 않으면서도 접점을 형성한다. 새 세상은 옛 세상과 접촉하지 **않으면서**, 오직 그 방식으로만 옛 세상의 경계를 이루면서 **새로운** 세상으로서 그 세상과 접점을 이룬다. 이처럼 부활은 주후 30년 예루살렘 성문 밖에서 일어난 사건이며, "찾아오고" 발견되고 인식되었다. 부활의 이와 같은 [위로부터] 찾아옴, 발견, 인식은 그것의 필연성, 나타남, 계시를 제약하는 조건이 된다. 만약 후자가 전자의 전제가 되려면, 부활은 결코 그런 사건이 될 수 없을 것이다. 다시 말해, 예수께서 먼저 자신을 계시하셔야 하고, 그 결과 예수께서 메시아라는 사실이 밝혀질 때, 예수는 부활 **이전**부터—부활 **이후**는 말할 것도 없지만—이미 "하나님의 아들로 선포된" 분이라는 사실이 알려질 수 있다. 사람의 아들이 **하나님의 아들**로 선포되었다는 것, 이것이야말로 예수의 의미다. 예수로부터 이 선포됨을 제외한 나머지는 모든 시간적인 것, 물질적인 것, 인간적인 것처럼 중요할 수도 있고 중요하지 않을 수도 있는 것에 지나지 않는다. "비록 우리가 그

17 Kierkegaard, Buch des Richters, S. 155(SKS 22, S. 81 [NB 11:135a]). "그리스도와 이 땅의 관계는 마치 탄젠트와 같다(신적인 것은 다른 방식으로는 나타날 수 없다). 그분은 자신의 머리 둘 곳조차 없으셨다. 탄젠트는 원과 유일한 접촉점을 이루는 직선이다."

리스도도 육신을 따라 알았으나 이제부터는 그같이 알지 아니하노라"[고후 5:16b]. 예수는 [부활 이전에] **계셨음**으로써 [부활 이후 지금도] **계신다**. 그분이 지금 **현존**하심으로써 그분의 **과거 존재**는 저 뒤편에 놓여 있다. 물론 지금 여기서 일어나는 사건은 하나님과 인간의 혼인도 아니고 융합도 아니다. 인간이 신적인 존재로 솟구쳐 오르는 것도 아니고, 하나님이 인간적인 존재 안으로 흘러드는 것도 아니다.[18] 그것은 우리와 접촉하지 않으면서도 그리스도 예수 안에서 우리와 접점을 이루는 그 무엇, 곧 창조자요 구원자이신 하나님의 나라다. 바로 그 나라가 실제로 현실이 되었다. 그 나라가 가까이 왔다(3:21f., [마 4:17 병행 본문]). 그 예수가 "우리 주"이시다. 그가 이 세상에, 우리의 삶 속에 계심으로써 우리는 인간으로서는 지양되고, 하나님께 삶의 기초를 두며, 그분을 바라보며 고요히 머무르고 또한 앞으로 나아가고, 기다리고 또한 서두른다.[19] 그분이 바울과 로마인들의 주님으로 서 계시기 때문에 로마서의 "하나님"은 빈말이 아니다. |7|

바울은 바로 그 예수 그리스도로부터 "은혜와 사도의 직분"을 받았다. 하나님이 한 인간을 좋아하시고 그 인간은 하나님 안에서 기뻐할 수 있다

18 이 책 630쪽, 각주 49, 50.

19 벧후 3:12[Luther-Bibel, 1892]을 암시한다. "……너희는 기다리고 주님의 날의 미래를 향해 서두르라……." 바르트는 "기다림과 서두름"(warten und eilen)이라는 표현을 자주 사용한다. 그는 이 표현을 크리스토프 블룸하르트의 종말론적 메시지의 핵심과 연결하고 종말에 직면한 그리스도교적 태도가 어떤 것인지를 묘사하기 위해 자주 이 표현을 활용한다. *Vergangenheit und Zukunft*(1919), Neuer freier Aargauer, Jg. 14(1919), Nr. 204, 205 = Anfänge I, S. 37-49, S. 48f. "우리가 아주 심사숙고하면서 말하는 유일무이한 것은 바로 이것이다. 블룸하르트의 메시지에 나타난 예언자적인 요소는 그 서두름과 기다림, 세상적인 것과 신적인 것, 현재와 미래가 그의 말과 행동에서 만나고 결합하고 보완하고 있다는 것, 그리고 항상 새롭게 서로를 향해 다가서서 마침내 만난다는 것이다."

는 사실, 도저히 이해할 수 없는 그 사실이 곧 은혜다. 은혜는 도저히 이해할 수 없는 것으로 인식될 때만 은혜다. 그래서 은혜는 오직 부활을 반사하는 빛 속에서 하나님과 그 인간 사이의 거리를 허물어뜨리심으로써 그 간격을 이어 주신 그리스도의 선물로서 존재한다. 이제 하나님은 저 먼 곳으로부터 그를 아셨고, 측량할 수 없는 높음 가운데 계신 그 하나님은 그 사람에게 인식되셨다. 그래서 그는 불가피하게 "심부름꾼"의 자격으로 다른 사람에게 다가가게 된다. "내가 부득불 할 일임이라. 만일 복음을 전하지 **아니하면** 내게 화가 있을 것이로다"(고전 9:16). 바울과 다른 그리스도인 사이에 차이가 있다면 그저 조금 더하고 조금 덜하고의 차이에 불과할 것이다. 그리스도의 은혜가 있는 곳에서는 아무리 주저하고 의심하는 사람이라도 모든 시간과 사물의 전환, 곧 부활의 선포에 동참하게 된다. 그가 지금까지 부여잡고 싸우던 세상의 현존은 이제 그에게 의문이 되었고 오히려 하나님의 현존이 그의 소망이 되었으니, 이제 그는 그 소망을 위하여 싸우지 않을 수 없다. 여기서 중요한 것은 그가 가진 신념의 관철과 확산이 아니라, 하나님의 신실하심die Treue Gottes [20]을 증언하는 것이다. 그는 그리스도 안에서in f 그 신실하심과 만났으며, 그것을 알게 되면서 그에 상응하는 [인간적인] 신실함Gegentreu을 바치지 않을 수 없게 되었다. 한 인간에게 나타나는 이런 상응하는 신실함, 곧 은혜의 수용이 믿음이고, 이 믿음은 그 자체로 순종의 요청이며, 그 요청은 또한 다른 사람을 향한 것이기도 하다. 순종은 외치고 비추고 흔들어 깨운다. 그것이 바로 선교다. 그것 외에 다른 어떤 선교는 없다. 두 세상이 만나고 갈라지는 곳, 바로 그곳에 계신 분의 이름이 영광을 받으셔야 한다. 은혜는 그렇게 할 수 있는 권능을 주시나니,

20 이 책 108쪽.

은혜는 곧 부서짐Gebrochenheit이기 때문이다(5:2).

바울을 이방 민족의 사도로 만드신 하나님(1:1), 바로 그 하나님께서 가까이 다가온 당신의 나라[마 4:17 병행 본문]를 위해 **로마의 그리스도인들**까지 취하셨다. 성도로 부르심을 받은 그들은 이제 자기 자신과 사라져가는 옛 세상에 속한 자들이 아니고, 그들을 부르신 분에게 속한 자들이다. 사람의 아들은 그들에게도 부활의 능력을 통해 하나님의 아들로 선포되신 분이다. 그들 또한 지금 여기서 거대한 곤경과 위대한 소망의 인식에 사로잡혔으며, 그들 나름의 방식으로 하나님을 위해 따로 떼어 내진 선별된 사람들이다. 그들의 새로운 전제 역시 "하나님 우리 아버지와 주 예수 그리스도로부터 은혜와 평강"이다. 이 전제가 언제나 새롭게 **일어나기를!** 그들의 평안이 그들의 불안이 되고, 그들의 불안이 그들의 평안이 되기를! 이것이 로마서의 처음과 나중이며, 그 내용이다. |8|

개인적인 것

1:8-15

8 먼저 내가 예수 그리스도로 말미암아 너희 모든 사람에 관하여 내 하나님께 감사함은 너희 믿음이 온 세상에 전파됨이로다. 부활은 그 능력을 확증했다. 로마에도 그리스도인이 생겨난 것이다. 그들은 바울의 개인적인 도움 없이도 그리스도인이 되었다. 그들에게 그리스도의 외침을 전해 준 것이 누구이건 간에(1:6) 그들은 **이미** 부르심을 받았다. 감사할 이유는 충분하다. 무덤 문을 막고 있던 큰 돌이 치워졌고[막 16:4 병행 본문], 말씀이 역사하며 예수는 살아 계신다. 바로 세계의 수도에 그분이 계신다. 주위의 모든 그리스도인이 그 소식에 귀를 기울였다(16:19). 이것이 한낱 비유라 해

도[21], 그것은 [실제적인] 비유다. 바울이 하나님께 감사한 까닭은 로마 그리스도인들의 경건함 때문도 아니요 그 밖에 눈에 보이는 어떤 인간적인 장점 때문도 아니라, 오직 그들이 그리스도인으로서 살아가고 있다는 사실 하나 때문이었다. 이제 저 위에 기旗가 서고 사람들이 주님의 이름을 부르며 고백하고 하나님 나라를 고대하며 선포한다는 사실에 비하면, 다른 어떤 특별한 성품이나 행위는 전혀 중요하지 않다. 하나님의 신실하심에 마주 상응하는 인간의 신실함 곧 믿음이 바로 여기에 있다. 이러한 일이 일어나는 곳, 바로 거기서 예수의 부활을 통해 일으켜지는 위기가 작동하기 시작한다. 거기서 그분이 하나님의 아들로 선포되심이 드러난다(1:4). 거기서 주님의 종은 감사의 근거를 갖게 된다. 로마의 모든 문이 주님께 열렸으니, 이제 그의 종에게도 열린 것이다.

9-10. 바울과 로마 그리스도인들 사이에는 우연적이고 외적인 관계 이상의 관계가 오래전부터 지속되고 있었다. **9 내가 그의 아들의 복음 안에서 내 심령으로 섬기는 하나님이 나의 증인이 되시거니와 항상 내 기도에 쉬지 않고 너희를 말하며 10 어떻게 하든지 이제 하나님의 뜻 안에서 너희에게로 나아갈 좋은 길 얻기를 구하노라.** 심부름꾼은 그들에게 속한 사람이다. (그는 하나님께 속한 것과 마찬가지로 분명히 또한 많은 사람에게 속한 사람이다, 1:14). 은혜를 받아 주님의 영광을 위한 열정으로 불타오르는 사람(1:5, 시 69:9[원서에는 69:10로 되어 있다], 요 2:17)의 영혼은 똑같은 계시와 발견에 감동한 사람들의 영혼을 멀리하거나 낯설어할 수 없다. 그의 기도는 자신

21 요한 볼프강 폰 괴테, 『파우스트』(문학동네) 제2부, 제5막, 협곡(V. 12104f.) "Chros Mysticus" [신비의 합창]

일체의 무상한 것은
한낱 비유일 따름이다.……

을 위한 것인 만큼, 또한 그들을 위한 것이다. 만일 그가 기도한다면, 그 기도는 그들을 위한 것이다. 그들의 싸움이 약해지지 않는 한 그들도 그를 위해 기도할 것이다(15:30). 한 번도 서로 본 적이 없고 그 어디서도 마주친 적이 없는 사람들이지만, 복음에 대한 경청을 토대로 이들은 서로 연대할 수 있게 된다. 이렇게 본질적인 것에 집중하는 친교 공동체라면, 개인적인 만남에 대한 소망도 자라날 수 있다. 하나님 안에서 서로를 아는 사람들은 |9| 자연스럽게, 그래도 된다면 서로 얼굴을 맞대고 알게 되기를 원한다. 하지만 그래도 되는가? 그래야 하는가? 꼭 그래야 하는 것은 아니다. 사실 이러한 소망은 하나님 나라와는 직접적인 관련이 없다. 하나님의 뜻이 이루어지는 것이 가장 우선이다. 어쩌면 그런 다음에는 인간적인 소망이 추가로 이루어질 수도 있을 것이다. 물론 이루어지지 않을 수도 있지만, 하나님의 뜻에 합한 것이라면 언젠가는 이루어질 것이다. 그때까지는 서로 잘 모르는 사람들로서 상대방의 최선을 신뢰하고, 나아가 하나님의 뜻을 알기 위해 서로 노력하는 것이 좋다. 그 뜻은 그리스도인들에게 가능해진 통찰, 곧 참되고 올바른 것에 대한 통찰(12:2)과 외적·내적으로 주어진 상황이 제대로 조화를 이룰 때 알게 된다. 이런 순간의 인식이야말로 개인적인 소망의 성취를 생각해 볼 수 있는 유일한 길이다.

11-12. 11 내가 너희 보기를 간절히 원하는 것은 어떤 신령한 은사를 너희에게 나누어 주어 너희를 견고하게 하려 함이니 12 이는 곧 내가 너희 가운데서 너희와 나의 믿음으로 말미암아 피차 안위함을 얻으려 함이라. 이 간절한 소망에는 근거가 있다. 하나님의 길 위에서 만난 사람들은 서로에게 전할 무엇인가가 있고, 한 사람은 다른 사람에게 어떤 중요한 존재가 될 수 있다. 그러나 다른 사람에게 무엇인가 되고 싶어 하는 **의지**를 통해서 그렇게 되지는 않는다. 그것은 예컨대 어떤 사람의 내적인 부요함으로 성

취되지 않는다. 오히려 그것은 그 사도의 **존재**에 속한 것was er *ist*을 통해서가 아니라 자신의 **존재**에 속하지 **않은 것**was er *nicht ist*, 말하자면 그의 가난함, 그의 탄식과 소망, 기다림과 서두름을 통해 성취되며, 그의 존재 안에서 자신의 지평을 **넘어서고** 능력을 **넘어서는** 어떤 다른 것을 가리키는 모든 것을 통해 성취된다. 사도는 긍정의 인간ein positiver Mensch이 아니라 오히려 부정의 인간, 다시 말해 그와 같은 빈 공간이 있는 사람이다. 바로 이 빈 공간을 통해 그는 다른 사람에게 무엇인가로 **존재한다.**er *ist* 그것을 통해 그는 그들에게 은혜를 전달한다. 바로 그것을 통해 그는 그들을 견고하게 하고, 계속 집중하고 인내하고 기도하게 해준다. 그가 자신을 긍정적으로 주장하려는 생각이 없으므로, 바로 그래서 성령은 그를 통하여 은혜를 베푸신다. 그가 전하면 전할수록 전하는 그는 자연스럽게 받는 자가 되고, 또 그가 받으면 받을수록 받는 그는 또한 전하는 자가 된다. 지혜롭게도 그리스도인들은 그 소식이 네게서 온 것인지 아니면 내게서 온 것인지를 묻지 않는다. 그것은 네게서 온 것도 아니고 내게서 온 것도 아니기 때문이다. [g]우리 양자는 아무것도 아니고 아무것도 가진 것이 없다.wir beide sind nichts und haben nichts [g] 그 소식이 있다는 사실 하나로 충분하다. 그것이 우리 위에, 우리 뒤에, 우리 건너편jenseits von uns [h]에 있다는 것으로 충분하다. 우월한 위치에 있는 사람이든 이제 갓 시작한 사람이든 똑같이 외적인 **그리고** 내적인 연약함과 시험 속에 있는 인간적인 존재인데, 그들 모두를 위로하는 것은 **믿음**, 믿음의 **소식**과 믿음의 **내용**, 곧 하나님의 신실하심이다. 비록 [땅에서] 함께한다는 것 자체는 공허하고 별로 중요하지 않은 것이라 해도, |10| 하늘나라의 문을 함께 두드리고 싶은 마음, 성령을 통해 함께 감동하고 싶은 마음이 우리 안에서 약동하는 것은 언제나 좋은 일이다.

13 형제들아, 내가 여러 번 너희에게 가고자 한 것을 너희가 모르기를 원

하지 아니하노니 이는 너희 중에서도 다른 이방인 중에서와 같이 열매를 맺게 하려 함이로되 지금까지 길이 막혔도다. 로마로 가고자 했던 바울의 소망은 로마 그리스도인들의 소망과 맞닿아 있었던 것 같다. 그는 여러 차례 그 소망을 실행에 옮기려고 했다. 로마에서는 시작이라도 되었지만 아예 시작조차 되지 못한 지역이 아직 너무나 많았다. 그의 필생의 과업, 미개척지에 씨를 뿌리는 일(15:20-22)로 인해 그는 매번 다른 곳으로 가야 했다. 그러나 **그가** 씨를 뿌리지 **않은** 곳에서도 열매를 거두려는 마음, 다른 사람들이 이미 일하고 있는 곳에서도 일하고자 하는 마음, 그런 갈망과 의도가 여전히 남아 있었다. 하나님의 뜻에 따라(1:10) 지금까지는 그런 일이 일어나지 **않았다**.

14-15. 14 헬라인이나 야만인이나 지혜 있는 자나 어리석은 자에게 다 내가 빚진 자라. 15 그러므로 나는 할 수 있는 대로 로마에 있는 너희에게도 복음 전하기를 원하노라. 바울은 의무에 매인 사람이다(1:1). 이것은 그의 개인적인 소망의 제약을 의미하지만, 그것이 성취될 가능성을 뜻할 수도 있다. 국경이라는 장벽과 문화의 장벽은 결코 그를 주저앉힐 수 없다. 설령 그런 문제가 닥친다 해도 상관없다. 이고니온과 루스드라의 어리석은 자들 가운데서도 거리낌 없이 자신의 직분을 수행한 바울이라면[행 14:1-20], 로마에[in i] 모여든 거대한 정신과 종교의 시장에서도 같은 모습을 보일 수 있다. 사람들이 복음을 **아직** 듣지 **못한** 곳에서만 말씀을 전하겠다는 원칙도, 궁극적으로 [절대 바뀔 수 없는] 메대와 바사의 규례[단 6:9, 15, 원서에는 16로 되어 있다]가 될 수는 없다. 최종적으로는 그 누구도 자기가 **이미** 복음을 들었노라고 말할 수 없기 때문이다. 바울은 이방 민족에게 복음을 전하라고 거룩하게 구별된 사람이며, 로마의 그리스도인들도 그런 이방 민족 가운데 하나다. 그는 그 사람들에게도 옛것을 새것으로 말하게 된다. 이 경

우에는 이미 알고 있던 것도 언제나 모든 사람에게 아직 알려지지 않은 것이니, 그것을 "생각나게 하려고 하는 일"(15:15)은 아무리 행해도 지나침이 없는 것이다. 앞에서 말했던 것, 곧 함께 하늘나라의 문을 두드리고 함께 움직이는 일이 우선은 이 편지로 조심스럽게 시도될 수 있을 것이다.

사태

1:16-17

16 내가 복음을 부끄러워하지 아니하노니 이 복음은 모든 믿는 자에게 구원
을 주시는 하나님의 능력이 됨이라. 먼저는 유대인에게요 그리고 헬라인에
게로다. 17 복음에는 하나님의 의가 나타나서 믿음으로 믿음에 이르게 하나
니 기록된 바 오직 의인은 믿음으로 말미암아 살리라 함과 같으니라. [11]

"내가……부끄러워하지 아니하노니." 복음은 세계종교들과 세계관들과 다툼을 추구할 필요가 없고 그렇다고 도피할 필요도 없다. 복음은 알려진 세상을 어떤 다른 세상, 알려지지 않은 세상으로 제한하려는 시도, 곧 알려진 세상 안에서 비교적 덜 알려진 약간 더 높은 현존의 양식을 찾아내어 사람들이 거기에 도달할 수 있게 하려는 모든 시도와 경쟁하지 않는다. 복음은 다른 진리들 곁에 있는 또 하나의 진리가 아니다. 오히려 복음은 모든 진리를 의문시한다. 복음은 문짝門들이 아니라 [그것들의 무게를 지탱하는] 추축이다. 복음을 이해하는 사람은 모든 것을 건 싸움, 사활이 걸린 싸움에 들어섬으로써 다른 모든 싸움에서 해방된다. 변증론, 곧 복음의 승리를 위한 염려란 있을 수도 없다. 복음은 주어진 모든 것의 지양이며 새로운 토대 설정으로서, 세상을 극복하는 승리[요일 5:4]다. 복음은 누가 그것을 대변하거나 실어 나를 필요가 없다. 오히려 복음이 그것을 듣고 선포하는 사

람을 대변하고 그들을 운반한다. 복음을 위해서 바울이 로마에 가는 것, 온갖 영들이 영향력을 행사하는 그곳 로마에 가는 것은—비록 그가 복음을 위하여 분명 의연하고 부끄러움 없이 거기에 갈 수 있고 또 가게 될 것이지만—꼭 필요한 일은 아니다. 우리는 **하나님께** 반드시 필요한 존재가 아니다. 만일 그분이 하나님이 아니라면, 그분은 **우리를** 틀림없이 부끄러워하실 것이다. 거꾸로 우리가 그분을 부끄러워한다는 것은 절대 있을 수 없다.

부활의 복음은 "하나님의 능력"이다. 이것은 그분의 "덕행"(불가타)virtus 이며, 그분의 의미를 드러내신 계시와 인식이며, 다른 모든 신 앞에서 행동으로 확인된 그분의 탁월함이다. 이것은 [신적인] 행동, 모든 기적 중의 기적이니, 곧 하나님께서 자신을 그 누구도 다가설 수 없는 빛 속에 계시는 [딤전 6:16] 알려지지 않은 하나님으로서, 거룩한 분, 창조자, 구원자로 알리시는 기적이다. "너희가 알지 못하고 위하는 그것을 내가 너희에게 알게 하리라"(행 17:23). 부활을 통해 그어진 선을 넘지 못하는 모든 신, 신전에 거하는 신들, 손으로 만들어진 신들, 인간 손으로 시중을 받는 신들, "누군가를 필요로 하는" 모든 신, 말하자면 그 신을 아노라고 말하는 사람을 필요로 하는 신들(행 17:24-25)은 하나님이 아니다. [참] 하나님은 알려지지 않은 하나님이다. **그러한** 하나님이 모두에게 생명과 호흡을 주시며, 모든 것을 주신다[행 17:25b]. 그러므로 그분의 능력은 어떤 자연의 능력이나 영혼의 능력이 아니며, 우리가 알거나 알 수도 있는 어떤 고차원적인 최고의 능력들 가운데 하나도 아니며, 그런 것의 최상이나 총합이나 기원도 아니다. 오히려 하나님의 능력은 모든 능력의 위기이며, 전적 타자다. 바로 이것을 기준으로 평가한다면 다른 능력들은 어떤 것이지만 아무것도 아니고, 아무것도 아닌 어떤 것이다. 하나님의 능력은 그것들을 처음으로 움직이게 한 것, 그것들의 마지막 안식, 그것들 모두를 지양하는 근원, 그 모

든 것의 토대가 되는 목표다. 순수하고 탁월한 하나님의 능력은 다른 능력들과 나란히 서 있는 것도 아니요, 그것들 위에 있는("초자연적인") 것도 아니다. 하나님의 능력은 다른 것을 조건으로 삼거나 다른 것의 조건이 되는 모든 능력의 저편에 있다. 하나님의 능력을 다른 능력들과 혼동해서는 안 되며, 그런 능력들과 같은 선상에 놓아서도 안 된다. 오직 우리는 하나님의 능력을 |12| 극도로 조심스럽게 그것들과 비교할 수 있을 뿐이다. 하나님의 능력, 곧 예수를 그리스도로 세우심(1:4)은 가장 엄격한 의미에서 **앞서** 지정함(**전**제)*Voraus*-Setzung이며, 우리가 파악할 수 있는 모든 내용에서 벗어나 있다. 그 능력은 영을 통해 발생하며, 영 안에서 인식되고자 한다. 그 능력은 자족적이고 무조건적이고 그 자체로 진리다. 그것은 절대적으로 새로운 것으로, 하나님을 바라보는 인간의 의식 속에서 결정적인 요인 그리고 전환을 일으키는 요인이 된다. 바울, 그의 청중, 그의 독자 사이에서 가장 중요한 것은 바로 이 메시지를 말하고 듣는 것이다. 그리스도의 교회가 가르치는 모든 가르침, 모든 도덕, 모든 제의는 이 메시지와 관계된다. 물론 그 모든 것이 오직 낙뢰에 파인 구덩이, 오직 빈 공간이고자 할 때 그렇게 되는데, 그 빈 공간 안에서 그 메시지는 자신을 서술한다. 그리스도의 교회는 그 자체로 거룩한 말씀, 행위, 사물을 알지 못한다. 그것들은 부정否定으로서 한분 거룩하신 자를 지시하는 말씀, 행위, 사물일 뿐이다. "그리스도교적인" 어떤 것이라 해서 그것이 다 복음과 관계된 것은 **아니다**. 그것이 빈 공간이 아니라 스스로 내용이 되려 하고, 오목한 것이 아니라 볼록한 것, 부정이 아니라 긍정, 결핍의 아쉬움과 소망의 표현이 아니라 소유와 존재의 표현이 되려 한다면, 그런 존재는 인간적인 부속물이요 위험한 종교적인 잔재요 안타까운 오해에 그칠 것이다. 만약 그리스도교가 **그런 것**이라면, 그것은 그리스도-교Chrisus-tum가 변하여 그리스도인-교Christen-tum가 된

것이며, 부활의 이편에서 자기 안에 폐쇄된 채 흔들리는 이 세상의 현실과 일종의 평화조약을 맺거나 기껏해야 잠정 협정modus vivendi을 체결한 것이며, 하나님의 능력과는 아무 관계도 없는 것이다.[22] 이런 경우 이른바 복음은 다른den anderen j 세계종교나 세계관과의 경쟁을 넘어선 바깥에 위치하지 못하고, 그 틈에 끼어 가장 혹독한 궁지에 빠지게 될 것이다. 왜냐하면 종교적 욕구를 달래 주고 하나님에 대한 우리의 앎 그리고 특히 하나님과 함께하는 삶에 대하여 효과적인 환상을 제공하는 일은 자신을 잘못 이해한 그리스도교Christentum k 보다는 이 세상이 더 잘하는 일이기 때문이다. 그때는 "복음"을 부끄러워한다 해도 전혀 이상하지 않을 것이다. 그러나 바울은 우리가 **알지 못하는** 하나님의 능력을 말한다. "모든 것은 눈으로 보지 못하고 귀로 듣지 못하고 사람의 마음으로 생각하지도 못하였다"[고전 2:9]. 그래서 **그는** 복음을 부끄러워하지 **않는다**.

하나님의 능력은 "구원을 주시는" 능력이다. 이 세상에서 인간은 감옥에 갇혀 있다. 깊이 생각해 본다면 지금 여기서 우리에게 가능한 시도들이 얼마나 제한적인 것인지 똑똑히 알 수 있다. 우리는 하나님으로부터 멀리 떨어져 있으며, 그분과 우리의 거리는 점점 커지고 있으며(1:18, 5:12), 그 결과는 우리가 상상할 수 있는 것보다 훨씬 심각하다(1:24, 5:12). 인간은 자신의 주인이 된다. 인간과 하나님의 결합은 회복이 불가능해 보일 정

22 바르트가 프리드리히 나우만(Fr. Naumann)의 모습으로 체현되었다고 본 교회의 모습. *Vergangenheit und Zukunft*(1919), Neuer Zürcher freier Aargauer, Jg. 14(1919), Nr. 204, 205 = Anfänge I, S. 37-49. S. 38f. 말하자면, "이 세상과 신적인 것의 관계를 처음부터 어떤 확고한 것, 정돈된 것, 변하지 않고 똑같이 지속되는 그런 관계로 생각하는 **바로 그** 교회라면, 그저 종교적으로 설명하고 변형시키면 그뿐이다. 하나님은 있는 그대로의 하나님이요, 세상은 있는 그대로의 세상이다. 인간은 '종교'를 갖는 것 외에는 더 절박한 의무라든가 염려도 없다."

도로 찢겼다. 인간의 피조성은 |13| 그 자신의 수갑이다. 그의 죄는 그의 빚이다. 그의 죽음이 그의 운명이다. 그의 세상은 자연의 능력, 영혼의 능력, 그 밖의 다른 능력이 형체도 없이 휘몰아치다 잦아드는 카오스다. 그의 삶은 허상이다. 바로 이것이 우리의 현실이다. "하나님은 과연 존재하는가?" 이것이야말로 우리가 마땅히 던져야 할 질문 아닌가! 바로 이와 같은 세상이 그럼에도 불구하고 하나님과 결합하여 있음을 파악하려는 것은, 처벌받아 마땅한 종교적 교만이 아니라면, 탄생과 죽음의 저편에 놓인 진리에 대한 최후 통찰, 곧 하나님으로부터 주어지는 통찰이다. 하나님으로부터 오는 통찰이 자리를 잡으려면, 먼저 종교적 교만이 사라져야 한다. 위조지폐가 돌고 있으면 진짜도 의심을 받는다. 복음은 최후 통찰의 가능성을 제공한다. 하지만 그 가능성이 실현되기 위해서는 이전까지의 모든 깨달음이 무효가 되어야 한다. 복음은 하나님이 어떤 분이신지 말하며, 하나님 자신에 대해 오직 그분에 대해 말한다. 복음은 우리의 구원자가 되시는 바로 **그 특정한** 창조자, 우리의 창조자가 되시는 바로 **그 특정한** 구원자에 관해 말한다. 그 순간에 복음은 우리를 완전히 되돌려 놓는다. 복음은 우리의 피조성이 자유롭게 된 것을 알리며 우리 죄의 용서, 죽음을 극복한 생명의 승리, 상실했던 모든 것의 회복을 선포한다. 복음은 다가오는 새로운 세계를 긴급하게 알리는 경고의 외침이며, 번쩍이는 불빛 신호다. 이 모든 것은 무엇을 의미하는가? 지금 여기서 이것저것에 매여 있는 우리는 그것을 알 수 없다. 우리는 그저 들을 수 있을 뿐이다. 복음을 통해 창조된 사려 깊은 생각, 곧 하나님을 향한 생각이 그것을 듣는다. 인간이 그것을 듣는다 해도 이 세상은 이 세상 그대로 남고 인간도 여전히 인간으로서 남는다. 여전히 인간은 죄의 **모든** 짐과 죽음의 **모든** 저주를 지고 살아가야 한다. 우리의 현존재와 존재 상태Da-Sein und So-Sein의 이와 같은 실제적인 상태를 부정하지

말라! 우리의 출구인 부활은 우리의 장벽이기도 하지만, 또한 그 장벽은 출구이기도 하다. 우리에게 맞서 다가오는 '아니요'das Nein 는 '하나님의 아니요'das Nein Gottes다. 그래서 우리에게 결핍된 것이 우리를 돕는 것이 될 수 있다. 우리를 제한하는 것이 곧 새로운 땅이다. 이 세상의 모든 진리를 지양하는 것, 그것이 그 진리의 새로운 토대다. 하나님의 '아니요!'가 완전하기에 그분의 '예!'Ja도 완전하다. 이렇게 하나님의 능력은 우리의 전망, 문, 소망이다. 그 능력은 또한 우리가 이 세상에서 좁은 길을 걸어갈 때도 방향이 되고, "위로가 있는 절망"(루터)[23] 속에서 언제나 다음 단계의 작은 한 걸음을 내디딜 수 있는 가능성이 된다. 죄수가 파수꾼이 된다. 파수꾼은 자신의 초소에서—마치 죄수가 자기 감방을 들여다보며 그러듯이—무언가에 홀린 듯 뿌옇게 동터 오는 새날을 마주 바라본다. "내가 내 파수하는 곳에 서며 성루에 서리라. 그가 내게 무엇이라 말씀하실는지 기다리고 바라보며 나의 질문에 대하여 어떻게 대답하실는지 보리라 하였더니 여호와께서 내게 대답하여 이르시되 너는 이 묵시를 기록하여 판에 명백히 새기되 달려가면서도 읽을 수 있게 하라. |14| 이 묵시는 정한 때가 있나니 그 종말이 속히 이르겠고 결코 거짓되지 아니하리라. 비록 더딜지라도 기다리라. 지체되지 않고 반드시 응하리라"(합 2:1-3).

복음은 "믿음"을 요구한다. 복음은 오직 믿는 자에게만 "구원을 주시는 하나님의 능력"이다. 그러므로 구원의 진리는 직접 전달하거나 직접 깨달을 수 없다. 그리스도는 "영으로" 하나님의 아들로 선포되셨다(1:4). 여기

23 마르틴 루터가 1916년 4월 8일 멤밍겐의 아우구스투스 수도회 수사 게오르크 슈펜라인(Georg Spenlein)에게 보낸 편지, WA.B I,36,33f. "Igitur non nisi in illo [scil. Christo], per fiducialem desperationem tui et operum tuorum, pacem invenies"[너는 너 자신과 네 행위에 대한 절망, 곧 위로가 있는 절망을 통하여 오직 그분(그리스도) 안에서 평화를 발견할 것이다]. WA 39/I,430,7-9.

서 "영은 매개자 없는 직접성의 부정이다.Geist ist Leugnung der direkten Unmittelbarkeit 그리스도께서 참 하나님이시라면, 그분은 알 수 없음Unkenntlichkeit 속에 존재하셔야 한다. 직접적으로 알 수 있음은 바로 우상의 특징이다"(키르케고르).[24] 구원을 주시는 하나님의 능력은 너무나 새로운 것, 이 세상이 단 한 번도 듣거나 기대한 적이 없는 것이다. 그래서 그 능력은 이 세상에서는 그저 모순처럼 보이고, 모순으로 생각될 수밖에 없다. 복음은 자신을 설명하거나 추천하지 않는다. 부탁하거나 흥정하지도 않는다. 위협하거나 약속하지도 않는다. 오직 복음만을 위해서 복음을 들으려는 사람들이 없는 곳에서는 복음이 스스로를 닫아 버린다. "믿음은 눈으로 볼 수 없는 것을 향한다. 그러므로 믿음을 위한 기회가 있으려면, 믿음의 대상이 되는 모든 것은 감춰져 있어야 한다. 그것은 인간의 안목, 감각, 경험과 배치되는 것이므로 가장 깊숙이 감춰져 있다. 그러므로 하나님이 살리실 때는 죽이심으로써 살리신다. 그분이 의롭다고 인정해 주실 때는 우리를 죄인으로 만드시면서 그리하신다. 그분이 우리를 하늘로 이끄실 때는 우리를 지옥으로 데려가심으로써 그리하신다"(루터).[25] 복음은 오직 **믿을** 만한 것이요 오직 **믿을** 수만 있는 것이다. 복음은 **선택**을 요구한다. 이것이 복음의 진지함이다. 복음의 모순을 견디지 못하는 사람, 그 모순 가운데서 끝끝내 버티지 못하

24 Kierkegaard, Einübung, S. 122(SKS 12, S. 139, 『그리스도교의 훈련』, 다산글방). "그리스도가 영이신 참 하나님이시라면, 일체의 직접성의 부정(Leugnung aller Direktheit)인 식별 불가능한 상태로 식별 불가능한 모습을 취하고 계셔야 한다. 직접적으로 식별 가능하다는 것은 우상의 특징이다."

25 M. Luther, *De servo arbitrio*(1925), WA 18,633,7-11. "Altera est, quod fides est rerum non apparentium. Ut ergo fidei locus sit, opus est, ut omnia quae creduntur, abscondantur. Non autem remotius absconduntur, quam sub contrario obiectu, sensu, experientia. Sic Deus dum vivificat, facit illud occidendo; dum iustificat, facit illud reos faciendo; dum in coelum vehit, facit id ad infernum ducendo."

는 사람에게 복음은 걸림돌이 된다. 하지만 그 모순의 필연성을 회피하지 않는 사람은 믿음에 도달한다. 믿음은 하나님의 “Inkognito”[인식 불가능성][26]에 대한 존경이다. 믿음은 하나님과 인간, 하나님과 세상 사이의 질적인 차이[27]를 의식하면서 하나님을 사랑하는 것이다. 부활을 이 세상의 **전환**으로 긍정하는 것, 다시 말해 그리스도 안에 나타난 하나님의 ‘아니요!’를 긍정하는 것이요, 하나님 앞에서 엄청난 충격을 느끼며 멈춰 서는 것이다. 이 세상이 바로 그 모순된 진리를 통해 제약된다는 사실을 아는 사람, 자신이 모순된 의지 때문에 제약되고 있다는 사실을 아는 사람, 그 모순에 관해 너무 많이 알고 있기에 거기서 빠져나오지는 못한 채 다만 그것을 감내하는 사람(오버베크),[28] 그래서 가시 돋친 채찍에 뒷발질하기[신을 대상으로 쓸데없이 반항하는 것을 뜻하는 그리스·로마 문학의 표현이다]가 고생스러운 사람[행 26:14], 결국은 그 모순을 인정하고 그것을 자기 삶의 토대로 삼기로 한 사람, 이 사람이 곧 믿는 사람이다. 하나님을 신뢰하는 사람,

26 Kierkegaard, Einübung, S. 118(SKS 12, S. 135-6). “그렇다면 이제 하나님-사람의 경우는 어떠할까! 그분은 하나님이시면서도, 이 하나의 인간이 되는 일을 택하셨다. 그것은 이미 언급한 대로, 모름지기 가장 심오한 인식 불가능성이고, 또 알 수 없음이라는 가장 엄중한 장벽이다. 왜냐하면 하나님으로 존재한다는 것과 하나의 인간으로 존재한다는 것과의 모순은, 최대의 즉 질적인 모순이기 때문이다. 그럼에도 불구하고, 그분은 자신의 의지로 이 일을 자유롭게 결의하셨다. 그러므로 이 인식 불가능성은 전능한 힘으로 일관된다.”

27 Kierkegaard, Einübung, S. 126(SKS 12, S. 143), 이 책 271쪽.

28 Overbeck, Christentum und Kultur, S. 293(OWN 6/1, S. 332). “확실히 우리는 너무 많이 알고 있다. 특히 우리가 전혀 알 수 없는 궁극적인 것과 죽음에 관해 **너무나** 많이 알고 있다.” S. 300(OWN 6/1, S. 338f.) “어쩌면 우리는 사물의 근본을 너무 깊이 들여다보고 있다. 그래서 모든 것에 관해 너무 많이 알고 있는 단계, 그러니까 우리 자신과 우리의 마지막인 죽음처럼 가장 감춰진 것, 가장 가까이 갈 수 없는 것까지도 알고 있는 단계에 이르게 된 것이다. 이런 앎은 우리에게 전혀 도움이 되지 않는데도 우리는 그 앎을 가지고 살아야 한다.” 바르트 소장본에는 이 두 문장에 밑줄이 그어져 있다. Barth, Unerledigte Anfragen, S. 5f.

바로 그 한분 하나님만을 신뢰하는 사람, 이 세상 안에서 우리의 현존재와 존재 상태를 거부하지 않을 수 없게 된 것에서 하나님의 신실하심을 알아차린 사람, 그 |15| 신실하심에 상응하는 신실함으로 응답하는 사람, 하나님과 함께 '그렇지만'과 '그럼에도 불구하고'를 말하는 사람, 이런 사람이 곧 믿는 사람이다. 믿는 사람은 복음 안에서 구원을 주시는 하나님의 능력을 발견한다. 거기서 영원한 복락의 빛이 비치는 것을 발견하며, 파수꾼처럼 보초를 설 용기를 발견한다. 이와 같은 철저한 발견은 걸림돌과 믿음 사이의 자유로운 선택을 뜻하며, 이 선택은 매 순간 완전하게 발생한다. 믿음에 이르면 따뜻한 감정, 듬직한 확신, 높은 수준의 성향과 도덕이 나타난다. 하지만 이런 것들은 본래의 과정에서 항상 부차적인 것, 이쪽의 영역에 속한 것, 그래서 그 자체로는 그다지 중요하지 않은 특징들이다. **믿음**의 과정이 지닌 특징은 그런 것을 긍정적 실체로 보지 않는다. 오히려 그 특징은 그와 같은 다른 모든 긍정적 실체를 부정한다. 그런 것들은 "이 세상"Diesseits의 영역에서 "저 세상"[저편]Jenseits을 위한 공간을 만들기 위해 추진되는 청소 작업의 단계에 속한다. 바로 그래서 믿음은 결코 "경건"과 동일시될 수 없다. 경건이 제아무리 순수하고 섬세하다 해도 말이다. 만약 "경건"이 믿음의 과정에서 나타나는 하나의 특징이라고 말할 수 있으려면, 그것은 이 세상에 속한 다른 모든 것의 지양이어야 하며, 무엇보다도 분명히 자기 자신의 지양이어야 한다. 믿음은 하나님으로 사는 것이기 때문에, 믿음은 스스로 살아갈 수 있다. 이것이 "Centrum Paulinum"[바울의 핵심](벵겔)이다.[29]

모든 사람이 마땅히 **믿어야 하고, 믿을 수 있는 능력도 가지고 있다.** 복음과 마주하여 선택의 권리를 부여받은 사람이 "유대인과 헬라인"이다. 복

29 Bengel, Bd. II, S. 42(롬 3:22을 뒤돌아보며, 롬 6:18에 관하여). "Centrum Paulinum, *FIDES*".

음은 이 **세상**의 현존재와 존재 상태를 뒤흔들어 놓고 이로써 직접 **모든** 사람에게 향한다. 우리 인생의 깊은 문제가 분명 보편적인 인간사인 것과 같이, 그리스도 안에 있는 신적인 모순도 마찬가지다. 복음은 그런 보편성 속에서 인간의 의식에 도달하고자 한다. "유대인", 곧 종교적이고 교회적인 사람이 "먼저는" 선택의 자리로 부르심을 받았을 수는 있다. 이것은 그가 원래부터 이 세상의 가장자리, 곧 새로운 세상이 이 세상과 마주치는 교차 선(1:4)이 **반드시** 눈앞에 제시되어야 하는 곳(2:17-20, 3:1-2, 9:4-5, 10:14-15)에 있었기 때문인데, 그러나 이와 같이 앞서 출발한 것이 그 우월함의 근거가 되는 것은 아니다. "종교적인가 종교적이지 않은가?"의 질문은 이제 근본적인 질문이 아니다. "교회적이냐 세상적이냐?"는 말할 필요도 없다. 복음을 들을 가능성은 그 복음을 들은 것에 대한 책임성, 또 복음을 듣는 사람에게 주어지는 언약과 마찬가지로 보편적이다.

복음 안에서 드러난 것은 위대하고 보편적인 비밀, 모든 단계의 모든 사람을 압박하는 비밀, 곧 "하나님의 의"라는 비밀이다. 온 세상이 유대인과 헬라인이 극도로 미심쩍어하는 일, 곧 하나님이 자기 자신과 일치하는 사건[부활의 사건]이 그리스도 안에서 환히 드러나고 영광을 받는다. 인간이 부활 이전에 하나님이라 부르던 것은 특징적인 방식의 거짓 신Nicht-Gott 이다. |16| 그것은 자신의 피조물을 구원하지 **못하는** 신, 인간의 불의를 방임하는 신, 우리에게 자신을 하나님으로 밝히지 **못하는** 신, 이 세상과 인간들의der m Menschen 현존재와 존재 상태를 최상으로 긍정하는 신이다. 그것은 도저히 견딜 수 없는 것이며, 우리가 최고의 감정에 휩싸여 그에게 최고의 수식어를 붙인다고 해도 거짓 신이다. 이런 신에게 반항하는 사람의 함성이 이런 신을 합리화하려는 사람의 기예보다 진리에 더 가깝다. 인간적인 어떤 개선을 바라지 않을 때, 참된 절망의 용기를 낼 수 있을 때, 오직 그때

부활의 이편에서 공표되는 저 일반적인 무신론을 피할 수 있다. 이제 하나님은 그리스도 안에서 자신이 어떤 분이신지 말씀하시며, 온갖 거짓을 퍼뜨리는 이 세상의 거짓 신을 처벌하신다. 그분은 지금 우리의 존재, 지금 이 세상의 존재를 부정하심으로써, 그분 자신을 긍정하신다. 그분은 자신이 하나님 되심을 직접 알게 하신다. 그분은 우리의 타락 저편, 시간과 사물과 인간의 저편에서 이편의 갇힌 자를 구원하시는 하나님[시 126:1]이시므로 자신을 모든 존재의 의미이신 하나님, 창조주 하나님으로 드러내신다. 그분은 우리와 그분 사이의 간격을 창조하고 유지하심으로 그분 자신을 우리에게 알리신다. 그분은 우리를 위기에 빠뜨리고 우리를 심판의 자리로 데려가심으로 우리에게 은혜를 베푸신다. 그분은 그리스도 안에서 하나님이 되시고, 그리스도 안에서 하나님으로 인정받기를 원하심으로써 우리 구원의 현실성을 보증하신다. 그분은 자기 자신을 의롭게 여기심으로써 또한 우리를 "의롭게 여기신다."rechtfertigen

하나님의 의는 "신실하심으로", 곧 우리를 향한 그분의 신실하심으로 나타난다. 참 하나님은 인간을 잊지 않으셨다. 창조주는 피조물을 포기하지 않으셨다. 이 비밀은 "영세 전부터 감추어졌다가", 지금도 여전히 감춰진 상태일 수도 있다(16:25[원서에는 16:26로 되어 있다]). 인간은 거짓 신을 거부하기보다는 그 거짓 신을 편하게 생각할 수도 있다. 폭로될 수 없는 것이 폭로되었다는 사실은 여전히 불가능해 보일 수도 있다. 그 불가능성 앞에서는 오직 생각 없는 사람만이 놀라지 않고 뒤로 물러서지zurückschreckt n **않는다**. 그럼에도 인간을 향한 하나님의 신실하심은 변하지 않는다. 하나님이 원하시는 것, 그리고 자신에게서 해방되기를 갈망하는 인간이 마음 깊은 곳에서 원하는 것, 이 둘의 가장 깊은 일치도 변하지 않는다. 인간의 궁극적인 물음이 우리 안에서 깨어날 때, 우리에게 주어지는 하나님의 대답도 그대로 지속된다. "우리는……의가 있는 곳인 새 하늘과 새 땅을 바라보도다"[벧후 3:13]. 우리가 이런 기다림 속에 들어왔다는 것, 바로 거기서 우리는 하나님의 신실하심을 인식한다.

하나님께서 신실하심을 통해 드러내시는 것은 "믿음에" 밝혀진다. 직접적인 소식을 포기한 사람들에게 그 소식이 전해진다. 하나님은 자신과 함께 [믿음의] 모험을 감행하려는 사람에게 자신이 어떤 분인지를 말씀하신다. 하나님의 '아니요'Nein 를 제 어깨에 짊어지고 가려는 사람, 그 사람을 하나님의 더 크신 '예'가 안고 가신다. 수고하고 무거운 짐 |17| 진 자들이 소생함을 얻는다[마 11:28]. [예와 아니요 사이의] 그 모순을 회피하지 않는 사람은 하나님 안에 안전히 거한다. 올바르게 기다릴 줄 아는 사람은 자기가 마땅히, 그리고 반드시 기다려야 하고, 또 그렇게 할 수 있다는 사실에서 하나님의 신실하심을 인식한다. 하나님을 경외하고 그분과 거리를 유지할 줄 아는 사람들은 하나님과 함께 살아간다.

바로 그들에게 예언의 말씀이 성취된다. "의인은……믿음으로 말미암아 살리라"(합 2:4). 여기서 "의인"은 한때 갇힌 죄수였다가 간수가 된 사람, 신적인 현실성의 문지방을 지키는 사람이다.[30] 하나님의 심판 앞에 선 사람, 소스라쳐 놀란 사람, 소망하는 사람의 의가 아닌 다른 어떤 의는 없다. 그는 살 것이다. 그는 이 세상의 삶이 아무것도 아님을 깨달음으로써, 참 삶을 살게 될 것이다. 그는 이 세상의 삶 속에서도 때때로 참 삶의 반영을 맛보고, 덧없이 멸망할 것 속에서도 때때로 불멸의 빛을 내다본다. **거대한** 불가

30 오버베크(Overbeck, Christentum und Kultur, S. XXXVI[OWN 6/1, S. 31])는 베르누이(C. A. Bernoullis)를 "형이상학적 가능성의 문지방을 지키는 사람"이라는 말로 특징지웠다. Barth, Unerledigte Anfragen, S. 5.

능성이 그에게 **작은** 불가능성들의 종말과 목적을 미리 알려 주었다. 그는 하나님의 신실하심으로 살아갈 것이다. 그가 하나님의 신실하심으로 살아가는 것인지 혹은 인간적인 믿음으로 살아가는 것인지를 묻는다면, 대답은 똑같다는 것이다. 예언자[바울]의 이 말씀도 두 가지 방향 모두를 가리키고 있다.[31] 하나님께서는 전적인 타자로서, '아니요'라고 말씀하시는 거룩한 분으로서, 도저히 피할 수 없게 우리에게 마주 다가오시고 또 뒤따라오신다는 사실, 이것이 바로 하나님의 신실하심이다. 인간의 믿음은 이 '아니요'를 겸허히 받아들이는 경외, 빈 공간이 되려는 의지, 감격으로 끝끝내 '아니요'의 부정否定 안에 머무는 것이다. 하나님의 신실하심이 인간의 믿음과 만나는 곳, 거기서 그분의 의가 밝혀진다. 거기서 의인은 살게 될 것이다.

이것이 로마서의 핵심이다. |18|

31 Kühl, S. 44.

1장 1:18-32

밤

원인

1:18-21

18 하나님의 진노가 불의로 진리를 막는 사람들의 모든 경건하지 않음과 불
의에 대하여 하늘로부터 나타나나니.

하나님! 우리는 이 말을 쓰면서도 그것으로 무엇을 말하는지 알지 못한다. 믿는 사람은 우리가 그것을 알지 못한다는 것을 안다. 믿는 사람은 욥처럼, 도저히 헤아릴 수 없는 높은 곳에 계시기에 다만 두려워할 뿐인 하나님을 사랑하며, 루터처럼 "deus absconditus"[숨어 계시는 하나님, 사 45:15][32]을 사랑한다. 바로 **그에게** 하나님의 의가 드러난다. 오직 **그만이** 구원을 받는다. "갇힌 사람만 자유를 얻게 되며, 가난한 사람만 부요함을 얻게 되며, 약한 사람만 강해지고, 낮은 사람만 높여지며, 비어 있는 것만 채워지고, 아무것도 아닌 것만이 무엇인가 된다"(루터).[33] 그러나 경외함이 없는 사람, 순종함이 없는 사람 위에는 하나님의 진노가 나타난다.

"하나님의 진노"는 우리가 심판자를 사랑하지 **않는** 한 반드시 맞이하게 되는 심판이며, 우리가 '아니요'를 긍정하지 **않는** 한 반드시 마주하게 되는 '아니요'다. 그 진노는 이 세상의 현존재와 존재 상태에 대한 저항을

32 루터 노예 의지론의 핵심 개념이다. M. Luther, *De servo arbitrio*(1525), WA 18,600-787, 685,5f., 21-27.

33 *Luthers Vorlesung über den Römerbrief 1515/1516*, hrsg. von J. Ficker, *Die Scholien* (Anfänge reformatorischer Bibelauslegung, I. Bd. [Teil 2]), Leipzig, 1908, S. 57, Z. 35 - S. 58, Z. 2(WA 56, 218,18-21). "non liberatur nisi captiuus, non locupletatur nisi pauper, non roboratur nisi infirmus, non exaltatur nisi humiliatus, non impletur nisi quod vacuum est, non construitur nisi quod inconstructum est." 바르트는 이 글을 반복해 인용하고 있다. K. Barth, *Rechtfertigung und Heiligung*(1927), V.u.kl.A. 1925-1930, S. 73.

우리의 저항으로 받아들이지 **않는** 한 언제 어디서나 예고되는 저항이며, 우리가 문제를 문제로 이해하지 **못하는** 한 언제나 그대로 남아 있는 삶의 문제다. 또한 그 진노는 우리의 한계성과 소멸성인데, 우리가 그것을 필연적인 것으로 의식하지 **못하는** 한 그러하다. 우리가 맞이하게 될 심판은 그것에 대한 우리의 태도와는 전혀 무관하게 아주 엄연한 사실이다. 다시 말해, 심판은 우리의 삶에서 가장 분명한 사실이다. 그 심판은 다가오는 세상의 빛, 그 세상이 가져다주는 구원의 빛으로 들어가느냐 마느냐는 믿음의 질문에 대한 우리의 대답에 달려 있다. 설령 우리가 믿음 대신 걸림돌을 선택한다 해도(1:16) 심판은 엄연한 사실이다. 시간은 영원에 비추어 보면 무無에 불과하다는 것, 모든 사물은 그 근원과 종말에 비추어 보면 허상에 불과하다는 것, 우리는 죄인이고 죽을 수밖에 없다는 것, 이 모든 것은 **사실이다**. 비록 그 장벽이 우리에게 출구를 열어 주지 못한다 해도 말이다. 삶은 그 모든 의심과 의혹 가운데서도 계속 진행되며, 비록 우리에게 붙은 거대한 물음표를 보지 못한다 해도, 그 삶과 더불어 우리도 우리의 길을 간다. 인간은 설령 자신이 구원에 관해 아무것도 모른다 해도, 그가 타락한 존재라는 사실은 분명하다. 그때 장벽은 그저 |19| 장벽일 뿐 출구가 되지 않는다. 죄수는 죄수일 뿐 간수가 되지 않는다. 그때 기다림은 기쁨이 아니며, 피할 수 없는 것을 씁쓸하면서도 달콤하게 받아들이는 것에 불과하다. 그때 거부는 소망이 아니라 고통스러운 반항이다. 그때 우리 실존의 풍요로운 역설은 부지불식간에 벌레에 먹힌 자국이 된다. 부정도 사람들이 흔히 말하는 그런 [이 세상 내부의] 것에 불과하다. 그때 거룩하신 하나님 대신 운명, 질료, 만유, 우연, 숙명이 들어선다. 우리가 불신앙의 거짓 신(1:17)에게 "하나님"이라는 이름을 붙이지 않게 되었다면, 그것은 통찰력이 생겼다는 증거다. 하나님의 진노가 가져올 최후의 결과 가운데 하나

는 우리가 부활의 믿음 없이 "하나님"이라고 부르는 것이다. 하나님이라는 이름과는 모순되게도 이 세상의 현존재와 존재 상태를 긍정하는 신들은 하나같이 자신이 신이라고 주장한다. 마치 자신이 진노를 발하는 하나님, 우리를 언짢아하는 하나님, 우리를 외면할 수 있는 하나님, '아니요'라고 말해야 하는 참 하나님인 것처럼 주장한다. 그렇기 때문에 모든 정직한 사람은 하나님이라고 부를 때, 대단히 주저하고 조심해야 한다. 진정 하나님의 진노는 그분의 최종 결정, 그분의 참된 드러남이 **될 수** 없다! 거짓 신이 진지하게 하나님이라 **불릴 수** 없다! 그러나 우리가 맞닥뜨리는 분은 실제로 항상 하나님이다. 물론 불신앙도 어떤 신과 맞닥뜨린다. 다만 불신앙은 자기에게 감춰진 하나님의 진리 속으로 파고들지 않는 탓에, 마치 바로처럼 그 하나님에게 부딪혀 산산이 조각날 뿐이다(9:15-18). "하나님이 만드신 인생의 모든 장애와 손상, 죽음의 숙명까지 포함하여 모든 연약함과 속박은 하나님의 반응이다"(췬델).[34] 다만 우리가 하나님의 이런 반응을 직접 알아차리지 못하므로 거기에 부딪혀 파멸할 수밖에 없다. 온 세상은 하나님의 흔적이다. 다만 우리가 믿음이 아니라 걸림돌을 선택한 탓에 온 세상은 절대적인 수수께끼에 휩싸여 그 가운데 하나님의 진노만이 유일한 흔적으로 남게 된다. 하나님의 진노는 불신앙에 드러난 하나님의 의다. 하나님은 업신여김을 받지 않으시기 때문이다[갈 6:7]. 하나님의 진노는 그리스도 밖에서, 그리스도 없이 드러나는 하나님의 의다.

34 Zahn, S. 87f. "경건한 사람조차 창조주 하나님의 선하심의 증거는 보지 못한다. 오히려 그는 하나님이 만드신 인생의 모든 장애와 피해, 죽음의 숙명까지 포함하여 모든 연약함과 속박은 인간의 죄에 대한 하나님의 반응이라는 사실을……깨달아야 한다." 바르트 소장본에는 이 구절에 밑줄이 그어져 있다. 이 인용문을 췬델(Fr. Zündel)의 것으로 착각한 것에 대해서는 Römerbrief I, S. 25, 각주 15. 이 책 55쪽.

"그리스도 밖에서, 그리스도 없이"라는 말은 무슨 뜻인가? 하나님의 진노는 **"사람의**des p **모든 경외하지 않음과 불의에 대하여"** 나타난다. 이것은 아직 부활에 이르지 못한 영역에서 이루어지는 인간과 하나님 관계의 주된 특징이다. 그 관계에는 **경외함이 없다**. 우리는 "하나님"이라는 말을 쓰면서 우리가 무엇을 말하는지 안다고 생각한다. 우리는 우리의 세상에서 가장 높은 자리를 그분에게 드린다. 그러나 바로 그렇게 함으로써 우리는 그분을 우리와 같은 선상에, 사물들과 같은 선상에 놓는다. 우리는 그분이 "누군가를 필요로 하신다"[행 17:25]고 생각하며, 우리가 여러 가지 다른 관계를 잘 관리하는 것처럼 그분과의 관계도 관리할 수 있다고 생각한다. |20| 우리는 넉살 좋게 그분께 가까이 가기도 하고, 분별없이 그분을 우리 가까이 끌고 오기도 한다. 우리는 거리낌 없이 그분과 습관적인 관계를 맺는다. 우리는 거리낌 없이 그분을 헤아리면서 그것이 그다지 특별한 것이라고 생각하지도 않는다. 우리는 감히 그분의 친구, 후원자, 대변인, 중재자 노릇을 하려고 한다.[35] 그때 우리는 영원을 시간과 혼동한다. 이것이 하나님과 우리의 관계에서 일어나는 경건하지 않음(경외하지 않음) Ehrfurchtlosigkeit이다. 이 관계가 **불의한**[불순종한]unbotmäßig 관계다. 우리는 이 관계에서 슬며시 스스로 주인이 된다. 여기서 중요한 것은 하나님이 아니라 우리의 필요와 요구이며, 하나님도 여기에 맞춰 주어야 한다. 우리의 교만은 다른 모든 것에 더하여 초월 세계의 인식과 그 안으로의 진입까지 요구한다. 우리의 행위는 더욱 심오한 근거를 원하며, 저 세상의 찬사와 상급

35 신학자를 "그리스도교의 중재자[들]"(Unterhändler[n])라는 말로 표현한 사람은 오버베크다. Christentum und Kultur, S. 273(OWN 6/1, S. 312). 바르트 소장본에는 이 구절에 밑줄이 그어져 있다. Barth, Unerledigte Anfragen, S. 21.

을 원한다. 우리 삶의 욕망은 경건한 시간을 갈망하며, 그 시간이 영원까지 연장되기를 갈망한다. 우리는 하나님을 이 세상의 왕좌에 앉히면서 사실은 우리 자신이 앉았다고 생각한다. 우리는 그분을 "믿으면서" 우리 자신을 의롭게 여기고 탐닉하고 숭배한다. 우리의 경건이란 우리 자신과 이 세상을 장엄하게 인정하는 것, 그리고 그 모순을 경건하게 아껴 감추는 것이다. 우리의 경건이란 온갖 겸손과 감동의 티를 내지만 사실은 하나님께 반항하는 것이다. 우리는 시간을 영원과 혼동한다. 이것이 우리의 불의다. 그리고 이것이 그리스도 밖에서, 그리스도 없이, 부활의 이편에서 이루어지는 우리와 하나님 사이의 관계다. 이때는 아직 제정신 차리라는 부름을 받기 **전**이다. 그때 **하나님** 자신이 하나님으로 인정되지 않고, 하나님이라고 불리는 것은 사실 **인간** 자신이다. 우리는 우리 자신의 삶을 실현하면서 거짓 신을 섬기고 있다.

"불의로 진리를 막는 사람들." 두 번째로 언급한 특징이 시간적으로는 앞선 것이다. 인간은 먼저 자기 자신 때문에 길을 잃고, 그다음에 거짓 신 때문에 길을 잃는다. 우리는 먼저 '너희가……하나님과 같이 되어'[창 3:5]라는 [뱀의] 약속을 듣고, 그다음에 영원에 대한 감각을 잃어버린다. 우리는 먼저 인간들을die q Menschen 높이 추어올리고, 그다음에 하나님에 대한 거리를 오판한다. 그리스도 밖에서, 그리스도 없이 이루어지는 관계의 핵심은 노예의 불의(불순종)다. 우리는 오직 하나님에 관련하여 생각할 수 있는 것을 우리와 관련지어 생각한다. 바로 그래서 우리는 우리 자신에 관해 생각하는 것보다 높은 하나님을 생각하지 못하는 것이다. 하나님은 우리에게 마땅히 이런 존재여야 한다고 생각할 때, 우리가 우리 자신에게 그런 존재가 된다. 그래서 하나님은 우리 자신의 존재 이상이 되지 못하시는 것이다. 슬그머니 하나님과 자신을 동일시하면 머잖아 참 하나님과는 공공

연히 거리를 두게 된다. 그런 작은 하나님은 당연히 크신 참 하나님이 없어도 아쉬움 없이 잘 지내야 한다. 인간은 진리 곧 하나님의 거룩함을 가두고 캡슐에 넣고 자기의 기준에 끼어 맞춤으로써 그 진리의 엄중함과 영향력을 탈취했고, 진리를 천박하고 무력하고 무용한 것으로 만들었으니, 결국 진리를 비非진리로 바꿔 놓은 것이다. 이것이 |21| 그의 경건하지 않음으로 환히 드러나고, 이것은 그를 늘 새로운 불의(불순종)로 곤두박질치게 한다. 인간이 스스로 하나님이 되고 나면 우상이 출현하지 **않을 수 없다**. 우상이 숭배를 받을 때 인간은 자기가 참 하나님이라고 느끼며, 자기가 피조물인 그 우상을 만든 창조자라고 느끼지 **않을 수 없다**. 이것이야말로 우리로 하여금 새로운 세상, 곧 우리 세상의 경계이자 우리의 구원을 의미하는 새로운 세상을 보지 못하게 하는 반항이다. 이러한 반항 위에 나타날 수 있는 것은 하나님의 진노뿐이다.

19-21. 19 이는 하나님을 알 만한 것이 그들 속에 보임이라. 하나님께서 이를 그들에게 보이셨느니라. 20 창세로부터 그의 보이지 아니하는 것들 곧 그의 영원하신 능력과 신성이 그가 만드신 만물에 분명히 보여 알려졌나니 그러므로 그들이 핑계하지 못할지니라. 21 하나님을 알되 하나님을 영화롭게도 아니하며 감사하지도 아니하고 오히려 그 생각이 허망하여지며 미련한 마음이 어두워졌나니.

"**하나님을 알 만한 것**Der Gottesgedanke**이 그들 속에 보임이라.**" 부활과 더불어 동터 오는 진리, 곧 알려지지 않았던 하나님께서 인간을 제약하고 지양하신다는 진리가 이제는 **알려진** 진리가 되었다. 이 사실이 진리의 수난사에서 볼 수 있는 비극이다. 인간 정신의 가장 원초적인, 그러면서도 가장 발전된 자기 성찰은 "절망하는 겸손", "이성의 자기 비꼼"(코엔 H. Cohen)[36]에서 계속 발견된다. 그것은 우리의 한계를 통찰할 때, 또한 우리에게 그 한계를 주시는 분이요 우리 한계의 지양이 되시는 분을 바라볼 때 나타난다. 하나님은 **우리**가 알 수 **없는** 분이며, 이 알지 못함Nicht-Wissen이야말로 우리 앎의 문제이며 근원이라는 사실을 우리는 알고 있다. 하나님은 **우리**의 것과 같은 인격체가 **아니**라는 사실, 그리고 우리의 그런 존재가 아님[비존재]Nicht-Sein이야말로 우리 인격을 지양하고 우리의 인격에 새로운 토대가 된다는 사실 말이다. 바로 **이와 같이** 하나님을 아는 것, 곧 우리의 실존에 놓인 절대적인 타율성의 통찰이야말로 **자율성**이다. 우리가 그 같은 "하나님을 알 만한 것"에 저항한다면, 그것은 어떤 낯선 것이 아니라 우리의 가장 고유한 내면에 저항하는 것이며, 어떤 아득한 것이 아니라 가장 가까운 것Nächstliegenden r에 저항하는 것이다. 그것[하나님을 알 만한 것]에 대한 기억은 물음과 경고로서 항상 우리와 함께한다. 그분은 은폐된 심연이기도 하지만, 우리 모두가 걷는 길의 처음과 마지막에 있는 은폐된 고향[37]이기도 하다. 만일 우리가 그 분에게 충실하지 않으면, 우리는 우리 자신에게 충실하지 않은 셈이 된다.

하나님의 "보이지 아니하는 것들[이]……보여 알려졌나니." 우리는 다음의 사실을 잊었다. 그래서 우리는 그 사실을 우리에게 다시 한 번 말해야 한다. 곧 그분에 대해 우리가 전혀 겸손하지 않고 사려 깊지 않고 |22| 경악하지도 않는 것이 마치 당연한 일처럼 되었지만, 그러나 하나님과 인간

36 H. Cohen, *System der Philosophie*, Zweiter Teil, *Ethik des reinen Willens*, Berlin 1904, S. 406(1907² = Werke, hrsg. von H. Holzhey, Bd. 7, Hildesheim/New York, 1981, S. 429). "우리는 **플라톤**에게서 절대자 개념이 Hypothesis[전제, 가설]과 긴밀한 관련 속에서 발생했다는 사실을 논리학으로부터 알고 있다. 그것은 가장 심오한 인간 정신의 절망적인 겸손의 표현이며, 이성의 자기 비꼼의 표현이다. 모든 존재는 사유의 토대 위에 있으므로 그 토대와 무관한 근원을 향한 심원한 욕구가 일어나는 것이다."

37 바르트는 1917/18년부터 "고향"(Heimat) 개념을 신학적으로 중요하게 생각하여 자주 사용한다. Barth, Konfirmandenunterricht, Register, S. 456.

사이의 관계가 항상 이래야 하는 것은 아니다. 플라톤의 지혜는 모든 주어져 있는 것[소여성]의 근원Ursprung이 주어져 있지 않음[비소여성]이라는 사실을 일찌감치 알아차렸다.[38] 가장 명철한 인생철학들도 모든 지식의 시초가 주님을 경외하는 것이라는 사실[잠 1:7]을 일찌감치 진단했다. 욥기의 저자나 전도서의 저자 솔로몬처럼 확 트이고 공정한 시선을 가진 사람들도 직관의 거울 속에서 그것의 원형, 곧 직관될 수 없고 도저히 측량할 수 없는 하나님의 높으심을 일찌감치 재발견했다. 하나님을 찬양하는 사람이든 하나님을 고소하는 사람이든 하나님을 우리와 똑같은 존재처럼 생각하고 있다면, 언제나 폭풍우 가운데서 하나님의 음성이 들려올 것이다[욥 38:1]. 언제나 그 음성은 우리의 깨달음을 촉구하시니, 곧 우리에게 너무 높고 우리가 도저히 이해할 수 없는 것에 관해 우리가 무지한 말을 늘어놓고 있음[욥 42:3]을 깨달으라고 하신다. 우리의 현존재와 존재 상태의 문제성, 공허함, 존재하는 모든 것과 우리 존재의 전적인 의문성은 언제나 우리 앞에 펼쳐진 교과서와 같다. 절대적인 수수께끼에 휩싸인 하나님의 "작품"이란 (동물원!)[39] 하나님 한분, 하나님 자신 외에는 그 어떤 직접적인 대답을 줄 수 없는 순수한 질문이 아니라면 도대체 무엇이겠는가? 우리를 우리의 한계와 대면하게 하시고 이로써 우리의 한계를 넘어서는 길을 보여주시는 하나님의 '아니요'는 "창세로부터" 그가 만드신 작품

38 H. Cohen, a.a.O.(이 책 177쪽, 각주 36), S. 97(1907[2] = Werke, Bd. 7, S. 101). "논리학은 **근원 판단**(Urteil des Ursprungs)을 통해 궁극적인 근거의 순수함을 관철하고 증명한다. 근원은 가장 심오한 토대가 되는 근거이며, 순수한 사유가 이를 확정한다. 주어진 것이 아무리 그 자체로 발생한 것이라 해도, 순수 사유에서는 그 어떤 것도 주어진 것으로 간주될 수 없다. 그것이 어떤 것이라 해도, 그 어떤 궁극적인 단어가 개념어로 말해져서도 안 된다. [그렇다고] 무(無) 앞에서 움찔해서도 안 된다."

39 Bw.Th.I, S. 310, 474; Bw.Th.II, S. 88, 164.

에서 "분명히 보여 알려졌나니"*vernünftig geschaut*, 고요하고 객관적으로 바라볼 때, 종교적인 선입견에 갇히지 않고 바라볼 때, 우리는 그것을 확인하고 파악할 수 있다. 만일 우리 자신이 나서서 막지만 않는다면, 하나님을 알 만한 것이 우리를 가장 유익한 위기 속에 빠뜨리는 것을 그 무엇도 막을 수 없다. 만일 우리에게 "분명히 보여 알려지기를" 원한다면, 우리는 이미 그 위기 안에 있다. 그러나 "분명히 보여 알려짐"이 아무리 확실한 것이라 해도, 그것은 "하나님의 보이지 아니함"인데, 바로 이것이 부활에 상응하는 하나님의 "영원하신 능력과 신성"이다. 바로 이것이 핵심이다. 우리가 하나님에 관해 아무것도 모른다는 것, 우리가 하나님이 아니라는 것, 우리가 주님을 마땅히 경외해야 한다는 것, 이것이 다른 모든 신과 구별되는 그분의 탁월성이며, 바로 이것이 그분을 하나님으로, 창조자와 구원자로 특징짓는다(1:16). 시간과 영원이 만나는, 현재의 세상과 미래의 세계가 만나는 교차 선(1:4)은 실제로 역사 전체를 관통하고 있으며, "미리 선포된 것"이며(1:2), 언제나 볼 수 있는 것이다. 그분의 심판 아래 있는 인간에게 하나님의 진노가 나타남이 반드시 불가피했던 것은 아니다. 인간은 심판자를 인식하고 그를 사랑할 수 있었다. 그런데도 그들이 보지 않고 듣지 않았기에, "그들이 핑계하지 못할지니라." 왜냐하면 그런 일은 그들이 볼 수 있는 눈과 들을 수 있는 귀를 가진 상태에서 일어났기 때문이다[마 13:13 병행 본문]. 그들의 경건하지 않음도 핑계할 수 없으니, 이는 "분명히 보여 알려진" 하나님의 작품들이 그분의 "영원하신 능력"에 관해 말해 주고, 또 이 세상의 자연적이고 정신적인 능력이라든가 그 밖의 다른 능력과 하나님을 나란히 두는 저 잘 알려진 거짓 신의 일에 미리부터 저항하고 있기 때문이다. |23| 그들의 불순종도 핑계할 것이 없으니, 이는 "분명히 보여 알려진" 사실들이 하나님의 "영원하신 신성"을 증언하고 있고, 또한 자기 체험

에 도취해 하나님에 관해 말하지만, 사실은 자기를 내세우는 종교적인 교만에 미리부터 저항하고 있기 때문이다. 만일 우리가 하나님의 진리를 캡슐에 넣어 버리고 이로써 그분의 진노를 자아냈다면, 이것은 다른 대안이 없어 불가피하게 행한 일이 결코 아니다. "그는 우리 각 사람에게서 멀리 계시지 아니하도다. 우리가 그를 힘입어 살며 기동하며 존재하느니라"(행 17:27-28). 하지만 그분이 보기에는 상황이 전혀 다를 수 있다.

"하나님을 알되." 우리 인생의 파악 불가능함, 불완전함, 하찮음을 단순히 바라볼 때 아는 것, 곧 하나님에 관한 지식Kenntnis은 인식Erkenntnis에 도달하지 못했다. 우리가 "하나님"이라고 부르는 어떤 것이 아무리 미심쩍어 보여도, 우리는 [참] 하나님의 보이지 않음을 그보다 더 견디기 힘들어 한다. 창조주의 영원하고 근본적인 전제가 다른 사물들 위에 그것들과 더불어 있는 '사물 자체'Ding an sich[40]가 되어 버렸다. 모든 구체성과 구별되는 살아 있는 추상Abstraktion이 또 하나의 구체성이 되어 버렸다. 그것은 아무리 최상의 구체성이라 해도 다른 구체성들 가운데 하나일 뿐이다. 바로 **그 특정한** 영*der* Geist이 그저 일반적인 **하나의** 영*ein* Geist이 되어 버렸다. 가까이할 수 없는 분, **그래서** 그토록 가까우신 분이 우리 체험의 대상, 영원히 불확실한 대상이 되어 버렸다. 우리는 그분의 빛—영원하신, 거기 "가까이 가지 못할 빛"[딤전 6:16]—안에서 빛을 보는[시 36:9, 원서에는 36:10로 되어 있다] 대신, 그분을 다른 빛 가운데 하나의 빛이 되게 만든다. 그것이 아무리 가장 큰 빛, 초월적이고 초자연적인 빛이라 해도 여전히 다른 빛들 가운데 하나일 뿐이다. 그러고는 자연스럽게 **자신의** 빛을 덧붙여 점화하고, 자

40 이마누엘 칸트(Immanuel Kant)의 초월 철학의 근본개념으로, 현상들의 감각적 원인을 가리키는 말이다. H. Knittermeyer, Art. "Ding an sich", RGG^3 II, Sp. 199.

연스럽게 사물 속에서도 자기 **자신의** 빛을 추구한다. 만일 하나님이 우리가 알 수 없는 분이 아니라면, 우리의 의무인 "하나님을 영화롭게" 하는 것은 어디 있는가? 만일 하나님이 우리와 다른 것das s이 아니라면, 그분께 합당한 "감사"는 또 어디 있단 말인가? 하나님의 자리를 차지한 거짓 신 제우스에 맞서 프로메테우스가 저항하여 일어선 것은 지당한 일이었다.[41]

이와 같이 빛은 우리 안에서 어둠이 되었고[마 6:23 병행 본문], 하나님의 진노가 우리 위에 임하는 것은 피할 수 없게 되었다. "그 생각이 허망하여지며 미련한 마음이 어두워졌나니." 이제 우리의 장벽은 그저 우리의 장벽이며, 하나님의 '아니요'는 '아니요'고, 그 의미도 마찬가지다. 무의미하게 홀로 선 인간은 이 세상에서 무의미한 지배력을 행사하는 세력들[42]과 마주한다. 이 세상에서 우리의 삶은 오직 참 하나님과의 관계를 통해서만 의미를 찾을 수 있기 때문이다. 그러나 이 관계는 우리의 생각과 우리의 마음이 ("분명히 보여 알려짐"으로) 영원에 대한 기억을 통해 부서질 때 만들어지는 것이다. 참 하나님과의 관계는 욥의 길에서 이루어지는 관계 외에 다른 것이 없다. 이러한 부서짐이 일어나지 않으면, 우리의 생각은 허망하고 형식적이고 마냥 비판적이고 비생산적이며, 여러 현상의 풍요로움을 두루 섭렵하지도 못하고 |24| 개체를 전체의 맥락에서 파악하지도 못한다. 부서지지 않은 생각은 사물에 대한 진정한 관계를 스스로 단념한다. 반대로 부서지지 않은 마음, 곧 궁극적인 통찰을 통해 감시되지 않는 감정은 사유의 지배에서 벗어난다. 그래서 그 마음은 깜깜하고 맹목적이고 무비판적인

41 요한 볼프강 폰 괴테(J.W. von Goethe)의 시 'Prometheus.'

42 프리드리히 폰 실러(Fr. von Schiller), 'Das Lied von der Glocke', V. 340f.

거친 세력들이 무의미하게 지배하는 곳,
거긴 그 어떤 형상도 형성될 수 없으니.

상태에서 자기를 위한 존재성을 내보인다. 생각은 무정하고 이해에는 직관이 없어 공허해졌다. 마음은 분별력을 놓쳐 버렸고, 직관에는 개념이 없어서 맹목적인 것이 되었다.[43] 영혼은 세상을 멀리하고 세상은 영혼이 없으니, 이는 영혼과 세상이 알지 못하는 하나님에 관한 인식 속에서 서로를 만나지 못하기 때문이요, 인간이 참 하나님을 회피하기 때문이다. 인간이 그 둘을 되찾으려면 참 하나님 앞에서 자기 자신과 이 세상을 잃어버려야 한다.

이것이 우리가 헤매고 있는 밤의 원인, 우리 위에 나타난 하나님의 진노의 원인이다.

결과

1:22-32

22 스스로 지혜 있다 하나 어리석게 되어. 역설이 **없고** 영원이 **없는** 세계상, 알 수 없음이라는 배경이 **없는** 앎, 알지 못하는 하나님이 **없는** 종교, 우리 앞을 가로막고 선 '아니요!'에 대한 기억이 **없는** 인생관은 여러 가지 이점이 있다. 단순함, 똑바름, 무엇보다 거침없음, 비교적 안전하고 조화로움, 실제 삶의 여러 가지 요구나 "경험"과 두루두루 일치함, 기분 좋은 불명료함, 모든 개념과 기준의 확대 가능함, 거기서 제공되는 무한한 가능성에 대한 자유주의적 전망, 이 모든 것 덕분에 이러한 토대는 언제나 신뢰감을 불러일으키는 것처럼 보인다. 우리는 "분명히 보여 알려짐"(1:20)을 포기

43 이것은 칸트 인식론의 유명한 원칙을 암시한다. "내용 없는 사고는 공허하고, 개념 없는 직관은 맹목적이다." I. Kant, *Kritik der reinen Vernunft*, B 75, Akademie-Ausgabe, I. Abt., Bd. 3, Berlin, 1904, S. 75(『순수 이성 비판』, 아카넷).

하고 나서도 이 토대 위에서 얼마든지 자기는 지혜롭다고 착각할 수 있다. 밤에게도 나름의 지혜가 있다. 그러나 이제 생각이 허망하여지며 마음이 어두워지기 시작한 것은 부정할 수 없는 사실이다. 부서지지 않은 지혜의 광채는 하나님의 진노 아래서 불가피한 것이unter Gottes Zorn unvermeidlich t 되어 버린 사물의 운행을 막을 수 없다. 하나님이 하나님으로 인식되지 않는다는 것은 |25| 단순히 내적인 실수 혹은 이론적인 실수가 아니라, 삶의 근본 자세가 잘못되었음을 의미하기 때문이다. 허망한 생각과 어두운 마음에서 필연적으로 왜곡된 행위가 나온다. 부서지지 않은 인간이 자신의 확실한 길에서 자기 자신을 누리면 누릴수록, 그는 더욱 확실하게 어리석은 자가 된다. 심연의 망각, 고향의 망각에 기초한 한 삶의 설계, 곧 도덕은 더욱 확실하게 거짓이 된다. 그것을 깨닫는 것은 결코 어려운 일이 아니다.

23-24. 23 썩어지지 아니하는 하나님의 영광을 썩어질 사람과 새와 짐승과 기어다니는 동물 모양의 우상으로 바꾸었느니라. 24 그러므로 하나님께서 그들을 마음의 정욕대로 더러움에 내버려 두사 그들의 몸을 서로 욕되게 하게 하셨으니.

"**썩어지지 아니하는 하나님의 영광을 썩어질……우상으로 바꾸었느니라.**" 다시 말해, 하나님의 특별함에 대한 감각이 사라졌다. 빙하의 균열, 극 지대, 폐허 지대에 대한 생각, 곧 썩어질 것에서 썩어지지 아니하는 것을 향해 실제로 나아가려면 반드시 넘어서야 하는 그런 지대에 대한 생각이 사라졌다. 하나님과 인간의 간격은 그 근본적이고 날카로운 의미, 산酸과 같이 녹여 버리는 의미, 단 한 번에 결정적으로 주목되어야 할 의미를 상실했다. 한쪽에는 썩어지지 않는 것, 하나님의 근원성과 우월성이 있다. 다른 한쪽에는 썩어질 것, 우리의 현존재와 존재 상태의 상대성과 제약성이 있다. 그런데 양쪽의 차이가 지워졌다. 이 차이를 볼 수 있는 눈이 멀어

버렸다. 이곳과 저곳, 우리와 전적 타자 사이의 한복판에 종교적 안개 혹은 잡탕 죽과 같은 것이 생겨나는데, 그곳에서는 다소간 성적인 색채가 가미된 천차만별의 교묘한 동일시와 혼합이 이루어지는 가운데 인간적인 혹은 동물적인 사건이 하나님 체험으로 격상되고, 하나님의 존재와 행위는 인간적인 혹은 동물적인 체험Erlebnis으로 "경험"erfahren된다.[44] 이러한 안개의 핵심은 망상Wahn이다. 곧 (위로부터 수직으로 내려오는) 기적 없이도, 모든 주어진 것의 지양 없이도, 탄생과 죽음 너머 저편에 있는 **바로 그 유일무이한** 진리와 무관하게, 하나님과 인간 사이의 일치 혹은 그저 어떤 동맹의 가능성이 있을 수 있다고 생각하는 망상이다. 종교적인 체험Erlebnis은—그것이 어떤 단계의 체험이든—그저 빈 공간이 아니라 그 자체가 하나님의 내용이고 그분을 소유한 것이며 그분을 누리는 것이라고 생각하는 한, 오직 알려지지 않은 하나님을 통해서만 참이며 또한 참이 될 수 있는 것을 뻔뻔하게도 미리 끌어오려고 하다가 실패할 뿐이다. 자신의 역사성과 사물성과 구체성을 벗어나지 못하는 이런 종교적 체험은 언제나 하나님에 대한 배반이다. 그것은 거짓 신, 곧 우상의 탄생이다. 그런 안개의 한복판에서 |26| 모든 썩어질 것이라는 표현이 하나의 비유인 것은 사실이지만, 그것이 **그저** 하나의 비유라는 사실이 망각된다. 썩어지지 아니하는 하나님의 영광을 썩어질 존재의 우상과 맞바꾼다(시 106:20). 인간이 자신의 두려움이나

44 Heiler, S. 340. "신부(新婦) 신비주의(Brautmystik)의 기도는 하나님을 향한 전적인 지향을 쾌락주의적인 분위기 및 격정에 대한 갈망과 연결했는데, 이 갈망의 이면에는 어떤 이기주의와 은밀한 향락이 숨어 있다." "하나님과의 관계도—굉장히 소박한 기도와 마찬가지로—어떤 사회적 관계, 세속적인 신부가 바라는 사랑의 관계를 반영할 뿐이다. 친밀한 사랑의 관계가 그러하듯, 기도하는 가운데 부끄러움, 경외, 의존 감정이 뒤로 물러선다." "사람과 하나님의 수준 차이가 사라진다." 바르트 소장본에는 첫째 문장과 마지막 문장 옆에 느낌표가 있고 밑줄도 그어져 있다. 두 번째 문장의 난외에는 따로 표시해 놓았다.

욕망의 대상과 맺는 어떤 관계, 자기 생각이나 행위의 결과물과 맺는 관계, 그리고 자연이나 역사의 인상 깊은 현상과 맺는 관계가 **그 자체로 중요한 것**이 된다. 사람들은 그 관계를 너무나 중요하게 여긴 나머지 이 관계가 궁극적으로는 창조주를, 그 알 수 없는 분을 지시하고 있다는 사실이 바로 그 관계 자체를 파괴하지 않을 것이라고 생각한다. 그분의 영광은 어떤 우상의 알려진 영광과는—그것이 아무리 정교하고 순수해도 저 영광과는 똑같을 수 없으므로—결코 맞바꿀 수 없는 것인데도 그렇게 잘못 생각한다. 하나님과 직접적인 관계는 그 관계가 참이고자 하지 **않을** 때, 그 자체를 어떤 [인간적인] "경험"으로 응축하려고 하지 **않을** 때, 오히려 [인간적인 경험] 그 자체를 언제라도 즉각 지양하고 순수하게 열린 공간, [저편을 향한] 지시, 자극, 기회가 되고자 할 때만 참된 관계가 될 수 있다. 그렇지 않으면서 하나님과 직접적인 관계를 맺고 있다고 착각하면, 그때는 저 간접적인, 파생적인, 우회적인, 주인 없는 신성, 능력, 권세, 세력(8:38)이 등장하여 참 하나님의 빛을 물들이고 어둡게 만든다. 저 낭만적인 직접성의 제국(인도![45]) 보다 간접성이 더한 곳은 없다. 인간의 토대가 되시는 궁극적인 분과 인간 사이의 질적인 간격이 무시되고 경시되는 곳에서는 반드시 페티시즘[물신숭배]이 들어서나니, 이는 **"새와 짐승과 기어 다니는 동물"** 속에서, 그리고 마침내 **"썩어질 사람"**("인격", "어린이", "여성"[46]) 이나 그것의 정신적—물질적 창조물이나 조형물이나 표현(가족, 민족, 국가, 교회, 고향 등 usf. [u]) 속에서 하나님을 최초로 체험했다고 하는 것, 그럼으로써 모든

45 바르트가 인도를 이렇게 생각하게 된 것은 본젤스(W. Bonsels)의 인도 여행기를 읽은 영향인 것 같다. Indienfahrt(Frankfurt a.M. 1917). 바르트가 투르나이젠(Thurneysen)에게 보낸 1920년 4월 13일 편지, Bw.Th.I, S. 378, Bonsels, S. 244f.

46 이 책 56-57쪽.

이러저러한 것 너머에 계시는 하나님을 내버린다. 이렇게 해서 거짓 신, 우상이 세워진다.

"그러므로 하나님께서 그들을……내버려 두사." 그와 같은 혼동에는 보복이 따른다. 그 혼동 자체가 바로 벌이다. 참 하나님을 망각하는 것은 이미 그 자체로 그분의 진노의 분출이다. 그것은 그분을 잊어버린 사람들에 대한 진노다(1:18). 거짓 신을 세우는 시도는 바로 그 시도가 **성공함**으로써 스스로 보복을 당한다. 신격화된 자연의 힘, 영혼의 힘이 이제는 신**이다**. 그것들이 제우스, 마르스, 이시스[고대 이집트 풍요의 여신], 오시리스[고대 이집트 저승의 신, 이시스의 남편], 키벨레[프리기아 대지의 여신으로서 곡물의 결실과 다산을 상징], 아티스[키벨레의 사랑을 받는 프리기아의 소년]로서 우리 삶의 분위기를 지배한다. 이제 우리의 행동은 우리가 원하는 것을 통해 결정**된다**. 필연적으로 우리는 우리 자신이 세워 놓은 목표 지점에 **도달한다**. 다시 말해, 우리가 그 의미를 잘못 알고 있는 모든 우상과 비유가 그 자체로 목표와 내용과 목적이 된다. 이제 인간은 여러 가지 사물들과 온갖 "자연"과 "문화"의 종이 되고 그것들의 노리갯감이 |27| 된다. 그는 하나님 안에서 모든 것이 지양되고 재정립된다는 사실을 무시했다. 이제 인간이 가장 높은 것으로 만들어 놓은 것 앞에서 인간을 보호해 줄 수 있는 더 높은 존재는 없다. 하나님과 관계가 불순해지자 그의 삶도 불순함에 처박힌다. 하나님께서 영광을 잃어버리니 인간도 영광을 잃어버린다. 내면과 더불어 외면도 치욕을 당하고 영혼과 더불어 육체도 치욕을 당하니, 이는 인간이 하나이기 때문이다. 이제 그 삶의 사물성Dinglichkeit, 피조성은 불명예가 된다. 이제 리비도Libido[47], 곧 좁은 의미와 넓은 의미의 선정성인 그 리비도가 인간의 모든 욕망과 갈망의 원천으로서 너무나 우려스럽고 의심스러운 것이 된다. 이제 인간은 세상이 굴러가는 형편의 모든 치욕을 치욕으로 받

아들여 참고 탄식하고 저주하면서도, 하나님과 멀어진 상태에서 끊임없이 새로운 치욕을 만들지 않을 수 없다. 인간은 이 세상의 잘 알려진 신을 체험하고자 했다. 그 알려진 신을 인간은 지금도 체험하고 있다.

25-27. 25 이는 그들이 하나님의 진리를 거짓 것으로 바꾸어 피조물을 조물주보다 더 경배하고 섬김이라. 주는 곧 영원히 찬송할 이시로다. 아멘. 26 이 때문에 하나님께서 그들을 부끄러운 욕심에 내버려 두셨으니 곧 그들의 여자들도 순리대로 쓸 것을 바꾸어 역리로 쓰며 27 그와 같이 남자들도 순리대로 여자 쓰기를 버리고 서로 향하여 음욕이 불 일듯 하매 남자가 남자와 더불어 부끄러운 일을 행하여 그들의 그릇됨에 상당한 보응을 그들 자신이 받았느니라.

"그들이 하나님의 진리를 거짓 것으로 바꾸었다." 이제 본격적으로 시작된 타락은 금세 더욱 날카로운 형태를 취한다. 피조물 안에서 하나님을 직접 체험한다는 것은 가끔 일어나는 혼동, 또한 놀이와 같은 혼동일 수도 있다. 그것은 비교적 피상적인 오류, 하나님의 진리를 온갖 세상 진리 속에 녹여 버리는 것이라 할 수 있다. 하지만 일단 그런 가능성이 자리를 잡으면, 진리를 거짓과 맞바꾸는 심각한 역리逆理가 일어나는 것은 시간문제다. 하나님과 인간의 간격이 지워진 곳에서 그 사이의 한복판에 일어난 작은 안개는 구름바다로 변하고, 그러면 양극 자체는 분간이 되지 않는다. 알 수 없는 하나님과의 대립은 반쯤 의식되다가 이제는 명백해진다. 눈이 부셔 잘 못 보던 눈이 이제는 병든 눈이 된다. 이따금 왕좌에 올라온 권세와 세력들은 거기에 아예 자리를 잡고 "영원하신 능력과 신성"(1:20)의 빛을

47 지크문트 프로이트(S. Freud) 정신분석 이론의 핵심 개념으로, 어린 시절부터 다양한 형태로 인간 심리에 막대한 영향을 끼치는 성적인 충동을 말한다. S. Freud, *Drei Abhandlungen zur Sexualtheorie*(1905), *Gesammelte Werke*, Bd. 5: *Werke aus den Jahren 1904-1905*, hrsg. von A. Freund, Frankfurt a.M. 1972[5], S. 29-145.

화환처럼 두르는데, 창조주이시며 영원한 근원이신 분은 점점 "더 추상적이고", "더 이론적이고", 더 인기가 없고 더 무의미한 존재가 된다. 세계 내부의 존귀와 영광 너머에 계신 알 수 없는 분의 앙상한 흔적, 우리가 하나님이라고 부르는 것의 저편에서 가끔 호명되는 최후의 비밀이 남아 있다고는 해도, 이른바 최고의 구체성이라는 거짓 신이 승리한다. |28| 유일한 실재, 우리가 알 수 없는 하나님, 살아 계신 하나님은 이제 경박한 것, 문제가 있는 것, 비현실적인 것으로 보인다. 반면 가장 경박하고 문제가 많고 비현실적인 것, 곧 하나님으로부터 분리된 이 세상, 그리고 하나님을 기억하지 않으므로 망가져 버린 인간은 안전성과 필연성과 현실성의 후광 속에 서 있다. 그래서 이 세상은 **"경배하고 섬길"** 만하게 된다. 꼭 필요한 경우에는 창조주를 고려하지 않아도 괜찮다. [역설적으로] 이 점에 관해서는 자연과학적·역사적 세계관과 철학적·신학적 세계관은 겉으로 보기보다 일치된 견해를 가지고 있다. 세상은 단순히 하나님 옆에 나란히 서는 데 그치지 않고, 아예 하나님 자리에 들어선다. 세상이 스스로 하나님이 되고, "옛 스타일의 경건한 사람이 자기 하나님을 향해 가진 똑같은 경건"(슈트라우스 D.Fr. Strauß)[48]을 요구한다. 이렇게 하나님이 된 세상Gott-Welt **내부에서** 일어나는 대립(자연과 문화, 물질주의와 관념주의, 자본주의와 사회주의, 세상과 교회, 제국주의와 민주주의 등)은 사실 눈에 보이는 것처럼 그렇게 심각한 것은 아니다. 그것은 역설도 없고 부정도 없고 영원도 없는 **이** 세상 **내부에서** 대립일 뿐이다.

"이 때문에 하나님께서 그들을……내버려 두셨으니." 부서지지 않은 자

48 D. Fr. Strauß, *Der alte und der neue Glaube. Ein Bekenntniß* (1872), Gesammelte Schriften, Bd. 6, Bonn, 1877, S. 97. "우리는 옛 스타일의 경건한 사람이 자기 하나님을 향해 가진 똑같은 경건을 우리의 우주에 대해[서도] 가져야 한다."

연성[본성]Natürlichkeit은 순수한 것이 **아니다**. 그것이 종교적으로 변형된다고 해도 사정은 달라지지 않는다. 그것 안에는 항상 비非본성Unnatur과 반反본성Widernatur이 감춰져 있어 언제라도 박차고 나오려고 한다. 하나님을 세상과 맞바꾸는 것은 본성을 그냥 방조하는 것을 의미한다. 그렇기에 이 맞바꿈은 필수불가결하고 불가피한 것을 그것의 악마적 캐리커처[희화]와 맞바꾸는 것에 상응한다. 이제 이 희화라는 것이 근본적으로는 저 필수불가결하고 불가피한 것과 같은 선상에 있다고 주장하려 든다. 안 그래도 심각한 상황이 이제는 허무맹랑한 것을 향해 돌진한다. 리비도가 모든 것이 되고 인생은 무제한으로 선정적인 것이 된다. 하나님과 인간 사이에 분명한 경계가 없어지고, 그 사이에 최후의 엄격한 장벽과 장애가 없어지면, "정상"과 변태 사이의 경계도 사라지기 때문이다.

28-31. 이러한 상황을 마지막으로 한 번 더 첨예하게 드러내는 것도 생각해 볼 수 있다. 분명한 것은 이렇게 도착倒錯된 관계 속에서도 아직 "분명히 보여 알려짐"의 흔적이 남아 있다는 것이다. 그것은 종교적인 교만을 거부하시는 하나님의 신비에 대한 최후 경고성의 성찰이다. 그 신비의 여운이 신이 된 세상의 세력들 위에도, 신격화된 우주 위에도 남아 있다. 거짓 신 위에 있는 이런 황폐한 흔적, 알 수 없는 분의 흔적이 방해를 받으면서도 가끔 예감과 전율로서 관철된다. 그러나 이것마저도 그칠 수 있다. 병든 눈은 보지 못하고, 인식의 결핍은 하나님에 대한 무지, 곧 "불가지"(고전 15:34)Agnosie[Agnostizismus, 불가지론]가 될 수 있다. **28 또한 그들이 지식에** [개역개정 난외 주] **하나님 두기를 싫어하매**(그들은 진지하게 경탄하고 |29| 경악하는 능력을 잃었으며, 감정과 경험과 체험 외에 다른 것을 생각하는 능력도 잃었다. 그들은 위로부터 비치는 빛도 없고 배경도 없는 상태에서 어느 정도 재기발랄한 궤변의 범위에서 사유한다). **하나님께서 그들을 그 상실한 마음대로 내버려 두**

사 합당하지 못한 일을 하게 하셨으니 29 곧 모든 불의, 추악, 탐욕, 악의가 가득한 자요 시기, 살인, 분쟁, 사기, 악독이 가득한 자요 수군수군하는 자요 30 비방하는 자요 하나님을 미워하는 자요[개역개정 난외 역] 능욕하는 자요 교만한 자요 자랑하는 자요 악을 도모하는 자요 부모를 거역하는 자요 31 우매한 자요 배약하는 자요 무정한 자요 무자비한 자라. 이로써 최후의 공허와 붕괴가 시작된다. 혼돈은 여러 요소로 분해되고 모든 것이 가능해진다. 이제 원자들이 소용돌이친다. 이제 생존 투쟁[49]이 광란을 일으킨다. 이성 자체가 비이성적인 것이 된다. 의무감이나 공동체 의식도 그 무게를 잃는다. 개인적 전횡과 사회적 불의가 판치는 세상이 열린다. 이것은 제정 로마에만 있는 일이 아니다. 우리의 부서지지 않은 실존의 참된 본성이 여기서 드러나고 있다. 우리의 경건하지 않음과 불의가 하나님의 진노 아래 있다. 이제 우리에게 그분의 심판은 그야말로 **심판**이다. 그것 이외에 아무것도 아니다. 그리고 우리는 인간의 불가능성을 그의 현실적이고 결정적인 **불가능성**으로 경험한다.

이러한 맥락을 깨닫는 것이 그리 어려운 일은 아니다. 그러나 32 그들이 이같은 일을 행하는 자는 사형에 해당한다고 하나님께서 정하심을 알고도 자기들만 행할 뿐 아니라 또한 그런 일을 행하는 자들을 옳다 하느니라. 이것이 스스로를 어리석게 만드는(1:22) 밤의 지혜다. 그 지혜가 어리석

49 찰스 다윈(Ch. Darwin)의 책 제목 참조. *On the Origin of Species by Means of Natural Selection, or the Preservation of Favoured Races in the Struggle of Life*[자연선택 혹은 생존 투쟁에서 유리한 품종의 보존에 의한 종의 기원에 관하여], London, 1859. 독일어 번역본은 hrsg. von H. G. Bronn, Stuttgart, 1860. *Über die Entstehung der Arten im Thier- und Pflanzen-Reich durch natürliche Züchtung oder Erhaltung der vervollkommneten Rassen im Kampfe um's Daseyn.*(『종의 기원』, 한길사).

은 것은 인간적인 일에 대한 표면적 관측이 끊임없이 실제 사실과 어긋나는데도 전혀 요동치 않고 그 관측에 매달리기 때문이다. 그 지혜는 인간의 부서지지 않은 길이 어디로 가는지를 보고 있다. 그 방향과 목표의 의미를 아예 모르는 것은 아니다. 원인과 결과를 알고 있다. 그러나 그 지혜는 자신에게 과감히 '그만!'이라고 외치지 못한다. 자신의 창조주를 망각한 인간을 항상 따라다니는 것, 그것이 지상에서 살아가는 인생의 연약함에 대한 당황스러운 탄식Klage과 인간의 죄성에 대한—이 땅에서 그 이유를 찾고자 하면 마찬가지로 이해할 수 없는—고소Anklage이다. 그러나 마지막은 언제나 그들이sie v 이 땅에 시선을 고정하고, 이 땅 위에 세워진 모든 것을 긍정하고 원하고 발전시키고 승인하며, 모든 근본적인 저항에 맞서 그것을 지키려고 한다는 것이다. **죽음**이 이러한 망각의 결과이며, 어둠 속을 방황하는 우리의 최후다. 이 사실이 그렇게도 명백한데, 그 망각된 것을 기억하는 일은 왜 그렇게 어려운가? |30|

2장 인간의 의

심판자

2:1-13

"하나님의 진노가 나타남"(1:18)이라고 이해되어야만 하는 상황은 **누구의** 상황인가? 거짓 신, 곧 잘 알려진 이 세상의 하나님은 **누구의** 하나님인가? 경건하지 않고 순종하지도 않아서 하나님께서 내버려 둔 사람은 **누구**인가? 이것은 인간 전체에 관한 말인가, 각 사람에 관한 말인가? 사람들이 인정하지 않아서 그대로 남아 있는 장벽, 그리고 하나님과 이런 관계에 상응하는 허무와 어둠은 우리 모두의 전제 조건인가? 아니면 특정한 사람들에 관한—비록 그들이 다수라 해도—것인가? 하나님의 진노는 역사적·정신적으로 제한된 여러 가능성 가운데 하나인가? 하나님의 진노의 밤 가운데서도 어둠에 속하지 않은 빛의 군대 용사[1]도 있지 않을까? 인간의 경건하지 않음과 불순종이 지배하지만 그 속에 인간의 의도 있지 않을까? 경건함과 겸손도 많이 있다고 생각할 수 있지 않을까? 거기에 힘입어 더 높은 단계의 존재로 상승하고 그 위에서 저 보편적인 운명, 곧 사형에 해당(1:32)되는 운명을 벗어날 수 있지 않을까? 믿음도 역사적·정신적 실재가 아닐까? 믿음을 가진 사람이라면, 그 믿음을 힘입어 우리 모두를 속박하

1 이 표현은 헤르만 포페르트(Hermann Popert)의 소설 『헬무트 하링가』*Helmut Harringa* (Dresden, 1910/1916[31] 쪽수는 변함이 없다) 45쪽에 나온다. "헬무트 하링가는……자신이 이 세상에 존재하는 목적을 깨달았다.……그는 거룩한 감동을 느끼며 오른손을 든다.……세상 누구도 자신이 하는 맹세를 듣지 못해도, 그는 입술로 분명하고도 단호히 군기(軍旗)에 대한 맹세를 한다. '나는 빛의 군대 용사가 되련다.'" 175쪽에도 반복된다. 바르트가 이 책을 직접 읽고 이 표현을 사용했는지는 확실치 않다. Barth, Konfirmandenunterricht, S. 134., *Predigten 1920*, hrsg. von H. Schmidt(Gesamtausgabe, Abt. I), Zürich, 2005, S. 311.

는 것[2]에서 벗어날 수 있지 않을까? 이 세상이 하나님을 낯설어함으로써 지게 된 짐을 털어 버릴 수 있지 않을까? 그는 (그러나 우리는) 익숙한 것과 보편적인 것에 맞서는 하나의 토대를 확보하고 거기서 어쩌면 안타까움과 연민을 갖지만 근본적으로는 저편으로 휩쓸려 들어가지 않으면서, 아직은 그런 처지가 안 된 사람들이나 "그것"을 아직 파악하지 못하고 받아들이지 못한 저 사람들을 건너다볼 수 있지 않을까? 오래전부터 선포된 하나님의 복음을 듣게 되면, 불행의 바다 한복판에서도 영생 복락의 섬[3]이 나타날 수 있지 않을까? 아브라함과 이삭과 야곱의 하나님, 그 알 수 없는 하나님께 영광을 돌리는 것도 가능하지 않을까? 지속되는 하나님의 진노에서 벗어나는 길도 생각해 볼 수 있지 않을까? 만약 어떤 사람이 우리의 현존재와 존재 상태에 대한 신성한 위기를 제대로 받아들이고 하나님과 더불어 이 세상을 비판하는 사람이 된다면, 이런 예외적인 경우에는 |31| 어둠에서 벗어날 수 있지 않을까? 만일 그렇지 않다면, 진정 원인과 결과의 고리, 타락과 몰락의 고리는 결코 빠져나갈 수 없는 폐쇄된 것으로서 이 세상과 모든 인간의 예외 없는 특징인가?

1-2. 1 그러므로 남을 판단하는 사람아, 누구를 막론하고 네가 핑계하지 못할 것은 남을 판단하는 것으로 네가 너를 정죄함이니 판단하는 네가 같은 일을 행함이니라. 2 이런 일을 행하는 자에게 하나님의 심판이 진리대로 되는 줄 우리가 아노라.

그 누구도 "핑계하지 못할" 뿐 아니라, 자신을 [예외라고] 제외할auszunehmen a

2 J. W. von Goethe, *Epilog zu Schillers 'Glocke'*, V. 31f.
그리고 그 사람 뒤에, 존재 없는 빛 속에,
우리 모두를 속박하는 것, 비열한 것이 있었도다.

3 Hesiod, *Opera et dies*, 171; vgl. Büchmann, S. 70.

이유도 가능성도 갖지 못하니, 이는 알려지지 않은 하나님을 모르는 사람(1:18f.)도 그렇고 아는 사람도 마찬가지다! 아는 사람도 시간에 속하였고 그도 인간이다. 어떤 인간적인 의로움으로도 인간은 하나님의 진노에서 빠져나올 수 없다! 어떤 물질적 위대함이나 어떤 지정학적 높이도 그를 하나님 앞에서 변호할 수 없다! 어떤 마음의 상태나 태도, 성향이나 분위기, 통찰과 이해도 그 자체로 하나님 마음에 들 수 없으리라! 인간은 인간이며 인간의 세계에 속해 있다. "육으로 난 것은 육이요"[요 3:6]. 모든 **사물**에는 **시간**이 있다.[4] 인간 안에서 인간을 통해 존재와 형체를 부여받아 확장되는 모든 것은 언제 어디서나, 그 자체로는 경건하지 않음이요 불의다. 그 누구도 예외가 아니다. 그 누구도 그 짐을 벗을 수 없다. 그 누구도 핑계하지 못한다. 가진 자들이라고 해서 복이 있는 것이 아니다.[5]

"남을 판단하는 것으로 네가 너를 정죄함이니." 당신이 어떤 입장을 취하는 순간, 당신 스스로 불의에 빠진다. 당신이 "나는" 혹은 "우리는" 혹은 "그것은 이러하다!"라고 말하는 순간, 당신은 썩어지지 아니하는 하나님의 영광을 썩어질 것의 우상(1:23)으로 바꾸게 된다. 당신이 알려지지 않은 하나님께 영광을 돌린다고 하면서 마치 그것이 **가능한 것인 양** 시도한다면, 당신은 진리를 새롭게 감금하는 것이다. 당신은 경외와 겸손이 자신의 선이라고 생각한다. 그런 까닭에 당신에게는 경외함도 없고 순종도 없다. 당신은 자신의 통찰과 전망으로 이 세상의 짐을 떨쳐 버리려고 한다.

4 파울 게르하르트(P. Gerhardt)의 찬송가 '나 어찌 내 하나님께 노래하지 않으랴'(Sollt' ich meinem Gott nicht singen)의 후렴, "모든 사물에는 시간이 있으나, 하나님 사랑은 영원하도다"(Alles Ding währt seine Zeit, Gottes Lieb' in Ewigkeit). GERS(1891) 3; RG(1998) 724; EG 325. 전 3:1 참조.

5 법리(法理) "복이 있나니 가진 자들이여"(Beati possidentes). 이 문구는 에우리피데스(Euripides), '다나에'(Danaë)의 한 단편에 나온다. Büchmann, S. 314.

그러나 바로 그 때문에 그 짐은 다른 사람보다 당신을 더 무겁게 내리누른다. 당신은 하나님의 비밀을 안다고 생각하고 당신 자신과 형제들을 구분한다. 어쩌면 당신은 그들을 돕겠다는 최고로 선한 의지로 그들을 밟고 지나갈 수도 있다. 그러나 바로 그 때문에 당신은 하나님의 비밀을 전혀 모르는 사람이며 누군가를 돕기에 |32| 가장 부적합한 사람이다. 당신은 다른 사람의 어리석음fremde Torheit을 **낯선** 어리석음*fremde* Torheit이라고 생각하는데, 바로 그 점에서 당신 자신의 어리석음이 하늘을 찌른다. '아니요'라고 말하는 것, 삶의 역설에 대한 통찰, 하나님의 심판 아래 엎드리는 것도 마찬가지다. 하나님을 기다림이나 "부서짐"Gebrochenheit도 마찬가지며 "성경적 인간"Biblische Menschen의 태도도 마찬가지다.[6] 이 모든 것이 그저 태도, 관점, 방법, 용무라면, 그리고 그가 이런 것을 가지고 다른 사람들보다 두드러지는 존재가 되려고 한다면, 그것은 **아무것도 아니다**. 믿음도 마찬가지다. 믿음이 어떤 의미에서든지 빈 공간 이상의 무엇이 되려고 한다면, 그것은 이미 불신앙이다. 왜냐하면 그때 모든 불안 가운데 최고의 불안, 곧 하나님 진리의 돌입을 저지하려는 노예의 불순종이 다시 나타나기 때문이다. 하나님과 인간의 간격Distanz b을 착각하고 거짓 신을 확실히 보좌에 등극시키고야 마는 교만, 즉 휘브리스Hybris가 다시 나타난다. 인간을 하나님과 동일시함으로써 필연적으로 인간과 하나님의 분리를 가져오는 일이 다시 발생하며, 직접성이라는 낭만주의가 다시 찾아와 과거의 외침을 반복한다. '이것이 여호와의 성전이라'(렘 7:4). 당신이 행하는 바로 그것이 하나님의 진노를 불러

6 "부서짐"(Gebrochenheit)과 "성경적 인간의 태도"(Haltung des biblischen Menschen)와 같은 주제어와 관련해서는 K. Barth, *Biblische Fragen, Einsichten und Ausblicke*(1920), W.G.Th., S. 70-98, 특히 S. 76f., 86f.=Anfänge I, S. 49-76, 특히 55f., 64f. 참조.

일으키는 인간의 반항이다. "남을 판단하는 것으로 네가 너를 정죄함이니." "판단하는 네가 같은 일을 행함이니라." 그러므로 인간 전체에 관한 말은 하나님의 사람들에게도 똑같이 적용할 수 있다. 하나님의 사람들도 인간적이기에 다른 사람들과 똑같은 인간이다(1:1). 일반적인 역사의 한 부분, 하나의 분량으로 속해 있지 않은 어떤 특별한 하나님의 역사란 없다. 모든 종교사와 교회사도 철두철미 이 세상 안에서 전개된다. 이른바 "구원사"Heilsgeschichte도 모든 역사의 지속적인 위기에 불과할 뿐, 역사 **안에** 혹은 **곁에** 있는 또 하나의 역사가 아니다. 일반 사람들 사이에 있지 않은 거룩한 사람들聖徒이란 없다. 그런 성도가 되려고 하는 한 그들은 절대로 성도가 아니다. 그들이 세상을 향해 외치는 비판, 저항, 고발은 먼저 자기 자신을 향하지 않는다는 점에서 그들을 세상 사람과 같은 대열에 세워 놓을 뿐이다. 그들의 고발은 이 세상 내부의 것에 불과하며, 곤경에서 나온 것이지 도움의 손길에서 나온 것이 아니다. 그것은 생명에 **관한** 말이지 생명 자체는 아니다. 밤중의 인공조명이지 솟아오르는 여명의 태양은 아니다. 하나님 나라의 예언자요 사도인 바울도 마찬가지다! 예레미야, 루터, 키르케고르, 블룸하르트도 마찬가지다! "사랑"이나 천진함이나 엄격함의 측면에서는 예수를 훨씬 뛰어넘어서 본질적으로 고발자의 역할을 감당했던 성 프란체스코Francesco도 마찬가지일 터이니, 톨스토이Tolstoi의 파멸적인 성스러움은 두말할 필요도 없다.[7] 모든 인간적인 것은 그 물결을 따라 이리저리 헤엄치는 것이며, 어떤 때는 위로 떠오르고 어떤 때는 물살에 저항하는 것처럼 보일 뿐이다. 그리스도는 |33| 어떤 의미에서도 의인들 가운데 계시지

7 바르트가 투르나이젠에게 보낸 1920년 11월 17일 편지, Bw.Th.I, S. 442 "나는 자네의 각주를 전부 이용하기로 했다네. [롬] 2:1-13과 관련해서 (아시시의) 프란체스코 외에 톨스토이도 소집했지."

않는다.[8] 오직 하나님 한분만이 의로우시다. 하나님의 사람들의 비극은 바로 이것이니, 그들은 하나님의 의를 위해 투쟁하는 가운데 스스로 불의에 빠지지 않을 수 없다. 그럴 수밖에 없는 것이, 하나님의 사람들은 하나님의 자리에 서서는 안 되기 때문이다.

"하나님의 심판이 진리대로 되는 줄 우리가 아노라." 진정한 하나님의 사람은 자기가 처한 이런 비극적이고 역설적인 상황을 알고 있다. 그들은 어떤 태도를 취할 때 자기가 무슨 일을 하고 있는지 알고, 본질적으로 그런 태도는 존재하지 않는다는 것도 알고 있다. 그래서 자신의 소명을 핑곗거리로 삼지 않는다. 믿음은 어떤 역사적·정신적 현실성도 주장하지 않고 오히려 그 자체가 말로 할 수 없는 하나님의 현실성일 때 비로소 믿음이라는 사실을 그들은 알고 있다. "분명히 보여 알려짐"(1:20)은 어떤 방법이나 발견이 아니라 영원한 인식의 기반이라는 것을 그들은 알고 있다. 믿음 자체는 다른 모든 인간적인 것과 마찬가지로 인간을 의롭게 할 수 없다는 것을 그들은 알고 있다. 예컨대 그들은 역설에 부딪힐 때 그것을 어떤 새로운 사실이나 사물로 만들어서 거기서 벗어나려고 하지 않는다! 그들은 하나님의 '아니요'를 자신들의 인간적인 '아니요'와 너무 가깝게 만듦으로써 그 힘을 무력화시키지 않는다! 그들은 심판 앞에 마땅히 굴복해야 하는 것을 일정 기간 안에 지나가야 할 구원의 서정序程 ordo salutis[9] 위에 있는 하나의 과정쯤으로 생각하여 그것을 겪은 다음, 이제는 그것을 **이미** 겪었으므로 다시 반복하지 않아도 되는 것으로 치부함으로써 그 심판의 혹독함을 모면하려고 하지 않는다! 그들은 복음 안에서 도래하는 하나님의 의를 어떤 의

8 마르틴 루터, 1916년 4월 8일, 멤밍겐의 아우구스투스 수도회 수사 게오르크 슈펜라인(Georg Spenlein)에게 보낸 편지, WA.B I,35,29: "Christus enim non nisi in peccatoribus habitat."

미에서도 자기 자신을 위한 은신처로, 그리고 다른 사람에게 맞서는 요새로 삼지 않는다. 그들은 하나님의 심판이 진리의 척도에 따라 실행된다는 것을 알고 있다. 하나님의 진리가 척도가 되어 사람을 평가한다면 누가 그것을 견딜 수 있을까? 어떻게 모든 것이 넘어지지 않을 수 있으며, 언제 어디서 그렇지 않을 수 있을까?

3-5. 3 이런 일을 행하는 자를 판단하고도 같은 일을 행하는 사람아, 네가 하나님의 심판을 피할 줄로 생각하느냐. 혹 네가 하나님의 인자하심이 너를 인도하여 회개하게 하심을 알지 못하여 그의 인자하심과 용납하심과 길이 참으심이 풍성함을 멸시하느냐. 5 다만 네 고집과 회개하지 아니한 마음을 따라 진노의 날 곧 하나님의 의로우신 심판이 나타나는 그날에 임할 진노를 네게 쌓는도다.

"네가 하나님의 심판을 피할 줄로 생각하느냐." 이것은 인간의 의를 잘못 계산한 것이다. 회계장부의 대변과 차변 기입이 둘 다 틀렸다. 하나님의 소유로 기입해야 할 것을 자신의 소유 쪽에 기입하였다. 하나님이 인간에게 주신 [영원한] 것을 인간은 |34| 인간적인 가능성과 현실성으로 만들어 버렸다. 인간의 의는 영원에서 선물로 받은 것을 시간 속에서 권리로 주장

9 이 용어는 후기 정통 루터파 교의학에서 은혜를 받는 개별 요소 및 단계를 요약하기 위해 사용되었다. 후대에 교의가 발전하여 "강조점이 옮겨져서 경건주의에서……이에 대한 관심이 고조되었다. 경건주의는 이 용어를 구원의 순서, 곧 여러 단계 및 필연적으로 거쳐야 하는 체험들의 시간적 순서로 이해했다"(G. Hornig, *Lehre und Bekenntnis im Protestantismus*, *Handbuch der Dogmen- und Theologiegeschichte*, hrsg. von C. Andresen, Bd. 3, Göttingen, 1984, S. 71-287, S. 85). K. von Hase, *Hutterus redivivus oder Dogmatik der evangelisch-lutherischen Kirche. Ein dogmatisches Repertorium für Studirende*, Leipzig, 1862[10], S. 293-304; Chr. E. Luthardt, *Kompendium der Dogmatik*, Leipzig, 1873[4], S. 202-205; K. Barth, *Moderne Theologie und Reichsgottesarbeit*(1909), V.u.kl.A. 1905-1909, S. 334-366, S. 343.

한다. 인간의 의는 이 세상에서 조금 더 높은 망루에 올라섰다는 것이 그다지 중요하지 않다는 사실과 자신들이 도저히 대답할 수 없는 질문이 지금 여기서 이미 자신에게 제기되었다는 사실을 간과한다. 세계사는 세계 심판[10]이 **아니**라는 사실도 간과한다. 인간의 의는 어리석게도 눈에 보이는 것, 시간적인 것을 붙잡느라 눈에 보이지 않는 것, 영원한 것을 놓치고 만다[고후 4:18]. 인간의 의가 믿음을 마치 인간의 일인 것처럼 자랑할 때, 믿음 안의 하나님의 역사는 멈춰 선다. 그런 믿음은 세상 모든 것의 무가치함과 무상함의 법칙에 지배된다. 진리의 척도에 따라 실행되는 하나님의 심판을 벗어나려 하면 할수록, 그만큼 더 그것을 벗어날 수 없게 될 것이다.

"**하나님의 인자하심이 너를 인도하여 회개하게 하심을 알지 못하여.**" 그렇다면 빛의 군대에 속한 용사들은 도대체 어떻게 생겨난 것일까? 통찰력과 전망을 가진 사람들, 궁극적인 것에 대해 무엇인가를 예감했던 예수 시대의 유대인과 같은 사람들, 오직 한분 하나님을 고대하는 것에 관해 이미 무엇인가 알고 있었던 사람들 말이다. 물론 그런 사람들도 인간에 불과하고, 그들이 사는 세상도 그저 세상일 뿐이다. 그러나 그런 사람들 위에서, 뒤에서, 그리고 그런 사람들 자체에서 기적이 일어났다. 은총이 그들에게 닥쳤다. 도저히 이해할 수 없는 일, 곧 주님께서 욥에게 그러셨던 것처럼[욥 38:1] 폭풍우 가운데서 그들에게 말씀하시는 일이 벌어진 것이다. 그들은 자신의 경건하지 않음과 불순종을 깨닫고 경악했다. 그들은 환상에서 깨어났다. 우리가 [평소에] 하나님이라 부르던 **그런** 하나님이 있을 것이라는 환상에서 깨어났다. 종교적 안개, 신성한 진노의 구름이라는 장막

10 프리드리히 폰 실러(Fr. von Schiller)의 시 'Resignation' 끝에서 두 번째 연, 끝 줄. "세계사는 세계 심판이다."

이 찢어지면서, 그들은 측량할 수 없는 그분을 보았고, 그분의 '아니요!'를 들었고, 우리 현존재의 장벽과 심판과 역설을 느꼈고, 고난과 소망으로 가득 찬 상태에서 과연 인간의 삶에서 무엇이 중요한 것인지를 예감했다. 그들은 두려움과 떨림[빌 2:12] 속에서 깊은 생각과 존경과 "분명히 보여 알려짐"[1:20]에 이르렀다. 그들은 하나님 앞에서 멈춰 서지 않을 수 없었다. 과연 이 모든 것은 무엇인가? 특별한 소질이 있거나 특별한 인도를 받은 사람의 신비 체험, 직관, 황홀경, 기적인가? 순수한 영혼의 체험인가? 똑똑한 사람의 발견인가? 굳은 의지의 소유자가 쟁취해 낸 어떤 것인가? 간절한 기도의 결과인가? 아니다! 다른 사람들이 더 순수하고 똑똑하고 힘 있고 간절한데도 하나님은 그들과 이야기하지 않으셨다. 신비나 황홀경을 체험한 사람 중에는 한 번도 "분명히 보여 알려짐"[1:20]에 이르지 못한 이들이 있다. 중요한 것은 인간이 덧붙이는 것이 아니다. 그런 것은 하나님 앞에서는 아무것도 아니다. **하나님 앞에서** 경악하고 각성하는 것은 그 자체로 **그분에게** 속한 것이 **아니다**. 하나님께서 말씀하시는 곳, |35| 그분이 인정되는 곳에서는 인간의 존재와 소유와 경험에 대해서는 아무 말도 있을 수 없다. 하나님께 선택을 **받은** 사람은 절대로 자기가 하나님을 선택**했다**고 말하지 않을 것이다. 한 사람 안에서 하나님께 대한 경외와 겸손의 여지가 생겨나는 것, 곧 믿음의 가능성은 오직 불가능성으로만 이해될 수 있다. 이것은 도저히 말로 설명할 수 없는 "하나님의 풍성한 인자하심"이다. 나는 보지 못하는 사람인데 이제 볼 수 있게 되었으니, **내가** 어찌 그럴 자격이 있단 말인가? 이것은 도저히 말로 설명할 수 없는 "용납하심", 곧 그분께서 진노를 자제하심이니, 다른 이도 아니요 내가 어찌 수천 가운데 하나의 예외가 될 수 있는가? 이것은 도저히 설명할 수 없는 "길이 참으심", 곧 나에 대한 하나님의 인내이니, 하나님께서 내게 무엇을 바라시기

에 하필이면 나에게 이렇듯 한 번도 들어 보지 못한 가능성을 주셨는가? 아무것도, 전혀 아무것도 "내가"와 "내게"의 근거를 대고 그것을 설명할 수 없다. 그 모든 것은 [이 세상의 근거 없이] 완전히 허공에 떠 있다. 그것은 순수하고 절대적인, 수직적 기적이다. 이것을 인간의 체험처럼 설명하려는 모든 말, 심지어 그런 체험이 **존재한다**는 주장도 불필요하다. 우리는 다시 바로 **그** 특별한 교차 선 앞에, 그 자체로 어떤 연장延長[공간 속에 위치하고, 그것의 일정한 부분을 차지하는 물체의 성질]도 갖지 않는 그 선분 앞에 서 있다! 이것은 기적의 변증법, 곧 "하나님의 인자하심이 너를 인도하여 회개하게 하심"을 통해 이루어진다. 하나님으로부터, 오직 하나님으로부터 나와서 인간에게 진리가 된 것은 무엇인가? 그것은 오직 하나님을 향한 새로운 외침, 회개를 촉구하는 새로운 외침, 경외함과 겸손을 향한 외침이며, 모든 안전을 단념하고 모든 명성을 포기하고 새롭게 하나님께, 저 알려지지 않은 하나님께 영광을 돌리되, 아직 한 번도 그런 일이 없었던 것처럼, 마치 그런 일이 지금까지 한 번도 일어난 적이 없었던 것처럼 영광을 돌리라는 새로운 요구다. 모든 자기주장, 곧 거기서 파생된 모든 소유권 주장은 선택에 대한 오해, 이미 울려 퍼진 외침에 대한 오해, 하나님에 대한 오해다. [선택이라는] 예외적인 지위를 긍정적으로 주장하게 되면, 하나님에 관해 무엇인가를 알아차린 사람이나 아직 **아무것도** 알아차리지 **못한** 사람이나 똑같게 된다. "하나님의 인자하심이 너를 인도하여 회개하게 하심을 알지 못하……느냐." 너는 바로 그것이야말로 유일하게 가능하고 실제적인 알아차림이라는 것을 알지 못하는가?

너는 알지 못하는가? "다만 네 고집과 회개하지 아니한 마음을 따라 진노의 날 곧 하나님의 의로우신 심판이 나타나는 그날에 임할 진노를 네게 쌓는도다." [위와 같은] 인간의 오해는 금세 응축되고 응고되어 하나의 딱딱

한 착각의 덩어리를 만든다. 그러면 인간이 그 후로 생각하고 말하고 행동하는 모든 것은, 그것이 가장 고귀하고 순수한 것이라 해도—일단 한번 시작된 이상—그 덩어리로 응집된다. 이로써 전형적인 "종교적" 삶이 (일반적인 삶과는 반대되는 어떤 특별한 것으로서) 생겨나는데, 그 신빙성 없는 낭만주의적 실체를 구해 낸답시고 그것을 멸시하는 자들에게 아무리 강연을 한다 해도[11] 그것은 구제 불능이다. 예언자들이 선포했던 하나님의 의는 바리새인들이 주장하는 |36| 인간의 의가 된다. 그러나 인간의 의는 그 자체로 경건하지 않음이며 불순종이다. 하나님의 인자하심을 오해하게 되면 인간이 보지 못하는 것이 있다. 바리새인이 된 예언자는 하나님을 향한 태도가 어떤 사물이나 대상을 향한 것처럼 된다는 사실을 깨닫지 못한다. 이것은 그가 이미 거짓 신을 섬기며 하나님의 진노가 무시무시하게 쌓이고 있는데도 그것을 못 보는 것이다. 그의 잘못된 계산은 그가 처한 상황의 심각함도 못 보게 한다. 그는 자신의 바벨탑을 높게 더 지어 나갈 수 있다[창 11:1-9]. 신적인 요구, 신적인 안전, 신적인 향락의 바벨탑 말이다. 그러나 **자기** 인생의 날이라는 이러한 장막 뒤에서는 진노와 의의 심판이라는 **영원한** 날이 숨어 기다리고 있다. 지금 그는 높은 곳에 서 있으나 이미 추락**했다**. 그는 하나님의 친구라고 하지만 이미 하나님과 철천지원수**이다**. 그는 의로운 자라고 하지만 이미 심판을 받**았다**. 그의 참된 모습이 갑작스레 똑똑히 드러난다 해도 놀랄 것 없다.

6-11. 그러므로 인간을 심판하는 기준은 이 세상의 기준이 아니다. 그 기준은 하나님 자신처럼 영원하다. 그것은 곧 하나님이다. 하나님은 인간

11 프리드리히 슐라이어마허(Fr. Schleiermacher)의 *Über die Religion. Reden an die Gebildeten unter ihren Verächtern*(1799, 『종교론. 종교를 멸시하는 교양인을 위한 강연』, 대한기독교서회)을 암시한다.

이 당신을 향해, 오직 당신만을 향해 열려 있기를 언제나 바라고 계신다. 그분은 우리를 해체하고 지양하심으로써 우리의 근거를 새롭게 마련하신다. 그분은 우리를 죽이심으로써 우리를 살리신다[삼상 2:6]. 우리는 마지막 나팔소리와 함께 변화됨으로써 구원을 받는다[고전 15:52]. **오직 이것만이** 중요하다. 의인, 오직 의인만이, 오직 믿는 자만이 그 하나님 앞에 선다.

6 하나님께서 각 사람에게 그 행한 대로 보응하시되[12] 7 참고 선을 행하여 영
광과 존귀와 썩지 아니함을 구하는 자에게는 영생으로 하시고 8 오직 당을
지어[노예근성으로knechtisch gesinnt] 진리를 따르지 아니하고 불의를 따르는 자에
게는 진노와 분노로 하시리라. 9 악을 행하는 각 사람의 영에는 환난과 곤고
가 있으리니 먼저는 유대인에게요 그리고 헬라인에게며 10 선을 행하는 각
사람에게는 영광과 존귀와 평강이 있으리니 먼저는 유대인에게요 그리고 헬
라인에게라. 11 이는 하나님께서 외모로 사람을 취하지 아니하심이라.

"하나님께서 각 사람에게 그 행한 대로 보응하시되[지불하시되bezahlen]." 누가 그렇게 하시는가? 그 앞에서는 모든 인간이 초라한 거짓말쟁이에 불과한 바로 그분이다. 불의하게 자신의 부를 긁어모은 인간이 절대 잊어서는 안 되는 바로 그분이다. 권능과 인자함이 **자신의 것**이라고 분명하게 말씀하신(시 62:11-12[원서에는 62:10-13로 되어 있다], 칠십인역['권능은 하나님의 것, 인자함도 당신의 것이니이다.']) 바로 그분이다. 모든 인간이 그 앞에서 '나는 그분을 알지 못하였노라!'nicht! c고 고백할 수밖에 없는 분, 그래서 자신이 그분에게 알려졌다는 사실을 인식하게 하는 바로 그분이다(잠 24:12,

12 바르트가 투르나이젠에게 보낸 1920년 11월 12일 편지, Bw.Th.I, S. 441. "6절의 ἀποδώσει를 구약성경(또는 칠십인역)의 배경과 새로운 번역과 관련해 살필 것." 바르트는 『로마서』 제1판(47쪽)에서 이 구절을 다음과 같이 번역했다. "각 사람에게 보응하시되."welcher vergelten wird einem jeden.

칠십인역). 그분, 그 하나님께서 인간의 행위를 "보응하신다"[지불하신다]. 인간을 한 사람 한 사람 평가하셔서 그들의 가치와 무가치를 만드시는 분도 바로 그분이다. 그래서 무엇이 선하고 무엇이 악한지가 그분에게서 결정된다. 우리는 그분에게서 우리의 의미와 우리의 무의미, 우리의 하늘과 우리의 |37| 지옥을 체험한다. 우리의 "행위", 인간으로서 우리가 한 것과 안 한 것, 우리의 외적인 자세와 내적인 태도의 정신적·역사적 형태는 **그저** 정신적·역사적 의미만 가질 뿐이다. 그것이 아무리 높다 해도 우리는 그것을 과대평가하고 그것을 영원으로 추어올려서는 안 된다. 인간의 행위를 보시고 그 대가를 영원히 지불하시고 영원히 평가하시는 영원한 구매자, 유일하신 한분, 그분이 하나님이시다. 언제나 하나님이시다.

그리고 이제 기적이 일어나게 되었으니, 곧 그분이 "영광과 존귀와 썩지 아니함을 구하는 자에게는 영생으로" 보응하시는 기적이 가능해진 것이다. 인간의 한계 속에서도 역사적으로나 정신적으로 하나님을 경외하고 그분 앞에서 겸손하며, 오직 하나님만을 찾은 사람에게 실제로 하나님을 발견하는 일이 일어날 수 있다. 믿음의 그릇이 겉보기에는 아무리 볼품없어 보여도 거기에 영원한 생명이 담기는 일이 일어날 수 있다. 인간의 기다림과 서두름warten und eilen[벧후 3:12]의 인내가 인간 안에서 인간을 통해 일어나는 "선을 행하는" 특징이 될 수 있다. 한분[이신 그분]께서 너무나 연약하고 너무나도 문제 있어 보이는 이 "육신"의 세상에서 선을 행하여, 다가올 세상의 영광과 영예와 평화가 그 안에 담길 수 있게 되었다. 그러나 이러한 가능성은 인간적으로 실현 가능한 것이 아니며 실제적인 것으로 생각해서도 안 된다. 그것은 철저하게 하나님으로부터 나온 가능성일 때라야 존재할 수 있다. 그 가능성 앞에서는 유대인이나 헬라인이나 하나님의 사람이나 세상 사람이나 모두 같은 선상에 서 있다. 그들 모두는 약속, 오직 약속에 참여할 뿐이다. 그런 가능성의 실현이 인간의 여러 가지 의 또는 불의 가운데 하나의 모습으로 나타날 수 있는 것은 결코 아니다. 선을 행하는 사람, 믿는 사람은 자신의 행위를 자신이 가진 어떤 것으로 여기면서 그것을 다른 사람의 가지지 못함과 견주어 이익을 취하려고 하지 않는다. 그는 '**내가** 한다!'고 말하지 않고 언제나 '**하나님이** 하신다!'고 말한다. 그는 '하나님이 보응**하셨다**!'고 말하지 않고 언제나 '하나님이 보응**하실 것이다**!'고 말한다(2:13, 3:30, 5:17, 19). 하나님을 경외하고 하나님 앞에서 겸손함은 빈 공간, 결핍, 소망 외에 다른 것이 아니다. 인간이 이 세상에서 숭배하고 추구하는 영광은 영원히 **하나님의 것**이기 때문이다.

그러나 이것과는 다른 끔찍한 기적도 일어날 수 있다. 그 기적이란 "불의를 따르는 자에게는 진노와 분노로" 보응하시는 것이다. 인간의 눈에는 확실히 경건과 겸손으로 보이지만 사실은 참 하나님을 발견하지 **못하고** 거짓 신을 발견하는 것(1:23, 2:1-2)이 그것이다. 결국 하나님의 진노가 나타나는(2:5) 운명을 맞게 된다. 하나님은 그 사람의 |38| 행위를 진노와 분노로 "보응"하신다. 예언자에게 감동으로 나타났던 것이 그에게는 "노예근성"이다. 이것은 "주인으로서의 헌신은 없고, 오직 일당을 받기 위해서 일하는 날품팔이 노동자의 사고방식과 인생관"(찬 Zahn)[13]이다. 진리를 위한 빛나는 순종은 최악의 불복종이 되고 누가 봐도 명백했던 겸손도 그저 불순종에 지나지 않는다. "좋은 의도"에서 한 일이 사악한 일이 되어 심판

13 Zahn, S. 113-115. "주인으로서의 헌신(요 10:12)은 없고, 오직 저녁 일당을 받기 위해서 일하는(마 20:8) 날품팔이 노동자의 사고방식과 인생관." 그러나 찬은 "노예근성"이라는 표현은 쓰지 않았다. 다만 115쪽에 "이런 이기적이며 일반적으로 저급한 근성"이라는 표현이 나오고, "비천한 근성"이라는 말은 반복해 쓰고 있다. 116쪽에는 "저급하고 이기적이며 근시안적인 근성"이라는 표현도 있다.

의 그늘 깊은 곳에 놓인다. 이러한 가능성도 인간이 좌지우지할 수 있는 것은 아니다. 이것도 오직 하나님으로부터 나왔기에 존재하는 가능성이다. 그 가능성 앞에서는 누구도 확실하지 않다. 그 가능성 앞에서는 또다시 유대인이나 헬라인이나, 하나님의 사람이나 세상 사람이나 같은 선상, 즉 같은 위협에 처해진다. 신적 구매자의 눈에는 인간의 의는 아주 전적으로 무가치하다. 팔리지 않고 남아 있을 수도 없다. 경건하지 않음과 불순종은 지금의 모습과 다른 어떤 것이 아니다. 그것이 우리가 역사적으로나 정신적으로 믿음이라고 부르던 것의 가장 높은 단계, 가장 섬세한 형태라 해도 말이다. 심판자는 의인까지도 심판할 수 있는 권리를 빼앗기지 않으실 것이다. 그분이Er d 심판하신다. 그분이 직접, 홀로 심판하신다.

"이는 하나님께서 외모로 사람을 취하지 아니하심이라." 정신적으로나 역사적으로나 다른 사람의 눈에 한 인간의 장점으로 보이는 것이 사실은 그저 "인격"Person, 형체, 가면[14], 연극에서 그가 맡은 역할에 불과하다. 가면이란 여러 사람 가운데서 어떤 한 사람을 돋보이게 하는auszeichnen 모든 것이다. 그것은 그 자체로 가치가 있다. 그러나 그것이 **영원한** 영예Auszeichnung는 될 수 없다. 그것은 모든 썩어질 것의 위기를 넘어서서 썩어지지 아니할 것의 영역에 이르지 못한다. 하나님께서 사람을 재는 기준은 세상의 기준이 아니다. 하나님은 가면을 보지 않으신다. 하나님 앞에서는 의인도 의인의 역할로 서는 것이 아니라 실제Wirklichkeit e 자기 존재로 선다. 어쩌면 썩어지지 아니할 것을 추구한 사람으로 서서 은혜를 입을 수도 있고, 어쩌면 불순종한 종으로 서서 저주를 받을 수도 있다. 어떤 경우든 꿰뚫어 보고 들여다본 바 되었으니, 인간은 인간이고 하나님은 하나님이다. 여기서 바

14 라틴어 "persona"의 기본 뜻이 "가면"(Maske)이며, 그리스어 "πρόσωπον" 또한 같은 뜻이다.

리새주의의 그럴싸한 안전 방비책이 무슨 소용이겠는가?

12-13. 12 무릇 율법 없이 범죄한 자는 또한 율법 없이 망하고 무릇 율법이 있고 범죄한 자는 율법으로 말미암아 심판을 받으리라. 13 하나님 앞에서는 율법을 듣는 자가 의인이 아니요 오직 율법을 행하는 자라야 의롭다 하심을 얻으리니.

다시 한 번 묻는다(2:4). 인간의 의는 도대체 어떻게 생기는가? 답은 다음과 같다. 하나님의 계시를 통해서, 하나님의 "율법"의Gesetzes f 열림과 전달을 통해서, 여기서는 이 사람 저기서는 저 사람을 믿게 하고 경외함과 겸손함 속에서 하나님께 순종하게 하시는(2:14) 하나님의 |39| 친밀하심과 선택을 통해서다. 주님께서 하신 일이 우리 눈에는 **기적**이다[시 118:23]. **인간**은 여기서 어떤 우선권이나 보장도 주장할 수 없다. 죄인은 죄인이다. 죄를 짓지 않은 자가 누구인가? 타락은 타락이다. 타락하지 않은 자가 누구인가? 전혀 알지도 못하는 저 율법에서 멀리 떨어진 사람과 잘 알고 있는 율법을 거슬러 죄를 짓는 사람 사이에 등급의 차이는 있을지도 모른다. 또 우리가 영혼이나 역사라고 부르는 표면적인 차원에서는 인간의 불신앙과 신앙 사이에도 그런 차이가 드러나고 그것이 중요해 보일 수도 있다. 그러나 인간에 대한 본질적인 결정, 그가 멸망하느냐 구원을 얻느냐에 관한 결정, 그가 하나님의 진노 아래 머무느냐 거기서 구원을 받느냐에 관한 결정은 그런 차이로 판가름 나는 것이 아니다. 여기나 저기나 파멸이 있다. 결정적인 것은 율법을 **행하는 것**, 하나님이 주신 가능성을 실현하는 것, 다시 말해 인간이 취하는 행위의 내용과 뜻과 의미다. 그 의미를 인간에게 허락하거나 허락하지 않는 분은 **하나님**이다. 그 의미는 인간의 의미가 아니다. 그 의미는 인간이 율법 없이 혹은 율법과 함께, 또한 어떻게 존재하고 어떻게 살아가는지**에** 상관없는 하나님의 의미다. "율법을 듣는 자." 율

법을 알아차리는 것이나 이해하는 것이나 계시를 체험하는 것은 아무것도 아니다. 비록 최고의 계시를 체험한다 해도 마찬가지다. 인간에게서 나온 것은 인간을 구원할 수 없다. 그것은 "하나님 앞에서는……의인이 아니요 아직 율법을 행하는 자"만이 율법을 진정으로 듣는 사람이요 "이면적 유대인"(2:29)이다. **이런** 의로운 사람들의 의로 그들이 "의롭다 하심을 얻으리니." 명심하자. "그들이 의롭다"는 것이 아니다. "그들이 의롭게 되었다"는 것도 아니다. "그들이 의롭다 하심을 얻으리라"(2:6)는 것이다. 이로써 인간이 스스로 옳다고 생각할 수 있는 최후의 가능성이 사라진다. 그 의로움이 실제로 존재한다고 볼 수 있는 최후의 가능성마저 사라진다. 그들은 이 불의한 세상에서 지금 다가오는 세상 의로움의 권리를 상속받는다. 그들은 **시간** 속에서 **영원한** 움직임의 자극을 받았다.[15] 그들의 의는 자기의 모든 인간적인 의를 자기가 속한 하나님께 돌려 드리는 것이다. 그들의 의는 자신의 의로움을 전적으로 포기하는 것이다. 율법이 이와 같이 행하는 사람을 발견하는 곳, 계시가 이런 믿음을 발견하는 곳, 바로 거기에 그리스도

15 슐라이어마허의 강연이 자신의 종교적 발달에 끼친 영향에 대해 클라우스 하름스(Claus Harms)가 쓴 표현을 암시한다. Cl. Harms, *Lebensbeschreibung, mit den 95 Thesen des Verfassers*(Bibliothek theologischer Klassiker, Bd. 7), Gotha, 1888, S. 80. 강연을 집중해서 읽은 후 "나는 그 책을 내려놓고 이 도시의 고요한 길이자 고독한 길인 클라이너 킬(Keiner Kiel) 호숫가를 돌았다. 이렇게 걷는 중에 모든 합리주의와 모든 미학과 자신이 알고 있는 모든 것과 자신이 행하는 모든 것이 구원을 위한 행위에서 무의미하며 그야말로 아무것도 아니라는 것을 깨닫게 되었다. 그러자 우리 구원의 출처는 [이런 것들과는] 전혀 다른 곳에 있어야 한다는 그 필연성이 마치 번개처럼 번득였다. 이런 깨달음이 어떤 사람에게는 불가사의한 것, 신비한 것으로, 또 이런 얘기가 하나의 신화나 망상으로 여겨지겠지만, 나는 더 분명하게 표현할 수 없다. 하지만 이때가 소위 내게는 한 차원 더 높은 생명이 태어난 때라는 사실이다. 아니, 더 정확히 말해 나의 옛 자아가 신성한 것(göttlichen Dingen)을 인식한 후 죽은 때이다. 달리 말하자면, 슈틸링(Stilling)이나 헤르더(Herder)가 이에 대해 받은 인상을 말할 때 썼던 표현처럼, 나는 이 책에서 영원한 움직임의 자극을 받았다."

가 계신다. "그리스도는 모든 믿는 자에게 의를 이루기 위하여 율법의 마침이 되시니라"(10:4-5[4]). 이것이 우리를 처음으로 인식하신 분에 대한 인식이다. 그러나 심판자는 하늘과 땅이 새 하늘과 새 땅[벧후 3:13]이 되기까지 변함없이 심판자이시다. |40|

심판

2:14-29

14-16.14 (율법 없는 이방인이 본성으로 율법의 일을 행할 때에는 이 사람은 율법이 없어도 자기가 자기에게 율법이 되나니 15 이런 이들은 그 양심이 증거가 되어 그 생각들이 서로 혹은 고발하며 혹은 변명하여 그 마음에 새긴 율법의 행위를 나타내느니라.) 16 곧 나의 복음에 이른 바와 같이 하나님이 예수 그리스도로 말미암아 사람들의 은밀한 것Verborgene[은폐된 것]을 심판하시는 그날이라.

하나님이 심판자로 이해될 때 생기는 깨달음이 있으며, 그 깨달음에서 나오는 너무나 도발적인, 믿을 수 없는, 도저히 이해할 수 없는 소식이 하나 있다. 그것은 계시를 받지 못한 사람이 계시를 받은 사람으로 하나님 앞에 서게 된다는 소식이다. 잠자는 사람인데 깨어 있는 사람으로, 믿지 않는 사람인데 믿는 사람으로, 의롭지 못한 사람인데 의로운 사람으로 서다니! 이 놀라운 사실, 나무로 만든 얼음[형용모순] 같은 인간의 의에 직면하게 된다.

"율법 없는 이방인이 본성으로 율법의 일을 행할 때에는." "율법"은 하나님께서 주신 계시다. 바로 그래서 주어진 계시이며 한 번에 완결된 계시다. 또한 율법은 하나님의 계시가 시대와 역사와 인생에 남긴 인상Eindruck[흔적]이며, 이미 일어난 기적의 거룩한 재, 신성한 말씀이 타올랐던 분화구이며, 그 당시 몇몇 사람이 보여줄 수밖에 없었던 경외와 겸손한 태도

에 대한 진지한 기억이며, 또 다른 시대의 다른 상황에 처한 다른 사람에게는 내내 텅 비어 보이다가도 갑자기 지혜로운 관찰과 믿음의 생명수를 흘려보내는 수로水路, Kanal다. 이 수로는 몇몇 사람들의 태도를 생각나게 하며, 그런 태도를 잘 간직하라고 요청하는 개념, 견해, 계명으로 이루어졌다. "율법 있는" 사람들은 그 수로 옆에 사는 사람들이다. 그들은 알려지지 않은 참 하나님에 대한 인상을 가지고 있다. 그 인상이란 전승된 혹은 수용된 종교의 형태, 혹은 자기가 과거에 겪었던 체험의 형태로 나타난다. 거기서 그들은 이렇게 혹은 저렇게 하나님을 가리키고, 우리 현존재의 위기를 가리키고, 우리 세상의 경계인 새로운 세상을 가리키는 지시指示를 받게 된다. 바로 이 지시 덕분에 계시의 인상[흔적]은 그들에게 더욱 인상적이며, 그들 또한 이 흔적을 더욱 인상 깊게 간직하려고 노력한다. 그러나 **"율법 없는 이방인"**에게는 이런 지시가 없다. 그들의 개인적인 삶과 역사적인 경험 속에는 그 계시의 흔적이 없기 때문에 |41| 그 흔적을 보존하려는 노력도 없다. 그들의 태도에서는 우리가 알지 못하는 어떤 것에 대한 기억 때문에—그것이 자신의 기억이든 다른 사람의 기억이든 예컨대 불안한 모습이 전혀 나타나지 않으므로 그들을 가리켜 잠자는 자들이라 할 수 있다. 그들은 위에 있는 어떤 것에 대한 놀라움이나 존경도 없고, 그것으로 인한 부서짐도 나타나지 않았으므로 그들을 가리켜 믿음이 없는 자들이라 할 수 있다. 그들은 세상의 흐름을 아무 생각 없이 긍정하며 아무 거리낌 없이 거기 동참하고 있으므로 그들을 가리켜 불의한 자들이라 할 수 있다. 우리는 사실 텅 빈 수로 옆에 살고 있는 그들에게 어떤 식으로든 말을 건넬 수가 없다. 그런데 이렇게 율법 없는 이방인이 **"율법의 일을 행할 때"**가 있을 수 있다. 율법의 일을 행하는 것은—심판자가 바로 하나님이시기 때문에—율법을 가지거나 듣는 것(2:13)과 다르다. "율법을 행한다"는 것은 계시가 발생하

고 하나님이 말씀하신다는 의미다. 사람이 하나님 앞에 **서기** 때문에 경외와 겸손이 자명해지고, 그곳에 하나님이 인정하시는 의가 있다. 그러나 계시는 하나님으로부터 온 것이다. 계시는 무조건 텅 빈 수로를 따라가지 않는다. 계시는 그것을 따를 수도 있고 새로운 물길을 만들 수도 있다. 계시는 예컨대 자신이 과거의 어느 때 남겨 놓은 흔적에 얽매이지 않는다. 계시는 자유롭다. 그래서 "이방인"을 가리켜 무조건 잠자는 자, 믿음이 없는 자, 불의한 자라고 부르는 것은 옳지 않다. 그들도—[비록] 다른 사람에게는 알려지지 않았지만—하나님을 두려워하는 사람, 하나님의 선택을 받은 사람일 수 있다. 믿음 그 자체는 언제나 알 수 없음에 휩싸여 있다. 수로 옆에 사는 사람은 볼 수도 없고 이해할 수도 없는 불안·충격·경외가 "이방인" 가운데 있다. 하나님은 그것을 보시고 이해하신다. 인간의 의는 그들을 아직도 미심쩍은 눈으로 얕잡아 보지만, 하나님의 의는 이미 오래전에 그들에게 활짝 열렸다. 그들은 "본성으로" 율법을 행한다. 하나님은 그들의 명랑한 피조성과 세속성, 그들이 하는 행동의 소박하고 겸허한 실용성을 인정하시는 한편, 그들은 하나님을 인정한다. 모든 인간적인 것의 무상함에 대한 깨달음이 이따금 그들에게도 일어난다. 우리네 현존재의 어두운 구름을 감싸고 있는 구원과 용서의 은빛 테두리를 그들도 때때로 바라본다. 피조물을 창조주와 가른 **바로 그** '아니요'에 대한 존경, 그리고 그들을 창조주의 피조물로 만드시는 바로 그 '예'에 대한 존경도 없지 않다. 그들의 삶도 비유에 불과하지만, 어쩌면 이미 그 자체로 정당성을 인정받을 정도로 완전한 비유일 것이다. 악한 자 안에 처한 세상[요일 5:19]인 것은 분명하지만, 어쩌면 이미 충분히 분해되고 해체되고 구멍이 난 세상이라서 하나님의 긍휼하심에 더욱 가깝고, "하나님 나라"가 활짝 피어난 곳보다도 더 신뢰가 가는 세상일 수 있다. 그곳에는 어쩌면 최후의 가장 사악한 회의주의가 [42] 남아 있을 수도 있고, 모든 "고매한 것"에 대한 전적인 이해 불가능성, 어떤 것에도 큰 감명을 받지 못하는 그 무능함이 남아 있을 수 있다. 그러나 어쩌면 그래서 바로 거기에 **진정한** 부서짐이 있을 수 있다. 하나님 자체에 대한 감각이 있을 수 있다. 어쩌면 그곳에는 끝없이 투덜대는 불안정함, 모든 것에 트집을 잡는 반항과 내면의 불만족이 있을 수 있다. 그러나 그래서 바로 거기에 하나님의 평화, 모든 지각에 뛰어난 평강[빌 4:7]에 대한 암시가 있을 수 있다. 율법은 무엇을 요구하는가? 율법은 그것을 소유한 사람들에게 무엇을 기억하게 하는가? 그것은 어쩌면 우리가 이 세상의 자녀들에게서 너무도 강력한 충격과 함께 관찰하게 되는 것, 바로 그것이다. **그들도** 사실 "율법을 행한다." 그렇지 않은가? 그들도 **흐르는** 수원水原에 서 있는가? 왜 아니겠는가? "하나님의 풍성한 인자하심"(2:4)을 정말 아는 사람이라면, 그리고 계시란 결코 우리가 노력해서 얻을 수 있는 것이 아니고 이해할 수 있는 것도 아니고 다른 어떤 것에서 도출할 수 있는 것이 아니라는 사실을 이해한 사람이라면, "하나님의 풍성한 인자하심"을 감히 제한하려 하지 않을 것이다.

"자기가 자기에게 율법이 되나니." 율법 없이도 율법을 행하는 사람이 있다면, 그는 율법을 행함으로써 율법을 받은 사람이며 자기 자신에게 율법이 된 사람이다. 살아 있는 물은 스스로 물길을 내나니, 그때 수로 옆에 사는 사람의 **가시적인** 장점은 사라져 버린다. 그것은 새롭게 트인 거친 물길일 것이다. 이제 눈에 띄는 것은 계시에 대한 전혀 익숙지 않은 다른 종류의 흔적, 낯선 형태의 믿음일 것이다. 그러나 오직 하나님만이 논쟁할 수 있는 그곳에서 감히 누가 논쟁하려 하겠는가? 도스토옙스키의 소설 속 인물들에게서 나타나는 종교와 체험은 다른 모든 종교와 체험에서도 감행될 수 있다![16] 그렇다고 "율법 있는"(율법 대신 "복음"이라 할지라도!) 사람들이 그들을 그저 선교의 대상으로 바라보거나, 그들에게 있는 "종교적 단초"에 관해 너무 호의적으로 이야기할 필요는 없다. 어쩌면 거기에는 이미 오래전부터, 우리 각자가 과거에 가졌던 것이나 앞으로 가지게 될 것과는 완전히 다른 흔적, 곧 하나님에 대한 흔적이 존재했을 수도 있다. "자기가 자기에게 율법이 되나니." 비록 그들에게는 종교와 체험이 결정적이었다 해도—그것이 결정적이지는 않다—하나님은 또한 "이방인"에게도 율법을 주실 수 있으며, 실제로 주신다.

"이런 이들은……그 마음에 새긴 율법의 행위를 나타내느니라." 그들도 하나님의 심판 아래 들어오며, 그들도 심판 아래 **있으며**, 하나님 앞에서 사람을 의롭게 하는 것, 그것이 그들에게서도 발견된다. 어떤 점에서 그러할까? 모든 긍정적인 "이런 점에서"는 의롭다 하심을 얻은 "이방인"이 하나님께 내보인 행위, 하나님이 기뻐하심을 얻은 그 "행위"를 설명하기에 부적절할 것이다. 인간의 의가 그[의롭다 하심을 얻은 이방인]를 판단했다면, 그는 의심의 여지 없이 버림받게 될 것이다. 어떤 경우든 인간의 의가 그에게서 찾아낸 것은 하나님 앞에서 그를 의롭게 할 수 없다. 하나님께서 |43|

16 여기서 전제된 도스토옙스키의 인간관과 그 인간관의 신학적 이해에 관해서는 다음을 참조. E. Thurneysen, *Dostojewski*, München, 1921, S. 21. "남자는 남자고 여자는 여자라는 [인간] 깊은 곳에 있는 아주 특별한 **사로잡힘**(Gefangenschaft)에 관한 통찰이 관철되는……곳, 거기서는 새롭고도 전혀 다른 인간 모습을 향한 탄식으로 조금도 나아가지 못한다. 그곳에는 남자도 없고 여자도 존재하지 않을 것이다. 그러나 이 탄식은 하나님을 인식하고자 하는 탄식이다. 왜냐하면 이 탄식은 인간이 아무리 애써도 도달할 수 없는 어떤 것을 향한 탄식, 곧 부활을 향한 탄식이기 때문이다." S. 32. "그리고 이것은 본질적으로 우리가 도스토옙스키 작품에 등장하는 모든 인물에서 발견하는 인간관, 곧 인간 일반에 관한 **그의** 인간관이다. 그들 모두는 아파 보인다. 어떤 은밀한 상처와 그들 인생을 깊이 파고들지만 결코 자신이 대답할 수 없는 질문으로 이 사람들은 아파 보인다. 그러다 마침내 궁극적 질문이라는 바로 그 아픔에서 인생의 의미를 깨닫는다."

기뻐하시는 "행위"는 오히려 종말, 곧 모든 인간적 의의 완전한 종말에 있게 될 것이다. 종말에 그는 의심의 여지 없는 버림받음[타락성] 안에서 모든 종교적·도덕적 환상을 포기하고 **이 세상의** 땅과 **이 세상의** 하늘이 주는 모든 소망을 단념하게 될 것이다. 그가 하나님께 내보일 수 있는 것, 그래서 하나님께서 영원한 생명으로 "보응하시되"(2:6) 그것은 저 세상[저편], 곧 모든 가시적인 것과 물질적인 것 저편에 있으며, 율법을 가진 자들이 그에게 인정해 줄 수 있는 모든 것("어떤 좋은 씨앗", "어떤 특정한 관념론", "종교적 단초")의 저편에 있으며, 중부 유럽인들이 높이 평가하는 **모든 것**("침착", "성숙", "인종", "인품", "내면성", "성품")의 저편에 있다. 어쩌면 우리가 아직 종교성이라고 부르는 것이 (예컨대 무의식적 종교성이나 교회 외적 종교성![17]) 결국에는[종말에는] 하나도 남아 있지 않을 것이다. 어쩌면 마지막 순간의 벌거벗은 인간(도스토옙스키![18])만이 남을지도 모른다. 어쩌면 홀로 남은 거대한 곤궁, 곤경과 결핍만이 남을지도 모른다. 어쩌면 죽음의 순간에 그 비밀 앞에서 경악하고 우리의 현존재와 존재 상태의 필연성에 격분하며 온몸으로 반항하는 것, 항의의 표시로 그곳을 떠나는 한 사람의 집요한 침묵만이 남을지도 모른다. 어쩌면 또 다른 것, 더 낫고 더 아름다운 것이 남아 있을 수도 있지만, 그런 것은 중요하지 **않다**. 죄인 한 사람이 회개하면 하늘에서는 회개할 것 없는 의인 아흔아홉으로 말미암아 기뻐하는 것보다 더하다[눅 15:7]. 회개란 무엇인가? 그것은 인간의 의가 하나님을 위해 하는 최후의 가장 훌륭하고 세련된 행위가 **아니라**, 하나님의 의가 인간을 위해 수행하는 첫 번째 근본적인 행위다. 그 "행위"는 하나님께서

17 이 책 786쪽, 각주 18.

18 이 책 216쪽, 각주 16.

"그 마음에 새긴" 것이며, 인간이 아닌 하나님에게서 온 것이기 때문에 하늘에 기쁨을 더하고[눅 15:7] 오직 하나님을, 그분 자신을 바라보게 하는데, 그 눈길은 오직 하나님만이, 바로 그분 자신이 마주 바라보시는 눈길이다.

"그 양심이 증거가 되어 그 생각들이 서로 혹은 고발하며 혹은 변명하여." 누가 양심의 소리를 듣는가? 율법이 없고 하나님을 믿지 않는 사람들 속에서도 말하는 그 양심의 소리 말이다. 하나님과 숙명, 숙명과 죄, 죄와 대속[19], 대속과 하나님 사이의 변증법을 누가 꿰뚫어 보는가? 인간이 처해 있는 그 변증법을 말이다. 바로 하나님이 들으신다. 하나님이 꿰뚫어 보신다. 침묵 속에 은폐된 것, 거의 알지 못했던 것, "함께 얽혀 있는 운명"(겔레르트 Gellert)[20]도 그분께 말을 한다. 세상 심판자들 앞에서는 증언하지 못했던 모든 것이 그분 앞에서는 인간에 대해 증언한다. 그분은 우리가 모르는 것을 아신다. 그래서 율법이 없는 자들이 심판에 들어왔으나 자유롭게 그 심판에서 벗어나는 일, 그 불가해한 가능성이 존재한다. |44|

왜냐하면 "하나님이 예수 그리스도로 말미암아 사람들의 은밀한 것을 심판하시는 그날"에 "이방인"이 자신의 "행위"를 내보이고 하나님의 기뻐

19 표도르 미하일로비치 도스토옙스키(F. M. Dostojewski)의 소설 Преступление и наказание (*Verbrechen und Strafe*, 『죄와 벌』, 민음사) 제목을 암시한다. 독일에서는 다수 번역자가 제목을 『죄와 대속』(*Schuld und Sühne*)이라고 부정확하게 번역했다.

20 크리스티안 퓌르히테고트 겔레르트(Chr. F. Gellert)의 찬송가 '짧은 인생의 시험 후에'(Nach einer Prüfung kurzer Tage, GERS, 1891, 348쪽) 4절.

> 그때 나는 빛 속에서 알아보리라
> 이 땅에서 어둡게 보이던 그것,
> 놀랍고 거룩하다 말하리라
> 여기서는 측량할 수 없어 보이던 그것,
> 거기서 나의 정신은 찬양과 감사 속에 생각하리라
> 함께 얽혀 있는 운명을.

하심을 얻는 일이 일어나기 때문이다. 하나님을 믿지 않는 자들도 하나님 안에서 다음과 같은 사실을 파악할 가능성은 어디서 오는가? 다시 말해, 인간을 종교적인 사람과 비종교적인 사람, 도덕적인 사람과 비도덕적인 사람으로 가르는 "율법"의 횡단면이 없다고 생각할 가능성은 어디서 오는가? 그 어디서도, 심지어 저 깊은 곳에서도 하나님께 나아가는 길을 확실히 보여주는 저 종단면을 통찰할 가능성은 어디서 오는가? "나의 복음에 이른 바와 같이." 그것은 부활 안에서 동터 온 날, 인간의 **새로운** 날, 이 빛을 가져다주시는 예수 그리스도의 날이다. 그분은 모든 시간을 영원으로 전환하신다. 그분은 "사람들의 은밀한 것"을 열어 밝히시며, 하나님께서 우리 인간을 환히 들여다보셨음을 드러내신다. "예수 그리스도로 말미암아" 하나님은 인간을 심판하신다. 이것은 위기를 의미한다. 부정과 긍정, 인간의 죽음과 삶을 의미한다. 그리스도 안에서 종말이 나타났다. 그러나 하나의 시작도 나타났다. 멸망이 나타났는가 하면 새로워짐도 나타났다. 언제나 그 두 가지가 **온** 세상에, **모든** 인간에게 나타난다. 왜냐하면 그리스도 안에서 나타나신 구원자는 그 어떤 것도 홀로 버려두지 않는, 만물의 창조자이시기 때문이다. 그러므로 높은 자나 낮은 자나, 의로운 자나 불의한 자나, 그리스도 안에서 **똑같이** 하나님께 나아간다. 물론 그것은 그보다 앞서 알려지지 않은 하나님께서 그들에게 **똑같이** "정지!"라고 명하신 이후의 일이다. **모든** 육체는 풀과 같고[사 40:6, 벧전 1:24] 하나님은 **모든** 인간에게 도움을 주고자 하신다(1:16, 3:29, 10:2, [딤전 2:4]). 바로 이렇게 해서 하나님은 "사람의des g 은밀한 것"을 심판하신다. 모두에게 문제가 되는 것, 온 세상을 포괄하는 것이 있다. 하나는 우리가 처한 저주요, 또 하나는 긍휼 곧 우리를 붙드시고 이끌어 주시는 용서의 힘이다. 이것은 눈으로 볼 수 없으며 "사람들의 은밀한 것[은폐된 것]"das Verborgene der Menschen을 향하고

있다. 거기서만 참이 있으며 거기서만 참이 드러난다. 어떤 사람은 환한 빛 쪽에서, 또 어떤 사람은 어두운 그늘 쪽에서 명확히 구별되어 마주 서 있다면, 그것은 참이 아니다. 그러나 한밤이어서 양쪽이 다 흑암에 휩싸여 있거나 한낮이라서 양쪽이 다 빛으로 가득하다면, 그 대립은 무의미해진다. 그리스도는 한밤이요 한낮이다. 인간과 인간을 가르는 모든 것 위로 [양쪽을] 두루 감싸 안으시는 하나님이 드러난다. 하나님께서 친히 하나님에 관한 질문Gottesfrage [신론적 질문]을 하시고 거기에 답하신다. 하나님은 **모든** 시대 **모든** 단계의 **모든** 인간에게 **하나의** 경고와 약속을 주신다. 그분이 그어 주신 [십자가의] 교차 선은 눈에 보이지 않으며, 가까이 다가갈 수 없으며, 영원히 넘어설 수 없으며, 영원히 우리를 불안하게 한다. 그 선은 언제나 우리에게 **"은폐된 것"**[은밀한 것]을 가리킨다. 그리고 하나님은 바로 거기서 심판하신다. 그러나 그리스도 복음의 이러한 가혹함은 복음의 해방하는 힘이며, 다정하며 타당한 것이기도 하다. 우리 모두에게 |45| 낯선 하나님은 우리 모두에게 자신을 알리실 수 있으며 또 그러기를 원하신다. 우리 모두가 이해하지 못하는 하나님은 그 누구도 그분에 대한 증언을 못 듣는 일이 없게 하신다[행 14:17]. 은폐된 하나님Der verborgene Gott은 "인간의 은폐성"das "Verborgene der Menschen"에서 멀리 계시지 않는다. 하나님과 인간의 그 "은폐성 속에서" 결단이 내려진다는 사실이 우리에게 분명해질수록, 그 간격도 점점 좁혀진다. **이런** 하나님께서 친히 하나님에 관한 한갓 인상[흔적]에 불과한 모든 것을 가만히 스쳐 지나가신다. 바로 이 하나님이 심판 중인 이방인들의 소망이다.

그러므로 인간의 모든 의는—심판자가 **하나님**이기 때문에—극도로 유보적일 수밖에 없다. 인간의 의에 입각하여 걱정으로 가득 차 저 불신자를 비판하는 것도 헛다리 짚는 일일 수 있다. 그들을 전도하기 위한 열심도 전혀 엉뚱한 일이 될 수 있다. 하나님의 팔은 **그것의** 선악의 저편[21]에서 움직이고 계신다. 그러므로 인간의 의는 지나치게 앞서가지 않는 것이 좋다.

17-25. 17 유대인이라 불리는 네가 율법을 의지하며 하나님을 자랑하며
18 율법의 교훈을 받아 하나님의 뜻을 알고 지극히 선한 것을 분간하며 19
맹인의 길을 인도하는 자요 어둠에 있는 자의 빛이요 20 율법에 있는 지식
과 진리의 [완전한] 모본을 가진 자로서 어리석은 자의 교사요 어린아이의 선
생이라고 스스로 믿으니 21 그러면 다른 사람을 가르치는 네가 네 자신은 가
르치지 아니하느냐. 도둑질하지 말라 선포하는 네가 도둑질하느냐. 22 간음
하지 말라 말하는 네가 간음하느냐. 우상을 가증히 여기는 네가 신전 물건을
도둑질하느냐. 23 율법을 자랑하는 네가 율법을 범함으로 하나님을 욕되게
하느냐. 24 기록된 바와 같이 하나님의 이름이 너희 때문에 이방인 중에서
모독을 받는도다. 25 네가 율법을 행하면 할례가 유익하나 만일 율법을 범하
면 네 할례는 무할례가 되느니라.

또 하나의 도발적인 소식, 믿을 수 없는 소식, 도저히 이해할 수 없는 소식은 **다른** 편[유대인들의 편]에 관한 것이다. 이쪽에는 깨어 있는 자들이 있다. 그런데 하나님의 심판 때는 그들이 잠자는 자들이다. 신앙인인데 불신자들이다. 의로운 자들인데 불의하다. 여기에 계시의 흔적이 있으나 이곳도 세상은 세상이다. 인간의 의는 하나님의 심판에 설 가능성에 대해서도 알고 있어야 한다.

"유대인이라 불리는 네가." 네가 최고로 일등인 것은 아니다. 너에게는 어떤 과거가 있고 그에 상응하는 미래가 또한 네 앞에 있다. 네 삶은 육신

21 프리드리히 니체(Fr. Nietzsche)의 『선악의 저편』(*Jenseits von Gut und Böse*, 1886) 제목을 암시한다.

의 세상에서 예외가 될 것이라 기대할 만한 상황 속에 있다. 너는 살았다 하는 이름은 가지고 있다[계 3:1]. |46| 다른 많은 사람들과는 반대로 네게는 그런 이름이 주어졌다. **"네가 율법을 의지하며."** 너는 살아 계신 하나님의 자취Spuren [22]에 둘러싸여 있다. 너는 그 자취를 그대로 또렷하게 보존하려고 애쓴다. 너는 네가 하나님에 관해 알고 있는 것이 너 자신 위에 가지는 권위, 또한 그것이 네게 부여하는 권위를 기뻐한다. 이와는 반대로, 저 밖에는 여러 가지 의견이나 기준의 혼돈[카오스]만이 있다. **"하나님을 자랑하며."** 너는 그분에 관한 인상을 느끼며, 그분을 기억하고 있으며, 네 시선은 기도 가운데 끊임없이 하나님이 계셔야 한다는 그곳을 향하는데, 어찌 하나님을 자랑하지 않을 수 있겠는가? 이와는 반대로, 의심하는 자들과 무신론자들은 네가 우러러보는 그곳이 그저 텅 비어 있다고 주장한다. **"하나님의 뜻을 알고."** 너는 하나님에 관한 기억이 순종을 의미한다는 사실도 알고 있다. 네가 끊임없이 우러러보는 그곳에서 네 인생에 대한 개입과 이 세상에 대한 공세가 나온다는 것도 알고 있다. 또 너는 그것이 어느 방향으로 일어나야 하는지 알고 있다. 너는 때때로 어떤 일이 일어나야 한다는 불안감을 느낀다. 실제로 온갖 것을 해보려는 열정도 있다. 이와는 반대로 생각 없는 자들은 어렴풋한 운명의 힘에 이리저리 떠밀리며 살아간다. **"지극히 선한 것을 분간하며."** 너는 본질적인 것, 역사적이고 심리학적인 뉘앙스, 진정한 것, 특징적인 것, 중요한 것에 대한 감각, 특별히 의심스럽고 위험한 모든 것에 대한 감각을 계발하거나 물려받았다. 너는 언제나 명석한

22 아마도 목사이자 대중작가였던 오토 풍케(Otto Funcke, 1836-1910)의 자서전 『나의 인생길에 찍힌 살아 계신 하나님의 발자취』(*Fußspuren des lebendigen Gottes in meinem Lebenswege*, 2 Bde., Altenburg, 1898/1900) 제목을 암시한다.

의견을 제시할 수 있고 언제나 적절한 판단을 내릴 수 있다. 너는 탁월한 논거로 다른 사람과 구별되는 자신의 견해를 말할 수 있다. 너는 깊이가 있는 사람이라서 깊이 볼 줄도 안다. 저 수많은 표면적인 사람들, 인생의 문외한들[23]과는 정반대다. 한마디로 너는 **많이 가지고 있다**. 무엇을 더 가지려고 하는가? 네가 가지지 못한 것을 가진 사람이 있을까? 네게 주어진 기회가 많다. 네 위에 부어진 하나님의 풍성한 인자하심이 크다. 하나님께서 진노를 자제하심이 크다. 그분의 인내도 크다(2:4, 3:2, 4:11, 9:4-5). 네게 기대하시는 바도 크다.

게다가 너는 "맹인의 길을 인도하는 자"다. 너에게 어떤 사명이 있다고 느끼는 것은 당연한 일이다. 계시의 흔적을 가진 너는 그것을 가지지 못한 많은 사람들과 비교된다. 너는 이런 차이에서 너의 소명을 느낀다. 너는 어떤 신성한 계획, 하나의 목적론Teleologie을 예감하며 거기서 어떤 결정적인 역할을 맡아야 한다. 너는 어떤 거룩한 의무를 의식하고 그것을 신뢰하면서 그 역할을 맡는다. 아니, 이미 맡았다. 너는 네가 그렇게도 진지하고 열광적으로 |47| **지니고 있는** 계시의 흔적("율법에 있는 지식과 진리의 [완전한] 모본")을 다른 사람들, 앞을 못 보는 자들, 어둠에서 헤매는 자들, 무식한 자들, 미성숙한 자들에게 전해 주고 싶어 한다. 너는 그것을 확장하고 전파하고 선전하고 확대해서 가능한 많은 사람이 그것을 지니게 되기를 원한다. h네 존재와 네 소유에was du bist und was du hast h 힘입어 어떤 행동을 하지 않을 수 없다는 느낌, 하나님의 일꾼으로 지정받았다는 느낌을 받는다.

"그러면 다른 사람을 가르치는 네가 네 자신은 가르치지 아니하느냐."

23 아마도 클라라 피비히(Cl. Viebig)의 소설 『인생의 문외한들』(*Dilettanten des Lebens*, 1897) 제목을 암시한다.

사명에 앞서 보내심이 있다. 가르침에 앞서 배움이 있고, 나눠 줌에 앞서 받음이 있다. 율법을 행하지 않는다면, 율법을 가지고 있다는 것이 도대체 무슨 소용인가? 또한 하나님께서 그 율법을 가진 사람들을 인정하지 않으신다면, 그것이 무슨 소용인가? 계시 자체가 계속 진행되지 않는다면, 계시의 흔적은 무슨 소용이 있는가? 하나님이 이제 거기 계시지 않는다면, 그곳에 하나님이 계신다고[würde i] 생각하면서 계속 바라보는 것이 무슨 소용인가? 수로에 물이 없고 비어 있다면, 그 옆에 살고 있다는 사실이 심판 때 무슨 도움이 되겠는가? 혹시 그 수로가 정말 텅 비어 있는 것은 아닌가? 도대체 너는 누구인가? 무엇을 가지고 있는가? 너는 어디서 왔는가? 너는 왜 그렇게 사방으로 쏘다니고 있는가? 네가 다른 사람에게 심으려고 하는 새로운 영이란 어떤 것인가? 계시에 대한 너의 인상도, 너의 감동과 체험도, 너의 열광도 육체일 뿐이다. 그 모든 것은 이 세상에 속한 것이다. **너의** 종교적 세속성은 하나님의 진노 앞에서 다른 사람의 종교적 세속성보다 덜 두려워할 수 있을 것 같은가? 진리가 속박을 당하고 썩어지지 아니할 것이 썩어질 것의 우상과 바뀌는 사태[1:18, 23]는 저쪽[이방인]이나 이쪽[유대인]이나 매한가지 아닌가? 하나님께서 너를 위해 직접 개입하지 않으신다면 너는 도대체 무엇인가? 그분이 네게서, 네 마음의 은밀한 곳에서 "행위", 곧 세리의 기도[눅 18:13]와 탕자의 간구[눅 15:21]와 불의한 재판관을 찾아간 과부의 간청[눅 18:3]을 찾지 못하신다면, 그렇다면 너의 행동은 원래 모습을 드러낼 뿐이다. 다시 말해, 너의 정직은 도둑질이며(도둑질하지 않는 이가 누군가?), 너의 순결은 간음이며(선정성이 순결할 때도 있는가?), 너의 경건은 쓸데없는 오만불손이다(경건한 사람 치고 하나님께 아주 가까이 다가가지 **않는** 사람이 있는가?). 하나님의 심판이 임했는데 예컨대 높은 세속성의 단계와 낮은 세속성의 단계를 구분하는 것이 무슨 필요가 있는가? 하나님만이 네게 주실 수 있는 정당성이 없다면, 네게는 **아무런** 정당성도 없는 것이다. 네가 계시에서 받은 네 인상을 **더는** 내보일 수 없다면, 그때는 네가 내보일 것이 전혀 없는 것이다. 만일 네가 너의 믿음만을 의지한다면, 너는 그 어떤 것도 의지할 수 없다. 하나님이 너를 위하지 아니하시면, 모든 것이 너를 대적한다[8:31].

문제는 더 심각하다. "율법을 자랑하는 네가 율법을 범함으로 하나님을 욕되게 하느냐." 하나님이 너를 위하지 아니하신다면, 너도 그분을 위할 수 없고 오히려 그분에게 맞서게 된다. 이 세상은 예리한 식별력을 가지고 있다. 세상은 네가 스스로 주장하는 탁월함을 그냥 인정하지 않는다. 세상은 |48| 바로 네가 이 세상의 살 중의 살이요 이 세상의 뼈 중의 뼈[창 2:23]라는 사실을 금세 알아차린다. 너 자신이 사악한 존재라면, 너는 하나님을 위해 행동하고 일하고 인도하는anleiten j 것을 할 수 없다. 그러면 원래는 네가 취하려던 태도가 정반대로 돌아선다. 보내심을 받지 않은 채로 사명을 수행하면서 사명과는 반대되는 일을 하게 되니, 이는 율법이 있는 곳에서는 이 "세상"도 율법의 행함을 기대하기 때문이다. 계시의 흔적이 있는 곳에서는 이 세상도 계시 자체를 추구한다. 하나님의 자녀들은 이 세상의 한복판에서 고차원적인 요구를 제기하는데, 이 세상도 사실은 오래 참으면서 그 요구를 믿고 있다. 세상은 현실적인 것을 나름대로 수용한다. 그러나 환상은 수용하지 않는다. 만일 세상이 저기 저 소명받은 자들과 빛 가운데 있는 자들에게 속았다는 사실을 알게 된다면, 만일 저 사람들이 말하던 것이 그저 포템킨 마을[24]과 같은 눈속임이었다는 사실을 이 세상이 눈치챈다

24 눈을 속이는 기만 또는 "공중누각", Büchmann, S. 657f. 1787년 러시아의 그레고리 포템킨(Grigori A. Potemkin) 공작이 크림 반도를 정복하자 러시아의 여제 예카테리나가 그 지역을 순방하

면, 만일 이 세상이 하나님의 자녀들에게서 무언가 다르고 새롭고 압도적인 것을 보지 못한다면, 그러면 이 세상은 잠깐 놀라다가도 얼른 그 비현실적인 하나님 공동체의 낯선 기만에 등을 돌리면서 "세상"으로서의 자신이 더욱 강화되고 정당해진 것을 느낀다. 이 세상은 진리를 분간하는 올바른 본능을 갖추고 그 어떤 속임수에도 넘어가지 않으며, 경건한 자들의 "하나님"을 믿고자 개종하려고 하지도 않는다. 인간이 하나님 없이 하나님의 입장을 위하려고 하는 곳, 한분 하나님 자신이 하나도 아니고 모든 것도 아니고 오히려 인간이—아무리 정교하고 고귀한 의미에서라고 해도—하나님과 더불어 무언가가 되려고 하고 무언가를 만들려는etwas sein und etwas machen **k** 곳, 거기서 "하나님"은 다름 아닌 이데올로기**이다**. 하나님의 수로가 그저 빈 수로가 되어 버린 곳에서는 "신"에 대한 저항이 타당하다. 상황이 이러한데 하나님의 일꾼은 도대체 어디에 있는가? "하나님의 이름이 너희 때문에 이방인 중에서 모독을 받는도다"(사 52:5[원서에는 사 62:5로 되어 있다]). 선택받은 자들, 하나님의 자녀들이 오히려 하나님 나라를 저지하고 있다! 기다리는 사람들과 서두르는 사람들의 예언[벧후 3:12]을 최고의 궁극적인 인간의 의로 만들려는 유혹에 빠질 때마다, 그 가능성을 진지하게 생각해봐야 하지 않을까? 그 가능성은 오래전부터 내내 현실이 아니던가!

"만일 율법을 범하면 네 할례는 무할례가 되느니라." 그러면 필연적으로 상대주의가 치고 들어온다. 하나님의 자녀들이 가지고 있는 계시의 흔적은 다른 것들과 똑같이 인간적이고 세속적인 가치가 된다. 자신이 다른 사람보다 절대적으로 앞서 있다는 주장은 끝장났다. 그들의 종교와 도덕

기로 했다. "그는 재빨리 가짜 마을을 만들고 거기서 군사 훈련 쇼를 보여줌으로써 여제가 그 지역의 실제 상황을 보지 못하게 하는 속임수를 썼다."

과 세계관은 그저 왔다가 가는 실체다. 그들의 교회사는 세속적인 것이 되고, "진정한 반지는 아마도 사라졌을 것이다!"[25]라는 소리를 듣는다. **하나님**께서 그 가치를 직접 높이 평가하시고 그에 알맞게 "보응"하지(2:6) 않으신다면, 인간적인 |49| 특권이란 결코 특별한 것이 될 수 없다. 그분이 "사람들의 은밀한 것"에서 순수하지 않음과 거룩하지 않음을 보신다면, 그 사람은 자기 안에 계시의 흔적이 있다고 생각하고 다른 사람도 그에게 그 흔적이 있다고 생각할지라도 그 흔적은 무가치하다. 하나님 없는 하나님의 용사는, 길을 가다가 안내판을 발견했는데 그 안내판이 가리키는 길로 **걸어가지** 않고 그냥 그 안내판 옆에 멈춰 선 행인과 같다. 길 안내판은 무의미해졌다. 그의 믿음과 기도와 성경적 태도도 무의미해졌다. 유대인의 성례전 할례와 그 밖의 모든 성례전은 이제 하나님과의 교제가 아니고 (하나님의 진노 아래서는 츠빙글리와 자유주의신학의 주장이 옳다!) 다만 그것의 예시에 불과하다.[26] 거룩한 사람들이 분화구 주위에서 무언가를 기다리며 앉

25 G.E. Lessing, *Nathan der Weise*, 3. Aufzug, 7. Auftritt, V. 509f.

26 성만찬 논쟁에서 "Hoc est corpus meum"[이것은 나의 몸]이라는 문장에 대한 츠빙글리의 해석을 암시한다. Zwingli, *Ad Matthaeum Alberum de coena dominica epistola*(1524), H. Zwingli, *Sämtliche Werke*, Bd. 3(=CR 90), Leipzig, 1914, S. 344, Z. 9 - S. 345, Z. 22-30. "Nos cardinem huius rei in brevissima syllaba versari arbitramur; videlicet in hoc verbo 'est', cuius significantia non perpetuo pro 'esse' accipitur, sed etiam pro 'significare'." "Nunc *Christi* verbum mihi in manum sume Math. 26: Accepit *Iesus* panem etc., dicens: Accipite et comedite! Hoc 'est' corpus meum; Luc. 22: quod pro vobis traditur. Hic mihi pro 'est' 'significat' pone: Accipite et comedite! Hoc 'significat' corpus meum, quod pro vobis traditur. Tunc nimirum iste erit sensus: Accipite et comedite! hoc enim, quod nunc facere iubeo, significabit vobis aut rememorabit corpus meum, quod iamiam pro vobis traditur." 여기서 바르트는 자유주의신학자들의 성만찬 이해가 츠빙글리의 견해와 같다는 점을 지적하고 있다. 바르트가 『로마서』 제1판에서 제기한 "세례 성례전주의"(Taufsakramentalismus)에 대한 베른레의 비판 참조(Wernle, S. 169).

아 있으나, 그것은 꺼진 분화구일 뿐이다. 거룩한 형식은 그저 형식적으로만 거룩하다. 그 형식을 영적인 것으로 만들려는 시도는 그 거룩함마저 급속도로 비어 가는 상황을 저지하지 못한다. 할례는 실제로 무할례나 다름없다. 믿음은 곧 믿음 없음이며, 하나님의 축복은 곧 하나님을 부정함이다.

이렇듯 인간의 의는 자기 안방에서도 공격을 당했다. 인간의 의는 바깥으로 시선을 돌릴 때, 곧 "이방인"을 바라볼 때(2:14-16)만이 아니라 자기 자신을 바라볼 때도 잘못될 수 있다. 하나님의 심판을 받을 때 인간의 의는 **근본적으로** 흔들린다. 그 어떤 주장도 이 세상 **안에 있는** 인간적인 것을 이 세상**에 속하지** 않은 것[요 17:11, 16]으로 만들어 줄 수는 없다.

26-29. 26 그런즉 무할례자가 율법의 규례를 지키면 그 무할례를 할례와 같이 여길 것이 아니냐. 27 또한 본래 무할례자가 율법을 온전히 지키면[율법의 목적지에 이르면] 율법 조문과 할례를 가지고 율법을 범하는 너를 정죄하지 아니하겠느냐. 28 무릇 표면적 유대인이 유대인이 아니요 표면적 육신의 할례가 할례가 아니니라. 29 오직 이면적 유대인이 유대인이며 할례는 마음에 할지니 영에 있고 율법 조문에 있지 아니한 것이라. 그 칭찬이 사람에게서가 아니요 다만 하나님에게서니라.

이제 마지막 가능성이 떠올랐다. 원인과 결과, 타락과 추락의 고리는 사실 누구도 빠져나올 수 없게 폐쇄되었다. 그러나 이 고리 전체를 감싸고 지탱해 주는 어떤 것이 있으니, 그것은 우리가 도저히 이해할 수 없는 하나님의 긍휼이다. 인간의 의, 그 자체는 환상이다. 이 세상에 의란 존재하지 않는다. 그러나 하나님 앞에 있는 의, 하나님께서 베푸시는 의가 있다. 율법, 계시의 흔적, 소신, 도덕, 성례전을 통해 형성된 영역, 곧 거룩한 자, 따로 구별된 자, 영웅, 초인[27], 의로운 자의 가시적 영역은 존재하지 않는다. 그러나 모든 대립 저편에서 |50| 하나님에 의해, 하나님의 형상을 따

라 지으심을 받은[엡 4:24] 새로운 인간은 있을 수 있다. "그 무할례를 할례와 같이 여길 것이 아니냐." 그렇다면 하나님께서 하나님을 부정하는 자들을 경건하게 보시고 영원한 생명으로 "보응"[지불]하시는 것인가? 경건하지 않음과 불순종이 하나님의 책에는 경건함과 겸손으로 기입되는 것인가? 구제 불능의 이 세상이 하나님의 심판에서 무죄 선고를 받고 구원을 받게 되는가? 그렇다면 모든 인간적인 믿음 자체도 하나님께 인정을 받지 **못하고** "하나님이 모든 사람을 순종하지 아니하는 가운데 가두어 두심"은 모든 사람에게 **긍휼을 베풀려**(11:32) 하심인가? 그 어떤 공로도 필요 없다. 그 어떤 가시적인 이유도 필요 없다. 그것을 위해 혹은 그것에 맞서 어떤 것을 할 수 있는 모든 인간적인 가능성도 없다! 하나님 자신, 그 알려지지 않은 하나님께서 우리에게 알려진 사물의 맥락 속으로 돌입하시는 일, 상상을 초월하는 일이 벌어진다! 그것은 새로운 세계의 불가능한 가능성 unmögliche Möglichkeit이다! 그것은 인간에게는 불가능하지만 하나님께는 가능하다![마 19:26 병행 본문] **하나님**께서 **자신**의 척도로 평가하신다. **하나님**께서 여기 믿음 없는 자들을 "율법의 목적지"로 안내하시고 하나님과 교제의 빛으로 안내하시며, 저기 믿음 있는 자들은 악한 세상[요일 5:19]에 그냥 내버려 두신다. 그분은 "표면적"인 것, 눈에 보이는 물질적인 것은 모두 지나치시고 **자신**의 공의에 따라 내면에 있는 것을 심판하신다. **하나님**은 마음속에 계시기도 하고 안 계시기도 하는 영이시며, 문자로 기록된 인간적인 율법 조문에 따라 기대할 수 있거나 기대할 수 없는 것과도 전혀 무

27 Nietzsche, Zarathustra, z.B. Zarathustra's Vorrede 3, NW, S. 13(NWKG, S. 8, Z. 13-15). "**나는 너희에게 초인을 가르친다.** 인간은 극복되어야 할 무엇이다. 너희는 인간을 극복하기 위해 무엇을 하였는가?"

관하시다. **하나님**은 자신이 상 주시고 싶은 것에게 상을 주신다. 하나님 자신이, 오직 하나님만이 그리하신다. 우리가 거기에 대해 무슨 말을 하겠는가? 하나님께서 틀릴 수 있는가? 그분의 공의에 견주어 그것을 능가할 만한 공의가 있는가? 하나님은 우리 인생의 위기가 되심으로써 우리 인생의 영원한 진리가 되는 분 아니신가? 우리는 우리의 진리를 가지고 무엇을 하려는가? **하나님**의 영광이 빛을 발하고 **하나님**의 의가 나타나려 한다. **그렇기 때문에** 그분 행동의 실제적 차원은 전혀 눈에 보이지 않는 것, 한 번도 들어 보지 못한 것**이어야 한다**. 하나님은 우리가 그분에게 드리는 공의로 사는 분이 아니시다. 그분은 자기 공의의 하나님이시다. 하나님은 다른 근거들 가운데 하나의 근거가 아니시다. 마지막이 되면 우리도 나름대로 제시할 수 있는 그런 대답이 되는 분도 아니시다. **그렇기 때문에** 그분의 나타나심은 우리가 도저히 알 수 없는 것, 그 근거를 파악할 수 없는 것이며, 그분의 심판은 그분 자신만의 고유한 공의를 따른 것이다. 하나님의 진노에서 벗어날 수 있는 하나의 자격 조건이 **있다**. 그것은 모든 [인간적인] 주장이 포기되는 곳, 하나님께서 그 모든 주장을 무너뜨리신 곳에 있다. 그것은 하나님의 '아니요'가 결정적이라는 사실이 인정되는 곳, 하나님의 진노를 피할 수 없음이 인정되는 곳, 하나님이 하나님으로 인정되는 곳에 있다. 그것은 하나님과 인간 사이의 **바로 그 유일무이한** 역사가 시작되는 곳에 있다. 어떤 [세상] 역사도 역사를 설명할 수는 없으니, 역사는 오직 발생할 뿐이며, 영원히 발생하는 것이기 때문이다. 인간이 자신을 허공에 내던지고[28], 도저히 측량할 수 없는 하나님을 사랑하기로 하는—그러나 이것

28 Overbeck, Christentum und Kultur, S. 77(OWN 6/1, S. 110). "보편적으로 우리 인간은 때때로 자신을 허공에 내던질 때라야 그나마 앞으로 나아갈 뿐이며, 이러한 실험을 피하는 것이 허용

도 영원한 복락을 위한 처방전이 아니라 그것의 영원한 인식 토대일 뿐이다—바로 거기다. 이것이 예수 그리스도 안에 있는 핵심 주제다. |51|

되지 않는다는 조건에서 우리의 삶이 전개된다." 바르트 소장본에는 이 구절에 밑줄이 그어져 있으며, 여백에도 줄을 긋고 X 표시를 해놓았다[독일어권 사람들은 중요한 것을 표시할 때 X 표시를 한다]. 오버베크의 말은 다음과 같은 맥락에서 나온 것이다. 성경에 매달리는 것이 믿음에는 치명적이다. 인류는 성경을 종교적으로 과대평가하는 데서 벗어나기 위해서("구약에서 신약으로 넘어갈" 때와 마찬가지로) 자신을 "허공에 내던져야" 한다. Barth, Unerledigte Anfragen, S. 7, 13.

3장 하나님의 의

율법

3:1-20

역사는 어떤 한 사람의 정신과 능력이 다른 사람보다 자칭 우월하다고 떠들어 대는 놀이이며, 공의와 자유의 이데올로기로 가장한 생존 투쟁이며, 과거 인간의 의와 새로운 인간의 의가 서로 장엄함과 무상함을 겨루면서 치솟아 오르거나 가라앉는 것이다. 하나님의 심판은 역사의 종말이다. 시간에 종속된 사물의 바다 전체보다 한 방울의 영원이 더 무겁다. 하나님의 기준으로 보면 인간의 우월함은 그 높이와 엄중함과 영향력을 상실한다. 그래서 인간의 우월함은 상대적인 것이 된다. 인간 세상에서 가장 높고 가장 정신적이고 가장 의로운 대립도 여기서 그 실상 곧 자연적이고 세계 내재적이고 불경한 "물질주의적"인 의미가 드러난다. 골짜기마다 돋우어지며 언덕마다 낮아진다[사 40:4]. "선과 악의 투쟁"은 끝났다. 인간은 모두 **하나의** 대열에 들어선다. 그들의 "은밀한 것[은폐된 것]"(2:16)이 하나님의 심판대 앞에 선다. **오직** 하나님 앞에 선다.

그러나 하나님의 심판은 역사의 **종말**이다. 제2의 새로운 역사의 시작이 아니다. 역사는 끝났다. 더 앞으로 나아가지 않는다. 심판의 저편에 있는 것, 그것은 아직 이편에 있는 것과는 상대적으로 다를 뿐 아니라 절대적으로도 다르며 완전히 단절된다. **하나님**이 말씀하신다. **하나님**이 심판자로 인식된다. 하나님이 말씀하시고 하나님이 심판자로 인식될 때 두 눈으로 반드시 목격할 수밖에 없는 변화는 너무나 근본적인 것이어서 바로 그 변화가 시간과 영원, 인간의 의와 하나님의 의, 이 세상과 저 세상을 긴밀하게 연결한다. 이제 종말은 또한 목적이다. 구원자는 또한 창조주이기도 하다. 심판자는 또한 모든 것을 바르게 하는 분이다. 무의미Un-Sinn[의미 없

음]의 발견은 또한 의미의 계시이기도 하다. 새로운 것은 옛것의 가장 깊은 진리이기도 하다. 역사의 철저한 종말, 모든 육체 위에 임한 '아니요'와 사물과 시간과 인간 세상에 대한 하나님의 의미인 절대적 위기는 |52| 그것들의 현존재와 존재 상태를 관통하는 중심 주제다. 썩어질 것은 그렇게 인식될 때 그것은 썩어지지 않을 것의 비유가 **된다**. 하나님의 진노에 궁극적으로 굴복함은 그분의 의로움에 대한 믿음이다. 하나님이 **알려지지 않은** 하나님으로 **인식되기** 때문이다. 그분 자신은 결코 사물 그 자체가 아니며, 여러 형이상학적 존재 가운데 한 존재가 아니며, 그분 없이도 존재하는 것처럼 여겨지는 여러 가지 것과 나란히 존재하는 제2의 존재, 타자, 낯선 분이 결코 아니다. 오직 그분은 존재하는 모든 것의 영원하고 순수한 근원이며, 만물의 비존재Nicht-Sein로서 만물의 [참된] 존재Sein다. 하나님은 신실하시다.

그러므로 역사 속에 있는 모든 계시의 흔적—인간이 그것으로부터 자신의 의를 자랑할 수 없으며 거기서 안전과 안정을 찾을 수 없음은 당연하다—도 심판으로 사라지거나 소멸하지 않고 오히려 확인되고 보증되고 강화된다. 역사적이고 정신적인 실재가 철저하게 지양되고 그 실재의 단계들과 대립들이 포괄적으로 상대화됨으로써 그 참되고 영원한 의미가 드러난다.

1-4. 1 그런즉 유대인의 나음이 무엇이며 할례의 유익이 무엇이냐. 2 범사에[모든 관계에] **많으니 우선은 그들이 하나님의 말씀** [공표]**을 맡았음이니라. 3 어떤 자들이 믿지 아니하였으면 어찌하리요. 그 믿지 아니함이 하나님의 미쁘심을 폐하겠느냐. 4 그럴 수 없느니라!**Unmöglich! **a 사람은 다 거짓되되 오직 하나님은 참되시다 할지어다. 기록된 바 주께서 주의 말씀에 의롭다 함을 얻으시고 판단 받으실 때에 이기려 하심이라 함과 같으니라.**

"그런즉 유대인의 나음이 무엇이며." 만일 모든 것이 하나님의 진노 아래 있다면, 모든 구원과 예외적 상황과 위안의 나음이 모두 지양된다면, 진

지하게 말해 도대체 어떤 특별한 것이 존재할 수 있는가? 역사의 정점頂點이란 것이 존재하는가? 썩어질 것의 물결 가운데 가장 높은 파도 그 이상인 것, 여러 그림자 가운데 가장 강력한 그림자 그 이상인 역사의 정점이 과연 존재하는가? 역사적·정신적 차원에서 계시의 흔적으로 지각된 모든 것과 알려지지 않은 하나님의 계시 그 자체 사이에 어떤 관계가 있는가? 소명받은 자, 빛을 받은 자, 영웅, 예언자, 선한 의지를 가지고서 세상 시간이라는 무대 위를 걷는 자로서 간절함과 모든 것이 새로워지는 하나님 나라의 도래 사이에는 어떤 관계가 있는가? 이 질문 뒤에는 또 다른 보편적인 질문이 있으니, 그것은 실제로 우리가 실제로 경험하는 사건과 그 모든 사건의 영원한 내용 간의 관계에 대한 물음, 사물의 현존재와 그것의 참된 존재 및 존재 상태 간의 관계에 대한 물음, 체험Erlebens b과 인식 간의 관계에 대한 물음이다. 혹은 이렇게 물을 수도 있다. 예컨대 심판자이신 하나님을 바라보게 되면 |53| 이편과 저편의 모든 관계가 부정되는가? 우리가 우리 자신을 좀 더 깊이 바라보면 하나님과 떨어져 있음을 알게 되는데, 그 동떨어짐은 하나님과 세상의 까마득한 거리를 의미하는가? "할례의 유익이 무엇이냐."

우리는 이렇게 대답한다. "범사에[모든 관계에] 많으니." 하나님과 세상, 저편과 이편의 관계는 끔찍스럽게 크고 끔찍스럽게 강하다. 어떤 특별한 종교사 혹은 구원사에서 신적인 것이 사물화되고 인간화되는 것은 하나님을 하나님으로 [인정하는 것을] 포기했기 때문이며, 이런 사물화와 인간화는 하나님과 **아무런** 관계가 **없다**는 사실이 인식되면, 그 즉시 다음과 같은 사실도 확인될 수 있다. 알려진 세상에서 일어나는 모든 것은 알려지지 않은 하나님에게서 그 내용과 의미를 갖게 된다는 사실, 모든 계시의 흔적은 계시 자체를 가리킨다는 사실, 모든 체험은 자신 안에 그 자체의 위기를 내포하고 있으며 모든 시간은 그 자체의 지양으로서 영원을 내포하고 있다는 사실이 그것이다. 심판은 소멸이 아니고 세움이다. 정화는 비움이 아니라 채움이다. 하나님은 인간을 버리지 않으셨다. 오히려 하나님은 신실하시다(3:31).

"우선은 그들이 하나님의 말씀을 맡았음이니라." 의로운 사람, 곧 하나님을 찾고 하나님을 기다리는 사람(2:17-25)이라 해도 그가 한 **인간**으로서 갖는 위치는 대단히 애매하고 의심스러울 수밖에 없다. 하지만 **하나님**이 원하고 행하시는 것의 한 징조로서 그 위치는 분명하고 필연적이다. 그런 사람이 이 세상 한복판에 존재한다는 사실이야말로 하나님이 신실하시다는 증거다. 그들이 그런 증거인 것은 하나님 나라가 약속되었기 때문이다. 그들은 자신이나 다른 사람의 "체험"을 통해 어쩔 수 없이, 그들이 알지 못하는 것 앞에 멈춰 설 수밖에 없었으니, 이로써 그들은 이처럼 알지 못하는 것이 그 자체로 인식 대상이 **될 수 있음**을 보여주는 증거가 된다. 또 그들은 불가능한 존재를 기억함으로써 자신들이 바로 그 불가능한 존재, 곧 하나님이 가능성의 영역에 있음을 보여주는 증거가 된다. 물론 이런 가능성은 다른 여러 가능성 가운데 한 가능성이 아니라, 바로 그들에게서 볼 수 있는 것처럼 불가능한 가능성이다. 그들이 가지고 지키는 하나님의 공표된 말씀은 이해 안 되는 것이 이해되는 증언이다. 그래서 구원 능력이 없는 이 세상에 구원이 주어진다. 그들이 가지고 지키는 것이 모세든 세례 요한이든, 플라톤이든 사회주의든, 아니면 그저 소박하게 일상적인 행동에 깃든 도덕적 이성이든 상관없다. 이런 가짐과 지킴에 소명과 약속과 비유적 능력이 있다. 이 능력으로 가장 깊은 인식 가능성으로 들어가는 문이 열린다. 그들에게 실제로 하나님의 [말씀] 공표가 맡겨졌다면, 그들이 특별한 위치를 요구하거나 그들이 하는 말에 대한 특별한 경청을 요구하는 것

이 꼭 |54| 오만불손한 것은 아니다.

"어떤 자들이 믿지 아니하였으면 어찌하리요. 그 믿지 아니함이 하나님의 미쁘심을 폐하겠느냐." 우리 삶의 참된 본질은 은폐되고 몰락했다. 알려지지 않은 하나님은 인식되지 않으며, 그분의 신실하심의 흔적은 아무런 열매를 맺지 못했고, 그분의 약속과 그분의 제안은 아직 사용되지도 않았다. 그런데 이러한 인식은 일단 적절하지 않다. 하나님이 보실 때는 이렇게 신뢰를 오용하는 것도 어떤 우연한 진리, "어떤 자들"—비록 이 "어떤 자들"이 모든 사람이라 해도!—의 행위일 뿐이다. 그런 것은 그분이 원하고 행하시는 것[das c]을 거부하거나 방해할 수 없다. [하나님의] 신실하심이 기만될 수는 있으나 폐지될 수는 없다. 하나님의 제안이 감사로 수용되지 않을 수는 있으나 철회될 수는 없다. 하나님의 인자하심은 거기에 반항하는 사람들에게는 심판이 된다. 그렇다고 그것이 인자하심이 아닌 것은 아니다. 역사 과정에서 하나님께 거역하던 모든 것에도 불구하고 바로 그 과정에는 언제 어디서나—하나님의 입장에서 볼 때—자각을 촉구하고 인식으로 인도**할 수 있는** 저 특별한 것, 계시의 흔적, 기회, 열린 문이 존재한다. 하나님을 기다리는 사람들이 있는 곳에는 보내심[파송], 지워질 수 없는 특징[character indelebilis 1]이 있다. 비록 그분이 자신의 눈과 다른 모든 사람의 눈에 가장 깊은 무지로 감춰져 있으며 가장 혹독한 정신적·역사적 재난이 그들 위에 엄습해도 말이다. 하나님은 어떤 경우에도 자신을 헛되이 계시하는 분이 아니다. "율법" 있는 곳에는(2:14)—비록 다 타고 남은 재만 있는 것 같아도—하나님의 신실하신 말씀도 있다.

1 로마 가톨릭의 성례론에 따르면, 세례, 견진, 성품은 "characterem in anima, hoc est signum quoddam spirituale et indelebile": "영적이고 지워질 수 없는 표지"를 각인한다고 한다(DH 1609).

"사람은 다 거짓되되 오직 하나님은 참되시다 할지어다." 은혜를 입었으나 신실함을 지키지 못한 인간은 과연 무엇을 할 수 있을까? 그들은 그저 "모든 그리스도교 철학의 전제"(칼뱅 Calvin)[2]만을 확증할 수 있을 뿐이다. 그 전제란 이것이다. **하나님**은 참되시다.[wahr d] **하나님**만이 답이고 도움이고 심판자이고 구원자시다. 인간이 **아니다**. 동양인도 아니고 서양인도 아니고 독일인도 아니다. 성경적 인간도 아니다. 경건한 자도 아니고 영웅도 아니고 현자도 아니다. 기다리는 자도 아니고 행동하는 자도 아니고 초인도 아니다. 오직 하나님, 하나님 자신뿐이다! 만일 우리가 그것을 잊었다면, 우리는 반드시 계시를 전하는 사람 모두가 그 계시에 비해 너무나 부족하다는 사실로부터 그 간격을 상기해야 한다. 그때 그 사실은 우리를 다시 처음에, 근원에 세워 놓을 것이다. 계시를 전하는 사람은 무엇으로 사는가? 자신의 부족함 속에서도 '**하나님**은 하나님이시다!'는 사실이 환히 드러남을 통해서 산다. 그는 이렇게 고백한다. "내가 크게 고통을 당하였다고 말할 때에도 나는 믿었도다"(시 116:10-14[10]). 이어서 이렇게 말한다. "내가 |55| 놀라서("나는 무아지경에서", 칠십인역) 이르기를 **모든 사람이 거짓말쟁이라!** 하였도다"[시 116:11]. 모든 사람! 인간과 하나님의 대대적인 차이에 대한 통찰에서, 오직 그 통찰로부터 하나님 인식, 새로운 하나님의 공동체, 새로운 예배가 나온다. "내게 주신 모든 은혜를 내가 여호와께 무엇으로 보답할까. 내가 구원의 잔을 들고 여호와의 이름을 부르며 여호와의 모든 백성 앞에서 나는 나의 서원을 여호와께 갚으리로다"[시 116:12-14].

"주께서 주의 말씀에 의롭다 함을 얻으시고 판단받으실 때에 이기려 하

2 Calvin, col. 48. "Prius membrum [scil. Deum veracem esse] est primarium axioma totius christianae philosophiae."

심이라 함과 같으니라"(시 51:4[원서에는 시 51:6로 되어 있다]). 그러나 소명을 받은 자들이 언제 어디서나 자신의 소명을 명백하게 거부하는 것을 보면서, 그들의 소명을 의심하거나, 심지어 그를 부르신 분을 비판하는 것은 무의미한 일이다. 하나님께서 하신 [말씀의] 공표 가치는 인간 역사의 경과와는 독립적이다. 그 공표는 역사의 경과 속에서 그 공표의 효과로 보이던 것이 동시에 항상 언제나 거부되어 효과가 없는 것이 되기도 한다는 사실, 바로 그것 때문에 **하나님의** 공표로 입증된다. 인간이 시편 51편과 같은 상황에 처할 때, 그가 하나님의 빛 속에서 오직 자신의 불순함을 자각할 때, 그가 두려워 떠는 자신의 불안한 영혼과 불안하고 상한 마음 외에는 다른 제물을 생각할 수 없을 때, **그때** 우리는 승리자로 등장하는 하나님을 인식하게 된다. 그러므로 격동하는 역사의 물결 저 위에서 인간의 신실하지 못함에도 불구하고, 아니 바로 그 신실하지 못함 **속에서** 끝끝내 버티고 있는 그것이 바로 하나님의 신실하심이다. 그 "나음"(3:1)이 버티고 있으니, "유대인"은 그것을 **가진** 것이 아니라 다만 그것을 **받았을 뿐**이다.

5-8. 5 그러나 우리 불의가 하나님의 의를 드러나게 하면 무슨 말 하리요. [내가 사람의 말하는 대로 말하노니] **진노를 내리시는 하나님이 불의하시냐. 6 결코 그렇지 아니하니라. 만일 그러하면 하나님께서 어찌 세상을 심판하시리요.***[3] **7 그러나 나의 거짓말로 하나님의 참되심이 더 풍성하여 그의 영광이**

* 벵겔은 7절의 κρίνομαι를—2:16과 마찬가지로— κρινεῖ가 아니라 κρίνει로 읽었다. 이것은 아주 합당한 독해다. "세상을 심판하다"는 표현은 고전 6:2에서도 현재형으로 쓰인다.

3 Bengel, Bd. II, S. 21. 벵겔은 본문비평의 문제, 곧 롬 3:6이 현재형인지 미래형인지와 관련된 질문을 분명히 논하지 않았다. 그러나 다음과 같은 말을 한다. "Consequentia nectitur a minori ad majus, ut in *negativis* fieri debet: Si Deus injuste ageret, inferens iram in Judaeum injuste agentem: quod jam est absurdum dictu: sane non posset universum mundum judicare.

되었다면 어찌 내가 죄인처럼 심판을 받으리요. 8 또는 그러면 선을 이루기 위하여 악을 행하자 하지 않겠느냐. 어떤 이들이 이렇게 비방하여 우리가 이런 말을 한다고 하니 그들은 정죄받는 것이 마땅하니라.

"그러나 우리 불의가 하나님의 의를 드러나게 하면 무슨 말 하리요.…… 진노를 내리시는 하나님이 |56| 불의하시냐." 방금 전(3:1-4)의 통찰, 곧 하나님께서 선택받은 자들의 거부를 통해서 비로소 하나님으로 계시되는 그 탁월함에 대한 통찰은 이 하나님의 본질에 독특한 빛을 비추는 것 같다. 선택받은 자들이 진리를 막은 것, 그들의 거부, 그것은 분명 "불의"[반역](1:18), 곧 제멋대로 군림하려는 병적인 욕망이며 인간의 이기심이다. 그런데 인간의 이런 불의가 하나님의 의로움을 증명한다면, 도대체 그 의로움은 어떤 것인가? 그것 자체가 "반역"[불의] 아닌가? 하나님이야말로 제멋대로 군림하는 분 아닌가? 너무나 잔인무도해서 두려워할 수밖에 없는 최고의 자아 아닌가? 그렇다면 그분의 진노야말로 우리가 그분에게 대적하여 거짓 신(1:22-32)의 지배에 헌신하게 하는 것 아닌가? 그렇다면 지금 이 세상과 인간의 모습은 하나님의 핵심적인 본질, 곧 도저히 헤아릴 수 없는 변덕스러운 포학을 그대로 드러낸 것 아닐까? 역사의 무의미가 역사의 은폐된 의미를 증명하는가? 그때는 그 의미 자체가 필연적으로 무의미하지 않을까?

"[내가 사람의 말하는 대로 말하노니]"[인간의 논리를 따라]는 겉보기에는 대단히 일관성이 있는 듯하지만 실제로는 무비판적이고 너무나 단편적인 사

Affirmative sic procederet: Qui universum mundum(juste) judicat, is sane etiam in hoc unico casu juste judicabit. Vicissim a majori ad minus concluditur, I Cor. 6:2." 바르트 소장본에는 "Qui……judicat, is……judicabit" 문장에 밑줄이 그어져 있다. 벵겔은 자신의 전집 *H KAINH ΔΙΑΘΕΚΗ. Novum Testamentum Graecum*, Tübingen, 1734, S. 223에서는 κρινεῖ를 쓰고 있다.

유, 하나님과 관련해서는 미숙하고 황폐한 사유, 이를 위한 사실 명백한 추론을 제시한다. 그러나 이 논리는 언제나 그 모든 비난에도 불구하고 나란히 배열된 '소여성'所與性, Gegebenheiten만 염두에 두며, 모든 '소여성'의 전제인 '비소여성'ein Nicht-Gegebenes은 고려하지 않는다. 인간의 논리는 하나님을 말하면서도 자기가 지금 누구 이야기를 하는지를—너무나 인간적으로—간과한다. 결과에서 원인을 추론하는 방법을 하나님에게 적용하는 것은 설득력이 없는데, 그것은 하나님이 여러 가지 사물 가운데 이미 알려진 하나의 사물이 아니기 때문이다. 인간의 논리는 이 사실도 간과한다.

"만일 그러하면 하나님께서 어찌 세상을 심판하시리요." 만일 인간이 이런 항변에 근거하여 하나님을 최후의 원인으로 상정하고, 하나님을 이 세상의 다른 것들과 나란히 배치한다면, 그리고 그것들로부터 그분을 추론해 낸다면, 물질적인 세상 전체가 명백하게 최후의 위기와 문제에 맞닥뜨리게 된다는 사실은 어떻게 설명할 수 있는가? 어떤 대상은 반드시 그 대상에 관한 생각을 동반한다. 우리가 어떤 사물을 보고 어떤 특징을 발견한다면, 그 특징은 그보다 앞선 지식, 곧 우리에게 그 특징적인 개념을 구체적으로 건네 주는 앞선 지식이 필요하다. 그러므로 만일 하나님이 이 세계 내부의 사물이라면, 하나님에 관한 모든 표현("제멋대로", "포학")은 그와 같은 우월한 선행 지식에서 나온 것일 수밖에 없다. 만일 하나님이 3:5의 항변처럼 여러 대상 가운데 하나의 대상이라면, 그분 자신이 이러한 위기에 굴복해야 하는데, 그러면 그분은 전혀 하나님이 아니다. 오히려 참 하나님은 이러한 |57| 위기의 근원에서 찾을 수 있는 분이시다. 그러므로 이 문제는 명확해졌다. 3:5의 항변은 하나님에 관한 말이 아니라 거짓 신, 곧 이 세상의 알려진 신에 관한 것이다. 그러나 참 하나님은 아무런 대상이 없어도 아무 문제 없는 분, 모든 대상의 위기의 근원이고 심판자이며 (인간

의 논리가 말하는 그 "하나님"까지 포함한) 세계의 비존재Nicht-Sein이시다. 지금 우리는 바로 이와 같은 참 하나님, 이 세상의 심판자, 공평하신 분에 관해 말하고 있다. 우리는 너무나 쉽게 우리 자신으로부터 하나님을 추론하려고 하는데, 이런 시도는 결코 목표에 도달할 수 없다. 그것은 잘못된 추론이다. 참 하나님은 "불의하지" **않으며**, 제멋대로가 **아니며**, 변덕스럽지 **않으시다**. 우리는 그분의 심판에서 비로소 **그분**에게 맞서면서 이 세상을 지배하고 있는uns die e 불의[반역], 전횡, 변덕의 문제를 비로소 의식하게 된다. 그분이 없다면 우리는 그와 같이 번지수를 잘못 찾은 [반역의] 문제들을 비난할 수도 없을 것이다.

"그러나 나의 거짓말로 하나님의 참되심이 더 풍성하여 그의 영광이 되었다면 어찌 내가 죄인처럼 심판을 받으리요." 이러한 항변의 동기는 하나님의 우월함을 깨달았기 때문에 발생한 것으로 보이는 인간의 무책임성에 대한 반감인 듯하다. 혹은 그 무책임성을 확보하려는 소망도 있을 것이다. 선택받은 자들의 신실하지 못함에도 불구하고 하나님의 신실하심이 흔들리지 않는다면, 아니 오히려 승리의 개가를 올린다면, 모든 사람은 각자 자신의 거짓에서 하나님의 진리가 커진다고 생각하면서 스스로 위안할 수 있다. 그러나 이러한 추론은 근거 없는 것이다. 이 추론은 인간이 자신의 행동으로 하나님의 진리가 커질 수 있다는 생각, 인간으로서 하나님의 영광을 위해 어떤 것이 될 수 있다는 생각을 전제한다. 이 전제는 잘못된 것이다. 하나님과 세상이 다른 것이 확실하듯이, 인간이 자신의 순종이나 거짓으로 하나님의 진리와 영광에 무언가를 더하거나 덜 수 없음도 확실하다. 하나님은 스스로 진리가 되시며 영광이 되신다. 우리의 행동이 순종인지 거짓인지는 언제나 **그분에게서** 결정된다. **그분이** 각자 그 사람의 행위에 따라 "보응"하신다(2:6). 우리를 받아 주실 때나 내치실 때나, 은혜를

베푸실 때나 정죄하실 때나 오직 **그분이** 승리하신다. 나는 이런 경우든 저런 경우든 의롭다 할 만한 것이 **없으며**, 변명할 것도 **없으며**, 나의 존재와 행동에 대한 보증도 **없다**. 나는 은혜를 받건 정죄를 받건 **그분의** 선고 아래 엎드릴 뿐이며, 무엇이 어찌 되든 그분께 영광을 돌릴 뿐이다. **이것이** 하나님께 정직함이다. 느닷없이 하나님은 왜 하나님인지 물으면서 궤변이나 늘어놓는 것과는 정반대다. 하나님의 절대주권을 통해 인간의 책임이 지양될 것을 두려워하는 자, 혹은 그런 지양을 소망하는 자 또한 하나님 앞에서 자신이 죄인으로서 심판받을 것이라는 사실을 |58| 명심해야 한다. 이것은 참인가, 참이 아닌가? 이 물음에 정직하게 대답함, 그리고 거기서 생기는 경외, 곧 주님을 경외함이야말로 인간의 책임이다. 자신이 하나님의 심판 아래에 있다는 사실을 아는 사람은 하나님께서 하시는 일을 (그것이 자기에게 이롭든 불리하든) 자신의 영광이 아닌 하나님의 영광으로 돌린다. 이것은 하나님을 심판자로 아는 사람이 세상의 불명예를 하나님의 불명예로 돌리지 않는 것과 마찬가지다(3:5-7). 인간의 "노예 의지"[4]를 인정하는 것에 대한 의구심은 그러므로 쓸데없는 것이며, 그 인정을 [자의적으로] 연결하고자 하는 은밀한 소망도 헛된 것이다. 바로 이러한 인정, 곧 인간이 타락한 곳에서도 하나님의 영광을 보는 이 인정이란 하나님 앞에서 기쁘고 자유로운 **엎드림**[굴복]이며, 모든 더러운 술책을 포기하는 것이다.

"또는 그러면 선을 이루기 위하여 악을 행하자 하지 않겠느냐. 어떤 이들이 이렇게 비방하여 우리가 이런 말을 한다고 하니 그들은 정죄받는 것이 마

4 마르틴 루터(M. Luther)의 『노예 의지에 관하여』를 암시한다. *De servo arbitrio*(1525), WA 18, 600-787. 여기서 루터는 자유가 없는 "노예 의지" 이론을 전개한다. 635,7-9. "Summa, si sub Deo huius saeculi sumus, sine opere et spiritu Dei veri, captivi tenemur ad ipsius voluntatem……, ut non possimus velle, nisi quod ipse velit."

땅하니라." 하나님과 인간에 관해 말할 때, 둘이 마치 동일한 바탕에서 소통하는 파트너인 것처럼 직접 말하는 것은 진리의 가장 심각한 왜곡이다. 어떤 사람에게는 너무나 자명해 보이는 말이 있다. '하나님은 선이 나오게 [되게] 하신다.' 하나님은 우리가 악을 행해도 선이 되게 하신다. 그러므로 악을 행하자. 그래도 선이 될 것 아닌가? 그러나 이런 자명함은 어둠이다. 이런 말을 하는 "그들은 정죄받는 것이 마땅"하다. 하나님과 인간은 같지 않기 때문이다. 우리는 하나님을 탓하며 악을 행할 수도 없고, 거기서 나오는 선도 우리 때문에 나오는 것이 아니다. 우리가 하는 일은 하나님이 하시는 일이 아니며, 우리가 하는 일의 결과도 우리에게서 나온 것이 아니다. 우리가 거기서 착각에 빠지는 바람에, 우리가 하나님의 절대주권에 대한 통찰을 얻었다고 생각하면서 다시 [하나님과의] 간격을 망각하는 것이다. **우리는** 하나님이 **아니다**. 우리는 절대 권력자가 **아니다**. 악은 하나님에게서 나오는 선에도 불구하고 악이다. 역사의 무의미는 하나님에게서 나와 거기 깃드는 의미에도 불구하고 여전히 무의미하다. 신실하지 않음은 흔들림 없는 하나님의 신실함에도 불구하고 여전히 신실하지 않음이다. 세상은 세상을 끌어안고 가시는 하나님의 긍휼에도 불구하고 여전히 세상이다. 우리가 우리 자신을 허용하고 인정하고 긍정하면서 이 세상이 그 모습 그대로 흘러가는 것을 긍정한다면, 우리는 이로써 전능하신 하나님을 찬양하는 것이 아니라 우리의 정죄, 그렇지 않아도 명백한 우리의 정죄됨을 강화하는 것이며, 하나님의 진노의 의로움을 확증하는 것이다. 다만 우리가 그 과정에서 교만하게도 우리를 하나님 곁에 세우고, 심지어 하나님을 위해 우리가 무언가를 할 수 있다고 생각한다면, 그 교만이 우리에게서 마지막 구원의 가능성 곧 무조건적으로 하나님 품에 안길 가능성을 빼앗아 간다. 우리가 숙명론을 핑계로 |59| 심판을 벗어나려고 하면, 바로 그 핑계

때문에 심판에 빠진다. 왜냐하면 우리의 과거·현재·미래를 위해서 하나님을 끌어들이는 것은 우상숭배요 하나님을 거부하는 것이며, 하나님의 진노를 불가피한 것으로 만드는 "경건하지 않음과 불의"(1:18)기 때문이다.

9 그러면 어떠하냐. 우리는 나으냐.[우리는 핑곗거리가 있는가?] 결코 아니
라. 유대인이나 헬라인이나 다 죄 아래에 있다고 우리가 이미 선언하였느니
라. 10 기록된 바 의인은 없나니 하나도 없으며 11 깨닫는 자도 없고 하나님을
찾는 자도 없고 12 다 치우쳐 함께 무익하게 되고 선을 행하는 자는 없나니 하
나도 없도다. 13 그들의 목구멍은 열린 무덤이요 그 혀로는 속임을 일삼으며
그 입술에는 독사의 독이 있고 14 그 입에는 저주와 악독이 가득하고 15 그 발
은 피 흘리는 데 빠른지라. 16 파멸과 고생이 그 길에 있어 17 평강의 길을 알
지 못하였고 18 그들의 눈 앞에 하나님을 두려워함이 없느니라 함과 같으니라.

"우리는 나으냐."[우리는 핑곗거리가 있는가?] 인간의 타락 속에서도 흔들리지 않고 지속하는 하나님의 신실하심을 바라본다면 그렇게 말할 수 있는가? 우리는 이미 알고 있다(3:5-8). 아니다! 하나님의 절대주권에 대한 통찰은 인간의 의가 만든 모든 진정제를 깨부순다. 또한 그 통찰은 새로운 진정제를 만들지도 않는다. 지금 인간이 공중에 떠 있는 것은 금방 다시 땅으로 떨어지기 위해서가 아니다. 그 누구도 하나님의 승리에 빛나는 의지 뒤로 숨을 수 없다. 그분을 인식한 사람은 심판 속으로, 경악 속으로 빠져들 뿐 아니라 거기서 절대로 빠져나갈 수도 없다.

"다 죄 아래에 있다고 우리가 이미 선언하였느니라." 다음과 같은 우리의 인식(1:18-2:29)은 변함이 없다. 인간은 유대인이든 헬라인이든, 하나님의 자녀든 세상 자녀든, 인간인 이상 본질상 진노의 자녀[엡 2:3]다. 인간은 그 어떤 예외나 해결책 없이 **죄**의 세력에게 내맡겨졌다(5:12-14). 하나님은 우리에게 알려지지 않은 분이며 앞으로도 그럴 것이다. 우리는 이 세

상에서 정처 없는 존재이며 앞으로도 그럴 것이다. 우리는 죄인이며 앞으로도 죄인으로 존재할 것이다. 인류라고 말하는 자는 구원받지 못한 인류를 말하게 된다. 역사를 말하는 자는 이 세상의 유한함과 무상함을 말한다. '나'라고 말하는 자는 심판을 말한다. 이러한 곤경의 상황을 빠져나갈 길은 없으니, 앞쪽에도 뒤쪽에도 없다. 우리는 이런 고소 아래에 다만 철저히 머무를 수밖에 없다. 바로 여기 머물면서, 어떤 방법을 써서라도 이곳에서 벗어나려고 하지 않는 사람, 방금 기각된(3:5-8) "인간의 논리"의 궤변으로 어떻게든 벗어나려고 하지 않는 사람, 그 사람만이 신실하신 하나님을 찬양할 수 있다(3:1-4). |60|

"기록된 바." 그런데 이 모든 것이 완전히 새롭고 들어 본 적이 없는 말인가? 실망 끝에 도달한 체념인가? 염세적 열광주의인가? 풍요로운 인류의 삶에 대한 능욕인가? 역사와의 단절인가? 교만한 영지주의적 급진주의인가?[5] 그렇지 않다. 이런 듣고 싶지 않은 "고소"는 **이미 기록된 것**이며 "오래전에 선포"된 것(1:2)이다. 바로 이 **역사** 전체가 소리 높여 자기 자신을 고소한다. 바로 이 고발을 계속해서 흘려듣는다면 그것이 무슨 역사적 사고인가? 역사적으로 중요한 사람들, 고귀한 인물들, 진지하게 생각해 볼 만한 사람들, 예언자들, 시편 기자들, 철학자들, 교부들, 종교개혁자들, 시인들, 예술가들 가운데 어느 한 사람도 이 질문 앞에서 인간이 선하다고, 그에게 선한 능력이 있다고 말한 적이 있는가? 예컨대 "원죄" 교리는 다른 교리 옆에 있는 그저 **하나의** 교리에 불과한가? 이 교리는 정직한 모든 역사적 고찰에서 나온 **바로 그** 교리, 역사 속에 등장한 "교리들"이 궁극적으

5 이렇게 나열된 질문들은 『로마서』 제1판을 비판하며 제기된 문제점으로도 읽힐 수 있다. 이 책 90-109쪽.

로 소급되는 **바로 그** 교리(원죄의 근본적인 의미에서, 5:12), 하나의 교리 그 이상의 교리가 아닐까? 우리가 이 문제와 관련하여 성경, 아우구스티누스, 종교개혁자들과 "다른 견해"일 수 있는가? 역사는 무엇을 보여주며, 도대체 무엇을 (적극적으로든 소극적으로든) 가르쳐 주는가?

최소한 어떤 몇 사람들은 비교적 하나님을 닮지 않았는가? 아니다. "의인은 없나니 하나도 없으며."

우리 같은 사람에게도 본질적인 심오함이 있고 본질적인 삶의 경험이 있지 않은가? 아니다. "깨닫는 자도 없고." 진리를 증언하는 위대한 사람들이 보여주는 고요한 경건의 이미지, 혹은 하나님을 열렬히 찾는 감동적인 이미지, 예컨대 "기도"[6] 같은 것이 있지 않은가? 아니다. "하나님을 찾는 자도 없고."

이런저런 인물에게서, 또한 그들의 행동에서 나타나는 순수한 것, 건강한 것, 진정한 것, 독창적인 것, 묘하게 감동적인 것, 이상적인 것, 개성 있는 것, 사랑스러운 것, 재기 발랄한 것, 하늘을 휩쓸 듯이 거대한 것, 소박한 것, 건실한 것이 있지 않은가? 아니다. "다 치우쳐 함께 무익하게 되고 선을 행하는 자는 없나니 하나도 없도다."

그것도 아니라면, 어떤 모양으로든—종교적이든 세속적이든, 내적이든 외적이든, 의식적이든 무의식적이든, 능동적이든 수동적이든, 이론적이든 실제적이든—**그나마** 더 아름다운 인간적인 특성이나 성취가 있지 않을까? 아니다. "그들의 목구멍은 열린 무덤이요 그 혀로는 속임을 일삼으며 그 입술에는 독사의 독이 있고 그 입에는 저주와 악독이 가득하고." 결국 인간의 생각과 말이란 |61| 이런 것이다. "그 발은 피 흘리는 데 빠른지라. 파멸

6 하일러(Heiler)를 암시한다. Bw.Th.I, S. 367f., 387, 395.

과 고생이 그 길에 있어 평강의 길을 알지 못하였고." 인간의 행위와 공적에 관해서도 이것밖에 할 말이 없다.

"그들의 눈 앞에 하나님을 두려워함이 없느니라 함과 같으니라." 역사가 보여주는 것, 역사의 가르침이 바로 이것이다. 하나님을 두려워함 그 자체를 이 세상에서는 그야말로 볼 수도 없고 파악할 수도 없고 직접적인 의미에서 "현실적이지도" 않다. 하나님을 두려워함은 역사적으로나 정신적으로나 지각되지 않는다.nicht [f] 지각되는 것은 하나님을 두려워함이 절대 **아니다**. 성경에도 기록되어 있다. 욥 14:4, 시 14:1-3, 5:10, 140:4, 10:7, 사 59:7-8, 시 36:2. 그렇다면 이 모든 것을 기록한 사람들과 그들과 함께 생각하고 말했던 수많은 사람은 인간 안에 있는 긍정적인positive [g] 위대함을 못 본 것인가? 그렇지 않다! 그들은 그것을 부정하지는 않는다. 만일 그들이 이 세상에서 종교와 도덕과 문화의 고유한 가치와 의미를 평가하고자 했다면, 그들도 그런 위대함을 감사한 마음으로 인정하고 칭송했을 것이다. 그러나 그들의 주제, 곧 역사의 본질적인 주제는 인간 그 자체를 부정하거나 승인하는 것이 아니다. 사람이 자기가 **아닌** 존재, 곧 자신의 영원한 근원인 하나님과의 관계 속에서 겪게 되는 문제를 인식하는 것이야말로 그들의 주제다. 그래서 그들의 공격은 그토록 급진적이다! 이 급진성은 모든 종교와 도덕과 문화에서 이용되는 상대적 비판과는 본질적으로 무관하다. 그래서 상대적인 인정—모든 인간적인 것이 자신의 토대 위에서 요구할 수 있는 인정—에 [만족하며] 머무를 수 없다. 급진성의 불안은 일상의 불안 먼 배후에 있는 깊은 곳에서 나오기에 안정—인간의 일상은 전혀 알지 못하는 안정—을 향해 성큼성큼 나아간다. 급진성의 부정Nein이 이토록 포괄적인 것은, 이 부정이 너무나 포괄적인 긍정Ja에서 기원하기 때문이다. 이런 공격을 감행한 사람들의 본질은 비관주의도 아니요, 처절한 자학

도 아니다. 무조건 모든 것을 부정하는 데서 느끼는 황량한 기쁨도 아니다. 오히려 모든 환상에 대한 격렬한 혐오, 빈 모자들 앞에 [고개를] 숙이는 것[7]에 대한 가장 단호한 거부, 본질적인 것을 향한 저돌적이고 배타적인 바라봄, 하나님과 인간 사이의 실제 상황을 벗어나려는 모든 시도에 대한 포기, **절대적인** 진리—이 진리와 함께 모든 인간적인 인생관이 그치고, 이 진리와 함께 새롭게 시작할 수 있는 진리—를 제2의 혹은 제3의 진리와 혼동하는 것에 대한 확실한 진노일 것이다. 그들은 물질주의 세계관, 세속적 세계관, "회의주의적"[8] 세계관이 지닌 합당한 권리를 인정하지만, 마지막 것까지 포기함으로써 하나님 인식 자체로 나아가는 길, 그와 더불어 세상과 역사의 **영원한** 의미 인식으로 나아가는 길을 터놓는다. |62| 피조물을 부정하지 않고서는 창조주의 위치와 피조물의 **영원한** 의미를 결코 인식할 수 없다. 역사가 우리에게 말하는 것이 바로 **이것**이다.

19-20. 19 우리가 알거니와 무릇 율법이 말하는 바는 율법 아래에[율법과 더불어] **있는 자들에게 말하는 것이니 이는 모든 입을 막고 온 세상으로 하나님의 심판 아래에 있게 하려 함이라. 20 그러므로 율법의 행위로 그의 앞에 의롭다 하심을 얻을 육체가 없나니 율법으로는 죄를 깨달음이니라.**

"무릇 율법이 말하는 바는 율법 아래에[율법과 더불어] **있는 자들에게 말**

7 장대에 걸린 게슬러(Geßler)의 모자에 [고개] 숙이기를 거부하는 것을 암시한다. Fr. von Schiller, *Wilhelm Tell*[『빌헬름 텔』, 을유문화사], 3. Aufzug, 3. Szene, V. 1739-1741[바르트는 스위스 태생이며, 빌헬름 텔 이야기 또한 스위스 민중 봉기 이야기다.].

제대로 된 사람들은 모자 앞에 허리[고개]를 숙이느니
차라리 좀 멀긴 해도,
여기를 빙 돌아가거든.

8 Overbeck, Christentum und Kultur, S. 11("**회의주의**는 실제로" 역사 서술에 "어울리는 유일한 사유 방식"[이다]), S. 294-296(OWN 6/1, S. 43, 333-335).

하는 것이니." 율법과 더불어 좋은 관계를 맺고 있는 자들은 이상주의자들, **하나님** 체험이 있거나 그런 체험을 기억하고 있는 특혜자들이다(2:14, 3:2). **하나님**의 표명, **하나님**에 관한 암시가 그들의 계시 흔적이며 그들의 종교, 그들의 경건이다. 그들은 **방향이 정해진** 사람들, 곧 하나님 **쪽으로** 방향이 정해진 사람들이다. 또한 바로 그래서 하나님에 **의해** 방향이 정해진 사람들이다. 그들이야말로 하나님과 인간의 관계를 오해하기 힘든 사람들이다. 그들이야말로 잘못된 생각, 예컨대 그들과 같은 소수의 사람은 정신적·역사적으로 앞서 나간 사람들인지라 하나님 앞에서도 안전과 양해가 가능하리라(2:1)고 생각하는 잘못된 생각에 빠지기 힘든 사람들이다. 그들이야말로 "인간의 논리를 따라"(3:5) 하나님이 하나님이라는 사실을 제일 뒤흔들기 힘든 사람들이다. 그들이야말로 인간이 하나님을 통해 겪게 되는 긴장, 불안하게 만듦, 불안, 계속해서 바닥의 구멍이 커지고 의혹이 늘어남을 제일 피하기 힘든 사람들이다. 바로 그 믿음이야말로—만일 그것이 하나님에 대한 참된 믿음이라면—빈 공간이요, 우리가 결코 **될 수 없고 가질 수 없고 행할 수 없는** 그분, 곧 **세상도 아니고 인간도 아니신** (다만 예외가 있다면 우리가 지금 여기서 인간이요 세상이라고 부르는 모든 것의 지양, 구원, 부활의 때일 것이다) 그분 앞에 그저 엎드림이다. 우리는 율법과 종교와 경건의 음성을 방금(3:10-18) 들었다. 빈 수로는 물에 관해 말하지만 물은 그곳을 넘쳐 흐르지 **않는다**. 길 안내판은 목적지에 관해 말하지만 그것이 서 있는 자리는 목적지가 **아니다**. 찍힌 자국("모본", 2:20)은 인장 반지에 관해 말하지만, 그 반지는 찍힌 자국이 있는 곳에는 있지 **않고** 그저 음각[陰刻, Negativ]만 남는다. 역사 자체—인간의 "chronique scandaleuse"[수치스러운 연대기]가 아니라 최고 정점에 오른 역사라 해도—가 역사에 대한 고발이다.

"이는 모든 입을 막고 온 세상으로 하나님의 심판 아래에 있게 하려 함이라

[이는 모든 입이 막히고 온 세상이 하나님 앞에서 죄인이 되게 하려 함이라]." 유대인은 어떤 "나음"(3:1)을 **가지고 있다**. 그는 우리가 하나님에 관해 아무것도 알지 못함을 알고 있다. 눈으로 보지 못하고 귀로 |63| 듣지 못하고 사람의 마음으로 생각하지도 못한 것[고전 2:9] 앞에서 그는 멈출 수 있다. 그는 하나님을 두려워할 수 있다. 종교는 인간이 하나님을 향한 확신, 오직 하나님을 향한 확신 **외에는** 최후의 확신마저도 빼앗기게 되는 가능성이다. 경건은 우리가 생각하고 상상할 수 있는 최후의 토대마저도 우리 발밑에서 꺼져 버리게 되는 가능성이다. 역사의 결정, 바로 그 역사와 원만한 관계를 유지하던 사람들을 향한 결정으로 말미암아, 바로 그들은 마지막 것까지 포기할 수밖에 없는 상황에 처하게 되고, 결국 하나님 앞에서 입을 다물게 된다. 만일 이 가능성이 실현된다면, 만일 율법과 더불어 잘 지내는 자들이 율법의 말을 **듣는다면**, 오직 하나님만 옳다는 말을 듣는다면, 만일 그들의 종교가 자기 종교마저 지양하는 것이 된다면, 그들의 경건이 자기 경건마저 끊임없이 굴복시키는 것이 된다면, 그들의 정신적·역사적 높음이 모든 인간적 높음의 낮춰짐이 된다면, 바로 **그들의** 입으로 **모든** 독선적인 입, 승리를 확신하는 입, 여전히 어떤 진리를 선포하려고 의도하는 인간의 입이 막힌다면, 세상의 정점에 서서 방랑하는 **그들의** 인격 속에서 **온** 세상이 하나님 앞에서 죄인이 된다면, 그렇다면 그들의 특별함이 인정·확정·확인된다. 그때 역사의 영원한 의미가 드러난다. 그때 하나님께서 인간에 대한 자신의 신실하심을 주장하신다. 이 신실하심은 인간의 신실하지 못함으로 인해 흔들리지 않는 신실하심이다.

"**그러므로 율법의 행위로 그의 앞에 의롭다 하심을 얻을 육체가 없나니** [육체라 불리는 모든 것에게는 율법의 행위로 그의 앞에 의로움이 없나니]." "주의 종에게 심판을 행하지 마소서. 주의 눈 앞에는 의로운 인생이 하나도 없나

이다"(시 143:2). "진실로 그런 줄을 내가 알거니와 죽을 사람이 어찌 주님 앞에 의로우랴. 만일 사람이 그분과 함께 법정에 간다면, 그는 감히 서지도 못할 것이다. 왜냐하면, 그는 천 마디에 한 마디도 대답하지 못할 것이기 때문이다"(욥 9:2-3, 칠십인역). 그러므로 우리가 다시 기억하는 증언(3:10-18), 곧 역사에 **맞서는** 역사의 몇몇 증언을 일반화하는 것도 "오래 전에 선포"(1:2)되었으며, 우리가 그 증언에 부여한 근본적인 의미도 명백하게 선언되었다. "살아 있는 인생"(시 143[:2], [Luther-Bibel, 1892]), 마찬가지로 "죽을 인생"(욥 9장), 출생과 죽음 사이의 인간, 생존을 위한 투쟁에 붙들린 인간, 먹고 마시고 잠자고 장가 들고 시집 가는 인간[마 24:38 병행본문], 역사적이고 시간적이고 육체적인 인간 그 자체는 하나님 앞에서 의롭지 **않다**. 육체란 창조주 앞에서 피조물이 가진 철저한 불충분성이다. 육체란 부정함, 제자리를 맴도는 것, 오직 인간일 뿐이다. 육체란 검증되지 않은 세속성, 대체로 보아 검증될 수 없는 세속성이다. 육체라 불리는 모든 것은 |64| 하나님 앞에서 의로움이 없다. 하나님께서 인간의 마음에 새긴 "율법의 행위"(2:15)는 육체적 인간을 고발할 뿐 그를 변호하지 못하기 때문이다. 그것은 그에게 아무런 안전도 아무런 안심도 아무런 변명도 되지 못한다. 율법의 행위는 **그의** 의로움의 구축이 아니라 해체다. 율법의 행위는 **우리** 쪽에서 볼 때, 곧 육체적·인간적 영역에서 볼 때 부정일 뿐 어떤 긍정이 아니다. 그것은 언제나 **하나님** 편에서 볼 때 무언가 가치 있는 것, 소중한 것, 탁월한 것이다. 우리가 아는 **인간**에게는 아무런 지지대도 아무런 안식도 아무런 성과도 없다. 인간 본질 속 가장 은밀한 깊이에도 그 끝을 알 수 없는 심연에도 그런 것은 없다. 다만 **하나님**께서 "사람들의 은밀한 것"(2:16), 곧 사람에게서 오직 그분만이 알 수 있고 또 알고 계신 그것을 심판하신다. 인간의 모든 행적 가운데서 **자기**에게 도움이 될 만한 것으

로 내세울 수 있는 것은 하나도 없다. 오직 **하나님** 한분만이 모든 사람에게 "그 행한대로 보응"(2:6) 하신다. **인간**이 의롭고 가치 있다고 여기는 것이 사실은 육체에 불과하며 하나님 앞에서는 불의하고 무가치하다. 그러나 **하나님**께서 의롭다고 선언하신 것, 그리고 그분의 평가에 따라 "보응하신" 것은 그 자체로 육체가 아니며, 우리의 소유물도 아니며, 이 세상에서 크기와 무게로 인정받을 수 있는 어떤 것도 아니다. 오직 하나님만이 질문에 대한 답이다. 오직 하나님만이 창조주와 피조물의 간격durch Distanz h에서 우리에게 야기된 곤경에서 빠져나오게 하는 도움이다. 그러므로 다음과 같은 한탄은 아주 타당하다. "그러므로 내 심령이 속에서 상하며 내 마음이 내 속에서 참담하니이다. 내가 옛날을 기억하고 주의 모든 행하신 것을 읊조리며 주의 손이 행하는 일을 생각하고 주를 향하여 손을 펴고 내 영혼이 마른 땅 같이 주를 사모하나이다"(시 143:4-6). 다음의 탄식도 아주 타당하다. "그가 나를 지나시나 내가 그를 보지 못하며 그가 변화하시니 누가 그에게 되돌아오라고 말하며 무엇을 하시나이까 하고 누가 물을 수 있으랴. 그 앞에서는 하늘 아래 세력들이 굴복하겠거든 하물며 내가 누구이기에 그가 내게 귀 기울이고 내 말을 들으시랴. 가령 내가 의로울지라도 그는 내 말을 듣지 않으시리니 오직 나는 나를 심판하는 그분께 간구할 뿐이라. 가령 내가 그를 부르므로 그가 나를 들으셨을지라도 내 음성을 들으셨다고는 내가 믿을 수 없으니 그가 어둠 속에서 나를 만신창이로 만드시는가. 까닭 없이 온갖 상처로 나를 치시니 누가 그 이유를 알랴. 나를 숨 쉬지 못하게 하시며 괴로움을 내게 채우시는구나. 그가 내 힘보다 강하시니 누가 그분의 심판에 맞서겠느냐. 가령 내가 의로울지라도 내 자신의 입이 나를 경건하지 않은 자로 선언하며 내게 흠이 없을지라도 나의 거짓이 드러나며 내가 경건한 자라 해도 내 생명이 단번에 끝장나는 것을 내 영혼은 알지 못하노

라"(욥 9:11-21, 칠십인역). 그러므로 율법과 더불어 잘 지내는 사람, 종교와 경건을 진지하게 생각하는 사람은 이런 한탄과 탄식의 깊은 |65| 곳에서 자기 입장을 취해야 한다. "율법의 행위", 곧 인간이 진실로 하나님 안에서 행하는 그것이 자신의 변함없는 심판이라는 사실을 그는 알고 있다.

"율법으로는 죄를 깨달음이니라"[율법을 통해 이루어진 것은 결국 죄를 깨달음이니라]. 앞에서 우리는 "유대인의 나음이 무엇이며"라고 물었다(3:1). 이제 그 물음에 대한 답이 나왔다. 유대인에게는 나은 것이 있다. 그는 율법, 계시의 흔적, 체험, 종교, 경건, 깨달음, 전망, 성경적 태도를 가지고 있다. 율법을 가지고 있는 그들이 온갖 감상주의와 낭만주의에서 끄집어낼 수밖에 없었던 것, 그래서 창조주와 피조물 사이, 영혼과 육체 사이의 갈라진 협곡 사이로 가져올 수밖에 없었던 그것이 바로 율법이다. 율법은 그들을 고발하고 하나님 앞에서 그들이 죄인인 것을 선언한다. 율법은 그들에게서 그들의 모든 것을 앗아가고, 그들을 하나님의 은혜 혹은 노여움에 내맡긴다. 이런 일이 일어나면, 인간은 율법의 선고를 **듣는다**. 그래서 자신의 특별함, 자신의 특징, 체험, 경건 속에서 자기 자신을 이해하면, 그는 궁극적인 진리, 구속의 진리와 화해의 진리, 무덤 너머에 있는 진리를 듣게 된다. 이런 들음과 이해와 관련해 우리는 이렇게 말할 수 있다. 역사의 정점들이 있다. 역사의 정점은 역사가 자기를 넘어서는 무엇을 가리키는 곳에서 발견된다. 역사 **안에서** 어떤 낯선 것이 발생할 때, 역사에 **대한** 충격적인 놀람이 발생할 때 그 정점이 발견된다. 계시의 흔적은 영원한 실재**이며**, 그것은 흔적으로서는 아무것도 아니지만, 계시를 가리킬 때는 모든 것이다. 경건한 사람들의 간절한 기다림은 하나님 나라 안에 **있다**. 진정으로 그들이 오직 기다리는 사람일 때, 그 기다림의 경건함마저도 잊었을 때 그렇다. 모든 실제적인 것 안에는 영원한 내용이 **있는데**, 단순히 실제적인 모

든 것이 자신의 철저한 의문성Fragwürdigkeit의 증언이라는 한에서 그렇다. 모든 현존재와 존재 상태는 존재 그 자체에 참여하는데, 자신의 비존재가 인식되는 한에서 그렇다. 심판자 하나님을 바라보는 것이야말로 이편과 저편 사이에서 유일하게 긍정적인 관계를 드러낸다. 하나님과 세상 사이에서 이탈된 근본적인 간격을 인식할 때, 유일하게einzige i 가능한 하나님의 현재하심이 이 세상에Gottes in der j 드러난다. 그와 같은 근본적인 위기, 모든 것을 포괄하는 위기의 빛 속에서 비로소 하나님은 하나님으로 이해되며, 그분의 존귀와 위엄이 이해될 수 있기 때문이다. 이것이 유대인의 나음이며, 할례의 가치다. 하나님은 **알려지지 않은** 하나님으로 인식된다. 그분은 경건하지 아니한 자를 의롭다고 선포하시는 분(4:5), 죽은 자를 살리시며 없는 것을 있는 것으로 부르시는 분(4:17), 사람이 바랄 수 없는 중에 바라고 **믿을 수** 있는 분(4:18)이다. 만일 "유대인"이 이런 나은 가능성을 실현한다면, 만일 그가 자기 앞에 놓인 두 세계의 경계를 있는 그대로 인식한다면, 그는 자신의 |66| 나음을 기뻐할 수 있을 것이다. 그러나 이러한 실현과 인식은 아직 우리에게 알려진 가능성 너머에 있다. 그것은 가능하게 되어 가는 불가능한 것이다.

예수
3:21-26

21-22a. 21 **이제는 율법 외에 하나님의 한 의가 나타났으니 율법과 선지자들에게 증거를 받은 것이라.** 22 **곧 예수 그리스도를 믿음으로 말미암아 모든 믿는 자에게 미치는 하나님의 의니**[곧 예수 그리스도 안에서 모든 믿는 자를 위한 그분의 신실하심으로 말미암은 하나님의 의니].

"이제는." 우리는 시간·사물·인간의 세상이 포괄적이고도 불가항력적으로 해체되는 상황 앞에 서 있으며, 불현듯 뚫고 들어와 종말을 향해 내달리는 위기 앞에 서 있으며, 우월한 비존재가 모든 존재를 말아 올리는 상황 앞에 서 있다. 세상은 세상에 지나지 않는다. 이제 우리는 그것이 무엇을 의미하는지를 안다(1:18-3:20). 하지만 이 위기는 어디서 오는가? 이 위기의식, 그것을 다만 눈으로라도 파악할 수 있는 능력은 또한 어디서 오는가? 세상을 세상이라고 부를 가능성, 또한 이 세상을 저 알려지지 않은 다른 세상과 마주 세운 뒤 그것을 통해 제한할 가능성은 어디서 오는가? 시간을 시간으로, 사물을 사물로, 인간을 인간으로 부를 가능성, 그리고 어떤 불가피한 "그저 -일 뿐"nur과 함께 파악할 수 있는 가능성은 어디서 오는가? 모든 존재와 사건을 높이 평가할 가능성, 또한 그것을 사물성, 제약성, 상대성의 냉철한 사고로 평가할 가능성은 어디서 오는가? 이런 비판적인 사고는 어떤 우월한 높이로부터 오는 것일까? 우리가 다른 모든 것을 평가하는 기준으로 삼는 알려지지 않은 궁극적인 것에 대한 앎, 우리가 볼 수는 없지만 이미 확실히 우리를 심판하신 그 심판자에 대한 충격적인 앎은 어떤 깊이로부터 오는 것일까? 이 모든 '**어디서**?'Woher는 우리가 유래하는 한 지점을, 그리고 우리가 출발하는 전제를 빛의 형태로 되비쳐 주고 있다. **거기서**Dorther 우리와 이 세상은 관찰되고 제한되고 해체되고 둘둘 말리고 심판을 받는다. 그러나 **바로 그 특정한** 지점은 다른 여러 점 가운데 하나가 아니며, **바로 그 특정한** 전제는 다른 많은 전제 가운데 하나가 아니다. 그 근원이 말하기 시작하면, 곧 우리의 고향이 하늘과 땅의 주님[마 11:25 병행 본문] 곁에 있다는 사실을 다시 상기시키는 그 기억이 말하기 시작하면, 그때 하늘이 갈라지고 무덤이 열리며[마 27:52], 태양이 기브온 위에 머무르며 달은 아얄론 골짜기에 멈춰 선다[수 10:12]. 이런 비시간적

인 시간, 비공간적인 장소, 불가능한 가능성, 창조되지 않은 빛의 빛[9]을 가리키는 말이 "이제는" 이다. |67| 이 말을 근거로 위대한 전환, 가까이 다가온 하나님 나라, 부정 속의 긍정, 이 세상 속의 구원, 유죄판결 속의 무죄판결, 시간 속의 영원, 그리고 죽음 안의 생명에 관한 메시지가 성립된다. "또 내가 새 하늘과 새 땅을 보니 처음 하늘과 처음 땅이 없어졌고 바다도 다시 있지 않더라"[계 21:1]. 이제 **하나님**이 말씀하신다.

"율법 외에." 하나님이 말씀하신다는 사실, 우리가 하나님의 아시는 바 되어 그분이 우리와 세상을 그분의 빛 안에서 보신다는 사실, 이것이야말로 모든 종교, 모든 체험, 하나님을 향한 인간의 모든 태도 안에, 그리고 그것들 곁에 있는 어떤 다른 것, 독특한 것, 특별한 것, 새로운 것이다. 바로 이것이 인간의 모든 소유, 부분적인 소유, 혹은 무소유의 한가운데를 꿰뚫는다. 바로 이것이 모든 종교의 진리다. 그래서 그것은 종교의 현실과 일치하지 않는다. 그것은 모든 종교사와 교회사의 의미, 아니 모든 역사의 의미다. 그래서 역사의 한 부분이나 한 구간이 아니며, 역사 속의 한 역사도 아니다. (이것이 역사 속의 한 역사라면 모든 역사적인 사물이 처해 있는 의문성을 벗어나지 못한다.) 이것은 역사적·정신적 측면에서 볼 수 있게 된 계시의 흔적, 기도, (넓은 의미의) 믿음 등 모든 것의 근거다. 그래서 그것은 이것들과 어떤 경우에도 결코 하나로 합치되지 않는다. 그것은 눈에 보이는 다른 것들 곁에서 눈으로 볼 수 있는 모습으로 드러나지 않는다. 그것은 눈에는 보이지 않지만, 볼 수 있다. 하나님의 능력(1:16)인 하나님의 **음성**은 영원히 **하나님**의 음성이다. 모든 인간적인 음성 너머에 있는 하나님의 음성이

9 크리스티안 크놀 폰 로젠로트(Chr. Knorr von Rosenroth)의 찬송가 '영원의 아침 여명'(Morgenglanz der Ewigkeit)의 1절 가사. GERS(1891) 43; RG(1998) 572; EG 450.

아니라면, 그것은 하나님의 **능력**이 아닐 것이다. 하나님은 "율법"이 있는 곳에서 말씀하신다. 그러나 그분은 "율법"이 없는 곳에서도 말씀하신다. 그분은 "율법"이 있는 곳에서도 말씀하시는데, 이것은 "율법"이 있기 때문이 아니라 그분이 말씀하기를 **원하시기** 때문이다. 하나님은 **자유로우시다**.

"하나님의 한 의." 하나님은 스스로 **존재하는** 분이라고 말씀하신다. 그분은 인간과 세상을 인정하시고, 친히 그 세상을 받으시기를 중단하지 않으심으로써, 자신 앞에서 자신을 의롭게 하신다. 하나님의 진노하심도 하나님의 의다(1:18). 그것은 하나님의 '아니요'를 '아니요'로 들을 수밖에 없는 자들, 곧 믿지 않는 자들에게 나타나는 하나님의 의다. 그러나 하나님이 그 믿지 않음에 진노하시는 동안에도, 하나님이 인간에게 장벽을 쳐 놓으셨건만 인간이 무분별하게 달려들어 그 장벽에 부딪히는 동안에도, 인간이 이 세상의 하나님 곧 '거짓 신'에게 자기를 내맡기는 동안에도(1:22f.) 하나님은 변함없이 스스로 존재하시는 **그분**이시다. 그분은 세상의 창조주, 만물의 주님이시며, '예'이고 '아니요'가 아니시다. 하나님은 이와 같이 '예'를 밝히 말씀하신다. 그분은 자신의 요구를 관철하신다. 그것은 이 세상을 향한 지속적인, 결정적인, 최종적인, 결정적인 요구다. 우리 앞에 서 있는 장벽 저편에는 언제나 **그분이** 계신다. 바로 이것이 그분이 하시는 말씀의 내용이다. 그 말씀이 |68| 더욱 날카롭게, 도저히 극복할 수 없는 모습으로 우리의 의식 속에 들어오면 올수록, 그만큼 하나님은 우리와 더불어 **그분의** 정의와 나라에 관해 더더욱 분명하고 힘차게 말씀하고자 하신다. 모든 인간적인 것, 우리가 가진 모든 것, 우리의 선과 악, 우리의 믿음과 불신앙이 유리처럼 투명해질수록 그만큼 확실하게 우리는 우리의 본모습이 된다. 하나님이 보고 아시는 우리, 그분의 통치 영역 안에 있는 우리, 그분 권능의 역사하심 아래에 있는 우리가 된다. 하나님의 의는 '**그럼에**

도 불구하고!'Trotzdem 이시니, 그분은 바로 이것으로써 자신을 우리의 하나님으로 선언하시고 우리를 그분의 것으로 삼으신다. 하나님의 의는 파악할 수 없으며 근거가 없으며, 오직 자기 자신 안에, 오직 하나님 안에 토대를 두고 있다. 그래서 이 '그럼에도 불구하고'는 모든 '그렇기 때문에'Darum가 전혀 섞이지 않은 순전한 것이다. 왜냐하면 하나님의 뜻Gottes Wille은 어떤 "왜?"Warum도 알지 못하기 때문이다. 그분은 하나님이기 때문에 원하신다.will 하나님의 의는 **용서**다. 용서는 하나님과 인간 사이의 관계를 근본적으로 바꾸어 놓는다. 그것은 인간의 경건하지 않음과 불순종, 또 그것 때문에 이 세상이 하나님 앞에서 처한 상황이 그다지 심각한 문제가 아니라는 선언이며, 그 문제는 그분이 우리를 그분의 것이라 **부르셔서** 마침내 우리가 그분의 것이 **되는** 데 전혀 방해되지 못한다는 선언이다. 하나님의 의는 "[k]justitia forensis, justitia aliena[k]"[법정적인 의, 낯선 의][10]다. 재판관—자기 자신의 의 외에는 그 어떤 것에도 구속되지 않는 재판관—이 말한다. 그분이 그렇다고 **말하면** (다른 경우에는 그렇지 않지만) 정말 **그렇게 되는** 것이다. 그분은 원수인 우리를 마치 친구처럼 여기며 말을 건네신다. "우리는 우리의 의와 구원과 위로가 **우리 밖에** 있으며, 하나님 앞에서는 우리가 의롭고 즐겁고 거룩하고 지혜로우나 **우리 안에는** 오직 죄와 불의와 어리석음이 있다고 믿는다. 그러므로 이 사실은 하나의 고귀한 설교요 하늘의

10 종교개혁적 칭의론의 간단한 표어. *Apologia Confessionis Augustanae* IV, BSLK 219, 43-48, 51f. "Iustificare vero hoc loco [Röm. 5,1] forensi consuetudine significat reum absolvere et pronuntiare iustum, sed propter alienam iustitiam, videlicet Christi, quae aliena iustitia communicatur nobis per fidem. Itaque cum hoc loco iustitia nostra sit imputatio alienae iustitiae, aliter hic de iustitia loquendum est, quam cum in philosophia aut in foro quaerimus iustitiam proprii operis……. Sed quia iustitia Christi donatur nobis per fidem, ideo fides est iustitia in nobis imputative."

지혜다"(루터).[11] 하나님의 의는 우리가 막았던 **진리**(1:18)의 **자기해방**이며, 이 해방은 우리 쪽에서 그것을 위해 아무것도 할 수 없는 것, 생각도 할 수 없는 것이다. 그러므로 하나님의 의는 글자 그대로, 가장 엄밀한 의미에서 하나님의 나라, 하나님의 왕적인 능력의 전개, 기적, 그리고 부활이다. 하나님의 의는 허공에 서는 것으로서, 우리가 알고 있는 설 수 있는 모든 가능성 바깥에 있으며, 그곳은 오직 하나님, 하나님 자신, 오직 하나님에 의해 떠받쳐지는 곳이며, 은혜든 은혜가 아니든 [어쨌든] 그분의 손안이다. 이것이 하나님의 의, 하나님과 인간의 **긍정**의 관계이며 "우리는 하늘이나 땅이 무너지고es falle Himmel oder Erden 만물이 없어져도 이 조항에서 물러서거나nicht weichen 양보할 수 없다"(루터).[12] 대략 15만 년 동안이나 흘러내려 온 인간의 의문성[13]에 직면하여 어떤 **다른** 긍정의 관계를 염두에 둘 수 있는가? 예컨대 어떤 직접적인 관계, 역사적으로나 정신적으로 선명하게 눈에 띄는 관계를 관찰할 수 있는가? 유럽은 말할 것도 없고 아시아, 아프리카, 아메리카의 역사를 보더라도, 하나님 자신, 오직 하나님, 하나님의 긍휼하심 외에 **다른** 답을 찾을 수 있을까?

하나님이 의로우시다는 사실이 "나타났으니." |69| 이 대답, 곧 '하나님의 긍휼하심이 승리한다!'는 대답이 우리에게 **주어졌다**는 사실, 그리고 하

11 게오르크 뢰러(G. Rörer)가 편찬한 설교집의 마 18:21-35 설교. *Dr. Martin Luthers Sämtliche Schriften*, hrsg. von J.G. Walch, Bd. 13, Halle, 1743, Sp. 2185; Rörers Nachschrift WA 32,162,11-13. 바르트가 이 텍스트를 접한 것은 아마 다음의 문헌을 통해서였을 것이다. Chr.E. Luthardt, *Kompendium der Dogmatik*, Leipzig, 1873[4], S. 231. 바르트 소장본에 밑줄이 그어져 있다.

12 Luthers Vorrede zu den *Schmalkaldischen Artikeln*, BSLK 415, 21f.("es falle Himmel und Erden", "nichts weichen").

13 이 책 274쪽, 각주 23.

나님과 인간의 이런 긍정의 관계, 절대적으로 역설적인 관계가 **존재한다**는 사실이야말로 우리의 '어디서?'이자 우리의 '거기서!'이며 우리의 '이제는'이다. 이것이 여기서 두려움과 떨림으로, 그러나 회피할 수 없는 필연성의 압박 아래 선포되는 복음(1:1, 16)의 내용이다. 영원이 사건으로 나타났다. das Ewige als Ereignis l [14] 알려지지 않은 하나님, 하늘과 땅의 주님, 손으로 만든 성전에 거하지 아니하시는 분, 그 누구도 필요로 하지 않으시며 그 자체로 모두에게 생명과 호흡을 주시며 모든 것을 주시는 그 하나님을 인식한 것을 선포한다. 그분이 인간에게 주신 모든 것, 그것이 주어진 까닭은 사람들이 **그분**을 찾게 하려 함이니, 우리 가운데 모든 이에게 멀리 있지 않으신 **그분**, 우리가 그 안에서 살고 움직이고 존재하는 바로 **그분**, **우리가 살고 움직이고 존재하는 모든 것의 저편에서**, 인간이 타락하고 변질해도 신실하심을 지키시는 **그분**을 우리는 선포한다. 하나님의 성품은 인간에게 변함없이 신실하다. 그래서 그 신성은 인간이 창작하고 고안한 작품들과는 결코 비교할 수 없으며, 하나님께서는 [자신에 대해 사람들이] 무지했던 시간을 간과하셨지만, "이제는" 모든 곳에 있는 모든 사람에게 회개할 것을 알리신다는 사실을 우리는 선포한다. 하나님께서 인간 세상을 **그분**의 의로써 심판하시는 날이 다가왔음을(행 17:23-31) 우리는 선포한다! 하나님의 의가 계시되었다. 이제 우리는 그것을 고려하지 **않을** 수 없다. 우

14 요한 볼프강 폰 괴테, 『파우스트』 제2부, 제5막, 협곡(V. 12106-12109) 마지막 부분 "Chorus mysticus"[신비의 합창]을 암시한다.

> 충분하지 않은 것,
> 여기서 그것이 사건이 되고,
> 표현할 수 없는 것,
> 여기서 그것이 실행되나니…….

리는 주어진 것Gegebene을 앞서 주어진 것Vorhergegebene의 빛으로 보는 것 말고 **다르게** 볼 수 없다. 이제 우리는 이 [앞선] 전제Voraussetzung가 아닌 **다른** 어딘가에서 출발할 수 없다. 이제 우리는 우리 위에 놓인 '아니요'를 하나님의 '예'로 듣지 않을 수 없다. 인간적인 경건하지 않음과 불의의 음성을 이제는 하나님의 용서라는 더 깊은 음성에 의해 떠받쳐지는 것으로 듣지 않을 수 없다. 인간 반역의 외침을 이제는 신적인 '그럼에도 불구하고'의 고요한 조화에 묻혀 버리는 것으로 듣지 않을 수 없다. 다른 방법[으로 들을 수는] 없는가? 확실히 없다. 우리가 계시된 것을 믿는 한 다른 방법은 없다. 우리가 믿는 한, 우리는 인간이 하나님에 **의해** 지양된 것을 본다. 그래서 인간이 지양되어 하나님 **곁에** 있는 것을 본다. 우리는 인간이 하나님에 의해 제약되고 울타리 안에 갇힌 것을 본다. 그러나 바로 이와 같은 경계선 설정은 인간에게 가장 중요한 것이며, 궁극적으로 중요한 것이다. 우리는 인간이 심판받는 것을 본다. 그러나 이 심판으로 인간은 바른 자리를 되찾는다. 우리는 역사의 무의미 속에서 의미를 본다. 우리는 진리가 결박을 끊어 버리는 것을 본다. 우리는 인간에게서 "육체" 이상의 무엇을 본다. 우리는 구원이 돌입하는 것을 본다. 우리는 인간의 가장 높은 기대와 소망이 무너져 버린 곳에서도 하나님의 신실하심이 끈질기게 지속되는 것을 본다. 바로 이처럼 계시된 것, 나타난 것, 제시된 것, 그래서 우리가 본 |70| 것으로부터 우리는 유래한다. 그래서 우리는 이 계시된 것에 관해 바로 이처럼 말한다. 우리는 사람들의 관심을 이렇게 계시된 것으로—그들이 볼 수 있는 눈과 들을 수 있는 귀를 가지고 있다면—집중시키려 한다.

계시된 그것, 곧 하나님의 의는 "율법과 선지자들에게 증거를 받은 것이라." 이것은 "오래전에 선포하신"(1:2) 것이다. 아브라함은 하나님이 세상을 의로 심판하시는 날을 보았다[요 8:56]. 모세도 그것을 보았다. 예언자들과 욥과 시편 기자들도 그날을 보았다. 우리 주변에는 구름같이 허다한 증인들이 있으니[히 12:1], 그들은 모두 그날의 빛 속에 서 있었다. 왜냐하면 각 시대의 의미는 하나님과 가장 직접적이기[15] 때문이다. 하나님의 의는 **모든** 약속의 성취이고 **모든** 종교의 의미다. 그것은 **모든** 인간적인 소망, 갈망, 추구, 기다림에 대한 대답이다. 이것은 하나님의 의가 오직 소망 외에는 다른 아무것도 되지 않으려고 할 때, 그만큼 더 확실해진다. 하나님의 의는 **모든** 현존재와 존재 상태의 영원한 내용이며, 이것은 현존재와 존재 상태가 심판 아래, 그 '아니요' 아래 설 때 더욱 분명하게 드러난다. 하나님의 의는 **모든** 역사의 의미이며 역사가 자기 자신의 고소자가 됨으로 더욱 그러하다. 하나님의 의는 모든 피조물의 구원이며, 피조물이 자신의 적나라한 피조성을 깨닫고 자기 너머를 지시할 때 그만큼 더 확실해진다. 계시의 흔적이 있는 곳에는—그 흔적이 전혀 없는 데가 어디 있을까?—알려지지 않은 하나님을 가리키는 표시도 있다(행 17:22-23). 비록 그 흔적이 최악의 미신과 종교적 무지로 뒤덮여 있을지라도 말이다. "너희 시인 중 어떤 사람들"(행 17:28)이 **또한** 이것을 언급하지 않았던 그런 곳과 때가 있었을까? 체험이 있는 곳에는 가능한 인식의 증언도 있다. 우리가 선포하는 것은 새로운 것이 아니라 모든 옛것에 내재된 본질적인 진리, 곧 썩지 아니하는 것인데, 이 모든 비유는 모든 썩어질 것에 대한 것이다. 여기서 중요한 것은 그 증언들이 제시하는 바로 그것을 그 비유들이 말하고 있다는 사실이며, 눈은 이미 자기 앞에 있는 것을 보고, 귀는 자기에게 들려오는

15 L. von Ranke, *Weltgeschichte*, 9. Theil, 2. Abt., *Ueber die Epochen der neueren Geschichte. Vorträge dem Könige Maximilian II. von Bayern gehalten*, hrsg. von A. Dove, Leipzig, 1888, S. 5. "그러나 나의 주장은 다음과 같다. 모든 시대는 하나님과 직접적이며, 그 시대의 가치는 결코 그 시대에서 발생한 것에 기초하지 않고 오히려 그 시대의 존재 자체, 그 시대의 고유한 자신 안에 있다."

것을 듣고 있다는 사실이며, 하나님의 교회 안에서 언제 어디서나 모든 사람이 믿었던 그것을 사람들이 지금도 진실로 믿고 있다는[16] 사실, **바로 이 것**이 지금 우리에게 중요하다.

하나님의 의는 **"곧 예수 그리스도를 믿음으로 말미암아"**[곧 예수 그리스도 안에서……그분의 신실하심으로 말미암아] 계시된다. 하나님의 신실하심은 하나님의 끈질긴 지속성이며, 바로 그 끈질김 덕분에 역사 속에 흩어져 있는 수많은 지점에서 그분의 의로우심을 인식할 가능성, 기회, 증거가 언제나 새롭게 존재한다. 나사렛 예수는 그 많은 점 가운데 있는 한 점이지만, 다른 점은 바로 그 점을 통해an dem [m] 선으로 연결되는 맥락의 의미를 얻고, 그 한 점을 역사의 본래적 단서로 인식하게 된다는 것이다. 그리스도는 그와 같이 인식의 내용, 곧 하나님 자신의 의다. 하나님의 신실하심과 예수 그리스도는 서로를 통해 각자 확증한다. 다시 말해 **하나님의 신실하심**은 그리스도가 예수 안에서 우리와 |71| 만날 때 확증된다. **그래서** 우리는 충분하지 않은 모든 인간적인 것에도 불구하고, 하나님을 가리키는 이리저리 분산된 역사적 표시들 속에서 하나님을 향한 현실적인 가능성을 발견할 수 있다. **그래서** 우리는 세상적인 발자취 속에서도 세상의 우연성 이상의 '하나님의 [말씀] 공표'를 발견할 수 있다. **그래서** 우리는 시간 속에 있는 우리의 자리에서도 영원한 약속을 신뢰할 수 있는데, 이는 우리가 시간의 **어느** 자리, 현실의 어떤 지점에서 빛으로 가득한 시간, 빛으로 가득한 현실, 하나님의 응답, 다른 질서의 진리를 만날 때, 그 약속을 만나고 신뢰하기 때문

16 Vincenz von Lerinum, *Commonitorium* II, PL 50, 640. "In ipsa item Catholica Ecclesia magnopere curandum est ut id teneamus quod ubique, quod semper, quod ab omnibus creditum est. Hoc est etenim vere proprieque catholicum."

이다. 예수 그리스도의 날은 **모든** 날의 그날이다. 바로 이 점 하나가 비추는 눈에 보이는 빛, 사람들이 보게 된 빛은 모든 점에 감춰져 있었던 빛, 볼 수 없었던 빛이다. **여기서** 하나님의 의를 단 한 번 인식하는 것은 **모든** 순간과 **모든** 장소를 포괄하는 "의의 소망"(갈 5:5)이다. 그리스도로 인식된 예수는 **모든** 인간적인 기다림을 인정·확정·확인한다. 기다리는 것은 사람이 아니라 신실하신 하나님이다. 그리스도가 바로 그 소식이다. 우리가 바로 **나사렛 예수** 안에서 그리스도를 발견했다는 사실은, 하나님의 신실하심을 전하는 모든 소식이 결국에는 우리가 **예수** 안에서 만난 그것[그리스도!]을 가리키는 표지요 예언이라는 사실로 확증된다. 율법과 예언자들 안에 은폐되었던 능력은 **예수** 안에서 우리와 만나시는 그리스도다. 모든 종교의 의미는 구원, 시대의 전환, 부활, 곧 볼 수 없는 신적인 것인데, 바로 이것이 우리를 **예수** 안에서 멈춰 서게 한다. 모든 인간적인 사건의 실질적인 내용은 용서다. 그 모든 사건은 용서 아래 있으며, 용서는 바로 예수에 관하여 선포하며, 그분 안에서 체현되어 있다. 이 능력과 의미와 실체를 예수 이외에 다른 곳에서도 찾아볼 수 있다고 누군가가 우리에게 이의를 제기할 필요조차 없다. 우리의 존재 자체가 바로 그것을 주장하고 있기 때문이며, 또한 우리 자신이 그것을 주장**할 수 있기 때문이다**. 하나님을 어디서나 발견할 수 있다는 **사실**, 또 예수 이전이나 이후에도 인류는 하나님에 의해 발견된다는 **사실**, 하나님의 발견과 하나님에 의해 발견됨 자체를 인식할 수 있는 기준, 그 발견과 발견됨을 영원한 질서의 진리로 파악할 가능성, 이 모든 것이 예수 안에서 인식되고 발견된다. 많은 사람이 구원의 빛, 용서의 빛, 부활의 빛 속에서 살아가고 있다는 사실, 그들이 그렇게 살아가고 있음을 우리가 **본다**는 사실, 우리가 그것을 볼 수 있는 눈을 가지고 있다는 사실, 이 모든 것을 우리는 바로 그 **한분**의 덕택으로 돌린다. 그분의 빛 속에서 우리는 빛을 본다[시 36:9, 원서에는 36:10로 되어 있다]. 우리가 예수 안에서 발견한 것이 곧 **그리스도**라는 사실은 예수가 최종적인 말씀이라는 사실, 곧 율법과 예언자들이 증언한 하나님의 신실하심을 모두에게 설명하며 가장 예리하게 표현하는 최종적인 말씀이라는 사실에서 확증된다. 하나님의 신실하심은 그분이 인간의 가장 깊은 의문성과 어둠으로 들어오셨다는 것, 그리고 끝까지 거기 머무신다는 것이다. 예수의 삶은 신실하신 하나님의 뜻에 완전한 복종이다. [72] 그는 죄인의 모습으로 죄인들에게 다가선다. 그는 이 세상이 처해 있는 심판 아래 자리에 자기 자신을 전적으로 세우신다. 그는 하나님이 그저 하나님에 대한 질문으로만 존재하는 곳을 직접 찾아오신다. 그는 종의 형체를 취하신다[빌 2:7]. 그는 십자가를 지고 죽음으로 들어가신다. 높은 곳에서, 자기 길의 목표점에서 그는 순수하게 부정적인 형체이시다. 그는 결단코 천재가 아니시다. 그는 어떤 경우에도 명백히 드러난 혹은 신비롭게 감춰진 심리적 능력의 소유자가 아니시다. 그는 영웅도 지도자도 시인도 사상가도 결코 아니시다. 바로 이런 부정성("나의 하나님, 나의 하나님, 어찌하여 나를 버리셨나이까"[마 27:46 병행 본문]) 때문에, 그가 모든 천재적·심리적·영웅적·미학적·철학적 가능성, 어떤 식으로든 생각해 볼 수 있는 모든 인간적인 가능성을 어떤 불가능한 **'이상'**以上, Mehr에게, 보이지 않는 **'타자'**에게 **희생 제물로 바친다**는 바로 그 사실 때문에, 그는 자신을 넘어선 곳을 가리키는 모든 인간적인 발전 가능성, 곧 율법과 선지자들에게서 최고 수준에 도달했던 그 가능성의 성취자이시다. **그래서** 하나님은 그를 높이셨고[빌 2:9], **바로 그 점에서** 그는 그리스도로 인식되셨으며, **바로 그 점에서** 그는 모든 사람과 사물을 비추는 종말의 빛이 된다. 우리는 지옥의 심연에서도 살아 역사하는 하나님의 신실하심을 예수 안에서 본다. 바로 그 메시아는 인간의des n 종말이다. 거기서도, 아니 바로 거기서 하나님은 신실하시다. 그렇게 "지양된" 인간의 날과 함께 하나님의 의의 새로운 날이 동터 올 것이다.

"모든 믿는 자에게." 이것은 아주 결실이 많은 '그러나!'이다. 새로운 날을 보는 것은 지금도, 그리고 앞으로도 간접적이다. 예수 안에 나타난 계시는 역설적인 사실이지만 그 내용은 대단히 객관적이고 대단히 보편적이다. 하나님의 신실하심에 대한 약속이 예수 그리스도 안에서 성취되었다는 사실, 바로 그 예수가 모든 약속이 가리키는 그리스도라는 사실, 그리고 하나님의 신실하심이 그에게서 최종적인 은밀함과 가장 심오한 비밀로 나타나기 때문에 예수가 그리스도라는 사실, 이 모든 사실은 결코 자명한 것이 아니며 앞으로도 결코 그럴 수 없을 것이다. 그 모든 것은 정신적·역사적·우주적·본성적으로 주어진 것이 결코 아니며, 그것이 아무리 최고 수준이라 해도 마찬가지다. 이것은 직접적인 조사를 통해 접근할 수 있는 것이 아니며, 무의식을 해명한다거나[17] 신비주의적으로 기도에 침잠한다거나[18] 오컬트 정신력을 발전시키는 것[19]으로 결코 도달할 수 없다. 오히려 이 모든

17 당시 정신분석학에서 논의되던 무의식의 역할을 암시한다. 바르트는 카를 구스타프 융(Carl Gustav Jung)의 사촌 에발트 융 박사(Dr. Ewald Jung, 1879-1943)와 개인적으로 친분을 쌓으면서 이 논의에 대해 알게 되었다(Bw.Th.I, S. 26f., 38f.). 이 시기의 바르트와 정신분석학의 관계에 대해서는 W. Schildmann, *Karl Barths Träume. Zur verborgenen Psychodynamik seines Werkes*, Zürich, 2006, S. 9-15. 참조.

18 Heiler, S. 309-317. 에리카 슈판라인쉬(E. Spann-Rheinsch)의 시 '침잠'(Versenkung). ChW, Jg. 34(1920), Sp. 129.

19 이것은 아마도 루돌프 슈타이너(R Steiner, 1861-1925)의 인지학(Anthroposophie)과 관련이 있을 것 같다. 슈타이너에 따르면 사람은 자기 안에 잠재된 인식능력을 발전시키기만 하면 누구나 고차원적인 세상(höhere Welt)을 인식할 수 있으며, 방법론적으로 정확한 인도를 받아 한 단계 한 단계씩 올라간다고 한다. R. Steiner, *Wie erlangt man Erkenntnisse der höheren Welten?*, Berlin, 1904. 바르트는 무엇보다도 ChW를 통해서 인지학과 인지학의 영적인 특징들에 관한 정보를

시도 때문에 더욱 접근하기 어려워질 뿐이다. 이것[앞에서 언급한 그리스도론적 내용]은 전달하거나 가르치거나 연구해서 획득할 수 있는 것이 아니다. 만일 그런 것이라면 그것은 보편적으로 적용될 수 있는 것도 아니요, 이 세상을 위한 하나님의 의도 아니요, 모든 사람을 위한 구원도 아닐 것이다. 오히려 믿음은 돌이킴이며 급진적인 새로운 설정이다. 적나라한 모습으로 하나님 앞에 서 있는 사람, 최고의 진주를 얻기 위해 가난해진 사람[마 13:45-46], 예수를 위해 자기 목숨을 버리는 사람[마 16:25 병행 본문]의 모습이다. 믿음은 그 자체가 하나님의 신실하심이고, 하나님에 대한 모든 인간적인 긍정, 생각, 업적 뒤에, 그리고 위에 언제나 |73| 숨겨진 채로 남아 있는 것이다. 그래서 믿음은 결코 완성된 것이 아니고 주어진 것도 아니고 보증된 것도 아니다. 심리학적으로 보자면 믿음은 언제나 새롭게 불확실하고 어두운 곳으로 뛰어드는 것, 허공으로 뛰어드는 것이다. 혈육은 **그것**을 우리에게 계시하지 못하며(마 16:17), 그 누구도 그것을 다른 사람에게 말하지 못하며, 스스로 말할 수도 없다. 내가 어제 들었던 바로 그것을 오늘 새롭게 들어야 하며, 내일도 또다시 새롭게 듣지 않을 수 없는데, 그때 계시하시는 분은 하늘에 계신 예수의 아버지, 오직 그분이다. 예

얻게 되었을 것이다. ChW, Jg. 31(1917), Sp. 603-607, 619-622, 634-638(Fr. Rittelmeyer), Jg. 32(1918), Sp. 18-24, 34-36, 58-60(Joh. Müller), Sp. 195-200, 213-219(Fr. Rittelmeyer), Sp. 455-459(Chr. Geyer), Jg. 34(1920), Sp. 165-170(W. Bruhn). 바르트는 새로 알게 된 친구 게오르크 메르츠(G. Merz)를 통해서도 인지학에 관한 전반적인 정보를 얻었다. 바르트가 투르나이젠에게 쓴 1920년 2월 19일 편지. "**메르츠** 씨는 아주 대단하더군. 나보다 로마서를 더 잘 알고 있어. 그는 리텔마이어와 어울렸고 그래서 아직은 그의 성향이 남아 있어." 리텔마이어(Fr. Rittelmeyer) 목사(1872-1938)는 인지학에 가담했고 1922년에는 "그리스도인 공동체"(Christengemeinschaft)[루돌프 슈타이너에 영감을 받은 루터교 신학자와 목회자들이 주축이 되어 1922년 스위스에서 창설된 기독교 교파의 하나다]의 공동 창설자가 되었다.

수 안의 계시는 하나님의 의로우심의 계시인 터라 우리가 생각할 수 있는 가장 강력한 은폐와 은닉, 곧 하나님의 은폐와 은닉이다. 예수 안에서 하나님은 참으로 비밀이 되시며, 알려지지 않은 분으로서 자기를 알리시며, 영원히 침묵하시는 분으로서 말씀하신다. 예수 안에서 하나님은 모든 허물없는 친밀함과 모든 종교적 뻔뻔함을 거부하신다. 예수 안에서 하나님은 유대인에게는 거리끼는 것이요, 이방인에게는 미련한 것이다[고전 1:23]. 예수 안에서 전달되는 하나님의 메시지는 밀쳐냄, 입 벌린 심연을 열어젖힘, 가장 강력한 거리낌을 의도적인 드러냄과 더불어 시작된다. "그러나—그리스도교 세계가 저지른 식으로—그 실족[거리낌]의 가능성을 제거해 보라. 그러면 그리스도교의 모든 것이 직접적인 전달이 되고, 결국 그리스도교는 말살되고 말 것이다. 뒤에 남는 껍질은 값싸고 천박한 물건이어서 철저하게 상처를 주지도 못하고, 또 철저하게 고치지도 못한다. 여기서 그리스도교라고 불리는 것은, 하나님과 사람 사이에 엄존하는 무한한 질적인 거리를 잊어버리고, 단순한 인간적인 동정심만을 휘두르는 거짓 고안에 지나지 않는다"(키르케고르).[20] [이에 비해] 예수를 믿는 믿음은 급진적인 '그럼에도 불구하고'이다. 이것은 믿음의 내용, 곧 하나님의 의가 급진적인 '그럼에도 불구하고'인 것과 마찬가지다. 예수를 믿는 믿음은 한 번도 들어 본 적이 없는 것, 철저하게 "사랑 없는" 하나님의 사랑을 느끼고 이해하는 것. 언제나 불쾌하고 언짢은 하나님의 뜻을 행하는 것이며, 철저한 비가시성과 은폐성 가운데 있는 하나님을 하나님이라고 부르는 것이다. 예수를 믿는다는 것은 모험 중에서도 최고의 모험이다. 이러한 '그럼에도 불구하고', 이러한 들어 보지 못한 것, 이러한 모험이 바로 우리가 제시하는 길

20 Kierkegaard, Einübung, S. 126 (SKS 12, S. 143, 『그리스도교의 훈련』, 다산글방).

이다. 우리가 요구하는 것은 [바로 그와 같은] 믿음이다. 그 이상도 그 이하도 아니다. 우리는 우리의 이름이 아니라 예수의 이름으로 그 믿음을 요구하는데, 우리 자신도 그 이름 안에서 도저히 벗어날 수 없는 방식으로 그 요구와 만난다. 우리는 우리의 믿음에 대한 믿음을 요구하는 것이 아니다. 우리의 믿음 가운데서도 우리 자신에게서 나온 것은 믿을 만하지 않다는 것을 우리가 잘 알기 때문이다. 우리는 우리의 믿음을 다른 사람에게 요구하지도 않는다. 그들도 일단 믿게 되면—우리와 마찬가지로—스스로 책임을 지고 스스로 약속을 바라보며 믿기 때문이다. 우리가 요구하는 것은 예수 그리스도를 향한 믿음이다. 우리는 그것을 모든 사람에게, 지금 여기 있는 모든 연령대의 사람에게 요구한다. 이 믿음을 갖기 전에 충족되어야 할 |74| [어떤] 인간적인(예컨대 교육학적인, 지적인, 경제적인, 심리학적인) 전제 조건은 없으며, 어떤 보조적인 안내나 구원의 길과 같은 것도 전혀 없다. 또한 그 믿음에 이르기 위해 우선 이수해야 할 단계도 없다. 믿음은 언제나 최초의 것, 전제, [자체] 근거이다. 유대인이나 헬라인이나, 어린이나 백발의 노인이나, 배운 사람이나 못 배운 사람이나, 단순한 사람이나 복잡한 사람이나, 누구나 믿을 수 있다. 폭풍 속에 있든지 고요함 속에 있든지, 인간이 생각할 수 있는 여러 단계 중에서 어떤 단계에 있든지, 누구나 다 믿을 수 있다. 믿음의 요구는 종교와 도덕과 삶의 태도와 경험과 깨달음과 사회적 지위의 모든 차이를 가로지른다. 믿음은 모든 사람에게 똑같이 쉽고 똑같이 어렵다. 믿음은 언제나 똑같이 '그럼에도 불구하고'이다. 누구에게나 똑같이 한 번도 들어 보지 못한 것, 누구에게나 똑같은 모험이다. 믿음은 그 누구에게도 똑같은 당황스러움이요 똑같은 약속이다. 믿음은 그 누구에게나 똑같이 허공으로 뛰어드는 것이다. 그것은 모든 사람에게 똑같이 불가능하므로 모든 사람에게 가능하다.

22b-24. 22b 차별이 없느니라. 23 모든 사람이 죄를 범하였으매 하나님의 영광에 이르지 못하더니 24 그리스도 예수 안에 있는 속량으로 말미암아 하나님의 은혜로 값 없이 의롭다[선언] **하심을 얻은 자 되었느니라.**

"명심하라. 이 구절이 이 편지와 성경 전체의 핵심이요 중심이다"(루터).[21]

"차별이 없느니라." 하나님의 의의 현실성은 그것의 보편성에서 확증된다. 오직 은혜를 신뢰할 수 있는 용기를 예수에게서 얻은 바울이 또다시 예수에게서 모든 인간의 차이를 깨뜨리는 하나님의 능력을 보고 있는 것은 결코 우연이 아니다. 그가 이쪽에서 하나님의 그 능력을 보았기에 저쪽에서 용기를 얻을 수 있었다. 그는 이방인의 사도이기 때문에 하나님 나라의 예언자다. 이것은 훗날 이러한 맥락이 불분명해지면서 "선교"라고 부르게 된 것과 반대 순서다. 바울의 선교는 차이를 만드는 것이 아니라 모든 차이를 허무는 선교다. 모든 단계의 인간들이 나란히 서게 될 때, 가장 높은 단계에 있는 사람들이 "인간 최고의 능력으로 모든 동시대인의 고통을 함께 아파하며 그 짐을 지는 것"(프라이스베르크)[22] 외에는 다른 것을 바라지 않을 때, 종교적으로 부요한 사람들이 자신의 부요함을 생각하지 않고 (그것을 나눠 준다는 명목으로라도 그러지 않고!) 그저 가난한 자로서 가난

21 Eberle, S. 83. 바르트 소장본에 밑줄이 그어져 있다. Marginalie Luthers zur Übersetzung von Röm. 3,23, WA.DB 7,38f.

22 사무엘 프라이스베르크(S. Preiswerk)의 찬송가 '흩어져 여기저기 떨어져서'(Zerstreut und mannigfach geschieden) 5절. *Evangelischer Liederkranz aus älterer und neuerer Zeit*, Basel, 1844, S. 155f. Nr. 124. 가사는 다음과 같다.

> 우리 이 세상의 소금 되어
> 인간의 첫 능력으로
> 모든 동시대인의 고통을 함께하며
> 그 짐을 지세.

한 자들의 형제가 될 때, 오직 거기서만 하나님이 인식된다. 하나님의 긍휼하심, 곧 [모든 차이를] 지양하며 [그 짐을] 지시는 긍휼하심도 오직 가장 현실적인 공동체의 깊은 곳에서만 참이다. 기도하는 바리새인[눅 18:11-12]도 선교사가 될 수야 있겠지만 하나님 나라의 선교사는 될 수 없다. (사람과 사람 사이의) 익숙지 않은 **연합**이야말로 |75| 익숙지 않은 (하나님과 사람 사이의) **분리** 곧 하나님의 의가 인식되는 그 유익한 분리를 분명하고 확실하게 보여주는 것이다. 다음의 모든 것은 필수적이다. 역설은 절대적인 것이 되어야 하고, 하나님과 인간 사이의 [은폐된] 심연은 온전히 열어젖혀야 하고, 거리낌도 온전히 주어져야 한다. 그리스도교는 온전히 있는 그대로, 다시 말해 "역사 속의 모든 것을 의문으로 제기하는 문제, 근본적으로는 수수께끼 같은 본성을 지닌 문제"(오버베크)[23]로 확실하게 제시되어야 한다. 그러나 [그럼에도 불구하고] 그 역설을 피해 가는 인간적인 가능성 일부가 아직 남아 있을 수 있다. 그것은 어떤 초현실적인 것, 환상적인 것, 단순히 종교적인 것, 체험적인 것, 도덕적인 것, 지성적인 것 등이다. 어떤 부류의 사람들이 다른 부류의 사람들 앞에서 누리는 더 나은 존재와 소유의 광기가 온전히 끊어지지 않는 한, 그런 것들은 유일하게 확실히 구원하시는 하나님의 긍휼이 아닐 것이다. 그러므로 우리는 "차별이 없느니라!"는 말씀을 들어야 한다. 듣고 또 들어야 한다. **오직** 믿음이 **모든** 사람을 향한 요청이며, **모든** 사람이 갈 수 있는—그럼에도 불구하고 갈 수 없는—길이다. 하나님의 비가시성 앞에서 **모든** 육체는 잠잠해야 한다. 그래야 모든 육체

23 Overbeck, Christentum und Kultur, S. 7(OWN 6/1, S. 39). "사실 그리스도교를 역사에 종속시키려는 근대의 시도는 이런 질문만을 촉발했다. 과연 인간의 역사 속에는 하나의 수수께끼 이상의 어떤 것이 있을까? 다시 말해, 역사 속에서 모든 것을 의문시하는 근본적으로 수수께끼의 성격을 가진 문제 말고 또 무엇이 있을까?"

가 하나님의 구원하심을 보게 될 것이다[눅 3:6].

"모든 사람이 죄를 범하였으매 하나님의 영광에 이르지 못하더니." 이와 같은 [죄의] 깨달음 속에서 모든 차이의 해체와 지양, 익숙지 않은 분리를 확증하는 익숙지 않은 것들의 연합이 발생한다. 인간적으로 긍정적인 어떤 것이 우리의 상호 연대의 기초가 될 수는 없다. 왜냐하면 인간적으로 긍정적인 모든 것("종교적 소질", "도덕적 의식", "휴머니티") 안에는 언제나 사회 붕괴의 싹이 잠재되어 있기 때문이다. 그런 긍정적인 것 안에 있는 어떤 긍정적인 것은 무언가 차별화된 것, 차별성의 원인이 되는 것이다. 하지만 인간들 사이의 진정한 교제Gemeinschaft는 부정적인 것 안에서, 다시 말해 그들에게 없는 어떤 것 안에서 일어난다. 말하자면 우리는 우리 자신을 죄인으로 인식할 때 비로소 서로를 형제로 인식한다. 우리가 다른 사람과 더불어 (혹은 그 사람들 없이, 왜냐하면 우리가 그들을 기다릴 필요는 없으니까!) 우리의 모든 존재와 소유 너머에 있는 것을 향해 손을 내뻗으며 우리 자신의 근본적인 의문성을 파악할 때, 오직 그때 우리와 그들의 연대는 확고한 기반을 갖게 된다. **"하나님의 영광에 이르지 못하더니."** "Gloria divinitas conspicua"[하나님의 영광은 하나님을 볼 수 있음](벵겔 Bengel)[24]이다. 이렇듯 '볼 수 있음'[명시성]Anschaulichkeit이 우리에게는 없다. 그런데 이것이 우리를 하나로 묶어 준다. 모든 높은 사람들은 아래로 내려와야 한다. 진작부터 저 아래에 있는 사람들은 행복하다. 왜냐하면 하나님을 눈으로 볼 수 없는 그곳에서 믿음의 질문이 제기되기 때문이다("보지 못하고 믿는"[요 20:29]). 그때 시야에 들어오는 유일한 구원, 곧 용서가 거기서 의미심장한 가능성이 된다. 이런 인식은 비관주의, 통한의 후회, 비통한 죄의식, |76| "죽음의 설교자들"

24 Bengel, Bd. I, S. 517(행 7:2). "*Gloria*, divinitas conspicua."

의 "짙은 우울"(니체)[25], 오리엔트의 자학[26]과 그리스적 명랑함의 대조와는 전혀 관계가 없다. 어떤 사람들은 그 인식을 디오니소스적 열광주의로 파악하려고 할 수도 있다. 만일 그 인식이 **이도 저도 아니라면**, 만일 그것의 '아니요'가 삶에 대한 최고의 부정과 최고의 긍정 둘 다를 겨냥한 **결정적인** '아니요'가 아니라면, 만일 그것이 유대인과 헬라인을 똑같은 **하나의** 심판에 굴복시키는 것이 아니라면, 그럴 수도 있다. 그러나 그 인식은 무엇보다 우리의 가장 깊은 최종적인 결핍에 대한 인식으로서 (우리의 긍정과 우리의 부정에 내재된 우리의 결핍!) 참된 인간성에 대한 인식, 저편에 있는 본래적인 인간성에 대한 인식이다. 이 **순수한** 인간성 속에서 인간은 하나님의 긍휼하신 손 안에 있다.

"하나님의 은혜로 값 없이 의롭다[선언] 하심을 얻은 자 되었느니라." 만일 우리가 심판자의 말씀 외에 다른 말을 들을 수 없다면, 자신의 뜻을 관철하시며 만물을 붙드시는(히 1:3) 그 심판자의 말씀만 듣는다면, 또한 우리의 들음이 하나님을 믿는 믿음Glauben ◦ 외의 다른 어떤 것이 **될 수** 없다면, 또한 그분이 계시기 **때문에** 그분이 계신다는 **사실**을 믿을 수 있는 바로 그 믿음이라면, 그것은 우리가 실제로 하나님 앞에 서 있다는 사실이 우리에게 보증한다. 그러나 이 믿음 외에 다른 동기가 작동하고 있다면, 우리는 하나님 앞에 선 것이 아니다. 바로 그렇기 때문에 우리는 우리 인간들 사

25 니체, 『자라투스트라는 이렇게 말했다』, "죽음의 설교자들에 관해"Von den Predigern des Todes, NW, S. 64(NWKG, S. 52, Z. 1-3). "짙은 우울에 싸여, 죽음을 가져오는 작은 우연을 갈구하며, 그들은 그렇게 기다리면서 이를 악문다."

26 니체, 『자라투스트라는 이렇게 말했다』, "죽음의 설교자들에 관해"Von den Predigern des Todes, NW, S. 63(NWKG, S. 51, Z. 9-11). "그 끔찍한 사람들은 자기 속에 맹수를 지니고 다니며, 욕망 혹은 자학 외에는 다른 선택이 없다."

이에 있는 모든 차이 이전으로 되돌아가야 했다. **하나님**이 "선언하신다." 인간의 모든 의와 불의 너머에, 그 뒤에 있는 그분 **자신**의 의를 그분이 선언하신다. 그분이 우리를 인정하신다고, 우리가 그분의 것이라고 선언하신다. 그분의 원수였던 우리가 그분의 사랑받는 자녀라고 선언하신다. 하늘과 땅을 대대적으로 새롭게 하여[벧후 3:13] 자신의 의를 세우시겠다고 선언하신다. 이 선언은 재판관의 판결문이요, 이유와 조건이 없는 판결이요, 오직 하나님 자신만이 근거가 되는 판결문, 곧 "creatio ex nihilo"[무로부터 창조]다. 그렇다. 이것은 창조다. 어떤 것이 창조되었다. 우리 안에, 이 세상 안에 현실적인 하나님의 의가 창조된 것이다. 하나님이 말씀하시면 그대로 이루어지기 때문이다[시 33:9]. 그러나 이 창조는 **새** 창조다. 이것은 그저 과거의 "창조적인 진화"[27]—지금 우리가 그 안에 있고 우리 삶의 마지막까지 그 안에 있게 될 발전—의 새로운 발발, 새로운 부어짐, 새로운 전개의 차원이 아니다. 옛 창조와 새 창조 사이에는 언제나 우리 날들의 종말, 이 세상과 이 세상 인간의 종말이 있다. 하나님이 [새롭게] 창조하신 "어떤 것"Etwas은 우리가 알고 있던 모든 것과는 다른 질서, 영원한 질서에 속하며, 우리가 알고 있던 어떤 것에서 유래하지 않으며, 그 곁에 서지 않는다. 오히려 그 밖의 "어떤 것" 곁에 언제나 함께 있는 것은 '무'無, Nichts다. 혈과 육은 하나님 나라를 유업으로 받지 못한다. **이** 썩을 것이 반드시 썩지 아니할 것을 입고, **이** 죽을 것이 죽지 아니함을 입어야 한다. |77| 이와 같은 "옷 입음"은 인간의 일이 아니라 하나님의 역사이기 때문에, 죽을 것과 썩

27 아마도 앙리 베르그송(Henri Bergson)의 *L'Evolution créatrice*(1907)를 암시한다. 『창조적 진화』(아카넷)에서 이 철학자는 인생을 항상 새로운 차이의 형태를 지닌 하나의 창조적인 과정으로 해석한다.

어질 것은 급진적이고 질적인 전환과 변화, 곧 죽은 자의 부활을 **기대한다**(고전 15:50-57). "우리는 새 하늘과 새 땅을 **기다린다**"[벧후 3:13]. 그러므로 우리 안에 있고 이 세상 안에 있는 하나님의 의는 인간적인 의가 아니며, 다른 인간적인 의와 각축을 벌이지 않는다. 오히려 "너희 생명이 그리스도와 함께 하나님 안에 감추어졌음이라"(골 3:3). 그렇게 감추어지지 않으면 그것은 생명이 아니다! 하나님 나라는 이 땅 위에서 "시작된 것"이 아니다. 부분적으로라도 조금도 시작되지 않았으며 **통고**되긴 했으나 "온 것"은 아니다. 아무리 세련된 형태를 갖추었다고 해도 아직 "도래"한 것이 아니라 단지 **가까이 왔을 뿐이다**[마 4:17 병행 본문]. 하나님 나라는 예수 그리스도 안에 있는 하나님의 계시를 통해 **반드시 제대로** 믿어져야 한다. 왜냐하면 하나님 나라는 ¶옛것의 지속이 아니라 **새** 세상으로ist es als *neue* Welt, nicht als Fortsetzung der alten ¶ 통고되었고 가까이 다가왔기 때문이다. "우리의" 의는 지금이나 앞으로나 오직 **하나님의** 의로서 현실적이다. 새 세상은 지금이나 앞으로나 오직 저 **영원한** 세상이다. 우리는 그 세상이 비추는 빛의 반사를 지금 여기서 느끼고 있다. 진리는 지금이나 앞으로나 오직 ("위로부터 수직으로" 돌입하는) **기적**으로 우리를 향한 하나님의 긍휼하심이다. 그 긍휼하심의 역사적·정신적 측면은 언제나 비진리다. 우리가 하나님 말씀의 실현을 믿음으로 **기다리는** 한, 우리가 하나님 앞에서 그리고 하나님으로부터 의로워진다는 선언이 오직 "그분의 은혜로 값 없이" 내려진다는 것을 우리가 늘 새롭게 깨닫는 한, 우리는 현실적으로 하나님 앞에 서 있다. 은혜는 우리를 받아 주시려는 하나님의 선하고 자유로운 의지이고, 그럴 수밖에 없는 필연성이다. 이것은 오직 그분으로부터만 존재할 수 있는besteht r 필연성이다. 하나님은 마음이 청결하지만 하나님의 영광에는 이르지 못하는 사람에게 이렇게 약속하신다. 그들이 나를 얼굴과 얼굴을 맞대고 보리라![마 5:8,

출 33:11, 신 34:10, 고전 13:12] 그분이 **반드시** 이렇게 약속하신다는 사실, 진리를 막는 사람들에게 있던 진리의 결박이 **반드시** 찢긴다[zerreißen s]는 사실, 하나님이—그분이 하나님이시기 때문에, 오직 그 때문에—우리 쪽의 개입 없이 자신의 신실하심을 지키고 그것을 **반드시** 증명하신다는 사실, 바로 이것이 은혜의 절대적인 우월성이다. 은혜는 **이 세상** 사람 안에 있는 어떤 심리적인 힘도, **이 세상** 자연 안에 있는 물리적인 힘도, **이 세상** 안에 있는 우주적인 힘도 아니다. 은혜는 지금도 앞으로도 언제나 하나님의 능력(1:16)이며, **새로운** 인간과 **새로운** 자연과 **새로운** 세상, 곧 **하나님** 나라를 통고함이다. 은혜는 이 세상에서 보면 언제나 부정적이고 눈에 보이지도 않고 감추어진 것이며, 이 세상의 멸망[요일 2:17]과 만물의 종말[벧전 4:7]을 선언하는 충격적이고 불안한 것, 이편에 있는 모든 것을 철저히 무너뜨리는 것이다. 이 은혜가 순전한 예[Ja]·구원·위로·재건이라는 사실, 우리의 겉사람은 낡아지나 우리의 속사람은 날로 새로워진다[고후 4:16]는 사실, 이 모든 것이 모든 날 중 그날에 하나님의 |78| 창조의 말씀을 통해서 참이 된다. 우리는 예수 안에서 통고된 성취의 날의 관점에서 하나님의 창조의 말씀을 바라보며 이 모든 사실을 믿어야 한다.

이는 그 창조의 말씀이 "그리스도 예수 안에 있는 속량으로 말미암아" 선포되었기 때문이다. 그리스도 예수 안에는 무엇이 있는가? 경악을 불러일으키는 일, 곧 역사 **속에서** 이 역사가 지양되고, 만물의 익숙한 맥락 **속에서** 이 맥락이 산산조각이 나고, 시간 **속에서** 이 시간이 멈춰 서는 일이 일어난다. "**당신의** 이름이 거룩히 여김을 받으시오며 **당신의** 나라가 임하시오며 **당신의** 뜻이 하늘에서 이루어진 것같이 땅에서도 이루어지이다!"[마 6:9-10 병행 본문] 인자는 이 세상 인간의 죽음을 선포하고 하나님이 처음이요 나중이라고 선포한다. 그러자 메아리가 대답한다. 이 메아리는 그가 선포한 것에 대한 확실한 증언이다. "그 가르치시는 것이 권위 있는 자와 같고"[마 7:29 병행 본문]. "이는 그가 미쳤다 함일러라"[막 3:21]. "어떤 사람은 아니라 무리를 미혹한다 하나"[요 7:12]. "세리와 죄인의 친구로다"[마 11:19 병행 본문]. 물론 나사렛 예수는 여러 다른 가능성 가운데 한 가능성이다. "그리스도도 육신을 따라 알았으나"[고후 5:16]. 그러나 불가능한 것의 모든 징후를 자기 안에 지닌 **바로 그** 가능성이기도 하다. 물론 그의 삶은 역사 속 하나의 역사이며, 사물들 속에서 사물적이며, 시간 속에서 시간적이며, 인류 속에서 인간적이다. 그러나 의미로 가득한 역사, 근원과 종말에 대한 표지로 가득한 사물성, 영원의 기억으로 가득한 시간, 말씀하시는 신성으로 가득한 인간성이다. 이 세상에 속한 바로 이와 같은 한 조각의 세상성 속에서(볼 수 있는 눈과 들을 수 있는 귀 앞에서! [마 13:13 병행 본문]) 어떤 것이 이 세상으로부터 분리되어 나온다. 그것이 세상에 새로운 빛을 주며 한밤의 어둠 속에서도 빛을 발한다.[28] 그것은 바로—지극히 높은 곳에서는 하나님께 영광이요 땅에서는 하나님이 기뻐하신 사람들 중에 평화로다![눅 2:14]—하나님 자신이시다. 모든 세상성을 자신에게 끌어당기고, 새 하늘과 새 땅을 창조하기 원하는[벧후 3:13] 하나님이시다. 이제 우리는 이 세상과 세상 나라들의 상像을 본다. 크고 높고 환히 빛나지만 보기에 끔찍한, 금과 은과 놋과 쇠와 진흙으로 만든 것들이다. 그러나 은폐

28 마르틴 루터의 성탄 찬송가 '주 예수 그리스도여 찬양 받으소서!'Gelobet seist du, Jesu Christ(GERS [1891] 367; RG [1998] 392; EG 23).

> 저기 영원한 빛이 들어가시니
> 세상에 새로운 빛을 주시고
> 한밤의 어둠 속에서도 빛을 발하고
> 우리를 빛의 자녀로 만드시도다. 할렐루야!

된 예수의 삶 속에서 돌이 t나와서 그 상의 발에 부딪혀 그것을 부수는데, 어떤 인간의 도움도 받지 않았다.lösen, der das Bild an seine Füße trifft und zermalmt sie ohne Zutun von Menschenhand t 그 상은 다 부서져 여름 타작 마당의 겨같이 되어 바람에 불려 가는 것을 우리는 본다. "우상을 친 돌은 태산을 이루어 온 세계에 가득하였나이다"(단 2:27-35[35]). 사탄은 하늘로부터 번개같이 떨어진다[눅 10:18]. 사탄의 나라는 끝이 났고 하나님 나라가 다가오는데, 그 전조도 확실하게 나타난다. "맹인이 보며 못 걷는 사람이 걸으며 나병환자가 깨끗함을 받으며 못 듣는 자가 들으며 죽은 자가 살아나며 가난한 자에게 복음이 전파된다 하라. 누구든지 나로 말미암아 실족하지 아니하는 자는 복이 있도다 하시니라." **이 세상에 속한 그와 같은** 한 조각의 세상성, 곧 "예수의 생애"라는 세상성을 통과해 다가오는 |79| 구원을 보는 사람, 하나님의 창조의 말씀을 **듣는** 사람, 다른 어떤 것을 기다리는 것이 아니라 바로 **이 특정한** 구원으로부터, 하나님의 **이 특정한** 말씀으로부터 **모든 것**을 기대하는 사람은 복이 있다(마 11:1-4[병행 본문]). 오직 **믿을** 수만 있는 것, 나아가 오직 예수 그리스도 안에 있는 것과 직면했을 때만 믿을 **수 있는** 것, 그것을 믿는 사람은 복이 있다.

25-26. 25 **이 예수를 하나님이 그의 피로써 믿음으로 말미암는 화목제물로 세우셨으니**[이 예수를 하나님이 그의 피 안에 있는 그분의 신실하심을 통해 속죄의 덮개로 삼으셨으니] **이는 하나님께서 길이 참으시는 중에 전에 지은 죄를 간과하심으로 자기의 의로우심을 나타내려 하심이니 26 곧 이때에 자기의 의로우심을 나타내사 자기도 의로우시며 또한 예수 믿는 자를 의롭다 하려 하심이라.**

"이 예수를 하나님이 그의 피로써 믿음으로 말미암는 화목제물로 세우셨으니"[이 예수를 하나님이 그의 피 안에 있는 그분의 신실하심을 통해 속죄의 덮개로 삼으셨으니].[29] "속죄[화해]의 덮개"Versöhnungsdecke[속죄소]는 구약성경의 제의에 나오는 것으로 '카포레트'Kapporeth('힐라스테리온'Hilasterion, 칠십인역)라는 것이다. 이것은 두 천사(케루빔)가 날개로 감싸고 있는 황금 판인데, 하나님의 계명인 언약궤의 내용을 드러내면서 동시에 가리는 것이다(출 25:17-21). 이것은 그 위에 하나님이 직접 거하시는 **장소**(삼상 4:4, 삼하 6:2, 시 80:1[원서에는 80:2로 되어 있다]), 하나님이 모세와 말씀하시는 **장소**(출 25:22, 민 7:89)다. 그러나 무엇보다도 대속죄의 날에 피를 뿌림으로써 이스라엘 백성이 하나님께 속죄하는 장소다(레 16:14-15). 그것이 그저 **장소**일 뿐이고 그 이상은 아니지만, 가장 특별한 자격을 지닌 장소라는 사실이 예수에게 딱 들어맞는 점이다. 예수는 하나님이 거하시고 하나님이 말씀하시는 장소, 곧 화해의 장소로서 하나님의 뜻에 따라 영원부터 규정되었으며, 지금은 시간 속에서 인간들 앞으로 역사 속에 세워지셨다. 예수의 삶은 하나님께서 화해를 위해 특별한 자격을 부여하신 장소, 그러나 그 하나님께서 화해의 목적으로 허무신 동시에 채우신 역사의 장소다. "하나님께서 그리스도 안에 계시사 세상을 자기와 화목하게 하시며"(고후 5:19). 하나님 나라는 바로 그 장소에서 가까이 다가오시는데[마 4:17 병행 본문], 그 나라의 도래, 그 나라의 구원하는 능력과 의미가 바로 여기서 감지될 수 있을 정도로 가까이 다가오며, 바로 여기서 하나님께서 인간의 자녀들과 함께 거하시고 그들과 이야기하시고, 세상을 고향과도 같은 그분의 평화로 부르시는 그분의 뜻을 오해하는 것이 불가능할 정도로 가까이 오신다. 바로 여기서 믿

29 이 구절에 관해서는 바르트가 투르나이젠에게 보낸 1920년 12월 3일 편지 참조. Bw.Th.I, S. 448. "제1판과 비교할 때 내가 오지안더에서 루터로 돌아선 것은 그야말로 지각변동이었네. 나는 종종 내 자신에게 그때 어떻게 '그것'을 못 볼 수가 있었단 말인가! 묻곤 하지. 이런 재고로 인해 본문에 대한 충격적인 사건[이역(異譯)]으로 자칫 **사태**에 관한 관심이 묻혀 버리는 일이 없어야 할 텐데!"

음이 **반드시** 명령법적인 필연성으로 떠오를 수밖에 없을 정도로 너무나[so] [u] [원서에는 [t]로 되어 있다] 가까이 다가오신다. 그러나 구약의 언약에서 카포레트가 하나님 증언의 현존을 드러내는 동시에 은폐했던 것처럼, 또한 그것이 하나님의 여기 계심과 동시에 그분의 은폐성을 선포했던 것처럼, 예수 안에 있는 하나님 나라, 예수 안에 있는 하나님의 화해의 역사, 예수 안에서 시작된 속량의 날(3:24)도 |80| 계시됨과 동시에 은폐된다. 다음 사실이 잘 이해되어야 하며, 절대로 오해되어서는 안 된다. 예수는 그리스도라는 생각은 쉽게 떠오르지만, 그것은 가장 날카로운 역설 안에 있고, 그것은 오직 **믿어질** 수밖에 없다. 속죄는 속죄의 **장소**에서 오직 **피**로써, 하나님은 죽임으로써 살리는 분이라는 사실을 엄숙하게 기억함으로써 발생하며, 예수 안의 화해도 오직 "그의 피 안에 있는 하나님의 신실하심을 통해" 발생하며, 그가 육체의 모든 죄와 모든 연약함과 모든 저주를 완전히 짊어지시는 지옥에서 발생하며, 우리에게는 순전히 부정적인 [그분의] 세계의 비밀 속에서 발생하며, 인간적으로 빛을 발하는 모든 빛, 그리고—예수도 다른 인간과 똑같은 인간이었기 때문에—그의 삶 속에 빛을 발하는 모든 빛(영웅, 선지자, 기적을 행하는 사람)이 점차 희미해지다 마침내 꺼져 버리는 가운데 발생하며, 십자가의 죽음이라는 절대적으로 거치는 것[걸림돌] 속에서 발생한다. 바로 그 피로써 예수는 그리스도이심이 확증된다. 그가 인류를 향한 하나님의 신실하심을 나타내는 처음이요 마지막인 말씀이라는 것, 우리 구원의 불가능한 가능성을 활짝 여신 분이라는 것, 창조되지 않은 빛으로부터 나온 빛이라는 것, 하나님 나라의 통고자라는 것이 확증된다. "피는 구원자의 그림에서 바탕색이다"(힐러).[30] 그가 가져온 구원의 급진

30 필립 프리드리히 힐러(Ph.Fr. Hiller), *Neues System aller Vorbilder Jesu Christi durch das*

성, 그리고 그가 선포한 새로운 세상의 **새로움**은 십자가의 길에서, 생명을 내어 줌에서, 그의 죽음에서 비로소 환히 드러나기 때문이다. 드러나기도 하지만 어둠 속에 묻혀 버릴 수도 있다. 만일 우리가 **이런** 급진성과 마주할 수준이 아니라면, 만일 우리가 하나님의 세상과 내면의 인간이 지닌 이런 새로움의 예고를 마주할 수준이 아니라면 말이다. "이는 이스라엘 중 많은 사람을 패하거나 흥하게 하며 비방을 받는 표적이 되기 위하여 세움을 받았고 또 칼이 네 마음을 찌르듯 하리니 이는 여러 사람의 마음의 생각을 드러내려 함이니라 하더라"(눅 2:34-35). 예수의 피를 통한 속죄의 비밀은 항상 **하나님의** 비밀이요 그분의 열림이다. 눈에 보이지 않는 것이 눈에 보이게 되는 것은 언제나 **하나님이** 하시는 일, 그분의 신실하심이 하시는 일, 혹은 (똑같은 것이지만) 믿음의 일이다. 그러나 하나님의 일이 발생하면, 그분의 신실하심이 지속되면, 믿음의 모험이 감행되면, 예수의 피로 말미암은 새로운 날의 도래, 하나님의 긍휼과 우리의 구원의 현실성, 손으로 지은 것이 아니요 하늘에 있는 영원한 집에서 지내게 됨(고후 5:1f.)이 지시되고 공지되고 보증되고 보장된다. 이미 우리는 지금 여기에서 다가오는 세계의 빛을 반사하고 있다. 물론 우리에게 고통이 있지만 [그렇다고] 소망이 없는 것도 아니다. 하나님으로 인해 병이 들지만, 위기의 순간에 하나님으로 인해 건강해질 수도 있다. "그러므로 우리는 이런 꼬꼬 암탉의 날개 아래에 바싹 안겨야지, **자신의** 믿음을 오판하여 |81| 제멋대로 날아가서는 안 된다. 그랬다가는 솔개가 날아와서 순식간에 우리를 잡아먹으리라"(루터).[31]

ganze alte Testament. Neue verbesserte Auflage, mit einem biographischen Vorwort von A. Knapp, Ludwigsburg, 1858, S. 33 "그래서 이제 피는 구원자의 그림에서 바탕색이다."

31 Eberle, S. 83. 바르트 소장본에 강조 표시로 밑줄이 그어져 있다. *Kirchenpostille 1522. Epistel in der Früh-Christmeß. Tit. 3:4-7*, WA 10/I,1,125,9-11. "솔개"는 가금류들을 채 간다.

"자기의 의로우심을 나타내려 하심이니." 여러 가지 죄를 용서하심은 언제 어디서나 **있었다**. 인간에게 베풀어진 기적, 곧 하나님의 한량없는 선하심의 기적, 진노를 오래 참으심과 인내하심(2:4)의 기적은 언제 어디서나 **있었다**. 언제 어디서나 인간은 하나님으로 인해 아팠다가 건강해졌다. 그러나 우리는 예수 그리스도를 통해서 그것이 과연 그렇다는 것을 볼 수 있는 눈을 얻었다. 하나님의 의는 예수 안에서 우리에게 입증되고 제시되었다. 우리는 예수를 통해서 하나님의 입장에서, 모든 것을 지양하시는 그분의 긍휼의 빛에서 역사("전에 지은 죄")를 볼 수 있는 위치에 있게 되었다. 우리는 예수를 통해서 그 긍휼하심이 무엇을 의미하는지 안다. 그것은 만물의 종말과 새로운 시작이다. 우리는 그 긍휼이 **우리**에게 무엇을 의미하는지 알고 있다. 그것은 우리를 회개로 인도하려 한다는 사실이다(2:4, 6:2f.). 하나님의 의가 인간과 역사 위에 있는 실제적인 질서요 권능이라는 사실이 오직 예수를 통해 이해된다. 오해의 여지 없이 이해된다. 언제 어디서나 우리는, 이제 예수 안에서 주어진 전제 아래에서(율법으로, 3:20) 육체와 죄만 보는 것이 아니라, 그것 너머 그것 뒤에 계시는 심판자를 본다. 심판자는 "사람들의 은밀한 것"(2:16[원서에는 2:14로 되어 있다])에서 그분의 신실하심에 기초함, 믿음에 기초함을 발견하시며, 그럴 때마다 유죄판결을 내림으로써 무죄판결을 내리시는 분이시다. 그분은 의로우며, 과감하게 허공으로 뛰어든 사람을 의롭다고 선언하신다. 우리가 예수를 믿는다면, 우리는 하나님의 신실하심의 현실성과 보편성을 믿는 것이다. 우리가 예수를 믿는다면, 우리에게는 하나님의 의로우심과 의롭다고 말해 주심이

특히 닭들을 채 가서, 사람들은 솔개를 병아리 도둑이라고 말한다. 때때로 루터는 사탄을 솔개에 비유하기도 했다. WA 28,137,30f., WA 47,539,2f.

불가능한 가능성으로 입증되고 제시된다. 우리는 이 전제로부터 우리 자신을 보며, 사람들에게 다가간다. 우리는 이 전제로부터 우리 자신과 사람들 믿기를 감행한다. 이 전제가 없다면 우리는 결코 그렇게 할 수 **없다**. 우리는 이 전제로부터 용기를 얻어 모든 사람에게(3:22) 믿음을 요구한다. 그것은 바로 이 전제에 대한 믿음이다. 하나님은 의로우시고 의롭다고 선언하는 분이기 때문에 우리는 하나님과 평화를 누린다(5:1).

오직 믿음으로

3:27-30

27-28. 27 **그런즉 자랑할 데가 어디냐. 있을 수가 없느니라**[제외, 배척되느니라]. **무슨 법으로냐. 행위로냐. 아니라. 오직 믿음의 법으로니라**[무슨 법으로냐. 행위의 법으로냐. 아니라. 오직 하나님의 신실하심의 법으로니라]. 28 **그러므로 사람이 의롭다**[선언] **하심을 얻는 것은** |82| **율법의 행위에 있지 않고 믿음**[하나님의 신실하심]**으로 되는 줄 우리가 인정하노라.**

"**그런즉 자랑할 데가 어디냐. 있을 수가 없느니라.**" 무덤 저편으로부터 오는 진리는 예수 안에서 우리에게 이렇게 말했다. **하나님**은 의로우시다. **하나님**이 의롭다고 선언하신다. 그분 자신이, 그분만이, 홀로 그렇게 선언하신다. 오직 하나님으로부터, 언제나 하나님으로부터만 인간의 의가 있다. 이것이 율법, 종교, 인간의 체험, 역사, 이 세상의 모든 현존재와 존재 상태, 모든 소여성에 대한 우리의 비판적인 입장의 전제다[ist v][원서에는 u로 되어 있다]. 인간 안에서 인간을 통해 존재하고 발생하는 모든 것은 바로 예수 안에서 하나님의 기준에 비추어 평가된다. 하나님께서 그 마음에 기뻐하심을 따라 거기에 가치와 무가치를 매기신다. 존재하는 모든 것은 이러한 불안 속에 내던져질 수밖에 없고, 저울 위에 놓여 반드시 시험을 통과해야만 한다. 바로 이와 같은 비판적 태도는 세상적인 것을 이해하고 인간적인 것을 파악하고 역사적인 것을 바라보되 그것의 세속적이고 상대적인 맥락, 궁극적으로는 무의미한 맥락에서 그렇게 한다. 그러나 또한 그것의 의미를 비유로서, 증거로서(3:21), 전혀 다른 세상과 전혀 다른 인간과 전혀 다른 역사의 기억으로서, 하나님에 관한 비유와 증언과 기억으로서 이해하고 파악하고 바라보는 것이다. 그런데 오직 한 가지는 이런 비판적인 입장으로부터 더는 이해되지 않고 파악되지 않고 바라볼 수 없다. 그것은 **하나님**의 심판에 굴복하지 않고, **하나님**이 옳다고 인정해 주시는 것[칭의]을 기다리지 않으면서 스스로 중요하고 위대하고자 하는, 어떤 의미에서든 신적인 것이 되고자 갈망하거나 그렇게 주장하는 사물·체험·인간이며, 시간과 영원의 혼동이며, 하나님의 세계가 마치 사물처럼 **이** 세상에서 (아주 깊이 있는 의미심장함과 "고차원적인 세상"도 모두 여기에 속한다![32]) 솟아오르고 돌입하고 나타난다는 착각이다. 오직 한 가지인 그것은 한마디로 '이 세상성'Diesseitigkeit이 고작해야 조금 개선되었을 뿐인 이른바 '저 세상성'Jenseitigkeit이며, 온갖 종류의 순수하지 못한 내재Immanenz 그리고 철저하지도 않고 급진적이지도 않은 초월Transzendenz이며, 하나님과 인간 사이의 상대적인 관계다. 말하자면 그것은 어떤 식으로든 인간의 존재·소유·행위로 나타나는 신성이며, 어떤 식으로든 하나님의 존재·소유·행위인 것처럼 행세하는 인간성이다. 이제 이런 식으로 중간에 낀 나라 전체는 그 본성이 폭로되는 것을 받아들여야 한다. 왜냐하면 하나님의 '아니요'와 '예' 아래에 서 있지 않은 인간, ("피로써", 3:25) 속죄[화해]로부터 구원에 이르

32 이 책 269쪽, 각주 19.

는 길 곧 십자가에서 부활에 이르는 길을 가지 않은 인간, 다시 말해 부서지지 않은 인간, 신적인 것, 본래적인 것, 현실적인 것을 어떻게든 사물적이고 시간적이고 인간적으로 바라보고 알고 소유하고 행동하거나 심지어 oder es gar w[원서에는 v로 되어 있다]—그가 받지 않은 것은 아무것도 없고[고전 4:7] |83| 또 늘 새롭게 받아야 한다는 것을 생각하지 못하고—자기가 그런 존재라고 착각하는 인간, 그런 인간은 반드시 죽어야 하기 때문이며, 예수 주변을 맴돌면서 계속해서 죽고 또 죽어야 하기 때문이다. 믿음의 역설을 아직도 여전히 혹은 벌써 또다시 회피하려는 인간, 모든 확실성과 안전성과 명료성과 부담 없는 즐거움을 아직도 여전히 혹은 벌써 또다시 떠나보내지 못하고 있는 인간, 오직 믿음으로만 구원을 얻으려고 하지 않는 인간, 그저 "바라는 것"(4:18, 5:2, 15:17) 말고 다른 방식으로 어떤 "자랑할" 구실을 대는 인간, 이런 인간도 마찬가지로 반드시 죽어야 한다. 인간들 사이에서나 상당해 보이는 훌륭함을 하나님 앞에서 내세우거나 거꾸로 하나님 앞에서 바로 설 수 있는 훌륭함을 인간들 앞에서 내세울 가능성, 시간의 위대함을 영원 속으로 투영하거나 영원의 위대함을 시간 속으로 투사할 가능성, 사람 앞에서의 훌륭함을 앞서 주어진 칭의로 여기고 그것을 인간적인 맥락으로부터 하나님의 법정 안으로 옮겨 놓을 가능성, 혹은 하나님 앞에서의 훌륭함을 나중에 추가로 주어진 칭의로 여기고 하나님의 법정으로부터 인간적 맥락 안으로 옮길 가능성, **이런** 가능성은 "있을 수가 없느니라." 잘려나가 버렸다! 이렇게 겉보기에는 정말 가능해 보이는 가능성, 앞서가든지 혹은 뒤따라오든지 하는 인간적인 의의 가능성을 절대적으로 막아선 것이 저 위대한 불가능성, 곧 하나님의 의라는 위대한 불가능성이다. 마지막 나팔소리가 울려 퍼지는[고전 15:52] 순간, 인간이 하나님 앞에 적나라한 모습으로 서고 그 적나라한 모습 속에서 하나님의 의를 옷 입는 순

간[33] (이것은 시간 속의 순간이 아닌데) **이전**이나 **이후**, 앞선 어떤 것이나 뒤따라오는 ˣ어떤 것을 자랑하는 것sich irgend eines Dinges zu rühmen, dasˣ은 불가능하다. 예수의 입장에서 보면, 아직 하나님의 '아니요'에 굴복하지 않았거나 더는 하나님의 '예'를 기대하지 않는 모든 인간적인 존재·소유·행위는 현실적인 요소가 **아니다**. 하나님의 유죄 선고와 하나님의 무죄 선고를 통해 **인간**의 의이기를 그치지 않은 모든 인간의 의는 하나님 앞에서든 인간 앞에서든 결코 현실적인 요소가 **아니다**.

"무슨 법으로냐. 행위로냐. 아니라. 오직 믿음의 법으로니라"[무슨 법으로냐. 행위의 법으로냐. 아니라. 오직 하나님의 신실하심의 법으로니라]. 이러한 '불가능함!'[있을 수가 없느니라]은 어떤 근거 위에서 명백한 것이며 진실한 것인가? 이렇게 모든 인간의 의가 끊어져 버림은 어떤 질서를 따라 일어나는 일인가? 여전히 자랑할 구실을 가진, 혹은 그런 구실을 찾고 있는 **그** 인간의 죽음은 어떤 허공에서 일어나는가? **그것**은 어떤 "율법", 어떤 종교, 경건 혹은 도덕, 어떤 체험 속에서 일어나는가? 율법, 종교, 체험을 말하는 사람은 인간의 경험, 지식, 느낌, 행동, "행위"를 말한다. "행위의 [율]법" 말고 다른 법이 있는가? 우리는 하나님의 행위와 역사에 관해 무엇을 알고 있는가? 바로 여기서 가장 심각한 오해가 우리를 위협한다. |84| 궁극적인 것에 대한 지식은 인간적인 지성의 최대 출력으로 파악되고, 하나님 앞에

33 키르케고르의 "순간"(Augenblick) 개념이 바르트에게 깊은 인상을 주었다. *Der Begriff der Angst*, übersetzt von Chr. Schrempf, KGW 5, Jena, 1912, S. 87(SKS 4, S. 393). "그리스도교에서 모든 것의 중심이며 모든 것을 새롭게 만든 것은 시간의 충만이라는 개념이다. 그러나 이 시간의 충만은 영원한 것으로서 순간이다. [순간이면서도] 이 영원한 것은 미래의 것이면서 동시에 과거의 것이기도 하다."

서 고요함은 (예컨대 안겔루스 질레지우스Angelus Silesius[34]의 말을 심리학적인 대처법 정도로 생각하거나 그런 식으로 읽는다면) 인간적 경건의 최고로 대담한 도약으로 파악되고, 그 "순간" 안에 [멈추어] 서는 것은 (그것은 인간이 거기 설 수 있는 순간이 아니건만) 가장 높고 가장 극단적인 인간적 체험으로 파악되고, "죽음의 지혜"(오버베크)[35]는 가장 새로운 인간적인 삶의 지혜로 파악될 수 있다! 과거의 어떤 바리새주의보다 끔찍한 **새로운** 바리새주의, 절대로 "자기 의"에 빠지지 않고 오히려 모든 것에 대해 겸손한 모습을 보일 수 있는 그런 바리새주의가 바리새주의의 대승리로 나타날 수 있다! 인간의 의는 그야말로 모든 것을 할 수 있고, 반드시 필요하다면 자기 지양과 자기 소멸까지도 할 수 있다(불교, 신비주의, 경건주의[36]). 우리는 다른 어떤 오해보다도 바로 이런 오해를 경계해야 한다. 하나님의 의의 문 앞까지 갔다가 마지막 순간에 "제외된" 사람들도 있었다. 하나님의 '아니요'에 복종하고 하나님의 '예'를 기대하는 것은 인간의 업적, 곧 하나님의 내재와 초월을 탐하는 인간의 가장 파렴치하고 기괴하게 큰 최후의 한 방이 결코

34 Angelus Silesius, *Der Cherubinische Wandersmann*, hrsg. von W. Bölsche, Jena/Leipzig, 1905.

35 Overbeck, *Christentum und Kultur*, S. 279(OWN 6/1, S. 318). "그리스도교가 설령 우리를 도울 능력이 없다 해도, 우리 인간을 도울 것이고 그것 때문에 우리의 미움을 사지는 않을 것이다. 그리스도교는 확실히 이 능력을 갖고 있지 않다. 그리스도교는 우리 모두에게 모든 진지함으로 **종말의 것들**을 가리키기 때문에, 다시 말해 우리 자신을 넘어서는 것을 가리키며, 그래서 오직 죽음의 지혜라는 것, 오직 그 이유 때문에 그럴 수 있다." 바르트 소장본에는 이 문단에 밑줄이 그어져 있고, 둘째 문장 옆 여백에는 두 줄을 긋고 "sic. S. 66"(OWN 6/1, S. 99)라고 적혀 있다. 바르트는 오버베크가 비판적인 의미에서 사용한 이 개념을 긍정적인 의미로 사용하였다. Barth, Unerledigte Anfragen, S. 15.

36 이런 표제어들과 관련하여 바르트가 경건주의에 관심을 갖게 된 것은 하일러의 영향일 것이다. Heiler, S. 284-346, 특히 S. 302-317. 또한 이 책 448쪽, 각주 20.

아니다. "행위의 법"이라는 토대 위에서는 인간의 "자랑"이 그치지도 **않고** 하나님의 의의 현실성이 시작되지도 **않는다**. 어떻게든 자랑하려는 자, 인간으로서 어떻게든 인간과 하나님 앞에서 자신의 옳음을 주장하려는 자는 비자아와 비존재 속으로 가장 깊이 침잠하는 것까지도 (가능하다면 자신의 불안과 부서짐까지도!) 자랑할 것이며, 인간으로서 (오직 인간으로서!) 자신의 옳음을 주장하면서 거기 버티고 서 있을 것이다. 이것은 아니다. "행위의 법"이라는 토대는 우리의 발밑에서 함몰되어야 한다. 아무리 섬세하고 또 아무리 정신적인 행위라 해도 "행위"는 고려될 수 없다. **어떤 부정적인 행위**도 마찬가지다. 우리의 체험은 우리의 체험이 아닌 무엇이며, 우리의 종교는 우리 종교의 지양이며, 우리의 법은 모든 인간적인 경험과 지식과 소유와 행위를 철저하게 무효화하는 것이다. 빈 공간, 결핍, 가능성과 지시 이상의 무엇이 되려고 했던 인간적인 것은 하나도 남지 않았다. ['행위의 의'란] 이 세상의 현상 가운데 가장 눈에 띄지 않는 [보잘것없는] 것이며, 이 세상 만물이 그렇듯이 하나님 앞에서는 티끌과 재[욥 42:6]일 뿐인데도 그 이상이 되려고 했던 인간적인 것은 하나도 남지 않았다. 믿음은 그저 믿음으로만 남을 뿐, 아무런 자기 가치도 없고 (자기 부인이라는 자기 가치도 없다!) 자기 고유의 능력도 없고 (겸손이라는 고유한 능력도 없다!) 하나님 앞에서나 인간 앞에서나 어떤 훌륭한 존재가 되려는 마음도 없다. 바로 이것이 "자랑"이 그치고 현실적인 하나님의 의가 시작되는 토대이자 질서이자 빛이다. 그러므로 이것은 인간이 올라설 수 있는 토대가 아니요, |85| 인간이 따를 수 있는 질서가 아니요, 인간이 호흡할 수 있는 공기가 아니다. 인간의 관점에서 볼 때, 그 밖에도 종교라든지 심정이라든지 율법이라 불리는 것의 관점에서 볼 때, 이것은 오히려 토대가 없는 것이요, 무정부주의요, 공기도 없는 진공이다. 이것은 오직 "하나님의 신실하심의 법"이다. 혹은, 그

와 똑같은 것이지만 "믿음의 법"이다. 이것은 오직 하나님만이 우리를 잡아 주실 수 있는 자리, 하나님 한분 외에 다른 모든 것은 고려의 대상이 되지 않는 자리다. 이것은 도무지 자리라고 할 수 없는 자리, 차라리 인간이 하나님을 통해 움직이는 순간이다. 하나님, 곧 인간과 모든 인간적인 것의 창조주이신 신실하신 하나님, 인간이 자기 자신과 모든 인간적인 것을 **그분께** 내어놓을 때 인간과 모든 인간적인 것을 구원하시는 분을 통해 인간이 움직이는 그 순간이다. 그리고 바로 이 순간은 인간의 영역 저편에 있으며, 그 어떤 의미에서도 길이 되거나 방법이 되거나 체제가 될 수 없다. 이것은 하나님의 기뻐하시는 뜻 가운데 있으며, 그 기뻐하심의 근거도 오직 하나님 한분 안에서만 찾을 수 있다. 이러한 "생명의 성령의 법"(8:2)에 굳게 서 있을 때 우리는 모든 인간의 "자랑"이 "배척된" 것을 보게 된다.

"**그러므로 사람이 의롭다**[선언] **하심을 얻는 것은 율법의 행위에 있지 않고 믿음**[하나님의 신실하심]**으로 되는 줄 우리가 인정**[계산]**하노라.**" 종교적 관점에서 예수의 "관점"으로 넘어감이 의미하는 것은 무엇인가? 그것은 하나님과 인간 사이를 "계산하는" 방식이 과거의 익숙한 방식에서 한 번도 들어 보지 못한 새로운 방식으로 넘어감이다. 모든 종교는 **이것 아니면 저것**을 계산한다. 이 세상에서 인간의 행위, 곧 어떤 식으로든 눈에 보이는 것으로서 그 자체로 하나님의 기뻐하심을 자극할 수 있다거나 하나님의 "보상"이 합당하다고 주장하는(2:6) 인간의 태도나 행동 방식을 계산하거나, **그것이 아니면** 하나님께서 이미 "보상하신" 인간의 행위, 그리고 하나님에게서 시작된 인간의 태도와 행동 방식의 변화를 계산하는데, 이 변화는 그 자체로 이 세상에 드러나고 널리 알려진 것이다. 인간이 하나님 앞에 벌거벗은 채로 서고 하나님이 그에게 옷을 입혀 주시는 그 "순간", 하나님을 통해 인간이 움직이는 그 순간과는 별도로 모든 종교에는 그 순간

의 **이전**과 **이후**가 있다. 이것이 그 순간과 같거나 거의 비슷한 권위와 의미를 지닌다. 혹은 완전히 비교 불가능하지는 않은 어떤 것이 된다. 그래서 모든 종교에는 어떤 인간적이며 신적인 존재·소유·행동을 "자랑할" 가능성이 있다. 그래서 모든 종교에는 믿음의 역설을 슬쩍 회피하고 또 회피할 가능성이 있다. 그러나 예수의 "관점"에서는 반드시 다른 "계산"이 있어야 한다. 근본적으로 인간의 그 어떤 "행위"도 이 세상에서 그것이 지니는 의미 때문에 하나님을 기쁘시게 |86| 할 수 없으며, 스스로를 하나님의 기뻐하시는 세상적인 의미라고 주장할 수도 없다. 이 세상에서 일어나는 모든 일은 예수 안에서 하나님의 '아니요'에 굴복하며, 하나님의 '예'를 기대함에 의지하고 있다. 그 "순간"의 이전과 이후는 모두 "배척된다." 왜냐하면 하나님 앞에 서고 하나님에 의해 움직이는 인간은, 오직 그 순간에 비추어 평가되거나 비교될 수 있을 뿐인 그 모든 이전과 이후를 [단념하기 때문이다]. 인간의 존재나 행위는 하나님의 존재, 하나님이 하시는 일과 전혀 다르다. 이편과 저편 사이에는 도저히 건널 수 없는 죽음의 선이 그어져 있다. 그러나 그 죽음의 선은 생명의 선이요 그 종말은 곧 시작인 종말이며, 부정은 곧 긍정인 부정이다. **하나님**이 선언하시고 **하나님**이 말씀하시고 **하나님**이 보응하시고 **하나님**이 기뻐하시는 뜻을 선택하고 평가하신다. 그렇다. **창조주**의 말씀이 그 선언이며, 그분의 말씀을 통해 **현실성**이 규정되며, 하나님께서 가치를 발견하시는 곳에 **가치**가 있다. 그러나 **하나님**의 행위와 역사는 창조된 것이며, 그러므로 **새로운** 창조다. 하나님께서 보상하신 것은 **하나님께** 속한 것이지, 인간에게 속한 것이 **아니다**. 하나님께서 가치 평가하신 것은 **하나님** 앞에서 가치가 있는 것이지, 이 세상에서 가치 있는 것은 **아니다**. 인간을 의롭다고 선언하심으로써 그분의 신실하심이 영광을 받으며, 새로운 인간이 일어나며, 새로운 세상이 나타나고, 하나님의 신실

하심의 능력 안에서 새로운 날이 동터 온다. 그러나 **이편의** 날의 빛 가운데 있는 **이** 세상의 **이** 인간은 영광을 받지 않았으며 영광을 받지 않을 것이다. 그렇다. 이 썩을 것이 반드시 썩지 아니할 것을 입겠고 이 죽을 것이 죽지 아니함을 입어야 한다[고전 15:53]. 그런데 이러한 옷 입음은 창조주 하나님의 말씀으로 일어난다. 그래서 죽을 것은 사멸성으로부터, 썩을 것은 그 부패성로부터, 이 세상은 그 시간성과 사물성과 인간성으로부터 **끄집어내진다**. 그러나 그렇다고 해서 그 사멸성과 부패성과 **이** 세상이 어떤 식으로든 높여지거나 보증되거나 변형되는 것은 아니다. 그 "순간"은 그것의 모든 이전과 이후와 비교할 때 어떤 본래적인 것, 다른 것, 낯선 것이며 앞으로도 그럴 것이다. 그 순간은 그것 이전에 뿌리를 내린 것도 아니요, 이후에 계속 연장되는 것도 아니다. 그 순간은 어떤 시간적·인과적·논리적 맥락 안에 있지 않고, 언제 어디서나 절대적으로 새로운 것이며, 언제나 홀로 죽지 아니하시는[딤전 6:16] 하나님의 존재·소유·행동이다. "Credo, quia absurdum!"[나는 불합리하기 때문에 믿노라][37] 인간은 오직 하나님 앞에서 유죄판결을 받은 죄인으로서 무죄판결을 받는다. 생명은 오직 죽음으로부터, 시작은 오직 종말로부터, 긍정은 오직 부정으로부터 나온다. 예수의 피로 말미암은 의(3:25)는 언제나 "율법의 행위에 있지 않은" 의, 인간적인 측면에서 (하나님 앞과 인간 앞에서) 의라고 할 만한 모든 것과 무관한 의, 바로 그래서 인간은 오직 "소망하면서", 다시 말해 오직 하나님 안에서 그

37 테르툴리아누스(Tertullianus)가 한 것으로 알려진 말이다. 이 표현은 아마도 테르툴리아누스의 저서 *De carne Christi*, V, 4, CChr. SL 2, 881 [Z. 26-29]와 관계가 있을 것이다(A. Adam, *Lehrbuch der Dogmengeschichte*, Bd. I, Gütersloh, 1965, S. 163). "Crucifixus est dei Filius; non pudet, quia pudendum est. Et mortuus est dei filius; credibile est, quia ineptum est. Et sepultus resurrexit; certum est, quia impossibile."

의를 "자랑"할 수 있다. |87| 우리와 하나님 사이에는 십자가가 서 있으며 마지막 날까지 서 있으리니, 그 십자가는 하나되게 하면서 차이도 만들고, 약속으로 가득 차 있지만 또한 경고를 하기도 한다. 믿음의 역설은 **결코** 회피될 수 **없으며, 어디서도** 지양될 수 **없다.** 인간은 **오직 믿음으로**Sola fide [38] 하나님 앞에 서며 하나님에 의해 움직인다. 하나님의 신실하심은 바로 그것이 **하나님의** 신실하심이기 때문에 **그저** 믿을 수만 있는 것, 그 이상은 그 이하가 될 것이다. 이것이 새로운 계산이다.

29-30. 29 하나님은 다만 유대인의 하나님이시냐. 또한 이방인의 하나님은 아니시냐. 진실로 이방인의 하나님도 되시느니라. 30 할례자도 믿음으로 말미암아 또한 무할례자도 믿음으로 말미암아 의롭다 하실 하나님은 한분이시니라.

"하나님은 다만 유대인의 하나님이시냐. 또한 이방인의 하나님은 아니시냐. 진실로 이방인의 하나님도 되시느니라." 하나님 말씀의 진리와 관련하여 이보다 더한 확실성, 안전, 보증이 있다면 그것은 실제로는 덜한 것이다. 인간적인 명료성은 여기서 명료하게 볼 수 있는 것을 불명료하게 할 것이다. 인간적인 확실성은 여기서 알아야 하는 것에 관해 알지 못함이다. 하나님은 오직 하나님을 통해서만 이해할 수 있으며, 그분의 신실하심은 오직 믿음을 통해서만 이해할 수 있다. 인간적인 존재·소유·행위가 신적인 것을 주장하는 것, 하나님과의 직접적인 관계를 떠벌리는 것은 하나님의 신성을 약탈하는 것이고, 그분을 시간과 사물과 인간의 단계로 끌어내리는 것이며, 그분의 현실적인 의미를 제거하는 것이다. 신적인 것의 현실성은 그것의 보편성에 달려 있기 때문이다. 그러나 그 보편성은 하나님 앞에서 **모든** 입이 막히고 **온** 세상이 죄인이 되는 것(3:19), 그리고 인간은 하

38 루터 칭의론의 간단한 정식이다. 루터의 롬 3:28 번역에서 인용하였다. WA.DB 7,38f.

나도 예외 없이 하나님의 영광에 이르지 못하였음이 반론의 여지 없이 확정되는 것(3:23)에 달려 있다. 만일 하나님과 관련하여 이 세상에 존재하고 소유하고 행동하는 것이 있다면, 그보다 덜 혹은 아예 존재하지 않고 소유하고 행동하는 것과 반대되는 그런 것이 있다면, 그렇다면 "하나님"은 정신적·역사적 실체들 가운데 하나에 불과할 것이다. 다른 정신적·역사적 세력, 빛, 재산과 그저 상대적인 차이만 있는 그런 것이 될 것이다. 그렇다면 하나님은 "다만 유대인의 하나님", 이런저런 기질과 내력을 가진 인간의 하나님일 것이다. "종교"란 것이 이런저런 영역, 시대, 분위기의 전유물이 되는 것처럼 말이다. 사람들은 비교적 값싸게 하나님을 소유할 수 있으며, 그 하나님 없이도 비교적 쉽게 견딜 수 있을 것이다. 그 "하나님"이라는 말을 가지고 꽤나 많은 말이 있겠지만 의, 구원, 그리고 부활은 말해지지 않을 것이며, 궁극적인 것, 총체적인 것, 영원한 것도 말해지지 않을 것이다. 바로 그렇기 때문에 덜한 것이 (더 적은 확실성, 안전, 보증!) **더한 것**이다. 만일 우리가 "하나님"이라는 말을 하되, 오직 믿음을 통해, 하나님의 신실하심이라는 불가능한 가능성을 |88| 가리키는 말로 사용한다면, 그 말은 영원하고 최종적인 말이 될 것이다. 믿음의 역설 속에 있는 하나님의 신실하심, 우리에게는 이것이면 충분하다. **그것과 더불어** 우리는 확실한 토대 위에 서 있으며, 확실한 길을 가기 때문이다. 이 세상에서 인간이 하나님과 하나된다는 것은 있을 수 없는 일이다. 그럴수록 분명해지는 것은 하나님이 모든 인간의 하나님, 곧 이방인과 유대인의 하나님이라는 사실이다. 그럴수록 분명해지는 것은 하나님이 그 어떤 정신적·역사적 실체가 아니라 모든 실체의 척도요 총괄 개념이요 근원이시며, **우리가** 빛, 능력, 선이라고 알고 있는 모든 것과 절대적으로 다른 분이라는 사실이다. 하나님의 "영원하신 능력과 신성"(1:20)은 그럴수록 더 분명하게 빛을 발한다.

이렇게 이해할 때, "하나님"이라는 말은 어떤 것이 아니라 모든 것을 가리키는 말이다. '종말 이전'의 것이 아니라 종말의 것을 가리킨다. 이것은 **모두**를 향한 심판과 요구와 소망의 말씀이며 **모두**에게 의미가 있는 말씀이다. 그것도 결정적인 의미를 지닌 말씀이다.

"할례자도 믿음으로 말미암아 또한 무할례자도 믿음으로 말미암아 의롭다 하실 하나님은 한분이시니라." 그 자체로 중요한 것이 되고자 하는 온갖 것들로부터, [논리적으로] 유도된 그리고 참칭하는 이 세상의 모든 신성으로부터 하나님의 단일성이 예수 안에서 솟아오른다. 오직 믿음으로만 인식될 수 있는 하나님의 의 안에서 한분이신 창조주 그리고 구원자의 현실성과 생명력과 인격성이 솟아오른다. 영원한 진리의 좌표가 예수 안에 있다. 그는 한편에서는 하나로 묶으시고 다른 한편에서는 갈라놓으신다. 관습을 따라 서로 갈라지려고 하는 것, 곧 인간과 인간을 결합하신다. 관습을 따라 서로 뒤섞이려고 하는 것, 곧 인간과 하나님을 분리하신다. 하나님은 이 위기의 빛 속에서 인식되시고 경배와 사랑을 받으신다. 종교의 관습이 분리와 결합을 통해 본래 의도했던 것이 예수의 그 두 가지 모습에서 제자리를 찾았다. **하나님과 인간 사이**를 최대한 **떼어 놓음**이 그 둘의 참된 하나됨이다. 시간과 영원, 인간의 의와 하나님의 의, 이쪽과 저쪽이 예수 안에서 명백하게 갈라질 때 그 둘은 예수 안에서, 또한 하나님 안에서 한데 묶이고, 또한 명백하게 결합한다. 지시, 비유, 가능성, 기대는 모두 "율법"일 뿐이요 모든 인간적인 존재·소유·행동에 불과하며, 이 세상의 현존재와 존재 상태에 지나지 않으며, 그렇기 때문에 항상 결핍이며 불충분함이요 빈 공간이며 갈망이다. 그러나 이것이 있는 그대로 [죄로] 인식되면, 그때 하나님의 신실하심이 그 위에 환히 비친다. 그분은 유죄 선고를 내리심으로써 무죄 선고를 하시고, 죽이심으로써 살리시고, 오직 '아니요'만 들을 수 있는 곳에서 '예'라고 말씀하시는 분이다. 그 하나님은 **알려지지 않은** 하나님으로서 예수 안에서 **인식된다**. 그리고 **인간과 인간 사이의** 최고의 **결합**은 다름이 아니라 모든 개별적인 인간의 참된 속성, 참된 역사성과
|89| 개인성, 참된 "나음"(3:1)이다. 모든 개인의 특별한 가능성은 그것의 본래적인 내용과의 관계, 곧 불가능한 것과의 관계를 통해서 말살되는 것이 아니라 오히려 실현된다. 모든 개인의 인격성은 "아직 아니"noch nicht와 "더는 아니"nicht mehr의 위대한 불안을 통해 소멸되는 것이 아니라, 오히려 그 근거를 확보한다. 모든 사람을 향한 요구, 곧 믿음의 요구야말로 자기 자신의 존재가 되라고 개개인을 고립의 혼돈에서 불러내는 창조주의 말씀이다. "누구든지 나를 위하여 제 목숨을 잃으면 찾으리라"[마 16:25 병행 본문]. "할례자"든 "무할례자"든 그들의 모든 자랑을 빼앗으시는 분, 죄인을 저 바닥에서 불러일으키시고 의인을 저 높은 곳에서 내리치시는 분, 바로 그분이 **장차** 그 둘도—오직 믿음으로 하나님 앞에 선다면—의롭다고 선언**하실 것이다**(현재는 아직 그들의 미래, 곧 그분 안에 거하는 미래가 아니다). 믿음이 있는 곳에는 하나님의 신실하심이 있다. "자랑"이 그치는 곳에서 "나음"(3:1)이 시작된다. 거기에 용서와 구원과 새 창조가 있다.

그러나 이렇게 말할 때, 우리는 알 수 없는 가능성에 대해 말하고 있음을 알고 있다. 그 가능성 자체는 다시—언제나 다시!—오직 믿을 수만 있다. |90|

4장 역사의 음성

믿음은 기적이다

3:31-4:8

31 그런즉 우리가 믿음으로 말미암아 율법을 파기하느냐. 그럴 수 없느니라. 도리어 율법을 굳게 세우느니라.

"우리가 믿음으로 말미암아 율법을 파기하느냐." 부활은 모든 살아 있는 것을 삼켜 버리는 유령처럼 역사 속으로 비집고 들어오는 것처럼 보이며, 예수 안에 설정된 [부활의] 전제는 주어진 여건의 맥락 속으로, 믿음의 역설은 인간의 [평이한] 정신적 사건 속으로 억지로 밀고 들어오는 것처럼 보인다. [그때] 세상은 하나님 앞에서 사라져 버리며, 창조는 구원 앞에서, 체험은 인식 앞에서, 내용은 형식 앞에서 사라져 버리고, 율법은 그 율법을 만드신 분의 신실하심, 곧 홀로 현실적이며 오직 믿음만이 직관할 수 있는 그 신실하심 앞에서 사라지는 것처럼 보인다. 우리는 이와 같은 생각 그리고 그와 연관된 비난, 곧 영지주의적 이원론[1]이라는 비판을 어떻게 물리칠 수 있을까? 만일 여기서 떠오르는 진리의 급진성이 **철저히** 급진적으로 이해되지 않는다면, 우리는 어떤 경우에도 그것을 물리칠 수 **없다**. 부정이라는 것이 어떤 긍정 옆에 머무르는 부정이라면 그것은 참된 부정, 결정적인 부정이 아닐 것이다. 그런 부정이라면 머지않아 그 스스로가 또다시 부정되어야 할 것이다. 부활이라는 것이 다른 여러 역사 곁에 나란히 서 있는 또 하나의 낯선 역사라면, 그것은 부활이 아닐 것이다. 그때 도대체 무엇이 부활할 수 있다는 말인가? 전제라는 것이 모든 주어진 여건에 대해 스스

1 영지주의를 연상하는 이원론이라는 비판이 바르트에게 여러 번 제기되었다. Jülicher, Paulusausleger, S. 95. 이 책 63쪽, 각주 70[원서에는 "S. 15112, Anm."으로 되어 있다].

로를 확증하고 성취하지 않는다면, 그것은 최종적인 전제가 아닐 것이다. 또 역설이란 것이 그저 하나의 특별한 사건으로서 익숙한 정신적 사건에 잇댄 것이라면, (그 연결이 아무리 탁월한 방식으로, 예컨대 "마성적인 것"[2]으로 발생한다 해도) 바로 그래서 역설이 **아니다**. 모든 존재하는 것, 알려진 것, 사물적인 것, 시간적인 것, 인간적인 것과 마주해 있는 타자他者, das Andere, 곧 우리의 근원이 되는 타자조차도, 만일 그것의 근원적이고 성취하고 최종적으로 긍정하는 의미가 모든 관계 속에서 인식되지 않는다면, 저 앞서 말한 것들과의 어떤 관계에서도 전적 타자ganz Anderes가 되지 못할 것이다. "우리가 믿음으로 말미암아 율법을 파기한다면", 만일 우리가 믿음을 율법 속에 넣지 않고 그저 제2의 것·타자·상이한 것으로 율법 **옆에** 세워 둔다면, 모세를 그리스도 안에서 |91| 파악하지 않고 그리스도를 모세 **옆에** 세워 둔다면, 만일 우리가 인간의 모든 노선 위에 있는 하나님의 심판을 보면서도 동시에 그 노선을 허락하시는 분을 보지 못한다면, 모든 인간적인 감동과 활동과 갈망이 하나님을 통해 지양됨을 보면서도 또한 그것이 하나님에게서 이미 지양되었음을 보지 못한다면, 그래서 믿음이 제기하는 최종적인 **질문**이—그야말로 **최종적인** 질문으로서—동시에 모든 질문에 대한 **답**이 되지 않는다면, 그렇다면 믿음은 믿음이 아니다. 그렇다면 우리는 너무나 불충분한 결론을 내린 셈이다. 우리는 그저 하나의 **반응**을 보였을 뿐이며, 어떤 "원한"Ressentiment [3]을 표현한 것뿐이고, 어떤 대조 작용Konstrastwirkung을 일으켜 냈을 뿐이다. 그런데 그 대조 작용 자체도 또다시 지양과 변증법적

2 R. Otto, a.a.O.(이 책 141쪽, 각주 4), S. 15f., 140f., 161f.

3 Overbeck, Christentum und Kultur, S. 31(OWN 6/1, S. 64). "뜨겁게 활동적이었던 원(原) 그리스도교와 마찬가지로 불교도 '일종의 르상티망(Ressentiment) 운동에서 태동되었다'는 주장을 니체는 특별히 반박했다."

작업을 필요로 하며, 어떤 최종적 일치로 소급되어야 한다.

그러나 우리가 말하려는 것은 이것이 아니다. 도리어 우리는 **"율법을 굳게 세우느니라."** 오히려 우리는 역사와 주어진 것[현실]과 정신적 사건을 그것의 우연성으로부터 해방시킨다. 우리는 하나님을 알려지지 않은 하나님으로 부름으로써[행 17:23] 오히려 그 하나님을 하늘과 땅의 주님으로 선포한다. 우리는 구원을 설교함으로써 창조된 모든 것 안에 있는 창조에 합당한 것을 선포한다. 우리는 모든 체험을 인식의 빛 안에 둠으로써 오히려 모든 체험의 깊은 의미를 선포한다. 우리는 믿음의 역설을 율법의 영원한 부정으로 제시함으로써 오히려 율법의 영원한 진리를 선포한다. 우리는 개인의 영혼이 하나님 앞에서, 하나님 안에서 상실되었고 지양되었으며 그분 안에서 구원받았음을 선포함으로써 오히려 그 개인의 권리, 개인의 무한한 가치(키르케고르)[4]를 선포한다. **바로 그래서** 우리 모든 인간적인 존재·소유·행동이 하나님의 심판 아래 굴복할 것을 요구한다. **바로 그래서** 우리는 언제 어디서나 하나님의 의롭다 선언하심을 기다릴 것을 요구한다. 이는 (하나님의 입장에서 볼 때는, 그리고 하나님을 향해서는) 언제 어디서나 그 어느 것도 상실되지 않았기 때문이다. **바로 그래서** 우리는 마지막 나팔소리의 순간[고전 15:52]과 과거 및 미래의 모든 [시간적] 존재 사이의 동일성을 지양한다. 이로써 우리는 모든 시간의 동시성[5], [a]그 이전과 이후

4 이것은 키르케고르 사상의 핵심 개념이다. S. Kierkegaard, *Der Begriff des Auserwählten*, a.a.O.(이 책 140쪽, 각주 2), S. 46f.(Pap. VII 2 B 235, S. 40), *Die Krankheit zum Tode*, übersetzt von H. Gottsched, KGW 8, Jena, 1911, S. 3(SKS 11, S. 117) 등.

5 바르트는 키르케고르가 발전시킨 동시성(Gleichzeitigkeit)의 해석학에 종말론적 의미를 부여한다. Kierkegaard, Philosophische Brocken, Kapitel IV, "Der gleichzeitige Schüler", Kapitel V, "Der Schüler zweiter Hand", S. 51-65, 81-100(SKS 12, S. 258-272, 287-306), Kierkeggard, Einübung, S. 58-62(SKS 12, S. 74-78).

에 있는 모든 것의alles dessen, was vorher und nachher ist [a] 동시성을 선포하니, 바야흐로 모든 이전과 이후가 전적인 타자성을 띠고, 그 [나팔소리의] 순간의 빛 속에 서 있으며, 그 순간의 위엄과 중요성에 참여하고 있음을 우리가 보기 때문이다. 하나님의 심판과 하나님의 의는 진정한 초월 속에서 가장 진실한 내재를 우리에게 보증한다. 지금 그리스도 안에 **계신** 그분은 과거에도 **계셨고** 미래에도 **계실** 분[계 1:4, 8]. 예수 안에 있는 계시, 곧 우리의 근원이 되는 계시는 시간의 종단면에서 절대 정지하지 않는 것, 필연적인 것, 현실적인 것의 폭로다. 그러므로 역사 자체가 부활을 증언하며, 주어진 것[소여성] 자체가 그것의 주어지지 않은 전제를 증언하고, 인간적인 사건 자체가 자신의 양도 불가능한 기초인 믿음의 역설을 증언한다. 올바로 이해된 |92| 율법은 전적으로 하나님의 신실하심의 증명, 인정, 계시다. 우리는 율법을 폐지하지 않는다. 오히려 율법, 성경, 종교가 자신의 고유한 의미 안에서 말하게 하고 "**증언**"하게 한다(3:21). 이로써 우리는 믿음이 율법의 의미라는 사실, 믿음이 급진적인 기적(4:1-8)이라는 사실, 믿음이 순수한 시작[6]이라는 사실(4:9-12), 믿음이 원초적인 창조(4:13-17a)라는 사실을 인지한다. "도리어 율법을 굳게 세우느니라."

1-2. 1 그런즉 우리 조상 아브라함이 육으로[개역개정 난외 역] **무엇을 얻었다 하리요.*** **2 만일 아브라함이 행위로써 의롭다 하심을 받았으면 자랑할 것이 있으려니와 하나님 앞에서는 없느니라.**

"**그런즉……아브라함이……무엇을 얻었다 하리요.**" 우리는 믿음이 율

* εὑρηκέναι는 사본상의 근거가 확실함에도 불구하고 [문법적으로 문장을] 부드럽게 하기 위한 삽입구이므로 생략해도 무방하다.

6 '근원'(Ursprung)이라는 개념과 병행 개념. 이 책 102쪽.

법의 의미라는 문장의 본보기로서 율법의 영역에서 가능한 한 멀찍이 떨어진 인물이며, 가능한 고전적인 인물을 택한다. 이런 선택으로 우리의 과제가 쉬워졌다고는 말할 수 없을 것이다. 아브라함이라는 인물의 역사적 자리는 우리가 서 있는 역사적 자리와는 전적으로 다른 것이어서, 예컨대 역사적·심리학적 사건의 평면 위에서 저쪽부터 이쪽까지 하나의 선을 그을 수 있는 가능성은 처음부터 배제된 상태다. 예수 안에 나타난 하나님의 의가 율법의 성취가 아니라 율법의 해체라면, 그것이 성경적(혹은 성경 이외의) 종교사에 나타난 일련의 현상들 속에서 그저 하나의 개혁, 하나의 반응, 어떤 "다른 것"에 불과할 뿐 그것들 전체의 저편에 놓인 의미와 내용이 아니라면, 또 하나님의 의가 다른 시간과 나란히 서 있는 시간, 다른 역사와 나란히 서 있는 역사, 다른 종교와 나란히 서 있는 종교에 불과하다면, 그렇다면 그런 것들, 다시 말해 그 의의 그저 상대적이고 우연적이고 일회적인 의미는 아주 멀리 있는 [아브라함의] 시간, 역사, 종교와의 대조를 통해서 환히 드러나야 할 것이다. 우리가 예수 안에서 보았다고 주장하는 역사의 핵심 주제는 완전히 순수하고 완전히 우월하고 완전히 엄격하게 [아브라함과 우리 사이를 잇는] 실질적으로 연결된 것이 아니라면, 모든 과거와 현재, 저쪽과 이쪽을 잇는 객관적으로 일치된 것이 아니라면, 그렇다면 그 주제는[er b] 우리가 "아브라함"을 언급할 때 우리가 마주하게 되는 대립의 크기 때문에 우리를 낚아채서 [아브라함으로부터] 갈라놓을 것이다. 다른 한편으로는 아브라함이라는 인물의 고전성과 마주하여, 또한 그 인물이 가지고 있는 의심할 수 없는 비중과 규모와 가치와 마주하여, 또한 육신의 세계에서는 최고에 속하는 사람 곧 "육신으로 우리 조상인"[4:1, 개역개정] 사람의 긍정성과 마주하여 인간적인 존재와 소유와 행동에 대한 그저 상대적인 부정과 지양과 평가절하만이 뚜렷이 드러나게 될 것이다. |93| 그저

유령처럼 섬뜩한 의미의 부활, 그저 회의적인 의미의 비판만이 드러나고, 모든 분별력 있는 사람들에게는 그저 "육신적인" 대립성만이 공허함과 의문성 가운데서 드러나게 될 것이다. 만일 아브라함, 예레미야, 소크라테스, 그뤼네발트[7], 루터, 키르케고르, 도스토옙스키와 같은 인물들이 예수에 대해 결정적으로 역사학적 거리를 유지할 뿐이며, 예수 안에서 그들의 본질적인 하나됨과 동시성과 상호 연결성이 파악되지 않는다면, 그때 예수는 그리스도가 아닐 것이다. 예수 안에서 스스로를 통고하는 부정을 통해 그들의 입장들이 지양되는 데 그칠 뿐, 그와 동시에 긍정의 토대가 마련되지 못한다면, 그때 예수는 그리스도가 아닐 것이다. 그러나 바로 그게 중요한 문제다. 예수의 빛이 구약성경의 빛과 다른 빛이 아니라는 사실, 모든 종교사와 진리 역사의 빛과 하나라는 사실, 대림절 세상 전체 곧 모든 자연과 역사와 눈에 보이는 피조물과 눈에 안 보이는 피조물 전체가 그 기다림의 성취로 **우러러보는** 빛이라는 사실 속에서 예수는 그리스도로 **확인**된다. "구약성경은 일반적인 의미에서만 그리스도보다 앞선 것이 아니고, 오히려 그분 스스로가 그 안에 사셨다. 달리 말해, 구약성경은 그리스도의 선先역사적 삶을 직접 동반하는, 나아가 [똑같이] 모사模寫하는 증언, 곧 그 삶의 **증언**이다"(오버베크).[8] "아브라함이 나기 전부터 내가 있느니라"[요 8:58]. **이것**이 우리가 아브라함에 관해 말하는 것이며, 이제 아브라함을 통해서 이것을 보여주고자 한다.

"만일 아브라함이 행위로써 의롭다 하심을 받았으면 자랑할 것이 있으려니와." 아브라함의 "행위", 곧 그의 말과 행동을 통해 나타나는 태도와

7 이 책 327쪽, 각주 12.

8 Overbeck, Christentum und Kultur, S. 37(OWN 6/1, S. 69f.). 바르트의 강조.

지향과 심정이 의인의 행위라는 사실은 명백하다. 그의 행위는 이교의 어둠 속에 잠겨 있는 주변 세계 위로 힘차게 솟아오름이며, 더욱 의식적인 종교성, 더욱 순결한 도덕, 영웅적인 믿음의 영웅적인 성취라는 사실도 명백하다. 우리는 이 명백한 것을 어떻게 해석해야 하는가? 우리는 우리가 아브라함이나 혹은 그와 비슷한 사람들에게서 느끼는 "의"의 인상에서 자연스럽게 그에 상응하는 신적인 인정과 평가가 있었음을 추론하게 되는데, 그것이 틀린 일은 아니다. 그러나 그런 일이 일어난다면, 다시 말해 우리가 명백한 것으로 받아들이는 아브라함의 "행위"에 대해 하나님께서 의롭다고 선언하시는 일이 일어난다면, 그때 우리는 이미 의롭다 인정을 받은, 그래서 앞으로 또다시 의롭다는 인정이 필요 없는 인간의 존재·소유·행동과 마주하게 되는 셈이다. 하지만 그것은 앞에서 우리가 확인했던 것(3:20, 27-31)과는 달리 모든 인간적인 삶의 내용이 하나님을 통해 불안과 의문에 빠지는 일에 노출되지 않는 인간의 존재·소유·행동인 셈이다. 그렇게 되면 "중요한 사람", 인물, |94| 영웅, 인격으로서 아브라함의 **자랑할 것**이 역사의 음성[9]을 선포하는 셈이 된다. 왜냐하면 바로 이 지점, 곧 아브라함의 "행위"에서 하나님의 의가 인간의 의와 하나가 되는 셈이기 때문이다. 그런데 이 지점에서 그것이 가능하다면, 다른 여러 지점[다른 사람들의 사역]에서도 안 될 이유가 없지 않은가? 이렇게 된다면 모든 인간적인 것의 위기는 이제 피할 수 없는 것이 아니고, 죽음을 통해 생명에 이르는 길도 무조건 필연적인 길은 아니며, 예수를 통해 그 안에 놓이게 되는 믿음의

9 Overbeck, Christentum und Kultur, S. 37f.(OWN 6/1, S. 70). 앞 문단에서 바르트가 인용하여 상세히 설명한 것을 오버베크는 "영웅"과 "자랑"과 연결하고, 그리스도도 "인간적인 역사적 위인"으로 연결하였는데, 바르트는 아마도 이 부분을 생각하고 있는 듯하다.

역설도 불가피한 것이 아닌 셈이다. 만일 단 하나의 지점에서라도 어떤 인간적-신적인 것, 혹은 신적-인간적인 것이 존재한다고 하면, 만일 그 자체로 직접 인간의 눈에 보이고 인간이 "자랑"할 수 있는 (그런 것이 있다면 그렇게 못할 까닭이 없지 않은가?) 그런 것이 존재한다면, 그때는 예수 안에서 지시된 죽음의 길 외에도 하나님께 가는 다른 길, 더 간단한 길이 있는 셈이다. 그렇다면 더 간단한 그 길을 마다할 사람이 있을까? 우리는 여기에 대해 뭐라고 말할 수 있는가?

그렇다. 아브라함의 의는 자랑할 만한 것이었다. 그러나 "하나님 앞에서는 없느니라." 한 인간의 행동Verhalten이 우리에게 신적인 위대함, 사명, 메시지, 직무 준비, 직무 수행의 인상을 준다고 할 때, 그것은 도대체 무엇을 의미하는가? 우리가 "신적인"이라는 말을 엄중한 의미에서 사용한다면, 그것은 우리가 직관할 수 없었던 것이 그 사람을 통해 확실하게 드러남을 뜻한다. **그 사람의 존재**가 우리에게 **그 사람이 아닌 무엇**[저편]을 기억나게 함을 뜻한다. 그의 행동 뒤에, 그리고 그 행동 위에 어떤 비밀이 있다는 것, 그의 행동에 의해 그 비밀은 드러나는 동시에 은폐된다는 것, 그래서 어쨌거나 그 비밀은 그의 행동과 동일한 것이 아니라는 것 등을 뜻하게 된다. 우리는 어떤 사물에 강력한 빛이 비침으로써 생겨난 그림자를 빛이라 부르지 않는다. 이와 마찬가지로 우리에게 하나님의 의를 명백하게 드러내 보여주는 한 인간의 "행위"Werke가 그 자체로 의로운 것은 아니다. 그것은 인간적인 신성도 아니요 신적인 인간성도 아니다. 그것은 그저 하나님의 의로우심에 대한—거기서 하나님의 의가 우리에게 더욱 명백하게 드러나면 드러날수록—**지시**Hinweis일 뿐이다. 한 인간의 손발을 묶어서 그가 원하지 않는 곳으로 끌고 가는 결박[요 21:18]이 그의 진짜 손발일 수 없는 것처럼, 하나님 앞에서 의로우며 하나님이 기뻐하시는 그의 "행

위"는 그의 생애와 역사에서 그의 "행위"로 명백하게 드러난 것과는 일치하지 않는다. 오히려 우리가 그런 사람에게서 받은 인상은 눈에 보이지 않는 낯선 사건에 대한 눈에 보이는 **기억**이다. 이것은 그 인상이 강하면 강할수록 더하다. 요컨대 아브라함이나 그와 비슷한 사람들의 자세와 지향과 심정에서 나타난 그 명백한 "의로움"(종교성, 천재성, 의미성)은 사람들 앞에서, **세계** 역사의 광장 앞에서는 그에게 자랑이 될 수 있다. (그리고 잘못된 조언을 받아들인 |95| 역사는 이러한 자랑, 곧 그의 인격의 자랑 혹은 그 비슷한 것에 집착할 것이다.) 그러나 "하나님 앞에서는 없느니라." 그도 그럴 것이 "하나님 앞에서" 그에게 자랑은 그의 회개(2:4)이며, 하나님이 평가하시고 "보응"하시는 그의 행위(2:6)다. 그것은 "이면적 유대인"[은폐된 유대인]이며 "마음에 하는 할례"(2:29)다. 그리고 이것은 다른 책에 적혀 있는 것, 그 자체로는 인간에게 불가능한 것, 그래서 인간의 시야에서 벗어난 것이다. 그것이 인간에게 가능하다면 오직 하나님으로부터 가능하며, 그러므로 오직 하나님으로부터 파악할 수 있는 것이다. 인간에게 가능한 것, 인간에게 보이는 것이 저 불가능하고 보이지 않는 것을 지시함이 분명한 것처럼, 그 가능하고 가시적인 것의 적나라한 인간성이 저 불가능하고 비가시적인 것에 의해 발견되고 심판당함도 분명하다. 저 고전적인 인물의 고전성은 피조물인 그의 본성과 인간성에 있는 것이 아니라 지금 그에게 닥친 **심판**에 있으며, 그의 피조성의 **제한**에 있다. 이 제한은 바로 그에게서 감지될 수 있게 되는데, 그가 그것을 **알고 있다**는 점에서, 또 그가 자기 피조성의 애매함과 상대성과 지양을 확실하게 의식하고 그것을 자랑하지 아니한다는 점에서 그렇게 된다. 그의 긍정적인 위대함은 오직 하나님만이 절대적으로 확실하게 직시할 수 있으니, 이는 그 위대함이 오직 하나님 안에 기초해 있기 때문이다. 그러나 아브라함 같은 한 사람에게서 명백하게

나타난 것이 **하나님의 의가 아니며**, 하나님의 의가 그런 사람에게서 **명백하게 나타나지 않는다면**, 그때는 그 사람도, 아니 그 사람이야말로 모든 인간적인 것의 위기 속, 곧 죽음으로부터 생명으로 나아가는 길 위에 있으며, 그때는 그의 가치도 (우리 쪽에서 그 가치를 확정할 수 있는 가능성도) 믿음의 역설, 믿음의 기적에 기초하고 있는 것이다. 예수의 죽음의 길은 에둘러 갈 수 있는 길이 아니다.

3-5. 3 **성경이 무엇을 말하느냐. 아브라함이 하나님을 믿으매 그것이 그에게 의로 여겨진 바**[산정算定] **되었느니라.** 4 **일하는 자에게는 그 삯이 은혜로 여겨지지**[산정되지] **아니하고 보수**[빚]**로 여겨지거니와** 5 **일을 아니할지라도 경건하지 아니한 자를 의롭다 하시는 이를 믿는 자에게는 그의 믿음을 의로 여기시나니.**

"**아브라함이 하나님을 믿으매.**" 그러므로 아브라함에게 있는 모든 고유한 것, 자랑할 만한 것, 그런 비슷한 것, 말하자면 그의 영웅적인 체험과 행동, 그의 의식적이고 무의식적인 인격과 경건, 이런 모든 것은 하나님 앞에서 그의 의로움으로 간주되지 않는다. 그의 삶 속에 나타난 모든 것, 어떤 다른 삶에 기초한 무엇, 어떤 원인의 결과, 일련의 추론과 결론, 그래서 눈으로 분명하게 볼 수 있는 모든 것은 여전히 죽음의 선, 곧 시간과 영원을 가르고 인간과 하나님을 |96| 가르는 그 죽음의 선 **이편**에 머물러 있는 것이다. 비록 그것이[es c] 저편을 강력하게 증언하고 있다 해도 말이다. 죽음의 선 **저편**에는 하나님이 계시다. 아무런 근거가 필요하지 않은 분으로서 모든 것의 근거가 되시며, 그 어떤 본질도 지니고 않으심으로써 본질적이시며, 알려지지 않은 분으로 알려지시며, 침묵 속에서 말씀하시며, 도저히 가까이할 수 없는 거룩함 속에서 긍휼하시며, 직접 모든 것을 짊어지면서 책임을 요구하시며, 홀로 역사하면서 복종을 요구하시며, 심판 속에서 은혜

를 베푸시는 분, 인간이 **아닌** 하나님, 바로 그 때문에darum d 순수한 근원이시며, 잃어버릴 수 없는 고향, 최초이자 최후의 진리, 창조주, 인간의 주님이시요 구원자이신 하나님이 거기 계시다. 하나님은 언제나 인간의 저편에, 새롭게, 멀리, 낯설게, 탁월하게 계신다. 절대로 인간의 영역에 계시지 않으며 인간의 소유가 되지 않으신다. 하나님을 말한다는 것은 언제나 **기적**을 말하는 것이다. 인간의 정신 앞에 하나님은 이것이냐 저것이냐Entweder-Oder[키르케고르 저서 제목]로 서 계시는 것처럼 보일 수도 있다. 요컨대 하나님 앞에서 마치 인간의 선택 아니면 거부, 긍정 아니면 부정, 깸 아니면 잠, 이해 아니면 오해가 있는 것같이 보인다. 그러나 가능하고 개연성이 있고 눈에 띄고 이해가 되는 것은 언제나 하나님에 대한 거부, 부정, 늦잠, 오해다. 눈으로 볼 수 없는 것을 보지 않음, 이해가 되지 않은 것을 이해하지 않음이다. 분명 인간에게는 기적을 감지할 기관이 없다. 그래서 인간의 모든 경험과 이해는 기적이—하나님 안에서—시작되는 바로 그 자리에서 확실히 멈추어야 한다. 인간 쪽에서 하나님을 긍정하고 이해하게 된다면, 정신적인 흐름이 하나님을 지향하게 되고 하나님으로부터 오는 확실함을 받아들이고 믿음의 형식을 취하게 된다면, 그때는 불가능한 것, 기적, 역설이 일어난다. 왜냐하면 아브라함의 통찰, 곧 하나님의 말씀에는 이루시는 능력이 있다(4:21)는 통찰은 **그야말로** 불가능한 것이기 때문이다. 하나님께서 없는 것을 있는 것으로 부르신다(4:17)는 통찰은 **그야말로** 기적이다. 하나님께서 영광die Doxa받아 마땅하다(4:20)는 통찰은 겉으로 보이는 모습Doxa[가상Schein]과 충돌하니 **그야말로** 역설Para-dox이다[고대 그리스어에서 '의견'이나 '견해'를 뜻하는 '독사'doxa는 '-처럼 보이다'는 뜻의 '도케인'dokein에서 파생되었다. 칠십인역 성경은 히브리어 '카보드'kavod(영광)를 그리스어 '독사'로 번역하였다. '파라독스'(역설)paradox의 '파라'para에는 '-과 충돌하다'는 뜻도 있다]. 바로 이러

한 통찰이 믿음이다. "아브라함이……믿으매." 이것이 그를 있게 만든 행동이며, 그의 명백한 "행위"(4:2)가 솟아 나온 감춰진 원천이다. 그는 믿는 사람으로서 **자기가 아닌** 어떤 능력 안에서 **자기 자신이다. 자신의 존재**(종교적인 깨달음을 얻은 자, 정신적·도덕적 영웅 등) 안에서 자신의 믿음, 곧 **자기가 아닌 것**(기적, 새로운 세상, 하나님)이 터져 나오기 때문이다. 만일 아브라함의 믿음(인간이 하나님 안에서 새로운 토대를 얻음으로써 인간적인 것이 지양됨)에서 그 죽음의 선을 치워 버린다면, 그것은 그의 믿음에서[von e] 내용을 치워 버리는 것이요, 그러면 그 믿음은[er f] 인간적인 행동이 되어 모든 인간적 행동의 주관성·상대성·애매성에 빠져 버린다. 아브라함의 생명이 그의 죽음에 기초한 것이 아니라면, 아브라함은 아브라함이 아니다. 아브라함은 그저 믿기만 한 것이 아니다. 그는 **하나님**을 믿었다(창 15:6). 성경은 바로 이것을 말하고 있다. |97|

"그것이 그에게 의로 여겨진 바[산정]算定 되었느니라." 그러므로 이미 창세기 이야기["아브람이 여호와를 믿으니 여호와께서 이를 그의 의로 여기시고", 창 15:6]에서도 인간을 위한 신적인 여겨짐[Anrechnung](산정) 혹은 [장부에] 기입[Buchung](3:28)이라는 특별한 개념이 나온다. 이것이 인간의 시도라면 위조일 것이요 불가능한 일(2:3)이겠지만, 하나님의 행동이기 때문에 가능하고 의로운 것이다. 원래 하나님의 소유였던 어떤 항목이 (생명책[계 20:12]에서) 인간의 소유로 변경되어 기입되었다. 하나님은 아브라함에게서 일어난 기적, 곧 믿음의 기적을 하나님의 의로 여겨 주심으로써 그것이 아브라함의 소유가 되게 하셨다. 이것은 인간의 모든 존재와 소유와 행동과 대비되는 자유로운 행동, 바로 그 자유로 인해 강력하고 현실적인, 하나님의 행동이다. 인간은 **자기가 아닌** 존재를 통해 **하나님의 존재**에 참여한다. 자신의 죽음 속에 하나님의 영원한 빛이 비쳐 온다—강력하고 현실적으로, 그러나 오직 그가 아닌 존재 안에서, 오직 그의 죽음 속에서 비쳐 온다. 그의 믿음이 인간적인 태도와 심정과 지향이라면, 그것은 다른 모든 인간적인 것과 마찬가지로 하나님의 의가 될 수 없다. 그의 믿음이 텅 빈 공간이라면, 기적과 불가능한 것과 역설을 포괄하는 경계선이라면, 그것은 눈에 보이지 않는 그 내용 때문에 하나님께서 인정하시는 하나님의 의다. 그것이 예수가 걸어간 죽음의 길이며, 그 길이 아브라함이 [걸어간] 생명의 길이다.

"**일하는 자에게는 그 삯이 은혜로 여겨지지**[산정되지] **아니하고**." 여기서 "여겨지다[산정되다]"angerechnet라는 개념은 믿는 자 아브라함 위에 내려지는 하나님의 의와 (아무리 특별한 것이라 해도) 인간의 의를 가른다. 만일 그의 믿음이 기적이 **아니라** 그저 놀라운 경건, 불합리한 영웅주의, 정신적인 업적이라면, 그런 믿음은[g] 창세기가 이야기하는 그 신기한 은혜의 실행, 곧 그런 "산정"을 진정으로 필요로 하지 않는다. "일하는 자" 아브라함은—생명책에서는 아닐망정[계 20:12]—종교사의 책, 위대한 인간과 아름다운 영혼의 책에서는 자기의 삯을 **받는다**. 이러한 관계 속에서 그의, 그리고 그와 비슷한 사람들의 진실함과 선함과 자랑으로 언급될 만한 것이 있다면, 그것은 언급되어야 하며 충분히 그럴 수도 있다. 그는 인간적인 감사와 존경을 받아 마땅하다. 그러나 그것은 은혜로 된 것이 아니라 "빚"으로 된 것이다. 이 빚에 따라 어떤 사람들은 그런 비슷한 보수를 받기도 하고, 시간이 흘러가면서 다소간 완전한 형태로 보상이 나오고 그것을 수령하기도 한다. 한 인간에 관한 직접적인 (역사적·심리학적) 평가는 하나님의 의에 대한 물음을 던지지 않는다. 그저 "빚으로" 인간에게 합당하고 의롭기를 추구하는 것이다. 설령 그런 평가가 "하나님"을 고려한다 해도 그 하나님은 인간의 창조주요 주님이시요 구원자이신 하나님, 은혜를 베푸시고 의로움을 "산정"하시는 하나님이 아니라 |98| 인간에게 법적으로 묶여 있는 존재, 계

약자요 채무자인 몇몇 출중한 인간들의 활동에 묶여 있는 최고 심판, 보상금을 나눠 주는 존재일 뿐이다. 그리고 이런 하나님, 곧 "빚으로" 품삯을 지불해 주는 "하나님"은 하나님이 **아니라** 여러 현자들 자신의 정신[10]이다.

"일을 아니할지라도……그의 믿음을 의로 여기시나니." 인간의 가치를 평가하는 또 다른 방식이 있다. 예컨대 창세기에서, 그리고 도스토옙스키에게서 나타나는 방식이다. 이것은 영광을 받을 만한 존재에게 영광을 돌리는 것[롬 13:7]으로 만족하지 않는다. 인간의 의로움을 증명하는 것이 긴박한 관심사가 아니다. 이 방식은 궁극적인 질문을 곁가지로 처리해 버리거나 아예 잊어버리는 법이 없다. 이 방식은 제일 먼저 그 질문을 던지고 바로 거기서부터 생각을 전개해 나간다. 인간의 삯[을 적어 놓은] 장부만 생각하는 것이 아니라 생명책[계 20:12]도 있다는 사실, 그 책의 내용은 인간에게 비가시적인 것으로서 인간에게 가시적인 것이 될 수 있다는 사실을 알고 있다. 이 방식은 "빚으로" 인간에게 배정되는 것보다는 은혜로 인간에게 "가산된"zugerechnet 것에 관심을 기울인다. 이 방식은 다른 방식들처럼 자신의 정신을 온 세상의 심판자로 삼으려는 유혹에 쉽게 빠지지 않는데, 왜냐하면 이 방식은 처음부터 암묵적으로 바로 그 심판자와 심판을 전제하고 있기 때문이다. 그러므로 이 방식은 한 인간의 "행위"Wirken를 볼 때도 애초부터 비행위Nicht-Wirken의 배경에서 보며, 그의 생명은 죽음의 빛에서 본다. 혹여 인간적인 위대함이 나타나더라도 그것을 하나님의 존귀하심을 기준으로 보며, 인간의 피조성은 창조주를 가리키는 표시로 본다. 인

10 요한 볼프강 폰 괴테, 『파우스트』 제1부, 제5막, 밤(V. 577-579)

자네들이 시대의 정신이라고 부르는 것,
그것도 근본적으론 여러 현자들 자신의 정신으로서
그 속에는 여러 시대가 반영되고 있는 것일세.

간의 눈에 명백하게 보이는 것도 텅 빈 공간, 갈망, 결핍으로 보며, 보이지 않는 것에 대한 소망으로 본다. 이 방식은 인간의 믿음을 믿음의 빛에서 본다. 이 방식은 고요히 자기를 진정시키고 간간히 우수에 젖은 유머를 지니고서 인간의 모든 진정한 인간적인 위대함, 모든 경건, 모든 영웅주의, 한 인간의 모든 정신적인 아름다움과 역사적인 의미를 즐길 수 있다. 그러나 그것을 가지고 인간에 대한 궁극적인 평가를 하지는 않는다. 오히려 그런 모든 것 안에서 그리고 그것들을 통해—겉으로 보이는 모습[가상]과는 반대로—드러나는 믿음에 따라 그 인간을 평가하며, 이로써 지나치게 의인[전 7:16]이 직접적인 칭찬으로써 대하는 것보다 더욱 공정하게 인간을 대한다. 또한 이 방식은 고요히 자기를 진정시키면서 가끔 어떤 용서하는 미소를 지니고서 한 인간이 죄 안에서 진정 인간적으로 죽어 있는 상태를 애도할 수 있다. 한 인간의 모든 이교도적인 것, 굳어 있는 것, 무신론적인 것, 짐승처럼 가라앉은 것을 애도할 수 있다. 그러나 그것을 가지고 인간을 평가하지 않는다. 오히려 여기서도 모든 것 안에서—겉으로 보이는 모습과는 반대로!—드러나는 믿음에 따라 평가하며, 이로써 지나치게 의인이 직접적인 비난으로써 그러는 것보다 더욱 공정하게 인간을 대한다. 이 방식은 전자의 경우나 후자의 경우 모두, **하나님의** 보상이 **하나님의** 기뻐하심과 가치 평가에 따라(2:6) 이루어진다는 사실을 알고 있으며, 하나님께서는 인격 곧 마스크를 |99| 보시지 않고(2:11) 사람들의 은밀한 것을 보고 심판하신다는 사실(2:16)도 알고 있다. 이 방식은 믿음의 눈을 가지고 있어서, 또 믿음이 무엇인지를 알고 있어서 믿음을 본다. 모든 가능한 것이 불가능한 것에 의해, 모든 정신적·역사적인 것이 기적에 의해, 직접적으로 눈에 보이는 모든 인간적인 존재와 소유와 행동이 역설에 의해 포위되고 의심되고 마침내는 긍정되고 새로운 근거를 찾게 되나니, 믿음이란 바

로 그 불가능한 것, 기적, 역설인 것이다. 그리고 이것은 스스로도 믿으면서 인간의 믿음을 **본다**. 인간의 존재 저편에 있음을 보는 것이다. 또한 그의 **존재**를 그가 아닌 어떤 존재로부터 이해하고자 한다. 바로 그렇기 때문에 인간의 의를 "여겨진"[산정된] 의, 곧 가장 엄격한 의미에서 하나님의 의, 신적인 ('그렇기 때문에'가 아니라!) '그럼에도 불구하고', 인간의 현존재에 대한 (확증이 아니라!) 용서로 본다.

"경건하지 아니한 자를 의롭다 하시는 이를 믿는 자." 이 말씀이야말로 "그는 하나님을 믿었다"는 문장을 오해의 여지 없이 정확하게 풀어 말한 것이다. 이것이 아브라함에게 수여된 하나님의 의다. 아브라함이 "하나님을 가진" 것인가? 절대 그럴 수 없다. 오히려 하나님이 **그를** 가지신다. 하나님께서 일을 아니하는 자(4:5)인 아브라함을 "그의 행위를 배제하여"(3:28) 가지신 것이다. 하나님이 그를 가진다는 사실, 하나님이 그를 "의롭다고 선언하신다"는 사실은 아브라함이 아니라 하나님 안에 근거한다. 아브라함 안에 근거하는 것은 하나님의 진노다. 아브라함도 하나님 앞에서 자신의 인간적인 의와 불의로는—다른 모든 사람과 마찬가지로—**그저** "경건하지 않은" 자(1:18), 그저 '아니' 아래에 놓인 자에 불과하다. 그가 깨어 일어나 이러한 상황을 의식하게 된 것, 이 위기를 느끼고 그것이 신적인 위기라는 사실을 인식한 것, 그가 바로 이 위기 속에서 주님을 위해 경건하게 살 것을 택한 것, 그가 하나님의 '**아니요**'를—그것이 **하나님의** '아니요'이기 때문에—'**예**'로 듣고 이해한 것, 바로 이것이 그의 믿음이다. 그러나 이러한 믿음, 그의 믿음 자체가 이미 비가시적인 실상, 곧 기적이다. 그는 **이** 의를 "자랑"할 수 없다. 진리의 역사에 속한 이 고전적인 인물도 오직 "예수의 피로써"(3:25) 계시된 바로 **그** 의, 그렇게 사람들에게 "가산된" **그** 의만을 자랑할 수 있다. 그의 '예'—그의 긍정은 마지막 나팔이 울려 퍼지는 순간[고전 15:52]의 위대한 '아니요'를 간과한다면, 그 자체로는 이해될 수 **없다**. 그가 자랑**할 수 있는**, 그리고 창세기에서 그에게 부여된 그의 '예' 곧 의란 그리스도의 삶을 "[똑같이] 모사模寫하는 증언"[11]이며, 모든 이전 및 이후와 대조되는 저 순간의 엄중함과 순수함과 탁월함의 증거, 곧 부활의 증거다. 믿음은 모든 시대에 똑같은 기적이다.

6-8. 6 일한 것이 없이 하나님께 의로 여기심을 받는 사람의 복에 대하여 다윗이 말한 바 7 불법이 사함을 받고 죄가 |100| **가리어짐을 받는 사람들은 복이 있고 8 주께서 그 죄를 인정하지 아니하실 사람은 복이 있도다 함과 같으니라.**

"**하나님께 의로 여기심을 받는 사람의 복에 대하여 다윗이 말한 바.**" 구약성경의 역사 서술을 통해 주어진 삶의 모습들에 대한 주석이 시편이다. 인간의 모습, 인간을 바라보는 성경적이고 간접적인 관찰 방식이 여기서도 감춰질 수 없다. 복이 있다고 칭찬을 받는 사람은 누구인가? 지극한 복락과 하늘을 **가진** 사람, 그리고 그것을 제 안에 간직한 사람, 그런데 그것을 자신의 행위로 얻고 자신의 행위로 드러내는 사람인가? 아니다. 인간 안에 있고 인간으로 말미암은 복락은 어떤 경우에도 "다윗"이 말한 복이 아니다. "다윗"도 인간의 가치·위대함·복락·행복을 간접적으로 본다. 그 역시 개인의 심리학적 탁월성이나 결핍성의 저편에 있는, "그의 행위를 배제하여" 안 보이는 것, 곧 하나님을 향한 그의 지향과 하나님을 통한 그의 규정됨을 본다. 그 역시 심리학적으로 볼 때 그저 빈 공간일 수밖에 없는 곳에서 개인의 본래적인 충만·활력·의미를 보며, 그 개인에게 "산정된" 하나님의 의를 본다. 그 역시 죽음의 선을 생명의 선으로 본다. 이렇게 눈에 안 보이는 것, 여겨진 것, 인간의 죽음에서 솟아 나온 생명이야말로 다윗이 보는 축복이다.

11 이 책 306쪽.

“불법이 사함을 받고 죄가 가리어짐을 받는 사람들은 복이 있고 주께서 그 죄를 인정하지 아니하실 사람은 복이 있도다 함과 같으니라.” “그의 입에는 간사함이 없도다. 내가 입을 열지 아니할 때에 종일 신음하므로 내 뼈가 노쇠하였도다. 주의 손이 주야로 나를 무겁게 누르시오니 나는 비참한 처지가 되어 내 척추가 뻣뻣하게 되었나이다. 그때 나는 내 불법을 깨달았고 내 죄악을 숨기지 아니하였나이다. 내가 이르기를 내 불법을 스스로 주님께 자복하리라 하였더니 주님께서 내 마음의 경건하지 않음을 사하셨나이다”(시 32:1-5[2-5], 칠십인역) 우리는 이 맥락을 잘 살펴야 한다! 구약의 의인이 가지고 있는 생명력과 의로움이란 것이 과연 무엇인가? 그는 직접적으로 눈에 띄는 인간적인 현실로부터 볼 때는 생명력도 **없고** 의로움도 **없다**. 자기가 그런 사람이라는 착각이 곧 “간사함”이며, 이것이 그의 입에서 사라져야 한다. 사실 그는 자신의 죄, 자신의 “불법”(그의 경건이 증언하는 것과 그의 경건 사이의 대조), 자기 마음의 “경건하지 않음”(모든 인간적인 예배에서 불가피하게 나타나는 우상숭배)에 대해 “입을 열지 아니”하려고 하며, |101| 허상으로 스스로를 가려 보려고 한다. 그는 자기의 죄를 자신의 개인적인 체험의 능력 안에서 스스로 용서하려고 한다. 그는 하나님 앞에서 죽으려고 하지 않고 오히려 자신의 생명력으로 살려고 한다. 바로 이렇게 시도하는 그는 **죽어야 한다**. 그는 하나님의 진리와 자기 마음의 간사함 사이에 끼어 육체적인 고통을 겪으면서 종일 부르짖는다. 하나님의 강고한 주먹 아래에서 더는 살 수 없는 그의 고유한 것, 개인적인 것이 울부짖는다. 또한 그의 거짓말의 압제 아래서는 아직 살 수 없는 영혼, 곧 하나님이 창조하신 영혼도 울부짖는다. 그는 말 못하는 사가랴[눅 1:22]와 눈먼 사울[행 9:8]의 곤경 속에서 신음한다. 그러다가 결국 하나님께 사로잡힌다. 그때 주제넘은 모든 자랑도 사라져 버린다. 자기가 강탈하려고 했던

하나님의 의는 인간에게 불가능한 것임을, 그 의는 모든 인간의 의에 대한 가차 없는 '아니요'라는 것을, 모든 종교적인 간사함에 대한 필연적인 심판이라는 것을 마침내 "깨닫는다." 저 죽음의 선, 하나님 안에 있는 생명의 선이 두려움과 떨림 속에서[빌 2:12] 그에게 환히 드러난다. 그는 깨닫는다. 이제 더는 숨기지 않고 자백한다. "곧 주께서 내 죄악을 사하셨나이다"[시 32:5]. 그때 주님께서 폭풍우 가운데서[욥 38:1] 그에게 대답하신다. 그런데 이 대답은 인간 내면의 길 중에서 하나 더 높은 단계를 뜻하는가? 아니다. 이것은 **그의** 길의 철저한 단절, 그와 함께하시는 **하나님의** 길의 시작이다. 그 어떤 심리학적 돌발 상황이 아니라, 시간이 없는 순간이다. 모든 이전과 이후의 새로운 자격을 그 안에 포괄하고 있는 순간이다. 이제 의인의 고난과 부르짖음이 완전히 끝난 것처럼 생각해서는 안 된다! 그러나 그가 **하나님 때문에** 고통을 겪고 있으며, **하나님을 향해** 부르짖고 있다는 사실이 드러났다. 의인의 고난과 부르짖음은 바로 이 자격을 위한 것이다. 이제 피조물의 불법과 인간의 죄악이 완전히 끝난 것처럼 생각해서는 안 된다! 그러나 그 불법과 죄악을 하나님이 용서하시고 가려 주셔서 고려하지 않으시고 오히려 친히 그것들을 **소망으로** 옮겨 주신다는 사실이 드러났다. 여기서도 이것은 **기적**이다. 직접 눈에 보이는 인간적인 현실의 저편에서 믿음으로 관철되는 기적, 곧 하나님께서 '아니요' 안에서 '예'를 말씀하셨다는 기적이다. 하나님과 인간의 **이런** 관계는 새로운 간사함과 새로운 허상의 대상이 될 수 없다. 결정적으로 우월한 이 관계가 인간화되는 것은 최종적으로 방지되어 있다. 왜냐하면 그 관계가 만드는 생명은 언제나 또다시 죽음을 통한 생명이기 때문이다. "다윗"이 칭송하는 사람은 이 사람이 아니다. 그의 생명력과 의로움은 그에게서 눈에 보이게 되는 것이 아니라 내적인 사람, 보이지 않는 사람, 하나님의 창조의 말씀을 통해 현

존재로 불러내진 사람, **자기가 아닌**[그의 존재 밖의] 사람, **이** 사람이 낡아지면서 오히려 날로 새로워지는[고후 4:16] 사람이다. 하나님께서 의로 여기시는 기적, 인간의 |102| 불의를 산정하지 않으시는 기적, 눈으로 볼 수 없는 **죽음** 속에서만 환히 드러나는 **그것**, 곧 믿음의 역설 때문에 이 땅의 경건한 사람이 복되다는 칭송을 받는다. 그러므로 아브라함에게 해당되는 말은 시편 32편에 나오는 사람, 저 연대기도 없고 이름도 없는 주석가에게도 해당된다. 그는 부활에 의해 살고, 부활의 증인이다. 그 자체만으로 그리스도 없이는 그의 경건이 이해될 수 없다. 그는 시간을 수직으로 가르고 오시는 생명, 곧 그리스도의 생명의 모사模寫다.

믿음은 시작이다

4:9–12

9a 그런즉 이 복이 할례자에게냐 혹은 무할례자에게도냐.

우리는 믿음과 그 의로움이란 종교의 현실 전체와 대비되는 어떤 고유한 것, 새로운 것, 다른 것임을 알게 되었으며, 그것이 모든 종교의 진리이며 모든 종교의 저편에 있는 순수한 시작이라는 것을 알게 되었다(3:21, 27–30). 이것은 결코 종교적 체험의 역사적·심리적 명료성과 동일시될 수 없다. 이것은 결코 인간적인 존재·소유·행동의 지속적인 발전 속에 배열될 수 없다. 이것은 결코 인생사·종교사·교회사·구속사의 과정에 있는 어느 한 구간이 될 수 없다. 하나님은 "율법"이 주어진 현실들, 인간적으로 볼 수 있는 계시의 흔적들에 대하여—물론 그 주어진 현실들도 그분의 신실하심을 증언하기는 하지만—언제나 자유로우신 분이다. 우리가 이런 인식을 가지고 "율법"을 폐지하는 것이 아니라 오히려 세우고(3:31), 모든

역사적인 계시의 참된 의미를 영예롭게 하는[bringen h] 일을 확증할 수 있을까? 그렇다면 다음과 같은 질문을 던져야 한다. 역사적 현실 속에 있는 종교는 자기가 하나님과 인간의 긍정적 관계의 전제요 조건이라고 주장할 수 있는가? 종교는 스스로를 인간의 저[jener i] 신적인 근거의 근거, 곧 우선적인 것[Prius]이라고 이해할 수 있는가? 인간적으로 명료하게 드러나는 계시 흔적들의 영역, 넓은 의미에서 "종교적"이고 "교회적"이라고 말할 수 있는 정신적·역사적 현상들의 영역은 그 자체로 하나님의 계시가 나타날 수 있는 유일한 자리인가? 율법에 의해 선포된 복, 경건한 자의 복(4:6-8)은 일단은 할례를 받은 아브라함에게, 유대인인 아브라함에게, 최고의 종교를 따르고 고백하는 아브라함에게, 역사적 계약 백성의[Bundesvolkes j] 선조인 아브라함에게 내리는 것인가? 그렇지 않다면, 오히려 |103| 종교의 역사적 현실성이 언제나 저 근원적인 하나님과 인간의 관계에 의해 제약된 것으로 이해되어야 한다는 사실이야말로 종교의 의미가 아닐까? 종교 자체도 이 관계를 자유롭고 얽매임 없는 것으로, 순수한 시작으로 인식하지 않는가? 인간의 새로운 근거, 곧 자기 자신의 현실의 절대적인 저편에서 일어나는 그 새로운 근거를 종교 자체도 끊임없이 내다보고 있지 않은가? 하나님의 계시가 가능한 자리는 종교적인 현상 세계의 영역과는 언제나(그리고 도저히 가늠할 수 없는 크기로) 다른 영역이라는 사실을 종교 자체도 알고 있지 않은가? 저 율법의 축복 선언은 아직 할례받지 않은 이방인 아브라함에게 해당되지 않으며, 오히려 그의 제사장적 지위, 교회사적·구속사적 지위와는 별개로 그저 중립적인 피조물이요 인간인 아브라함에게 해당되는 것 아닐까? 그러므로 하나님과 인간의 실질적 관계를 특징짓는 생명의 선을 그 결정적인 의미 속에서, 또한 종교적인 현실성에 대해서도 죽음의 선으로 파악하는 것은 마땅하고도 불가피한 일 아닐까? 우리는 믿음과 그 의

를 저 모든 종교적·교회적 존재와 소유와 행동과 관련해서도 순수한 시작으로 이해해야 하지 않을까?

9b-10. 무릇 우리가 말하기를 아브라함에게는 그 믿음이 의로 여겨졌다 하노라. 그런즉 그것이 어떻게 여겨졌느냐. 할례시냐, 무할례시냐, 할례시가 아니요 무할례시니라.

"**무릇 우리가 말하기를 아브라함에게는 그 믿음이 의로 여겨졌다 하노라.**" 이것은 우리에게 이미 그 의미심장한 "여겨짐"[산정됨]을 증언하는 (4:3) 음성, 곧 율법의 음성이요 구속사의 음성이다. 우리는 다시 한 번 이 표현에 담겨 있는 지시를 따라가 보려고 한다. 이 표현을 필요로 했던 사람[창세기의 저자]이 생각했던 것은 아브라함의 특성이나 상태, 곧 직접 눈에 보이는 특성이나 상태가 아니었음을 보여준다. 또한 그에게 아브라함의 "의"란 아브라함의 "할례"와는 전혀 다른 차원의 특성이었음을 보여준다. 그도 그럴 것이, 아브라함의 할례는 신적인 "여겨짐"을 통한 것이 아니고, 새로운 자격을 부여하는 신적인 판결을 통한 것도 아니다. 그의 할례, 그리고 거기에 내포된 것은 기적이 아니다. 다만 종교적인 현상의 세계에서 그가 관여하고 있는 몫, 눈에 보이는 몫에 불과하다. 그의 의가 할례를 통해 제약된다면, 그 의는 우리가 창세기에서 읽는 것과 같은 의가 아니다. 하나님께서 그렇다고 여겨 주시는 의, 저편에 있는 하나님의 의가 아니라 그저 종교적인 의일 뿐이다.

"**할례시가 아니요 무할례시니라.**" 이것이 의로 여겨진 아브라함의 믿음이었다. 율법이 아브라함에게 부여한 의로움은 이러한 전제, 게다가 역사의 시간적 경과에도 상응하는 |104| 이러한 전제 아래서만 "여겨진 것"으로 이해된다. 하나님께서 아브라함을 부르셨을 때, 아브라함은 **아직** 경건하지도 **않고** 족장도 **아니고** 제사장도 **아니었다**. 하나님의 부르심은 할례-

무할례의 대립, 종교-비종교의 대립, 교회-비교회의 대립보다 앞선다. 잠재적으로 그렇고 실제적으로 그렇고, 다른 많은 경우와 마찬가지로 이 경우에는 심지어 시간적으로도 앞선다. 그러므로 아브라함의 믿음은 할례가 아직 아니며, 종교가 아직 아니며, 경건의 정신적·역사적 현상도 아직 아니다. 믿음은 그 대립의 전제이며 그 대립의 근원적 공통분모다. 믿음은 종교적인 것도 아니고 비종교적인 것도 아니다. 성스러운 것도 아니고 세속적인 것도 아니다. 믿음은 언제나 둘 다이기도 하다. 창세기 본문[창 15:6]에서 ᵏ아브라함의 소명과 그의 믿음Berufung Abrahams und sein Glaube ᵏ은 의심의 여지 없이 하나의 순수한 시작이며, 가장 먼저 그리고 무조건적으로 설정된 것이다. 그도 그럴 것이Denn ˡ 아브라함은 종교사적으로 보면 유대인이 아니라 "이교도"다. 구속사적으로 보면 "경건하지 아니한 자"(4:5) 죽은 자(4:12)다. **아직** 경건한 자가 **아니었다**. 훗날에는 그렇게 되겠지만 역사적인 하나님 백성의 조상도 아직은 아니다. 세상은 세상이고 아브라함도 세상 속에 있다. 그러면 그 "여겨짐"이 이해가 된다. 아브라함의 경우, 그 할례를 통해 얻을 수 있는 종교적 의가 실제적으로나 시간적으로나 **아직은** 하나님 앞에서 의로 여겨지지 **않는다**. 그렇다면 그 벌거벗음에 옷을 입히는 것, 오직 **그 특정한** 입음이야말로 종교적 현상 세계의 영역 밖에서 오직 하나님으로부터 현존재와 가치를 가질 수 있는 그것, 곧 그의 믿음이다. 오직 그렇게 **산정될 수 있는** 것만 "여기신다"(4:5). 그것이 바로 믿음, 곧 귀로 듣지 못하던 것[고전 2:9]을 들음이다. 창세기 본문은 아브라함에게서 오직 보이지 않는 이것만을, 그의 믿음만을 의로움으로 간주한다. 이때 그 본문이 이해하는 "의"란 하나님의 존재·소유·행동으로서 그 자체로 완결된 이 세상의 영역과 구별되며, 종교적인 세상도 이 영역 내부에 있다.liegt ᵐ 그렇다면 역사적으로 현존하는 종교가 하나님과 인간 사이의 긍정적 관계의

전제요 조건인 것이 **아니라**, 오히려 그 관계가 근원적인 것이요 우선적인 것으로서 종교의 (또한 그 반대의) 역사적 현실성의 전제라고 말해야 한다. 분명 그것이 종교 자체의 의미다. 그러므로 경건한 사람에 대한 축복 선언(4:4-8)은 아직 경건하지 않은 자(4:9)에게도 이미 해당된다. 왜냐하면 그 사람이 복되다는 칭송을 받는 것은 그의 독실한 종교성 때문이 아니라 그의 믿음 때문이다. 이 믿음 **이외에** 다른 어떤 것도, 그것이 경건한 사람의 것이든 아직 경건하지 않은 사람의 것이든 하나님 앞에서 의가 될 수 없다. |105|

11-12. 그가 할례의 표를 받은 것은 무할례시에 믿음으로 된 의를 인친 것이니 이는 무할례자로서 믿는 모든 자의 조상이 되어 그들도 의로 여기심을 얻게 하려 하심이라. 또한 할례자의 조상이 되었나니 곧 할례 받을 자에게뿐 아니라 우리 조상 아브라함이 무할례시에 가졌던 믿음의 자취를 따르는 자들에게도 그러하니라.

"그가 할례의 표를 받은 것은……인친 것이니." 표징, 증언, 모사, 기억, 지시는 모든 계시 흔적의 역사적 현실성이며, 언제나 모든 역사적 현실성 저편에 있는 계시 그 자체를 지시한다. 아브라함 **또한** 모형의 현상 세계, 할례, 종교, 교회에 참여된 일부다. 할례가 생겨나자, 할례는 이스라엘이 하나님의 [영원 전의] 결의決意, Ratschluss [경륜, 결정, 엡 1:9, 11] 안에서 따로 구별되고 그분이 선택하고 보내시는 민족으로 정결하고 거룩하게 되었음을 상기시키는 신체적인 기억으로서 필수적인 것이 된다. 종교는 인간의 정신에서 일어나는 믿음의 기적에 대한 반응, 필연적인 정신적 반응(체험)이다. 교회는 인간에게 쏟으시는 하나님의 행동, 결코 그 자체로는 역사가 되지 않는 신적인 행동의 역사적 표현이요 역사적 매개 및 연결 관으로서 결코 피해 갈 수 없는 것이다. 이런 정신적·역사적 **내용**과 비교하여 저 신적인 **형식**, 곧 의미를 부여하며 성취하는 형식은 저편에 있는 것, 결코 지워

없앨 수 없는 다른 것이다. 이 내용은 자기 자신 너머로 가파르게 솟아오른, 그런데 갑자기 끊어져서 수수께끼처럼 허공으로 돌출한 계단과 같다. 만일 이렇게 자기 너머를 가리키는 이것이 겸손함 속에서 그 자체로 이해되지 않는다면 저 신적인 진리를 희한하게 목재나 석재로 만들 수 있는, 자랑스러운 피라미드 무덤이 될 수 있는 위험이 언제나 도사리고 있다. 이것은 "확인 도장"Siegel이다. 또한 하나님으로부터 인간에게 닥쳐오며 하나님께서 인간에게 약속하신 새로운 근거와 지양과 구원에 대한 기억, 아침마다 새로운 하나님의 신실하심에 대한 기억[애 3:23], 오인될 수 없는 기억이다. 그러나 이것은 말 그대로 확인이기 때문에 아직 실현되지 않은 것, 아직 입증되어야 하는 것, 아직은 더 기다려야 하는 것, 곧 하나님과 인간 간의 언약Bund의 이행을 가리키는 것이기도 하다. 어떤 계약의 목적과 성취는 그것을 체결하고 문서화하는 것과는 전혀 별개이기 때문이다. 하나님의 결의는 그 결의의 "표"Zeichen를 **영원히** 앞서가며, 하나님의 의도는 그 의도의 "표"를 영원히 넘어선다. 그것은 오직 **수단**으로서 알파와 오메가, 처음과 마지막 사이에 있다. 그것은 그 처음과 마지막을 향한 시선, 오직 그 시선에 대해서만 있는 그대로의 그것, 곧 가리키는 표이며 증언**이다**. 분명히 아브라함도 이런 부가적이고 임시적인 |106| 의미에서 할례의 표를 받았으며, 그 역시 종교적·교회적 현상의 세계에 참여되고 있다.

"무할례시에 믿음으로 된 의를 인친 것이니." 아브라함이 할례의 표를 받기는 했지만, 아직은 할례의 의미에서 이교도와 구분된 하나님의 친구로서 받은 것이 아니라, 할례받지 않고 믿은 사람으로서 받은 것이다. 아직은 종교의 의미에서 독실한 자로서 어떤 "종교적 인격"이 된 것이 아니라, 체험 없이 하나님의 심판과 은총에 주목하게 된 자로서 그리된 것이다. 아직은 교회의 의미에서 하나님과 인간 사이의 중재자 직무에 적합한 자요 그 직무를 위해 부르심을 받은 자로서, 이 언약과 관련하여 인간 편의 담당자가 된 것이 아니라, 교회에 참여되지 않은 국외자로서 그리된 것이다. 그의 "**무할례시에** 믿음"이 의로 여겨졌고 이렇게 여겨진 의의 확인 도장, 그 의의 부가적이고 임시적인 표가 곧 할례다.

"이는 무할례자로서 믿는 모든 자의 조상이 되어 그들도 의로 여기심을 얻게 하려 하심이라." 그러므로 아브라함이 받은 할례의 의미는 그 할례를 통해 조성되고 제약된 상태가 아니라 그 할례 안에서 인식할 수 있게 된 관계Relation다. 할례는 현실적 가치가 아니라 증언의 가치를 가진다. 할례의 영원한 의미도 죽음의 선, 곧 종교적 현상의 세계마저도 그저 적나라한 **현상계**에 불과함을 정확하게 짚어 내는 바로 그 죽음의 선에 있다. 할례·종교·교회는 어떤 것을 가리켜 보이는 표이고 증언이며 긍정적인 내용으로서가 아니라 그것이 부정과 감소와 죽음 속에서 파악되고 긍정될 때 그러하다. 아브라함의 할례받음은 할례를 요구하지 않고, 그의 경건은 종교를 요구하지 않고, 그의 선별됨은 구별을 요구하지 않고, 그의 제정일치적 위치는 교회성을 요구하지 않는다. 그의 정신적·역사적 탁월성이 어떤 전통을 형성하는 작용을 해서는 안 된다. 한갓 표일 수밖에 없는 그 모든 것은 오히려 다른 것, 곧 표를 **영원히** 앞서며 표를 **영원히** 뛰어넘는 그것을 지시해야 한다. 바로 **이** 시간적인 것은 스스로는 감소하고 물러나고 죽어 가면서 모든 시간적인 것의 이전과 이후에 있는 영원에 관해 말해야 하며, 아브라함이 직접 들은 그대로를 모든 아브라함의 자녀들에게 말해야 한다. 성도들의 시간적인 거룩함은 **영원히** 거룩한 것에 봉사한다. 그것은 어떤 것을 가리키는 손, 죽음의 선 너머를 가리키는 손, 그뤼네발트Grünewald의 그림에 나오는 세례자 요한의 손이다.[12] 그러므로 아브라함의 할례·종교·교회성의 의미는 간접적인 것이다. 이것은 **초대**여야 하며, 할례를 받게 하는 초대가

아니라 믿음을 얻게 하는 초대여야 한다. |107| 이것은 **주의를 집중시킴**, 아브라함의 종교가 아니라 "여겨진" 그의 의로움, 눈으로 볼 수 없는 그 의에 주의를 집중시킴이다. 이것은 **촉구** 곧 유대교로 나아오라는 촉구가 아니라 도무지 측량할 수 없는 하나님 앞에 굴복하라는 촉구다. "또 네 씨로 말미암아 천하 만민이 복을 받으리니 이는 네가 나의 말을 준행하였음이니라 하셨다 하니라"(창 22:18). 아브라함의 할례가 의도하고 불러일으키는 것은 그의 할례로 말미암아 확인된 것, 곧 할례받지 않은 사람의 믿음이다. 할례 그 자체는 문이 아니다. 예컨대 이방인이 유대인이 되기 위해, 세상의 자녀가 경건한 사람이 되기 위해 반드시 들어가야 하는 문이 결코 아니다. 할례는 오히려 **그** 문에 대한 기억이다. 유대인이 이방인과 **함께** 모든 정신적·역사적 차이의 저편에서 하나님 나라로 들어가기 위해 통과해야 하는 문이다. 할례 그 자체가 시작은 아니다. 오히려 하나님 앞에서, 하나님으로부터 의로운 것으로 "여겨진" 믿음, 의로움 **그 자체인** 믿음의 시작, 요구, 약속에 대한 증언이다. 할례·종교·교회가 이런 목적을 **섬기는** 한, 이런 관계 안에 **서 있는** 한, 겸허히 자신의 세상성과 현세성을 의식하는 한, 오직 "무할례시에[der n] 믿음"으로 남고자 하는 한, 그것도 의로움의 자격을 갖춘 것으로 인정된다. 그것도 또한 수단으로서 영원한 시작과 마지막의 존귀함과 의미에 참여한다. 그러나 그것이 세상보다 **더**한 것이 되려고 하고 "무할례시에 믿음"보다 **더**한 것이 되려고 하는 한, 종교의 교만함이 종교

12 바르트는 1919년 이젠하임 제단화의 십자가상 복제품을 구해서 자신의 책상 위에 걸어 놓았다(R. Marquard, *Karl Barth und der Isenheimer Alter* [Arbeiten zur Theologie, Bd. 80], Stuttgart, 1995, S. 22f.). K. Barth, *Biblische Fragen, Einsichten und Ausblicke*(1920), W.G.Th., S. 79 = Anfänge I, S. 58. "우리는 그뤼네발트의 십자가상 그림에 묘사된 세례 요한을 생각한다. 그의 손은 거의 불가능한 방식으로 어떤 것을 가리키고 있다. 이 손이야말로 성경에 기록된 바로 그것이다."

에는 원래부터 할당되지 않은 현실 가치를 요구하는 한—자격을 갖추지 못한—세상성으로 남게 될 것이다.

만일 아브라함이 "또한 할례자의 조상"이라면, "우리 조상 아브라함이 무할례시에 가졌던 믿음의 자취를 따르는 자들에게도 그러하니라." 그러므로 굳이 순서를 따지자면 유대인이 먼저 이방인이 되어야 하고, 종교적인 사람이 먼저 비종교적이 되어야 하고, 교회적인 사람이 먼저 비교회적이 되어야 하는 것이 거꾸로의 순서보다 낫다. 그러나 그것이 중요한 문제는 아니다. 유대인의 소유나 이방인의 결핍이나 순수한 시작이 아니기는 매한가지기 때문이다. 플러스나 마이너스나 안 통하기는 마찬가지다. 오히려 분명해져야 하는 것은 모든 믿음이란 근본적으로 "무할례시에 가졌던 믿음"이라는 사실, 그 믿음은 종교적으로 어떤 것을 못 가진 사람의 경우나 가진 사람의 경우나 **똑같이** 모든 주어진 정신적·역사적 내용의 저편에서 **순수한** 시작으로 설정된다는 사실이다. 하나님의 계시가 발생하는 세상, 하나님의 계시가 약속되는 세상, 이 세상은 그 자체로 빈틈없이 완결된 원圓이지만 하나님의 긍휼하심이 감싸 안고 가시는 세상인데, 유대교의 세상이나 종교적인 세상이나 교회적인 세상도 그 넓은 세상에 속한다. 할례를 받은 사람도 아브라함의 자녀다. 그러나 그것은 할례의 민족이라는 혈통에 힘입은 것이 아니요 유대교와 종교와 |108| 교회라는 전통에 힘입은 것도 아니다. 그것은 믿음에 힘입은 것이며 그 믿음의 저편, 곧 눈에 보이지 않는unanschaulich ° "전통"과 연속성에 힘입은 것이며, 언제나 새롭게 확인되는 한분이신 하나님(3:29-30)에 힘입은 것이다. 그들은 "우리 조상 아브라함이 무할례시에 가졌던 믿음의 자취를 따르는 자들"이다. 그들은 인간이 종교적인(혹은 어느 정도 이쪽 편에 있는) 현실의 영역에서 **아직은** 많건 적건 아무것도 가지지 **못한** 사람일 때, 그래서 철저하게 오직 하나님 한분만 의

지할 때, 바로 **그때** 하나님에 의해 발견되며 하나님 안에 굳게 서게 됨을 의식하면서 걸어가는 사람들이다. 이 길은 계속해서 자기 자신을 지양하고 포기하는 것, 부단하고 확고하게 내려놓고 단념하고 내려오고 죽기를 원함이다. 전적으로 비천하고 의문스러운 상태의 벌거벗은 중립적 인간성에서 끊임없이 새롭게 벗어남이다. 하나님은 이 세상 위에 있는 어떤 종교적으로 높은 곳에서 발견되는 것이 아니라, 죄짓고 고통받는 세상에서 직접 발견되신다. 종교적으로 진정 높은 것은 스스로를 부정하는 것, **깊음과의** 철저한 연대(3:22-23)다. 진정한 믿음은 아브라함의 믿음, 곧 "무할례시에 가졌던 믿음"이다. 진정한 아브라함의 자손은 하나님께서 언제라도 **돌들로도** 일깨우시는[마 3:9 병행 본문] 사람들이다. 이것을 잊으면 첫째가 꼴찌가 된다[마 19:30 병행 본문]. 그리고 언제나 새롭게 꼴찌가 되는 사람만이 첫째가 된다.

그러므로 우리는 다시 한 번 분명한 사실 앞에 서게 된다. 구원의 역사, "율법" 자체는 그것의 영웅을 그 자체가 대답할 수 없는 하나의 질문으로 제기한다는 사실이 그것이다. 그 대답은 그리스도이며 부활이다. 이 영웅에 대한 하나님의 긍정은 모든 인간적인 긍정과는 다른 질서에 속한다. 그것은 오직 사람의 아들의 죽음을 통해서만 긍정으로 파악될 수 있다.

믿음은 창조다

4:13-17a

13 **아브라함이나 그 후손에게 세상의 상속자가 되리라고 하신 언약은 율법으로**[율법의 힘으로] **말미암은 것이 아니요 오직 믿음의 의로**[믿음의 의의 힘으로] **말미암은 것이니라.**

"세상의 상속자가 되리라고 하신 언약." 이것은 하나님께서 인간에게 주신 최초의 근원적인 계명, 곧 땅을 채우고 지배하라는 계명의 갱신, 하나님께서 아주 잘 만드신 모든 것을 다스리라는 허락[창 1:28]이다. 거꾸로 표현하자면 그것은 땅 위의 모든 것이 축복을 받게 된다는 전망, 한 |109| 사람이 미리 서둘러서 받은 복[창 12:3]을 통해 모두가 복을 받게 된다는 전망이며, 늦게 태어난 이삭과 야곱-이스라엘을 넘어 메시아, 곧 하늘에서 내려온 참 인간[고전 15:47]이요 이로써 땅 위에 내려온 참 인간성인 메시아에 대한 전망이다. 이것이야말로 아브라함의 생애의 주제요 내용이다. 아브라함은 이 언약을 받은 사람이기에 율법의 고전적인 인물(창 18:17-19)이다. 그가 이 언약을 받음은 분명히 계시의 흔적이며, 바로 그것 때문에 이스라엘은 그를 존경하며, 그것 때문에 그의 "후손"으로서 그의 곁에 서고자 하며, 그의 정신적인 공동체 안에 들어가고자 한다. 이스라엘의 나음은 기꺼이 이 언약을 함께 받은 자가 되고자 하는 마음과 동경이고, 이스라엘의 역사는 이러한 성향이 변화한 역사이며, 이스라엘의 소망은 이 성향에 근거하여 언제나 새롭게 '공동 수령受領의 의지'로 되돌아가려는 지칠 줄 모르는 노력이다. 하나님이 복을 주신 세상의 상속자가 되리라는 언약, 그 세상에 하나님의 복의 유산을 전달하게 되리라는 언약은 이스라엘의 언약이 "되지" 않았는가? 이스라엘은 이 언약을 이미 받은 것 아닌가? 실제로 그것을 받는 것 아닌가? 그것을 언제나 새롭게 받을 것 아닌가?

맞다. 그럴 것이다. 하지만 얼마만큼 받았는가? 또한 **"율법의 힘으로"** 받았는가, **"믿음의 의의 힘으로"** 받았는가? 율법 안에서, 아브라함의 경우와 비슷하게 역사적으로 나타난 계시의 흔적들 속에서, 역사적인 언약의 백성이라는 특성 안에서 이스라엘은 이 언약이 "되었다." 그러나 여기서 질문이 제기된다. 이와 같은 역사적 과정과 상태가 단순히 되어 가는 과정

과 상태 **이상**이라고 말할 수 있는지, 말하자면 이 “되어 감”Werden의 활동성과 능력과 현실성 이상이라고 말할 수 있는지 없는지에 관한 질문이다. 아브라함의 태도를 갱신하려는 명백한 적극성과 동경, 온 세대의 이스라엘을 특징짓는 그 적극성과 동경은 그 자체로 여러 민족 가운데서 이스라엘이 내세우는 나음의 실질적인 근거라고 할 수 있는가? 그런 성향의 역사, 그것의 명백한 전통 자체가 이스라엘의 역사를 구원사로 만드는 원리인가? 이스라엘이 스스로 아브라함의 후손임을 언제나 또다시 확인하게 해주는 그 명백한 소망, 정신적인 태도는 그 자체로 아브라함의 후손됨의 창조이며, 그것의 근거이자 핵심인가? 만일 이스라엘이 율법과 역사와 소망 안에서 될 수 있는 존재와 가질 수 있는 소유를 율법과 역사와 소망을 **통해** 될 수 있고 가질 수 있다고 주장한다면, 그때 이스라엘은 율법을 올바로 이해한 것인가? 그렇지 않고 오히려 우리가 그 모든 것을 부정할 때, 그 율법의 의미를 그것과 더불어 주어진 활동성과 능력과 현실성에서 보지 않고 오히려 증언과 지시로서의 성격에서 볼 때 율법을 올바로 세우는 것 아닌가?(3:31) 모든 역사적 |110| 과정과 상태는 그것 이상이 아닐 때, 바로 그때 자기 자신을 넘어서 모든 것의 원인이 되는 힘, 전혀 다른 종류의 힘을 가리키게 되는 것 아닌가? 아브라함과 그 후손의 태도로 드러난 것은 그 자체의 빛이 아니라 낯선 빛을 받아 빛나는 반영Reflex 아닌가? 이스라엘의 역사는 그것이 비역사적인 과정의 역사적 제약에 불과할 때, 부르시는 하나님의 들을 수 없는 음성에 대한 인간적이고 들을 수 있는 대답에 불과할 때, 바로 그때 비로소 구원의 역사인 것 아닐까? 이스라엘의 소망 자체도 그 소망의 대상에 의해 창조된 것이 아닌가? 이런 관점에서 율법이 영광을 얻게 되는 것, 이것이야말로 이제 우리가 보여주어야 할 것이다. 하나님의 의를 통해서, 믿음의 의를 통해서, “율법 외에”[3:21] 아브라함의 후손됨

이 창건되고 창조된다는 사실, 이것이야말로 율법의 의미다.

14 만일 율법에 속한 자들이 [율법을 통해] **상속자이면 믿음은 헛것이 되고 약속은 파기되었느니라.**

창세기는 아브라함이 **믿음**으로 약속을 받아들였고 그래서 그 **믿음**의 창조력으로 메시아 나라의 최초의 상속자요 계승자가 되었다고 말한다(창 15:6). 물론 믿음도 언제나 "율법적인" 측면을 가지고 있으며, 믿음 **역시** 과정이요 상태다. 믿음도 이렇게 율법적이고 눈에 보이며 정신적·역사적 측면에 따라서 생각될 수 있는 과정과 도달할 수 있는 상태로서는, 곧 그저 가능한 가능성으로서는 그 어떤 고유한 역동성을 가지고 있지 않으며, 어떤 확실성의 근거도 되지 못한다. 아브라함과 그의 자녀가 "율법을 통해" 지금의 그런 존재가 된 것이라면 믿음은 "헛것"이다. 믿음은 철두철미 눈에 보이지 않는 것을 향해 나아가는 영원한 발걸음일 때, 그러므로 그 자체도 눈에 보이지 않는 것일 때 비로소 확실성의 근거가 될 수 있다. 그 믿음에 동반되는 모든 보이는 과정과 상태, 모든 시간적인 길, 모든 표현 가능한 방법과 실용주의는 그것의 부정이다. 믿음은 비록 인간의 발걸음이라고는 하지만 **오직** 하나님으로부터, 하나님 자신으로부터, 한분 하나님으로부터 가능하고 이해가 되는 **바로 그** "발걸음"일 때, 오직 그럴 때만 믿음이다. 믿음은 창조되지 않은 빛으로부터 나온 빛일 때만 창조적이다. 죽음으로부터 나온 생명[11:15]일 때만 살아 있다. 오직 인간이 믿음을 통해, 하나님의 '무근거성'Unbegründetheit에 근거하게 될 때, 그 믿음은 긍정적이다. 오직 그런 이유에서 믿음은 "의로 여겨지며" 그 믿음이 인간을 신적인 약속의 수령자로 만든다. 하나님이 부여하시는 이런 자격이 없다면, 즉 언제나 "율법"의 저편에 있고 인간적으로 볼 수 있는 계시 흔적의 저편에 있는 그 자격이 없다면, 제아무리 깊고 뜨겁고 진지한 믿음이라 해도 불신앙이

다. 그런데 믿음이 믿음이 아니라고 부정되면 |111| 그 믿음을 통해, 오직 믿음을 통해 받을 수 있는 **약속**도 지양된다. 왜냐하면 아브라함이 받은 약속도 모든 가시적인 것, 표현 가능한 것, 모든 가능성과 현실성의 저편에 있는 것이기 때문이다. 우리는 하나님께서 선하게 창조하시고 복을 주신 그 세상에 대해서는 아무것도 모른다. 인간이 **이** 세상을 다스린다는 것은 우리가 역사적으로 생각할 수 있는 목표일 수 없다. 이 다스림을 실현하시는 메시아는 어떤 경우에도 우리가 아는 **그런**der p 인간이 아니다. **구원**의 은혜와 마찬가지로 **창조**의 은혜도 다른 소여성 가운데 있는 하나의 소여성이 결코 아니다. 창조의 은혜는 모든 주어진 것을 담고 있는 눈에 보이지 않는 관계이며, 그 은혜에 대한 인식은 언제 어디서나 변증법적이다. 믿음과 약속은 극도로 긍정적인 부정성 속에서 서로를 마주 바라본다. 그러나 약속은 그 어떤 과정이나 상태와도 철저하게 부등不等의 관계다. 아브라함의 "성경적 태도"로부터 이스라엘의 역사, 그 소망의 역사에 나타난 수많은 과정과 상태에 이르기까지 어떤 것도 그 약속과 대등 관계일 수 없다. 그 약속을 믿음으로 받지 않는다면 결코 받지 못할 것이며, 그저 신화적·종말론적 문장이 되어 다른 모든 종교적 문장들과 더불어 허공에 떠 있을 것이다. 그 어떤 체험이나 황홀경이나 신들림도 그 약속을 붙잡지 못하며, 어떤 눈과 귀와 마음도 그것을 붙잡지 못할 것이다[고전 2:9]. 만일 믿음이 그것을 붙잡지 않는다면 말이다. 우리가 율법을 통한 상속자라면 사실 우리는 상속권을 박탈당한 사람이며, 약속된 상속의 계승 가능성에서 배제된 자들이며, 아브라함도 아브라함의 자녀도 **아닐 것이다**.

15 **율법은** [믿음 외의 율법이 인간에게 약속이 아니라 하나님의] **진노를 이루게 하나니 율법이**[율법의 결정적인 힘이] **없는 곳에는** [인간의] **범법도 없느니라.**

"**율법은 진노를 이루게 하나니.**" 우리가 이 말로 전하고자 하는 바는 율

법 그 자체, 곧 믿음이 없는 율법은 인간이 하나님 나라를 유업으로 받는 것을 오히려 방해한다는 사실이다[고전 6:9f., 15:50]. 그렇다. 우리는 바로 이것을 말하려고 한다. 물론 율법은 믿음 외로 자기 고유의 긍정성을 갖는다. 그러나 율법은 증언으로 파악될 수도 **없고** 자기 자신을 넘어서는 지시로도 파악될 수 **없다**. 물론 그것은 정신적·역사적 과정과 상태로서 내재적인 중력과 의미를 갖고 있다. 물론 인간적인 체험도 자기 고유의 빛 속에서 항상 빛을 발한다. 그러나 믿음의 세계 내적 특성이 결정적인 것이 된다면, 그것이 무엇을 의미하게 될는지 똑똑히 알아야 한다. 만일 우리가 시간적인 사물과 그것의 영원한 근원 간의 관계를 간과한다면, 우리는 그 관계를 가장 파괴적이고 진정 구제 불능인 의심의 빛에 두는 셈이다. 율법이 |112| 인간에게 약속을 한다는 주장은 부등의 현실, 곧 보이는 모든 것은 저 약속과 결코 일치될 수 없다는 현실에 부딪혀 필연적으로 좌초할 수밖에 없다. 보이는 것은 언제나 저 약속과 일치하지 **않는** 것, **이 세상 안에서** 역사적이고 정신적인 계시의 흔적, 곧 하나님의 계시의 흔적뿐이다. 이 세상 안에 있는 것, 그것은 이 세상 방식에 내맡겨진 것이며, 무엇보다도 그 약속, 곧 아브라함의 후손됨을 만들지 못하며 오히려—만일 그것이 증언의 가치가 아니라 스스로 가지고 있다고 착각하는 실재적 가치로 이해되고자 한다면—하나님의 진노를 이루게 한다. 이 세상에 속한 것이 스스로 내세우는 그 실재적 가치, 절대성에 대한 요구, 감히 하나님을 닮았노라 생각하는 것, 이런 것이야말로 하나님의 진노를 이루게 할 수밖에 없는 "경건하지 않음과 불의"(1:18)다. 모든 종교는 이편의 현실, 역사적이고 시간적이고 보이는 현실이기 때문에 바로 이 규칙의 제약을 받는다. 순수하고 올바르고 심오한 종교도 마찬가지다. 아브라함과 예언자들의 종교도 마찬가지다. 로마서의 종교도 마찬가지다. 로마서에 대한 모든 책들의[aller Bücher] 종

교도 당연히 마찬가지다. 영원한 것을 시간적으로 체험하고 사유하고 비평하고 묘사하고 대변하려는[13] 자는 율법을 말하는 자다. 율법을 말하는 자는 또한 범법을 말하는 자다. 두 손을 모으는 곳, 하나님께서 가까이 계신다는 느낌이 있는 곳, 신적인 것에 대한 말이나 글이 있는 곳, 설교가 있는 곳, 성전 건축이 있는 곳, 궁극적인 동기에서 나온 행동이 있는 곳, 고귀한 사명과 고귀한 메시지가 있는 곳, 아무리 그런 곳이라 해도 용서의 기적이 일어나지 않는다면, 주님을 경외함이 [시간과 영원 사이의] 간격을 확고히 지키지 않는다면(1:22f.), 죄 없이 시작되는 것은(5:20) 아무것도 없다. 왜냐하면 인간의 몸짓 중에서 종교적인 몸짓만큼 그 자체로 의심스럽고 우려스럽고 위험한 것이 없기 때문이다. 인간의 여러 시도 중에서 종교적인 시도만큼 인간을 날카롭게 심판하는 것이 없다. 하나님 숭배의 현상계, 곧 가장 엉성한 우상숭배로부터 가장 정교한 심령주의에 이르기까지, 가장 정직한 계몽성으로부터 가장 설득력 있는 형이상학에 이르기까지, 그 풍요로운 숭배의 현상계 **전체**는 하나님 앞에서는 교만의 혐의를 받고 있고 인간 앞에서는—아주 타당하게도—허무맹랑한 망상이라는 혐의를 받고 있으며, 위로나 아래로나 가장 심각한 의심과 의혹의 분위기에 휩싸여 있다. 그러나 착각해서는 안 될 것이 있다. 이런 종교적 현상계와 **대립**하고자 하는 모든 것들도 똑같은 혐의와 분위기에 휩싸여 있다. 종교적인 긍정이나 반종교적인 부정이나 마찬가지다. 성전을 짓는 것**만이 아니라** 성전을 무너뜨리는 것도, 수준 높은 말**만이 아니라** 수준 높은 침묵도, 아마

13 이것은 바르트가 레온하르트 라가츠(L. Ragaz)를 반대하며 한 말이다. 바르트가 투르나이젠에게 보낸 1915년 8월 6일 편지(Bw.Th.I, S. 69f.). "도대체 '우리'가 하나님 나라를 '대변한다'(그야말로 대단한 표현일세!)는 것이 자연스럽게 이해가 된다고?……**믿음**이란 것이 하나님 나라를……대변하기 위해서 사람이 가볍게 뛰어넘을 수 있는 어떤 자명한 전제란 말인가?"

사**만이 아니라** 아모스[암 7:10-17]도, 마르텐센Martensen**만이 아니라** 키르케고르도[14] 마찬가지다. 요컨대 종교적 몸짓에 대한 저항, 곧 니체로부터 시작하여 허구한 날 성직자 나부랭이나 사사건건 물어뜯는 저급함에 이르기까지, 온갖 성향의 심미주의자, 사회주의자, 청소년 운동에서 나타나는 반反신학적 낭만주의도 |113| 마찬가지다. 저 혐의는 확실해지고 저 분위기는 하나님의 진노의 구름이 되는데, 여기서 종교적 몸짓 혹은 반종교적 몸짓은 분명하고 의식적으로 자기 자신을 넘어선 곳을 가리키는 것이 아니라, 그것이 믿음·사랑·소망이든 아니면 안티크리스트Antichrist[15]의 디오니소스적 제스처이든, 오히려 자기 자신을 정당화하려고 한다. 스스로를 지양되도록 내맡기는 것이 아니라 스스로를 (긍정으로든 부정으로든!) 정당화하려는 것, 그것은 바로 그 이유 때문에 심판을 받는다. 내재성의 신자들은—이쪽이든 저쪽이든—이 점을 잘 생각해 봐야 한다. "율법은 진노를 이루게 하나니."

"율법이 없는 곳에는 범법도 없느니라." 종교적 몸짓의 정당화가 있다. 진실한 몸짓이든 덜 진실한 몸짓이든, 심오한 몸짓이든 그렇게 심오하지 않은 몸짓이든, 그것을 옳다고 주장하는 것이다. 그것과 더불어 종교적 몸짓과

14 한스 라센 마르텐센(Hans Lassen Martensen, 1808-1884), 제란트의 주교인 자콥 페터 뮌스터(Jakob Peter Mynster Bischof von Seeland)의 후임으로 1854년부터 코펜하겐에서 조직신학을 가르친 교수. 그는 자기 선임자의 장례식 설교를 했는데, 이 설교에 자극을 받은 키르케고르는 교회에 대한 마지막 공격을 퍼붓는다. 이 공격은 1855년에 키르케고르가 제9호까지 펴낸 잡지 「순간」에서 절정에 달했다. *Der Augenblick*, übersetzt von Chr. Schrempf, KGW 12, Jena, 1909[2](SKS 13, S. 127-418).

15 니체의 강조적 결론. Fr. Nietzsche, *Ecce Homo. Wie man wird, was man ist*, NW, 8 Bd, S. 433(NWKG, 6. Abt., 3. Bd, Berlin, 1969, S. 372, Z. 31f.). "사람들이 나를 이해했는가? **십자가에 달린 사람과 대적하는 디오니소스를**……."

대조를 이루는 정당화가 있으니, 그것은 오직 믿음을 통한 정당화[義認]이다. 인간적인 과정 및 상태의 가시성, 곧 율법이 결정적인 것이 아니고 특징적인 것도 아닌 한, 「믿음이 겸손하게 자신의 정신적·역사적 드러남의 형식 전체의 현실성der Glaube sich demütig der Wirklichkeit「을 자각하는 한, 스스로가 긍정적인 혹은 부정적인 인간적 태도에 불과함을 자각하고 하나님 앞에서 자신의 순수한 부정성을 자각하는 한, 그것의 본질이 종교적 인간 루터를 종교적 인간 에라스뮈스와 구분하고 반종교적 인간 오버베크를 반종교적 인간 니체와 구분할 수 있는 저 결정적인 선線에 있는 한, 그것이 결국은 모든 인간적인 내용성이 자신의 영원한 근원에 대한 관계 외에 다른 것이 아니며, 죽음으로부터 나오는 **바로 그** 생명을 위한 개방 외에 다른 것이 아닌 한, 그것은 믿음을 통한 정당화[칭의]이다. 믿음의 이런 측면, 곧 눈에 보이지 않는 측면이 결정적인 한, 그 믿음이 눈에 보이는 측면에서 언제라도 의미하게 되는 "범법"은 결정적인 것이 **아니다**. 종교적 몸짓이든 반종교적 몸짓이든 그것이 자기 자신을 넘어서는 곳을 가리킴에서 자신의 중력을 찾는 한, 그 현상의 의심스러움은 그 무게를 잃어버리고 절대적인 회의는 그 정당성을 잃어버린다. 그것이 신적인 '그럼에도 불구하고!'의 **그** 구속력에서, 용서에 대한 **그** 의식과 그것의 지속적인 필연성에서, 바로 그 두려움과 겸손에서—이런 것들은 인간적인 길이나 방법이나 실용주의와는 절대적으로 **아무런** 관련이 **없다**—일어나는 한, 하나님 앞에서든 인간 앞에서든 그것에 대한 정당화를 추구하지 않는 한 다음과 같은 일이 일어날 수 있다. 곧 제사, 기도와 설교, 예언, 신비주의와 바리새주의, 신학, 개인 경건과 교회 신앙, 가톨릭과 개신교, 로마서와 다른 책들, 그리고 근본적으로는 이것들과 철저하게 다르다고 할 수 없는 대조 현상 및 저항 현상들은 자기 나름의 성향을 펼치고 그 나름의 해악을 펼치되—|114| **오직 신적인** 진지함

과 **신적인** 유머의 빛 속에서—정당화되는[의롭다고 인정받는] 일이 일어날 수 있는 것이다. 그러나 우리가 명심해야 할 것이 있다. 이런 "-인 한"sofern, 다시 말해 신적인 것을 인간적인 것의 옷으로 감싸며 영원한 것을 시간적인 것의 비유로 감쌀 수 있도록 이렇게 허용하는 것은 가능한 가능성이 아니라 **불가능한** 가능성이며, 이전도 이후도 없는 순간이며, 우리와 같은 사람이 설 수 있는 지점이 아니라는 것이다. 그것은 언제나 새롭게 하나님 자신 안에서, 오직 하나님 안에서만 내릴 수 있는 결단이다. 우리는 이 가능성이 존속할 것이라고 기대할 수 없다. 우리는 오직 두려움과 떨림[빌 2:12]으로 그 가능성이 들어올 수 있음을 확정할 뿐이다. 이런 두려움과 떨림 속의 믿음이 없다면, 율법이란 언제나 거대한 장애물로 남아서 우리가 하나님 나라의 계승자가 되는 것을 불가능하게 할 것이다.

16-17a. **그러므로 상속자가 되는 그것이 은혜에 속하기 위하여**[은혜로, 또한] **믿음으로 되나니 이는 그 약속을 그 모든 후손에게 굳게 하려 하심이라. 율법에 속한 자에게뿐만 아니라 아브라함의 믿음에 속한 자에게도 그러하니 아브라함은 우리 모든 사람의 조상이라. 기록된 바 내가 너를 많은 민족의 조상으로 세웠다 하심과 같으니.**

"**그러므로……믿음으로 되나니.**" 우리는 지금 우리가 무슨 말을 하는지 알고 있다. 바로 이것을 말하는 것 외에는 다른 가능성이 없다. 이스라엘의 율법과 역사와 종교는 하나의 형식으로서, 바로 그 형식 안에서 이스라엘은 하늘 유업의 계승자**일 수 있다**. 그러나 이것이 이스라엘을 실제로 그 계승자가 **되게** 하는 창조적인 힘은 아니다. 그것이 하나의 힘이라고 할 때, 율법은 오히려 땅의 힘, 세상의 힘, 저항의 힘으로서 아브라함과 더불어 하나님 나라의 상속자가 되는 것을 사실 불가능하게 하는 힘이다. 아브라함의 자녀라는 확실성, 돌들로도 아브라함의 자녀가 되게 하는[마 3:9 병행 본문] 창조 행위의 실재성은 율법의 가능성, 곧 가능한 가능성에 있는 것이 아니라 믿음의 가능성, 곧 불가능한 가능성 속에 있다.

"**그것이 은혜에 속하기 위하여**[은혜로, 또한] **믿음으로 되나니 이는 그 약속을 그 모든 후손에게 굳게 하려 하심이라.**" 그러므로 우리는 다시 한 번 아브라함을 아브라함으로 만든 것(4:1)이 무엇인지 깊이 생각하면서 직접적으로 눈에 보이는 것의 경계선 너머로 내몰리고 나아가 어떤 근원적인 관계를 바라보게 된다. 그 관계는 아브라함의 영혼에 토대가 되고 아브라함의 역사가 일어나게 하는 것이면서 동시에 그의 영혼과 역사의 저편에 놓여 있는 관계다. 아브라함이 아브라함인 것은 "은혜로" 된 것이다. 그 "은혜로" 율법은 의미를 갖게 되고 역사는 뜻을 갖게 되며 종교는 진리를 갖게 된다. 그러나 "은혜로"라는 말은 인간적으로 눈에 보이는 모든 것의 절대적 경계선 그 자체인 죽음의 선, 바로 그것의 빛 안에 있다는 뜻이다. 그 죽음의 선은 궁극적인 부정이다(그러나 바로 그것 자체가 하나님으로부터는 |115| 생명의 선이다). 유일하게 하나의 긍정까지 내포하고 있는 부정이다. 또한 그것은 궁극적인 심판이다. 유일하게 정당화[義認]될 수 있는 심판이다. 이 관계가 드러나면 "아브라함"과 "이스라엘"이라는 역사적·심리학적 틀은 그 목적을 완수하고 율법은 "굳게 세워진다"(3:31). 우리는 아브라함에 관해 말하되, 동시에 반드시 그리스도에 관해 말해야 한다. 우리는 아브라함의 믿음에 관해 말하되, 동시에 그리스도 안에서 통고된 보편적인 위기 곧 이편의 것과 저편의 것의 위기에 관해 반드시 말해야 한다. 우리는 아브라함의 자녀에 관해 말하되, 동시에 저 위기에 당황하면서 그리스도의 부활에 참여하는 모든 사람에 관해 반드시 말해야 한다. 그들이 상속자인 것이 율법을 통해서가 아니라 "믿음으로", 역사적·정신적 과정과 상태에 힘입은 것이 아니라 은혜로 되는 것이라면, 그렇다면 이 상속자 집단에

속한다는 것은 "율법으로" 구성된 아브라함의 후손에 소속됨이든지 역사적인 이스라엘에 소속됨과는 무관하며, 역사적으로 재구성될 수 있는 전승이나 가르침이나 어떤 특별한 운동 혹은 사실에 참여하는 것과도 무관하다. 왜냐하면 이런 식으로 "상속자"가 되면 그 [영원한] 유산 자체는 단순히 의심스러운 것 이상의 어떤 것이 되기 때문이다(4:14-15). 아브라함은 "믿음으로" 약속을 받은 사람이며, 그래서 역사적으로 재구성될 수 있는 모든 권역의 **바깥에** 서 있다. 그의 씨[개역개정 난외 역], 그의 후손도 믿는 사람들의 종족으로 언제나 **바깥에** 서 있다. 그렇다. 율법의 전승과 가르침을 통해 그의 자녀가 된 사람들도 그와 함께 메시아 왕국의 계승자, 하나님의 복을 받은 사람들이 될 **수 있다**. 인간적으로 규정이 가능한 권역 안에서도 그 결정적이고 원천적인 관계가 일어날 **수 있다**. 하나님은 유대인의 하나님**이기도** 하다(3:29). 그러나 유대인만의 하나님은 아니다. 하나님의 신실하심은 다른 역사적·심리적 맥락 안에서도 계시의 암시가 있는 곳으로 우리를 이끄실 수 있다. 믿음이야말로 아브라함의 후손됨을 창출하는 유일한 요인이라고 한다면, 모든 종파주의는—그것이 우악하든지 섬세하든지—이제 끝난 것이다. "은혜로" 아브라함에게 임한 말씀, 아브라함이 "믿음으로" 들은 말씀은 근본적으로 어떤 밀교적 성격의 협소화를 용납하지 않는다. 이 말씀은 근본적으로 모든 사람에게, 인간의 얼굴을 지닌 모든 사람에게 해당된다. 이 말씀은 모든 인간적인 맥락을 위에서 아래로 단칼에 절단함이요, 그 모든 것을 지양함으로 다시 그 모든 것의 토대를 제공하는 것, 하나님 안에 있는 새로운 맥락이다.

우리는 바로 **우리가** 율법을 굳게 세운다고 말하며, 아브라함이 그리스도 안에서 우리 모두의 아버지라는 **그 사실이** 율법의 뜻이라고 말할 때, 이 말은 본문에 대한 주석auslegen인가? 아니면 우리의 생각을 제멋대로 본문

안에 집어넣은einlegen 것인가? 어떻게 기록되어 있는가? |116| "내가 너를 여러 민족의 아버지가 되게 함이니라"(창 17:5). 그렇다. 아브라함은 한 민족 이스라엘의 아버지다. 그러나 우리는 바로 그 한 민족의 아버지인 아브라함이 **그리스도 안에서**, 바로 그 이유에서 동시에 여러 민족의 아버지라는 사실을 보았다. 역사가 자신의 비밀을 드러내는 순간 역사의 틀이 폭파됨은 명백한 일 아닌가? 우리는 [주저하며] 역사의 빛을 회피할 까닭이 전혀 없다. 역사는 **증언**하는 것 외에 달리 할 수 있는 것이 없다. 역사는 많은 사람을 위하시는 한분을 증언하고 죄인을 위한 용서를 증언할 뿐이다. "그들이 이 말을 듣고 잠잠하여 하나님께 영광을 돌려 이르되 그러면 하나님께서 이방인에게도 생명 얻는 회개를 주셨도다 하니라"(행 11:18).

역사의 유익에 관하여

4:17b-25

"아브라함은 우리 모든 사람의 조상이라"(4:16). **17b** [하나님 앞에서] **그가 믿은 바 하나님은 죽은 자를 살리시며 없는 것을 있는 것으로 부르시는 이시니라.**

"[하나님 앞에서] **그가 믿은 바 하나님은.**" 하나님 앞에서 아브라함은 우리 모든 사람의 조상이다. 저 위에서 비쳐오는 비역사적인 빛을 완전히 배제한 [어떤] 역사, 그런 역사적 인물이란 존재하지 않는다. "하나님 앞에서 그가 믿은 바." 저 위에서 비쳐오는 바로 이 빛 속에서 개별성의 소외가 사라진다. 지나간 일의 소멸성이, 멀리 있는 것의 소원함이, 특별한 것의 고립됨이, 인격적인 것의 우연성이 각각 사라진다. 저 위에서 비쳐오는 바로 이 빛 속에서 모든 사건의 동시성과 일치된 중요성과 가치가 드러난다. 바

로 이 빛 속에서 "historia vitae magistra"[역사는 인생(생명)의 여선생님]으로서 우월하게 말한다.[16] 이 상위의 빛 때문에, **오직** 이것 때문에 우리는 역사의 음성에 귀 기울인다. "비역사적인 것은 모든 것을 감싸는 대기와 비슷하다. 생명은 대기 안에서 스스로 생성되고 그 대기가 파괴되면 다시 사라진다.……인간이 행할 수 있는 행동 중에서, 먼저 비역사적인 것의 안개층 속으로 포괄되지 않고 할 수 있는 것을 어디서 찾겠는가?……어떤 사람이 저 위대한 역사적 사건이 발생하는 이런 비역사적인 대기를 수많은 쇠락들 속에서 건조시킬 수 있다면, 그런 사람은 아마 인식하는 존재로서 초역사적인 관점으로 올라설 수 있을 것이다.……그는 역사를 과도하게 진지하게 생각하는 병으로부터도 치유되었을 것이다. 그는 어떤 인간에게나 어떤 |117| 체험에서, 그리스인에게서든 터키인에게서든, 또는 1세기나 19세기의 어느 시간에서든, 어떻게 그리고 무엇을 위해 살아야 하는가 하는 질문에 대답하는 법도 잘 배웠을 것이다"(니체).[17] 소심한 단선적 사유는 위로부터 비쳐드는 역사의 저 빛을 신화적인 것 혹은 신비적인 것이라 부르며, 생명의 "비역사적인 대기"라 부르기도 한다. 그러나 우리는 바로 이 결정적인 선, 곧 "조망할 수 있는 밝은 것을 조망할 수 없는 어두운 것과 갈라놓는 선"(니체)[18] 위에서 모든 역사의 비역사적 제약성, 달리 말해 **원**原**역사적** 제약성을 인식하고자 하며, 모든 역사와 모든 생명의 **로고스**의 빛

16 Calvin, col. 86. "Historiam esse vitae magistram vere dixerunt ethnici: sed qualiter ab ipsis traditur, nemo in ea tuto proficiat: sola scriptura sibi iure vindicat eiusmodi magisterium."

17 Fr. Nietzsche, *Unzeitgemäße Betrachtungen*(『반시대적 고찰』, 책세상) Zweites Stück: *Vom Nutzen und Nachtheil der Historie für das Leben*, NW, 2. Bd, Leipzig, o.J. S. 136-139(NWKG, 3. Abt., 1. Bd, Berlin/New York, 1973, S. 248, Z. 32-34, S. 249, Z. 9-11, S. 250, Z. 11-15, S. 250, Z. 31 – S. 251, Z. 2)(NW, S. 138f.; NWKG, S. 250, Z. 13,

18 A.a.O., S. 248, Z. 2f.

을 인식하고자 한다. "하나님 앞에서 그가 믿은 바" 아브라함은 우리 모든 사람의 조상이다. 믿음은 절대적인 기적, 순수한 시작, 근원적인 창조이며, 또한 우리가 이미 아는 과정 및 상태의 알려지지 않는 **관련성**, 곧 알려지지 않은 **하나님**과의 관련성이다. 이것이 아브라함이라는 인물의 인식 원리이며 증언하는 능력이다. 이것이 그 역사(발생한 사건Geschehen으로서의 역사**와** 발생한 것das Geschehene에 대한 목격과 보고로서의 역사)의 인식 원리이며 증언하는 능력이다. 아브라함이 "육신으로 우리 조상"(4:1)이라는 사실은 마찬가지로 육체 안에서, 보이는 것 안에서 확증되고 성취되는 것이 아니라, 오히려 보이지 않는 것 안에서 곧 그가 **하나님 앞에서** 우리 모든 사람의 조상이라는 사실을 통해 확증되고 성취된다.

곧 "죽은 자를 살리시며 없는 것을 있는 것으로 부르시는 이" 앞에서 말이다. 이로써 역사의 인식 원리이며 증언하는 능력인 믿음은 신화와 신비주의의 모든 비밀스러운 특성으로부터von s 구별된다. 믿음에서 중요한 것은 무엇인가? 그것은 저편을 통해서, 곧 "내적인" 세상[19] 혹은 어떤 "고차원적인" 세상[20]의 저편을 통해서 이편을 승화하거나 심화하거나 확대하는 것이 아니다. 우리의 생명과 현존재의 주어진 상태를 우주적·형이상학적으로 두 배, 세 배, 일곱 배 늘리자는 것이 아니다. 오히려 믿음에서 중요한 것은 삶의 죽음에 대한 대조, 죽음의 삶에 대한 대조, 존재의 비존재에 대한, 비존재의 존재에 대한 대조, 곧 어떤 건너감도 없는 최종적이고 유

19 아마도 파울 예거(P. Jaeger)를 암시한다. P. Jaeger, *Innseits. Zur Verständigung über die Jenseitsfrage*, Tübingen, 1917. 바르트는 자신의 탐바흐 강연(Der Christ in der Gesellschaft, 1919)에서 이미 그를 논박하였다(W.G.Th., S. 65 = Anfänge I, S. 34). 이후 예거와 바르트의 논쟁에 관해서는 *Antwort an Paul Jaeger*, V.u.kl.A. 1922-1925, S. 381-394 참조.

20 이 책 269쪽, 각주 19.

일무이한 대조다. 여기서 저편의 삶과 존재는 이편의 삶과 존재의 입장에서 볼 때는 오직 죽음이요 비존재다. 마찬가지로 이편의 삶과 존재는 저편의 삶과 존재의 입장에서 볼 때는 그저 죽음이요 비존재라고 부를 만한 것이다. 우리는 이와 같은 결정적인 구분선의 빛, 곧 위로부터 비치는 빛 안에서 아브라함이라는 인물을 보았다. 이쪽에서 저쪽으로의 건너감, 발전, 상승, 나아가 승급 같은 것은 근본적으로 배제된다. 왜냐하면 이편에서 그런 움직임을 시작하는 것이 "저쪽"에서 볼 때는 그저 죽음과 비존재를 의미할 뿐이기 때문이다. 또한 그 움직임이 저편에서 끝나는 것이 여기서 볼 때는 단지 죽음과 비존재이기 때문이다. 이제 |118| 순수하게 부정적인 두 가지 가능성 사이에 서 있는 것은 불가능성, 곧 "마이너스 곱하기 마이너스는 플러스"라는 불가능성뿐이다. 이것은 두 부정이 서로 관계를 맺음이며, 하나가 다른 하나에 의해 지양되는 것이니, 바로 그 지양이 그 둘의 의미와 능력이며, 그 둘의 우월하고 근원적인 긍정이다. "산 자"가 죽어야 "죽은 자"가 살아나고 "있는 것"이 없는 것으로 인식되어야, 없는 것은 있는 것으로서 부르심을 받을 수 있다. 바로 이것이 **인식**의 불가능성이며, **부활**의 불가능성이며, 창조주요 구원자이신 **하나님**의 불가능성이니, 그분 안에서 "이편"과 "저편"은 하나다. 바로 이런 불가능한 것에 대한 관계가 곧 아브라함의 믿음이다. 그러므로 그 믿음도 그 자체로는 저 불가능한 것, 그리고 비역사적인 것으로서(바로 그렇기 때문에 가능하게 하는 유일한 것 그리고 역사에 새로운 토대를 놓는 것이니!) 철저하게 비가시적인 것으로서 창세기 역사Genesishistorie의 **가장자리에서** 떠오르나니—이 사실역사Historie **안에서는** 언제나 위기Krisis로만 드러나고, 그래서 신화와 신비주의[에 속한] 형태로 묘사된다—이런 것은 플라톤 철학의 변두리, 그뤼네발트와 도스토옙스키 예술의 가장자리, 루터 종교의 가장자리에서도 나타난 바 있다. 그와

같은 인식, 부활, 하나님은 어떤 우연적인, 어떤 제약에 얽매인, 이쪽과 저쪽의 대립에 묶인 부정이 아니라 순수한 부정이며, 그래서 "이편" **그리고** "저편"의 **저편**이다. 그것은 부정의 부정, 곧 이편은 저편을 의미하고 저편은 이편을 의미하는 **그런** 부정이다. 그것은 우리의 죽음의 죽음이며, 우리의 없는 것의 있는 것이다. 그분은 "살리시고", 그분은 "부르신다." "하나님에게는 모든 사람이 살았느니라"[눅 20:38]. 바로 이런 하나님, 그리고 그분 안에서 **모든** 사물이 돌이키는 것이야말로 ("내가 새 하늘과 새 땅을 보니"[계 21:1]) 아브라함의 믿음이요, 저 높은 곳에서 비쳐오는 창세기 역사의 빛(창조되지 않은 빛의 빛)이며, 모든 역사의 로고스다.

18 아브라함이 바랄 수 없는 중에 바라고 믿었으니 이는 네 후손이 이같으리라[심히 창대하리라(창 15:5)] **하신 말씀대로 많은 민족의 조상이 되게 하려 하심이라.**

우리는 아브라함이 모든 것을 잃어버린 것 같은 상황에서 찾고[마 10:39 병행 본문], 모든 것이 끊어져 버린 상황에서 잇고, 도저히 설 수 없는 상황에서 서 있는 것을 본다. 우리는 아브라함이 아래로부터건 위로부터건 오직 '아니요'만이 남은 상황에서 '예'를 말하는 것을 듣는다. 바로 이것이야말로 그의 믿음 곧 "바랄 수 없는 중에 바라는" 믿음이다. 믿음은 인간의 본래성과 하나님의 타자성을, 가시적인 것의 가시성과 비가시적인 것의 비가시성을, 주관적인 그리고 객관적인 가능성을 **넘어서는** 걸음이며, 오직 하나님의 말씀만이 자기를 잡아 줄 수 있는 곳을 향해 내딛는 발걸음이다. 우리는 아브라함이 이 걸음을 내딛고 있는 것을 본다. 아니, 우리가 보는 것이라고는 그저 그의 다른 모든 발걸음이 결국은 |119| **바로 이** 발걸음을 지향하고 있으며, 바로 이 발걸음에서 유래한다는 사실뿐이다. 우리는 아브라함이 **바로 이** 발걸음 자체를 걷는 것은 **아님**을 본다.

"이러한 솜씨는 하나님 은혜로 오도다.
하나님 은혜가 없다면 그것은 헛되니,
모두가 하나님 역사를 찬양할지어다.
이러한 솜씨가 하나님에게서 오도다."[21]

19 그가 백 세나 되어 자기 몸이 죽은 것 같고 사라의 태가 죽은 것 같음을 알고도 믿음이 약하여지지 아니하고.

그는 현실에 미혹되지 않는다. 그는 낙관주의자도 아니고 열광주의자도 아니다. 그의 솔직함은 냉소적인 의심마저 숨기지 않을 정도다. "아브라함이 엎드려 **웃으며** 마음속으로 이르되 백 세 된 사람이 어찌 자식을 낳을까. 사라는 구십 세니 어찌 출산하리요"(창 17:17). 바로 **여기까지**가 우리가 아브라함에게서 볼 수 있는 것, 그에게서 여러 가지 유비로 이해가 되는 것, 너무나 잘 이해되는 것, 그 외 다른 사건의 연속성 속에 나열할 수 있는 것이다. 그러나 우리가 볼 수 있는 것의 **저편에서** 마주하게 되는 사실이 있으니, 그것은 하나님께서 그에게 너무나 강해지셨다는 사실[렘 20:7], 그래서

21 Fr.A. Schmid Roerr, *Wie Sankt Antonii Altar zu Isenheim durch Meister Matthis Grünewald errichtet ward. Ein Gespräch*, Leipzig, 1920, S. 5. 자료에 따르면, 이것은 "이젠하임 제단의 과거 성유물 함 위에 오래전에 휘갈겨 쓰인 글씨"로 남아 있는 두 구절 가운데 첫째 구절이다. 그는 이 구절을 다음과 같은 형식으로 인용하고 있다.

Dise Kunnst kunnt von Gottes Gunst
Wanns Gott nit gunnt, so ist's umsunst
Ein jeds dis Wercks Gott loben sott
Dann dise Kunnest kunnt von Gott.

이렇게 조금 다른 형식으로 전승된 노래에 대한 자세한 내용은 R. Marquard, a.a.O. S. 112-114 (이 책 327쪽, 각주 12) 참조.

그의 믿음이 약해질 수 없다는 사실이다. 우리가 파악할 수 있는 것의 저편에는 파악할 수 없는 것이 있으니, 곧 그가 현실의 유혹에 맞서 저항한다는 사실이다. 역사의 저편에는 비역사적인 것이 있다. 그것은 그가 존재하지 않는 것, 존재할 수도 없는 것을 열린 눈과 귀로 보고 듣는다는 사실이다.

20 믿음이 없어 하나님의 약속을 의심하지 않고 믿음으로 견고하여져서 하나님께 영광을 돌리며.

"우리를 둘러싼 모든 것은 하나님의 약속과 모순된다. 그분은 불멸을 약속하시나, 우리는 사멸과 부패에 감싸여 있다. 그분은 우리가 그분 앞에서 의롭다고 선언하시나, 우리는 죄로 뒤덮여 있다. 그분은 우리에게 자신의 은혜와 선한 의지를 증명하시나, 우리는 그분이 발하시는 모든 분노의 위협 속에 있다. 우리는 무엇을 해야 하나? 두 눈을 감고 우리 자신을 지나치고 우리의 모든 고유한 특성을 지나치는 것이 바람직할 것이니, 이는 그 무엇도 우리가 하나님의 진리를 믿는 것을 방해하거나 지체시키지 못하게 하기 위함이다"(칼뱅).[22] "그런 것은 이성으로서는 도저히 할 수 없는 일이다. 오직 **믿음이 그것을 하며, 그래서 믿음은 이른바 신성의 창조자인 것이다**. 이 말은 믿음이 신성하고 영원한 존재에 무언가를 더하여 창조한다는 뜻이 아니라 **우리 안에** 그것을 창조한다는 뜻이다. 믿음이 없다면, 우리 안에 하나님의 영광도 결여되어 그분을 지혜롭고 의롭고 신실하고 진실하고 긍휼한 분으로 여길 수 없다. 믿음이 없다면, 우리 안에는 그분의 신성

22 Calvin, col. 84. "Quae circa sunt, omnia Dei promissionibus adversantur. Immortalitatem pollicetur: nos mortalitate et corruptione circumdamur. Pro iustis se nos habere pronuntiat: peccatis sumus cooperti. Propositum se ac benevolum nobis esse testatur: indicia externa iram eius minantur. Quid ergo agendum? Nos ac nostra omnia clausis oculis praeterire decet, ne quid nos impediat, vel remoretur quominus Deum credamus veracem."

도 |120| 위엄도 없다. 그러므로 모든 것은 믿음에 달려 있다. 우리 주 하나님께서 우리 인간에게 요구하시는 것도, 오직 그분에게 합당한 영광을 돌리고 그분을 우리의 하나님으로 여기는 것 외에는 없다. 다시 말해 우리가 그분을 공허하고 무익한 우상으로 여기는 것이 아니라, 참된 그리고 진실한rechten und wahrhaftigen t 하나님으로 여기는 것이다.……그러므로 이렇게 온 마음으로 하나님께 영광을 돌리는 것이야말로 모든 지혜 위의 지혜, 모든 의 위의 의, 모든 예배 위의 예배, 모든 제물 위의 제물이다.……아브라함이 그랬듯이, 하나님의 말씀을 믿고 신뢰하는 사람은 하나님 앞에서 의로운 사람이다. 그 사람도 하나님께 합당한 영광을 돌리는 믿음을 가진 사람이기 때문이다. 다시 말해, 그가 하나님께 반드시 마땅히 드려야 할 것을 드린 것이다.……의롭게 하는 믿음은 이렇게 말한다. '사랑하는 나의 하나님, 저는 당신이 말씀하시는 모든 것을 기꺼이 믿나이다.' 그런데 하나님께서는 무엇을 말씀하시는가? 만일 여기서 이성이 나서서 대답한다면 이렇게 말할 것이다. '그건 하나같이 말도 안 되는 거짓말이고 바보 같고 나약하고 얼토당토않은 것, 아니 오히려 섬뜩하고 이단 종파 같고 악마적인 것 투성이다. 하나님이 말한다는 게 죄다 그런 거야!' 그럴 만도 하다. 예컨대 하나님께서 아브라함에게 말씀하신 것을 보라. 이성의 눈으로 볼 때 그보다 우스꽝스럽고 멍청하고 불가능한 것이 어디 있겠는가……그러므로 우리 그리스도 신앙의 모든 조항, 하나님께서 그분의 말씀으로 우리에게 밝히 열어 주신 그 믿음의 조항이 이성의 눈으로는 무조건 불가능하고 얼토당토않고 거짓말로 꾸며 낸 것에 불과하다.……그러나 믿음은 재치 있게 그 이성의 목을 잡아 비틀고, 온 세상과 거기 사는 모든 피조물이 달려들어도 어찌 못했던 그 짐승을 목 졸라 죽인다. 어떻게? 믿음은 하나님의 말씀에 의지하며, 그것을 참되고 진실하게 여긴다. 비록 그것이 여전히 바보

같고 불가능한 것처럼 들릴지라도 말이다. 그러므로 아브라함은 자신의 이성을 붙잡아 포로로 만들었다.……다른 모든 믿음의 사람들도 그와 같이 하니, 이렇듯 아브라함과 함께 **어둠 속으로, 믿음이라는 감춰진 흑암 속으로 들어가** 이성을 목 졸라 죽이고는 이렇게 말한다. '너, 이성아, 듣고 있느냐? 너는 미쳐서 제대로 보지도 못하는 바보로다. 하나님의 일에 대해서는 터럭만큼도 이해하지 못하나니, 나한테 맞서 짖어 대면서 허튼 짓거리하지 마라. 네 아가리를 닥치고 조용히 해라! 감히 하나님 말씀의 재판관이 되려고 들지 마라. 자리에 앉아 그 말씀이 네게 하는 말을 듣고 그분을 믿어라!' 이렇듯 믿음은 온 세상이 달려들어도 어찌하지 못하는 그 짐승을 목 졸라 죽이고 **이로써 우리 주 하나님께 가장 만족스러운 예배를 드린다.** 그분을 향한 예배는 항상 이런 모습으로 일어나야 한다. 믿는 사람들의 이런 제물과 예배와 비교할 때, 이 세상의 모든 수도사들과 업적의 거룩함을 내세우는 자들의 온갖 업적으로 넘치는 이교도들의 제물과 예배는 그야말로 아무것도 아니다"(루터).[23] **이것이** 역사의 마지막이자 처음이다. 이 말을

23 Eberle, S. 87-89. 바르트 소장본에는 많은 부분에 밑줄이 그어져 있으며, 강조는 주로 바르트의 것이다. 중략된 많은 부분 외에도 바르트는 때로는 몇 개의 단어를 생략하였다. *In Epistolam S. Pauli ad Galatas Commentarius*(1535) zu Gal. 3,6. Eberle는 Luther-Schriften von J.G. Walch, Bd. 8, Halle 1742, Sp. 2040-2044, 그리고 라틴어 본문을 종종 의역하고 수사학적으로 다듬은 J. Menius의 독일어 번역(1539)을 사용하였다. WA 40/I, 360,24-30, 32-34. 361,12-14(varia lectio), 14-20. 362,15f. 23-30. "Hoc ratio non facit, sed fides[원서에는 여기에 마침표가 찍혀 있다] ea consummat divinitatem et, ut ita dicam, creatrix est divinitatis, non in substantia Dei, sed in nobis. Nam sine fide amittit Deus in nobis suam gloriam, sapientiam, iustitiam, veritatem, misericordiam etc. In summa: nihil maiestatis et divinitatis habet Deus, ubi fides non est. Neque postulat Deus ab homine aliquid amplius, quam ut tribuat ei suam gloriam et divinitatem, Hoc est, ut eum habeat non pro idolo, sed pro Deo qui respiciat, exaudiat, misereatur, iuvet etc." "Et illam gloriam posse tribuere Deo est sapientia sapientiarum, iustitia iustitiarum, religio religionum et sacrificium sacrificiorum." "Quicunque igitur credit verbo Dei, ut Abraham,

받을 만한 자는 받을지어다[마 19:12]. |121|

21 **약속하신 그것을 또한 능히 이루실 줄을**[것으로] **확신**[전적으로 충만] **하였으니.**

어떤 종교적 체험, 직관, 예언적 사명 의식으로 "충만"하다는 것이 가능한가? 어쩌면 그것도 **가능할 것이라고** 생각될 수도 있다. '비역사적인 것에 의한 충만이 역사적인 것에 의한 충만을 왜 동반할 수 없겠는가?'라고 생각될 수도 있다. 그러나 어쩌면 그럴 수 **없을지도** 모른다.[24] 아니라고 하는 것이 더 맞을 것 같다. [역사적인 것에 의한 충만이란] 결핍과 불확실함과 깨어짐의 충만에 불과할지도 모른다. 하지만 그것도 아니다! 부족함과 배고픔과 목마름에 대한 "넘치는 열광과 확신"Plerophorie도 역사적인 부

iustus est coram Deo, quia fidem habet quae tribuit Deo gloriam, hoc est, reddit Deo quod ei debetur." "Nam fides ita dicit: Ego credo tibi Deo loquenti. Quid loquitur Deus? Impossibilia, mendacia, stulta, infirma, absurda, abominanda, haeretica et diabolica, si rationem consulas. Quid enim magis ridiculum, stultum et impossibile, quam cum Deus ait ad Abraham, quod accepturus sit ex sterili et iam emortua carne Sarae filium? Sic semper Deus, cum obiicit articulos fidei, simpliciter impossibilia et absurda, si iudicium rationis sequi voles, obiicit." "At fides rationem mactat et occidit illam bestiam quam totus mundus et omnes creaturae occidere non possunt. Sic Abraham eam occidit fide." "Sic Omnes pii, ingredientes cum Abraham tenebras fidei, mortificant rationem dicentes: Tu ratio stulta es, non sapis quae Dei sunt, itaque ne obstrepas mihi, sed tace, non iudica, sed audi verbum Dei et crede. Ibi pii fide mactant bestiam maiorem mundo Atque ita Deo gratissimum sacrificium et cultum exhibent. Et ad hoc piorum sacrificium et cultum omnes omnium gentium religiones, omnia omnium monachorum et iustitiariorum opera collata prorsus nihil sunt." 또한 362,18f,21f. "Huic verbo non statim assentiebatur ratio in Abraham, sed certe pugnabat in ipso contra fidem, iudicans ridiculum, absurdum et impossibile esse." "Istam luctam profecto habuit fides cum ratione in Abraham."

24 바르트가 투르나이젠에게 보낸 1921년 5월 30일 편지(Bw.Th.I, S. 492-93)에서 소개하고 있는 일화. "자네, 우리 친구들 사이에서……이런 일화가 회자되고 있는 거 아는가? 우리 두 사람이 언젠가 오후 내내 담배를 피면서 마주 앉아 있었다는군. 한 시간이 지나자 **내가** 말했다네. '어쩌면 그럴 수도!!' 그리고 한 시간 동안 침묵이 흐른 뒤에 **자네가** 말했다네. '어쩌면 아닐 수도!!' 이것이 우리의 대화였고 우리 체계의 축약된 내용이라고!"

수 현상일 뿐이다. **은혜**의 풍성함(엡 1[:7])은 **심령**의 가난함(마 5[:3])과 마찬가지로 역사적인 소유와 비소유의 저편에 있는 것이다. 아브라함의 "충만"은 전적으로 하나님의 약속을 받은 사람의 "충만"이다. 아브라함이 **진정** 그런 사람이라는 사실이 어떻게 가시적이겠는가? 그것이 어떻게 역사적인 것일 수 있겠는가? 죽음으로부터 나온 생명(4:13f.)이 아니고서야 어떻게 그것이 이해될 수 있겠는가?

22 그러므로 그것이 그에게 의로 여겨졌느니라.

아브라함의 믿음은 "하나님 앞에서의 믿음"이기 때문에(4:17b), 그 믿음은 아브라함이라는 사람의 태도 가운데 하나가 아니고 오히려 그것의 절대적인 제한과 규약과 해체로서 절대적인 기적이며 순수한 시작이며 근원적인 창조이기 때문에, 그의 믿음은 하나의 역사적 사건으로 다 설명될 수 있는 것이 아니라 역사적으로 일어난 모든 사건과 일어나지 않은 모든 것의 순수한 부정이기 때문에, "바로 그 이유에서" 그 믿음이 하나님에 의해 의로움으로 승인을 받는다. 그러므로 아브라함은—오직 믿음으로—하나님 안에서 부정의 부정에 참여하고 죽음의 죽음에 참여한다. 그러므로 그의 믿음은 역사적으로 그에게 일어난 일에 방해받지 않고 창조되지 않은 빛의 빛으로 환히 빛난다.

23-25. 그에게 의로 여겨졌다 기록된 것은 아브라함만 위한 것이 아니요 의로 여기심을 받을 우리도 위함이니 곧 예수 우리 주를 죽은 자 가운데서 살리신 이를 믿는 자니라. 예수는 우리가 범죄한 것 때문에 내줌이 되고 또한 우리를 의롭다 하시기 위하여 살아나셨느니라.

"아브라함만 위한 것이 아니요……우리도 위함이니." 사실역사[Historie]도 쓸모가 있을 수 있다. 과거는 현재에게 말할 수 있다. 과거와 현재 안에는 어떤 동시적인 것이 있으니, 그것이 과거의 말 못함을 치유하고 현재의 듣

지 못함을 치유한다. 그것이 과거로 하여금 말하게 하고 현재로 하여금 듣게 할 수 있다. 시간을 지양하며 성취하는 자기 대화 안에 나타나는 이 동시적인 것이 선포하고 청취하는 것은 모든 역사의 마지막과 처음인 비역사적인 것, 눈에 보이지 않는 것, 파악할 수 없는 것이다. 창세기 역사는 그 입을 열어 비역사적인 것을 말한다. 아브라함의 믿음이 |122| 의로운 것으로 여겨졌다는 사실 말이다. 그의 타락이 또한 우리의 타락과 마찬가지라면, 우리도 귀가 열려서 그 비역사적인 것을 들을 수 있다. 이러한 자기 대화, 곧 현재가 인간적 사건의 **의미**를 그것의 **통일성** 속에서 의식하게 되는 자기와의 대화 속에서 역사는 그 역사에게 기대되는 유익을 가져다준다. 이와 반대로 비역사적인 것이 도외시된다면, 과거는 말 못하는 자가 되고 현재는 듣지 못하는 자가 된다. 동시적인 것의 대화가 흘러가지 않는다면 가장 명확한 증언이나 문헌이라도 아무것도 말하지 못할 것이며, 역사에 대한 가장 예민한 주의력이라도 아무것도 듣지 못할 것이다. 위로부터 비쳐 오는 비역사적인 빛이 없다면 아브라함은 우리에게 아무런 의미도 없을 것이며, 그는 우리에게 아무것도 말하지 않고 우리는 그의 말을 듣지 않게 될 것이다. 근원이 되는 자료와 그 자료에 관한 연구와 무관하게 인간적인 사건의 저 **의미**가 그것의 **통일성** 속에서 생생하게 살아 있지 않다면, 역사라는 것이 그저 이런저런 문화의 나열 혹은 이런저런 시대의 나열에 불과하다면, 그저 **상이한** 직접성과 **상이한** 개인과 시간과 관계와 기관의 다양성에 불과하다면, 단순한 현상들이 사방으로 내던져져 흩어지며 북적거리는 것이라면, 그렇다면 역사는 무의미한 것이다. 왜냐하면 "현실적이다"wirklich와 참되다wahr는 똑같은 말이 아니기 때문이며, "흥미롭다"interessant와 의미심장하다sinnvoll도 똑같은 말이 아니기 때문이다. 그러므로 여러 가지 얼굴로 우리를 바라보는 과거는 아직 우리에게 말하는 과거가 아니다.

이해되고 인식되는 과거가 아니다. 사실역사Historie라는 것이 그 이상을 제공할 수 없다면 쓸모가 없다. 비판적인 자료 수집에 불과한 역사라면 그것이 아무리 옛날 책들을 사랑하고 꼼꼼하게 연구한다 해도, 아무리 그 당시의 삶이나 상황의 분위기에 절묘하게 "감정이입"한다 하더라도, 우연히 적용한 관점이 아무리 탁월한 것이라 해도 "역사"Geschichte가 아니다. 그것은 사진으로 찍힌 혼돈, 분석된 혼돈일 뿐이다. 역사는 종합적인 예술 작품이다. 역사는 사건에서 나온다. 역사는 유일하고 통일된 주제를 가지고 있다. 이 예술 작품, 이 사건, 이 하나가 근원적으로 역사 집필자 안에 있지 않다면, 역사는 **없다**. "현재가 가진 최고의 힘으로부터 너희는 과거를 해석할 수 있다. 너희의 가장 고귀한 특성들을 가지고 전력을 다해야만 너희는 지나간 것 속에서 알 만하고 보존할 만하고 위대한 것이 무엇인지 알 수 있을 것이다. 같은 것은 같은 것을 통해! Gleiches durch Gleiches! 그렇게 하지 않으면 너희는 과거를 너희에게 끌어내리는 셈이 된다.……역사를 쓰는 자는 경험이 많고 우월한 자다. 다른 사람보다 좀 더 위대하고 좀 더 높은 경험을 해보지 못한 사람은 과거로부터 위대하고 고귀한 것을 해석할 줄도 모른다. 과거의 금언은 항상 신탁의 말씀이다. 단지 미래의 건축가로서, 현재를 아는 자로서 너희는 그것을 이해할 것이다"(니체).[25] 그 하나의 다양성, 지나간 것의 다양성Einen, Vergangen u 속에서—잘 이해해야 하나니, 그 **하나**의 |123| 지나간 것의 **다양성** 속에서 우리 현존재의 의미에 관한 증언은 현재가 된다. 과거와 현재 속에서 동시적인 것의 자기 대화를 경청하게 된다. 모든 역사의 종말과 시초에 있는 비역사적인 것을 못 보고 지나치거

25 Fr. Nietzsche, a.a.O.(이 책 342쪽, 각주 17), NW, S. 184-187(NWKG, S. 289, Z. 34 – S. 290, Z. 5, S. 290, Z. 25-30)(NW, S. 184-85, NWKG, S. 290, Z. 3("wissens- und bewahrungswürdig").

나 못 듣고 지나치는 일이 없게 된다. 이것이야말로 "역사의 유익"Nutzen der Historie일 것이다. **그 특정한** 사실역사Historie란 무엇보다 먼저, 원칙적으로 모든 "비판"에 앞서서 **위기**에 처한 역사, 죽음에 이르는 병[26]에 빠진 역사다. [죽어 있었던 그 역사가 이제] 이해하면서 볼 수 있게 되고, 선포하면서 이해하게 된다. 그 사실역사는 역사Geschichte를 쓰면서 역사를 바라본다. 또한 그 역사를 만들면서 역사를 써 내려간다. 사실역사는 "원原 자료"Quelle로부터 인식을 길어 올리는데, 그 자료는 그 인식을 통해서 역사를 열어 보임으로써 비로소 원 자료가 된다. 창세기 역사Historie der Genesis는 바로 이런 종류의 역사다. 이 역사는 듣는 역사, 말하는 역사다. 동시성으로 가득한 역사다. 이것은 그 자체가 귀와 입술에서 열려진 위기 속에서 포착된 역사라서 스스로 듣고 말할 수 있는 역사다. 그 사실역사는 저 위에서 비쳐 오는 빛을 보고 그 빛을 퍼뜨린다. 그 자체가 직접 그 빛 안에 있기 때문이다. 그 사실역사는 "비역사적인" 역사unhistorische Geschichte를 제공한다. 분명 이것은 창세기 사실역사가 모든 역사적인 것의 본질이자 내용인 비역사적인 것에 관심을 기울이기 때문이며, 그 사실역사 자체가 비역사적인 것으로부터 비역사적인 것을 향해 살아가기 때문이며, 모든 역사적인 것을 오직 그 비역사적인 종말과 시초의 증언으로만 이해하고 그렇게 제시하려 하기 때문이다. 그래서 그 역사가 아브라함과 관련하여 우리에게 말하는 것은 "아브라함만 위한 것이 아니요……우리도 위함이니."

"곧 예수 우리 주를 죽은 자 가운데서 살리신 이를 믿는 자니라. 예수는 우리가 범죄한 것 때문에 내줌이 되고 또한 우리를 의롭다 하시기 위하여 살

26 S. Kierkegaard, *Die Krankheit zum Tode*(『죽음에 이르는 병』, 다산글방) übersetzt von H. Gottsched, KGW 8, Jena, 1911(SKS 11, S. 113-242).

아나셨느니라."

"우리는 곧 예수 우리 주를 죽은 자 가운데서 살려내신 분을 믿는 사람들이니라. 그 예수는 우리가 타락 때문에 희생을 당하셨고 또한 우리의 의 때문에 살아나셨느니라." "같은 것은 같은 것을 **통해**"[27] 그리고 "같은 것은 같은 것**에게**." 현재의 듣는 귀가 없다면 과거의 말하는 입도 없다. 창세기에 나오는 지혜의 작품도 퇴행할 수 있으며, 그 위에 드리워진 상위의 빛도 다시 희미해질 수 있다. 여러 가지 시간의 흐름과 상황의 나열, 많은 역사적인 인물들 안에 나타난 다양성, 그 자체로는 현실적이고 어쩌면 흥미로울 수도 있는 말 없는 많은 얼굴 등이 [의미를 잃은 채] 복원될 수 있으며, 베두인의 족장 아브라함도 다시 저 무한한 공간적·시간적 아득함과 낯섦 속으로 밀려나 버릴 수 있다. 현재가 과거 속에서 자기에게 상응하는 파트너를 찾지 못했을 때, 혹은 정반대로 과거가 현재 안에서 그런 파트너를 찾지 못했을 때, 동시적인 것의 자기 대화는 일단 끊어진다. 그럴 수밖에 없지 않은가? [역사 비평학의] 단순한 분석도 극도의 정신적 기근의 시대에는 하나의 방법일 수 있다. 언젠가 때가 되면 |124| 그것도 한계에 도달할 것이며, 예컨대 아브라함의 인격은 비역사적이라는 사실을 확인하지 않을 수 없을 것이다. 이로써 그 분석은 다시 저 창세기의 출발점이 되는 [역사와 비역사의] 종합[Synthese]이라는 명령법적인 필연성 앞에 서게 될 것이다. 최종적으로 우리는 [순수한 역사 비평학적인] 분석을 적용할 수 있는 창세기 역사 외에 어떤 다른 역사를 갖고 있지 않으며, 이 점을 처음부터 미

27 오직 "같은 것은 같은 것을 통해 인식된다"(Gleiches durch Gleiches erkannt wird)는 말은—바르트가 앞서 인용한 니체의 글에서 반복되어 나오는 요구로서—엠페도클레스(Empedocles) 인식 이론을 요약한 것이다(Fragment B 109; Aristoteles, *Metaphysik*, III 4, 1000b 5f.).

리 생각하는 편이 나을 것이다. 하지만 우리는 이미 과거와 현재 속에서 동시적인 것의 자기 대화에 얽혀 들어와 **있다**. 여하튼 창세기는 아브라함에 관하여 **말하며**, 바로 우리에게 해당하는 이야기를 들려준다. 그 부분에 대한 우리의 의식이 미약한데도 말이다. 우리가 반드시 들어야 하는 이야기를 들려준다. 그런 인물을 바라보는 우리의 관찰 방식이 창세기의 관찰 방식과 상당히 다른데도 말이다. 이것은 우리가 "예수 우리 주를 죽은 자 가운데서 살리신 이를 믿는 자"이기 때문이다. 우리는 창세기가 아브라함 인생의 문제 상황으로 묘사한 바로 그 문제 상황 속에 이미 **서 있다**. 다시 말해, 죽음과 삶의 경계선에 서 있다. 인간이 까마득한 나락으로 타락한 상태는 하나님의 부정을 의미하며, 하나님의 의는 인간의 부정을 의미하는데, 지금 우리는 인간의 이런 타락과 하나님의 의 사이에 서 있는 것이다. 지금 우리는 [역사 비평학적으로] 분석하는 사람이 상상할 수 있는 것보다 훨씬 "비역사적"인 창세기의 아브라함과 함께 인식의 불가능성 앞에, 부활의 불가능성 앞에, 하나님 안에 기초하고 하나님으로부터 기대할 수 있는 통일, 곧 이편과 저편의 통일의 불가능성 앞에 서 있다. 우리는 믿는다. 그리고 우리는 이렇게 덧붙이지 않을 수 없음을 알고 있다. 우리가 우리의 믿음과 관련하여 알고 있는 것은 오직 하나, 그것이 언제나 불신앙이기도 하다는 사실이다. 그러나 우리는 바로 우리가 알 수 없는 것으로서 바로 그 믿음이 아브라함의 믿음과 함께 만물의 돌이킴Umkehrung이라는 사실, 우리 죽음의 죽음이라는 사실, 우리의 없는 것의 없는 것(4:17)이라는 사실도 알고 있다. 만일 우리 모두가 믿지 않는다면, 우리 모두에게 남아 있는 것은 다른 여러 가능한 가능성 가운데서 [역사 비평학의] 분석적 비판의 가능성뿐인데, 그 분석적 비판은 우리와 전혀 관계가 없으며 또 관계될 수도 없는 **그런** 아브라함에 의도적으로 집착한다. 우리는 그 분석을 의심하

거나 저지하려는 생각이 없다. 결국에는 그 분석도 우리가 처한 위기와 우리가 걸린 병, 곧 죽음에 이르는 병을 중단시키지 못하고 자기 나름의 방식으로 그것을 가속할 뿐이다. 결국 그 분석은 **역사적** 아브라함은 실제로 우리에게 아무런 관련이 없다는 것만 확증할 뿐이다. 그것은 실제로 그런 일을 하는 만큼, 바로 그만큼 창세기의 **비역사적인** 아브라함에 대한 전망을 열어 준다. [역사와 비역사의] 종합의 필연성에 대한 전망을 열어 준다. 우리 모두가 용기를 내어 우리의 믿음을 진지하게 숙고할 수 있는 가능성, 그 불가능한 가능성에 대한 전망을 열어 준다. |125|

5장 다가오는 날

새 사람

5:1-11

1 그러므로 우리가 믿음으로 의롭다 하심을 받았으니 우리 주 예수 그리스도로 말미암아 하나님과 화평을 누리자[누린다].*

"그러므로 우리가 믿음으로 의롭다 하심을 받았으니." "밤이 깊고 날이 가까웠으니"(13:12). 우리는 용기를 내어 우리의 믿음을 고려하기로 했다. 그렇다면 그 믿음을 특징으로 하는 "우리", 곧 새 사람, 아직 시작되지는 않았지만 다가온 하나님 날의 인간까지도 고려하지 않을 수 없다. 우리는 믿음을 통해서 새로운 신분, 곧 하나님께서 의롭다고 선언하신 사람의 신분으로 진입한다. 우리는 단순히 지금 그대로의 존재가 아니라, 믿음을 통해 지금의 **우리가 아닌** 어떤 존재가 된다. "무한한 열정"(키르케고르)[3] 속에서 눈으로 볼 수 없게, 그저 빈 공간으로만 볼 수 있게 인간의 일상적 삶 속으로 치고 들어온 것, 모든 인간적인 이해력으로는 언제 어디서나 부정되기만 하는 것, 그런데 바로 그렇기 때문에 언제 어디서나 철저하게 증언되는

* ἔχομεν("우리가 누린다")로 읽을 것. ἔχωμεν("우리가 누리자!")로 읽는 독법이 오래되었어도 합당치 않다. 이 구문에서 이런 독법은 바울의 말에 더 많은 각성을 요구하려는 아주 적절치 않은 필요에서 나온 것 같다(Theodoret: Προσήκει δὲ ὑμᾶς τὴν πρὸς τὸν θεὸν γεγεννημένην φυλάττειν εἰρήνην).[1] 리츠만(Lietzmann)의 추측에 따르면 이런 오해는 더디오가 받아 적었을 때(16:22)까지 소급된다고 한다.[2]

1 Theodoret von Cyrus, *Interpretatio Epistolae ad Romanos*, Kap. 5, V. 1f, PG 82,96B.

2 Lietzmann, S. 55.

3 Kierkegaard, Abschließende Nachschrift, S. 115(SKS 7, S. 26). "다섯 명의 어리석은 처녀는 기다림의 무한한 열정을 잃어버렸다.……그들은 무한한 열정을 잃었기 때문에 영적인 의미에서 무지한 자들이 되었다." 바르트는 5장을 집필하다가 『철학적 단편』을 읽었다(Bw.Th.I, S. 461). 바르트 소장본에는 두 번째 문장에 밑줄이 그어져 있다.

것, 우리의 눈으로 보면 무한으로 발산하는 두 개의 쌍곡선 사이의 영점처럼 보일 수 있는 것, 그런데 바로 그래서 전대미문의 종말과 시초인것, 바로 그것이 새 사람이다. 그것이 "믿음"이라는 술어述語의 주어主語다. 그런데 그 주어가 주어로서, 주어의 존재로서, 나의 지금의 모든 존재에 대해 절대적인 저편에 있고 근본적인 타자라면, 그때 **나는** 그 주어가 **아니다**. 그러나 그 주어가 행하는 것이 술어를 세우는 것, 곧 믿음이 그와 나 사이의 정체성을 세우는 것이라면, 그때 **나는** 그 주어**이다**. 그리스도의 죽음과 부활의 표징 아래서(4:25), 또한 죽은 자를 살리시고 없는 것을 있는 것으로 |126| 부르시는 하나님의 인식 속에서(4:17) 새 사람, 곧 나는 "위에서"[개역개정 난외 역] 태어난다(요 3:3). 가장 강력한 의미에서 지금 나의 존재와 똑같지 **않은** 것이 지금 나의 존재와 **똑같은** 것이 된다. 그러나 나의 이런 전대미문의 정체성, 새 사람과의 동일시는 **오직** 그 술어가 규정하는 힘으로 진리가 된다. 오직 믿음을 통해 나는 내가 아닌(!) 존재인 것이다. 믿음의 모험이 잠깐이라도 고려되지 않는다면, 아주 잠깐이라도 중단되거나 아예 시도되지 않는다면 (그것도 내가 한 번도 그런 모험을 감행하지 않은 때라면!) 이러한 정체성의 설정은 종교적·사변적 교만에서 나온 의미 없는 행동이 될 것이다. 그 설정은 인간에 대한 고찰, 곧 인간은 하나님이 아니라는 고찰을 통해서 깨어진 것, 변증법적인 것이어야 하며 이후로도 계속 그래야 한다. 우리의 믿음을 진지하게 고려한다면, 우리는 그런 시도를 하고 있는 모든 순간에 우리 스스로를 의심스럽게 생각해야 한다. [육신의] 생명에서 죽음에 이르는 그 좁은 문[마 7:13-14 병행 본문]을 통해 생명으로 진입하는 가능성과 필연성은 언제나 우리에게 너무나 낯선 것으로 다가올 수밖에 없다. 그 길은 너무나 접근하기 어렵고, 그 질서는 너무나 이해하기 어렵다. 그 좁은 문 너머로 인도하는 그 힘은 도저히 다다를 수 없는 곳에 있

으며, 그곳을 향해 앞으로 한 걸음 내딛는 것은 너무나 위험해 보인다. 이런 엄청난 변화의 자리에서 나타나는 습관Gewohnheit[a], 경박함, 가벼움, 당연함은 모두 거짓말이요, 근원적인 저주요, 거의 모든 교의학과 설교와 목회 상담과 온갖 종교적 확언에서 아무리 뽑아 없애려고 해도 없어지지 않는 독毒의 싹이다. **우리가** 새 사람이라는 진리는 언제 어디서나 오직 그 출발점에 있다. 그리고 이 출발점은 모든 명확성과 이해 가능성의 종말을 의미한다. 새 사람의 시작은 오직 옛 사람의 종말에서, 부활의 의미와 실재성은 오직 그리스도의 십자가에서 명확해질 수 있다. 우리는 언제 어디서나 오직 믿을 수 있을 뿐이고, 또한 언제 어디서나 새롭게 믿을 뿐이다. 믿는다는 것은 우리가 믿는다는 **그 사실**에 대한 믿음이다. 믿는 사람들을 명확하게 역사적·심리학적으로 규정하면서 그들을 안 믿는 사람들과 구별하는 일은 불가능하다. 우리의 모든 손은 지금이나 앞으로나—명확성과 관련해서는—비어 있을 것이다. "우리는 아무것도 자라지 않는 저 높은 곳, 가파른 낭떠러지의 한끝 가장자리에 피어난 풀들이다. 저 아래 계곡에는 키 큰 떡갈나무들이 그 뿌리를 땅 속 깊은 곳까지 뻗어 내리고 있다. 그러나 우리는 작고 약한 자들, 땅에서 보면 거의 보이지도 않는 존재다. 우리는 온갖 바람과 폭풍에 무방비 상태이며, 뿌리랄 것도 거의 없고 금방이라도 말라 없어질 것만 같다. 그 대신 우리는 저 떡갈나무의 우듬지가 아직 어둠 속에 있는 이른 아침에 벌써 빛을 받고 서 있다. 우리는 아직 아무도 보지 못하는 것을 보고 있다. 우리는 위대한 날의 태양을 제일 먼저 보는 이들이다. 우리는 그분을 향해 "진실로 주님 오소서!" 하고 제일 먼저 외치는 이들이다"(메레시코프스키 Mereschkowski).[4] 그러므로 나중 된 자라서 먼저

4 D. Mereschkowski, *Zur Einführung. Bemerkungen über Dostojewski*, F.M. Dostojewski,

된 |127| 자[마 19:30 병행 본문]인 우리, 쇠함으로써 흥하고[요 3:30] 작은 자로서 크고 약함 가운데 강한[고후 12:9] 우리는 오직 믿음으로 하나님 앞에서 의로운 존재다. 하나님께서는 우리 앞에서 자기 자신을 의롭게 하신다. 그러나 이로써 자신 앞에서 선 우리까지도 의롭다고 선언하신다. 그분은 우리를 포로로 사로잡으시나, 이로써 우리를 자유롭게 하신다. 지금 우리의 존재를 부정하시나, 이로써 우리가 아닌 존재로서의 우리를 긍정하신다. 그분은 우리를 필요로 하신다. 그리고 이로써 우리 안에서 선한 일을 시작하신다[빌 1:6]. 그분은 우리의 편을 드신다. 그래서 그분의 일이 우리의 일이 되고 그분의 의가 우리의 의가 된다. 그분은 우리를 인정해 주신다. 그분이 우리와 함께하신다. 우리는 그분의 나라에서 구원을 받으리라는 약속을 받았다. 우리는 소망 속에서 이미 하나님의 것이다. 이미 알려진 인간적인 주체, 과거의 주체가 부정되면서 새로운 주체의 기초가 완성된다. 하나님의 인격 존재Person-Sein, 그 보이지 않는 인격 존재 속에서 인간의 인격성Persönlichkeit이 구성된다.

"우리가……하나님과 화평을 누리자[누린다]." 우리가 오롯이 알고 있는 그 인간, 불의의 인간이 우리가 알지 못하는 하나님과 화평[평화]을 누린다. 이 사실은 한 번도 들어 본 적 없는 광명이며, 우리는 믿음을 통해 그 빛 속으로 들어간다. 하나님과의 화평은 인간과 하나님 사이의 평화조약 **체결**Friedens*schluss*을 뜻한다. 그것은 하나님에게서 유래한 변화, 곧 인간 태도의 변화를 통해, 피조물과 창조주 사이의 정상적인 관계 회복을 통해, 주님을 경외함에서 시작된 사랑[잠 1:7], 곧 하나님을 향한 **특별한** 사랑, 인간이

Sämtliche Werke, unter Mitarbeiterschaft von D. Mereschkowski hrsg. von Moeller van den Bruck, I. Abt., Bd. IX/1. München, 1920, 19.-28. Tsd., S. XVf.

하나님을 향해 품을 수 있는 유일하게 가능하고 진실한 사랑(5:5)이 새롭게 정립됨을 통해 이루어진다. 우리가 믿음을 통해 하나님 앞에서 의로워지지 않는 한 우리는 그분과 전쟁 상태에 있는 셈이다. 그럴 경우 그분을 향한 우리의 사랑과 [하나님 사랑과의] 차이를 인정하지 않는 (친첸도르프 Zinzendorf, 낭만주의, 인도식의indisch) 종교적 친밀함Gottinnigkeit에 불과하다. 그것은 경외함이 **없는** 내면적 경건이며, 본질상 '거짓 신'이자 이 세상의 신[고후 4:4]이며(1:22f.), 우리가 하나님의 진노 아래 놓이고 그분의 원수의 대열에 서게 하는 것(5:10)이다. "하나님과의 화평[평화]은 육체의 안전, 그 도취된 모든 안전의 반대다"(칼뱅).[5] 하나님과의 화평은 (오직 하나님이신!) 하나님께 대한 (오직 사람인!) 사람의 관계가 적합한 질서를 찾는 것이다. 그러므로 하나님과의 화평은 "어떤 복되고 기쁜 감정"(퀼 Kühl)[6] **그 이상의** 것이다. 그 감정이 평화조약 체결에 동반될 수도 있고 그러지 않을 수도 있지만, 어쨌든 그 감정은 평화조약 체결의 본질적 구성 요소는 결코 아니다. 그 평화조약 체결을 구성하는 본질적 요소는 막혀 있던 진리(1:18)의 해방, 하나님의 의가 나타나심(3:21) 그리고 믿음이다. 그러나 하나님과의 화평은 "하나님의 현실성 안의 삶"(쿠터 Kutter)[7] 보다는 **덜한** 것이다. 하나님과 사람의 하나됨은 일어나지 않는다. 죽음의 선이 폐지되는 것도 아니

5 Calvin, col. 89. "Ideo pax erga Deum ebriae carnis securitati opponitur".

6 Kühl, S. 158. "하나님께 대한 우리의 관계는 완전히 새롭게 구성되었다. 과거에 타락했던 우리 상태, 곧 하나님을 불신하고 적대하던 상태는 사라졌다. 복되고 기쁜 감정, 곧 하나님과의 관계에서 화평의 감정이 우리 마음에 들어왔다."

7 H. Kutter, *Gerechtigkeit(Römerbrief Kap. I-VIII). Ein altes Wort an die moderne Christenheit*, Berlin, 1905, S. 133. "믿음은 사물에 대한 종교적 견해를 알지 못한다. 믿음은 하나님의 현실성 안에 산다." 바르트 소장본에는 두 번째 문장에 (첫 단어만 빼고) 파란 밑줄이 그어져 있고 문단 옆에는 큰 물음표가 있다.

다. 하나님과 구속과 최종적 구원의 풍성함을 억지로 선취[先取]하는 것도 아니다. 영과 육체, 육체와 성령 사이[갈 5:17]에는 |128| 극도로 첨예한 대립이 있다. 인간은 변함없이 인간이고 하나님은 변함없이 하나님이시다. 믿음의 필연성도 변함없이 존재한다. 믿음의 역설적 성격도 아주 조금이라도 약해질 수 없다. 인간은 **오직** 기다리는 자로서 존재하는 것을, 보지 **못하면서**(8:24) 소망하는 자로 존재하기를 조금도 멈출 수 없다. 그는 믿음을 통해서 **오직 하나님만을** 기다리는 자가 된다. 이것이야말로 하나님과의 화평이다. 그러므로 믿음을 통해서 의롭게 된 사람이[des] [b] 화평을 **누리는 것**의 의미와 힘은 인간적인 감정과 신적인 현실성 사이의 한복판에 있다. 그렇다면 그곳은 어디인가? 그리스도 안에 계시는 하나님에 관한 사려 깊은 숙고의 왼쪽과 오른쪽이 결정적으로 구분되면서도 동시에 결합되는 바로 그 지점이다.

"우리 주 예수 그리스도로 말미암아." 여기서 변함없는 것이 또 하나 있다. 그것은 이렇게 화평을 **누리는 것**이 오직 하나님 안에 기초한 것이며 오직 하나님 안에서 현실적인 것이지 다른 곳에서도 결코 그럴 수 없다는 사실이다. 이것은 우리를 향하신 하나님의 역사하심으로서, 십자가에 달리시고 부활하신 그리스도를 바라봄으로써 일어난다. 그러므로 이것은 정신적인 과정의 결과물이 아니며, 어떤 인간적인 도약의 결과물도 아니다. 만일 믿음이 그런 것**이기도** 하다면, 믿음은 하나님 앞에서의 의가 **아니며**, 우리와 하나님 사이의 합당한 질서를 세울 수도 **없다**. 믿음은 그 보이지 않는 비역사적인 내용에 힘입어서, 또한 죽음에 이르는 생명에서 그리스도 안의 생명으로 전환함에 힘입어서 우리 자신을 지양하고 하나님과 화해하게 하는 힘이 된다.

2 또한 그로 말미암아 우리가 믿음으로* 서 있는 이 은혜에 들어감을 얻었으며 하나님의 영광을 바라고 즐거워하느니라[하나님의 영광의 소망을

자랑하느니라].

"또한 그로 말미암아 우리가 믿음으로 서 있는 이 은혜에 들어감을 얻었으며." 새 사람이 하나님과 누리는 화평은 바울 사도의 문제적인 약속으로 가득한 실존 자체를 통해서도 생생하게 드러난다. 그는 "이 은혜"에 서 있다. 곧 예수 그리스도의 사도로 살아갈 수 있는 은혜(1:5)에 서 있다. 그는 사람이 도무지 말할 수 없는 것에 관해 말해야 하고, 오직 하나님만이 직접 증언하실 수 있는 것에 관해 증인이 되고, 바울이라는 사람이면서 동시에 메시아의 종, 곧 "하나님의 복음을 위하여 택정함을 입은"(1:1) 종으로 살아가야 하는 아주 특별한 상황에 있다. 그는 이 직분을 은혜가 아닌 다른 것으로, 역설적인 사실이 아닌 다른 것으로 파악할 수 없다(고전 15:9-10). 그의 직분은 사람이 하나님과 더불어 화평을 누림, 도저히 눈으로 볼 수 없는 그것이 존재한다는 것을, 그리고 그것이 과연 무엇을 의미하는지를 바울 자신에게, 그리고 독자들에게 |129| 실감나게 보여준다. 그는 자신의 한계를 똑똑히 알게 되었다. 두렵고 떨림으로[빌 2:12] 하나님의 의를 존중하는 법을 배웠다. 사울이었던 그는 지양되었다. 그의 인생 여정이 갑자기 끊어졌다. 그의 눈이 멀어 보지 못하게 되었다[행 9:9]. 바로 **그때**, 그는 하나님을 사랑하기 시작했다. **그때** 그는 하나님이 자신을 비롯하여 모든 인간의 창조주시며 구원자이심을 깨달았으며, **그때** 하나님을 향한 열정이 불타오르기 시작했다. 멸절시키시는 하나님의 거룩하심이 그에게 계시되었을 때, 하나님의 긍휼하심이 그를 사로잡았다. 그는 하나님과의 관

* τῇ πίστει는 생략해서는 안 된다. 언뜻 보기에는 불필요한 반복인 것 같지만, 바울이 εἰς τὴν χάριν ταύτην이라는 표현을 씀으로 1절에 나오는 εἰρήνη로 묘사된 사건만 생각한 것이 아니라, 특별히 자신의 사도직도 생각했을 것이라고 추측한다면, 이런 반복도 충분히 납득할 만하기 때문이다.

계 속에서 기다리는 자ein Wartender가 됨으로써 가진 자ein Habender, 화평을 가진 자, 그래서 하나님과 함께 열심을 내는 자[서두르는 자]ein Eilender가 되었다. 이제 하나님의 위대한 관심이 그에게, 저 작고 약한 자에게 쏟아진다. 이제 그의 어깨 위에는 포괄적이고 신성한 사명의 짐이 놓여 있다. 이제 그의 뒤에는 절대 간과할 수 없는 하나님의 권능이 막강하게 버티고 서 있다. 이제 그는 존재로서의 그다. 다시 말해 그분 앞에서는 모든 사람이 티끌이나 재[창 18:27]에 불과한 그분의 심부름꾼이다. 그러나 이 사실은 **그가 아닌 존재의 그임을 뜻한다**. 그는 **자기가 알지 못하는 것을 안다**. 그는 **자기가 할 수 없는 것을 한다**("그런즉 이제는 내가 사는 것이 아니요"[갈 2:20]). 이것이 바울이 서 있는 은혜다. 새 사람이 하나님과 더불어 누리는 화평에 대해 말하면서 마음을 고양시킬 때나 아니면 겸손히 낮출 때나, 그는 자기 실존의 역설을 시야에서 놓치지 않는다. 선포는 선포자와 분리될 수 없다. 그는 "오직 믿음으로"를 외치며 저 화평으로 가는 문을 열거나 닫는다. 그때 그는 자기가 무슨 일을 하고 있는지 안다. 그는 믿음 안에서, 오직 믿음 안에서 스스로 "들어감"을 발견하기 때문이다. 그는 계속해서 그 문을 "오직 그로 말미암아"라고 말한다. "우리 주 예수 그리스도로 말미암아"라고 한다. 그때 그는 자기가 무슨 일을 하고 있는지 안다. 그는 아무런 준비 단계나 중간 단계 없이, 오직 하나님께서 자기에게 행하신 역사를 통해서, 오직 십자가에 달리시고 부활하신 분을 바라봄으로써 믿었고, 지금도 믿고 있으며, 바로 그 믿음 안에서, 옛 존재인 동시에 새 존재의 자신이다.

"**하나님의 영광을 바라고 즐거워하느니라**[하나님의 영광의 소망을 자랑하느니라]." 이렇게 말할 때, 바울은 자기가 무슨 일을 하고 있는지 안다. 특히 자신이 선포하는 구원의 복음 속에서 어떤 소망을 전할 때 그렇다. 그것은 도저히 측량할 수 없을 만큼 크고 기쁜 소망, 그 어떤 것과 비교할 수 없

는 **특별한** 소망, 곧 하나님의 영광의 소망이다. 그것은 "우리가 신성한 본성에 참여해야 한다고 우리에게 증언하는 복음으로부터 우리를 향해 빛을 발한다. 왜냐하면 우리가 하나님을 얼굴을 맞대고 볼 때, 우리는 그분을 닮은 존재가 될 것이기 때문이다"(칼뱅).[8] **바로 이것이** 하나님의 현실성 안의 삶이며, 구속과 최종적 구원이며, 아브라함에게 약속된 유산(4:13)이며, 하늘나라의 도래이며, 부활에서 나타난 이편과 저편의 하나됨이며, 순수한 볼 수 있음reine Anschauung(3:23) 속에서[9] 인간이 하나님과 |130| 하나됨이며, 그리스도의 다시 오심, 곧 재림 속에서 하나님의 '아니요'와 '예'가 하나됨이다. 이것이 믿음으로 의로워진 사람들이 자랑하는 소망이다. "비록 그들이 지금 이 땅에서는 아직 순례자로 살아가지만, 그럼에도 그들은 확신 속에서 모든 역경을 넘어서되 저 미래의 유산을 이미 지금 그 마음에 품고 있다"(칼뱅).[10] 바울도 믿은 사람으로서 그 소망을 자랑한다. 그 소망의 자랑은 시계추의 불안정한 흔들림이며, 바울의 사도직의 역설 안에 있는 근원적인 생명력이다. 그러나 그는 **오직** 그 [종말의] 소망만을 가지고 있다. **오직** 그 소망만을 선포한다. 하나님은 그에게 산파가 되라고 하셨지 출산자가 되라고는 않으셨으니, 이는 소크라테스에게[11] 그리하신 것과 마찬가지다!

8 Calvin, col. 89f. "spes gloriae Dei nobis per Evangelium affulsit, quod testatur nos fore consortes divinae naturae. Quum enim videbimus Deum facie ad faciem, similes ei erimus(2. Pet. 1, 4, et I.Iohan. 3, 2)."

9 바르트가 롬 3:23의 반대 모습으로 표현한(이 책 275쪽) '순수한 볼 수 있음'([순수 직관], reine Anschauung)은 이마누엘 칸트의 『순수 이성 비판』을 암시한다. I. Kant, *Kritik der reinen Vernunft*, B 74f. Akademie-Ausgabe, I. Abt., Bd. 3, Berlin, 1904, S. 74f.

10 Calvin, col. 89. "Sensus enim Pauli est, quamvis nunc in terra peregrinentur fideles, fiducia tamen sua coelos transcendere, ut futuram haereditatem tranquilli in sinu foveant."

11 플라톤, 『테아이테토스』(이제이북스), 184a 8 – b 2.

원칙적으로 미래의 것, 저편의 것, 영원한 것이 이미 믿음에 속한 것인 양 선점해서는 안 된다! 은근슬쩍, 아니면 공공연히 "그것은 -이다"라고 말해서는 안 된다. 그렇게 되면 예컨대 믿음의 긴장감, "아직 아니", 결핍, 그 "-이다"ist가 가진 소망의 성격이 부정될 수 있다. 하지만 우리에게 "그것은 -이다"의 능력과 의미는 언제나 "그것은 -이 아니다" 안에 놓여 있어야 한다. 새 사람을 옛 사람과 동일시해서는 안 된다. 이곳과 저곳 사이에서 저 엄청난 서술어인 "나는 -믿는다"가 실행되어야 한다는 사실, 믿음 안에서 저 두려운 사망의 골짜기[12]를 건너야 한다는 사실을 의식하지 못하는 옛 사람의 말이다. 그렇다. "우리는 자랑한다." 우리는 이 소망과 더불어 우리에게 주어진 궁극적인 근거와 위로와 긍지를 의식하고 있다. 그러나 이 궁극적인 것을 늘 숙지하고 숙고하되, 그것을 우리의 소유물로 생각하며 이용하거나 써먹지는 않을 것이다(2:17, 22, 3:27, 4:2). 그것을 우리의 체험인 양, 어떤 가능한 (역사적인 혹은 개인적인) 가능성인 양 불러내지 않을 것이다. 그러나 우리가 그런 일을 하지 못하도록 하는 것이 있다. 우리가 **그것**을 결코 스스로 불러낼 **수 없다**는 사실이다. 모든 것은 하나님께서 내리신 의롭다는 판결에 근거하나니, 그 판결은 우리를 낮추심으로써 우리를 높이신다[시 18:36]. 우리는 그 판결을 듣기만 할 뿐, 그것을 한 마디 한 마디 따라할 수는 없다.

3-5. 3 다만 이뿐 아니라 우리가 환난 중에도 즐거워하나니[환난까지 자랑

12 "사망의 골짜기"라는 표현과 관련해서는 시 23:4(Vg [iuxta Hebr.])과 클롭슈토크(Fr.G. Klopstock)의 송가 '봄의 축제'Frühlingsfeier(*Oden*, hrgs. von K.L. Schneider, Stuttgart, 2003, S. 61) 참조.

당신께서 나의 모든 의심을 벗기시리니,
내가 사망의 음침한 골짜기를 지날 때도
나를 인도하시는 오, 당신이여!

하나니] **이는 환난은 인내를, 4 인내는 연단을, 연단은 소망을 이루는 줄 앎이 로다. 5 소망이 우리를 부끄럽게 하지 아니함은 우리에게 주신 성령으로 말미암아 하나님의 사랑이 우리 마음에 부은 바 됨이니.**

"우리가 환난 중에도 즐거워하나니[환난까지 자랑하나니]." 궁극적인 휴식과 위로와 긍지의 의식은 인간의 외적이고 내적인 삶의 처지가 희망적이어서 저절로 그 입에서 자랑이 흘러나오는 그런 때만 확인되고 유지되는 것이 아니다. "하나님의 영광의 소망"(5:2)이 있는 자리는 더 높은 질서에 속한 자리이며, 거기에 상응하는 부정도 |131| 분명하다. "하나님의 영광의 결핍"(3:23)은 더 높은 질서에 속한 부정이다. 이 '예'와 저 '아니요'는 우리의 우연적인 삶의 내용인 '예'·'아니요'와는 무관하다. 예컨데 사람이 하나님과 더불어 누리는 화평과 사도가 서 있는 은총은, 그의 외적·내적 상태의 거울에 비추어 볼 때 "행복"이나 만족이나 스토아적인 아타락시아Ataraxia [13]나 낙관주의 같은 것으로 나타**나야만 하는** 것이 아니다. 이것은 하나님의 진노와 심판을 아는 것이 염세주의나 세계 부정이나 세계 도피 **그 자체**와는 무관한 것과 같은 이치다. 믿음의 '예'는 우연적인 삶의 내용의 '아니요' 안에서도 '예'로 확인·확증되는데 그것이 하나님 안에 기초를 두고, 하나님 안에 그 내용을 가지고 있기 때문이다. 마찬가지로 믿음의 '아니요'는 우리의 삶이 우연히 '예'를 말할 때도 변함없이 '아니요'인데, 이는 그것도 하나님으로부터 나온 것이며 하나님을 의미하기 때문이다. 그러므로 "환난" 곧 세상에서 살아가는 사람의 곤궁, 그의 가장 깊은 본질과 존재까지 파고드는 "옛 사람의 낡아짐"(고후 4:16), 사도가 스스로 경험한 "죽음의 에너지"(고후 4:12),

13 에피쿠로스학파와 피론학파들이 현자의 행복(Eudaimonia)을 위협하는 운명의 일격이나 외부 영향에 맞서 지키려고 했던 영혼의 고요함이라는 이상을 이르는 말.

“밖으로는 다툼이요 안으로는 두려움”(고후 7:5), 그 모든 것에 의해 실제로 환난과 충격에 빠져 있는 것, 이 모든 것은 믿음으로 의롭게 된 사람이 누리는 하나님의 화평과 모순되지 않는다. 그들의 마음에 부은 바 된 사랑(5:5), 곧 하나님을 향한 사랑과 모순되지 않는다. 그것은 믿음의 “pudendum”[치부恥部]가 아니다. 예컨대 신정론이 필요한 부분, 아예 제거해 버려야 할 부분, 그래야 믿음이 다시 생기를 되찾을 수 있는 그런 부끄러운 부분이 아니다. 악의 문제와 마주한 신정론, **그리고** 그 악의 제거는 말씀을 통해서, 곧 하나님께서 자신을 의롭게 하시고 믿는 자를 의롭다고 선언하시며 하나님 나라의 상속자로 앉히시는[약 2:5] 그 말씀을 통해서 이미 주어져 있다. 여기서도 중요한 것은 **오직** 믿음을 통해서 그렇게 된다는 것이다. **이 믿음**은 보는 것으로 나아가게 하는 것이되, 보는 것 없이도 믿음[고후 5:7]이 되기 위하여 그 보는 것을 기다리지 않는 믿음이다. 그러므로 바로 그 환난 **속**, 환난에 빠져 **있음** 속의 믿음이다. 환난을 비켜선 믿음이 아니다. 내적으로나 외적으로 그 곤경을 행복하게 극복하거나 완화하거나 적어도 견뎌 낸 뒤의 믿음이 아니다. 하나님의 화평 안에는 한숨, 불평, 약함이 있다. “이 본문은 즉각적으로 이런 결론에 도달한다. 우리는 순전히 강한 그리스도인만을 원하고 약한 자들을 참지 못하는 그런 떠버리들은 아랑곳하지 않는다. 오히려 그 약한 자들 안에는 영원한 동경이 있으며, 곤경에 빠져서 이렇게 외친다. ‘아바 아버지!’ 이것은 이성 앞에서는vor der Vernunft 초라하고 나쁘고 어리석은 말이다. 그러나 바울은 이렇게 말한다. **바로 그** 외침이 있는 곳에 하나님의 자녀도 있다! 그리고 언제나 강할 필요는 없다. 예수를 십자가의 모든 곤경 속으로 침몰하게 하신 하나님께서, 또한 예수의 지체들을 다른 방식으로 |132| 대하지 않으시리라”(루터).[14] 하나님의 화평 안에도 고난, 침몰, 황량함, 찢겨짐이 있다. “아브라함은 하늘과 땅 사이

에 떠 있고 칼을 들어 하나님과 싸우고 자기의 심장을 쪼개 두 동강 낸다. 어떤 말씀이 들려온다. '이삭이 너의 씨가 되어야 한다.' 또 다른 말씀이 들려온다. '그는 죽어야 한다.' 여기에 **근본적으로** 소망이 있으니, 그 누구도 부끄럽게 하지 않는 소망, 웬만해서는 끄떡도 하지 않는 소망이 있다"(루터).[15] 하나님의 화평 안에는 종교의 세상이 불신앙이라고 부르는 것, "나의 하나님, 나의 하나님, 어찌하여 나를 버리셨나이까"(시 22:1 [원서에는 22:2로 되어 있다], 막 15:34), 죽음의 시험과 지옥의 시험도 자리를 차지하고 있다. "이 지점에서 그 누구도 착각해서는 안 된다. 누구든지 시험을 당하고자 하지 않으면, 그는 그리스도인이 아니라 터키인이요 그리스도의 원수다"(루터).[16] 믿는다는 것, 구원을 믿는다는 것은 그 어떤 구원된 상태에서, 그 어떤 안전함과 평온함과 무해함과 명랑함을 어떤 억지로 선취된 확실성 안에서 믿는 것이 아니라, 구원받지 **못한** 세상의 혼란 한복판에서, 인간의 가장 깊은 곳까지 스며든 그 혼란 한복판에서 믿는 것이다. "그것은 소망 속에서 이루어진다. 그것은 형성되는 과정 속에 있다. 여기서 중요한 것은 찌르고 베고 치는 것이지, 적 앞에서 뒤로 달아나는 것이 아니다. 전투 중에

14 Eberle, S. 90. 바르트 소장본에 밑줄이 그어져 있다. *Viel fast nützlicher Punkt ausgezogen aus etlichen Predigten D. M. Luthers*(1573), 10. Alius Sermo. 'Iustificati igitur ex fide pacem habemuns.' Rhom. 5, WA 45,394,20-22.24-29(Z. 24f.) "und konnen Jn der not schreyen." doch Eberle und schon seine Vorlage, die Ausgabe der Luther-Schriften von J. G. Walch, Bd. 12, Halle, 1742, Sp. 2000, haben [wohl versehentlich] "und kommen in der Noth, schreien."

15 Eberle, S. 92, Amm.* : a.a.O., WA 45,396,16-20.

16 *Luthers Vorlesung über den Römerbrief 1515/1516*, hrsg. von J. Ficker, *Die Scholien* (Anfänge reformatorischer Bibelauslegung, I. Bd. [Teil 2]), Leipzig, 1908, S. 134, Z. 16f.(WA 56,302,10f.). "*Nemo debet dubitare, quin sit non Christianus, sed Turcus et inimicus Christi, quicunque noluerit tribulari*."

도망가는 자는 교살[縊殺]당하리라"(루터).[17] 사람이 스스로 기뻐할 수 **없을** 때 하나님을 기뻐하는 것, **이것이** 믿음으로 의로워진 사람의 "자랑"이다.

"이는 환난은 인내를, 인내는 연단을, 연단은 소망을 이루는 줄 앎이로다." 우리는 환난 **속에서** 자랑할 뿐 아니라, 바로 **그** 환난을 자랑한다. 우리는 삶의 우연적인 내용의 '아니요'를 긍정할 수 있으며, 마찬가지로 그 내용의 '예'를 언제든지 부정할 수 있어야 하고, 또 마땅히 그래야 한다. 어떻게 이것이 가능한가? "우리가 알기 때문이다." 우리가 이렇게 혹은 저렇게 그 순간의 현실성과 중요성을 꿰뚫어 보기 때문이다. 모든 현재적인 것 안에서 근원적이며 유한한 것이 무엇인지를 알기 때문이다. 우리가 그것을 안다고? 아니, 우리는 그것을 알지 못한다. 우리는 우리가 알지 못함을 안다. 그러나 하나님은 아신다. 우리는 믿기 때문에, 하나님이 아시는 그것을 알기를 감행한다. 그러므로 우리는 아는 게 불가능한 그것, 곧 우리가 처한 환난의 의미와 능력을 안다. 환난은 일단 죽음의 능력과 죽음의 의미를 지닌다. 환난은 우리의 삶을 방해하고 파괴하고 부정하는 것으로서, 우리의 현존재와 존재 상태의 끔찍한 수수께끼로서, 우리 피조성의 짓누르는 저주로서, 신적인 진노의 통고로서, 이 세상의 신[고후 4:4] 곧 '거짓 신'의 숙명으로서 우리에게 다가오는 것처럼 보인다(1:18). 그러나 우리는 볼 수 없는 그것을 본다. 하나님의 진노에서 하나님의 의로우심을, 십자가에 달리신 분에게서 부활하신 분을, 죽음에서 생명을, 부정에서 긍정을, |133| 장벽에서 출구를, 심판에서 가까이 다가온 구원의 날을 본다. 그리스도의 고난에서 나타난 부정의 부정(5:6), 우리의 자리인 그 부정의 부정은 **우리의**

17 Eberle, S. 91f. 바르트 소장본에 부분적으로 밑줄이 그어져 있다. a.a.O.(이 책 373쪽, 각주 14), WA 45,395,37-396,2.

환난의 조짐까지도 변화시킨다. 요컨대 인간의 적나라한 고난은 창조주요 구원자인 하나님의 행위가 되고, 삶의 압박은 삶의 승리를 위한 준비가 되며, 허물어뜨림은 일으켜 세움이 되고, 실망과 뒤로 쓰러짐은 주님의 [날의] 미래를 향한 서두름과 기다림[벧후 3:12]이 되고, 죄수는 간수가 된다(1:16). "흑암과 빛이 같음이니이다"(시 139:12). 우리는 인생 그 자체의 문제를 이해하며 우리의 한계와 소멸성이 결코 우연적이지 않은 필연성이라는 사실을 의식한다. 우리는 피조성의 사실성 속에서 우리 앞에 마주 서 있는 '아니요'를 긍정한다. 우리는 이 세상의 현존재와 존재 상태(8:19f.)에 대한 피조 세계의 저항을 "분명히 보여 알려짐"(1:20)을 통해 받아들인다. 우리는 지금 우리와 세상이 **심판** 아래 놓여 있음을 인정한다. 그리고 우리는 심판자를 사랑한다. 이것은 그 심판자가 이 세상의 신과 동일하지 **않음**이 드러났기 때문이며[고후 4:4], 그 심판자가 우리와 비교하거나 우리의 삶의 내용과 비교할 때 **전적인** 타자라는 사실을 알게 해주기 때문이다. 그래서 우리의 환난은—비록 환난이기를 그치지 않고 우리가 그것을 환난으로 느끼는 것도 달라지지 않겠지만—다른 편으로 **전환된다**. 우리는 지금까지 그랬던 것처럼 고난을 당할 것이고 앞으로도 그럴 것이다. 그러나 이제 그 고난은 자신의 심판자를 사랑하지 않는 사람(2:9)의 영혼에 닥쳐오는 수동적이고 위험한, 독이 있는, 무너뜨리는 환난과 곤경이 아니다. 그 고난은 **하나님**에 의해 지양된 사람, **하나님**에 의해 바닥에 내동댕이쳐지고 궁지에 몰리고 죄수로 붙잡힐 줄 아는 사람의 창조적이고 유익하고 강력하고 소망 가득한 환난과 곤경이다. 환난은 우리를 더욱 단단하게 해준다. 환난은 "**인내**"가 되고, 방어는 공격이 되고, 극도로 의심스러운 우리의 처지는 우리의 통찰, 곧 **하나님**으로부터는 모든 것이 구원이 될 수밖에 없다는 통찰(8:28)을 확인하고 확증한다. 우리는 의심한다. 그러나 이것

은 **하나님**에 대한 의심이다. 우리는 맞부딪힌다. 그러나 이것은 **하나님**과의 맞부딪힘이다. 우리는 좌초한다. 그러나 이것은 **하나님**에게 걸려서 좌초함이다. 욥과 같은 사람이 도달한 신성모독[예컨대 욥 31:35-37]도 어쨌거나 **하나님**에 대한 모독이다. 우리에게 가해진 압력은, 그것이 신성한 압력으로 인식될 때, 신성한 반대 압력을 생성시키고, 사망에게서 그 권세를 탈취하며[딤후 1:10] 솟구쳐 오르는 악의 힘을 잡아채서 원수를 향해 돌려놓으시는 하나님의 강력한 저항을 형성한다. 만일 우리가 고난을 당하고 산산이 부서지게 되는 까닭이 바로 하나님 때문이라는 사실을 알고 있다면, 우리가 그 **하나님**을 향해 던져졌고 그 **하나님**과 연결되어 있으며 그래서 우리가 그 **하나님**에 의해 지양되고 그분께서 우리를 지고 계시다면, 바로 이것이야말로 모든 것을 **하나님**께 기대하고 |134| 하나님에게서 **모든 것을** 기대하는 믿음의 "**연단**"이다. 이것은 구체적인 사례를 통해 사실을 검증하는 것이며, 인간이 모든 소망을 단념한 바로 **그** 문에서[18] 언제나 새로운 소망을 요청하는 것이다. 이 연단이 어떤 "확고한 영혼의 분위기"(리츠만 Lietzmann)[19]와 같은 것인지의 여부는 그저 의문스러운 정도는 아니지만, 어쨌든 그것을 필연적으로 확인해야 할 필요는 없다. 우리는 십자가에 달리시고 부활하신 분을 바라보며, 인간이 생각할 수 없는 것을 생각하다가 이 (길이 아닌) 길을 알게 되었다. **그렇기 때문에** 우리는 환난을 자랑한다.

"소망이 우리를 부끄럽게 하지 아니함은 우리에게 주신 성령으로 말미

18 단테 알리기에리(Dante Alighieri) 『신곡』, Inferno III, 9. 지옥문에 적힌 마지막 말이다.

"Lasciate ogni speranza, voi ch' entrate!"

[여기 들어오는 자, 모든 희망을 버려라]

19 Lietzmann, S. 56. "슬픔 속에서도 끈기 있게 인내한 사람은 마침내(δόκιμος), 굳건한 성격의 사람이 된다. 이런 확고한 영혼의 분위기에서 그 목표의 달성을 바라는 믿을 수 있는 소망이 자란다."

암아 하나님의 사랑이 우리 마음에 부은 바 됨이니." "인간은 갈등을 의식하게 되면 언제나 안절부절못하는 문제가 있다"(슈타인호퍼 Steinhofer).[d] [20] 우리가 **우리의** 인내와 연단과 소망을 언급한 뒤 그것을 인간적이고 가시적인 소여성[상황]으로 규정하게 되면, 우리는 그것을 즉시 지우고 포기해야 한다. 왜냐하면 그때는 아무리 인내하는 인간, 연단된 인간, 소망하는 인간이라 해도 사실 자신의 환난을 자랑할 수 **없기** 때문이다. [e]인간으로서 그의 존재와 그러한 자로서 그가 가진 것was er als Mensch ist und was er als solcher hat[e]은—진리에 비추어 말하자면—언제나 환난에 빠진 상태다. 그러나 우리의 소망Hoffnung은 믿음의 소망이다. 이 소망의 일어섬과 쓰러짐은 우리의 소망함Hoffen이 일어서거나 쓰러지는 것과 전혀 무관하다. 믿음과 마찬가지로 그 소망도 인간적인 상태가 아니라 하나님이 주시는 목적과 내용을 생명의 중추로 삼은 소망이다. 그 목적과 내용으로서의 소망은 소망한 모든 것이 부끄러움이 되는 상황에서도 "우리를 부끄럽게 하지 아니한다"(시 22:4-5[원서에는 22:5-6로 되어 있다], 25:20). 비록 우리는 인내하지 못해도 그 소망은 인내한다. 비록 우리는 스스로를 연단하지 못해도 그 소망은 스스로를 연단한다. 그러므로 우리는 그 소망을 "자랑"한다(5:2). 이는 그 소망이 우리의 피조적인 영혼의 행위가 아니라 성령의 행위에 근거한 것이기 때문이다. 우리에게 주어진 성령을 통해 하나님을 향한 사랑이 우리 마음에 부은 바 됨이기 때문이다. "**성령**"은 믿음 안에서 [발생하는] 하나님의 역사하심이다. 그것은 가까이 다가온 하늘나라[마 4:17 병행 본문], 믿음 안에서 사람과 세상에 다다른 나라, 유리잔과도 같은 소리를 내는 그 나라의 창조의 능력이요 구원의 능력이다. 성령은 영원한 '예'이며, 이 긍정은—시간

20 Steinhofer, S. 20; Rieger, S. 171.

적으로 볼 때—오직 '아니요'로서, 오직 빈 공간으로서 묘사될 수 있는 믿음의 내용을 구성한다. 성령은 믿음 안에 있는 기적적인 것·시초의 것·창조적인 것이며 하나님과 동등하다. 바로 그 성령 때문에 하나님은 믿는 자를 의롭다고 인정해 주신다[4:3]. 성령은 눈으로 볼 수 없는 주체, 심리적으로 눈에 보이는 인간적인 주체와 모든 연속성의 저편에서 구성되는 **새로운** 주체다. 성령은 하나님 앞에 서 있고 그 앞에서 존속하는 인간적인 나Ich이며, |135| "종교적 체험"에서 항상 말하고 추구하지만 찾을 수 없었던 우리, 곧 믿음의 "우리"다. f"우리"가 하나님과 화평을 누린다든지, 그 은혜에 들어감을 얻었다든지, 하나님의 영광의 소망을 자랑한다든지 하는 발언(5:1, 2)Aussagen beziehen, dass……rühmen f, 그런 도무지 파악할 수 없는 발언이 모두 그 "우리"와 관련된다. 이것이 "우리에게 주신 성령"이다. 성령은 하나님으로부터 주어진다. 그래서 모든 인간적인 소여성보다 앞서 주어지며, 우리의 입장에서는 그저 주어지지 않은 것처럼 보이고 또 그렇게 파악된다. "거룩한 삶을 불러일으키는 토대인 성령은 본래 우리 안에 있는 것이 아니었으나, 지금은 그 자체로 말미암아 우리 마음 안에 있는 **하나님을 향한 사랑**이 되었다"(호프만 Hofmann).[21] 그 결과 하나님을 사랑할 수 있는 인간의 "마음", 그런 "나", "우리"가 존재하게 되었다. 하나님께서 주신 것, 곧 인간을 지양하여 그를 하나님 안에서 새롭게 근거시키기 위해 주신 것 안에서 다음은 사실이며, 한 번도 들어 본 적이 없는 사실이다. 곧 인간에게 "하나님의 비가시성"(1:20)이—그분이 이것을 기꺼이 감추기를 원하시며 얼마든지 쉽게 감추실 수 있으나—드러나 하나님을 볼 수 있게 된다는 사실, 또 그의 현존재와 존재 상태의 문제성으로부터 그에게 맞서 솟아

21 Hofmann, S. 169. 바르트의 강조.

오른 저 분명한 '아니요' 속에서 욥과 더불어 결국에는 하나님의 '예'를 인식한다는 사실[욥 42:1-6, 10-17], 또 그가 그뤼네발트의 그림에 나오는 세례 요한의 손가락[22]이 가리키는 방향을 따라가서 가장 처절한 죽음의 공포의 그림으로부터 철저한 구원과 최고의 복락과 영원한 생명의 약속을 찾을 수 있다는 사실이 그것이다. 하나님을 향한 사랑은 불가능한 것이다. 왜냐하면 피조물이 창조주를, 유죄 선고 받은 자가 재판관을, 싸움에 져서 심지어 죽임을 당한 사람이 자기의 적을, 제물로 바쳐진 자가 제물 바치는 자를 사랑하는 것은 불가능하기 때문이다. 이것이 가능해진 것은 오직 그 후자後者가 그 모든 것**으로서**, 또한 그 모든 것 **안에서**in g 하나님이기 때문이며, 그래서 전자가 그 하나님을 사랑하지 **않는** 것이 **훨씬 더** 불가능하기 때문이다. 그 사실Tatsache, 곧 인간이 "사실상"tatsächlich 으로는 자기 쪽으로 가져와 소유하지는 못하고 언제나 새롭게 오직 위로부터 **"부어짐"**으로만 받을 수 있는 그 사실 속에, 하나님을 향한 사랑(그러나 이것도 하나님 자신의 역사하심이니, 그분이 먼저 우리를 사랑하시지 않았다면 그것도 없으리라, 5:8[요일 4:19]) 속에, 볼 수 없는 것을 보는 것(그러나 이것도 오직 "우리의" 것이 **아니라는** 바로 그 방식으로만 우리의 것이다!) 속에 우리 소망의 닻을 내릴 수 있다. 그 소망은 우리의 인내 속의 인내요 연단 속의 연단이요 우리 소망 속의 소망 가득함이다. 그 소망은 자기의 능력 속에서 우리를 부끄럽게 하지 않는다. 그 능력 속에서 우리는 소망을 자랑하고 환난을 자랑한다. 그 능력 속에서 우리는 하나님과 화평을 누린다. 그 능력 속에서 우리는 우리가 **아닌** 존재, 곧 새 사람이다. "그런 일이 우리에게 일어나고 우리 안에서 실행된다면, 하나님의 영광의 소망이 어찌 우리에게 부끄러움으로

22 이 책 327쪽, 각주 12.

남겠는가?"(호프만)[23]

6 우리가 아직 연약할 때에 기약대로 그리스도께서 경건하지 않은 자를 위하여 죽으셨도다. |136|

새 사람이 하나님과 누리는 화평(5:1)은 모든 지각보다 높다[빌 4:7]. 도저히 측량할 수 없는 분에 대한 그의 사랑도 마찬가지다. 그 사랑에 기초한 그의 소망도 마찬가지다. 소망하는 자로서 존재하는 그의 자랑도 마찬가지다. 새 사람은 믿음으로 사나니, 이는 그가 성령으로 살기 때문이다. 그러나 성령은 믿음을 통해 그에게 주어진다. 다시 말해, 그는 **그리스도의 죽으심**에 의지하여 산다. 그리스도의 생명이, 믿음의 원천이 되는 부활(5:10)이 [h]그의 "oboedientia passiva"[수동적 순종] 속에서[in seiner h 24], 그의 십자가 죽음에서 드러난다. 오직, 유일하게, 배타적으로 그의 십자가 죽음에서 드러난다. "munus triplex"[삼중직]에 관한 교리[25]는 신약성경의 집약된 견해를 오히려 어둡게 하고 약하게 한다. 그리스도의 이런 유일무이한, 독특한, 배타적인 의미와 **나란히** 대등하게 제시될 수 있는 제2·제3의 **다른** 것은 없다. 예수의 인격도 아니고 그리스도의 이념[Christusidee 26]도 아니다.

23 Hofmann, S. 169. "그런 일이 우리에게 일어나고 우리 안에서 실행된다면 우리가 우리 주 그리스도 예수로 말미암아 자랑하는 소망, 곧 하나님의 영광의 소망이 어찌 우리에게 부끄러움으로 남겠는가?"

24 구(舊) 프로테스탄트 정통파는 그리스도의 대속적 고난을 "oboedientia passiva"[수동적 순종]으로 표현했다(SchmP, S. 229. 236; HpB, S. 358f., 370. 375).

25 SchmP, S. 224-226; HpB, S. 356-363.

26 D.Fr. Strauβ, *Das Leben Jesu, kritisch bearbeitet*, Bd. 2, Tübingen, 1836, S. 734. "신적인 본성과 인간적인 본성의 통일이라는 이념에 현실성이 부여된다면, 그것은 그 이념이 어떤 개인 안에서—처음이자 마지막으로—현실적인 것이 되어야 한다는 뜻인가? 이는 그 이념의 충만이 하나의 표본에 응집되어 실현되고 다른 모든 것에 대해서는 인색한, 그런 방식이 전혀 아니다. 오히려 서로 보완하는 표본들의 다양성 속에서 그 이념이 실현된다. 그 이념은 서로 일으켜 세우

예수의 산상수훈도 아니고 치유의 기적도 아니다. 그의 하나님 신뢰도 아니고 그의 형제 사랑[27]도 아니다. 회개의 외침도 아니고 용서의 메시지도 아니다. 전통 종교와 맞선 그의 투쟁도 아니고 가난 속에서 자기를 따라오라는 요청도 아니다. 그가 전한 복음의 사회적 측면도 개인적 측면도 아니다. 그것의 직접적인 측면도 종말론적 측면도 다 아니다. 그 모든 것 가운데서 **자체** 빛으로 빛나는 것은 **아무것도 없다**. 오히려 그 모든 것은 그의 죽음에서 나오는 **그 특별한** 빛 안에서 빛나고 있다. 공관복음서의 단 한 구절도 십자가 없이 이해될 수 있는 것은 없다. 하나님 나라는 정확하게 십자가의 저편에서 시작되는 나라다. "종교" 혹은 "생명", 보수주의와 급진주의, 물리학 혹은 형이상학, 도덕 혹은 초超도덕Übermoral, 세상 기쁨 혹은 세상 고통, 인간 사랑 혹은 인간 경멸, 적극적인 혹은 소극적인 인생, 이것이든 저것이든, 이렇게 혹은 저렇게 생각해 볼 수 있는 모든 인간적인 가능성의 저편에서 시작되는 나라다. 본질적으로 예수의 길은 이런 모든 가능성을 **지나치는** 걸음이며, 가장 포괄적인 의미에서 죽음과는 무관하게 가능한 모든 긍정과 부정, 모든 명제와 반명제, 모든 휴지와 운동에서

다가 다시 지양하기를 반복하는 개인 속에서 그 풍요로움을 확산시키고자 한다. 그런 것이 이념의 진정한 현실성 아닌가? 만일 내가 개별적인 인간보다는 인류 전체를 그 이념의 실현이라고 파악한다면 신적인 본성과 인간적인 본성의 통일이라는 이념은 오히려 실재적인 것 아닐까?" A. Schweizer, *Geschichte der Leben-Jesu-Forschung*, Tübingen, 1913², S. 115f.

27 P. Wernle, *Einführung in das theologische Studium*, Tübingen, 1911², S. 175. "예수를 기쁘게 하고 또 그가 하고자 한 것은 하나님을 기쁘시게 하는 것과 형제 사랑이었다. 우리는 바울의 변증에서 예수님이 하나님을 기쁘시게 한 그 기쁨을 들어야 하고, 바울의 교회 사역에서도 예수님이 하신 그 형제 사랑을 들어야 한다. 그제야 비로소 궁극적이고 가장 심오한 조화를 파악할 수 있다." 베른레는 자신의 책 493쪽에서 "예수의 하나님 신앙과 형제 사랑이 모든 마음을 사로잡을 수밖에 없었던 영적 왕권"에 관해 말한다.

떠나감*Ab*gang·**떠나** 다님*Ab*wandlung이다. 또한 그것은 죽음의 관점 아래서 대열을 갖추고 서 있는 모든 인간적인 것의 경례를 받는 사열*Ab*schreiten이다. 예수의 삶은 이러한 떠나감·떠나 다님·사열에 힘입어 빛을 발하고, 인간적인 사물들도 그 빛을 되비치며 빛난다. 그러면서 인간적인 사물들은 상대성 속에 있는 자신, 그러나 관계의 풍성함 속에 있는 자신을 인식한다. 자신이 하나님에 의해 창조된 존재라는 것을, 그러나 구원자 하나님을 기다리는 존재라는 것을 인식한다. 작고도 크며 중요하고도 중요하지 않으며 언젠가는 썩어지겠지만 또한 썩어지지 않을 존재로 자신을 인식한다. 자신의 '예'와 '아니요', 그 대조의 하나됨, 다가오는 하나됨 속에서 자신을 인식하는데, 그 하나됨은 눈에 보이지 않는 하나님, 오직 "sub specie mortis"[죽음의 관점에서] 보여지는 하나님(3:30)의 하나됨과 |137| 다르지 않다. 새 사람은 그런 인식으로, 그런 인식을 통해 산다. 그는 오직 우리 생명의 죽음으로밖에는 보이지 않는 그 생명으로 산다. 비가시적인 그 생명이 그리스도의 죽음 안에서 가시적인 것이 될 때, 그는 그리스도의 그 죽음으로부터 살아간다. 그리스도는 "우리를 위하여 죽으셨도다." 이 죽음이 **우리** 죽음의 인식 원리가 되고, 비가시적인 하나님이 이 죽음 안에서 **우리**에게 가시적인 것이 되는 한, 그것은 "우리를 위한 것"이다. 이 죽음이 하나님과 화해가 일어나는(3:25, 5:9) 장소, 곧 창조물에게서 고개를 돌린 피조물인 **우리**가 다시 그를 사랑하여 그에게 얼굴을 돌리는 장소가 되고, 이 죽음 안에서 하나님의 의의 역설(진노하시는 거룩과 무죄를 선언하시는 긍휼하심의 일치)이 **우리**에게 진리가 되는 한, 그것은 "우리를 위한 것"이다. 그러므로 새 사람의 기초를 놓는 그 실제 사실Faktum은 거기에 마주 서 있는 모든 인간적인 삶의 내용보다 근본적으로 우월하며 근본적으로 우선하는 것이다. 그 사실은 한 번도 우리 삶의 내용이었던 적이 없으며 앞으로도

그럴 일이 없을 것이다. 이는 그것이 본질적으로 모든 삶의 **내용**에 대한 결정적인 부정이기 때문이다. 최고의 종교적 체험들, 그리고 **우리**가 예수에게서, 십자가에 못 박힌 예수에게서 체험하게 되는 그와 비슷한 것들도 예수가 죽음에 이르기 위해 그저 지나쳐 갔던 **것들**에 속할 뿐이다. 그런 것들이 새 사람의 기초가 되는 실제 사실과 혼동되어서는 안 될 것이다. 그리스도께서 하신 일은, 우리가 그저 **우리**인 한, 철저하게 **우리 없이** 하신 일이다. 그러므로 (시간적으로 볼 때!) 십자가에서 멀리 떨어져 있는 영역이나 세대 속에 예수의 십자가를 통해 발생하는 [직접적인] 종교적 경험이 없다는 것은 근본적인 문제가 되지 않는다. 예컨대 "우리를 위하여"라는 그 말을 역사적으로 제한된 어떤 영역에 국한하는 것은 의미가 없다. 그러므로 육신을 따라 그리스도를 보지 못한 사람들[고후 5:16], 그와 체험적 관계 안에 있지 않은 사람들이라고 해서, 그들이 다른 사람들에 비해 예수 안에서 하나님과 덜 화해한 상태인 것은 아니다. "그가 또한 영으로 가서 옥에 있는 영들에게 선포하시니라"(벧전 3:19). 예수 안에서 일어난 화해는 눈에 보이지 않는 것이며, 우리와 예수 사이의 모든 심리적·역사적 맥락을 넘어서서 그것은 불가능과 가능의 관계요, 죽음과 생명의 관계요, 비존재와 존재의 관계다. 화해는 "satisfactio vicaria"[대속][28] 으로서 ⁱ**우리**의 모든 존재와 소유와 행위 옆에 서 있다. 그는 우리가 (**우리**의 존재와 소유와 행위ⁱ에서) 아직 약할 때, 우리에게 아직 경외함이 없을 때 우리를 위해 죽으셨다.was *wir* sind, haben und tun. Er starb für uns, als wir (in dem, was *wir* sind, haben und tun i 그와 우리의 이런 관계, 그의 죽음의 생명과 그리고 지금 |138| **우리**가 (**우리**로서!) 운신하고 있는 삶의 가능성들, **아직** 죽음의 빛으로 옮겨지지 **못한** 수상쩍은

28 SchmP, S. 236; HaB, S. 376.

그 가능성들 사이의 관계가 어떻게 근본적으로 바뀔 수 있을까? 시간적으로 볼 때 "살아 있는 자들"인 우리가—우리 스스로 그리스도와 함께 죽는 자들이 되도록 해주는 믿음과 무관하게—언제나 또다시 약하고 불경스럽게 되지 않고서, 죽으시는 그분 곁에 설 수 있을까? 바로 그 죽음, 곧 그리스도와 함께 죽는 그 죽음의 힘으로 **우리는 우리가 아닌** 존재가 될 수 있고 새 사람의 삶을 시작할 수 있다.

7-8. 7 의인을 위하여 죽는 자가 쉽지 않고 선인을 위하여 용감히 죽는 자가 혹 있거니와 8 우리가 아직 죄인 되었을 때에 그리스도께서 우리를 위하여 죽으심으로 하나님께서 우리에 대한 자기의 사랑을 확증하셨느니라.

새 사람은 눈에 보이는 직접적인 소식으로 살아가지 않는다. 예컨대 어떤 사람이 그에게 전해 준 가치로, 다시 말해 그런 삶의 가치를 전달받을 수 있는 능력으로 살아가지 않는다. 그러한 소식이 예컨대 다른 어떤 사람이 죽음의 과정을 통해, 혹은 자신의 죽음의 과정을 통해 일어난 것이라 해도 마찬가지다. 사실 그런 직접적인 소식 전달과 그에 대한 수용이 일어나는 것은 아주 드문 경우다. 하지만 그것은 전혀 불가능한 일이 아니며 드물게나마 일어나는 일이다. 한 사람이 다른 사람을 위해 죽는다. 어떤 어머니는 자기 아이를 낳다가 죽는다. 어떤 남자는 업무상 너무 많은 일을 하다가 죽는다. 어떤 의사 혹은 선교사는 자신의 직무를 감당하다가 죽는다. 어떤 병사는 전장에서 죽는다. 물론 예수의 죽음도 역사적으로 중요한 사건으로서, 영적인 체험의 대상("순교")으로서 그렇게 직접적으로 메시지를 전하는 자기희생의 반열에 들어간다. 자신의 죽음 속에서 궁극적인 가치, 그러나 "삶"으로부터는 거절당한 가치의 소식을 받으려는 기대는 자살의 잠재적 동기일 수 있으며, 이것은 침묵의 경외로써 숙고되어야 하는 동기일 수 있다. 그러나 그런 현상들 속에서 우리에게 인간적인 위대

함으로 다가올 수 있는 모든 것에 대한 깊은 존경을 감상적인 생각으로 발전시켜, 그런 인간적인 행동에—죽음, 곧 자발적인 죽음의 과정도 여기에 속하는데—합당하지 않은 의미를 부여하는 일이 있어서는 안 된다. 그 모든 것은 새 사람의 기초를 제공하는 실제 사실의 **비유**에 불과하다. 왜냐하면 그것의 의미는 그런 죽음을 통해 실제로 전달되는 가치에 따라, 또한 그 가치를 실제로 전달받는 다른 사람의 능력(자살의 경우에는 자신의 능력)에 따라 서기도 하고 넘어지기도 하기 때문이다. 그리고 항상 이런 질문이 제기된다. 그런 죽음을 통해 전달되는 선은 얼마만큼이나 진정한 선**인가**? 그것이 전달되는 사람, 그것이 유익이 될 **수 있는** 사람은 얼마만큼 선한 사람인가? 그러므로 인간과 시간과 사물의 세계 안에서도 죽음을 통한 그런 식의 소식 전달은 일어날 수 있다. 그러나 그런 죽음을 통해서는 |139| 화해가 일어나지는 않는다. 그런 죽음은 '제약하는 것과 제약되는 것들'의 외부에 어떤 자유로운 공간을 창조하지 못한다. 이렇고 저렇고, 크고 작고, 능력 있고 능력 없고, 지지하거나 반대하는 우리 삶의 모든 내용들 위에 놓이는, 곧 삶과 죽음의 저편에 있는 하나의 선분 위에 인간을 안전하게 세워 놓지도 못한다. 그 현실적인 선이 어떤 경우에도 직접적으로 전달될 수 없는 가치일 때, 또한 인간은 그저 인간으로서는 그런 현실적인 선일 수도 없고, 그런 선을 소유할 위치에 있지도 않을 때, 그 결과로써 일어날 수 있는 어떤 [세상적인 선한 죽음의] 소식 전달이란 있을 수 없다. 그러나 그리스도의 죽음에서 핵심적인 것은 바로 **그런** 소식이다. "그것은 우리에게 하나님에 관한 정보—우리가 어디서 그것을 얻는가?—를 전해 주기보다는 하나님이 **우리를** 아신다는 사실을 우리에게 전해 준다"(오버베크).[29] 이런 죽음과 함께 "하나님께서 우리에 대한 자기의 사랑을 확정하셨느니라." 이것은 삶의 모든 가치에 대한 가장 급진적인 해체, 바로 그래서 그 가치의 총괄

개념이자 기초이다. 그것은 우리와 마주한 하나님의 절대적인 (그저 상대적이 아닌) 차이, 바로 그래서 그분과 우리 사이의 끊을 수 없는 연합이다. 그것은 신적인 진노의 마지막 가능성이 드러남, 바로 그래서 신적인 긍휼하심의 드러남이다. 그것은 하나님에 관한 물음이 가장 예리하고 가장 피할 수 없는 의미에서 활짝 펼쳐진 것, 바로 그래서 그 물음에 대한 대답이다. 여기에 임마누엘, 하나님이 우리와 함께하심이 있다[마 1:23]. 바로 여기서 하나님은 "우리가 아직 죄인 되었을 때에" 우리에 대한 자기의 사랑을 확증하셨다. 그러니까 이것은 우리의 수용성과는 완전 무관한 것, **그것**을 전달받을 수 있는 능력과 그분에게서 사랑을 받을 수 있는 우리의 자격과는 완전 무관한 것이다. 그야말로 자명한 사실이지만, 우리는 그럴 만한 능력이 없다. 우리에게는 **그것**을 볼 수 있는 눈이 없고 **그것**을 들을 수 있는 귀가 없다[고전 2:9]. 그러나 하나님은 **우리에게** 전적으로 확증하실 수 없는 것을 확증하신다. 그분은 **우리가** 전혀 갖지 못한 특성으로 우리에게 말씀하신다. "Amore non provocatus sponte nos prior dilexit"[하나님은 **우리의** 사랑을 전혀 받지 않으신 상태에서 **먼저** 우리를 사랑하셨다, 요일 4:19](칼뱅).[30] 그러므로 그리스도의 죽음을 통해 "앞서 설정된"vorausgesetzt j 것은 새로운 객체Objekt, 곧 하나님의 영광(5:2)만이 아니라 새로운 **주체**Subjekt다. 바로 이 새로운 주체가(이것은 오직 믿음을 통해서 죄인인 나와 동일시되나니!) 새 사람이다. 그는 자신이 **그리스도** 안에서 하나님으로부터 사랑을 받고 있음을 자신을 넘어선 **우월한** 확신을 통해 아는 사람이다.

29 Overbeck, Christentum und Kultur, S. 266(OWN 6/1, S. 306). "종교는 우리에게 전해 준다……." 바르트 소장본에는 이 문단 여백에 파란색 두 줄이 그어져 있다.

30 Calvin, col. 93. "In hoc enim apparet eius dilectio, quod amore non provocatus sponte nos prior dilexit, ut ait Iohannes."

9-11. 9 그러면 이제 우리가 그의 피로 말미암아 의롭다 하심을 받았으니 더욱 그로 말미암아 진노하심에서 구원을 받을 것이니 10 곧 우리가 원수 되었을 때에 그의 아들의 죽으심으로 말미암아 하나님과 화목하게 되었은즉 화목하게 된 자로서는 더욱 그의 살아나심으로 말미암아 구원을 받을 것이니라. 11 그뿐 아니라 이제 우리로 화목하게 하신 우리 주 예수 |140| 그리스도로 말미암아 하나님 안에서 또한 즐거워하느니라[자랑하느니라].

이것은 그리스도의 죽으심 안에서 물꼬를 튼 확실성의 **샘**Quelle[원천]이 가진 우월성이다. "그의 피로 말미암아"라고 이름 붙인 **근원**, 곧 새 사람과 하나님에 대한 사랑과 그 사랑에 토대한 소망과 소망하는 사람으로 살아가는 긍지의 특징이 되는 신적인 소식의 근원이 지닌 우월성이다. 우리가 이 샘에서 흘러나오는 물을 마시며 사는 한, 이 근원으로부터 사는 한, 그러니까 용기를 내어 믿는 한, 우리는 **우리가 아닌 존재**로 **존재**한다. 새 사람이 된다. 그는 새로운 객체와 관계를 맺은 새로운 주체다. 하나님의 사랑을 받는 인간, 그래서 하나님을 사랑하는 인간이다. 소망을 선물로 받은 사람, 그래서 소망하는 사람이다. 하나님의 선택을 받은 인간, 그래서 하나님 안에서 자랑하는 인간이다. 새 사람인 우리는 "이제는"(3:21)의 빛 속에서 기다리고 서두르면서[벧후 3:12] 위기의 벽, 곧 하나님 안에서 인간 위로 드리워진 위기의 벽 아래에 있으며, 모든 물음의 물음이요 모든 대답의 대답인 "어디서?" 아래에 있다. 우리는 하나님이 의롭다고 선언해 주신 사람들이다. 우리의 (실명했던!) 눈앞에서 하나님은 하나님으로서 스스로의 의로움을 나타내셨으며 그분의 나라와 의를 향해 우리를 선택하셨다. 그분은 인간을 도우시려는 그분의 의지 곧 '그럼에도 불구하고'와 용서 아래서, 또한 (법적인) 무죄판결의 보호막 아래서 우리를 저 허공 속에in die Luft k, 그분만이 붙잡으실 수 있으며 정녕 붙잡으시는 그곳에 세워 두셨다. 우리는 하

나님과 화해한 **존재**다. 우리는 하나님과 화평을 누리고 **있다**. 그분에 대한 우리의 태도는 열려 있음, 받아들임, 언제라도 준비되어 있음, 기꺼이 응함이 **되었다**. 하나님으로부터 사랑을 받는 우리는 그분을 다시 사랑**할 수** 밖에 없다. 우리는 소망하는 사람으로서 하나님 안에서 자랑할 수밖에 없다. "하나님께서 주도권을 잡으시니, 두려움과 적대감으로 그분에게서 등을 돌린 세상과 인류를 다시 자신에게 돌려놓으신다"(바이넬 Weinel).[31] 우리는 바로 "거기서" **온 것**이다(3:21). 우리가 있다? 우리가 가진다? 우리가 할 수 있다? 우리가 온다? 그렇다. (언제나 그렇다!) 만일 우리가 우리가 아니라면, 우리가 믿는다면, 그리스도의 죽으심을 통해서 죽음의 선이 우리의 삶을 가로지른다면, 그래서 우리가 매 순간 두려움과 떨림 속에서[빌 2:12] 깊이 생각하지 않을 수 없게 된다면 정말 그렇다. 나는 내가 사는 게 아니다! 경배하고 감사할지니, 그리스도께서 내 안에 사신다![갈 2:20] 새 사람이라는 또 다른 존재는 우리의 비존재로서는 존재하지 않는다. 새로운 존재의 근원이 가진 우월성은 그것이 그리스도의 죽으심 안에 있는 하나님의 기적, 하나님의 시작, 하나님의 창조라는 데 있다. 그러므로 "우리는 -이다"의 태도는 더 높은 종교의 단계, 더 높은 삶의 단계에 다다랐다는 자의식, 이편과 저편의 합일을 |141| 선취했다는 열광적·묵시적 허상에 빠져 있으며, 그것으로는 정말 아무것도 창조할 수 없다. 그것이 흘러나온 원천은 모든 허상의 원천들을 즉시 막는다. 우리가 "우리가 아닌 존재" 외에 다른 어떤 것이라면, 우리가 믿지 않는다면, 그리스도의 죽으심이 그 빛을 우리의 "삶"에 비추지 않는다면, 우리는 여전히 이 세상 안에 있는 것

31 H. Weinel, *Biblische Theologie des Neuen Testaments. Die Religion Jesu und des Urchristentums*, Tübingen, 1913², S. 285. "……등을 돌린 인류와 세상을 자신에게 돌려놓으신다."

이며, 하나님과의 화평 바깥에 있는 것이며, 이미 이루어진 화해와 무관하게 살고 있는 것이다. 우리가 우리 자신에 대해 보고 알고 파악할 수 있는 모든 것은 이쪽에 속한 것이다. 과거의 삶의 가능성과 새로운 삶의 가능성 사이를 잇는 정신적·역사적으로 알아볼 수 있는 다리는 존재하지 않는다. 우리가 그저 **우리**인 한, 우리는 변함없이 하나님의 원수일 뿐이다. 본성적으로 하나님과 이웃을 미워하며[32], 어떤 경우에도 하늘나라의 시민과 상속자가 아니며[엡 2:19, 약 2:5], 오히려 선천적으로 그 나라를 방해하고 파괴하는 자다. 새 사람이 예수의 죽음의 빛Licht l에 들어오면, 새 사람이 아닌 나는 불가피하게 그 **그림자** 안으로 들어간다. 그러므로 새로운 주체를 규정짓는 것, '우리는 새 사람이다!'라는 서술은 언제나 변증법적이고 간접적이며, 오직 믿음을 통해서만 근거를 얻는다. **"그의 피로 말미암아"** 우리는 의롭다는 인정을 받는다. **"원수"**인 우리는 "그의 아들의 죽으심으로 말미암아 하나님과 화목하게" 되었다. 이러한 변증법적 전제 조건이 결코 어떤 직접적인 상태, 직접적으로 주어진 어떤 것으로 경화·경직되어서는 안 된다. 믿음으로 말미암아 (오직 믿음으로 말미암아 곧 주님을 두려워함 속에서, 부활의 빛 속에서) 우리는 존재하고, 우리는 소유하고, 우리는 할 수 있고, 우리는 온다! 구원이 우리에게 가까이 왔다. 지금 여기서 우리 위에 여전히 드리워진 "진노하심에서 구원을 받을 것이니." 왜냐하면 그리스도의 죽으심을 통해 나타난 생명[딤후 1:10], 바로 **그것이** 그 죽으심을 통해 하나님과 화목하게 된 자들의 구원이기 때문이다. 화목하게 되었다는 말은 하나님을 소망할 수 있게 되었다는 말이다. 우리 주 예수 그리스도로 말미암아 주어진 이 소망, 우리가 어찌 그것을 자랑하지 **않을** 수 있을까? "우

32 *Heidelberger Katechismus*, Frage 5, BSRK 684, 2f.

리가 하나님을 **우리의** 하나님으로 찬양할 때, 우리가 그저 생각만 하거나 바라기만 할 수 있던 모든 선한 것의 원천이 우리 앞에서 활짝 열린다. 하나님은 모든 선한 것 가운데 최고이실 뿐만 아니라 그 모든 것의 총괄 개념이자 총합이다. 바로 그분이 그리스도를 통해서 **우리의** 하나님이 되신다"(칼뱅).[33] "만일 인간이 하나님을 다시 갖게 되면, 인간은 삶과 복락의 모든 풍성함을 갖게 된다"(프리츠 바르트 Fr. Barth).[34] 인간이 **가진다**? 그렇다. 그가 가진다. 그리스도의 죽으심으로 말미암아 인간의 현재는 하나님의 미래로 충만하게 된다. "Spes erit res": "**이** 소망이 **소유다**"(벵겔).[35] |142|

새 세상

5:12-21

12 **그러므로** [그리스도의 죽으심 안에서 나타난 새 생명(5:1-11)을 통해 새 사람의 기초가 놓였음을 인식함으로써 더욱 깊은 통찰이 발생하나니] **한 사람으로 말미암아 죄가** [권력으로서 인간] **세상에 들어오고 죄로 말미암아** [이 세상 최고 법으로서] **사망이 들어왔나니 이와 같이 모든 사람이 죄를 지었으므로 사망이 모든 사람에게 이르렀느니라.** 저 모형인 "오실" 사람 그리스도(5:14)께서 정반대의 세계 상황을 개시한다(5:18-19).

33 Calvin, col. 94. "Nam dum gloriamur Deum esse nostrum, quidquid fingi vel optari potest bonorum, consequitur et ex hoc fonte manat. Non enim supremum tantum bonorum omnium est Deust, sed summam quoque ac singulas partes in se continet: factus est autem noster per Christum."

34 Fr. Barth, *Der Brief an die Römer*, 미간행 강의 원고 1890/91 겨울 학기(KBA), Bogen 53,3.

35 Bengel, Bd. II, S. 31(Röm 5,5).

"그러므로." 새 사람으로서 우리는 새 **세상**의 문지방에 서 있다. "옛" 사람도 인간 **무리**[인류], 인간 **본질**, 인간 **세상**이다. 그는 개별적인 인간의 우연성을 한편으로는 포괄하고 다른 한편으로는 그 근거를 제공하는 일반적인 특성을 지닌 있는 그대로의 인간, 우리가 익히 알고 있는 인간, 곧 하나님의 진노 아래 놓인 인간이다. 새 사람도 역시 인간이다. 그러나 있는 그대로의 내가 **아닌** 인간, 우리가 알지 **못하는** 인간, 하나님 앞에서 의롭게 된 인간이다. 비록 철저하게 다른 조건이기는 하지만, 결정적인 순간의 빛 속에서 양방향으로 하나의 보편적인 맥락에 대한 조망이 열린다. 어떤 법칙성으로서 결코 빠져나올 수 없는 필연성으로 인식된 맥락, 곧 인간적 상황의 맥락이 열린다. 누군가가 "아담 안에" 있다면, 그 사람은 옛 피조물, 타락하여 사로잡힌 피조물이다. 누군가가 "그리스도 안에" 있다면, 그 사람은 새로운 피조물, 화해와 구원을 맛보는 피조물이다(고후 5:17). 하나는 죽어 가는 사람이요, 다른 하나는 생명 안으로 발을 내디딘 사람이다(고전 15:22[영역본은 고후 4:12, 불역본은 고전 4:22로 되어 있다][m]). 그렇다고 여기에 "두 개의" 세상이 나란히 대치하고 있는 것처럼 생각해서는 안 된다(이것은 "옛" 사람과 "새" 사람이 "두" 사람이 아닌 것과 마찬가지다). 왜냐하면 전자의 가능성은 언제나 후자의 불가능성이며, 전자의 불가능성은 언제나 후자의 가능성이기 때문이다. "첫 번째"[옛] 세상의 관점에서 보면 "두 번째"[새] 세상은 두 번째이기를 멈추고, "두 번째" 세상의 관점에서는 "첫 번째" 세상이 더는 첫 번째로 존재하지 않는다. 두 번째 세상의 존재는 첫 번째 세상의 비존재이며, 이것은 두 번째 세상의 존재 근거가 첫 번째 세상의 비존재에 놓이는 것과 똑같은 이치다. "아담 안에"라는 말은 무슨 뜻인가? 예나 지금이나 앞으로나 옛것이며, 예나 지금이나 앞으로나 결코 새것이 아니라는 뜻이다. "그리스도 안에"는 무슨 뜻인가? 옛것은 지나

갔으니 보라 새것이 되었도다(고후 5:17). 이 결정적인 순간의 빛 속에서 그 둘됨Zweiheit이 드러난다. 그런데 이것은 사람과 세상에서 일어나는 운동의 하나됨Einheit, 곧 옛것에서 새것으로, 여기에서 |143| 저기로, 가는 시대에서 오는 시대로 움직이는 운동의 하나됨 속에서 드러난다. 그러므로 그 둘됨은 지양됨 속에서 설정되고, 그것의 지양이 곧 **설정**이다. 인간이 아담 안에서 하나님으로부터 타락하고 그리스도 안에서 다시 하나님을 발견하는 곳, 바로 그곳에서 두 가지 길이 갈라지고 다시 만난다. 바로 그곳에서 (보이는) 옛 세상이 시작되고 (보이지 않는) 새 세상도 시작된다. 두 세상이 모두 심판을 받지만, 한쪽은 그 결과가 죽음이고 다른 한쪽은 생명이다. 두 길은 갈라지면서 만난다. 그리스도 안에서 하나님을 다시 찾는 일도, 생명으로 들어가는 일도 인간이 아담 안에서 하나님으로부터 타락하여 죽음의 심판 아래 머무는 곳, 바로 거기서 시작되지 않는다면 그것은 있을 수가 없다. 조금 더 나아가 보자. 아담 안에서 하나님으로부터 떨어져 나오는 것도, 죽음의 심판을 받는 것도 인간이 그리스도 안에서 화해하고 생명을 약속받는 곳, 바로 그 지점에서 출발하지 않는다면 있을 수가 없는 일이다. 헤라클레이토스Heracleitos의 말을 빌려 조금 더 나아가 보자. "불멸하는 것은 소멸하고, 소멸하는 것은 불멸한다. 그 둘은 교대로 그들의 죽음을 향해 살고, 그 둘은 교대로 그들의 생명을 향해 죽는다."[36] 그러나 우리는 단지 제한적으로만 그렇게 계속 말할 수 있다. 아담과 그리스도, 타락과 의, 죽음과 생명 속에서 인간 세상이 역동적으로 하나가 되는 것은 [헤라클레이토스의 생각처럼] 두 상태의 균형이라든지, 그 둘의 영원한 순환을 뜻하는 것은

36 Fragment B 62. 인용은 H. Barth, *Die Seele in der Philosophie Platons*, Tübingen, 1921, S. 147의 번역이다.

아니기 때문이다. 오히려 그 하나됨의 성취는 첫 번째를 **대적하고**, 두 번째를 **위하는 것**이요, 첫 번째**에서** 두 번째**로** 전환하는 것이요, 첫 번째를 누르고 두 번째가 **승리**하는 것이다. **이** 움직임이 **진정한** 움직임이라면, 언뜻 무한한 것처럼 보이는 그 대립의 평행성과 양극성은 깨져 버릴 것이다. 진정한 운동은 같은 것das Gleiche에서 전적으로 같지 않은 것das Ungleiche으로 건너감, 그 거역할 수 없는 궁극적인 넘어감 속에서만 일어날 수 있다. 아담과 같은 것이 그리스도라는 전적으로 같지 않은 것을 목표로 삼고, 그 운동 안에서 이 목표를 향해 나아간다. 바로 이것이 (부활 혹은 믿음의) 결정적인 순간의 의미다. 그 순간은 인간이 자칭 하나라고 착각하는 것이 둘이었음을 드러냄으로써 절단Scheidung만 일으키는 것이 아니라, 대립된 것들 사이에서 결단Ent-Scheidung까지도 불러일으킨다. 그 순간이 그렇게 **행한다**는 사실, 그리스도가 두 번째요 **마지막** 아담(고전 15:45)이라는 사실, 새 세상은 또 하나의 옛 세상에 불과한 것이 아니라는 사실, 의에서 타락으로 퇴행하는 일은 없다는 사실, 죽음에서 솟아난 **그** 생명은 아직도 여전히 죽음을 떨쳐 내야 하고 또 죽음으로 돌변할 수 있는 생명보다 무조건적으로 우월하다는 사실, 다시 말해 죽음의 죽음을 의미하는[호 13:14[37]] 죽음이 있다는 사실, ⁿ바로 이것이 복음(1:1, 16)의 내용이며, 하나님의 능력das ist der Inhalt der Heilsbotschaft(1:1, 16), die Kraft Gottes ⁿ, 부활의 능력이다. 이것은 우리 삶의 내용으로서 (우리의 [과거] 삶의 내용이 아니다!) "기적 같은 전쟁"(루터)[38]이며, 믿음의 역설, 근원, 창조다. 하나님의 능력이 |144| 있는 곳, 믿음이 있는 곳

37 Vg: "ero mors tua o mors." "예수, 내 생명의 생명, 예수, 내 죽음[사망]의 죽음[사망]." E. Chr. Homburg, GERS(1891) 122; RG(1998) 444; EG 86.

38 M. Luther, "Christ lag in Todesbanden", Strophe 4, RG(1998) 464; EG 101.

에 서 있는 인간, 그 인간은 있는 그대로의 그가 아닌 **새** 사람으로서 **새** 세상, 생명 세상의 문지방에 서 있다. 새 세상은 그리스도 안에서 성공적으로 지양되고 전향된 옛 세상에 다름 아니다. 우리가 이 사실을 곰곰이 숙고할 때 이미 확실하게 결정되는 것이 있다. 우리의 옛 세상은 그 실용성Pragmatik이 도무지 명확하지 않다가 지양과 전향을 통해 우리에게 눈에 보이게 드러나며, 거기에 새로운 세상의 쓰임새가 마주 다가온다는 사실이다. 우리는 **첫 번째** 세상의 가시적인 소여성을 **꿰뚫어***hindurch* 봄으로써 바로 그 세상의 전제 조건을 **들여다***hinein* 보게 되며, 바로 이 전제 조건을 뒤집어 지양하면 두 번째 세상의 전제 조건이 된다. 우리는 "옛것"과 "새것"의 이런 변증법적인 관계를 기억하면서 일단 "옛것"에 관심을 기울이기로 하는데, 이는 그것 자체의 목적 때문이 아니라 (옛것은 그 자체로 지속하지 못하고 저 우월한 새것과의 관계 속에서만 지속하기 때문에) 그것으로부터 새것의 법칙을 읽기 위한 것이다.

"사망"은 이런 우리 세상의 최고 법이다. 우리가 사망에 대해 알고 있는 것이라고는 그것이 부정과 소멸, 파괴자이자 파괴 가능성, 결코 해소될 수 없는 대립이요, 결코 외면화될 수 없는 우리 인생의 특징이라는 사실뿐이다. 사망은 우리의 모든 환난 중의 환난이며, 우리의 현존재와 존재 상태에 동반되는 모든 악·공포·수수께끼의 총괄 개념이요 총합이다. 사망은 이 세상의 인간 위에, 그리고 인간의 세상 위에 진노가 드리워져 있다는 사실에 대한 **바로 그** 기억이다. 사망이 이렇게도 확실히 이 세상의 최고 법인지라, 이 세상에서 이러한 세상의 극복과 갱신을 가리키는 모든 것마저도, 아니 그런 것이야말로 오직 사망의 모습으로 나타난다. 도덕은 오직 정신을 통한 육체의 부정으로 드러나고, 철학은 오직 죽어 가는 소크라테스Socrates의 형상 안에서만 그 개념을 인식하

고[39], 정신적인 삶은 오직 자연적인 삶의 긍정에 대한 대립으로만 등장하고, 진보는 주어진 것과 지속하는 것에 대한 불안한 부정 속에서만 이루어지고, 모든 불꽃은 (출 3:2에 나오는 주님의 불꽃과는 달리!) 타올랐다가 결국 타서 없어질 뿐이다. 사망이 이렇게도 확실히 이 세상 최고 법인지라, 그리스도께서도 육신을 따라서는 먼저 **죽으시고** 나서야 하나님의 아들로 선포될 수 있었다(1:3-4). 우리가 하나님께 합당한 영광을 돌려 드릴 수 있는 것도 그분의 보이지 **않음**과 그분에 대한 두려움[경외]을 인식의 출발로 삼을 때[잠 1:7]만 가능한 일이다. 우리는 그 모든 것을 거부하고 싶다. 우리가 할 수만 있다면 말이다. 우리는 생명의 이름으로 그 사망에 저항하고자 한다. 우리의 삶에 맞서는 저 사망의 저항이 너무나 오래되고 막강한 것만 아니라면 말이다. 우리는 모든 꺾이지 않은 '예'를 동반하는 |145| 회의적인 의심과 유보에 맞서 항의하고, 수많은 잠정적인 부정 속에서 인간의 모든 창조적이고 건강하고 건설적이고 긍정적인 시도를 한번에 해체하는 **최종적**letzten ○ 부정의 창백한 빛에 맞서 강력하게 항의하고자 한다. 만일 그 창백한 빛이 어떤 인간의 임의적인 행동에서 나온 것이 아니라는 사실, 표층에서만 안 보일 뿐이지 사실은 모든 인간의 현존재와 존재 상태에 원천적으로 드리워진 것이라는 사실(1:10[40]), 또한 인간의 활기차고 창조적인 행위는 모조리 이 고통·혁명·죽음에서 난 것이라는 사실이 이처럼 명백하지만 않다면 말이다. 우리는 힘이 없다. 우리는 졌다. 사망은 우리 삶의 법으로서 언제나 먼저 자리를 차지하고 있다. 우리가 말할 수 있는 것은 오직 이것뿐이다. 만일 구원이라는 것이 있다면, 그것은 사망으로부터의 구

39 H. Barth, *Das Problem des Ursprungs in der Philosophie Platons*, München, 1921, S. 16f.

40 3:10의 오기(誤記)?

원이어야 한다. 만일 긍정이라는 것이 있다면, 그것은 이 최종적인 부정을 지양하는 긍정이어야 한다. 만일 탈출구라는 것이 있다면, 그것은 지금 우리를 가로막고 서 있는 이 끔찍한 장벽에 있는 것이어야 한다. 만일 하나님이 정말 하나님이라면, 그는 이 "맨 나중에 멸망받을 원수"(고전 15:26)를 무찌르고 승리하는 원수, 사망의 사망이어야 한다. 사망이란 무엇인가? 사망은 어디서 오는가? 사망은 어떻게 이 세상 최고 법이 되는가?

"죄". 우리는 먼저 이 세상의 **인간**에 대해 생각해 보려고 한다. 그는 죄의 인간이다. 죄는 우리가 알고 있는 인간의 근본적인 특성이자 태도다. 우리는 죄인이 아닌 인간에 대해서는 알지 못한다. 죄는 **권력**(왕의 권력[왕 노릇], 5:21)이다. 이 세상 인간을 지배하는 **그** 권력이다. 개별적인 인간의 죄는 이러한 상황을 다소간 분명하게 보여주며, 바로 인간이 이 상황에 짓눌리고 있는 무게만큼의 의미를 가지고 있다. 그러나 이 죄는 위의 근본적인 특성과 태도의 변화 측면에서 의미는 갖지 못한다. 죄는—그것이 개별 인간에게서 어떤 모양으로 터져 나오느냐 와는 별개로—우리가 아는 **세상**, 인간 세상을 지배하는 힘이다. 그러나 죄는 인간과 **하나님**에 대한 인간의 어떤 특정한 관계이기 때문에, 바로 그것 때문에 이 세상을 지배하는 힘이다. 죄는 하나님에게서 존재를 획득할 뿐만 아니라 권력과 세계 권력으로서의 존재를 획득한다. 죄는 하나님의 것을 **약탈**하는 것이다. 이러한 약탈은 우리에게 지정된 죽음의 선을 뻔뻔히 넘어서는 것(1:18f.), 술에 취해서 그분과 우리의 차이를 지워 없애는 것, 그분이 눈에 보이지 않는 분이라는 사실을 망각하는 것, 낭만주의적 직접성과 거짓 신과 이 세상의 신[고후 4:4]을 일으켜 세우는 형식으로 인간을 신격화하고 하나님을 인간화하면서 우리가 죽을 수밖에 없는 존재라는 사실을 생각하지 않는 것[시 90:12, Luther-Bibel], 곧 "경건하지 않음과 불의"로 분명하게 나타난다. 이런 가시

적이고 역사적인 |146| 의미에서 죄란 지금 여기에서 "사망"을 통해 특징지워진 관계, 곧 하나님께 대한 관계의 훼손이다. 그러나 이런 가시적이고 역사적인 의미의 죄는 거꾸로 또 다른 의미, 가시적이지 않고 역사적이지 않은 어떤 것을 가리킨다. 이제 사망이란 하나님께서 지금 여기의 우리에게 마치 경계선을 긋듯이 부여하신 것으로서 삶의 제한을 의미한다면, 하나님 자체가 사망이 아니라 앞으로 다가올 날의 생명이라면, 맥락은 완전히 뒤바뀐다. 하나님의 것을 약탈함은 근원적인 것이며Gott ist ursprünglich p, 비가시적이고 비역사적인 것이며, 인간이 하나님과의 직접적인 하나됨에서 떨어져 나옴이며, 자립성의 참칭이며, 하나님과 세계와 인간을 창조주와 피조물로 결속시켜 주는 정신적 유대geistiges Band를 끊는 것이며, 자기의 근원을 망각한 채 하나님과 나란히 또는 하나님 바깥에 서는 것[41]이며, "하나님이 그렇게 말하지 아니하였느냐?"[창 3:1]고 속삭이는 뱀의 지혜에 귀를 기울이면서 우리 생명의 생명이신 하나님으로부터 교묘하고 거만하고 엉뚱하게 거리를 두는 것이다.[42] 그q 첫 번째 의미의 죄, 눈에 보이고 앞으로 나아가는 의미의 죄는 죄들의 현상, 표현Ausdruck r, "흘러넘침"(5:20)이며 시간적으로 **앞서** 일

41 『로마서』 제1판 같은 부분(S. 177f.)에서도 직접적인 것에 대한 쿠터(H. Kutter)의 사상이 배경에 있다. *Das Unmittelbare. Eine Menschheitsfrage*, Berlin, 1902. S. 79f. "인간은 그 직접성을 낚아채서 **자신의** 직접성으로 만들고자 했다. 자신의 생명을 표현하고 그 생명을 창조주의 생명과 더불어 전달하는 것으로는 불충분했던 것이다. 그렇다. 인간의 타락에 관한 저 심오한 이야기가 우리에게 들려주는 바가 바로 이것이다. 인간은 독립적인 존재가 되려고 하며, 그에게 맡겨진 세상을 자신의 의지로 만끽하려고 했다. 결국 인간은 자신의 근원적인 위치, 곧 세상에서 자신의 위치를 상실하고 타락하였으니, 자기 자신과 성찰과 욕망 속으로 떨어져 버린 것이다. 반성은 인식이고, 욕망은 자기 자신 위에 세워진 인간의 의지다." 바르트 소장본에서 첫째 문장과 마지막 문장에 밑줄이 그어져 있다. "정신적 유대"라는 표현에 대해서는 J.W. von Goethe, *Faust I*, V. 1938f.(Studierzimmer) 참조.

42 이 책 393쪽, 각주 37.

어난 사례*Vorfall*로서, 모든 시간적인 것 "뒤"에 있는 사례를 가리키고 있다. 명확하게 드러나지 않는 의미의 죄도 인간의 "경건하지 않음과 불의"(1:18)로, "생명"을 그 특징으로 하는 관계, 곧 하나님과의 관계의 훼손으로, 악마의 사주를 받아서 생겨난 광기, "Eriticus sicut Deus"[너희가……하나님과 같이 되리라, 창 3:5][43]의 광기로 나타난다. 우리는 이런 눈에 보이지 않는 의미의 죄에서 출발하여 십자가는 옆으로 지나쳐 버리고, 떠들썩하게 밀어붙이거나 기술적으로 정교하게 시도되는 것, 곧 "직접적인 생명으로의 귀환"[44]을 가정하거나 시험해 보는 것을 조심해야 할 것이다. 죽음의 법 아래에 놓인 우리에게는 역사적으로 그런 것들이 핵심 문제가 된 적은 한 번도 없다는 사실을 우리는 알고 있다. 오직 "via crucis"[십자가의 길]을 통해 얻는 조망만이 우리 죄의 배후에 놓인 맥락을 드러내어 준다. 그 조망은 우리가 두 가지 측면에서 **이러한** 유혹에 빠지지 않도록 날카롭게 경고한다.

첫째, 죄가 "세상에 들어오고." 세상이란 무엇인가? 세상은 죄를 통해 형성되고 규정된 우리의 현존재 전체를 의미한다. "우리 안"으로부터 떨어져 나온 "우리 밖"이 생겨났다. 이것은 우리가 그 창조주를 알지 못하기

43 투르나이젠의 저서 *Dostojewski*(München, 1921, S. 20)에는 "Eriticus sicut Deus"[너희가……하나님과 같이 되리라]는 "영웅적인[거인 같은](titanisch) 유혹"에 관한 언급이 나온다. 다시 말해, "하늘과 땅을 구분하는 경계선을 넘어서라는 유혹, 초인이 되라는 유혹, 인간-신이 되라는 유혹"을 말한다. 이 책 740쪽, 각주 38.

44 쿠터(H. Kutter)는 직접성의 상실 언급과 관련하여 "직접성으로 회귀" 혹은 "직접적인 생명으로 회귀"라는 표현을 사용한다. 앞에서 언급한 자신의 책(이 책 397쪽, 각주 41), 338쪽. "인류 역사는 인간이 직접적인 생명으로 회귀이다." 341쪽. "인간이 다시 저 직접성과의 근원적이고 지속적인 관계에 이르기 위해서는 먼저 자기 자신을 발견해야 한다. 왜냐하면 자기 자신의 인격성, 그리고 그것을 지탱하는 직접성 외에는 도무지 실재적인 것이 없기 때문이다. 그러나 이를 위해서는 근원적인 세상의 인상이 인간에게 다시 나타나야 한다. 이 사건이 **예수 그리스도**를 통해 일어났다. 직접적인 생명은 **살아 계신 하나님**, 곧 예수 그리스도 안에 계시된 하나님이다."

때문에 이제는 피조물이 아닌 어떤 우주[Kosmos]다. 이제 우리 안에 있는 어떤 것이 우리 밖에 있는 어떤 것에 반영된다. "Eriticus sicut Deus!"[너희가……하나님과 같이 되리라, 창 3:5] 인간의 세상은 시간과 사물의 세상이다. 그것은 서로에게서 떨어져 나오고 서로에게 기대며 서로 맞부딪히는 세상이다. 그것은 정신과 자연, 형상과 질료, 영혼과 육체의 대조로 이루어진 세상이다. 스스로 있음[독립성]과 주어져 있음[소여성]의 세상, |147| 객관성과 원칙의 세상, 권력과 권세와 왕권[엡 1:21, 골 1:16]의 세상이다. 이 세상은 인간과 함께 포로가 된 동료 죄수다. 이 세상은 곧 **그 인간의** 세상으로서 그의 왜곡됨에 근거한 왜곡에 참여하고, 그가 하나님과의 관계를 훼손하는 데 참여하며, 인간의 위대함과 타락을 구성하는 그 상대적이고 간접적인 신성에 참여한다. 인간의 병은 세상의 병이 되었다(8:19f.). 바로 그 우주가 인간 자신의 우주라는 사실—유감스럽지만 그는 그 사실을 깨닫게 될 수밖에 없다. "직접적인 생명"[Unmittelbares Leben]이란 그의 세상에서는 눈으로 볼 수 없는 것, 알려지지 않은 것, 불가능한 것이다. 그의 세상, **이러한** 세상 속에 있는 **모든** 것은 그저 사물, 주어진 것, 객관성으로서 이것이든 저것이든 여기든 저기든 이렇든 저렇든 신성화된 세속성이거나 세속화된 신성일 뿐이다. 오직 그 사물의 자립성과 타당성의 **제한** 안에서만, 오직 비판적으로 획득되는 그것의 **개념** 안에서만, 다시 말해 오직 그것의 **의문스러움** 안에서만, 그것이 지양됨의 가능성과 필연성 안에서만, 그것의 있는 그대로의 존재의 부정 안에서만, 있는 그대로의 존재가 **아닌** 존재를 가리킬 수 있는 능력 안에서만, 다시 말해 오직 "sub specie mortis"[죽음의 관점에서] 그 모든 것 안에서 창조주의 영광이 빛을 발한다. 이 세상에 있는 것들을 **직접적으로** 정당화하는 데 필요한 주장은 그 옛날 욥의 친구들이 행한 변증적인 연설에서 모두 찾을 수 있으며, 거기서 모두 결말이 났다. 이 세상은 **우리**

의 세상이기 때문에, 죄가 들어와 있는 세상이다. 이 세상에는, 바로 **이** 땅 위, 바로 **이** 하늘 아래서는 구원[Erlöstheit]도 없고 직접적인 생명도 없다. 구원받은 상태는 오직 구원의 사건이 있어야 가능한 것! 오직 저 다가오는 날, 하늘과 땅이 새로워지는 날[벧후 3:13]의 구원 사건이 있어야 가능한 것이다.

둘째, "죄로 말미암아 사망이" 이 세상에 들어왔기 때문이다. 이것은 위기로서의 사망이다. 이것은 그 단어의 이중적인 의미에서 그러하다. 첫째, 사망은 이 세상 최고 법이면서 또한 그 법 위에 군림하는 입법자를 가리킨다. 이 입법자는 심판이면서 또한 개선을 향한 전환이며, 장벽이면서 출구, 끝이면서 시작, 부정이면서 긍정, 신적인 진노의 표징이면서 신적인 구원이 가까이 왔음을 알리는 표징이다. 어떤 경우든 이것은 하나님의 '정지!' 신호로서 우리는 그것을 넘어갈 수 없다. 또한 우리가 결코 우회해서 갈 수 없는 좁은 문[마 7:13-14 병행 본문]이고, 우리가 지혜로워질 수 있는 지점[시 90:12]이다. 그것 외에는 우리가 지혜로워질 수 있는 가능성이 전혀 없다. **죄**로 말미암아 사망이 들어온다. 사망은 죄의 뒷면이기 때문이다. 눈에 보이지 않는 근본적인 죄가 있으며 그 죄를 통해 이 세상에 사망이 들어왔다. 인간의 하나님에 대한 관계는 생명 그 자체라고 할 수 있는데 그 관계의 손상이 바로 그 죄다. **이것**이 **책임**[Schuld]으로서는 죄, **운명**[Schicksal]으로서는 사망이다. 살아 있기는 하지만 생명 자체에 참여하지 못하는 인간은 자기 자신을 |148| 죽어 없어질 존재라고 부른다. 근원 존재로부터 떨어져 나온 자신을 비존재라 부른다. 관계를 잃어버린 황량함 속에서 그가 가진 절대성과 자립성은 상대적이다. 하나님에 대한 관계는 불가피하게도 사망을 그 특징으로 한다. 인간의 존재는 불가피하게도 분열을 맞이하게 되고, 인간의 현존재와 존재 상태의 총체적인 문제성으로 전개된다. 그의 세계는 낙관적 혹은 비관적 배경을 통해서는 거의 혹은 전혀 결집되지 않는 온갖 인

간성과 시간성과 사물성의 다양함 속으로 산산이 흩어진다. 그가 어떤 형태로든 나름의 입장을 취하고 있는 자신의 직관Anschauung과 마주하여 이제 제2의 세계, 눈에 보이지 않는Nicht-Anschaulichkeit 세계가 버티고 서 있다. 불가피하게도 이제 그 "삶"은 의문스러움과 제한성과 고통으로 이어지는, 결국에는 사망으로 귀결되는 그 선 안에서 자꾸만 어긋나고 방해받다가 결국에는 부정되고 만다. 죄가 살아 있다면 죄 안에 사망이 살아 있는 것이며, **우리**는 살아 있는 것이 아니다(7:10). 죄가 다스린다면 사망 안에서 다스리는 것이며(5:21), **우리**도 사망의 존재다. 죄가 명령을 내린다면 그 죄가 어떤 값을 지불하기도 해야 할 것인데, 죄는 사망으로 그 값을 치른다(6:23). 죄의 힘으로 생기도 잃고 유연함도 잃고 관계도 잃어버린 그 선에서는 그 어떤 지점이라도 심판이, 인간의 한계가, 만물의 종말이 그야말로 눈에 보이게 우리의 "삶" 속으로 박차고 들어와 있다. 그러나 그 모든 지점은 그 자체의 부정성 속에서 "아담이 떨어져 나온[타락]" **그것**(루터)[45]을 가리킨다. 모든 상대성은 그 상실된 관계, 그러나 상실될 수 없는 관계 속에서 자신의 본래적 근원인 절대성을 가리킨다. 모든 사망 현상은 우리가 하나님의 생명에 참여함을 증언하며, 죄로 인해 끊어지지 않은 관계, 곧 **우리에 대한 하나님의** 관계를 증언한다. 물론 이 사망에서 (어떤 사망의 **체험**이 아니라 바로 **사망 자체**에서!) 불가피하게 **삶**의 물음, **하나님** 물음이 생겨난다. 삶 자체를 위해서, 우리가 반드시 죽을 수밖에 없는 존재임[시 90:12]을 숙고하는 것은 피해갈 수 없는 일이다. 그리스도의 십자가를 통해서, 죄

45 M. Luther, *Über das erste Buch Mose. Predigten*(1527), EA 33,23; WA 24,18,26-29. "왜냐하면 이것은 의심의 여지없이 믿음의 최고 조항이기 때문이다. 여기서 우리는 이렇게 고백한다. 나는 전능하신 아버지, 하늘과 땅의 창조자이신 하나님을 믿나이다. 그리고 이것은 참으로 믿는 사람은 이미 도우심을 얻은 것이며, 다시 의로움에 이르러, 아담이 넘어진 그곳으로 돌아간다."

의 세상은 그 죄가 들어온 바로 그 자리, 오직 거기로만 넘어설 수 있음을 상기시켜 주는 저 손가락은 안 보고 그냥 지나칠 수 없다. 죄로 말미암아 사망이, 위기로서의 사망이 들어왔다. 우리 삶의 깨짐, 인식의 원리, 우리의 곤경이자 소망이기도 하다. 그것은 눈으로 볼 수 없는 죄의 뒷면, 눈으로 볼 수 없는 의로움의 뒷면이다.

"한 사람으로 말미암아" 그 모든 것이! 그 한 사람은 누구인가? 아담? 그렇다. 그 한 사람은 바로 아담이다. 하나님에게서 떨어져 나온[타락] 죄를 범한 자, 눈으로는 볼 수 없는 그 죄를 범하여 사망이 세상에 들어오게 만든 아담이다. 그러나 **이** 한 사람은 역사적인 무관계성 속에 있는 아담이 아니라, 그리스도와 비역사적인 관계성 속에 있는 아담이다. 순종하며 |149| 죽어 간 그리스도의 의로움, 눈에 보이지 않는 그 의로움을 보지 않는다면, 어떻게 우리가 눈에 보이지 않는 그 죄, 곧 불순종으로 살아간 아담의 죄를 볼 수 있겠는가? 어떻게 우리가 **하나님**으로부터 떨어짐[타락]이 무엇을 의미하는지 알았겠는가? 그리스도께서 사망에서 생명으로 높여지신 것을 보지 못한다면, 아담이 생명에서 사망으로 추락한 것을 우리가 어떻게 생각할 수 있겠는가? 죽기 위해서 산다는 말의 의미를 우리가 어떻게 알겠는가? 그러므로 아담은 역사적·심리적 현상의 지평에서 **이러한** 한 사람으로서가 아니라, 오히려 **첫 번째** 아담으로서, 곧 두 번째 아담, 오고 있는 아담의 모형으로서, 두 번째 아담이라는 빛이 있기에 생겨난 그림자로서 존재한다. 그리스도 안에는 벅찬 승리의 가슴으로 앞으로 향해 나아가는 움직임이 있으며, 인간과 그의 세상을 **타락**에서 의로움으로, 사망에서 생명으로, **옛것**에서 새것으로 돌려놓음이 있다면, 아담은 오직 그것을 거꾸로 되돌리는 계기로서만 존재한다. 그러므로 그는 그 자체로, 제2의 긍정적인 실체로, 운동의 독자적인 축으로 존재하지 않고 오직 그 자신의 지

양 안에서 존재한다. 그는 그리스도 안에서 부정됨으로써 긍정된다. 그는 그리스도와 더불어, 오직 부활하시고 하나님의 생명Leben으로[s] 선포되신 그리스도와 더불어, 또한 그의 투영으로 존재할 뿐이지, 그 어떤 "역사적인" 형체가 아님은 자명한 사실이다. 그 첫 번째 인간과 관련한 내용이 무엇이든, 분명한 것은 아담이 이 세상에 가져온 죄가 사망 **앞**에 있다는 것이다. 이것은 그리스도께서 이 세상에 가져온 의가 사망 **뒤**에 있는 것과 똑같은 이치다. 그러나 우리는 철저하게 우리의 역사적 인식에 사로잡혀 아담의 사망 **뒤**에서, 그리고 그리스도의 사망 **앞**에서 살고 있다. 아직 불멸이 아닌 과거의 아담, 더는 죽지 않는 그리스도, 생명이 사망이 됨, 사망이 생명이 됨은 그 자체로 비역사적이다. 아담으로 말미암아 죄가 이 세상에 "들어왔다"는 것도 당연히 어떤 역사적·심리적 사건으로 이해될 수는 없다. 바울이라면 서구 교회의 **원**죄[**유전된** 죄*Erb*sünde] 교리를 "설득력 있는 가설"(리츠만 Lietzmann)[46]이라고 여기지 않았을 것이다. 오히려 바울 자신의 생각을 역사적·심리적으로 왜곡한 사례 가운데 하나라고 생각할 것이다. 그리스도 안에서 이 세상에 계시된 의로움(또한 이 긍정 속에서 극복될 때만 인지될 수 있는 그것의 부정)이 그런 것처럼, 아담 안에서 이 세상에 들어온eingezogen[t] 죄도 인간 세상의 무시간적이고 초월적인 성향Disposition이다. 이 성향은 그 인간 세상이 하나님과 맺고 있는 관계, 그러나 여전히 새로운 것을 외면하고 옛것을 향하고 있는 관계다. 이 세상 안에서 현존하고 이 세상과 함께 있는 그 첫 번째 인간을 통해 그 성향은 효력을 발휘한

46 Lietzmann, S. 59. 서구 교회의 원죄 교리는 바울에게 설득력 있는 가설로 다가왔을 것이다. 이 교리는 주석학적으로 라틴 교부들의 번역 "in quo omnes peccaverunt": "그(아담) 안에서 우리 모두는 죄인이다"에 근거한다.

다. 그것은 모든 인간이 하나님과의 하나됨에서 떨어져 나오는 것, 초시간적인überzeitlich 타락이다. 그것은 |150| "진리가 불경과 불순종에 사로잡혀 있음"(1:18)에서 기인하며, 하나님께서 저주받을 사람을 예정하셨다는 교리는 바로 이것을 설명하고 (혹은 설명하지 못하고) 있다. 그러나 이 저주는 그리스도 안에서 이루어진 영원한 선택이라는 빛에 뒤따르는 그림자와 같은 것이다. 그러므로 이 **타락 사건**Fall은 아담이 잘못된 발걸음을 뗀 과거의 **앞선** 사건*Vor*fall에서 첫 번째 효력이 나타난 것은 사실이지만, 그것으로부터 유래하는 것은 아니다. 저주의 예정도 "타락 이전적인 것"supralapsarisch 으로서, 다시 말해 "역사적인" 타락에 앞선 것으로서 파악해야 한다는 명제, 곧 구舊개혁주의의 명제는 설득력이 있다.[47] 우리 **모두**가 행하는 것을 아담이 **최초로** 행한 것일 때, 오직 그럴 때만 우리 모두 위에 드리워진 그림자가 아담의 이름을 달고 다닐 수 있으며 아담의 특징을 지닐 수 있는 것이다. **첫 번째** 사람인 아담, 다시 말해 심리적이고 세속적이며 역사적인 **인간** 아담은 반드시 극복되어야 할[48] 무엇이다(고전 15:45f.).

"그래서 사망이 죄를 지은 모든 사람에게 이르렀던 것처럼." 우리는 이제 옛 세상의 비역사적인 배경背景으로부터 빠져나와 빛나는 전경前景으로 들어선다. 그리고 우리의 눈앞에서는 무언가가 분명하게 확증되고 있다. 그것은 눈으로 볼 수 없었던 실용성, "via crucis"[십자가의 길]을 통해서 볼 수 있었던 유용성 때문에 반드시 일어나야 하는 무엇이다. 우리가 보는 것은 한마디로 모든 인간이 아담이 했던 그것을 행한다는 것이다. 그런 다음

47 17세기의 정통 개혁주의 내부에서는 하나님의 예정이 인간의 창조 및 타락 이전에 있었다는 주장(타락 전 예정설 Supralapsarismus)과 그 후에 있었다는 주장(타락 후 예정설 Infralapsarismus) 사이에 논쟁이 있었다. HpB, S. 118-19, 130f.

48 이 책 229쪽, 각주 27에 나오는 니체의 경구를 떠올리게 한다.

아담이 겪었던 고통을 모두가 그대로 겪는다. 우리는 모든 인간이 죄를 짓고 그런 다음 모두 죽게 된 것을 본다. 모든 인간이 하나님의 것을 갈취하고 그런 다음 모두 수치를 당하게 된 것을 본다. 원래는 "그런 다음"이 아니라 "그래서"라는 것을 우리는 알고 있다. 그러나 그것을 보지는 못한다. 우리는 그저 사실만 본다. 아담의 눈에 보이는 죄, 여성 파트너의 그야말로 면목 없는 가담으로 **터져 버린** 죄, 눈앞에 나타난 죄, 주제넘게 저 인식의 나무에 손을 댄 행위[창 3:1-6]는 인간의 역사 전체 속에서 계속해서 변주되고 갱신된다. "의인은 없나니 하나도 없도다"(3:10, 23). 우리가 인식하건 인식하지 못하건 인간의 역사 전체를 관통하는 것, 곧 사망의 선線이 있다. 그리고 그 선 위에서 그것이 말하려는 바가 명확하게 드러난다. "아담은 선악을 아는 일에 우리 중 하나 같이 되었다"(창 3:22).

그래서 이제는 옛 세계의 실용성, 곧 명확하게 드러나지 않는 실용성이 존재하고, 그것이 너무나도 명확한 사실로 예시된 **것처럼, 그렇게**. 그러나 이런 유추를 시도하기에 앞서, 위에서 말한 것 가운데 **한 가지** 요점을 좀 더 강조하려고 한다.

13-14. 13 죄가 율법 있기 전에도 세상에 있었으나 율법이 없었을 때에는 죄를 죄로 여기지 아니하였느니라. 14 그러나[u] 아담으로부터 모세까지 아담의 범죄와 같은 죄를 짓지 아니한 자들까지도 사망이 왕 노릇 하였나니 아담은 오실 자의 모형이라. |151|

반드시 강조해야 할 것은 **죄**라는 개념이다. 이 개념은 눈으로는 명백히 볼 수 없는 완전한 의미로 이해되어야 한다. 그래야 사라질 세상의 본질과 관련하여, 그리고 장차 올 세상의 본질과 관련하여 충분한 설명이 될 것이다. 우리가 이미 말한 것처럼, 이 세상에서 죄는 사건이나 상태가 아니며 그런 것들의 총합도 아니고 역사적·심리적 우연성도 아니다. 그것은 인간적인 사건과 상태들에 대해 언제나 어디서나 똑같이 전제되는 규정성Bestimmtheit이다. 죄는 인간적 본성 그 자체의 특별한 무게다. 죄는 인간의 삶 속의 어떤 한 가지 사건 혹은 일련의 사건들이 아니다. 오히려 그것은 인간의 삶과 더불어 이미 **발생한** 타락, **결정적인** 타락*der* Fall이다. 죄는 그것이 이런저런 인간의 의식 혹은 무의식에서 **형성**되기 전에 이미 **발생한다**. 죄는 이런저런 인간의 의지와 성향이 되기 전부터 존재하는 **힘**이다. "**죄가 율법 있기 전에도 세상에 있었다.**"

죄와는 달리 **율법**은 눈에 보이는 어떤 실체, 역사적인 실체다(2:14-16). 그것은 인간 안에, 그리고 인간들 사이에서 발생하는 기억, 곧 하나님을 향한—상실된—직접성이다. 그것은 신성한 진리와 신성한 의지의 규범으로서 인간의 의식에 대하여, 나아가 무의식Unbewusstsein [v]에 대해서도 현존할 수 있다. 그것은 하나님의 임재와 계시의 빛으로서, 인간 세상의 특징인 시간적인 순서와 물질적인 배열의 프리즘을 통해 굴절되고 채색된 빛이다. 율법이 있는 곳에서는 인간의 의가 나타나고 신성한 선택과 사명, 하나님을 향한 자세가 나타난다(2:3-5, 12-13, 3:2). 그러나 거기서는 그 어떤 핑계도 은신처도 찾을 수 없다는 사실(2:1-2)을 아는 자에게 복이 있도다. 율법이 있는 곳, 종교가 있는 곳에서는 인간의 불의[w]가 나타나기 때문이다. 거기서 인간은 아무런 꾸밈이 없는 벌거벗은 인간, 부족하기 이를 데 없는 인간, 육체에 불과한 인간, 하나님을 거스르고 하나님의 진노를 맞게 되는 인간으로 서게 된다. 그가 율법이 무엇을 요구하는지 **안다**면, 그 요구가 그에게 진지한 것이라면, 그가 그 요구를 "듣는 사람"이라면 말이다(3:14-20, 4:15a). 바로 거기서—만일 모든 표징이 속임수가 아니라면—뻔뻔스럽게도 인식의 나무에 손을 대는 일이 일어난다. 우리가 죽어야 한다는 사실[시 90:12]을 깊이 생각하지 않는 현상이 나타난다. "율법"의 의미

를 제대로 지키는 것이 불가능함에 관하여 착각하고 있다면 말이다. 이 문제와 관련하여 착각하는 사람, 바로 자신이 아주 특별한 위험 지역에 있다는 사실(2:17f.)을 잊어버린 사람에게 화가 있도다. 율법이 있는 곳에는 위반(4:15b)도 있다. 거기서는 죄가 "**죄로 여겨진다.**" 달리 말하면, 우리는 보는 눈이 있을 때 우리가 처한 어둠은 고통이 된다. 거기서는 |152| 불붙기 쉬운 재료가 있으므로 그을음을 동반한 큰 화재가 일어난다. 거기서는 죄에 대한 인식이 있으므로 그 죄가 개인적인 (의식적으로 혹은 무의식적으로 지고 가야 할) 죄책, 짐, 책임이 된다. 거기서는 죄가 지렛대와 경영 자본까지 갖추고(7:8, 11) 힘차게 가동되면서 가장 눈에 보이고 가장 역사적인 사건이 된다. 율법을 가진 인간, 각성된 인간, 고취된 인간, 기다리는 인간, 하나님을 향하는 인간, 종교적인 인간, 바로 그런 인간이 가장 눈에 보이는 의미에서 죄인이다(7:7f., 14f.). 아무런 관심이 없는 대중이 아니라 종교적 관심이 있는 사람들에게서, 암거래상이나 포주가 아니라 목사들과 그 친구들에게서, 극장이 아니라 교회에서, 의학자들의 불경스러움이 아니라 신학대학에서, 자본주의자나 군국주의자들이 아니라 종교 사회주의자와 활동가들에게서, 세상의 자녀들이나 읽는 오락 문학이 아니라 지금 이 책과 같은 서적에서, 바로 거기서 요셉의 환난[암 6:6]이 터져 나온다. 그래서 이스라엘 백성은 그 율법으로 인해, 특별한 선택과 소명을 받은 그것으로 인해 수치를 겪게 된다. 모압 백성과 블레셋 백성은 당하지 않은 패망과 고통을 당한다. 그러므로 아담의 삶에서 일어난 그 사건, 죄가 세상에 들어오게 된 과거의 그 사건이 가능해진 것은 아담도 하나의 율법을 가지고 있었기 때문, 곧 인식의 나무에 대한 경고를 받았기 때문이다[창 2:17]. 그는 하나님과의 특별한 관계의 희생자로서 죄인이 된 것이다. 인간의 역사 속에서, 개인의 인생 여정 속에서 그야말로 아무런 율법도 없는 시간, 그런 장

소가 과연 있을까? 도식적으로 생각해서 그런 율법 없는 상태가 역사적으로 혹은 개인사적으로 확정될 수 있다고 가정한다면, 역시 도식적으로 생각해서 **"아담부터 모세까지"**의 시대, 곧 아담이 제 자신을 위해 받은 율법과 모세가 이스라엘 백성을 대표하여 받은 율법 사이의 그 시대가 그 자체로는 율법이 없는 상태라 부를 수 있다고 가정한다면, 이렇게 말할 수 있을 것이다. **"율법이 없었을 때에는 죄를 죄로 여기지 아니하였느니라."** 그 기간에 사람들이 눈이 멀었다고 해서 무조건 암흑인 것은 아니다. 나무가 젖었다고 해서 화재가 안 나는 것은 아니다. 지렛대도 없고 자본도 없다고 해서 경영이 안 되는 것은 아니다. 거기서도 인간의 본질은 마치 자녀 교육을 하듯이 펴져 나간다. 하나님의 어떤 진지함, 하나님의 유머 아래서 그리되는 것이다. 거기서 인간의 본질은 완전한 불가능성 속에 있는데 그래도 어떻게든 그 모습 그대로를 유지할 수 있다. 그 본질은 방어할 필요도 없고 공격할 수도 없다. 죄로 "여겨진" 죄, 갑자기 터져 나온 죄, 의식적으로 혹은 무의식적으로 개인적인 것이 되어 있는 죄와 관련하여 언급할 필요가 있는 것들, 곧 '이차적으로 궁극적인'vorletzt 것들에 대해서는 여기서 아무런 언급이 없다. "율법이 없으면 죄가 죽은 것임이라"(7:8). 이런 잠자는 죄인들에게 딱 맞는 말씀은 오직 궁극적인(최종적인)letzt 말씀, 곧 용서일 것이다. 그런데 이런 잠자는 죄인들도 바로 이 말씀을 기다린다. |153| 왜냐하면—루소J. J. Rousseau식의 감수성[49]이 멋지게 그리는—그 순진한 잠꾸

49 이후 루소에 대한 바르트의 생각과 관련해서는 *Die protestantische Theologie im 19. Jahrhundert. Ihre Vorgeschichte und ihre Geschichte*, Zürich, 1994[6], S. 196 참조. "루소 인간론의 두 가지 차원은 자연의 인간과 사회의 인간을 구별함으로써 생겨난다. 루소에 의하면, 전자에서 후자로의 건너감이야말로 우리가 어쩌면 타락이라고 부를 수 있는 것이다."

러기diese kanadischen Schläfer [50]라 할지라도, 그 법칙 곧 세상에는 죄가 있다는 법칙에서 예외가 될 수 없기 때문이다. 증거는 이것이니, **"그러나 아담으로부터 모세까지 아담의 범죄와 같은 죄를 짓지 아니한 자들까지도 사망이 왕 노릇 하였나니."** 사망이라는 세상의 법칙이 율법 없는 그런 사람들한테는—만약 그런 사람들이 있긴 하다면—적용되지 않았다는 말은 들어 본 적이 없다. 똑같은 자연성과 피조성, 똑같은 속박과 환난, 그리고 출생과 사망이라는 똑같은 수수께끼는 분명 저들까지도 포괄하고 있다. 그런데 깨어 있는 우리는 거기서 우리의 죄에 대한 심판, 우리의 죄보다 큰 심판을 알아차린다. 이렇듯 저들까지도 포함하는 보편적인 사망의 통치는 눈에 보이지 않는 죄의 현존을 가리키고 있다. 다시 말해, 그 통치는 어떤 역사적인 삶에서 저절로 생겨나 죄라고 성토할 수 있는 어떤 사건들Vorfälle과 동일시될 수 없는 사건, 발생한 한 가지 사건Fall을 가리킨다. 저 잠자는 자들이 꾸는 꿈에도 분명히 최종적인 기원, 저편의 기원이 있다. 그들의 얼굴에도 나타나는 특징, 곧 히포크라테스Hippocrates가 말한 그 특징[51]이 이것을 증명한

50 바르트의 『로마서』를 영어로 번역한 호스킨스(E.Cl. Hoskyns)가 이 표현에 대한 설명을 부탁하자 바르트는 1932년 9월 18일 편지(KBA 9232.268)에서 이렇게 밝힌다. "'캐나다 잠꾸러기'라는 말은 독일어권에서도 아주 확실하지는 않지만 조이메(R.[정확히는 J.G.] Seume)의 시를 염두에 둔 것입니다. 그 시는 이렇게 시작됩니다.

아직 유럽인의 위선적인 친절함을
모르는 어떤 캐나다인이 있었는데……

루소의 정신을 따라서 아직 문명화되지 않은 인간을 칭송하는 내용입니다. 독일 독자들 가운데서도 일부는 이 말이 무슨 뜻인지 모를 겁니다. 왜냐하면 그 시에는 '잠'이라는 말이 안 나오니까요. 저는 그 '캐나다인의'(kanadisch)라는 말을 '순진한'(naiv)이란 말로 번역하실 것을 권합니다. 이것이야말로 제가 말하고 싶었던 것이니까요." J.G. Seume, *Der Wilde*, Werke, hrsg. von J. Drews u. a., Bd. 2(Bibliothek deutscher Klassiker, Bd. 86), Frankfurt, amM. 1993, S. 478-481, S. 826f.

51 히포크라테스가 『프로그노스티콘』(*Prognostikon*)에서 서술한 것처럼, 죽음이 가까이 왔을 때

다. 하나님은 그들도 진지하게 여기신다. 그들도 인간이 하나님의 생명으로부터 소외된 상태에 있으며, 죄책과 책임의 짐을 진다. 그들도 하나님의 진노 아래에 있다. 비록 그것이 은폐된 진노라 할지라도 말이다. 그들의 범죄 행위가 **"아담이 저지른 범죄의 표본"**과 똑같지 않고 이스라엘의 그것과 똑같이 않다는 점이 그들에게 안심이 되지 않으며 변명이 되지 않는다. 역사적으로 봤을 때는 비록 그들이 확실히 무언가를 들은 바도 없고 마땅한 책임도 없지만, 그럼에도 불구하고 그들도 선택과 배척, 칭의와 저주의 위기 속에 있는 것이다. 율법 아래 놓여 죄악이 오월의 꽃처럼 한창 피어나는 시절에 죽어야 하는[52] 자들과 그들의 차이는 다만 상대적인 것에 불과하다. "이는 하나님께서 외모로 사람을 취하지 아니하심이라. 무릇 율법 없이 범죄한 자는 또한 율법 없이 망하고 무릇 율법이 있고 범죄한 자는 율법으로 말미암아 심판을 받으리라"(2:11-12). 그러므로 아담 안에서 이 세상에 "들어온"eingezogen x 죄는—바로 이 점이 강조되어야 한다—아담의 실제적인 범죄, 혹은 다소간 그와 비슷한 처지에서 후손들이 사실 범한 죄와는 무관한 어떤 **권력**Macht, 그것도 압도적인 권세Übermacht이다. 이렇게 죽음이 눈에 보이게 왕 노릇하는 것은 더 근본적으로 죄가 눈에 보이지 않게 왕 노릇하고 있음을 가리켜 보여준다. 이것은 죄가 각각 눈에 보이는 사건이 되지 않는 곳에서도 마찬가지다. 왕은 백성들에 의해 선출되는 것이 아니다. 그들은 자기가 그의 백성이 되고자 하는지 그렇지 않은지 결정할 수

사람의 얼굴에 나타나는 특징을 뜻한다. Büchmann, S. 314-15.

52 셰익스피어의 햄릿에 나오는 표현. W. Shakespeare, *Hamlet, Prinz von Dänemark*(A.W. 폰 슐레겔의 번역), 1. Akt, 5. Szene(햄릿 아버지의 유령. "그래서 나의 죄악이 한창 꽃을 피우던 시절에 목숨이 끊기니.") Büchmann, S. 271, 그보다 앞선 번역본(Berlin 1972[32], S. 437)은 일반적으로 "나의 죄악이 오월의 꽃처럼 한창 피어나는 시절"이라고 인용되었음을 보여준다.

있는 존재가 아니다. 왕은 그저 왕권을 물려받아 왕좌에 오르고 "하나님의 은혜로"[53]—혹은 무자비함으로—통치한다. 오직 혁명 혹은 왕조의 몰락, 오직 초월적인 전제 조건의 역전만이 이러한 보편적이고 |154| 필연적인 예속에 변화를 가져올 수 있다. 아담 안에서 이 세상에 죄가 들어온 것도 바로 그 권세의 작용, 곧 왕권이 미치는 영향으로 이해할 수 있다.

"아담은 오실 자의 모형이라." 아담은 이렇게 눈에 보이지 않고 비역사적인 완전한 의미에서 죄인이다. 그에게 드리워진 그림자는 그리스도라는 빛의 증언이다. 그 빛이 없다면 우리는 그 그림자를 볼 수 없다. 우리는 그 빛이 어떤 것이며 어떤 의미를 가진 것인지를 바로 그 그림자를 보고 가늠할 수 있다. 옛 세상의 눈에 보이지 않는 실용성은—그 앞의 마이너스 플러스 기호만 반대로 바꾸면—오고 있는 새 세상의 실용성이다. "아담의 비밀은 메시아의 비밀이다"(랍비 전승).[54] 그것은 도저히 회복이 불가능할 정도로 하나님에게서 떨어져 나온 인간, 이제는 상실될 수 없을 정도로 하나님과 결합된 인간의 비밀이다. 이 비밀은 아담과 그리스도의 둘됨Zweiheit 속에 은폐되어 있다가, 마침내 그 둘의 하나됨Einheit으로 환히 드러난다. 그 둘은 경계선 가까이에 바짝 붙어 서 있다. 죄와 의의 경계선, 사망과 삶의 경계선이다. 하나는 뒤를 향하고 있고 다른 하나는 앞을 향하고 있다. 그

53 주교나 교황들이 자신의 위엄을 강조하기 위해서 이 표현을 사용했으며, 6세기부터는 세상의 통치자들도 자기의 권력을 정당화하기 위해 이 표현을 사용했다. 이 표현의 기원과 확대에 대해서는 Büchmann, S. 58 참조.

54 A. Tholuck, *Auslegung des Briefes Pauli an die Römer nebst fortlaufenden Auszügen aus den exegetischen Schriften der Kirchenväter und Reformatoren*, Berlin, 1831³, S. 193. 『체롤 하몰』(Tseror Hamor)의 '브레시트'(Bereschith) 부분[창 1:1-6:8]에 'סוד אדם הוא סוד משיח'[아담의 비밀은 메시아의 비밀이다]라고 적혀 있다." 여기서 인용된 오경 주석의 저자는 랍비 아브라함 벤 야코프 사바(Avraham ben Yaaqov Saba)다. 톨루크의 책에는 또 다른 랍비 전승이 인용된다.

둘은 각자 안에서 상대편과 대비되는 것, 바로 그것의 실질적인 대비에 의해 분리되어 결합이 불가능한 상태다. 그러나 그 대비는 결국 공통의 기원, 곧 선택과 저주라는 신적인 예정에서 유래하기 때문에 분리될 수 없이 결합되어 있다. 한쪽의 죄와 사망, 다른 쪽의 의와 생명이 인간적 생명 전체와 인류의 모든 차원에 두루 미치며 그 모든 것의 특징이 됨으로 인해, 그리고 한쪽의 긍정은 다른 쪽[y]의 부정이요 한쪽의 부정은 다른 쪽의 긍정이라는 사실로 인해, 양자는 분리될 수 없이 결합되어 있다. 하나는 모형[유형][Typus]·물음·예언이고, 다른 하나는 원형·대답·성취다. 그 둘이 두 가지 모습으로 전개되는 운동이 진정한 운동이라는 사실(5:15-17), 그 사실이 확실한 것처럼, 하나님 안에 나타난 의와 생명은 근원적으로 또한 궁극적으로 죄와 사망보다 절대 우월하다는 사실도 확실하며, 결정적인 순간의 빛에서 ("그때 하나의 죽음이 다른 죽음을 먹어 치웠다"[루터][55]) 볼 때, 그 대립의 가시적 양극성이 확실하며, 그것의 지양도 마찬가지로 확실하다. 아담**으로부터** 그리스도**로** 나아가는 길, 이것은 인간에게서, 인간들 사이에서 행하시는 **길**이다. 이제 이 점에 대해서 좀 더 말해 보자.

15-17. 15 그러나 이 은사는 그 범죄와 같지 아니하니 곧 한 사람의 범죄를 인하여 많은 사람이 죽었은즉 더욱 하나님의 은혜와 또한 한 사람 예수 그리스도의 은혜로 말미암은 선물은 많은 사람에게 넘쳤느니라. 16 또 이 선물은 범죄한 한 사람으로 말미암은 것과 같지 아니하니 심판은 한 사람으로 말미암아 정죄에 이르렀으나 은사는 많은 범죄로 말미암아 의롭다 하심에 이름이니라. 17 한 사람의 범죄로 말미암아 사망이 그 한 사람을 통하여 왕 노릇 하였은즉 더욱 은혜와 의의 선물을 넘치게 받는 자들은 한분 예수 그리

55 M. Luther, "Christ lag in Todesbanden", Strophe 4, RG(1998) 464; EG 101.

스도를 통하여 생명 안에서 왕 노릇 하리로다[그러나 그 양자 사이의 관계는 대등한 것이 아니다. 그래서 우리는 타락이 있는 그만큼 은혜 베푸심도 있는 것이라는 식으로 말할 수 없다. 그도 그럴 것이, 만일 한 죄인으로 인하여 많은 사람이 죽었다면, 더더욱 확실하게 하나님의 은혜와 또한 한 사람 예수 그리스도의 은혜로 말미암은 은사는 많은 사람에게 풍성히 쏟아부어지게 되었다. 그리고 그 양자 사이의 관계는 대등한 것이 아니다. 그래서 우리는 한 사람으로 말미암아 이 세상에 온 것이 있는 그만큼 그 은사가 있는 것이라는 식으로도 말할 수 있는 것도 아니니(이는 |155| 물론 다음과 같은 점에서 양자의 관계는 평행한 것이다. 한 사람에게서 시작된 심판은 사형 판결이 되었으나, 많은 사람들의 타락이 있는 곳에서 시작된 은혜 베푸심은 의롭다 하심이 되었느니라) 왜냐하면(그리고 이것은 평행의 지양인데) 한 사람의 타락 안에서 그리고 그 한 사람으로 말미암아 사망이 왕 노릇 하였다면, 은혜의 충만함과 의의 은사를 받은 사람들이 한분 예수 그리스도로 말미암아 더더욱 확실하게 생명 안에서 왕 노릇 하리로다].

핵심 사상은 차이를 구분하게 하는 것diakritisch이며 "모든 논리에서 벗어난 것"(율리허)[56]이니 "더더욱 확실하게", "훨씬 더 많이", "전혀 다른 모습으로"(5:15, 17, 9:10)와 같은 표현이 바로 그것이다. 아담과 그리스도의 이원론, 옛 세상과 새 세상의 이원론은 형이상학적인 것이 아니라 변증법적인 것이다. 그 이원론은 스스로를 지양함으로써 존재한다. 그것은 철저하게 운동하는 이원론, 사람이 인식하는 이원론, 이곳**으로부터** 저곳**에** 이르는 길의 이원론이다. 그 둘이 그네의 운동처럼 대등한 관계에 있다고 상상한다면, 혹은 모래시계[z]의 위아래 두 개의 유리잔처럼 수시로 위치를 바꿔 놓을 수 있는 관계로 상상한다면, 그것은 상황 전체를 완전히 잘못 이해한 것이다. 대립하는 두 요소의 생생한 현실은 필연적인 것이며, 그 둘은 바

56 Jülicher, Paulusausleger, S. 95.

로 그 필연성을 통해서 그 둘의 근원이고 목표이신 하나님을 가리킨다. 그러나 이러한 신적인 필연성은 죄책과 운명으로부터 화해와 구원으로 나아가지 않을 수 없다. 왜냐하면 사망과 부활의 위기, 믿음의 위기는 하나님의 '아니요!'에서 하나님의 '예!'로 전환하는 것이지, 그와 동시에 일어나는 정반대의 전환은 결코 아니기 때문이다. 요컨대 새 세상의 보이지 않는 실용성은 옛 세상의 실용성과 형태적인 면에서는 같지만 그 의미와 능력은 결코 같지 않다. 오히려 그것은 절대적으로 우월한, 그래서 정반대의 의미와 능력이다. 이제 우리는 바로 이 점에 대해 깊이 생각하고 논의하고자 한다.

첫 번째 숙고(5:15). 이쪽에서는 사라져 가는 과거의 것인 옛 세상을 규정하고 저쪽에서는 새롭게 다가오는 새 세상을 규정하는 **원인**, 그 지배적인 특징을 다시 한 번 살펴보자. 이쪽에서는 그 원인을 "타락"Fall이라 하고 저쪽에서는 "은혜 베푸심"Begnadung이라 한다. 왼쪽으로든 오른쪽으로든 하나님과의 관계, 곧 하나님을 향한 인간의 관계가 주된 문제다. 한 사람 아담 안에서는 인간이 타락한 존재이며, 한 사람 예수 그리스도 안에서는 은혜를 받은 존재다. 우리의 눈에 명확히 보이지는 않지만 이 현실의 근거는 하나님 안에, 그분 자신 안에, 오직 그분 안에 있다. 이것은 양쪽 모두에게 공통적이다. 그래서 타락의 무게와 은혜 베푸심의 무게가 마치 같은 것처럼 보인다. 그러나 바로 이 공통성 속에서 차이가 드러난다. 하나님을 향한 인간의 관계가 아담 안에서는 어떻게 나타나는가? 그 의미는 이미 "**타락**"이라는 말에 함축되어 있다. 여기서 하나님은 인간에 의해 버림받고 고통당하고 부정당하고 빼앗기는 분이다. 여기서 |156| 하나님이 당신의 것을 빼앗기는 것, 그런데 그것이 하나님을 상대로 일어나기 때문에 그런 강탈로 말미암아 이 세상에 하나님과 비슷한 권력이 하나님 곁에서 발생하는 것(5:12)이야말로 죄의 본질이다. 죄는 하나님에게, 하나님 안에서 눈에는

안 보이게 일어나는 **부정적인** 사건이다. 그것에 상응하여 일어난 일이 바로 "한 사람의 타락으로 인하여 많은 사람이 죽었다"는 것이다. 다시 말해, 아담의 세상에서는 많은 사람들이 하나님을 향한 관계를 부정성 안에서 의식할 수밖에 없다. 눈으로 볼 수 없는 사실, 곧 하나님이 우리에게 '아니요!'라고 말씀하신다는 사실이 한 사람 아담에게서 눈에 보이게 드러난다. 이제 하나님은 우리를 낙원에서 내쫓는 공격적인 존재, 우리에게서 생명을 빼앗아 가는 강도 같은 존재로 나타난다. "Sicut homo peccando rapit, quod Dei est, ita Deus puniendo aufert, quod hominis est"[인간이 죄를 지음으로써 하나님께 속한 것을 가로채는 것처럼, 하나님께서 인간을 벌하실 때에는 그에게 속한 것을 빼앗으시는 것입니다](안셀무스 Anselmus).[57][aa] 죄를 짓고 타락한 세상은 그 자체로 사망의 세상이며, 풀리지 않는 궁극적인 질문에 포위된 세상이니, 거기서는 출구도 오직 장벽에서, 깨달음도 오직 알지 못함 속에서, 소망도 오직 절망 속에서만 발견된다. **최종적인** 심판, **최종적인** 지양의 **기대** 안에 그 모든 것이 있으니, 그러나 기대 안에 있다는 것은 그것이 이미 섬뜩한 현재 안에 있음이다. 그 맞은편에는 그리스도 안에서 인간이 하나님을 향해 맺는 관계가 있다. 우리가 그 관계를 "의"라고 하건(1:14, 3:21) "순종"이라고 하건(5:19), "은혜 베푸심"이라고 하건 분명한 것은 이것이니, 여기서 중요한 것은 바로 **"하나님의 은혜"**라는 사실이

57 Anselm von Canterbury, *Cur deus homo?*(『인간이 되신 하나님』, 한들), Lib. I, cap. 14, Opera omnia, ed. Fr. S. Schmitt, Vol. II, Rom 1940, S. 72, Z. 8-14. "Aut enim peccator sponte solvit quid debet, aut deus ab invito accipit. Nam aut homo debitam subiectionem deo sive non peccando sive quod peccat solvendo, voluntate spontanea exhibet, aut deus eum invitum sibi torquendo subicit et sic se dominum eius esse ostendit, quod ipse homo voluntate fateri recusat. In quo considerandum quia, sicut homo peccando rapit, quod Dei est, ita Deus puniendo aufert, quod hominis est."

다. 여기서 중요한 것은 "**은혜 안에서 주어지는 하나님의 은사인데, 그것은 오직 한 사람 예수 그리스도만이 소유했던 것이며**", 또 중요한 것은 그러한 관계의 눈에 보이지 않는 **긍정성**이고, 하나님의 활동·작용·행위이며, 이 세상과 인간을 향한 그분의 현실적인 활동성이다. 그분은 자신에게 속한 것이 강탈당하는 것을 허용하지 않으신다. 그분은 인간에게 요구하신다. 인간은 비록 타락했을망정 아직 상실되지는 않았다. 그분은 자비롭고 놀라운 분이시다. 그분은 은혜를 베푸시는 하나님, 거저 주시는 하나님이다. 거기에 상응하여 일어난 일이 바로 "하나님의 은혜가……많은 사람에게 풍성히 쏟아부어지게 되었다"는 것이다. 다시 말해, 그리스도의 세상에서는 하나님에 대한 인간의 관계는 긍정적으로 의식된다. 이제 하나님은 창조주요 구원자, 생명을 주시는 분, 온갖 좋은 은사를 주시는 분[약 1:17]으로 나타난다. 눈으로 볼 수 없는 사실, 곧 하나님이 우리에게 부단히 '예!'라고 말씀하신다는 사실이 한 사람 예수 그리스도에게서 눈에 보이게 드러난다. 하나님께서 적극적이고 긍정적으로 살피시는 세상은 그 자체로 생명의 세상이다. 제한된 것과 소멸할 것과 작은 것 가운데서 그 어느 것도 지금의 존재 그대로 존속하지 않고, 현존재와 존재 상태의 기원과 목표와 의미와 최종적 실재와의 관련된 그것의 의미로서 존재하는 세상이다. 모든 물음이 이미[ab] |157| 답으로 가득한 세상이다. 시간적인 현상 안에서도 영원한 본질이, '궁극 이전'의 행위 위에서도 궁극적인 평화가, 인간적인 본질 위에서도 신적인 광채가 빛을 발하는 세상이다. 새 사람, 그 문턱에 있는 인간에게 도저히 형용할 수 없을 정도로 희망차게 펼쳐지는 세상이다. 다시 하나님 안에서 **궁극적인** 하나됨, **궁극적인** 명료함과 안식의 **소망** 안에 그 모든 것이 존재하니, 그러나 소망 안에 있다는 것은 그것이 이미 복된 현재 안에 있음이다(5:11). 한쪽에는 타락, 다른 한쪽에는 은혜 베푸심

이 놓여 있는 변증법적 저울은 이런 모습으로 서 있다.

이와 같이 겉으로는 대비되는 대칭처럼 보이는 상태를 지양하고 앞으로 나아가는 발걸음을 ("그만큼 더욱 확실하게") 그 대립의 진정한 의미로 인식하면서 내디딜 수 있는 가능성이 이처럼 활짝 열려 있으며, 심지어 아주 설득력 있는 것이니, 도대체 어떤 논리로 아니라 할 수 있겠는가?

두 번째 숙고(5:16-17). 이제 이쪽에서는 옛 세상을 옛 세상으로, 저쪽에서는 새 세상을 새 세상으로 구별할 수 있게 해주는 **효과들**, 그런 경향들에 대해 이야기하려고 한다. 그것은 "한 죄인으로 인하여" 이 세상에 온 것, 그리고 하나님의 "은사"[선물]로 이 세상에 온 것이다. 다시 인간의 본질은 왼쪽으로나 오른쪽으로나 똑같이 타락과 은혜 베푸심을 통해서 각각 완전히 특정한 방식으로 배치된다. 심판을 하시지만 동시에 은혜로우신 하나님으로부터 나오는 판결에 따라서, 눈에 보이지 않는 어떤 특정한 법규와 그 결과에 따라서 인간은 이쪽을 향해, 혹은 저쪽을 향해 서게 된다. 여기서는 한 사람 아담이 그 인간을 대표하고 저기서는 그와 마찬가지로 타락한 인간, 이루 다 헤아릴 수 없는 인간의 무리에 속하는지 그렇지 않은지는 상관없다. 여기서는 판결의 내용이 사형이고 저기서는 무죄 선언인지도 그와는 상관없다. "한 사람에게서 시작된 심판은 사형 판결이 되었으나, 많은 사람들의 타락이 있는 곳에서 시작된 은혜 베푸심은 의롭다 하심이 되었느니라." 이렇게 서로 구분되는 규정의 눈에 보이지 않는 기원과 관련해서는 옛 세상이나 새 세상이 **똑같다**. 두 세상은 **하나님**과의 관계에서 옛것이거나 새것이며, 알프스의 분수령에서 갈라지는 물처럼, 다리를 떠받치는 기둥에서 갈라지는 물줄기처럼, 두 세상은 **하나님**에게서 갈라진다. 선택과 저주의 근원이 되시는 그분에게서 굴절을 경험한다는 점에서 그 둘은 같다(5:16). 그럼에도 불구하고 그분이 선택하고 저주하신다

는 것은 엄연한 사실이다. 다시 말해, 그 둘은 **같지 않다**. 그분의 판결이 이쪽과 저쪽의 인간에게 각각 무엇을 의미하는지 살펴보자마자 그것이 분명히 드러난다(5:17). 우선 **"한 죄인으로 인하여"** 이 세상에 들어온 것은 **"사망이 그 한 사람을 통하여 왕 노릇"** 함을 의미한다. 여기서 **그 한 사람**은 고통당하고 외면당하고 빼앗기는 존재로 나타난다. 다시 말해, 그는 첫 |158| 인간에게서 시작해서 마지막 인간까지 붙잡은 쇠사슬에 매인 존재임이 드러난다. 인간은 어떤 눈에 보이는 이전과 이후로 규정되는데, 이것은 전체적으로 (인과적으로) 사망의 숙명을 의미하며, 그가 속한 세상의 특징이기도 하다. 물질적·정신적 불행과 기계적인 필연성[운명의 신]Ananke [58]이 무의미한 생성과 소멸의 순환 속에, 근거 없는 안전, 정처 없는 실망감, 불확실하고 의심스러운 청춘, 너무나 확실한 늙음, 낙관적 편견과 비관적 편견이라는 굴레 속에 인간을 얽어맨다. 그는 의지意志할 수 없기 때문에 살 수 없다. 그는 자유롭지 않기 때문에 소망할 수 없다. 그는 자유로운 목적을 갖고 있지 않기 때문에 자유롭지 않다. 그는 죽을 존재이기 때문에, **오직** 죽을 수밖에 없는 존재이기 때문에 자유로운 목적을 가질 수 없다. 이러한 사형 판결이 어떤 시간적인 순간에 우리에게 이미 집행된 것은 아니라 할지라도, 그것은 우리에게 이미 선고된 것이요 모든 시간적 순간 속에서 다모클레스의 칼처럼 우리 위에 걸려 있는 것이다. 다른 한편으로 이것은 한

58 Römerbrief I, S. 191: C. Spitteler, *Olympischer Frühling*, 2 Bde., Jena, 1914. "아난케"는 이 신화적인 서사시에서 온 세상의 지배자로서 다른 신들의 교만을 억제하고(Bd. 2, S. 237f.) 피조물들의 반란을 진압한다(Bd. 2, S. 280).

> 이러므로 온 세상의 자유의 전쟁은 끝났으니
> 창조주의 피조물은 살인범의 성에 기어올랐다.
> 또다시 온 우주는 아난케의 집게에 붙잡혀 으스러지고
> 고라는 쓰러지고 마녀 키르케의 감옥에 떨어진다.

사람의 의인으로 말미암아 하나님의 "선물"로서 이 세상에 들어온 것을 의미한다. 그것은 다름이 아니라 "**은혜의 충만함**", "**의의 은사**"다. 이제 인간이 그런 것을 "받을" 수 있으며, 그 덕분에 인간 자신이 "**생명 안에서 왕이 된다.**" 인간은 그리스도의 죽음을 통해서 새롭게 지음받고, 진정한 삶 속으로 옮겨진다(6:4-5). 눈에 보이지 않는 세상의 법칙인 죄는 오직 죽음 안에서 눈에 보이게 드러나는데, 우리가 그리스도 안에서 맞이한 **그 특별한** 신적인 법질서는 세상 법칙에 저항하는 혁명, 인간의 회복, 모든 존재를 속박하는 폭력으로부터 해방을 의미한다. 믿음 속에서 아브라함과 그 후손에게 약속된 유산은 더도 덜도 아니고 바로 그와 같은 세상이다(4:13). 인간이 우주의 사슬에 묶여 있어서는 안 된다. 오히려 우주가—이것 역시 해방되어서—인간의 발아래 놓여야 한다. 인간은, 죽음을 겪으심으로써 만물의 종으로 낮아지신 그리스도 안에서 만물의 주인이 되어야 한다.[59] 그 인간을 어떤 대열에 예속된 한 부분 정도로 만드는 인과의 사슬은 지양되었다. 오히려 인간은 개인으로서 그리스도 안에 있는 은혜 베푸심으로 말미암아 **자유**의 법을 따르게 된다[약 1:25, 2:12]. 이것은 절대적으로 새로운 규정, 그 어떤 것에서 유추된 것이 아닌 새로운 규정으로서 하나님 나라의 특징인 **생명**의 법(5:18)과 정확하게 일치한다. 자신의 근거를 하나님께 둔 인간은 죄로부터 자유로우며, 그렇기 때문에 그 죄의 결과로 오는 사망으로부터도 자유롭기 때문이다. 그 인간은 죽지 아니함 속에서 자신의 자유로운 삶의 목적을 발견한다. 그 자유로운 목적 속에서 의지의 자유를 발

59 M. Luther, *Von der Freiheit eines Christenmenschen*(1520), WA 7, 21,1-4. "그리스도인은 만물의 자유로운 주인이며 그 누구의 종도 아니다. 그리스도인은 만물의 충실한 종이며 모든 사람에게 예속된다."

견한다. 그 의지에게는—그가 이기건 지건—썩어 없어질 모든 것이 썩지 않을 것의 비유가 될 수 있다. 그는 이 자유로운 의지를 가지고 자기 자신을 발견하며, 자기 자신 안에서 왕적인 생명, 측량할 수 없고 무조건적으로 높고 존귀한 생명, 살만한 가치가 있는 생명, 영원한 생명을 발견한다. |159| 은혜의 충만함을 "받은" 이런 사람들이 비로소 왕이 "되리라"는 말이 우리에게 즉각적으로 상기시켜 주는 바는(2:13, 3:30, 5:20), 일단 모든 시간적 순간 속에서 옛 세상과 새 세상의 동일시가 수행되어야 한다는 사실, 일단 그런 무죄판결이 우리에게 선포되었다는 사실, 시간 속에서 물질적으로 주어진 구원은 그 어떤 것이라도 그 판결에 상응하는 것이 될 수 없다는 사실이다. 인간은 이 관점에서도 **문지방**Schwelle에 서 있다. 자유로운 자들, 곧 해방된 자들의 나라인 하나님 나라의 문지방에 서 있다. 그러나 그는 이 문지방에 **서 있다**. 소망하면서, 그리고 소망하기 때문에 그 소망하는 것의 앞선 현존이 전혀 없지는 않으면서, 서 있다. 그래서 다시 "심판"과 은혜 베푸심을 양쪽에 올려놓은 변증법적인 저울의 상태 그 자체가 답이 될 수 있는 것 같다. 우리가 ("더더욱 확실하게") 옛 세상의 실용성으로부터 새 세상의 우월하고 승리에 넘치고 철저히 다르고 한없이 더 중요하고 더 강력한 실용성을 도출해 낸 것이 타당한 것인지 아닌지의 물음에 대한 대답 말이다.

18-19. 18 그런즉 한 범죄로 많은 사람이 정죄에 이른 것같이 한 의로운 행위로 말미암아 많은 사람이 의롭다 하심을 받아 생명에 이르렀느니라.
19 한 사람이 순종하지 아니함으로 많은 사람이 죄인 된 것같이 한 사람이
순종하심으로 많은 사람이 의인이 되리라[그러므로 이런 의미에서 말하고자 한 것은 다음과 같다. 한 사람의 타락으로 말미암아 모든 사람이 사형 판결에 이른 것같이, 한 사람 안에서 개시된 의로움의 선언으로 말미암아 모든 사람이 의롭다 하심을 받았으니 이것은 곧 생명이니라. 한 사람이 순종하지 아니함으로 많은 사람이 죄인으로 세워졌던 것같이 한 사람이 순종하심으로 많은 사람이 의인으로 세워지리라].

앞에서 우리는 "옛" 세상의 맥락을 지배하는 죄가 그것과 마주 서 있는 의와 마찬가지로 **근원적으로 눈에 보이지 않는 객관적** 특성을 지니고 있음을 분명히 제시했다(5:13-14). 더 나아가 그렇게 밝혀진 세상적인 갈등은 타락(떨어져 나감)Abfall에서 화해로, 포로 상태에서 구원으로, 사망에서 생명으로 나아가는 **움직임**으로서 다시 사라지기 위해서만 등장할 수 있음도 확인하였다(5:15-17).[ac] 그래서 이제 우리는 처음에 시도했던 대립(5:12)을 오해의 위험 없이 수행할 수 있게 되었다.

아담은 **옛** 주체이며, **이러한** 세상에 사는 **이러한** 인간으로서의 '나'이다. 이 '나'는 타락했으며, 하나님의 것을 빼앗아 자기 것으로 삼고 결국 자기의 영광 속에서 살아가려고 한다. 그것은 개별적인 역사적 행위가 아니라 언제나 이미 전제되어 있는, 결코 회피할 수 없는, 궁극적으로는 신적인 저주와 신적인 불만의 비밀에서 유래한 규정성Bestimmtheit, 곧 모든 인간 역사의 특성이다. 이 "타락"과 더불어 직접적으로 "**모든 사람에게**" 주어진 것이 또 하나 있으니, 그것은 "**사형 판결**"이다. 다시 말해 그것은 이 세상에서 살아가는 인간의 인간적인 자연성과 피조성, 소멸성과 불충분성, 그가 당해야 하는 환난, |160| 피할 수 없는 저주, 그리고 운명이다(5:18). 이는 "**한 사람이 순종하지 아니함으로 많은 사람이 죄인으로 세워졌기**" 때문(5:19)이다. 그의 행위를 통해 환히 드러나는 것은 그저 아담이라는 사람의 어떤 개인적인 상태Verfassung가 아니라 **바로 그 특정한 개인** 안에 그리고 그와 더불어 있는 상태이니, 개인*das* Individuum[ad], 곧 **모든** 개인("**많은 사람**")이 바로 그 상태 속에 있다. 그들이 죄인으로 "세워졌고", 그들에게 조명이 비쳐지고 볼 눈이 있는 사람들은 그들을 발견한다. 애초부터, 본래적으로, **있는 모습 그대로**의 인간으로서 "아담 안에" 있지 않은 자는 없다. 모든 인간

은 옛 주체, 타락한 주체, 그래서 그 자체로서 사형 판결 아래에 놓인, 부정의 관점 아래 놓인, 하나님의 진노 아래 놓인 존재다. 이것이 옛 세상이요, 우리는—언제나 또다시—그 세상으로부터 유래한다.

그러나 **그리스도**는 **새로운** 주체다. **오고 있는** 세상의 '나'이다. 이 '나'는 신적인 "의의 선언", 신적인 선택을 받았고 그 선택을 지니고 있으며 그 선택을 드러내는 '나'이다. "이는 내 사랑하는 아들, 내가 기뻐하는 아들이라!"[마 3:17 병행 본문] 인간에게 이런 자격을 부여함도, 다윗의 후손으로 태어난 사람을 부활의 능력을 통해 하나님의 아들로 임명함(1:3-4)도 눈에 보이지 않는 것, 역사적이지 않은 것, 주어지지 않은 것이다. 혈과 육은 **그것을** 드러낼 수 없다[마 16:17]. 여기서도 신적인 예정의 비밀로부터 인식함das Erkennen이, **또한** 인식된 것das Erkannte이 생성된다. 그리고 이것은 인간 역사의 새로운 규정성, 무적의 탁월한 특성이 된다. 그리스도 안에서 내려진 이런 '의의 선언'과 더불어 직접적으로 또한 **"모든 사람에게"** 제공된 것이 있으니, 그것은 **"칭의 곧 생명"**이며, 모든 부정의 근본적인 부정이며, 죽음의 죽음이며, 모든 장벽이 무너져 내림이며, 모든 속박이 끊어져 버림이며[60], 인간이 "하늘로부터 오는 처소"로 덧입는 것(고후 5:2)이다. 이 의의 선언과 더불어 직접적으로 모든 사람의 사망이 승리에게 삼켜졌으며(고전 15:55) 죽을 것이 생명에게 삼켜졌다(고후 5:4). "그리스도께서 죽은 자 가운데서 살아나셨으매 다시 죽지 아니하시고 사망이 다시 그를 주장하지 못하느니라"(6:9). 이 의의 선언과 더불어 직접적으로 새로운 주체, 모든 인간의 영원한 주체가 창조되었다(5:18). 그것은 **"한 사람이 순종하심으로**

60 G. Arnold의 합창곡 '오 모든 속박을 끊는 자'O Durchbrecher aller Bande, GERS(1891) 297; GERS(1952) 306; EG 388.

많은 사람이 의인으로 세워질 것"이기 때문(5:19)이다. 여기서도 한분 예수의 삶과 죽음 속에서 순종의 행위로 간주되고 평가될 만한 것을 통해 드러나는 것은 그저 **어떤 일반적인** 개인, **어떤 일반적인** 인격, **어떤 일반적인** 개체가 아니다. 여기서 발견된 것은 오히려 **특정한** 개인, **특정한** 인격, **특정한** 개체다. 바로 그 한분 안에서 "많은" 개인이 "세워지고" 조명을 받고, 볼 눈이 있는 사람들에게 발견된다. 너와 나는 |161| 하나님 앞에서 의로운 자, 하나님이 살피시고 아시는 자, 하나님 안에 기초를 둔 자, 하나님이 자기 것으로 삼으신 존재다. "그리스도 안에서" 나타난 그 순종 행위의 빛 안에 있지 않은 자는 없다. 그것은 새로운 주체, 의로움으로 옷 입은 주체, 그래서 그 자체로 무죄 선언을 받은, 하나님의 긍정 아래에 놓인 주체다. 당연히 "그들은 미래에도 의인으로 **세워질** 것이다"(2:13, 3:30, 5:17)이다. 이와 함께 우리는 너와 내가 지금의 존재로서는 언제나 오직 소망 안에서만 우리의 이런 긍정적인 관계, 곧 하나님에 대한 긍정적인 관계를 생각할 수 있음을 잊지 않아야 한다. 우리는 **문지방**에 서 있다. 그러나 우리는 문지방에 **서 있다**. 이것은 새로운 세상, 곧 우리가—언제나 또다시—마주하여 나아가고 있는 세상이다.

20-21. 20 율법이 들어온 것은 범죄[타락]를 더하게 하려 함이라. 그러나 죄가 더한 곳에 은혜가 더욱 넘쳤나니[넘쳐흘렀나니] 21 이는 죄가 사망 안에서 왕 노릇 한 것같이 은혜도 또한 의로 말미암아 왕 노릇 하여 우리 주 예수 그리스도로 말미암아 영생에 이르게 하려 함이라.

"**율법이 들어온 것은 범죄[타락]를 더하게 하려 함이라.**" 5:18-19의 관점에서 보면 이 부분도(5:12의 관점에서 13-14절이 그런 것처럼) 또 한 번의 강조라는 사실을 알 수 있다. 이 부분은 앞에서 이미 "타락", "순종하지 않음"과 같은 표현으로 심화되고 명확해진 개념 곧 **죄**의 개념을 다시 한 번

다루고 있는데, 여기서 주된 관심은 그 개념과 마주 서 있는 개념 곧 "의의 선언", "순종"의 탁월한 의미를 마지막으로 지적하려는 것이다. 그리고 여기서도 다시 율법의 개념이 등장하여 그 강조의 효과가 더 잘 나타나도록 하고 있다. 저쪽에서는 보이지 않는 죄가 율법이 없는 곳에서도 (죽음 안에서) 막강한 힘으로 세력을 떨친다는 사실을 우리는 확인했다. 여기서는 그 죄가 율법이 있는 곳에서 **명백히 눈에 보이는 것이 됨**을 밝히고자 한다. 율법이 예컨대 두 개의 거대한 세계 규정성Weltbestimmtheit인 "타락"과 "의의 선언", "순종하지 않음"과 "순종함"의 사이를 제3의 가능성으로서 비집고 들어서는 것은 결코 아니다. 눈에 보이는 역사적인 실체인 율법은 그저 두 세계의 **대립**이 사람들에게 **의식**될 수밖에 없는 곳, 이쪽에서 저쪽으로의 **필연적인** 전환이 인식될 수밖에 없는 곳, 바로 그 지점과 장소를 표시해 줄 수 있을 뿐이다. 우리는 옛 세상과 마주하여 새 세상이 승리자의 모습으로 당당하게 서 있는 것을 살펴봤다. 새 세상은 거대하고 객관적인 맥락 속에서, 하나님의 뜻과 통치에 기초한 보이지 않는 실용성을 가지고 있다. 하지만 우리가 무언가를 잊거나 간과하거나 은폐하지 않았을까? 우리가 "아담 안에서" 혹은 "그리스도 안에서" 하나님과 맺는 관계는 나름의 주관적이고 인간적인 측면을 갖고 있지 않을까? "옛" 사람과 "새" 사람이라는 |162| 보이지 않는 가능성과 더불어 보이는 가능성, 곧 어떤 종교적인 인간으로 존재할 수 있는 눈에 보이는 가능성도 있지 않을까? 아담과 그리스도 사이에 어떤 제3의 인간은 없을까? 가령 모세(5:13-14)를 위시하여 그 형 아론, 예언자, 제사장, 믿고 소망하고 사랑하는 인간, 하나님을 경외하는 자, 하나님께 거룩하게 바쳐진 자, 하나님의 영에 사로잡힌 자, 각성한 자, 기다리고 서두르는 자[벧후 3:12], 귀 기울여 듣고 보는 자, 준비되어 행동하는 자, 허공으로 뛰어드는 것을 감행하는 자, 혹은 적어도 작

은 것에 충성하는 자[눅 16:10], 사유하는 자, 실천하는 자, 기도하는 자가 있지 않을까? 요컨대 역사와 현재 속의 종교[61] 같은 것? 종교가 있는 곳에서는 새로운 인간이 서 있는 문지방은 이제 눈에 보이게 **넘어선** 것이 되어야 하지 않을까? 한쪽에는 죄, 다른 한쪽에는 의로움을 달아 놓은 변증법적인 저울은 건강하고 강력한 신적 인간성과 인간적 신성에 의해 눈에 보이게 **대체되어야** 하는 것 아닌가? 새로운 세상이 한 조각이라도, 아니 아주 조금이라도 눈에 보이게 (단순 소박하게) **주어져야** 하는 것 아닐까? 우리는 이런 물음을 아주 진지하게 받아들인다. 맞다! 하나님과의 관계는 주관적·인간적·역사적 측면도 가지고 있다. 종교적인 인간이 존재한다는 사실, 종교적인 태도와 종교적인 사유와 종교적 동기를 가진 행위가 인간의 역사 속에서 수없이 많은 다양한 형태로 (게다가 정말 매력적이고 진지하고 경건함을 유발하고 강력한 모습으로!) 언제나 또다시 현실적으로 존재해 왔다는 사실은 최대한 신중하게 고려해야 하는 사실이다. 우리는 종교적 영역의 다면적인[mannigfach ae] 현상에 관하여 상대적인 비판을 가할 수는 있다. 그러나 언제나 또다시 그만큼의 상대적인 존중의 자세로 그 앞에서 침묵을 지키지 않을 수 없다. 종교는 예컨대 종교의 우연적 형태나 특성만 붙잡고 늘어지는 비판에 대해서는 언제라도 응수할 능력을 갖추고 있다. 사실 종교야말로 인간의 모든 가능성 중에서 가장 심오하고 가장 순수하고 가장 생명의 에너지로 넘치고 가장 변화의 능력이 뛰어난 것이기 때문이다. 종교는 하나님의 계시와 관련하여 어떤 인상을 받고 그것을 올곧게 간직할 수 있는 인간의 가능성이며, 옛 사람에서 새 사람으로의 회전과 전환의 움직

61 튀빙겐에서 1909-1913년에 초판 발행된 사전 「역사와 현재 속의 종교」(*Die Religion in Geschichte und Gegenwart*)를 암시한다.

임을 인간적 의식과 창조성이 눈에 보이는 형태로 모사하고 뒤따라 체험하고 나름대로 구성하는 가능성이며, 하나님의 길에 상응하며 그 길을 예비하고 동행하거나 뒤따라가는 태도를 홀로 혹은 공동체적으로 수용하고 그것을 의식적으로든 무의식적으로든 표현할 수 있는 가능성이다. 그런 인간적인 가능성으로서 "**율법이 그 사이로 들어온 것**"이다. 율법은 양면적인 의미를 가진 실체다. 하늘과 땅 사이를, 곧 성취에 대한 최고의 약속과 최고의 의심스러움 사이에서 떠돈다. 율법의 자기주장에 따르면, 곧 율법이 스스로 주장하고 생각하고 추구하는 내용만으로 보자면, 새로운 세상, 하나님의 소유, 하나님의 임재, 의로움, 생명으로서 존재할 수 있는 어떤 **가능성**처럼 보인다. "너희는 |163| 천사가 전한 율법을 받고도 지키지 아니하였도다"(행 7:53). "율법은 거룩하고 계명도 거룩하고 의로우며 선하다"(7:12). 그러므로 율법도 분명히 하나님 안에서 보이지 않는 토대와 의미를 갖고 있으며, 우리는 끊임없이 그 토대와 의미를 물어야 한다(3:31). 종교를 인정하고 대변하고 옹호하는 모든 행위는 여기서 상대적인 타당성을 확보한다. 그러나 율법은 분명히 **인간적인** 가능성이며, 역사적인 현상이요 현실이고, 사실 인간 세상에 철저하게 연루되어 있다. 이 점에서 율법의 위의 자기주장의 내용을 완전히 은폐하는 심리적·지성적·도덕적·사회학적 형태로 볼 때 분명히 옛 세상이다. 이것은 죄와 사망의 그늘 아래 있다. 종교의 **신적인** 가능성은 결단코 인간의 가능성이 될 수 없다. 모든 종교 비판은 여기서 상대적인 타당성을 확보한다. 그렇다! 하나님과의 관계는 **필연적으로** 주관적인 측면을 가진다. 하지만 이 주관적인 측면 그 자체는 역시 **필연적으로** 사망의 법 아래에 있다. 이런 **어스름 빛**Zwielicht에서 빠져나갈 수 있는 방도는 없다. 아론에게도 없고 모세에게도 없다. 가장 보잘것 없는 종교적 체험도 안 되고 최고의 종교적 체험도 안 된다. "여자에게

서 나게 하시고 율법 아래에 나게 하신"(갈 4:4) 역사적 예수도 그렇고, 바울의 사도직이 가지고 있는 역설도 그렇고, "우리가 하나님과 더불어 평화를 누리노라"(5:1)도 그렇고, 이 모든 것이 인간적 가능성의 새로운 변주라고 생각하는 오해 앞에서는 속수무책이다. 종교 상호 간의 논박도, 특별히 모든 종교를 공격하는 (그 자체로 종교적인!) 논박도 이런 어스름 빛 속에서 이루어진다. "우리"는, 이러이러한 곳에서는 "그런 의미로 말한 것이 아니"라는 식의 단언 가운데서 과연 어떤 것이 바로 **우리의** 종교를, 바로 **이런** 혹은 **저런** 종교의 역사적 현상을 (그리고 이것이야말로 가장 비범한 종교적·비종교적 문외한의 가장 정교한 의심일 것이다![62]) 이런 어스름 빛에서, 이런 오해에서 빠져나오게 할 수 있겠는가? 우리는 그런 단언을 포기한다. 우리가 **유일하게** 우리 자신을 통해, 다른 사람을 통해 알고 있는 종교는 날아가는 새의 모습을 똑같이 그려 내고자 시도하는[63] 지극히 문제 있는 인간적인 가능성으로서의 종교다. 종교는 그 모든 눈에 보이는 의미에서, 또 이해가 가능한 역사적인 의미에서 인간의 세상(죄와 죽음의 세상) 내부에서 일어나는 현상으로 파악되고 또한 포기되어야 한다. 이 세상 안에서 종교에게 부여되는 모든 존중과 경탄에 현혹되어서 종교의 모든 절대성 요구, 모든 초월성 요구, 모든 직접성 요구가 사실은 아무것도 아니라는 것을 깨닫지 못하는 일이 있어서는 안 된다. 어떤 식으로든 자연을 초자연 혹은

62 이 책 251쪽, 각주 8.

63 K. Barth, *Der Christ in der Gesellschaft*(1919), W.G.Th, S. 40 = Anfänge I, S. 9-10. "현재 상황에 대한 우리의 입장은 사실 어떤 **움직임**의 순간이며, 하늘을 날아오른 새의 찰나적 순간에 비교할 수 있으니, 그 움직임의 맥락 바깥에서는 아무런 의미도 없으며 이해할 수도 없는 불가능한 것이다.……방법론적인 언급은 언제나 무언가 불편한 것, 불가능한 것, 위험한 것을 가지고 있다. 그런 언급은 하늘을 날아오른 새를 **어떻게든** 그려 보려는 시도의 우스꽝스러움에 빠질 수밖에 없다."

자연 너머Meta-Physik[64]로 |164| 늘여 놓은 것, 감각적인 것과 감각적인 것 배후 사이의 중간 영역들 가운데 어느 한곳, 거짓 신 혹은 이 세상의 신의 구역 어딘가[고후 4:4](“생명”, “현실성”, “하나님 나라”, “저 세상”이라고도 말해질 수 있는 곳)에 그들의 가장 대담한 의도Intentionen[af]가, 그들의 가장 깊은 체험이, 하늘로 치솟는 그들의 계획이 숨어 있다. 종교에 관해서 **긍정적으로** 말할 수 있는 것은 오직 이것뿐이다. 인간 세상은 종교 안에서, 곧 가장 심오하고 순결하고 끈질긴 인간적 가능성 안에서 자신의 최고봉(그것의 **최고봉**!)에 오르며, 또한 **그래야만 한다.** “율법이 그 사이로 들어온 것은 범죄[타락]를 더하게 하려 함이라. 종교의 **보이지 않는** 가능성은 바로 그와 같이 **보이는** 인간적 가능성으로서 작용한다. 아니, 반드시 그렇게[ag] 작용할 **수밖에 없다. 그래야** 인간의 “타락”이 눈에 보일 것이다. **그래야** 그 “의의 선언”으로 돌아서야 할 필연성이 눈에 보이게 인식될 것이다. 모든 인간이 육체에 불과하며 죄인이며 하나님의 방해물이며 하나님의 진노 아래 놓인 존재라는 사실, 그의 모든 교만과 불안정, 그의 지식과 의지의 불충분함, 그에게 선언된 그 모든 무자비한 ‘정지!’, 이 모든 것은 **종교적 인간**에게서 비로소 터져 나온다. 율법은 진노를 일으킨다. 율법이 있는 곳에 범죄가 있으며(4:15), 율법이 있는 곳에서 죄는 죄로 여겨진다(5:13). “우리 각자가 모든 것에서, 다른 누구보다 죄인이라오. **그리고 나는 다른 모든 사람보다 더**

64 아마도 바르트는 여기서 두 가지를 암시하는 듯하다. 첫째는 “형이상학”이라는 명칭의 일반적인 기원으로 설명되는 아리스토텔레스(Aristoteles)의 『형이상학』이 아리스토텔레스의 저서 목록에서 『자연학』 다음(μετὰ τὰ φυσικά)에 배치된 상황이다. K. Vorländer, *Geschichte der Philosophie*, Bd. I(PhB 105), Leipzig, 1908², S. 121. 둘째는 루돌프 슈타이너의 인지학이 그 배경에 있다고 볼 수도 있다. 이 책 269쪽, 각주 19.

한 죄인이라오"(도스토옙스키).[65] "전에 나는 자유로웠고 밤중에 등불 없이 걸어 다녔다. 지금, 율법 이후에는 양심이 있고 밤중에 등불을 들고 다닌다. 그러므로 하나님의 율법은 그것이 나의 나쁜 양심을 열어 주지 않으면 아무것도 아니다"(루터).[66] **그러므로 이것**이 하나님과 맺은 관계의 주관적·인간적 측면이다! 에서는 야곱의 꿈과도 무관하고 야곱의 거짓말과도 무관하다[창 28:10-19, 27:1-40]. 그러나 이스라엘로 존재한다는 것은 인간적인 가능성으로 볼 때 온갖 고통과 질고를 안고 처절하게 멸시당하는 가장 무가치한 자로 존재함을 의미한다[사 53:3]. 그리스도로 존재한다는 것은 인간적인 가능성으로 볼 때 흉악범의 하나로 죽는 것을 의미하며, 빌라도나 가야바라면 실수로라도 입 밖에 내지 않았을 물음, "나의 하나님, 나의 하나님, 어찌하여 나를 버리십니까"[마 27:46 병행 본문]라는 **결정적인 그** 물음*die* Frage을 던지며 죽는 것을 의미한다. 어떤 의미에서든 예언자와 제사장, 신학자와 철학자, 믿는 자, 사랑하는 자, 소망하는 자로서 존재한다는 것은 인간적인 가능성으로 볼 때 하나님의 불가능성 때문에 실패하는 것을 의미한다. 그것은—아무리 주님의 일이요 하나님의 직무라고는 하지만—헛되이 수고하는 것, 쓸데없이 자신의 힘을 써버리는 것을 의미한다(사 49:4). 그것은 모든 이의 질병이 터져 나오는 곪은 종기나 종양으로 존재함을 의미한다. 이 점에서 어떤 다른 것을 기대하는 사람은 율법이 무엇

65 도스토옙스키 소설 『카라마조프가의 형제들』에서 조시마 장로의 형 마르켈이 한 말이다. *Die Brüder Karamasoff*, 6. Buch, Kap. II, Sämtliche Werke, 1. Abt., Bd. IX/1, München 1908, S. 581. E. Thurneysen, *Dostojewski*, München, 1921, S. 63.

66 Eberle, S. 97. 바르트 소장본에 밑줄이 그어져 있다. *Viel fast nützlicher Punkt ausgezogen aus etlichen Predigten D. M. Luthers*(1537), 12. Alius Sermo. Christus pro nobis Inimicis Mortuus est. Rom: 5(1537), WA 45,401,30f.

인지, 종교가 무엇인지, 선택받고 소명받음이 무엇인지 모르는 사람이다. 그런 사람은 이런 일에서 |165| 손을 떼는 것이 마땅하다. 하나님 앞에서 기도하고 설교하고 내맡기고 헌신하고 느끼고 체험하는 곳, 바로 거기서 타락이 "넘친다." **바로 거기서** "아담으로부터 모세에 이르기까지" 아마도 계속해서 눈에 보이지 않는 상태로 남을 것 같았던(5:14) 눈에 보이지 않는 그것이 눈에 보이게 되니, 곧 그분 앞에서는 어떤 육체도 의롭지 않다는 그것이다[3:20]. **바로 거기서** 하나님과 마주한 인간의 위기, 죽음에 이르는 병이 터져 나올 수 있으며, 또 반드시 그래야만 한다.

"**죄가 더한 곳에 은혜가 더욱 넘쳤나니**[넘쳐흘렀나니]." 그러므로 이제 필요한 일은 주어진 것 가운데 최종적인 것까지도 지양됨이며, 종교적 인간의 가능성까지도auch noch ah 붕괴되는 것, 아니 바로 그것이 붕괴됨이다. 그래야 하나님의 '아니요!'는 하나님의 '예!'로 전환되고, 그래야 은혜는 은혜일 수 있다. 그러나 이 지양과 붕괴가 일어날 때, 또한 그 밖의 모든 편견이 해체된 후에 아담으로부터 그리스도를 향해 나아가는 저 회전, 전환, 움직임을 어떤 긍정적인 혹은 부정적인 방법의 대상으로 만들려는 최종적인 시도가 무의미하다는 사실이 인식될 때, 하나님의 종이 자기 자신을 내어 줌으로써 희생할 때, 그 뒤집힘이 **완수**된다. 바로 여기에 율법과 종교가 통보하는 요구의 권리가 있다. 죽음에 이르는 병이 터져 나오는 것보다 더 유익한 일, 치료에 도움이 되는 일이 있을까? 그 병이 터져 나올 만한 곳이 있다면, 율법이 들어온 그곳, 인간이 스스로에게 완전히 의심스러워진 상황에서 하나님 말고 다른 것은 생각할 수 **없는** 그곳, 인간의 의심스러움 전체가 드러나는 바로 그곳 외에 또 어디겠는가? "여호와께서 그의 영혼을 속건 제물로 드리기에 이르면 그가 씨를 보게 되며 그의 날은 길 것이요 또 그의 손으로 여호와께서 기뻐하시는 뜻을 성취하리로다. 그가 자

기 영혼의 수고한 것을 보고 만족하게 여길 것이라. 나의 의로운 종이 자기 지식으로 많은 사람을 의롭게 하며 또 그들의 죄악을 친히 담당하리로다"(사 53:10-11). **여기에** 지양과 붕괴가 있다. 이것이 사울을 바울로 만들며, 그와 동시에 바울로서 의로운 사울이 될 수 있는 권리를 준다. 아니, 그래야 하는 의무를 부과한다. 바울로서 그의 존재는 **자기**[ai]가 **아닌** 존재로서의 자기이며, 이것이 은혜의 "넘쳐흐름"이니, 매 순간 종교 안에서 죄가 "넘쳐남"이 없이는 이런 넘쳐흐름이 일어나지 않는다. 인간은 종교의 불명료한 역사적 현실로부터 벗어나려고 해서는 안 된다. 그리고 인간은 거기서 벗어나지 못하게 되어 있다. 은혜는 종교적 가능성이—대단히 진지하게 말하자면—온전한 힘을 발휘하며 온전히 전개된 상태에서 희생 제물로 바쳐지는 곳, 바로 거기서 은혜가 된다. 오직 거기서! 그러나 '오직 거기서!'로부터 시작해서 계속 **생각**만 하는 것, 그냥 **말**만 하는 것은 우리에게 있을 수 없는 일이다. 탁월하게 |166| 균형이 잡힌 휴머니즘 속에서 종교의 교만이나 종교의 비극에 전혀 관심이 없어 보이는 자들, 이스라엘의 환상과 환멸과는 동떨어져 있는 것처럼 보이는 자들은 복이 있도다. 우리는 그런 사람들에게, 바리새적 사고방식으로 돌아가서 "그리스도께서 아테네에서 태어나셨다면 은혜가 이처럼 왕 노릇 하리라는 보장이 전혀 없었을 것"(찬 Zahn)[67]이라고 외치는 일은 삼가려고 한다.

죄가 "넘치고" 은혜가 "넘쳐흘러야" 하는 것은 **"죄가 사망 안에서 왕 노릇 한 것같이 은혜도 또한 의로 말미암아 왕 노릇 하여 영생에 이르게 하려 함이라."** 하나님의 **나라**, 하나님의 **통치** 및 **권세**의 영역은 새 세상이며, 우리는 새 사람으로서 바로 그 세상의 문지방에 서 있다. 이곳은 원하시고

67 Zahn, S. 292.

선택하신 분, 이곳을 만드시고 구원하시는 분은 바로 그분, 오직 하나님 한 분이다. 만일 우리가, 같은 것을 같은 것과 나란히 그 옆에 세우면서, 인간의 최후·최고의 가능성인 종교적 가능성마저도 "죄가 사망 안에서 왕 노릇 함"이라는 공통분모 위에 두고, 그런 다음 그와 같은 모든 것을 철저하게 다른 것, 곧 "의로 말미암아 왕 노릇 하여 우리 주 예수 그리스도로 말미암아 영생에 이르게 하는" 은총과 대치시킨다면, 그때 중요한 것은 아담에서 그리스도로 건너가는 **움직임**의 **진정성**이다. 은혜의 경우, 은혜를 받은 사람이 **심판받은 사람**이 아니라면 은혜가 아니다. 의의 경우, **죄인**이 의롭다 여겨지는 의가 아니라면 그것은 의가 아니다. 생명의 경우, **죽음**으로부터 나온 생명이 아니라면 그것은 생명이 아니다. 하나님의 경우, 그분의 시작이 인간의 **마지막**이 아니라면, 그는 하나님이 아니다. 옛 세상은 너무나 완벽한, 너무나 빈틈없이 그 자체로 완결된 원이며 우리는 결코 거기서 빠져나올 수 **없다**. 그러나 바로 그 사실로부터 우리는—예수께서 죽은 자 가운데서 살아나신 그 부활의 빛 속에서—다가오는 날의 의미와 능력을 인식한다. 그날은 **새** 사람의 날, **새** 세상의 날이다. |167|

6장 은혜

부활의 능력

6:1-11

1-[2a]. 1 그런즉 우리가 무슨 말을 하리요. 은혜를 더하게 하려고 죄에 거하겠느냐. 2 그럴 수 없느니라.

"그런즉 우리가 무슨 말을 하리요." 우리는 아담과 그리스도, 옛 세상과 새 세상, 죄의 왕권과 은혜가 서로 아주 긴밀한 변증법적 관계에 있음을 본다. 양자가 서로 제약하고, 의존하고, 보증하고 합법화하는 것처럼 보인다. 우리는 이 관계가 **진정** 변증법적이라는 사실, 또한 첫째 항목이 둘째 항목에 의해 지양됨으로써 존재한다는 사실, 그리고 그 순서가 뒤바뀔 수 없다는 사실을 최대한 강력하게 주장했다(5:15-17). 그런데 어쩌면 우리는 이제 겨우 **주장**만 한 것인가? 모든 것은 우리가 이 승리를, 역전의 여지가 없는 이 전복을, 철저한 전환을 필연적인 것으로 **증명**할 수 있느냐에 달려 있다. 우리는 눈에 보이지 않는 하나님의 결의에 따라 열쇠가 돌아가고 문이 열리고 발걸음이 문지방을 넘어가는 순간, 곧 인식의 영원한 순간을 가리키는 가장 강력한 암시로서 감히 아주 위험한 문장을 시도했다. "타락이 넘쳤던 곳에 은혜도 넘쳐흘렀다"(5:20). 우리는 죄의 절정과 은혜의 승리, 사울과 바울을 감히 결합시켜서 파악하려고 했다. 우리는 그런 시도를 하지 **않을 수 없었다**. "그리스도가 많은 사람에게 걸림돌이 되고 불쾌함의 바위가 된다고 해서 그분에 대해 침묵을 지켜서는 안 될 것이다. 그분이 믿지 않은 자들을 멸망에 이르게 하시는 특성과 똑같은 특성으로 경건한 자들을 부활에 이르게 하시기 때문이다"(칼뱅).[1] 그러나 그 문장이

1 Calvin, col. 103. "Pergendum est tamen, nec Christus ideo supprimendus quia multis sit in

실제로 위험하고 중의적인 문장이라고 생각한다면, 그리고 그 문장의 내용이 하나님 인식의 영원한 순간만을 가리키는 암시로서만 진리이지 물리적·형이상학적 의미에서, 역사적·심리적 현실의 지평에서 일어난 사건의 기술로서는 진리가 아니라고 생각한다면, 그것은 크게 오해한 것이다. 그 문장에 이어질 말을 생각해 보자. |168| 예컨대 이런 말이 가능할 것이다. 타락과 은혜는 영원한 긴장, 대극, 이율배반의 관계 안에 서 있다. '예'와 '아니요'는 그 자체로 똑같이 필요하며, 똑같이 소중하고, 똑같이 신적이다. 인간은 그 두 가지 속에서 살아간다. '아니요'는 '예'로 변해야 하며, '예'도 언제나 다시 '아니요'가 되어야 한다. 그렇지 않으면 죽을 것이다. 모든 것이 부정적으로, 모든 것이 긍정적으로 평가될 수 있다. 이런 식의[a] 평이한 내용들은 또 얼마든지 만들 수 있다. 지금 우리는 예컨대 **그런 것**을 말하려고 하는가?

그러니까 "은혜를 더하게 하려고 죄에 거하겠느냐"는 것인가? 죄와 은혜, 사울과 바울의 지속적인 관련성은 하나님 안에서 일어나는 눈에 보이지 않는 사건의 "actus purus"[순수 현실태]다. 신적인 의지의 하나됨은 둘로 쪼개지는데, 이것은 결국 그 둘이 극복됨으로써 더욱 압도적인 승리의 하나됨으로 입증되기 위함이다. 하나님 안에서 일어나는 이런 보이지 않는 사건이 인간의 삶 속에서도 나타날 수 있는데, 그 가운데 어떤 것은 일련의 정신적·역사적 상황과 혼동될 수 있다. 다른 말로, 하나님 안에서 일어난 그 전환은 인간의 삶 속에서 일련의 눈에 보이는 동시 관계와 순차 관계의 상태로 나타나는데, 바로 이 상태가 형이상학적으로 하나님의 의지 자체에 역逆투영될 수 있다는 것이다. 그 결과 인간은 이제 알려지지 않은 **하**

lapidem offensionis et petram scandali. Qua enim ratione impiis cedet in ruinam, piis vicissim in resurrectionem erit."

나님 자신[Gott selbst]을 자신의 영원한 근원으로 여기지 않고 **자기 자신**[sich selbst], 곧 이미 알려진 인간과, 인간 자신의 낮고 높은 상태의 연속성을 초월적으로 확고하고 확실한 것으로 여기게 된다. 하나님 안에서 일어나는 그 보이지 않는 사건이 (위협과 약속으로서) 시간적인 과정의 입장에서는 불안하게 하는 것[Beunruhigung]을 의미하건만, 시간적인 과정을 영원한 것으로 바꿔 놓으면 그 불안하게 하는 힘은 흔적을 감춰 버린다. 그리고 그 자리에 들어서는 것은 공동묘지의 평온함이다. 더 높거나 더 낮은[niederern b] 어떤 상태의 내재적인 긴장, 대극, 차이, 이율배반이라는 평온함, 다시 말해 인과율적으로 상호 연결된 눈에 보이는 인간의 두 개의 가능성이 지닌 평온함이다. 인간적 상태로 유추한다면 다음의 논리가 가능하다. 그것은 죄에 이어 은혜가 **따라온다**면[folgen], 거꾸로 그 은혜에 이어 죄가 **따라올** 수 있으며, [c]그다음에는 그 죄에 **따른 결과**로[zur Folge] 다시 은혜가 온다는[c] 식의 논리다. 그러나 이것은 죄 안에 "머무르자"는 초대를 의미한다. 또한 그 죄, 곧 하나님의 입장에서 볼 때는 저 은혜와 마주하여 영원히 과거가 된 것, 배제된 것, 지양된 것으로 나타났다가 결국 사라져 버릴 그 죄를 어떤 긍정적인 요인으로 생각하자는 초대이며, 마치 어떤 인간적인 가능성이 다른 인간적인 가능성에 이르기 위한 도구·수단·발판이 되듯이, 죄도 은혜에 이르기 위한("은혜를 더하게 하려고") 도구·수단·발판으로 이용하자는 초대다. 이것은 앞에서 |169| 한 번 나온 것처럼(3:3-5) "악을 행하여 거기서 선이 나오게 하자!"라고 말하는 것과 똑같은 "인간적인 논리"다. 이 논리는 대조의 제약성을 지닌 인간을 하나님으로 격상시키고 (마치 인간이 자기 본질의 제약성 속에서 자신의 행동을 통해 악에서 선으로의 전환, 죄에서 은혜로의 전환을 성취할 수 있는 것처럼!) 자신의 의지로 자유롭게 움직이시는 하나님을 인간으로 격하시킨다(선과 악, 죄와 은혜 사이를 기분에 따라 왔다 갔다 하는 하나님은 결국 자기

자신과 일치되지 못한 인간의 모습을 거울처럼 반사하는 거짓 신 혹은 이 세상의 신[고후 4:4]일진대, 마치 그것이 참 하나님인 것처럼).

앞에서 그런 것처럼 여기서도 우리는 그런 인간적인 논리에 맞서 "그럴 수 없느니라"(불가능하다)고 말할 수밖에 없다. 죄와 은혜가 하나님 안에서 균형을 유지하고 둘 다 똑같이 강하고 똑같이 정당하게 마주 선다는 순간, 한 번도 들어 본 적이 없고 눈으로 볼 수도 없는 그 순간을 인간적으로 알 수 있고 의지意志할 수 있는 눈에 보이는 것으로 옮기는 일, 그리고 그 순간을 정신적·역사적 사건들의 동시 관계와 순차 관계로 구성된 인간적 현실성 안으로 옮기는 일은 불가능하다. 마치 죄에 이어 은혜가, 은혜에 이어 죄가 서로 정말로 **뒤따라오는 것**처럼, 죄를 은혜의 원인으로 긍정하고 인정하고 경축하는 일은 불가능하다. 경건의 탈을 쓴 뻔뻔함 속에서 하나님의 주권성을 인간에게 돌리고, 소위 경건한 복종 속에서 인간의 무력함을 하나님께 돌리는 일은 불가능하다. 하나님의 영원하신 뜻을 운운하며, 인간이 지금 영원한 긴장·대극·이율배반에 처해 있다면서 그것을 가지고 사이비 변증법 놀이를 하는 것도 불가능한 일이다. 이 불가능성이 바로 부활의 능력이다. 이제부터 그 능력에 대해 말하려고 한다.

[2b] 죄에 대하여 죽은 우리가 어찌 그 가운데 더 살리요.

눈에 보이는 사건으로서의 **죄**는 바로 그와 같은 혼동, 곧 인간과 하나님을 혼동하는 것이며, 인간의 신격화 혹은 하나님의 인간화다. 인간은 그렇게 함으로써 자기 자신을 정당화하고 자신의 옳음을 확증하고 강화하고자 한다. 우리의 인간적인 지식과 의지가 우리에게 주어진 가능성 중에서 가장 낮거나 가장 높은 단계에서 지속적·필연적으로 그런 사건 속에 응축되는 한, 우리 인간은 지속적으로 필연적으로 죄인이다. 이것이 지속적이고 필연적인 까닭은 우리의 인간적 지식과 의지가 (그 가능성의 범위 전체에서) 바로 그 제

약성과 우연성과 처참한 분열을 통해서 저 눈에 보이지 않는 죄, 곧 타락의 죄를 증언하기 때문이고, 인간으로서 우리의 현존재, 곧 **존재하는 그대로**의 인간은 그 죄에 의해 규정되어 있기 때문이다. 그러므로 "죄 안에서 살아감"이란 알면서도 저 눈에 보이지 않는 필연성에 의해 규정되는 것이며, 또 |170| 알면서도 인간의 신격화와 하나님의 인간화를 실행하고 추진하는 것이다.

이제 **은혜**는 (하나님 자신의 연속성, 오직 하나님의 의지의 연속성 외에는!) 그 어떤 연속성으로도 파악할 수 없는 사실, 곧 용서의 사실이다. 이 타락한 인간, 눈길이 닿는 데까지 하나님을 오인하는 인간, 바로 이런 인간을 하나님께서 자신의 자녀로 알아주신다. 그 인간이 하나님의 긍휼, 하나님의 기쁨, 하나님의 사랑의 대상이 된다. 이것은 "죄 안에서 살아가는" 인간에 대한 치명적인 공격이며, 죄로 말미암은 눈에 보이는 규정과 눈에 보이지 않는 규정성에 대한 근본적인 회의다. "은혜는 죄를 가로막고 죄를 먹어 치운다"(루터).[2] 이 죄는 타락의 죄를 말하는데, 이것은 특히 종교 안에서 그 절정에 달한 신인동형설神人同形說의 죄에서 눈에 보이게 터져 나온다. 은혜는 죄의 뿌리까지 공격해 들어간다. 은혜는 우리 자신, 곧 **있는 그대로의 이런** 인간을 의문 안에 놓는다. 은혜는 그런 우리에게서 숨을 거두어 가고 그런 우리를 무시한다. 은혜는 우리가 아닌 우리, 새로운 인간인 우리에게 말을 건넨다. 이제 하나님은 그것이 아닌 우리, 다른 우리를 전혀 모르신다! 우리가 은혜 안에 서 있다면, 그것은 우리가 하나님으로부터 죄인이 아니라고 인정받았음을 의미한다. 하나님의 인정을 받은 우리에게 죄, 곧 우리의 지식과 의지의 필연적 규정으로서의 죄는 이미 지나간 것, 극복

2 Eberle, S. 100. 바르트 소장본에 밑줄이 그어져 있다. *Predigt am sechsten Sonntag nach Trinitatis. Röm. 6,3-11* (Crucigers Sommerpostille), WA 229,94,11f.

된 것, 끝난 것이 되었다. "우리는 죄에 대하여 죽었다." 이제 우리는 그 뿌리 위에서 자라지 않는다. 이제 우리는 그 공기를 호흡하지 않는다. 이제 우리는 그 권세에 복종하지 않는다. "우리가 어떻게 아직도 그 안에서 살겠는가?" 우리가 어떻게, 계속해서 있는 모습 그대로의 우리, 하나님이 전혀 알지 못하시는 우리로서 살아가겠는가? 우리의 지식과 의지의 눈에 보이는 규정성은 장차 무엇이 될 것인가? 인간으로서 우리의 현존재가 어떻게 눈에 보이는 죄의 놀이터가 되어야 하는가? 그렇다. 어떻게 그럴 수 있는가? 죄의 주어져 있음[소여성], 어쩔 수 없음[필연성], 전제되어 있음, 바로 이것이 문제가 있는 것이 되었다. 우리의 존재는 그 존재를 넘어서는 비존재의 빛 속으로 옮겨졌다. 한 번도 들어 본 적이 없는, 눈에 보이지 않는 미래, 우리 현존재의 "futurum *aeternum*"[**영원한** 미래], 우리에게 주어지지 않은 가능성, 곧 하나님의 가능성의 미래가 밀려들어 온다. 우리가 인간적으로 가능하다고 알았으며 원했던 것, 지금도 그렇게 알고 원하는 것, 앞으로도 그렇게 알고 원하게 **될** 것, 바로 그런 것 전체의 자리에 저 미래가 압도적으로 막강하게 밀려들어 온다. 이것이 은혜다.

그러므로 **은혜와 죄**는 애초부터 공통분모가 없는 두 항목이다. 그 둘은 하나의 길 위에 마주 보며 서 있는 두 정류장도 아니요, 인과 행렬의 양쪽도 아니요, 하나의 타원 안의 두 초점도 아니요, 하나의 방법에서 파생된 두 가지 취급법도 아니요, 하나의 주어에 붙어 있는 두 술어[術語]도 아니다. 그 둘은 그렇게 나란히 서 있지 않다. 오히려 그 둘은—수학적으로 말하자면—서로 다른 평면에 서 있는 두 점일 뿐 아니라 서로 다른 공간에 위치한 두 점으로서, 둘째 점이 첫째 점을 |171| 자신의 평면 혹은 공간으로부터 배제한다. 그 둘의 "관계"에 관한 물음, 이쪽에서 저쪽에 도달할 수 있는 가능성에 관한 물음은 배제된다. 죄와 은혜의 관계는 가능과 불가능의

관계와 같다. 죄가 자기 옆에 하나의 가능성으로서 나란히 서는 것을 허용하는 은혜라면, 그것은 은혜가 아니다. 은혜를 입은 사람은 죄를 알지 못한다. 그는 죄를 원하지 않는다. 은혜를 입은 사람은 죄인이 **아니다**. 둘 사이에는 인간의 사라짐과 새로워짐이 있다. "칭의稱義, Rechtfertigung는 그 자체로 인간의 있는 그대로의 존재를 허용하지 않으시고 완전히 새롭게 바꾸시는 **하나님의 행위**다"(프리츠 바르트 Fr. Barth).[3]

3-5. 3 **무릇 그리스도 예수와 합하여**[그리스도 예수를 향하여] **세례를 받은 우리는 그의 죽으심과 합하여**[그의 죽으심을 향하여] **세례를 받은 줄을 알지 못하느냐. 4 그러므로 우리가 그의 죽으심과 합하여 세례를 받음으로 그와 함께 장사되었나니 이는 아버지의 영광으로 말미암아 그리스도를 죽은 자 가운데서 살리심과 같이 우리로 또한 새 생명 가운데서 행하게 하려 함이라.**
5 만일 우리가 그의 죽으심과 같은 모양으로 연합한 자가 되었으면 또한 그의 부활과 같은 모양으로 연합한 자도 되리라.

"**무릇 그리스도 예수와 합하여**[그리스도 예수를 향하여] **세례를 받은 우리는.**" 우리가 지금부터 펼칠 논의의 맨 앞에 배치한 것은, 하나님에 관한 인식의 눈에 보이는 시간적 출발을 이루는 "표징"(4:11), 곧 세례의 표징에 대한 기억이다. 그것은 종교적 현상 세계에 속한 하나의 **사실**Faktum에 대한 기억이다. 안 될 이유도 없잖은가? 여기서 우리가 집중적으로 논하고 있는 죄도 사실은 눈에 보이는 분명한 **사실**, 곧 하나님의 명예를 훼손하되 알면서도 의도적으로 그렇게 하는 **사실**이다. "그리스도 예수 안의 구원"(3:24)도 현상 세계 안에서 **사실**로 나타났다. 구원의 역사성은 ("믿는 모든 자에게", 3:22a!) 그것의 영원한 내용의 실존성Existentialität을 가리키는 표지다. 세례, 바

3 Fr. Barth, *Der Brief an die Römer*, 미간행 강의 원고 1890/91 겨울학기(im KBA), 57,3.

로 그 역설적 일회성 속에 있는 세례도 이런 의미에서 "표징"이다. 표징은 표징 그 이상이 아니라는 사실을 우리는 알고 있다. 하지만 그 표징이 우리에게 어째서 아무것도 보여줄 게 없다는 말인가? "표징이 공허하고 무력한 표징이 되는 것은 우리 자신의 배은망덕과 사악함이 그 신적인 진리의 에너지를 가로막을 때, 오직 그때뿐이다"(칼뱅).[4] 다시 말해 우리가 그 표징을 물질적으로 주어진 어떤 것과 동일시함으로써 그것의 진리를 빼앗아 버릴 때 그렇게 되는 것이다. 예컨대 우리는 그것을 내용 없이 공허한 (경건성은 내용이 아니다!) "교회적 행위"[5]로 증발시킬 때도 있고, 경우에 따라 어떤 표징을 통해 일어날 수 있는 종교적 체험("세례 체험"[6])을 표징 자체와 동일시할 때도 있고, 표징에 어떤 직접적인 신비적·마술적 전달 능력이 있는 것처럼 여기거나, 아니면 그것을 좀 더 합리적인 방식으로 이해하여, 삶의 혼돈 속에서 그리스도교의 신화Mythus가 수립한 심오한 의미 부여Sinngebung("상징"[7])

4 Calvin, col. 106. "Nunquam enim nuda inaniaque habemus symbola, nisi ubi divinae beneficentiae energiam nostra ingratitudo ac malignitas impedit."

5 W. Thümmel, Art. "Handlungen, kirchliche", RGG[1] II, Sp. 1840-1843, bes. Sp. 1841. 교회적 행위는 "어떤 특별한 목적을 가지고 특정한 방식으로 인간을 통해, 인간에 의해 하나님께 향하는 기도의 소원이 외적인 행위로써 밖으로 드러난 것이다."

6 Kühl, S. 203. "그는 1절에 제기된 문제에 대한 대답으로서 그리스도인의 세례 체험을 즉각 서술함으로써 그것이 어떤 새로운 도덕적인 변화를 일으킬 수 있으며 또 그럴 수밖에 없다는 사실을 분명히 드러내야 했다." S. 204. "우리는 죽음에 비견되는 어떤 체험을 통해, 혹은 그런 체험 안에서 그와 함께 자라난다." 바르트 소장본에는 이 두 문장에 밑줄이 그어져 있다. 보론 "세례 체험", S. 212-216.

7 Kühl, S. 213. "바울이 생각하는 세례는 그저 상징적인 행위로 이해될 수 있다." Litzmann, S. 62. "우리의 온 몸이……물속에서 사라질 때, 우리는 상징적으로(물에 빠져) 죽은 것이다……그러나 이것은 단순히 '상징적인' 것만이 아니라 실제로 그리스도의 대속의 죽음이 우리의 몸으로 옮겨진 것이다." Jülicher, Paulusausleger, S. 35. "오늘 우리에게는 그저 상징인 것이 근동 사람들에게는 사실과 뒤섞인다."

가운데 하나로 간주하여 가치 있게 평가할 때도 있다. 그러나 세례는 하나님께서 삶에 부여하시는 저편(저 세상)의 의미를 보여주고 증언하는 표징일 때, |172| **하나님의 말씀**을 (그리스도교의 신화만이 아니라) 선포하는 표징일 때 진정한 세례, 곧 진리의 전달자, 성소, 성례전이 된다. 세례는 어떤 것을 **의미**할 뿐만 아니라 그것의 깊은 의미 속에서 물질성 너머의 저편을 지시하며, **그 자체로** 새 창조의 중재요 영원한ewige d 실재**다**. 그것은 은혜는 아니지만 전적으로 은혜의 **수단**Gnaden *mittel*이다.[8] 하나님을 향한 질문은 언제나 하나님의 대답을 포괄하듯이, 인간의 믿음이 하나님의 신실하심을 눈에 보이지는 않게 포괄하듯이, 세례라는 인간의 일도 그것을 통해 선포되는 하나님의 행위, 곧 인간을 향한 그분의 행위를 포괄하고 있다. 만일 세례가 그 행위를 의미하고, **나아가 그것 자체**라면, 이 세례야말로 우리의 요새가 되지 못할 까닭이 없지 않은가? 그때 우리는 시간과 사물의 세상에서 살아가되 그 요새로부터 출발할 수 있지 않은가? 세례란 "입문 의식"Initiationsritus[9]으로서 그리스도교만의 독창적인 것이 아니라 "헬레니즘의 유산"[10]이라는 사실도 우리가 늘 말하는 바, 또한 여기서 말하고자 하는 바를 증명해 줄 뿐이다. 요컨대 그리스도 구원의 복음은 어떤 새로운 의식이나 교리나 제도를 선언함으로써 등장하지 않고 오히려 아무런 거리낌 없이 기존의 "종교적" 유산을 빌려 입고 나타난다. 알지 못하는 하나님에 관한 메

8 E. Troeltsch, Art. "Gnadenmittel", RGG[1] II, Sp. 1475f. 이 글에 의하면, 은혜의 수단이란 "오늘날의 믿음"에서 "종교적 자극과 교훈에 기여할 수 있는 모든 것"(Sp. 1476)이다. 이것은 "media salutis"[은혜의 수단]이라는 옛 교리를 새롭게 해석한 것이며(SchmP, S. 319-393), 여기서 바르트는 이런 재해석을 염시한다.

9 Litzmann, S. 63-64 보론(Exkurs).

10 Litzmann, S. 64.

시지는 미트라스, 이시스, 키벨레 같은 알려진 신들이 아무리 **자기네** 홈그라운드[11]에 있다고 할지라도, 다시 말해 종교적 **현상**의 영역 안에 있다고 해도 **결코** 그것들의 적수가 될 수 **없다**. 세례는 종교적 표징 언어가 본래 의도했던 근원적 의미를 어둡게 하는 중간 세계의 마술zwischenweltliche Magie을 생각할 때 근본적으로 우월한데, 이 우월성은 세례가 신비 종교를—그것이 스스로를 이해하는 것보다—더 잘 이해할 수 있는 가능성을 주며[12], 의심하는 눈길에도 개의치 않고 무의미 속에서 의미를 찾을 수 있는 자유를 주며, 유대교**와** 이교의 "증언"**까지도** 계시(3:21) 그 자체를 위해 수용할 수 있는 권리를 준다. 그러나 이렇게 무의미 속에 실제로 의미가 깃들어 있음은 그야말로 은혜라는 사실, 그리고 종교적 현상 세계의 무의미 속에서 의미를 수용하는 것은 오직 믿음을 통해서 (하나님에 관한 직접적인 알림은 존재하지 않음을 기억할 때!) 가능하다는 사실, 그리고 이런 [은혜와 믿음이라는] 이중의 규정은 위의 "표징"과 "증언"을 언급할 때 반드시 필요한 한계요 내재적 비판이라는 사실도 우리는 의식하고 있다(4:16).

"우리는 그의 죽으심과 합하여[그의 죽으심을 향하여] **세례를 받은 줄을 알지 못하느냐."** 세례의 표징은 깨달을 만한 사람들에게 어떤 죽음에 관해 말하고 있다. 세례를 받는다는 것은 완전히 잠기는 것, 낯선 요소 안에서 사라지는 것, 정결하게 하는 물결에 휩싸이는 것을 의미한다. 그 물에 발 디뎌 놓을 때의 사람과 물에서 나온 그 사람은 같은 사람이 **아니다**. 전자는 죽었고 후자는 태어났다. 죽은 사람과 세례를 받은 사람은 같은 사람이

11 Litzmann, 같은 곳.

12 이것이 슐라이어마허가 생각한 이해(Verstehen)의 과제다. Fr. Schleiermacher, *Hermeneutik*, neu hrsg. von H. Kimmerle(AAH, Jg. 1959, 2. Abh.), Heidelberg, 1974², S. 50. 56. 83. 87. 108. 138.

아니다. 우리에게 세례는 그리스도의 죽음에 대한 증언이며, 인간을 향한 하나님의 가차 없는 요구, 급진적인 요구는 바로 그 죽음 안에서 |173| 승리를 거두었기 때문이다. 그리스도의 이름으로 세례를 받은 사람은 죽음의 사건 속에 편입되고, 죽음 속에서 소멸되고 상실되며, 하나님의 요구에 삼켜지고 감춰진다. 이로써 그는 하나님과 비슷해지려고 하는 인간의 오만과 환상에서 완전히 풀려나고 완전히 단절된다. 십자가 앞에서 그런 것의 흔적이라도 남아 있겠는가? 그는 죄를 알고 또 원하는 사람과의 동일성을 상실했다. 그는 이제 죄의 힘, 죄로 말미암은 규정성에 속박되지 않는다. 죄가 세력을 행사할 수 있는 사람, 죄가 규정할 수 있는 **그** 사람은 이미 죽었기 때문이다(6:2,7). 그리스도의 죽음은 타락을 지양한다. 그 죽음은 인간이 찬탈한 자립성이 더 이상 번성하지 못하는 텅 빈 공간을 만들어 낸다. 그것은 보이는 죄의 보이지 않는 뿌리를 공격한다. 그것은 아담을, 거짓 신의 인간을 과거의 실체, 지나가 버린 실체로 만든다. 이 죽음의 저편에는, 계속 죄 안에서 살기 원하는 인간(6:2)이나 하나님처럼 되기를 원하는 인간이 더 이상 없다. 여기서 하나님이 인간에게 제기하시는 요구가 **그런** 인간을 지양한다. 이러한 통찰의 참 의미는 "하늘로 솟구치는 관념론"(홀츠만 H. Holtzmann)[13]이 아니다. 이는 그 통찰의 결과가 바로 모든 이상주의적 솟구침의 종말, 하늘

13 H. J. Holtzmann, *Lehrbuch der Neutestamentlichen Theologie*, hrsg. von A. Jülicher und W. Bauer(Sammlung theologischer Lehrbücher), Bd. 2, Tübingen, 1911², S. 164. "그의 영이 거주함으로써 그들[최초의 그리스도인들]에게는 삶의 새로운 상태가 시작된다.……롬 6:5에 따르면 그 상태는 부활하신 주님의 상태와 유사하다.……그러나 이렇게 하늘로 솟구치는 관념론은 바울 사도를 둘러싼 현실, 그리고 바울 자신 속에 있는 현실과 확실한 대조를 이룬다. 그러므로 자신의 경험이 자기 자신에게 얼마나 확고한 것이었는지를 다시 한 번 보여주며, 이 경험에 내포된 단절이 정신적이고 감각적인 현존의 가장 깊은 곳의 뿌리까지 파고드는 단절이며 결코 완전히 나을 수 없는 단절이라는 사실을 보여준다."

을 향한 솟구침의 종말이기 때문이다. 그 통찰의 특성은 "순수하고 완고한 교조주의"(베른레 Wernle)[14]가 아니다. 이는 그 통찰이, 죽은 자를 살리시는(4:17b) 하나님을 향한 호소이기 때문이다. 그것은 결단코 교리가 될 수 없으며 "순수한" 것이나 "완고한" 것이 될 수 없으니, 이는 그 일회적인 역설의 완전한 노출로 인하여 모든 교조주의자의 천박한 반론의 희생 제물이 되기 때문이다. 그리고 이것은 그 통찰의 내용 때문이다. 요컨대 인간의 연약함 속에서 나타나는 하나님의 능력에 관한 사상[고후 12:9]이 근본적으로 (그 어떤 교리와도 달리) 한 번도 숙고된 적 없는 것처럼 언제나 **새롭게** 숙고해야 하는 것이기 때문이다. 그러면 이것은 "절대적 순간의 신학"(트뢸치)[15]이 아닌가? 우리가 말하려는 것이 바로 그것이다! 그것은 절대적인 것에 관한 실존적 사유, 하나님 은혜의 실존론적인 면에 대한 실증주의자들과 배타주의자들의 인식이다. 세례의 실행은 바로 이것 때문이다. "너희의 세례는 은혜가 **목을 조르는 것**Würgen der Gnade, 혹은 **은혜로운** 목 조르기다. 그것으로 말미암아 너희 안의 죄가 익사하게 되고, 그로써 너희가 죄로 말미암아 하나님의 진노 아래 망하지 않고 은혜 아래 머물게 되느니라. 이는

14 P. Wernle, *Der Christ und die Sünde bei Paulus*, Freiburg i.B./Leipzig, 1897, S. 105. "그러나 로마서 6장은—만일 바울의 이론에 맞서 제기된 반대를 쳐내는 데만 역점을 두었다면—바울 사도가 여러 교회에서 쌓은 모든 경험이 결국 그에게 아무것도 가르쳐 주지 않았다는 사실을 증명할 뿐이다. 그것은 순수하고 완고한 교조주의다. 그가 미래를 바라보며 열광하고 있었기 때문에 충분히 이해가 되는 상황이지만, 어쨌든 교조주의적인 것은 사실이다. 바울은 죄의 문제를 그리스도인의 삶 속에서 찾고자 하지 않았다. 그러므로 그것은 존재하지 않는다."

15 트뢸치는 다음 논문에서 고가르텐(Fr. Gogarten)의 신학을 그렇게 특징지었다. E. Troeltsch, *Ein Apfel vom Baume Kierkegaards*, ChW, Jg. 35(1921), Sp. 186-189, 189 = Anfänge II, s. 134-140, 139. "그의[고가르텐의] 신학, 곧 절대적 순간의 신학에는 목사도, 교회 행정도, 선교도, 교육적이며 영혼을 인도하는 설교도 없다."

네가 세례를 받게 되면, 사랑의 하나님께서 너를 은혜롭게 물에 빠뜨려 죽이시고 자비롭게 죽이심을 받아들이면서 이렇게 말하기 때문이다. 사랑의 주님, 나를 물에 빠뜨려 죽이시고 목 졸라 죽이소서. 이것은 내가 이제부터는 당신의 아들과 더불어 기꺼이 죄에 대하여 죽고자 하기 때문입니다"(루터).[16] 이 죽음이 곧 은혜다.

"그러므로 우리가 그의 죽으심과 합하여 세례를 받음으로 그와 함께 장사되었나니 이는 아버지의 영광으로 말미암아 그리스도를 죽은 자 |174| 가운데서 살리심과 같이 우리로 또한 새 생명 가운데서 행하게 하려 함이라." 어찌하여 그 죽음이 은혜인가? 왜냐하면 그 죽음은 "죽음의 죽음이요, 죄의 죄, 독의 독, 갇힘의 갇힘"(루터)[17]이기 때문이다. 그 죽음에서 나오는 위험과 파멸과 붕괴가 하나님께서 하신 일이기 때문이다. 그분의 부정의 강력함이 가장 근원적인 힘의 자리이기 때문이다. **바로 그런** 인간에게는 **최후**의 말씀으로 다가오는 그 죽음이 동시에 새로운 인간으로 나아가는 축, 문지방, 건널목 그리고 **전환**이기 때문이다. 세례를 받은 사람은 (죽은 사람과 동일시되는 것이 아니라) 다른 사람, 곧 태어난 사람과 동일시되기 때문이다. 죽음이 그저 상대적인 부정에 불과하다면, **바로 그런** 인간에 대한 공격이 이런저런 주어진 여건에 대한 단순한 비판과 반대와 혁명의 수준에 머물러 있다면, 인간의 상대적인 가능성들이 몇 가지 다른 (부정적인!) 인간적인 가능성들, 예컨대 금욕주의, "자연으로 돌

16 Eberle, s. 101. 바르트 소장본에 밑줄이 그어져 있다. *Epistel am sechsten sonntag nach Trinitatis. Röm. 6,3-11* (Crucigers Sommerpostille), WA 22,94,37-95,4.

17 *Luthers Vorlesung über den Römerbrief 1515/1516*, a.a.O.(이 책 373쪽, 각주 16), S. 153, Z. 29f.(WA 56,323,1f). "Ideo Deus contulit mortem mortis et peccatum peccati, venenum veneni, captivitatem captivitatis."

아가자!"[18], "침묵 예배"[19], 신비주의적 죽음, 붓다의 니르바나[20], 볼셰비즘, 다다이즘 등에 의해 숫자만 더 늘어나는 형국이라면, 한마디로 그 공격이 **바로 그런** 인간과 **그의** 가능성에 대한 근본적인 부정으로("그와 함께 **장사되었나니!**") 나아가지 않는다면, 그 죽음은 은혜일 수 없다. 그러나—그리고 이것이야말로 그 공격에 진정한 **공격력**을 부여하는 것이니—그 위기, 그 종말, 마지막 나팔소리[고전 15:52]는 **이러한** 인간의 모든 긍정**과** 부정, 삶**과** 죽음, 만유**와** 무, 누림**과** 결핍, 말**과** 침묵, 보수**와** 혁명, 적극적 행동**과** 관조적 기다림을 대각선으로 가른다. 이는 부활의 능력 속에서, "아버지의 영광으로 말미암아 죽은 자 가운데서 깨어나심" 속에서(인간에게는 불가능한 것이 가능해짐 속에서) 진정한 부정의 진지함, 에너지, 급진성이 증명되고 확인되기 때문이다. 진정한 부정이란 그리스도

18 이 구호의 출처에 관해서는 Büchmann, S. 259. 루소의 저작에서는 이런 요청의 형태로는 나타나지 않지만, 그의 사회 비판적 저서들, 특별히 그의 교육소설 『에밀』(Emile, ou de l'éducation, 1762)의 핵심 개념으로 간주된다.

19 이것은 1920년대 초반 독일에서, 퀘이커교도의 "침묵 예배"(silent worship)에 영향을 받아 그와 비슷한 요소를 개신교 예배 의식에 도입하려는 시도를 암시한다. 이런 시도의 대표자는 루돌프 오토였다. Rudolf Otto, *Schweigender Dienst*, ChW, Jg. 34(1920), Sp. 561-565. 바르트는 파란색 펜으로 이 논문에 여러 번 밑줄을 그었고 제목 밑에는 연필로 "또는, 경건하지 않음의 최고 절정"(oder: Die Gottlosigkeit auf ihrem höchsten Gipfel)이라고 써놓았다. 바르트는 괴팅겐 대학교에서 가르치던 시절 이러한 시도에 대해서 비꼬는 투로 언급할 때가 많았다. V.u.kl.A. 1922-1925, S. 31, Anm. 41, S. 81, Anm. 35.

20 Heiler, S. 317. 바르트 소장본에 밑줄이 그어져 있다. "불교의 니르바나[열반]와 마찬가지로 퀘이커의 '신비주의적 죽음'에서도 하나님에 관한 인식과 의식이 결여되어 있다. 이런 당황스러울 정도의 공통점에도 불구하고 분명한 차이가 있는 것은 확실하다. 불교의 니르바나는 최종적이고 최고인 것, 모든 노력의 목표, 최종적 목표, 구원이다. 그러나 그리스도교 신비주의가 말하는 '신비주의적 죽음'은 궁극적인 것이 아니라 하나의 통과 단계에 불과하다. 죽음 다음에 부활이 오며, 멸망 다음에 하나님과의 복된 하나됨이 있다."

께서 **이러한** 인간에게 베푸시는 장사Begräbnis다. 새로운 인간, 보이지 않는 인간의 창조 안에서는 완전하게 성취된 화해의 진리(5:10-11)가 드러나고, 그리스도 안에 있는 우리의 존재 안에서는 우리의 아담적인 존재의 지양이 일어난다. 부활은 죽음이라는 개념을 통해 특징지어지고 보증되는 그 자체의 고유한 '절대적 타자성'이고, 죽음의 경계선을 넘지 못한 모든 생명과 대조를 이루는 자율적인 미리 주어진 사건Vorausgegebenheit 이며, 그리스도의 죽음을 통해 생겨난 텅 빈 공간을 채우는 새롭고도 신성한 삶의 내용이다. 이 부활의 능력이야말로 죄 안에서 계속해서 살아가는 것(6:2)을 막을 뿐 아니라 그것을 원천적으로 불가능하게 하는 일차적인 지점이다. 그 능력으로 말미암아 인간, 곧 죄를 알고 또 원하는 인간, |175| 알려져 있는 인간, 눈에 보이는 인간, 유일하게 가능한 인간은 궁지에 빠지게 되고, 자기 자신에게 문제가 된다. 있는 모습 그대로의 존재로서 우리가 **저편**으로부터, **이런** 방식으로 의문시된다면, 우리가 어떻게 죄 안에서 계속 살아갈 수 있다는 말인가? 죽음의 세례e로 장사된 "우리는 새 생명 가운데서 행해야 한다." 다시(2:13, 3:30, 5:17, 19에서 그런 것과 마찬가지로 6:2, 5, 8, 14에서도) 이것은 "Futurum resurrectionis"[부활의 미래][21]이며, 우리의 영원성의 비유로서 우리의 미래다. 오직 비유일 뿐이다! 예수께서 죽은 자 가운데서 깨어나심은 그분의 삶과 죽음의 다른 사건들 **곁에** 배치될 수 있는 사건, 곧 역사적으로 연장된 사건이 아니라 그분의 역사적인 생애 **전체**가 하나님 안에 있는 근원과 맺어진 "비역사적인"(4:17b) 관계다. 이것

21 바르트가 투르나이젠에게 보낸 1921년 3월 18일 편지, Bw.Th.I, S. 477. "제1판에서 특히 이 부분은 유난히도 쓸모가 없다네, 나는 비시간적인 "Futurum resurrectionis"[부활의 미래]라는 새로운 **문법적인** 범주를 만들어야 할 것 같네."

이 분명한 것처럼, 필연성이며 현실성으로서 부활의 능력 안에서 나의 현존재 안으로 치고 들어오는 "새 생명 가운데서 행함"도 나의 과거나 현재나 미래 어디서도 다른 사건들과 **나란히** 배치될 수 있는 어떤 사건이 아니고, 이후로도 그러지 않으리라는 점도 분명하다. "새 생명 가운데서 행함"은 오히려 그리스도 안에서 새롭게 창조된 내가 해도 되는 것Dürfen · 할 수 있는 것Können · 마땅히 해야 하는 것Müssen · 하고 싶은 것Wollen이고, 나의 "하늘에 있는 시민권"(빌 3:20)의 확증이며, 그리스도와 함께 하나님 안에 감추어진 내 생명(골 3:3)의 생명력이다. 그것은 더 나아가 나의 보이지 않는 관점이요 연계점이고, 나의 무한함을 통해 나의 유한함을 경험하는 위기이며, "내" 인생의 **모든** 시간적으로 눈에 보이는 사건의 저편에 비시간적으로 눈에 보이지 않게 서 있는 위협과 약속이다. 그것이 모든 것의 **저편에** 있는 이유는, 세상은 세상, 시간은 시간, 인간은 인간에 그칠 뿐이기 때문이다. 나의 "새 생명 가운데서 행함"의 이런 영원한 미래는 그 무엇과도 견줄 수 없는 부활의 힘, 죽음을 이기는 힘으로서 철저한 배타성과 함께 나의 "죄 안에서 계속 살아감" 속으로 파고들어 오는데, 이 영원한 미래는 나의 시간적인 존재·사유·의지意志의 의미이면서 동시에 그것들에 대한 비판이다. 내가 "그리스도와 함께 장사됨"으로써, 있는 그대로의 내가 아닌 내가 되어(있는 그대로의 나와는 전혀 다르게) 그 의미와 비판을 내 것으로 받아들이는 그 불가능한 일이 가능해질 때, 그때 나는 실제로 "죄에 대하여 죽은"(6:2) 것이다. 이는 새로운 인간이 하나님의 영광을 위해 살아가는, 눈에 보이지 않는 새로운 생명의 삶 속에서는 죄의 공간과 빛과 공기가 있을 수 없기 때문이다. 이것은 예수께서 죽은 자 가운데서 깨어나심으로 드러난 눈에 보이지 않는 아버지의 영광 속에는 죽음이 들어서지 못하는 것과 똑같은 이치다. 이렇듯 불가능한 가능성, 곧 새로운 인간의 가능성을 우리가 감히(5:1, 6:11) 염두에 둬도 괜찮을까? 지금 우리는 그런 가능성을 이미 염두에 두고 있는 것인가? 이 질문이 우리 안에 항상 뜨겁게 타오른다. 물론 이 불가능한 가능성이 죄의 가능한 가능성을 배제한다는 사실은 두말할 나위도 없다.

"**만일 우리가 그의 죽으심과** |176| **같은 모양으로 연합한 자가 되었으면 또한 그의 부활과 같은 모양으로 연합한 자도 되리라.**" 지금 우리의 현존재가 환난 속에 있는 현존재로서 우리의 공로 없이 그분의 죽으심과 같은 모양Gleichnis(비유), 그 죽으심과 비슷한 것Analogon이라면(8:17, 갈 6:17, 고후 4:10, 빌 3:10, 골 1:24), 우리는 눈에 보이는 시간적 의미에서 그리스도와 "유사한"verwandt 셈이 된다. 그러나 그분의 죽으심은 인간이 자기 자신을 하나님 안에서 이해할 수 있게 되는 계기Anlass이니, 곧 쇠함에서 흥함을[요 3:30], 약함에서 능력을[고후 12:9], 죽음에서 생명을 보는[고후 4:16f.] 계기가 된다. 그리스도의 죽음은 심판으로부터 재판관에게로, 환난으로부터 자유로우신 해방자에게로, 곤경으로부터 소망으로(5:3f.) 넘어가는 문지방으로서 우리에게 의미심장하며, 또한 하나님 안에서 우리 자신을 인식할 수 있는 기회로서 (이것은 경우에 따라 일어날 수도 있는 어떤 "체험"과는 동일시될 수 없다!) 의미심장하다. 바로 그렇기 때문에 세례라는 표징은 우리가 하나님과 더불어 맺은, 눈에 보이지 않는 친교Gemeinschaft(6:3)에 대한 기억이다. 그리스도인이 그리스도와 유사해지는 길, 그리스도를 따르는 길은 자기 십자가를 지는 길[마 16:24 병행 본문] 외에는 **없다**. 어떻게든 **긍정적인**, 인간이 애써 **획득할 수 있는**, 혹은 **체험할 수 있는** 예수다움Jesusmäßigkeit [22]

22 이 개념과 관련해서는 1910-1911년 바르트의 견신례 수업, S. 69. "성경의 마지막 장이 곧 계시의 끝인 것은 아니다. 계시의 말씀은 계속된다. 인간에게 나타난 '예수다운'(jesusmäßig) 모든 것은 우리에게 계시, 곧 하나님의 통보가 될 수 있다. 인간, 시인, 예술, 자연, 강력한 인상."

(예컨대 하나님을 신뢰함, 형제 사랑, 자유, 천진난만, 인간성)이란 심리적·역사적 현실의 영역에서는 존재하지 **않는다**. 우리가 그분과 **눈에 보일 정도로** 유사하게 되는 것은(그분의 십자가 죽음이라는 거울 속에서 고스란히 인식되는 유사함은) 그 자체로 이 세상 안에 있는 인간의 상태나 상황과 더불어 주어져 있으며, 그 자체로 인간적 현존재 전체의 문제 있는 현실, 치유될 수 없는 실제성과 동일시된다. 지금 우리는 좁은 문[마 7:13-14 병행 본문]의 문지방에 서 있으니(우리와 함께 서 있지 않은 사람이 누구란 말이냐?) 이것은 우리의 심판자가 은혜로우시다는 통찰, 그 거룩하신 분이 긍휼하신 분이라는 통찰의 좁은 문이다. 이제 우리는 소멸성과 불명예와 약함 속에서 우리가 그리스도와 유사한 점Christusverwandtschaft을 바라보던 눈으로 돌려서 다른 유사성을 바라보는데(우리와 마찬가지로 바라보지 않는 사람이 누구란 말이냐?) 그것은 불멸성과 영광과 능력 속에서[고전 15:42-43] 우리와 그리스도 사이의 유사한 점, 곧 **눈에 보이지 않는** 유사성을 바라보는 것이다. 우리가 지금 여기로부터 통찰하는 것(마찬가지로 "futurum aeternum"[영원한 미래]로서!), 바로 그것이—예컨대 이 통찰에 간간히 동반되는 체험이나 의향과 같은 어떤 것이 아니라—시간 속에서 살아가는 인간의 긍정적인 예수다움이다. 이것은 여러 가지로 가능한 다른 형태의 '-다움'Gemäßheit과 결코 비교될 수 없으며 서로 경쟁의 대상이 될 수도 없다. 그것은 결코 어떤 인간적인 특성이나 활동이 될 수 없다. 그것은 절대로 역사적·심리적 형체로 나타나지 않는다. 그 누구도 그것에게 직접적으로 말을 건넬 수 없다. 긍정적인 예수다움은 그리스도와 더불어 하나님 안에 감추어져 있는 생명[골 3:3]인데, 그것은 지금 여기에서는 단지 영원한 미래로서만 "우리의" 생명이다. "우리의" 생명 이외는 아무것도 아니다. 그것으로 충분하다. 하나님의 은혜면 충분하다(고후 12:9). 그것은 하나님의 행위며, 그것

을 통해 새로운 인간이 생겨나고 새로운 인간으로 존재한다. |177| 그리고 이 새로운 인간은 그 자체로 죄에 속박되지 않는다. 전혀 예수다움이 없었던 우리의 옛 현존재의 부정성은 소망 속에서 **부활**의 비밀스런 긍정성으로 가득하게 되었다.

6-7. 6 우리가 알거니와 우리의 옛 사람이 예수와 함께 십자가에 못 박힌 것은 죄의 몸이 죽어[지양되어] **다시는 우리가 죄에게 종노릇 하지 아니하려 함이니 7 이는 죽은 자가 죄에서 벗어나 의롭다 하심을 얻었음이라.**

"우리가 알거니와." 우리는 세례의 표징을 이해함으로써 우리 자신을 이해하게 되고, 하나님이 우리에 관해 아시는 것을 알게 된다. "이는 그가 우리의 체질을 아시며 우리가 단지 먼지뿐임을 기억하심이로다"(시 103:14). 바로 이런 연약함과 상대성 속에서, 지금 우리가 처해 있으며 우리를 관통하는 위기 속에서, 그리스도의 십자가 죽음과 같은 모양 속에서, 우리는 우리가 그분과 유사함Verwandtschaft(6:3-5)을 인식한다. 그리고 이 통찰이 곧 전망이 된다. 이 유사함의 인식과 더불어 (모든 쓸모없는 말, 다시 말해 변증법적이지 않고 직접적인 모든 진술을 삼가게 될) **은혜의 심리학**에 이르는 단초가 주어진다. 이것은 인간적인 정신Psyche의 존속 상태에는 주어지지 않은 것으로서, 모든 죄의 심리학을 지양하는 작용으로 스스로를 입증해야 하는 것이다. 우리가 스스로를 그리스도와 유사한 사람으로 (그분의 **죽음의** 길에서) 인식하는 한, 우리는 눈으로 볼 수 없는 것을 본다. 우리를 당신의 자녀로 받아 주시는 하나님의 긍휼을 본다. 죄를 통하여 규정되던 우리의 모습은 후퇴하고 떠나가고 없어지는 것을 본다. 그리고 새로운 인간의 우월한 능력을 본다.

"우리의 옛 사람"은 "타락한 아담이며, 첫 번째 죄로 말미암아 결정된 자기 사랑의 지배 아래 이 세상에 나온 모든 인간적인 자아 안에서 다시

출현하는 아담이다"(고데 Godet).[23] 우리는 그 사람을 본다. 우리는 그 사람을 염두에 두고 있다. 우리가 시간과 물질과 인간의 세상을 염두에 둘 수밖에 없으며, 주어진 삶의 내용 전체의 총합을 계속해서 염두에 둘 수밖에 없는 것처럼 말이다. 이 세상에는 바로 이런 옛 사람 외에 다른 사람이 없다. 사람에 대한 모든 직접적인 진술, 모든 존재적 판단 혹은 가치 판단은 즉각적이고 배타적으로 **이** 사람과 관련된다. 주어 '나'는 (이것이 "내가 아니요 오직 내 안에 그리스도께서 사심"[갈 2:20]을 통해 근본적으로 지양되지 않는 한) 그 어떤 술어가 붙든지, 어떤 망설임이 있든지, 어떤 식으로 고상하고 심오하고 고상하게 하든지, 언제나 **이** 사람이다. 그런데 바로 내가 **이** 사람과 전적으로 동일하다는 고백은 이 전적인 동일성 **외부**에 있는 어떤 한 지점을 가리키는데, 나는 이 지점으로부터 나 자신을 인식한다. 아니, 오히려 인식된다[고전 13:12, 갈 4:9]. 나는 이 지점으로부터 나 자신에게 **이** 사람으로서 |178| 자격을 부여한다. 아니, 오히려 자격을 부여받는다. 이것은 어떤 지점인가? 지금 내가 (나로서) 포함되어 있는 영역, 철저하게 폐쇄된 그 영역을 저항할 수도 없이 무겁게 바라보도록 강요하는 역동성, 그래서 이런 나에게 거리를 두고 그 거리 두기를 통해서 그런 나를 어떤 인식 가능한 대상으로 삼게 하는 역동성, 나와 그런 나를 서로 1) 타자, 멀리 있는 자, 낯선 자로, 2) 인식 주체에게 미리 주어져 있는 X로, 혹은 3) 인식된 "옛" 사람의 주어진 상태로 서로 갈라놓고 대치시키는 그 역동성은 대체 어떤 것인가?

대답: 우리의 옛 사람은 "**예수와 함께 십자가에 못 박힌 것은.**" 그분의

23 Fr. Godet, *Commentar zu dem Brief an die Römer*, deutsch bearbeitet von E.R. Wunderlich, 2. Theil, Hannover, 1882, S. 18. "……결정된 우세한 지배……다시 나타나는……".

죽으심과 같은 모양으로 내가 그리스도와 유사하다는 인식을 통해 그 지점, 곧 나의 나 자신과의 전적인 동일성의 외부에 있는 그 지점의 보이지 않는 현존이 관철되며, 또한 그 지점으로부터 인식하는 X의 역동성이 관철된다. 나는 바로 **이** 사람이 (우리가 아는 유일한 사람, 자신의 최종적인 최고의 가능성 속에 있는 사람이) 그리스도 안에서 심판을 받았으며, 죽음에 버려졌으며, 최후의 명확함으로 지양되었으며, 하나님 앞에서 의로우며 하나님 안에서 살아 있는 (보이지 않는) 새 사람과 마주서서 날카롭고도 근원적으로 대립하고 있는 것을 본다. 바로 이러한 심판, 버려짐, 지양, 혹은 대립 안에서—그리스도를 향한 시선 안에서는 나 자신도 그 속에 있는데—나에게 (나타나지 않는 것으로서!) 나타나는 것이 바로 이 상대방이다. 그것은 나를 인식하는 바로 그 X이며, 내가 부정되고 "옛" 사람으로 재인식되는 바로 그 지점이고, 그래서 **긍정적인** 점, **긍정적인** X일 수밖에 없는 지점이다. 그리스도께서 나를 위해 죽으시고 나도 그분과 함께 죽은 십자가의 죽음과 "마주한" 바로 그 보이지 않는 긍정적인 X는 옛 사람에게서 새 사람으로의 우월한 전환이 이루어지는 축이다. 이 전환은 어쩔 수 없이 모순을 일으키는 순간의 이미지(날고 있는 새!)로만 **묘사**될 수 있다. (그것은 그런 순간들 가운데 하나도 아니요 그런 순간들의 연속도 아니고, 그 자체로는 결코 주어지지 않는 움직임 자체다!) 그 마주 서 있는 X로부터 **첫 번째로** 옛 사람, 죄에 속한 사람의 실상이 가차 없이 확인된다. '예'에서 탄생한 '아니요'야말로 정말 냉혹한 것이기 때문이다. 거기로부터 나는 **두 번째로** 그 옛 사람과 동일시되는 상태에 붙들린다. 나 자신이 그런 특징을 부여받은 자이며, 그리스도의 죽으심이라는 거울 속 이미지와 대립하는 바로 그 자다. 거기로부터 나는 **세 번째로** 그 옛 사람에게 내려진 십자가 처형의 판결에 직접 서명하지 않을 수 없다. 왜냐하면 "그리스도께서 우리에게 오셔서 우리를 위해

부활하심으로써, 있는 그대로의 |179| 우리는 옛것, 낡아 빠진 진부한 것이 되었다"(슐라터 Schlatter).[24] 거기로부터 **네 번째로** 저 옛 사람과 나 사이에 거리가 생겨난다. 마치 내가 나 자신과 동일한 존재가 아닌 것처럼, 내가 나 스스로에게 대상이 될 수 있는 수수께끼 같은 가능성이 생겨난다. 거기로부터 **다섯 번째로** 나의 보이지 않는 새 사람과의 동일성이 설정되고, 그 동일성은 (전혀 "과정"이 아닌) 그 과정 전체의 의미와 조건으로 전제vorausgesetzt f 된다.

"죄의 몸이 죽어[지양되어]**."** 여기서 **"몸"**은 신체를 의미하며, 생명·감각성·인격·개인·노예[25]를 의미하기도 한다. 죄는 몸Leib을 가지고 있다. 다시 말해 죄는 실체다. 죄는 영향력을 행사하는 구역, 행동의 근거, 하부의 토대를 가지고 있다. 죄는 시간과 물질과 인간의 세계 속에서 현존재, 연장延長, 자립성, 실체성, 활동성을 가진다. 죄는 "몸"으로서 계속해서 눈에 보이는 것, 역사적인 것이 된다. 바로 그렇기 때문에, 우리가 죄 안에서 계속 살아갈 것인지 아닌지, 다시 말해 죄가 눈에 보이는 것, 역사적인 것이 되는 것을 계속해서 알고 또 원할 수 있는지 아닌지 그 여부를 묻는 것이다. 죄의 몸은 곧 **나의** 몸이며, **나의** 시간적·물질적·인간적 현존재로서 나는 그것과 구분될 수 없는, 해체될 수 없는 **하나**다. 내가 몸 안에서 사는 한, 다시 말해 내가 있는 그대로의 나인 한, 나는 죄인이며, "죄 안에 머무름"(6:1)과 "죄 안에서 살아감"(6:2)은 근본적이고 자연적이고 필연적이다. 옛 사람을 십자가에 못 박는다는 것은 바로 이 "-인 한"sofern을 끝장내는 것, **이** 몸을 지양하는 것, 시간적·물질적·인간적으로 규정된 나의 현존

24 Schlatter, S. 127 "예수께서 우리에게 오셔서 우리를 위해 부활하신 후에는 우리 같은 인간은 옛것, 낡아 빠진 진부한 것이 되었다."

25 바르트는 W. Gemoll, *Griechisch-deutsches Schul- und Handwörterbuch*, Wien/Leipzig, 1908, S. 729를 참조한 것으로 보인다.

을 지양하는 것이다. 내가 육체 안에 살고 그것과 구분될 수 없는, 분리될 수 없는 하나로 살고 있기 때문에, 그렇게 사는 한, 나는 옛 사람이다. 그러므로 옛 사람의 죽음, 그와의 동일함의 지양은 **이 몸**Leibe g과 나의 하나됨이 지양되는 것을 의미한다. 이제 새 사람이 된 나는 이 몸 안에서 살아가는 존재, 시간적·물질적·인간적으로 규정된 현존재가 아니다. 그리스도의 죽으심이라는 위기 속에서 나의 몸됨, 나의 현존재와 존재 상태 자체의 총체성이 의문에 놓이고 마침내 "지양되어", 보이지 않는 새 사람과의 관계 안에 놓이는데, 그리스도와 함께 못 박힌 나는 바로 그 새로운 사람과 동일하다. 나의 총체성은 몸을 학수고대하는데, 그 몸은 하나님의 의로우심의 육체·생명·감각·인격·개성·노예로서 **바로 그** 육체, 새 사람의 몸이다. 그것은 부활을 고대하고 있다.

"다시는 우리가 죄에게 종노릇 하지 아니하려 함이니." 옛 사람이 십자가에 못 박혀 죽음으로 (의미상으로는 여기서도 "futurum resurrectionis"[부활의 미래]로서) 공표된 보이지 않는 지양, 곧 우리의 시야 속으로 들어온 보이는 몸의 지양은 |180| 죄의 세력의 제거를 자체 안에 포함한다. 이제 내가 옛 사람과 동일하지 않다면, 이제 내가 이 몸과 경계 지을 수 없고 분리될 수 없는 하나가 아니라면, 나는 이제 죄에게 종노릇할 필요가 없다. 죄에게 속한 삶의 요소는 사라졌다. 이제 죄는 물 밖의 마른땅에 내던져진 물고기다. 새롭게 펼쳐지는 화음과 전혀 어울리지 않는, 틀린 음정이다. 나는 (있는 그대로의 내가 아닌 존재로서) 자유의 몸이 되었다. 죄는 새 사람을 어찌할 힘이 없다. 이는 **새 사람의** "몸"이 다른 질서에 속해 있기 때문이다. 부활의 기대 안에서, 그리스도의 죽음의 저편에 있는 나와 새 사람의 하나됨을 바라볼 때, 나는 죄인일 필요가 없으며, 죄인일 수가 없으며, 죄인이어서도 안 되고, 죄인이고 싶지도 않다.

"이는 죽은 자가 죄에서 벗어나 의롭다 하심을 얻었음이라." 그러므로 은혜는 인간이 갖는 **인간적인** 가능성이 아니다. 또한 다른 가능성들, 예컨대 죄의 가능성 곁에서 나름의 여지를 가질 수 있는 여러 가능성들 가운데 하나가 아니다. 오히려 은혜는 사람에게서 그의 고유한 가능성[h]을 빼앗을 가능성, 곧 인간의 **신적인** 가능성이다. 은혜는 눈에 보이는 사람이 눈에 보이지 않는 자신의 인격성, 곧 하나님 안에 기초한 인격성과 맺는 관계로서, 그 둘의 관계는 죽음과 생명의 관계와 마찬가지다. 의심·불안·깊은 충격·불가능성을 퍼뜨리면서 우리의 현존재와 존재 상태의 "Futurum aeternum"[영원한 미래]가 우뚝 솟아오른다. 하나님 안에 있는[i] 우리의 존재, 하나님 안에서 우리가 아는 것[i] 원하는 것이 드높은 암벽처럼 우리의 과거와 현재와 미래 위로 솟아오른다. 이러한 공격이 시작되면서 시야에 들어온 **그** 사람, 부활을 통해 그리스도와 유사하게 "될"(6:5) **그** 사람은 있는 그대로의 나로 존재하는 사람이 **아니다**. **내가** 아는 것을 알고, **내가** 원하는 것을 원하는 사람이 **아니다**. 그는 살아 있는 인간의 기능과 관련해서는 이미 죽은 사람이다. 과거와 현재와 미래의 내가 불가피하게 책임져야 하는 일, 곧 인간의 신격화와 하나님의 인간화라는 일을 할 수 없게 된다. 그는 죄의 **용서**로부터 살아간다. 눈에 보이게 드러난 인간의 상황에도 불구하고 하나님의 법정적인 **무죄 선언**으로부터 살아간다. 하나님의 고유한 (우리의 관점에서는 불가능한) 생명의 가능성으로 살아간다. 그는 부정의 **부정**으로 살아간다. 타락의 부정, 눈으로는 볼 수 없는 아담의 죄의 부정으로 살아간다. 그러므로 죄에 속한 인간의 존재·지식·행위는 적어도 **그**로부터는 (은혜를 통해 그와 내가 동일인이라면, **나**로부터) 자양분을 얻지 못한다. 죄의 사람이 그로부터(나로부터) 얻을 것이라고는 굶주림과 몰락과 의심뿐이다. 그로부터(나로부터) 페이지가 뒷면으로—거기에 뭐라고 적혀 있을지

아무도 모르지만—넘겨진다. 있는 그대로의 내가 눈에 보이는 나의 존재와 지식과 행위를 통해서 |181| 죄를 짓고 마는 것은 1,000번이라도 불가피하겠지만, 은혜를 입은 자 곧 있는 그대로의 내가 아닌 새 사람과의 관계 안에 놓인 나는 그런 불가피성을 염두에 두지 않아도 된다. 이 불가피성이 불가피한 과거·현재·미래는 나에게—내가 은혜로 말미암아 **새**사람과 하나가 되는 한—지나간 어제의 날[시 90:4]에 불과하다.

8-11. 8 만일 우리가 그리스도와 함께 죽었으면 또한 그와 함께 살 줄을 믿노니 9 이는 그리스도께서 죽은 자 가운데서 살아나셨으매 다시 죽지 아니하시고 사망이 다시 그를 주장하지 못할 줄을 앎이로라. 10 그가 죽으심은 죄에 대하여 단번에 죽으심이요 그가 살아 계심은 하나님께 대하여 살아 계심이니 11 이와 같이 너희도 너희 자신을 죄에 대하여는 죽은 자요 그리스도 예수 안에서 하나님께 대하여는 살아 있는 자로 여길지어다.

"**만일 우리가 그리스도와 함께 죽었으면 또한 그와 함께 살 줄을 믿노니.**" 앞에서 주장한 것처럼 죄 안에 "머무르는 것"이 불가능함(6:1)에 대한 증거 Beweis[j]는 강력한 부정을 통해 제시된다는 것이 사태의 본질이다. 세례Taufe[k]로 표현되는 그것, 곧 **그리스도와 함께 죽음**은 죄에 속한 사람에게는 그야말로 강력한 부정이다. 물론 우리는 그 죽음의 저편에서 은혜를 입은 자로서 서 있다. 그리스도 안에서 내가 우리에게 알려진 인간이 지양된 저편에 있는 X와 하나가 된다면, 죄인으로서의 나는 **십자가에 못 박히고 죽고 장사 지내진 것**이다. 우리에게 아직 남은 것이라고는 오직nur[l] (6:4에서 이미 말한 것을 강조하면서) 조심스럽게, 그러나 명확하게 다음의 사실을 지시하는 것이다. 이 '**아니요**'에 담겨 있는 독특한 힘은 어떤 '**예**'에서 나오는데, 그 '아니요'는 자체 안에서 모든 '예'**와** '아니요'의 부정, 모든 이쪽과[m] 저쪽의 부정, 모든 양자 긍정sowohl-als auch의 부정, 모든 이원성과 긴장과 대극성과 이

질성과 이율배반의 부정이다. 그러므로 그 '아니요'는 **긍정적인** 불가능성이며, 지금까지는 단순한 부정으로 은폐된 상태에서 죄의 가능성과 맞서 왔던 불가능성이다.

"**만일 우리가 그리스도와 함께 죽었으면 또한……믿노니.**" 믿음은 저 은혜의 심리학의 최초이자 최후의 재료, 유일하고 결정적인 재료다. 은혜의 심리학은 인간 존재의 주어져 있지 아니한 것das Nicht-Gegebene을 과감하게 하나님 안에서 주어진 것으로 생각한다. 믿음이란 옛 사람에서 새 사람으로 가는 경계, 옛 세상에서 새 세상으로 가는 경계를 넘는 발걸음, 그 비교할 수 없고 철회할 수 없고 되돌릴 수 없는 발걸음이다. 믿음은 바로 그 개념의 완전한 역설 속에서 인간적인 빈 공간—아니 신적인 내용으로서, 인간적인 말문 막힘과 알지 못함과 기다림—아니 신적인 말씀하심과 지혜와 행위로서, 최후의 인간적인—아니 최초의 신적인 가능성으로서 전환이요 회전이요 돌이킴이다. 바로 거기서 인간 안에 있는 '예'와 '아니요', 은혜와 죄, |182| 선과 악의 균형이 저지되고 지양된다. 만일 우리가 그리스도와 함께 죽었다면, 만일 우리에게 그분의 십자가가 우리 현존재의 문제를 그것 너머의 신적인 필연성 안에서 파악할 수 있는 기회라면, 인간의 종말 안에서 하나님의 시작을 보고 신적인 진노의 폭풍우 속에서 하나님의 사랑을 볼 수 있는 기회라면, 바로 그런 한에서 우리는 믿는 사람들인 것이다. 이제 하나님 안에서 인간 존재의 최초의 날Ur-Datum이 시작된다. 그 어떤 것과도 비교할 수 없는 발걸음을 뗀 것이다. 뒤로 돌아가게 할 수 없는, 아니 뒤돌아**보는** 것도 허용하지 않는 돌이킴이 일어난 것이다. 믿음이 절대적 순간의 빛 속에서, 그리스도의 십자가의 빛 속에서 믿음으로 **보일**뿐 아니라 실제로 믿음**이라**면, 빈 공간일 뿐 아니라 채워진 내용이라면, 인간적인 믿음이 아니라 하나님의 신실하심이라면, 우리는 "**무엇**"을 믿는 것인

가? 우리는 그리스도께서 우리를 대신하여 죽으셨으며 그래서 우리도 그와 함께 죽었다는 것을 믿는다. 우리는 저 십자가의 죽음의 저편에서 나타난 눈에 보이지 않는 새 사람이 곧 우리라는 사실을 믿는다. 우리는 죽음의 인식 안에, 부활 안에, 하나님 안에 기초한 우리의 영원한 실존을 믿는다. 우리는 "그와 함께 살게 될 것"을 믿는다. 그러므로 우리는 "futurum resurrectionis"[부활의 미래]의 주체, 그 눈에 보이지 않는 주체인 우리 자신을 믿는다. 물론 이 믿음은 "우리의" 믿음으로서 그와 관련하여 나름 합당한 이유에서 얼마든지 유보적 태도를 취할 수 있고, 이런저런 의구심을 품을 수도 있고 수많은 물음표와 느낌표를 갖다 붙일 수도 있다. 그래도 이 믿음은 정확하게 모든 일반적인 심리학, 모든 가능한 심리학의 경계 외부에 있는 긍정적인 불가능성이다. 죄를 은혜와 **나란히** 세울 수 있는 하나의 가능성으로 생각하는 것의 불가능성 말이다. "네가 믿는다면 가진 것이다!"[26] 우리가 믿는다면, 우리는 죄로부터 돌려 세워진 것이다.

"이는 그리스도께서 죽은 자 가운데서 살아나셨으매 다시 죽지 아니하시고 사망이 다시 그를 주장하지 못할 줄을 앎이로라." 믿음은 하나님이 아는 것을 알려는 모험이다. 그렇기 때문에 하나님이 더는 알지 않는 것을 알지 않으려는 모험이기도 하다. 이 모험이 가능한 것은 그것이 인간적인 가능성으로는 전혀 고려되지 않기 때문에, 또한 그것이 처음부터 모든 인간적인 가능성을 의문시하는 것을 전제하기 때문이다. 또한 이 모험은 인간이 자기 자신의 모든 가능성이 고갈된 후에 하나님 안에서, 하나님 자신

26 M. Luther, *Von der Freiheit eines Christenmenschen*(1520), WA 7,24,13f. "보라, 그리스도를 믿으라, 그분 안에 모든 은혜와 정의와 평화와 자유가 있음을 내가 네게 약속하노니, 네가 믿는다면 가진 것이요 믿지 않는다면 가지지 못하리라."

안에서, 오직 하나님 한분 안에서 발견하는 가능성이기 때문에 가능한 것이다. 믿음은 정지, 침묵, 경배, 알지 못함Nicht-Wissen을 의미한다. 하나님과 인간의 질적인 차이는 극명해지고, 시간·사물·인간의 세상에 대한 하나님의 대립은 필연적인 통찰이 되며, 죽음이 하늘나라의 유일한 비유가 된다. 이것이 "예수의 생애"에서 나타난 분명한 의미, 곧 눈에 보이는 의미다. 의사 예수, 구주 예수, 예언자 예수, 메시아 예수, 아버지의 아들이신 예수, |183| 이 모든 것은 십자가에 못 박힌 예수라는 규정을 점점 더 분명하고 첨예하게 받아들인다. 이 모든 것은 확실히 어떤 인간적인 가능성을 의미하지 않으며 그런 것으로 해석될 수도 없다. 그리스도교 신앙의 눈에 보이는 의미는 다음과 같은 사실을 인식함이니, 곧 예수의 생애를 관통하는 죽음의 선은 모든 인간의 법칙이요 필연성이라는 사실을 인식하는 것, 우리가 그리스도와 함께 죽었다는 사실을 인식하는 것, 우리는 하나님 앞에서 알지 못하는 자라는 사실, 우리는 그분 앞에서 그저 멈추고 침묵하고 경배할 뿐이라는 사실을 인식하는 것이다. 예수의 생애에서 나타난 본래적인, 눈에 보이는 의미는—그것은 오직 모든 인간적인 가능성의 지양으로 표현될 수 있는 것인데—그러나 눈에 보이지 않는 중심점을 확실하게 전제하고 있으니, 바로 그 중심점에서 위기가 발생한다. 그것은 눈에 보이는 모든 인간적인 가능성의 판단 기준이 되는 어떤 불가능한 것이며, 방향을 제시하는 것, 집중하게 하는 것이다. 최종적으로는 다만 고통을 당하고 있는 것으로 해석될 수밖에 없는 예수의 맞은편에 분명히—그러나 보이지는 않게—**활동하는** 예수ein *wirkender* Jesus가 서 있다. 성전과 세상의 종말을 선포하던 자의 맞은편에 하늘의 구름을 타고 다시 와서 **아버지의 나라**를 안겨 줄 [마 26:64 병행 본문] 사람의 아들[人子]이 서 있다. 십자가에 못 박힌 이의 맞은편에는 **부활하신 이**가 서 있다. 그의 생애의 보이는 의미는 그 생애 속

에서 성취된 것, 곧 **하나님을 영화롭게 함**, 명백히 보이지 않는unanschaulich 그것의 계시와 직관Anschauung이 없이는 결코 파악할 수 없다. 그 계시와 직관이란 무엇인가? **예수 그리스도께서 죽은 자 가운데서 살아나심**이 바로 그것이다. **예수**께서 친히 받으신 심판이 곧 의義다. **그**가 죽으신 **바로 그** 죽음이 곧 생명이다. 그가 선포하신 **바로 그** '아니요!'가 곧 '예!'다. **여기서** 드러난 **바로 그** 모순, 곧 하나님에 대한 인간의 모순이 곧 화해다. 새로운 인간 예수, 곧 육체적·인격적으로 부활하신 분의 보이지 않는 총체성 속에서, 보이는 삶의 흐름의 **역전***Umkehrung*이 계시되며, 바로 거기서 그 역전을 볼 수 있게 된다. 그러나 이런 역전의 계시와 직관은 그 자체로는 인간적으로 볼 수 있는 역사Geschichte의 **한계**이며, 인간적으로 볼 수 있는 나사렛 예수 역사의 한계이기도 하다. 그 부활 자체는 다른 여러 가지 사건들과 **나란히** 서 있는 하나의 "역사학적인"historisch 사건이 아니라, 그런 다른 사건들의 한계로서 그것들을 **둘러싸는** "비역사적인"unhistorisch 사건이며, 부활의 날 이전vor, 바로 그날에an n, 그리고 그날 이후nach의 여러 가지 사건들은 바로 그 비역사적인 부활 사건을 **지시한다**. 만일 부활 자체가 하나의 "역사학적인" (심리적·물질적·초超물질적) 사건에 불과하다면, 그것은 다소 "신실한" 견실함과 영리함이 동반하기는 하지만, 결국에는 [예수의 죽음과 관련하여] 외견상 거짓 사망 가설, 기만 가설, 객관적·주관적 환상 가설[27] 등이

27 예수의 부활에 대한 증언을 어떤 식으로든 [합리적으로] 순화하려는 시도가 많이 있었는데 그 가운데 합리주의적인 방법(외견상 거짓 사망 가설, 기만 가설), 자유주의적인 방법(객관적, 주관적 환상 가설)이 있었다(O. Zöckler, Art. "Jesus Christus", RE3 9, Leipzig, 1901, S. 1-43, S. 33-37). 이와는 대조적으로 이미 1909/10년부터 바르트에게 부활의 "singulare tantum"[유일무이함]은 신앙의 특권이었다. Konfirmandenunterricht, S. 50. "예수의 죽음과 부활이 우리 신앙의 근원이다." 그러나 "그 부활이 '어떻게' 일어났는지는 우리에게 필연적으로 모호할 수밖에 없다. 육체의 부활, 영적인 몸의 부활, 환상 가설, 외견상 거짓 사망 가설, 기만 가설."

심령주의적·인지학적 가능성[28]과 더불어 논의되는 것을 |184| 허용해야 하는 **그** 평면 위의 한 사건일 뿐이다. 만일 그렇다고 한다면, 여기서 눈에 보이는 길, 예수가 걸어간 죽음의 길, 그 길의 역전 속에 나타나는 것, 십자가에 못 박힌 이의 보이지 않는 상대가 좌정함으로써 등장하시고 말하시는 것은 분명 한분 하나님 자신이 아닐 것이다. 그때 부활은—이렇게 혹은 저렇게 해석된 것으로서—예수가 죽음에 이르기까지 하나하나 거쳐 간 이런 저런 인간적인 가능성에 또 하나가 추가된 것이다. 예수는 또 한 번 죽어야 한다. 그래야 그 삶의 의미가 충족될 것이다. 그래야 알려지지 않은 하나님, 곧 구체적으로 모든 정신과 물질과 초超물질이 그 앞에서는 티끌과 재에 불과한[욥 42:6] 그 하나님, **그 누구도** 가까이 가지 **못할** 빛 가운데 거하시는[딤전 6:16] 그 하나님께 합당한 순종과 마땅한 영예가 돌아간다. 그 역사 안에서 가능한 것, 개연성이 있는 것, 필연적인 것 혹은 실제적인 것이라고 해야 모두 죽고 썩고 사라져 버릴 것이니, 그 위에는 사망이 군림하고 있다. 만일 부활 **역사**Auferstehungs*geschichte*의 "역사학적인"historisch 사실들(예컨대 공관복음서가 말하는 빈 무덤이나 고전 15장[5-8절]이 말하는 "현현"顯現)과 부활 **그 자체** 사이에 어떤 매개됨 없는 직접적인 연속성이 존재한다면, 그래서 부활이 어떤 의미에서 그 역사Geschichte에 속한 하나의 사실이라고 한다면, 그렇다면 아무리 강력한 주장도 아무리 섬세한 성찰도 그 부활이 긍정**과** 부정, 삶**과** 죽음, 하나님**과** 인간 사이에서 왔다 갔다 흔들리는 그네의 유희에 휘말려 드는 현상을 막을 수 없다. 왜냐하면 큰 것과 작은 것을 대등한 것으로 보고 그 둘을 서로 침투시켜 계산하는 상대주의 앞에서는 어떤 존재나 사건도, 아무리 요란한 개혁이라도, 한 번도 들어 보

28 이 책 269쪽, 각주 19.

지 못한 체험이라도, 아무리 독보적인 기적이라도 **현세의** 하늘 아래, **현세의** 땅 위에서는 보호받을 수 없기 때문이다. 만일 그렇게 되면 부활은 모든 역사적인 것의 아득함, 애매함, 부당함, 근본적인 의심스러움에 동참하게 된다. 그런 부활로부터 나와서 인간의 영혼 하나하나에 새겨지는 인상印象은, 그보다 훨씬 뚜렷하게 부각되는 부활에 대한 삭제와 왜곡을 마주하게 될 것이다. 그런 인상에서 유래한 사회학적 영향은, 그보다 훨씬 많은 것을 말하는 "그리스도교적" 무기력과 위조를 마주하게 될 것이다. 그런 부활 인상의 가장 순수하고 가장 고귀한 빛은 그와는 다른, 아마도 **훨씬** 더 큰 빛과 힘을 마주하게 될 것이다(오버베크[29]). 만일 그렇게 되면 15만 년의 인류 역사에 대한 생각, "지나간 빙하기, 그리고 추측컨대 다시 올 빙하기에 대한, 지축의 미세한 요동이 일으키는 효과에 대한, 거대한 문화 체계의 흥망성쇠에 대한"(트뢸치)[30] 생각이—본래 이런 종류의 것에는 전혀 귀속될 수 없는—어떤 위엄과 의미를 갖게 되고 신적인 일들과 관련하여 발언권을 갖게 될 것이다. 생각만이 아니다! 이 세상을 통해, 역사를 통해 "그리스도교"가 총체적인 위협을 당하는 일이 |185| 실제로 의심의 여지 없이 일어나기 때

29 Barths Unerledigte Anfragen, Teil II, S. 8-13. 여기서 바르트는 오버베크의 견해, 곧 그리스도교는 사회 안에서의 현상으로 대변될 수 없다는 견해를 이어받는다.

30 E. Troeltsch, *Die Bedeutung der Geschichtlichkeit Jesu für den Glauben*, *Die XV. Christliche Studentenkonferenz*. Aarau, 1911. Den 13. bis 15. März, Bern, 1911, S. 93. 후에 다시 인쇄됨. E. Troeltsch, *Die Absolutheit des Christentums und die Religionsgeschichte und zwei Schriften zur Theologie*, (Gütersloher Taschenbücher Siebenstern 138), S. 132-162, S. 141. 트뢸치가 1911년 3월 15일 이 강연을 발표할 때 바르트도 그 대회에 있었다(Unerledigte Anfragen, S. 8). 바르트는 이미 1910년 10월에 트뢸치에 대한 자신의 논박을 전개했었는데, 그 강연을 듣고 나서 곧 자신의 강의 원고를 인쇄하여 그 입장을 더욱 첨예화했다. *Der christliche Glaube und die Geschichte*(1910), V.u.kl.A. 1909-1914, S. 149-212.

문이다. "그리스도교"가 역사와 시간과 세상에 속한 하나의 실체가 되어버렸을 때 그런 일은 일어날 수밖에 없다. 그리스도교의 진리는 그저 '아니요'의 저편, 죽음의 저편, 인간의 저편에서만 찾아야 하는 것이 아니라, 오히려 '예' 그리고 '아니요', 생명 그리고 죽음, 하나님 그리고 인류 전체를 대비시킬 수 있는 가능성의 저편, 어떻게든 양자를 나란히 배열하고 서로 관련시키려고 하는 모든 가능성의 저편에서 찾아져야 한다는 사실, 그리스도교가 바로 그 사실에 대한 모든 의식을—신학자들의 배반 덕분에[31]—까마득하게 놓쳐 버렸을 때, 그런 일은 실제로 의심의 여지 없이 일어난다. "죽은 자 가운데서 부활하심"이라는 개념이 바로 이것을 말하고 있다. "어찌하여 살아 있는 자를 죽은 자 가운데서 찾느냐"[눅 24:5]. 어찌하여 하나님의 진리를, 예컨대 "그리스도교"와 같이 역사에 귀속된 실체가 일어나고 가라앉고 형성되고 사라지는 가운데 나름의 가능성과 제약성을 갖는 **그** 지평·**그** 공간에서 찾으려는가? **부활** 개념은 **죽음**의 개념에서, 다시 말해 모든 역사적인 사물들의 종말이라는 개념에서 생성된다. 육체적으로 **부활하신** 그리스도는 언제나 또다시 육체적으로 **못 박혀 죽으신** 그리스도와 마주하고 있으니, 이 대면은 다른 어떤 방식으로도 이루어지지 않는다. 그는 "육체로는 죽임을 당하시고"(벧전 3:18), 다시 말해 모든 눈에 보이는 인간적·역사적 가능성 그 자체(이것이 가장 놀라운 초물리적 현존재라고 해도 마찬가지다!)를 (그저 **눈에 보이는 인간적·역사적**일 뿐인 가능성으로서!) 단념하고 그 모든 것을 뒤로 하고 죽으심으로써 "영으로는 살아나셨고" **새**

31 Overbeck, Christentum und Kultur, S. 235f. 바르트 소장본에 밑줄이 그어져 있고, 여백에도 표시되어 있다(OWN 6/1, S. 275). "신학자들은 그 엉성한 제스처 때문에 혹독한 심판을 받게 될 것이다. 그들은 대개가 자신들이 대변하는 핵심 내용의 배반자들이다. 그러나 어쩌면 그 핵심 내용 자체가 오히려 그들을 더 잘 배반할 것이다."

하늘과 **새** 땅의 **새**사람으로 계시되시고 드러나신다. 그러나 그가 십자가에서 죽으신 분으로서 부활하신 분이며, 이 세상에서 살아가는 옛 사람의 종말로서 하나님 안에 있는 새 사람, 명백히 보이지는 않는 그 사람이라면, 그는 역사적인 것의 상대성, 시간의 근본적인 위협, 곧 죽음을 **뒤로 하신** 것이다. "그는 죽은 자 가운데서 살아나셔서 다시 죽지 아니하신다." 그의 부활은 κατ' ἐξοχήν[탁월하게] "**비**역사적인" 사건이어서 "죽음이 그를 더 이상 지배하지 못한다." 이 생명은 해체될 수 없으며[32] 철회될 수 없는 **생명**, 하나님의[p] 생명이며, 하나님께서 직접 아시는 생명이다. 그러므로 우리는 믿음을 통해 이러한 인식, 곧 하나님의 관점에서 일으켜진 인간의 인식을 우리 안에 수용하려고 감행하며, **이** 생명, 곧 예수의 부활의 생명을 **우리의** 생명으로 받아들이기를 감행한다. "우리는 그와 함께 살 것이다!"(6:8) 이 생명을 "우리의" 생명이라고 부르는 "우리"는 **지금의 우리 자신이 아니다**. 이러한 앎은 오직 우리의 죽음에 대한 앎으로써 눈에 보이는 것이 될 수 있다. 이러한 생명을 아는 믿음은 오직 그리스도와 함께 죽는 것으로, 경외와 겸손과 사랑을 통한 '알지 못함'Nicht-Wissen 으로 발생한다. 믿음이 그러한 사건이 되는 한, 예수가 걸어간 눈에 보이는 죽음의 길 속에서 우리에게 다가오는 눈에 보이지 않고 |186| 불가능한 인식의 **객체**와 더불어 그와 똑같이 눈에 보이지 않고 불가능한 인식의 **주체**가 (삶과 죽음을 가르고 연결하는 선의 저편에) 설정된다는 점에서, 그리스도의 죽으심의 뒷면인 "Futurum

32 Ph. Fr. Hiller의 합창곡 '예수 그리스도께서 왕으로 다스리신다'Jesus Christus herrscht als König, GERS(1891) 142, 2절(약간 바뀐 가사로 RG [1998] 492, 3; EG 123, 3).

> ……그리스도의 왕좌는 쓰러지지 않으며
> 그리스도의 생명은 흩어져 없어지지 않으며
> 그리스도의 나라는 영원한 나라일세.

resurrectionis"[부활의 미래]("우리는 살 것이다!")가 **새로운** "우리"의 전제가 된다는 점에서, **지금** 우리의 **존재**는 이미 새 사람이며, **지금** 우리의 **존재**는 죄가 하나의 가능성이 되는 삶을 살 수 없는 긍정적인 불가능성 속에 있다.

"그가 죽으심은 죄에 대하여 단번에 죽으심이요 그가 살아 계심은 하나님께 대하여 살아 계심이니." 그리스도의 죽음 안에서 인간적 가능성이 지양됨은 그 자체로 죄의 가능성의 지양이다. 죽음 이편에 있는 모든 인간적인 가능성은 그 자체로 죄의 가능성이기 때문에, 바로 그렇기 때문에 예수께서 사신 삶의 의미는 죽음이어야 한다. 시간과 사물과 인간의 세상에서 산다는 것은 눈에 보이지는 않지만 하나님에게서 멀어진 타락의 삶이며, 기껏 하나님을 가까이한다고 하지만 너무나 눈에 보이는 것을 추구하는 신인동형설에 빠진 삶이다. 이러한 삶 속에서는 하나님의 인정을 받을 만한[1:17, 3:21, 10:3] 명료함이나 순수함이나 결백함이나 의로움이 아예 없다! 이러한 삶 속에 있는 어떤 의미, 궁극적인 것, 생명은 언제나 죄일 뿐이다. 그런데 이제 그리스도께서 죽으셨다. 이 죽음 안에 있는 의미, 궁극적인 것, 그 죽음의 죽음이 곧 하나님이다. 그분은 현세적 생명의 죽음 저편에 있는, 그래서 오직 죽음의 비유로만 눈에 보이게 드러날 수 있는 새로운 가능성, 인간의 (불가능한) 가능성이신 하나님이다. 인간의 이 새로운 가능성이 현실적으로 **하나님을 가까이함, 죄 없음, 의로움**이다. 바로 그렇기 때문에 그 가능성은 오직 죽음의 비유로만, 과거 삶의 모든 가능성에 대한 원칙적인 부정으로만 눈에 보이게 드러날 수 있다. 그러나 이 가능성이 그리스도의 죽음 안에서 실제로 눈에 보이게 **되는** 한, 그리스도께서 실제로 자신의 죽음을 통해 하나님 안에서 살아가는 인간으로 **나의 자리에 서는** 한, 그리고 내가 실제로 "믿으면서"(6:8) 그분의 죽음에 참여하여 그분과 더불어 살게 되는 한, 근본적으로 다른 한분[他者]이 **"단번에"** 나의 시야로

들어온 것이다. 이 **타자**는 나와 안 보이는 측면에서 하나인 상대다. 보이는 측면에서는 죽음 안에 계신 그리스도와 하나인 것같이 말이다. 그는 부활하신 분이다. 죄 안에서 살아가는 삶에 대해서는 죽으신 분, 하나님 안에서는 살아 계신 분이다. 그가 바로 **참** 사람*der* Mensch이며, **참** 개인*das* Individuum, **참** 영혼*die* Seele, **참** 몸*der* Leib이다. 그가 내 자리에 서시니, **그는 나**다. 그리스도의 죽음은 삶의 마지막, 다시 죽을 수 있고 죽어야만 하는 삶의 마지막이며, 근본적인 죄 없음이 죄의 가능성을 누르고 승리한 것이며, "너의 죄가 용서 받았다!"[마 9:5 병행 본문]는 선포이기 때문에, 그리고 그리스도는 |187| 죽음과 부활의 순서가 뒤바뀔 수 없으므로 다시는 죽지 않으시기 때문에—**그렇기 때문에** 죄와 은혜의 순서도 뒤바뀌지 않으며, **그렇기 때문에** 나는 그리스도 안에서 하나님에 대하여는 살고 죄에 대하여는 죽은 존재가 된다. 나는 은혜를 입은 사람이면서 **동시에** 죄인이 될 수는 없다. 죄**로부터** 은혜**에 이르는** 돌이킴(결코 역전될 수 없는 돌이킴) 안에 있을 수밖에 없다.

"이와 같이 너희도 너희 자신을 죄에 대하여는 죽은 자요 그리스도 예수 안에서 하나님께 대하여는 살아 있는 자로 여길지어다." 증명에 대한 증명, 증명된 정황을 바라보는 우리의 **통찰**에 대한 결정은 그것이 믿음의 모험으로 감행되었느냐 그렇지 않았느냐라는 질문에 달려 있다. 믿음이란 하나님이 보시는 것을 봄이며, 하나님이 아시는 것을 앎이며, 하나님이 어떻게 여기시든 그대로 여기는 것이다. 하나님은 죄에 대하여는 죽고 하나님에 대하여는 살아 있는(6:10) 그 사람을 의롭다고 "여기신다"(3:28, 4:3). 예수 그리스도께서 죽은 자 가운데서 부활하심은 바로 그 새 사람, 하나님의 기뻐하심을 받은 사람[눅 2:14]의 계시와 직관이다. 그러나 부활의 **능력**은 바로 그 새 사람의 인식이다. 우리는 그 인식 속에서 하나님을 인식한다. 아니, 오히려 우리가 하나님에 의해 인식된다(갈 4:9, 고전 8:2-3, 13:12). 은혜

는 부활의 능력이다. 여기서는 너무나도 자연스럽게 직설법Indikativ과 명령법Imperativ이 되는데, 이것이 의미하는 것은 바로 진리의 현실성이다. 앎nosse 속에 있는 존재esse다. 인식된 것, 인식하는 것, 그리고 인식 그 자체의 실재성이다. 죄인이면서 **동시에** 은혜를 입은 자일 수 있는 이 긍정적인 불가능성은 지속된다. 그렇게 지속**되도록 하라**! 죄의 용서는 유효하다. 그렇게 유효**하도록 하라**! "너는 그리스도와 함께 죄에 대하여 죽었나니, 그처럼 지금도 죄에 대해 **죽어라**! 너는 그리스도와 함께 부활하여 하나님에 대하여 살아났으니, 그처럼 지금 그분에 대하여 **살아 있어라**! 너는 자유 안에 놓였으니, 이제는 **자유롭게** 되어라!"(슐라터)[33] "네가 그리스도 안에서 이미 **된 존재**, 바로 그것이 **되어라**!"(고데)[34] 부활의 능력**이야말로** 곧 열쇠, 열리고 있는 문, 문지방을 넘어서는 발걸음**이다**[q]. 은혜는 [부활의 이편과 저편 사이] 평형의 교란, 평형의 지양**이다**. "우리의" 삶의 현실성을 (언제라도!) 거짓이라고 부를 수 있는 가능성, **하나님 안에 있는** 우리의 삶의 현실성을 향해 (언제라도!) 손을 뻗을 수 있는 가능성, 그 불가능한 가능성이 여기 있다. 우리는 (우리가 아닌 우리로서, "Futurum resurrectionis"[부활의 미래]의 주체로서) 하나님이 더는 알지 않으시는 것에 대해서는 질문을 던질 수 없다. |188|

순종의 능력

6:12-23

12-14. 12 그러므로 너희는 죄가 너희 죽을 몸을 지배하지 못하게 하여 몸의

33 Schlatter, S. 133(슐라터는 종종 "그리스도와 함께"mit Christo라고 한다). 바르트의 강조.

34 Fr. Godet, a.a.O.(이 책 454쪽, 각주 23), S. 24. "(그리스도 안에서) 이미 너의 존재인 그것이 되어라!"

사욕에 순종하지 말고 13 또한 너희 지체를 불의의 무기로 죄에게 내주지 말고 오직 너희 자신을 죽은 자 가운데서 다시 살아난 자같이 하나님께 드리며 너희 지체를 의의 무기로 하나님께 드리라. 14 죄가 너희를 주장하지 못하리니 이는 너희가 법 아래에 있지 아니하고 은혜 아래에 있음이라.

"그러므로 너희는 죄가 너희 죽을 몸을 지배하지 못하게 하여 몸의 사욕에 순종하지 말고." 은혜는 순종의 능력이다. 은혜는 이론이면서도 실천인 **특별한** 이론*die* Theorie이며, 파악이면서 또한 장악Ergreifen인 **특별한** 파악*das* Begreifen이다. 은혜는 직설법이되 전형적인 정언 명령kategorischer Imperativ [35]의 의미를 지닌 **특별한** 직설법*der* Indikativ이다. 그리고 은혜는 우리가 순종하지 **않을** 수 없는, 어떤 순수한 확정의 능력을 가진 **특별한** 명령, 호소, 계명, 요청이다. 은혜는 앎이되, 앎에 상응하는 의지Wollen를 어떤 다른 것·이차적인 것·부수적인 것으로서 자기 **곁에** 두는 것이 아니라, 자기 **안에** 직접적으로 지니는 **특별한** 앎*das* Wissen이다. 은혜는 하나님이 뜻하시는 것의 앎이며, 하나님이 뜻하시는 그것을 의지하는 것과 동일하다. 왜냐하면 은혜는 부활의 능력이기 때문이다. 은혜는 하나님을 통해 인식된 인간 존재의 인식이다[갈 4:9, 고전 8:2-3, 13:12]. 은혜는 인간이 모든 주어진 것, 모든 삶의 내용, 모든 본질, 모든 현존재 및 존재 상태의 저편에서 하나님에 의해von r 창조되고, 하나님에 의해 움직이고, 하나님 안에서 쉬는 실존이라는 사실을 의식하는 것이다. 은혜는 하나님으로부터 산출된gezeugt s 실존 그 자체다. 인

35 이것은 이마누엘 칸트 윤리학의 기본 원칙이다. "너의 의지의 준칙이 항상 동시에 보편적 법칙 수립의 원리로서 타당할 수 있도록, 그렇게 행위하라." I. Kant, *Kritik der praktischen Vernunft*, A 54, Akademie-Ausgabe, I. Abt., Bd. 5, Berlin, 1908, S. 30. *Grundlegung zur Metaphysik der Sitten*, BA 51f., 76, 81f. Akademie-Ausgabe, I. Abt., Bd. 4, Berlin, 1903, S. 421, 434, 436f.

간이 은혜 안에 위치하고 있는 한 그렇다. 은혜는 곧 새로운 인간, 하나님이 만드시고 구원하신 인간, 하나님 앞에서 의로운 인간, 하나님이 기뻐하시는[눅 2:14] 인간이니, 하나님도 그 인간에게서 자신을 다시 발견하신다. 마치 아버지가 자식에게서 그러하듯이. 나는 부활의 능력 안에서, 죽음에서 생명으로 건너가는 위기 속에서, 오직 믿음으로 말미암아, 믿음으로부터 이 새 사람이다. 바로 이 사람에게, 은혜 입은 이 사람에게 '하나님이 원하시는 것을 원하라!'고 요구하는 것은 의미 있는 일이다. 왜냐하면 이 사람이야말로 실존적으로, 근원적으로 하나님이 원하는 사람, 하나님으로부터 사는 사람이기 때문이다. 나는 은혜 입은 사람으로서 그 요구를 듣고 이해할 수 있다. 그것을 나 자신의 근원으로서, 나 자신의 실존의 긍정으로서, (내가 아닌!) **내가 있다**Ich bin는 통찰과 같은 의미로서 듣고 이해하는 것이다. 은혜 입은 사람인 나는 그 요구를 통해서 창조되며, 그 요구를 통해서 활력을 얻고 |189| 일깨움을 얻으며, 그 요구를 통해서 불안해진다. 나는 인간이 이 세상에 대하여 행하는 공격, 이 세상이 인간에 대하여 행하는 공격, 그리고 바로 나 자신에 대한 공격의 주체, 추진자, 무기이다. 이 공격은 저 요구 안에서 나타난다.zum Ausdruck kommen [t] 은혜 입은 나에게는 죄**야말로** 절대적으로 문제가 되는 것das absolut Problematische**이다**. 죄는 그저 상대적인 것, 다른 나은 가능성들과 대립하는 하나의 치명적인 가능성에 불과한 것이 아니다. 오히려 그것은 총체적인 가능성이다. 나쁜 가능성과[u] 더 나은 가능성까지 포함하는 모든 인간적인 가능성들 배후에, 그 위에 있는 운명과 권세다. 그것은 나의 (내가 그것과 분리될 수 없고 구분될 수 없을 만큼 하나인) "죽을 몸"의 사실성과 더불어 주어진 것처럼 보이는, 내 위에 군림하는 것처럼 보이는 지배 세력이다. 은혜 입은 나는 이 지배 세력을 인정할 수 없고, 그것이 통용되도록 할 수 없으며, 그것을 염두에 둘 수 없다. 나는 어

떤 주어진 것, 어떤 전제가 되고자 하는 그 지배 세력의 그 요구를 절대적으로 의심할 수밖에 없다. 나는 죄를 바라본다. 그러나 그것을(모든 인간적인 가능성의 필연성인 바로 그것을!) 오직 불가능성으로 본다. 죄가 이 죽을 몸에 거주했고 거주하고 있으며 앞으로도 거주할 것인데, 이것은 시간이 시간이고 인간은 인간이며 세상은 세상인 한 그렇다. 죽음이 승리에게 삼켜지지 **않고** 죽을 것이 생명에게 삼켜지지 **않는** 한 그렇다[고전 15:54]. 내가 (그리스도의 죽음 이편에서, 새 사람과 하나되지도 않고 은혜를 입지도 못하고 깨지지도 않아서) 있는 그대로의 존재인 한 그렇다. 내가 왼발을 아직 무덤에 디딘 채, 기괴한 우연성과 기이함을 지닌 비천한 개인으로서 출생과 사망이라는 섬뜩한 제약의 과정 속에서 얽히고설키면서 결국 도무지 알 수 없는 우주의 우연적 사물성과 하나가 됨으로 끝이 나는 한 그렇다. **이** 몸은 자연적인 몸, 순수한 몸, 죄 없는 몸이 될 수 없다. 만일 그런 몸일 수 있다면, 죽을 것은 죽지 않을 것을 옷 입고 썩을 것은 썩지 않을 것을 옷 입었을 것이다[고전 15:53]. 만일 이 몸이 **아직** 죽지 않을 것과 썩지 않을 것을 옷 입지 **않았다면**, 그것은 이 몸이 스스로를 죄의 육체로 특징짓는 것이다. 그러나 이런 특성 때문에 우리가 은혜와 죄의 이원론, 긍정과 부정의 대립을 고수할 필요는 없다. 왜냐하면 죽을 수밖에 없는 몸, 죄의 몸으로 특징지어지는 바로 그 존재가 "옛 사람의 못 박힘"(6:6)으로 지양되고 의문에 놓이고 공격받고 뚫려 버려 "우리가 더 이상 죄에게 종 노릇 하지 않게" 되었기 때문이다. "옛 사람", 곧 인간적인 가능성의 인간은 죽을 수밖에 없는 죄 많은 것이라 특징지어진 몸과 분리될 수 없이, 구분될 수 없이[v] 하나인 자아다. 그러나 그런 자아에게 해당되는 것이 나 곧 은혜 입은 나, 그리스도와 함께 죽은 나에게는 해당되지 않는다. 바로 이와 같은 나는 나의 죽을 몸 안에 거하는 죄의 통치도, |190| 나의 죽을 몸의 영역 안에

서 이루어지는 그의 통치도, 그리고 그 몸이 죄를 통해 특징지어지는 것도 인정할 수 없다. 거기서 죄는 위협을 당하고 의문시되고 통치권을 완전히 빼앗긴다. 옛 사람이 십자가에 못 박힘으로써 그리스도께서 확실히 나의 소망이 되신 것처럼, 나의 몸도 새 사람의 불멸성과 무죄성의 소망에 참여하기 때문이다. 그 몸은 있는 그대로의 나와 함께, 있는 그대로가 아닌 나와의 관계 속에 놓인다. 나와 함께하는 그 몸은 논란의 여지가 없는 죄의 영역이 아니고 죄의 활동 근거지도 아니다. 오히려 죄가 자기의 지배권을 확보하려고 싸우지 않으면 안 되는 전쟁터다. 그런데 그 죄에 맞서는 투사der Streiter가 있다. 죄가 나의 죽을 몸 **또한** 지배하는 것, 그 밖의 여러 가지 상황, 역사, 유한한 목적의 나라 전체[36], 내 실존의 외적인 것 또한 (죄는 **바로** 그 외적인 것도 지배한다. 왜냐하면 실존적으로 볼 때, "밖"에 있는 것 중에서 또한 "안"에도 있지 않은 것이 어디 있겠는가?)[37] 지배하는 것을 인정할 수 없고 정당화할 수 없고 승인할 수 없는 투사가 있다. 그 투사가 바로 나, 은혜 입은 새 사람인 나다. 그 지배 앞에서 **나**는 회의주의자, **나**는 혁명가다. 나는 은혜와 죄 사이에서 방관자, 중립을 지키는 자가 될 수 없

36 이 개념은 "목적들의 보편 나라들"(I. Kant, *Grundlegung zur Metaphysik der Sitten*, BA 83, Akademie-Ausgabe, I. Abt., Bd. 4, Berlin 1903, S. 438) 개념과 "궁극 목적들의 나라"(H. Cohen, *Ethik des reinen Willens*, a.a.O. [이 책 177쪽, 각주 36], S. 372 [1907² = Werke, Bd. 7, S. 394])의 상대개념으로 만들어진 것이다.

37 요한 볼프강 폰 괴테, '에피레마'(Epirrhema).

자연을 관찰할 때는 언제나
하나를 마치 모든 것처럼 주의해야 하나니,
안에도 아무것 없고, 밖에도 아무것 없네,
안에 있음이 곧 밖에 있음이기에.
이렇듯 신비는 지체함 없이
거룩하고 공적으로 마음을 사로잡노라.

다. 나는 죄를 은혜 옆에 있는 어떤 가능성으로 여길 수 없다. 오히려 죄는 은혜의 불가능성에 의해서 그 자체가 불가능성이 된 (**그야말로** 인간적인!*die menschliche*) 가능성이다. 눈길이 닿는 모든 곳에서 죄가 인간적인 가능성으로 현존한다는 사실은 충분히 설명될 수 있다. 그러나 내가 죄의 가능성을 **나 자신의** 가능성으로 여겨야 한다는 것은 쉽게 설명할 수 있는 일이 아니다. 죄가 나의 죽을 몸 안에 거한다는 것은 설명 가능한 일이다. 그러나 만일 내가 그 죄와 타협한다든지 화해한다든지 공조 체제modus vivendi를 유지한다면, 그것은 쉽게 설명할 수 있는 일이 아니다. 나의 죽을 몸의 "욕망"이 실재Realität라는 사실은 설명 가능한 일이다. 그것은 죽을 수밖에 없는 죄 많은 육체의 특징이고 발현이며 위력이다. 나의 식욕, 수면욕, 성욕, 자기주장의 충동, 나의 기질과 독특성, 탐욕스러운 지식욕, 예술적 충동의 유희, 의지의 맹목적 쇄도……마지막으로 그 모든 욕망의 제일 위에 나의 "종교적 욕망"이 있으니, 여기에는 그에 상응하는 우주적·사회적 "욕망"이 결부되어 있다. 이 모든 것은 철저하게 시간성·사물성·우연성에 그 뿌리를 두고 있으며, 내 육체의 썩어져 버릴 운명에 철저하게 연루되어 있다. 그 육체는 나의 우주적 현존재, 나의 사멸성과 죄성의 활력이며, 죄로 인하여 이미 죽음에 내맡겨진 **그** 삶das Leben을 말한다. 이러한 욕망의 삶의 실재성은 얼마든지 설명이 가능하다. 그러나 만일 |191| 은혜 입은Begnadet w 사람인 내가 스스로 그런 특징을 가진 사람이라고 **동의**해야 한다면, 만일 내가 그런 욕망에 "**순종**"하고 있다면, 만일 내가 그 실재의 상대성을 알아차리지 못하고 거기에 **초월적** 실재성을 부여한다면, 만일 내가 그것을 형이상학적으로 (어떤 제2의 것, 주어진 것으로) **실체화**한다면*hypostasieren*, 만일 내가 그것을 존경하고 성별하고 **거룩하다 일컫고** 종교적으로 변용하려 든다면, 만일 새 사람인 나의 삶이 나의 죽을 몸의 삶을 마주 대할 때 비존재가 존재

와 대립하는 것과 같지 x않다면, 그것은 쉽게 설명할 수 없는 일이다. 만일x 모든 사라질 것들이 그저 하나의 비유라는 사실을 내가 망각한다면, 만일 있는 그대로의 나를 마지막 날까지 있는 그대로가 아닌 나와 갈라놓는 저 심연深淵에 대한 경악을 망각한다면, 구원을 베푸는 그 경악을 망각한다면, 만일 내가 원칙적인 부정에 의해 더 이상 깨지지 않는 선을 추구하고 그것을 **하나님의** 자연성과 **나의** 자연성 사이에서 찾았다고 한다면, 그때 욕망(사욕)의 삶의 실재성은 설명할 수 없는 일이다. 만일 내가 은혜 입은 사람이 아닌데도 "나의 죽을 몸의 사욕"과는 **다른** 질서에 속한 나 자신의 활력을 가지고 있으며 그것을 관철시키고 있다면, 그때도 죄의 삶은 설명할 수 없는 일이다. 우리는 은혜 입은 자들로서 "의의 은사"(5:17)를 받는다. 그렇다면 이 전투력을 제대로 활용하지 않는 것은 너무나도 어리석은 일이다. 우리는 "생명 안에서 왕 노릇"하게 된다(5:17). 그런데 그와 동시에 죽음의 종노릇 하는 것을 받아들인다면 그야말로 얼빠진 짓이다. "잊지 마라. 거룩한 사람들 역시 육체 안에는 사악한 욕심을 지니고 있다. 다만 그들은 그것을 따르지 **않을** 뿐이다"(루터).[38]

"또한 너희 지체를 불의의 무기로 죄에게 내주지 말고 오직 너희 자신을 죽은 자 가운데서 다시 살아난 자같이 하나님께 드리며." 인간의 "지체", 그 육체적·심리적 조직, 원인과 결과의 총체성 안에 있는 우주적인 현존재는 "불순종의 무기"요 오만불손의 도구로서, 인간은 그 교만함 속에서 자신을 하나님과 동일시함으로써(1:18) 진리를 가둬 버리고, 자기는 자유롭다

38 Eberle, S. 107. 바르트 소장본에 밑줄이 그어져 있다. *Randglosse zu Röm. 6,12*, WA.DB 7,46f. "잊지 마라. 거룩한 사람들도 아직 육체 안에는 사악한 욕심을 지니고 있다. 다만 그들은 그것을 따르지 않을 뿐이다." Eberle 판에도 "아직"(noch)이 나온다. 그러나 바르트의 글에 나오는 "또한"(auch)은 바르트의 실수이거나 식자공의 실수인 것 같다.

고 주장하지만 고작 반란을 일으킨 노예의 자유 속에서 사실 죄의 포로가 되어 있으니, 결국 자기의 존재 전부를 그 죄에게 "내줄" 수밖에 없는 것, 바로 이것이 언제나 우리 인생의 가능성, 눈에 명확히 보이는 가능성이다. 그러나 이렇듯 눈에 보이는 삶의 가능성은 은혜 입은 사람의 순종이라는 보이지 않는 능력 안에서 부정된다. 그 가능성은 나의 실존적인 가능성이 **아니다**. 너는 포로가 **아니다**! 너의 지체는 바벨탑을 짓기 위한 것[창 11:1-9]이 **아니다**! 그것을 죄에게 내주지Stelle y 말라! 너는 네 자신을 (은혜 입은 너는 구원받지 못한 너를, 새 사람인 너는 옛 사람을 그 모든 지체와 더불어!) 하나님께 내어 드려라. 너는 (실존적으로) 하나님의 것이다! "자신의 전 존재를 바쳐서, 흔히 죽음에 이를 때까지도 다소간 |192| 반항적으로 하나님께 맞서는 것, 가령 하나님께 바쳐진 손으로, 말하자면 하나님의 얼굴을 치면서도 그리스도를 소망하기를 원하는 것이 도대체 가능하다는 말인가?"(블룸하르트)[39] 실제로—눈길이 미치는 그 어느 곳에서도—존재하는 이러한 가능성은 인간이 은혜를 입음으로써, 보이지 않는 그 존재를 통해서 완전히 흔들리고 허물어진다. 여기 그런 가능성의 산에 하나의 구멍, 텅 빈 공간이 생겨난다. 여기 **다른** 질서에 속한 가능성으로서 순종의 능력이 시작되니, 이것이 과거의 가능성을 무너뜨린다. 그러나 **제3의** 가능성이 있다. 그것은 "어떤 때는 죄의 용병이 되어 하나님과 맞서 싸우다가, 또 어떤 때는 하나님의 용병이 되어 죄와 맞서 싸우는 것이다. 어떤 때는 육체적 삶의 영역에서 죄를 섬기더니, 또 어떤 때는 영적인 삶의 영역에서 하나님을

39 J.Chr. Blumhardt, *Andacht über Röm. 6,13*, Gesammelte Werke, hrsg. von Chr. Blumhardt, Bd.I/2: *Haus-Andachten für alle Tage des Kirchenjahrs*, Karlsruhe, 1886, S. 205. "……반항적으로 하나님에게 맞서는 것……."

섬기느라 왔다 갔다 하는 것"(찬 Zahn)[40]이다. 하지만 이것은 완전히 **배제된** 가능성이다. 너희는 **죽음**에서 생명으로 옮겨졌다. 죽음과 생명 사이에 제3의 가능성이란 없다. 이 싸움에는 탈영병도 없고 정전 협상자도 없고 중립도 없다. 산이 있는 곳에는 동굴이 없고, 동굴이 있는 곳에는 산이 없다.

"너희 지체를 의의 무기로 하나님께 드리라." "여기가 로도스다. 여기서 뛰어라!" Hic Rhodus, hic salta[41] 실존적으로 하나님께 내어 맡기라는 뜻이다. 죽을 몸의 지체일망정 긍정적으로 사용할 수 있다. 순종의 힘, 눈에 보이지 않는 그 힘은 눈에 보이는 우리의 삶의 가능성 전체를 지양함으로써 그것을 역전시킨다. 과거에는 죄가 죽음으로 다스리던 곳인데 지금은 은혜가 정의로 다스리고 있다. 의로움을 통해, 창조적인 용서의 말씀을 통해, 하나님께서 우리를 찾고 우리를 당신의 것으로 여겨 주시는 '그럼에도 불구하고!'를 통해 다스린다. 그러므로 의심스럽기 짝이 없는 육체, 완전히 버려진 육체, 죽을 몸이 변하여 사랑의 찬양이 되고 "귀히 쓸 그릇"[9:21]이 되고 하나님의 의의 무기가 된다. 불가능한 것이 가능해지는 일을 통하지 않고는 어떻게 이런 일이 가능하겠는가? 죽음에서 생명으로 옮겨 오지 않은 사람[요일 3:14]이라면, 과연 누가 이러한 요구를 다만 **인지**라도 할 수 있겠는가? 그러나 여기서 중요한 것은 바로 이것이다. 은혜의 직설법이 **이와 같은** 명령법으로서, 다시 말해 절대적인 요구로서 인간을 향하고 있다는 사실, **불가능**한 것이

40 Zahn, S. 311f. "……어떤 때는 죄의 용병이 되어 하나님과 맞서 싸우다가 또 어떤 때는 하나님의 용병이 되어 죄와 맞서 싸우는 것이다. 어떤 때는 육체적 삶의 영역에서 죄를 섬기고 동시에 영적인 삶의 영역에서 하나님을 섬길 수 있다고 생각한다……."

41 이 표현은 이솝우화 "허풍쟁이 남자"에 나오는 표현이다. Büchmann, S. 306f. [원래 그리스어로 '5종 경기 선수'(ὁ πένταθλος)가 주인공이다. 실력이 없어 늘 욕을 먹던 그는 자기가 로도스에서 모든 선수들을 물리치고 최고의 점프를 했다고 자랑하자, 그 자리에 있던 사람이 말한다. "여기가 로도스다. 여기서 뛰어라!" 이 말은 '네가 할 수 있는 일이라면 지금 이 자리에서 증명하라!'는 뜻으로 사용된다.]

가능해졌다는 사실(6:19), 바로 이 사실 때문에 그리고 이 사실에 근거해서 은혜는 신비주의의 벽과 도덕의 벽을 돌파하고 나아간다.

"**죄가 너희를 주장하지 못하리니 이는 너희가 법 아래에 있지 아니하고 은혜 아래에 있음이라.**" 은혜는 부활의 능력이기 때문에, 부활의 능력인 한에서 순종의 능력이다. 그것은 우리가 자기 자신을 "Futurum resurrectionis"[부활의 미래]의 주체로 인식하는 인식 능력이다. 우리의 존재를 새 사람의 존재로 여기는 모험의 능력이다. "생명"에서 **사망**으로 나아가는 우리의 실존을 |193| "사망"에서 **생명**으로 나아가도록 역전시키는 능력이다. 은혜 입은 사람은 하나님께 자신을 내어 드리고 자신의 "지체"를 하나님이 원하시는 것에 내어 드린다. 여기서 우리가 말하는 사람은 **종교적인** 인간이 아니라 **은혜를 입은** 인간이다. 그러니까 **여전히** "법 아래" 있다든지, 하나님과 관련하여 어떤 것을 "체험했다"든지, 안 보이는 것에 대한 보이는 흔적을 어떻게든 자기의 정신이나 심정이나 행동 속에서 증명해 보인다든지 하는 그런 인간이 아니다. 생명수가 흘러갈 수 있는 저수로水路 가까이에 거주하는 그런 인간이어야 하는 것도 아니다. 죄를 이기는 순종의 힘은 어떤 결단·경향·열광의 힘이 아니다. 어떤 (그것이 최상의 것이라 할지라도!) 감동·변화·결정의 힘도 아니다. 필경 순종**에도** 이런 요소가 있기는 할 것이다. 순종도 어떤 종교를 가지거나 심지어 교회를 가질 수도 있다. 그것도 이런저런 것을 "믿을 것"이며, 기도 생활을 영위하기도 하고, 이런 모든 것에 상응하는 종교적·도덕적 태도를 취하기도 할 것이다. 무언가를 예감하고 소망하면서, 투쟁하고 고난당하면서, 무언가를 갖거나 갖지 못하면서, 인간의 경건성이라는 거대한 세계, 온갖 정령이 출몰하는 그 세계 어딘가에서 어떻게든 자신의 자리를 차지하기도 할 것이다. 종교사나 종교심리학이 이야기할 줄 아는 여러 가지 "유형"

가운데 하나가 어쩔 수 없이 **그의** 유형이 될 것이다!(6:17) 그러나 이 모든 것은 표징이나 증언은 될 수 있는지 몰라도 순종의 **능력**, 곧 순종이 소망을 품고 하나님께 대하여 '예!'라고 말할 수 있기 때문에 죄에 대하여는 '아니요!'라고 말할 수 있는("죄가 너희를 주장하지 못한다") 능력은 될 수 없을 것이다. 순종의 능력은 유형적인 어떤 것이 **아니라** 원형적인 것이며, 대상적인 것이 (아무리 섬세한 의미의 대상이라 할지라도!) **아니라** 근원적인 것이며, 종교적인 것이 **아니라** 하나님 앞에 있는 것이며, 율법이 **아니라** 은혜다. 만일 그 능력이 경건·경험·체험 혹은 그와 유사한 것으로서 눈에 보이고 역사적인 것이 되곤 하는 것과 동일하다면, '죄가 원하는 것은 원하지 말고, 하나님이 원하는 것을 원하라!'는 명령법은 의미 없는 것이 된다. 영혼의 경험 중에서 차원이 높은, 가장 높은 경험이든지 악마적 체험이든지 종교적 체험이든지 그 모든 것은 결국 인간적 가능성의 영역에 있는 것인데, 그 영역이라면 어떻게 죄가 다스리지 않을 수 있는가? 인간, 곧 이러한 인간이 어떻게 하나님이 원하시는 것을 원하기라도 할 수 있는가? 그가 아무리 경건한 인간이라 할지라도 말이다! 어떻게 유한한 것이—설령 그것이 최고 수준의 종교라 할지라도—무한한 것을 파악할 수 있겠는가? "*Finitum non capax infiniti!*"[**유한은 무한을 파악할 수 없다**][42] 종교적인 사람의 은혜 체험이라는 것도 그의 나머지 삶의 내용이 처한 |194| 죄의 규정성과 결투

42 루터교의 그리스도론에 반대하는 개혁주의적 정통 그리스도론의 원리이다. 이렇게 간명하게 정리된 형태로 처음 공표된 것은 T. Kirchner, *Apologia oder Verantwortung des christlichen Concordienbuchs*, Heidelberg, 1583, S. 45b.에서다. 이 문구의 역사에 관하여, 그리고 초기 바르트가 이 문구를 사용함으로써 촉발된 토론에 관하여는 K. Barth, *Die christliche Dogmatik im Entwurf*, Bd. I: *Die Lehre vom Worte Gottes. Prolegomena zur christlichen Dogmatik*(1927), hrsg. von Sauter, Zürich 1982, S. 251f., Anm. 12 참조.

를 치르고 있는 중이다. 그러나 여기서 일어나는 일도 마찬가지로 인간적인 가능성 하나가 다른 하나의 가능성과 벌이는 싸움이다. 여기서는 떳떳하게 은혜의 승리라는 말을 할 수가 없다. 여기서는 실제로 하나님의 진리와 죄의 진리가 기껏해야 평형을 이루고 있다. 여기서는 '예'**와** '아니요'가 **다** 통용된다. 왜냐하면 여기서는 인간 실존의 (생명에서 죽음 쪽으로 향하다가 죽음에서 생명 쪽으로) 방향 전환이 근본 주제가 아니기 때문이다. 그러므로 여기서는 인간이 실존적으로 하나님께 내맡겨진 상태가 결코 아니다. 여기서는 하나님의 현실성이 인간적 "욕망"(종교적인 욕망도 성적인 욕망이나 지적인 욕망 등과 **나란히** 그 아래에 있다!)의 현실성과는 완전히 **구별**되어 오류 **없이**, 그리고 비판 **없이** 확인된 것도 **아니다**. 그러므로 여기서는 인간 안에 있는 하나님의 뜻의 현실성도 (리비도[43]의 의지와는 반대로) 의심스러운 것이 되며, 이 영역에서 때때로 "은혜"가 "죄"를 누르고 승리하는 것도 극도로 의심스러운 것이 된다. 여기서는 인간적 활력의 경계선을 넘어서는 일이 근본적으로는 일어나지 **않는다**. 그러므로 신적인 생명의 땅을 밟는 일도 근본적으로 일어나지 **않는다**. 여기서는 죄에 대하여 '아니요'라고 하고 하나님에 대하여 '예'라고 말하는 순종의 능력이 엄밀하게는 존재하지 **않는다**. 여기서는 오히려 죄가 넘침으로써 (인간적 삶의 충동의 가장 높고 가장 아름다운 우듬지, 곧 종교에서 5:20) 인간에게 하나님의 진노가 미친다(4:15). 그러나 너희는 "율법 아래 있지 않다." 오히려 너희는 이런 최종적인, 최고의 인간적 가능성의 저편에서 근본적으로는 오직 용서만이 나타나는 곳(4:15, 5:13), 바로 거기에 있다. 그런데 그 용서가 **드러나는** 곳이라면 너희는 "은혜 아래"에 있다. 이것이 "도덕적 관념론의 낙관주의적

43 이 책 187쪽, 각주 47.

공식"(리츠만)[44]이라고? 전혀 그렇지 **않다**! 은혜는 하나님의 나라, 하나님의 왕권, 실존적으로 하나님께 내맡겨져 있음, 인간 안에 있는 하나님 뜻의 실제적인 자유로서, 이것은 ᶻ모든 낙관주의와 비관주의의 저편에jenseits von allem Optimismus ᶻ 있다. 은혜는 순종이 불가피하고 의심할 수 없고 저항할 수 없는 것이 되는 바로 **그런** 지평·**그런** 공간·**그런** 세상에서 인간의 존재이며, **그렇기 때문에** 은혜는 순종의 능력이다. 은혜는 부활의 능력이기 때문에 순종의 능력이다. 또한 그것은 죽음의 능력이기에 죽음에서 생명에 이른 인간의 능력[요일 3:14], 오직 하나님 앞에서 자신을 잃음으로써 오히려 자신을 되찾은 사람의 능력이기에 부활의 능력이다.

15-16. 15 그런즉 어찌하리요. 우리가 법 아래에 있지 아니하고 은혜 아래에 있으니 죄를 지으리요. 그럴 수 없느니라. 16 너희 자신을 종으로 내주어 누구에게 순종하든지 그 순종함을 받는 자의 종이 되는 줄을 너희가 알지 못하느냐. 혹은 죄의 종으로 사망에 이르고 혹은 순종의 종으로 의에 이르느니라. |195|

"우리가 법 아래에 있지 아니하고 은혜 아래에 있으니 죄를 지으리요." 그렇다면 은혜가 어떤 의미에서는 죄를 지을 수 있는 자유를 의미한다는 말인가? 하나님 안에 있는 인생의 눈에 보이지 않는 불가능성, 비현실성에 대한 통찰의 결과로 인간은—죄에 맞서는 종교의 싸움이 결국에는 어떤 목적에 다다를 수 없음을 의식하면서—체념하는 마음으로, 혹은 짐짓 복되고 거룩한 미소를 지으며 저 눈에 보이게 가능하고 현실적인 삶이 그냥 자기 나름의 길, 곧 죄의 지배를 받는 길을 가도록 내버려 둔다는 말인가? 은혜를 입었다는 것은 죽을 몸의 욕망 앞에서, 구원받지 못한 이 세상을

44 Lietzmann, S. 66. "그러나 그가 도덕적으로 관념적인 낙관주의의 정식을 언급한 그 순간, 벌써 그것의 오해 가능성에 대한 인식도 그에게 섬광처럼 찾아온다."

지배하는 폭력 앞에서 평정을 유지하는 상태를 의미한다는 말인가? 이 육체와 이 세상의 현존재와 존재 상태를 (예컨대 창조를 근거로 들어!) **역시나** 하나님이 원하신 것, 아니면 적어도 허용하신 것으로 이해할 수 있다는 말인가? 그러므로 지금 여기서는 일어날 수 없는 **그 특별한** 구원을 바라면서 그런 현재의 상태와 평화협정, 아니면 적어도 휴전협정을 맺을 수 있다는 말인가? "은혜를 입은 자"란—죄와의 싸움에서 격앙되고 뒤집어지고 완전히 탈진하고 절망적인 상태에 빠진 율법의 인간과는 달리—조용한 시민이나 세상 사람에게서 나타나는 꽤 괜찮은 타협, 똑똑한 휴머니스트에게서 나타나는 회의적이고 성찰적이지만 인간적이고 사랑스러운 균형, 혹은 신비주의자[45]에게서 나타나는 다소간 흐린 혹은 맑은 핵심 직관Zentralschau을 하나님과 세상 사이, 저편과 이편 사이, 최후의 구원과 타락한 피조 세계 사이에 있는 그나마 좋은 몫이라 여겨 선택한 사람을 뜻한다는 말인가? 죄의 지배를 받고 있는 현존재와 존재 상태에 대한 우리의 포괄적인 부정이 결과적으로는 그만큼 포괄적인 긍정과 똑같다는 말인가? 전자의 부정은 아무런 실천적인 의미 없이 삶의 "다른 측면"으로서, 삶에 대한 또 다른 가능한 조명으로서 후자의 긍정과 하여간 평화롭게 마주 서 있다는 말인가? 만일 "은혜"가 예컨대 율법의 새로운 한 가지 현상 양태에 불과하다면, 새로우면서 가장 극단적이고 가장 멋진 인간적인 가능성에 불과하다면, 다시 말해 반反율법적·정적주의적quietistisch 가능성이나 수동성과 "기다

45 이것은 외팅거(Fr.Chr. Oetinger)의 사상을 암시한다. 특히 다음의 글을 암시한다. *Anmerkungen 1. von der Central-Schau oder Erkenntnis, wie die Engel erkennen, 2. von ihrem Unterschied von den Gesichten und Offenbarungen Gottes in den äußeren Kräften der Seele*(1734), *Sämmtliche Schriften*, hrsg. von K. Chr. E. Ehmann, II. Abth., Bd. 5, Stuttgart, 1863, S. 285-298. Römerbrief I, S. 407f., Anm. 23, S. 460. Anm. 32, 이 책 617쪽, 각주 32.

림"의 가능성에 불과하다면, 그러니까 좀 더 적극적인 다른 가능성에 비해 좀 더 수동적인 가능성에 불과하다면, 그렇다면 확실히 위의 해석을 반박하기란 **불가능할 것**이다. 만일 은혜가 하나의 인간적인 가능성이라면, 다른 인간적인 가능성이 은혜와 화해하거나 타협한 상태에서 자기 나름의 길을 가는 것이 아주 정상적인 일이다. 그때 "은혜"란 천차만별의 의미에서 죄를 지을 수 있는 자유를 **의미한다**. 그러므로 누구든지—바울이나 종교개혁자들과는 달리—"은혜"마저도 그저 율법의 관점에서 보는 사람, 하나님마저도 인간적인 종교와 도덕—인간적인 행함 혹은 행하지 않음의 관점에서 보는 사람, |196| 하나님에게서만 가능한[마 19:26 병행 본문] 불가능의 범주를 고요하고 단호하게 주목할 수 없는 사람, 영원을 사색할 수 없는 사람은 언제라도 은혜를 이런 최종적인 인간적 가능성, 비교적 수동적인 인간적 가능성과 혼동할 것이며, 그럼으로써—그가 은혜를 선택하든 내던지든, 열광하며 거기에 빠지든 싸구려 논박으로 달려들든—혼동의 바다를 일으켜 놓을 것이다. 그럴 수밖에 없다. 만일 은혜란 것이, 하나님이 모든 것을 하시니까 인간은 아무것도 할 수 없고 해서도 안 된다는 **그런 것**이라면 이제 남은 것이라고는, 그 사실에 대하여 세상의 자녀들이 느낄 만한 만족스러움을 감추지 못하면서 그 "아무것도 안 함"을 선택**하거나**(결과적으로 인간, 곧 "죄의 육체"가 마침내 정식으로 왕좌에 오른다), **아니면** 종교적 도덕주의자의 어두운 진지함으로 이런 "아무것도 안 함"을 비난**하거나**(결과적으로 인간은 죄와 맞서 싸우는 과정에서 자기가 "할" 수 있는 것을 "하다"가 마지막에는 "죄가 넘쳐남"(5:20)으로 끝을 보게 된다), **아니면**(이것이 안전한 중간 지대요 가장 빈번한 것인데) 그런 선택과 비난 사이, "정적주의"와 "행동주의" 사이에서 반쪽짜리 지식과 양심을 가지고 이리 갔다 저리 갔다 흔들리는 것(결과적으로 죄는 인간의 일반적인 교만과 종교적인 교만을 오가

면서 그 둘을 아우르며 결정적인 승리를 쟁취하고 그것을 경축하게 된다) 말고는 없기 때문이다. **이런 식으로** 해석되곤 하는 것, 그것의 소용과 거부 여부와는 무관하게 하여튼 인간적인 가능성으로서 이렇게 인간적으로 가능한 결과를 낳곤 하는 것은 우리가 은혜라고 부르며 선포하는 것이 결단코 아니다. 그래서 우리는 이렇게 말한다. 그런 것이 은혜라고? **그럴 수 없느니라**!

"그럴 수 없느니라. 너희 자신을 종으로 내주어 누구에게 순종하든지 그 순종함을 받는 자의 종이 되는 줄을 너희가 알지 못하느냐." 은혜란 인간이 무엇을 할 수 있고 해야 한다는 뜻도 아니고, 인간이 아무것도 할 수 없으며 또한 그래야 한다는 것도 아니다. 은혜란 **하나님**이 어떤 것을 행하신다는 뜻이다. 은혜란 하나님이 "모든 것"을 행하신다는 것이 아니라, 어떤 결정적인 일을 하신다는 뜻인데, 그것은 두루두루 여기저기에서 일반적으로 행하시는 것이 아니라, 오직 인간에게 행하심을 뜻한다. 은혜란 하나님이 인간의 죄를 용서하신다는 뜻이다. 은혜는 새로운 인간의 자의식이다. 은혜는 우리 실존에 대해 이미 대답된 질문die beantwortete Frage이다. 만일 이러한 통찰이 그리스도 십자가의 결정적인 의미에 대한 기억을 통해 더욱 예리해지고, 일체의 범신론에 맞서 철저한 방비도 갖추고, 우리가 무엇을 할 수 있는지 해야 하는지 혹은 그럴 수 없는지에 관한 질문 때문에 엉클어지지 않고 든든히 서 있다면, 그제야 비로소 은혜와 죄에 대해 객관적으로 말할 수 있다. 은혜는 인간 위에 있는 **하나님의** 나라, 통치, 권능, 권세다. 은혜는 우리의 모든 인간적인 |197| 가능성을—최초의 가능성부터 최후의 가능성까지—지배하고 있는 운명, 곧 죄를 통한 운명에 대한 근본적인 **모순***Widerspruch*이다. 은혜는 바로 이러한 모순으로서 모든 인간적인 가능성의 저편에 있으나, 그와 동시에 그 가능성의 새로운 규정성, 그것의 위기, 의미, 혼란, 그것에 대한 공격이다. 또한 여기서 이런 모순의 목소리를 내시는 분이 하나

님이기 때문에 그 인간적인 가능성의 약속과 소망이기도 하다. 은혜는 인간에 대한 하나님의 권능과 권세로서 **특정한** 인간의 행함 혹은 행하지 않음과 결코 동일시될 수 없다. 그러나 은혜는 **그 특정한** 인간의 (보이지 않는) 진리, 그의 행함 혹은 행하지 않음의 (불가능한) 참 가능성, 그의 (비존재로 규정될 수 있는) 참 존재다. 은혜를 소유한다는 것은 이러한 모순을 자기 안에 지니고 있음을 의미하는데, 사실 이것은 우리가 우리 자신 안에 가질 수 있는 "어떤 것"이 아니라 하나님 자신이 우리 안에서 가지고 계신 것이다. 한마디로 이것은 죄의 인간에 대한 모순, 다시 말해—우리가 다른 인간을 알지 못하기 때문에—인간 그 자체에 대한 모순, 우리 자신에 대한 모순이다. 은혜를 받았다는 뜻이 도무지 **아닌** 것은 무엇인가. 스스로 이런저런 것으로 존재함 **혹은** 그렇게 존재하지 않음, 이런저런 것을 행함 **혹은** 그냥 내버려 둠이다. 은혜를 받은 사람의 존재는 그럼 무엇인가? 우리인 것, 혹은 우리가 아닌 것, 하는 것[aa] 혹은 그냥 놔두고 있는 것 모두에 대한 하나님의 모순에 실존적으로 내맡겨지는 것, 그 모순에 "순종하고" 그것의 "종"이 되는 것이다. 이러한 은혜받음은 우리 자신의 모든 가능성 저편에 있는 가능성, **하나님의** 불가능한 가능성으로 일어난다. 이것은 자유, 곧 하나님께서 우리 안에서 취하시는 **바로 그** 자유다. 그분이 그 자유를 **취하신다**. 그러나 그분은 **우리 안에서** 그리하신다. **우리**는 사면赦免받은 사람이다. 은혜의 공격을 받은angegriffen 우리의 자아Selbst는 그 공격으로부터 벗어날 수 **없을** 뿐만 아니라, 그것이 어떻게 끝날지 마냥 기다리면서 그 공격 옆에서 방관할 수도 없다. 공격을 당한 그 자아는 죽고(십자가에 못 박히고, 6:6) 새로운 자아는 직접 공격자가 된다. 신적인 모순의 죽음으로부터 생명에 도달한 그 자아는 대적자Widersprecher, 곧 신적인 대적자와 하나됨을 발견한다. 바로 그것이 신적인 모순의 내용이기 때문이다. 그 모순은 우리는

우리가 아니라는 사실이다. 그 모순은 하나님에 의해 창조되고 구원받은 새로운 개인이 발표되는데, 그것은 우리의 개인적인 현존재 및 존재 상태에는 현존하지 않는 진리로서 나타나고 그 진리 앞에서는 개인의 현존하는 진리가 거짓 진리Unwahrheit가 된다는 사실을 뜻한다. 우리는 하나님 안에 있는 우리의 실존으로부터 공격을 받는다. 그러므로 "너희는 하나님의 종이다." 그것이 실존적으로 너희의 **존재**다. 너희는 다른 어떤 것으로 존재할 수 없다. 너희는 **종**(노예)이다. 실존적으로 너희는 순종을 위한 존재로 여기 있다. 너희는 **하나님의** 종이다. 다시 말해 너희가 실존적으로 여기 있는 것은, 너희 자신 안에서 너희 자신에 맞서, 죄에 맞서 제기된 신적인 '아니요'에 순종하기 위함이다. 실존적으로 너희는 죄에 대하여 '예'라고 할 수 있는 상태에 있지 않다. |198|

너희는 종이다. **"혹은 죄의 종으로 사망에 이르고 혹은 순종의 종으로 의에 이르느니라."** 죄를 지을 때나 은혜를 입을 때나 주된 문제는 실존적인 관계, 곧 노예됨이다. 하나는 다른 하나를 배제하고 양쪽 모두는 중간 상태를 배제한다. 그 둘은 우리가 하나님 안에 있는 우리의 실존으로부터 공격을 당하는 순간, 우리가 이쪽 주인의 손에서 저쪽 주인의 손으로 넘어가는 순간, 바로 그 눈에 보이지 않는 순간에만 나란히 설 수 있다. 바로 이것이 여기서 우리가 통찰할 수 있는 바다. 그러므로 죄도 그렇고 은혜도 그렇고 명확하게 규정될 수 있는 것의 결정적인 규정, 곧 우리 실존의 결정적인 규정이며, 나뉠 수 없는 한 인간의 총체성의 규정, 모든 인간적 가능성의 저편에 있으면서 그 가능성 전부를 포괄하는 규정, 가장 엄격한 의미에서 "종살이"Knechtschaft다. 바로 그렇기 때문에, 그 둘은 **오직** 양자택일의 대상으로 마주 서 있다. 바로 그렇기 때문에, 은혜 입은 자는 가만히 만족하며 죄의 맞은편에 서 있을 수 없다. 죄와 타협하면서 살고 그것을 가

능성으로 여길 수 없다. 은혜를 또 하나의 가능한 가능성인 것처럼 가지고 놀 수 없다. 그 둘은 두 당파다. 너무나 열렬하고 배타적인 당파인지라, 죄인은 도무지 은혜를 볼 수 있는 눈이 없고 은혜 입은 사람은 죄를 볼 수 있는 눈이 없으며, 한쪽에게는 유일한 가능성인 것이 다른 쪽에게는 철저한 불가능성일 수밖에 없을 정도다. "순종의 능력"은 죄에서도 나오기 때문이다. 그러므로 그 어떤 경우라도, 심지어 우리가 오직 순종의 능력만 알고 있다 하더라도, 죄와 은혜 사이의 균형은 불가능하다. 우리는 "죄의 종"으로서도 저 은혜가 예컨대 우리, 곧 이미 은혜로 규정된 자, 이미 용서받은 자, 이미 값으로 산 자인 우리에게 제기하는 요구를 절대적으로 거절할 수 있다. 만일 우리가 "순종의 종"이라면 정말 제대로, "더욱 확실하게"(5:15, 17) 그러할 것이다. 저쪽의 종으로 있는 것과 이쪽의 종으로 있는 것, 아담 안에 있는 한 사람의 존재와 그리스도 안에 있는 **한** 사람의 존재는 결코 아우를 수 없는 것, "양립 불가능한 것"이다. 그런데 여기서 유의해야 할 것이 있다. 그것은 율법과 종교와 도덕이 철저하고 지독스러운 진지함으로 인간을 움직여 저 죄에 맞서게 하는 진지함인데, 이것은 은혜와 죄, 하나님과 세상, 저편과 이편 사이의 **이러한** 균열, **이러한** 불안정, 양쪽의 상호 보증을 불가능하게 하는 **이러한** 불가능화를 불러일으킬 수 있는 것이 **아니라** 오히려 궁극적으로는 그것을 희미하게 지워 버리고 안정시키고 중재하는 효과를 내곤 한다는 사실이다. 그러므로 그런 진지함은 도무지 인간의 삶의 처지나 |199| 삶의 질문을—6:15의 방관자적 질문은 그렇게 추측하고 있는 것 같은데—편안하고 가볍게 하는 것이 아니라 오히려 가장 근본적으로 첨예화하는 것이다. 만일 우리가 그것을 "율법 아래서가 아니라 은혜 아래서" 고찰하기를 원한다면, 만일 우리가 죄에 대한 승리를 결단코 인간의[von ab] 승리가 아니라 하나님의 승리로 기대한다면 말이다. 우리

는 "율법 아래 있지 않고 은혜 아래에" 있으니, **바로 그것 때문에** 죄를 지을 수 있는 자유는 없다. 바로 그 때문에 우리는 그 어떤 연결하는 다리도 **없는** '이것이냐–저것이냐' 앞에 서 있다.

17–19. 17 **하나님께 감사하리로다. 너희가 본래 죄의 종이더니 너희에게 전하여 준 바 교훈의 본**[너희가 도달한 가르침의 인상]**을 마음으로 순종하여**
18 **죄로부터 해방되어 의에게 종이 되었느니라.** 19 **너희 육신이 연약하므로**
내가 사람의 예대로 말하노니[내가 너희 육신의 연약함을 참작하여 인간에게 맞춰 말하노니] **전에 너희가 너희 지체를 부정과 불법에 내주어 불법에 이른 것같이 이제는 너희 지체를 의에게 종으로 내주어 거룩함에 이르라.**

"**하나님께 감사하리로다. 너희가 본래 죄의 종이더니……마음으로 순종하여.**" 최고 법정에 호소함으로써, 인간적인 가능성에 맞서 "**하나님께** 감사하리로다!"라고 말할 수 있을 때 **제공되는** 자명한 **여유***Reserve* 아래서, 또한 "하나님께 **감사**하리로다!"는 말로 **주어지는** 자유, 곧 모든 인간적인 가능성을 최대한 도외시할 수 있는 온전한 자유와 더불어 마침내 결정적인 "돌격 앞으로!"가 감행될 수 있게 되었고 또 감행되어야 한다. 이것은 돌격, 발사, 침투다. 이제껏 객관적 내용의 전달에 불과했던 것이 바로 이 돌격을 통해 설교·케리그마·선포가 된다. 다시 말해, 그 전달이 어떤 **특정한 사람들**에게—이 경우에는 로마인 "그리스도인들"에게—**말 건넴**의 시도가 된다. 그들을 은혜 아래 있는 사람들, 그러니까 순종의 능력이 주어진 것으로 전제된 사람들, 그런 까닭에 은혜를 통한 죄의 극복을 인식으로 실행하고 행위로 인식하라는 요구를 충분히 의미 있게 전할 수 있는 사람들로 여기면서 말 건네려는 것이다. "하나님께 감사하리로다!"는 이 특정한 사람들에게 책임을 지워서, **그들이** 죄의 종이 아니라 하나님의 종이 되게 하려는 시도이며, 이 시도는 이제 감행될 수 있고 반드시 감행되어야

한다. 그것은 죄의 종이 되어 사는 것이 **그들에게는** 실존적으로 불가능한 일, 지양된 일, 완전히 끝난 일이 되게 하려는 시도다. 눈에 보이게 (정말 너무나 눈에 보이게!) 죄를 섬기는 것은 이제 **그들에게** 과거의 일이 되게 하고, 눈에 안 보이게 은혜에 순종함은 이제 그들의 현재요 미래가 되게 하려는 것이다. "너희는 죄의 종**이었다**. 그러나 너희는 순종하게 **되었다**." 그것도 "마음으로!" 그러므로 이렇게 직접적으로 말을 건넬 때 중요했던 것은 (잘 알려진 것처럼) 어떤 대담한 선취先取, Prolepse의 형태가 아니고는 |200| 결코 실행될 수 없는 것이니, 곧 이런저런 사람들의 "마음"을 마치 하나님이 아시듯(2:16) 인식하려는 시도, 회개하라는 외침과 용서의 선포를 마치 자신들을 향한 **하나님의** 말씀인 것처럼 외치려는 시도, 그들을 실존적 차원에서 이미 사면받은 자들로 간주하려는 시도, 그들이 하나님에게 속한다고 여기려는 시도, 그들을 부활의 능력 안에 포함시키고 그들을 위해 못 박혀 죽으신 분을 바라보며 그들의 순종의 능력을 믿으려는 시도다. 이러한 시도는 반드시 감행**되어야 한다**. 생각해 보라. 만일 은혜에 관해, 하나님 나라에 관해 말한다고 하지만 이 말이 건네지는 사람에게, 이것은 바로 **그 사람**을 가리키는 말이며 **그 사람**이 은혜 입은 사람이며 **그 사람**이 이 나라에 속한 자라고 말하지 않는다면 어떻게 그것에 관해 말할 수 있겠는가? 만일 은혜가 하나님의 진리로되 **모든** 사람의 진리로 입증되지 않는다면 과연 무엇이겠는가? 은혜가 그저 대담할 뿐인 '그럼에도 불구하고!' 이상의 어떤 것으로서 감행되는 관계, 곧 이런저런 특정한 사람과 맺는 관계를 통하지 않는다면 과연 무엇으로 입증되겠는가? 실존적으로 그 사람에게서, **바로 그** 사람 자신에게서 성취되는 입증이다. 만일 은혜가 각각의 (**모든**!) 사람들의 눈에 보이는 상태, 곧 죄의 종이 되어 살고 있는 상태를 넘어서서 그 사람을 위해 미리 믿어지고 그 사람 속으로 파고들어 확고하게 믿

어지지 않는다면, 어떻게 은혜가 저 죄를 누르고 거둔 승리, 곧 눈에 보이지 않는 순종의 능력의 승리라고 믿어질 수 있겠는가? 은혜는 "마음으로" 사면받은 상태를 전제하는 모험, 보지 않고 믿는 모험[요 20:29]을 감행함으로써("우리가 우리에게 죄 지은 자를 사하여 준 것같이 우리 죄를 사하여 주소서!"[마 6:12 병행 본문]) 스스로를 확인·확증·실현한다. 사도는 은혜를 입은 자가 존재한다는 것을—은혜의 어떤 **체험들**을 기대하지 않으면서—담대히 믿으니, 바로 그것 때문에 종교인과 구별된다.

"**너희에게 전하여 준 바 교훈의 본**[너희가 도달한 가르침의 인상]." 왜 하필이면 **이** 사람들인가? 이것은 다른 사람들을 배제한다는 뜻이 아니다. 사도는 근본적으로 똑같은 선취의 모험으로 "유대인"과 "이방인"에게 다가선다. 감사한 마음으로 그 (알지 못하는!) 하나님께 호소하는 것, 그 사람들이 그분을 찾고 그분에 대한 이야기를 듣기도 전에 이미 그들을 찾아내신 하나님께 호소하는 것 외에는 사명자가 달리 할 수 있는 일은 거의 없다. 그가 보내는 편지를 받는 사람, 곧 "이미" 개종한 로마인도 마찬가지다. 그러나 의문이 생긴다. "그리스도인"의 눈에 보이는 은혜 체험이 "하나님께 감사하리로다!"라는 말과 함께, 바로 **그들을** 은혜 입은 자로 여기고 말을 건넬 수 있도록 용기를 주는 것, 나아가 그렇게 하라고 요청하는 것이 아닌 까닭은 도대체 무엇인가? "너희에게 전하여 준 바 교훈의 본"은 (6:3의 세례처럼) 하나의 표징, 곧 "그리스도교"가 다른 종교들 곁에서 그것들과 다양하게 접촉하면서 그것들과 함께 인간적으로 눈에 보이는 형태를 취하는 지평[ac] 위에 있는 표징들인데, 이것은 |201| 체험·제도·교리·제의의 형태로 나타나거나, 다양한 "유형"의 어떤 종교적 선포의 형태로 나타난다. 바울적인 가르침도, 약간 다르지만 로마 "그리스도교"의 "전형적인 것"이 된 가르침과 함께 바로 그 "유형"에 속한다. 이 차이가 원칙적으로 중요하

지는 않다. 바울은 무언가를 보여주고 무언가를 증언할 수 있는 표징, 바로 그 "그리스도인"들을 주목시킬 수 있는 표징으로서 **그들의** "전형적인 것"까지 사용한다. 그는 전형적인 것, 우연한 것, 눈에 보이는 것을 사용하여 그들에게 원형적인 것, 실존적인 것, 눈에 보이지 않는 것을 생각나게 만든다. 하나님이 그들을 **발견하셨다**는 사실, 그들이 용서를 **받았다**는 사실, 그들은 은혜 입은 자들로서 **존재한다**는 사실이 기억된다. 그리스도 안에 있는 새 사람, 순종의 능력이기도 한 부활의 능력이 기억된다. 바울은 이 시도가 실수하는 것이라고는 생각하지 않는다. 그러나 여기서 기억은 그저 기억일 뿐이라는 사실은 자명하다. 여기서 기억되고 있는 것, 곧 사면받음의 현실성은 하나님으로부터 오며, 그래서 그분의 고마우신 부르심은 진정 그러한 기억을 **앞서**는데, 그저 겉으로만 앞서는 것이 아니다.

"**죄로부터 해방되어 의에게 종이 되었느니라.**" 이것이야말로 바울이 로마 그리스도인들에게 말하는 은혜 입은 상태다. 그들을 위한 균열, 불안하게 만듦, 타협의 불가능성이 **여기 있다**. (하나님 안에 있는) 그들의 실존으로부터 그들의 현존을 향한 공격이 **일어났다**. 죄와 그들의 관계, 곧 주인과 노예들의 관계가 **끊어졌다**. 이제 그들은 의로움의 노예가 **되었다**. 부활의 능력이, 죽은 자를 살리시는 하나님을 아는 것[4:17]이 그들을 **돌려세웠다—그들을** 돌려세웠다. 이 돌이킴은 그들의 가장 고유하고 가장 인격적인 발걸음이지, 그들에게 일어난 어떤 기계적인 사건이 아니었다. 부활의 능력 안에서 그들 자신이 이 발걸음을 내딛었다. 이 사건은 불분명할 수 없고 저항할 수 없고 되돌려 놓을 수도 없는 사건이다. 의로움은 사면받은 인간의 어떤 가능성이 아니라 그의 필연성이다. 언제라도 변할 수 있는 심정이 아니라 절대로 변할 수 없는 삶의 의미다. 온도와 강도가 조금 높거나 낮은 어떤 분위기가 아니라 그의 위로 내려진 결정적인 규정이다. 인간이 소유한 어떤 것ein Eigenes이 아니라 그가 (누군가의) 소유가 됨sein Zueigensein이다. 그의 자유는 오직 하나님의 기뻐하심에 근거한다. 그 밖의 다른 어떤 곳에 있는 것이 아니다. 이 자유는 인간 안에 있는 신적인 의지의 자유다. 다른 어떤 자유가 아니다. 하나님 안에서 자유로운 너희는 하나님 안에 잡힌 존재다! 이것이 은혜의 정언 명령[법], 실존적으로 '하나님께 속함'의 정언 명령이다. 그것을 인식함으로써 옛 사람과 새 사람의 둘됨Zweiheit이 생겨나지만, 그것은 새 사람의 하나됨Einheit 안에서 금새 지양된다. **너희는** 이러한 명령 아래 **서 있다**.

"**너희 육신이 연약하므로** |202| **내가 사람의 예대로 말하노니**[내가 너희 육신의 연약함을 참작하여 인간에게 맞춰 말하노니]." 나는 이렇게 말한다. 너희는 여기서는 자유롭게, 저기서는 종으로 **서 있고**, 그렇게 존재한다. 이것은 "인간에게 맞춰"menschenmäßig 말한 것이다. 우리는 알고 있다. 여기서 논의되는 관계, 곧 인간의 눈에 보이지 않는 실존적 관계에 대한 이런 직접적인 진술, 변증법적으로 방해를 받지 않은 진술은 바로 진술될 수 없는 어떤 것을 필연적으로 진술하고 있다. 우리는 알고 있다. 만일 우리가 그런 진술을 감행한다면 어떤 종교적·낭만적 어법의 희미한 빛 속으로 들어가게 된다. 거기서 "죄"와 "은혜", 혹은 "믿음",ad "불신앙" 같은 말은 어떤 주어진 것으로서 등장하는데, 인간은 그런 것을 "소유"하거나 "소유하지 않을" 수 있고, 이것 혹은 저것으로서 "존재"하거나 "존재하지 않을" 수 있다. 우리는 알고 있다. 부활의 능력으로 죽음에서 생명으로 돌아섬, 죄로부터의 자유, 의로움의 종이 됨은 어떤 특정한 사람이나 이런저런 이름으로 불리는 사람과 관련하여 말할 수 있는 것이 아니다. **그런 것**을 말할 수 있는 사람들의 이름은 오직nur ae 생명책[계 20:12]에 기록되어 있다. 그러나 은혜와 관련해서는 눈에 보이는 어떤 존재 혹은 비존재는 없다. 이런저런 사람(예컨대 러시아 민족, 혹은 독일 민족의 자녀들, 사회주의자들, 도스토옙스키,

쿠터Kutter 46)의 소유도 비소유도 없다. 그럼에도 불구하고 우리는 그런 말을 대담하게 사용한다. 우리는 그런 낭만적인 심리주의의 외관을 사용한다. 그런 **인간적인** 직접성의 비유 외에는 **신적인** 직접성, 그 용서의 직접성을 표현할 말이 없기 때문이다. 이제 막 귀가 열리기 시작한 사람에게는 "육신의 연약함"의 "존재"와 "소유" 같은 단어를 쓰지 않고 간접적으로 말을 할 경우 그 용서의 의미가 어두워지고 희미해질 것이 틀림없기 때문이다. 여기서 정말 중요한 것은, 하나님에 의해 인간이 혁명적으로 변화되는 것에 대한 이해를 방해할 수도 있는 최종적인 벽, 곧 방관이라는 벽을 무너뜨리는 것이며, 인간이 하나님을 "객관적으로" 이해할 수 있을지도 모른다는 최종적인 허상을 무너뜨리는 것이기 때문이다. 마지막으로 "너희"가 죄를 알 수도 없고 원할 수도 없다는 논거의 도약 지점은 하나님께서 **너희**를, 너희 **자신**을, 다름 아닌 너희를 용서하셨다는 통찰이기 때문이다. 그러므로 우리가 그런 직접적인 화법을 (이것은 또한 모든 **설교**에 동반되는 불가피하고 우려스러운 특징이기도 하다!) 시도할 때, 우리가 지금 무엇을 하는지 알

46 러시아 민족을—도스토옙스키라는 이름과 같은 맥락에서—이 대열에 넣은 것은 아무래도 투르나이젠의 영향일 것이다. 투르나이젠이 바르트에게 쓴 편지. Bw.Th.I, S. 480f.(1921년 3월 29일 편지에 첨가된 구절은 원래 1921년 4월 5일 편지에서 나온 것이다). "롬 6장과 7장 원고와 수정에 대한 나의 코멘트를 동봉함……추가로 도스토옙스키의 정치적 저술을 한 번 읽어보게. 거기서 그리스도가 어떻게 러시아 정치 문제 속으로 스며드는지 또 그와 연관된 천년왕국 신앙과 연결되는지 살펴보게. 천년왕국 신앙은 모든 정치적 가능성을 뛰어넘는 것, 그러므로 오직 '귀환'(Wiederkunft)이라는 말로써 이해될 수 있는 것, 그러나 이 '귀환'은 미리 선포되는 것은 아니라네. 도스토옙스키의 경우는 쿠터의 경우와 비슷하게 어떤 현실적인 것에 대한 충동이 있지. 모든 막막한 것을 뛰어넘는 무언가를 붙잡으려는 거야. 나에게는 '새로운 길'(der Neue Weg)이니 뭐니 하는 자들의 지혜보다는 그런 충동과 포착의 경향이 훨씬 나의 머리와 마음에 와 닿는군." 쿠터의 이름과 같은 맥락에서 독일 민족을 언급한 것은 다음의 저서를 암시한다. H. Kutter, *Reden an die deutsche Nation*, Jena, 1916(1916년 7월 4일 투르나이젠의 편지. Bw.Th.I, S. 146)

고는 있는 것이다. 곧이어 우리는 깨어진 존재로서 깨어지지 않은 방식으로 말하기를 시도한다. 그러나 여기서 우리는 "인간에게 맞춰", 비유를 통해 말하고 있다는 사실, 믿음 안에서 한 말은 믿음 안에서 들어야 한다는 사실에 대한 기억이 사라져서는 안 된다. 은혜는 은혜로, 다시 말해 하나님 안에 놓인 인간의 근거, 곧 눈에 보이도록 주어져 있지 않은 그 근거로 선포되고 수용되어야 한다는 사실에 대한 기억이 사라져서는 안 된다. |203|

이렇게 치켜 올린 손가락은 다음 구절에 이르러서야 제대로 주목을 받기 시작한다. "**전에 너희가 너희 지체를 부정과 불법에 내주어 불법에 이른 것같이 이제는 너희 지체를 의에게 종으로 내주어 거룩함에 이르라.**" 이제 너희는 은혜의 명령 아래 서 있다. **은혜**의 **명령**! 은혜는 너희의 죽을 몸 안에 거하는 죄의 지양이다. 인간의 지체는 죄가 아니라 **은혜**에게 내맡겨졌다. 죄가 아니라 **그 은혜**[af]가 인간의 결정적 규정이다. 하나님은 죄가 아니라 **은혜** 안에서 인간의 편을 드신다. 은혜란 하나님께서 인간 총체적 실존을 자기 것으로 여기시고 그것에 대해 권리를 주장하심을 의미한다. 은혜는 나뉠 수 없는 단일한 사람에 대한 하나님의 권세다. 은혜는 자신의 현존재와 존재 상태의 드넓은 스펙트럼 속에 있는 개인의 진리일지니, 이것은 은혜가 개인의 급진적인 위기가 됨으로써, 그리고 그런 위기가 되기 때문에 그렇다. 은혜는 스스로를 진정**시킬 수** 없다. 정지해 **있을 수** 없다. 침묵하고 포기**할 수** 없다. 눈에 안 보이는 것을 보이는 것과 구별하고, 무한한 것을 유한한 것과 갈라놓는 저 완고한 장벽 앞에서도 그러하다. 은혜는 눈에 보이는 죄의 삶을 그냥 놔둘 수 없다. 다른 한편으로는 "그와 다른" 삶, "저편"의 삶, 눈에 안 보이는 삶, 의로움의 삶으로 만족할 수 없다. 그것만큼은 안 된다.[ag] 그러면 은혜**와** 죄의 이원론이 되기 때문이다. 바로 그 이원론의 지양에서 은혜는 자신의 은혜를 입증해야 한다. 은혜는 바로 그 눈

에 보이는 삶을 공격하고 그것을 의로움에게 양도하라고 요구한다. 바로 인간의 "지체"가 의로움에게 내맡겨져야 한다. 왜냐하면 **이러한** "죽을 것이 죽지 않을 것을 옷 입는 것"[고전 15:53], 바로 **이것**이 은혜 입은 자가 기대하는 "futurum resurrectionis"[부활의 미래]의 내용이요 메시지이기 때문이다. 죄에 의해 규정된 우리의 구체적인 삶의 내용을 마주하고 서 있는 어떤 주어진 것으로서의 은혜라면 그것은 은혜가 **아니다**. 더 나은 저편을 가리키면서 안도감을 주려는 손길도 (우리의 삶에 대한) 저 요청·공격·위기를 저지할 수 없다. 우리의 이 세상에서의 삶, "지체"의 삶, 시간과 사물과 사람의 세상에서 우리의 삶은—하나님이 우리에게 은혜로우시다면—그 위기에 노출되어 있다. 그도 그럴 것이, 만일 하나님이 우리에게 은혜로우시다면, 그것은 우리의 이 세상 자체가 저기 더 나은 저 세상으로 인해, 그것의 명백한 부재不在로 인해, 나아가 그것의 명백한 다가옴과 문 두드림과 들이닥침으로 인해 위태로워졌음을 의미하기 때문이다. 그런데 상태가 좋지 않은 이 세상의 그런 치명적인 신용 하락도—하나님이 우리에게 은혜로우시다면—그 위기 앞에서 우리에게 안정을 가져다줄 수 없다. 그도 그럴 것이, 만일 하나님이 |204| 우리에게 은혜로우시다면, 그것은 우리가 이 세상의 좋지 않은 상태 속에 있지 않을 것이며, 더 이상 거기에 굴복하지 않고 오히려 그것에 대해 근본적인 모순으로 규정되었음을 의미하고, 바로 그 적나라한 차안성과 그 차안성의 순전한 부정성이 의식된 곤경이 되지만 또한 약속이 되고, 우리의 결핍을 아는 것이 되지만 또한 우리의 소망을 아는 것이 됨을 의미하기 때문이다. 하나님이 우리에게 은혜로우시다는 것은 저 "저편"(저 세상)이 우리의 이편(이 세상)과 **관련되며**, 우리의 이편은 "저편"과 **관련되어 있음**을 의미하고, 이로써 우리는 하나가 다른 하나를 차단한다는 것을 인정할 수 없다는 사실을 의미한다. 눈에 안

보이는 진리, 곧 은혜는 세상 끝 날까지 죄에 의해 좌우되는 존재와 사건을 향해, 그리고 눈에 보이는 소원과 실천을 향해 손을 뻗을 때, 오직 불가능한 것의 가능성으로만 손을 뻗을 수 있다. 은혜는 자신이 철저하게 눈에 보이고, 귀에 들리고, 손에 붙들리게 되기를 원한다. 은혜는 **스스로를 계시하기**를 원한다. **눈에 보이게 되기**를 원한다. 그리스도께서 죽은 자 가운데서 부활하심(6:9)이야말로 (역사적으로는[historisch] 비역사적인[unhistorisch] 것의 가장자리에서, 비역사적으로는 역사적인 것의 가장자리에서) 하나님의 보이지 않는 은혜의 **계시**[*Offenbarung*]와 **직관**[*Anschauung*]이다. 그리고 새 사람인 나는 단순히 **내가 아닌 존재**이며, 또한 내가 아닌 그 존재가 **바로 나다**(5:1, 9-11). **당신의** 뜻이 하늘에서처럼 **땅** 위에서 이루어지이다![마 6:10] 바로 이것이 은혜이다. 은혜는 하나님께 대한 인간의 실존론적 관계[Existentialverhältnis]로서, 이러한 인간 위에서 신적인 진리를 발언하는 **직설법**에서 출발하여 그 인간에게 신적인 현실성을 요구하는 **명령법**으로 귀결**될 수**밖에 없다. '지금까지는 그러지 않았으나, 이제는 하나님이 원하시는 것을 원하라!' 지금까지는 "부정과 불법"을 섬기던 바로 그 "지체"로, 그와 똑같이 눈에 보이는 명료성으로 이제는 의로움을 섬겨라! 지금까지는 "불법"을 일으키던 수단과 도구를 가지고 이제는 "거룩함"을 창조하라! 지금까지는 너희의 육체에 치욕을 안겨 주던 삶의 조건·기능·상황 속에서 이제는 그 육체로 하나님을 찬양하라! 너희에게 어떤 **다른** 존재·소유·행위가 요구된다. 너희 자신, 바로 너희에게 말이다! **마치** "거룩함"이 어떤 인간적 가능성인 것**처럼**! **마치** 죄가 너희의 죽을 몸—너희는 이 몸과 구분될 수 없고 분리될 수 없을 만큼 하나인데—안에 거하지 않는 것**처럼**! **마치** 시간은 시간이 아니고, 사람은 사람이 아니고, 사물은 사물이 아닌 것**처럼**! **마치** 육체적인 것이[ah] 이미 생명에게 삼켜지고, 죽음은 승리에게 삼켜진 것**처럼**![고후 5:4,

고전 15:54] **마치** 너희가 이러한 요구, |205| 이 절대적인 요구를 받을 자격이 있는 사람인 것**처럼**. 이 요구를 만족시킬 수 있는 가능성, 하나님의 뜻이 이 땅 위에서 인간을 통해 인간에게 이루어질 수 있는 가능성, 다시 말해 거룩해진 인간의 삶이 역사적이며 눈에 보이는 것이 될 수 있는 가능성, 무한이 유한을 **붙잡는** 가능성—바로 이와 같은 가능성은 반박할 수 없는 것일 뿐만 아니라, 은혜의 관점에서는 최종적·궁극적으로 유일한 가능성이라고 주장하지 않을 수 없으며, 그야말로 폭풍과도 같은 급박함과 그리움과 열의를 가지고 그것의 도래를 기대하지 않을 수 없다. 만일 우리가 은혜 **없이도** 그럭저럭 지낼 수 있다면, 만일 우리가 그보다 덜한 것으로도 그냥 만족하고 이런저런 가능성 사이에서 타협하며 살아가는 좀 더 완화된 조건을 받아들인다면, 만일 우리가 본래적으로 그리스도교적인 (고딕식의!) 영혼의 불안[47]을 다시 벗어날 수 있다면, 그러므로 만일 우리 안에 있는 모든 것이 하나님의 의를 위해 거룩해지고 준비되고 개방된 삶의 가능

47 아우구스티누스, 『고백록』, I, 1. "quia fecisti nos ad te et inquietum est cor nostrum, donec requiescat in te"[당신을 향하도록 우리를 만드셨으므로 당신 안에 쉬기까지는 우리 마음에 평안함이 없나이다]. 또 Q.S.Fl. Tertullianus, *Apologeticum*, XVII, 6, CChr.SL 1,117[Z.27] "O testimonium animae naturaliter Christiane!"[오, 천성적으로 크리스천인 영혼의 고백이여.] 또 고딕(고트적) 양식에 대한 문화심리학적인 해석에 대한 암시가 뒤따라온다. H. Preuß, *Luther und der gotische Mensch*, Leipzig/Erlangen, 1919, S. 7. "그러나 그 고트 사람이 모든 것에 관심을 가지고 모든 것을 다면적으로 애정을 가지고 관찰한다지만, 바로 그렇기 때문에 또한 개별[개체]주의자(Individualist)이다……그는 무언가 특별한 것이 있으면 그것을 휘몰아치듯 사랑하는데, 이것은 그래야만 여러 형태의 풍요로움이 씻겨 사라지기 때문이다. 그는 개인주의의 아가(雅歌)를 노래한다. 개별[개인]적인 것, 단 한 번만 있었던 것을 찬양한다. 여기서 우리는 고트적인 것의 근원적 감정을 다시 알아볼 수 있으니, 그것은 쉼 없는 움직임이다." S. 26. "이로써 분명해진 것은, 고트 사람이 천성적으로 그리스도교에 끌리게 되어 있다는 사실이다. 그리스도교야말로 단 한 번 있었던 현상에 기초를 두고 있기 때문이다. 그에 비해 그리스·로마적인 것은 영원히 똑같은 것의 개념에 기초를 둔다."

성, 말하자면 그 의와 유사한 삶의 가능성을 향해 뻗어 나가지 않는다면, 나아가 그것이 우리의 "지체" 곧 죽을 몸에서 그 유사성이 **눈에 보이는 것이 된다**Veranschaulichung는 의미에서 뻗어나가는 것이 아니라면, 그렇다면 그 은혜는 은혜가 아닐 것이다. 은혜 입은 자의 "futurum resurrectionis"[부활의 미래]는 "생명"이라는 술어述語, Prädikat와 함께 명백히 그의 온전한 전체[全人]와 관련되기 때문이다. 그것은 그의 천상적·지상적 "부분"과 관련되고, 새 사람("영")과 관련되고, 못 박혀 죽은 옛 사람의 "지양된" 육체와도 관련된다. 그런데 이 술어는 일반적인 의미의 미래 시제가(마치 어떤 시간적인 의미에서 그것을 바라며 "대기"待期해야 하는 것처럼!) 아니라, 인간의 과거와 현재와 미래를 전폭적으로 포괄하여 두루마리처럼 돌돌 말아 올리는 것aufrollen이다. 그래서 이 술어는—한순간이라도 "대기" 시간을 허락하지 않고—그 사람 전체와 관련되는데, 여기서 다른 술어가 따라붙는다. "죄가 너희를 주장하지 못하리라!"(6:14) 그러나 유의하라. **이** 특별한 가능성은 불가능한 것의 가능성이다. **이** 특별한 사건은 비역사적인 것의 역사적 생성Geschichtlich-Werden이다. **이** 특별한 계시는 영원한 신비의 계시이며 **이** 특별한 직관Anschauung은 눈에 보이지 않는 것[슐라이어마허의 "직관" 개념을 비판적으로 겨냥한 바르트의 개념이다]Unanschaulichen을 보는 것이다. 인간의 **이** 특별한 존재·소유·행위는 그 자체로 기적이며 새로운 창조다. 이것은 그 자체로 여타의 모든 존재·소유·행위와는 다른(정말 **다른**) 질서에 속한 것이다. 너무나 다른 질서이기 때문에 그것이 예컨대 그 "여타의" 것과 **곁에서** 그저 어떤 유별난 것, 제2의 것으로 등장한다는 것은 생각도 할 수 없다. 그것은 하늘로부터 오는 우리 처소로 **덧입음**(고후 5:2)이다. 그것은 **새** 하늘과 **새** 땅에서 일어나는 일이다[벧후 3:13]. 이렇듯 겉보기에 제약Einschränkung인 것이 실제로는 제약이 아니라 오히려 그 명령법의 최대한

의 첨예화Verschärfung라는 |206| 사실, 바로 그 '그러나!'Aber가 실제로는 '그렇기 때문에!'Darum라는 사실, 이것을 받을 만한 자는 받을지어다[마 19:12]. 만일 인간의 언어가 이 문제와 관련해서도 애매함이 없고 "인간의 수준에 알맞지" 않은 말을 찾아낸다면 그것은 **과도하게** 영광스러운 것이다! 왜냐하면 이러한 명령법이 (그에 상응하는 직설법이 또한 그랬던 것처럼, 6:18) "인간의 수준에 알맞은" 것이라는 사실, 그렇기에 실제로는 전혀 제약이 아닌 저 제약이 필요하다는 사실에는 의심의 여지가 없다. 그 명령법은 인간에게 요구**할 수** 없는 것을 **인간**에게 요구한다. 그 명령법은 '지금과 여기'를 요구하는데, 그것은 이 세상적인 '지금과 여기'의 지양과 그것의 가장 급진적인 새로운 특성화Neu-Qualifizierung를 전제한다. 그 명령법은[ai] ("지체"에 맞닿아!) 직접적으로 식별할 수 있고 애매하지 않은 일을 요구하는데, 이것은 그리스도 안에서 일어났을 때도 그렇고 부활의 날에 일어났을 때도 그렇고 직접적으로 식별할 수 **없는** 일이었고 오히려 다른 사람들에게는 믿음Glauben과 거리끼는 것Ärgernis 사이에서 선택의 가능성이 열려 있는 일이었다. 말하자면 그 명령법은 "인간에게 알맞게", 직접 말 건넴과 비슷한 모습으로 인간에게 요구를 하는 것인데, 그 요구의 내용은 사실 오직 하나님의 존재·소유·행위로만 파악될 수 있는 것이다. 만일 이런 사실을 깊이 생각하지 않는다면 어떻게 될까? 그 명령법에 담겨 있는 '마치 -인 것처럼'이[48] 우리를 움직이게도 하고 멈추게도 하며, 그 명령법에 순종하는 힘이 곧 하나님의 힘이라는 사실을 상기시켜 주는데, 만일 그것을 흘려듣는다면? 그러면 우리는 선취하는 종교적 도덕주의의 한복판에 있는 것이며, 낭만주의의

48 H. Vaihinger, *Die Philosophie des Als Ob. System der theoretischen, praktischen und religiösen Fiktionen der Menschheit auf Grund eines idealistischen Positivismus*, Berlin, 1911.

가장 격정적인 환상의 한복판에 있는 것이다. 하나님의 의를 온갖 인간적인 의로움들과, 구원을 온갖 구원받은 상태들과, 영원한 삶을 우리가 안 그래도 체험할 수 있는 **그런** 삶과 바꾸든지 뒤섞여 놓는 가장 달콤한 혼동·혼합의 한복판에 있는 것이다. 그런데 그 사실을 깊이 생각하지 않는 것("우리는 죽어야만 한다!"[시 90:12, Luther-Bibel]는 것을 생각하지 않음—하지만 언제, 어디서, 누가 **그것을** 끝까지 생각한단 말인가?) 같다는 사실, 바로 그것이 은혜에 **대한** 모든 **말**을—그것이 은혜에 **대한 말**인 한에서—힘들게 하는 애매함이다. 만일 우리가 은혜에 **대해 말**해야 한다면, 만일 우리가 다소간 신뢰할 만한 이유에서 그래야 한다면, 그 경우 우리는 분명히 (우리가 무엇을 하는지 알면서!) "인간의 수준에 알맞게" 말해야 한다. 그 은혜가 자신의 최종적인 말씀, 막힘없이 터져 나와 모든 것을 거머쥐는 그 말씀, 우리의 죽을 몸을 거룩하게 하여 의로움의 도구가 되게 하는 그 말씀을 하도록 해야 한다. 그러다 보면 **우리의** 입술에는 너무나 진부한 어떤 것이나 허황된 공상처럼 들리는 말이 나올 위험성도 있다. 하지만 우리의 입술에서 불가능한 저 말씀은 죄를 불가능하게 하는 것이며, **심판**으로 나타나는 하나님의 의로우심이며, **권능**으로 나타나는 하나님의 용서, **창조**로 나타나는 하나님의 말씀이다.

**20-23. 20 너희가 죄의 종이 되었을 때에는 의에 대하여 자유로웠느니라.
21 너희가 그 때에 무슨 열매를 얻었느냐. 이제는 너희가 그 일을 부끄러워
하나니 이는 그 마지막이 사망임이라. 22 그러나 이제는 너희가 죄로부터 해
방되고 하나님께 종이 되어 |207| 거룩함에 이르는 열매를 맺었으니 그 마지
막은 영생이라. 23 죄의 삯은 사망이요 하나님의 은사[사면Begnadigung 해]는 그리
스도 예수 우리 주 안에 있는 영생이니라.**

은혜는 **사망에서 생명으로** 넘어가는 위기Krisis다. **그렇기에** 죄와 마주서 있는 은혜는 절대적인 요구이며 절대적인 순종의 능력이다. **그렇기에**

은혜와 죄 사이에는 어떤 긴장도 어떤 대극성도 불가능하다. 어떤 타협도 평행도 임시 해결도 불가능하다. **그렇기에** "우리"는 은혜 입은 자로서 은혜를 하나의 가능성이나 필연성으로 여기고, 죄는 다른 하나의 가능성이나 필연성으로 여기면서 각각을 가만히 지켜보거나 신중하게 검토하며 각각을 고려하고 그 권리가 보장되도록 할 수는 없다. **그렇기에** 그리스도의 구원의 복음은 우리를 불안하게 하는 것, 충격에 빠뜨리는 것, 모든 것을 의문에 놓는 절대적인 공격이다. **그렇기에** 이 구원의 복음을 가지고 어떤 종교를 만들려는 시도, 다시 말해 다른 가능성과 나란히 서 있는 하나의 인간적인 가능성 혹은 필연성을 만들려는 시도보다 더 의미 없는 일은 없다. 슐라이어마허 이후의 프로테스탄트 신학이 그 어느 때보다 의식적으로 추진했던 이런 시도는 그리스도에 대한 배반이다. 은혜 입은 사람은 그 자체가 무조건적으로 [한편에만 속한] 당파Partei다. 그는 생명과 사망으로 갈라지는 싸움에 연루되었으니, 그 싸움에서는 평화도 없고 중간 지대도 없고 상호 이해도 없다.

인간은 어느 정도의 무관심과 중립성의 어스름 속에서 자신의 길을 가는 것처럼 보인다. 어떤 일을 하고 고생을 하면서, 능동적인 혹은 수동적인 삶을 살면서, 씨 뿌리고 추수하는 것을 보면서 말이다. 이 "**추수**"(열매 맺음)란 도대체 어떤 것인가? 인간이 걸어가는 길의 결실은 무엇인가? 인간이—대상이 된—자기 자신을 재차 발견하게 되는 그런 체험, 특성, 습관, 말, 행동, 업적은 무엇을 의미하는가? 인간 역사의 움직임, 상황, 질서 등은 무엇을 의미하는가? 그것의 "진보"와 "발전"은 어디를 향해 가는가? 그가 갈망하여 어느 정도 도달한 그 수많은 것들의 "목적지", 목적, 목표 중의 목표는 무엇인가? 그는 그것을 아는가? 알 수 있는가? 추수의 때가 되어 밀과 가라지가 어지럽게 뒤엉켜 자라나고 있으니[마 13:24-30] 어느 것

은 "불법"을 일으키고 어느 것은 "거룩함"을 일으킨다(6:19). 인간이 자신의 죽을 몸의 "지체"로 완성해 나가는 이런저런 일, 그 유한한 피조적 정신이 생산하는 이런저런 것, 주어진 삶의 내용이 제시하는 천차만별의 가능성에 대한 이런저런 태도, 그 영혼의 이런저런 상태, 이런저런 역사적 물결 가운데서 과연 어떤 것이 이쪽 혹은 저쪽에 속하는지를 도대체 누가, 어떤 객관적인 기준으로 판단하려는가? 인간이 생각하고 말하고 행동하고 생산하는 모든 것이, 인간의 모든 |208| 추수가 이쪽 **혹은** 저쪽에 속할 수 있는 것 아닌가? 예컨대 어떤 일이 있어도 "거룩함"으로는 해석될 수 없는 눈에 보이는 "불법"이란 것이 존재하는가? 예컨대 어떤 일이 있어도 "불법"으로 해석될 수 없는 눈에 보이는 "거룩함"이란 것이 존재하는가? 우리는 인간적인 삶의 내용이라는 비밀문서를 명확하게 해독할 수 있는 규범집[Kodex]을 갖고 있지 않다. 우리는 하나님이 주인이 되셔서 **우리의** 인생 추수 자리에서 **그분의** 영원한 곳간에 들어갈[마 13:30] **그** 수확에 관하여는 아무것도 모른다. 그리고 만일 우리가 장차 무엇을 수확할지 알지 못한다면, 어떻게 우리가 무엇을 뿌리는지 알겠는가? 만일 우리가 우리의 생산물이 무엇을 의미하는지 조망하지 못한다면, 어떻게 우리의 실존이 무엇을 의미하는지 보려고[ak] 하겠는가? 우리의 목적지를 모르건만 어떻게 우리의 시작을 알겠는가?[wenn al]만일 인간이 '예' 안에서 혹은 '아니요' 안에서 자신의 소명을 인식하여 범죄자 혹은 성인[聖人]으로 자신의 길을 간다면, 천국 안에서 혹은 지옥 안에서 자신의 운명을 찾고자 하며 또 그렇게 찾는다면, [그리고] 만일 "착한 사람은 더욱더 착해지고, 악한 사람은 더욱더 악해진다"(하르나크)[49]면[al], 그것은 단순히 우연이나 기분 그 이상인가? 선하다는 것은 무엇인가? 악하다는 것은 무엇인가? 여기에, 바로 이 어스름 속에 저 긴장과 대극성과 이질성과 이율배반의 온전한 나라가 있다. 여기에 '예'와

'아니요'가 똑같이 필요하고 똑같이 소중하고 똑같이 신성한 모습으로 마주 서 있는 공간이 존재한다. (물론 이 '예'**와** '아니요'의 필연성과 소중함과 신성함에 대해서 지나치게 거대한 환상이 지속될 수는 없다!) 여기서는 어떤 해법을 찾는 것, 균형 잡힌 상태를 찾는 것, 이해시키는 길을 찾는 것, 진리가 마찰 없이 왔다 갔다 할 수 있는 방법을 찾는 일이 최고의 결론이 될 것이다.

그러나 예수 그리스도 안에서 나타난 하나님의 의는 이러한 어스름 속을 치고 들어와 거기서 인간의 실존에 불을 지르는 인식의 번갯불Blitz am이다. 인간은 (알려지지 않은 하나님의) 계시와 직관 속에서 자기 자신을 인식한다. **그가 아닌** 분, 곧 인간이 아닌 분, 그에게 이어지는 그 어떤 연속성도 연결성도 길도 다리도 없는 분, 그래서 그가 **오직** 자신의 창조자로만, **오직** 자신의 순수한 근원으로만 파악할 수 있는 분, 직접 저 인간의 아버지로 자신을 계시하시고 눈에 보이게 자신을 드러내심으로써 불가능한 것을 가능하게 하시는 그분, 바로 그분에 의해 인식되고 만들어진 존재로 자기 자신을 인식하는 것이다. 이 계시와 직관이 곧 은혜다. 은혜 입은 자는 자기가 누구인지를 안다. **"죄의 종"**, 죄인, 살아 계신 하나님에게서 떨어져 나옴[타락]의 희생물, **"의로부터 자유로운"** 사람, 용서의 말씀과 심판의 말씀

49 아마도 이것은 다음의 글을 암시한다. A. von Harnack, *Was hat die Historie an fester Erkenntnis zur Deutung des Weltgeschehen zu bieten?* a.a.O.(이 책 100쪽, 각주 35), S. 179f., "지진, 기근, 전쟁 등은 모든 사람에게 (몇 가지 뚜렷한 특징을 가지고) 똑같은 작용을 한다. 그러나 한 사람 한 사람의 삶에서는 완전히 다른 결과로 나타난다. 어떤 사람은 용기를 잃고 절망하며, 어떤 사람은 그 곤경을 통해 훌륭한 미덕의 합창을 만들어 낸다. 어떤 사람은 이기적이고 비겁한 모습을 보이지만 또 어떤 사람은 기꺼이 자신을 희생하며 용기 있는 모습을 보인다. **피히테**(Fichte)와 **슐라이어마허**의 때도 그랬고 지금 우리가 겪고 있는 세계대전의 시대도 마찬가지고 앞으로도 그럴 것이다." 바르트는 자기가 아라우에서 들은 강연에 대한 기억에 기초하여 일단 그 문장을 쓰고 나중에서야(교정쇄를 보면서?) 하르나크의 이름을 집어넣은 것 같다.

을 통해서 조명되지 않은 사람, 한때 그는 이런 사람이었다. "**죄로부터 자유로운**" 사람, "**하나님의 종**", 이제 그는 이런 사람이다. 은혜 입은 자는 실존적으로 이쪽에서 저쪽으로 돌이킨 사람, 그쪽으로 움직여진 사람, 그쪽으로 저만치 밀쳐진 사람이다. "이었다"와 |209| "이다" 사이에는 까마득한 낭떠러지가 가로놓여 있다. "이었다" 위에는 "**사망**"이 있고, "이다" 위에는 "**생명**"이 있다. 사망에서 생명으로 건너가는 발걸음, 사망에서 비롯되는 생명, 바로 그 걸음과 생명이야말로 하나님의 계시와 직관의 내용이기 때문이다. 은혜 입은 우리는 우리가 무엇을 뿌리는지 안다. 우리의 실존이 무엇을 의미하는지 본다. 우리의 시작을 알게 된다. 그런 다음에는 우리의 수확도, 우리가 생산해 낸 것들의 의미도, 우리의 인생 내용의 목적지와 목표도 알게 된다. 우리의 실존에 불을 지르는 그 번갯불은 우리의 존재·앎·생각·말·소원·성취까지도, 우리의 정신적·역사적인 현존재와 존재 상태까지도, 우리가 추구했고 마침내 이룩한 목표들까지도 지체 없이 비춰 주실 것이니, 결국에는 그 모든 것까지도 어쩌면 아무런 손상 없이 보존하실 것이고, 어쩌면 그것을 다 녹여서 깨끗하게 하실 것이고, 어쩌면 그것을 태워 숯으로 만드실 것이고, 어쩌면 다른 물질Substanz로 변화시켜 놓으실 것이고, 어쩌면 철저하게(하지만 완전하게는 아니다! "Non omnis moriar!"[내 모든 것이 죽는 것은 아니다][50]) 불살라 없애실 것인데, 어떤 경우든 이것은 그 모든 것이 저 "이었다"와 "이다"에 대하여 어떤 관계를 맺고 있는지, 하나님의 계시와 직관을 통해 쫙 갈라진 낭떠러지의 이쪽과 저쪽 중에서 어디에 서 있는지, 생명의 내용을 취하고 있는지 (혹은!) 사망의 내용을 취하고 있는지를 마지막 근저에 이르기까지 시험하기 위함이다. 왜냐하면 바

50 Horaz, *Oden* III,30,6.

로 거기서 우리의 "수확"이 갈라지고 밀과 가라지가 갈라지기[마 13:30] 때문이다. 거기서 목표 중의 목표가 드러난다. 인간의 삶의 내용이라는 루네 문자Runensprache[고대 게르만 문자]의 해석은 바로 이것이다. 모든 것은 그때 그때마다 우리의 "이었다"의 우리와 "이다"의 우리로 인해 결정된 상황에 따라서, 실존적으로 종결된 죄의 종됨을 통해서, 혹은 실존적으로 생성된 하나님의 종됨을 통해서, 사망이라는 목표 아래 있든지 **아니면** 생명이라는 목표 아래 있든지 **둘 중 하나**이며, 절대로 동시에 두 군데 다 있을 수는 없다는 것이다. 이는 사망과 생명이 동시에 있을 수 없는 것과 마찬가지다. 물론 우리는 언제나 우리가 "생명"이라고 부르는 것이 있기에 **사망**이라는 개념을 얻을 수 있으며, 우리가 "사망"이라고 부르는 것이 있기에 **생명**이라는 개념을 얻을 수 있다는 사실을 떠올린다. 이 목표(사망 혹은 생명!)의 근원적인 의미가 곧 하나님의 계시와 직관의 내용이다. 바로 이 목표로부터 "불법"과 "거룩함"이 무엇인지가 명백하게 규정된다. 정말 그렇다. 철저하게 명백한 "불법"이 존재한다. 사람이 생각해서는 **안** 되고 원해서는 **안** 되고 행해서는 **안** 되는 어떤 나쁜 것이 존재한다. "**지금은 너희가 역겨워하는 것들**"이 존재하니, 그것은 모든 시간적인 상황을 비추는 순간의 빛 안에서는 절대적으로 배제되고 금지된 것으로 규정된 가능성들이다. 왜 금지되었는가? "**그 목적지가 사망**"이기 때문이며, 그것이 **오직** "사멸성의 활력"Vitalität der Sterblichkeit에서 나오기 때문이며, 그것이 **오직** 사망을 퍼뜨리며 **오직** 사망에 바쳐진 것이기 때문이며, 그것이 **사망**이라는 개념 안에서 인식된 생명의 사르는 불 속에서는 도저히 |210| 견딜 수 없기 때문이다. 이 기준은 그것을 소유한 사람에게는 명백하다. "**죄**의 삯은 **사망**이다." 그런데 그만큼이나 철저하게 명백한 "거룩함"이 존재한다. "거룩함에 이르는 열매"가 존재한다. 하나님에 관한 인식 속에서 절대적으로 필요하고 긴요

한 것으로 간주된 규정된 인간적 존재·소유·행위의 가능성들이 존재한다. 사람이 생각하고 원하고 행해야 하는 어떤 선한 것이 존재한다. 이는 바로 그렇게 규정된 인간의 현존재와 존재 상태, **이러한** 목표와 업적과 관계와 움직임들이 그 시작점과 끝점을 생명에 두고 있으며, **이러한** 시작점과 끝점을 그 "한복판"에서도, 사망이 지배하는 세상, 곧 시간과 사물과 인간의 세상에서도 완전히 감출 수는 없기 때문이다. 또한 그것이 생명으로 파악된 사망의 사르는 불 속에서 견딜 수 있기 때문이다. 어쩌면 변화된 모습으로, 어쩌면 숯이 된 모습으로, 어쩌면 깨끗해진 모습으로, 어쩌면 아무런 손상 없는 모습으로 여하튼 견딜 수 있기 때문이다. 이 기준도—그것이 현존한다면—명백하다. "**하나님의 은사**[은혜 베푸심Begnadigung aj]**는 그리스도 예수 우리 주 안에 있는 영생이니라.**"

사망과 생명이 동시에, 나란히 서 있거나 하나의 대열에 차례로 서 있을 수 없으니, 이는 죄와 은혜가 그런 것과 마찬가지다. 여기서 쫙 갈라진 낭떠러지 위로 다리가 놓일 수 **없다**. 여기서 드러난 명료함은 그 어떤 혼합도 허용할 수 **없다**. 은혜를 입지 못한 인간의 어두운 세상에서는 "선"과 "악", "가치"와 "무가치", "거룩함"과 "거룩하지 않음" 사이의 균열이 그 어떤 식으로도 명료하게 갈라져 보이도록 할 수 없지만, 이 낭떠러지 자체는 **새로운** 질서의 방향 제시로서, **절대적으로** 명백한 기준*das* eindeutige Kriterium으로서 그 균열을 그대로 드러내며 가로지른다. 이 낭떠러지의 존재는 **윤리**의 시도, 곧 삶의 목표 가운데서 (그것이 죽은 목표 혹은 살아 있는 목표이기 때문에) 죄된 것과 의로운 것, 금지된 것과 요구되는 것의 목록을 만들려는 시도를 언제나 또다시 엄격한 필수 과제로 만들 것이다. 그런데 이것은 결국 그런 잠정적인 **시도** 이상이 되어야만 했던sollte an 윤리를 언제나 또다시 그만큼 가차 없이 불가능하게 만든다. 이는 저 방향이 제시되는 인식, 또

죄인과 의인의 저 명백한 기준이 만들어지는 인식, 곧 하나님 인식은 언제나 또다시 **인간적인** 인식*menschliche* Erkenntnis을 지양함으로써 인간적인 **인식**을 만들기 때문이다. 우리가 불가능한 것의 가능성을 우리 자신의 과제로 파악하고 장악하는 것, 그것은 **순종**의 능력이며, 우리는 그 안에 **서 있으니**, 이는 그것이 **부활**의 능력이기 때문이다. |211|

7장 자유

종교의 한계

7:1-6

은혜는 순종이다. 그것이 무엇을 의미하는지는 부활 개념이 말해 준다. 이것은 지금까지의 존재·소유·행위 곧 모든 가능한 존재·소유·행위를 대할 때, 마치 생명이 죽음을 대하는 것처럼 하는 인간의 존재·소유·행위를 의미한다. 이제 우리의 현존재는 예리하게 양편으로 가르는 '이것이냐 저것이냐!', 이미 단호하게 결정된 '이것이야 저것이냐!'의 빛 속으로 들어간다. 그것의 최종적인 가능성, 아니 불가능한 가능성의 영역으로 들어간다. 은혜는 인간에 대한 **하나님의** 관계인데, 그 하나님은 전사戰士로 모습을 드러내시면서 이미 승리를 거둔 분, 우리에게 그 어떤 중간 길도 열어 두지 않으시고 업신여김을 받지 않으시는 분[갈 6:7], 소멸하는 불[히 12:29]이시며 우리에게 그 어떤 대답의 의무도 없으신 분, 우리는 그저 우리의 "마치-인 것처럼"Als ob을 중얼거리거나 우리의 '예'와 '아니요'를 중얼거릴 수 있는 곳에서 다만 '예'와 '아멘'만을 말하는 하나님이시다. 그 관계는 무엇을 의미하는가? 예수 그리스도 안에서 의롭다는 인정을 받은 사람, 구원받은 사람, 선하고 살아 있는 사람, 새 세상의 새 사람이—물론 이 모든 수식어는 과거에도 그렇게 존재할 수 없었고, 지금도 그렇게 존재할 수 없고, 미래에도 그렇게 존재할 수 없을 어떤 존재를 의미한다!—나의 현존재의 문을 두드리고 있다는 것이다. 그것도 근거 있는 요구를 가지고 말이다. 어떤 역사적인 실체, 어떤 형이상학적 유령, 어떤 타자, 내 옆에 서 있는 제2의 존재가 되는 것이 아니라 나 자신이 되라는 요구다. 보이지 않는 실존적인 나, 하나님 안에 있는 나가 되라는 것, 그래서 이제는 어떤 순간에도 나 자신을 "기다려서는" 안 된다는 요구다. 이 약속, 요청, 요구의 철저하고 불

가피한 진지함, 철저한 절박성, 철저한 격렬함과 맹렬함에 스스로를 내맡김, 바로 이것이 사면을 받는 것이며, 바로 이것이 그리스도의 복음을 들었음이며, 바로 이것이 "그리스도인"이 되는 것이다. 이런 은혜 베푸심은 본 적도 없고 들은 적도 없는 **하나님의 자유** 안에서 실행된다는 사실, 그래서 우리는 그것을 오직 기적으로, 새로운 시작으로, 창조로 보고 파악하고 발견하고 추구할 수밖에 없다는 사실, 바로 그것을 우리는 "역사적으로" 아브라함의 사례를 통해 설명한 바 있다(4장). 이제 우리는 지금까지(2:1-13, 14-29, 3:1-20, 27-30, 31, 4:9-12, 13-17, 5:13, 20, 6:14, 15) 충분히 |212| 준비해 온 논쟁, 곧 사실상 **인간의 최종적인, 종교적인 가능성**과의 논쟁 속에서 그것을 확정해야 한다. 종교적 가능성은 **인간의** 가능성이며 그 자체로 제한된 가능성으로서, 인간에게 은혜를 베푸시는 하나님의 자유는—스스로를 확증하고 보증하면서—그 가능성과 **마주** 선다. 이 사실을 먼저 살펴보려고 한다.

1 형제들아, 내가 법 아는 자들에게 말하노니 너희는 그 법이 사람이 살 동안만 그를 주관하는 줄 알지 못하느냐.

"**형제들아, 내가 법 아는 자들에게 말하노니.**" 로마의 그리스도인들은 종교적 가능성을 알고 있다. 바울도 그것을 알고 있다. 누가 그것을 모르겠는가? 모든 사람은 그 어떤 단계에서, 그 어떤 수준에서 그것을 사용한다. 금세 더 빽빽해지고 금세 더 열어지는 연기의 베일, 종교라는 연기의 베일이 모든 인간적인 사건 위에 드리워져 있다. 알려지지 않은 하나님은 유대인의 하나님이면서 **또한** 이방인의 하나님이라는 것은 확실하다. 인간이 회피할 수 없는 기억, 곧 하나님에 대한 상실된 직접성의 기억이 언제나 정신적·역사적 사건으로 발생한다는 것도 확실하다. 인간과 하나님의 하나됨, 그 눈에 보이지 않고 주어지지 않은 하나됨이 언제 어디서나 주어진 것들 속에, 다시 말해 인간 너머에 있는 것에 대한 인간적인 경외·사랑·열광

속에 "부정적인" 흔적을 남긴다는 것도 확실하다. **은혜**에도 소위 은혜 **체험**이 없지는 않으며, 그 체험 주변에서 결정체가 된 소위 종교·도덕·교회성·교의학이 없지 않다는 것도 확실하다. 우리는 "듣고", "믿고", 순종하고 고백하고 기도한다. 우리는 말한다. 그리고 쓴다. 여기서는 조금 긍정적으로 저기서는 조금 부정적으로 (그리고 두 경우 모두 열정이 없지는 않으면서!) 그리한다. 우리는 이것 혹은 저것이라 불리고, 또 그렇게 존재한다. 우리는 보통 종교·세계관·도덕성의 대규모 장터에서 어떤 특정한 입장을 견지하고 있다. 어쩌면 우리는 계속 새롭게 입장을 바꿈으로써 (볼 수 있는 눈을 가진 자들에게는) 이 입장에서 중요한 것은 이런 혹은 저런 것이 아니라는 사실, **바로 그** 입장은 전혀 입장이 **아니**라는 사실을 암시해 줄 수는 있을 것이다. 그러나 우리가 어찌할 수 없는 것은 우리의 발이 매 순간 땅과 맞닿아 있다는 사실이다. 있는 그대로의 우리, 이 세상에 사는 인간으로서의 우리는 종교적 가능성에서 벗어날 수 없다. 그러한 존재인 우리를 (자기 생각으로!) "허공에" 세운다는 것은 어느 정도 사려 깊고 전도유망한 시도일 것이다. 왜냐하면 우리는 기껏해야 이 방에서 저 방으로 갈 수 있을 뿐이지, 집을 박차고 바깥으로 뛰어나갈 수는 없기 때문이다. 그러나 우리는 이런 최종적이고 불가피한 가능성마저도, 그것이 아무리 대담하고 예리하고 강력하며 "가장 불가능한" 변주라고 할지라도 결국 하나의 **인간적인** 가능성에 그친다는 사실을 통찰할 수 있다. 그 가능성 자체는 하나의 **제한된** 가능성*begrenzte* Möglichkeit에 불과하다는 사실, 그 가능성은 |213| 그야말로 제한된 가능성이라서 특별한 위험성을 안고 있다는 사실, 그러나 그뿐 아니라 그것 자체가 더 높고 새로운 질서를 제한하는 어떤 것ein Begrenzendes을 지시하는 가운데 특별한 약속에 둘러싸이기도 한다는 사실을 통찰할 수 있다. 휴머니티(인문주의)는 종교에서 최고 정점에 도달하는데, 우리가 사면을 받

게 되는 그 자유는 정확하게 그 휴머니티 저편에서 발생한다는 사실, 그러니까 또 다른 어떤 가능성으로서가 아니라 **절대적인** 불가능성*die* Unmöglichkeit으로서 발생한다는 사실을 우리는 분명히 알 수 있다. 이것은 오직 하나님 안에서만 가능성인 불가능성이며, 바로 그렇기 때문에 바로 저 최종적인 인간적 가능성의 애매함에 의해 접촉되지 않고 방해도 받지 않는 것이다. "죄의 삯은 사망이요 하나님의 은사[사면]Begnadigung [a]는 그리스도 예수 우리 주 안에in [b] 있는 **영생**이니라"(6:23).

너희는 이것을 깨닫고 있는가? **"너희는 그 법이 사람이 살 동안만 그를 주관하는 줄 알지 못하느냐."** "법(율법)이 사람을 주관한다"는 말이 의미하는 것은, 사람이 종교적 가능성 내부에 존재하는 **총체적인** 문제 상황에 **총체적으로** 내맡겨져 있다는 사실이다. 종교적 인간은 마치 물 위의 기름방울처럼 아른거릴 **수밖에 없다**. 그는 매 순간 가장 높은 곳에 서 있다가 가장 낮은 곳으로 떨어질 **수밖에 없다**. 그는 모세**이면서** 아론이고, 바울**이면서** 사울, 하나님께 열광하는 인간**이면서** 음험한 인간, 예언자**이면서** 바리새인, 제사장**이면서** 한심한 성직자 나부랭이, 인간의 현실성 안에서 신적인 것의 긍정성을 가리키는 가장 높은[c] 지시**이면서** 또한 신적인 것의 현실성과 마주한 인간적인 것의 부정성의 가장 강력한 전개일 **수밖에 없다**. 그는 언제나 두 가지 모두이다. 또한 후자임으로써 전자다. 다른 곳도 아니고 바로 그런 종교적 가능성 안에서 "순종"과 "부활"과 "하나님"은 눈에 들어오지 않는다. 그도 그럴 것이, 여기서 기껏 그 [종교의] 이름으로 고려될 수 있는 것은 그저 다른 어떤 것과 반대되는 어떤 것이며, 그저 반대 극과 반대되는 한쪽의 극일 뿐이며, 다른 어떤 실체들 가운데 하나의 실체에 불과하며, 어떤 '아니요'와 관계된 하나의 '예'에 불과할 뿐이다. 그러나 그것은 '또는 저것이냐'를 이미 지양시킨 **특정한** '이것이냐'가 아니며, '예'와 '아

니요'의 저편에 있는 **특정한** '예'도 아니며, 죽음에서 생명으로 돌이키는 능력도 아니다. 종교적 가능성이야말로 휴머니티 한계 안에 있는 모든 가능성 가운데서 그 이분법을 가장 명확하게 드러내고 있다. 저편과 이편, 전제와 실행, 규정과 존재, 진리성과 (이 "한계 안"을 불가피하게 지배하는) 현실성의 이분법 말이다. 바로 여기서 죄가 "넘쳐난다"(5:20). 그도 그럴 것이, 어떤 다른 것과 대립되는 어떤 것, 대극에 반대되는 극, '아니요'에 반대되는 '예'에 불과한 어떤 신, 전적으로 자유롭고 유일하고 우월하고 승리에 빛나는 분이 아닌 신은 거짓 신이며 이 세상의 신[고후 4:4]이다. "율법 아래 서 있다는 것은 죄 아래 서 있다는 뜻이다"(퀼).[1] 인간은 "그가 사는 동안" 율법 아래 **서 있다.** |214| 이 세상 사람으로서 이 세상 속에서, 이 세상에서의 탄생과 이 세상의 죽음에 에워싸인 그의 현존재와 존재 상태가 그의 "삶"이라면, 그는 율법 아래 서 있는 것이다. 율법의 통치는 이[d] 세상의 삶과 더불어 서고 그와 더불어 무너진다. 그러므로 종교의 한계, 그리고 바로 그 종교로 인해 인간이 불가피하게 빠져들게 되는 문제의 한계는 인간의 가능성 전반의 한계와 동일하다. 만일 나에게 그 인간적인 가능성의 한계 안에서 이리저리 움직이는 것 외에 다른 선택의 길이 없다면, 나에게는 그냥저냥 종교적 인간 행세나 하며 그런 인간으로 사는 수밖에 없다. **최선**의 경우에는 프란체스코, **어떠한** 경우라도 "대심문관"[2]이 될 수 있고, **의도**로는 혹시나 블룸하르트, **결과**로는 확실히 "브란트"[3]가 될 수도 있다. 내

1 Kühl, S. 222. "그리고 [6장] 14절의 상반절과 하반절을 인과관계로 연결하면 전혀 다른 문장이 된다. 곧 '율법 아래 서 있음'은 '죄 아래 서 있음'의 뜻이 된다."

2 도스토옙스키의 소설 『카라마조프가의 형제들』, 5권, 5장에 나오는 "대심문관" 이야기.

3 헨리크 입센(H. Ibsen, 1828-1906)이 키르케고르 작품의 영향을 받아서 1866년에 완성한 드라마 「브란트」(Brand)의 주인공. 브란트는 목사로서 자신의 종교적·윤리적 엄숙주의로 실패하고 만다.

가 전자**보다** 후자가 될 수도 있다는 너무나 타당한 그 추측에 맞서 어찌 나를(**나를!**) 방어할 수 있으랴? 그 자체의 '예'**와** '아니요'로 이렇게 경계 지워진 종교적 가능성 안에, 저 **특정한** '예'—**나에게** 해당되는 것이 **아니라** 사람이 "사는 동안"에는 그 사람에게 해당되지 않고 오직 **죽음**에서 나와 생명에 도달한 새 사람에게 해당되는 바로 그 '**예**'*das Ja* e—의 우월성에 대한 보증이라는 사실을 "너희는 알지 못하느냐?"

2-4. 2 남편 있는 여인이 그 남편 생전에는 법으로 그에게 매인 바 되나 만일 그 남편이 죽으면 남편의 법에서 벗어나느니라. 3 그러므로 만일 그 남편 생전에 다른 남자에게 가면 음녀라. 그러나 만일 남편이 죽으면 그 법에서 자유롭게 되나니 다른 남자에게 갈지라도 음녀가 되지 아니하느니라. 4 그러므로 내 형제들아, 너희도 그리스도의 몸으로 말미암아 율법에 대하여 죽임을 당하였으니[너희도 그리스도의 몸과 더불어 죽음에 의하여 그 율법으로부터 낚아채졌노라] **이는 다른 이 곧 죽은 자 가운데서 살아나신 이에게 가서 우리가 하나님을 위하여 열매를 맺게 하려 함이라.**

하나의 비유가 "사람이 살 동안만"(7:1)이라는 말의 특별한 의미를 밝혀 주고 있다. 그 의미는 이것이다. **그래**, 그가 살 동안만, **하지만 그저** 그가 살 동안만! 이 삶을 특징짓고 제한하는 죽음의 개념을 통해, 그 삶 속에 "있는" 것의 존재 혹은 비존재의 결정이 내려진다. **아직 죽지 않은** 남편의 부인은 그 남편에게 묶여 있는 아내로서 그녀가 다른 남자에게 애정을 준다는 것은 부정한 일이며 그녀는 간음한 여자가 된다. 그러나 **죽은** 남편의 부인은 그 남자로부터 자유롭다. 남자가 죽었기 때문에 그녀는 더 이상 그의 부인이 아니며, 그녀가 다른 남자에게 애정을 준다고 해도 부정한 일이 **아니**고 그녀도 간음한 여자가 **아니**다. 사람은 결혼 관계라는 도덕적·법률적 질서에서도 |215| 어떤 특정한 가능성에 묶여 있다. 그를 매어 놓는 존재,

어떤[f] 상대자, 그의 배우자의 삶을 통해 묶여 있다. 그가[g] 이 특정한 가능성에 묶여 있는 상태에서 벗어나는 것은 여기서도 죽음을 통해서다. 곧 배우자의 죽음을 통해서다. 이 죽음이 **없다면**[h] 기존의 질서 안에서 바로 이 가능성과 거기 속한 모든 것 외에는 다른 선택이 없다. 저 죽음을 **통해서** 그는 똑같은 기존 질서 안에서 다른 가능성을 택할 수 있는 자유를 얻게 된다. 그러므로 여기서도 모든 서술어의 철저한 변화, 변동, 전환의 개념은 죽음의 개념 속에 있다. 여기까지가 비유다. 이제 해석을 들어 보자.

"그러므로 내 형제들아, 너희도 그리스도의 몸으로 말미암아 율법에 대하여 죽임을 당하였으니[너희도 그리스도의 몸과 더불어 죽음에 의하여 그 율법으로부터 낚아채졌노라]. 너희는 은혜 입은 사람들, 죽음의 개념을 통해서 제약되고 해방된 사람들이라! 너희는 "그가 사는 동안", 하지만 그저 "그가 사는 동안"만 율법에 의해 규정된 존재다. 너희는 (남편이 죽지 **않았을 때** 부인이 남편에게 묶여 있는 것처럼!) 종교의 문제를 통해 제한되고 구속되고 포위된 존재, 어쩔 수 없이 종교 안에서 스스로를 발견할 수밖에 없는 존재다. 너희가 하나님과 인간 관계의 필연적 질서 안에서 있는 그대로의 너희로 존재하는 한, 너희가 인간으로서 가질 수 있는 가능성을[i] (그 가능성 가운데 최종적인 것이 종교적 가능성인데) 가지고 있는 한, 너희가 죄 아래 서 있는 인간으로서 또한 율법 아래 서 있어야 하는 한 그렇다는 말이다. 하지만 너희는 (남편의 죽음을 **통해** 여인이 남편에 대한 의무에서 벗어나는 것처럼!) 제약에서 벗어나 해방되고, 종교적 문제 저편에 있는 하나님의 가능성의 영원한 실존적 하나됨, 본질성Wesentlichkeit[j], 명료함과 가득함을 향해 활짝 열려 있다. 너희가 위와 똑같은 하나님과 인간 관계의 필연적 질서 안에서 있는 그대로의 너희가 **아닌** 한, 너희가 은혜 아래 서 있음으로 율법 아래 있을 필요가 없는 한에서 그런 것이다. 너희는 둘 다인가? 제한된 상태이고 **또**

한 제한에서 벗어난 상태며 매여 있고 **또한** 해방되어 있으며, 갇혀 있고 **또한** 활짝 열려 있는aufgeschlossen k 것인가? 너희는 죽음의 개념Begriff 안에서 변화·변동·전환된 상태인가? 그리스도 안에서 은혜 입은 너희는 그런 **상태다**. 왜냐하면 너희는 그리스도를 붙잡으면서begreifend 그의 죽음 안에서 붙잡혀서begriffen, 그의 인간적인 몸과 더불어 "죽음에 의하여 낚아채진" **상태**이기 때문이다. 곧고다 위에서 모든 인간적인 가능성과 더불어 종교적인 가능성도 하나님께 제물로 바쳐졌다. "율법 아래 난" 사람(갈 4:4), 이스라엘의 모든 진지하고 경건한 사람들과 더불어 요한이 베푸는 회개의 세례를 받아들인 그리스도[마 3:13-17 병행 본문], 예언자, 현자, 스승, 인류의 친구, 메시아 왕은 **죽고**, 그로 인해 하나님의 아들은 **산다**. 골고다는 율법의 마지막, 종교의 한계다. 죽임을 당한 율법의 그리스도 안에서 최후·최고의 가능성, |216| 곧 신실하고 경건하고 열광하는 사람, 기도하는 사람이 될 수 있는 가능성이 바로 그 가능성의 완전한 매장을 통해 성취되었다. 다시 말해 바로 이 사람이 ˪자신의 존재와 자신의 소유was er ist und was er hat ˪와 행위, 그 모든 것을 도외시한 채 하나님께, 오직 하나님께만 영광을 돌림으로써 성취되었다. 그러나 이 인간적인 "그리스도의 몸"과 더불어 우리도 율법에 대하여 죽었으며, 율법에 의해 지배되는 죽음으로부터 바로 그 특정한 생명을 향해 낚아채졌다. 십자가에서 볼 때, 종교는 심리적·역사적으로 주어진 것, 이렇게 혹은 저렇게 규정되어 있는 인간적인 태도, 눈에 보이게 드러난 태도로서 "중심에서 밀려났다"(골 2:14). 인간은 하나님 앞에 "종교적" 인간으로 서 있는 것이 아니다. 다른 어떤 **인간적인** 특성으로 서 있는 것도 아니다. 인간은 그리스도께서 하나님 앞에 서셨던 그 시간의 특성, 곧 "종교적 의식"이 **하나님께 버림받음***Gottverlassenheit* m의 의식이었던 **바로 그** 시간[마 27:46 병행 본문]의 **신적인** 특성 안에서 하나님 앞에 선다. 바로 거

기로부터, 다시 말해 죽임당하신 그리스도의 몸에서 눈에 보이게 드러난 것, 곧 인간(무엇보다 **종교적** 인간!)의 '비존재'로부터 화해, 용서, 칭의, 구원이 있다. **죽음**으로부터 생명이 나온다. 그리고 죽음이 무엇인지는 **바로 그 분의** 죽음이 말해준다. 요컨대 우리가 인간적으로 "살아 있는" 그리스도의 몸과 함께할 때, 다시 말해 "육체를 따른 그리스도"[고후 5:16]와 더불어 우리가 사는 동안(7:1), 우리가 지금 존재하는 우리인 한, 우리는 율법 아래서 행하며, 종교의 문제 상황에 연루되고 그것의 '예'**와** '아니요'의 희망 가득하고도 위험천만한 놀이에 연루되고 경건한 체험과 경건한 역사의 철저한 애매성에 연루된다. 그래서 정혼한 여자가 남편의 생전에는 다른 남자에게 속할 수 없는 것처럼 다른 어떤 것도 기대할 수 없다. 그러나 우리가 그리스도의 "죽임 당하신" 몸과 함께할 때—"우리"가 이 죽임의 관점에서 볼 때 더는 사는 것이 아니요, **지금 존재하는 우리가 아닌 우리**인 한—율법으로부터, 종교적인 가능성과 필연성으로부터, 그 밖의 모든 인간적인 가능성과 필연성들로부터 낚아채듯 빠져나온다. 그런 한에서 우리는 실제로 제약에서 벗어나고 해방된다. 과부가 된 여자는 이제 법적으로 확실하게 다른 남자에게 속할 수 있는 것처럼, 우리는 전혀 애매하지 않은 저 다른 것을 향해 활짝 열려 있다.

"이는 다른 이 곧 죽은 자 가운데서 살아나신 이에게 가서 우리가 하나님을 위하여 열매를 맺게 하려 함이라." 이것은 인간적 가능성의 최정상을 이루는 "살아 있는" 그리스도의 몸과 마주 서 있는 다른 이[der Andere][他者], 곧 죽은 자 가운데서 부활하신 분이다. 바로 이것이 다른 것[das Andere]이며, 우리는 그것을 향하여 제약에서 벗어나고 해방된다. 그리스도 안에서 완전히 끝났기 때문에 오히려 성취된 종교적인 업적의 저편에서 우리는 그것을 향해 활짝 열린다. 이것은 그분의 부활의 능력인 순종의 능력이다.

이렇듯 일단 한계선이 제거됨으로써 우리에게 하나님의 |217| 자유가 눈에 보이게 되며, 우리의 사면[Begnadigung][n]은 바로 그 자유에 기초한다. 그 자유에 접할 때 종교와 은혜는 죽음과 생명처럼 마주 선다. 우리가 한 번도 들어 본 적이 없는 그 명령에 순종하게 되고 "죄에서 자유로워져서" "하나님의 종"이 되며, 우리의 생각·의지·행위로 "거룩함에 이르는 수확"(6:22), 곧 하나님께서 그분의 곳간에 모으시는 수확[마 13:30]이 되는 것은 종교적 인간으로서가 **아니라** 은혜 입은 사람으로서, 모든 이성을 뛰어넘는 평화를 누리는 사람[빌 4:7], **사망**에서 생명에 도달한 사람[요일 3:14]으로서 그리된다. 여기서 바울은 자기처럼 "법 아는"(7:1) 사람들, 알되 너무나 잘 아는 사람들을 **과감하게** "내 형제들"이라고 부른다. 이미 알고 있는 종교적 가능성의 한계 저편에 있는 눈에 보이지 않는 토대, 곧 십자가에 못 박혀 죽으신 그리스도에서 부활하신 그리스도로의 전환 가운데 나타난 하나님 안에 있는 토대를 전혀 모르지는 않는 사람들이라고 말이다!

5-6. 5 우리가 육신에 있을 때에는 율법으로 말미암는 죄의 정욕이[율법과 더불어 주어진 죄의 열정의 에너지가] **우리 지체 중에 역사하여 우리로 사망을 위하여 열매를 맺게 하였더니 6 이제는 우리가 얽매였던 것에 대하여 죽었으므로 율법에서 벗어났으니 이러므로 우리가 영의 새로운 것으로 섬길 것이요 율법 조문의 묵은 것으로 아니할지니라.**

하나님의 자유에 근거한 사면[Begnadigung][o]이 없다면 "하나님을 위한 열매 맺음"(6:22, 7:4)도 **불**가능하고 "거룩한" 생각·의지·행위도 **불**가능하다. 인간 그 자체는—종교적 인간도 마찬가지—**"육신에"** 있다. 다시 말해, 그의 생각·의지·행위는 저급한 수준의 세상적인 것이다. 아니, 오히려 최고급 수준의 불경과 죄악이다. 하나님께는 등을 돌리고 죽음을 향하는 것이다. 인간이 하나님과 비슷해짐을 꿈꾸면 꿈꿀수록 더욱 그렇게 된다. 인간

그 자체, 곧게 뻗은, 깨지지 않은, 두 다리로 선 인간, 거리끼는 것과 맞붙어 싸우느라 장애인이 되거나 폐인이 되거나 한쪽 눈을 잃어 본 적이 없는 인간[마 18:8-9]은 실존적으로 불경한 인간이다. 그의 에너지는 **죄의 정욕** [죄의 열정의 에너지], 저 "죽을 몸의 사욕"(6:12)으로서 그 스펙트럼 안에서는 높은 열정이나 낮은 열정이나, 예컨대 종교적 고양이나 수면 욕구나 그저 단계상의 차이 밖에는 없다. 에로틱한 열정이든 정치적 열정이든, 도덕적 열정이든 미학적 열정이든—최종 선고: 용서가 유보됨—근본적으로 불쾌하고 의심스러운 것이다. 무릎이 꺾이지 않은 열정, 노골적인 열정은 그 자체가 있어서는 안 되는 것이다. "죄의 열정"이 본래부터 "사멸성의 활력"이듯이, 거기 깃들어 있는 충동과 활기와 에너지로는—최종 선고: 부활이 유보됨—결국 **"사망을 위하여 열매를 맺게"** 됨에 귀착되는 것 외에 다른 |218| 활동을 전개할 수 없다. 그저 시간 속에 머물 뿐 영원 속으로 펼쳐질 수 없는 목표·목적·산출을 향해 가는 것이다. 생명에서 죽음으로 치닫는 위기, 만물이 그 자체로 굴복하고 있는 죽음을 향한 저 위기의 돌입 속에서는 결코 버텨 낼 수 **없는** 목표·목적·산출을 향해 가는 것이다.

그러나 **"율법"**은 육체의 세상 속에서 이 모든 과정을 억제하기는커녕 오히려 촉진한다. 율법은 휴머니티의 **최고봉**이다. 그 말의 위협적인 이중적 의미에서 말이다. 이 과정의 의미와 방향이 근본적으로 결정된 후에 또한 종교적 가능성이 떠오른다. 그 가능성은 저 "열정들"과는 대조를 이루는 가능성으로 떠오른다고는 하지만, 결국은 그것마저도 포괄하는 "죄"라는 괄호 안에서 그럴 뿐이다. 포이어바흐Feuerbach가 한 말[4]의 타당성이 더

4 1922년 바르트는 "포이어바흐"를 주제로 짧은 발표를 하면서 루트비히 포이어바흐의 사상을 다음과 같이 요약했다(V.u.kl.A. 1922-1925, S. 6-13, S. 7). "종교는 인간의 기질, 소질, 곤경, 소원,

욱 예리하게 파고든다. 죄의 열정은 종교적 가능성과 더불어, 아니 바로 그 가능성을 **통해서** 주어지고 일깨워지고 작동한다. 종교적 가능성은 최후에 최고로서 진군하는 것, 곧 모든 가능성들 중의 비밀 가능성이다. 율법이 있는 곳에서 인간은 죄인이 된다(7:7-13). 왜냐하면 모든 인간적인 파토스(열정)는 어떤 식으로든 결국에는 "Eritis sicut Deus!"[너희도 하나님처럼 되리라, 창 3:5]의 파토스를 먹고 사는데, 바로 그 파토스는 다름 아닌 종교적 가능성 안에서 의식적이고 눈에 보이는 체험과 사건이 되기 때문이다. **모든** 열정에 대한 긍정, 프로메테우스가 **제우스**에게서 빼앗은 불에 해당하는 그 열정보다 강한 긍정이 또 어디 있을까? 이렇게 훔친 불은 결코 **하나님의** 소멸하시는 불[히 12:29]이 아니라 어떤 연기 같은 것이 피어오르는 아궁이에 불과하다는 사실은 분명하지 않은가? 그 불은 다른 연기, 증기 덩어리와 더불어 휴머니티의 평원 위로[p] 퍼져 나가는 연기, 다른 것보다는 강렬하고 화사하지만 철저하게 다르지는 않은 연기일 뿐이다. 또한 그 불은 생명에서 죽음으로 내딛는 발걸음, 언젠가는 끝나게 될 열정들을 끝장내는 그 죽음에 이르는 발걸음도 결코 아니며, 오히려 그 모든 열정들을 무한성의 파토스로 화려하게 장식하고 치장하는 유한성의 열정 그 자체다. 다른 모든 열정들에게 가장 깊은 근거와 가장 높은 신성함을 부여하는 열정인 것이다. 다름 아닌 거기, 곧 인간의 "종교적 의식"에서는 **하나님의** 생각·의지·행위만 눈에 보이게 드러나는 것이 아니라—비록 기묘하고 대단하고 중요한 것이라고는 하지만—불가결한 것도 아니고 절대적으로 필연적인 것도 아니고 엄격하게 객관적이지 않은 **인간적인** 생각·의지·행위가 함께 드러나지 않는가? 그때 그 인간은 "종교적으로 행동"할 수도 있

희망을 절대화하는 행위다."

고 안 할 수도 있다. 만일 행동했다면, 그는 [하나님이 아니라] **자신에게** 어떤 좋은 일을 한 것이며, 그렇게 해서 바로 여기서 의롭다는 인정과 지지와 확증을 받는다. 자기 **자신** 안에서, 자기 자신에게 고유한 관심사·능력·노력 속에서 그리하는 것이다. 그러나 바로 그 종교적 가능성은 인간을 예컨대 |219| 실존적으로 지양하고 돌돌 말아 버리고 궁지에 몰고 극복하고 변화시키는 것과는 아예 거리가 멀고, 오히려—너무 많거나 너무 부족하지 않은 분량으로 조심스럽게 처방된다면—그리 위험하지 않은 대립으로 기능하거나 자연스러운 기분 전환이 되거나, 실존적으로 하나님 없는 인간의 에너지가 만들어 내는 가장 환영할 만한 허상을 지속하는 데 적합하다고 검증된 도구로서 유용할 뿐이라는 사실이 거듭거듭 밝혀지지 않는가? 그 사실로부터 비교적 눈에 띌 정도로 풍요로운 수확, 곧 "죽음을 위한 수확"도 바로 **이러한** 가능성의 영역에 있는 것이다. 인간적 파토스 가운데 외적으로 전개될 때 종교적 파토스보다 더 죽음과 닮아 있는 것이 있을까? 어떤 파토스가 종교적 파토스보다 수명이 짧을까? 다른 어떤 영역이 예컨대 그리스도교 변증론, 교의학, 윤리학, 사회 이론[5]만큼 저 무덤 들판을 내보일 수 있을까? 그러므로 우리는 다음과 같은 통찰을 억누를 수 없다. "율법은 진노를 만들어 낸다"(4:15). 바로 이 통찰에서 종교의 한계가 분명해질 수 있으며 또 그래야만 한다.

"율법에서 벗어났으니." 이것은 "세례 체험"(퀼)[6]을 묘사한 말인가? 바로 그것이 아니라는 말이다! 오히려 우리는 다시 (6:19처럼 우리가 무엇을

5 이것은 현대 신학을 지칭하여 그리스도교의 묘지라고 했던 오버베크의 글과 관련된 표현일 것이다. Christentum und Kultur, S. 67, 275(OWN 6/1, S. 100. 314). 이 책 273쪽.

6 Kühl, S. 227. "아오리스트(Aorist) κατηργήθημεν와 ἀποθανόντες는 세례의 역사적 행위와 관련된다. 그러므로 이 두 동사는 세례 체험 자체를 가리킨다." 이 책 442쪽, 각주 6.

감행하는지 알면서, 그러나 그것을 감행할 수밖에 없기에!) 우리 스스로 인정하고 표시해 놓은 경계선(7:1)을 돌파하면서, 그 누구도 **스스로** 말할 수 없는 것을 감히 **우리 자신으로부터** 말하려고 한다. 우리는 인간의 최종적인 가능성, 종교적 가능성 저편에 서 있다는 것 말이다. "우리"가 은혜 아래 있다는 것(6:14)은 결코 하나의 체험이 **아니**며, 인간적인 태도나 상태나 행동이 **아니**다. 우리는 인간의 종교적 체험이나 역사의 상대성에 의해 손상되지 않은, 그런 것의 내적인 모순들과 얽히고설키지 않은, "죄의 열정"과 애매하게 닮아 있음으로써 혼탁해져 있지 않은 우리, 곧 있는 그대로의 **우리가 아닌** 우리다. 우리 자신의 자유가 아니라 **하나님의** 자유 안에 있는 우리다. 우리는 영원한 인식의 순간의 빛, 부활의 빛 속에 있다. 인간이 원하고 생각하고 행동하는 것이 아니라 하나님께서 인간 안에서 원하시고 생각하시고 행하시는 것을 볼 수 있도록 **바로 그와 같이** 하늘을 여시는[마 3:16 병행 본문] 하나님의 빛 안에 있다. 여전히 율법의 그림자 안에 있는 우리지만 바로 이 "이제는!"(3:21)의 빛 안에서 (창조되지 **않은** 빛의 빛 안에서!) 율법과 그 변증법을 되돌아보면서 그것을 이미 **끝난 것**으로 간주한다. 여전히 (정말 우리도 어느 정도는 알고 있는) 종교적 체험의 격변에 의해 동요되고 흔들리고 이리저리 치이면서도 우리는 이미 흔들리지 않는 고요한 곳, 시계추가 **정지**된 곳을 향해 손을 내뻗는다. 여전히 종교적 사건들에 뒤엉켜—거기서는 모든 것(모든 것!)이 인간적이다—혼란스러워하면서도 우리는 이미 **원**原 **역사***Urgeschichte*와 **종말의 역사***Endgeschichte*[7]속에 서 있

7 오버베크에게서 차용한 개념인 "원 역사"와 바르트가 여기서 도입한 개념인 "종말의 역사"를 나란히 배치한 것과 관련하여 Barth, Unerledigte Anfragen, S. 5 참조. "오버베크에 의하면 두 가지 지점, 둘 다 시작 지점이면서 종결 지점인 두 지점은 인간과 인류의 현존재를 규정하고 그것의 특징이 된다. 그는 '원 역사' 혹은 생성사(Entstehungsgeschichte)라는 개념으로 그 가운데 하나를 지칭하고, '죽

다. 그곳은 모든 이중성, 모든 양극성, 모든 양자 긍정, 모든 |220| 모호함이 이미 끝나 버린 곳이다. 이는 하나님께서 "만유 안에 계신 만유의 주"[고전 15:28]이시기 때문이다. 그곳에서는 우리가 벗어날 수 없는 시간이 하나의 전체, 완결된 것, 예수 그리스도의 날에 의해 제한된 것으로서 우리와 **마주**한다. 또한 우리는 인간적인 것의 올무, 너무나도 인간적인 것, 특히 종교적으로 인간적인 것의 모습으로 우리를 가장 숨 막히게 짓누르고 목 조르던 "인간적인, 너무나도 인간적인" 것의 올무에서 궁극적으로 **풀려났음**을 느끼게 된다. 풀려났다고?! 어쩌면 우리는 "인간의 수준에 알맞게 말하느라"(6:19). 이미 너무 많은 것을 말했는지도 모른다. "궁극적"이란 게 무슨 뜻인가? "풀려났음"은 무슨 뜻인가? 우리 자신과 다른 사람에게서 눈에 보이게 드러나는 것은—그것을 뭐라고 부르건 간에—종교이며, 언제나 또다시 종교다. 늘 새로운 굴절과 가능성으로 나타나는 "율법"이다. 여자에게서 난 사람 가운데 어느 누가, 그가 사는 동안에, 그리스도와 더불어 율법 아래 행하지 않은[갈 4:4] 초인이겠는가? 우리는 우리가 말하는 것을 알지 못한다. 율법은 더 이상 "우리"가 서 있는 영역이 아니라고 말할 때, 종교적 가능성은 이제 완전히 제거되어 "우리" 뒤에 있다고 말할 때, 우리는 우리가 말하는 것을 알지 못하며, 우리가 알지 못하는 것을 말하는 셈이다. 그럼에도 우리는 그것을 말한다. 우리는 그것을 불가능한 것으로 말한다. 이것은 우리가 한 번도 들어 본 적이 없는 성화聖化의 명령Imperativ der Heiligung을 인식하고 공표했던 것과 마찬가지이며(6:12-23), 한 인간의 귀와

음'(Tod)이라는 개념으로 다른 하나를 가리킨다. 우리는 시간을 넘어서 있고, 측량이 불가능하고, 그 어떤 것과도 비교할 수 없는 원 역사로부터……유래한다. 그리고 우리의 삶이 저 알려지지 않은 분의 영역으로 들어서는 죽음의 순간, 곧 유일하게 상상할 수도 없는 중요한 순간을 향해……나아간다."

입에 도달할 수 있는 것을 완전히 뛰어넘는 것[고전 2:9]이다. 이것은 **우리**가 결코 발을 들여 놓을 수 없는 저쪽 강가[8]에서 날아온 화살이지만 **우리**에게 적중한 화살이며, **우리**가 넘어갈 수 없는 경계 저편의 진리이지만 바로 거기로부터 **우리**에게 말씀하신 진리다. 눈에 보이지 않는 것 외에는 아무것도 눈에 보이지 않은 그곳에서, 만일 우리가 반드시 말로 공표**되어야 할** 것을 말하지 **않는다면**[고전 9:16] 우리에게 화가 있으리로다. 이것을 말하는 우리는 갇힌 자이지만 자유인이요, 눈먼 자이지만 보는 자요, 죽어 가는 자이지만 보라 우리가 살아 있다[고후 6:9]. 그리스도께서는 율법의 마침[10:4], 곧 종교의 한계선이라고 말하는 것은 **우리가 아니다**.

"우리가 얽매였던 것에 대하여 죽었으므로." 종교의 한계는 인간에게 가능한 것과 하나님께 가능한 것[마 19:26 병행 본문]을 가르고, 육체와 영을 가르고, 시간과 영원을 가르는 죽음의 선[死線]이다. 이 예리한 칼이 모든 것을 두 동강 낼 때, 십자가의 능력과 의미가 심판과 은혜의 표징으로서 그 그림자를 던질 때, 그때 우리는 "율법의 영역 밖에" 서 있다. 우리를 얽어매었던 것은 순수한, 바로 그래서 순수하지 않은 인간성, 깨어지지 않은, 바로 그래서 언제라도 깨지기 쉬운 인간성이었다. 똑바른, 바로 그래서 구부러진 인간성, 곧 태연하고 끈질기게 (어쩌면 가장 깊고 적극적인 경건함 속에서라도) "Memento mori!"[죽음을 기억하라]를 회피하는 인간성이었다. 그 토양에서 자라난 최종적인 가능성이 바로 종교다. 누가 이 인간성을 벗어나랴? 그 최종적인, 가장 심오한, 가장 본래적인 심리적·역사적 상

8 이것은 필경 니체의 자라투스트라가 한 말과 대조를 이루는 것 같다. Nietzsche, Zarathustra, Zarathustra's Vorrede 3, NW, S. 16(NWKG, S. 11, Z. 5f., 16f.). "나는 위대한 경멸자들을 사랑한다. 그것은 그들이 위대한 경배자들이며, 저쪽 강가를 향한 그리움의 화살들이기 때문이다.……나는 자신의 미덕을 사랑하는 사람을 사랑한다. 미덕은 몰락을 향한 의지이며 그리움의 화살이기 때문이다."

태는 언제 어디서나, 심지어 |221| 경건한 사람들의 경우에도, 아니 바로 그런 사람들 속에서 이런 태연한 것, 끈질긴 것, 결코 죽으려고 하지 않는 부르주아지라는 사실은 명백하지 않은가? 그것은 죽을 **수밖에 없다**는 것, 우리는 하나님 안에서 그것을 벗어나 **있다**는 것으로 충분하다. 그것이 언제 어디서나 제한되어 있으며 그것도 철저하게 제약을 받고 의문시되고 있음을 우리가 본다는 것으로 충분하다. 시간과 사물과 사람의 세상 속에서 우리의 실제 정황은—우리가 그것을 인정하든 인정하지 않든—이 끈질긴 것 위로 저 그림자, 곧 욥부터 도스토옙스키까지 통찰력을 가진 모든 사람의 눈에는 결코 숨겨지지 않았던 저 그림자를 **던진다**는 것으로 충분하다. 만일 우리가 우리의 이런 '그림자 아래 있는 존재'를 그리스도와의 친밀한 결속(6:5)으로 인식한다면, 우리는 우리가 율법의 영역 밖에 있다고 말할 때 우리가 무슨 일을 하는지를 (알지 못하는 자로서!) 알고 있는 것이다. 그러면 우리는 당연히 율법 아래**에도** 서 있기는 하지만, 그래도 더욱 은혜 아래 서 있게 된다. 그때 우리는 "경건한" 사람이되 마치 안 그런 것처럼 그러하다[고전 12:29-31]. 우리는 우리의 여러 가지 체험을 그저 지나치거나 오히려 그것을 철저하게 통과하면서 살아간다. 그때 우리는 우리 자신을, 또한 우리로부터·우리 안에·우리를 통해 존재하는 것을 언제나 약간 담담하게 봐 넘길 수 있고, 언제나 약간 미소 짓거나 약간 슬퍼할 수 있게 된다. 그러면 우리의 종교성은 그 자체가 얼마나 근본적으로 중요하지 않고 대단하지 않고 장엄하지 않은지, 얼마나 근본적으로 한계를 의식하고 있는지를 약간 드러낼 수도 있고 그러지 않을 수도 있다. 그러나 이 종교성은 (보이든지, 보이지 않든지) 스스로를 비극적이지 않은 것으로 받아들이고, 그 자체로는 개선 행진을 하려고도 하지 않고 자기 권리를 내세우려고도 하지 않으며, 언제나 자기 자신을 넘어서서 인간이 "율법 아래" 서 있다

는 사실의 의미를 지시하는 바로 **그곳에서** 볼 수 있게 되리라. 인간의 종교성은 본질적으로 저 길을 걸어가는 것, 그러니까 모든 예언과 방언과 비밀 지식과 믿음 있음과 몸을 불사름과 구제함 등을 관통하여 놀랍게도 오직 부정의 형태로만 서술될 수 있는 저 "파악 불가능한 길"(고전 12:31, [13:1-7]), 사랑의 길을 걸어가는 것이 되리라. 길이라고? 아니, 길이 아니다. 볼 수 없고, 곰곰 따질 수 없고, 들어설 수 없는 그저 **걸어감**이다. 그런 한에서 그래, 길이다! 그것은 십자가로부터 모든 "건강한" 인간성 위로 드리워진 저 그림자다. 이 그림자는 눈에 보이지 않게 역사하여 어떤 공간을 만드는데 거기서는 휴머니티가 끈질기게 버티고 서 있던 자리에 충격·이완·해소가 일어나고 하나님의 가능성, 영, 영원이 우리의 시야에 나타날 수 있다. "우리가 얽매였던 것에 대하여 죽었노라." 우리를 얽어맸던 것, 곧 육신에 대하여 죽음으로써 안 보이지만 분명히 보이게 되는 사실이 있다. 그것은 이제 우리를 붙잡고 움직이고 이끄는 것은 **하나님의** 자유, 그 안전하고 확실하고 승리로 가득한 자유라는 사실이다. 그것은 인간성의 가장 높은 산까지도 뒤덮어 버리는 죄의 홍수를 향해 '너는 여기까지다. 이 선은 넘어올 수 없다!'[9]고 선포한다.

"이러므로 우리가 영의 새로운 것으로 섬길 것이요 |222| **율법 조문의 묵은 것으로 아니할지니라."** 은혜의 명령은 이렇게 말한다(6:22). "너희는 거룩하여라![레 20:7, 수 3:5, 삼상 16:5] 하나님의 종이 되어라!" 이런 말은 "율법 조문의 묵은 것"으로서 인간적인 가능성 중에서도 종교적인 가능성인데, 이것이 어떤 새롭고 세련되고 첨예화된 형식을 취하게 되면 어떤 새로운 "경건성"을 의미할 수도 있다. 그러나 "영의 새로운 것"으로 보자

9 욥 38:11과 프리드리히 폰 실러, 「도적 떼」(Die Räuber, 1781), 제2막 1장.

면—결국은 이것이 여기서 우리가 보여주려고 했던 것인데—옛것이든 새것이든 인간의 모든 종교적 가능성의 한계 저편에서 시작되는 **특정한** 가능성, 하나님으로부터 시작되는 **바로 그** 가능성을 의미한다. 우리는 종교의 제약성을 파악하려고 했다. 이것이 부정적 진리라고? 그렇다! 그러나 종교의 긍정적인 측면은 그 영이 직접 우리를 위해 말할 수 없는 탄식으로 개입하신다는 사실(8:26)이다.

종교의 의미

7:7-13

7a 그런즉 우리가 무슨 말을 하리요. 율법이 죄냐. 그럴 수 없느니라.

그러므로 이런 질문이 자연스럽게 제기된다. "율법"으로서, 다시 말해 두 세계 사이의 경계선과 전환점에 서 있는 종교로서 우리와 만나는 것, 하지만 죄인과 은혜 입은begnadet q 인간을 갈라 놓는 심연의 [저편이 아니라] 이편에서 우리와 만나는 저 최후·최고의 인간적 가능성의 뜻과 본질과 경륜적 의미ökonomische Bedeutung는 무엇인가? 저쪽과 이쪽은 직접 대면한다. 저쪽은 최초의 눈에 보이지 않는 것, 곧 은혜 베푸심이니, 그 안에서 하나님의 자유는 인간을 사로잡는다. 이렇게 사로잡힘은 인간적이고 심리적·역사적인 **주어져** 있음*Gegeben*heiten 안에서는 그저 진공, 빈 공간, 열려 있음인데, 바로 그 점에서 심연의 저편에 있다. 이쪽은 최후의 눈에 보이는 것, 율법, 종교다. 겉보기에는 똑같은 인간이 똑같은 대상과 똑같은 관계를 맺는 것 같지만, 그것은 이 세상에서 인간이 취하는 이런저런 태도일 뿐이고 여러 가지 주어져 있는 것 가운데 하나이며, 어떤 설정된 것Setzung에 불과하다. 바로 그렇기 때문에 미리 설정함Voraus-Setzung[전제]이 될 수 없으며,

저 심연의 이편에 있다. 이 경계선을 넘어서는 걸음은 점진적인 이행도 아니고 단계적인stufenmäßigr 상승도 아니고 발전도 아니다. 그것은 이쪽에서는 너무나 급작스러운 단절이요, 저쪽에서는 완전히 다른 것의 갑작스러운 시작이다. 기껏해야 이런저런 종교적인 체험들을 승계·발전시킨 모습으로 나타나는 이른바 은혜 **체험**이란 것도 그 자체로는 아직 이편에 있는 것이다. 그러나 은혜 자체는 반대편에 서 있는 것이며, 그 은혜로 인도해 줄 수 있는 다리는 존재하지 않는다. 오히려 |223| 은혜는 칼날처럼 예리한 한마디 "바로 그것이 아니다!"와 함께 율법과 맞서며 최초의 신적인 가능성은 최후의 인간적 가능성과 맞서며 "영의 새로운 것으로 섬김"은 "율법 조문의 묵은 것으로 섬김"(7:6)과 전폭적으로 맞선다. 저 가까움이 있는데 이 아득함은 무엇이며, 저 유사성이 있는데 이 무한한 간격은 무엇이며, 저 친밀함이 있는데 이 적대감은 무엇을 의미하는가? 인간이 하나님과 맺는 관계, 곧 종교란 것을 우리는 과연 무엇으로 파악할 수 있을까? 인간이 "살 동안"(7:1) 결코 빠져나올 수 없는 저 종교라는 것은 도대체 무엇인가? 인간이 하나님과 맺는 관계, 곧 종교가 이와 같은 철저한 부정을 통해, 하나님이 인간과 맺는 관계로부터 분리된다면 그것은 무엇을 뜻하는가?

이런 물음이 마음에 떠오른다. "율법이 죄인가?" 그리고 우리는 그 율법이 이중적인 의미에서 인간적 가능성의 최고봉이라는 사실을 계속해서(4:15, 5:20, 6:14-15, 7:5) 살펴봤던지라 그저 잠깐 언급만 하고 지나가곤 했다. 제일 먼저 떠오르는 생각을 그냥 말하면 안 될까? 예컨대 거기다 이런 명제를 생각해 보자. 종교 자체, 곧 하나님을 향해 손을 내뻗는 인간의 대담한 교만 자체가 하나님의 것을 강탈함이며, 우리 모든 존재의 무시무시한 배경이 되시는 하나님으로부터 떨어져 나옴이라는 명제를 생각해 보자. 약간은 당황스럽지만 그래도 충분히 설득력이 있는 이런 명제를 그냥 말하면 안 되나? 그냥 반反종교적 논박을 퍼부으면 왜 안 되나? 그렇게 해서 저 최고봉 너머 어딘가에 있는 또 다른, 더 나은 인간적 가능성을 보여주려고 하면 왜 안 되나? 과거 마르키온Marcion이 그랬던 것처럼, 율법의 옛 하나님[10]과는 정반대되는 새 하나님의 존재를 주장하면 왜 안 되나? 또는 로츠키H. Lhotzky가 그랬던 것처럼, 아주 명백하게 "하나님 나라"와 "종교"를 상충시킨다면?[11] 또는 요하네스 뮐러J. Müller가 그랬던 것처럼, 간접성에서 벗어나 다시 직접성의 땅으로, 과거에 잃어버리긴 했지만[s] 지금 여기서 재발견할 수 있는 직접성의 땅으로 돌아가는 길을 제시한다면?[12] 또는 라가

10 이 책 107쪽.

11 하인리히 로츠키(Heinrich Lhotzky, 1859-1930)는 헤른후트 전통을 이어받았고, 블룸하르트의 영향을 받은 사람으로서 처음에는 목사였다가 나중에는 마인스베르크(Mainsberg)에서 요하네스 뮐러와 일하다가 1904년부터는 작가로 일했다. "그는 탁월한 작가적 소질 때문에 과도한 표현을 쓰곤 했다. 그는 '종교'를 '하나님 나라'와 대치했고 예수를 지금까지 이 세상에 존재했던 사람 중에서 가장 비종교적인 사람으로 표현했다"(Chr. Geyer, Art. "Lhotzky, Heinrich", RGG[2] III, Sp. 1606). 로츠키의 작품 가운데는 사도행전을 이어서 쓴 『종교 또는 하나님 나라. 하나의 이야기』(*Religion oder Reich Gottes. Eine Geschichte*, 1904, Leipzig, 1912[4])가 있다. Fr. Zündel, *Aus der Apostelzeit*, Zürich, 1886도—확실하게 언급은 하지 않았지만—로츠키의 책에 기반을 두고 있다.

12 J. Müller, *Glauben und Wissen*, *Von den Quellen des Lebens. Sieben Aufsätze*, München, 1919[5], S. 105-157, S. 109. "믿음(Glauben)은 그 능력이나 과정에서 볼 때, 의심의 여지없이 직접적인 내면화의 결과이다. 반대로 지식(Wissen)은 간접적인 알게 됨의 결과다. 믿음은 우리 내면의 가장 깊은 곳에 접촉하는 체험에서 솟아난다. 우리는 우리 속에서 깊은 인상으로 생동하는 그것을 믿는다." 이 글의 마지막 문장은 다음과 같다(S. 157, 소제목은 "믿음에 이르는 길"Der Weg zum Glauben이다). "……회개하고 영적 생명의 직접성을 추구하는 것, 이것이야말로 능력의 근원에 이르는 길이다. 직접성은 순수한 수용성이며, 본래적인 생명의 기관이다. 왜냐하면 이 직접성이 우리를 근원적인 감각으로 인도하고, 오직 전적으로 이 감각에 의해 우리는 참된 인식에 이르기 때문이다." 요하네스 뮐러(1864-1949)는 "인격적 생명을 가꾸는 신문"Blätter zur Pflege persönlichen Lebens(1914-1941: "Grüne Blätter")의 발행인으로서 처음에는 마이엔베르크 성에서, 나중에는 가미쉬(Garmisch)와 미텐발트(Mittenwald) 사이에 있는 엘마우 성에서 "개인 생명의 피난처"(Freistätte persönliches Lebens)를 세웠다.

츠L. Ragaz가 그랬던 것처럼, 이제는 아무런 소망도 없는 교회와 신학을 떠나서 평신도들이 함께 만드는 더 나은 세상으로 이주한다면?[13] 혹은 이 책 『로마서』 제1판의 일부분처럼 베크Beck라든가 구舊뷔르템베르크의 자연주의에 의존하여, 관념주의적 요청의 공허함과는 다르게 인간 안에서 유기적으로 자라나는 신적인 존재와 소유를 주장한다면?[14] 또는 모든 시대의 "건강한" 신비주의가 그랬던 것처럼, 종교와 병행하는 비밀스럽고 순수한 초超종교Überreligion를 설립한다면? 대답은 이것이다. **"그럴 수 없다!"** 이 모든 시도의 급진성은 단지 표면적일 뿐이다. "nondum considerasti,[t] quanti ponderis sit peccatum!"[너는 네 죄가 얼마나 무거운지 생각하지 않았도다](안셀무스).[15] 죄, 곧 썩은 나무[마 7:17 병행 본문]는 다른 여러 가지 가능성 가운데 하나가 아니다. 종교적 가능성과 동일하지도 않다. 그러니까 이것은

13 라가츠(L. Ragaz)는 1921년 여름에 취리히 대학교의 조직신학·실천신학 교수직을 내려놓았다. 그 이유는 학문으로서의 신학 및 교회와 내적으로 멀어졌기 때문이라고 했다. 그는 다음의 글에서 자신의 결단을 공식적으로 밝혔다. *Warum ich meine Professur aufgegeben habe?*, Neue Wege, Jg. 15(1922), S. 283-293, S. 285. "오늘의 교회가 하나님의 진리를 담고 있는 그릇이 될 수 있다는 믿음은 자꾸만 흔들리고 있다. 어떤 개혁이 일어나서 교회가 그렇게 변화될 것이라고 믿지도 않는다. 그럴 만한 전망은 거의 없는 것 같다. 그래서 지금의 나는 오랜 내적인 고심 끝에 교회와 목사직의 가치를 대단히 상대적인 것으로 여기게 되었다. 그래서 지금까지 내가 하던 일을 계속하는 데 필요한 확신의 토대와 열정이 사라졌다. 교회라는 형태는 앞으로도 오래 지속될 것이며 어떤 면에서는 필요할 수도 있다. 그러나 다가올 종교적 갱신은 본질적으로 교회를 넘어설 뿐만 아니라 교회를 비껴가게 되리라는 것이 나의 강렬한 느낌이다." S. 286. "내가 '비교회적'이라는 사실을 「새로운 길」(Neue Wege)의 독자들은 이미 오래전부터 알았을 것이다. 내가 교회 자체에, 적어도 오늘의 교회에는 바라는 것은 거의 없으며, 나의 희망은 그 교회보다 큰 것, 곧 하나님 나라에 있다는 사실 말이다." 또 L. Ragaz, *Mein Weg*, Bd. 2, Zürich, 1952, S. 111-123.

14 Römerbrief I, S. 274, 281, 285, 296, 298f., 302f.

15 Anselm von Canterbury, *Cur Deus Homo?*, Lib. I, cap. 21, Opera omnia, ed. Fr.S. Schmitt, Vol. II, Rom 1940, S. 88, Z. 18.

예컨대 우회와 극복을 통해—설령 그것이 가능하다고 해도—피할 수 있는 것이 아니다. 이것은 모든 |224| 인간적인 가능성의 가능성 그 자체다. 이는 은혜, 곧 좋은 나무도 마찬가지다. 이것은 종교적 가능성 위나 곁이나 안에 있는 하나의 가능성이 아니라, 모든 인간적인 가능성 **저편**에 있는 **신적인** 가능성이다. 죄에 의해 지배되는 인간성의 최고봉이 율법이라는 사실을 제대로 깨닫기는 했지만, 그 율법을 죄와 하나로 뭉뚱그리고 그런 잘못된 추론에 근거하여—약간 조잡한 방식으로든 좀 더 세련된 방식으로든—율법의 철폐를 주장하고, 그래서 **이** 세상 속에 살아가는 **이 세상의** 인간이 율법이 없는 (그렇기 때문에 죄도 없다고 착각하면서!) 삶을 살 수 있다고 가정하는 사람, 종교적·인간적인 것에 대한 너무나도 타당한 적대감에서 저 마르키온처럼 구약성경을 거부하는 사람은[16] (바로 그 적대감의 결과로 신약성경조차 총체적으로는 거부할 수밖에 없으리니!) 그 모든 것으로써, 자기가 율법에 대하여 아직도 진정 비판적인 자세를 취하지 못하고 있음을 드러낼 뿐이다. 종교가 처한 진정한 위기는 어떤 것인가? 그것은 인간이 "사는 동안" 그 종교를 **떨쳐 낼 수 없다**는 사실, 그것만이 아니라 그렇게 떨쳐 내서도 **안 된다**는 사실이다. 이는 그것이 인간으로서의 인간에게 (**이 세상적인 바로 그** 인간에게!) 아주 특징적인 것이고, 바로 거기서 인간적인 가능성이 신적인 가능성에 의해 제한되기 때문이며, 또한 우리가 여기에는 하나님이 **아니** 계심을 의식하고, 우리가 한 걸음도 **더** 나아갈 수 없다는 사실을 의식하면서 이런 인간적인 가능성에서 멈춰 서서 가만히 머물러 있을 수

16 Harnack, Marcion, S. 27f. "전승에 대한 마르키온의 비판은……**바울에게서 율법과 복음의 모순, 곧 나쁜 의도를 가진……형벌의 의로움과 긍휼하신 사랑 사이의 모순에서** 시작된다." 그래서 그의 비판은 "구약의 포기라는 처참한 결과"를 낳았다.

밖에 없고, 그래야 우리를 규정하던 한계 저편에서 하나님이 우리와 만나 주시기 때문이다. 이렇듯 주어진 여건의 최종적인 지양 속에서 하나님의 '아니요'가 하나님의 '예'로 뒤집어지는 일이 일어나면, 그때 우리에게 정말 중요한 것은 그 주어진 최종적인 여건을 회피하거나 없애 버리거나 다른 것으로 대체함이 아니다. 율법은 죄와 같지 않다. 율법이 "철저하게 혹은 부분적으로 수행된 철폐"는 죄의 나라에서 은혜의 나라로 가는 발걸음이 아니다.

7b **율법으로 말미암지 않고는 내가 죄를 알지 못하였으니 곧 율법이 탐내지 말라 하지 아니하였더라면 내가 탐심을 알지 못하였으리라.**

"**율법으로 말미암지 않고는 내가 죄를 알지 못하였으니.**" 만일 종교라는 것이 죄의 나라에서는 최고의 단계인 것처럼 보이지만 죄와 똑같은 것은 **아니**라고 한다면, 과연 종교란 무엇인가? 아마도 모든 인간적인 가능성이 어떤 강력한 위기의 빛 속으로 들어서게 만드는 가능성, 죄를 눈에 보이는 것이요 경험 가능한 것으로 만드는 그 가능성이리라. 인간은 부름받고 선택받은 존재라는 사실 때문에, 그가 (의식적이든 무의식적이든) 하나님과 관계를 맺고 있는 과정이요 상태라는 사실 때문에, 또한 어떤 상실된 직접성에 대한 기억의 |225| 행위가 있기 때문에, 바로 그렇기 때문에 인간은 죄인이며 그 외 다른 어떤 것이 아니다. 종교적 가능성을 제외한다면, 여러 피조물 가운데 한 피조물로서 인간은 오직 하나님의 신비 속에서만 죄인이다. 눈에 보이지 않는 비역사적 죄인이다. 하나님은 무엇이 선하고 악한지 아신다. 인간은 이 악과 관련하여 말을 건넬 수 있는 존재가 아니다. 악은 인간의 죄책도 아니고 인간의 운명도 아니다. 그는 자기를 향해 있는 심판의 칼을 보지 못한다. 인간에게 이 치명적인 통찰을 가르치거나 강요하는 것은 불가능한 일이다. 이것은 그가 두 번째의 경우, 곧 반대편에서 볼 때, 새로운 창조의 관점에서 볼 때—종교적 가능성과는 무관하게—오직 하나

님 앞에서만 의인인 것과 마찬가지다. 여기서도 그는 눈에 보이지 않는 비역사적 의인이다. 그는 이것과 관련해서도 말을 건넬 수 있는 존재가 아니다. 그것을 자랑할 수 있는 위치에 있지도 않다. 이 두 가지의 눈에 보이지 않는 것 중간에 눈에 보이는 율법과 종교가 있다. 여러 가지 다른 의식의 (혹은 무의식의) 내용들의 틈바구니에 계시의 흔적, 선과 악에 대한 앎[창 3:5]이 있다. 그가 하나님께 속해 있다는 어떤 특정한 인식도 거기 있다. 복락을 누리든지 저주를 받든지, 바로 그 선택이 일어나는 영원한 근원에 대한 기억도 거기 있다. 이런 최고 수준의 의식의 보편성에서 하나의 예외로 5:13-14을 제시한 바 있다. 하지만 그것도 이론적으로만 그런 것이리라. 여기서 그런 예외가 있느냐 없느냐는 중요한 문제가 아니다. 우리는 그 특별하고 최종적인 의식의 내용이 어떤 **의미**를 가지고 있는지 묻고 있으며, 어쨌거나 즉시 한 가지는 보게 된다. 그 내용이 그 밖의 다른 모든 것과—비록 상대적인 것일망정—나름 뚜렷하고 날카로운 대립 관계에 있다는 사실이 그것이다. 누멘numen[로마적 신성의 경험 가능한 현존]에 대한 사유는 그것이 어떤 종류이든 간에 다른 모든 사유에게 성가시고 불안하고 껄끄러운 것이다. 어떤 신이 인간을 향해 마주 서면, 그 인간 자신은 다소간 분명하고 강력하게 의문시된다. 그의 '존재'와 그 앞에 위협적으로 마주 서 있는 '비존재' 사이, 현실과 진리 사이에는 다소간 뛰어넘기 어려운 균열이 열려 있다. 다소간 강한 의심이 고개를 든다. 가능함은 불가능함 아닐까? 존재하는 것은 사실 '존재하지 말아야 하는 것'das Nichtseinsollende 아닐까? 모든 종교의 의미는 이런 위기와 관련이 있다. 이런 위기가 강력한 타당성을 주장하면 할수록 더욱 분명해지는 것은, 우리가 그에 상응하는 현상Phänomen과 마주하여 의식적인 혹은 무의식적인 종교와 관계하게 된다는 사실이다. 그러므로 이스라엘의 "율법"이 도달했던 날카로움, 곧 인간

에 대한 예언자적 공격의 날카로움은 발달사적 관점에서 볼 때 종교적 현상이 도달할 수 있는 가장 높고 가장 순수한 단계인 것 같다. 그러나 이 위기는 무엇을 의미하는가? 이제는 이렇게 말할 수 있다. 인간이 하나님에게 맞서 일으킨 노예의 반란이 다름 아닌 종교적 과정에서 눈에 보이게 |226| 표출되었다. 인간은 "진리를 불순종 안에 가둬 놓았다"[1:18]. 그는 자기중심성 때문에 자기를 잃어버렸다. "Eritis sicut Deus!"[너희도 하나님처럼 되리라, 창 3:5]는 말을 들었고 계속 그 말을 듣고자 한다. 하나님의 자리를 자기가 대신한다. 그는 시간을 영원과 혼동한다. 그래서 영원을 시간과 혼동하는 것이다. 그는 자기가 감히 해서는 안 될 일을 감행한다. 요컨대 자신에게 제시된 죽음의 선을 넘어서 불멸의 하나님, 알 수 없는 하나님을 향해 손을 뻗는다. 그분의 것을 도적질한다. 자기를 그분 가까이[Nähe v]에 밀어 넣고 그분을 자기 곁에 밀어 넣는다. 그는 **자기 스스로**는 관계를 맺기가 불가능한 분과의 거리를 터무니없이 오판한 상태에서 **그분**과 관계를 맺으려고 한다. 이것이 불가능한 것은 하나님은 하나님이시며, 인간이 그런 식으로 관계를 맺을 수 있는 하나님이라면 더 이상 하나님이 아닐 것이기 때문이다. 그는 하나님을 자기 세상의 여러 사물 가운데 하나로 만들어 버린다. 바로 그 종교적 가능성 안에서는 그 모든 것이 눈으로 볼 수 있는 사건이 된다. 거기서 눈에 보이게 드러난 것의 결과가 바로 그[jene w] 위기이며, 인간의 현존재와 존재 상태 **전체**는 저 우려스러운 **최후의** 가능성과 함께 그 위기 속으로 추락한다. **이것이** 인간이다. 이 세상의 문제 상황에 몰리는 상황에서 지나치게 깊이 자기 자신을 숙고하는 존재, 종교적 가능성을 지닌 존재다. 그 가능성이란 불가능한 것을 감행하는 가능성이며, 여태껏 한 번도 들어 본 적이 없는 거만함 속에서 결코 해서는 안 되는 일, 곧 하나님을 마치 자신과 비슷한 인간으로 대하는 일을 자행하는 존재다. 만일 이것이 인

간의 가장 궁극적이고 가장 심오한 가능성, 최고봉이라면 그 밖의 다른 가능성들이란 도대체 어떤 모습이겠는가? 인간으로서 최고의 의로움이 오히려 파렴치함이라면? 아마 심판이 들이닥치는 수밖에 없으리라. 인간의 다른 모든 가능성 위에도 말이다. ˣ인간의 존재와 행위was er ist und was er tut ˣ 가운데 최종적인 것에는 못 미치는 다른 모든 것도 궁극적인 [종교적] 존재와 행위의 가능성의 빛 속에서 나타난다. 바로 이 마지막 연결 고리와 함께 사슬 전체가 불가능성의 연속이었음이 드러나는 것이다. 인간적인 추구 중에서 최고의 허상이 그 모습을 드러냄으로써 더 낮은 곳에 위치한 추구들의 허상이 들추어진다. 종교적 인간은 자신을 **하나님**과 맞세웠으니, 이제 그는 하나님과 **맞**서 있을 수밖에 없다. 하나님과의 직접성 **상실**은 그 직접성에 대한 **기억** 속에서 사건으로 발생한다. 죽음에 이르는 병이 확산되기 시작한다. 종교는 인간의 문화 체계 전체의 물음표가 된다. 인간은 종교적 인간으로서 경험을 얻는다. 무엇에 대한 경험인가? 눈에 보이지는 않지만 죄가 자신을 규정하고 있음에 대한 확실한 경험이다. 하나님에게서 떨어져 나옴[타락], 근원과의 하나됨에서 찢겨져 나옴이 종교에서는 **앞선** 사건돌발 사건, *Vorfall*이 된다. 축복 혹은 저주라는 영원한 예정의 이중성은 "율법으로 말미암아" 심리적·역사적 상태가 된다. "죄가 넘쳐난다"(5:20). |227|

"곧 율법이 탐내지 말라 하지 아니하였더라면 내가 탐심을 알지 못하였으리라." 나의 왕성한 생명력Vitalität이 죄에 물들어 있다는 사실, 나의 탐심 자체가 지양되어야 할 대상이라는 사실은 저절로 이해가 되는 문제가 결코 아니다. 그것은 나의 현존재와 존재 상태의 특성인데, 종교적 가능성을 염두에 두지 않는다면, 근거가 없는 것처럼 보인다. 우리의 인간적인 생각이 이런 부정적 특성화에 저항하는 것은 당연한 일이다. (그리고 우리가 종교적 가능성을 간과하는 것이 근본적·최종적으로 무엇을 의미하는지 생각한다면 그것은 **최종적으로** 타당하다!) 인간적인 생각은 그 사실이 의혹의 눈초리를 받는 것, 그것을 감각적 쾌락으로 낙인찍는 것에 저항한다. "그저" 본성일 뿐인 것을 평가절하하는 것에 저항한다. 자연스러움이 왜 악한 것이어야 하는가? 만일 내가 오직 자연성만을 지닌 숙명적인 방식의 종교적 인간으로서 저 그림자 현존재, 곧 내게는 은폐되신 하나님의 진지함과 유머 덕분이라고 정당화했던 저급한 세속성의 그림자 현존재를 그야말로 아주 대담하게 박차고 감히 나의 신적인 가능성의 빛이라는 최고 수준의 빛으로 나아가려고 하지 않았던들 "나는 탐심을 알지 못하였으리라." ("율법이 없으면 죄는 죽은 것이다", 7:8). 지금 내가 알고 있는 나의 탐심, 나의 왕성한 생명력은 이 빛 속으로 **들어오는 것**을 거부할 수 **없다**. 비록 은폐된 문제라고는 하지만, **이러한** 세상에서 살아가는 **이러한** 인간의 현존재가 안고 있는 문제는, 달리 말하자면 비록 은폐되어 있다고는 하지만 **이러한** 세상 속에서 살아가는 **이러한** 인간에 대하여 하나님의 현존재가 의미하는 문제는 어쨌든 간에 종교가 마치 무장한 군사인 것처럼[잠 6:11, 24:34] 내게 들이닥치게 상황을 **조성한다**. 나는 내가 할 수도 없고 해서는 안 되는 일을 할 수밖에 없다. 요컨대 나는 철저하게 불충분하고 무가치한 "종교적 맥락"이라는 형식 안에서 하나님의 영원성을 나의 시간성과 연결시키고, 나의 시간성을 하나님의 영원성과 연결시키게 된다. 이 가능성을 이른바 필연적으로 실현함으로써 "율법"이 내 삶에 들어온다. 비록 절대적인 것은 아니지만 상당히 무시무시한 부정, 비록 간접적이긴 하지만 상당히 집중적인[y] 조명, 비록 궁극적인 것은 아니지만 그래도 아주 강력한 문제 제기, 곧 나의 "탐심"과 나의 생명력에 대한 부정, 조명, 문제 제기가 시작된다. 이러한 인간적인 삶의 내용과 그 밖의 다른 내용들 사이에 상대적으로 아주 급진적인 (가령 예언자적 종교의 경우에는 정말 경악할 만한) 단절이 그 모습

을 드러낸다. 유대인의 "나음"[3:1]은 그들이 아주 멀리 나아가 저 경계에 서 있다는 사실이다. 그 경계의 비범하게 가파른 낙차, 너무나도 당황스러운 예리함이 그들에게는 **더 철저하게 다른** 형태의 가파르고 예리한 경계에 대한 암시가 될 수 있었으니, 이 경계는 모든 인간적인 삶의 내용과 모든 주어진 것들을 **하나님 자신**과 갈라놓는 것(3:1-20)이다. 내가 나의 탐욕스러운 피조성 밖에는 달리 아는 것이 없어서 나의 소박한 피조성 안에서 |228| "탐내게" 된다면, 마찬가지로 나는 나의 피조성 외에 다른 것을 알고자 하고 또한 나의 피조된 실존을 의문시하는 신적인 가능성이라는 경계로 갈 때, "탐내지 않게" 될 수도 있다. 물론 그때 나는 더는 온전하지 않고, 더는 의롭지 않고, 더는 죄 없는 상태가 아니다. 모든 탐심을 거의 완벽하게 능가하는 탐심, 곧 종교가 입을 열고 모든 탐심에 대해 이렇게 선포한다. "너는 그래서는 **안** 된다!" 하나님의 영원성이 인간의 시간성과 결부될 때, 전자는 후자를 죄로 만든다. 인간의 시간성이 하나님의 영원성과 결부될 때, 인간의 시간성은 죄가 된다. 왜냐하면 바로 그렇게 이쪽저쪽을 결부시키는 것이 하나님 자신의 행위, 하나님께서 홀로 행하신 행위가 아니라, 그런 시도를 통해 하나님으로부터 떨어져 나오는 인간의 행위이기 때문이다. 인간적인 생명력의 이런 위기, 이러한 대비, 이러한 인식이 어떤 형태, 어떤 규모, 어떤 날카로움으로 발생하는가? 이것은 발달사적인 질문으로서 여기서 우리의 관심사는 아니다. 우리는 다른 여러 가지 삶의 과정과 비교하여 종교적 과정이 지니고 있는 원칙적인 의미에 관해, 종교의 의미에 관해 물었다. 여기서 우리가 제일 먼저 발견한 것이 있다. 죄는 바로 종교 안에서 우리 실존의 눈에 보이는 처지anschauliche Gegebenheit라는 사실, 하나님에 대항하는 인간의 노예 반란은 종교 안에서 눈에 보이게 시작된다는 사실이 그것이다. 이제 우리는—이러한 처지와 눈에 보이는 저편에서

일어나는—하나님의 자유와 우리의 자유의 의미에 대해 숙고해 본다.

8-11. 8 그러나 죄가 기회를 타서 계명으로 말미암아 내 속에서 온갖 탐
심을 이루었나니 이는 율법이 없으면 죄가 죽은 것임이라. 9 전에 율법을 깨
닫지 못했을 때에는 내가 살았더니 계명이 이르매 죄는 살아나고 나는 죽었
도다. 10 생명에 이르게 할 그 계명이 내게 대하여 도리어 사망에 이르게 하
는 것이 되었도다. 11 죄가 기회를 타서 계명으로 말미암아 나를 속이고 그
것으로 나를 죽였는지라.

"그러나 죄가 기회를 타서 계명으로 말미암아 내 속에서 온갖 탐심을 이루었나니." 뮈토스(신화)Mythos가 아예 없다면 로고스가 뮈토스가 되는 **그** 과정에 대해 말할 수 없다! 죄는 그 근원을 보건대, 하나님의 신비(이것은 결코 그것의 원인이 아니다. 아마 그것의 최종적 진리일 것이다) 안에서 보건대, 하나님과 하나됨의 균열 가능성이요 축복 **혹은** 저주의 예정 가능성이다. 인간은 하나님 안에서 반역의 노예가 될 수 있는 기회, 영원히 하나이신 분과 갈라설 수 있는 기회, 신성한 빛의 |229| 공허한 부정으로서 그 빛을 뒤따르는 것에 불과한 그림자를 붙잡고 그것을 영원한 것으로 만드는 기회, 자기 나름의 방식으로 직접 하나님이 되는 기회를 갖는다. 그와 같은 가능성에 대한 앎, 그리고 그와 함께 이미 주어져 있는 활용, 곧 이러한 기회를 활용함이 바로 죄다. 수문이 열리면 물이 수로를 따라서 힘차게 밑으로 치달아 내재된 관성의 힘이 허용하는 저 아래까지 내려가듯이, 죄도 눈에 보이지 않는 것과 주어지지 않은 것과 영원한 것과는 **반대되는** 눈에 보이는 것과 주어져 있는 것과 시간적인 것 속으로 치닫는다. 왜냐하면 죄의 본질이 "저 위"와는 반대되는 "저 아래"를 향한 충동이며, 상대적인 것, 분리된 것, 대립하는 것을 향한 충동이며 창조에 맞서는 우주, 존재Sein에 맞서는 현존재와 존재 상태Da-Sein und So-Sein, 하나님에게 맞서는 인간의 대립이

드러난 것이다. 이러한 대립의 드러남에 반드시 필요한 것, 곧 수문이 이미 열려 있다는 사실은 저절로 이해되는 것이 아니다. 근원적으로는 그 대립이 존재하지 않는다. 원래 인간은 위**와** 아래가 없는, 절대적인 것**과** 상대적인 것이 없는, 저 세상 **그리고** 이 세상이 없는 (왜냐하면 바로 이 "그리고"und에 타락이 도사리고 있기 때문이다!) 낙원에 살고 있었다. 거기서는 우주가 창조와 하나이고 인간은 하나님과 하나이며 자연스러운 것은 모두 거룩하고 거룩한 것은 모두 자연스럽다. 그러므로 거기서는 "탐심"이 없으며 동산의 모든 과일을 즐기는 것이 허용될 뿐 아니라 권장된다. 예외가 있다면 "동산 중앙에 있는" 나무, "선과 악에 관한 인식의" 나무[창 2:16-17]다. 왜냐하면 하나님 안에 숨겨진 대립, 곧 근원 그리고 그와 다름의 대립은 인간적인 삶의 내용이 되어서는 **안 되기** 때문이다. 인간은 스스로의 힘으로 하나님 안에 있는 즉자적卽自的 존재가 되어서는 **안** 된다. 곧 창조주 옆에 제2인자로서 서는 피조물이어서는 **안** 된다. 그는 하나님이 그에 관해 아는 것, 하지만 은혜롭게도 그에게 감추신 것을 알아서는 **안** 된다. 그것은 그가 **한갓** 인간이라는 사실이다. 주께서는 그 알지 **못하는** 인간들 가운데 나타나시되 저녁이 되어 바람이 선선하니 마치 자신과 같은 존재들 가운데 오신 듯 동산을 거니신다[창 3:8]. 미켈란젤로의 작품 '하와의 창조'[17]에서 하와가 육감적인 매력을 마음껏 발산하며 무대에 등장하는 순간에 보여주는 저 **경배***Anbetung*의 치명적인 몸짓을 보라. 하나님께서 손을 들어 주의를 주시며 그 얼굴에는 걱정이 가득함을 보라. 그 얼굴은 **이** 몸짓에 대한 대답이다. 여기서는 있어서는 안 될 무언가가 준비되고 있는 것 같다. **하와**는 (그녀는 최초의 종교적 인물이니, 진정 이것은 그녀의 **명예***Ehre*다!) 최초로 하나

17 바티칸에 있는 식스티나 예배당의 천장 프레스코의 일부.

님께 마주하여 하나님을 경배한다. 그러나 **그녀는** 그렇게 **그분을** 경배함으로써anbetet z, 한 번도 들어 본 적이 없는 불손한 방식으로 자기를 그분으로부터 갈라놓는다. 그러자 금방 "저 유명한 뱀"[18]이 나타난다. |230| 하나님에 **대한** 최초의 대화(모든 설교의 원형!Prototyp)가 전개된다. 하나님의 계명은 인간적 상담(목회 상담!)의 대상이 된다. 아담의 영웅적인[거인 같은]titanisch[거인주의는 『교회 교의학』 IV/1, § 60 죄론과 연결될 수 있다] 가능성, 영리해질 수 있는 가능성이 (**하와** 앞에서!) 떠오른다. 그러나 이것은 비극적인 현실로 전복된다[창 3:1-6]. 어째서 **비극적인** 현실이란 말인가? 그것은 인간이 "하나님처럼 되어" 무엇이 선한지 악한지를 알게 될 때, 그래서 하나님과의 직접성이 인간 삶의 여러 가지 내용 가운데 하나가 될 때, 그때 바로 그것이 참된 직접성을 파괴하기 때문이다. "동산 중앙의" 나무에 손을 대는 것, 그래서 인간이 자신을 하나님과 연결해 주는 바로 그것, 그러나 손대자마자 하나님과 단절되는 그것(그렇기 때문에 그것에 손대지 말아야 한다!)에 손을 대는 것은 전류가 흐르는 철조망, 곧 죽음의 선[死線]에 손대는 것이다. 그때 그 인간은 **자기가 아닌 존재**를 향해 손을 내뻗어 보지만, 오히려 자기 자신의 장벽에 부딪히면서 **있는 그대로의 자기**가 될 수밖에 없다. 그때 그 인간은 무엇이 자기를 하나님과 갈라놓는지를 두 눈을 뜨고 보면서, 동시에 자기 자신이 벌거벗은 존재임을 보게 된다[창 3:7]. 충동적이고 탐욕스럽고 정열에 휘둘리는 존재, 언젠가는 소멸할 수밖에 없는 것을 막무가내로 추구하는 존재, 그래서 스스로도 소멸하는 존재인 것이다. 그는 운명의

18 요한 볼프강 폰 괴테, 『파우스트』 제1부, 제5막, 천상의 프롤로그(334f.)

그놈은 쓰레기를 처먹게 될 거요, 그것도 게걸스럽게,
우리 아주머니뻘 되는 저 유명한 뱀처럼 말이외다.

선을 건드릴 것인가? 건드리는 것을 그만둘 것인가? 한편으로는 창조주이신 하나님께, 다른 한편으로는 피조물인 인간에게 양편 모두에게 중요한 그 질문은 어째서, **우리의 입장에서 볼 때**, 도저히 건드리지 **않을** 수 없고 분출되지 **않을** 수 없을 정도로 그렇게 집요하고 지배적이고 분명한가? 아담이 했던 일을 그만둘 수 있는 인간은 없다. 하지 말았어야 할 일을 아담이 **했다**는 사실은 그다지 놀랄 만한 일이 아니다. 그 나무, 그 질문에 손이 닿는다. 그 질문이 내포하고 있는 대립, 곧 하나님께서 우리가 그것을 알고 또 참아 내는 것을—우리의 구원을 위하여—보류해 놓으신 그 대립이 인간 삶의 내용이 된다. 선과 악에 관한 지식과 더불어 이제 인간에게 제기된 계명이 **존재한다**. 이로써 낙원은 상실된 낙원[失樂園]이 되었다. 왜 그런가? 그 선善이 '그래야 하는 것'das Seinsollende의 형태로 인간 앞에 내놓은 계명으로 말미암아, '지금의 존재'das Seiende는 그 신용이 실추된다. 적어도 의심의 대상이 된다. 어쩌면 이미 고소를 당했는지도 모른다. 어쩌면 이미 악이라는 선고를 당했는지도 모른다. 인간이 **저** 나무의 열매를 향해 손을 뻗게 만드는 **그** 탐심 때문에, **모든** 나무의 열매를 향한 갈망도 다소간 금지된 것이 되어 버렸다. 왜냐하면 그 탐심은 인간이 인간으로서 생각하고 바라고 행동하는 모든 것과 반대되는 요구, 곧 거룩하고 엄격하고 영원한 하나님의 요구를 드러내기 때문이다. 이제 무슨 일이 일어났는가? 죄가 승리했다. 죄는 휘몰아치듯 저 "아래"를 추구했고 이제 탐심이라는 낙인이 찍힌 |231| 생명력의 온갖 다양성 속에서 그 "아래"를 발견했다. 하나님의 발언Spruch에 도전함으로써 발생한 반대 발언Widerspruch, 곧 하나님에게 맞서는 반대는 눈에 보이지 않는 것에 맞서는 눈에 보이는 것, 절대적인 것에 맞서는 상대적인 것, 근원에 맞서는 차이성[근원과 다름]의 특징이 된 것이다. 게다가 이 반대는 신적인 요구의 수단을 통해서, 새롭게 등장한 종교적 인

간의 가능성을 통해서, 하나님과 인간의 직접성에 관한 (뱀의!) 매혹적인 설교를 통해서, 또한 인간이—간접성의 수수께끼 때문에 더 심각한 불안을 느낀 여성이—그것을 너무나 열심히 들어줌을 통해서 일어난 일이다. 그러므로 하필이면 종교가 인간과 세상을 실제적인 직접성에서 끄집어내어 피조성 속으로, 반대의 저항 속으로 전락시키는 일에 자극이 되고 자본이 되고 거점이 되어 죄에게 봉사한다.

"이는 율법이 없으면 죄가 죽은 것임이라. 전에 율법을 깨닫지 못했을 때에는 내가 살았더니." 과거형 "내가 살았더니"는 그에 상응하는 미래형 "내가 살아 있게 될 것이다"(6:2 등)처럼 글자 그대로 받아들여서는 안 된다. 이 "살아 있음"이란 전자의 경우에는 원 역사적인 것urgeschichtlich이고 후자의 경우에는 종말 역사적인 것endgeschichtlich이지, 결코 역사적인 것geschichtlich은 아니다. 한 사람, 혹은 많은 사람, 혹은 모든 사람의 역사 속에서 다른 시대와 대별되는 어떤 특정한 시간을 가리키는 것처럼, 또는 **모든** 인간 시대에 대한 특정한 성격 규정인 것처럼, 어쨌거나 시간의 제약 속에 있는 것처럼 오해해서는 안 된다. 그러므로 우리가 어린이의 죄 없음Unschuld이나, 더 이상 어린이가 아닌 이들의 죄책Schuld에 대해 말할 때, "젊은" 혹은 "노쇠한" 민족, 문화, 그런 비슷한 것에[19] 대해 말할 때, 우리는 기껏해야 비유적으로 (그것도 오직 조심스럽게![aa]) 말하게 된다. 저 "과거"[살았더니]와 "미래"[살아 있게 될 것]가 가리키는 삶은 역사적인 연장이 아니다. 그것은 주어진 "현재"의 삶과 반대되는 **영원한** 삶이다. "나는 살아 있었다." 그리고 죄는 "죽

19 O. Spengler, *Der Untergang des Abendlandes. Umrisse einer Morphologie der Weltgeschichte*, Bd. I, München, 1920, S. 154. "모든 문화는 개별 인간이 나이가 들면서 겪는 단계를 두루 거친다. 모든 문화가 아동기, 청소년기, 청년기, 노년기를 맞는다."

어" 있었다. 이것은 내가 "율법 없이" 살았기 때문이다. "율법이 없으면" 죄는 죽고 인간은 산다. 창조주와의 대립이 없다면 피조물은 죄가 없고 하나님과 충돌하지도 않는다. 그저 자연적 본성으로서, 그저 상대적인 것으로서 의혹이 대상이 되지도 않는다. 그런데 바로 그와 같은 대립, 그리고 그와 함께 피조물의 죄성은 인간의 영웅[거인] 같은 가능성, 곧 종교의 가능성을 통해서 비로소 강렬하게 드러난다. 그것은 근원적이고 눈에 보이지 않고 원 역사적인 차원에서의 삶이니, 그 안에서는 하나님과 인간을 가르는 죽음의 선에 손대는 일이 없으며 동산 중앙에 있는 운명의 나무에 손대는 일[창 2:17]도 없는 그런 삶이다. 창조주와 피조물 사이의 결합과 분리가—종교 안에서는 금세 그렇게 되지만—결코 비극적인 의미를 갖지 **않는** 삶이다. 미켈란젤로의 작품 '아담의 창조'[20]를 보면 하나님과 인간이 순수한 눈빛으로 서로의 눈을 |232| 바라보고 있으며, 하나님과 인간의 손은 놀이와도 같은 자유로움으로 만나고 있으며, 창조의 영원한 순간을 영화롭게 장식하는 가장 깊고도 가장 감동적인 평화의 승리가 표현되어 있다. 이 평화는 구별된 평화다. "옛" 피조물로서 훗날 "새로운" 피조물이 나타나기를 고대할 수밖에 없는 그런 것과는 다르다. 이 모든 것은 상실되지 않은 직접성, 철저하게 비종교적인 직접성에 관하여 말하고 있는 듯하다. 사람은 이 직접성 속에서 **살아 있다**. 이 사람 혹은 저 사람이 아니라, 하나님이 자신의 형상으로 창조한[창 1:26-27] 사람, 그 형상으로 한 번 더 창조되어야 하는 사람 말이다. 우리는 과거의 언제 어디서도 "존재한 적이 없고", 미래의 언제 어디서도 결코 "존재하지 않을" 이 직접성으로부터 유래하며, 다시 거기로 되돌아간다. 그것은 하나님의 유일하신 행위로서 죄

20 바티칸에 있는 식스티나 예배당의 천장 프레스코의 일부.

를 통해서도 단절되지 않은 관계, 곧 **우리에 대한 하나님의 관계**다. 마르키온이 정확하게 절대 **낯선 것**die schlechthinnige *Fremde* 21이라 묘사한 바로 이것이 우리의 **고향**, 우리가 잊을 수 없는 고향이다. 그 현실성과 가까움과 영광은 복음의 궁극적인 말, 곧 용서·부활·구원·사랑·하나님과 같은 말 속에서 우리에게 당혹스러움도 되고 약속도 된다. 그도 그럴 것이, 이런 말이 뜻하는 것의 저편에는 율법도 없고 종교도 없기 때문이다(4:15). 5:13이 명확하게 상정하는 것처럼, 우리에게는 삶과 역사 속에서 상대적으로 순수하고 무죄한 피조성으로 구체화될 만한 것이 있는데, 그것은 적당하게 무해한 것으로 여겨지면—조심스럽게 말하자면—우리가 유래하고 또 회귀하는 그 **생명**의 반사Abglanz라고 말할 수 있다[여기서 '반사'는 『교회 교의학』 IV/3, §69.2, '빛과 빛들'의 주제와 연결될 수 있다].

"계명이 이르매 죄는 살아나고 나는 죽었도다." 창조의 영원한 지금(!)이 천지 사방으로 흩어져 버렸다. "계명이 왔다." 올 수밖에 없기 때문에 온 것이다. 선**과** 악, 선택**과** 저주, 예**와** 아니요에 관한 지식을 얻어 하나님처럼 되고[창 3:5], 하나님의 비밀에 참여하게 된 인간에게 올 수밖에 없는 것이 왔다. 우리는 계명이 오지 않은 때를 알지 못한다. 하나님에 대한 인간의 관계는 신적인 앞선 설정Voraus-Setzung[전제]이 아니라 인간적인 설정Setzung이 되어 버린다. 그것은 신적인 미리 설정된 설정으로서 모든 다른 인간적인 설정을 **해체**하는*zersetzen* 작용을 일으키게 된다. 인간적인 가능성의 가장자리에 있는 무시무시한 가능성, 그것은 인간이 자기가 하나님에 관하여 알지 못함을 아는 것이다. 자신이 창조주와는 전혀 다르다는 사실을, 자

21 Harnack, Marcion, S. 158-160("낯선 신이요 상부의 신인 구원자 하나님"Der Erlösergott als der fremde und als der obere Gott).

신의 피조성을 아는 것이다. 알지 못하는 것에 대한 숭배의 제스처라는 무시무시한 가능성이다. 이 가능성은 다른 **모든** 인간적 가능성 위로 치명적인 빛, 곧 불가능성의 빛을 던진다. 만일 **그것**이 인간이라면, **그것**을 행할 수 있으며 행해야 하는 것이 |233| 인간이라면, 결국에는(오직 종교적 허약성만이 이것을 깨닫지 못하리니!) 이중 예정doppelte Prädestination을 믿고 선포할 수밖에 없는 **그** 길 위에 있는 것이 인간이라면, 도대체 인간이란 무엇인가?! "그러자 죄가 살아났다." 이제 영원한 창조의 순간은 영영 지나가 버렸다. 하나님은 하나님으로서, 인간은 인간으로서 둘이 아니라 하나였던 삶의 순수함과 명랑함과 평화로움은 돌이킬 수 없이 사라졌다. 하나님은 인간 위에 군림하는 원수가 되고 인간은 하나님 앞에서 무기력한 원수로 서서 하나님은 인간을, 인간은 하나님을 서로 제약하고 의심하고 웃음거리로 만들면서 마주 서 있는 둘됨Zweiheit의 삶이 불가피하게 시작되었다. "나는 죽었다." 물론 "내가 죽었다"는 말도 원 역사적인(시간적인 것이 아닌) 과거다. 이 죽음은 영원에서 시간으로 넘어감을 말한다. 이제 **모든 것**이 간접적인 것이 되었고 이제 우리의 생명은 온통 저 지울 수 없는 대조 곧 하나님의 생명과의 대조 맞은편에, 그러므로 저 불가피한 낙인 곧 죽음이라는 낙인 아래 **서 있다**. 이제 비판적인 부정은 언제라도 다시 닫혔다가 언제라도 새롭게 열리는 좁은 문[마 7:13-14 병행 본문]이며, 거기야말로 유한에서 무한을 바라보는 전망이 열리는 지점이다. 우리는 죽어야만 한다[시 90:12, Luther-Bibel]는 것을 깊이 생각함은 영리해지든지 아니면 (이번에는 아주 좋지 않은 의미에서!) 미련한 상태[『교회 교의학』 IV/3, § 65 죄론의 주제다]로 남아 있든지, 둘 중 하나를 택하는 것이 중요해지는 지점이다. 이제 **죽음** 속에서, 눈에 보이는 것과 눈에 보이지 않는 것의 대조 속에서, 항상 과거와 미래일 뿐 결코 현재가 아닌 시간의 형상 속에서, 항상 우주일 뿐 결코

피조 세계가 아닌 자연의 형상 속에서, 항상 과거의 사실역사Historie일 뿐 사건Geschehen은 아닌 역사Geschichte의 형상 속에서, "**아니요**" 속에서 "예"의 물음, 생명의 물음, 하나님 물음이 인정사정없이 **제기**된다. 우리가 유일하게 알고 있는 세상은 시간과 인간과 사물의 세상이다. 우리가 이 세상 속에서in ab 얻을 수 있는 최종적 경험과 모든 경험의 선험성Apriori은 이 한마디, 곧 "나는 죽었도다"는 한마디 말에서 만난다. 최종적 경험과 모든 경험의 선험성이 만나는 곳은 바로 종교적 인간 그 자체다. "그 때에 내가 말하되 화로다 나여 망하게 되었도다. 이는 내가 만군의 여호와이신 왕을 내 눈으로 뵈었음이로다"(사 6:5). 이러한 봄과 망함을 피할 길은 **없다**.

"생명에 이르게 할 그 계명이 내게 대하여 도리어 사망에 이르게 하는 것이 되었도다. 죄가 기회를 타서 계명으로 말미암아 나를 속이고 그것으로 나를 죽였는지라." 타락 사건[창세기 3장]의 완전한 역설은 무엇인가? 그것은 죄를 통해 |234| [하나님과의] 직접성의 삶을 파괴했던 그 가능성이 하필이면 필연성, 곧 죄가 다스리는 간접성의 삶 안에서 우리에게 가장 높은 필연성, 가장 절박한 필연성이 된다는 사실이다. 그 가능성은 죽음의 선을 건드리는 것, 선과 악의 인식을 향해 손을 내뻗는 것, 하나님으로서의 하나님과 인간으로서의 인간 사이의 대립이 등장하는 것에 놓여 있다.

"계명" 즉, 율법과 종교적인 가능성과 비판적 부정의 성취가 아니라면, "우리가 죽을 수밖에 없다는 사실을 깊이 생각함"[시 90:12]이 아니라면 도대체 무엇이 이 세상, 시간, 사물, 인간의 세상 안에서 우리를 위하여 저 "삶"을 지향하도록 하겠는가? 비록 잃어버렸으나 되찾아야 할 삶, 하나님 안에 있는 직접성의 삶을 향하도록 하겠는가? "분명히 보며 이해하는" 사람, "하나님을 알 만한 것이 알려진"(1:20) 사람으로서 "죽음의 지혜"라는 좁은 길을 가는 것 말고 우리가 눈에 보이는 것에서 보이지 않는 것에 이르는 길이 또 있겠는가? 그 선에서 약간 못 미친 이편의 장소, "아담이 넘어진 그곳"(루터),[22] 우리가 더는 저편에 서 있을 수 없는 그곳, 가장 훌륭하고 대담한 경우라면 "역사적 예수"와 더불어 아브라함과 욥과 모든 예언자와 사도가 서 있는 그곳, 거기 말고 우리가 (지금 여기, 우리가 절대적으로 어딘가에 설 수밖에 없는 상황에서!) 또 어디에 설 수 있겠는가? 그곳은 인간의 가능성이 도달할 수 있는 **가장 먼 끝의** 가장자리이며, 인간이 가장 명백하게 인간인 곳, 진정 모든 직접성으로부터 가장 멀찍이 떨어져 있는 상태에서 자기 실존의 철저한 의문성 때문에 가장 심각하게 짓눌려 있는 곳 아닌가? 우리가 진정으로 무언가가 된다면 종교적 인간, 곧 먼지와 재를 뒤집어쓰고 회개하며[욥 42:6], 두렵고 떨림으로 구원에 이르며[빌 2:12], 어떤 제스처를 취한다면, 경배자의 제스처를 취하는 그런 종교적 인간 말고 다른 무엇이 될 수 있겠는가?! 우리로 하여금 그렇게 되도록 만드는 계명은 그 **삶**을 지향하고 있다. 우리는 그것을 너무나 잘 알고 있다. 우리는 지금 여기서 무언가 다른 것을 할 수 없다. 만일 우리가—자기 행동의 결과에 책임을 지면서—진정으로 그 가장자리, 곧 종교적 가능성의 **가장 먼 끝의** 가장자리까지 다가서는 것을 회피한다면? 칼뱅의 냉혹함, 키르케고르의 변증법적 용기, 오버베크의 경외, 도스토옙스키의 영원에 대한 갈망, 블룸하르트의 소망이 우리에게 너무나 크고 위험해 보인다면? 그렇다면 우리는 더 연약하고 더 나쁜 종교적 가능성, 예컨대 어떤 합리주의 혹은 경건주의에 만족할 것이다. 하지만 그런 것마저도 결국에는 냉혹하게 가장 먼 끝의 가장자리를 가리키는 내용을 담고 있다가 언젠가는 그것을 드러낼 것이라는 사실을 어쩔 수 없이 받아들이게 될 것이다. 만일 아담이 다

22 이 책 401쪽, 각주 45.

른 심오한 가능성에 쉽사리 만족한 상태로 인간이 어떤 상태인지, 오직 인간에게 남아 있는 것이 무엇인지를 망각한다면? 그렇다면 그 직접성 없이 지내는 것을 아담보다는 더 힘들어하는 하와가 |235| 아담에게 저 최고의 간접성[ac]을 항상 상기시켜 줄 것이다. 그러나 바로 그것이 비극적인 역설이다. 우리가 지금 여기서, 이 세상에서 이 인간의 심리적·역사적 현실 속에서 저 낯선 것, 그러나 우리의 고향이기도 한 그것을 향한 지향의 행위로서 시도하거나, 아니면 최소한 중단하기라도 할 수 있는 **바로 그것이** 결국은 행위와 설정으로서 앞서 설정[전제]된 것에 대한 가장 강력한 배신이다. **바로 그것이** 최고의 간접성이며, 우리가 직접적인 것으로부터 가장 근본적으로 멀리 떨어져 있다는 사실의 표현이다. **바로 그것이** 인간적 가능성의 최고봉이며, 하나님과 마주한 인간적 불가능성의 폭발이자 그것의 재앙이다. **바로 그것이**—하나님의 입장에서 볼 때는—중단해야 할 일이다. 왜냐하면 **"계명, 바로 그것이 나에게는 도리어 사망에 이르게 하는 것이 되었도다."** 종교적 가능성이 꼭 필요해짐, 중앙의 나무를 향해 손을 내뻗음, 선과 악[창 3:5], 삶과 죽음, 하나님과 인간에 관해 알고자 함, 바로 이것이 **이** 세상에서 살아가는 **이 세상적** 인간의 심리적·역사적 현실보다 앞서 존재하는 전환, 그래서 이 현실 속에서는 결코 돌이킬 수 없는 전환이다. 인간은 바로 그 전환을 통해 악하고 죽을 수밖에 없는 존재로서, 인간으로서 그 성격이 규정되며, 그 전환을 통해 상대적인 것과 절대적인 것의 대조 속으로 전락하여 거기에 얽매이게 된다. 그리고 그 전환을 통해—최상의 경우에는—저 '아니요'[하나님의 음성] 앞에, 그러니까 유일하게 긍정을 감추고 있는 부정 앞에 서게 되는 것이다. 종교의 의미는 죽음이다. 이것은 **죽음의** 가능성이 인간에게 절박해지면 인간의 모든 상대적인 무해성과 소박함과 내적 평안은 끝장이 난다는 사실을 비유적으로 말하는 것이다. 종

교는 자기 자신과의 조화라든가, 심지어 무한無限과의 조화[23]라든가 하는 것과는 완전히 다르다. 여기에는 고상한 감정이나 고귀한 인간성을 위한 여지가 없다. 아무것도 모르는 중부 유럽인들이나 그런 생각을 하는 것이다. 여기에는 심연이 있다. 여기에는 섬뜩한 공포가 있다. 여기에는 악령이 출몰한다(이반 카라마조프[24] **그리고** 루터![25]). 여기에는 옛 원수[26]가 무시무시하게 가까이 있다. 인간의 형편이 이렇다는 사실, 계명이 인간의 죽음이라는 사실, 이것이 죄의 속임수[『교회 교의학』 IV/3, § 70 죄론의 주제다]다. "뱀이 나를 속였나이다"(창 3:13). 죄는 지금 여기서 우리의 필연성인 것이 가능해짐이다. 곧 선과 악에 대한 앎의 저 극도의 간접성이다. 속임수는 이 간접성이 죽음을 의미하는데도 생명을 의미하는 것처럼 생각하는 미혹이

23 R.W. Trine, *In Harmonie mit dem Unendlichen*, übersetzt von M. Christlieb, Stuttgart, 76.-80. Tsd. 1919(vgl. K. Barth, *Predigten 1920*, hrsg. von H. Schmidt [Gesamtausgabe, Abt. I], Zürich, 2005, S. 25, Anm. 3). 아마도 이것은 슐라이어마허의 『종교론』을 암시한다(S. 239, Z. 16-18. 20-25. Originalausgabe S. 115, 바르트 소장본[Göttingen, 1906, S. 72f.]에 부분 밑줄이 그어져 있다). "인간은 자신의 충동에 따라 움직이는 유한성 곁에……무한성을 둔다. 이로써 자신의 쓸데없는 능력에 무한의 탈출구를 만든다. 이로써 종교가 없는 상태에서 개별적인 지침을 따르는 동안 회복 불가능한 상태로 상실된 조화, 곧 자기 존재의 조화와 균형을 되찾는다."

24 도스토옙스키, 『카라마조프가의 형제들』, 제2권, 9장.

25 B.H. Preuß, *Luther und der gotische Mensch*, Leipzig/Erlangen, 1919, 16f., "이러한 강력한 종교성은 루터의 경우에도 고트 사람의 경우와 마찬가지로 경악, 공포, 죄의 비참, 참회의 분위기 같은 것이다.……그의 두려움은 그의 기괴한 마귀론에 뚜렷하게 나타나는데, 그 마귀들은 고딕 양식의 성당 지붕 위에 있는 형상들과 아주 닮아 있다. 사탄은 끊임없이 그를 괴롭혔다. 황량한 바르트부르크에서만 그런 것이 아니다. 그의 영웅다운 면모는 그 사악한 옛 원수와의 싸움이며 그는 그 원수와 맞서기 위해서 가장 위대한 노래를 불렀다는 사실이다."

26 루터의 찬송가 '내 주는 강한 성이요!'Ein feste Burg ist unser Gott!, GERS(1891) 157; RG(1998) 32; EG 362, 1.

옛 원수 마귀는 이 때도 힘을 써(Der alt böse Feind, mit Ernst er's jetzt meint).

다. 그 속임수는 인간이 제 자신의 필연성, 순수하게 인간적인 필연성 그 자체가 하나님 앞에서는 "있어서는 안 되는 것"이라는 사실을 보지 못함으로써 그 속임수가 진행된다. 하나님과 마주하여 그러한 특성을 그저 가능성으로서 자기 안에 받아들인 인간이 곧 인간이기 때문에 그 속임수는 성공한다. 죄에 의해 "자극을 받은" 계명, 직접성으로 변장한 간접성, 자기의 고유한 행위와 업적이 되어 버린 경건성, 이 세상이 아니라 바로 자기 자신이 |236| 얼마나 의혹투성이인지를 알지 못하는 종교, **하나님** 앞에서 **침묵**하지 못하는 경배, 곧 기도를 위해 들어 올린 두 팔을 들어 올리는 동시에 내려뜨리고, 내려뜨리는 동시에 들어 올리는 경배, 이것이 인간의 타락이다.

우리는 종교의 의미를 묻는 과정에서 두 번째 내용을 찾아냈다. 요컨대 종교는 종교 자체의 필연성으로 말미암아, 죄가 **이** 세상 속에서 살아가는 **이 세상적** 인간[ad]에게 휘두르는 힘의 발현이 된다는 사실이다. 그리고 우리는 다시 하나님의 자유의 의미에 대해 숙고하게 된다. 저 종교 안에서 완결된 고리, 곧 휴머니티의 고리에 마주 서 있는 하나님의 자유의 의미 말이다.

12-13. 12 이로 보건대 율법은 거룩하고 계명도 거룩하고 의로우며 선하도다. 13 그런즉 선한 것이 내게 사망이 되었느냐. 그럴 수 없느니라. 오직 죄가 죄로 드러나기 위하여 선한 그것으로 말미암아 나를 죽게 만들었으니 이는 계명으로 말미암아 죄로 심히 죄 되게 하려 함이라.

"**율법은 거룩하고 계명도 거룩하고 의로우며 선하도다.**" 인간은 이 세상에서 인간으로서 자신이 처한 상황 때문에 끔찍한 압박을 느끼면서 마침내 자기 자신을 의식하게 되고, 자신을 향하고 있는 계명을 의식하게 되고, 자신이 하나님과 멀리 떨어져 있음을 의식하게 되고, 그와 더불어 종교적 인간이 된다. 그 인간이 묻는다. 우리는 무엇을 해야 하는가? 이 질문에 대한 대답은 오직 이것이다. 무엇보다도 그렇게 **물어라**! 하나님께서 우리의 이 **물음**을 지켜 주시길! 그 물음이 우리를 사방에서 에워싸길! 이 물음을 끊임없이 묻는 것 말고 다른 모든 대답을 빼앗아 버리길! 모든 탈출구와 모든 안도감을 우리에게서 끊어 버리길! 그 물음이—그 옛날 노자老子가 말한 것처럼[27]—마치 바퀴의 한복판에 있는 저 구멍의 테두리를 정말 또렷하게 부각시키기를! 왜냐하면 그 대답이란 저 원의 내용을 구성하는 것이요, 그 내용의 윤곽을 그려 내는 것이 **물음**의 의미이기 때문이다. 바로 그렇기 때문에 그것은 단 한 순간도 **물음**이기를 그칠 수 없다. "율법은 거룩하다." 종교는 죄도 아니고 그 어떤 다른 인간적인 가능성도 아니다. 죄는 **하나의** 가능성보다 훨씬 큰 무엇이기 때문이다. 종교는 오히려 모든 인간적인 가능성이 신적인 가능성의 빛 안으로 들어오는 지점을 표시한다. 종교는 신적인 것을 대변한다. 종교는 그것의 사신이다. 그 신적인 것이 찍힘으로써 나타난 흔적, 그것의 음각陰刻, Negativ이다. 휴머니티의 범위 안에서 종교는 누가 뭐래도 **성스러운** 것, 곧 인간적인 것에서 벗어나 신적인 것을 지시하는 것이다. 종교는 **의로운 것**, 곧 신적인 의지와 상응하고 그것과 나란히 동행하는 것, 그것의 비유다. 종교는 또한 **선한 것**, 곧 [하나님과의] 잃어버린 직접성을 증언하는 간접성의 과정이요 상태다. 의식적으로든 무의식적으로든 우리가 종교에게서 느끼는 애매함과 위험스러움 때문에 종교를 회

27 *Lao-tszes Buch vom höchsten Wesen und vom höchsten Gut*(*Tao-te-king*)『도덕경. 최고의 존재, 최고의 선에 관한 노자의 책』(독일어 번역, J. Grill, Tübingen, 1910, S. 80). "30개의 바퀴살이 하나의 바퀴통에 모여도 그 가운데가 비어 있어야만 수레로써의 쓰임이 있다"[제11장. 三十輻共一轂 當其無有車之用 埏埴以爲器 當其無有器之用 鑿戶牖以爲室 當其無有室之用 故有之以爲利 無之以爲用: 진흙을 빚어 그릇을 만들어도 그 가운데가 비어 있어야만 그릇으로써의 쓰임이 있다. 문과 창문을 내어 방을 만들더라도 그 가운데가 비어 있어야만 방으로써의 쓰임이 있다. 그러므로 있음의 이로움은 없음의 작용에서 나오는 것이다].

피하려고 한다면, 그 결과는 **둘 중 하나다.** |237| 더 낮은 차원의 다른 인간적인 가능성, 어쩌면 윤리적·논리적·미학적 가능성으로, 어쩌면 더 아래로 내려가든지 **아니면** 옆으로, 그러니까 옛 종교나 새 종교를 변형시킨 것[예컨대 신비주의 혹은 은둔형 경건주의]으로 이동하는 것이다. 그런 변형의 주체자가 종교적 과정의 제약성을 철저히 알지 못할 경우, 그것들은 백이면 백 종교의 나쁜 변형이다. 종교적인 가능성을 넘어서는 어떤 인간적인 '전진!'이란 존재하지 않는다. 종교는 인간적으로 가능한 최후의 '전진!'이다. 그것은 휴머니티의 범위 안에서, 그러나 신적인 것의 범위 밖에서 휴머니티의 '밖' 곧 신적인 것의 '안'을 가리킨다. 그러므로 우리가 **원하는 것**은 다만 종교적 가능성 안에서 최고의 은사를 "사모함"eifern이다. 그러나 그것은 "시기하지 않는"nicht eifern 사랑의 통치 영역 밖에서의 일이다[고전 12:31, 14:1, 13:4]. 우리가 **원하는 것**은 다만 종교적 인간이 **됨**이다. 온 영혼과 온 마음과 우리의 온 힘을 다하여[마 22:37 병행 본문] 경배하고 기다리고 서두르는[벧후 3:12] 사람이 됨이다. 종교를 일깨우는 것, 깨어 있는 상태로 유지하는 것, 잘 돌보는 것, 그러나 무엇보다도 개혁하는 것, 아니 항상 새롭게 혁신하는 것은 휴머니티의 범위 안에서는 참으로 가치 있는 과제, 곧 고귀한 자들이 땀 흘릴 만한 가치가 있는[28] 과제인 것처럼 보인다.

그러나 종교가 더 많아질수록, 더 철저해질수록 인간 위에 드리워진 죽음의 그림자는 더 깊어진다. 대다수의 사람들이 이 가능성의 **가장 먼 끝** 가장자리에 다가서기를 거부하는 것도 충분히 이해가 된다. 인간의 눈으로 볼 때 그곳은 오직 그 물음만이 **물음으로** 남아 있는 곳이다. 모든 것이,

28 클롭슈토크(Fr. G. Klopstock)의 송가 '취리히 호수'(Der Zürchersee)에 나오는 표현. Büchmann, S. 105.

심지어는 저 뒤에 남겨져 있는 모든 것까지도 이 물음의 빛 속으로 밀쳐지는 곳이다. 세속적인 인간들이 빠져 있는 영혼의 잠과 거룩하고 의롭고 선한 율법의 철저한 종교 사이에 그 어떤 중간 해결책을 발견하려는 시도가 수없이 많은 것도 충분히 이해가 된다. **“선한 것이 내게 사망이 되었느냐”**는 물음도 충분히 이해가 된다. 이 물음은 ‘율법 자체가 죄인가?’라는 물음(7:7)과 내용상 겹친다. 앞에서도 우리는 그 물음으로부터 출발하여, 종교의 불투명한 빛과 위험을 도피하려는 시도로 귀결될 뻔했다. 그러나 우리는 다름 아닌 종교적 인간으로서 우리가 처한 상황의 긴장과 불안과 불가능성을 느낀다. 우리를 이집트의 고기 가마[출 16:3]로부터 멀리 떼어 놓은 것, 광야 깊은 곳까지 인도한 것, 우리를 높이 들어 올려 바닥에 내동댕이친 것, 우리를 그토록 괴상하고 이상한 존재로 만든 것, 우리를 완전한 은둔자요 이방인으로 만든 것, 죽음과 너무나도 닮은 것, 그것은 선한 것**일 수가** 없다. 그렇지 않은가? 하나님이 그렇게 매정한 분이란 말인가? 거기에 비하면, 절반쯤이든 혹은 철저하게든 반[反]율법주의적인 해법들은 얼마나 그럴싸하고, 얼마나 솔깃하며 단순한가? 그런 해법들은 결국 종교가 가지고 있는 |238| 쓰고도 무서운 진지함으로부터 인간을 해방시키려는 시도로 귀착된다. 스스로를 그렇게까지 괴롭히지 않아도 된다는 초대로 귀착된다. 하나님의 율법의 그림자, (유일하게 복되게 만드는 은총을 선포했던 위대한 사람들마저도 이 세상에서의 삶은 실제로 이런 그림자 속에서 보냈으니) 그 죽음의 그림자와는 달리, 위험지역을 벗어나 있는 비교적 명랑한 구원을 제시하는 것으로 귀착된다. 이렇듯 종교에게서 다이너마이트를 제거하려는 유혹, 엄격할 것이라고 생각하는 종교를 약간 가볍게 만들려는 유혹은 너무나 강한 유혹 아닌가? 이로써 우리 현존재의 간접성, 오직 인간적인 가능성, 상대성과 상이성과 차안성[Diesseitigkeit]이—그 누구보다 이런 것을 무

겁게 지고 있는 사람들이 바로 **종교적인** 사람들이다—지니는 저주와 비참을 어느 정도 벗어나려는 유혹은 너무나 강한 유혹 아닌가?

그러나 우리는 대답한다. "그럴 수 없느니라." 우리는 무슨 일이 있어도 포기해서는 안 된다. 우리는 잔을 끝까지 다 비워야 한다[시 75:8, 원서에는 75:9로 되어 있다]. 선은 단순한 것이 **아니고** 그럴싸한 것이 **아니고** 그냥 받아들일 수 있는 것이 **아니고** 우리를 분명히 죽음의 문으로 인도하기 때문에 선이다. 우리는 인간적인 삶의 정황이 지니는 완전한 역설을 받아들여야 한다. 그 역설은 우리가 우리 자신을, 그리고 이 세상에 있는 우리의 상황을 의식할 때, 우리가 인식한 우리 실존의 문제 속에서 만나게 되는 하나님의 거룩한 계명을 통해서, 한 걸음 또 한 걸음 인도되어 결국에는 최종적인 가능성에 이르게 되는데, 거기서 우리는 보면서, 사라져 가면서, 애원하면서, 외치면서 깊은 곤경에서부터[29]—우리가 사로잡혀 있는 '아니요!'와 눈에 보이지 않게 마주 선—저 위대한 미지의 존재, '예!'를 향해 손을 내뻗는다. 그런데 바로 그때 우리는 그런 봄[ae], 소멸, 애원, 외침도 우리를 의롭게 해주지 **못**하고 구속하지 **못**하고 구원하지 **못**함을 인식하게 된다는 것이다. 우리는 바로 그것을 통해서 우리가 인간이라는 사실을 확인하고 인증했을 뿐이다. 나는 모든 탐욕 위에 있는 탐욕에 복종할 수밖에 없다. 내가 거기에 복종하는 동안 그 탐욕은 모든 탐욕을, 그리고 특별히 자기 자신을 죄로 규정한다. "율법으로 말미암아 내가 하나님과 어떤 상태에 있는지를 알게 되자, 나는 항상 두려움과 의문과 공포에 휩싸인 나머지 바람에 살랑대는 나뭇잎에도 깜짝 놀라게 되고 천둥 번개를 두려워하며,

29 마르틴 루터의 합창곡 '내가 깊은 곳에서 주께 부르짖으오니'(Aus tiefer Not schrei ich zu dir), GERS(1891) 214; RG(1998) 83; EG 144.

하나님이 몽둥이를 들고 내 뒤에 다가와 머리를 내려치시지나 않는지 늘 걱정하지 않을 수 없다"(루터).[30] 내가 나 자신을 겁쟁이요 약골로 여기며 경멸할 수도 있는 위험을 감수하면서 나는 단 한 가지, 곧 "하나님처럼 되는 것"[창 3:5]을 위해 모든 것을 감행하고, 모든 것을 내주고, 모든 것을 희생한다. 창조의 그 영원한 순간, 나의 모든 가능성들이 지향하는 그 중심에 이르러 그 한 가지를 얻기 위함이다. 그러나 내가 **모든 것**을 감행하고 **모든 것**을 |239| 주고 **모든 것**을 희생했다고 해도 나는 빈손으로 거기 서 있을 수밖에 없다. 티끌과 재[욥 42:6], 그 한 가지로부터 그 어느 때보다 멀고 낯선 존재가 된다. 이제, 이제야 비로소 우리는 **죄**가 무엇인지 알게 되었는가? 우리가 거기서 도무지 벗어날 수 없는 상황이라는 사실을 알게 되었는가? 죄는 모든 인간적인 가능성들 중에서도 **그야말로** 근본적인 것이라서, 우리가 거기서 빠져나오려는 시도—이것이 바로 종교다—가 오히려 우리를 죄책에 얽어매고 죽음의 운명 속으로 떨어뜨린다. "**죄가 선으로 말미암아 나에게 죽음을 안겨 주었으니, 이는 죄가 죄로 드러나기 위함이다.**" 선으로 말미암아! 필연적인 것으로 말미암아! 불가피한 것으로 말미암아! 우리가 마침내 솔직해졌을 때 구원의 지푸라기라도 되는 것처럼 붙잡은 바로 그것으로 말미암아! 우리가 처음 찾아냈을 때 마치 어둔 밤하늘에 한줄기 빛처럼 밝아 오던 그 가능성으로 말미암아! 우리가 휴머니티의 범위 안에서 발견한 가장 순수한 것, 가장 희망찬 것, 가장 숭고한 것으로 말미암아! 호색가, 알코올중독자, 주지주의자, 맘몬 숭배자, 폭압 정치가는 무엇인가? 속물스

30 Eberle, S. 114. 바르트 소장본에 밑줄이 그어져 있다. *Predigt am Tage der Reinigung Mariä*(1526년 2월 2일) [눅 2:22-32], WA 20,245,24-28(Eberle: "Furcht, Sorgen und Aengsten" = WA, Z. 26: "sorg").

럽게 일상을 살아가는 우리는 무엇인가? 죄인이지만 믿는 사람, 기도하는 사람 곁에 있는 이들 말이다. 하나님께서 인간에게 전멸하라는 명령, 곧 '멈춰라!'를 듣고 인지하는 이는 그들이 아니라 **그**다. 이 세상 안에서 이 세상적인 인간에게 주어지는 마지막 말, 곧 죽음을 겪는 것도 그들이 아니라 **그**다. "진실로 **그**가 우리의 질고를 지고 우리의 슬픔을 당하였다"(사 53:4) **그**가 죄인이다. "그가 징계를 받으므로 우리가 평화를 누리고"(사 53:5). 하지만 그가 그와 동시에 죄 없는 자, 은혜 입은 자가 되어 구원과 생명을 선포했다면, 인간적인 가능성이 아니라 신적인 가능성이 등장한 것이다. 이제 우리는 죄가 무엇인지 아는가? 종교의 의미가 무엇인가? "**이는 계명으로 말미암아 죄로 심히 죄 되게 하려 함이라.**" 죄의 힘은 최고의 인간적인 가능성의 사실성(7:7b)과 불가피성(7:8-11) 속에서 드러나는데, 그 자체로 폐쇄된 인간성의 고리[Ring]를 지배하는 힘이 **바로 그** 힘이라는 사실이 판명된다. 이것이 종교의 의미다. 그러나 그 힘은 하나님의 자유로 말미암아, 오직 하나님 자신으로 말미암아 제약을 받는다. 오직 그 자유로 말미암아! 율법의 의미는 무엇인가? 그것은 우리가 종교의 한계를 넘어서 이미 내다볼 수 있게 된 것(7:6), 곧 율법으로부터 자유로워짐, "영의 새로운 의미에서 섬김"은 어떤 경우에도 인간에게는 불가능한 것[마 19:26 병행 본문]이라는 사실을 우리가 똑똑히 볼 수 있게 해주는 것이다. |240|

종교의 현실성

7:14-25

종교의 의미는 이러한 세상에 사는 이 세상적 인간을 다스리는 죄의 힘을 입증하는 것이다. 종교적인 인간도 죄인이다. 아니, 바로 종교적인 인간이 그 자체로 죄인이다! 그래서 죄가 "넘친다." 그래서 "넘쳐흐르는" 은혜(5:20)의 의미, 긍휼히 여기시는 하나님의 '그럼에도 불구하고!'의 의미가 분명해진다. 그러나 우리의 모든 사유의 중심인 바로 그 주제로 들어가기에 앞서 확실하게 해두어야 할 것이 있다. 그것은 우리가 (이론가들의 눈으로 볼 때) 순전히 이론적으로 획득한 종교관, 곧 종교를 인간의 마지막 물음으로 보는 견해에 맞서서 이른바 종교적 현실을 대답으로, 다시 말해 죄와 운명 저편에 확실하게 주어져 있는 어떤 것으로 제시할 수 있을 것이라는 생각에 확실한 거부의 입장을 표하는 것이다. 바로 그 종교 현실, 곧 자신의 고유한 존재와 소유를 지닌 종교적 인간이 이제 직접 말해야 한다("**종교심리학**"!). 그가 어떤 새로운 것을 알고 있는가? 죄가 오히려 선한 것을 통해, 가장 높고 가장 불가피하고 가장 희망찬 인간적 가능성을 통해 인간을 노예로 만들어 죽음에게 넘겨준다는 사실(7:13), 그리고 이로써 죄가 승리의 축제를 벌인다는 사실, 그것 말고 어떤 다른 것을 알고 있는가? 종교적 인간도 그것 외에 아는 것은 **하나도 없다**. 그런데도 낭만적인 심리학은 언제나 그 사실을 은폐하고자 하며, 종교란 "이 세상에서 일어나는 모든 사건을 어떤 하나님의 행위로 생각할 수 있는"[31] 능력이라면서 그런 종교를 경축하고자 하며, 그것이 "거룩한 음악처럼 인간의 모든 행위를 동반"(슐라이어마허)[32]하도록 한다. 하지만 [참된] 종교 자체, 적극적이고 전투적인 종교, 철저하게 장전된 종교, 미학적이지도 않고 수사학적이지도 않

31 Schleiermacher, Reden, S. 214, Z. 35f.(Originalausgabe, S. 57).

32 Schleiermacher, Reden, S. 219, Z. 21-24(Originalausgabe, S. 68f.). "모든 개별 행동들은 도덕적이어야 하며 [또한] 도덕적일 수 있다. 그러나 종교적 감정은 마치 하나의 거룩한 음악처럼 인간의 모든 행동에 동반되어야 한다. 인간은 모든 것을 종교로부터 행해서는 안 되고, 종교와 함께 행해야 한다."

고 경건하지도 않은 종교, 시편 39편의 종교, 욥과 루터와 키르케고르의 종교, 바울의 종교는 자기의 엄격함이 그런 식으로 사소하게 되는 것에 맞서 그에 못지않은 끈질김으로 저항한다. 이 종교는 결코 스스로를 참된 인간성의 절정이라든가 그것의 성취로 보지 않는다. 오히려 스스로를 휴머니티의 범위 내에서 아주 우려스럽고 방해가 되고 위험스러운 지점, 폐쇄되어 있지만 그래서 더욱 비밀스럽게 열려 있는 지점으로 이해한다. 이 세상의 모든 사건, 인간의 모든 행위와 마주하고 있는 불가해한 것, 참을 수 없는 것, 받아들일 수 없는 것으로 이해한다. 건강함이 아니라 인간의 병이 드러나는 곳, 화음이 아니라 모든 사물의 불협화음이 울려 퍼지는 곳, 문화의 토대가 마련되는 것이 아니라 오히려 문화가 제짝인 비문화Unkultur와 더불어 근본적으로 의심의 대상이 되는 곳이다. 이 종교는 자기가 이 세상 사람들의 판단 속에서, 정직한 성찰의 순간마다, 언제나 그런 것일 수밖에 없다는 사실을 알고 있다. |241|

> "커튼은 찢어지고 음악은 침묵해야 한다.
> 신전도 사라졌으니 저 먼 곳에서
> 어마어마한 크기의 옛 스핑크스가 모습을 드러낸다."
> (슐레겔F. Schlegel, 슐라이어마허의 『종교론』*Reden*에 관하여)[33]

[진정한] 종교는 이런 회개하지 않은 자가 예컨대 무언가 더 나은 것

33 프리드리히 슐레겔의 소네트 '종교에 관한 연설'('Reden über die Religion', 1800)의 마지막 연. W. Dilthey, *Leben Schleiermachers*, Bd. I, Berlin, 1870, S. 430, Gesammelte Schriften, 13. Bd., I. Halbbd., Göttingen, 1991(제3판을 그대로 인쇄한 것), S. 445, Kritisches Friedrich-Schlegel-Ausgabe, 5. Bd., 1 Abt., hrgs. von H. Eichner, München/Paderborn/Wien/Zürich, 1962, S. 301f.

을 가르치고자 하면 경계심을 품는다. 종교의 [진정한] 현실은 격렬한 전투와 분노, 죄와 죽음, 악마와 지옥이다. 이 현실은 인간을 죄와 운명의 문제성에서 꺼내 주는 것이 아니라 오히려 제대로 그 안에 집어넣는다. 종교의 현실은 인간의 삶의 물음에 아무런 해답도 주지 않는다. 오히려 그 현실로 인해서 인간은 절대적으로 풀리지 않는 수수께끼가 된다. 종교의 현실은 자신의 구원도 아니고 그 구원의 발견도 아니다. 오히려 자기가 구원받지 못한다는 사실을 발견함이다. 그것은 향유하거나 경축할 만한 것이 아니다. 오히려 벗을 수 없는 딱딱한 멍에처럼 메고 다녀야 한다. 종교는 우리가 그 누구에게도 권하거나 칭찬하거나 추천해 줄 수 없는 것이다. 종교는 어떤 사람들에게는 치명적인 필연성으로 들이닥치는 **불행**이다. 그 불행은 그들에게서 또 다른 사람에게로 찾아간다. 세례 요한도 바로 그 불행의 압박 아래서 광야로 들어가 회개와 심판을 선포했다. 고린도후서와 같은 충격적인 장탄식長歎息도 그 불행의 압박 아래서 글로 쏟아져 나왔다. 말년의 칼뱅에게서 나타나는 용모[34]도 그 섬뜩한 압박 때문에 나온 것이다. [진정한] 종교는 인간이라 불리는 모든 존재가 은밀하게나마 탄식할 수밖에 없게 만드는 불행이다.

첫 번째 확언: **14-17. 14 우리가 율법은 신령한 줄 알거니와* 나는 육신에 속하여 죄 아래에 팔렸도다. 15 내가 행하는 것을 내가 알지 못하노니 곧 내가 원하는 것은 행하지 아니하고 도리어 미워하는 것을 행함이라. 16 만일 내가 원하지 아니하는 그것을 행하면 내가 이로써 율법이 선한 것을 시인하**

34 E. Doumergue, *Iconographie Calvinienne*, Lausanne, 1909, S. 49-60에 실린 말년의 칼뱅 초상화. K. Barth, *Die Theologie Calvins*. Vorlesungen Göttingen Sommersemester 1922, Zürich, 1993, S. 425.

노니 17 이제는 그것을 행하는 자가 내가 아니요 내 속에 거하는 죄니라.

"우리가 율법은 신령한 줄 알거니와." 이 앎은 종교적 인간의 본질 중에서도 으뜸이다. 그는 그 영의 압도적인 인상 아래 있다. |242| 왜 압도적인가? 죽음, 그 불가피한 '어디로?'와 직접적으로 마주 서 있는 '어디에서?'가 바로 그 영이기 때문이다. 종교적 인간은 자기 자신의 실존이 걸린 싸움, 그래서 스스로는 결코 빠져 나올 수 없는 싸움의 곤경과 소망 안에 서 있다. 그는 어떤 대가를 치르더라도 충족시켜야 하는 요구 앞에 서 있다. 자신의 지금 이런 상태의 모든 불충분함이 그 요구의 필연성과 합법성을 가리키고 있기 때문이다. 그는 질문을 받고 있으며 답을 해야 한다. 그에게 요구의 목소리가 들려오고 있으며 그는 그 목소리를 따라야 한다. 하나님의 존재가 마치 모든 전망을 차단하는 방화벽처럼, 어떤 적대적인widrig af 이웃의 방화벽처럼, 원수의 요새처럼, 움켜쥔 주먹처럼 그의 삶 속으로 치고 들어온다. 그는 그것을 붙잡고 씨름해야 한다. 그것 앞에서 자기 입장을 표

* 여기서 나는 οἶδα μὲν으로 읽는다. 왜냐하면 나는 호프만[35]이나 찬[36]과 마찬가지로 여기서 독자들의 그리스도교적인 합의(οἴδαμεν)를 끌어들이는 것은—객관적으로는 그 가능성을 완전히 배제할 수는 없다고 하더라도—이 문맥에서는 개연성이 없다고 보기 때문이다. 그 문장과 짝을 이루고 있는 문장으로 (앞 문장을 οἶδα μὲν으로 읽는 데 반대하는 사람들, 예컨대 퀼[37]과 같은 사람들이 기대하는 εἰμὶ δὲ가 아니라) ἐγὼ δὲ가 나온 것은 이후로 하나님께 봉헌된 그 ἐγώ가 자신의 지식과 의지와 행위에 맞서는 절대적인 문제로 대치하고 있는 것을 충분히 고려한다면 납득이 된다. 그러므로 이런 해석을 받아들일 경우 (베크의 주장과는 반대로[38]) σάρκινός εἰμι가 굳이 강조되어서는 안 된다.

35 Hofmann, S. 250.

36 Zahn, S. 347f.

37 Kühl, S. 236. "인간의 물리적·윤리적 상태의 법칙에 대한 단순한 지식을 대조하려는 의도였다면 강조 형태인 εἰμὶ δὲ를 써야 했다."

38 Beck, 2. Hälfte, S. 26.

명해야 한다. 그것과 더불어 살아야 한다. 바울이 다른 곳에서 자기를 "갇힌 자" 혹은 "묶인 자"라고 할 때(엡 3:1, 4:1, 딤후 1:8, 몬 1:9) 자기가 무슨 말을 하는지 알고 있는 것이다. "여호와여 주께서 나를 설복하셨으므로 내가 설복당했나이다. 당신은 나에게 너무나도 강하셔서 나를 이기셨나이다"(렘 20:7).

"나는 육신에 속하여 죄 아래에 팔렸도다." 즉시 이런 질문이 제기될 수밖에 없다. '만일 **하나님**이 계시면 도대체 **나**는 누구란 말인가?' 그분에 대한 나의 그와 같은 관계가 지속된다면, 나는 그분의 갇힌 자[포로]요 묶인 자라면, 그때 나는 누구인가? 인간은 누구인가? 그러면 즉시 우리의 경험에 비추어 이런 통찰이 일어난다. 있는 그대로의 인간인 나의 현존재에는 그 압도적인 것, 불가피한 것, 필연적인 것, 영에서 나온 율법을 위한 여백이 전혀 없다는 통찰 말이다. **이러한** 인상을 자기 안에 받아들일 수 있는 현존재, **이러한** 곤경과 소망을 지향하는 현존재, **이러한** 요구를 만족시킬 수 있는 현존재는 도대체 어떤 종류의 현존재란 말인가? 아무래도 나라는 현존재는 아니리라. **내가** 알고 있는 인간적인 현존재도 아니리라. **그** 물음 앞에서 **나는** 어떻게 대답해야 하는가? **거기로부터** 목소리가 들려오면 **나는** 어떻게 그것을 따라야 하는가? "나는 육체 안에 있도다." 육체는 영이 되지 못한다. 예외가 있다면 그 육체가 부활할 때일 것이다. "나는 죄에게 팔린 상태다." 이 거래는 무를 수 없다. 예외가 있다면 '죄의 용서' 안에서일 것이다. 나는 사람이다. 그 어떤 종교적 자극과 감동으로도 그 죄의 의미를 기만할 수 없다. 오직 새로운 인간만이, 인간의 극복만이, 영원한 생명만이 나의 인간 존재의 당혹스러움에서 나를 해방시킬 수 있을 것이다. 나에게 영이란 무엇인가? 그 영에서 나온 율법은 또 무엇인가? 나의 "경건"은 무엇이란 말인가? 하나님의 엄습과 설복은 무엇이란 말인가? 해산할 힘이 없음은 명백한 사실[왕하 19:3, 사 37:3] 아닌가? "주여 나를 떠나

소서. 나는 죄인이로소이다!"(눅 5:8) 하나님, 그리고 있는 그대로의 나, 이 둘은 서로 부합할 수 **없다**. |243|

"곧 내가 원하는 것은 행하지 아니하고 도리어 미워하는 것을 행함이라." 이것은 분명하다. 만일 율법이, [ag]나의 종교적 존재와 소유mein religiöses Sein und Haben [ag]가 곧 영이라면, 만일 "우주의 직관과 감정"[39]이, "무한에 대한 감각과 맛"(슐라이어마허)[40]이 가능한 가능성으로서 진지하게 시야에 파악될 수 있다면, 만일 하나님과 있는 그대로의 나와 어떤 식으로든 부합한다면, 그렇다면 나는 나 자신을, 다시 말해 나의 성취, 나의 말, 나의 행위와 업적, 나의 실제적인 삶을 **거기[영]로부터** 인식하고 이해할 수 있어야 한다. 또한 그 삶을 완전하게, 혹은 부분적으로, 혹은 적어도 그것의 어떤 희망찬 출발 속에서는 영과 연결되거나 일치된 것으로 파악할 수 있어야 한다. 또한 그 삶을 저 물음에 대한 대답이라고, 저 계명에 대한 순종이라고, 다른 현실과 나란히 있는 새로운 현실 곧 하나님께 봉헌된gottgeweiht [ah] 현실이라고 부르며 또 그렇게 파악할 수 있어야 한다. 물론 나는 너무나 순진하고 오만해서 내가 그럴 수 있노라고 생각하거나 또 그렇게 주장할 수도 있다. 그러나 나는 정말 확실하게 그렇게 생각하거나 정말 오랫동안 그렇게 주장할 수 없다. 하나님의 뜻이 내 삶에서 일어나야 한다는 요구, 그분의 계명은 무거운 것이 아니라는 요구[요일 5:3]가 나에게 아주 분명한 것처럼, 그것이 내 삶에서 결코 일어나지 않는다는 사실도 분명하기 때문이다. 가장 단순한 일을 통해서도 일어나지 않았고 지금도 일어나지 않으며 앞으

39 Schleiermacher, Reden, S. 211, Z. 32-34(Originalausgabe, S. 50). "그것의(종교의) 본질은 생각이나 행위가 아니라 직관(Anschauung)과 감정이다. 종교는 우주를 직관하고자 한다."

40 Schleiermacher, Reden, S. 212, Z. 31f(Originalausgabe, S. 53).

로도 일어나지 않을 것이다. 한순간이라도 그리될 수 없다. 그것이 내 인생 최고의 순간, 가장 순수하고 정직한 순간이라 할지라도 말이다. 나를 압도하는 영의 표현이라 할 만한 생각을 단 하나라도 할 수 있는가? 나의 말 가운데 단 하나라도 내가 찾는 **그** 말*das* Wort일 수 있는가? 내가 큰 곤경과 소망 안에서 본질적으로 말하고자 하는 **그** 말일 수 있는가? 하나의 말이 다른 말을 지양할 수밖에 없는 것 말고 다른 방법이 있을까? 나의 행동은 무엇이 좀 나은가? 큰 규모의 불성실이 작은 규모의 불성실을 적절하게 대체할 수 있는가? 아니면 거꾸로 해야 할까? 역사상 위대한 사상가, 문인, 정치가, 예술가 중에서 어느 하나라도 자기가 행한 일을 통해 진정 자기가 원했던 것wahrhaftig das, was er wollte ai을 발견하고 진정 자기 자신을 발견한 적이 있었는가? 나는 무언가를 성취했으면서도 그렇게 성취된 모든 것과 슬프게, 그러나 확실하게 영원히 이별해야 하지 않는가? 내가 그 송별식을 질질 끌고 있다면 정말 안타까운 노릇 아닌가?! 나의 생각과 말과 행위[41]가 이런 상태일진대 바다처럼 출렁이는 감정, 마녀의 냄비처럼 들끓는 나의 무의식적인 성과들이 나에게 의식적으로 명백하게 부족한 것을 보충해 줄 수 있을까? 그런 감정에 영원성의 가치가 있다고 믿는 사람은 도무지 구제 불능이다. 그렇다. 나는 |244| 나의 모든 성취 중 그 어떤 것도 나의 합법적인 자녀로 인정할 수 없다. 오히려 그것들은 낯설고 적대적인 모습으로,

41 "생각과 말과 행위"라는 표현은 예배 시 "죄의 고백"(Confiteor)에서 나오는 것이다. 바르트는 자펜빌에서 사용하던 예식서(*Liturge. Gebete für die evangelisch-reformierte Kirche des Kantons Bern. Probedruck*, Bern, 1909, S. 20)를 통해서 이 표현을 익히 알고 있었을 것이다. 그 예식서의 "주일 기도" 첫 구절은 다음과 같다. "불쌍한 죄인인 우리가 우리의 주님이요 하나님이신 당신께 고백하옵나니, 우리는 너무나 많은 죄를 지었으며, 어렸을 때부터 지금까지 사악한 생각과 말과 행위로 죄를 지었나이다."

나에게도 불쾌감을 자아내는 모습으로 내 앞에 마주 서 있다. 나는 그것을 이해하지 못한다. 사랑하지 않는다. 그것을 부정하고 싶다. 악마가 내 아이와 바꾸어 놓은 추악한 기형아들처럼 그것들도 나를 빤히 쳐다보고 있다. 우리의 앎도 부분적이고 우리의 인식도 부분적이다(고전 13:9). 그렇다. 나는 내가 성취하는 것을 인식하지 못한다. 내가 원하는 것을 하지 않고 내가 미워하는 것을 한다. 도대체 **나**는 누구인가? 원함과 하지 않음, 미워함에도 행함의 한복판에 서서 이리저리 휩쓸리는 나는?

"만일 내가 원하지 아니하는 그것을 행하면 내가 이로써 율법이 선한 것을 시인하노니." 방금 우리는 "내가 미워하는 것을 한다"고 말했다. 이로써, 영에서 나와서 나에게 온 것과 나 사이에 어떤 일치점이 주어져 있는 것처럼 보인다. 영에서 나와 나에게 다가온 것, 만질 수 없고 가까이할 수 없고 전달할 수 없는 모습으로 나에게 다가온 것, 그것은 나의 실제 삶에 대한 미움과 저항이다. 내가 시간을 통과하여 나만의 길을 갈 때 언제나 따라다니는 불안함이다. 내가 행하는 것을 원하지 않음[Nicht-Wollen]이다. 적어도 이런 부정의 힘으로 나 자신과 조화를 이루는 것 아닌가? 적어도 나 자신의 죄성을 깊이 의식하고 강력한 거부 의사를 가졌다면, 나는 율법을 행하는 자 아닌가? 내가 정말 불안하다는 사실, 적어도 그 사실을 가지고 나 자신을 안심시킬 수 있는 것 아닌가? "만일 네 자신 안에서 영이 육체와 싸우고 있으며 너 자신이 원하지 **않는** 것을 자주 행한다면, 이것은 네 마음이 신실함을 드러내는 표시다. 그 **싸움**이 사람 안에서 지속되는 한, 죄는 그를 지배하지 못한다. 그리고 그 사람이 죄에 맞서 **싸우고 있으며** 죄에 빠지기를 원하지 않기 때문에, 그에게 죄의 책임을 물어서는 안 된다"(아른트 Joh. Arnd).[42] 이 얼마나 위험한 문장인가! 이것은 누가 봐도 경건주의적 변증법의 은신처 아닌가? 무엇보다 그런 싸움이 일어나는 것을 바라보면서 조용히, 아주 조용히 온갖 양심의 격동에 대비하는 유화정책과 체념과 타협의 부드러운 저녁노을이 아니고 무엇이겠는가?

"**이제는 그것을 행하는 자가 내가 아니요 내 속에 거하는 죄니라.**" 내가 나 자신의 행위를 미워한다는 것, 나 자신에게 맞서 저항한다는 것은 도대체 무슨 뜻인가? 나 자신이 나와 나 사이의 도랑을 파고 있다는 것 아닌가. 혹시 그런 게 희망찬 출발이 될 수 있을까? '**하나님**이 계시다면 **나**는 누구인가?'라는 물음에 대한 대답이 좀 더 가벼워질 수 있을까? 아마도 "그것을 행하는" 나, 그 행위를 내가(다른 나!) 격분한 불만족스러움으로 바라보게 되는 그 나는 저 물음 |245| 앞에서 버텨 낼 수 있는 그 나가 아닐 것이다. ['나는 누구인가?'] 그 다른 나인가? 격분한 자, 불만족스러운 자, 영원히 저항하는 자인가? 그러나 이 다른 나란 누구인가? 무기력하게 지켜보기만 하는 이 사람, 고향이 없는 가련한 이 사람, 저 사람이 행하는 것을 원하지 않을 뿐이며 고개를 설레설레 저을 뿐이지 실제로는 그렇게 하고 있으며, 그것도 자신의 자리에서 그러고 있으니, 저 물음 앞에서 무언가를 행할 수 있을까? **나**는 내가 행하는 것을 전혀 **하지** 않는다는 것, 나는 내 집의 주인이 아니라는 것, 나는 저항하지만 다른 누군가가 그곳을 마음대로 쥐락펴

42 J. Arnt, *Sechs Bücher vom wahren Christenthum: nebst dessen Paradies-Gärtlein*, I. Buch, 16. Kapitel, Schaffhausen 1860[6], S. 128. "만일 네 자신 안에서 영이 육체와 맞서 싸우고 있으며, 너 자신이 원하지 않는 것을 자주 행한다면, 이것은 바울이 말한 것처럼, 믿음과 영이 육체와 맞서 싸우는 신실한 마음의 표시다." S. 129. "그 싸움이 사람 안에서 지속되는 한, 죄는 그를 지배하지 못한다. 왜냐하면 그 사람이 항상 맞서 싸우고 있는데, 그 싸움의 대상이 그를 지배할 수 없기 때문이다." "그리고 그 사람이 죄와 맞서 싸우고 있으며 죄에 빠지기를 원하지 않기 때문에, 그에게 죄의 책임을 부가해서는 안 된다. 이것은 바울이 롬 8:1에서 말한 바와 같이, 그리스도 예수 안에 있으면서 육체를 따라 살지 않고 영을 따라 사는 사람에게는 결코 정죄함이 없다. 그는 육체의 지배를 받지 않는 사람이다."

락하고 있으며 거기서 생각하고 말하고 행동하고 느끼고 있다는 것, 나는 그저 내가 전혀 이룰 수 없는 성취와 관련하여 자리를 내주고 이름을 내줄 뿐이라는 것이 변명이 될 수 있을까? 이러한 변명, 이렇듯 내가 율법과 일치됨은 나 자신에 대한 나의 판단, 곧 죄가 내 안에 거하고 있다는 판단이 아니고 무엇이겠는가? 이렇게 자신에게 유죄 선고를 내린다고 해서 내가 발 딛고 설 견고한 토대라도 마련한 것인가? 자기가 욕망하는 대로 행하는 저 '나'와, 그것을 행하려고 하지 않는 저 '다른 나'가 가장 깊은 곳에서는 결국 같은 것 아닌가? 나에 대한 나 자신의 모든 분노와 공격이 결국에는 "나"라고 하는 **하나**의 죄의 집 네 벽 안에서 펼쳐지는 이야기, 허풍선이 뮌히하우젠의 황당무계한 이야기Münchhausiade[43] 아닌가? 종교의 [진정한] 현실도 내 안에 거하는 죄 너머에 존재하는 나에 관해서는 전혀 말하지 못한다. 내가 원하지 않는 것을 끊임없이 하게 되고, 내가 행하는 것은 원하지 않는 불화에 관해 말할 뿐이다. 인간의 삶이란 인간의 앎과 조화를 이루지 못한다는 사실에 관해 말할 뿐이다. 종교의 현실은 오직 **하나**의 실재, 곧 죄의 실재에 관해 말할 뿐이다.

두 번째 확언: **18-20. 18 내 속 곧 내 육신에 선한 것이 거하지 아니하는 줄을 아노니 원함은 내게 있으나 선**[원함은 내게 성공하나 옳은 것]**을 행하는 것은 없노라. 19 내가 원하는 바 선은 행하지 아니하고 도리어 원하지 아니하는 바 악을 행하는도다. 20 만일 내가 원하지 아니하는 그것을 하면 이를 행하는 자는 내가 아니요 내 속에 거하는 죄니라.**

43 여기서 바르트는 뷔르거(G.A. Bürger)가 독일어로 펴낸 판타지 소설, 뮌히하우젠 남작(K.Fr.H. Freiherr von Münchhausen, 1720-1797)의 이야기를 생각하고 있는 것 같다. 이 사람은 자기가 늪에 빠졌는데 자기 머리채를 잡아서 빠져나왔다고 이야기한다.

내 속 곧 내 육신에 선한 것이 거하지 아니하는 줄을 아노니. 이 앎은 종교적 인간의 본질 중에서 버금[두 번째]이다. 이것은 으뜸[첫 번째] 안에, 으뜸과 더불어 즉각적으로 주어져 있다. "선한 것이 내 안에 없다." 여기서 우리는 다시 한 번, 계시를 전달하는 사람들(3:1-20)에게서 드러나는 "특별한 것"과 맞닥뜨리게 되나니, 이는 그들이 바로 이것을 알 수 있고 알아야 한다는 사실이다. 다른 누가 아닌 바로 그들 말이다! 예수 그리스도 안에 나타난 하나님의 계시도 그 사람에게 이 무시무시한 비밀이 전수됨 없이는 불가능하리라! 왜냐하면 그것이 모든 계시 중의 계시이기 때문이다. 다른 것은 몰라도 그 계시는 그럴 수밖에 없다! "우리의 |246| 바울은 죄 가운데 머물러 있지 않으려고 하지만 거기 머물 수밖에 없구나. 나도, 다른 많은 이들도, 죄 없이 살려 하나 뜻대로 되지 않는구나. 우리는 죄를 억누른다지만 그 죄에 빠지고 다시 일어서고, 그것 때문에 밤이고 낮이고 끊임없이 자신을 학대하여 멍이 든다. 그러나 우리는 이 육신 속에 처박혀 있으며, 냄새 지독한 이놈의 자루를 목에 걸고 다니니, 이런 사정이 전혀 바뀌질 않는구나. 그것을 억제하려고 하긴 하지만 전혀 억제할 수가 없구나. 옛 아담이 구덩이 속으로 들어가는 그날까지 제 생명을 놓치지 않으려는 게다. 한마디로 하나님 나라는 아주 특별한 나라다. 제아무리 거룩한 사람이라 할지라도 이렇게 말할 수밖에 없다. 오, 전능하신 하나님, 저는 가련한 죄인임을 고백하오니 과거의 죄과를 기억하지 마소서!……**죄가 없고 죄를 느끼지도 않는 사람은 그리스도인이 아니다**. 그런 사람이 있다면 진정한 그리스도인이 아니라 반反그리스도인이다. 그러므로 그리스도의 나라는 죄 안에 있고 거기 처박혀 있는데, 그가 그 나라를 다윗의 집에 갖다 놓았기 때문이다"(루터).[44] 그러므로 "그러나 나는"(7:14)과 같은 제한적 표현은 종교적 인간이 자신에 관하여 알고 있는 것과 상충하지 않는다. 왜

나하면 "곧 내 육신에"라는 표현은 제한이 아니라 바로 그가 자기 자신을 향해 제기하는 고소를 더욱 날카롭게 하는 것이기 때문이다. 나는 육신이다! 이것이 그 의견이다. 우리는 "육신"이 무엇을 의미하는지(3:20)를 떠올린다. 그것은 자격이 없는, 그리고 (인간, 특별히 종교적 인간의 관점에서 볼 때) 결정적으로 자격을 부여할 수도 없는 세속성이다. 육신이란 관계 부재의 상대성, 허무함, 난센스다. 그게 나다! 꼭 돈을 추구하는 사람, 쾌락을 추구하는 사람, 힘을 추구하는 사람만 이런 고백을 해야 하는 것은 아니다. (그런 사람이 어떻게 그리 고백하겠으며, 고백할 수 있을까? 그런 사람이 자기 자신에 관하여 아는 것은 단지 하나님의 분노보다 큰 신성한 긍휼하심의 빛줄기뿐일 것이다!) 오히려 하나님 앞에 거룩하게 구별된 자, 진정하고 진지하고 진실한 종교적 체험을 한 사람, 하나님의 거룩하심과 긍휼하심의 하나됨을 자신의 가장 인격적인 물음, 자신의 실존적인 물음으로 삼은 사람, 예언자, 사도만이 그렇게 고백할 수 있다. "네가 어찌하여 나를 선하다 일컫느냐. 하나님 한분 외에는 선한 이가 없느니라"(막 10:18). **예수**께서 이렇게 말씀하신다. 그러므로 우리가 영으로부터 나온 우리의 앎(7:14)을 통해 즉시 맞닥뜨리게 되는 통찰, 곧 하나님과 인간, 나 같은 인간은 함께 갈 수 없다는 통찰의 토대는 예컨대 너무나도 성급하게 결정된 비관주의가 아니다. 우리가 경험을 통해 확인한 바는 오히려 실제 사실의 논리와 맞아떨어진다. **하나님**에 관한 앎과 더불어 **인간**에 관한 **이런** 앎이 나온 것이다. 다른 것이 나올 수가 없다.

44 Eberle, S. 116f. 바르트 소장본에 밑줄 혹은 여백에 줄이 그어져 있고, 강조는 바르트의 것이다. *Predigt am Tage Johannis des Täufers*(1525년 6월 24일)[눅 1:67-79], WA 17/I,297,15-; 298,12-15(Eberle: "das Reich Gottes ist ein sonderlich Reich", WA: "das reych Christi ist eyn sundlich reych").

"원함은 내게 있으나 선[원함은 내게 성공하나 옳은 것]**을 행하는 것은 없노라.** |247| **내가 원하는 바 선은 행하지 아니하고 도리어 원하지 아니하는 바 악을 행하는도다."** 내 안에는 없는 선을 떠올릴 수 있도록 해주는 것이 있으니 곧 나의 원함이다. 하지만 그저 나의 원함뿐이다. 그것은 율법의 신성함에 관한 나의 앎(7:14)과 하나다. 신적인 것을 원함이 없다면 그것을 알 수도 없기 때문이다. "원함은 내게 있다." 하지만 도대체 그 원한다는 것은 무엇인가? 아마 무언가를 애써 찾고 갈망하고 요구하고 묻고 추구하고 간청하고 문 두드리는 것이리라. 그것은 모든 목회 상담과 설교의 마지막 말, 가장 희망찬 말이다. 숨 가쁘게 반복되는 말이다. 늘 새롭게 고조된 모습으로, 약간씩 다른 모습으로, 강화된 모습으로 모든 시대의 모든 진리 증언에 관해 말한다. 그것이 숨 가쁜 이유는 그 의미가 섬뜩할 정도로 단순하고 섬뜩할 정도로 명확해서 그 단순함이 종교적 현실 안에서는 실제로 최종적인 말씀이 되기 때문이다. 이런 말이 통하지 않는다면 다른 무엇이 통하겠는가? 확실히 통한다. '하나님을 **찾으라**!'[45]는 구호는 언제나 주의 깊게 듣는 사람이 있으니, 이는 그 말이 인간이 들을 수 있는 최종적인 말이기 때문이다. 또한 그런 말을 참으로 원하는 사람, 참으로 하나님을 찾는 사람의 수는 그저 피상적으로 관찰할 때 느끼는 것보다 훨씬 더 크다. **누가** 감히 **누구에게** 그 진정한 원함을 박탈할 수 있는가? 어쩌면 나도 하나님을 추구하는 사람이리라. "원함은 내게 있다." 그럴 수 있다. 그러나 이러한 판단과 더불어 내가 숨어 들어가고자 하는 종교적 은신처는 다른 은신처와 마찬가지로 불완전하며, 그 위에는 이런 말이 적혀 있다. 내가 "원

45 바르트와 투르나이젠이 함께 출간한 설교집의 제목이 "하나님을 찾으라, 그리하면 너희가 살리라!"(*Suchet Gott, so werdet ihr leben!*, Bern, 1917)이다. 암 5:4-5.

하지 않는 그것[das aj]을 행한다"(7:16). 앞에서는 **행하지 않음**이 결정적으로 중요했다면, 여기서는 내 안에 있는 선의 존재를 위하여, 내가 정말 확실하게 붙잡고 싶은 선의 존재를 위하여 가장 중요한 것이 바로 **행함**[*Tun* an ak], 곧 "옳은 것을 행하는 것"이다. 그런데 지금 너무나도 분명한 사실이 드러난다. 그것은 가장 진실하고 가장 심오하고 가장 근본적인 원함조차도 "옳은 것을 행함"으로 훌륭하게 마무리되는 일이 결코 많지 않다는 사실이다. 여기서 우리는 다시 한 번 그리스도교 교회사, 영의 역사를 보여주는 무덤들판[46]을 생각하게 된다. 거기에는 진정한 원함이 진실로 부족했던 적이 없다. 예레미야의 "행함"은 그 반대편에 서 있는 거짓 예언자들의 "행동"과 무엇으로 구분되는가? 콘스탄티누스에게 이르러 절정에 달한 고대 그리스도교의 "성공"은(이 문제에 대해서는 신학에 관심이 없는 역사가들에게 자문하라!) 그 당시 미트라교[敎]나 키벨레교의 "성공"과 어떻게 다른가? 비텐베르크와 취리히와 제네바 종교개혁자들의 "성공"은 로마 교황들의 "성공"과 어떻게 다른가? 가장 높은 종교 건축물과 바벨탑[창 11:1-9]은 어떻게 다른가? 식스티나 성모[47]의 두 눈, 감탄이 절로 나오는 그 눈에 어린 깊고 깊은 경건의 "행함"은 엘 그레코[El Greco]가 그린 성모[48]의 두 눈이 |248| 말하고 있는 종교적 편협함, 그런 전례를 찾아볼 수 없는 편협함의 "행함"과 어떻게 다른가? 모든 인간적인 행함은 결국 **하나의** 사다리에 붙어 있

46 이 책 523쪽.

47 이탈리아의 피아첸차의 산 시스토 교회 제단화로 그린 라파엘로의 성모화. 지금은 독일 드레스덴의 미술관(Alte Meister)에 전시되어 있다.

48 Madonna Caritatis(Illescas, Hospital de la Caridad) 혹은 Die Verkündigung(Toledo [Ohio], Museum of Art), J. Gudiol, Doménikos Theotokópoulos El Greco 1541-1614, Genf, 1973, S. 193. 217f.

는 각각의 가로 막대기 아닌가? 전적으로 다른 어떤 실행의 **비유들**, 모두가 기껏해야 그 실행의 비유인 것 아닌가? 우리가 진정한 원함, 곧 우리가 원할 수도 있고 때때로 그렇게 원한다는 사실로 스스로를 위안하는 그 원함은 **주님**이 이루어 주시는 **그** 정직함[잠 2:7]과 완전히 똑같지는 않다. 우리의 진정한 원함에서 시작해서 **주님**이 이루어 주시는 **그** 성공에 성공적으로 이르는 길은 언제나 또다시 뚝 끊어지는 선, 결코 목표점에 도달하지 못하는 선이다. "왜냐하면 내가 원하는 선은 행하지 않고 도리어 원하지 아니하는 악을 행하기 때문이다." 이것이야말로 종교적 인간이, 바로 그가 자신의 원함 **이외에** 이뤄 낸 것이 무엇이냐는 물음에 대답할 수 있는 말이다.Das die **al** 그러므로 여기서도 할 수 있는 말은 '아니요!'이다. 아니요. 나는 나의 원함, 곧 선을 원함을 선 자체와 혼동할 수 없다. 그것은 선이라는 것이 끊임없이 실재를 요구하며, 그저 원함의 대상으로 머무르는 것이 아니라 구체적으로 실행되려는 특징을 가지기 때문이다. 그러나 나는 그것을 하지 않고, 내가 원하지 않는 온갖 악을 행하고 있다. 그래서 다시 한 번 묻는 것이다. 나는 누구인가? 원하는 자, 그러나 행하지 못하는 자, 도저히 참을 수 없는 방식으로 동시에 둘 다beides **am**인 존재, 가장 정직한 원함을 통해서도 단지 선이 자기 안에 없음만을 계속해서 깨달을 수밖에 없는 존재, 나는 누구인가?

"만일 내가 원하지 아니하는 그것을 하면 이를 행하는 자는 내가 아니요 내 속에 거하는 죄니라." 그러므로 나의 원함의 관점에서 볼 때 **"옳은 것을 행하는 것"**은 **없다**(7:18b-19). 그래서 결정적인 지점으로 되돌아간다. 그럼 무엇을 행하는가? 대답은 이렇다. "나는 내가 원하지 않는 것을 행한다." 그러니까 나의 진정한 원함, 곧 선을 원함은 결코 나를 의롭게 해주지 못한다. 이것은 내가 진정으로 악을 원하지 아니함(7:16-17)이 그렇게 해

주지 못하는 것과 마찬가지다. 전자의 경우, 오히려 나 자신에 대한 나의 판결이 확증되었다. 요컨대 나는 그것을 수행하는 당사자가 아니라는 사실이다. 나는 밖으로 내쫓겨 꼼짝도 못하는 상태로 지금 내 집에서 벌어지고 있는 꼴을 그대로 지켜봐야 하는 처지다. 나의 선한 의지를 내세운다고 해봐야, 결국은 죄가 내 안에 있다는 사실을 인정하는 것 말고 무슨 의미가 있는가? **죄가** 행한다. **죄가** 실행한다. **죄가** 성공한다. 그러나 이것은 나의 부담을 더는 것이 아니다. 오히려 내가 나 자신에게 내리는 판결이다. 도대체 무슨 근거로 나는, 그것을 실행하는 '**나**'와 실행된 그것을 원하지 않는 '**나**'가 같지 않다고 주장할 수 있겠는가? 현실은—종교의 현실도 마찬가지인데—단 **하나**의 인간만을 알고 있다. 그가 **나**다. 다른 어떤 존재가 아니다. 그리고 이 하나가 죄의 집 안에서 원하되 행하지 않고, 원하지 않되 |249| 행하면서 살아가고 있다. 종교적 체험의 현실이 보여주는 사실은 요컨대 그의 **죄**다.

결론: **21-23. 21 그러므로 내가 한 법을 깨달았노니 곧 선을 행하기 원하는 나에게 악이 함께 있는 것이로다. 22 내 속사람으로는 하나님의 법을 즐거워하되 23 내 지체 속에서 한 다른 법이 내 마음의 법과 싸워 내 지체 속에 있는 죄의 법으로 나를 사로잡는 것을 보는도다.**

"**그러므로 내가 한 법을 깨달았노니 곧 선을 행하기 원하는 나에게 악이 함께 있는 것이로다.**" 종교적 인간으로 존재한다는 것은 분열된 인간, 조화를 이루지 못한 인간, 평안하지 않은 인간으로 존재함을 의미한다. 자기 자신과 하나되어 있다고 해봐야, 하나님과 자신의 하나됨이라는 더 큰 물음이 아직 깨어나지 않은 존재일 뿐이다. 우리 모두는 우리의 모든 행동과 몸짓Gebaren an을 통해, 우리가 결코 우리 자신과 하나가 아니라는 사실을 더없이 명확하게 드러낸다. 그로써 우리가 하나님으로 인해 얼마나 불안해졌는지를 드러낸다. 마음이 아둔해서 그것을 부정할 수 있는 사람은 복이 있으리니, 그는 저 물음이 깨어나는 상황을 꽤 오랫동안 면할 수 있으리라! 종교의 현실이란 무엇인가? 내가 원하지만 행하지 않는 것, 행하지만 원하지 않는 것과 마주하여 모든 술어의 주어, 곧 나의 자아는 철저하게 미심쩍은 실체가 된다는 사실, 살 수도 없고 죽을 수도 없는 미지의 X가 된다는 사실이 바로 그것이다. 나로 하여금 하나님을 인식하게 만드는 그 율법에 힘입어, 나는 "선을 행하기" 원한다. 또한 내가 하나님에 의해 인식될 수 있게 만들어 주는 그 율법에 힘입어, "나에게 악이 함께 있는 것이로다." 최고의 가능성이 나에게는 최고의 당혹스러움이 된다. 최고의 약속은 최고의 곤경이 된다. 최고의 은사는 최고의 위협이 된다. 슐라이어마허가 '종교에 대한 강연'(『종교론』)을 끝내는 순간 "아버지가 되는 기쁨과 동시에 죽음에 대한 두려움이 엄습하여" "내가 오늘 밤 죽게 된다면 안타까울 텐데"[49]라고 한 것을 믿을 수 있는가!? 종교에 대하여 그렇게 강렬하고 아름답게 말한 다음, 마치 죽음이 **아주** 가까이 있는 무엇이 아닌 것처럼! 우리가 아무것도 모르는 인간에게, 근본적으로는 오직 안정만을 추구하는 인간에게 종교를 권면할 수 있다고 믿을 수 있는가? 종

49 헤르츠(Henriette Herz)에게 보내는 편지(1799년 4월 14일) *Aus Schleiermachers Leben. In Briefen*, Bd. I, hrsg. von L. Jonas und W. Dilthey, Berlin 1860^2 = Berlin/New York, 1974, S. 218(Kritische Gesamtausgabe, 5. Abt., Bd. 3: *Briefwechsel 1799-1800*, hrgs. von A. Arndt und W. Virmond, Berlin/New York, 1992, S. 90, Z. 26-32). "어제 저녁 나에게 무슨 일이 일어난 것일까, 한심한 바보. 종교에 관한 생각에 가득 차 있는 채로, 자려고 누웠지만 한 시간 반 동안이나 뒤척이기만 했습니다. 일 때문에 열이 나는 것은 아니었지요. 그건 아주 천천히, 고요히, 가볍게 일어난 일이었으니까요. 아버지가 되는 기쁨과 동시에 죽음에 대한 두려움이 엄습했습니다. 내 생애 처음으로 어떤 확실한 생생함 가운데 눈에 띈 것이 있으니, 그것은 내가 오늘 밤 죽게 된다면 안타까울 텐데, 하는 것이었습니다."

교는 그런대로 참을 만한 것, 아니 환영할 만한 것, 흥미로운 것, 우리의 삶을 풍요롭게 하는 것이라고 권면할 수 있는가? 모든 문화와 야만의 자체적인 내부 문제들 때문에 안 그래도 충분히 시달리고 있는 사람들에게 그 문화의 고귀한 보완 혹은 대안으로서 종교를 들이미는 것이다! 의기양양하게 종교를 학문, 예술, 도덕, 사회주의[50], |250| 청소년, 민족주의, 국가와 결부시킨다. "종교**와**……"라는 치명적인 표현이 진지한 모습으로 나타나는 곳이라면 거기가 어디든 풀 한 포기도 자라지 않는다는 사실은 수없이 많은 경험을 통해 명백해졌는데도 마치 그게 무슨 소리냐는 듯이! 그 모든 것을 선포하는 이상한 지도자들은 스스로를 합리화하며 말하기를, 수백만의 많은 사람이 무조건 그런 식으로 지도받기를 원한다고 하며, 그들이 종교적 가능성을 추구하되 [위에서 열거한] 다른 여러 가지 가능성의 근거 혹은 개선으로서, 혹은 그런 가능성들을 위로하고 거룩하게 하는 것으로서 추구하며, 그들 자신의 고유하고 특별한 파토스가 저 무한성의 파토스로 인해 더욱 고취되기를 바라며, 그렇게 해서 자기 자신에게 어떤 유익을 끼치기 원하며, 그래서 다른 모든 면에서도 경건해진다고 하는데, 그 말을 믿을 수 있는가? 실제로 이런 기이한 현상이 벌어지고는 있지만, 그런다고 해서 달라지는 것은 없다. 지도자건 지도를 받는 자들이건, 그들 모두는 그런 행동으로 말미암아 자기가 앉아 있는 나뭇가지를 톱질하는 꼴이며, 자기가 잠자고 싶어 하는 집에 불을 붙이는 꼴이며, 자기가 올라타고서 저 심연을 건너고 있는 배에 구멍을 내고 있는 꼴이

50 "종교와 사회주의" 주제에 관한 바르트의 강연. *Jesus Christus und die soziale Bewegung*(1911), V.u.kl.A. 1909-1914, S. 380-417, *Evangelium und Sozialismus*(1914), a.a.O., S. 729-733.

다. 진정 자신의 개인적인 안정에, 휴머니티의 아름다운 균형에, 인간 문화의 (혹은 야만의) 견고함에 관심하는 사람은 레싱Lessing이나 리히텐베르크Lichtenberg나 칸트나 괴테와 마찬가지로—그가 할 수 있는 한에서—종교가 자신의 영역으로 밀려들어 오는 것을 막아 보려고 할 것이다.[51] 그는 너무나 경솔한 자들을 향해, 그러니까 미학적·역사적·감성적·정치적 이유를 들어 둑에 구멍을 뚫어서 인간의 초막과 궁궐까지 큰물이—그들이 제일 먼저 그 물에 쓸려 나갈 것인데—쏟아져 들어오게 만드는 그들을 향해 경고의 목소리를 높일 것이다. 그는 자칭 경건의 대가들[52](실제로는 가장 잔학하게 그 경건을 망쳐 놓는 아마추어들!)보다는, 그러니까 자기네가 무슨 일을 하는지도 모르면서 종교에 대한 낭만적 기쁨에 도취되어 어설프게 정령을 불러냈다가 **자신들도** 그것을 쫓아 버리지 못하는 그런 자들보다는 더 통찰력이 있고 분별력이 있는 모습을 보일 것이다.[53] 하지만 그의 노력은 아무런 성과를 거두지 못할 것이다. 종교적 가능성은 인간 안에 아주 깊이 자리하고 있어서 그가 어찌할 수 없기 때문이다. 현대 서유럽의 문화도 그를 종교적 가능성으로부터 보호해 줄 힘이 없다. 그는 휴

51 Overbeck, Christentum und Kultur, S. 135(OWN 6/1, S. 170).

52 "(종교의) 대가들"(Virtuosen)이라는 표현은 슐라이어마허의 『종교론』에서 아주 중요한 역할을 한다. S. 190, Z. 15; S. 258, Z. 22f., S. 270, Z. 18f.,; S. 278, Z. 25; S. 279, Z. 19; S. 282, Z. 29f; S. 285, Z.11.27; S. 286, Z. 25(originalausgabe, S. 3. 158. 184. 203-205. 213. 219f. 222).

53 여기서 바르트는 슐라이어마허 외에도 나토르프(P. Natorp)를 암시한다. 7장을 투르나이젠에게 보내면서 1921년 5월 23일 편지에 이렇게 쓴다. "기대했던 것처럼 우리에게는 3-4년 전 그렇게도 중요했던 것, 곧 경건주의에 대한 논박은 완전히 사라졌네. 비록 그 부분이 비평가들한테는 아주 좋은 점수를 받았지만 말이네. 이제는 훨씬 높은 쪽을 향해서, 완전히 다른 사람[슐라이어마허!]을 향해서 포문을 연다네. 그는—분명 더 높은 차원의 허가증을 가지고—내 손에 떨어졌다네. 심지어 그가 종교론을 다 마친 후 밤중에 앙리에트(Henriette)에게 쓴 것조차도 검토하고 있지. 그런데 그 사람만이 아니라, 입장을 바꾼 나토르프와 그 밖의 몇몇 동시대인들도 배경에서 나타나고 있다네."

머니티의 문을 지키는 파수꾼으로서, 누가 뭐래도 두려움의 대상이었던 적수와 예컨대 열한 시[어떤 것이 가능한 최후의 시간, 마 20:2-16]가 되었을 때 아주 미미한 평화조약이라도 맺는 일이 없도록 조심해야 할 것이다![54] 왜냐하면 종교야말로 **바로 그 적수**이기 때문이다. 가장 신실한 친구로 변장한 **적수**, 인간의 적수다. 그리스인**뿐만 아니라**[ao] 야만인[1:14]의 적수이며, 문명의 **위기**일 **뿐만 아니라** 야만의 위기이기도 하다. 종교는 인간이 죽음의 경계선 이편에서 만나게 되는 적수 가운데서 (하나님을 논외로 하면) **가장 위험한** 적수다. 왜냐하면 그것은 우리가 죽을 수밖에 없는 존재임을 생각할 수 있는[시 90:12] 가능성이요, 하나님의 가능성을 생각할 수 있는 인간의 가능성이기 때문이다. 종교는 시간과 사물과 사람의 세계 안에서 '도대체 너는 누구냐?'라는 |251| 질문이, 참을 수 없는 방식으로 표현되는[ap] **유일무이한** 지점이다. "하나님의 율법은 인간에게 저주가 된다. 왜냐하면 그들이 율법 아래 있는 만큼 죄의 종이요 그만큼 죽을 수밖에 없

54 Overbeck, Christentum und Kultur, S. 229(OWN 6/1, S. 338). "우리 인간은 오직 한 사회의 일원으로서만 서로에 대해 알게 된다. 그런 사회에서 우리는 서로에게 오직 죽을 수밖에 없는 존재로서만 생각 가능하다. 우리는 개인으로서 다른 개인에게 공백을 만들어 줘야 한다. 그런데 이런 운명을 성취하기 위해서는 죽음이 그의 무기(질병 등)로 우리를 도와줄 수 있다. 이런 통찰만으로도 우리는 충분히 죽음에 복종**해야 한다**. 그리고 하나님께서는 우리가 할 수 있는 것, 곧 우리 능력 밖의 일은 우리에게 허락하지 않으신다는 말씀, 곧 종교의 그 말이 조금이라도 진리가 되려면, '해야 함'(Müssen) 속에서 '할 수 있음'(Können)이 빠져서는 안 된다. 그러므로 죽음이란 우리가 궁극적인 안식에 이르도록 우리와 동행하는 것쯤으로 여기는 것이 종교의 견해라면, 사실 그런 종교와는 싸울 이유가 전혀 없다. 그런데 우리 인간이 혼자서도, 다시 말해 종교 없이도 죽음을 잘 받아들일 만한 수준까지 이르렀는지, 우리로 하여금 그것을 고민하게 하는 평화조약에 우리는 무조건, 좋든 싫든 의존하고 있다." 바르트는 이 문단 일부분에 밑줄을 그어 놓았다. 오버베크를 "파수꾼"으로 이해한 것과 관련해서는 이 책 166쪽, 각주 30 참조.

는 존재이기 때문이다"(칼뱅).[55]

"내 속사람으로는 하나님의 법을 즐거워하되 내 지체 속에서 한 다른 법이 내 마음의 법과 싸워 내 지체 속에 있는 죄의 법으로 나를 사로잡는 것을 보는도다." 종교는 이원론의 발현이다. 이 사실을 일원론적인 미사여구로 덮어 버리는 사람은 "그것을 가장 탁월하게 폭로하는 사람"(오버베크)[56]이며, 그가 환심을 사고자 하는 세상에게도 가장 나쁜 짓을 하는 셈이다. 그가 덮어 버리려고 애쓰는 그 비밀은 덮을 수 없는 것이기 때문이다. 다이너마이트는 아무리 꽃으로 휘감아 놓았다고 해도 언젠가 터지기 마련이다. 종교는 인간이 두 쪽으로 갈라져 있음을 의미한다. 한쪽에는 하나님의 율법을 즐거워하는 내적인 인간의 "영"이 있다. (나는 그 "영"과 일치하는가? 아니면 그저 "내면적"일 뿐인가? 누가 감히 그 일치를 주장하는가?) 또 한쪽에는 내 지체의 "본성"이 있으니, 여기서는 전혀 다른 율법, 전혀 다른 가능성, 전혀 다른 생명력이 목소리를 내고 있다. 그것은 "이성의 법"과 싸우고 있으며, 그 법의 '예'에 '아니요'로 맞서고 있다. 바로 여기, 떠오르는 반대편에, 두 번째 실체 속에, 다름의 원리 속에 모든 율법의 율법, 모든 가능성의 가능성이 영혼과 분리된 육체의 형태로 드러난다. 그것은 나를 사로잡는 죄다. (나는 이렇듯 죄의 지배 아래 있는 "본성"인가? 누가 감히 **그 일치**를 주장하는가?) 우리는 내면성과 외면성, 피안과 차안, 관념성과 물질성의 대립쌍을 열거할 수 있다. 하지만 너는[aq] 도대체 어디에 속해 있는가? **너**는 도대체 누구냐? "영"이냐 "본성"이냐? **너**는 오직 "본성"이 되기를 원하여 완

55 Calvin, col. 137. "quod lex Dei homines condemnat, id fit quia, quantisper sub legis obligatione manent, peccati servitute premuntur: atque ita rei sunt mortis."

56 Overbeck, Christentum und Kultur, S. 236(OWN 6/1, S. 275). 이 책 283쪽, 각주 31.

전히 "영"을 부정할 수 없다. 본성은 철저하게 영이고자 한다는 사실, 그것은 종교적 인간으로서 너의 본래적인 앎(너는 **하나님**에 관해 알고 있다!)이기 때문이다. 그러나 너는 오직 "영"이 되기를 원하여 완전히 "본성"을 부정할 수도 없다. 영은 곧 본성, 철저하게 본성이고자 한다는 사실, 그 또한 종교적인 인간인 네가 너무나 잘 알고 있기(너는 **하나님**에 관해 알고 있다!) 때문이다. 그러므로 너는 이렇게 대답하고 싶을 것이다. '나는 둘 다다!' "영"이면서 "본성"이다. 아마도 영의 본성이든지 본성의 영일 것이다. 그런 식의 뻔뻔스러운 예상을 시도하다 보면 금방 알게 될 것이다. **하나**이고자 하는 것이 바로 그런 이유에서 그냥 나란히 늘어서서 융합되고 결합되는 것이 결단코 아니라는 사실 말이다. 오히려 네가 |252| 서로 상충하는 것을 멋들어지게 합쳐 놓으면 놓을수록, 그것이 그만큼 더 확실하고 급격하게 갈라지리라는 사실 말이다. 이쪽저쪽 이리저리 휘둘리는 너는 언제나 이것 **혹은** 저것이다. **완전히** 이것이 되거나 저것이 되지는 못하는 것이다! 이것은 저것을 배제하고 저것은 이것을 배제한다. 하지만 그것은 결정적인, 치명적인 배제가 아니다. 가장 근본적인 축출마저도 언제나 허약한 가능성, 그러나 전망이 좋은 가능성, 곧 축출만큼이나 근본적인 귀환의 가능성을 열어 놓고 있다.

24-25a. **오호라 나는 곤고한 사람이로다. 이 사망의 몸에서 누가 나를 건져내랴. 우리 주 예수 그리스도로 말미암아 하나님께 감사하리로다.**

이제 우리는 이번 장을 시작하면서 서 있던 곳에 다시 서게 되었다. 종교적 인간은 "그가 사는 동안"(7:1)의 인간이다. **이** 세상 안에서 사는 **이 세상적** 인간, 인간적으로 가능한 인간, 우리가 아는 유일한 인간이다. 있는 그대로의 모습이어서는 안 되는 **바로 그** 인간이다. 마땅히 그래야 하는 모습이 결코 아닌 **바로 그** 인간이다. 죽을 육체 안에 있는 **바로 그** 인간

[6:12, 8:11], 그 몸을 찢어 버릴 수도 없고 그 몸과 경계 지을 수도 없을 정도로 하나가 된 인간, 그가(다른 누가 아닌 **그가**!) 결국 죽음에 속해 있다는 기억을 벗어던질 수 없는 **바로 그** 인간이다. 종교의 현실에 대한 모든 확언은 결국 우리를 **이러한** 인간의 가능성에 대한 가장 근본적인 의심이 아닌 다른 어느 곳으로 이끌어 가겠는가? 진정 그는 살 수도 없고 죽을 수도 없다. 진정 그는 자신의 경건, 바로 그 경건으로 인해 하늘과 땅 사이에 걸려 있도다! 그러나 만일 '**내가** 바로 이러한 인간**이다**'라고 할 것 같으면? 만일 모든 심리학적 뒤틀림과 모든 변증법적 전복이 나를 이러한 잔인한 상황, 곧 '내가 -이다'의 상황에서 구해 내지 못한다면? 만일 내가 다름 아닌 그 종교적 가능성으로 말미암아 내가 이러한 인간으로 존재하는 것 외에 다른 가능성이 없다는 사실을 알게 된다면? 그때 이러한 인간의 가능성에 대한 가장 근본적인 의심이 나에게 무슨 도움이 되겠는가! "나는 곤고한 사람이로다!" 이제, 이제 드디어 우리는 인간이 무엇인지 알게 되는가? 종교의 현실이 무엇인지도 알게 되는가? 19세기의 대변자들이 기꺼이 '종교'라고 불렀던 것의 요람에 나타났던 개선장군의 분위기가 종교의 현실과 **얼마나** 멀리 떨어져 있는지 알게 되는가? 종교의 현실, 그것은 인간이 자기 자신 앞에서 경악함이다. 그러나 **예수 그리스도**는 인간적으로 가능한 인간의 저편, 특히 경건한 인간의 저편에 있는 새로운 인간이다. [『교회교의학』 IV/2, § 64에서는 이편에 있는 제자들이 저편에 서신 부활하신 예수와 만나는 사건을 통해 "저편"Jenseits 혹은 저 세상이 집중적으로 설명된다]. 그는 **이편** 인간의 총체적인 지양이시다. 그는 사망에서 생명으로 온 사람[요일 3:14]이다. 그는 내가 아니다. 나의 실존적인 내가 아니다. 하나님 안에 있는 나, 하나님의 자유 안에 있는 나다. 하나님께 감사하리로다. 우리 주 예수 그리스도를 통하여 나는 더 이상 있는 그대로의 나, 곤고한 인간이 **아니다**.

25b **그런즉 내 자신이** |253| **마음으로는 하나님의 법을 육신으로는 죄의 법을 섬기노라**[그러므로 기록되기를, 동일한 한 인간으로서 내가 이성으로는 하나님의 법을 섬기지만 육신으로는 죄의 법을 섬기노라].

있는 그대로의 **나는** 곤고한(비참한) 인간**이다**. 우리는 이 '나는 -이다'의 무게를 고스란히 견뎌 내야 한다. 우리는 이 무게를 벗어던지지 않는다. 진정 바울은 여기서 "자신의 회심 **이전**"의 자기 이야기를 들려주지 않았다. 만일 그 회심 속에서 일어난 일이 이러한[ar] 인간의 총체적인 지양이라면 그 "이전"이란 대체 무엇이란 말인가? 오히려 바울은 과거, 현재, 미래 속에 있는 자신의 **존재**를 분명하게 확인했다. 종교개혁자들은 바울과 마찬가지로 그것을 이해했으나 경건주의의 안경을 쓴 근대 신학은 그것을 이해하지 **못했다**. 다메섹 "이전"과 "이후" 그의 **존재**의 현실은 **이러한** 현실이다. 동일한 하나의 인간이 하나님의 율법 때문에 둘로 나뉘었으나 그 둘은 하나님의 율법 때문에 둘이 될 수 없다. 이원론에 빠졌으나 그 이원론이란 둘로 나뉜 자신에 대한 부정이다. 하나님에게 부딪혀 산산조각이 났으나 결코 하나님을 잊을 수 없다. 이제 우리는 하나님의 자유가 무엇인지, 그분의 은혜가 무엇인지 알고 있는가!? |254|

8장 영

결단

8:1-10

1-2. 1 그러므로 이제 그리스도 예수 안에 있는 자에게는 결코 정죄함[사형선고]이 없나니 2 이는 그리스도 예수 안에 있는 생명의 성령의 법이 죄와 사망의 법에서 너를 해방하였음이라.

"그러므로 이제 그리스도 예수 안에 있는 자에게는 결코 정죄함[사형선고]이 없나니." 지금까지 우리는 무엇에 관해 말하였는가? 인간적인 가능성인 종교에 관해서? 아니면 모든 인간적 가능성 너머 하나님 안에 있는 자유에 관해서? 죄에 관해서, 아니면 의에 관해서? 사망에 관해서, 아니면 생명에 관해서? 우리가 방금 종교의 한계, 의미, 현실에 관해서 들었던 것을 들을 수 있는 인간은 누구인가? 그는 어디서 왔는가? 그는 어디서 그것을 보는가? 어디서 그것을 아는가? 누가 그에게 이 모든 것을 말해 주는가? 누가 그에게 '당신이 바로 그 인간'이라고 말해 주는가? 우리는 이 물음을 던짐으로써(그러나 이 물음은 그전부터 이미 존재했다!) 소크라테스의 전기가오리를 건드려 그 충격을 경험한 것이다.[1] 인간은 인간이라는 사실, 묘하게도 우리를 겸손하게 만드는 그 진리를 그가 스스로 말할 수는 없으리라. 그가 외치기 전에, **이미** 그에게 누군가가 말한 상태, 대답한 **상태**여야 한다. 이것은 그가 찾고 고민하고 원하고 작업한 것이 아니다. 진정 이

1 이 은유는 플라톤의 대화편 『메논』 80a 4-8에 나오는 것이다. 메논은 소크라테스가 하는 연설의 영향력을 전기가오리의 전기 충격과 비교한다[플라톤은 철학자의 탐구 자세를 전기가오리에 비유하였다. 전기가오리는 자신도 마비되면서 접촉한 다른 것들도 마비시킨다. 철학은 기존에 알고 있던 것들을 마비시키면서 새로운 앎을 향해 나아가도록 채근(採根)한다]. 바르트는 이 은유를 1919년에도 고린도전서 15장과 관련하여 사용한 바 있다. Bw.Th.I, S. 350(1919년 11월 11일 편지).

것은 내용상 그의 모든 찾음과 생각과 원함과 일함의 전제이기 때문이다. 그 폐쇄된 원의 모습 자체를 볼 수 있는 지점은 원 안에 있을 수 없다. 인간적인 가능성의 한계를 포착할 수 있는 가능성은—칸트는 그 한계 너머를 살피려는 모든 눈길을 아예 금하고 있지만, 그러나 바로 그때에!—전혀 들어 보지 못한 가능성, 철저하게 새로운 가능성이다. 결국에는 자기 자신을 비판하고 의심하고 유감스러워할 뿐 아니라 자기 존재의 총체성을 문제 삼을 수 있는 사람, 자기 자신 때문에 경악하는entsetzt[a] 사람(7:24), 어쨌거나 나는 그런 사람이 아니다! 만일 우리가 계속해서 '그렇다면 누구인가?' '그렇다면 무엇인가?' 같은 질문을 던진다면, 심지어 |255| 한량이나 노름꾼의 입에서라도 그런 질문이 나온다 해도, 그것은 어떤 타자, 철저하고 불가피하고 돌이킬 수 없는 타자가 우리의 시야에 나타났음을 의미한다. "그때" 그것이 누구든지, 무엇이든지 그것은 우리 인간 삶의 한계의 저편**이다**. 그 의미의 전복**이다**.[b] 완전히 변화된, 전적으로 다르게totaliter aliter[2] 규정된 현실성**이다**. 그도 그럴 것이, 그것은 (우리의 이러한 물음 속에서) 이편에 있는 우리, 전복될 수 없는[c] 의미 속에, 변화될 수 없는 삶의 현실 속에, 곧 절대적인 죄성과 사멸성 속에 있는 우리를 꿰뚫어 보는 눈, 낯설고도 익숙한, 익숙하면서도 낯선 눈**이다**. 우리의 절대적인 죄성과 사멸성을 꿰뚫어 보는 앎, 곧 우리 자신에 대한 앎이 도대체 '어디에서' 왔는지 물으

2 P. Jaeger, *Innseits. Zur Verständigung über die Jenseitsfrage*, Tübingen, 1917, S. 111, Anm. 1에서 볼 수 있는 오래된 옛날 수도사 이야기. "두 명의 수도사가 하늘나라는 어떤 모습일까 생각하며 서로 많은 이야기를 나누었다. 두 사람은 이런 약속을 했다. 둘 중 먼저 하늘나라에 간 사람이 아직 이 세상에 있는 다른 사람에게 꿈속에서 나타나 실제 하늘나라가 어떤지 말해 주자고 약속한 것이다. 얼마 안 있어 한 수도사가 죽었다. 그리고 다른 수도사의 꿈속에 그가 나타났다. 아직 살아 있는 사람이 수도사의 라틴어로 그에게 물었다. Taliter-qualiter?(우리가 생각했던 그대로인가?) 그러나 이런 대답이 돌아왔다. Totaliter-aliter!(완전히 다르다네!)" 이 책 141쪽, 각주 4.

면서, 우리는 **이러한** 인간과 마주하고 있는 **새로운** 인간의 실존성과 직접 맞닥뜨리게 된다. 그가 **있다**. 이 결단은 시간이 아니라 영원 속에서, 저 시간의 제약인 영원 속에서 **떨어진** 결단이다. 우리로 하여금 전기가오리를 건드리게 하는 물음, 시간을 제약하는 영원을 (오직 그 자체로서!) 건드리게 하는 물음의 바깥에서 사람들은 그 결단을 수없이 새로 찾아 헤맬 것이다. 그러나 그 물음 안에서, 그 물음과 함께라면 그 결단은 단 한 번 결정적으로 발견되고 주어진다. 그 물음이 곧 이 대답이다[d]. 영이 **있다**. 영은 ('아니요!'로서) 앞서 언급한 인간의 앎이 자기 자신으로부터 벗어나게 해주는 '예!'**이다**. 영은—이러한 '아니요!'로서—인간 삶의 한계요 의미요 현실이다. 그러므로 영은—'예!'로서—이러한 한계의 저편이며 이러한 의미의 전복이며 새로운 현실이다. 영은 인간이 자신의 근원과 관련되어, 그 근원의 **빛** 속에 세워져서 제 자신의 처지를 아는 것이요, 그 앎 속에서 이루어지는 상대화, 곧 모든 인간적인 가능성의 상대화인데, 이는 그 상대화의 가능성 자체인 절대자와 마주하여 자신의 상대성이 파악됨이요, 있는 그대로의 나와 같은 "비참한 인간"(7:24)인 내가—위로부터, 바깥으로부터 (그러나 또한 나 자신으로부터!) 보았을 때—있는 그대로의 내가 아닌 사람, 전적으로 다른 한 사람으로 말미암아 절대적으로 도드라져 있음이 인식됨이다. (그런데 이것은 역설적으로 나 자신으로부터 인식됨이다!) 바로 이것이다! 이렇게 관련되고 파악되고 보이고 인식된 우리에게는 사형선고가 적용되지 않는다. 종교적 인간, 특별히 그와 모든 육신은 그 사형선고의 그늘 아래 있지만 말이다. 이렇게 관련되고 파악되고 보이고 인식된 우리는 하늘로부터 내려와 온 집을 가득 채우는 급하고 강한 바람 같은 소리를 **듣는다**(행 2:2). 그런 우리는 하나님으로부터 하늘에서 내려오는 거룩한 성, 새 예루살렘을 **본다**(계 21:2). 우리는 "그리스도 예수 안에" **있다**. "그리스도 예

수 안에" 있음이란 무엇인가? 그것은 그리스도이신 예수 안에서 나타난 지양, 곧 **이편** 인간의 지양, 그래서 그분이 **새로운** 인간으로 기초되는 바로 그 지양 속으로 들어감이다. 이 새로운 |256| 인간은 죽음으로부터 생명에 이르렀다[요일 3:14]. 만일 우리가 그 새로운 기초에 동참하게 되면, 이편의 인간에게 적용되는 사형선고가 우리에게는 해당되지 않는다. 왜냐하면 그것이 이미 집행되었기 때문이다.

"이는 그리스도 예수 안에 있는 생명의 성령의 법이 죄와 사망의 법에서 너를 해방하였음이라." 모든 가능성 **너머**에 있는 하나의 가능성이 있으니, 그것은 바로 그렇기 때문에 다른 가능성들 **곁에** 나란히 서 있는 **하나의**[e] 가능성이 아니다. 오히려 그것은 죄라는 부정을 대체함으로써—죄가 꼭 그런 것처럼—모든 다른 가능성의 공통분모다. 단 한 번에 영원히 주어진 것이 있다. 그런데 그 한 번이 너무나 결정적인 것이어서 오직 **한 번도** 주어진 적이 **없는** 것으로서 모든 주어진 것의 가장자리에나 나타날 수 있는 것이다. 최고의 법이 하나 있다. 모든 법들은 바로 그 법과 더불어 서기도 하고 넘어지기도 한다. 이 가능성, 이 주어진 것, 이 법이 영이다. 그리고 그 영은 그리스도 안에서 나타난 생명의 새로운 것, 실존적인 것, 일회적인 것, 보편적인 것이다.

우리는 영에 관해 말하고 있다. 그러나[Aber f] 그에 관해 말하는 것이 가능한가? 아니, 불가능하다. 수많은 가능성들을 표현할 수 있는 말은 많이 있겠지만 바로 이 가능성, 우리 삶의 불가능한 가능성을 표현할 수 있는 말은 단 한 마디도 없기 때문이다. 도대체[denn g] 왜 우리는 그것에 관하여 침묵하지 않는가? 우리는 영에 관하여 침묵해야 한다. 하지만 영의 영광이 실추되는 것은 우리의 말을 통해서만이 아니다. 우리의 침묵을 통해서도 그리될 수 있다. 말도 그렇지만 침묵도 영에게 그다지 도움이 되지 않는다.

그럼에도 변함없는 것이 있다. 그 영은 우리의 침묵 속에서도, 말 속에서 선포되어야 할 **말씀**이라는 사실이 그것이다. 말하지 않음과 침묵하지 않음, 말해야 함과 침묵해야 함, 우리는 그 영과 마주하여 최후의 궁지에 빠져 있다. 우리가 아무리 이쪽저쪽으로 몸을 틀어 봐도 그 궁지에서 벗어날 수 있는 확실한 출구는 **존재하지** 않는다. 어쩌면 우리는 우리의 말이 제때 나오고 우리의 침묵도 제때 나오는 것[전 3:7]을 가만히 지켜보는 것이 나을 수도 있으니, 결국 이것도 우리로 하여금 무언가를 깨닫게 하려 함이니, 그것은 우리가 정확하게 핵심을 찌른다 하더라도 그렇게 정곡을 찌른 것은 **우리가 아니**라 그 영이 직접 말했거나 침묵했다는 사실이다.

우리는 영을 가지고 있다. 누구든지 영의 실존성Existentialität과 맞부딪힌 사람은 이로써 자기 자신의 실존, 곧 하나님 안에 있는 자기 실존과 맞부딪히게 된다. 우리는 하늘의 바람 소리를 들었고[행 2:2] 새 예루살렘을 봤고[계 21:2] 영원한 결단을 발견했다는 사실, 우리가 "그리스도 예수 안"에 **있다**는 사실을 부정할 수도 없고 부정하려고 하지도 않는다. 그 사실을 숨길 수도 없고 그러려고 하지도 않는다. 그 사실을 모호하게 할 수도 없고 그러려고 하지도 않는다. 그런데 "봤다", "들었다", "있다"는 무엇을 의미하는가? "우리가 가지고 있다"는 것은 무엇을 의미하는가? 우리가 "**우리**"를 강조하든 아니면 "**가지고 있다**"를 강조하든 우리는 이로써, 바로 그렇게 하여, |257| 전형적으로 종교의 영역 안으로 들어가게 된다. 만일 우리가 영을 "우리"와 연결시키고 "가지고 있다"와 연결시킨다면, 그때 우리가 말하는 것은 **영**이 아니다. 그러나 그럴 수밖에 없음은 우리가 달리 해서도 안 되고 달리 할 수도 없기 때문이다. 우리가 말로 할 수 없더라도 생각은 하고, 생각하지는 않는다고 해도 느끼게 되는 것, 그것은 우리가 영을 가지고 있다는 사실이다. 바로 이 허용될 수 없는 일이 어쨌거나 발생한다.

우리는 어쨌든 그 허용될 수 없음을 알고 있어야 한다. "우리"란 "우리가 아님"을 의미하며, "가지고 있음"은 "가지고 있지 않음"을 의미할 수 있다는 사실을 알고 있어야 한다. **그때** 그 허용될 수 없는 것과 마주하여 진리가 서 있음을[h] 우리는 아마도 알게 될 것이다. 진리는 인간의 모든 "우리"와 모든 "가지고 있음"을 잠재적으로 포괄하되, 거기에 대하여 비판과 물음이기를 그치지 아니하는 우리, 어떤 자격을 부여받은 "우리"요 그 자격으로 "가지고 있음"을 우리는 알게 될 것이다. **그때** "우리"란 이런 사람들 저런 사람들일 뿐 아니라 ("우리가 아님"으로서!) 인류의 대표자요 첫 열매[약 1:18]며, 우리의 "가지고 있음"은 그저 역사적·심리적 규정일 뿐 아니라 (우리의 "가지고 있지 않음"으로서!) 인간의 영원한 규정이고, 우리의 "그리스도 예수 안에" 있음은 어떤 교회 공동체 안의 현존재일 뿐 아니라 (우리의 비존재로서) 영의 하나됨[통일성] 안에 있는 "영의 은사자들"의 사귐임을 우리는 아마도 알게 될 것이다. 아마도 **그때** 타인들, 곧 우리와 마주하고 있는 많은 사람들은 (만일 우리가 "우리 아닌" 우리이고 "아무것도 가지지 않은"[i][고후 6:10] 우리라면!) 더 이상 타인이 아니요 "가지지 않은" 사람들이 아니라, 각각의 언어로 하나님의 위대한 행적(행 2:11)을 우리에게 말하여 우리에게 들려주는 사람들이라는 사실을 우리는 아마도 알게 될 것이다. 어쨌든 여기서 이와 같은 영을 부정하려는 우리의 거리낌은 우리가 직접 그 모호하고 종교적인 입장 안으로 들려가려는 거리낌보다 비교할 수 없이 훨씬 더 크다.

우리는 영을 생각하고 있다. 그렇다. 마치 영이 하나의 요인, 동인, 효력, 원인인 것처럼 말이다! 그러나 우리는 알고 있다. 영은 그 모든 것이 **아니다**. 오히려 영은 "actus purus"[순수 현실태][3], 순수한 현실성[Aktualität]이다. 처음도 끝도 없고, 제약도 조건도 없고, 공간도 시간도 없는 순수한 사건이다. 다른 것과 나란히 있는 어떤 것도 아니다. 어떤 사태[Sache]도 아니다. 그

러므로 원인Ur-Sache도 아니다. 그러나 영이 다른 것과 나란히 있는 어떤 것이 되고, 주어지지 않은 것이 주어지고, 불가능한 것이 가능해지고, 분명히 보이지 않는 것이 눈에 보이는 것이 되고, 알려지지 않은 것이 알려지는 그런 역설이 발생한다. 오직 부정문으로만 설명할 수 있는 그 영이 **있다**는 사실 자체가 영의 역설이다. 그 역설과 짝을 이루는 우리 쪽의 역설은 이것이니, 곧 우리는 영이 다른 것과 나란히 있는 무엇인 것처럼 영을 생각한다. 우리는 영을 기다리고 영에게 간청한다. 영이 어떤 고유하고 독특한 행위를 행한다고 믿는다. 영의 다스리심을 고요히 받아들인다.[4] 영을 근심하게 하지나 않을까 염려한다[엡 4:30]. 신성의 셋째 위격으로서 경배한다. 모든 개별적인 순간 속에서 그런 태도가 스스로를 지양함으로써 존속한다면, 우리는 모든 개별적인 순간 속에서 영의 최고로 실존적인 사실성에 어떤 식으로든 상응하고자 하는 태도를 취해야 한다는 필연성으로부터 |258| 벗어날 수 없으며 벗어나서도 안 된다. 그 어떤 인간적인 태도라도 그 영에 상응하는 태도가 될 수 없다는 사실, 바로 그래서 영이 **우리**에게 눈높이를 맞추고 **우리** 편을 들고 도저히 의롭다는 인정을 받을 수 없는 **우리**를 의롭다고 인정해 주신다는 사실을 우리는 알아야 할 것이다. 거룩한 영을 거스르는 죄[마 12:31 병행 본문]를 범하기보다 차라리 우리는 의롭다 인정받을 수 없는 종교적 행위를 다시 선택하는 편이 나을 것이다.

3 "actus purus"[순수 현실태, 이 책 436쪽](또는 "순수주의"purissimus)라는 개념은 스콜라 신학과 개혁주의 정통 신학의 공통분모로서 하나님의 역사하심을 가리키는 말이다. Thomas von Aquino, *Summa Theologiae*, I q.3a.2c.: "Deus est purus actus, non habens aliquid de potentialitatae", HpB 43.54.

4 K. R. Hagenbach의 찬송가 '당신의 다스리심 고요히 받아들이니'(Stillehalten deinem Walten), GERS(1891) 290; GERS(1952) 291.

영은 말씀하시고 행하시고 역사하신다. 너는 그것이 무슨 뜻인지 모르는가? 그렇다. 그리고 나는 내가 무슨 말을 하는지 모른다. 그러나 그분은 이미 말씀하셨고 행하셨고 역사하셨다. 내가 말하고 네가 들을 수 있는 모든 것에 철저하게 타자das radikal Andere로서 마주 서셨다. (또한 오직 우리의 공통의 물음 속에서만 **마주** 서셨다!) 너는 나와 마찬가지로 저 완성된 사실 앞에 서 있다. 우리의 당황스러움은 그 사실의 해석을 둘러싸고 노력할 뿐, 그것의 실재성을 두고 노력할 수는 없다. 영은 "너를 죄와 사망의 법에서 해방하였다." 너를, 실존적으로 너를! 그리스도 예수 안에서 일어난 변화, 회전, 전환은 **너의 것**이다. 그분 안에서 주어진 가능성은 **너의** 가능성이다. 그분 안에서 나타난 생명[요일 1:2]은 **너의** 생명이다. **너의** 말·행위·작용의 영역은 어떤 타자, 도무지 간과할 수 없고 비교할 수 없는 타자의 영역에 감싸여 있다. 너 스스로가 네 죄와 네 사망의 법으로 여겼던 하나님의 계명은, 모든 법들 중의 법과 관련되며, 관계적인 것이다. 너는 이 타자의 의로움과 관련하여 죄를 짓는다. 너는 이 타자의 생명과 관련하여 죽는다. 너의 '아니요'는 오직 이 타자의 '예'와 관련해서만 '아니요'다. 네가 그리스도 예수 안에서 죄와 사망과 '아니요'의 관계성을 분명히 깨닫게 된다면? 타자, 곧 하나님이라는 철저한 타자 앞에서 그것의 관계성이 분명하게 드러난다면? 그러면 너의 죄가 어디 있느냐? 너의 죽음이 어디 있느냐? 너의 '아니요'가 어디 있느냐? 모든 관계대명사는 연결되며, 모든 구체적인 것은 지시가 되며, 모든 [우연적] 소여성은 비유가 될 것이다. 너는 자유롭다, 네가 갇힌 것을 인식함으로. 너는 의롭다, 너의 죄를 인식함으로. 너는 살아 있다, 너의 죽음을 인식함으로. 영은 너를 자유롭고 의롭고 살아 있게 **만든다**. 영은 **곧** 그 인식이기 때문이다. 영은 영원히 발견된 것이니, 그것이 없다면 우리는 죄와 사망의 법 아래서 늘 그대로인 우리이기 때문에 찾아 나서는 일도 없을 것이다.[5] "그분은 살아 있는 불로 하나님의 법을 우리 마음에 써넣으신다." 바로 그렇기 때문에 그것은 "교리가 아니라 생명이며, 말이 아니라 존재이며, 표징이 아니라 충만함 그 자체다"(루터).[6]

3-4. 3 **율법이 육신으로 말미암아 연약하여 할 수 없는** [육신의 저항 때문에 너무나 연약한 것으로 입증되어 율법에게는 불가능한] **그것을 하나님은 하시나니 곧 죄로 말미암아 자기 아들을 죄 있는**[죄의 지배를 받는] **육신의 모양으로 보내어 육신에 죄를 정하사**[죄의 파멸 때문에, 이로써 죄를 향해 육신 속 한복판에 사형선고를 내리사] |259| 4 **육신을 따르지 않고 그 영을 따라 행하는 우리에게 율법의 요구**[의로움]**가 이루어지게 하려 하심이니라.**

"**율법이 육신으로 말미암아 연약하여 할 수 없는** [육신의 저항 때문에 너무나 연약한 것으로 입증되어 율법에게는 불가능한] **그것을 하나님은 하시나니.**" 율법에 불가능한 것은 무엇인가? 뒤에 가면 죄에게 사형선고를 내린다는 말이 나온다. 또 인간을 자유롭게 한다든지, 인간을 영원한 토대 위에 세운다든지, **그**에게 선고된 사형선고를 폐기한다든지 하는 말도 방금 들었다. **이** 세상에서 **이 세상적인** 인간의 행위가 하나님 없이 이루어지고 있는 현실

5 B. Pascal, *Pensées*(1670), Fragment 751(Ph. Sellier)(919 [L.Lafuma], 553 [L. Brunschvicg]), *Pensées, opuscules et lettres*, hrgs. von Ph. Sellier(Bibliothèque du XVIIe siècle 2), Paris 2010, S. 604. "Console-toi, tu ne me chercherais pas si tu ne m'avais trouvé"[위로하소서. 당신께서 나를 이미 찾지 않으셨다면, 당신은 나를 찾지 않으실 것입니다]. Bernhard von Clairvaux, *De diligendo Deo, VII*, PL 182, 987C: "nemo te quaerere valet, nisi qui prius invenerit."

6 Eberle, S. 122. 바르트 소장본에 밑줄이 그어져 있다. *Vom Mißbrauch der Messe*(1521), WA 8,539,27f., 540,1-3(entsprechend, orthographisch modernisiert, bei Eberle): "Denn das lebendige wort Christi, wenn mans prediget, gibt den geyst, welcher mit dem lebendigen fewr schreybt das gesetz gotts ynn unßer hertz". "Alßo ist das gesetz Christi nicht lere, ßonder leben, nicht wortt, ßonder das weßen, nicht tzeychen, ßondern die fulle selbs."

은 그 어떤 종교도 바꿀 수 없다. 종교는 '하나님 없음'의 현실이 전성기에 도달했음을 폭로할 뿐이다. 종교 역시 인간의 존재, 소유, 행위로서 그저 육신이기 때문이다. 종교는 모든 인간적인 것의 혼잡성과 본질적인 세속성에 참여한다. 종교는 인간적인 것의 정점이요 완성일 뿐, 결코 그것의 극복이 아니며, 그것의 갱신도 아니다. 이것은 초기 그리스도교라는 종교의 경우도 마찬가지다. 이사야의 종교 혹은 종교개혁자들의 종교도 마찬가지다. 사망으로부터 사망에 이르는 냄새(고후 2:16)가 바로 거기서, 곧 종교의 (진정한!) 꼭대기에서 퍼져 나가곤 하는 것도 결코 우연이 아니다. 예컨대 츠빙글리가 퍼뜨린 피상적이고 자유분방한 시민 의식, 키르케고르의 치명적인 초超경건주의, 도스토옙스키의 히스테리 분열증, 블룸하르트 부자父子의 지나친 느긋함이 그것이다. 만일 종교의 꼭대기에서 기껏해야 종교만이 나온다면 그야말로 슬픈 일이다! 종교는 자유롭게 하지 못한다. 종교는 가둬 놓기만 한다. 다른 어떤 것보다 심하게 가둬 놓을 수 있다. 육신은 육신이다. 육신 가운데 일어난 일, 인간으로부터 하나님을 향해 시도된 일은 그 자체로 "연약하다." 종교의 역사, 교회의 역사는 절대적으로 "연약하다." 하나님과 인간 사이의 무한한 차이, 질적인 차이 때문이다. 그 역사는 인간적인 역사, 철저하게 인간적인 역사로서 곧 육신이다. 그 역사는 "구속사救贖史"라는 이름으로 치장된다 하더라도 여전히 육신일 뿐이다. 모든 육신은 풀과 같다. 풀은 마르고 꽃은 시들어 떨어진다. 그러나 우리 하나님의 말씀은 영원히 남아 있다[사 40:6-8].

"**자기 아들을……보내어.**" 이것이 하나님의 말씀이다. "하나님 자신의 아들"은 예수 그리스도다. 이것은 신적인 유일회성이요 실존성이다. 그것의 선포는 해방의 말씀, 곧 종교가 발견하지 못한 해방의 말씀이다. 그 말씀을 선포하는 분은 "하나님 자신의 아들"이시다. **예수**, 이것이 하나님의

실존성이다. 그 실존성은 유일회성으로 말미암아 빛을 발한다. 그러므로 그리스도의 역사적 계시라는 걸림돌[스캔들]로 말미암아 모든 합리주의가 좌절된다. 하나님은 "필연적인 이성적 |260| 진리"[7]가 아니시다. 그분의 영원함은 위험하지도 않고 역설적이지도 않고 언제라도 금방 긍정할 수 있는 지속성, 곧 보편적인 관념(하나님 관념, 그리스도 관념, 중재자 관념[8] 등)의 지속성이 결코 아니다. 그분의 전능은 논리적·수학적 기능의 필연성이 아니다. 하나님은 인격성, 유일회적인 분, 하나이신 분, 유일무이한der Einige [j] 분이다. 그 자체로 영원하고 전능하신 분이다. 그 밖의 다른 어떤 것도nichts [k] 아니다. 이것을 증명하는 것이 예수, 곧 인간 예수, 역사적 예수다. 그러나 예수는 **그리스도**다. 이것은 하나님의 유일회성이며, 그분의 실존성을 통해 빛을 발한다. 그러므로 모든 신앙적인, 혹은 불신앙적인 역사주의와 심리주의에도 불구하고 이것은 걸림돌, 곧 예수 안에 나타난 영원한 계시의 걸림돌이다. 이 계시는 진실로 아브라함과 플라톤도 이미 봤던 것이다. 하나님은 "우연한 역사적 진리"가 아니다. 그분의 행위는 너무나도 급작스러운 '한 번도 있은 적이 없는!' 그리고 '언제나 있는!'을 가지고 모든 신화화와 실용화, 모든 역사 이야기를 이탈한다. 하나님의 사랑은 바로 예수 안에서 모든 역사적·심리적 간접성과 매개성을 꿰뚫는다. 이것과 저것, 여기와 저기에 묶여 있는 모든 것을 꿰뚫는다. 그분은 영원하고 전능하신 분으로서

7 G. E. Lessing, *Über den Beweis des Geistes und der Kraft* (1777), Werke und Briefe, hrgs. von W. Barner u.a., Bd.8 (Bibliothek deutscher Klassiker, Bd. 45), Frankfurt a.M. 1989, S. 441. "만일 아무런 역사적 진리가 드러날 수 없다면, 역사적 진리들을 통해서도 아무것도 드러날 수 없다. **우연한 역사적 진리들은 필연적인 이성적 진리의 증거가 될 수 없다.**"

8 이런 어법은 추측컨대 슈트라우스(Strauß)에게서 나왔을 것이다. D.Fr. Strauß, *Das Leben Jesu, kritisch bearbeitet*, Bd. 2, Tübingen, 1836, 이 책 380쪽, 각주 26.

유일회적이고 유일한 분이며, 다른 어떤 것도[!] 아니다. 그 증거가 예수 그리스도, 영원한 그리스도다. 길이 교차하는 곳에 하나님의 아들이 서 계신다. 다른 어떤 곳이 아니다. 하나님께서 그를 보내셨다. 영원한 세계, 타락하지 않은 세계, 우리에게는 알려지지 않은 세계, 태초와 종말의 세계에서 보내셨다. 그러므로 (진실로 그 어떤 정통주의자도 맞장구를 치며 기뻐 뛰지 않으리라!) "태어났으되 (우리와 같은 피조물이 익히 아는 모든 것과는 달리) 창조되지는 않았다."[9] 그러므로 (우리에게 잘 알려진 인류·자연·역사의 체계가 감히 내세우는 영원성에 대한 저항으로서) "동정녀 마리아에게 나셨다."[10] 그러므로 (근원적인 하나됨, 잃어버렸으되 잃어버릴 수 없는 하나됨, 곧 하나님과 인간의 하나됨에 관한 증거 자료로서) "참 하나님이요 참 사람"[11]이다. **하나님께서 그분을 보내신다**. 우리의 시간적인 세계, 타락한 세계, 너무나 잘 알려진 세계 속으로, 궁극적으로는 오직 생물학적인 범주로만 해석할 수 있는 체계, 그래서 우리가 자연이라고 부르는 체계 속으로 보내신다. 궁극적으로는 오직 경제적·물질적 관점으로만 이해할 수 있는 체계, 그래서 우리가 역사라고 부르는 체계 속으로 보내신다. 인간성 속으로, 이 육신 속으로 보내신다. 그렇다. 말씀이 육신이 되셨다. 심지어—잠시 후에 듣게 되는 표현처럼—"죄의 지배를 받는 육신"이 되셨다. **하나님께서 그분을 보내신다**. 이는 여기서 무언가를 바꾸기 위함이 아니요 그 육신을 도덕으로 개선하거나 예술로 미화하거나 학문으로 합리화하거나 종교라는 신기루로 드높이기 위함이 아니라, 육신의 부활 곧 새로운 인간을 선포하기 위함이

9 Symbolum Nicaeno-Constantinopolitanum, DH 150: "genitum, non factum".

10 Symbolum Apostolicum, DH 30: "natus ex Maria virgine."

11 Symbolum Chalcedonense, DS 301: "deum vere et hominem vere."

다. 하나님은 자신의 형상Ebenbild인 그 인간 안에서 스스로를 인식하시며, 그 인간은 자신의 원형Urbild인 하나님 안에서 스스로를 인식하는 그런 인간 말이다[원형과 형상은 『교회 교의학』 III/1, § 41에서 상세하게 설명된다]. 또한 그것은 새로운 세상을 선포하기 위함이다. 바야흐로 하나님의 승리가 필요한 세상이 아니라 하나님께서 이미 승리하신 세상[12], |261| 그분이 다른 것 옆의 어떤 것이 아니라 "만유의 주로서 만유 안에 계시는"[고전 15:28] 그런 세상 말이다. 또한 그것은 새로운 창조를 선포하기 위함이다. 창조주와 피조물이 둘이 아니라 하나인 그런 창조 말이다. 우리가 하나님 아들의 파송을 제대로 이야기하고 있는지 그렇지 않은지는 바로 이러한 내용을 가지고 지속적으로 점검할 수 있을 것이다. 만일 인간의 모든 관찰 방식의 어느 특정한 지점에서 그것에 진실하고 강력한 거리낌이 되는 무언가가 제시되지 않는다면, 우리는 확실히 어떤 다른 것에 관해 말한 것이다.

그도 그럴 것이, 하나님께서는 "**죄로 말미암아**" 그 아들을 보내셨다. 그러므로 하나님의 말씀은—바르게 말할 것 같으면—모든 다른 말보다 언제나 최소한 말馬 한 마리 길이만큼은 앞서 있을 수밖에 없다. 그러므로 하나님 아들의 파송[보내심]은 오직 강력한 부정으로 표현되어야 하며, 오직 역설로 선포되어야 하며, 오직 불합리한 것absurdum, 그러나 그 자체로 믿을 만한 것credibile으로[13] 파악되어야 한다. 왜냐하면 이것은 죄에 맞서는 하나님의 대응이기 때문이다. 그로 인해 우리가 느끼는 거리낌은 하나님께서

12 H. Barth, *Gotteserkenntnis*(1919), *Vorträge an der Aarauer Studentenkonferenz 1919*, Basel, 1919, S. 35-79, S. 79 = Anfänge I, S. 255. "신적인 것이 왕적인 주도권과 비할 데 없는 자유 속에서 인류 가운데 나타나신다. 다시 말해, 인정이 필요 없는 증언으로, 모든 사건의 정당성에 구애되지 않는 진리로, 이미 이겼기 때문에 또 이길 필요가 없는 핵심 내용 등으로 나타나신다."

13 이 책 294쪽.

우리의 존재에 대해 가지시는 거리낌의 반영이다. 하나님의 대응은 우리가 인류·자연·역사로 알고 있는 모든 것의 전복이다. 그러므로 우리가 상상할 수 있는 체계 내에서는 오직 그 체계의 출발점에 대한 부정으로밖에는 파악할 수 없는 것이다. 이것은 죄의 지배로 인해 제한된 물음, 곧 이 세상 속에서 이 세상의 인간이 던지는 마지막 물음, 도저히 풀리지 않는 물음에 대한 하나님의 대답이다. 그러므로 이 대답은 이 세상 속에 있는 이 세상의 인간에게 자기 자신의 대답을 통해서 주어지지 않는다. 종말 이전vorletzt의 물음, 풀릴 수 있는 물음으로 변장한 대답을 통해서도 주어지지 않는다. 오직 **종말**의 물음, **풀리지 않는** 물음으로만 주어진다. 하나님의 대답은 하나님 자신의 의, 오직 하나님의 의 자체로서, 최종적으로 가능한 인간의 규정과 그의 본질적인 죄성을 마주하여 당당한 승리자의 모습으로 다가온다. 그러므로 그것은 어떤 인간적인 확실성, 인간적인 의, 인간적인 실체가 아니다. m 그것은 어떤 인간적인 계산에 맞춰야 하는 요인도 아니요, 인간적으로 나름 완결된 어떤 이미지에 부합하는 자료가 아니다.passendes Datum m 우리가 볼 때는 오히려 언제나 도가 지나친 것, 의심스러운 것이며, 모든 합리적·실용적 가능성의 외곽과 한계에서만 확인할 수 있는 것, 곧 확인할 수 없는 것이다.

왜냐하면 하나님께서 자신의 아들을 "죄의 지배를 받는 육신"의 모양으로 보내셨기 때문이다. 그러므로 이 파송[보내심]은 낙원의 순진무구함, 낙원의 삶을 직접적으로 전달하고 설정하는 식으로 이루어지지 않는다. 그럴 수가 없다. 그래서도 안 된다. 그 보내심은 "죄로 말미암아" 일어난 일 아닌가. 만일 그것이 매개 없이 직접적으로 일어났다면, 그러니까 그 신적인 성격을 직접 확인할 수 있도록 일어났다면, 그 보내심은 하나님의 전복, 하나님의 대답, 하나님의 의라고 할 수 없다. 모든 인간 영역과 맞서고 그것을 지양하는 하나님의 타자성이라 할 수 없다. 오히려 그 영역 내

에서 으뜸 곁에 있는 버금에 불과한 것이요, 그 영역의 거칠고 생생한 현실을 |262| 거품 왕관 모양으로 드높이는 이데올로기나 환상 가운데 하나에 불과하다. 진실로 그 보내심은 그 영역과 대립하는 철저한 타자라서, 그 안에서는 그 어떤 비교의 차이도 **없고** 버금도 **아니며**, 그 영역의 다른 현상을 드높이는 형태로 나타나지도 않는다. 그것은 현실과 마주하여, 그리고 그 현실의 가능성 속에서 스스로 높아진 모든 것에 대하여 절대적으로 우월한 진리다. 바로 그렇기 때문에 그 보내심은 "하나님의 모략"göttliche Hinterlist(키르케고르)[14]이지, 그 자체가 직접 말 건넬 수 있는 특별한 현실은 **아니다**. 보내심이 방금 설명한 그런 것이라면, 그것은 오직 하나님의 계시를 통해서만 알려지며 다른 방식으로는 불가능하다. 그러므로 우리는 "비변증법적으로 허튼소리나 늘어놓는 목사의 외침, '그리스도는 우리가 그것을 즉각적으로 그리고 직접적으로 볼 수 있는 만큼만 하나님'이라는 말에서 정점에 이르는 외침"[15]을 조심하고 "하나님 앞에 나설 때의 공포와 전율도 없고, 신앙의 모태가 되는 죽음의 고투苦鬪도 없고, 진정한 예배의 터전인 떨림도 없고, 실족[거리낌]의 가능성에 대한 두려움도 없는 상태에서, 직접적으로는 알 수 없는 것을 즉시 직접적으로 알 수 있는 것처럼 행세하는"[16] 신성모독도 조심하면서 "그 대신 이렇게 말해야 한다. 그분은 참 하나님이시며, 그렇기 때문에 알 수 없음 속에 계시는 **만큼**만 하나님

14 Kierkegaard, Abschließende Nachschrift, S. 317(SKS 7, S. 223).

15 Kierkegaard, Einübung, S. 115(SKS 12, S. 133).

16 Kierkegaard, Einübung, S. 121f.(SKS 12, S. 139, 『그리스도교의 훈련』, 다산글방). "만일 우리가 직접적이며 확고한 심정으로 그분에게 '이제 진지하게 제게 말해 주십시오'라고 말하려 노력만이라도 한다면, 그러면 실족[거리낌]의 가능성에 대한 두려움과 떨림 없이……직접 알 수 없는 것을 그 즉시 직접 알게 될 것이다."

이시다"(키르케고르).[17] 하나님의 아들의 파송은 "죄의 지배를 받는 육신의 모습", 종의 형체, 알 수 없음 외의 다른 방식으로는 일어나지 않는다. 예수 그리스도는 "거의 그 목사처럼 진지한, 그렇게 공적으로 진지한 남자"가 아니다(키르케고르).[18] **특히 그건 아니다**! 죄의 지배를 받는 육신의 모습 안에서 그의 참된 **신성**과 참된 **인성**이 계시된다. 그러나 그 둘을 어떻게 보느냐는 관찰자에게 달려 있다. 예컨대 예수가 지닌 하나님 의식의 특별한 능력으로[19] 볼 수도 있고, 종교적·도덕적 영웅주의로 볼 수도 있고(앞서 언급한 목사의 외침이 의도하는 바가 바로 이것이다!) 고대 민족종교의 신화로 볼 수도 있다. 급성 과대망상증으로 보는 것은 아니더라도[20] 예컨대 그런 것으로 파악될 수 있다는 것이다. 그분의 **죄 없으심**^*Sündlosigkeit*^ 도 마찬가지다. 예수의 모든 능동적·수동적 행위 속에 나타난 죄 없으심의 계시는 진실로 우리의 경우와 마찬가지로 쉽고 확실하게 반박될 수 있다. (우리 가운데 더 나은 사람들, 더 건실한 사람들, 더 경건한 사람의 경우보다 더 쉽다!) 그 반박은

17 Kierkegaard, Einübung, S. 115(SKS 12, S. 133). 바르트의 첫 번째 강조.

18 Kierkegaard, Einübung, S. 121(SKS 12, S. 139). "그 신비는 유대인에게는 거리끼는 것이요 헬라인에게는 어리석음이로다. 그러나 신비 안에서 우리는 그를 인간적으로 거의 그렇게 진지한 사람, 공적으로 진지한 목사처럼 만든다."

19 예수가 지닌 "하나님 의식의 능력"은 슐라이어마허 신앙론에서 그리스도론의 핵심 개념이다. Fr. Schleiermacher, Der christliche Glaube, Bd. 2, § 94,2, S. 54, Z. 23f., 26-S. 55, Z. 2, "그리스도의 본래적 존귀함을 나타내는 데는……우리 문장의 표현이 유일하게 적절한 문장이다. 이는 그리스도께서 절대적으로 강력한 하나님 의식을 지니셨음을 고백하고 그분이 하나님과 철저하게 하나이시고 동일하신 존재임을 고백하기 때문이다."

20 취리히의 작가 크라이엔뷜(J. Kreyenbühl, *Jesus und die Psychiatrie*, Aarauer Tagblatt, 67. Jg., Nr. 243, 1913년 9월 7일, S. 1f.)은 예수가 역사적 인물이라면 복음서의 예수 이미지에 비추어볼 때 심리학적으로 비정상적인 사람일 수밖에 없다는 이론을 제기하는데, 바르트는 1913년 그에게 반대하는 논문을 썼다. *Noch einmal: Jesus und die Psychiatrie*, V.u.kl.A. 1909-1914, S. 563-571.

그 능동적·수동적 행위 안에서 은밀하게 죄 없으심을 주장하시는 하나님과 상충된다. 예수의 동시대인 가운데서 사사로운 치우침이 없었던 사람들도 (그들은 지금 우리가 안다고 생각하는 것을 아직 모르고 있었으니!) 그분의 죄 없으심을 명백하게 반박했다[마 11:19, 요 9:24]. 그의 **기적 능력**도 마찬가지다. 그것은 모든 심리학적·역사학적·의학적·신비학적 해석의 시도에 완전히 내맡겨졌다. 그의 **회개 외침**도 마찬가지다. 산상설교를 |263| 다른 어떤 야외 설교, 숲속 설교, 초원 설교처럼 도덕적이고 이상적이고 종교-낭만주의적이고 종교-사회주의적으로 여기며 그렇게 듣는 것이 아무렇지도 않은 일이 되었다. 그의 **파송 의식, 하나님에 대한 영적인 관계, 하나님 나라 메시지**도 마찬가지다. 예컨대 유대교 종말론이 그런 내용을 파악하는 데 열쇠를 제공하지 말란 법 있는가? 정신분석이라고 안 될 게 있는가? 역사적 유물론이라고 안 될 게 있는가? 그가 **십자가에서 죽으심**도 마찬가지다. 그냥 유대인들이 골고다에서 했던 말을 그대로 할 수도 있다[마 27:38-43 병행 본문]. 그냥 어느 광신자가 절망 속에서 죽은 것이라고 단정할 수도 있다. 종교사적으로 비슷한 사례를 제시함으로써 그 사건이 지니고 있는 가시를 빼내어 버릴 수도 있다. 그의 **부활**도 마찬가지다. 신앙이 있는 신학자건 없는 신학자건 고상하게 다른 비슷한 사례들을 찾아내려고 골몰하면서 자신의 정신세계에 어느 정도 설득력 있게 보이는 사건으로 해석하는 것을 누가 방해하겠는가? 고차원적인 세상[21]의 전문가는 그 세계의 비밀을 가지고 자기의 입장을 변호하지 않던가? 슈트라우스D. Fr. Strauß는 그것을 "세계사적 속임수"라고 설명하지 않던가?[22] 도대체 어떤 역사

21 이 책 269쪽, 각주 19.

22 D.Fr. Strauß, *Der alte und der neue Glaube. Ein Bekenntniß*(1872), Gesammelte Schriften,

적 현상이 부활 사건만큼 속수무책으로 온갖—그것이 기발하든 한심하든—착상과 해석과 곡해의 대상, 이용과 오용의 대상이 되었는가? 하나님의 친아들의 역사적 나타나심만큼 그렇게 초라하고 애매하고 모호한 것이 또 어디 있는가? 우리가 알고 있는 그의 생애 가운데는 상황이 이와 다른 지점이 전혀 없다. 거리낌이 없을 만한 지점이 전혀 없다. 반면 거리낌이 되는 것이 거의 어쩔 수 없는 지점은 아주 많다. 근대 신학의 감동적인 순진함이 "여기서 우리는 예수와는 다르게 느낀다"며 그 불편함, 그 씁쓸한 당연함을 함부로 누설할 만한 지점은 아주 많다. "죄의 지배를 받는 육신", 인성, 세속성, 역사성, 자연성, 모든 색채로 표현되는 의문성, 온갖—가장 고상한 것에서 가장 괴상망측한 것에 이르기까지—관찰 가능성의 집결지. 그런데 거기에는 모든 관찰 가능성이 자기만의 특별한 방식으로 함정에 빠질 수 있게 만드는 온갖 돌덩이들이 있다. **바로 이것이** "예수의 생애"다. 어떤 다른 생애의 경우보다 **더하다**. 그럴 **수밖에 없다**. 신성모독은 우리 모두가 예수에게서—어떤 것은 여기서 또 어떤 것은 저기서—받게 되는 거리낌이 아니다. 신성모독이란 오히려 그 거리낌 없이 그럭저럭 그와 잘 지내고, 그에 관하여 말하고 들을 수 있다는 생각이다.

하나님께서는 죄의 지배를 받는 육신의 **모양으로** 자기 아들을 보내셨고 "**육신에 죄를 정하사**[죄의 파멸 때문에, 이로써 죄를 향해 육신 속 한복판에 사형선고를 내리사]." 죄의 지배를 받는 인간의 육신이 예수 그리스도의 아들되심 속에서 [육신의] 모양[비유]Gleichnis이 되셨다. 바로 그 아들되심 속에서 인성과 세속성과 역사성과 자연성이 지금의 모습, 곧 창조주 |264| 하나님

Bd. 6, Bonn, 1877, S. 47. "역사적으로 볼 때, 다시 말해 이 믿음의 엄청난 파급력을 그 완전한 근거 없음과 함께 놓고 볼 때, 예수 부활 이야기는 세계사적인 속임수로 간주할 수 있다."

과의 관계 속에서 **그저** 투명한 모습으로, **그저** 모조품의 모습으로, **그저** 암시로, **그저** 상대적인 모습으로 나타난다는 사실이야말로 예수 그리스도의 하나님 아들되심의 보증이요 확증이다. 하지만 어쨌든 그 모습으로 나타난다. 그리고 그것은 아무것도 아닌 것이 아니며 작은 것이 아니다. 어쩌면 그것은 모든 것, 무한한 것, 어쨌거나 현실, 절대성, 불투명성과는 비교할 수 없을 정도로 훨씬 큰 것이며, 하나님과 관련되지 않았거나 그 관계에서 지양된 육신이 감히 내세우는 허황된 근원성보다 비교할 수 없을 정도로 큰 것이다. 이는 육신이 그리스도 안에서 지양되었기 때문이다. [이 지양의 결과로 하나님에 대한] 육신의 분리는 사라지고 이로써 창조주 하나님께 되돌아간다. 그 육신이 그 아래 놓여 탄식하는 깊은 혼란스러움과 덧없음이 발견되고, 이로써 그 육신이 기다리는 소망과 구원이 발견된다. 그 육신의 고상함과 중요함과 광채가 심판을 받고, 이로써 하나님의 피조물로서의 그 의미가 되살아난다. 이를 위하여 하나님께서 그 아들을 육신 속으로, 죄의 지배를 받는 육신의 한복판으로 보내신다. 이로써 바로 거기서(다른 곳이 어디 있겠는가?) 죄, 곧 하나님께 대한 인간의 반역이 격퇴되고 심판을 받으니 그 결과, 비유 이상이 되려 함das Mehr-als-Gleichnis-sein-Wollen n, 잘못된 절대성, 실제적인 방종, 육신이 짊어진 죽음의 저주가 척결되었다. 그러나 이 심판은 육신 안에 거하는 죄에게 내려진 심판이다. 육신은 본래의 모습, 곧 영의 비유로서의 모습을 드러낸다. 그것은 가끔 논의되던 것처럼(5:6-8, 6:8) 예수 생애의 **위축되는** 경향, 예컨대 시험 이야기[마 4:1-11 병행 본문]에서 곧장 드러난 경향, 겟세마네와 골고다에서 최하점 및 목표점에 도달한 그 경향에서 볼 수 있다. 바로 이런 심판의 집행을 위한 것이기 때문에 종의 형체, 알 수 없음, 비움[케노시스], 익명성Inkognito과 같은 특징은 하나님의 아들에게 부여된 부차적인 속성이 아니라 본질적인 속성이다. 그 익

명성의 팽창과 증가, 절대적인 내어 드림과 자기희생으로까지 나아감, 바로 그것이 본질적인 것이다. 인간적으로 볼 때 불가피해 보이는, 거리낌이 될 수밖에 없는 필연성, 바로 그것이 본질적인 것이다. 혈과 육은 이것이 단순한 혈육 이상이라는 사실을 드러내지 못하지만 오직 하늘에 계신 아버지께서는 하실 수 있다[마 16:17]는 결정적 사고, 바로 **그** 결정이 본질적인 것이다. 만일 그렇지 않다면, 만일 그리스도가 그 자체로 직접 알 수 있는 신들의 아들들 가운데 하나라면, 만일 그의 신성이 인간적인 서술어로 표현 가능한 것이라면, 만일 그가—목사들이 말하는 것처럼—"경건"이라 일컫는 거품의 마지막 팽창, 가장 강력한 팽창이라면, 그래서 십자가라는 절대적인 거리낌을 그냥 지나쳐 가는 신앙의 길이 있다면, 그렇다면 육신의 비유적 성격Gleichnishaftigkeit, 육신의 상대성, 육신의 지양은 나타나지 **않는다**. 죄의 뿌리가 찍히지 **않는다**. 심판이 일어나지 **않는다**. 인간은 실존적으로 구원받지 **못한다**. 그러나 그것은 사실이 아니다. 그리스도는 알 수 없는 분으로서 저 빛나는 신들의 아들들과는 반대되는 분이다. 그분은 그 °어떤 인간적인 긍정적 서술어°로도 영화롭게 할 수 없는 분이다. 그분은 거품을 찔러서 궁극적으로 |265| 터뜨려 없앤 분이다. "그분은 죄를 죄로써 저주하시고 죽음을 죽음으로써 몰아내시며 율법을 율법으로써 극복하셨다. 어떻게 그렇게 하셨는가? 그분은 죄패를 붙이고 악한들과 함께 흉악무도한 죄인으로서 십자가에 달린 죄인이 되셨으니, 죄인이 당해야 마땅한 심판과 처벌을 당하심이라"(루터).[23]

이렇게 규정된 파송, 곧 하나님의 아들의 파송은 다음과 같은 목적을

23 Eberle, S. 122. 바르트 소장본에 밑줄이 그어져 있다. *Evangelium am Sonntag Trinitatis. Joh. 3,1-15*(Crucigers Sommerpostille), WA 21,549,22-25(Eberle: "Titel, mitten"; WA: "titel: mitten").

정했으며 이미 그것을 이루었으니, 그 목적이란 "**육신을 따르지 않고 그 영을 따라 행하는 우리에게 율법의 요구[의로움]가 이루어지게 하려 하심**"이다. 만일 우리가 하나님의 아들 안에서 우리 자신을 재인식한다면, 그러므로 그 안에서 우리의 육신이 지양되었으며 우리의 죄는 심판을 받았음을 본다면, 그때 우리가 보는 것은 영원히 결정된 것, 영원히 발견된 것이다. 그것은 새로운 인간, 하나님 안에서 사는 인간의 실존성이다. 바로 그때 우리는 한 번도 들어 보지 못한 상황 안에 있게 되는데, 그것은 바로 우리 자신을 철저한 의문 앞에 세우고 그 의문과 더불어 (그것은 분명히 어떤 다른 이가 **우리를 향해 던진** 물음일 것이니!) 영원한 근원과 맞닥뜨리게 된다. 바로 그때 하나님은 우리를 그리스도와 결합시키시고, 그런 우리를 파악하고 인식하신다. 그때 우리는 모든 가능성을 뛰어넘는 가능성, 불가능한 가능성, 곧 "영을 따라" 행하는 가능성을 얻는다. 더 이상 "육신을 따르지" 않는다고? 당연히 우리는 육신의 가능성도 지니고 있다. 그러나 이제 그 자명한 가능성 자체가 상대성으로, 그리고 비유로 전락한다면, 아니 그것이 전락이 아니라 오히려 격상이라면 그건 도대체 무슨 뜻인가? 우리의 "살아감"Wandel, 최후의 핵심적인 규정, 하나님께서 자격을 부여하신 우리의 현존재와 존재 상태는 "영을 따라" 하나님의 아들을 앎으로써 가능해진다. 하나님의 아들, 주님, 우리는 그 주님 안에서 우리 자신을 재인식한다. 그분의 죽음이라는 비유 속에서(곧 우리의 죽음 속에서, 6:5) 그분의 친족임을 재인식한다. 그는 **곧** 전환, 전복, 결단, 신적인 승리이다. 그는 **곧** 하나님의 철저한 타자다. 그는 영이다(고후 3:17). 만일 우리가 그의 파송Sendung이 제기하는 최종적인 질문, 풀 수 없는 질문 속으로 휩쓸려 들어간다면, 이로써 그에 대한 대답 속으로 휩쓸려 들어간다면 어찌 그 영을 받지 **않을** 수 있겠는가? 어찌 "그의 사랑의 아들의 나라"(골 1:13)로 옮겨가지 **않을** 수

있겠는가? 어찌 인간적인 삶의 한계 저편으로, 그 의미의 전복 속으로, 그 변화되고 새로워진 현실 속으로 들어가지 **않을** 수 있겠는가? 이렇듯 도저히 간과할 수도 없고 멈출 수도 없고 거역할 수 없는 전환과 더불어 "영 안에서 살아감"이 시작되는데, 어찌 그것이 그 전환 **이전에** 육신 안에서 이루어지던 삶에 대해 절대적으로 우월하지 않을 수 있겠는가? 우리의 육신이 그리스도 안에 세워져서 그 비유적 성격을 드러내고, 그 주어져 있음의 소멸성과 그 소망의 불멸성을 드러낸다면, 어찌 그 육신이 여전히 자기 힘으로 자기의 길을 가려 하겠는가? |266| 어찌 영 안에서 자유로워진 인간의 길에 (소망으로) 참여하지 않을 수 있겠는가? "이 세상은 사라지나 당신의 나라가 오나이다!"[24] 이것이 진리다. 하나님 아들의 보냄받으심을 통해 우리는, 아니 온 인류와 자연과 역사는 그 진리 아래 있다. 바로 이것이 "우리를 향한 율법의 의가 성취됨"이며, 종교적 가능성의 한계 안에서는 풀릴 수 없었던 자유의 문제가 해결됨이며, 인간 위에 드리워진 사형선고가—최고의 종교라 할지라도 그 사형선고를 오히려 강화할 수밖에 없는데—지양됨이다. 그리스도 안에서 (그리스도에게!) 집행된 심판, 곧 죄에 대한 심판은 종교가 늘 추구하던, 그러나 도달할 수 없었던 하나님의 의로우심(5:16, 18)의 계시다.

5-9. 5 육신을 따르는[육신 안에 있는] **자는 육신의 일을, 영을 따르는**[영 안에 있는] **자는 영의 일을 생각하나니 6 육신의 생각은 사망이요 영의 생각은 생명과 평안**[평화]**이니라. 7 육신의 생각은 하나님과 원수**[적대자]**가 되나니 이는 하나님의 법에 굴복하지 아니할 뿐 아니라 할 수도 없음이라. 8 육신에 있는 자들은 하나님을 기쁘시게 할 수 없느니라. 9 만일 너희 속에 하나님의 영이 거하시면 너희가 육신에 있지 아니하고 영에 있나니 누구든지 그리스**

24 마 6:10 병행 본문, 『디다케』 10:6. Ἐλθέτω χάρις καὶ παρελθέτω ὁ κόσμος οὗτος.

도의 영이 없으면 그리스도의 사람이 아니라.

영은 영원한 결단이다. 인간을 위한 하나님의 결단, 하나님을 향한 인간의 결단이다. 왜냐하면 영이란 그리스도에게 속함을 뜻하기 때문이다. 그분의 물음 안에 있기에 그분의 대답 안에 있고, 그분의 '아니요!' 안에 있기에 그분의 '예!' 안에 있고, 그분의 죄 안에 있기에 그분의 의로움 안에 있고, 그분의 죽음 안에 있기에 그분의 생명 안에 있음을 뜻하기 때문이다. 그러므로 영은 실존적인 의미 부여, 의미 설정, 의미 창조다. 의미가 존재 안으로 들어오고 존재는 의미가 된다. 그러므로 영과 대등한 것, 영에게 맞서는 것은 아무것도 없다. 영은 하나 안에서의 결투, 우세, 승리, 독재다. 결코 [둘 사이의] 평온, 균형, 조정, 관용 같은 것이 아니다. 영이 의미하는 것은 '이것이냐 저것이냐'다. 미리 얻은 '이것'과 그와 마주하여 이미 끝난 '저것' 사이의 양자택일이다. 영이 의미하는 것은 선택받음이다. 결코 버림받음이 아니다. 영이 알고 있는 다른 가능성은 오직 배제된 가능성, 극복된 가능성, 더는 존재하지 않는 가능성이다.

더는 존재하지 않는 이 가능성이란 육신 안에 있는 인간 존재다. 육신은 시간적인 결단이며, 하나님 안에서는 인간과 맞서 내려진 결단, 인간 안에서는 하나님과 대적하여 내려진 결단이다. 그러므로 육신은 영과는 달리 "죄의 지배를 받는 육신"(8:3)으로만 알려져 있다. 육신이 의미하는 것은 그리스도에게서 멀리 떠나 있음이며, 의문이 없으며 그래서 대답도 없다. 바로 위에서 영에 관해 말한 모든 것을 거꾸로 뒤집으면 곧바로 육신에 관한 말이 된다. 육신은 의미 상실Sinn-Losigkeit이다. 여기서 무의미Un-Sinn가 존재 안으로 들어와서 존재는 |267| 무의미Unsinn다[무의미가 된다]. 하나님께 대한 적대적인 태도, 죄, 하나님의 법에도 복종하지 않으며 복종**할 수**도 없고 오히려 종교의 모습으로 **이런** 존재의 무의미를 돌출시키는 **그** 의미

인 것이다. 영의 의미가 생명과 평화의 존재라면, 육신의 의미는 죽음의 존재다. 육신이 뜻하는 것도 이미 결정된 '이것이야 저것이냐'다. 그 양자택일과 견주면 다른 것들, 겉보기에 상충되는 의미, 지향, 감동은 그저 장난에 불과하다. 세계(도덕적인 세계, 그리스도교 세계!)는 "사람들이 이렇게 악하다는 사실로 놀라고 탄식하나 도대체 왜 그리되는지는 알지 못한다. 개울이 흘러가는 것을 보며 악한 나무의 모든 열매와 잎사귀가 나오는 것을 본다. 그러나 그것의 원천이 어디인지, 어디에 뿌리가 박혀 있는지는steckt p 알지 못한다. 거기로 달려가서 사실을 따져 보고 그 사악함을 조정하고자 하며, 법규와 처벌의 집행으로 사람들을 경건하게 만들고자 한다. 그러나 제아무리 오래 버틴다고 하여도 그것으로는 구제 불능이다. 개울물은 막는다 하더라도 주요 원천을 막아 버릴 수는 없다. 가지는 잘라 버릴 수 있다 하더라도 뿌리는 건드리지 못한다. 이제는 졌다. 아무런 소용도 없다. 바깥에서는 오랫동안 버티면서 개선하고 치유하려고 했으나 속에 있는 악의 줄기, 뿌리, 원천은 고스란히 남아 있다. 원천을 틀어막고 나무뿌리를 제거하는 것이 우선이다. 그렇지 않으면 하나를 막아도 열 개가 터져 나온다. 근원을 치유해야 한다. 그렇지 않으면 그때그때 터진 곳을 때우고 처바르는 일이 영원히 지속될 것이다. 언제라도 다시 고름이 고이고 부어올라 더욱 심해지기만 할 것이다"(루터).[25]

영과 육신 사이에서 스스로 결단할 수 있는 가능성, 하나를 버리고 다른 하나를 선택할 수 있는 가능성이 우리에게는 없다. **영 안에** 있는 자들은 몇몇 사람도 아니고 많은 사람도 아니고 이런저런 사람들도 아니다. **육신**

25 Eberle, S. 123. 바르트 소장본에 밑줄이 그어져 있다. *Das XVI. Kapitel S. Johannis gepredigt und ausgelegt*(1538/39), WA 46,39,30-40,7(Schwete = Pflaster).

안에 있는 사람들도 마찬가지다. "영 안에" 있지 않은 사람이 어떻게 자기가 "육신 안에" 있음을 알 수 있겠는가? 자기가 "육신 안에" 있음을 확인하지 않고서 어떻게 자기가 "영 안에" 있음을 알 수 있겠는가? 우리 모두가 육신 안에 있음은 시간 속에서 결정**되었다**. 우리 모두가 영 안에 있음은 영원 속에서 결정**되었다**. 육신 안에서는 우리가 버림을 **받았고** 영 안에서는 우리가 선택**받았다**. 시간·사물·인간의 세계에서는 우리가 심판을 **받았고** 하나님의 나라에서는 우리가 의롭다는 인정을 **받았다**. 여기서는 우리가 죽음의 것이었으나 저기서는 우리가 생명 안에 **있다**. 두 개의 결단, 곧 저주와 선택, 심판과 의, 죽음과 생명은 타원의 두 초점으로서 계속해서 서로에게 가까이 다가가다가 마침내 하나가 되어 한 원의 중심이 된다. 이것은 두 결단의 하나됨이로되 (수학적으로는 |268| 설명할 수 없으니) **균등한**_Gleich_gewicht 두 초점의 하나됨이 아니라 한쪽의 초점과 그것을 무한히 **초과하는**_Über_gewicht 다른 초점의 하나됨, 시간을 삼켜 버리는 영원의 하나됨, 영이 육신을 이기고 획득한 무한한 승리의 하나됨, 이쪽에서 저쪽으로 가느라고 이미 뒤로 넘겨 버린 길의 하나됨, 곧 절대적인 순간, 통찰의 번개, 부활의 번개, "하늘 아래 이쪽에서 번쩍이어 하늘 아래 저쪽까지 비치는"(눅 17:24) 하나님의 번개다. **이 하나됨이 보여주는 것**, 그것은 **예수 그리스도**, "자기의 날에 나타나신 사람의 아들"이다!

10 또 그리스도께서 너희 안에 계시면 몸은 [심판받은] **죄로 말미암아 죽은 것이나 영은** [일으켜 세워진] **의로 말미암아 살아 있는 것이니라.**

"**그리스도께서 너희 안에 계시면.**" 이것이 우리가 율법 너머에서 갖게 될 자유의 조건이며, 종교 안에서 참을 수 없을 정도로 예리하게 제기된 인생의 수수께끼에 대한 해답이다. "너희 안의 그리스도"는 나중에야 비로소 성취될 조건, 나중에야 비로소 제시될 조건, 주관적인 조건이 아니라 언제나 객관적인 조건, 이미 성취된 조건, 이미 제시된 조건으로 이해해야 한다. 인간은 바로 이 조건, 곧 그리스도를 통해서 눈을 열어 자기 자신을, 자신의 실존적인 자유를 볼 수 있는 기회를 얻고 그 기회를 붙잡는다. 그러나 그리스도께서 이 조건을 만드신 것은 아니다. 어떤 논리적인 기능을 통해서도 아니고 어떤 미학적인 판단을 통해서도 아니고 어떤 윤리적인 의지를 통해서도 아니고 어떤 종교적인 체험을 통해서도 아니다.[26] 그 조건은 그런 모든 행위보다 근본적으로 앞선 것이며, 또한 그런 모든 행위의 근본적인 부정이다. 그것은 하나님의 신실하심으로 이미 조성된 것(3:21), 다시 말해 그 아들을 보내심(8:3)이다. 하나님의 신실하심에 순종한다는 것(1:5)은 우리의 자유의 조건 앞에 굴복함이다. 그런데 그 조건은 우리의 굴복이나 우리의 순종과는 무관하게 주어져 있는 조건이다. "우리 안의 그리스도"는 우리의 행위가 그것을 따르든지 따르지 않든지 우리의 신적인 조건이다. 죄가 우리 안에 거함(7:17, 20)이 하나님께 맞서는 우리의 전제 조건이라는 사실이 확실한 것처럼, 그것도 우리의 행위가 그것을 따르든 따르지 아니하든 상관없이 확실한 것이다. "우리 안의 그리스도"는 우리를 향한 하나님의 말씀이다. 그것은 우리를 향한 **하나님의** 물음이자 이로써 하나님의 **대답**이다. 그분은 **유일무이한** 물음이요 대답이시며, ᑫ현존재와 존재 상태 전체alles Da-Sein und So-Sein를 비판적으로 특징짓는 길, 곧 생명에서 죽음에 이르는 길이며 또 죽음에서 생명에 이르는 길, "분명한 봄"에 이르는(1:20) 길로서 언제 어디서나 스스로를 계시하신다.ᑫ 「다

26 코엔(H. Cohen)의 책 2-5장의 각 제목 H. Cohen, *Der Begriff der Religion im System der Philosophie*, Gießen, 1915(=Werke, hrsg. von H. Holzhey, Bd. 10, Hildesheim/Zürich/New York, 1996), S. 16.32.85.108: "Das Verhältnis der Religion", "Zur Logik", "Zur Ethik", "Zur Ästhetik", "Zur Psychologie".

시 말해, 뚜렷한 일회성과 실존성으로 모든 역사적 현상들의 경계선에서 역사적 현상의 대열 속으로 들어오셔서ʳ 그 모든 현상들이 |269| 우러러보는 지점이요 모든 현상들을 조망하는 지점이 되시며, 죄를 심판하시고richten 의를 일으켜 세우시니aufrichten 인간에게 자유의 기회를 주심이요 그 인간이 그분을 자유의 기회로 삼을 수 있게 하심이다. 그러므로 조건으로서, 또한 조건 지어져 있음으로서 심판과 의가—그것에 대한 우리의 깨달음이 아니라—곧 "우리 안의 그리스도"다. 우리를 향하신 하나님의 말씀 **자체**가—우리가 그 말씀을 듣게 되는 과정이 아니라—곧 "우리 안의 그리스도"다.

"**몸은** [심판받은] **죄로 말미암아 죽은 것이나 영은** [일으켜 세워진] **의로 말미암아 살아 있는 것이니라.**" 그리스도는 우리의 자유다. 그는 인생의 한계를 넘어서는 발걸음이며 그 의미의 전복이며, 그의 새롭고 참된 현실의 출현이다. 죄는 죄이기 때문에 육신은 육신, 세상은 세상, 인간은 인간이라는 사실은 그리스도 안에서 영원히 결정된 것이다. 이 세상 안에서 이 세상적인 인간의 존재는 가장 낮은 단계든지 가장 높은 단계든지 하나님 앞에서는 비존재가 되며, 하나님 앞에서는 죽을 수밖에 없다는 사실도 마찬가지다. 예언자적 종교, 사도적 종교, 종교개혁적인 종교의 최고봉에 서 있는 인간의 **탄식**(7:24)을 벗어날 수 있는 길은 없으며, 있어서도 안 된다. 인간의 "몸", 다시 말해 과거·현재·미래 속에 있는 "나의 나됨"Ich bin의 총체성은 "죄로 말미암아 죽은 것이다." 흙은 흙으로 티끌은 티끌로 돌아가고[27] 환상은 환상으로 돌아가리라! 그러나 바로 이 심판이야말로 **영원한** 결단, **영원한** 심판으로서 구원과 의와 생명의 땅, 이미 발 디딘 땅이다. 인간은

27 고인을 입관하는 장례 예식서. 이 책 565쪽, 각주 41에서 언급된 베른 예식서, S. 235. "흙은 흙으로 재는 재로 띠끌은 티끌로"[창 3:19, 전 3:20, 12:7].

오직 구원을 통해서만 자기 자신이 구원 없는 상태라는 사실을 파악할 수 있다. 오직 의를 통해서만 죄인이라는 사실을 파악할 수 있다. 오직 생명을 통해서만 죽음의 상태에 있다는 사실을 파악할 수 있다. 인간은 오직 **하나님** 앞에서만 **그렇게** 산산조각이 날 수 있다. 만일 인간이 **모든** 인간적인 가능성 저편에서 자유롭지 않다면, 그가 어떻게 최고의 인간적 가능성의 한계와 의미와 현실을 속박으로 인식할 수 있겠는가? 만일 그가 구원을 향해 탄식하면서 이미 구원받은 상태, 이미 복된 상태가 아니라면, 그가 어떻게 탄식을 할 수 있겠는가? 육신의 죽음을 눈에 보이게 만드는 바로 그 빛 속에서 영의 생명이 환히 빛난다. 그리스도 안에서 심판을 당한 죄, 그 죄 때문에 몸의 죽음이 있다. 그리고 **그렇기 때문에**, 그리스도 안에서 일으켜 세워진 의, 그 의 때문에 영의 생명이 있다. 그 두 가지가 함께 있고, 하나는 다른 하나를 통해 인식되고 측량될 수 있다. 그러나 후자는 그 무한한 질적인 우월성 때문에 전자의 지양이며, 이것이 곧 예수 그리스도 안에 있는 인간의 자유다. 진리는 **있다**. 진리는 괜히 그렇게 쓰디쓴 것이 아니다. 영은 **있다**. 우리는 괜히 이 죽음의 몸을 벗어나는 구원을 위해 탄식하고 있는 것[7:24]이 아니다. 그리스도는 부활하셨다. 그분의 죽음을 통해 모든 비실존적인 것이 죽음에 내맡겨진 것은 나름의 이유가 있다. |270|

진리

8:11-27

11 예수를 죽은 자 가운데서 살리신 이의 영이 너희 안에 거하시면 그리스도
예수를 죽은 자 가운데서 살리신 이가 너희 안에 거하시는 그의 영으로 말미
암아* 너희 죽을 몸도 살리시리라.

"영이 너희 안에 거하시면." 그 영은 진리다. 영이 우리 안에 거하면 우리 안에는 그 진리가 인간에게 가져다주는 쓰라림과 달콤함, 곤경과 소망, 당황스러움과 약속이 거한다. 그 진리를 객관적으로 관찰하는 것은 불가능하다. 그 진리는 우리가 어떤 것을 관찰하기 전에 우리를 관찰하고 있는 객관성이다. 그 진리는 관찰하는 주체의 근거가 되는 최초의 객관성이다. 그러므로 그 진리를 주관화하는 것은 불가능하다. 그 진리는 모든 '나', '너', '그'를 가장 섬뜩하면서도 가장 구원하는 방식으로 마주 서 있는 주관적인 것이며, 그들이 걸어가는 모든 길 위에서 그들의 내재적·비판적 지양으로서 그들과 객관적으로 동행한다. 진리는 자기를 웃음거리로 만들지 않으며, 진리는 모든 비극의 종말이다. 진리는 너무나 쾌청하고 너무나 화창하여 우리는 우리의 삶을 그것으로써 정당화할 수 없으며, 순간적으로 외쳐 말하기를 '머물러라, 너는 정말 아름답구나!'[30]라고 할 수 없는 것이다. 또한 진리는 너무나 진지하고 처참하여 우리가 절망한다든지 스스로 생명을 거두어들인다든지 할 수 없는 것이다. 플라톤의 『파이돈』을 읽고 바다에 뛰어든 사람[31]이나, 그것을 수고스럽게 읽고도 바다에 뛰어들지 않

* 나는 διὰ τὸ ἐνοικοῦν αὐτοῦ πνεύμα라고 읽는다. 찬이 이것을 지지하고[28] 리츠만은 반대하는[29] 전승사적 체계에 대해서 나는 판단을 하지 않는다. 그러나 바울이 바로 앞에서 육체적 부활의 근거로 언급하고자 했던 것과 내용적으로 밀접하게 연결되어 있는 목적격 διὰ ἁμαρτίαν과 διὰ δικαιοσύνην(10절)에서 갑자기 소유격 διὰ τοῦ πνεύματος로 넘어갔다고 보는 것은 개연성이 아주 낮다고 생각한다. 게다가 그렇게 되면 심리적·물리적 메커니즘의 뉘앙스가 영에 관한 언급 속으로 들어오는데, 그것은 바울보다는 어떤 후대의 신학자가 추가한 것이라고 보아야 한다.

28 Zahn, S. 391.

29 Lietzmann, S. 77.

30 J. W. von Goethe, *Faust I*, V. 1699f.(Studierzimmer).

31 암브라키아의 클레옴브로토스(Kleombrotos von Ambrakia)의 이야기는 다른 것은 전혀 알려

은 많은 사람들이나 불멸의 의미를 파악하지 못한 건 마찬가지다! 우리는 진리에게 이렇게 물을 수 없다. '너는 왜 진리인가?' 이는 진리가 먼저 우리에게 이렇게 물었기 때문이다. '너는 도대체 누구인가?' 진리는 바로 이 질문을 통해서 무한히 풍요로운 대답을 준 것이다. '너는 인간, 이 세상에 속한 이 세상적인 인간이며, 너는 하나님 곧 창조주요 구원자이신 하나님의 것이다.' 이렇듯—다른 어떤 것이 아니라—이미 던져진 질문, 이미 주어진 대답의 토양 위에서 **우리의** 물음과 대답도 펼쳐진다. 우리가 진리를 가지고 무언가 새로운 것을 시작하는 것이 아니다. 진리 자체가 우리의 시작이다. 우리는 진리가 |271| 진리되게 하는 것, 그래서 진리와 더불어 사는 것, 진리의 무자비한 공격과 무한한 축복 속에서 사는 것으로 만족할 수밖에 없다. 시 139:1-12. 왜냐하면 진리이자 우리 안에 거하시는 영은 심판이요 의로움이신(8:10) "우리 안의 그리스도"이기 때문이다. 그리고 그리스도 앞에서는 어떤 회피도 어떤 은폐도 불가능하다.

"**예수를 죽은 자 가운데서 살리신 이의 영.**" 이 영이 너희 안에 거하는 영이다. 진리와 관계된 자는 하나님과 관계된다. 알려지지 않은 하나님, 감춰진 하나님, 가까이 가지 못할 빛 속에 거하는 거룩하신 하나님[딤전 6:16]과 관계된다. 그분의 생명은 생명과 죽음 **너머에** 있다. 그분의 선하심은 선과 악 **너머에** 있다. 그분의 긍정은 긍정과 부정 **너머에** 있다. 그분의 저편은 저편과 이편 **너머에** 있다(4:17). 그렇기 때문에 진리는 우리와 함

진 것이 없지만, 이 이야기만큼은 고대 세계에서 여러 차례 확인되고 있으니, 맨 처음으로는 칼리마코스의 경구집 23번에 나온다. 물론 거기서는 "높은 담" 이야기만 나오고 클레옴브로토스가 뛰어들었다는 바다 이야기는 나오지 않는다. 바다에 뛰어든 이야기는 Cicero, *Tusculaneae Disputationes*, I, 84에 나온다. 아우구스티누스도 이 이야기를 알고 있었으나 비난하는 입장에서 언급한다. *De civitate Dei*, I, 22.

께 서고 우리와 함께 쓰러지는 것이 아니다. 우리와 함께 살고 우리와 함께 죽는 것이 아니다. 만일 우리가 옳으면 그것도 옳다거나, 우리가 틀리면 그것도 틀리는 것이 아니며, 우리의 승리 속에서 승리하는 것도 아니며 우리의 패배 속에서 굴복하지도 않는다. 그렇기 때문에 진리는 강력하게 자기 자신의 삶을 살아간다. 그렇기 때문에 진리는 갓난아기의 요람 위에도 드리워진 죽음이며, 저 무덤 위에서도 숨 쉬는 생명이다. 그렇기 때문에 진리는 아시시의 성자 프란체스코마저도 유죄 선언하는 것이요, 체사레 보르자Cesare Borgia마저도 무죄 선언하는 것이다. 그렇기 때문에 진리는 권세 있는 자를 권좌에서 내치고 비천한 자를 높인다[눅 1:52]. 그렇기 때문에 진리는 모든 인간적인 긍정에 대하여 부정이 되고 모든 인간적인 부정에 대하여 긍정이 될 수 있다. 그렇기 때문에 진리는 우리가 하늘에 올라가거나 지옥에 자리를 펴거나 **거기 있다**[시 139:8]. 이렇듯 우리의 **모든 것**과 비교하여 무한히 우월하기 때문에 진리는 우리의 소망이며, 끊어질 수 없는 하나님과의 관계이며, 우리의 죽지 않는 일부다.

그러나 멈춰 서 있는 소망이란 없다. 하나님의 관계에는 가만히 머물러 있는 관계란 없다. 인간의 죽지 않는 **일부**란 없다. 다만 **그리스도 예수를 죽은 자 가운데서 살리신 이가 너희 안에 거하시는 그의 영으로 말미암아 너희 죽을 몸도 살리시리라.** "몸은 죄로 말미암아 죽은 것이나 영은 의로 말미암아 살아 있다"(8:10). 이러한 대조는 부활의 빛 속에서, 하나님의 인식 속에서 떠올랐다가 똑같은 인식의 똑같은 빛 속에서 극복되고 지양된다. 탐조등의 빛이 그 마주한 "대상"을 비출 때, 미리 잘 조준된 상태에서 모든 것을 끝장내는 사격이 시작된다. 그 대상, 제2의 것, 타자, 마주 선 것을 중심으로 그런 일이 일어났다. 그리스도 예수를 죽은 자 가운데서 깨워 일으키시고 그분의 우월한 무한함을 유한함 위로 계시하시는 바로 그 하나

님께서 너희의 죽을 몸도 살려내시리라. 유한한 것은 |272| 오직 **비유** 안에서 제2의 것, 타자로서 그 무한과 마주 설 수 있다. 우리 몸의 죽음은 오직 **비유** 안에서 우리 안에 있는 하나님의 영의 생명과 마주 설 수 있다. 눈에 보이지 않는 **현실** 속에서 유한은 무한 앞에 마주 서 있는 것이 아니라 오히려 그 무한 속에서 절대적으로 지양되었으나 또한 거기서 새로운 기초를 마련한다. 아니, 바로 그 지양이 곧 새로운 기초다. 눈에 보이지 않는 현실 속에서 우리의 몸은 우리 안에 거하시는 하나님의 영 옆에 서 있는 제2의 것, 다른 어떤 것이 아니다. 영은 그 자체가 몸의 철저한 죽음, 또한 그 자체가 철저한 생명이다. **눈에 보이지 않는** 현실 속에서(이것이 부활의 소식을 모든 범신론·유심론·유물론과 근본적으로 갈라놓는다) 우리 몸의 부활로 깨어남에 대한 진술은 과거·현재·미래를 부정함으로써 오히려 그것을 포괄하는 "futurum resurrectionis"[부활의 미래]로 이어진다. "그가 살리시리라! 그렇기 때문에 이 진술은, 특정한 심리적 태도를 통해 얻을 수 있는 어떤 "고차원적인" 직관Intuition을 말하고 있다는 느낌을 주는 모든 열광주의와 최대한 구별되어야 한다. 이 점에 대해서는 냉혹하게 말할수록 좋다. 이 진술과 관련하여 부득불 새어 나오는 심리적 안개는 오히려 본질을 흐리는 역할을 한다. 그렇기 때문에 특히 외팅거Oetinger [32]로부터 베크Beck [33]에 이르기까지, 로테Rothe [34]에서 슈타이너Steiner [35]에 이르기까지 많은 사람들이 (그리고 이 책의 제1판에서도 소심하게!)[36] 감히 시도했던 것, 곧 자연철학의 사변을 통해 눈으로 볼 수 있는 어떤 현실적인 영육 일원론Geistleiblichkeit 으로 치고 들어가려는 시도는 우리를 잘못된 길로 인도하는 것으로서 거부되어야 마땅하다. 그런 시도는 지금 여기서 다루고 있는 진술의 내용을 왜곡시키고 공허하고 무가치한 것으로 만든다. 몸의 부활에 관한 진술은 오직 하나님의 **신성**Göttlichkeit, 곧 근본적으로는 볼 수 없는 것으로 파악되는

그 신성을 의지할 때만, 오직 **절대적인** 기적의 선포로서만 가능하다. 그 진술은 그 자체로 신뢰할 수 있는 진술이며, 바로 그렇기 때문에 그것을 신뢰할 만한 것으로 만들려는 모든 (끔찍한 불신앙에 기인한!) 노력은 오히려 그것을 믿을 수 없는 것으로 만들 뿐이다. 몸Leib은 육신Fleisch 안에 있는 존재, 시간과 사물과 사람의 세계 안에 있는 내 존재의 총체성이다. 지금 여기서 나에게 주어져 있는 가능성, 어떻게든 주어져 있는 것으로 상상할 수 있는 가능성을 모조리 아우르는 이 세상의 인간으로서 내 존재의 총체성

32 뷔르템베르크주의 신학자, 신지학자 프리드리히 크리스토프 외팅거(Friedrich Christoph Oetinger, 1702-1782)에 대한 바르트의 평가는 경탄으로 시작해서 시간이 흐름에 따라 비판적 태도로 변했다. 1919년 5월 21일 투르나이젠에게 보낸 편지에서 바르트는 외팅거와의 첫 만남을 이렇게 기술했다(Bw.Th.I, S. 327). "나는 에만(Ehmann)이 지은 『외팅거의 삶과 편지』를 고서적 서점에서 구입해서 읽고는 더없이 만족했다네. 모든 면에서 얼마나 사려 깊던지! 온갖 빛들이 얼마나 풍성하던지! 우리의 지혜를 미리 확보하고 있고 부분적으로는 이미 극복했다네!……그런 역동적인 신학자에게 관심을 기울이지 않은 채 우리가 여태껏 무슨 신학을 공부했다는 말인가!" 그러나 1927년 바르트 자신의 증언에 따르면 『로마서』 제1판에서 제2판으로의 전환은 "옛 뷔르템베르크 혹은 그 밖의 사변적인 신학"과의 결별이었다(*Autobiographische Skizze im Fakultätsalbum der Ev.-Theol. Fakultät Münster*(1927), K. Barth-R. Bultmann, *Briefwechsel 1911-1966*, hrsg. von B. Jaspert [Gesamtausgabe, Abt. V], Zürich, 1994[2], S. 290-300, S. 298, S. 297).

33 바르트는 이후의 글에서도 베크(J.T. Beck, 1804-1878)의 이런 입장을 비판한다(*Die protestantische Theologie im 19. Jahrhundert. Ihre Vorgeschichte und ihre Geschichte*, Zürich, 1994[6], S. 569).

34 C.A. Auberlen, *Die Theosophie Friedrich Christoph Oetinger's nach ihren Grundzügen. Ein Beitrag zur Dogmengeschichte und zur Geschichte der Philosophie*, Basel, 1859[2]에 로테(R. Rothe, 1799-1867)가 쓴 서문, S. III-XXVI. 특히 S. XX-XXVI에서 그는 바르트가 여기서 자연철학적 사변이라고 부르는 주제를 다룬다. 바르트는 1920년 1월부터 로테의 전기를 가지고 있었다. A. Hausrath, *Richard Rothe und seine Freunde*, 2 Bde., Berlin, 1902/1906. *Die protestantische Theologie*, a.a.O., S. 544-552.

35 이 책 269쪽, 각주 19.

36 여기서 바르트는 『로마서』 제1판 중에서도 특별히 롬 8:10-11 주석 부분(S. 309-311)을 생각하고 있는 것 같다. 빈번히 베크(J.T. Beck)를 인용한 것과 관련해서는 S. 659(인명 색인)을 보라.

이다. 하나님 인식은 이러한 나의 몸이 무조건 죽을 운명이라는 사실을 밝혀낸다. 주체가 자신의 기원과 관계를 맺는다는 것은 무엇을 의미하는가? ˢ그것은 그 주체를 설명하는 **모든** 서술어가 지양되는데, 심지어 자기 자신과의 동일성까지 지양되는 것을 의미한다.ˢ 그 어떤 실체도, 현존하는 모든 것 중에서 가장 마지막, 가장 깊은 것, 가장 섬세한 것도 말하자면 이러한 부정의 힘에 |273| 맞설 수 없다. 자연적인 죽음Sterben[하나님의 저주의 죽음Tod과 구분된다], 그리고 이러한 죽음을 준비하고 동반하는 상대적으로 부정적인 삶의 행위들, "외적"이고 "내적"인 삶의 모든 행위들, 모든 고행과 초탈과 자기 비움과 정신화Vergeistigung도—어떤 시대라도 그 신비를 예감하긴 했지만 금방 그것을 곡해하고 만 영혼의 문화, 신체Körper의 문화가 절대로 구원할 수 없는 "몸"Leib[죄의 육신Fleisch과 구분된다]의 생명을 구원해 보려고 할 때 이런 것을 동원하는데—그러한 부정의 비유, **오직** 비유일 뿐이다. 그도 그럴 것이, 우리가 자연적인 죽음의 과정, 더 격렬하든 더 온화하든 온갖 금욕적 파생물을 동반하는 그 과정을 알게 되는 것도 오직 다른 삶의 과정들과의 연속성 속에서, 곧 하나님의 인식 속에서 급진적으로 아는 것이며, 그 자체로 의문시되는 삶의 과정들과의 연속성 속에서 아는 것이다. 자연적인 죽음의 논리적 유사물Analogon도 비유, **오직** 비유일 뿐이다. 이 비유는 오직 유한만을 파악하는 개념들의 대열에 치고 들어와 다이너마이트와 같은 파괴력을 일으키는 무한의 출현이다.[37] 우리는 무한으로부터—만일 그것을 개념으로서 허용한다면, 다시 말해 눈에 보이지 않는 것

37 이것은 코엔의 철학에서 무한소(無限小, infinitesimal)의 기능을 암시한다. H. Cohen, *Das Prinzip der Infinitesimal-Methode und seine Geschichte*(1883,=Werke, hrsg. von H. Holzhey, Bd. 5/1, Hildesheim/Zürich/New York, 1984[4]).

을 보이는 것으로 만든다면—유한과 다른 차이의 징후를 말끔히 씻어 내지 못하니, 그 특성은 무한을 그저 **거의** 무한한 유한으로 낙인찍는 것이다. 그러므로 무한도 **우리의** 직관 속에서는 결코 영원이 아니다. 오히려 무한은 우리의 모든 것의 근원과의 관계 속에 놓일 때, 지양된 것임이 밝혀진다. 지속적인, 죽지 않는, 썩어 없어지지 않는 주체는 명백하게도 '나 아닌 나', 인식하면서 인식되는 주체, 주어지지 않은 것이다. 그 주체는 내게 주어진 총체적 여건 속에서 '나'가 구제 불능으로 연루되어 있는 파국의 저편에 있는 것, 곧 내 안에 거하시는 하나님의 영이다. 이편의 지양, 또한 거기 상응하는 저편의 지양이 바로 **이** 저편의 의미다. 몸은 (과거·현재·미래 속에서 눈에 보이게) 썩어서 사멸하나니, 바로 그렇기 **때문에** 그 몸은 반드시 ("futurum aeterum"[영원한 미래] 속에서 눈에 보이지 않게) 썩지 않고 죽지 않는 것이 되어야 한다. 살과 피[血肉], 다시 말해 근원과의 관계에 놓이지 않은 육체성은 하나님 나라를 상속받을 수 없다[고전 15:50]. 가짜 부활, 상대적 피안성, 아니 차라리 연장된 차안성이 (시간 속에서는) 하나님 나라 바로 앞에 서 있을 수 있다. **이** 썩어질 것, 그리고 **이** 죽어 없어질 것, 다시 말해 하나님과의 관계를 통해서 결국 죽어 없어질 것이요 썩게 될 특성이 드러난 살과 피는 썩지 아니함과 죽지 아니함을 **입어야 한다**[고전 15:53]. 이것은—그것의 눈에 보이는 현실과는 무관하게—"위로부터 난 것"[요 3:3, 7]이다. 이것은 자신의 시간성 안에서 자신의 영원성을 기다리며, 다시 말해 눈에 보이지 않게 자신의 차안성의 지양에 참여하며, 그리고 **똑같은** 관계의 **긍정적인** 힘으로부터 일으켜지는 **새로운** 술어에 눈에 보이지 않게 참여한다. 바로 이 **새로운** 술어, |274| 곧 **우리**와 직접 상관된 것이 **아니기** 때문에 **우리**는 **전혀** 알지 **못하는** 이 새로운 술어가 몸의 부활이다. 부활의 필수적인 근거는 영이 우리 안에 거하시는 것, 곧 진리의 움직임이 우리 안

에서 성취되는 것이다. 그 움직임 속에서 인간과 하나님의 관계, 곧 그의 **죽음***Tod*이요 **그래서** 그의 **생명**인 그 관계가 맺어진다. 다른 근거는 없다. 그것 하나면 충분하다. 그러나 영이 영이 아니라면, 진리가 진리가 아니라면, 하나님이 하나님이 아니라면 (그 대신 어떤 주어진 것, 다른 것, 가짜 피안성이라면) **몸**의 부활의 "Futurum aeternum"[영원한 미래]를 말할 수 **없게 될 것이다**. 영이 우리에게 무엇을 의미하는지에 관한 가장 놀라운, 그러나 가장 필수 불가결한 해석을 말할 수 **없게 될 것이다**.

12-13. 12 그러므로 형제들아, 우리가 빚진 자로되 육신에게 져서 육신대로 살 것이 아니니라. 13 너희가 육신대로 살면 반드시 죽을 것이로되 영으로써 몸의 행실을 죽이면 살리니.

"우리가 빚진 자로되 육신에게 져서 육신대로 살 것이 아니니라." 영, 혹은 바로 그분이 말씀하시고자 하는 것, 곧 우리를 압도하고, 우리가 진지하게 받아들이는 진리, **모든** 육체성 너머에 있고 바로 그렇기에 육체성 **전체**를 기다리고 있는 부활에 관한 진술 속에 첨예하게 포착되는 그 진리는 일단 우리에게는 육체성에 대한 하나의 아주 특정한 **비판적인** 태도를 의미한다. 우리는 우리가 알고 있는 존재에 관한 모든 술어의 포괄적 지양에서 나와, 그와 마찬가지로 포괄적이지만 하나님 안에서 "totaliter aliter"[전적으로 다른 것]을 가리키는 술어, 곧 우리에게 알려지지 않은 하나님 안에 있는 우리 실존의 술어를 향해 나아간다. 이것은 있는 그대로의 내가 아니지만 그럼에도 내 안에 거주하는 새로운 인간의 술어이며, 나는 실존적인 나로서 그 새로운 인간을 결코 부인할 수 없다. 우리는 육신 안에 있는 우리 존재의 눈에 보이는 가능성에서 나와, 영 안에 있는 우리 존재의 눈에 보이지 않는 가능성을 향해 나아간다(8:5-9). 우리는 죽음에서 나와 생명을 향해 나아간다. 이와 같이 우리는 아주 확고한 방향을 향하고 있으

며, 우리의 등은 서쪽을, 우리의 얼굴은 동쪽을 향해 있다. 그와 반대되는 일은 일어나지 않는다. 육신대로 살 것, 다시 말해 시간·사물·인간의 세상을 그것 자체의 변증법 속에서 고스란히, 실제적으로, 진지하게 받아들이는 삶, 순진하게도 이러한 인간의 가능성만을 생각하는 삶, 우리에게 주어진 가장 낮은 수준의 가능성에 정말로 침잠해 버리거나 가장 높은 가능성으로 정말 만족해 버리는 삶, 유머 없는 보수적인 삶 혹은 유머 없이 혁명적인 삶—그런 것은 **존재하지 않는다**. 그런 것은 저 시작과 저 끝 사이에서 고려의 대상이 되지 않는다. 우리는 영을 통해서, 진리를 통해서 |275| 단번에 책무에서 면제받았다. 육신의 세상의 가능성 안에서 우리가 죽을 수밖에 없다는 사실은 생각하지 못한 채[시 90:12] 열정적으로 사는 것, 우리의 보잘것없음을 곁눈질하지도 못한 채 점잖게 격식을 갖추며 사는 것, 영원으로 인한 부담감도 느끼지 못한 채 바쁘게 사는 것, 우리 행위의 허무함을 꿰뚫어 보지도 못한 채 열심히 사는 것, 되돌릴 수도 없는 시간이 황급히 사라져 버리는 것에 대한 경악도 없이 그저 멍하니 지내는 것, 우리의 본질적인 경건하지 않음에 대한 기억도 없이 경건하게 사는 것, 마치 그런 어떤 경건이 있는 것처럼 그렇게 불경스러운 것, 하나님의 압도하는 영광에 대한 생각 없이 그저 필사적인 것, 우리에게 꼭 필요한 한 가지[눅 10:42]이면서 우리의 모든 조각난 것들과 흩어진 것들을 이미 하나로 모아 놓은 그 한 가지에 대한 성찰 없이 조각나고 흩어진 채로 살아가는 것, 그런 책무에서 면제받았다. 그렇게 "육신을 따라 살아야 하는" 책무, 그런 필연성은 계속되지 않는다. 우리가 깃들어 **있는** 육신은 오직 전혀 **다른** 가능성의 **그림자** 안에서만 자기 나름의 길, 자기 나름의 진지함, 자기 나름의 빛을 갖고 있다. 육신은 절대적으로 우월한 지점에 의해 직접 긍정되지도 않고 부정되지도[verneint t] 않는다. 다만 그것이 짊어진 책무의 강력한 힘

안에서 근본적으로 의문시될 뿐이다. 바로 그 **의문시**, 곧 우리의 현존재와 존재 상태, 우리에게 익숙한 모든 길[Weg]과 길 아닌 길[Unweg], 진지함과 경박함, 의와 죄, 신앙심, 무신론, 회의주의의 전체 복합체를 의문시하는 것, 바로 그 최종적인 '어쩌면 그럴 수도—어쩌면 아닐 수도!'야말로 나무뿌리에 놓인 도끼[마 3:10 병행 본문]이며, 우리가 율법 저편 곧 하나님 안에서 얻게 되는 자유다. 그 자유는 하나님의 자유이기 때문에 우리가 벗어날 수 없다. ᵛ현세에서 살아가는 현세인의 모든 높음과 낮음, 모든 강함과 약함, 모든 옳음과 옳지 않음에서 언제나 벗어나는 것ᵛ, 거기서 황급히 멀어지는 어떤 것이 있다. 한없이 먼 곳에서 그 인간을 보며 슬퍼하고 미소 짓는 것, 한없이 가까운 곳에서 그 인간을 위로하고 그에게 명령하는 어떤 것, 항상 고발하지만 또 항상 용서하는 어떤 것, 죽이지만 또한 살리는 어떤 것이 눈에 보이지 않게 있다. 그것이 말하는 것, 그것이 주장하는 것은 도스토옙스키의 소설에서 제일 문제가 많은 인물들로 하여금 깊은 수렁 속에서도 주님을 생각하도록 만드는 바로 **그것**이다. 그 주님은 술주정뱅이·의지박약·후한무치의 인간들을 향해서도 이렇게 말씀하신다. "돼지 같은 놈들! 짐승의 형상들! 그렇지만 너희들도 오너라!"[38] 또한 그것은 하나님의 사람 루터가

38 F.M. Dostojewski, *Schuld und Sühne*, Teil I, Kap. 2. 바르트가 사용한 번역본은 H. Röhl, Leipzig, 1912, S. 37이다. E. Thurneysen, *Dostojewski*, München 1921, S. 41f. "최후 심판의 날에 이루어질 용서의 말씀이 어찌하여 술집에 처박혀 있는 저 술취한 사람, 딸을 창녀로 만든 저 사람의 입에서 황홀경의 언어로 선포되는가. '모든 사람을 불쌍히 여기시는 분께서 우리도 불쌍히 여기실 거야. 모든 것을, 모든 사람을 이해하신 분. 그분, 오직 그분이 또 심판관이야. 그날 그분이 우리에게 말씀하실 거야. '나오너라, 너희들도! 주정뱅이들아, 나약한 자들아, 부끄러움을 모르는 자들아, 너희들도 나오너라!' 우리들 전부가 부끄러워하지도 않고 나가서면, 말씀하실 거야. '너희들, 돼지 같은 것들! 짐승의 형상과 인(印)이 쳐진 놈들! 그렇지만 너희들도 나오너라!'" 투르나이젠이 인용한 번역본은 E.K. Rahsin 역, Sämtliche Werke, Abt. I, Bd. I, München 1920, S. 36f.

죽으면서 "우리는 거지다. **그것**은 참이다"[39]라는 말, 그다지 교육적이지 못한 그 말을 남기게 만든 바로 **그것**이다. 우리가 **그것**이라고 말하는 것은 어떤 상태가 아니다. 이런저런 사람이 서 있는 어떤 최고의 위치를 뜻하는 것도 아니다. 도무지 구원이 없는 우리의 현실 어느 한 귀퉁이에 자리한 복된 구원의 상태를 뜻하는 것도 아니다. 우리 인생의 천둥 |276| 번개가 다 지나간 뒤 어느 시점에서 나타난 부드러운 저녁노을을 뜻하는 것도 아니다. 그것은 하나님 자신을 통해, 오직 한분 하나님을 통해 인간에게 주어지는 방향제시Orientierung다. 그것은 창조되지 않은 빛의 반영으로서 모든 피조물을 사방에서 에워싸고 피조물의 종말을 선언하는, 하지만 그것의 출발도 선언하는 당황스러운 것, 위협, 약속이다. 불안전이면서 또한 마지막 안전함이다. 그것은 우리의 모든 동굴, 평화롭거나 평화롭지 않은 동굴에서 우리를 언제나 즉각 밖으로 내몰며 한없이 불안하게 만들면서 또 한없이 안심시키는 금지령, 곧 우리의 구원받은 상태Erlöstheit 혹은 구원받지 못한 상태Unerlöstheit를 믿지 말라는 금지령이다. 왜냐하면 우리는 오직 우리의 **구원***Erlösung*만을 믿을 수 있기 때문이다. 그것은 모든 이성보다 높은 하나님의 평화다[빌 4:7].

"너희가 육신대로 살면 반드시 죽을 것이로되 영으로써 몸의 행실을 죽이면 살리니." 인간적인 생명력의 발현, 가장 저열한 것에서 가장 지고한 것에 이르기까지 모든 발현, 인간적인 가능성의 실현, '예!'라고 말할 수 있는 가능성과 '아니요!' 라고 말할 수 있는 가능성, 육신대로 사는 생명, 곧 생물인 모든 것은 그 자체로 죽음의 그림자 안에 있다. 그것은 태어나면서 죽어 가기 시작한다. 설정되면서 지양되었다. 옳은 것das Richtige이면서 심

39 1546년 2월 16일 루터가 마지막으로 남긴 글(WA.TR 5,318,2f; WA 48,241). "우리는 거지다. 그것이 참이다"(Wir sind Bettler: hoc est verum).

판받는다.gerichtet 그것은 시간 속에 있다. 그래서 미래를 갖는데, 바로 그래서 지금 벌써 과거도 갖는다. 말은 발설되고 기록되는 동시에 죽은 말이다. 자연은 비존재에서 현존재와 존재 상태가 되면서 이미 죽은 자연이다. 역사는 진실로 공공연히 일어날 수 없는 일이 일어나면서geschehen 죽은 역사Geschichte다. "운동"이 된 운동은 죽어서 끝나 버린 운동[40]이다. 인격은 자신을, 다른 이들이 자신을 아는 것과 똑같이 아는 순간, 죽어서 끝나 버린 인격이다. 우리가 오늘, 또 언제나 육신을 따라 살고자 하며, 살아야 하며, 살 수 있다고 할지라도 우리가 결코 잊을 수 없는 사실이 있으니, 그것은 **이러한** 삶을 사는 우리는 보덴제Bodensee를 아무 생각 없이 건너는 기사[41]와 같은 꼴이며, **이러한** 삶은 결국 죽음을 향해 다가서고 있다는 사실이다. w긍정적인 의미에서든 부정적인 의미에서든im positiven oder negativen w 충만한 것, 건강한 것, 올곧은 것, 강력한 것, 완결된 것이 우리의—가장 저급한 것에서 가장 고귀한 것에 이르기까지—생명력, 에로스를 지향할 수는 있다. 그것이 우리에게 허용될 뿐 아니라 꼭 필요한 것일 수도 있다. 그것의 내재적인 정당성이(물론 그에 상응하는 정당성 없음으로 제한될 수도 있으리니!) 활력이 되고 에너지가 되어 우리가 하는 모든 일을—숨 쉬는 일에서 기도하는 일에 이르기까지—도울 수도 있다. 그러나 우리가 결코 간과할 수 **없는** 것이 있으니, 그것은 그 모든 것과 마주하여 높이 솟은 손이다. 우리에게 금지된 행위만이 아니라 우리에게 허용된 행위, 나아가 꼭 해야 한다는 명령

40 이것은 20세기 초반 10년 동안 사회적 차원에서 다양하게 일어난 운동들, "청소년 운동"(이 책 831쪽, 각주 16), 여성운동(이 책 57쪽, 각주 55[원서에는 "S. 15070, Anm.."으로 되어 있다]) 등에 대한 암시다.

41 구스타프 슈바프(Gustav Schwab)의 서사시 '기사와 보덴제'(Der Reiter und der Bodensee, 1826)를 암시한다. Büchmann, S. 78.

을 받은 행위까지도 따라다니는 궁극적이고 포괄적인 유보留保, Vorbehalt 말이다. 우리가 결코 간과할 수 없는 것이 있으니, 만일 우리가 행하는 모든 행위 가운데서 "성령의 열매"(갈 5:22), |277| "빛의 열매"(엡 5:9), 하나님께서 의롭다고 인정하시는 행위가 발견된다면, 그것은 절대적인 기적이 일어난 것이라는 사실이다. 윤리학은 오직 하나님의 순전한 뜻 안에서만 자신의 **근거**를 찾을 수 있다. 다시 말해, 그 근거는 우리가 어떻게든 우리의 생명력에 힘입어—그것이 우리의 최고의 생명력이라 할지라도—원하는 것의 저 내재적 정당성 안에서는 결단코 찾을 수 없다. 그러므로 윤리학의 **전개**도 개개인과 사회 전체가 과거에 행한 것, 지금 행하는 것, 앞으로 행할 것에 대한 전폭적인 비판 속에서만 수행될 수 있고, 그런 행위의 합리화와 확증 **혹은** 그 행위에 대한 투쟁이나 반증 안에서 결코 수행될 수 없다. "자유 이념의 탐구 불가능성은 모든 실증적인 서술의 길을 철저하게 차단한다"(칸트).[42] 그러나 주의 깊게 봐야 할 것이 있으니, 그것은 앞서 말한 그 손이 모든 인간적인 가능성의 **총합**과 마주하여 진실로 높이 솟구쳐 있다는 사실이며, 또한 우리로 하여금 "몸"의 "행실", 몸의 사업·관행·활동을 반드시 "죽이도록" 하는 것은 다름 아닌 **영**이라는 사실이다. 그러므로 여기서 중요한 것은 일반적인 윤리, 곧 너무나 실증적(적극적)인 윤리학positive Ethik을 대신하여 부정적(소극적)인 윤리학negative Ethik, 곧 현실도피, 무관심과 금욕과 혁명, "기다림"의 윤리학을 제시하는 것이 아니다. 자칭 낙원의 순진무구함을 되찾아야 한다고 떠드는 윤리를 제시하고자 함도—비록 어떤 비유를 훈련하고 바로 세우는 차원에서 그때그때 **그런** 행위가 허용되고 나

42 I. Kant, *Kritik der Urteilskraft*, B 125, Akademie-Ausgabe, Bd. 5, Berlin, 1908, S. 275(칸트의 이 책에서 "자유 이념의 탐구 불가능성"은 강조되어 있다).

아가 필요하다고 하더라도—아니다. 모든 차원의 모든 건물과 새 건물을 다 포함하는 건축물 전체를 의문 안에 놓는 우리 인생 지반의 굴착, 그 결과 삶의 터전이 완전히 흔들리는 것을 깨달아야 한다. 기둥 위의 성자, 은둔자, 원시 그리스도인, 자연인, 고매한 아나키스트가 슈틴네스Stinnes[43]나 루덴도르프Ludendorff[44]나 횔츠Hölz[45]와 나란히 평화롭게 서서 자신들에게 공통적인 최고의 본질을 추진하는 그 토대가 흔들리고 있음을 깨달아야 한다. **모든** 행함과 행하지 않음의 근본적인 미심쩍음Bedenklichkeit, 그것을 우려하는 우리 자신의 미심쩍음, 죽음에 관한 우리의 지혜마저 죽는 그런 죽음을 통찰해야 한다. 늘 새롭게, 행동하면서 행동하지 않으면서, 이렇게 혹은 저렇게 행동하면서, 인간은 옳지 **않다**는 사실, 아무리 겸손한 인간이나 올곧은 인간이라고 해도 불안한 인간이라 해도 **그 누구도 옳지 않다**는 사실을 확실히 해두어야 한다. 다시 말해, 활발하게 움직이는 "몸의 행실"을 그저 멈춘다거나 제한한다거나 다른 방향으로 트는 것이 아니라 **죽여야** 하는 것이다. **그러면** 생명을 향해 나아가게 된다. 저 위대한 미심쩍음으로부터 생명을 증언하는 언어·행위·운동이 나오나니, 이것은 비록 죽어 없어질 것임에도 생명을 증언한다. 또한 그런 결정적인 증언을 볼 수 있는 능력, 아무도 보지 못하는 지점을 발견자의 눈으로 보는 능력, 모두가 보는 지점을 모든 사람의 눈으로 아주 평범하게 보는 능력도 오직 그 위대한 미

43 후고 슈틴네스(Hugo Stinnes, 1870-1924)는 유명한 독일의 기업가다. 1920년 이후 독일 민족당(Deutsche Volkspartei) 의회 회원이었다.

44 에리히 루덴도르프(Erich Ludendorff, 1865-1937)는 제1차 세계대전 때 독일의 장교였으며, 1918년 이후로는 독일 민족 운동 진영에서 정치인으로 활동했다.

45 막스 횔츠(Max Hölz, 1889-1933)는 1920-1921년 포크트란트와 중부 독일 공산주의 운동의 주동자였다.

심쩍음으로부터 나온다. 그런데 여기서 강조해야 할 것은 이런 위대하고도 풍요로운 |278| 미심쩍음도 결코 정당화되거나 추천될 만한 태도, 반드시 취해야 할 인간적인 태도는 아니라는 사실, 그래서 위대한 미심쩍지 않음이라고 불러도 상관없다는 사실이다. 육신은 영의 곁에서, 오직 영의 곁에서만 죽어야 하며, 바로 그 죽음을 통해 소망과 생명의 빛 속으로 옮겨진다. 우리의 육체성과 마주 서 있는 진리, 우리에게 압도적인 것이 되었고 우리가 진지하게 받아들인 진리로 인해 우리가 자연스럽게 취하게 되는 근본적인 태도는(실상 이것은 "태도"가 아니다!) 바로 "도덕성에 관한 순수한, 영혼을 들어 올리는, 그저 소극적인(부정적인negative) 진술"(칸트)[46]뿐이다.

14-17. 14 무릇 하나님의 영으로 인도함을 받는 사람은 곧 하나님의 아들이라. 15 너희는 다시 무서워하는 종의 영을 받지 아니하고 양자의 영을 받았으므로 우리가 아빠 아버지라고 부르짖느니라. 16 성령이 친히 우리의 영과 더불어 우리가 하나님의 자녀인 것을 증언하시나니 17 자녀이면 또한 상속자 곧 하나님의 상속자요 그리스도와 함께 한 상속자니 우리가 그와 함께 영광을 받기 위하여 고난도 함께 받아야 할 것이니라.

"이것은 탁월한 분문, 위로하는 본문이니 금빛 글씨로 적어야 마땅하다"(루터).[47]

"무릇 하나님의 영으로 인도함을 받는 사람은 곧 하나님의 아들이라." 육체성에 대한 저 비판적인, 그래서 우려스러운, 그래서 소망에 찬 태도는 인간이 **그 권능**의 손에 있다는 사실, "하나님의 영으로 인도함을 받고" 진

46 I. Kant, *Kritik der Urteiliskraft*, B 125, a.a.O.(이 책 625쪽, 각주 42), S. 275.

47 Eberle, S. 127. 바르트 소장본에 밑줄이 그어져 있다. *Epistel am achten Sonntag nach Trinitatis. Röm. 8,12-17*(Crucigers Sommerpostille), WA 22,136,21f.

리에 의해 완전히 사로잡혔다는 사실의 표현이 아니고 무엇이겠는가? 그 진리는 인간을 좌로나 우로나 회피하지 못하게 만들고 긍정도 부정도 고집하지 못하게 만드는 진리, 인간의 **모든** 행함과 그만 둠이 내포하고 있는 죽음의 징후 그 자체이면서 동시에 그 **모든** 행함과 그만 둠을 영원히 새롭게 규정하고자 하는 진리, 경박한 질문이나 늘어놓는 건방지고 안일한 사람들 모두를 확고한 부정성으로 사로잡아 **저 특이한** 긍정성을—인간은 그저 질문**할 뿐**인, 그래서 질문할 수 **없는** 긍정성을—기억할 수 있게 하는 진리다. 여기서 중요한 것은 **하나님의** 나라, **하나님의** 통치다. 주관과 객관의 대립, 자율과 타율의 대립, 차안과 피안의 대립, 합리와 비합리의 대립이 여기서는, 그러니까 우리가 그 대립의 **근원**이자 **목표**에 서 있는 여기서는 찾아볼 수 없다. 죽음에서 생명으로 이끄는 그분이 **여기 계신다. 그는** 그러길 **원하시고 우리는** 그럴 **수밖에 없다**. 이것이 여기의 상황이다. 시간과 사물과 사람의 세상과 마주하여 이런 '책무 없음'(8:12)이 곧 하나님 안에 있는 우리의 자유다. 그러나 하나님 안에 있는 우리의 자유는 그분 안에 우리가 매여 있음을 뜻하기도 한다. **그분** 안에! **하나님** 안에! 이것은 결코 열광주의가 아니다. 어떤 신비적 체험이나 의존의 **감정**[48]이 아니다. 비록 눈에 보이는 것은 아니지만, 죽은 자들 가운데서 예수의 부활을 통해, 하나님에 관한 인식을 통해 |279| 우리가 서쪽에서 동쪽으로, 죽음에서 생명 쪽으로 배치되어 그쪽을 향하고 **있다**는 사실, 그래서 성령이 재판관과 위로자의 직임을 **수행한다**는 사실, 진리가 **진리**라는 사실, 이것이 바로 우리가 "영으로 인도함을 받음"이니, 이것은 그것과 병행되는nebenbei laufenden 심리적인 상태가 무엇을 원하든지 간에 그것과는 무관한 것이다. 우리는

48 Fr. Schleiermacher, *Der christliche Glaube*, § 4, 2–4, Bd. I, S. 34–40.

바로 이런 이유 때문에, 이렇게 "영으로 인도함을 받음" 속에서, 진리의 개입과 축복 속에서 우리 자신이 "하나님의 아들"이라는 사실을 알게 된다. 내가 나를 "하나님의 아들"이라고 부른다면, 내가 그리스도를 그렇게 부를 때(8:3)와 모든 면에서 똑같은 것을 의미하는 것이다. 왜냐하면 내가 그 말을 쓸 때는 나 자신을 말하는 것이 아니며, 이 세상 속에서 살아가고 있는 바로 이 인간을 말하는 것이 결코 아니기 때문이다. 그것은 언제나 다른, 새로운, 눈에 보이지 않는, 하나님 앞에 서 있는, 하나님 안에서 살아가는 인간을 말한다. 있는 그대로의 내가 아닌 존재를 말한다. 그것은 내가 말하는 그리스도, 내 안에 있는 그리스도이기도 하다. (물론 이 말의 역설, 한 번도 들어 본 적이 없는 역설은 과도하게 실천적인 신학이 그리스도론을 선불리 인간학으로 역전시키기를 좋아하는 고정된 습관으로부터 진리를 철저히 보호해야 한다.) 그러므로 내가 말하고자 하는 것은 이것이다. 내가 나 자신을 실존적으로 바라볼 수 있게 해주는 권능의 손, 나를 붙잡아 저 죽음에서 생명을 향해 돌려놓은 권능의 손이 있으니, 나는 **그 권능**의 근원을 가리키는 이름으로 '하나님'이라는 이름 외에 다른 이름을 알지 못한다. **이것이** 바로 그분, 알려지지 않은 분, 헤아릴 수 없는 분, 감춰진 분, 낯선 분이다. 그분은 생명과 죽음 **위에** 계신 주님이시다. 그분 자신이 진리, 지금도 **여기 계시는** 진리, 계시기를 **원하시는** 진리, 내가 그 앞에 설 **수밖에 없는** 진리다. 이러한 주님 앞에서 뭐든 할 **수밖에 없는**, 다른 어떤 것을 원하지 않는 나는 내가 그럴 **수밖에 없다**는 것을 알고 있다. 나는 (진실로 내가 **아니라** 내 안에 있는 그리스도!) 그분의 종이 아니다. 그분의 이방인이 아니다. 그렇다. 나는 그분의 아들이다. 만일 이편과 저편의 균열이 근원적으로 메워지지 않는다면, 만일 내가 진리에 참여되어 있지 않다면, 만일 내가 하나님의 아들이 아니라면, 어찌 내가 영으로 인도함을 받으며, 어찌 내가 그 진리로부터 내게 오는 무한

하고 달콤하고 씁쓸한 환난을 경험할 수 있겠는가? 창조주와 한 종족인 인간이여![행 17:28] 이것이야말로 "영으로 인도함을 받을" 때 일어나는 사건이다. 그 영은 "예수를 죽은 사람들 가운데서 살리신 분의 영"(8:11)이다. 여기에 낭만주의자가 체험할 만한 것은 전혀 없으며, 음유시인이 열광할 만한 것도 없으며, 심리학자가 분석할 만한 것도 없고, 이야기꾼이 이야기할 만한 것도 없다. 이것은 하나님의 "생식세포"[49]라든지 하나님의 "유출"[50]이라든지 하는 것과 무관하다. 하나님의 존재와 우리의 존재 사이의 연속적인 연관이 일어난다고 하는 저 뿜어 나오듯 솟아오르는 생명과도 무관하다. 끝과 시작, 죽음과 생명, 심판과 의, **이것**이야말로 인간이 영으로 인도함을 받는 것이며, 바로 그때 그분이 하나님의 아들이 되는 사건이 일어난다. 여기서 그 아들되심은 사건으로 발생하고, 이것은 |280| 결코 풀리지 않는 실존의 물음에서 정점을 이루는 문제, 곧 종교 문제의 대답이기도 하다.

그러므로 아직도 여전히, 언제나 항상 밖에 있는 존재, 곧 안에 있지 않은 존재인가? 하나님 안에서 우리의 자유란 결국 포로된 상태를 의미하는가? 만일 우리가 이 세상 속의 인간이라면, 기껏해야 종교적 인간이라면, 그 말이 맞다! 만일 우리가 기적을 뛰어넘는 기적이며, "참 인간이요 참 하

49 Römerbrief I, S. 24. "하나님의 의는 이제 그리스도 안에서 선포된 해방의 말씀을 통해, 그리고 그리스도 안에서 나타난 인식을 통해 이 땅에 다시 세워졌다." "하나님의 의가 세워짐"을 통해 "생명의 생식세포가 다시 역사와 자연 속에 주어졌다. 이제 인간의 세계사 속으로 하나님의 역사가 자란다." S. 523. "너희는 그리스도의 몸, 다가와서 자라나는 세상의 생식세포다."

50 Römerbrief I, S. 317f. "우리의 행위는 우리의 당혹스러움의 유출(Ausfluß)이 아니라, 하나님의 필연성의 풍성함에서 나온 유출이며, 그래서 우리의 가장 고유한 존재의 유출이다.……우리가 마주한 영의 '충동'은 우리에게 더 이상 낯선 것이 아니며, 그것은 우리 개별성의 초월적 근원으로서 우리 안에서, 또한 우리 자신으로부터 솟아난다.

나님"[51]이신 그리스도 안에서 새로운 인간이라면, 그 말은 틀렸다. "너희는 다시 무서워하는 종의 영을 받지 아니하고 양자의 영을 받았으므로 우리가 아빠 아버지라고 부르짖느니라." 우리는 눈에 보이지 않는 방식으로, 영으로 인도함을 받아 "영의 새로운 의미에서 섬김"(7:6)의 일을 하는데, 이것은 종의 일이 아니다. 여기에는 하나님과 인간, 창조주와 피조물 사이에 다름, 대립이 없다. 그래서 무서움도 없다. 완전한 사랑이 그것을 내쫓았다[요일 4:18]. 그 대신 아늑함, 명료함, 평화가 있다. 이 평화에 견주어 볼 때 **인간**이 예컨대 자기의 자유라고 말하고자 하는 **그것**이 **어떤** 종류의 종됨인지 알 수 있다. 인간이 **자신의** 평안을 추구하고 찾는 이런저런 아늑함, 명료함, 만족스러움이 실제로 어떤 종류의 바다, 곧 두려움으로 물결치는 바다인지 알 수 있는 것이다. 여기서는 무한이 모든 유한한 것에게 가하는 끔찍한 압력이 지양되기 때문이다. 무한의 입장에서 모든 유한한 것은 웃음거리일 뿐이지만 그렇게 치욕거리가 되는 일도 지양된다. 긍정의 의심스러운 것, 포만한 것, 부르주아, 부정의 불쾌한 것, 두루 배회하는 것, 유독한 것이 지양된다. 가능한 것의 의미 없는 충만함과 불가능한 것의 공허한 의미가 지양된다. 생명의 무기력함과 죽음의 힘이 지양된다. 인간의 단지 인간적이기만 한 인간성과 어떤 신의 단지 신적이기만 한 신성이 지양된다. 그러므로 우리 삶의 이중적 측면, 곧 비판적인 부정의 좁은 문 아래서[마 7:13-14 병행본문] 매 순간 피할 수 없이 나타나는 측면의 **이중성**이 **지양된다**. 이 불가피한 이중성 외에 그 어떤 것이 우리를 무서움으로 몰아갈 수 있을까? 우리 존재의 문제 상황에 대한 무서움, 우리 자신의 실존의 수수께끼에 대한 무서움, 궁극적으로는 하나님에 대한 무서움 말이다. 우리가 죽음에서 생명으로 옮

51 Symbolum Chalcedonense, DS 301, "deum vere et hominem vere."

겨 간 뒤[요일 3:14] 받은 영은 이러한 이중성의 지양이다. 그 영, 새로운 인간, 우리 안의 그리스도는 죽음을 이긴 생명의 승리, 그 승리의 통일성 속에서 있다. 그 통일성 속에서 인간은, 모든 고르디아스의 매듭을 단칼에 베어 버리는 '하나님 자신! 오직 하나님 한분!' 그분 앞에서 더 이상 낯선 이방인, 밖으로 내몰린 자, 덜덜 떠는 자, 맹목적으로 복종하는 자, 피압박자로 마주 선("타율성") 인간, 또는 기적 신앙과 열광주의를 비난하되 자신의 자의식에는 깊은 상처가 나 있고, |281| 현대 문화의 수호신이 어떻게 될까 봐 아주 신경을 쓰는 ("자율성") 인간이 아니라, 자기 **아버지**의 음성을 듣는[마 3:17 병행 본문, 17:5 병행 본문] **아들**이다. 먼저 자신의 타자성을 잊고 그다음에는 하나님의 타자성을 잊은 아들이다. 이 거룩하고 빛나는 '하나님 자신! 오직 하나님 한분!'과 견줄 만한 것은 **아무것도 없음**을 아는 아들이다. 이런 "아들됨의 영", 새로운 인간, 있는 그대로의 내가 아닌 나는 눈에 보이지 않는 실존적인 '나'이다. 나는 거기로부터 인식되고 인도되고 살게 되고 사랑받는다. 이렇게 눈에 보이지 않는 나의 빛 속에 있으나, 지금 나는 있는 그대로의 나로 살아가고 있다. 눈에 보이는 육체성과 이중성의 나라에서, 비판적 부정의 좁은 문 아래에서 살고 있다. 주님을 **경외함**이 **나의** 지혜의 처음이요 마지막[잠 1:7, 9:10]일 수밖에 없는 **그** 영역에서 살고 있다. 어둠 속에서 살고 있으나, 창조되지 않은 빛의 반영이 비치기 시작한다. 하나님께 사로잡힌 사람으로 살고 있는데 바로 그렇기 때문에 자유로워진 사람이다. 종으로 살고 있으나, 이제는 종이면서 아들이다. 탄식하지만 복된 존재다. 나에게는 오직 알지 못하는 분, 도저히 파악할 수 없는 분, 나의 원수, 압도하는 분, 심판자, 죽음으로 다가오는 그분을 향해 외친다. **깊은** 곤경[52]과 **큰**

52 이 책 556쪽, 각주 29.

두려움으로 그분께 외친다. 그러나 이제는 **그분께** "아바! 아버지!"라고 외치는 아들이다. "이것은 그리스도의 나라의 능력과 진정한 역사하심과 참되고 고귀한 예배에 관한 서술이다. 성령은 믿은 자들 가운데서 이렇게 역사하신다"(루터).[53] 저 외침으로 하나님 앞에 이르고 의롭다는 인정을 받고 그분의 마음에 들어서, 주어진 것이지만 지양되지 않는 것으로서, 종교이면서 동시에 믿음인 그것은 나의 마지막, 최종적인 **인간적 가능성**인가? 모든 결과가 거기에 반대되는데 누가 감히 그것을 주장하는가?[y] 또 누가 결과를 가지고 그것을 부정하려는가? "하나님이 육신 안에 계시니, 누가 그 비밀을 이해할 수 있는가?[z] 바야흐로 여기에 생명의[aa] 문이 열려 있음을 보노라!"[54] 전투는 끝나고 비판은 그칠 것이며, 테르스테겐G. Tersteegen과 그의 추종자들 또한 옳았음을 인정받을 것이다. 만일 그들이 진정으로 **여기에** 서 있다면 말이다. 이는 **하나님의 가능성**이 그런 외침 속에 감추어져 있음이 확실하며, 그 가능성은 인간적 행위라는 투명 막, 그 얇아진, 아주 얇아진 투명 막을 통과하는, 어쩌면 찢어 버리는 아버지의 영광이라는 것도 확실하기 때문이다.

진리는 진리라는 사실, 그러므로 우리도 근원적으로 그 진리에 참여하고 있다는 사실, 그것을teilhaftig sind, das [ab] 우리에게 말해 주는 것은 진리 자체다. "성령이 친히 우리의 영과 더불어 우리가 하나님의 자녀인 것을 증언하시나니." 우리 자신이 하나님의 자녀라는 사실을—눈으로 명백히 알 수 있는 세계 너머에서—알 수 있도록 인도하는 것은 그 **어떤** 영ein Geist, 어떤

53 Eberle, S. 128. 바르트 소장본에 밑줄이 그어져 있다. *Epistel am achten Sonntag nach Trinitatis. Röm. 8,12-17*(Crucigers Sommerpostille), WA 22,137,36-38.

54 테르스테겐(G. Tersteegen)의 성탄 찬송가 '하늘이여 환호하라'(Jauchzet ihr Himmel), 4절, GERS(1891) 99; RG(1998) 404; EG 41.

열광, 어떤 비약, 어떤 마력, 어떤 경험, 어떤 다마스쿠스의 시간[행 9:1-19] 이 아니라 바로 **그** 영der Geist, 합리적인 것도 아니고 비합리적인 것도 아닌 그 영이다. 그 둘의 처음이요 마지막인 그 로고스다. |282| 영 자체다. 충만한 일회성과 실존성 속에 계신 예수 그리스도 **그분**이다. 생명에서 죽음으로 이끄시며, 죽음에서 생명으로 이끄시며, 하늘과 땅을 포괄하는 증언, 곧 우리에게는 하나님을 위한 증언, 하나님께는 우리를 위한 증언이다. 하나님의 통치, 곧 우리가 그것을 경험하기 전부터 수립되어 있었고, 우리가 그것을 전혀 경험하지 못한다고 하더라도 수립되어 있는 그분의 통치다. 그 **영**은 증언하시는 영이다. 황홀, 각성, 영감, 직관은 반드시 필요한 것이 **아니다**. 그럴 만한 사람에게는 필요할 수도 있다. 그러나 만일 우리가 그런 것을 기다린다면 화가 있으리라! 그런 것도 부수적이고 단편적인 것임을 알아차리지 못한다면 화가 있으리라! 그 영이 직접 말씀하시는 것, 오직 그것에 대한 **대답**이 우리에게 일어나는 모든 것, 우리 안에 일어나는 모든 것이리라. 우리의 영이 말하는 것은 오직 **대답**으로만 강력하고 진실하고 생생할 수 있다. 그런데 그 강력함, 진실함, 생생함 너머에서, 언제나 그 너머에서 영 자신이 말씀하신다. 하나님께서 말씀하신다. 그것은 우리의 영이 말할 수 있는 가장 큰 것보다 훨씬 더 큰 것, 측량할 수 없이 큰 것이다. 있는 그대로의 **우리가 아닌** 우리, 곧 하나님의 자녀인 우리의 존재에 관한 말씀이다.

자녀이면. 우리, 하나님 자녀인 우리라니! 우리는 가만히 멈춰 서서 이 말의 철저하게 눈에 보이지 않는 불가능성, 역설에 관해 숙고하려고 한다. 우리가 감히 이런 표현을 쓸 때, 우리는 그 옛날 아브라함이 걸었던 한 걸음, 믿음의 한 걸음, 저 놀랍고 근원적이고 창조적인 한 걸음, 하지만 실제로는 오직 하나님만이 하실 수 있는 걸음, 심연을 넘어가는 걸음, 옛 피조

세계에서 새로운 피조 세계로 들어가는 한 걸음을 걷게 된다는 사실을 숙고하는 것이다. 우리는 하나님의 자녀! 이것을 그렇게 **말**만 할 수는 없다! 이것은 구속된 자들의 경배 찬양일 수도 있고 경건하지 않은 헛소리일 수도 있다. 하지만—우리 입술의 말이 전자이든 후자이든—우리는 이미 그것을 말**하였다**. '아바! 아버지!'라고 하면서 감히 말하였다. 우리는 '아바! 아버지!'가 무슨 뜻인지 전에도 몰랐고 지금도 모르고 앞으로도 모를 것이다. 그러나 그와 더불어, 죽을 인생은 할 수도 없고 해서도 안 되는 일을 행한 것이다. "마치" 우리가 그 어떤 눈도 보지 **못한** 것을 본 "것처럼", 그 어떤 귀도 듣지 **못한** 것을 들은 "것처럼", 그 어떤 인간의 마음으로도 들어가지 **않았던 것**이 "마치" 우리의 마음에 들어온 "것처럼"—인간적으로 말해서—행세하는 것이다. 하지만 우리는 깊음에서 높음을 만났고, 죄에서 의로움을 만났고, 죽음에서 생명을 만났으며, 우리 자신 안에서 그리스도를 만났기 때문에 그것을 **부정할 수 없다**. 하나님을 사랑하는 **사람들**을 위해 하나님께서 **그것**을 예비해 놓으심인가?![고전 2:9] 하나님을 사랑하는 사람들, 그래서 하나님께서 그것을 예비해 놓으신 사람들의 대열에 설 수 있는 사람은 누구인가? 또 **누가** 그 대열에서 **빠져나올** 수 있단 말인가? 그렇다. 우리는 이미 그 대열에 **서 있으며**, 감히 그 말을 **하였다**! 모든 물음을 끊는 봄과 들음이—다시 한 번 말하지만 우리는 이것을 "체험"이라는 말로 바꿔 쓰지 않는다—존재한다. 이것은 이미 내려진 |283| 결단에 대한 기억일 뿐이다. **한 사람 한 사람**의 극도로 의심스러운 얼굴, 극도로 의심스러운 라이프 스토리, 우리가 사는 도시들의 광기, 우리가 사는 마을의 둔감함, 우리네 삶의 가장 저열한 욕망이 빚어내는 천박한 폭력, 우리의 지식과 양심의 이데올로기적 비현실성, 출생과 죽음의 끔찍스러움, 돌멩이 하나하나도 나무껍질 하나하나도 외쳐 대는 자연의 수수께끼, 세계사의 돌고

도는 흐름에 나타난 무의미성, 도저히 풀리지 않는 과제, 유한한 세계 안에서는 결코 겹치지 않는 평행선, 이 모든 것 속에서 끝없이unaufhörlich ac 어둡게만 드러나는 인간의 고통, 인간의 죄책, 인간의 운명, 그런데 여기에는 하나의 **음성**이 있다. 하나의 **빛**이 있다. 그 음성을 **한 번** 들은 사람, 그 빛을 **한 번** 본 사람, 그것도 실존적으로 듣고 본 사람, 그러니까 심리적·사회학적·역사적·자연과학적으로 듣고 본 것이 **아니고**, 고결하고 학문적이고 우월하고 객관적인 입장에서 듣고 본 것도 결코 아니고, "경건하고" "종교적으로 명철한" 사람으로서 듣고 본 것도 결코 아니고, 모든 것 위에 있는 어떤 섭리나 어울림을 슬쩍 전제하지도 않고 실존적으로 듣고 본 사람, 말하자면 진지하게 스스로 불이 붙어서, 자기 자신을 스스로 극복하면서, 아무런 문제없이, 이해관계 없이, 회피함 없이, 도움도 없이 듣고 본 사람, 이반 카라마조프의 귀와 눈으로[55] 듣고 본 사람! 그 사람은 더 이상 묻지 않는다. 그저 듣고 본다. 무엇을? 자기 자신을! 자기가 "믿는 사람"이요 "사랑하는 사람"이요 "소망하는 사람"이라는 사실을 듣고 보는가? 아니다. 절대로 아니다. 그렇다면 무엇을 듣고 보는가? **철저하게** 불가능한 것, **절대적으로** 반박해 오는 것, **결정적으로** 의롭다는 인정을 받을 수 없는 것, **결단코** 어떤 하나님 개념으로 치장할 수 없는 것과 마주한 자신을 듣고 본다. 그는 모든 존재와 사건의 총체성과 마주하여 하나의 타자, 고통당하는 자, 패배한 자, 대답 없이 묻는 자, 힘없이 저항하고 반항하는 자다. 그저 소리를 지르거나 침묵하는 것 외에는 다른 것을 할 능력이 전혀 없는 자다. 그

55 카라마조프가의 형제들 가운데 하나인 이반은 (무고한 사람이 겪는) 고통의 의미에 대한 물음 때문에 괴로워한다(5권, IV장). 투르나이젠이 바르트에게 쓴 편지 Bw.Th.I, S. 480(1921년 3월 29일 편지에 덧붙인 문장은 1921년 4월 18일 편지의 것이다) 참조.

러나 여전히 **타자**이면서도 결국에는 그 모든 것으로부터 (**그는** 스스로를 결코 그것으로부터 분리시킬 수 **없음**에도!) 최종적으로, 아니 최초로 분리되어 있다. 그 모든 것과 마주하여 (**그는** 거기에 완전히 얽혀 있음에도!) 근원적인 자유와 우월성을 지니고 있다. 그는 그 모든 것을 향해 (**그는** 아무리 반항하고 저항해도 '예!'라고 말할 수밖에 없음에도!) '아니요!'라고 말할 수 있는 능력, 도저히 이해가 되지 않는 능력을 갖고 있다. 그는 자기 자신이 하나님의 자녀임을 듣고 본 것이다! 도대체 무슨 일이 벌어진 것인가? 바로 그 들음과 봄 안에, 그것과 함께, 그것 아래에[56] 분명 '아바! 아버지!'라는 외침이 있다. 비록 인간이 하나님의 이름을 한 번도 들은 적이 없다 할지라도, 심지어 인간이 그 이름을 비방하더라도 말이다. 바로 이렇게 인간이 자기 자신에 대하여 경악함 안에, 그것과 함께, 그것 아래에 새로운 세상의 인간, 새로운 인간이 탄생한다. 하나님이 우리 앞에서 직접 자기 자신을 의롭게 하시고, 이로써 우리 자신을 자기 자신 앞에서 의롭게 하심으로써 |284| 신정론의 문제가—이것과 비교하면 다른 것들은 그저 조롱과 경멸에 불과한데—풀린다. 하나님께서는 **바로 그와 같은** 음성으로 말씀하시고 **그와 같은** 빛으로 비추시면서 일회적인 것, 실존적인 것을 행하셨다. 그분이 인간을 자기 자녀로 삼으신 것이다.

이제 하나님께서 이런 일회적이고 실존적인 것을 행하셨으므로 우리는 **또한 상속자 곧 하나님의 상속자요 그리스도와 함께 한 상속자**이며, 아브라함과 같이 약속의 상속자며(4:13), 하나님께서 선하게 만드시고 축복하신 세상의 상속자, 영원한 생명의—비록 그것이 죄로 말미암아 눈에 안

56 루터교 성찬 예식문을 암시한다. *Formula Concordiae. Solida Decleratio*, VII 35, BSLK 983,15f.

보이는 것, 표현할 수 없는 것, 비현실적인 것, 불가능한 것이 되어 버렸으나—상속자, 하나님 자신의 존재와 소유물과 행위의 상속자다. 우리는 육신 속에서 살고 있지만 부활을 이어받을 사람, 부활을 소망하는 사람이다. 새로운 육체성을 이어받을 사람, 그것을 소망하는 사람이다. 지금 여기서 우리의 삶은 그 소망의 반영反映 속에서 전개된다. 우리의 삶은 그 소망의 복제이며 그 소망의 증언이다. 우리의 삶은 그 소망과 관계되며 그 소망을 지향한다. 우리가 처해 있는 상황, 그 눈에 보이는 상황의 변화 양상은 우리가 충분히 상상할 수 있는 것이지만, 우리의 삶은 그 모든 변화와 무관하게, 눈에 보이지 않는 규정에 의해, 주어지지 않은 규정에 의해 특징지어진다. 만일 우리가 그리스도와 함께 하나님의 아들이라면, 우리는 그와 함께 상속자다. '예!'와 '아니요!'의 저편, 선과 악의 저편, 삶과 죽음의 저편에 계시는 하나님의 상속자가 된다. 그분이 하나님이시기 때문에 우리는 승리자다. 우리는 **있는 그대로의 우리가 아니라**, 그분의 자녀로서 그분 곁에 **선다**. 그분의 승리 안에 거한다. 지금 여기서 살아가는 우리, **있는 그대로의 우리**의 존재는 이런 우리의 영원한 영광을 **내다봄**이다.

이미 너무 많은 말을 한 것일까? 맞다. 하지만 너무 적게 말했을 수도 있다! 만일 **우리가** 우리의 소망에 관해 말한다면, 어떻게 **너무 많이** 말하지 않을 수 있단 말인가? 만일 **우리가** 그 소망의 성취에 관해 말한다면, 어떻게 **너무 적게** 말하지 않을 수 있단 말인가? 진리는 하나님이 행하셨고, 행하시고, 행하실 일이지, 우리가 말하는 것이 아니다! 그러므로 우리는 기억한다. 우리는 하나님의 "상속자"이므로 "우리가 그와 함께 영광을 받기 위하여 고난도 함께 받아야 할 것이니라." 십자가, 고난, 이것이 하나님께서 행하신 일이다. 이것은 우리가 다소간의 인내와 용기로 감당해야 할 고난의 합계, 조금 많거나 조금 적은 합계를 뜻하는 말이 아니다. 마치 우

리가 그 고난 그 자체 덕분에, 혹은 그 고난을 감당한 덕분에 영원한 영광에 참여하는 것처럼 생각해서는 안 된다! "함께 고난을 받음"이란 그리스도와 함께 고난받음을 의미한다. 예레미야나 욥이 하나님 앞에 섰던 것처럼, 그분과 함께 하나님 앞에 서는 것을 의미한다. **폭풍우** 속에서 하나님을 바라보면서, **어둠** 속에서 하나님을 빛으로 인식하면서 서 있는 것이다. 오직 그분의 **거친** 손길만을 느끼면서도 하나님을 사랑하며 거기 서 있는 것이다. 오직 강력한 기억만이 우리가 개인적으로 감당할 수 있는 (우리가 선한 일을 위해, 예컨대 그리스도교를 위해 그런 것을 감당한다고 할 때도 마찬가지인데, 그도 그럴 것이, "선한 일"이 곧바로 하나님의 일은 아니기 때문이다) 바로 **그것**이리라. 그 기억은 하늘과 |285| 땅을 아우르는 "현재의 고난"(8:18)에 대한 기억이다. 영원은 아니지만 아직 태어나지 않은 영원을 품고 있는 이 시간 속 인간의 삶은 고난이 드리워진 삶이다. 어두운 망토가 드리워진, 빼든 칼이 드리워진, 높이 솟은 담벼락이 드리워진 삶이다. **우리의** "삶" 자체는 의심스러운 것이다. 이 의심스러움이 지양될 수 없는 까닭은, 그것이 유한한 **인간적인** 삶의 개념에 필수적이기 때문이다. 우리가 우리 실존의 시간적 제약으로, 우리의 자연적 토대의 답답함과 먹먹함으로, 크고 작은 고통으로, "고통스럽게 지니고 다녀야 할" 지상 생활의 쓰레기[57]로 경험하는 모든 것이 사실은 우리 인간의 본질인 유한성의 그림자에 불과하다. 우리가 때로는 여기서 때로는 저기서 우리의 최종적 울타리와 맞닥뜨린다는 사실, 이것이 우리의 다양한 고난 속에서 **가장 본질적인** 고통이다. **바로 여기에** 인간을 향한 하나님의 질문이 있으며, 우리를 위한 하나님의 대답이 있다는 사실이 우리에게 숨겨진 채로 있어야 하는가? 영 안에서는 숨겨진

57 J.W. von Goethe, *Faust II*, V. 11954f.(5.Akt, 탄광).

채로 있을 수 없다. 우리는 영 안에서, 우리 인생의 의미가 고난 속에서 알려진다는 사실을 알 수 있다. 고난, 곧 알면서 감당하는 고난은 영 안에서 하나님의 영광으로 들어가는 발걸음이 될 수 있다. 이렇게 숨겨져 있지 않음, 이렇게 고난 속에서 하나님에 관해 아는 것Wissen von Gott ad은 우리를 위해 하나님이 행하신 것이다. 그것 자체를 파악하는 것, 그래서 진리를 진리되게 하는 것은 우리가 하나님의 자녀요 그 자체로 그분의 영광의 상속자라는 사실에 대한 증거, 곧 영과 능력의 증거[고전 2:4]다.

18-25. 18 생각하건대 현재의 고난은 장차 우리에게 나타날 영광과 비교
할 수 없도다. 19 피조물이 고대하는 바는 하나님의 아들들이 나타나는 것이
니 20 피조물이 허무한 데 굴복하는 것은 자기 뜻이 아니요 오직 굴복하게
하시는 이로 말미암음이라. 21 그 바라는 것은 피조물도 썩어짐의 종노릇 한
데서 해방되어 하나님의 자녀들의 영광의 자유에 이르는 것이니라. 22 피조
물이 다 이제까지 함께 탄식하며 함께 고통을 겪고 있는 것을 우리가 아느니
라. 23 그뿐 아니라 또한 우리 곧 성령의 처음 익은 열매를 받은 우리까지도
속으로 탄식하여 양자될 것 곧 우리 몸의 속량을 기다리느니라. 24 우리가 소
망으로 구원을 얻었으매 보이는 소망이 소망이 아니니 보는 것을 누가 바라
리요.* 25 만일 우리가 보지 못하는 것을 바라면 참음으로 기다릴지니라. |286|

"생각하건대 현재의 고난은 장차 우리에게 나타날 영광과 비교할 수 없도다." "이제 바울은 다시 입을 열어, 그런 고난 속에 있는 그리스도인들을 위로한다. 그 역시 그런 고난을 경험하고 그 문제를 정확하게 알고 있는

* 나는 24절을 리츠만[58]처럼 이렇게 읽는다. ὃ γὰρ βλέπει τις, τί καὶ ὑπομένει. 언뜻 보기에 낯선 독법이지만 25절의 마지막 단어들을 보면 이해가 된다.

58 Lietzmann, S. 82.

사람으로서 말을 하는 것이다. 게다가 그는 이 세상의 삶에 관해서는 그것을 그저 힐끗 쳐다보거나 채색을 입힌 창문을 쳐다보듯이 말하지만 오히려 저 세상의 삶에 관해서는 또렷한 눈으로 쳐다보듯이 말하고 있다. 그가 세상에는 등을 돌리고 온통 미래의 계시만 바라보고 있는 모습을 보라. 마치 지상의 어디서도 불행과 비탄을 보지 못하고 오직 기쁨만을 보고 있는 것 같다. 지상의 모든 고난으로는 겨우 물 한 방울, 작은 불꽃을 만들지만, 우리가 소망해야 할 저 영광으로는 끝없는 바다와 거대한 화염을 만든다"(루터).[59] 우리는 인간적인 일들을 정말 엄청난 것으로 보는 이런 관찰 방식의 의미에 대해 어떤 해명을 하지 않을 수 없다. 이것은 기존의 관찰 방식을 과도하게 심화하거나 고양시키는 것일 수 없다. 고통을 내재적으로 무시하거나 고통의 존재를 누그러뜨리거나 그것을 (예컨대 "이생"의 고난을 상쇄하거나 거기에 필적하는 "내생"의 조화를 가리킴으로써) 위로하기 위한 해석일 수도 없다. 그런 시도는 잘 알려진 대로 사소한 치통에도 무너진다. 그러니 모든 인생의 모든 순간에 가혹하고 엄정한 현실로 다가오는 출생·질병·죽음·기아·전쟁, 인간의 운명과 민족의 운명에 대한 진지한 성찰 앞에서는 여지없이 무너져 내린다. 극히 사소한 통증도 그렇지만, 우리 인생의 크나큰 고통 뒤에는 정말 그 인생의 유한성의 문제가 뜨겁게 타오르고 있기 때문이다. 우리는 어떤 모습으로 그것과 만나야 할까?[ae] 우리가 그것 앞에서 시도하는 모든 대답, 모든 위로는 비논리적이고 기만적이다. 그것은 **우리**가 바로 그 문제*wir* sind es, die[af] **로부터** 나왔으며, 그 문제

59 Eberle, S. 131. 바르트 소장본에 밑줄이 그어져 있다. *Predigt über Röm. 8,18-22*(1535년 6월 20일), WA 41,303,3-6.9-11.35-38. (Eberle [und WA]: "einer, der erfahren"; "als sehe"(zweimal); "gemalt Glas".-Eberle: "jener Herrlichkeit, die wir"; WA: "jhener herrligkeit, der wir").

를 벗어날 수 없기 때문이다. 우리의 세상 너머에 있는 무한한 신적인 조화를 생각한다 해도 전혀 달라질 게 없다. 그도 그럴 것이, **우리**가 기껏 생각해 낼 수 있는 무한이란 우리의 유한함을 기초로 그린 무한함, 그러니까 고작 무한한 유한일 뿐이다. **우리**가 가정하는 조화란 우리의 부조화와 짝을 이룬 것이며, 우리의 광야 방랑 생활의 신기루Fata Morgana일 뿐이다. 또한 **우리**가 생각하는 하나님, 곧 "더 나은" 저 세상에서 보상과 타협을 주관하는 하나님이란 거짓 신이며, 이 세상의 신이며, 인간의 형상에 따라 만들어진 신일 뿐이다. 그래서 이런 하나님은 예컨대 이반 카라마조프가 만난 하나님처럼[60] 인간의 비판과 거절에서 헤어 나올 수 없다. 하지만 우리의 유한성의 문제는 상대적인 해법이 아니라 절대적인 해법, **우리의** 생각을 뛰어넘는 해법을 찾고자 부르짖는다. 이 문제는 진정한 하나님, 알려지지 않은 하나님을 찾고자 부르짖는다. **그분의** 위로를 얻고자 부르짖는다. 그 위로는 지금 이 시간의 고난과 |287| "비교할 수 없다." **그분의** 위로는 그 어떤 '여기'하고도 비교할 수 없는 모습으로 마주 서 있는 '저기'이기 때문이다. 위로를 찾는 일은, **우리에게는** 아무런 위로도 **없다**는 사실을 우리가 인지함으로 시작된다. 위로를 주는 일은, 우리가 오히려 **고통을 안겨 주는** 위로자[욥 16:2]일 때가 너무나 많다는 사실을 고백함으로 시작된다. "그러므로 이때 성령께서 선생님이 되셔서 마음속에 위로해 주셔야 한다"(루터).[61] 그 위로는 유례를 찾아볼 수 없는 새로운 **헤아림**[산정, 계산]의 방식 *Rechnungsweise*이 도입됨으로써 우리 삶에 다가온다. 이상하게도 차가운 느낌

60 이 책 636쪽, 각주 55.

61 Eberle, S. 131. 바르트 소장본에 밑줄이 그어져 있다. *Predigt über Röm. 8,18-22*(1535년 6월 20일), WA 41,306,16f.

을 주는 이 표현을 우리는 이미 적용한 바 있다(3:28, 4:3). 그래서 우리가 다시 한 번 기억하게 되는 것은, 이 표현이 다양한 인간적인 관찰 방식의 대열에 잇대어 서고자 하는 또 하나의 관찰이 아니라는 사실이다. 오히려 이 계산은 모든 인간적인 관찰 방식의 **총합계**에 대한 계산이다. 그리고 이 총합계를 오직 하나님 한분만이 세워 놓으신 계산서에 집어넣는 것이다. 이것은 "sub specie aeterni"[영원의 관점에서][62] 이루어지는 관찰이며, 하나님의 입장에서 보는 것이다. 이것은 인간의 행위가 아니라 오직 하나님의 행위로 설명될 수 있으니, 이는 그것이 믿음의 행위이기 때문이다. 만일 **우리**가 하나님을 헤아리려고 하고 하나님의 입장에서 보려고 한다면 결코 바울의 결론에 도달할 수 없으며, 한 사람도 예외 없이 욥의 결론에 이르게 된다. 폭풍우 속에서 하나님께서 그와 더불어 말씀하시기 **전**의 욥 말이다[욥 38-40장]. 그러므로 내가 "나는 하나님을 헤아리려고 한다"라고 말하면, 그 문구에는 절대적인 비약이 숨겨져 있는 것이며, 그 문구에서 온전히 표현되지 못한 진리는 오히려 **하나님께서 나를 헤아리신다**는 사실에서 찾을 수 있다. 그러나 이것은 (우리가 아닌!) 우리가 진리를 진리되게 할 때, (우리가 아닌!) 우리가 영과 능력의 증거[고전 2:4]를 행할 때, 하나님이 행하신 일과 십자가의 물음과 대답을 그 자체로 파악할 때(8:17b) 도달하게 되는 결론이다. 그러면 우리는, 우리가 살고 있는 **시간**을 딱 꼬집어 **"지금**의 시간"[현재]이라 특징짓게 된다. 다시 말해 그 시간이란 주어진 현실의 바다, "지금"이라는 해저의 섬, 신적인 계시와 진리라는 해저의 섬을 완전

62 "영원의 관점에서"(sub specie aeterni/aeternitatis)라는 표현은 스피노자에게서 나온 것으로서(*Ethica* 2,44, Cor.2; 5,22,29) 키르케고르의 글에도 자주 등장하며(Kierkegaard, Abschließende Nachschrift, S. 168.268 [SKS 7, S. 81.176]; Kierkegaard, Einübung, S. 110 [SKS 12, S. 128]) 초기 바르트에게서도 나타난다(Römerbrief I, S. 68).

히 뒤덮은 바다, 그러나 그 계시와 진리가 가시적인 해수면 아래에서 손상되지 않은 채 완전하게 보존되어 있는 바다인 것이다. 왜냐하면 진리는 바로 지금(3:21)이고, 모든 시간 바깥에 있는 순간이기 때문이다. 바로 그 순간 인간은 하나님 앞에 벌거벗은 채로 서 있다. 그 순간은 다른 순간들 곁에 있는 어떤 순간이 아니며, 바로 우리가 유래한 지점, 곧 십자가에 달려 죽으시고 부활하신 예수 그리스도다. 모든 순간들의 순간, 바로 그 순간의 전후에 있는 것, 연장되지 않는 그 지점이 평면으로서 포괄하고 있는 것, 그것이 곧 시간이다. 바로 이런 지금에서, 영원에서 그것의 부정으로 시간이 생성되나니, 이 시간은 언제나 존재했던 과거요 언제나 새롭게 다가오는 미래다. 그 순간이 은폐하고 있는 것[과거] 그리고 [ag]그것이 지시하는 것[미래]에 따라 시간은 측정되며und worauf sie hinweist, woran sie [ag], |288| 그 순간이 없다면 시간도 없을 것이다. 우리는 그와 같이 은폐하고 지시하는 것에 따라 시간을 "지금의 시간"[현재]이라 부른다. 사실이 이렇다는 것, 우리가 살고 있는 시간이 영원을 자기 안에 감추고 있다는 것, 그것을 간직하면서 거기에 관해서는 침묵을 지키고 있다는 것, 그러나 바로 그 때문에 그 영원에 관해 말할 수 있게 된다는 것을 우리는 인식하게 된다. 만일 우리가 우리를 위해 하나님이 행하신 일에 힘입어, 십자가의 물음과 대답에 힘입어, 지금이라는 절대적 현재로부터 **유래**한다면, 그리고 바로 여기서 하나님께서 분명히 우리를 헤아리시고, 이로써 우리가 그분을 헤아릴 수 있도록 해주신다면 말이다. 만일 우리가 "영으로 인도함을 받아"(8:14) '아바! 아버지!'라고 부른다면(8:15), 그러니까 우리가 스스로 하나님의 자녀(8:16)요 그분의 영광의 상속자(8:17)임을 증명한다면, 아니 이미 그런 권한이 부여되었다면, 그렇다면 우리는 예수 그리스도의 날, 아직 동트지는 **않았으나** 한없이 가까운 그날의 그림자 안에서 우리 인생의 날이 전개되고 있음

을 본다. 지금의 그림자 안에서 시간이 펼쳐진다. 하나님의 그림자 안에서 인간의 일이 진행된다. 자, 다시 한 번 묻자. 이런 맥락에서 볼 때, 시간 속 우리의 삶에서 도무지 간과할 수도 없고 그렇다고 예견할 수도 없는 중요한 특징인 **고난**은 어떻게 봐야 하는가? 저 '지금' 안에서[in ah] 시작된 것, 곧 하나님의 영광에 가까이 가는 것에 대한 방해 혹은 거부가 "비교할 만한 비중을 차지하게 됨"을 뜻하는 것은 분명 **아니**다. 그 '지금' 안에서, 영 안에서, 예수 그리스도 안에서는 바로 그것, 곧 고난, 알면서 당하는 고난이 깨달음과 구원의 문이 되기 때문에, 바로 **그렇기 때문에** 아니다. 우리로 하여금 '함께 고난받는 자'가 되게 하시는, 다시 말해 그리스도와 "연합한 자"(6:5)가 되게 하셔서 우리를 새로운 인간의 눈에 보이지 않는 자유와 영광 안으로 끌어들이시는 하나님의 **그** 행하신 일이 아니라면, 도대체 하나님은 어떻게 우리를 헤아리시며, 어떻게 스스로의 의로움을 드러내시며, 어떻게 그분의 영이 우리로 하여금 '아바! 아버지!'라 외치게 하며, 어떻게 시간이 영원의 부정이 되며, 어떻게 인간이 자신의 한계와 맞닥뜨리고 이로써 자신에게 주어진 탈출구와 마주하게 되며, 어떻게 영과 능력의 증거[고전 2:4]가 이루어지겠는가? '지금'이라는 시간의 고난은 예수 그리스도 안에서 **이미** 비교할 수 없이 큰 비중을 차지하게 되었다. 그 고난은 시간 속 우리의 삶을 특징짓는 것일 뿐 아니라, 그 삶에 한계를 긋는, 아니 그 삶을 지양하는 영원한 생명의 특징이 된다. 우리가 그 안에서 살아가고 고난을 당하는 그 시간은 [영원한] '지금'의 시간, 곧 그 고난 속에서 우리에게 계시되는 영광의 시간이다. **그렇기 때문에** '지금'이라는 시간의 고난은 비중을 차지하지 못한다. 하나님의 영광은 분명 그 고난의 신비 속에서, 오직 그곳에서만 계시된다. 그런데 그 계시는 우리가 하나님 때문에 그 고난을 안 보려고 할 수 있는 곳이 아니라 오히려 하나님 때문에 반드시

그 고난을 제대로 봐야 하는 곳에서만 일어난다. 우리가 그 고난을 죽음에서 생명으로 옮겨 가는 발걸음, 움직임, 돌이킴으로 볼 수 있을 때에만 계시된다. 그 고난이야말로 우리가 그리스도를 볼 수 있는 곳에서만 계시된다. 고난을 보고 그냥 지나치는 것은 그리스도를 보고 그냥 지나치는 것이리라. 왜 우리가 고난을 당해야 하느냐고 묻는 것은, [왜 그리스도께서 고난을 당해야 하느냐는] 똑같은 질문이 |289| 우리를 향해 들려오건만 그 질문을 흘려듣는 것이리라. 우리가 고난을 이해할 수 없고 견딜 수 없고 극복할 수 없으며 고난으로부터 좋은 결실을 낼 수 없다고 대답하는 것은, 우리에게도 똑같은 문제가 있을 때 [그리스도께서도 자신이 당하신 고난에서 그러실 수] "없음"이라고 하신 하나님의 대답을 흘려듣는 것이리라. 이것이야말로 고난의 신비요 계시, 곧 하나님이 하나님 되시고자 하고 하나님이신 계시, 우리가 이러한 그분의 의지와 존재를 인식하고 사랑하지 않을 수 없는 계시인 것이다. 하나님의 자녀는 고난을 보고 그냥 지나치지 **않는다. 그렇게** 묻지 **않는다. 그렇게** 대답하지 **않는다**. 왜냐하면 그가 들은 하나님의 물음과 질문은 **바로 그렇게** 들리기 때문이다. 그는 고난 **속에서**, 곧 모든 인간적 물음과 대답의 뿌리에서 진리의 음성을 듣는다. 그는 "모든 것 안에서 희망 없는 밑바닥까지 보려고 한다"(니체).[63] 바로 거기에 소망이 있기 때문이다. "Ave *crux* unica spes mea!"[**십자가**여, 나의 유일한 소망이여][64] "만

63 Fr. Nietzsche, *Unzeitgemäße Betrachtungen*, Drittes Stück: *Schopenhauer als Erzieher*, NW, 2. Bd., Leipzig, o.J., S. 279f.(NWKG, 3. Abt., I. Bd, Berlin/New York, 1972, S. 371, Z. 9-12). "영웅적 인간은 자신의 행복과 불행을 무시한다.……그는 그 자체로 아무것도 바라지 않으며 모든 사물 속에서 이 절망적인 바닥까지 보려고 한다."

64 베난티우스 포르투나투스(Venantius Fortunatus, 535-610)의 십자가 찬송가 'Vexilla Regis prodeunt'의 6절 앞부분, 로마가톨릭교회의 사순절 저녁 찬송가. 'O crux, ave, spes unica.'

일 네가 예수 그리스도와 함께 공동 상속자, 그의 형제가 되기를 원하고, 그와 똑같이 되기를 원하면서 함께 고난은 당하지 않고자 한다면, 분명히 그분은 심판 날에 너를 형제로 여기거나 공동 상속자로 여기지 않으실 것이다. 오히려 너에게 너의 가시관, 십자가, 못, 채찍은 어디 있느냐고 물으실 것이다. 그분 자신, 그분의 육신 전체가 세상 처음부터 혐오 그 자체였던 것처럼 너도 온 세상에게 그런 존재였느냐고 물으실 것이다. 네가 그런 것을 증명할 수 없다면 그분은 너를 자기 형제로 여기실 수 없으리라"(루터).[65] "옛 사상가들은 온 힘을 다해 행복과 진리를 탐구했다. 자연의 짓궂은 원칙에 따르면 그는 자신이 찾는 것을 결코 발견하지 못한다고 되어 있다. 그러나 모든 것 속에서 진리가 아닌 것을 찾고 불행과 자발적으로 친구가 되는 자에게는 아마도 다른 기적이 실망을 마련해 놓고 있을 것이다. 말할 수 없는 어떤 것이—그것에게 행복과 진리란 단지 우상과 같은 밤의 형상들에 불과하다—그에게 가까이 다가오고 지구는 무게를 잃으며 지상의 사건과 권력은 꿈같이 되어, 여름의 황혼처럼 그의 주변에 변용이 일어난다. 그것을 바라보는 자는, 마치 그가 깨어나기 시작하여 떠다니는 꿈의 구름만이 그의 주변에서 노니는 것 같은 생각이 들 것이다. 이 구름도 언젠가 사라질 것이다. 그때가 바로 낮이다"(니체).[66] 앞을 보지 못하고 말도 못하는, 그러나 바로 그렇기 때문에 보고 말하면서, 물음도 없고 대답도 없는, 그러나 바로 그것으로써 묻고 답하면서 고난을 당하는, 그러나 바로 그것을 통

65 Eberle, S. 132. 바르트 소장본에 밑줄이 그어져 있다. *Predigt über Röm. 8,18-22*(1535년 6월 20일), WA 41,304,13-20. (Eberle [und WA]: "So du willst ein Miterbe sein des Herrn Jesu Christi und nicht mit leiden und Sein Bruder sein und Ihm nicht gleich werden."-"Miterben erkennen."-"Wo du denn." -"für seinen Bruder halten können.")

66 Fr. Nietzsche, a.a.O., NW, S. 280(NWKG, S. 371, Z. 16-28).

하여 승리의 행진을 하면서 하나님의 자녀들은 아버지를 인식하고 사랑한다. 왜냐하면 그분의 "영광이 그들에게서 계시될 것"이기 때문이다. **그렇게 될 것이다**. 이것이 그들의 큰 곤경이다. **그렇게 될 것이다**. 이것이 그들의 소망, 끝없이 더 큰 소망이다. 여기서도 부활의 미래가 우리에게 상기시켜 주는 것이 있으니, 그것은 우리가 이 모든 것에서 인간의 어떤 가능성에 관하여 말한 것이 아니라 하나님에 관하여 말했다는 사실이다.

"**피조물이 고대하는 바는 하나님의 아들들이** |290| **나타나는 것이니**." 우리가 살고 있는 시간이 신적인 '지금'의 시간이라는 사실, 그 시간은 아직 태어나지는 않았지만 생생하게 살아 있는 어떤 영원한 미래를 자신의 품에 간직하고 있다는 사실, 이것은 모든 시간적인 것과 모든 피조물과 모든 사물이 증언하는 진리다. 인간은 있는 그대로의 자기 존재에 대한 뿌리 깊은 불안을 안고 살아가며, 있는 그대로가 아닌 자기의 존재에 대한 무한한 갈망을 품고 살아간다. 만일 그런 인간을 바라보는 **다른** 눈, 그러니까 **같은** 불안과 갈망 속에 있지만 한 걸음 더 나아가, [ai]곧장 **그를** 향한 물음을 가지고 **그를** 응시하는die sich direkt an *ihn* wendet [ai] 눈이 없다면, 인간이 자신의 눈을 어디로 돌릴 수 있단 말인가? 인간은 고난당하는 **세상** 속에서 **자신의** 고난을 안고 존재한다. 진지하게 자신의 삶을 바라본다면 그 누구도 이 사실을 외면할 수 없다. 분명하게 눈에 보이는 외부 세계의 거친 대상성, 생소성, 상이성, 그 외부 세계의 분열과 병존과 충돌이 있는데, 거기에 수수께끼처럼, 압도적으로, 위협적으로, 적대적으로 마주 서 있는 다른 세계, 인간이 적어도 어떤 문제로 자기 안에 안고 있는 내면의 세계, 눈에 보이지 않는 세계가 있다는 사실 때문에 고통스러워하는 사람이라면, 저 밖에도 직접적인 삶이 존재하는 것이 아니라 주어진 것들, 간접적인 것들, 제한된 것들, 미심쩍은 것들로 이루어진 코스모스(우주적 세계)가 있을 뿐이라는 사실을

영원히 숨길 수 없다. 인간이 자기 자신에게 문제가 될수록, 인간이 **자기** 생애의 근본 현실인 고난에 혹독하게 부딪칠수록, 또한 그리스도교의 질긴 영향력 때문에 가시채를 뒷발질하는(행 26:14) 헛된 저항이 더 어려워지고, 자기가 **인간**이라는 사실을 잊는 것과 인간이 **어떤** 그늘 아래 있는지를 잊는 것이 더 어려워질수록, 그럴수록 인간은 자기를 둘러싸고 있는 코스모스에 더 집중하게 된다. 그럴수록 그것과 더욱 강력한 연대감을 느끼게 된다. 그럴수록 더 격렬하게 그 우주의 비밀을 알고자 전진 또 전진한다. 저 빙하(그 빙하의 경계선에서는 괴테조차 멈춰야 했던![67]), 사막, 북극, 바닥 없는 대양, 길 없는 창공, 무한히 큰 것과 무한히 작은 것의 심연, 수백만 년을 지나온 자연의 무시무시한 사건, 인간 역사의 그 허망함과 가련함, 그리고—유능한 전문가들의 믿을 만한 증언에 따르면—우리의 비실존적인 실존의 잠재의식적이고 은밀한 늪 바닥에서 펼쳐지는 그 모든 부조리한 일들을 경험하려는 욕구, 현대인의 이상한 욕구는 어디서 왔겠는가? 직접적으로 살아가고 있는 사람, 부서짐을 맛보지 않은 사람이라면 정말 경험하고 싶지도 **않고** 알고 싶어 하지도 **않을** 그런 수많은 일에 대한 경험과 앎을 뒤쫓는 그 이상한 욕구는 어디서 왔겠는가? 그런데 그렇게 더욱 근본적으로 더욱 완벽하게 우주를 경험하려는 시도가 인간 자신의 문제성을 감소시키지는 못하고 오히려 더 급격하게 강화시키고 마는 역행 현상

67 바르트는 1779년 괴테의 두 번째 스위스 여행을 생각하고 있다. 그때 괴테 일행은 제네바 쪽에서 "사부아 얼음 산맥의 경이로움"을 보았다. 거기서 "얼음 바다에도 발 디뎌 놓을까" 했을 때, "마치 파도처럼 생긴 수정 절벽 길로 수백 걸음이나 돌아서 갔다." "그러나 아무래도 이 미끄러운 바닥이 탐탁치는 않았다." "그래서 우리는 다시 산장 있는 곳으로 올라와서 어느 정도 쉰 후에야 다시 출발을 할 수 있게 되었다"(1779년 11월 중순 Ch. von Stein에게 보낸 글 [Goethes Werke. Weimarer Ausgabe, IV. Abth., 4. Bd., Weimar 1889, S. 122, 131f.]).

은 왜 일어나는 것일까? 어떤 |291| 거대한 눈이 우리를 주시하고 있다는 사실, 우리의 탐구하는 눈과 진기하게도 닮아 있지만 우리의 눈보다 몇백 배 더 깊이 탐구하는 눈, **저 위에 있는** 눈이 우리의 눈을 주시하고 있다는 사실, 내부와 외부가 한 맥락 안에 있다는 사실, 쩍 벌어져 있는 심연의 양쪽이 서로를 제약하고 있다는 사실, 주체와 객체의 모든 대립성 가운데 공통의 물음표가 있다는 사실, 이것은 실수로 지나칠 수 있는 일이 아니다. "성 바울은 날카로운 사도의 눈으로 모든 피조물 안에 있는 사랑의 거룩한 십자가를 보았다"(루터).[68] 직접 인간을 향하고 있는 하나의 질문, 바로 그 질문이야말로 저 위에서 발견되는 깊은 관심의 시선에 담긴 의미다. **인간**은 본다. **그는** 탐구한다. **그는** 발견한다. **그는** 경험한다. **그는** 안다. **그의** 우주는 이 우주이며, 그가 자연과 역사 속에서 찾는 것은 **그의** 평안함이다. 그런 그가 치명적인 필연성 속에서 도처에서 마주하는 것은 **그의** 불안함이다. 피조물과 원소들의 음성, 이 세상과 배후 세상의 음성, 이 시간들과 태고의 음성은 그것들의 언어가 요구될 때면 금세 신기하게도 인간의 목소리처럼 울려 퍼진다. 그 목소리들은 아름다움과 경악에 관하여, 전쟁과 평화에 관하여, 삶과 죽음에 관하여, 유한과 무한에 관하여, 선과 악에 관하여 말한다. 말하되 마치 양극의 모습을 다 가진 인간이 그 자연들 중에서 첫째인 것처럼, 그것들의 근원인 것처럼 말한다. 마치 자신들의 고난이 그의 고난이고, 그의 질병은 자신들의 질병인 것처럼 말한다. "자연 전체가 인간에게 달려갈 때, 그 음성은 암시한다. 곧 자연이 이 동물적 삶의 저주로부터 구원되려면 인간이 필요하고, 마침내 인간 안에서 현존재가 자신

68 Eberle, S. 135. 바르트 소장본에 밑줄이 그어져 있다. *Predigt am 4. Sonntag nach Trinitatis, nachmittags* [2. Predigt über Röm. 8,18-22](1535년 6월 20일), WA 41,311,15f.

을 반성反省하게 되었는데, 그것을 근거로 하여 삶은 더 이상 무의미하지 않고 형이상학적 의미를 가진 모습으로 나타난다고 한다. 그러나 우리는 곰곰이 생각해야 한다. 어디서 동물이 그치고 인간이 시작되는가! 자연이 중시하는 저 인간 말이다.……대체로 우리는 동물성에서 벗어나지 못한다. 우리 스스로가 동물이다. 무의미하게 고통을 당하는 것처럼 보이는 동물이다. 그러나 우리가 어떻게든 이를 파악하는 순간이 온다. 그러면 구름이 산산이 흩어지고, 우리는 **우리 스스로 모든 자연과 함께 인간에게로 달려가는 것을, 마치 우리 위에 높이 서 있는 어떤 것에게 달려가듯이 달려가는 것**을 본다.……그러나 우리는 동시에 느낀다. 깊은 자성自省의 순간을 오래 유지하기에 우리는 너무 약하다는 것을, 또 **온 자연이 자신을 구원해 달라고 몰려들 대상이 우리 인간이 아니라는 것을**. 이것은 우리가 한 번이라도 머리를 쳐들고 얼마나 깊은 강물 속에 빠져 있는지를 알아채는 것만으로도 충분하다. 그런데 이런 일조차, 한순간 물 위로 떠올라 깨어나는 일조차 우리 힘만으로는 할 수 없다"(니체).[69] 피조물[피조물의 관심Aufmerksamkeit]은 **하나님의 아들들**의 나타남을 **기다리고 있다**. 이것이 진리다. 그것은 우리와 **함께** 기다린다, 아니 **우리를** 기다린다. |292|

"피조물이 허무한 데 굴복하는 것은 자기 뜻이 아니요 오직 굴복하게 하시는 이로 말미암음이라. 그 바라는 것은 피조물도 썩어짐의 종노릇 한 데서 해방되어 하나님의 자녀들의 영광의 자유에 이르는 것이니라." "이 세상의 요소들, 부분들 가운데서—그것의 현재의 탄식을 인식할 때 파악할 수 있

69 Fr. Nietzsche, a.a.O., NW, S.283.285(NWKG, S. 374, Z. 7-14.19-24; S. 376, Z. 6-12) 바르트의 강조, 니체의 강조는 고려되지 않았다.

는 것처럼—부활을 바라지 않는 것은 없다"(칼뱅).[70] 불안과 갈망의 근거, 곧 모든 피조물을 통해 우리를 바라보고 있는 그 "허무함"은 이런저런 고통이나 잔혹, 결점이 결코 아니다. 그런 것에 달라붙어 있는 직접적인 우려스러움의 총계도 아니다. 오히려 그것은 그저 피조성 그 자체, 삶의 직접성의 명백한 결여, 부활에 대한 충족됨 없는 소망이다. 그도 그럴 것이, 힘과 질료[71], 생성과 소멸, 형성과 와해의 영원한 대립, 생존에 대한 열망과 죽음의 필연성 사이의 영원한 대립이 어떻게 직접적이고 실제적이고 영원한 생명이 될 수 있겠는가? 미생물로부터 공룡에 이르기까지, 신학 학파의 최고 권위자에 이르기까지 **모든** 피조물이 처한 상황, 우리가 생명으로서 알고 있거나 (생명으로 알고 있는 것에서 유추하여) 생명인 것처럼 상상할 수 있는 **모든 것**이 처한 상황, 곧 "썩어짐의 종 노릇"이 어떻게, 어떻게 **그것**이 직접적이고 실제적이고 영원한 생명이 될 수 있겠는가? 인간은 (특히 서구인은) 극악무도한 낙관주의 속에서 그 허무함을 보지 **않으려는**, 그 창조 생명의 부재를 보지 **않으려는** 서글픈 용기를 보이고 있다. 우리가 언제나 또다시 발견하게 되는 그런 용기는 도대체 어디서 왔는가? 그 허무함, 그 부재는 모든 피조물의 아름다움(예컨대 어떤 인간의 몸의 아름다움)이나 추함을 통해, 장엄함(예컨대 큰 산들의 장엄함)이나 비참함을 통해, 빛(예컨대 달빛이나 어떤 새로운 책의 빛)이나 어둠을 통해 말하고 있다. 우리가 청각 장애인이라서 아예 못 듣는다면 모를까, 그것들은 계속해서 그렇게 말

70 Calvin, col. 152. "Nullum esse elementum nullamve mundi partem, quae non veluti praesentis miseriae agnitione tacta in spem resurrectionis intenta sit".

71 "힘과 질료"라는 표현은 추측컨대 루트비히 뷔히너(Ludwig Büchner)의 유명한 논문 *Kraft und Stoff. Empirisch-naturphilosophische Studien. In allgemein-verständlicher Darstellung* (1. Auflage Frankfurt a.M. 1855, 21 Auflage Leipzig 1904)을 기억나게 한다.

할 것이다! 우리는 우리가 파악할 수 있는 생명, 곧 사이비 생명에 대한 외경을 버려야 한다[『교회 교의학』 III/4에서 서술된 슈바이처의 생명 경외에 대한 비판과 비교할 수 있다]. 그런 외경을 가지고는 코스모스의 신적인 신비에 제대로 응할 수 **없다**. 우리의 눈에 보이지 않는 하나님의 우주 안에서 알게 되는 그 "분명히 보여 알려짐"(1:20)을 우리는 되찾아야 한다. 그것은 피조물로 인하여 소스라쳐 놀라는 것, 유익한 놀람이다. 피조물이 가지고 있는 참혹함 때문에 놀람이 아니라 (그 덕분에 우리의 낙관주의적 몽상에서 깨어남으로써!) 그 참혹함 **그리고** 사랑스러움 앞에서 그 적나라한 **피조성** 때문에 놀란다. 이 피조성은 우리 자신의 피조성이 드러나는 거울이다. 그것은 이 피조성의 특징이 되는 영원한 대립 너머에 (질문으로!) 창조 안에 **창조**가 있고, 우주 안에 **하나님**이 계시기 때문이다. 만일 거기서 하나님을 찾지 못한다면 |293| 어디서도 하나님을 찾지 못할 것이요, "인생 긍정"의 도취 상태가 십중팔구 너무나도 설득력 있는 어떤 근거로 인해 싹 사라져 버리고 나면 그다음 날로 "인생 부정"이 들어설 것이다. 그리고 그 자체로 사악한 세상, "자기의 의지를 따르는" "허무한" 창조 세계, 혹은 데미우르고스[악한 창조자]의 의지를 따르는 "허무한" 창조 세계에 대한 탄식이 시작될 것이다. 이렇게 비관주의는 저 [aj]낙관주의의 필연적인 반쪽이다.Gegnestück zu jenem Optimismus aj 피조물의 "허무함"은 자기의 의지가 아니다. 맨 처음 질서와 함께 주어진 것도 아니다. 낙관주의자가 무시하든, 비관주의자가 발견하고는 그 즉시 왜곡해서 해석하든, 그 허무함은 진정 최종적인 것도 아니다. 피조물은 "굴복하게 하시는 이로 말미암아" 허무함에 "굴복하였고" 그렇기 때문에 **"바라는 것"[소망]**이 있다. "굴복하게 하시는 이"는 하나님이다. 삶과 죽음, 빛과 어둠, 선과 악, 융성과 쇠퇴, 관념성과 물질성, 내면과 외면은 모두 **그분** 안에 숨겨져 있으며, 인간에게는 다만 계시될

뿐이다. 그 대립되는 것들이 **그분**에게서 갈라지나니 그 대립은 저 허무함의 본질이요 특징이다. 지금 인간을 비롯하여 모든 피조물이 처한 고난은 **그분의** 행위, **그분의** 물음, 또한 **그분의** 대답이다. 그런데 바로 그렇기 때문에 "바라는 것"이 있다. 우주의 "허무함"이 근본적으로는 눈에 보이지 않는 **타락**, 다시 말해 피조물이 창조주에게서 떨어져 나온 것으로 파악되는 곳, 낙관주의와 비관주의의 저편, 바로 거기에 소망도 있다. 그 소망은 그리스도의 십자가와 부활을 통해 회복된 하나됨, 곧 창조주와 피조물의 눈에 보이지 않는 하나됨이다. 저 철저한 종노릇에 대한 인식은 자유에 대한 인식이기도 하며, 썩어짐에 대한 공포는 썩지 않음에 대한 소망이기도 하다. 최후의 '멈춰!'는 최초의 '전진 앞으로!'이기도 하다. 그리스도 안에서, 곧 영 안에서 말이다. 하나님은 **하나님**이시고, 진리는 죽음**에서** 생명**으로** 나아가는 발걸음, 움직임, 돌아섬이기 때문이다. 있는 그대로의 내가 아닌 나, 새로운 인간, 하나님의 자녀가 기다리되 탄식하며 기다리는, 그러나 복되게 기다리는 자유, 곧 영광 속에 있는 자유는 약속된 것이다. 그런데 여기에는 몸도 참여할 수 있고, 있는 그대로의 인간도 자신의 세계와 더불어 참여할 수 있다. 이것은 복된 세상, 창조의 세상, 그 생명의 세상이 하나님의 자녀인 나에게 약속된 유산이기 때문이다. 만일 인간이 자유롭다면 이 세상도 자유롭다. 인간이 하나님과 하나라서 자기 자신과도 하나라면, 이 우주 안에도 이것**과** 저것, 안**과** 밖, 생성**과** 소멸이라는 것이 존재하지 않는다. 하나님의 아들들이 나타나면, "또 그들이 나타남으로써, 결코 도약하지 않는 자연이 단 한 번 도약한다. 그것도 기쁨의 도약을 한다. 자연이 이제 처음으로 목표에 도달했다고 느끼기 때문이다"(니체).[72] 세상도 영원하다. 곧 하나님 안에서 영원함이다. 새 하늘과 새 땅의 세상[벧후 3:13], 아버지께서 |294| 아들을 통해서(고전 15:25-28) 아버지께 굴복하도록 만드신 세

상의 영원함이다. 그것을 알고자 하는 사람은—자기가 아무것도 모른다는 사실을 알면서—이미 그것을 알 수 있다. "진실로 대지는 치유의 장소가 되어야 한다! 이미 대지 주변에는 새로운 내음, 효능 있는 내음이 감돌고 있지 않은가. 그리고 구원을 가져오는 새로운 희망이!"(니체)[73]

우리는 무엇을 아는가? 우리는 하나님 앞에서 잠잠해야 할 필요가 있다는 것을 안다. 우리가 하나님의 영광에 관해 말한다면 그것은 결코 시간이 될 수 없는 미래를 의미한다는 사실을 안다. **"피조물이 다 이제까지 함께 탄식하며 함께 고통을 겪고 있는 것을 우리가 아느니라."** 모든 피조물, 곧 감춰진 것, 여전히 비밀로 남아 있는 것, 그래서 쉽게 알 수 없는 피조물도 마찬가지다! 지금 우리가 말하고 있는 것은 우리 앎의 이런저런 연장이나 확장이 아니라 우리 앎에 관한 앎이다. 우리는 우리가 무엇을 알든지, 또 무엇을 알게 되든지, 그것이 "탄식하는 것"이라는 사실을 안다. "고통을 겪고 있는 것", 제 근원에서 떨어져 나온 **사물**, 어떤 심연에 의해 절대로부터 끊어진 **상대**라는 사실을 안다. 우리가 무언가를 안다면 이는 우리가 그것을 사물로서, 상대로서 아는 것이기 때문이다. 그리고 바로 이것이 그것의 피조성Geschaffenheit이다. 그리고 바로 이 피조성이 그 "탄식"과 "고통겪음"의 원인이다. 우리가 아는 것은 모든 피조물, 시간 속에 있는 모든 것

72 Fr. Nietzsche, a.a.O., NW, S. 286(NWKG, S. 376, Z. 15-22). "이것이 진정한 인간, 더는 짐승이 아닌 인간, 철학자, 예술가, 성자들이다. 또 그들이 나타남으로써, 결코 도약하지 않는 자연이 단 한 번 도약한다. 그것도 기쁨의 도약을. 자연이 이제 처음으로 목표에 도달했다고 느끼기 때문이다. 거기서 자연은 목표를 가지는 것을 반드시 잊어야 한다는 사실을 파악하고, 생명과 생성의 놀이를 지나치게 즐겼다는 것을 파악한다."

73 Nietzsche, Zarathustra, Von der schenkenden Tugend 2, NW, S. 114(NWKG, S. 97, Z. 3-5). "진실로, 회복의 장소는 아직 이 땅이 되어야 한다! 그리고 이미 새로운 냄새가 그 주변을 감돌고 있으니, 그 냄새는 구원을 가져오는 냄새와 새로운 희망의 냄새이다!"

이 (우리는 지음받지 않은 것, 시간 속에 있지 않은 것에 관해서는 전혀 알지 못한다!) 자기의 영원한 존재를 영원한 미래로서 자기 안에 품고 있으며, 그것을 낳기를 원하지만 시간 속에서는 결코 낳지 못하리라는 사실이다. 우리는 이렇듯 소망 가득한 곤경과 곤경 가득한 소망의 보편성, 이구동성, 공통점을 알고 있다. 참된 사색은 이러한 앎의 근거를 밝혀내며, 그 앎을 진술하고 심화할 것이다. 그러나 거기서 다른 어떤 "더 높은" 앎으로 나아가는 일은 결코 없을 것이다. 왜냐하면 참된 사색은 진정으로 더 높은 앎, 곧 피조물이 아니라서 탄식하지도 않고 고통을 겪지도 않는 것에 관한 앎은 **하나님의** 앎das Wissen Gottes이라는 사실을 숙고하기 때문이다. 하나님은 하늘에 계시고 너는 땅에 있음이니라![전 5:2, 원서에는 5:1로 되어 있다] 바로 이것, 곧 하나님이 아시는 것을 알지 못함이 곧 하나님에 **관한** 앎das Wissen *von* Gott이다. 그것이 위안이고 빛이고 힘이며, 우리가 시간 속에서 갖게 되는 영원의 앎이다. 피조물은 "이제까지" 탄식한다. 이것은 그리스도 안에 나타난 진리를 말한다. 그리고 들을 수 있는 귀에다 대고 이 시간은 "지금의 시간"이며 영원의 시간이라는 것을 알려 준다. 만일 우리가 들을 수 있다면, 우리가 꼭 들어야 할 모든 것을 우리에게 말해 주는 탄식, 곧 피조물의 탄식일 텐데, 그것을 우리는 이미 들은 것인가? 만일 그리스도가 우리 안에 계시다면 그리스도께서도 우리에게 그것을 선포하리라! **이** 신비는 다른 모든 신비보다 신비롭지 않은가? "어떤 이성도 어떤 인간적인 지혜도, 그것이 제아무리 높고자 하여도, 이런 것을 생각하고 믿을 수 없다.……피조물 안에서 |295| 이 모든 것을 보는 것은 진정 사도적인 눈이요 영적인 눈이다"(루터).[74] "우

74 Eberle, S. 138. 바르트 소장본에 밑줄이 그어져 있다. *Predigt am 4. Sonntag nach Trinitatis, nachmittags* [2. Predigt über Röm. 8,18-22](1535년 6월 20일), WA 41,317,30f.37-318,2.

리는 안다." 도대체 우리는 뭘 더 알고자 하는가?

"그뿐 아니라 또한 우리 곧 성령의 처음 익은 열매를 받은 우리까지도 속으로 탄식하여 양자될 것 곧 우리 몸의 속량을 기다리느니라." 우리는 우리의 세계·피조물·시간적인 것·육체적인 것의 넓은 원에서 나와 가장 좁은 원으로 돌아간다. 객체에서 나와 관찰하는 주체로 돌아간다. 만일 그런 주체마저도 어떤 가시적인 객체라면, 그것[좁은 원으로 돌아가는 것]은 우리 자신에게 돌아가는 것이라 해야겠다. 다시 말해, **이 세상의** 인간에게 돌아가는 것이다. **이** 세상에서 몸을 입고 살아가는 인간 말이다. 거울 속에서 무언가를 묻는 시선으로 우리를 바라보고 있는 저 눈은 바로 우리의 눈, 모든 것을 바라보고 마지막으로는 자기 자신을 대상으로 바라보는 눈이다. 이 사람은 누구인가? 나는 누구인가? "성령의 처음 열매"를 소유한 사람이다. 그렇다. 율법이 영에서 나옴을 아는 사람이다(7:14). 눈에 보이는 것은 아니지만 예수 그리스도 안에서 일어난 속량[풀려남]에 힘입어 속량받은[풀려난] 사람이다(3:24). 눈에 보이는 것은 아니지만 진리에 사로잡힌 자, 진리의 선물을 받은 자, 진리에 이끌리는 자, 자유로운 사람, 하나님의 자녀다. 그렇지 않다면 내가 어떻게 고난을 당하겠는가? 어떻게 나의 현존재와 존재 상태의 압력 아래서 진정한 고난을 당할 수 있겠는가? 그렇지 않다면 내가 어떻게 '아바! 아버지!'라고 외칠 수 있겠는가? 그렇지 않다면 내가 어떻게 탄식하는 피조물의 탄식을 들을 수 있겠는가? 나는 새로운 인간으로서, 다가오는 세상의 시민**이다**. 나는 예수 그리스도 안에서 나타난 [영원한] '지금'의 빛 안에서, 내가 시간과 그 시간의 모든 내용에 대해 알아야 하는 것을 **안다**. 나는 구원받은 존재**이다**(8:24). 나는 거기서 왔다. 그런데 이제 어디로 갈 것인가? 나의 눈에 보이는 길, 그 길의 시작과 끝은 어디인가? 우리가 일체의 낭만주의에 맞서서 항상 기억해야 할

사실이 있으니, 그것은 부활 이편에서 우리의 인생이란 것이 최고의 가능성과 최저의 가능성, 가장 고귀한 가능성과 가장 저열한 가능성, 가장 의미심장한 가능성과 그야말로 명칭도 없는 가장 무의미한 가능성의 결합, 끝없는 복합체라는 사실이다. 예술, 학문, 도덕이 인간의 멋진 특징이다. 게다가 무한과의 하나됨을 향한 뜨거운 갈망도 있다. 맞다. 하지만 배고픔, 목마름, 성적인 충동, 졸음, 소화의 과정도 있다. 어디가 경계인가? 이 모든 것이 얽히고설켜 있는 것 같다는 인상으로부터 누가 우리를 해방시킬 수 있는가? 나의 역사도 그렇고 인류의 역사도 그렇고 결국에는 머리 혹은 머리들의 관점이 아니라 위장[胃]의 관점에서 기록되어야 더 솔직하고 정직한 기록이 될 것이라는 의혹, 거의 확신에 가까운 의혹을 지울 수 있는가?[75] 만일 인간이란 존재가—우리가 우리 모두에 대해서 잘 알고 있는 것처럼—나름의 천재성을 지니고 **이렇게** 세상에 태어나서 **이렇게** 세상과 이별할 텐데, 그 가운데 **이렇게** 세상에서 "사는" 것이라면 과연 최고의 천재란 도대체 무엇인가? 만일 초대 교회, 십자군 전쟁, 종교개혁이 역사적 유물론의 입장에서 더 훌륭하게, 적어도 더 설득력 있게 설명될 수 있다면 세계사란 |296| 도대체 무엇인가? 만일 [블룸하르트의 귀신 축출 사건에 대하여] 시작은 정신병적으로 해석하고 나머지는 심리학적으로 해석한다면—누가 그런 해석에 저항할 수 있으랴—뫼트링엔Möttlingen의 블룸하르트에게는 도대체 뭐가 남은 것인가?[이 사건은 『교회 교의학』 IV/3, § 69.3에서 상세히 소개된다] 바로 **이것이** 인간, 곧 피조물로서의 인간, 시간적이고 육체

75 R. Lejeune, *Vom Recht und Unrecht der materialistischen Geschichtsbetrachtung*, Neue Wge, Jg. 13(1919), S. 4-22. 51-67. 125-142. 163-183. 그는 "무엇보다 역사적 유물론의 권리를 강조하려고 했다"(S. 4, Anm. 1).

적인 인간, 우리가 알고 있는 유일한 인간이다. 영이라고? 영이 무엇인가? 우리가 영이라고 알고 있는 것은 기껏해야 어떤 늪지대 위에 드리워진 안개 같은 모습 외에 아무것도 아니다. 어디서 그런 안개가 오는가? 그 안개가 걷히면 무엇이 남아 있는가? 우리는 대답할 필요가 없다. 그러므로 눈에 보이지 않게 하나님의 영에게서 나온 인간은 오롯이 무한한 애매성 속으로 눈에 보이게 들어간다. 우리는 다른 어떤 곳이 아니라 바로 이 애매성 속에 있다. 장기적으로는 오직 그 애매성만이 명백하다! 그러므로 솔직히 이 모든 것을 인정할 수밖에 없는 우리는 도대체 무엇인가? 우리도 탄식하는 자로서 "성령의 처음 익은 열매"다. 우리 주변의 탄식하는 피조물과 마찬가지로 우리도 똑같은 "허무함" 속에서 탄식하고 있다. 그 허무함이란 삶과 죽음, 빛과 어둠, 아름다움과 비열함의 대립이다. 우리는 다른 피조물도 바로 그 대립 속에서 탄식하는 소리를 듣는다. 우리도 그 피조물들처럼 고통을 겪고 있으나 어떤 영원한 미래를 우리 안에 품고 있다. 그리고 우리는 그 영원한 미래란 것이 어떤 시간이 아니었으며 앞으로도 그럴 것임을 알고 있다. 또한 우리는 그 피조물들과 마찬가지로 하나님께 붙잡힌 존재이며 그렇기 때문에 그들과 마찬가지로 '소망하는 자들!'이다. "우리도 속으로 탄식하여 우리의 아들됨을 기다리느니라." **기다림** 속에 있다! 성령은 우리가 하나님의 자녀임을 우리에게 증언하신다[8:16]. 아버지의 세상을 상속할 새로운 인간이 태어났다. 그러나 **있는 그대로의 나**는 새로운 인간이 **아니다**. 새로운 인간은 **이 세상의** 인간이 **아니다**. 이 세상의 시간 속에서 살아가는 **이 세상의** 몸의 인간이 **아니다**. 이러한 인간의 마지막 가능성은 탄식이며, 아들됨의 기다림이다. **아들됨**이야말로 "몸의 속량", 곧 그리스도와 나 사이의 동일성의 성취다. 지금 여기서 우리가 할 수 있는 것은 그것을 믿는 것뿐이다. 아들됨이란 또한 죽은 자의 부활이며—

모든 피조물이 기다리고 있는 바—하나님의 아들들의 "나타남"이다. 그 때가 되면 우리의 머리털 한 올까지도[마 10:30 병행 본문] 다 속량함을 받을 것이다. 지금 여기서 진리의 섬을 적시고 그것을 뒤덮고 있는 바다, 곧 현실성의 바다 **전체**가 다 흩어지고 사라져 버리니 오직 진리만 **있다**. 현실성의 진리! 영원은 태초의 나날들로부터 가장 먼 미래까지 이르는 시간 **전체**! 밖에 있지 않은 것이 안에도 없고, 안에 있지 않은 것이 밖에도 없다.[76] 다른 어떤 사람이 아니라 내가, 그저 일부분이 아니라 총체적인 내가 하나님 앞에서, 하나님 곁에서, 하나님 안에서 속량되고 변화되고 정화되고 새로워져서 신적인 본질과 신적인 생명에 참여하게 되니, 바로 이것이 아들됨이다. 부활이라는 경계선을 넘지 않은 이편에서는 종교가 최종적인 |297| 언어다. 우리는 그 말이 무슨 뜻인지를 기억하고 있다. 바로 그렇기 때문에, 진정 우리 자신의 눈을 통해서 가장 강렬하게 우리 자신을 바라보고 있는 불안과 동경이 있다. 우리 또한 십자가 아래에 있다. 우리가 할 수 있는 것도 단 한 가지다. 우리의 시간이 "지금" 곧 영원의 시간이라는 사실을 증언하는 것뿐이다[『교회 교의학』 III/2에서 전개되는 바르트 시간론의 기본 구조. 예수 그리스도의 시간인 영원은 우리에게는 시간 이전의 영원, 시간 위/초월의 영원, 시간 이후의 영원으로 나타난다]. 우리가 살아가는 나날의 이전·이후·위에는 예수 그리스도의 날이 있다는 사실, 어떤 날이 아니라 모든 날들의 날인 그 날이 있다는 사실을 증언하는 것뿐이다. "그러므로 우리가 깊은 불안으로 휘둘리는 것은 당연한 일이다. 이것은 단순히 어떤 소원이 아니라 어떤 갈망을 담은 외침이다. 인간이 비참 그 자체를 느끼면 외치지 않을 수 없기

76 이 책 474쪽, 각주 37.

때문이다"(칼뱅).[77] 이로써 우리는 스스로에게—그리고 이것은 종교적 가능성의 신적인 칭의인데—증인이 된다. 우리는 우리 자신도 최종적으로는 탄식하는 자라는 사실, **그 외에 다른 것이 아님**을 알 수 있다. 우리는 **바로 그것**의 의미를 우리 자신에게 보이고 증언하도록 할 수 있다. 그것의 의미는 하나님이 우리의 아버지라는 사실이다.

탄식에 관하여 아는 것, 피조물의 탄식과 우리 자신의 탄식에 관하여 아는 것이 우리에게 너무나 부족한 것인가? 그 이상의 것, 더 높고 더 나은 것을 요구해야 하는가? 십자가를 지나쳐, 시간의 고난들을 지나쳐 가야 하는가? 그렇게 되면 우리는 부활을 그냥 지나치게 될 것이다. 이 시간의 신비인 "지금"을 지나쳐 가고 결국 하나님을 지나쳐 가리라! **"우리가 소망으로 구원을 얻었으매 보이는 소망이 소망이 아니니 보는 것을 누가 바라리요. 만일 우리가 보지 못하는 것을 바라면 참음으로 기다릴지니라."** 그렇다. 진리는 이렇게 단단하고 거룩하고 강력하다. 그래서 진리는 우리의 구원이며, 그래서 진리는 하나님 **자신**이며, **우리를 위한** 하나님이다. 승리, 완성, 현재인 그 진리를 얻을 길은 오직 "소망을 통해서"다. 있는 그대로의 우리가 직접 통찰할 수 있는 진리라면 그것이 무슨 진리이겠는가? 여러 가지 가능성 가운데 하나인 진리라면 그것이 어떻게 하나님일 수 있겠는가? 진리가 시간의 모든 순간을 맞아 감히 영원 속으로 뛰어들게 만드는, 곧 하나님의 생각을 생각하게 만드는, 자유롭게 생각하고 새롭게 생각하고 전적으로 생각하게 만드는 압도적인 강제가 아니라면, 그것이 어떻게 우리

77 Calvin, col. 154. "Nam quia nondum plenitudine donati sumus, non mirum est inquietudine nos moveri.……Nec desiderium modo nominat, sed gemitum: quia ubi sensus miseriae, illic et gemitus."

의 구원이 될 수 있겠는가? 철두철미하게 다른 것, 전혀 알려지지 않은 것, 도저히 접근할 수 없는 것, 하나님의 "영원한 능력과 신성"(1:20)이 예수 그리스도 안에서 우리의 세상 속으로 들어오심과 더불어 우리는 "소망을 통해" 구원을 받았다. 우리는 이 소망, 곧 구원하는 소망이 십자가 안에서 늘 새롭게 소망으로 나타나되, 이 세상에 있는 모든 것과 구별되는 소망으로, 그 모든 것과 마주하여 스스로를 증명하시는 소망으로 나타날 것을 바라니, 우리가 어떻게 그것 말고 다른 것을[anderes ak] 바라겠는가. 만일 우리가 **하나님**에 관하여 안다고 할 때 피조물의 탄식과 우리 자신의 탄식 이외에 어떤 다른 것을 |298| 알고 있다면, 만일 우리가 **예수 그리스도**에 관해 안다고 할 때 십자가에 못 박히신 분[고전 2:2]을 아는 것이 아닌 다른 방식으로 알고 있다면, 만일 우리가 성령에 관하여 안다고 할 때 예수를 죽은 자 가운데서 깨우신 분[8:11]의 영을 아는 것이 아닌 다른 방식으로 알고 있다면, 그렇다면 구원이 우리에게 다가왔고 다가오며 다가올 방식의 '익명성'[Inkognito]이 깨지게 되는 것이요, 그렇다면 그것은 구원이 **아니다**! "눈에 보이는 소망은 소망이 아니라." 하나님에 관한 직접적인 알림은 **하나님**에 관한 알림이 아니다. 철저하고 완전하게 종말론이 아닌 그리스도교는 철저하고 완전하게 **그리스도**와 상관이 없다.[78] 매 순간 죽음에서 벗어나 새로운 생명을 향하지 않는 영은 어떤 경우에도 성령이 아니다. "보이는 것은 시간적이기 때문"(고후 4:18)이다. 소망이 아닌 것, 그것은 통나무, 막대기, 족쇄, 마치 "현실성"이라는 말처럼 무겁고 모난 것이다. 그것은 우리를

78 Unerledigte Anfragen, S. 25. "종말론이 되고자 모험을 하는 신학이 있다면, 그것은 그저 새로운 신학이 아니라 동시에 새로운 그리스도교일 것이다." 맥락으로 볼 때 바르트의 급진적인 종말론은 오버베크의 영향인 것 같다.

풀어 자유롭게 해주지 않고 묶어 놓는다. 그것은 은혜가 아니라 심판과 썩어짐이다. 그것은 하나님의 인도하심이 아니라 운명이다. 그것은 하나님이 아니라, 구원받지 못한 인간의 거울 속 제 모습이다. 사회적 진보의 멋진 부흥이 있다 한들 그게 무엇이랴! 그리스도교적 속량의 그럴싸한 거품이 있다 한들 그게 또 무엇이랴! 속량[풀려남]은 눈에 보이지 않는 것, 도저히 접근할 수 없는 것Unzugängliche al, 불가능한 것, 우리에게 **소망**으로 다가오는 것이다. 그러니 우리가 소망하는 사람이 되는 것 말고 다른 것, 그보다 나은 어떤 것을 원하겠는가? 혹은 **그와 마찬가지의** 다른 어떤 것을 원하겠는가? 참음[끈기로 버팀], 그것은 (농부라면, 또한 나이 든 어머니들이라면 모두 알고 있는 것, 진정 무언가를 실천하며 진정 고난을 당하는 인간이라면—그가 "그리스도교"에 대한 입장과는 별개로—모두 알고 있는 것인데) 우리가 과제로 받아들인 인간적인 삶의 상황에 대한 가장 깊은 감각이다. 선과 악, 기쁨과 고통, 삶과 죽음의 저편이 마치 있는 것처럼 끈기로 버팀이다. 우리의 현존재와 존재 상태에 동반되는 행복과 불행, 번영과 몰락, 예와 아니요 속에서 **마치** 무언가를 기다리는 것**처럼** 끈기로 버팀이다. 우리가 지든 이기든 살든 죽든 사랑으로 바라보며 섬겨야 하는 어떤 하나님이 **마치** 계신 것**처럼** 끈기로 버팀이다. 마치 그런 것처럼? 그렇다. 바로 이것이 특별한 것이다. 우리는 시간을 통과해 가는 우리의 길 위에서 이것[마치 그런 것처럼]을 최상의 자리에 올려놓을 때 끈기로 버티는 사람이 되며, 그때 우리가 보지 못하는 것을 **마치** 보는 것**처럼**[히 11:27] 되며, 명백히 보이지 않는 것을 환히 보는 것**처럼** 된다. 소망은 바로 이 수수께끼의 지양, "마치 그런 것처럼"의 지양이다. 그때 우리는 **진실로** 보며, 우리가 보지 못하는 것을 **실존적으로** 본다. **그렇기 때문에** 우리는 끈기 있게 기다린다. 만일 우리가 보는 것을 그냥 볼 수 있다면, 우리는 간절히 기다리지 않을 것이다. 기분 좋게,

혹은 투덜거리기는 하지만 그럭저럭 현실에 만족할 것이다. 그러나 우리는 있는 그대로의 존재에 만족할 수 **없다**. 우리의 존재는 조화로움을 누릴 수 **없다**. 우리 안에는 있는 그대로의 존재가 **아닌** 어떤 것에 대한 기다림이 감춰져 있다. 이것을 무엇으로 설명할 수 있는가? 보이지 않는 |299| 소망, 곧 우리가 하나님 안에서, 그리스도 안에서, 영 안에서 지니고 있는 그 소망으로 설명할 수 있다. 그 소망 안에서, 있는 그대로의 존재가 **아닌** 그것이 실존적으로 우리와 마주 서 있다. 만일 우리가 우리 스스로를 제대로 이해한다면, 우리는 그렇게 기다리는 사람이 되는 것 말고 다른 것을 원하지 않는다. 피조물의 탄식과 우리 자신의 탄식에 관해 아는 것으로 만족할 수 있다. 하나님이 하나님이라는 사실이 드러난 십자가보다 더 좋은 것, 더 높은 것을 갈망하지 않는다. 그러므로 우리는 반드시 자기 주인을 기다리는 종이 되어야 한다[마 24:45-51 병행 본문].

26-27. 26 **이와 같이 성령도 우리의 연약함을 도우시나니 우리는 마땅히 기도할 바를 알지 못하나 오직 성령이 말할 수 없는 탄식으로 우리를 위하여 친히 간구하시느니라.** 27 **마음을 살피시는 이가 성령의 생각을 아시나니 이는 성령이 하나님의 뜻대로 성도를 위하여 간구하심이니라.**

"이와 같이 성령도 우리의 연약함을 도우시나니." 지금 우리는 무엇에 관해 말하고 있는가? 우리의 진리 추구에 관해 말하는가, 아니면 진리 자체에 관해 말하는가? 인간적인 체험의 양과 질과 농도에 관해 말하는가, 아니면 우리를 향한 신적인 사건에 관해 말하는가? 영적인 것, 종교적인 것, 종교적 열광에 관해 말하는가, 아니면 영에 관해 말하는가? 솔직히 어떤 식으로든 언제나 전자에 관한 말을 하는 것 아닌가? 후자를 말하더라도 전자에 대한 부정으로 밖에는 말할 수 없었으니[am] 말이다. 하지만 그런 말의 진정한 의미는, 거듭 강조하지만, 언제나 후자다. "성령이 친히 우리의 영에게 증인이 되셔서 우리가 하나님의 자녀인 것을 증언하시노라"(8:16). 피조물의 탄식과 우리 자신의 탄식도 결국 성령께서 누른 자국이며 도장 찍은 자국일 뿐이다. '아바! 아버지!' 라는 우리의 외침도 결국 신적인 말씀의 메아리일 뿐이다. 그 영은 제 일을 하시며 제 길을 가신다. **우리가 그를** 가진 것이 아니요 **그가 우리를** 가진 것[an]이다. 그가 **먼저** 계시고, 그가 "우리의 연약함을 **미리** 도우신다." 그는 "*creator* spiritus"[**창조주** 성령]이시다.[79] 우리의 탄식도 "연약함"이요 육신일 뿐 영이 아니다. 인간적인 것일 뿐 신적인 것이 아니다. 죄 있는 것일 뿐 의로운 것이 아니다. 그 탄식이 하나님 앞에서 청취되고 수용된다면, 그것은 **하나님** 앞에 있는 것, **오직** 그분 앞에만 있는 것이다. 우리의 기다림도 연약함이다. 그것이 아무리 끈기 있고 신실한 것이라 할지라도 말이다. 그것은 언제나 지옥의 기다림이 될 수 있다. 아무런 결정도 아무런 전망도 아무런 행동도 아무런 개성도 아무런 가치도 없는 기다림, 허무를 향한 기다림, 그래서 아무런 성취도 없는 기다림 말이다. 우리의 기다림이 그런 기다림이 되지 않을 것이라고 보장할 수 있는 사람은 아무도 없다. 하나님 외에는 아무도! 그런데 성령께서 우리를 **미리** 도우신다는 사실, 진리는 그 자체로 진리라는 사실, **이것이** 우리의 연약함 안에 있는 능력이다[고후 12:9]. 그러는 우리는 가장 예리한 부정을 통해서도 이 능력을 완전히 소유할 수 없다는 사실을 분명히 알고 있어야 한다. 신비주의가 걸어가는 "부정의 길"[80]도—다른 모

79 Hrabanus Maurus(약 776-856)가 지은 것으로 알려진 성령강림절 찬송가 'Veni Creator Spiritus.'

80 부정의 길(via negativa) 혹은 부정 신학(apophatische oder negative Theologie)은 하나님을 적절하게 언어로 표현할 수 없음에서 비롯된다. 부정 신학의 전통은(항상은 아니더라도) 자주 신비주의적 단초와 연결되며, 경험적 지각 능력의 영역을 넘어서는 즉각적인 경험 혹은 훈련된 개인적 경험

든 "길"이 그러하듯이—잘못 든 길이다. 길은 오직 **그** 길이다. 그 길은 곧 그리스도다[요 14:6]. |300|

"우리는 마땅히 기도할 바를 알지 못하나." 로마서의 **이번** 단락 마지막에 이르렀는데, 이 말이 무슨 뜻인지 이해하는가? 바울은 이 말을 쓰면서 기도하지 **않았을까**? 제대로 기도하지 **않았을까**? 이 말이 유일무이한 기도가 아니면 무엇이겠는가? 이보다 깊고 대담하고 헌신적인 기도가 또 있단 말인가? 이 말을 쓰는 바울은 자신이 마땅히 기도할 바를 알지 **못한다**는 사실을 알고 있다. 왜 알지 못하는가? 명백한 이유가 있다. 그것은 기도가 "기적 중의 기적", 곧 "경건한 사람의 영원에서 매일 일어나는"[81] 기적이 **결코 아니기** 때문이다. "모든 기도의 동기는 **자기 자신의 삶**을 확고히 하고 강화하고 고양하려는 것"[82]이며 그 본질은 "경건한 사람이 자기가 개인적으로 생각하는 하나님, 자기가 지금 체험한 하나님과 소통함"(하일러 Fr. Heiler)[83]이기 때문이다. 가장 깊고 영웅적이고 강력한 기도마저도(진실로 예언자나 사도나 종교개혁자의 기도마저도 그러하니,[84] 코사족[아프리카 남부에 사는 종족][85]이나 케크치족[과테말라 중부의 마야 인디언][86]의 쇼는 말할 것도

을 강조한다. 바르트가 『로마서』 제2판을 작업할 때 그의 주변 지인들도 그 주제와 관련하여 토론했을 것이다. 그리고 이것은 고가르텐이 1921년 4월 20일 아라우 대학생 대회에서 강연한 주제와도 관련이 있다. *Mystik und Offenbarung*, Fr. Gogarten, *Die religiöse Entscheidung*, Jena, 1921, S. 54-74.

81 Heiler, S. 495.

82 Heiler, S. 489. 바르트의 강조.

83 Heiler, S. 491. "기 도 는 그 러 므 로 살 아 있 는 소 통……"(이 부분부터 하일러의 글씨는 모두 격자체[인쇄 기법이 덜 발달했던 예전에 로마자의 강조를 표시하기 위해 자간을 넓힌 서식]로 인쇄됨).

84 Heiler, S. 237-241. 244-246.

85 Heiler, S. 61.63.114.

86 Heiler, S. 59.90.114.

없다!) 단 한 가지 사실만을 명백하게 보여주기 때문이다. 기도한다는 사람마저도 자신의 것, 자신의 생각, 자신의 체험을 넘어서지 못한다는 사실, 그 사람도—아니 **그 사람이 더욱**—완전하고 철저하게 **인간**일 뿐, 그 밖의 아무것도 아니라는 사실, 이른바 "경건"의 가장 대담한 도약과 [초월의] 가교 역할마저도 철저하게 이 **세상** 안에서 이뤄지는 것이며, 그러한 인간의 소통이란 것은 생각될 수도 없고 체험될 수도 없는 **살아 계신** 하나님 그 자신과는 전혀 무관하다는 사실을 보여준다. 기도마저도, 아니 기도야말로 어떤 대상처럼 여겨지고 영광의 대상이 된 나머지, 포이어바흐가 종교를 비판하며 제기한 문제 제기를 고스란히 확인해 줄 뿐이다. 그의 종교 비판은 인간적으로는 너무나도 타당한 것이다.[87] 그러므로 "우리는 알지 **못한다!**" 이러한 "우리는 못한다"—이것은 동양이든 서양이든 "기도의 명수"[88]들의 침잠 기술이 말하는 것과는 전혀 무관하니, 이런 기술은 횡포의 바다에 맞서는 가장 격렬한 저항을 일으킬 뿐이다—의 저편에 Jenseits von diesem **ao** 인간이 하나님과 맺는 관계의 현실성이 있다.

"오직 성령이 말할 수 없는 탄식으로 우리를 위하여 친히 간구하시느니

87 이 책 521쪽, 각주 4. 바르트는 자기가 가진 하일러의 책 495쪽 하단의 마지막 장("기도의 본질") 다음에 대문자로 "포이어바흐!"라고 써 놓았다.

88 Heiler, S. 310. 바르트 소장본에 밑줄이 그어져 있다. "신플라톤주의나 수피즘이나 힌두교 신비주의의 기도 단계와 그리스도교 신비주의의 기도 단계 사이에 본질적인 차이는 없다. 심리적인 근본 성격은 심지어 요가나 불교의 침잠 단계와 거의 유사하다." S. 240. 바울은 "청원하는 기도의 거장이었다." S. 367. 루터와 칼뱅은 "청원기도의 거장이었다." "기도의 거장들"에 대해서는 Th. Haering, *Der christliche Glaube(Dogmatik)*, Stuttgart, 1906, S. 349 참조. "진정한 기도는…… 결코 어떤 '영적인 행복의 기사도'(Herrmann)를 따르지 않는다. 그렇게 되면 그런 기도의 거장들이 가지고 있던 경건은 거룩함의 뿌리까지 더럽혀지고 다른 사람들 안에 있는 경건에 대한 신뢰를 그 어떤 것보다도 심하게 훼손한다."

라." 우리는 기다린다. 그러나 우리가 **하나님**을 기다린다는 사실, 오직 이 사실만이 우리를 헛되이 기다리는 자로 만들지 않는다. 우리는 본다. 그러나 먼저 우리를 지켜보시는 분이 있다는 사실 때문에, 그저 허무함 속을 들여다보는 사람들과 우리가 구분된다. 우리는 말한다. 그러나 여러 가지 이유에서 **우리가** 말할 수 **없는** 것이 우리의 말 속에서 스스로 말하기 때문에, 우리의 말은 공허한 지껄임과 구분된다. 우리는 기도한다. 그러나 성령이 친히 우리를 위하여 탄식으로 간구하신다. 그 간구는 우리의 언어로 옮기면, 우리에게는 불가능한 환호성의 노래가 될 수밖에 |301| 없으므로, 우리의 입술로는 제대로 발설되지 않은 채 머문다. 그래서 우리의 기도와 탄식은 그저 약함의 표현에 불과한 **그런** 탄식과 구분된다. 우리가 기도의 높은 단계, 더 높은 단계, 아주 높은 단계에 도달했다는 사실은 전혀 중요하지 않다. 왜냐하면 이런 사다리는 제아무리 하늘로 올라가는 사다리처럼 보일지라도 거짓 신의 영역, 이 세상의 신[고후 4:4]의 영역에 있기 때문이다. 그러나 또 다른 분, 영원하신 분, "하늘에서 오신 둘째 사람"(고전 15:47)께서 우리를 대신하여 하나님 앞에서 우리 자리에 강력하게 서 계신다. 이것이 우리 기도의 칭의요, 우리와 하나님의 사귐의 현실성이다.

"마음을 살피시는 이가 성령의 생각을 아시나니 이는 성령이 하나님의 뜻대로 성도를 위하여 간구하심이니라." 우리는 하나님 살피기를 그만두지만unterwegs lassen ap 하나님은 우리를 살피신다. 우리의 생각은 올바른 생각이 아니나, 하나님께서는 우리 안에서 성령의 생각을 알고 계신다. 이 생각은 **하나님**이 아시는 생각이요 **성령**의 생각이기 때문에 올바른 생각이다. 인간적인 방식으로는 그 누구도, 그 무엇도 우리를 위해 개입할 수 없다. 우리는 자기만 의지하고 사는 철저한 외톨이[89], 길 잃은 존재다. 그러나 성령께서는 하나님의 방식으로 우리를 위해 개입[간구]하시며eintreten, 우리는 구원받은 존재다. 우리는 죄인이며, 성령의 "개입"이 없다면 영원히 죄인이다. 그러나 하나님께서는 우리는 거룩한 자들이라고 부르시며, 아무것도 아니었으며 과거에도 현재에도 미래에도 아무것도 아닌 자인 우리를 거룩한 자들로 만드셨다. 그 개입[간구]을 통해서 **그분의** 거룩한 자, **그분의** 구별된 자, **그분의** 도구로 만드셨다. 우리를 위하여 간구하시는 분이 곧 영이요 진리와 소망이신 예수 그리스도시다.

사랑

8:28-39

28-30. 28 우리가 알거니와 하나님을 사랑하는 자 곧 그의 뜻대로 부르심을 입은 자들에게는 모든 것이 합력하여 선을 이루느니라. 29 하나님이 미리 아신 자들을 또한 그 아들의 형상을 본받게 하기 위하여 미리 정하셨으니 이는 그로 많은 형제 중에서 맏아들이 되게 하려 하심이니라. 30 또 미리 정하신 그들을 또한 부르시고 부르신 그들을 또한 의롭다 하시고 의롭다 하신 그들을 또한 영화롭게 하셨느니라.

"우리가 알거니와." 그러나 어떤 신적인 사실성, 명백한 것, 객관적인 것을 안다는 것이 아니다. 만일 그런 것이 존재한다면, 하나님은 하나님이

89 프리드리히 실러, '기사의 노래'(Ritterslied) 1절, 「발렌슈타인」, 11막, 발렌슈타인의 진영, 1055-56.

그때 아무도 그를 위해 나서지 않으리,
자기만 의지하여 홀로 서 있네.

아니리라! 인간이 저쪽 나라로 손을 내뻗어 잡는 일도 일어나지 않고, 저쪽 나라가 이 세상으로 치고 들어오는 일도 일어나지 않는다. 하나님은 우리에게 궁극적으로, 그리고 우리가 알고 있는 모든 면에서 타자, 낯선 분이다. 우리는 **바로 그런** 인간이다. 이 세상 안에서는 하나님이 궁극적으로, 그리고 그 어디에서도 |302| 밖에 계신 분이다. 우리의 세상은 **바로 그런** 세상이다. "우리는 영원하고 엄격하고 위대한 법칙에 따라 우리 현존재의 모든 원圓을 완성해야 한다."[90] 이 세상의 인간(8:22-23)이 아는 것이란 오직 피조물의 탄식, 자기 자신의 탄식뿐이다. 자기 현존재의 "허무함"(8:20)이 대립의 변증법을 벗어나지 못할 때, 그것이 오직 현존할 뿐인 모든 것, 오직 눈에 보일 뿐인 모든 것, 오직 대상일 뿐인 모든 것의 상대성과 향수鄕愁를 벗어나지 못할 때, 그는 적어도 그것을 **알 수는 있다**(1:19-20). 이렇듯 다행스럽게도 우리의 눈을 열어 주는 역할을 하는 것이 고난이다. 그리고 그 고난의 한계 사실과 바로 잇닿아 있는 철학도 그런 역할을 하는데, 여기서 철학은 본질상 그 사실에 대한 해석으로서 그 이름값을 하는 철학이다. 그러므로 우리는 하나님과 그분의 나라에 관해서는 알지 못하고, 모든 피조물의 탄식에 관해서만 알고 있는 상태에서 진정한 의미의 세속적인 자연관 및 역사관과는 의견이 일치되지만 신학적 자연관 및 세계관의 어중간함과는 일치되지 않는다. 왜냐하면 바로 이 '알지 못함'과 앎이야말로 불꽃을 일으키는 강철과 조약돌이기 때문이다. 그것이 성령 안에서, 진리 안에서 맞부딪힐 때 거기서 제3의 새로운 것, 곧 하나님에 관하여 '알지 못하는 **앎**'의 불이 붙는다. 우리 현존재의 허무함에 관한 '알면서 **알지 못함**'의 불이 붙는다. 그분이 곧 하나님이시기 때문에 **하나님을 향한**

90 요한 볼프강 폰 괴테의 시 '신적인 것'(das Göttliche)의 6절.

사랑(5:5)의 불이 붙는다. 그러나 하나님에 관한 신학적인, 표면적인 앎과 우리 현존재의 허무함에 관한 표면적인 알지 못함은 성령 안에서도, 진리 안에서도[요 4:24] 만나지 못하니, 불을 일으키는 건 더욱 불가능하고, 하나님을 향한 사랑의 불을 일으키는 것은 더더욱 불가능하다.

"하나님을 사랑하는 자." 하나님을 향한 사랑은 이런 식의 혹은 저런 식의 인간적 태도를 가리키는 말이 아니다. 그 사랑은 우리가 피조물의 탄식을 들을 때 우리의 귀에 있을 수 있고, 우리가 스스로 탄식할 때 우리의 입술에 있을 수 있다. 그 사랑은 우리의 기도 속에 있을 수도 있고, 우리의 기도할 수 없음에 있을 수도 있다. 그 사랑은 우리의 종교 안에 있을 수도 있고 그것에 대한 우리의 무관심, 우리의 혐오, 우리의 투쟁 속에 있을 수도 있다. 그 사랑은 가장 위대한 정열의 토대 위에 머물 수도 있고, 우리의 가장 위대한 평온함의 토대 위에 머물 수도 있다. 그런데 그 사랑은 이것도 아니고 저것도 아닌 것이 아니라, 인간적 태도의 이런저런 가능성을 하나님으로부터, 그리고 하나님과 관련하여 얻을 수 있는 생각과 힘이다. 하나님을 향한 사랑은 우리 인생의 문제와 마주하여 가장 심오한 객관성이다. 만일 인간이 (이런 태도건 저런 태도건) **실제로**, 실존적으로, 유일회적으로, 틀림없이, 불가피하게, 처절하게 '나는 누구인가?' 라는 질문과 맞닥뜨린다면, 그러면 그는 하나님을 사랑한다. 왜냐하면 그 인간과 마주 선 '너', 그 인간으로 하여금 자기를 자기 자신으로부터 구분하게 만드는 '너'가 바로 하나님이기 때문이다. 인간은 자기 자신을 향해 다가서지 않을 수 없을 때 하나님을 향한 사랑을 확증하지 않을 수 없다. 그 인간은 자기 안에 꽂혀 있는 화살과 |303| 그의 영이 마셔야만 하는 독毒과, 자신을 엄습하는 두려움(욥 6:4)을 **실제로** 알 수 있다. 그는 자기가 이 땅에 사는 동안 항상 투쟁 속에 있다는 사실, 자신의 나날이 일용직 노동자의 나날과 같다는 사

실(욥 7:1)을 실제로 알 수 있다. 그는 실제로 **이렇게** 외칠 것이다. "내가 바다니이까 바다 괴물이니이까. 주께서 어찌하여 나를 지키시나이까"(욥 7:12). 그는 "우리 사이에 손을 얹을" 심판자(욥 9:33) 중에서도 최고의 심판자이신 한분과 **실제로** 마주 설 수 있다. 그는 **실제로** 하나님께 둘러싸여 길이 아득한(욥 3:23) 사람일 수 있다. 이것은 진정 **실제적**이며, 그래서 진정 **하나님**으로부터 온 것이기에, 그는 그 실제적인 것 외에 다른 것을 보고 알고 원할 수 없으며, 다른 어떤 것을 진지하게 여기거나 중요하게 생각할 수 없다. 다만 그 실제적인 것에 자신을 **내맡기는 것**ergeben이다. 자신을 내맡기되 체념한 듯, 숙명처럼 받아들이거나 종교적 위안 속에서 받아들이는 것이 아니라 실존적으로, 성령의 말할 수 없는 탄식(8:26)—"내가 알기에는 나의 대속자가 살아 계시니"(욥 19:25[원서에는 19:29로 되어 있다])—과 함께 자신을 **던지는 것**hingeben, 그렇게 바칠 수밖에 없는 것이다. 그러면 그 인간은 하나님을 **사랑한다**. 이전이나 이후가 아니라 바로 이 순간에 사랑하는 것이다. 이 순간은 일련의 흐름 속에 있는 순간이 **아니라**, 시간 속에 있는 **모든** 순간의 의미다. [aq]"Magna et incomprehensibilis res est, amare Deum, nempe hilari pectore et grato complecti per omnia voluntatem divinam, etiam tum cum damnat et mortificat"[설령 하나님께서 저주를 내리시고 죽음으로 인도하신다 하더라도 하나님을 사랑하는 것, 기쁘고 감사하게 받아들이는 것, 하나님의 의지를 모든 것을 통해서 받아들이는 것은 가장 위대하고 불가해한 일이다](멜란히톤).[aq] [91] 그러므로 여기서 제대로 이해하고 넘어가야 할 것이 있다. 하나님을 향한 사랑이 일어나게 되면 종교

91 *Die Loci communes Philipp Melanchthons in ihrer Urgestalt nach G.L. Plitt*, hrsg. von Th. Kolde, Leipzig, 1900[3], S. 120(=CR 21,123).

적 가능성은 자연스럽게 (의식하든 의식하지 못하든) 시간적인 사건이 된다. 그 사랑은 예컨대 어떤 부수적인 현상이나 예언이나 방언이나 지식[고전 13:1-3]과 함께 일어날 수 있지만 그런 것들이 본질적인 것은 아니다. 욥기에서도 친구들의 탁월한 연설이 아니라 그다음에 들려오는 하나님의 대답이 본질적인 것처럼 말이다. 본질적인 것은 거기서 일어나는 그리스도의 임재, 성령의 쏟아부으심이다. 거기서 활짝 열려 걷게 되는 길, 곧 하나님께서 인간에게 오시고 인간이 하나님께 나아가는 "도무지 파악할 수 없는 길"(고전 12:31)이다. 거기서 인간이 만나게 되는 필연성과 자유다. 거기서 그에게 닥쳐오는 실존적인 경험, 곧 자기 인격의 실존적인 확증이다. 거기서 그에게 영원한 의미로 계시되는 의미, 곧 모든 인간적인 가능성의 의미다. 그것이 본질적인 것이다. 어린아이가 성인이 될 때, 어두운 거울이나 들여다보던 우리가 얼굴과 얼굴을 맞대고 볼 때, "부분적으로" 알던 우리가 주께서 우리를 아심 같이 우리를 온전히 알게 될 때(고전 13:8-12) "지양되는" 것 너머에 본질적인 것이 있다. 하나님을 향한 사랑, 아가페, 죽음과 영원의 번쩍이는 칼날이 이 아가페를 모든 것과 갈라놓는다. 모든 종교적인 에로스와도 갈라놓는다. 이 아가페는 장가도 가지 않고 시집도 가지 않는[마 22:30 병행 본문] 새로운 인간이 하나님 앞에 서 있음을 선포한다. 바알이라든지 그 비슷한 것들과는 달리 |304| 하나님은 가벼운 데이트나 할 수 있는 상대가 아니다. 이 아가페는 "결코 그치지 않는"(고전 13:8) 사랑이며, 믿음과 소망과 더불어 항상 있을 뿐 아니라 "그중의 제일"이다. 왜냐하면 이 사랑이야말로 믿음과 소망 안에서 (믿음의 "동력이 되는"[갈 5:6]) 철저하게 **오직** 하나님의 작품으로, "도무지 파악할 수 없는 길"로 이해될 수 있기 때문이다(고전 13:13, [고전 12:31]). [ar]"Carni arni contraria voluptate sponsus sponsam suam afftcit Christus, nempe *post* amplexus, amplexus vero *ipsi* mors et infernus sunt"[육체에 대립되는 기쁨을 통해서, 신랑이신 그리스도께서는 자신의 신부를 대하시되, 포옹 **이후**에 그리하시니, 죽음과 지옥이 진정한 포옹 **그 자체**다](루터).[ar 92]

그들에게는 "모든 것이 합력하여 선을 이루느니라." 하나님을 향한 사랑은 어떤 겸손, 곧 분명한 자의식과도 같은 겸손인데, 이것은 자기가 무엇을 원하는지 아주 잘 알고 있어서, 특정한 질문을 던지지도 않고 특정한 요구를 하지도 않는다. 그 사랑은 어떤 그리움, 아주 큰 그리움이어서, 이미 그 성취를 맛본지라 더 달래 줄 필요도 없고 가라앉힐 필요도 없는 그리움이다. 그 사랑은 어떤 평화, 깊고도 깊어서 가장 높은 안식과 가장 높은 불안이 되는 그런 평화다. 그 사랑은 구원에 대한 어떤 기다림, 시간이나 사건이나 충족됨이나 구원받음의 상태를 기다릴 필요가 없는 그런 간절한 기다림이다. 그 사랑은 하나님에 관하여 알지 못하면서 안다. 우리 현존재의 "허무함"에 관하여는 알면서 알지 못한다. 그러므로 그 사랑은 모든 사물의 역전이 이미 일어난 지점, 분명히 보이지 않는 영원한 자리다. 욥은 하나님의 은폐성에 직면하여 인정사정없이 소리를 지르는 **와중에** "내[하나님] 앞에서 올바르게 말하였다." 그래서 주님은 그를 바라보시고 그가 전에 가졌던 것을 두 배로 되돌려 주셨다(욥 42:7-10). 너무나 종교적이었던 친구들과는 달리, 욥은 죽음의 지점을 극복하고 생명의 지점에 도달했다. 그곳은 인간과 세상이 밤에만 머물러 있는 것이 아니라 다가오는 영광의 날의 반영 속에 서 있는 곳, 철저하게 알 수 없는 위대한 하나님께서 알려진 위대한 분이 되는 곳, 온 우주의 비밀이 바로 하나님의 창

92 M. Luther, *Operationes in Psalmos*(1519-1521), EA Exegetica Opera Latina XIV, 243; WA 5,165,22f.

조로서 계시되는 곳이다. "하나님을 사랑하는 자들에게는 모든 것이 합력하여 선을 이루느니라." 선함이란 구원자와 구원을 보는 것, 죽음의 지점 저편에 있는 생명의 지점에 도달하는 것이다. 기다림이 아닌 기다림**의** 시작, 최고의 앎 곧 하나님에 대한 '알지 못함'**의** 시작, 최고의 알지 못함 곧 죄와 죽음, 악마와 지옥에 관한 '앎'의 시작이다. 선함이란 오직 하나님 앞에서는 가난하고 헐벗은 존재에 불과한 인간을 향한 하나님 자신의 사랑이다. 인간은 바로 그런 까닭에 오직 그분 앞에서는 부요하고 잘 차려입은 존재일 수 있는 것이다. 하나님을 사랑하는 사람 주변에서는 모든 것이 합력하여서 그 선함에 참여하게 하고 그렇게 우리를 만족시킨다. 이 세상의 분명함, 곧 철저하게 불만족스러운 그 분명함이나, 마찬가지로 불만족스러운 눈에 보이지 않는 하나님, 모든 피조물의 비탄이나 하나님의 진노하심의 |305| 암흑, "시간"의 대책 없는 의문성이나 그것과 마주한 "영원"의 의문성이 모두 합력하여 선을 이룰 수 있다. 어떻게 그럴 수 있는가? 하나님을 사랑하는 자, 그가 서 있는 곳은 [가시성과 비가시성] 양쪽 모두의 부정이 가장 뚜렷하게 가시화될 때조차 서로 관계되고 서로를 지양하는 곳이기 때문이다. 그 양편의 **뒤에서**, **위에서**, **안에서** 하나의 우월한 입장이 드러나는데, 그것은 예수 그리스도, 곧 부활과 생명이다[요 11:25]. 이것은 하나님께서 아무도 가까이할 수 없는 빛 가운데 계신다는[딤전 6:16] 복된 발견이다! 모든 육체는 풀과 같으며 인간의 모든 영광스러움은 풀의 꽃과 같음[사 40:6]을 아는 복된 발견이다! 영 안에서, 진리 안에서, 이렇듯 한 가지가 발견되고 그다음 것이 발견된 후에, 그 두 가지는 **한분** 하나님의 인도하심을 따라 현실적으로 합력하게 된다. 하나님의 위엄은 그 어디서나 부정 속에 있는 긍정이다. 왜 그런가? 모든 것, 곧 위대한 수수께끼의 이쪽 면**과** 저쪽 면은—하나님을 향한 사랑이 그 어디서나 총체적으로 보고자

할 때—더 이상 이쪽 **면이나** 저쪽 면이 아니라, 하나인 진리의 계시이기 때문이다. 그 진리는 그 어디서나 모든 이중성과 긴장 너머에 있는 한분에 관하여 말한다. 자유롭고 의롭고 복되시고 살아 계신 하나님이 우리를, 그러니까 묶여 있고 저주받아 죽은 죄인인 우리를 하나님 자신의 것으로 삼으신다는 사실을 말한다. 그러므로 이것은 하나님을 향한 사랑, 바로 그것에 대한 알지 못함의 앎이요 알고 있는 알지 못함이다. 눈에 보이는 것과 보이지 않는 것, 땅과 하늘, 인간과 하나님의 최종적인 하나됨, 근원적인 하나됨이 계시된다. **그러므로** 우리가 지금 여기서, 세상 끝 날까지 유일하게 알고 있는 것이 그 이원성[둘됨]이건만, 바로 그 안에서도 모든 것이 그것의 **비이원성**, 곧 우리의 소망, 하나님 자녀의 영광이 선포되지 않을 수 없다. 이와 같이 하나님은 그분을 사랑하는 자들에게 보상하신다.

그런데 그들은 어떤 사람들인가? "그의 뜻대로 부르심을 입은 자들"이다. 그러니까 이 사람들도 아니고[noch as] 저 사람들도 아니고 모든 사람들도 아니다. "하나님을 사랑하는 자들"은 누구인가라는 물음은 절대로 양적인 물음이 될 수 없다. 하나님을 향한 사랑은 어떤 주어진 것도 아니고 미리 존재하는 것도 아니고 붙잡을 수 있는 것도 아니다. 그것은 개인적인 것도 그렇고, 보편적인 것도 그렇다. 노력해서 얻을 수 있는 것도 아니고 상속받을 수 있는 것도 아니며 인간이 태어날 때부터 받아 가진 성품도 아니다. 엄격하게 말하자면 "그리스도인"이란 건 없다. 오직 그리스도인이 **될 수 있는 기회**, 모든 사람에게 똑같이 접근 가능하며 마찬가지로 똑같이 접근 불가능한 기회, 영원한 기회만이 있을 뿐이다. 이 세상에서 살아가는 인간은 언제 어디서나 하나님을 하나님으로서 **마주하고** 있다. 인간을 먼저 사랑하신 분[요일 4:19]이 **하나님**이다. 그분은 인간의 오른쪽에도, 왼쪽에도 낭떠러지를 만드시고 그에게서 다른 모든 가능성을 빼앗아 버리신다.

그리고 오직 하나, 하나님을 사랑할 수 있는 가능성만 남겨 놓으신다. 그분은 대립의 이원성을 극단적으로 부각시킨 다음 "합력하게" 하심으로써 인간이 비이원성을 알도록, 그 감춰진 하나됨을 지나칠 수 없도록 |306| 하신다. 이렇듯 하나님은 그 어디서라도 불만족스러운 것을 통해서 만족시키신다. 그분을 사랑하는 사람들은 "그분의 뜻에 따라" 어떤 일을 하도록 부르심을 받는다. 그 일은 인간이 스스로를 부른다거나, 다른 어떤 사람을 불러서 할 수 있는 일이 아니다. 일찍이 하나님을 사랑했던 사람 치고 이와 다르게 생각했던 사람이 있었는가? **자기가** 열쇠를 돌렸다고, 문을 열었다고, 부정의 부정을 이뤄냈다고, 양쪽으로 낭떠러지가 있는 좁은 길을 걸어갔다고, 가는 곳마다 불만족스러운 징조를 바꿔 놓았다고, 만물의 역전을 성취했다고 스스로 자랑하겠는가? "기독교적 확신"이란 것—다행히도 신학자들의 상상 속에서나 존재하는[93] 그것—이 뻔뻔스럽게도 신적인 통치와 인간적인 신앙의 절대적 역설을 종교적 데이터로 계산할 수 있단 말인가? 그것을 마음대로 계산하고, 놀이할 때나 쓰는 동전을 손에 넣고 흔들어 짤랑댄다는 말인가? 제아무리 완벽하게 몰두한 것이라도 아무리 호언장담하는 확신이라도 아무리 교묘한 변증이라도 그 "가치"를 다른 가치들과 반목시켜서 어떤 이익을 얻고자 하는 그런 뻔뻔함을 내비친다는 말인가? 하나님을 향한 사랑은 알고 있다. 그것은 그냥 어떤 것이 아니다. 이런 저런 인간의 빛나는 업적, 영웅적인 업적이 아니다. 인간이 길고 고된 여행을 마치고 마침내 들어가게 되는 항구도 아니다. "그리스도인"이 다른 어

93 "확신"(Gewissheit) 개념에 대해서는 다음 책에 대한 바르트의 서평을 참조. K. Heim, *Das Gewißheitsproblem in der systematischen Theologie bis zu Schleiermacher*, V.u.kl.A. 1909-1914, S. 469-479. 또 V.u.kl.A 1922-1925, S. 134, Anm. 80.

떤 사람들과는 달리 어찌어찌하여 권리를 갖게 되는 어떤 "소유물"도 아니다. 하나님을 사랑하는 것은 철두철미하게, 그리고 언제나 **하나님의** 선물이며 역사다. 철두철미하게 어떤 **뜻**Beschluss에 근거한 **부르심**이다. 그 뜻은 모든 시간 **전**에, 그러니까 개별적인 순간이 있기도 **전**에 하나님이 품으신 뜻이다[이 내용은 『교회 교의학』 II/2 예정론에서 자세히 전개된다]. "**주께서** 주신즉 그들이 받으며 **주께서** 손을 펴신즉 그들이 좋은 것으로 만족하다가 주께서 낯을 숨기신즉 그들이 떨고 주께서 그들의 호흡을 거두신즉 그들은 죽어 먼지로 돌아가나이다"(시 104:28-29). 왜냐하면 오직 하나님 안에서만 이원성은 하나됨[통일성]이기 때문이다. 그 하나됨이 하나님을 향한 사랑에게 드러나면 **그분**이 계시된다. 그분의 계시는 시간의 차원에서 연장되는 어떤 것이 아니기 때문에 계시의 결과로 어떤 자산이나 소유물이 나오는 일은 없다. 그분의 계시는 언제나 또다시 그분 자신의 역사이며 그분의 유일한 선물이다. 오직 그분 안에서만 "생명"은 죽음이며, "죽음"은 곧 생명이고, 오직 그분만이 코스모스[보이는 우주] 안에서 창조[창조된 세계]를 드러내시며, 오직 그분만이 스스로 구원자임을 드러내신다. 이 세상의 허무함에 대한 앎, 그 구속함을 받지 못한 앎은 자유로워진 '알지 못함'으로 역전되고, 자기 자신에 대한 '알지 못함', 곧 구속함을 받지 못한 '알지 못함'은 자유로워진 앎으로 역전된다. 이런 실존적인 사건을 일으키시는 분도 오직 그분이다. 그러므로 이들이 곧 하나님을 **사랑하는 자들**이다. 하나님 자신에 의해, 오직 하나님에 의해 그럴 수 있도록 부르심을 받은 사람들이다. 그들은 어떻게 **하나님을** 사랑하는 자가 될 수 있는가? 더 만족스럽고 더 안심이 되는 대답을 줄 수 있을까?

"**하나님이 미리 아신 자들을 또한 그 아들의 형상을 본받게** |307| **하기 위하여 미리 정하셨으니 이는 그로 많은 형제 중에서 맏아들이 되게 하려 하**

심이니라. 또 미리 정하신 그들을 또한 부르시고." 하나님을 사랑하는 자들은 '부르심을 받은 자들'이라고 일컬어진다. 하나님을 사랑한다고 말하거나 사랑하는 척하지만 실제로는 사랑하지 않는 자들, 곧 부르심을 받지 않은 자들은 **부르심을 받은 자들**과 엄연히 다르다. 부르심, 오직 이것만이 예언자를 거짓 예언자와 갈라놓고, 바울을 스게와의 일곱 아들들과 갈라놓는다(행 19[:13-16]). 하나님을 사랑하는 자들이라 할지라도 저 얼빠진 사람들, 곧 바쿠스 신의 지팡이 티르수스를 들고 다니는 사람들[94]과 완전히 같은 취급을 받고 구별이 거의 불가능할 정도로 비슷해 보이는 것을 어쩔 수는 없다. 하나님을 사랑하는 자들은 그런 사람들과 혼동되는 일이 있어도 놀라지 않으며, 그들과 혼동되지 **않으면** 하나님께 영광을 돌린다. 하나님을 사랑하는 자들은 자신의 부르심을 자기를 위해 **내세우지** 않는다. 오직 부르심 그 자체만이 스스로를 정당화하는 것이지, 그 부르심die Berufung을 어떤 증거로 내세우는 것eine Berufung이 그것을 정당화할 수 없다는 사실을 잘 생각하면서 말이다. 하나님을 사랑하는 자들은 자신이 부르심을 받은 자, 더도 덜도 아니고 부르심을 받은 자라는 사실을 기억함으로써 고요함과 안전함이 깨지는 것을 거부하지 않는다. 성령을 통해서 하나님을 향한 사랑이 그들의 마음에 쏟아져 들어왔다[5:5]는 사실이 그들에게는 결코 당연한 일이 아니다. 이미 일어난 일도 아니요 이미 다 해결된 일도 아니다. "나는 지금의 '나'와 미래의 '나'가 같은 자다!"Ich werde, was ich sein werde!(출 3:13-15) 그들을 부르신 분은 알 수 없는 분, 눈에 보이지 않는 분, 영원한 분이시다. 부르심을 받은 사람은 그런 그분을 사랑하는 것이다. 그들이 하나님을 이와 다른 방식으로 사랑하는 순간, 다시 말해 어떤 직접적인 관

94 티르수스(Thyrsus) 지팡이는 디오니소스[또는 바쿠스]와 그를 수행하는 여자들의 상징이다.

계 속에서 그 대상을 소유하거나 탐닉하거나 확신하는 식으로 사랑하는 순간, 하나님은 더 이상 하나님이 아니며 그 부르심은 더 이상 부르심이 아니다. 왜냐하면 부르심을 받은 자들이란, 하나님께서 "그 아들의 형상을 본받게 하기 위하여 미리 **정해 놓은 사람들**이기 때문이다. 그들이 "본받아야 할 형상"은 예수의 죽음(빌 3:10)이다. 하나님의 아들은 바로 이러한 형상으로, 이런 "inkognito"[알려지지 않음]으로 이 세상에 오셨으며, 예수의 생애를 특징짓고 규정하는 이런 투명한 과정 속에서 오셨다(5:6, 6:5, 8:3). 그리고 하나님을 사랑하는 사람들은 예수께서 걸어가신 죽음의 길의 증인, **그래서** 그분의 부활의 증인으로 정해진 사람들이다[행 1:22]. 그들의 삶의 길은 어떤 형태로 전개되든 가장 어렵고 궁극적인 환난이다. 알려지지 않은 하나님과 너무나 잘 알려진 세상 사이에서 어찌할 바를 모르는 사람들의 환난이다. 이러한 환난 속에서 하나님을 사랑하는 것, 겟세마네와 골고다에서 예수가 당한 환난을 생생하게 드러내며 선포하는 것, 요단강의 세례와 광야의 시험에서 시작하여 십자가에서 끝난 길, 그 "파악할 수 없는 길"[고전 12:31]을 **함께** 걷는 것, **그렇게 하여** 그리스도를 대신하는 메신저가 되는 것, 그렇게 하여 화해의 말씀을 궁극적인 자기 자신에 대한 판결로서 무조건적으로, 궁극적인 사실성 안에서 |308| 받아들이는 것(고후 5:19-20), **그것이야말로** 하나님을 사랑한다는 말의 의미다. 그러나 금세 명백해지는 것이 있다. 그 결정이 한 사람에게서 성취되는 것, 욥이나 바울 같은 사람이 예수의 죽음을 선포하는 사건이 일어나는 것, 한 사람이 자신의 환난을 자신의 영예와 구원으로 자랑할 수 있는 것(5:3), 한 사람이 곤궁 **속에서**, 곤궁**에도 불구하고**, 곤궁 **때문에**(고후 1:3-11) 비추는 빛이 될 수 있는 것, 이것이야말로 그에게서, 그를 통하여 일어나는 **하나님의** 역사하심이다. 금욕, 순교, 죽음의 지혜, "자살", 자기 스스로 선택한 유

한한 부정은 그리스도의 십자가에서 빛나는 무한한 부정을 창출할 수 없다. 죽음 **체험**은 부르심받은 자**에게**,[at] 그리고 부르심받은 자를 **통해** 살아 계신 하나님에 관해 말하는 그 죽음을 대신할 수 없다. "그리스도를 뒤따름"이 그저 인간적인 시도에 불과하다면, 그 인간은 하나님의 맏아들의 여러 형제 가운데 하나가 될 수 없다. 오직 신적인, 눈에 보이지 않는, 영원한 결정, "영으로 인도함을 받음"(8:14)만이 하나님의 아들이 되게 할 수 있으며, 눈에 보이는 현존재의 의미를 창출할 수 있으며, 인간의 생각과 말과 행위의 방향을 제시할 수 있다. 그러한 빛을 점화하는 불은 하나님께 속한 것이다. 그 빛의 광채도 하나님의 것이다. 그도 그럴 것이, 만일 환난이 그저 환난이 아니고, 죽음이 그저 죽음이 아니고, '아니요'가 그저 '아니요'가 아니고, '알지 못함'이 그저 '알지 못함'이 아니라면—"그의 아들의 형상" 안에서 보면 단순히 그럴 뿐만 아니라 그 모든 것이 역전되는 것처럼—그렇다면 창조자이시며 구원자이신 하나님께서 **그분의** 말씀과 더불어, 보시는 눈이요 보이는 태양으로서 곁에 계심이다. 그렇다면 결정하는 이는 사람이 아니라 **그분**이시다. 하나님을 사랑하는 사람들의 부르심, 그 부르심의 합법성과 권위는 우리 시간의 모든 순간을 **앞서**가는 결정[Bestimmung] 속에 있으며, 그런 이유에서 이루어지는 하나님과의 간접적이면서 깨어진 관계 속에 있다. 그러나 그들이 하나님께서 정하신[bestimmen] 자들인 까닭은 하나님께서 그들을 **아셨기** 때문이다. "또 누구든지 하나님을 사랑하면 그 사람은 하나님도 알아주시느니라"(고전 8:3). 우리가 지금 마주하고 있는 비밀은 예정, 곧 인간이 복락을 누리도록 예정되어 있음의 비밀이다. 아우구스티누스와 종교개혁자들은 이 비밀을 원인과 결과의 도식 속에서 신화적으로 표현하는 바람에 그것이 가지고 있는 본래의 의미를 앗아가고 말았다. 왜 그런가? 하나님께서 인간을 아신다(인식하신다)는 사실, 오직 하나님만

이 이렇듯 인간을 아심으로써 하나님을 향한 인간의 사랑은 하나님의 아들을 향한 결정(규정)이 된다는 사실, 그리고 바로 이 결정을 통해서 부활의 증인이 되라는 부르심은 사건이 된다는 사실, 그 사실은 그 사랑이 시간 속에서 살아가는 인간의 존재·소유·행위로서 시간적 배열의 맨 처음에 신적인 원인으로 말미암아 작용하기 시작한 어떤 것이라는 의미가 아니다. 오히려 그 사실은 하나님을 향한 그 사랑이 시간적 |309| 배열의 그 어느 순간에도 인간의 존재·소유·행위로 나타나거나 언급될 수 없으며, 모든 시간을 뛰어넘어 모든 순간에 하나님 자신 안에서 그것의 근거를 두며, 하나님 자신 안에서 구하고 발견되어야 함을 의미한다. 하나님을 사랑하는 사람은 스스로에게 '그 사람이 나인가?' 하고 물을 수 없다. 누군가가 그에게 '그 사람이 너인가?' 하고 물을 수도 없다. '그 사람이 나인가?'라는 물음은 최후의 만찬 때 제자들이 말한 생각[마 26:22 병행 본문]에서만 의미심장하다. **주님**께서는 자기 사람들을 아신다.[95] **그분**이 그들을 아신다. 그들이 매인 자들이나 자유로움을, 죄인이나 의로움을, 저주받았으나 복됨을, 죽은 자들이나 살아 있음을 아신다. 아무리 **그분**이 심판자라고 해도, 아무리 인간이 오직 **그분께**만 죄를 지었고 또 죄를 지을 수 있다 해도 이것이 그분이 아시는 그들의 모습이다. 하나님을 향한 인간의 사랑이라는 **진리**는 인간 안에 있는 것이 아니라 하나님 안에 있다. 그 사랑의 근거는 하나님이다. 그 사랑은 하나님 안에서 실현된다. 하나님께서 그 사랑을 보시고 그 사랑에 상급을 주시며 그 사랑을 아신다. 하나님 안에서, 오직 하나님 안에서 그 사랑은 실존적**이다**. 바로 이와 같은 하나님의 인식Erkenntnis Gottes, 곧 하나님께서 이렇게 아심은 모든 시간 이전에, 모든 시간 너머에, 모든 시간

95 딤후 2:19을 토대로 만든 슈피타(Ph. Spitta)의 찬송가(EG 358) 도입부.

이후에, 영원히, 눈에 보이지 않는 방식으로 발생한다. 그러므로 그 인식은 인간이 시간 속에서 얻게 되는 인식과 하나가 될 수 없으며, 오히려 모든 인간적인 인식의 위기, 전제, 지양이다. "만일 누구든지 무엇을 **이미 아는 줄**로 생각하면 **아직도** 마땅히 알 것을 **알지 못하는** 것이다"(고전 8:2[원서에는 8:3로 되어 있다]). 왜냐하면 어떤 사람이 그에게 "보이는 것"을 인식했다면 그것은 단지 시간적인 것일 뿐이다. "보이는 것은 잠깐이요 보이지 않는 것, **그것이** 영원함이라"(고후 4:18). **그것이** 영, **그것이** 진리다! 그러므로 하나님을 사랑하는 자들의 평안, 그들의 안전이란 영원 속에서, 영과 진리 안에서 그들의 규정과 부르심에 대한 결정이 내려졌다는 사실이다. **하나님** 앞에서 그들의 불안이 그들의 평안이며, **하나님** 앞에서 그들의 불확실함이 그들의 확실함이요, **하나님** 앞에서 두렵고 떨림[빌 2:12]이 그들의 존재·소유·행위의 동기다. 그들은 **심판을 받았으나** 의로우며, **눈이 멀었으나** 보며, **죽음을 당했으나** 살아 있다. 한마디로 원인과 결과의 직접적인 관계가 전혀 아니다. 그들은 언제나 새롭게 **하나님**께 기대어 매 순간, 있는 그대로의 자기가 된다.

이제 우리는 "부르신 그들을 또한 의롭다 하시고 의롭다 하신 그들을 또한 영화롭게 하셨느니라"고 말할 때, 우리가 무슨 말을 하는지 분명히 알고 있다. 만일 인간이 하나님을 사랑하도록 부름을 받은 것이 확실하다면, 영과 진리 안에서, 하나님 안에서 확실하다면, 그렇다면 하나님께서 긍휼하심으로써 그에게 약속하신 것, 곧 눈에 보이지는 않지만 순수한 그분의 의, 하나님 나라의 시민됨이 확실하며, 하나님께서 죄인인 그를 자기 소유로 삼으심도 확실하다. 이는 하나님께서 직접 부르시고, 지정하시고, 인식하신 인간에게서, 또한 그 인간의 존재와 소유와 행위의 은폐됨 속에서(2:16) 스스로 기뻐하실 만한 것을 발견하셨기 때문인데, 이것은 그분이

인간의 구원을 위하여 직접 창조하신 |310| 새로운 것이다. 하나님을 사랑하도록 부르심을 받은 인간은—눈에 보이지는 않지만—새로운 인간**이다**. 하나님 앞에서 의로운 인간**이다**. 어찌하여 하나님은 그에게 "모든 것으로 하여금 합력하여 선을 이루게" 하셨는지, 어찌하여 영원한 소망이자—실존적으로는—**바로 그의** 소망인 그 **유일한** 진리를 만날 수 있게 하셨는지 충분한 근거가 제시되었다. 영원한 미래가 **그 자체로** 이미 인간적인 과거·현재·미래가 된다. 아가페는 "모든 것을 참으며 모든 것을 믿으며 모든 것을 바라며 모든 것을 견딘다"(고전 13:7). 아가페는 하나님을 향한 실존적인 성향이다. 그것은 하나님 자신의 성향이기 때문에, 그것이 하나님의 깊은 것까지도 통달하시는 영(고전 2:10)이기 때문에 실존적이다. 그러나 아가페는 언제나 "파악 불가능한 길"[고전 12:31], 오직 하나님을 통해서만 파악될 수 있는 길이다. 체험으로도 안 되고 증명으로도 안 되고 집중적으로 하나님을 내세운다고 해도 안 되고 오직 **하나님**으로만 파악할 수 있는 길이다.

31-32. 31 그런즉 이 일에 대하여 우리가 무슨 말 하리요. 만일 하나님이 우리를 위하시면 누가 우리를 대적하리요. 32 자기 아들을 아끼지 아니하시고 우리 모든 사람을 위하여 내주신 이가 어찌 그 아들과 함께 모든 것을 우리에게 주시지 아니하겠느냐.

"**그런즉 이 일에 대하여 우리가 무슨 말 하리요.**" 하나님을 사랑하는 사람들에게 하나님께서 직접 말씀하시는 것, 그분을 찾는 사람들이 있고 그분이 스스로를 드러내실 때 오직 그분만이 말씀하실 수 있는 것, 바로 그것을 설명하고 해석하고 보완한답시고 우리가 무슨 말을 한단 말인가? 우리가 그것에 **대해** 하는 모든 말은 **그것에 관한***Darüber* 말, **그것을 지나쳐 버리는***Daranvorbei* 말, **그것에 맞서는***Dagegen* 말이 아닌가? 그 사랑이 무엇인지에 대한 인간의 말은 오히려 그것을 어둡게 만든다. 하지만 인간의 침묵도 별반 다르지 않다. 우리가 "그것에 대하여 무슨 말"을 하든지 아니면 침묵하든지 어차피 틀린 것은 매한가지다. 그러나 하나님이 우리를 의롭다고 하신다면, 우리는 말하거나 침묵하거나 의로울 수도 있다.

"만일 하나님이 우리를 위하시면 누가 우리를 대적하리요." "'Sie Deus pro nobis, quis contra nos?'[만일 하나님이 우리를 위하시면, 누가 우리를 대적하리요?] 여기서 만약 우리가 대명사인 nos[주격, 대격]와 nobis[여격, 탈격]를 격格변화[곡용]deklinieren해서 이해할 수 있다면, 하나님이라는 명사Deus도 마찬가지로 동사로 만들어 동사 변화[활용]konjugieren시킬 수 있을 것인데, 그러면 다음과 같은 의미가 될 것이다. 'Deus, dixit et dictum est'[하나님, 그분이 말씀하셨고, 그분은 지금도 말씀하신다]. 이 경우 전치사 contra[반대하여]는 전적으로 수치스러운 것이 되어 결국 'infra nos'[우리의 아래로] 떨어지게 되리니, 그런 일이 장차 일어날 것이고 반드시 그렇게 될 수밖에 없다. 아멘"(루터).[96] "하나님이 우리를 위하심"Gott für uns, 바로 이것이 하나님을 사랑하는 사람들에게 선포되는 말이다. 그러나 "하나님이 우리를 위하심"이란 여태껏 한 번도 들어 보지 못한 기적, 곧 대

96 Eberle, S. 140, Anm.*. 바르트 소장본에 밑줄이 그어져 있다. *Bibel-und Bucheinzeichnungen Luthers*, Nr. 273(1542), WA 48,203,1-7. "*Si deus pro nobis, Quis contra nos?*" Wenn wir das Pronomen, Nos, vnd Nobis wol kundtenn decliniren vnd verstehen, So wurden wir das Nomen dues, auch wol coniugirn, vnd aus dem, Nomen, ein verbum machen, das hies, deus dixit, Et dictus est da wuerde die Prepositio, Contra, zu allen schanden werden, vnd endlich Ein infra nos draus werden, wie es doch geschehen wird vnd mus. Amen." 바르트는 "deus dixit, et dictus est" 문장을 잘못된 문장으로 여기고, 시 33:9의 의미에서 "Deus, dixit et dictum est"로 고쳤다. 그러나 루터 전집의 편집자는 루터의 그 문장을 삼위일체론의 관점에서 이해해야 한다고 지적한다. Luther, *Auslegung des ersten und zweiten Kapitels Johannis in Predigten 1537 und 1538*, WA 46,549,35-37. "두 위격은 그러므로 구분된다. 여기서 말씀하시는 분은 아버지시고 그 말씀을 듣는 분은 다른 위격인 아들이시다."

립의 세계가 지나갔다는 뜻이다. 우리는 지금 여기서, 언제나 모든 것을 이원성 속에서 보나니, 그저 암흑 속에서 이 세상은 하나님의 입장에서 보고 하나님은 이 세상의 입장에서 보아 왔는데, 이제 바로 그 이원성이 극복되었다는 뜻이다. 이 이원성은 하나님과 마주하여 자신의 다름과 독특함을 알고 있으며 또 그것을 원하는 **인간**의 이원성이다. 하나님으로부터 떨어져 나와 상대성 |311| 속으로 곤두박질한 **인간**의 이원성, 끝까지 가서도 결국 종교적인 **인간**의 이원성이다. **그**가 "진리를 불순종 안에 가둬 놓았다"(1:18). **그**가 하나님과 세상, 죽음과 죄로 하여금 자신과 맞서게 한다. 그[au]는 오직 대조, 대립, 긴장 속에서만 사유할 수 있다. 그는 '하나'를 알지 못하는 자, 구원받지 못한 자이다. 그러나 하나님과 함께 존재하는 **그** 사람, 다시 말해 신적인 주도권에 힘입어 하나님 편에 서 있는 **그** 사람은 이원성을 알지 **아니**하며, 대립 속에서 생각하지 **아니**하며, 아무도 아무것도 자신과 맞서지 **아니**한다. 썩어질 것이 썩지 않을 것을, 죽을 것이 죽지 않을 것을 옷 입**었다**. 여기서 말씀이 성취되**었다**. 죽음이 승리 속으로 삼켜졌다!(고전 15:54) "하나님이 우리를 위하심"과 함께, 성취와 구원과 완전과 영광에 대하여, 눈에 보이지 않는 중심에 대하여 말**할 수 있고** 말**해야 하는 것**이 말로 표출되었다. 처음과 마지막은 "만유의 주로서 만유 안에 계시는 하나님"(고전 15:28)이다. 이것은 우리가 **그것을 위한** 언어와 개념을 가지고 있다는 말이 아니다. 만일 그렇다면 **그것**이라 할 수 없으리라! 우리는 모든 길 안내판이 바로 **그쪽**을 가리키고 있으며, 거기서 마친다는 사실을 확인하는 것으로 만족한다.

그러나 우리는 한갓 꿈을 꾼 것이 아니라, 궁극적인 진리를 선명하게 보았다는 의식을 가지고 마친다. **"자기 아들을 아끼지 아니하시고 우리 모**

든 사람을 위하여 내주신 이가 어찌 그 아들과 함께 모든 것을 우리에게 주시지 아니하겠느냐." 이 세상에서 우리 인간의 현존재와 존재 상태가 밑바닥에 도달하는 그곳, 그의 "허무함"[8:20]이 극명하게 드러나는 그곳, 가장 비참하고 가련한 "탄식"이 우리를 향해 울려 퍼지는 그곳, 신적인 것의 '알려지지 않음'(익명성)이 너무나 철벽같은 그곳, 바로 거기서 우리는 예수 그리스도와 만난다. 눈에 보이는 것의 한계선, 그 의미심장한 한계선에 그분이 서 계신다. "내주신 것이 된", "아낌없이 주신 것이 된" 그분이 서 계신다. 물살에 뒤덮인 것은 **그분도 마찬가지다**! 그분은 "우리 모두를 위해서" 내주신 것이 되었고, 거기서 우리 모두를 대신하여 서 계신다. 왜냐하면 우리 모두는 그분과 함께—**그분**이 그렇게 되셨다면 **우리**는 얼마나 더 하겠는가!—물살에 뒤덮이고 깊은 곳으로 휩쓸려 들어가, 하나님께서 이러한 세상의 이러한 인간에게 말씀하신 '아니요' 앞에 서게 되며, 어디론가 피할 가능성은 완전히 빼앗긴 채로 심판의 자리로 인도된다. 거기서 모든 것은 심판 아래 있다. 모든 것은 구제 불능의 대립, 곧 의와 죄, 삶과 죽음, 영원과 시간의 대립 속에 있다. 거기서 우리에게 남은 것이라고는 오직 실존성 안에 계신 하나님밖에 없다. 그러나 이런 수수께끼 같은 사건이 **완성**되면서, 만물의 역전도 **완성**된다. 우리에게 남은 것이라곤 **오직** 하나님밖에 없을 때, 그분의 실존성 속에서 **오직** 그분만 남았을 때, 그분은 우리에게 진정으로 살아 계신 하나님이 **된다**. 그때 그분의 영광의 소망이 우리에게 **나타난다**. 그때 하나님—우리와 맞서 계시고 우리를 대적하신다고만 알고 있던 그 하나님—은 우리를 위해 **서 계신다. 내주신 것이 되신** |312| 그리스도, 우리에게서 (그분의 실존성 안에 계신) 하나님을 제외하고는 모든 것을 빼앗아 가시는 그리스도, 그분이야말로—우리는 이 난공불락의 지위를 차지하기 위해 감히 돌진**하지 않을 수 없다**. 이는 그것이 이미 함락

되었기 때문이라!—"**하나님이 우리를 위하심**"(8:31)이다. 우리는 하나님의 편에 있다! 내주신 것이 되신 그리스도는 영이요 진리요 하나님의 쉬지 않으시는 팔이다. 우리가 그분과 함께 고난을 당한다면, 어찌 그분과 함께 영광받지 않으랴?(8:17) 우리가 그분과 함께 죽는다면, 어찌 그분과 함께 살지 않으랴?(6:8) 하나님께서 세상 모든 것에 마땅한 심판의 자리에 우리를 내주시되 **그분과 함께** 내주신다면, 어찌 하나님께서 그분과 함께 모든 것 안에서 은혜를 베풀지 않으시랴? 어찌 모든 것이 우리에게 합력하여 선이 되도록 하지 않으시랴?(8:28) "모든 것 안에서 은혜를!" 우리가 본 새 아침의 여명[97]을 말로 표현할 수 **없다**. 하지만 그것을 말하지 **않을 수**도 **없다**.

33-39. 33 누가 능히 하나님께서 택하신 자들을 고발하리요. 의롭다 하신 이는 하나님이시니 34 누가 정죄하리요. 죽으실 뿐 아니라 다시 살아나신 이는 그리스도 예수시니 그는 하나님 우편에 계신 자요 우리를 위하여 간구하시는 자시니라. 35 누가 우리를 그리스도의 사랑에서 끊으리요. 환난이나 곤고나 박해나 기근이나 적신이나 위험이나 칼이랴. 36 기록된 바 우리가 종일 주를 위하여 죽임을 당하게 되며 도살 당할 양 같이 여김을 받았나이다(시 44:22, 원서에는 44:23로 되어 있다) 함과 같으니라. 37 그러나 이 모든 일에 우리를 사랑하시는 이로 말미암아 우리가 넉넉히 이기느니라. 38 내가 확신하

97 이것은 니체에 대한 반응이다. Fr. Nietzsche, *Die Fröhliche Wissenschaft*, Aphorismus 343, NW, 5. Bd., Leipzig, o.J., S. 271f.(NWKG, 5. Abt., 2. Bd, Berlin/New York, 1973, S. 255f, bes. S. 256, Z. 16-18). "사실 우리 철학자들과 '자유로운 정신들'은 '옛 신이 죽었다'는 소식을 들었을 때 마치 새 아침의 여명이 밝아 오는 것 같은 느낌이 든다." W. M. Ruschke, *Entstehung und Ausführung der Diastasen theologie in Karl Barths zweiten 《Römerbrief》*(Neukirchener Beiträge zur Systematischen Theologie, Bd. 5), Neukirchen-Vluyn, 1987, S. 59f. "프리드리히 니체는 신의 죽음에 대한 소식을 아침 여명으로 느꼈으나 바르트는 거꾸로 이 하나님의 실재하심과 살아 계심에 관한 소식을 증언하는 계시의 흔적이야말로 날이 밝아오고 있다는 징표라고 생각한다."

노니 사망이나 생명이나 천사들이나 권세자들이나 현재 일이나 장래 일이나 능력이나 39 높음이나 깊음이나 다른 어떤 피조물이라도 우리를 우리 주 그리스도 예수 안에 있는 하나님의 사랑에서 끊을 수 없으리라.

여기서 우리가 달려들어 차지한 지위, 곧 "하나님이 우리를 위하심"의 지위를 계속해서 확보할 수 있는가? 아니다. 그 지위는 곧바로 포기되어야 한다. 이는 그것이 하나님의 고유한 지위임을 우리가 알기 때문이다. 과거에도 현재에도 미래에도 우리는 그런 어떤 것을 찾을 수 없다. 모든 시대, 모든 관계 속에서 살고 있는 모든 인간은 고소를 당한 신세다. 하나님 앞에 선 인간이 피고의 신세가 아니고 무엇이겠는가? 우리는 예수 그리스도와 견주어 이미 유죄판결을 받은 신세이고, 그분과 함께 "내어 준" 상태다. 이 문이 열리고 우리는 이 빛 속으로 들어간다. 누가 의롭다는 선언을 받을 수 있겠는가? 우리는 끊어진 상태다. 그리스도의 사랑에서 끊어져 **있다**. 우리가 겪는 환난이 우리가 **그분에게서** 보고 믿고 경험하게 되는 바[was av] 신성, 영광, 영원한 미래와 처절한 사실성 속에서 마주할 때, **우리의** 사랑의 작은 불꽃은 **그분의** 죽음 속에서 하나님을 향한 사랑으로 나타난 것에 비해 말할 수 없이 열등한 어떤 것으로 나타난다. "이 모든 일에 |313| 우리가 넉넉히 이기노라!" 우리가? 그러니까 "우리"가? 이렇게 또 저렇게 신앙생활을 하고 회개하고 실천하고 확신을 가지고 감동하고 새로운 방향을 모색하는 우리가? 제발 솔직해지자. 정신을 차리고 있는 그대로 보자! 너무 성급하게 말하지 말고 너무 크게 말하지 말고 너무 확실하게 말하지도 말자. 우리가 그냥 누군가의 말을 **따라하는 것**이 아니라 우리 **자신**이 직접 본 것을 근거로 말한다고 할지라도 말이다. 다른 사람의 체험을 토대로 말한 것과 자기 자신의 체험을 토대로 말한 것의 차이는 그다지 크지 않다. 심지어는—"horribile dictu"[이렇게 말하기가 끔찍하지만]—[aw]첫째가 둘째보다

진실하게 들릴 수도[aw] 있지 않은가! 그러나 "하나님이 우리를 위하심"의 지위에 달려들어 그것을 차지하는 영원한 순간과 그 모든 이전·이후의 차이는 무한한 것이다. 그 이전·이후에는 우리가 여전히 혹은 이미 오래전부터 저 밖에 머물러 서 있으며, 우리에게는—시야에 들어오는 모든 곳에서—패배를 의미하는 승리를 자랑하고 있다.

그러나 그 지위를 향해 달려드는 일은 포기할 수도 없는 일이다. 하나님의 직접적인 부르심과 지정하심과 아심(8:29-30)으로 하나님을 사랑하게 된 이들의 하나님 사랑은, 이런 세상에서 살아가는 이런 인간들에게 격분하신 심판자를 방해**했다**. 있는 그대로의 내가 아닌 새로운 인간, 그리스도께서 내가 서 있을 수 없는 그곳에 발을 내디**뎠다**. 내가 말할 수 없는 것이 그분에게 들려**왔다**. 그는 죽으신 분이실 뿐 아니라—만물의 역전이 성취되면서—부활하신 분이시며, 부활하신 그분은 나를 위해 중보하시며 내 대신 하나님 우편에 서 계신다. 그는 **인지하신다**vernehmen. 내가 죄인이지만 의롭다는 것을, 나의 붙잡힘은 나의 자유라는 것을, 극심한 죽음의 곤경이 생명의 승리라는 사실을! 나는 안다. 그 누구도 그 무엇도 예수 그리스도 안에 나타난 (내가 전혀 모르는) 하나님의 사랑에서 나를 갈라놓을 수 없음을! 거기서는 궁극적이고 불가피한[ax] 대조, 곧 앎과 모름의 대조, 죽음과 생명의 대조, 신적인 본질성과 인간적인 본질성의 대조, 과거·현재·미래와 영원한 미래의 대조, 눈에 보이는 것과 보이지 않는 것의 대조, 상대성과 절대성의 대조, 땅과 하늘의 대조도 어마어마한, 아니 무한한 **유한성**, **소여성**, **피조성**으로 마주 서 있다. 그 대립성 속에서 화해와 구속과 놓임을 이루고 평화롭게 하나님 안에서 하나가 된, 부정된 부정, 지양된 규정Setzung[ay]으로 서 있다. 이는 예수 그리스도 안에 나타난 하나님의 사랑이야말로 인간을 향한 하나님의 사랑과 하나님을 향한 인간의 사랑의 하나됨

[통일성]Einheit이기 때문이다. 그 사랑 안에서 우리의 사랑이 승리를 맛본다. 도저히 성취될 수 없었던 동일성Identität이 성취되는 지점도 바로 그 사랑이다. 그러나 우리는 절대로 우리가 이 동일성을 성취하는 것이 아님을 통찰하면서, 아니 그것을 성취 가능한 것으로 여길 수도 없다는 사실을 통찰하면서 즉시 돌이키게 된다. 우리에게는 우리가 바로 그 동일성으로부터 유래하고 그곳으로 간다는 것을 아는 것으로 충분하다. |314|

9장 교회의 곤경

연대

9:1-5

1-5. 1-2 내가 그리스도 안에서 참말을 하고 거짓말을[아첨하지] 아니하노라.
나에게 큰 근심이 있는 것과 마음에 그치지 않는 고통이 있는 것을 내 양심
이 성령 안에서 나와 더불어 증언하노니 3 나의 형제 곧 골육의 친척을 위
하여 내 자신이 저주를 받아 그리스도에게서 끊어질지라도 원하는 바로라.
4 그들은 이스라엘 사람이라. 그들에게는 양자됨과 영광과 언약들과 율법을
세우신 것과 예배와 약속들이 있고 5 조상들도 그들의 것이요 육신으로 하
면 그리스도가 그들에게서 나셨으니 그는 만물 위에 계셔서* 세세에 찬양을
받으실 하나님이시니라. 아멘. |315|

* 이 구절의 주석은 다음의 방식들 가운데 하나를 선택하면 된다.

1. ὁ ὢν ἐπὶ πάντων 이하의 문장은 앞 문장을 보완하는 관계 문장으로서 앞 문장의 ὁ Χριστός를 가리킨다. 롬 1:25, 고후 11:31의 비슷한 구성은 이러한 연관성을 강력하게 뒷받침한다. 하지만 나는 "θεός를 높이 오르신 주님께만 적용하는 너무나 고립된 시도"(찬)[1]를 받아들일 수가 없으니, 그것은 롬 10:11-14만 봐도 위의 적용을 반드시 받아들일 필요는 없다. 내 느낌으로는 바울처럼 면밀한 사상가·저술가가 그렇게 섬세하지 않은 모습을 보였을 것이라 여겨지지 않기 때문이며, 그리스도교 초기의 그리스도론 관련 저술에서 이 구절이 베트슈타인(Wetstein)[2], 바이스(Weiß)[3],

1 Zahn, S. 435, Anm. 81.

2 Η ΚΑΙΝΗ ΔΙΑΘΗΚΗ. *Novum Testamentum graecum* editionis receptae cum lectionibus variantibus codicum MSS., editionum aliarum, versionum et patrum, nec non commentario pleniore ex scriptoribus veteribus Hebraeis, Graecis et Latinis historiam et vim verborum illustrante opera et studio Joannis Jacobi Wetstenii, Tomus II, Amstelaedami, 1752, p. 65.

3 B. Weiß, *Der Brief an die Römer*(Kritisch-exegetischer Kommentar über das Neue Testament, IV. Abt.), Göttingen, 1899^{9}, S. 396.

우리의 모든 존재와 소유와 행위의 순수 한계선이며 순수한 시작이신 하나님, 인간과는 질적으로 무한히 다르신 하나님, 모든 인간적인 것과 마주 서 계시는 하나님, 우리가 하나님이라 부르며 경험하고 예감하고 경배하는 모든 것과 결단코 동일시될 수 없는 하나님, 모든 인간적인 불안과 마주 서 있는 저 무조건적인 '정지!' 그리고 모든 인간적인 안정과 마주 서

찬[4]의 주장에 의하면—이런 의미로 이해되었다면—마땅히 수행했어야 할 역할을 수행하지 못했기 때문이며, 그리고 내가 보기에는 저 ἐπὶ πάντων θεός와는 별개로, 시편에 아주 자주 등장하는 εὐλογητός는 분명히 이스라엘의 하나님을 지칭하는 것으로 보이기 때문이다.

2. 호프만(Hofmann)[5]과 찬[6]은 πάντων 뒤에 콤마를 찍었고, 베크[7]는 심지어 θεός 뒤에 두 번째 콤마까지 찍었으니, 이 세 사람은 퀼과 마찬가지로 θεός 앞에 관사가 없다는 사실을 강조한다. "이 문장은 그리스도에게 어떤 θεός의 지위가 주어짐을 표현할 뿐이다"(퀼).[8] 형식적으로는 인위적이고, 내용적으로는 우려할 만한 이런 애매한 해석보다는 차라리 첫 번째 해석을—비록 더 난해하긴 하지만—나는 확실히 선호한다.

3. ὁ ὢν ἐπὶ πάντων 이하는 독립적인 영광송으로 이해할 수 있다. 그렇다면 이 문장은 바울의 다른 영광송들과 마찬가지로 하나님을 가리킨다. 그러나 나는 이 견해도 |315| "유일하게 만족스러운 설명"(윌리허)[9]이라고 보지 않는다. 리츠만이 이 견해에 동의하면서도 얼마나 조심스럽게 이 문제를 다루고 있는지 비교해 볼 필요가 있다.[10] 바울이 (접속사가 없는) 독립적인 영광송으로 하나님을 찬양했다는 주장은 너무나 낯설고, 본문의 맥락에서는 내용적으로도 충분한 동기를 찾을 수가 없기 때문에 나는 이런 독법에 만족할 수 없다.

4. 그래서 나는 베트슈타인이 잘 밝힌 것처럼[11] 이미 200년 전에 알려져 있던 판독(判讀), 곧

4 Zahn, S. 432f., Anm. 77.

5 Hofmann, S. 371.

6 Zahn, S. 432f.

7 Beck, 2. Hälfte, S. 106.

8 Kühl, S. 316. "그러므로 이 문장은 그리스도를 모든 것 위에 뛰어난 '바로 그' 하나님으로 일컫지 않고, 그에게 진실로 θεός의 영예가 주어졌다는 사실만을 표현하고 있다."

9 Jülicher, Paulusausleger, S. 92.

10 Lietzmann, S. 86.

11 A.a.O.(이 책 695쪽, 각주 2), p. 64.

있는 저 무조건적인 '전진!', 우리의 '아니요' 속에 있는 '예', 우리의 '예' 속에 있는 '아니요', 처음이요 마지막[계 22:13], 결코 알 수 없는 분, 우리에게 알려진 중심 속에서 여러 가지 다른 것들 가운데 하나의 실체가 된다는 것은 절대 불가능한 분, 창조주요 구원자이신 주 하나님, 그분이야말로 살아 계신 하나님이다! [a]그리고 복음 곧 예수 그리스도의 구원의 메시지는

ὢν ὁ ἐπὶ πάντων θεός를 고수하려고 한다.[12] 그러면 이 표현은 οἵτινές, ὧν ἡ, ὧν οἱ, ἐξ ὧν으로 구성된 4-5a절의 본문과 병행을 이룬다. 영광송에 해당하는 것은 εὐλογητός 이후에 나오는 말들, 동격으로 이어지는 단어들이다. 내가 보기에 오늘 우리가 가진 본문은 고후 11:31의 영향을 받은 오기(誤記)인 듯하다. 어떤 근거로 그렇게 볼 수 있는가? 전승된 텍스트에 보통 나오듯, 이스라엘의 특권을 열거하는데 하필이면 결정적이고 핵심적인 내용이 빠졌으니, 그것은 가장 높으신 하나님을 소유함이다. 그런데 여기서 제안하는 판독은 그 기이한 틈을 매워 준다. 그러나 율리허는 3:29을 근거로 반론을 제기했다.[13] 내가 보기에 율리허는 다음의 사실을 간과하고 있는 것 같다. '하나님은 유대인**과** 이방인의 하나님이시다!'는 명제는 거기서 (그리고 바울의 모든 저작에서) 변증법적인 **진격**의 결과지, 바울이 자명하게 자신의 결정적인 출발점으로 삼고 있는 입장, 곧 직접적으로 인식할 수 있는 교리적 입장은 아니다. 만일 종교적·교회적 여건으로 **주어져 있는 것**이 그에게 중요했으며 9:5이 그런 경우였을 텐데, 그렇다면 그에게 하나님은 철저하게 **이스라엘**이 소유한 하나님이다. 여기서도 그냥 거기 머물러 있어서는 안 된다는 것이 그의 고민이다. 그래서 그는 2:17에서 유대인에게 καυχᾶσαι ἐν θεῷ를 아무런 반론 없이 그대로 인정한다. 왜냐하면 바울은 유대인들이 하나님과의 관계에서 가지고 있는 우선권이, 그 우선권과 결부된 문제 때문에 손쉽게 지양되었다고 보지 않기 때문이다(3:1). 이것은 하나님의 보편성에 대한 전망이 전개된다고 해도, 엡 2:12처럼, 그러니까 적어도 바울이 있는 곳 근처에서는 πολιτεία τοῦ Ἰσραήλ에 낯선 사람들이 ἄθεοι ἐν τῷ κόσμῳ라 불렸던 것과도 통한다. 율리허가 (그리고 리츠만이[14]) 3:29을 근거로 든 것이 옳았다면, 바울은—조금 정확히 말해—υἱοθεσία(8:14 때문에), νομοθεσία(2:14-15 때문에), δόξα(3:23[원서에는 3:32로 되어 있다] 때문에), ἐπαγγελίαι와 πατέρες(4:16 때문에)도 이스라엘의 특권으로 언급했을 것이다. 상황은 어디서나 근본적으로 똑같다. 우리가 이 개념들을 그것의 고유한 궤도 위에서, 그것의 변증법적인 움직임 속에서 이해하지 않는다면, 우리는 그것을 전혀 이해하지 못한다.

12 Römerbrief I, S. 357, Anm. *.

13 Jülicher, Paulusausleger, S. 92.

14 Lietzmann, S. 86.

이것이니, 바로 그 숨어 계신 하나님, 살아 계신 분께서 스스로를 계시하셨다는 사실이다.[a] [복음 안에서] 가능한 것의 세계, 무한한 것처럼 보일 뿐인 그 세계 위로 무한하고 불가능한 것이 벼락처럼 번뜩이며 계시된다. 눈에 보이는 것 위로 눈에 보이지 않는 것이, 이 세상 위로 저 세상이 나타나되 어떤 다른 것, 제2의 것, 따로 구별된 것으로서가 아니라 지금 여기서는 은폐된 진리로서, 모든 것과 관련된 근원 |316| 으로서, 모든 상대성의 지양으로서, 그래서 모든 상대적인 현재들의 현실로서 계시된다. 하나님의 나라, 하나님의 불가피성, 실존성, 하나님의 승리와 영광이 인간의 현실에도 불구하고, 아니 오히려 인간 생명의 시간성, 유한성, 소멸성 때문에 감춰진 채로 남아 있을 수 없다. 이 하나님을 아는 것, 그분을 믿는 것, 곧 사랑으로 역사하는 믿음[갈 5:6]은 어떤 순간에도 실현된 적이 없으나 매 순간 실현이 가능하며 매 순간 새롭게 실현되어야 할 가능성, 인간에게 명령된 가능성이라는 사실이다. 그것은 하나님 안에 있는 존재가 될 수 있는 가능성, 하나님의 자녀로 살아가는 가능성이다. 이 세상에서 이 세상의 인간으로 살아가되 심판에 굴복하는 자, 공의를 의식하는 자, 구원을 기다리는 자, 은혜로 말미암아 이미 자유로워진 자로 살아가는 가능성이다.[b]

그리고 예수 그리스도의 구원의 메시지 반대편에 서 있는 것이 바로 역사 속에 나타난—덧붙여 말하자면, 역사 속에서 가장 순수하고 가장 강력하고 가장 적절하게angemessensten [c] 나타난—이스라엘, **교회**, 종교의 세계다. 지금 우리는 어떤 변질된 교회만이 아니라, 완전하고 이상적인 교회를 포함하여 말하고 있다. 반대편에 서 있다고? 그렇다면 두 관점이 서로 대립하고 있는 것인가? 하나[복음]는 맞고 다른 하나[교회]는 틀린 것인가?

그렇다. 이것은 명백한 사실이다. **교회**는 **복음**과 대립하여 서 있다. 여

기서 교회는 하나님의 불가능한 가능성의 이편에 있는 최후의 인간적 가능성의 체현이다. 바로 이 점에서 다른 어떤 곳에서도 찾아볼 수 없는 심연이 가로놓여 있다. 바로 여기서 인간의 질병이 하나님과 맞닿으면서 급작스럽게 터져 나온다. 왜냐하면 [불의한] 교회는 인간을 하나님과 갈라놓는 그 심연의 이편에 있으면서, 저 영원에서 나온 계시가 곧장 시간성이 되며 어떤 주어진 것, 익숙한 것, 당연한 것이 되어 버리는 장소이기 때문이다. [그런 교회 안에서] 하늘의 번쩍이는 번개는 땅 위에서 지속적으로 연소하는 빛이 되고, 결핍과 발견은 소유와 향유가 된다. [그런 교회 안에서] 신적인 평안은 인간적인 불안이 되고, 신적인 불안은 인간적인 평안이 되며, "저편"은 "이편"과 마주하는 제2의 형이상학적인 어떤 것이 되고 그로써 그저 [d]이편의 연장에 그치고 만다. 거기서[d] 교회는 인간이 하나님에 관하여 모두 알고 하나님을 소유하는 곳이라서 그만큼 아무것도 모르고 아무것도 가지지 못한 곳이며, 처음이요 시작이시며 알려지지 않은 하나님이 어떤 식으로든 알 수 있는 중심 자리로 옮겨진 것처럼 보이는 곳, 지혜로운 마음을 갖기 위해[시 90:12] 매 순간 죽음을 곰곰 생각할 필요가 없는 곳, 그 대신 믿음·소망·사랑을[고전 13:13] 가장 직접적으로 **소유하는** 곳, 가장 직접적으로 하나님의 자녀로서 **존재하는** 곳, 하나님 나라를 가장 직접적으로 **기다리고 만들어 가는**—마치 [e]인간이 그렇게 존재할 수 있고, 마치 그 모든 것을 인간이 가질 수 있고[e] 기다리고 붙잡아 작업할 수 있는 **사물**이라도 되는 것처럼—그런 곳이다. 그런 교회란 신적인 것을 인간적인 것, |317| 시간적인 것, 사물적인 것, 세속적인 것으로 만들고 어떤 실용적인 것을 만들려는 시도, 다소간 포괄적이고 힘찬 시도에 불과하다. 이 모든 것이 인간의 안녕을 위한 것인데, 이 인간이라는 존재는 하나님 없이 살아갈 수는 없지만 살아 계신 하나님과 살아가는 것은 아니다

("대심문관"[15]을 보라!) 한마디로 [그런 잘못된] 교회는 도저히 파악할 수 없지만 그렇다고 도저히 피할 수도 없는 길[고전 12:31]을 파악하려는 시도다. 이것은 물론 가톨릭교회의 경우에 훨씬 더 성공적이었다. 프로테스탄티즘의 경우는 인간이 교회의 사람으로서 하고 싶어 하는 일이 최종적으로는 성공할 수 없었다는 사실 때문에 상대적으로 더 많이 수고해야 한다. 이와 같은 측면에서 복음과 교회의 대립이 근본적이고 모든 면에서 무한한 대립이라는[f] 사실은 명백하다. 그렇다. 여기서는 입장과 입장이 맞부딪히고 있다. 여기서 누군가는 옳고 누군가는 그르다. 복음은 교회의 지양, 교회는 복음의 지양이다.

여기서 맞서는 것은 **누구**인가? 하나님과 인간이다! **인간**과 **인간**이 아니다! 사울/바울과 바리새인들이 맞서는 것이 아니다! 복음의 선포자와 교회의 사람이 맞서는 것이 아니다. **그런** 대립이라면 무한한 것이 아니며 오히려 극도로 유한한 것이다. 사람의 입술로는 복음을 순수하게 혹은 무교회적으로 선포할 수 없다. 복음의 선포자는 언제나 교회의 사람이다. 그는 교회의 곤경을 함께 겪으며 교회의 죄책을 함께 책임진다. 복음은 명확하고 분명하지만 하나님의 '알려지지 않음'은 엄수된다. 하나님에 관하여 말할 때 그 누구도 인간적인 생각과 행동과 소유와 진리 주장의 비유가 아닌 다른 방식으로는 말할 수 없다. 타오르는 방언으로 말한다고 해도 마찬가지다. **우리**도 다르지 않다. 하나님과의 관계를 수립하고 유지하고 관리하려는 모든 인간적인 수단은 교회적이다. 우리도 사실 그 "파악할 수 없는 길"[고전 12:31]을 파악할 수 있는 것으로 만들고자 한다. 물론 그 길이 파악할 수 없는 것임을 파악할 수 있게 만드는 것이다. 하지만 교회에 속

15 이 책 515쪽, 각주 2.

한 사람 치고 다르게 생각한 사람이 있었던가? 만일 썩어지지 않을 것이 썩을 것의 비유를 통해 관찰되지 않는다면, 우리는 복음을 선포한 것이 아니고 교회를 섬기는 것이다. 이런 극도의 개연성으로부터 우리를 지켜 주실 분이 하나님 말고 또 있겠는가? 진리의 하나됨, 그 깨질 수 없는 하나됨의 비유는 숙명적으로 덜커덩거리는 소리가 나는 구조물이다. 그 안에서 하나님에 관한 진술은 철저하고 질서 정연해야만 그 모습을 드러낼 수 있다. 영원히 만물의 근거가 되시는 하나님의 인격의 비유는 실족하게 만들 수도 있는 사실이어서, 잘못하면 가장 강렬한 방식으로 화자 자신을 알리고 관철시키지 않고서는 그 누구도 하나님에 관해 말할 수 없다. 성령은 절대적인 기적이라는 사실의 비유는 역설, 곧 인간의 최후의 절망적인 언어 수단이다. 영원에 관한 사유가 우리에게 요구하는 비유, 그 폭풍처럼 몰아치는 직접적인 |318| 비유는 정말 괴로운, 거의 견딜 수 없는 일방성과 배타성이다. [결과적으로 복음이 아닌] 어떤 다른 것에 관해 말하는 사람만이 그 일방성과 배타성을 피할 수 있다. 복음을 전하는 사람 중에서 어느 누가 "저 바깥에 있는 사람들에게는 모든 것이 비유를 통해서 주어진다"[막 4:11]는 사실을 막을 수 있겠는가? 그 사람들이 선포자가 말하는 모든 것을 그저 우화와 같이[9] 새로운, 낯선 주장쯤으로 여겨 자기들의 주장을 굽히려고 하지 않으며, 오히려 다소간 끈질기고 열정적이고 교묘하게 자기들의 기존 주장을 방어하는 것을 어찌 막을 수 있겠는가? 그들은 그가 말한 것도 그저 사람이 사람들에게 말하는 것에 불과하다고 여기면서 선포자가 말한 모든 것의 **무게**에서 벗어나 스스로 의로우며 구원받았다고 생각한다. 이런 대화가 교회 안에서도 이루어지는 것을 어찌 막을 수 있겠는가! 잘 알려진 바와 같이 이제는 교회에서 그 어떤 것도 실존적으로 진지하게 받아들여지지 않는다. 이것은 교회 내부적으로 말하건대, 사실 실존

적으로 진지한 **존재**가 아니기 때문이다! 복음의 이런 실족, 이런 실패를 누가 막을 수 있겠는가? 아무도 그럴 수 없다! 우리가 하나님의 영광을 위한다면서 가장 대담한 도약을 한다고 하더라도 결국에는 손으로 기어가는 것이며(고전 13:1f.!), 그것조차 아무리 교회적이라 해도 비실존적으로 이해될 것이다. 하나님에 관하여 비교회적이면서 실존적으로 말하는 것을 누가 가르쳐 줄 수 있겠는가? 아무도 없다! 오직 하나님만이 하실 수 있다. 그러나 그분이 그리하실 때도 그분은 여전히 알려지지 않음 속에 계신다. 우리는 옳고 **우리의** 반대편에 있는 다른 사람들은 옳지 않다고 주장할 기회가 **우리**에게는 없다. 우리의 **모든** 입장에 맞서 **하나님의** 입장은 유지된다. **그분**이 옳고 우리 **모두**는 틀렸다.

그래서 어떤 결과가 나오는가? 예컨대 우리는 하나님을 망각하고 우리의 도구는 옆으로 치워 두고, 마치 복음은 존재하지도 않는 것처럼 교회, 곧 인간을 섬겨야 하는 것인가? 아니다, 오히려 우리는—하나님 나라가 교회를 심판하기 때문에—하나님을 생각하면서, 우리의 도구를 사용하면서, 복음을 선포하면서 그 간접성을 기꺼이 받아들이게 된다. 복음과 교회의 무한한 대립을 뜨겁게 의식하면서도 교회에 대한 관심을 끊고 교회와의 연대를 거부하는 것이 아니라 교회 편이 되고 교회를 지지하게 된다. 함께 참여하고 함께 책임을 지고, 교회에 지금 부족한 것과 반드시 부족할 수밖에 없는 것을 함께 채워 나간다. **"내가 그리스도 안에서 참말을 하고 거짓말을**[아첨하지]heuchle h **아니하노라. 나에게 큰 근심이 있는 것과 마음에 그치지 않는 고통이 있는 것을 내 양심이 성령 안에서 나와 더불어 증언하노니."** 바로 이것이 복음으로부터 나온 입장, 곧 교회에 대한 입장이다. 복음을 듣고 선포하는 사람은 그저 교회와 **나란히 옆에** 설 수는 없다. 이해하려고 하지도 않고 거부하거나 이해한다고 하면서 동정만 표하거나 할 수는

없다. 그는 정말 인격적으로 교회 **안에서** |319| 동참하게 된다. 당연히 그는 아는 사람, 바로 그래서 고통당하는 사람이다. 결코 의기양양한 승리자가 아니다. 그는 교회에서 진정 중요한 것이 무엇인지 안다. 그는 교회를 진지하게 받아들인다. 쓰라릴 정도로 진지하게 받아들인다. 그는 교회 역시 언제라도 사라져 없어질 수 있는 인간적인 시스템이며 목사도 다른 직업들 중의 하나에 불과하다고 말하면서 싸구려 위안을 구하지 않는다. 그는 믿고 설교하고 설명하고 부르고 기도하는 일이 **반드시 있어야 함**을 알고 있다. 그는 하나님으로 인한 인간의 병이 바로 이 지점에서 늘 새로운 형태로 부단히 표출될 수밖에 없다는 사실을 알고 있다. 그는 종교적·교회적 가능성의 불가피성을 알고 있다. 그는 하나님을 향한 인간의 비非교회적인 관계가 지금 여기서 발생할 수 없는 것은 낙원의 무죄함이 발생할 수 없는 것과 마찬가지임을 알고 있다. 그는 아마도 더 행복해 보이고 더 나아 보이는 "평신도들"[목사 없는 평신도 운동과 평신도 교회를 생각해 볼 수 있다]을 곁눈질하지 않고 가운[聖衣]을 입는다. 그러나 그는 종교적·교회적 시도의 불가능성도 알고 있다. 그는 그 시도가 실패할 수밖에 없음을 알고 있다. 그 자체가 수행 불가능한 것이기 때문이다. 그는 이런 시도의 의심스러움이 끊임없이 증폭되고 있음을 보고 있다. 하지만 무기력하게, 아무런 영향력도 없이, 세상을 향한 교회의 무관심으로 바라보고 있는 것은 아니다. 오히려 대담함과 기력을 가지고 바라본다. 진정 누군가를 행복하게 해줄 수 있는, 너무나 실제적인 환상의 대담함과 기력을 가지고 본다. 언제나 그들에게 주어지는 성취의 위대함을 가지고 바라본다. 이 세상과 그 변화에 순응하게 하는 노련함을 가지고 바라본다. 그는 교회가 사람을 통해 사람을 섬긴 결과로 목표에 **도달한** 바로 그 지점에서, 하나님의 목표가 **빗나갔으며** 심판이 문 앞에 와 있음을 바라본다. 그러므로 그는 늘 슬퍼하고 고민

하고 질문을 던지고 깜짝 놀라면서 교회 안에 있다. 그 교회가 교회일수록 더욱 그럴 수밖에 없다. 그러나 그는 교회 **안에** 서며, 교회의 방관자가 되지 않는다. **그의** 가능성은 철저하게 교회의 가능성이며 **교회의** 불가능성은 곧 그의 불가능성이다. 교회의 당혹스러움은 그의 당혹스러움이며 교회의 곤경은 그의 곤경이다. 그는 하나님의 영광의 결핍(3:23) 속에서 교회와 연대하는데, 바로 이 결핍이 사람들 사이에서 진정한 연대와 공동체의 토대를 형성한다.

사실 이러한 연대와 공동체는—인간적으로 볼 때—한계가 없다. "나의 형제 곧 골육의 친척을 위하여 내 자신이 저주를 받아 그리스도에게서 끊어질지라도 원하는 바로라." 구경꾼, 방관자, 고난을 겪지 않는 자, 당황하지 않는 자, 슬퍼하지 않는 자, 도망자, 분리된 자로 은혜와 자유와 성령과 종말의 기대를 갖느니 아무런 은혜도 자유도 성령도, 다가오는 날에 대한 기대도 없는 것이 더 낫다. 그런 일만은 없어야 한다! 바울이 바리새인들을 대하는 태도는 역설적이다. 그는 어떤 경멸의 시선이라든지 |320| 어떤 밀교密敎적인 유보 없이 그들을 아주 명백하게 자신의 "형제"라고 부른다. 그는 자신이 그들과 "육신의 친척"이라는 사실을 철두철미 진지하게 받아들이면서, 그들의 알지 못함을 알고 있으나 자기 자신의 알지 못함도 알면서 그들과 더불어 저 압도적이고 신적인 "Inkognito"[알려지지 않음]—바로 이것이야말로 교회의 특징이다—앞에 무릎을 꿇는다. 우리는 바로 이러한 태도를 취해야 한다. 자기 영혼을 구하지 못할 수도 있는 위험, 자기 자신이 매 순간 불성실한 사람으로 보일 수밖에 없는 위험, 다른 사람에 의해 부정직한 기회주의자라는 비난을 들을 수밖에 없는 위험까지도 감수하고 그렇게 해야 한다. 패배자의 초소라고? 그렇다. 패배자의 초소 그 자체가 잘 보존되어야 한다. 인간이 인간으로서 주장하는 초소(입장)는 모두

패배자의 초소다. 이것은 교회 **안에서** 복음을 선포할 때 분명히 해야 하고 그렇게 드러날 것이다. 예언자가 제사장과 연대한 결과 불가능한 것이 가능해지고 가능한 것이 불가능해질 때, 그것은 분명해진다. 그러므로 예언자적 인간은—다음의 사실을 잘 알기 때문에—제사장적 인간과 연대하여 자신의 입장을 표명한다. 곧 복음 선포에서 중요한 것은 오직 하나님만이 대답하실 수 있는 물음을 정면으로 마주하는 것이며, 그 물음을 다시 어떤 인간적인 새로운 언어로 번역하는 것이 아니다. 옛 교회에 새 과제를 맡긴다든지 옛 과제를 위해 새로운 교회를 세우는 차원의 문제가 아닌 것이다. 그는 어떤 거주지Siedlung [16]나 시민학교Volkshochschule [17] 역시 하나의 교회라는 사실을 알고 있다. 그는 환자에게 도움을 주는 길은 병원의 침대를 대대적으로 갈아 치우는 것이나 병원 자체를 완전히 바꾸는 것이 아니라 하나님으로 인해 건강하게 되는 것임을 알고 있다. 그는 이런 사람과 저런 사람 간의 대립과 다툼이 때때로 복음과 교회 간의 무한한 대립을 생생하게 보여주어야 하지만(바로 그렇기 때문에 원칙적으로 피할 수 없는 일이다!) 그 분쟁이 끝날 수 없다는 것을 알고 있다. 그러므로 그는 영원함에 대한 생각을 자꾸만 잊고 사는 것 같은 사람들과 만나되 때로는 최후의 진지함으로 맞닥뜨려 그들이 본질을 바라볼 수 있도록 호소한다. 하지만 그런 와중에도 최후의 유머를 잃지 않는다. 물론 그것은 비유적인 방식으로만 그렇게

16 Fr. Beckmann-H. Schultz, Art. "Siedlungswesen", RGG^2, V, Sp. 483-485. 바르트가 특별히 염두에 두었던 그리스도교 거주 공동체인 하베르츠호프(Habertshof, 슐뤼히테른 Schlüchtern 소재)에 관해서는 G. Späth, Art. "Neuwerk", RGG^2 IV, Sp. 523 참조.

17 C. Hagener, Art. "Volksbildungswesen", RGG^3 VI, Sp. 1441-1447, Sp. 1444. "1918년 이후 전쟁터에서 귀향한 전방 세대(Frontgeneration)는 '자유로운 시민교육 이론'을 발전시켰다. 청소년 운동과 사회혁명 사상은 교육개혁을 통해 민족의 '완전 개혁'을 이룰 수 있다는 확신을 불러일으켰다." 야간 시민 대학, 향토 시민 대학의 창립도 이런 시민교육 운동의 일환이었다.

하는 것이다. 그러나 마치 자기가 완전히 새로운 길[18]을 가는 사람이라는 그런 망상은 전혀 없다. 예컨대 자기는 부득불 교회를 경멸하는 사람, 심지어 교회를 대적하는 사람의 태도를 취할 수밖에 없다는 식의 성향도—그런 결정을 내려야 한다는 요청이 그에게 절박하고 분명하게 다가온다 할지라도—전혀 없다. 왜냐하면 교회를 탈퇴하거나 목사를 그만두는[19] 결정은 스스로 목숨을 끊는 결정보다도 훨씬 의미 없는 것이기 때문이다. 그는 교회가 처한 불가피한 재난에 직면하여 구명보트에 올라타지 않는다. 감사하다는 말을 듣든지 말든지, 그는 자기 자리를 지키고 있다. 그곳이 보일러실이든지 지휘 통제실이든지 거기 **남아 있다**. 그가 어떤 거점을 마련할 때는, 전략적인 목표가 달성되면 |321| (그저 바로 그것이 중요한 것이므로!) 그 즉시 그곳을 비운다는 생각을 심중에 품고 있다. 어떤 것을 세울 때도 항상 그것을 허물 준비를 하면서 세운다. 그는 자기 말이 가지고 있는 위험한 안정성에 맞서기 위하여, 하나님 말씀의 자유를 위하여 언제나 모든 것을 할 준비가 되어 있다. 그에게는 복음과 교회의 끝없는 분쟁이 자꾸만 "우리"와 "그들"의 분쟁이 되어 버리는 것만큼 경악스러운 일이 없다. "우리"가 아무리 탁월하고 그들도 나름 최선의 정당성을 가지고 있다 하더라

18 라가츠가 창간한 스위스 종교 사회주의 진영의 월간지 「새로운 길들」(Neue Wege)을 암시한다. 바르트의 『로마서』 제1판은 비록 라가츠를 거명하지는 않았지만 빈번히 라가츠를 비판하고 있다. 라가츠는 『로마서』 제1판 전체가 본질적으로 자신에 대한 공격이라고 여겼다. M. Mattmüller, *Leonhard Ragaz und der religiöse Sozialismus. Eine Biographie*, Bd. 2: *Die Zeit des Ersten Weltkriegs und der Revolutionen*, Zürich, 1968, S. 251f. 그리고 라가츠가 1919년 1월 17일에 게르버(M. Gerber)에게 보낸 편지 *Leonhard Ragaz in seinen Briefen*, Bd. 2: 1914-1932, hrsg. von Chr. Ragaz, M. Mattmüller, A. Rich, Zürich, 1982, S. 175. 또 Bw.Th.I, S. 362 & 369. 라가츠에 대한 비판은 계속된다. 이 책 859쪽 각주 1과 878쪽 각주 16.

19 이 책 532쪽, 각주 13.

도 말이다. 오히려 그는 이런 식의 패거리 짓기를 즉시 불태워 버리고 폭파시키려고 할 것이다. 그는 교회를 겨냥한 모든 격렬한 공격을 마친 후에는 즉시 그곳으로, 다시 말해 **이** 세상에서 살아가는 **이 세상적인** 인간이 특별히 바로 종교적·교회적 인간으로서 "저주를 받아" "그리스도에게서 끊어진" 그곳으로 되돌아온다. 그래서 오직 하나님의 은혜에 대한 소망 속에서만 복된 존재가 된다. 이것은 오직 하나님만이 영광받기 합당하신 분이기 때문이다. 그렇게 교회로 돌아오는 것만이 모든 "반反교회적인" 비판의 [참된] 의미일 수 있다. 그러니까 그 비판을 퍼붓는 사람이 어떤 것을 더 잘 알거나 잘 할 수 있는 사람이라서 스스로를 정당화하고 구원하는 것이 그 비판의 의미가 아니라는 말이다. 그는 자기 자신과 교회에 영원의 존재를 상기시키기 위해 목소리를 높인다. 그러나 시간 안에서 그는 매 순간 이런 저런 서열의 경건주의자들, 구식이나 신식의 규율을 따르는[20] 경건주의자들과 더불어 그 어떤 하늘에—사실 그런 것은 존재하지도 않지만—있는 것보다는 차라리 교회와 더불어 (경우에 따라서는 신학과 더불어) 지옥에 있는 편을 택한다. 이 말을 받을 만한 자는 받을지어다[마 19:12]. 인간이 그리스도에게서 끊어져 내쫓긴 상태라는 사실을 뼈아프게 알게 되는 곳, 그리스도는 바로 거기 계신다. 그러나 이러한 앎이 주는 곤란함에 인간이 저항하면서 스스로 안전하다고 생각하는 거기에는 결코 계시지 않는다.

혹은 이렇게 생각해 볼 수도 있다. 만일 우리가 바로 교회를 통해서 하나님과 인간의 무한한 대립을 생생하게 드러낸다면, 그리고 바로 그렇기 때문에 그 교회와 "우리"의 유한한 대립을 근본적으로 부정한다면, 그리고 교회와 관련하여 결정적인 물음을 제기함으로써 그것과 연대하고 있음을

20 이 책 140쪽, 각주 3.

선언한다면, 우리는 예컨대 교회를 너무 진지하게, 너무 중요하게 생각하는 것 아닐까? 교회에 너무 큰 영예를 안겨 주는 것 아닐까? 로마서 8장으로 고상하게 마무리하면 왜 안 되는 것일까? 교회는 전혀 진지하지도 않고 전혀 본질적이지도 않은 문제, 그저 역사적이고 그저 우연한 문제인 것처럼 취급하고 끝내면 왜 안 되는 것일까? 그것은 하필이면 이스라엘이라는 사실성, 교회라는 사실성이야말로 로마서 3-8장의 대답이 겨누고 있는 질문 자체라는 사실이 우리를 너무나도 불안하게 만들기 때문이다. 바로 **이러한** 주어진 상태로부터 주어지지 않은 것에 대한 조망이 열리고 **이러한** 인간적인 것으로부터 하나님을 향한 전망이 열리는 것이다. 하나님의 불가능한 가능성에 직접 도달하는 길이 예컨대 자연이나 역사, 예술, 도덕, 학문으로부터, 심지어 종교로부터 출발할 수 있다고 생각하는 것은 감상적이고 자유주의적인 자기기만적 환상이다. 온갖 종류의 교회, 크고 작은 교회들에 이르는 직접적인 |322| 길—그렇다!—이른바 종교 사회주의의 경험들이 이에 대한 교훈적인 본보기다.[21] 그러나 교회적인 인간성이라는 진퇴유곡이 다행스럽게도 다시 한 번 끝나게 되면, 언제나 그때야 비로소 하나님을 향한 질문이 정말 진지하고 급진적으로 등장한다. 그 이전까지 하나님을 향하여 일어난 일은 사실은 그저 그런 환상이었다. 어떻게 해도 교회를 피해갈 수 없다는 통찰, 우리는 바로 그 교회로부터 벗어나 멀리 갈 수 없다는 통찰이 찾아올 때 비로소 정확하고 예리한 사격이 시작된다. 이 통찰은 복음을 선포하는 사람이(누가 그런 사람이 되려 하지 않는가!) 교회의 사람을(누가 그런 사람이 아니겠는가!) 자기의 "형제", 곧 자기가 어떤 "새로운 것"을 제시할 필요가 없는 그런 사람으로 인정함으로써 시작된다.

21 이 책 706쪽, 각주 18.

"그들은 이스라엘 사람이라. 그들에게는 양자됨과 영광과 언약들과 율법을 세우신 것과 예배와 약속들이 있고 조상들도 그들의 것이요 육신으로 하면 그리스도가 그들에게서 나셨으니." 이것은 적어도 "감사와 경외의 심정에 압도되어"(윌리허)[22] 한 말은 아니다. 오히려 지금 바울이 복음으로 알고 말하고 대변하고 가질 수 있는 것을 다른 바리새인들도 다 알고 말하고 대변하고 가지고 있다는 사실을 냉정하게 진단한 것이다. 복음의 새로운 것이라고는 하지만 **인간**이 알고 말하고 대변하고 소유한 그것은 새로울 것이 **전혀 없으며** 오히려 아주 오랜 이스라엘의 복음과 동일할 뿐이다. "새" 언약이라는 것도 인간적·역사적으로 볼 때, 또 신적인 계시의 **음각**Negativ 으로 볼 때, "옛" 언약을 힘 있게 다시 요약한 것, 그것의 엑기스를 정성껏 증류한 것에 다름 아닌 것 같다. 초대교회의 규정 가운데서 후기 유대교에 아주 비슷한 모습으로 나타나지 않은 것이 무엇이 있는가? 세례자 요한은 모르는데 바울만 알고 있는 것이 있었는가? 이사야는 모르는데 세례자 요한만 알고 있는 것이 무엇이 있었는가? 복음의 선포는 언제나 아주 당혹스러운 상황과 맞닥뜨린다. 해 아래 새것이 없다는 사실[전 1:9]이 바로 그것이다. 인간적으로 관찰할 때, 본질적인 것에 대한 말은 모조리 이미 나왔고 이미 한 번은 들었다는 사실이 바로 그것이다. 휴머니티의 최고 정상에는 언제나 어떤 형태로든 교회가 서 있으며 그것은 그 밖의 다른 인간적인 가능성이 소진되었음을 증명하는 살아 있는 역사적인 증거물이라는 사실이 바로 그것이다. 모든 위대한 말은 교회가 이미 언급했으며, 제도와 교리와 길과 상징으로 구체화했으며, 다소간 포괄적인 방식으로 전파하여 만

22 Jülicher, Paulusausleger, S. 96.

인이 누릴 수 있는 것으로 만들었다. "단순하고 소박한"[23] 도덕주의로부터 가장 심오한 신비주의에 이르기까지, 개인적인 회심의 |323| 경건주의에서 우주적 차원으로 뻗어나가는 종말론에 이르기까지, 예수의 인간적인 성품에 대한 신실하고 사랑스러운 묘사로부터 "하나님"이라는 단어를 아주 집중력 있고 역동적으로 외치는 것에 이르기까지, 피와 상처의 신학[24]에서 "이제 우리가 해야 하는 것"에 대한 가장 포괄적인 공표에 이르기까지, 가장 선량한 의도를 가지고 가장 시대적 분위기와 맞게 가장 섬세한 정성을 기울인 예배 의식 개혁으로부터 가장 파격적인 키르케고르식의 자극적 설교에 이르기까지, 그야말로 모든 것이 이미 있었다. 이 모든 것이 이미 있었다는 가르침, 역사가들의 지칠 줄 모르는 가르침 자체마저도 오래전부터 이미 있었다. 교회는 그 모든 것을 할 수 있으며 실제로 하고 있다(출 7:11). 복음에 관해서도 더 이상의 훌륭한 것을 내놓을 수 없다. 그렇다면 결국에는 이스라엘 사람이 되는 게 중요하다는 말인가? 양자됨과 영광과 언약들과 율법을 세우신 것과 예배와 약속들이 있고 조상들을 가지는 것이 중요한가? 육신으로(육신을 따라) 그리스도를 가지는 것이 중요한가? 교회라면 이런 것을 어떻게 가지지 않을 수 있겠는가? 어떻게 구약의 충만함, 그 이상을 가질 수 있겠는가? 우리는 알고 있다. 수로水路는 이미 잘 지어졌고 잘 정비되어 있다. 그 수로가 비어 버렸을지도 모른다는 우려가 있었지만, 그 수로

23 R. Lejeune, "Vorbemerkung" zu J.Chr. Blumhardt, *Das Reichsgebet*, Neue Wege, Jg. 14(1920), S. 245, Anm. 2. 르쥔은 이 글에서 "이런 모든 단순하고 소박한 언어를 따라 물결치는 정신"을 칭찬하면서 그것을 바르트의 '정신적 풍요'(Geistreichigkeit)와 대조한다. 이 책 67쪽.

24 이 표현은 친첸도르프와 그의 경건주의적 신앙에 가까운 신학적 경향들을 암시한다. H. Schneider, Art. "Blut. IV/2. Christi Blut in evangelischer Theologie und Frömmigkeit", TRE 6, S. 740-742.

주변에 사는 사람들은 이제 마음을 놓았다. 우리도 그들과 함께 수로를 만드는 것 외에는 달리 할 수 있는 게 없다는 사실을 알았기 때문이다. 우리라고 해서 생명의 물[요 4:10-11], 계시의 생명수를 우리 마음대로 운용할 수 있는 것은 아니기 때문이다. 우리는 알고 있다. 우리가 뭘 한다고 해도 교회가 늘 하던 것을 약간 다른 방식으로 하는 것 외에는 다른 것을 할 수 없다. 우리가 어떤 모습을 보인다고 해도 우리는 교회가 이해되던 그런 방식으로 이해될 것이다. 끔찍하게 높은 확률로 그럴 수밖에 없을 것이다. 인간적인 가능성의 정상에서 어떤 새로운 것을 추구하겠지만, 그 꼭대기는 항상 교회의 첨탑이 될 것이다. 지혜로운 자는 이것을 알고 수긍한다. 타협을 하기 위함이 아니다. 오히려 이것을 앎으로써 비타협적이고 철저해지기 위함이다. 이러한 앎에 기초하여 로마서 3-8장이 구상되고 집필되었다. 이 앎이 아니고서는 나무의 뿌리에 도끼를 댈 수 없다[마 3:10 병행 본문].

"그는 만물 위에 계셔서 세세에 찬양을 받으실 하나님이시니라. 아멘." 그렇다면 이스라엘은 "하나님"까지도 가진 것인가? 교회도 하나님을 가졌는가? 우리는 아니라고 말할 수 없다. 어떻게 우리가 그러겠는가? 우리는 그저 그렇다고 말한다. 그러나 이 '예'에는 우리가 교회를 향해 던짐으로써 우리 자신을 향해서도 던지는 질문이 있다. 우리의 '예'는 그 "하나님"이라는 존재가, **우리**도 다른 모든 사람들과 마찬가지로 하나님으로 알고 부르고 경배하는 존재인 한에서 적용된다. 그러나 "하나님"이 "모든 것을 다스리시는" **하나님**이라면 우리의 '예' 안에는 질문이 잠복해 있다. 교회에 하나님이 계시지 **않다**는 질문, 탄식, 고발이 잠복해 있다. 수로가 **비어 있다**는 지적이 있다. 양자됨과 |324| 영광과 언약들과 율법을 세우신 것과 예배와 약속들과 조상들과 육신의 그리스도를 "가진 것", 그리고 교회가 나름의 이유를 대면서 자랑하는 바 하나님을 "가진 것"은 **결코** 실존적

인 가짐이 **아니**라는 지적이 있다. 이러한 "반교회적인" 항변은 하나님 자신의 항변으로 생각하면서 경솔히 흘려듣지 말아야 할 것이다. **이** 사자가 부르짖은즉 누가 두려워하지 아니하겠느냐?[암 3:8] **하나님**이신 그 하나님은 "또한 이미 있었던" 분이 아니다. **하나님**이신 그 하나님은 새로움이다. **하나님**이신 그 하나님 안에서는 바울과 바리새인들의 연대가 그치고 저항과 대조가 시작된다. 하나님이신 그 하나님의 눈으로 볼 때, 교회는 오늘 이미 끝났다. "너희는 그 표징을 듣느냐?"[25]

야곱의 하나님

9:6-13

6a 그러나 하나님의 말씀이 폐하여진 것 같지 않도다.

교회는 인간의 온갖 실수들 때문에 어려움을 겪는다. 우리는 그런 실수를 알고 있다. 그것을 확인하고 들춰내는 것은 쉬운 일이다. 교회를 반대하는 세력만이 아니라 교회 안에서도 모든 세기를 통해 어느 정도 시간적인 간격을 두고 조금씩 다른 방식으로 번번이 그런 실수들이 거론되어 온 것은 꼭 필요한 일이기도 하고 당연한 일이기도 하다. 하지만 교회가 처한 본래적인 곤경이라는 맥락에서 벗어나서 그 실수들에 대해 말하기만 하는 것은 아무런 의미가 없다. 교회의 본질적 곤경은 너무나 엄청난 변질, 이런 혹은 저런 조건 때문에 일어나는 변질, 어떤 식으로든 설명이 가능한, 그래서 경우에 따라서는 개선할 수도 있는 변질이나 왜곡보다 깊은 곳에 있다. 만일 그것이 그저 인간적인 실수요 변질이라면, 예언자나 사도나 종교

25 이 책 55쪽.

개혁자들이 교회에 맞서서 복음을 사수할 때 보여주었던 열정의 타오르는 핵심은 도대체 이해할 수 없을 것이다. 어찌하여 그들이 지체 없이 끈질긴 교회 개혁 작업에 착수하지 않았는지, 혹은 그것이 가망 없어 보일 때 단호하게 새롭고 더 나은 교회를 건설하는 쪽으로 걸음을 내딛었는지도 마찬가지로 이해할 수 없을 것이다. 어찌하여 바울도 그렇고 루터도 그렇고 특히 후자의 의미에서 새로운 길을 가는 것에 그렇게 극단적으로 저항했을까? 어찌하여 마지막에 가서야 마지못해 결단을 내린 것일까? 어찌하여 언제나 하나같이 그릇이 작고 예민한 영혼들, 종교적 히스테리 증세가 있는 사람들만이 교회의 성직주의와 성경주의, 세속주의, 정치적·문화적 후진성, 종교적 타락, 요지부동, 생기 없음, 교회의 약함과 위선에 대해서는 마치 정당한 것처럼 열을 올리고 자기 자신들의 비극적인 처신에 대해서는 적잖이 만족스러워하면서, 모든 진정한 예언자들은 "ultima ratio"[최후의 수단]으로 남겨 두었던 그것을 그렇게 성급하게 |325| 붙잡는 것일까? 어찌하여 그런 직접적인 반교회적 성향은 저 변질된 교회와 비교할 때조차도 하나같이 그렇게 이상할 정도로 불쾌하고 공허하고 불안정한 인상, 너무나 설득력이 떨어진다는 인상을 주는 것일까? 반면, 요시야 왕의 시대[왕하 23:1-25]로부터 오늘에 이르기까지 바로 이 영역에서 진행된 저 끈질긴 개혁 작업조차도 여전히 어떤 진지하게 받아들일 만한 성과를 거두지 못한 것은 왜일까? 언뜻 보기에는 바울이 두 개의 비생산적인, 그러나 어떻게 피할 수도 없는 가능성 사이에서 확실하게 결단을 내리지 못하고 그냥 중간을 지키면서 이스라엘과의 연대를 선언하는 것 같은데, 이것은 왜 그런가? 답은 명확하다. 바울을 포함하여, 복음을 진정 근본적으로 선포하는 모든 사람들이 절대 잊지 말아야 할 것이 있기 때문이다. 그것은 어떤 제도적 종교로서 교회에서 궁극적으로 중요한 것은—그 제도의 완

전함이나 불완전함과는 무관하게—**하나님**에 대한 인간의 관계라는 사실이다. 또한 인간의 이런 시도의 본질적인 곤경은 ⁱ그 관계가 실행되어야 할 in dem sich diese Beziehung betätigen ⁱ 하나님의 **말씀**이 결코 인간의 말, 우연적인 말, 언제라도 쓰러질 수 있는 쇠약한 말이 아니라 하나님의 영원하고 절대적인 말씀이라는 사실이다. 만일 인간이 달리 알고 있다면, 만일 그가 이 놀라운 주제, 한 번도 들어 보지 못한 주제, 교회의 주제를 어떤 상대적인 것으로 알고 있다면? 그저 여러 사물 가운데 하나의 사물, 여러 가지 역사적·심리적 실체 가운데 하나, 줄어들거나 늘어날 수도 있는 어떤 양적인 것 정도로 알고 있다면? 인간이라든가 다른 어떤 피조물이 무언가를 더하거나 뺄 수 있는 어떤 것으로 알고 있다면? 그렇다면 그는 다른 많은 사람들과 마찬가지로 "하나님의 말씀이 폐하여졌다"고 탄식하면서 어떻게 자신이 그 말씀에 힘을 실어 줄 수 있을까 고민할 것이다. 그렇다면 그는 교회가 거의 만성적인 질병에 시달리고 있는 징조가 눈에 띄게 나타나는 이유를 인간적인 변질에서 찾을 것이다. 그리고 그것을 제거하기 위해서 아주 좋아 보이는 인간의 노력, 다소간 결정적인 인간적 걸음을 내딛을 것이다. 그러나 도저히 해소될 수 없는 역설, 곧 진리의 역설이 그의 그런 시도를 금지한다. 교회의 주제는 진정 하나님의 말씀, 종말과 태초의 말씀, 창조주요 구원자의 말씀, 심판과 의의 말씀이다. 바로 그런 **하나님**의 말씀이 이제 **인간의** 귀에 들리며 **인간의** 입술로 선포된다. 왜냐하면 교회는 **하나님**의 말씀을 듣고 말하는 **인간들의** 공동체, 언제나 새롭게 생겨나는 공동체이기 때문이다. 그리고 바로 이러한 상황에서 도출되는 결론이 있다. '인간의 귀와 인간의 입술은 절대 **실패하지 않는** 하나님의 말씀과 대면할 때 언제나 또다시, 아니 무한히 **실패할 수밖에** 없다.' '인간은 **하나님**에게 있는 **참된** 것을 항상 듣고 말해야 한다.' '그런데 **그가** 그것을 듣고 말하자마자 그것은

더 이상 참된 것이 아니다. 그러므로 교회의 **주제**는 그것이 **교회**의 |326| 주제로서는 **절대** 참된 것일 수 **없다**는 방식으로만 참된 것이며—만일 그렇지 않다면 기적이 일어난 것이리라!—이것이 교회의 본래적인 곤경이다. 교회를 일으켜 세우는aufrichten 그것이 교회를 심판한다.richten 교회가 기초한 그 토대 위에서 교회가 무너진다. 교회를 살게 하는 그것 때문에 교회가 죽는다. 왜냐하면 하나님은 참되시나 모든 인간은 거짓말쟁이(3:4)라는 그것이 교회의 복되고도 끔찍한 주제, 곧 하나님의 말씀이기 때문이다. 바로 그것에서 하나님과 인간의 관계가 실현된다. 바로 그 주제에서 교회는 언제나 **에서**의 교회와 **야곱**의 교회로 갈린다. 에서의 교회에서는 그 기적이 일어나지 않는다. 그래서 하나님에 관한 모든 들음과 말함이 계시하는 것은 오직 하나, 모든 인간은 거짓말쟁이라는 사실이다. 야곱의 교회에서는 기적이 일어난다. 곧 인간의 거짓 위로 하나님의 진리가 드러나는 것이다. 당연한 일이지만 이 두 교회는 두 개의 다른 교회가 아니다. 근본적으로 유일하게 가능한 교회, 눈에 보이고 잘 알려진 교회는 에서의 교회다. 이 교회는 예루살렘, 로마, 비텐베르크, 제네바를 비롯하여 모든 과거의 성지, 미래의 성지를 모조리 포괄한다. 바로 그 교회에서 실수가 일어나고 변질이 일어나며 개혁과 분리가 발생한다. 그런데 야곱의 교회는 근본적으로 불가능하고 눈에 보이지도 않고 알려지지도 않은unanschauliche, unbekannte j 교회다. 확장도 제약도 없는 교회, 장소나 이름도 없는 교회, 역사도 없고 구성원 자격도 없고 이런저런 사람들을 배제함도 없는 교회다. 거기서는 하나님의 자유로우신 은혜, 부르심, 선택이 하나이면서 모든 것이고 처음이면서 마지막이다. 우리가 에서의 교회에 관해 말하는 것은 그 교회에 관해서만 말할 수 있기 때문이다. 그러나 우리가 그 교회에 관해서 말할 때는 항상 그것의 주제가 야곱의 교회라는 사실을 생각해야 한다. 에서는 전적인

의문성 속에서 존재하면서 오직 야곱에 의해 살아간다. 그는 스스로 야곱이 아니며, 야곱이 아닌 한 에서로 존재한다. 우리가 이 사실을 피해 갈 수 없으므로 '에서 교회'의 온갖 변질과 그것의 극복 가능성에 관한 물음은 우리에게는 근본적으로 이차적인 것이며, 우리는 그것의 본질적인 곤경(그것의 변질된 본성이 아니라 본성 자체의 곤경)의 맥락과 관련된 것이 아니라면 쓸데없이 말을 낭비할 필요는 없다. 하나님은 **하나님**, 곧 야곱의 하나님이다. 바로 이것 때문에 교회는 병이 든다. 우리에게 "**큰** 근심"과 "마음에 **그치지 않는** 고통"(9:2)을 안겨 주는 것은 태산같이 무거운 바로 그 물음, 곧 교회라는 주제가 우리에게 단지 인간의 거짓의 폭로만을 의미하느냐 아니면 하나님의 진리의 계시를 의미하느냐 하는 물음이다. 우리가 야곱의 교회를 영영 잃어버렸느냐 아니면 우리도 그 불가능하고 눈에 보이지 않고 알려지지 않은 교회 안에 어떻게든 존재할 수 있느냐는 질문이다. 이 질문이 우리에게 작용하여—아무런 소망이 없는 사람들이 말하는 것처럼—"기적을 기다리고", 복음에 귀 기울이고, 야곱의 |327| 교회에 영원한 기초가 되는 그 복음을 더듬더듬 말하는 것 외에 우리에게 남은 일이 무엇이겠는가? 우리만이 알고 있는 교회의 곤경, 곧 에서 교회의 곤경을 아주 진지하게 받아들이고 **하나님**과, 곧 야곱의 **하나님**과 씨름하는 것 외에 우리에게 남은 일이 무엇이겠는가? "당신이 내게 축복하지 아니하면 가게 하지 아니하겠나이다"[창 32:26, 원서에는 32:27로 되어 있다].

6b-9. 이스라엘에게서 난 그들이 다 이스라엘이 아니요 7 또한 아브라함의 씨가 다 그[하나님]의Gottes k 자녀가 아니라. 오직 이삭으로부터 난 자라야 네 씨라 불리리라(창 21:12) 하셨으니 8 곧 육신의 자녀가 하나님의 자녀가 아니요 오직 약속의 자녀가 씨로 여기심을 받느니라. 9 약속의 말씀은 이것이니 명년 이 때에 내가 이르리니(살전 4:13) 사라에게 아들이 있으리라 하심이라.

"이스라엘에게서 난 그들이 다 이스라엘이 아니요 또한 아브라함의 씨가 다 그[하나님]의 자녀가 아니라." 우리가 말하는 "교회"는 계시의 숨결이 닿은 자들, 하나님을 진심으로 부르는 자들[시 145:18], 그분을 간절히 바라며[시 25:3, 5, 21], 그분의 계명을 지키는 자들[시 78:7], 그런 사람들이 이루는 다양한 갈래와 층위의 총체를 의미한다. 그들 모두는 분명 "이스라엘에게서 난" 자들이다. 만일 그들이 하나님의 말씀을 듣고 말하되, 그것이 진정—여기서 기적이 일어난다—여기서 들리고 발언되는 하나님의 말씀이라는 사실을 듣고 말한다면, 그 역사적인 순간 안에는 계시의 영원한 순간이 감춰져 있으며, 그들은 자신들을 일컫는 말 그대로의 실존이 된다. 그리고 그들은—다시 한 번 기적이 일어난다—눈에는 보이지 않지만 야곱의 교회이며, 아브라함의 약속을 소유하며(4:16), 하나님의 자녀다(8:16). 정말로 그들이 그런 존재인가? 그 이름에 합당한 그 사람들인가? 왜 아니겠는가? 왜 그들 모두가 최고의 단계에서 가장 낮은 단계까지 그런 존재가 아니겠는가? 그 모든 사람들 중에 어떤 사람에게 율법과 예언자가 증언과 징표가 되지(3:21) **않을** 수 있겠는가? 그들은 그리스도 안에서 모두, 예외 없이, 하나님의 자녀다. 그러나 "그리스도 안"이라는 말은 기적이 일어난다는 뜻이다. 하나님의 자유로운 은혜, 부르심, 선택은 그들이 그런 존재이기를 원하신다는 뜻이다. 하나님의 인식이 발생한다는 뜻이다. "그리스도 안"이 아닌 다른 방식으로는 안 된다! 그들이 "이스라엘에게서 난" 사람들이고 "아브라함의 자손"이라고 되는 일이 결코 아니다. 에서의 교회가 온갖 노력으로 제아무리 엄청난 완전함을 이룩한다고 해도 되는 일이 결코 아니다. 그 교회가 인류의 종교적 발전의 최고봉에 서 있다고 해도 되는 일이 결코 아니다. 그들이 감히 듣고 말하는 말씀, 저 실패하지 않는 말씀, 결코 허약하지 않은 말씀이 복된 말씀이 될 수 있는 가

능성은 하나님으로부터, 오직 하나님으로부터 나온다. 만일 **그것이** 교회와 그 주제와의 관계라면 그것은 곤경이 아닌가? 교회의 모든 곤경, 또한 외적인 곤경도 그 뿌리로 들어가면 바로 **이** 곤경이 있다. **이 곤경**을 알아차리지 못함, **바로 그것 때문에** 기존의 상태를 |328| 끈질기게 붙잡는 것이든 개혁하는 것이든 새롭게 시작하는 것이든 모든 것이 즉시 전망 없는 일이 되어 버린다.

"오직 이삭으로부터 난 자라야 네 씨라 불리리라(창 21:12) 하셨으니 곧 육신의 자녀가 하나님의 자녀가 아니요 오직 약속의 자녀가 씨로 여기심을 받느니라." "이스라엘에게서 난" 사람들이란 결국 하나님을 향해 기도의 손을 높이 드는 모든 사람들의 대표자일 뿐이다. 그들 모두는 교회의 저 이중성의 위기, 달리 표현하면 이중 예정에 처해 있다[이중 예정은 칼 바르트 신학의 가장 깊은 중심으로서 『교회 교의학』 II/2에서 전개되며, 1,500년 교의학 역사에서 전적으로 새로운 독창적인 사고로 평가된다]. 오직 하나님 안에만 근거하며, 오직 하나님 안에서만 활발히 움직이는 영원한 이중적 가능성이 그들에게 존재한다. 그것은 "이스라엘에게서 난" 그들이 선택을 받든지 **아니면** 버림을 받게 되는 가능성이다. 육신의 자녀로는 가족이 되든지 **아니면** 이방인[엡 2:19]이 되든지, 귀와 입술에 하나님의 말씀을 지닌 야곱의 교회가 되든지 **아니면** 에서의 교회가 되는 가능성이다. 그런데 이 가능성이 하나님 안에서 **전환**되었다는 사실이 그리스도 안에서 계시된다. 인간의 선택받음, 가족이 됨, 야곱의 교회가 세워짐의 가능성 쪽으로 전환되는 것이다. 그래서 그리스도 안에서 그 위기가 터져 나온다. 인간이 계시의 영원한 순간을 통해 자신의 본질이 자신이 아닌 존재, 곧 하나님 안에 뿌리를 내리고 있음을 마치 벼락이 번쩍하는 순간의 명료함처럼 파악하게 된다면, 여기서 그 인간에게 닥쳐오는 것은 자기 존재에 대한 가장 심오한 근거 제시다. 그러나 바로 그 영원한 순간에 그의 근거가 오직 하나님 안에, **그 자신이 아닌** 오직 그분 안에 있었으며 지금도 거기 있으며 앞으로도 거기 있으리라는 통찰이 그를 엄습하면, 그때 그는 가장 깊은 충격에 휩싸인다. 여기서 특별한 상태, 도저히 파악할 수 없는 상태, 역사적·심리적 조건의 제약을 받지 않는 상태, 설명할 수 없는 상태에 있는 사람들이 있으니 곧 아브라함의 자손이라는 이름을 지니고 있을 뿐만 아니라 그 이름이 가리키는 그대로 존재하는 사람들이다. 그 어떤 제약도 받지 않는다는 것은 그들이 오직 하나님에 의해서만 제약되기 때문이다. 그들은 이삭으로서 "Futurum aeternum"[영원한 미래] 안에서, 그리고 하나님께서 그들을 새로운 존재로 **여겨 주심**(3:28, 4:3, 6:11, 8:18)에 힘입어서 "약속의 자녀"가 된다. 그 밖의 다른 어떤 것으로 되는 것이 아니다. 예컨대 "육신의 자녀"로서 그들의 탁월한 독특성이나 성취가 아무리 대단하다고 해도 안 되는 것이며, 이 세상에서 과거·현재·미래를 통틀어 가장 고상하고 정신적인 것이라 할지라도 그 힘으로는 안 된다. 오히려 그들은 자신의 **모든 독특성**과 더불어 지양되고 의문에 놓인다. 만일 교회가 자기 자신의 본래적인 주제 때문에 언제나 또다시 자신의 '비존재'를 비난당하고, 자신의 '존재' 속에서도 언제나 또다시 공격당하기**만** 하고, 내어 줌을 당하기**만** 하고, 희생당하기**만** 한다면, 그게 어떻게 곤경이 아니겠는가? **이** 곤경을 누가 짊어지며, 누가 움직이며, 누가 이겨낼 수 있단 말인가? 교회는 자신의 이런 본질적인 곤경에 관한 인식을—때로는 과거의 존경할 만한 전통과 선조들의 관습을 끈질기게 수호하면서, 때로는 그 관습을 도금하여 새롭게 다시 시작하려는 열정 속에서—회피함으로써 [329] **살아간다**. 그리고 그렇게 '죽지 않으려 함'이야말로 그들의 진정한 비극이다.

"약속의 말씀은 이것이니 명년 이 때에 내가 이르리니(삼전 4:13) **사라에**

게 아들이 있으리라 하심이라." 인간에게 약속된 것의 실현은 이 세상의 현실 속으로 진군하여 승리를 거두신 하나님의 진리, 오직 하나님 한분만의 진리다. 약속이란 **지시**, 곧 기적과 성령과 불가능한 것, 구원 등을 지시하는 것이다. 그분의 선택의 가능성은 이러한 지시의 형식으로 인간에게 다가온다. 오직 이 형식으로만 가능하다. 다른 형식으로는 결코 불가능하다. 그는 믿어야 한다. 모험해야 한다. 성령, 믿음, 모험 그 자체 외에는 아무런 보증도 없다.[26] "이삭"은 "그가 웃는다"는 뜻이다. 뭘 보고 웃는가? 어떻게 웃는가? 저 불가능한 가능성을 보고 회의적으로 웃는 것인가? 아니면 저 가능한 불가능성을 보고 열광적으로 웃는 것인가? 한쪽의 웃음에서 다른 쪽의 웃음으로 넘어가는 발걸음은—진정한 회의와 진정한 열광주의를 잘 모르는 사람들이 생각하는 것과는 달리—그리 크지 않다. 교회는 자기의 주제가 자기 자신을 가장 좁은 이 절벽의 끄트머리로 밀어붙인다는 사실을 숨겨서는 안 된다. 그런 일이 일어나서는 안 된다고 생각해서도 안 된다. 왜 그런가? 어떻게든 **성취된** 약속이라면 그 인간에게 확실하게[l] 약속된 것의 성취를 **잃어버림**일 것이다. 눈에 보이는 소망은 소망이 아닐 것이다(8:24). 진리의 직접적인 **임재**는 **진리**의 임재가 아닐 것이다. 물론 하나님의 말씀을 인간의 귀로 듣고 인간의 입술로 말하기를 감행하는 교회는 약속으로 살아간다. 그러나 인간은, 또한 모든 인간적인 것은 바로 그 약속에 부딪쳐서 죽어야 한다. 그래야 하나님을 향해 살 수 있다. 교회는 이 죽

26 프리드리히 실러의 시 '그리움'(Sehnsucht)의 마지막 연.

너는 믿어야 하고 너는 감행해야 하나니
이는 신들이라고 해봐야 아무런 보장도 없기 때문이라.
오직 기적만이 너를
저 아름다운 기적의 나라로 데려가리라.

음을 벗어날 수 없다. 다른 것은 몰라도 교회는 그렇다. 죽고 있는 교회야말로—삶과 죽음 저편에서 영원히 오고 있는 성취의 빛 속에서—진정 약속으로 **살아간다**. 어떤 식으로든 승리의 행진을 하고 있는 교회, "살아 있는" 교회는 사실 "살았다 하는 이름은 가졌으나 죽은" 교회다[계 3:1]. 그러나 이것이 사실이다. 다른 모든 인간적인 것과 마찬가지로 현세의 성취를 향해 내닫고 있는 교회, 철저하게 승리를 누리고 살고자 하는 교회는 **오직** 약속으로 살아간다는 사실, 그러므로 **그분**이 흥하시도록 스스로는 언제나 **쇠할** 수 있어야 한다[요 3:30]는 사실, 다시 한 번 말하지만 바로 이것이 교회의 곤경이며, 이것은 아무리 진지하게 생각해도 지나치지 않다. 왜 그런가? 이 곤경의 원천이 곧 소망의 원천이기 때문이다. 오직 그 원천 밖에는 없다. 교회가 **바로 이** 곤경, 자신의 **진정한** 곤경을 보지 않기 때문에 진정한 소망도 없는 것이다. 보지 않고서는 믿지 않으려고 한다[요 20:29]. 그렇기 때문에 그 교회는 믿지 않고 볼 수 있는 것만 보는 것이다.

10-13. 10 그뿐 아니라 또한 리브가가 |330| **우리 조상 이삭 한 사람으로 말미암아 임신하였는데 11 그 자식들이 아직 나지도 아니하고 무슨 선이나 악을 행하지 아니한 때에 택하심을 따라 되는 하나님의 뜻이 행위로 말미암지 않고 오직 부르시는 이로 말미암아 서게 하려 하사**[부르시는 이가 결정적인 역할을 하사] **12 리브가에게 이르시되 큰 자가 어린 자를 섬기리라 하셨나니 13 기록된 바 내가 야곱은 사랑하고 에서는 미워하였다 하심과 같으니라.**

아브라함의 후손 가운데 **한** 남자와 **한** 여자의 아들들, 아직 태어나지 않은 쌍둥이 형제가 있다! 쌍둥이에 관한 이야기를 하면서도 "큰 자가 작은 자를 섬기리라!"(창 25:23) 했다면, 교회가 자기 자신의 주제 때문에 갈라지는 것은 훨씬 더 극명해진다. 게다가 그것이 어떤 주제인가! 하나님은 근본적으로 눈에 보이지 않는 분이라는 사실을 상기시키는 어머니 자궁의 은폐성에 의해 모든 인간성의 구별이 사라져 버리는 곳, 바로 여기서 오직 하나님 외에 어느 누가, 그 무엇이 한쪽을 편들고 다른 쪽을 반대할 수 있겠는가? 왜 에서가 아니라 야곱인가? 태어난 상태로는 누가 누구보다 앞설 게 없다. 둘 다 이삭의 합법적인 아들이고 아브라함의 손자다. 그리고 둘 다 "무슨 선이나 악을 행하지 아니한" 상태다. 그러나 그렇게 똑같이 잉태되고 똑같이 태어나고 같은 씨족을 이루는 두 사람 사이로 가차 없는, 결정적인 구분선이 그어지니 이쪽은 선택이요 저쪽은 버림, 이쪽은 하나님의 교회요 저쪽은 인간의 교회, 이쪽은 심판의 진리요 저쪽은 의의 진리를 의미하게 된다. 왜, 도대체 왜 그런가? 우리는 거듭 묻게 된다.

대답은 이것이다. **"택하심을 따라 되는 하나님의 뜻이 행위로 말미암지 않고 오직 부르시는 이로 말미암아 서게 하려 하사**[부르시는 이가 결정적인 역할을 하사]." 한마디로 아브라함의 후손이 한 번 하나님과 관계를 맺었기 때문이다. 하나님은 하나님이시기 때문이다. 하나님은 그분이 직접, 그분 홀로 선택하기도 하시고 버리기도 하시고, 세우기도 하시고 무너뜨리기도 하시고, 살게도 하시고 죽이기도 하심으로써[삼상 2:6] 스스로 하나님이심을 입증하시는 분이기 때문이다. 하나님께서 **이** 세상 속에서 자꾸만 주어진 상황 속으로 침잠하는 의미나 붙잡고 살아가는 **이 세상의** 인간에게 자신을 하나님으로, 삶과 죽음을 **다스리시는** 주님으로 증명하실 때, 이것 말고 무슨 다른 방법이 있을까? 눈으로 볼 수 없는 하나님, 우리에게는 알려지지 않은 하나님께서 볼 수 있게 되고 알 수 있게 되려면 이런 왕적인 자유, 다시 말해 인간의 그 어떤 고유한 것이나 자립적인 것이나 상대적인 것에 묶이지 않고 그 어떤 상대나 다른 것이나 제2의 것에 제한되지 않는 자유 안에서가 아니라면 무슨 다른 방법이 있을까? 교회의 주제가 교회 자신에게, |331| 무엇보다 교회에게 먼저 늘 새롭게 위기가 되는 것 외에 그

주제가 실행에 옮겨질 수 있는 무슨 다른 방법이 있을까? 아브라함의 후손, 곧 하나님이 곤경에 빠뜨리신 아브라함의 후손이 소원하고 바랄 수 있는 것은 오직 한 가지, "택하심(예정)을 따라 되는 **하나님**의 뜻"이 효력을 발휘하는 것이며, **하나님**의 의가 드러나고 그분의 무제약적인 자유 안에서 그분의 의가 유지되는 것이다. 선택받은 자들의 환호성만이 아니라 버림받은 자들이 이를 가는 것도 하나님을 찬양함이다. 영원한 이중 예정에 관한 불가피한 교리는 "신적인 행위의 양적인 제한이 아니라 질적인 묘사를 의미"(퀼)[27]하기 때문이다. 그 어떤 인간적인 존재·소유·행위도, 그 어떤 "업적"도 그 자체로 선호의 대상이거나 냉대의 대상이 아니다. 시간 속에서 그 누구도 영원한 선택받음을 신뢰해서는 **안 된다**. 시간 속에서 그 누구도 영원한 배척을 의식할 **필요가 없다**. 이 교리가 말하고자 하는 것은 시간적인 인간이 영원한 기초를 가지고 있다는 것, 바로 그 기초 위에서 부르시는 이가 결정적인 역할을 하사 그 인간의 하나님은 진정 **하나님**이라는 것이다. 선택**과** 버림의 교리는 역설이며, 이해를 목적으로 할 때는 이해할 수 없다.[m] 아브라함의 후손이 추구하는 것이 이 역설이다. 교회가 의미하는 것도 바로 이것이다. "하나님은 너 때문에 너를 도우시는 것이 아니라 그분 자신 때문에 그리하신다"(슐라터).[28] 만일 이와 다른 방식으로 너를 도우신다면, 그는 너를 도우시는 것이 아니며, 그때 너를 도우시는 것은 하나님이 아니다. 하나님은 교회 안에서 **그분의** 일을 추진하신다. 그리고 교회는 **그분의** 일이기 때문에 몰락할 수 없다. 그러나 바로 그렇기 때문에

27 Kühl, S. 322.

28 Schlatter, S. 203. "하나님께서 너를 도우심은 너 때문도 아니요 조상들 때문도 아니요 오직 그분 자신 때문이라."

"**우리가** 딛고 서 있는 그 일"[29]이라고 노래할 때는 극도로 조심해야 한다. 왜 그런가? 하나님은 자신의 일을 추진하시면서, 우리를 치셔서 **우리의**(!) 일은 무조건 우리의 손에서 떨어뜨리신다. 하나님은 **기적**이 일어나게도 일어나지 않게도 하신다. **그분의**(!) 이스라엘을 인정하시고 그저 그 이름만 달고 있는 것은 내치신다. **그분을** 섬기는 민족을 빛으로 인도하시고, **그분을** 섬긴다고 **말만 하는** 민족은 어둠에 휩싸이게 하신다. **그분의** 자녀에게 유산을 주기도 하시고 **그분을** 잘 모르는 이방인에게서는 그것을 취하기도 하신다. **그분의** 부르심을 받은 사람들에게 **그분의** 임재를 통해 복을 주시고 **그분의** 부르심을 못 받은 자들에게는 **그분의** 부재를 통해 벌을 주신다. 인간적으로 으뜸인 것은 **그분의** 꼴찌로 만드시고 인간적인 꼴찌인 것은 **그분의** 으뜸으로 만드신다[마 19:30, 20:16 병행 본문]. 그러나 바로 **그분이 하나님**이신 것, 알 수 없는 분이라는 것은 변함이 없다. 나라와 권세와 영광은 언제나 그분의 것이다[마 6:13].

"**내가 야곱은 사랑하고 에서는 미워하였다.**" 다시 한 번 말한다. 이것은 (말 1:2-3) **하나님의** 행하심, 신적인 행위의 **특성**質, *Qualität*에 관한 설명이다. 하나님은 자유로우시고 왕 같으시고 절대주권을 행하시며 무조건적이시고 헤아릴 수 없는 분이시다. 우리는 오직 그렇게만 하나님을 파악하고 경배할 수 있다. 하나님은 오직 그분의 선택하심**과** 버리심, 사랑하심**과** 미워하심, 살리심**과** 죽이심[삼상 2:6]을 통해서만 **이** 세상에 살고 있는 **이 세상**

29 프라이스베르크(S. Preiswerk)의 찬송가 GERS(1891) 170장, RG(1998) 801장 도입부.

이것은 당신의 것, 주 예수 그리스도,
이것이 우리가 딛고 서 있는 곳,
또 당신의 것이기 때문에
멸망할 수 없나이다.

적 인간들에게 하나님으로 납득되며, |332| 경배받기 합당하신 분이 될 수 있다. 그렇기 때문에 교회의 곤경은, 그리고 하나님의 계시는 영원이 시간이 됨과 동시에 시간이 되지 않는다는 역설 안에 있고, 사랑받은 야곱과 미움받는 에서의 수수께끼 같은 이미지 혹은 비유 안에 있으며, 영원한 이중 예정의 비밀 안에 있다. 바로 그렇기 때문에 이중 예정은 **이런저런** 인간이 **아닌** 바로 인간 **그** 자체의 비밀이다. 그것은 이쪽 사람들과 저쪽 사람들로 갈라놓지 않는다. 이중 예정은 양편 모두의 가장 심오한 공통점이다. 이중 예정 앞에서 그들은 모두 일렬로 나란히 선다. 그 앞에서 야곱은 시간 속 어떤 순간이라도 에서가 될 수 있다. 에서도 계시의 영원한 순간 속에서 언제라도 야곱이 될 수 있다. 야곱은 보이지 않는 에서이며, 에서는 보이는 야곱이다. 종교개혁자들의 예정론은 선택하심과 버리심을 개인의 심리적인 문제와 관련시키고, "선택받은 사람"과 "버림받은 사람"의 양적인 측면과 관련시켰다는 점에서 그 이론을 신화적인 것으로 만들었다[이 점에서 바르트의 예정론은 칼뱅의 예정론 전체를 수정하고 성경의 증언을 통해 재구성한다]. 바울은 그렇게 생각하지 않았고 그렇게 생각할 수도 없었다. 그는 **개인**에 대한 관심으로 하나님에게 초점을 맞춘 것이 아니라, 철저하게 **하나님**에 대한 관심에서 인간에게 초점을 맞추기 때문이다. 시간적이며 눈에 보이는 심리적인 개인이 어떻게 영원한 선택 혹은 버림에 관여할 수 있겠는가? 개인은 선택**과** 버림의 무대일 뿐이다. 그것만으로도 충분히 힘겨운 것이다! **하나님** 안에 거하며, 그분 안에서 움직이는 개인, 그 인간의 보이지 않는 자유 안에서 수행되는 선택**과** 버림의 무대 말이다. 우리는 그 이중성이 하나님 안에서 무엇을 의미하는지 알고 있다. 진정 그것은 균형이 아니라 전자가 후자를 영원히 제압하는 것이다. 은혜가 심판을 이기고 사랑이 미움을 이기고 생명이 죽음을 영원히 이김이다. 그러나 **우리에**

게 이 승리는 시간의 모든 순간에 감춰져 있다. 우리는 이 이중성을 벗어날 수 없다. **보이는** 야곱은 **우리에게** 에서를 의미하고, **보이지 않는** 에서만이 **우리에게** 야곱을 의미한다. 그러므로 교회는 시간의 모든 순간 속에서 철저하게 버려짐의(그러나 하나님 안에서는 영원히 극복된!) 가능성 앞에 있다. 그러나 교회의 선택은 **오직** 믿음 안에 있으며, 그 교회가 듣고 선포하는 하나님의 말씀의 진리는 **오직** 성령 안에 있으며, 이미 이루어진 그 약속을 소유함은 **오직** 소망 안에 있다. 그리고 교회의 믿음, 교회의 성령, 교회의 소망은 **오직** 하나님께 있다. 그리고 교회는—그것이 야곱이 되고자 한다면—에서에 대한 무한한 두려움 속에서, 그 적대적인 형제와 화해하기 위해 불안한 양심에 부대껴 할 수 있는 모든 일을 한 후에, 마지막으로는 "날이 새도록"(창 32:24[원서에는 32:25로 되어 있다]) 오직 하나님과 씨름을 할 수 있으며, 그분과 씨름하지 않을 수 없다. 이것이 교회의 도무지 헤아릴 수 없는 가장 크고 중대한 곤경이다. 거기에 비하면 다른 모든 곤경은 어린아이 장난에 불과하다. |333|

에서의 하나님

9:14-29

14-18. 14 그런즉 우리가 무슨 말을 하리요, 하나님께 불의가 있느냐. 그럴 수 없느니라[불가능하다]. 15 모세에게 이르시되 내가 긍휼히 여길 자를 긍휼히 여기고 불쌍히 여길 자를 불쌍히 여기리라 하셨으니 16 그런즉 원하는 자로 말미암음도 아니요 달음박질하는 자로 말미암음도 아니요 오직 긍휼히 여기시는 하나님으로 말미암음이니라. 17 성경이 바로에게 이르시되 내가 이 일을 위하여 너를 세웠으니 곧 너로 말미암아 내 능력을 보이고 내 이름이 온

땅에 전파되게 하려 함이라 하셨으니 18 그런즉 하나님께서 하고자 하시는 자를 긍휼히 여기시고 하고자 하시는 자를 완악하게 하시느니라.

"하나님께 불의가 있느냐." "내가 야곱은 사랑하고 에서는 미워하였다." 이것은 진정 두려운 진리다. 그것이 심리주의적 명료함의 마지막 잔재까지도 없애 버린 모습으로 우리에게 다가오면 더더욱 두려운 진리다. **이렇게** 말씀하시는 하나님, 그분의 손에 빠져 드는 것이 **이렇게** 무서운 하나님[히 10:31], 자기 사람들을 **이렇게** 대하시는 하나님, 그들에게 **이런** 곤경을 안겨 주시는 하나님은 도대체 어떤 분인가? 기적을 일으키시는 하나님[시 77:14, 원서에는 77:15로 되어 있다], 계시의 기적, 버림에서 선택으로의 전환, 그 기적과 전환 외에 다른 것으로는 결코 알 수도 없고 믿을 수도 없는 하나님? 언제나 그 모습을 드러내시지만 바로 그렇기 때문에 인간들이 언제나 다시 찾기를 원하시는 그 하나님? 모든 영원 속에서 야곱의 하나님이시나 바로 그 이유로 모든 시간 속에서는 에서의 하나님? 전적으로 진리 그 자체이시기 때문에, 이 세상 속에서 살아가는 인간은 그분에 관한 "확신"을 도저히 얻을 수 없는 그런 하나님? 그 누구라도 떨며 뒤로 물러설 수밖에 없다. "Est enim praedestinatio Dei vere labyrinthus, unde hominis ingenium nullo modo se explicare queat"[하나님의 예정은 진실로 미로인지라 인간의 능력이 도무지 그것을 설명할 수 없다](칼뱅).[30] 자기 이름값을 하는 교회라면 그 어떤 교회라도 이것을 명심하지 않을 수 없고, 바로 이런 생각이야말로 모든 교회의 토대에 대한 공격이라는 사실은 명백하지 않은가? 이러한 하나님의 현실성 앞에서 우리의 모든 종교적·도덕적 개념들은 서로 맞부딪치며 떨어져 버리지 않는가? 뾰족한 끝에 세워 놓은 구

30 Calvin, col. 180.

슬처럼, 미래파 화가들의 그림에 나오는 집과 나무들처럼! 그런 개념들이란 너무나도 쉽게 파악될 수 있는 것 아닌가? 모든 시대의 종교적·교회적 조급함과 촉박함이 최고의 위협에 처한 인간의 이름으로 저 예정론에 맞서 제기한 반론이란 것도 너무나 뻔하지 않은가? 인간의 믿음이란 그것이 가장 높고 가장 대담한 최고봉에 오른 상태에서도 언제나 이런 질문(3:5)이 떠오르지 않는가? '이 하나님이란 존재가 "불의한" 분 아닐까?' '우리를 바보로 만드는 |334| 음험하고 변덕스러운 악령이 아닐까?' '**자기도** 지켜야 하는 정의의 규범을 깨뜨리는 반란자 아닐까?' 인간의 입장에서는 이렇듯 전혀 탐구할 수 없고, 접근할 수 없고, 접촉할 수 없는 분, 홀로 자유롭고 홀로 권세를 지닌 분의 위엄에 찬 비밀보다 불쾌한 것이 있겠는가? 우리는 자기도 모르는 사이에 이런 것은 하나님**일 수 없다**고, 하나님**이어서는 안 된다**고 외치고 싶어 하지 않는가? 우리가 이런 물음, 탄식, 고발의 가능성을 그 철저한 위협 속에서 의식하지 않는다면, 우리는 아직도 교회의 곤경을 보지 못한 것이며 그래서 "아직도 전환이 일어날 수 없는" 상황인 것이다. 그 가능성 속에서 예고된 파국, 곧 인간이 하나님에 관하여 생각하고 그분을 위해 할 수 있는 모든 것의 파국을 넘어서지 못한 곳에서는 하나님에 관한 인식도 없고 위로도 없고 도움도 없다. 이러한 외침의 대상이 되지 **않는** 하나님은 하나님이 아닐 것이다. 그러나 구약**과** 신약에 있는 그리스도의 구원 메시지의 선포는 다른 메시지들, 그러니까 비싼 대가를 치르지 않아도 얻을 수 있고 아주 매끄럽게 수용되는 메시지들과는 달리 저항감을 불러일으킨다. 그런 것이 진지한 것으로 간주되면, 그러면 '예정'이라는 걸림돌이 선포되고 청취된다. 그때 에서의 하나님이 말씀하신다. 그것은 하나님에게 거칠게 저항하던 니체가 알고 있던 것이며, 니체를 비방하는 사람들의 경박하고 직접적인 경건보다 니체가 더 잘 알고 있었던 것

으로 보인다. "내가 야곱은 사랑하고 에서는 미워하였다." "이런 구절은 이집트의 군대와 이스라엘 민족 사이에 있던 구름 기둥과 같다. 이것은 이집트인에게는 어두운 구름이었으나 이스라엘에게는 광명을 주는 구름이었다. 이와 같이 이 말씀에도 두 가지 측면이 있다. 하나님을 사랑하며 신뢰하는 신자들에게는 사랑스럽고 부드러운 의미를 가지고 있다. 그러나 자신의 업적 내세우기를 더 좋아하는 사람들에게는 어두운 구름처럼 드리워져 있다. 어떤 사람들에게는 이 말씀이 가혹하다고 느껴지겠지만 그만큼 이 말씀은 자체의 의로움을 간직하고 있다. 하지만 이 말씀과 평화롭게 지내는 사람의 마음은 온전히 은혜 안에서 편히 쉴 것이다"(슈타인호퍼 Steinhofer).[31] 왜냐하면 [니체와 니체를 비방했던 경건한 사람들의] 저 반론은 "**불가능하기**" 때문이다. 아무리 그 반론이 참된 상황에 대한 깊은 통찰의 표현 같고, 진정 설득력 있는 것같이 보인다고 해도 그렇다. 그런 반론은 제기될 수 있으나 금방 저절로 허물어진다. 반론이 생겼다가 사라지는 것을 통해서 분명해지는 것이 있다. 그것은 하나님은 있는 그대로의 **그분**이시라는 사실이다. 그분은 야곱의 하나님이시기 **때문에** 에서의 하나님이시다. 그분은 구원을 가져다주시는 분이기 **때문에** 곤경을 일으키시는 분이시다. 그분은 선택하시는 분이기 **때문에** 버리시는 분이시다. 바로 그렇기 때문에 이러한 위기는 결코 피해갈 수 없으며, 두 가지 측면을 가진 그 구름 기둥의 불쾌함도 사라지기를 바라서는 안 된다. 이제 우리가 말할 것은 그 위기를 어떻게 견뎌 내느냐 하는 것이다. |335|

"내가 긍휼히 여길 자를 긍휼히 여기고 불쌍히 여길 자를 불쌍히 여기리라 하셨으니 그런즉 원하는 자로 말미암음도 아니요 달음박질하는 자로 말

31 Steinhofer, S. 69f. Register, S. 201f.

미암음도 아니요 오직 긍휼히 여기시는 하나님으로 말미암음이니라." 하나님이 "불의하시다"고? 그렇지 않다. 하나님은 스스로 그분 자신의 규범이 되신다. 하나님의 의는 **영원한** 의[시 119:142]다! 하나님의 사랑은 무한하다. 유한하지 않다! 바로 이것이 중요하다. **인간적인** 개념으로는 결국 "폭군"이라는 표현밖에는 쓸 수 없는 하나님, 그분의 통치에 반항하여 인간은 그저 격분할 뿐인 그런 하나님, **인간**이 어떤 대가를 치르더라도 하나님이라고 부르고 싶어 하지 않는 하나님, 그런 분이 **바로** 하나님이다. 인간은 그 하나님을 무한한 사랑을 베푸시는 아버지이지만 "폭군"(눅 2:29, 행 4:24 등)으로[p], 야곱의 하나님이지만 다름 아닌 에서의 하나님**으로**[q] 파악하고 다시 사랑하게 된다. 바로 이것이 그리스도 안에 있는 하나님 인식이다. 하나님 인식으로 가는 길 중에서 이 모순의 낭떠러지를 그냥 지나쳐 가는 길은 없다. 우리가 인간적인 이해와 합치하는 크기의 형태로, 한 줄로 연결된 원인의 형태로, 여러 당파 가운데 한 당파의 형태로 인식할 수 있는 하나님은 근원이 아니다. 절대가 아니다. 영원하신 분이 아니다. 인격적인 분이 아니다. 그것은 거짓 신[Nicht-Gott]이다. 그게 아니라면 그림이라든지 비유로서 그것은 우리를 모순이 일어날 수밖에 없는 곳으로 인도함으로써 자신이 넘어선 곳을 지시하고 스스로를 지양하여 하나님께, 오직 하나님께 영광이 된다. 하나님의 의지는 하나님 위에 있는 어떤 선하심의 적용이나 확인이 아니고 그 의지 자체가 선하심과 모든 좋은 것의 근원이요 근본이다. 그 의지는 **하나님의** 의지로 이해될 때만 **선**한 것으로 이해될 수 있다. "Deo satis superque est sua unius auctoritas, ut nullius patrocinio indigeat"[하나님께는 그분의 유일한 권위만으로 넉넉하고 넘치나니 그 어떤 후원자도 필요 없다]. 그러므로 "Faciam quod facturus sum"[나는 내가 해야 할 것을 하리라]. 그리고 "haec Deo libertas eripitur, ubi externis causis alligatur eius electio"[그분의 선택이 외적인 원인과 결부되자마자 이 자유는 하나님에 의해 박탈당한다](칼뱅).[32] 무엇이 모세를 모세로 만들었는가? 무엇이 그를 하나님의 계약의 은혜, 구원의 메시지를 전하고 선포하는 모세로 만들었는가? "나와 주의 백성이 주님께 은혜를 입었음을 알고자 한다면, 주님이 나와 함께 가신다는 사실이 아니고 다른 무엇으로 그것을 인식하겠나이까?" 여기 대답이 있다. "내가 나의 영광 속에서 네 앞에 지나갈 것이며, '주님!'이라는 내 이름으로 네 앞에서 들리게 할 것이며, 내가 긍휼히 여길 자를 긍휼히 여길 것이며, 불쌍히 여길 자를 불쌍히 여길 것이다." 그러나 우리는 이어지는 말씀도 명심해야 한다. "너는 내 얼굴을 볼 수 없으니, 이는 내 얼굴을 본 사람은 살 수 없음이니라"(출 33:16-20, 칠십인역). 이렇게 해서 모세는 모세가 된다. 하나님의 **의**는 **하나님**의 의다. 어떤 경우에도 "원하거나 |336| 달음박질하는" 인간의 의가 아니다. 인간적인 권리에 따라 어차피 받게 될 것이라면 인간에게 주어지지 않는다. 하나님께서 그 인간에게 주시는 것은 오직 긍휼과 자비로 주시는 것이다. 이렇게 그에게 닥쳐온 긍휼이야말로 그를 참된 존재로 만들고, 그 자비야말로 그를 강하게 만든다. 이것은 철저하게 **하나님의** 긍휼과 자비, 곧 절대적으로 자유롭고 무조건적이며 자기 자신에 근거하여 움직이는 긍휼과 자비라는 사실은 우리의 소망의 근거이며 경배할 만한 것이다. 교회는 곤경 속에서도 자신의 소망을 인식하면서 이러한 하나님, 곧—직접적이고 직선적으로 이해할 때—오직 에서의 하나님일 때만 이해가 되시는 하나님, 야곱의 하나님일 때는 오직 절대적인 기적 속에서만 자신을 계시하시는 하나님 외에 다른 하나님에 관해 알려고 해서는 안 된다.

32 Calvin, col. 181f.

“내가 이 일을 위하여 너를 세웠으니 곧 너로 말미암아 내 능력을 보이고 내 이름이 온 땅에 전파되게 하려 함이라 하셨으니 그런즉 하나님께서 하고자 하시는 자를 긍휼히 여기시고 하고자 하시는 자를 완악하게 하시느니라.” 다시 한 번 묻는다. 하나님이 “불의”하신가? 다시 한 번 대답한다. 아니다! 우리가 그분의 행위를 우리의 기준과 기대에 맞추어 가늠하지 않고서야 (오히려 거꾸로 해야 할 것이다!) 그분이 어찌 불의하실 수 있겠는가? 그분은 우리의 관찰로는 결코 볼 수 없는 실행 규정을 따르실 것이라는 통찰을 우리가 겸허히 받아들인다면, 우리의 대답은 언제나 ‘아니요’다. 그런데 우리는 어떻게 이런 통찰에 이르는가? 그것은, 우리가 지금 여기서 단지 하나님이라고 보고 있는 어떤 것 너머로부터 창조주 그리고 구원자의 근원적인 빛이 우리를 향해 압도적으로 승리하면서 비춰 오지 않는 한, 우리는 저 불합리하고 목표를 완전히 빗나간 질문을 던지지도 못하며, 분명한 에서의 하나님에 직면하여 저항하고 도움도 구하면서 야곱의 하나님의 계시를 내다볼 수도 없다는 사실을 분명히 알게 될 때 가능하다. 직접적으로는 부정할 수 없는 현실, 곧 버려짐의 현실에 맞서 우리가 저항하고 있다는 사실은 오직 간접적으로만 들여다볼 수 있는 고유한 의를 우리에게 상기시키는데, 하나님의 행위는 바로 그 의를 따른다. 그럴 경우 우리는 비록 에서의 하나님으로 볼 수 있게 되는 그분을, 곤경을 일으키시는 그분을, 내치시는 그분을 경배해야 한다. 우리를 때리시는 그 손을 붙잡고 놓치지 말아야 한다. 그렇게 하는 것은 아마도 우리에게 계명이 될 것이다. 왜냐하면 이 엄격한 하나님보다 훨씬 크신 분, 그와는 전적으로 다른 분이 계시기 때문이다. 그분은 바로 야곱의 하나님, 도움을 베푸시는 하나님, 선택하시는 하나님이시다. 에서의 하나님 앞에 무릎을 꿇지 않고서 어떻게 우리가 야곱의 하나님을 이해할 수 있겠는가? 우리를 선택하심이 그것의 반대,

곧 우리를 버리심을 통하지 않고 어떻게 가능하겠는가? 모세조차도 큰 바위 틈[s]에 놓인 상태에서 그분이 **지나쳐** 가실 때, 겨우 **뒤에서** 하나님을 볼 수 있었다(출 33:21-23). 그분을 다른 방식으로 본다는 것은 우리에게 죽는 것이나 다름없다. 승리에 도취된 교회가 "하나님"이라고 부르는 것, 그것이 |337| 진정 하나님이었던 때는 한 번도 없다. 살아 계신 하나님과 연결된 교회는 어떤 교회인가? 곤경에 빠져 있는 교회다. 역사적 현상으로 나타난 교회의 모습 전체가 하나님으로부터 버림을 받은 상태라는 것을 알고 있는 교회다. 그리고 이 무서운 하나님이 그럼에도 하나님이라는[t]사실만을 오롯이 붙잡는[t] 교회다. 바로 그 하나님은 훨씬 더 큰 선택, 전적으로 다른 선택을 하실 수 있으며 그 선택을 원하시는 분이다. 모세만이 아니라 바로도 그 **하나님**에 의해 "세워졌다." 모세는 그 직무가 눈에 보이지 않는 가운데 하나님의 사람으로 세워졌고, 바로는 그 기능이 전적으로 눈에 보이게 드러나는 적대자, 곧 모세의 상대자로 세워졌다. 하나님은 바로를 완악하게 만드시는 그분의 예정을 통해서도 그에게 인간적인 권리를 따라 주어져 있는 것 가운데 최소한의 것도 빼앗지 않으신다. 인간적으로 봤을 때, 모세가 바로에 비해 무언가 결정적으로 앞선 것은 아니다. 두 사람 모두 한 분의 엄격한 손 아래 있다. 야곱과 에서가 바로 그 손 아래 있었던 것처럼 말이다. 모세는 언제라도 바로가 될 수 있고 바로도 모세가 될 수 있다. 인간적으로는 에서-바로의 그림을 말하는 것이 야곱-모세의 경우보다 단순하고 만족스럽다. 왜 그런가? **선택받은** 자 모세에 관해 말할 때, 이 모세는 눈에 보이는 바로를 상대자로 둔 눈에 보이는 모세가 아니기 때문이다. 이 모세의 인간적인 불확실함과 실패와 쓰라린 종말과 비교하면 바로의 완악함과 저항은 어느 정도 비극적인 성격에서는 오히려 앞서고 있다. **버림받은** 자 바로는 눈에 보이지 않는 역설적인 모습으로 모세와 마주

서 있다. 두 "인물"의 차이도 눈에 보이지 않고 역설적이다. "ineffabile est individuum"[개별적인 것은 표현 불가능하다][33]라는 말이 여기서 가장 엄격한 의미로 적용될 수 있다. 이것은 결코 **영혼의** 계층화나 세분화를 뜻하지 않는다. 인간의 가슴 속에—아!—두 개의 영혼이(왜 세 개 혹은 그 이상이면 안 되나?) 있다는[34] 잘 알려진 생각, 너무나 잘 알려진 생각은 완전히 무의미해진다. 왜냐하면 지금 우리가 말하고 있는 **그** 특성은 심리학적으로 완전히 분류할 수 없으며, 그러므로 이런저런 심리학적 주체의 특성으로 규정할 수도 없기 때문이다. 모세에게 붙은 "선택받은"이라는 표현, 바로에게 붙은 "버림받은"이라는 표현은 가장 극단적인 의미에서 거치는 것이고 불합리하고 도무지 설명할 수 없는 말이다. 한 사람은 선택받은 자로서, 다른 한 사람은 버림받은 자로서 "내가 네게서 나의 힘(나의 능력virtus, 모든 신들 앞에서 확인된 나의 탁월함, 1:16)을 드러내며 내 이름이 온 땅에 선포"(출 9:16)되는 데 봉사하게 된다[이렇게 하여 버림받은 자도 자신은 알지 못하는 사이에 하나님의 의를 행하는 셈이며, 최후의 심판에서 선택받은 자와 버림받는 자는 같은 위치에 서게 된다. 『교회 교의학』 II/2, § 34]는 것은 오직 하나님의 자유 안에서, 그분의 계시의 기적을 통해서 일어난다. 바로를 내치신 목적은 모세를 선택하신 목적과 똑같이 진정 선하실 수 있고, 실제로 선하시다! 둘 다 주인이 아니라 종이다. 하나님의 의지의 종들이다. 하나는 하나

33 이 문장은 아마 좀 더 오래된 표현, 곧 "Deus est ineffabilis"[하나님은 표현 불가능하다](니콜라우스 쿠사누스, *De docta ignorantia,* I, 26)는 말의 세속화된 형태로 18세기 들어 비로소 나타난다(괴테가 라바터Lavater에게 "1780년 9월 20일 즈음" 보낸 편지). [Goethes Werke. Weimarer Ausgabe, IV. Abth., 4. Bd., Weimar 1889, S. 3000] L. Oeing-Hanhoff, Art. "Individuum, Individualität, II. Hoch- und Spätscholastik", *Historisches Wörterbuch der Philosophie*, Bd. 4, Basel, 1976, Sp. 304-310, Sp. 309; T. Borsche, Art. "Individuum, Individualität, III. Neuzeit", a.a.O., Sp. 310-323, Sp. 312.

34 J.W. von Goethe, *Faust I*, V. 1112(Vor dem Tor).

님의 '예!' 안에서, 하나는 그분의 '아니요!' 안에서, 하나는 긍휼하심 속에서, 다른 하나는 완악함 속에서 그분의 보이지 않는 영광을 확인하고 증명하는 그 의지, 한편과[u] 다른 편, 선과[v] 악을 |338| 모두 **필요로 하는** 그 의지 말이다. "완악한" 인간은 보이는 인간으로서 근본적으로 하나님에게서 멀어진 상태에서 회개를 알지도 못하고 행하지도 못하는 인간이다. 우리 중 누가 실제로 회개를 해본 적이 없는데 회개가 무엇인지 아는 사람이 있는가? 그것이 우리의 완악함이다. 하나님께서 긍휼히 여기시는[w] 사람은 기적을 통해 하나님과 하나가 된 눈에 보이지 않는 인간으로서, 하나님께서 일으키시는 회개를 통해서 새롭게 태어난 자다. 하나님이 일으키시는 일[하나되는 일]에서 누가 배제될 수 있으랴? 바로 이것이 우리 위에 머무시는 긍휼이다. 하나님께서 지금 여기에서 우리에게 말씀하신다면, 이러한 대조를 가차 없이 폭로하시는 것 말고 다른 길이 있으랴? 우리가 도저히 조망할 수 없는 이 대조의 뿌리가 있다면, 그것은 한분 하나님 안 외에 다른 곳에 있으랴? 바로 그 하나님 안에 그 대조의 지양도 감춰져 있다. **하나님**이 원하신다. **하나님**이 긍휼히 여기시며, 하나님이 완악하게 하신다. 그분이! 그분이 교회의 **곤경**이며, 그 교회에서 인간이 하는 일은 결코 그분의 일이 될 수 없다. 그분이 또한 그 곤경 너머에 있는 교회의 소망이다. 그분 앞에 엎드림은 인간이 할 수 있는 일의 마지막이다. 만일 교회가 철저하게 모세가 되려고 하지 않는다면 (도대체 어떤 교회가 그것을 원하지 않겠는가?) 그 교회는 자기가 바로이고, 에서의 교회라는 사실을 알고 고민할 터이며, 그러면 이로써 절대적인 기적을 위한 공간이 마련될 것이다. 그 기적이란 바로 그 앎과 고민 때문에, 교회가 그분 앞에 무릎을 꿇음으로써 모세가 되고, 야곱의 교회가 될 수 있는 기적을 말한다.

하나의 에피소드: 19-21. 19 혹 네가 내게 말하기를 그러면 하나님이 어

찌하여 허물하시느냐. 누가 그 뜻을 대적하느냐 하리니 20 이 사람아, 네가 누구이기에 감히 하나님께 반문하느냐. 지음을 받은 물건이 지은 자에게 어찌 나를 이같이 만들었느냐 말하겠느냐. 21 토기장이가 진흙 한 덩이로 하나는 귀히 쓸 그릇을, 하나는 천히 쓸 그릇을 만들 권한이 없느냐.

"하나님이 어찌하여 허물하시느냐. 누가 그 뜻을 대적하느냐 하리니." 우리는 이런 항변을 이미 들어 본 바 있다(3:8, 6:1, 15). 이런 항변은 하나님의 승리와 개선 행렬 앞에서는 인간의 그 어떤 행위도 그것을 촉진하거나 방해하는 것이 될 수 없다. 하나님의 자유와 전능으로부터 인간의 책임 없음이 나오고, 죄를 극복하시는 은혜의 보편성으로부터 선**과** 악을 둘 다 행할 수 있는 가능성이 나온다고 주장한다. 이런 항변은 하나님 혹은 영원의 개념을 진지하게 사고하는 곳이라면 어디서라도 어김없이 떠오른다. 그것이 떠오르면 자연스럽게 두려움과 떨림이 찾아온다[빌 2:12]. 우리가 하나님을 바라볼 때, 말하자면 우리가 명확하게 그 불타는 떨기나무[출 3:2-4]를 보면서 그 불꽃 가까이에 있을 때는 두려움과 떨림이 찾아온다. 그러나 우리가 사람을 바라볼 때, 교회는 그 개념을 소위 진지하게 사고한 결과 정신착란, |339| 방종, 범죄, 자살이 그 사고를 감행하는 사람들의 가능성의 영역 안으로 갑자기 들이닥칠 수 있는 위험을 향해 아무런 방해도 받지 **않은 채** 나아가게 될 수 있다. 그때 교회는 한 사회와 세계를 유지해 주는 요인이라는 자신의 존재를 위태롭게 할 수도 있는 위험을 향해 나아가게 될 수도 있다. 복음적 선포의 경계선에서 일어날 수 있는, 그리고 하필 그 정점에서 실제로 발생한 이 모든 일들, 한 번도 들어 보지 못한 일은 진리를 대적할 뿐만 아니라 그 진리를 감당할 수 없는 인간도 대적한다. 자신의 강함이나 약함 때문에 그 진리를 감당할 수 없음을 자신의 몸으로 아주 뚜렷하게 경험하고 표현할 수밖에 없는 사람들(예컨대 니체!)만이 아니

라, 이런저런 사람들 그리고 **모든 사람들**을 대적한다. 하나님의 질서가 가까이 다가오면 금방 와해되어 버릴 것 같은 이 사회와 세상과 그 질서에 대해서도 마찬가지다. 도스토옙스키의 『백치』의 결말, 횔덜린과 니체의 종말, 세례파(무크람베르티 Muck-Lamberty!)들의 피할 수 없는 파국[35], 이 모든 것들은 자칭 충만하고 건강하고 의롭다는 인간이 진리와 마주해서는 그저 죽을 수밖에 없다는 것을 너무나 충격적으로 선명하게 보여줄 뿐이다. 그리 자랑스러운 일은 아니지만[x] 그런 [자만심의] 유혹과 그런 사례를 겪지 않은 평범한 사람들에게도 이것은 비유로서 적용될 수 있다. 그 사람들에게 닥쳐오는 일은 인간이 하나님과의 관계에서 얼마나 **병들어 있는지**를 분명하게 증거한다. 그러나 이 질병과 그 **증상**에 대한(우리 모두는 이 병으로 고통을 받고 있다! 가장 충격적인 개인적 혹은 집단적 운명과 방황조차도 그 증상에 지나지 **않는다**!) 두려움 때문에, 그리고 저 반론을 피하기 위해서 하나님에 대한 생각을 진지하게 숙고하지 못하는 것은 적절하지 않다. 인간

35 프리드리히 무크람베르티(Friedrich Muck-Lamberty, 1891-1984)는 1919-1920년 새로운 "회개 설교자"로 활동했다. 라데(M. Rade)는 그를 이렇게 묘사했다. ChW, Jg. 34(1920), Sp. 687. "하멜른의 피리 부는 사나이가 회심하고 돌아온 것처럼 그는 젊은층을 열광시켰고 부분적으로는 나이 든 사람들도 놀이와 노래와 말로 매료시켰다. 그러나 사람들을 꾀어 고향을 떠나게 한 것이 아니라 오히려 고향을 기쁘게 했다. 그는 스스로 '**새로운 무리**'(die neue Schar)라 부르는 적은 무리를 데리고 다녔다. 남녀 청소년 스물 댓 명이었는데 그들이 그의 제자인 셈이다." 라데는 어떤 보고서를 인용하는데 그에 따르면, 무크람베르티는 "이 민족을 좀 더 순결하고 건강한 삶의 방식으로 인도하고, 놀이와 무용을 통해 고향의 자연과 어울리는 것을 좋아하게 만들고, 모든 불필요한 사치와 겉치레에서 벗어나 내적인 만족을 찾고, 극심한 곤경의 시대일수록 상호 존중과 사랑이 필요하다는 것을 말하기 위해" 나타난 "광야의 설교자"다. 여기서 바르트는 그 운동이 결국 와해되었음을 암시한다. 무크람베르티의 바람은 비도덕성에 대한 의혹이 사실로 드러나면서 와해되고 말았다. 라데는 이렇게 기록했다. "**무크람베르티**의 나라는 폐허 더미가 되고 말았다. 금욕의 사도는 자신의 금욕도 지키지 못했다. '새로운 무리'는 그 지도자에게 배신을 당했다"(ChW, Jg. 35 [1921], Sp. 165 [바르트 소장본에 밑줄이 그어져 있다]). 또 W. Stählin, *Via vitae*, Kassel, 1968, S. 179.

사랑은 **확실히** 하나님 사랑의 행위로만 나타난다. 하지만 하나님 사랑은 인간에 대한 혹은 인간을 위한 두려움 때문에 그 두려움이 침묵하도록 만들지 않는다. 그 두려움은 하나님 앞에서는 당연한 것이다. 그러므로 이 모든 것은 그 반론이 일어나는 지점의 위험성을 알아야 함을 뜻한다. 우리는 어디서 그 위험성을 보는가? 하나님의 자유와 권능과 은혜에 관하여 말하되 그것이 인간적인 자의의 발현이 아니라 하나님의 뜻을 아는 것이 바로 거기서 나온다는 사실을 말하는 데 실패하고 또 언제나 번번이 실패한다는 것에 그 위험성이 있다. 명백하게도 우리가 바로 그것을 언제나 말하지 **못하기** 때문에, 우리는 진리에 대한 간접적인[y] 접근 방식이 언제나 또다시 희생제물을 요구할 때, 그 요구를 만족시킬 수 **없으며**, 우리는 하나님 개념을 가장 진지하게 사유할 때조차 모든 직선성과 굴곡 없는 직접성을 포기할 수밖에 없음을 느낀다. 그러나 근본적으로는 그 반론이 진리에 제대로 적중하지 못하고 따라서 거부당할 수밖에 없다는 상태는 틀림없이 |340| 지속된다. 우리는 이 거부를 이제 다시 한 번(3:5f., 6:1f., 15f.) 실행해야 한다.

"이 사람아, 네가 누구이기에 감히 하나님께 반문하느냐." 이 사람아! 이 말 한마디에 그 반론에 맞서 해야 할 말이 다 들어 있다. 그 반론은 하나님과 인간 사이의 무한하고 질적인 차이를 간과하고 있다. 하나님과 인간의 차이를 사물과 사물 사이의 차이쯤으로 여긴다는 말이다. 하나님에 관해 말하면서 인간이 반론할 수 있는 대화 파트너쯤으로 생각한다. 곧 얻어맞고 쓰러지겠지만 일단은 마주 서 볼 수 있는 파트너 말이다. 그런 반론은 인간의 행위가 하나님의 뜻과 맞서는 상대편으로, 그 뜻과 같은 인과의 대열에 서 있는 부분인 것처럼 여긴다. 비록 완전히 혹은 거의 완전히 그 뜻의 결과로 보긴 하지만 말이다. 이것이 도착[倒錯]된 것이다. 인간의 행위는 하나님의 뜻에 원인으로서 마주 설 수도 없고, 결과로서도 마주 설 수 없다. 인간의 책임과 하나님의 자유 사이에는 어떤 직접적인 관계, 눈에 보이는 관계가 성립하지 않는다. 오직 간접적인, 도출이 불가능한, 실행될 수 없는 관계, 곧 시간과 영원의 관계, 피조물과 창조주의 관계만 있을 뿐이다. 인간에 대한 하나님의 자유는 바깥에서 치고 들어오는 기계적인 것도 **아니고** 인간 자신의 창조적인 생명도 **아니다**(이 책의 제1판![36]). 그 관계는 그의 순수한 근원이요 빛이다. 그 빛이 있으면 인간의 눈이 밝고 없으면 어둡다. 그 관계는 무한이어서, 그 무한의 이중적 차원에 비춰 보면 인간은 크기도 하고 작기도 하다. 그 관계는 재판관의 한마디, 곧 인간이 서기도 하고 넘어지기도 하는 한마디다. 실제로 인간은 하나님의 자유를 더할 수도 없고 덜할 수도 없으며, 촉진할 수도 없고 방해할 수도 없다. 그런데 인간 자신의 자유와 하나님의 자유 사이의 관계의 간접성이 그 관계의 상대적 필연성과 상대적 진지함과 상대적 질서의 근거가 되며 그것을 보장해 준다는 사실은 [그 반론에서는] 전혀 고려되지 않았다. 그러므로 하나님의 자유, 권능, 은총에 관한 [진정한] 앎은 인간을 자기 궤도에서 이탈시키지 **아니**하니, 이는 그 앎이 자기 자신에 관한 앎, 곧 자신은 인간이지 하나님이 아니라는 앎과 완전히 하나이기 때문이다. 하나님을 하나님으로 존중하는 인간은 결코 그런 반론을 하지 않는다. 그는 자신의 책임성이 지양됨을 두려워하지도 않고 원하지도 않는다. 그는 정신착란이 되지도 **않고** 방탕해지지도 **않고** 범죄하지도 **않고** 자살하지도 **않는다**. 그럼에도 불구하고 그가 그런 일을 저지른다면, 그는 그런 행위를 통해 어떤 "성례전"을 행하

36 바르트 『로마서』 제1판. "너는 언제까지 네 하나님을 맹목적으로 활동하는 낯선 본체(Fremdkörper)로 대하려는가? 하나님은 바깥에서 치고 들어오는 기계적인 것이 아니다. 오히려 너 자신의 창조적인 생명이다. 그렇기 때문에 하나님의 뜻은 '왜?'를 알지 못한다는 사실을 너는 도대체 언제 깨달으려 하는가?"

는 것(블뤼어 Blüher)[37]은 아닐지라도(도스토옙스키의 라스콜리니코프![38]) 인간의 **최종적인** 오해를 드러내는 경고의 기념비를 세우는 셈이 될 것이다. 그 오해를 극복할 수 있는 **최종적인** 진리는 그 어떤 것보다 하나님을 두려워하고 그분을 사랑하라는 요구다.[39] 또한 하나님을 경외한다는 것이 **우리에게는** 얼마나 충격적인 새로움인지, 우리는 그리스도와 함께 |341| 한 시간도 깨어 있을 수 없으며[마 26:40 병행 본문], 가지가지의 반항(영웅[거인]주의Titanismen)을 통해 하나님과 대등하게 맞서려는 우리의 욕구를 채우지 않고서는 우리 삶의 정황의 역설을 **얼마나** 견디지 못하는지 그 사실을 경고하는 기념비인 것이다. 하나님이 하나님 자신에게 속한 사람들에게 곤경이 되신다는 사실을 파악한 인간은 알고 있다. 무엇을 알고 있는가? 자신이 **모든** 경우에, 도덕적**이든** 비도덕적**이든** 책망받아 마땅한 존재이며 하나님의 뜻을 거역하고 있다는 사실(9:19)과 **자신에게는** 하나님과 대등하게 맞설 그 어떤 구실도 없으며 자신의 도덕**도** 비도덕**도** 하나님께 저항할 이

37 바르트는 블뤼어(H. Blüher)에게서 『청소년 운동의 성격』(*Der Charakter der Jugendbewegung*, Lauenberg, 1921)이라는 책을 받았다. 그 책 60쪽에 블뤼어의 다른 책에 대한 광고가 실려 있었다. 그 제목이 『엠페도클레스 혹은 자유로운 죽음[자살]의 성례전』(*Empedokles oder das Sakrament des freien Todes*)이었다. 그 옆에 이런 메모가 있다. "원고로는 인쇄됨. 출판되지 않았고 새로 인쇄되지도 않았음."

38 도스토옙스키의 소설 『죄와 벌』의 주인공. 아마도 투르나이젠의 글에 묘사된 그의 모습에 영향을 받은 것 같다. E. Thurneysen, *Dostojewski*, München, 1921. 이 소설에서 라스콜리니코프는 프로메테우스적 인간의 표본으로 나온다. 그는 삶의 문제에 부딪혀 무너진다. S. 14. "**생명**[삶]은 **하나님** 안에 있다. 그분 안에는 근원이 있다. 그는 창조주다. 그러나 인간은 하나님이 **아니다**. 과연 그럴까?! 라스콜리니코프는 이 질문의 뻔뻔스러움에 몸을 떤다. 이것이 그의 문제의 핵심이다." 이 책 398쪽, 각주 43.

39 M. Luther, *Der kleine Katechismus*, Erklärung des ersten Gebotes: "Wir sollen Gott über alle Ding fürchten, lieben und vertrauen", BSLK 507,42f.

유가 되지 **않으며**, 그분 앞에서 의로움을 내세울 수 없어 그 곤경에서 빠져 나올 수 없다는 사실을 알고 있다. 그는 그 곤경을 마주하고 바로 거기에 자기 자신의 상대적인 책임 의식의 근거를 둘 것이다. "이런 것을 말한 것은, 우리에게 불꽃을 선사하시는 성령을 우리의 완고함이나 태만함으로 굴복시키려는 것이 아니요, 우리가 가진 것이 그분으로부터 왔음을 알고, 그분에게서 모든 것을 구하고 모든 것을 기대하며, 그분에게 모든 것을 다시 바치며, 두려움과 떨림으로 우리의 구원에 다가가는 법을 배우기 위함이다"(칼뱅).[40]

"지음을 받은 물건이 지은 자에게 어찌 나를 이같이 만들었느냐 말하겠느냐. 토기장이가 진흙 한 덩이로 하나는 귀히 쓸 그릇을, 하나는 천히 쓸 그릇을 만들 권한이 없느냐." 인간은 하나님 앞에 이런 모습으로 서 있다. 이제 우리는 이 주제를 더 끌어올려, 저 유명한 예언자의 비유(사 29:16, 45:9, 64:8 [원서에는 64:7로 되어 있다], 지혜서 15:7)로 그 정상에 올려놓는다. 작품과 장인匠人의 관계, 토기와 토기장이의 관계다. 누가 감히 이 관계를 파트너 관계, 한 줄에 서 있는 두 지체의 관계라고 하겠는가? 장인은 자기의 의도를 품고 서 있으며, 재료는 장인의 의도에 봉사해야 할 뿐이다. 그 결과로 나오는 것이 작품이다. 여기와 저기, 토기장이와 토기, 장인과 작품 사이를 잇는 다리는 없다. 그 사이의 연속성은 없다. 여기와 저기는 비교할 수 없으며, 질적으로 무한한 차이가 있으며, 절대적으로 간접적이고 눈에 보이지 않는 관계(혹은 그런 비유!)다. 그 재료의 성분이 ᶻ무엇이든 간에ᶻ, 작업자의 필요와 기분과 능력과 성과, 혹은 작업 과정 전체의 필연적 진행이 과제와

40 Calvin, col. 182. "Non ergo haec dicuntur quo spiritum Dei nobis igniculos instillantem nostra vel pervicacia vel ignavia praefocemus: sed ut intelligamus, ab ipso esse quidquid habemus: ideoque et ab ipso discamus petere omnia, et sperare, et accepta referre, cum timore et tremore saluti nostrae incumbentes."

목표에 따라 (이 책의 제1판에 나와 있는 것처럼![41]) 어떻게 바뀌든 간에, 그런 것은 다음의 사실을 설명하기 위함이다. 똑같은 재료가 똑같은 손에 의해 꽃병이 될 수도 있고 요강이 될 수도 있다. 그것이—일종의 헤아림으로 만들 수 있는 인과율을 절대적으로 넘어서 있는—작업자의 자유다. 이런 때는 이렇게 저런 때는 저렇게 하고 싶은 대로 하는 것이다. 재료나 작품의 입장에서는 '도대체 왜?'가 있을 수 없다. 이것이 |342| 인간과 하나님이다. 인간에게 하나님은 원인이 아니라 근원이다. 인간이 의롭다면 그것은 하나님 앞에서 의로운 것이다. 죄를 지었다면 그것은 하나님께 죄를 지은 것이다. 살아 있다면 그것은 하나님의 생명에 참여함으로 사는 것이다. 죽는다면 그것은 인간이 하나님과의 관계 안에서 죽을 수밖에 없기 때문에 죽는 것이다. 인간의 현존재와 존재 상태는 어쩌다가 이런저런 제약을 받는 것에 그치지 않는다. 인간을 제약하는 것, 인간을 제약할 수 있는 모든 것은 (그것이 어떤 "신"의 이름을 달고 있다 하더라도) **창조된** 것이다. 물론 이 "창조됨"을 표현하는 데는 장인과 작품의 비유, 토기장이와 토기의 비유는 충분하지 않다. 그러나 그것을 가리켜 보여준다. 인간과 하나님의 관계는 주어져 있음과 주어져 있지 않음의 관계, 존재와 비존재의 관계다. 자기 자신의 의로움과 자유를 관철시키려는 모든 시도는Jedes Geltendmachen aa 근

41 Römerbrief I, S. 382f. "예술가에게는 **한** 특정한 방식으로 특징지워지는 순간이 있다. 그 순간에 완전한 가능성과 불완전한 가능성 사이의 결단이 내려지며, 완전한 가능성은 불완전한 가능성을 점점 더 많이 밀어내는 경향을 가진다. 이런 경향을 지닌 일련의 밝은 빛 가운데 **한 번의** 번쩍임이 바로 그 순간이다. 어떤 수공예 장인(匠人)이 작업할 때도 마찬가지다. 장인이 작업하는 그 시간에 그의 행동은 "가치 있는" 통로 **혹은** "가치 없는" 통로로 여기질 수 있고, 한 과제에서 다른 과제로, 한 목적에서 다른 목적으로 넘어가는 [단지] 한 부분으로 여겨질 수도 있다. [하지만] 그 시간에 그는 낮은 단계의 과제와 목적에서 높은 단계의 과제와 목적으로 나아가는 **전체** 의도와 뜻을 확실히 알고 있다.

원의 문제, 하나님의 의와 자유의 문제, 태초와 종말의 문제, 창조와 구원의 문제를 자꾸만 뒤로 미루는 것에 불과하다. 예정 사상은 이런 미뤄 둠[유예]의 근본적 포기를 의미한다. 이러한 포기는 인간의 존재·소유·행위에 맞서 하나님이 하나님으로 인식될 때 일어날 수밖에 없다. 하나님은 반드시 야곱의 하나님**이면서** 에서의 하나님으로 파악**되어야 한다**. 그렇지 않으면, 그분이 모든 시간 속에서는 에서의 하나님이요 영원 속에서는 야곱의 하나님이라는 사실이 명료해지지 않을 것이다. 그러나 인간 자신의 책임성에 대한 생각을 보자. 그 반론(9:19)이란 것도 바로 이 책임성이 제거되는 것을 두려워하든지 혹은 바라든지 하는 것이다. 그런데 그 생각이 자신의 옳음에 도달하고자 한다면, 하나님 앞에 선 인간의 절대적인 상대성(연결성!)을 인식하는 것보다 더 강력한 방법이 있을까?

다시 중심 주제로 돌아가자. 22-23. 22 만일 하나님이 그의 진노를 보이시고 그의 능력을 알게 하고자 하사 멸하기로 준비된 진노의 그릇을 오래 참으심으로 관용하시고 23 또한 영광 받기로 예비하신 바 긍휼의 그릇에 대하여 그 영광의 풍성함을 알게 하고자 하셨을지라도 무슨 말을 하리요.

왜 하나님은 에서의 하나님 **그리고** 야곱의 하나님이신가? 왜 진노의 하나님 **그리고** 긍휼의 하나님이신가? 우리는 이것이 유치하고 신화적인 질문인 것을 안다. 왜냐하면 하나님 안에는 "그리고"[und]란 없고 둘됨[Zweiheit]도 없기 때문이다. 그저 전자가 후자에 의해 지양될 뿐이다. 하나님은 한분, 영원 속에 계시는 야곱의 하나님이시며, 자신을 인간에게 계시하시는 하나님이다. 그러나 우리는 하나님을 다름이 아니라 둘됨, 곧 둘이 진정 하나가 되기 위해 하나가 둘이 되어야 하는 변증법적인 둘됨으로만 **파악**할 수 있다는 사실을 이해한다. 하나님께서 인간에게 자신을 계시하실 때, 곧 이 세상에서 살아가는 **인간**에게 계시하실 때, 인간에게 진노하시는 하나님의

모습으로 그와 마주 서실 수밖에 없다. 인간이 도무지 저항할 수 없는 힘을 인간에게 드러내시는 분, 그분은 인간이 경배하는 그 어떤 신들과도—그것이 최고의 신이라 할지라도—동일시될 수 없음을 불가피하고도 |343| 가차 없이 보여주시는 분이다. 그리고 인간이 하나님의 계시를 받아들일 때, 그는 "진노의 그릇" 외에 다른 어떤 것이 될 수 없다. 하나님을 생각하는 것조차 할 수 없고, 그분께 순종할 수 없고, 하나님께 치욕을 안겨 드리는 짓밖에 할 수 없고, 자기가 하나님과의 관계에서 죽을 수밖에 없다는 사실 외에는 다른 것을 경험할 수 없는 존재다. 진정한 하나님의 사람들이라고 해도 마찬가지다. 그들이 **인간**으로서, 그들의 피조성 안에서 어떤 다른 것을 행하거나 경험했겠는가? 이 그릇이란 것이 결국은 썩어 없어질 수밖에 없음을 알고 있었기 때문에, 이런 모습의 인간이란 것이 결국은 누구도 의롭지 않으며 제 생명을 잃어버릴 수밖에 없음(출 4:24-26!!)을 알고 있었기 때문에, 이 세상은 결국 사라지는 것임[고전 7:31, 요일 2:17]을 알고 있었기 때문에, 바로 그렇기 때문에 그들이 하나님의 사람인 것 아닐까? 우리의 곤경에 관한 앎 외에 우리에게 또 다른 소망이 있는가? 우리는 인간으로서 언제나 하나님의 계시의 음각만을 가지고 있으며 우리도 바로 그 음각으로 스스로 존재할[ab] 수 있다는 사실, 우리는 인간으로서 언제나 에서의 하나님, 곧 엄한 하나님만을 알게 된다는 사실, 바로 그 곤경에 관한 앎 말이다. 그러나 그런 인간에게 스스로를 계시하는 분이 **하나님**이시라면 그분은 인간의 철저한 피조성을 창조주의 '그럼에도 불구하고!'로 덮으시며, 인간의 철저한 죄성을 용서의 '그럼에도 불구하고!'로 덮으시면서(3:25의 '속죄의 덮개'Kapporeth를 생각해 보라) 긍휼히 여기는 분으로서 인간과 마주하시며, 그에게 계시하시고 그를 통해서 하나님의 영광의 풍성함을 드러내시며, 그분이 인간의 구원자라는 진리, 곧 한없이 탁월하고 압도적인 진리

를 드러내신다. 그때 그 인간이 **하나님의** 계시를 받아들인다면 그는 "긍휼의 그릇"이다. 그리고 절대적인 기적이 일어난다. 무슨 기적인가? 그의 눈이 열리고[창 3:5, 7] 참회하여 이미 새로운 피조물이 되었다는 기적, 그가 하나님의 엄격하심 속에서 하나님의 사랑을 알아차려 다시 하나님을 사랑하고 그래서 구원의 메시지를 복음으로 받아들이되 그것이 절대적이고 무한정한 걸림돌임에도 불구하고, 아니 바로 그런 걸림돌이기 때문에 복음으로 받아들이는 기적이 일어난다. 그가 하나님, 곧 에서의 하나님과 씨름했으나 결국 야곱이 되고 이스라엘이 되는[창 32:25-29] 기적이다. 야곱과 모세와 엘리야에게 곤경을 안겨 주신 하나님, 곧 그들의 대적자인 에서와 바로와 아합이 인간적으로는 더 나은 몫을 선택했음을 분명하게 드러내는 그런 곤경을 안겨 주신 **그 하나님**이 자기 사람들에게 영원토록 방패가 되시며 지극히 큰 상급[창 15:1]이 되신다. 그런데 바로 이분, 한 하나님의 계시가 언제나 시간에서 영원으로, 버림에서 선택으로, 에서에서 야곱으로, 바로에서 모세로 진행된다면? 지금 "진노의 그릇"(시간 속에서 살아가는 우리 모두가 그것이다!)의 현존재가 하나님이 오래 참고 인내하신 결과(3:26)요 하나님의 크신 인내의 너울(2:4)로서, 그 뒤에는 (영원 속에서 우리 모두가 그러하듯!) "긍휼의 그릇"의 존재가 있으며 그것은 감춰져 있을 뿐 결코 상실된 것이 아니라면? 썩어질 수밖에 없는 인간 에서(여기에는 인간 야곱도 포함된다!)가 모든 인간을 대표하여 |344| 하나님의 진노를 감당해야 하는데, 이것은 영광을 받게 될 인간 야곱(여기에는 인간 에서도 포함된다!)에게 이로써 하나님의 의로우심에 이르는 길, 곧 진노 속에 감춰져 있다가 그 진노로부터 폭로될 하나님의 의로우심에 이르는 길이 열린다면? 도저히 파악할 수 없으며 무시무시하구나, 역사의 모든 연속적인 "진행"을 X표로 지워 버리고 지양하는 "발걸음", 곧 계시의 발걸음이여! 도저히 파악

할 수 없으며 무시무시하구나, 지금 우리의 현존재 **뒤에 있는** 참된 의미의 그 은폐성이여! 도저히 파악할 수 없으며 모든 생각을 뛰어넘는구나, 인간의 모든 불의함**과** 의로움까지도 대각선으로 가로지르며 뚫고 솟아오르는 하나님의 의로우심이여! **그런데** 만일 그것이 실제로 그렇다면? 만일 이런 계시의 **"발걸음"**이 우리를 향한 하나님의 뜻이라면? 그렇다면, '도대체 왜 하나님은 이중성을 원하시는가'라는 우리의 유치한 질문은 어디 있는가? 어쩔 수 없이 신화화하게 되는 우리의 그 질문은 어디 있는가?

24-29. 24 이 그릇은 우리니 곧 유대인 중에서뿐 아니라 이방인 중에서도 부르신 자니라. 25 호세아의 글에도 이르기를 내가 내 백성 아닌 자를 내 백성이라, 사랑하지 아니한 자를 사랑한 자라 부르리라. 26 너희는 내 백성이 아니라 한 그곳에서 그들이 살아 계신 하나님의 아들이라 일컬음을 받으리라 함과 같으니라. 27 또 이사야가 이스라엘에 관하여 외치되 이스라엘 자손들의 수가 비록 바다의 모래 같을지라도 남은 자만 구원을 받으리니 28 주께서 땅 위에서 그 말씀을 이루고 속히 시행하시리라 하셨느니라. 29 또한 이사야가 미리 말한 바 만일 만군의 주께서 우리에게 씨를 남겨 두지 아니하셨더라면 우리가 소돔과 같이 되고 고모라와 같았으리로다 함과 같으니라.

방금 우리는 '만일'이라고 했다. 하지만 우리가 말하는 것은 '만일'이 아니라 실제로 그렇다는 것이다. 왜 그런가? 바로 이 발걸음, 곧 계시의 발걸음이 실제로 일어나기 때문이다. 우리가 시간 속에서는 "진노의 그릇"이지만 영원 속에서는—바로 그렇기 때문에 더더욱, 철저히 다른 모습인—"긍휼의 그릇"이라는 사실이 실제로 그리스도 안에서 결정된다. 우리는 그분의 부르심을 받은 자로서, 눈에 보이는 모든 존재의 저편에서 놀라운 방식으로 구원을 받은 존재다. 절대적인 기적이 일어났으니, 우리는 야곱의 교회, 선택받은 자들의 공동체다. "우리"는 누구인가? 이런저런 사람

이 아니요 양적으로 측정할 수 있는 집합체도 아니요 "numerus clausus" [닫힌 수][42]도 아니다. 도무지 수가 아니다. 어떤 식으로든 파악이 가능한 역사적인 이스라엘 자체도 아니다. 여기서 사랑하고 선택하고 긍휼히 여기는 분이 바로 하나님이라는 사실, 바로 그것이 인간들 사이에서 일어날 수 있고 일어날 수밖에 없는 눈에 보이는 모든 분리를 보이지 않는 것으로 지양하는 조건이 된다. 오직 에서의 교회만이 이스라엘을 에돔과 구별하고 유대인을 이방인과 구별하고 신자를 비신자와 구별하는 울타리를 언제나 필요로 한다. 영원의 순간 속에서 야곱의 교회가 |345| 그리스도 안에서 동터 오면 그 울타리는 무너져 내린다[엡 2:14]. 그때 이방인 에서는 하나님을 섬기는 자가 되며 하나님의 약속에 참여한다. 밖에 서 있는 큰 무리도 마찬가지다. 왜 그런가? 하나님께서 사랑하고 선택하고 긍휼히 여기신다면 바깥이 이제는 안이[ac] 되고, 멂은 가까움이 되고, 사랑받지 못함은 사랑받음이 되고, 내쫓음의 자리는 받아들임의 자리가 되기 때문이다(호 2:23[원서에는 2:25로 되어 있다], 2:1). 그때 이사야는 자신감에 차 있는 교회, 무언가를 소유하고 확실성을 즐기는 교회를 향해 이중 예정의 비밀을 "외친다." 철저하게 "사랑 없는" 목소리로 그 교회에 맞서[entgegen, mit ad] 외친다. 하나님의 사랑과 관련하여 약속의 [ae]말씀을 내포한 심판의 말씀을 선포할 때는—누가 사 10:22-23에서 이 두 가지를 구분하려 하겠는가?[ae]—이런 목소리가 적절하다. 이사야는 유대인 야곱이 무조건 하나님의 종인 것은 아니라고 외친다. 사랑하고 선택하고 긍휼히 여기는 분이 하나님이신데, 안에 있는 것 가운데 어떤 것이 자기는 결코 밖에 있지 않으리라 자신하겠는가? 약속이란 그 약속을 하신 분의 진리를 따라 언제라도 제한되

42 선택받은 자의 수가 정해져 있다는 개혁파 예정론을 암시한다. Heppe, S. 140.

거나 축소될 수 있는 것 아닌가? 인간적으로 의로운 자들 가운데 얼마만큼의 사람들이, 파악될 수 없으며 볼 수도 없는 "나머지" 혹은 "씨", 곧 하나님 앞에서 의로운 자들로 축약될 것인가? 어떤 예루살렘이 당장 내일이라도 아니 당장 오늘이라도 소돔과 고모라가 될 가능성에서—심판자 하나님의 은혜가 건져 주시지 않는다면—벗어날 수 있을까?(사 1:9)

그러므로 에서의 교회, 우리의 교회, 잘 알려진 교회는 칼날 위에, 낭떠러지 끝에 서 있다. 그것은 야곱의 교회가 그것의 시온, 그것의 목표, 그것의 약속이기 **때문**이다. 그 [에서의] 교회야말로 살아 계신 하나님과 관계를 맺고 있기 **때문**이다. 그 교회야말로 그분의 백성이기 **때문**이다. 하나님께서 스스로 가지고 계신 확실성 외에는 다른 어떤 확실성도 불가능하다. 하나님의 아심과 우리의 모름 외에는 다른 어떤 앎도 불확실하다. 그리스도 안에서 하나님 자신이—알려지지 않은 분으로서—우리에게 직접 알려 주신 것 외에는 하나님에 관해 알 수 있는 것은 없다. 이것이 교회의 곤경이다. |346|

10장 교회의 죄책

인식의 위기

9:30-10:3

30-32a. 30 그런즉 우리가 무슨 말을 하리요. 의를 따르지 아니한 이방인들이 의를 얻었으니 곧 믿음[하나님의 신실하심]에서 난 의요 31 의의 법을 따라간 이스라엘은 율법에 이르지 못하였으니 32 어찌 그러하냐. 이는 그들이 믿음을 의지하지 않고 행위를 의지함이라.

"그런즉 우리가 무슨 말을 하리요." 지금까지 우리는 일반적으로 교회를 향해 날아오는 성급하고 직접적인 비난과는 달리, 객관적인 방식으로 그저 교회의 **곤경**에 관하여 말해야 했다. **바로 그** 곤경은 교회의 본질적인 주제를 통해, 교회의 은사Gabe이자 과제Aufgabe, 곧 하나님 인식을 통해 주어진다. 그것은 어떤 사람이 교회에 대하여 어떤 자의적인 입장을 취한다고 하더라도, 하나님을 바라볼 때 결코 빠져나올 수 없는 곤경이며, 그 누구도 다른 사람의 피해를 동정하거나 불평하면서 마주할 수 없는 그런 곤경이다. 왜냐하면 이것이야말로 인간이 하나님의 관계 속에서 대체로 지고 가야 할 곤경, 그러나 종교적인 인간 자신은 반드시 져야 하는 **바로 그** 곤경이기 때문이다. 교회 안에서 자기 자신을 의식하고, 그래서 그 모습을 드러내는 종교적 인간성은 하나님이 하나님이라는 사실 때문에 고통을 당한다. 그분은 이것도 아니고 저것도 아니시다. 여기도 아니고 저기도 아니시다. 더도 아니고 덜도 아니다. 오히려 그분은 모든 시간적이고 사물적인 존재, 이렇게 혹은 저렇게 규정된 존재와 마주 서 있는 (그러나 그런 것과 결코 어떤 제2의 것으로 **마주 서 있지** 않는!) 비존재, 근원, 보이는 것이든 보이지 않는 것이든 만물의 창조자이시다.[1] 그러나 이렇듯 하나님의 하나님이심이 인간에게 곤경을 안겨 줄 때, 그것이 인간적인 **죄책***Schuld* 때문이 아니라

면 다른 무슨 이유가 있겠는가? 우리는 **죄**의 권세로 말미암아 우리의 피조성이 우리의 저주일 수밖에 없다는 사실(7:7-13)을 기억한다. 교회에는 과거나 현재나 미래나 하나님이 결여되어 있다[fehlen]는 사실이 전적으로 파악되면, 그때 우리는 교회의 **결함**[*Fehler*]에 대해 말할 수 있으며 또 마땅히 말해야 한다. 만일 우리가 여기서 이의를 제기하고 죄책과 죄[Sünde]와 결함을 확정하고 |347| 정확하게 거명하지 **않는다**면, 우리는 이 곤경을 현실적인 곤경으로 인식하지 못한 것이다. 그도 그럴 것이, 그저 운명에 불과할 뿐 고발을 허용하지 않는 곤경은 참으로 인식된 곤경이 아니며 절박한 곤경이 아닐 것이다. 만일 우리가 여기서 **하나님**께 맞서 고발할 수 있다고 한다면, 그것은 우리가 그 상황을 아직도 조망하거나 통찰하지 못했음을 보여주는 징표일 뿐이다. 우리는 이 곤경의 실제 토대[Realgrund]가 그것의 인식 토대[Erkenntnisgrund]와 일치한다는 사실이 무엇을 의미하는지 모르고 있는 것이다. 이것은 여기서 어쩔 수 없이 고발하는 자가 바로 **인간**이라는 사실을 의미한다. 그 인간이 하나님을 인식하지 못한다면 그는 자신의 곤경 자체를 바로 인식할 수 없을 것이다. 그가 하나님께 비추어져 평가된다는 사실, 그것을 안다는 사실, 그것이 인간의 비참[Elend]이다[『교회 교의학』 IV/1, § 60.3 죄론의 제목이 "인간의 비참"이다]. 그러나 이 비참 자체는 다시 환난·곤경·위기 속에 있으니, 이것은 그 인간의 하나님 인식이 들어서는 자리다. 그는 이 위기가 있는 곳에서 발견되는 죄책에서 면책될 수 없다. 왜 그런가? 그 위기는 확실히 하나님의 자유에 근거한 것이며, 마찬가지로 확실히 그분의 자유 안에서 계속 진행되며, 그 자신의 고유한 책임 아래에 있기 때문이다. 여기서 드러나는 것은, 그 인간이 하나님에 관한 인식 속에서 단지 고난당하는

1 das Symbolum Nicaeno-Constantinopolitanum, 1. Artikel, DH 150.

자, 아픈 자에 그치는 것이 아니라 결함을 가진 자, 죄인이라는 사실이다.

"의를 따르지 아니한 이방인들이 의를 얻었으니 곧 믿음[하나님의 신실함]**에서 난 의요."** 위기가 나타나는 첫 번째가 바로 여기다. 아는 자 옆에는 모르는 자가 있고 하나님의 자녀 옆에는 세상 사람들이, 거룩한 자 옆에는 거룩하지 않은 자들이 있다. 이른바 교회의 곁에는 이방인, 이해하지 못한 자, 참여하지 않는 자, 의를 따라가지 않는 자들이 있다. 그런데 이렇게 나란히 서 있음 자체가 예민한 감각을 가진 사람에게는 불안한 것이요, 의미심장한 그 고요함 속에서 견딜 수 없는 사실성이다. 어떻게 이방인이 교회와 마주하여 계속해서 이방인으로 남아 있으며, 교회가 보존해 온 성소에 대하여 아무런 동요 없이 무감각한 채로 버틸 수 있는가? 만일 그 성소가 시종일관 이 사람 저 사람의 특별한 성소일 뿐 보편적인 존경을 받지 못한다면 그 성소는 어떻게 된 것인가? 우리가 전하는 것에 대해서 저 "타인들" 가운데서 아무도 그다지 반대하지 않고 또 그다지 찬성하지도 않는다는 사실을 우리가 인정할 수밖에 없다면, 도대체 우리 입에 있는 "하나님의 말씀"은 어떻게 된 것인가? 만일 교회가 점점 관용을 추구하는 시대의 그림자 속에서 그 어떤 적대감의 위협도 받지 않고, 그들의 특이한 삶을 아무런 방해도 받지 않고, 하지만 거의 전망은 없는 상태로 살아가고, 심지어는 백방으로 싸움터와 놀이터를 스스로 찾아내고, 어떤 작은 핍박을 거의 동경하다시피 찾아봄으로써 |348| 갑갑하게 나란히 선 상태를 마침내 그만두려고 한다면, 그 교회는 과연 어떻게 된 것인가? 교회는 변증론자들이 활동하던 때부터 근본적으로는 다소간 항상 이런 상태인 것 아닌가? 그러나 좀 더 예리한 눈을 가진 사람들은 교회의 창을 통해 언제나 그 이상을 보았다. 그들은—만일 이들이 다른 사람들은 간접적으로만 볼 수 있는 것을 볼 정도로 충분히 예리하다면—교회가 이 세상의 경건하지 않

은 완고함을 고발하며 이 세상을 피고인석에 앉히고 바늘로 찌르고 몽둥이로 때림으로써 스스로의 특별한 현존재와 특별한 본질을 유지할 수는 없다는 사실을 간파했다. 그들은 2:14-29이 말하는 것, 곧 "율법을 갖지 않은 이방인들이 그 본성 상태에서 율법이 요구하는 바를 행한다"는 사실을 보고서 소스라쳐 놀랐다. 그들이 의를 따라가지 않은 것은 이미 그 의를 붙잡**았기** 때문이다. 그들이 배우지 않는 것은 이미 배움을 받은 상태**이기** 때문이다. 그들이 종교적인 관심이 없는 것은 하나님이 진작부터 **그들**에게 관심을 가지고 계셨기 때문이다. 그들이 우리의 "하나님 말씀" 앞에서 그렇게 무심한 것은 우리 없이도 진작부터 그것을 들었기 때문이며, 진작부터 그들이 **직접** 그것을 선포했기 때문이다. 이 세상의 자녀들, 거룩하지 못한 자들, 무신자들, 그들의 적나라한 비탄, 어쩌면 완전히 자유로운 그들의 명랑함도 우리의 설교·상담·전도·선교·변증·구호의 대상이 **아니다**. 우리의 "사랑"의 대상도 **아니다**. 왜냐하면 **우리**가 그들을 긍휼히 여기겠다고 일어서기 훨씬 전부터 하나님의 긍휼이 그들을 찾고 발견했기 때문이다. 그들은 이미 하나님의 의로우심의 빛 가운데 서서, 이미 용서를 받았으며, 이미 부활의 능력과 순종의 능력에 참여하고, 이미 영원 앞에서 놀람과 충격을 경험했으며, 이미 그 영원을 소망하고, 이미 실존적으로 하나님을 향해 내던져진 상태다! 물론 이 가능성은 인간적인 의의 관점에서는 언제라도 아주 명백한 논증을 통해 반박될 수 있다. 그냥 눈으로 볼 때는 이방인이 진정 **불쌍한** 이방인[2]이라는 사실을 그 누가 무시할 수 있으랴? 그러나 지금 우리가 말하고 있는 것은 오직 간접적으로, 오직 구원자의 눈으로 볼 수 있는 것, 전

2 선교를 독려할 때 자주 언급되는 "불쌍한 이방인"이라는 말에 대해서는 K. Barth, *Predigten 1914*, hrsg. von U. Fähler (Gesamtausgabe, Abt. I), Zürich, 1999[2], S. 479 참조.

혀 보이지 않으며 한 번도 들어 본 적이 없는 불가능한 가능성, 곧 **하나님의** 가능성이다. 그 어떤 인간적인 신실한 반응에 얽매이지 않고 오직 하나님 자신의 신실함에서 나오는 **그분의** 의로우심이다. 어떤 원인과 결과의 사슬이 아니라 하나님의 새로운 **창조**, 한마디로 예수 그리스도 안에 나타난 하나님의 진리다. 하지만 어떻게 교회가 다른 것도 아니고 바로 이 진리를 철저하게 부정할 수 있는가? 혹은 이 진리에 대한 인정을 인간적이고 눈에 보이는 의로움의 가능성, 이런저런 가능성의 출현에 의존된 것으로 만들 수 있는가? 아무리 이방인의 실존적인 구원을 반증하는 주장이 많고 강력하다 할지라도 말이다. **하나님**을 자신의 하나님이라 부르는 교회가 어떻게 |349| 하나님이 **하나님**이라는 사실을 잘못 알 수 있는가? 그분이 유대인의 하나님이면서 이방인의 하나님이라는 사실(3:30)을 교회가 어떻게 철저하게 부인할 수 있는가? 이스라엘의 조상인 아브라함은 아직 할례를 받지 **않은** 사람이었을 때 복된 자라는 칭송을 받지 않았는가?(4:9) 그러나 "salus"[구원]이 "extra ecclesiam"[교회 밖]에도[3] 있을 수 있는 가능성, 에서도 선택받은 야곱이 될 수 있는 가능성을 인정하고 받아들인다면, 그렇다면 교회의 줏대는 어디에 있는가?[바르트가 마치 교회 밖에는 구원이 없다고 주장한 것처럼 말하는 것은 대단히 초보적인 오해임이 여기서 드러난다] 자신의 파송에 대한 교회의 확신은 어디에 있는가? 로마교회와 그들의 잘 알려진 주장[4]은 결국 **모든** 교회의 정당한 관심사를 지키는 것이라

3 "Extra ecclesiam nulla salus"[교회 밖에는 구원이 없다]라는 공리는 오리게네스(*In librum Jesu Nave*, Homilia III, 5, PG 12,841f.)와 카르타고의 키프리아누스(*Epistola* 73,21, CSEL 3/II, 795)에게서 비롯되었다.

4 오직 자기들만이 인간의 "구원을 매개한다"는 가톨릭교회의 자기 이해를 가리킨다. G. Greshake, Art. "Alleinseligmachend", LThK3 I, Sp. 404; 교서 "Unam sanctam"(1302년 11월 18

는 사실은 명백하지 않은가? 만일 "다른 이들"이, 그러니까 함께 추구하지도 않고 함께 열심을 내지도 않는 이들이 벌써 목표점에 도달했음을 인정할 수밖에 없다면, 의로움을 향한 이스라엘의 추구와 하나님을 향한 이스라엘의 열심은 무엇이 되는가? 하나님께서 교회에게 맡겨 주신 일이 있는데, 그리고 그것을 행함이 교회가 받은 은사요 교회의 과제요 교회의 존재 근거인데, 정작 하나님께서 교회 **옆에서**, 교회 **없이**, 언제나 교회보다 **먼저** 그 일을 이미 행하셨다는 [하나님을 향한] 비난을 교회는 오해하거나 외면할 수 있는가?

그런데 이제, 그 예리한 눈을 가진 [교회 밖의] 사람들이 그보다 **더** 많은 것을 본다면 어떻게 되는가? "**의의 법을 따라간 이스라엘은 율법에 이르지 못하였으니.**" 이런 말이 나온다면? 선택된 자 야곱이 에서일 수도 있다면? 하나님의 전사라는 사람이 그저 **사람**에 불과하기 때문에, **이룰 수 없는** 일이기 때문에 이루지 **못하는** 수많은 사람들, 곧 인간적인 전사, 경주자, 행동가, 연설가 가운데 하나라면? 인간적인 의로움의 관점에서 특별히 교회가 내세울 수 있는 모든 진지하고 심오하고 성공적인 활동들은 명백하게도 그런 가능성에 이의를 제기할 수 있다. 그러나 바로 교회는, 특히 그 교회는 그 가능성에 대한 우려를 쉽게 떨쳐 버릴 수 없다. 교회는 하나님과 인간 사이의 무한한 질적 차이를 기억함으로써 교회로서 존재한다. 교회는 자신의 율법 안에 그 기억을 보존한다. 그러므로 교회는 이것을 알고 있어야 한다. 곧 인간은 하나님의 의를 "추구할" 수 없다는 사실을, 인간은 어떤 방법으로도 하나님의 임재와 현실성을 규정하거나 억지로 불러내거나 주장하거나 통용시키거나 보여줄 수 없다는 사실을 알고 있어야 한다.

일), DH 875. "Porro subesse Romano Pontifici omni humanae creaturae declaramus, dicimus, diffinimus omnino esse de necessitate salutis".

하나님께서 용서하시는 이유, 곧 하나님의 '왜?'는 결코 인간적인 '그렇기 때문에!'가 아니라 오직 하나님의 '그렇기 때문에!' 안에서만 그 대답을 찾을 수 있음을 알아야 한다. 교회도 근본적으로는 이것을 **알고 있다**. 그러나 더 **많은** 것을 알아야 한다. 무엇을 알아야 하는가? 교회가 믿음을 "추구하는 것"은 불가능하다는 사실, 오직 하나님의 신실하심으로 말미암아 존재하는 믿음, 그 보이지 않는 관계, (**우리**는 알지 **못하는**!) 하나님을 향한 (**이러한** 인간이 아닌!) 인간의 관계를 "추구할" 수는 없다는 사실을 알아야 한다. 객관적인 것에서 주관적인 것으로 도피하거나, "예배"에서 |350| "경건 훈련"으로 도피하거나, 의로움에서 "의로움의 율법"으로 도피하는 것도 교회에 전혀 도움이 되지 않는다는 사실을 알아야 한다. 그래 봐야 교회가 정말 추구하는 것을 찾지 못하기 때문이다. 물론 율법의 행위, 인간의 행위, 종교 같은 것은 얼마든지 "추구"할 수 있다. 윤리적·논리적·미학적 수단을 통해서 그런 체험을 훈련할 수는 있다. 그러나 그 이상은 할 수 없다. 하나님 체험은 믿음이 아니다. 하나님의 의, 하나님의 임재와 현실성도 체험이 아니고, 하나님의 '그렇기 때문에!'도 체험이 아니다. 체험은 그저 하나님에 대한 우리의 인간적인, 그것도 대단히 미심쩍은 관계에 불과하다. 율법은 계시 자체가 아니라 그 계시의 음각, 곧 세속적인 제약을 받고 있는 음각일 뿐이다. 하나님의 시간이 거룩한 물결로 현존하여 세차게 흘러갈 때 그 물의 흐름을 잘 지킬 수 있는(잘 지켜야 하는) 것이 교회다. 그러나 그 물결을 억지로 끌어올 수도 없고 그래서도 안 되는 것이 또한 교회다. 교회는 자기가 그럴 수 없다는 사실을 잊지 말아야 한다. 이러한 잊지 않음, 이렇게 드러난 상처가 교회의 가장 좋은 부분이다. 그러나 종교는 하나님의 나라가 아니라—블룸하르트 추종자들의 하나님 나라 종교도 마찬가지로—인간의 일Menschenwerk이다. 어쩌면 교회가 **그것을** 알지 못할 수도 있

다. [a]그런 식의 "**의**의 율법"[a]은 존재하지 않는다는 사실, 자기가 환영幻影을 뒤쫓고 있다는 사실을 말이다. 아무래도 교회는 그것을 모든 순간 다시 잊는다. 아무래도 우리는 모두 예외 없이, 단 한순간만이라도 그것이 존재하지 않는다는 사실을 분명히 알기 위해 최고의 노력을 기울인다. "의의 법", 크건 작건 모든 교회가 추구하는 그 환영의 실상인 그 법은 잘 아는 바와 같이 "믿음의 법", 곧 모든 자랑을 배제하는 믿음의 법(3:27)이다. 그러나 **교회**가 말하는 믿음이란 시간을 채우고 있는 어떤 것, 이러한 세상 속에서 살아가는 이 세상적인 인간이 "소유할 수 있는" 것, 이렇게 혹은 저렇게 추구해서 도달할 수 있는 것, 여기서 혹은 저기서 내보일 수 있는 것이 분명하다. 이런 인간적인 일이 어떻게 하나님 앞에서 그를 의롭게 만드는 믿음일 수 있겠는가? 그것은 믿음이라는 술어를 달고 있지만 실제로는 그저 최상의 종교가 아니겠는가? 또한 그 종교란 것과 그것의 요구도 그저 환영에 불과한 것 아니겠는가? 그것은 하나님과의 관계에서 최상의 종교일 수도 있고, 모든 인간의 일 중에서 최정상일 수도 있다? 왜 그럴 수 없겠는가? 우리는 그런 최고의 종교를 시편 시인들의 종교에서, 이스라엘 예언자들의 종교에서 찾을 수 있으리라. 그것은 그저 종교라는 면에서는 예수의 종교(그런 표현을 쓸 수 있다면)도 능가할 수 없는 종교다. 그리스도교라는 종교의 역사는 더 말할 것도 없다. 아무려면 어떤가. 어쨌거나 인간은 계시에 합당한 종교, 하나님의 의에 합한 종교, "의의 법"에 도달하지 못한다. 절대적인 순간의 기적이 일어나지 않는다면 말이다. 믿음은 기적**이다**. 그렇지 않다면 그것은 믿음이 아니다. **인간의** 귀로 듣고 **인간의** 입술이 선포하는 하나님 말씀은 오직 기적이 일어날 때라야 **하나님의** 말씀이다. |351| 그렇지 않다면 다른 인간의 말과 똑같은 인간의 말일 뿐이다. 교회는 오직 기적이 일어날 때라야 **야곱의** 교회다. 그렇지 않으면 에서의 교회일 뿐이

다. 그러나 기적은 노력해서 얻을 수 있는 것이 아니고 우리가 도달하거나 드러내 보일 수 있는 것이 아니다. 그것은 매 순간 도저히 예측할 수 없는 새로운 사건, 인간들 속에서 일어나는 **신적인** 사건이다.

우리는 묻고 싶다. **"어찌 그러하냐."** 그 기적이란 것, 교회가 공공연히 말하는 믿음이란 것은 어찌하여 애써 노력함으로 쟁취할 수 없다는 말인가? 교회가 애써 추구하는 그것은 어찌하여 언제나 환영에 불과하다는 것인가? 여기 그 대답이 있다. **"이는 그들이 믿음을 의지하지 않고 행위를 의지함이라."** 오직 "믿음으로부터" 그리고 믿음을 통해서 믿음에 이를 수 있다. 믿음이란 모든 것을 뛰어넘어 하나님을 두려워하고 사랑하는 것이다. 있는 그대로의 그분을 두려워하고 사랑함이지, 우리가 파악할 수 있는 그분을 두려워하고 사랑함이 아니다. 믿음이란 심판 앞에 무릎을 꿇음이며, 그 심판은 하나님과 인간 사이의 보편적 상황, 피할 수 없는 상황을 의미한다. 그러나 이 심판은 우리가 하나님을 파악하고 그분을 뒤쫓아 붙잡을 수 있음이 아니라 오히려 그분이 우리에게 절대적 타자로, 낯선 분으로, 알 수 없는 분으로, 근접할 수 없는 분이시며 계속해서 그런 분으로 계신다는 사실을 뜻한다. 그러므로 그 "추구"는 믿음에서 나올 수 없으며, 그래서 그것의 목표점인 믿음에도 이를 수 없다. 교회의 "추구"는 "행위에서" 온다. 그 "행위"는 인간이 스스로 파악할 수 있는 어떤 하나님과 맺는 관계다. 여기서 그 하나님은 반드시 기적을 행하시는 하나님일 필요는 없다. 그 "행위"란 인간이 하나님과 자신의 보편적인 상황인 심판을, 혹은 그 심판에 이르게 하는 것을 빈틈없이 인정하지는 않는 상태다. 그는 자기가 심판이라는 빈틈을 통해서 하나님의 의, 믿음, 기적을 뒤쫓고 노력해서 거기에 이르고 그것을 드러내 보일 수 있다고 생각한다. 그것은 성공할 수 없는 일이다. 교회가 알 수 없는 하나님, 살아 계신 하나님을 믿는 바로 그 **믿음**으

로 시작하고자 한다면 그 믿음을 붙잡을 수 있을 것이다. 심판 **앞에서** 빈틈없이 엎드린다면 심판 **속에서** 의에 이를 수 있을 것이다. 자기의 생명을 위해서 너무나 끈질기게 투쟁하지 않는다면 교회는 죽지 않을 수도 있다. 하나님 말씀을 통해 스스로 위대한 척하지 않고, 장차 어떻게 될 것인가 근심하지도 않고, 오직 그 말씀의 진리만 신경 쓴다면 하나님의 말씀을 듣고 그 말씀을 선포하게 될 것이다. 교회가 도무지 파악할 수 없는 하나님, 그 앞에서는 어떤 육체도 의로울 수 없는[3:20] 하나님을 경배하는 처소가 되고자 한다면, 교회는 인식의 처소가 될 수 있을 것이다. 성도의 교통[5]을 다시 이해하되, 용서에 의지하는 죄인들의 연대로 이해할 수 있는 교회, 그래서 너도 나도 무슨 모임을 창설한다면서 거의 발작에 가까운 몸부림을 치지 않을 만큼 겸손한 교회, 인간의 한계[6]를 조심스럽게 지킨다는 면에서 |352| 저 칸트에게 뒤처지지 않을 만큼 겸손한 교회, 합리주의의 치욕을 의연하게 짊어지면서도 하나님을 두려워하고 사랑할 수 있을 만큼 겸손한 교회, 자신의 주제를 바라보면서 눈에 보이는 목표와 성과를 추구하고 거기 도달하고 그것을 드러내 보이려는 모든 노력을 포기할 만큼 대담한 교회, 모든 단순한 체험을 힘차게 비판함으로써 하나님 체험을 보존하는 교회, 모든 종교를 단호히 상대화함으로써 종교를 보존하는 교회, 하나님 앞에서 의롭다는 인정을 받은 이방인들과 세리들과 스파르타쿠스 동맹의 회원들[7]과 제국주의자들과 자본주의자들, 그 밖에도 다른 면에서 기분 나쁜 사람들(예를 들어 종교 사회주의자가 아닌 자들)과도 부단히 대면함으로써 소

5 das Symbolum Apostolicum, 3. Artikel, DH 30.

6 바르트는 여기서 칸트의 이성 비판인 *Religion innerhalb der Grenzen der bloßen Vernunft* (『이성의 한계 안에서의 종교』, 아카넷)의 의도를 요한 볼프강 폰 괴테의 시 제목인 "인간의 한계"(Grenzen der Menschheit)로 표현하고 있다.

위 경건한 인간(종種으로서의 인간이라는 바로 이 완고한 부류!)을 보존하는 교회, 우리가 도저히 알 수 없는 하나님, 그러나 살아 계시고 자유로우신 하나님을 온전히 의지하며 철저하게 **십자가** 설교에 집중하는 교회, 이런 교회라면 눈에 보이지 않으며 들어 보지 못한 방식이기는 하지만 야곱의 교회, 믿음의 교회, 하나님의 의로우심의 교회가 될 수 있을 것이며, 실제로 어느 시대에나 그런 교회는 존재했다. 그러나 그런 교회가 되기 위해서는 믿음 안에서, 믿음의 "어둠" 속에서(루터)[8] 새로 시작할 각오를 해야 한다. 그런데 교회는 어느 시대에나 실제로는 번번이 그런 용기를 내지 **못한다**. 교회의 행동Tun은 "행위에서"aus den Werken, 곧 사람이 눈으로 볼 수 있는 것에 대한[b] 지향에서 나온다. 그 교회가 믿음이라고 말하는 것은 결코 히브리서 11장의 믿음이 아니다. 교회가 분명히 고독과 광야에 관해 말하는 곳에서도 교회는 실제로는 그것에 관한 말을 하지 **않고** 있다. 겉보기에는 고독 속에서 광야에 들어간 것처럼 보이지만 실제로는 모든 경악스러운 고독을 벗고 위험한 모든 광야를 벗은 교회다. 교회의 금식은 신랑을 갖지 못한 이들의 금식이 **아니다**[마 9:15 병행 본문]. 교회는 교회사의 그 끔찍한 공허함을 온갖 낭만적인 감성주의로 달래려고 하고 있다. 교회는 이 세상에서 나그네로 살지 않으려고 한다. 교회는 "터가 있는 성"[히 11:10]을 기다리지 않는다. 교회는 초기 그리스도교 시기부터 부활 **앞에서도**, 버림받

7 독일의 좌익 급진주의자 모임 "스파르타쿠스 연맹" 회원들. 카를 리프크네히트(Karl Liebknecht)와 로자 룩셈부르크(Rosa Luxemburg)의 지도로 1917년 창립. 이 모임은 다양한 좌익 급진주의자들을 하나로 모아 1918/1919년 독일 공산당을 결성하였다.

8 이 책 349쪽. *In Epistolam S. Pauli ad Galatas Commentarius*(1535), WA 40/I, 204,23-27; *Operationes in Psalmos*(1519-1521), WA 5,45,30-34; 176,28f.; 507,7f.; *Das Magnificat verdeutscht und ausgelegt*(1521), WA 7,551,20.

은 그리스도의 고난 곁에서도 멈추지 않는다. 왜 그런가? 너무 급하기 때문에, 실증적인 것과 결혼식의 기쁨을 갈망하고 있기 때문이다. 지금 교회는 숱한 패배를 겪고도 바깥 참호에서 빠져나와 요새의 중심으로 후퇴할 생각은 하지 않고 무조건 전진하려 하고 있다. 어디로 가려는 것인가? 심판을 좀 면해 보려고 하는 사람들을 향해서 직접 확인할 수 있고 눈에 보이고 파악할 수 있고 직접 손으로 잡을 수 있는 것을 향해 전진하는 것이다. 그런 교회에 히브리서 11장의 믿음은 너무나 비인간적이고 너무나 매정하고 너무나 위험하고 너무나 심리학적이지 않고 너무나 실용적이지 않은 것처럼 보인다. 복음은 직접적이며, 적어도 어느 정도 만족스러운 복음이어야 한다. "실증적으로"positiv 믿음 없이, 심지어 |353| 하나님 없이도 그렇게 불릴 수 있는 무엇이어야 한다. 그래서 교회는 자기 자신의 본래 주제에 지속적으로 충실한 그 불가능한 가능성을 그냥 두고(그로 인해 몰락하게 되는데도) 가능한 가능성을 선택한다. 곧 사람을(물론 종교적인 인간을!) 주제로 삼는 가능성을 택한 것이다. 이로써 교회는 위기에 처하고 바로 거기서 망한다[집회서 3:26, 원서에는 3:27로 되어 있다]. 인간은 자신의 적나라한 피조성의 저주를 벗어날 수 없기 때문이다. 종교적 인간, 곧 최고 종교의 인간도 마찬가지다. 이스라엘이 이런 유한한 목표만 추구하는데 어찌 하나님 앞에서 망하지 않을 수 있겠는가? 모든 것이 실존성에 달려 있다면, 어떻게 가장 앞선 최고의 "이방인들"이 따라와 이스라엘을 추월하지 않을 수 있겠으며, 이스라엘 자신은 빈손으로 멍하니 서 있지 않을 수 있겠는가? 교회는 사람들에게 그렇게나 많이 양보를 하고, 그럼에도 사람들은 근본적으로 교회에 무언가 전혀 다른 것을 요구하는데, 교회가 어떻게 사람들로부터 감사의 말만 들을 수 있겠는가? 교회는 자기가 뒤좇는 허상에 도달하지 못한다. 그리고 그렇게 뒤좇는 사이에 교회가 붙잡을 수 있었

던[konnte 9] 현실적인 것은 교회의 손을 벗어난다. 그리하여 교회는 자기가 야곱이 아니라 에서라는 사실 때문에 **고통을 당할** 뿐만 아니라 직접 거기에 **책임이 있다**. 교회의 시도를 진지하게 시도해 본 사람, 또한 그런 시도라면 어떤 경우라도 시도**되어야 함**을 아는 사람, 또한 그런 시도를 다른 방식으로 시도하는 것은 인간에는 불가능하다는 것도 아는 사람이라면 어찌 그 책임을 떠안지 않고 어찌 그 책임을 내팽개칠 수 있겠는가? 그리고 그 책임을 자기가 지는 사람이라면 그것이 진정한 **죄책**이라는 사실을 어찌 모르겠는가? 하나님께는 가능한 것이 인간에게는 불가능할 때 죄책이 드러난다[마 19:26 병행 본문]. 그는 그 죄책을 인간의 유일한 죄책으로 짊어지게 될 것이다. 그리고 그 죄책은 그가 감히 **하나님**께 귀 기울이고 하나님에 관하여 말하는 바로 그때, 감히 하나님께 스스로 **영광**을 돌리려고 하지 **않을 때** 터져 나온다.

32b-33. 부딪칠 돌에 부딪쳤느니라. 33 기록된 바 보라 내가 걸림돌과 거치는 바위를 시온에 두노니 그를 믿는 자는 부끄러움을 당하지 아니하리라 함과 같으니라.

부딪칠 돌, 거치는 바위는 시온에 놓인 귀중한 모퉁잇돌로서(이 탁월한 성경 인용은 사 8:14과 28:16의 결합이다) 바로 예수 그리스도이시다. 예수 안에서 하나님은 철저하게 숨어 계신 하나님, 오직 간접적으로만 인식할 수 있는 하나님으로 계시되신다. 바로 여기서 그분은 궁극적으로 스스로를 드러내시며, 그래서 오직 믿음만이 그것을 명확히 볼 수 있다. 바로 여기서 하나님은 최고의 선명함으로 자신의 자유와 기적과 그분의 **나라**가 선포되도록 하심으로써 자신의 무한한 사랑을 선포하신다. 진리에 속한

9 "붙잡을 수도 있었을"(könnte)이 아니었을까?

자는 여기서 그의 음성을 듣는다[요 18:37]. 그러나 누가 진리에 속한 자인가? 누가 있는 그대로의 하나님을 볼 수 있는가? 수많은 변명을 늘어놓으며 하나님의 낯을 피하려고 하지 않는 자가 누구인가? 우리는 진리를 |354| 견디지 못한다. 만일 우리가 진리를 견딘다면 그것은 기적일 것이다. 그리고 진리는 그 기적을 통해서 우리를 피조성의 곤경으로부터 구원할 것이다. 우리가 그 진리의 기적에 열려 있지 않고 그 기적을 받아들일 준비되어 있지 않아서 기적이 일어나지 않는다면 내재적인 논리에 의해 심판을 받는 수밖에는 없다. 인간은 자기가 믿음, 의, 사랑, 하나님이라고 부르는 유한한 목표를 추구하지만 그 일이 수포로 돌아갈 수밖에 없다. 그것은 하나님께서 이 시온 한복판에, 이 지상의 하늘 한복판에 세워 놓으신 엄연한 사실 때문이다. 하나님은 영원하신 분으로서, 우리가 그분을 영원한 분으로 찾는 곳에서만 은혜로 찾을 수 있는 분이라는 사실 말이다. 오직 믿는 자만이 이 부딪치는 것과 걸림돌 때문에 실패하지 않을 것이다. 믿지 않고 "추구"(9:31)만 하는 사람은 결국 겉은 멀쩡한데 속은 빈 것들만 거둘 것이다. 그는 막다른 골목 안으로 달려가는 사람처럼 내닫는다. **인식의 위기**, 종교의 파국이 터져 나온다. 실행 불가능한 시도와 필연적으로 맞물려 있는 벌거벗김과 수치가 끊임없이 닥쳐온다. 에서의 교회는 언제나 그 모습 그대로일 수밖에 없으며, 교회의 유일한 소망인 그리스도[10]를 십자가에 못 박지 **않을 수 없다**. 우리가 하나님을 선택한 것이 아니요 그분이 우리를 선택한 것[요 15:16]이라는 질서를 인간이 기쁘게 인정하지 않고 뒤집으려고 한다면 늘 그런 일이 일어날 수밖에 없다. 그 밖에도 교회의 다른 모든 인간적인 실수와 연약함, 천박함, 답답함, 세상과의 타협, 현실 상황에 대

10 이 책 646쪽, 각주 64.

한 무지, 쓸데없는 겸손, 쓸데없는 교만, 손가락 하나 까닥할 가치 없는 문제에 대한 부적절하고 기교적인 열심, 사느냐 죽느냐 하는 중요한 문제에 대한 부적절하고 대책 없는 태연함, 이 모든 것 그리고 또 사람들이 교회에 대해서 비판하는 모든 것도 교회에—교회가 모든 인간 위에 드리워진 모든 실수와 연약함 이전에 선고된 심판을 받아들이지 않음으로써 스스로 판결을 받지 않는다면—유죄판결을 내리지 않을 것이다. 그런데 만일 교회가 지속적으로 이 심판에서 벗어난다면, 만일 이 심판 속에서 얻을 수 있는 의롭다 하심 외에 다른 어떤 것을 생각하지 아니함에서 자신의 의를 인정받는다면, 만일 그것에 부딪치거나 걸려 넘어지지 않고 오히려 그 걸림돌을 믿는다면, 그렇다면 그 실수와 연약함을 **가진** 그대로 (그리고 언젠가는 분명 그 가운데 몇 가지는 **없이**) 하나님의 교회가 될 수 있으리라. 그러나 승리에 도취된 교회, **시류를 따르는***zeitgemäß* c 교회, 대중의 인기에 영합하는 교회, 현대적인 교회, 인간의 모든 욕구를 (한 가지는 제외하고!) 만족시키는 교회, 모든 치욕에도 불구하고 언제나 자기 확신에 가득 찬 교회, 언제나 안절부절 못하는 교회, 언제나 탈출구를 찾고 구하는 교회, "교회적 삶"의 교회는 그 실수와 연약함에서 벗어나기 위해 아무리 노력한다 해도 |355| 그럴 수 없으며 그러지 못할 것이다. 그런 교회는 회개가 무엇인지 모르기 때문에, 실수가 있건 없건 결코 하나님의 교회가 될 수 없을 것이다.

1-3. 1 형제들아, 내 마음에 원하는 바와[그리움과] 하나님께 구하는 바는 이스라엘을 위함이니 곧 그들로 구원을 받게 함이라. 2 내가 증언하노니 그들이 하나님께 열심이 있으나 올바른 지식을 따른 것이 아니니라. 3 하나님의 의를 모르고 자기 의를 세우려고 힘써 하나님의 의에 복종하지 아니하였느니라.

"**형제들아, 내 마음에 원하는 바와[그리움과] 하나님께 구하는 바는 이스라엘을 위함이니 곧 그들로 구원을 받게 함이라.**" 방금 위에서 언급한 것처럼, 그리고 대답한 것처럼 흔히 이루어지는 진단과 더불어 비교회적이라는 비난, 반反교회적이라는 비난은 우리를 냉담하게 만든다. 우리가 그런 비난과 결부된 초대, 곧 그런 모습의 교회를 떠나라는 초대를 받아들이도록 하는 것은 우리 자신이나 다른 사람이 그렇게 쉽게 할 수 있는 일이 아니다. 우리는 전혀 그런 생각을 하지 않는다. 우리가 교회에 관해 말할 때는 우리 자신에 관해 말하는 것이다. 우리는 다른 사람에게 말하기에 앞서 우리 자신과 대화했고 앞으로도 그렇게 할 것이다. 어쩌면 우리는 교회적인 사람들보다 교회적인지 모른다. 물론 "Vere verbum Dei, si venit, venit contra sensum et votum nostrum. Non sinit stare sensum nostrum, etiam in iis, quae sunt sanctissima, sed destruit ac eradicat ac dissipat omnia" [참 하나님의 말씀은 우리의 생각 및 소원과는 반대되는 방식으로 오신다. 그것은 우리의 생각 가운데서 가장 거룩한 것까지도 그냥 유지되게 내버려 두지 않으시고 모든 것을 파괴하고 뿌리째 뽑고 흩으신다](루터).[11] 그러나 이것은 실제로 그렇다는 사실, 그리고 교회가 그것 때문에 제일 큰 타격을 입게 된다는 사실과 관련해서는, 교회와 **마주하여** 교회 **안에서** 하나님의 말씀을 전해야 하는 사람에게 책임이 있는 것은 아니다. 그렇게 하고 있는 **자신이** 제일 큰 타격을 입은 사람이기 때문이다! 하나님과 관련된 문제에서는 어느 정파가 다른 정파와 맞서고 어떤 사람이 다른 사람과 맞서서 한쪽은 비판을 하고 정당성을 확보하는데 다른 한쪽은 비판을 당하고 정당성을 확보하지 못하는 일이 불가능하다. 하나님과 관련된 문제에서는 오직 한 사람[예수

11 *Luthers Vorlesung über den Römerbrief 1515/1516*, hrsg. von J. Ficker, *Die Scholien* (*Anfänge reformatorischer Bibelauslegung*, 1. Bd. [Teil2]), Leipzig, 1908, S. 249, Z. 7-10(WA 56,423, 19-22).

그리스도!]만이 공격을 하고 공격을 당하면서 다른 사람을 위해 개입할 수 있다. 언제나 피할 수 없는 문제로 제기된 교회의 문제를 진지하게 생각하는 모든 사람들도 여기서 함께 공격하고 함께 공격을 당하게 된다.

"내가 증언하노니 그들이 하나님께 열심이 있으나 올바른 지식을 따른 것이 아니니라." 두 번째로 우리가 교회의 의도와 성과를 온전하게 평가하지 않는 것 같다는 비난도 의연하게 반박할 수 있다. 우리는 그것을 역사적으로 심리학적으로 온전하게 평가할 수 있는 능력을 가지고 있다. 우리는 인간적인 공론의 장에서 교회의 의도와 성과를 변호하는 데 가장 뛰어난 변호인들 못지않게 그것을 옹호할 것이다. 우리는 그들이 가지고 있는 "하나님을 위한 열심"을 인정해 마지않는다. 그러나 하나님과 관련된 문제에서 중요한 것은 서로 칭찬이나 주고받는 것이 아니다. |356| 지금 우리에게 중요한 것은 "의로움의 법"을 따라 뛰는 것(9:31), **평지** 경마하는 것[12], 더 빠른 말을 타고, 더 위대한 경건함으로, 더 깊은 체험으로, 더 큰 하나님 신뢰와 형제사랑으로 달리는 것이 아니다. 누가 더 많이 "가지느냐", 이 사람이냐 저 사람이냐를 따지는 어리석은 싸움이 중요한 게 아니다. 더 집중적이고 더 내면적이고 더 평화롭고 더 열광적이고 더 사랑하고 더 소망하는 것도 아니다. 오히려 중요한 것은 그런 경주를 끝내는 것이다. 그 모든 것이 아무런 쓸모가 없다는 깨달음, 인간적인 경건이란 질적으로 아무리 정교하고 또 정교한 문화의 옷을 입고 나타나고 양적으로 아무리 어마어마한 바벨탑의 모습으로 나타난다고 하더라도 하나님 앞에서는 아무런 가치도 없다는 깨달음, 하나님과 인간이 만나는 무대는 헤어지기 위해 만나고 만나기 위해 헤어지는 곳이지 [d]인간이 서로에게 월계관을 씌워 준다든지

12 이것은 평지에서 장애물 없이 진행되는 경마 시합을 의미한다.

혹은 월계관을 거부한다든지 할 수 있는[d] 그런 경기장이 아니라는 깨달음, 우리 모두는 오직 하나님만을 두려워하고 사랑하고 경배할 수 있다는 깨달음 속에서 그런 경주를 끝내는 것이다.

그들은 "올바른 지식 없이" 하나님을 위한 노력을 하고 있다. 바로 이 올바른 앎의 결핍이 교회의 죄책이다. 언제나 그렇고 어디나 그렇다! 대체 누가 그 앎을 "가지고" 있단 말인가? 그것을 언제라도 가진 경우가 있었는가? 저 치명적인 평지 경마와 **똑같이** 무조건 달리기만 하지 않는 이가 있단 말인가? 1918년 이후로 우리가 몸서리치며 체험하고 있는 저 종교적인 폭발들[13]—그 가운데 하나는 다른 것보다 큰 소리로 폭발하는데—의 총체적인 결과는 무엇이란 말인가? 이 책이 좋든 싫든 이러한 혼돈 속에서 다른 책들과 더불어 경쟁하는 것이라면 도대체 이 책은 무엇이란 말인가? 오늘 이때까지 예컨대 신학의 역사란 또 무엇인가? 더 젊고 더 날카로운 이빨과 뿔로 무장한 짐승들이 더 늙고 약한 짐승들을 죽이고 그 자리를 차지하는 투쟁, 생존을 위한 보편적인 투쟁을 단적으로 보여주는 역사가 아닌가? 이런 연속적인 장면들은 대체 어떤 의미를 가지고 있는가? 그것이 아무 의미도 없다는 것을 누가 알아차리는가? 우리 모두는 그것을 자꾸만 잊는다. 그리고 바로 이 망각이 교회의 죄책이다. 어디든지 이러한 망각이 일어나면 우리는 겸손히 인정하지 않을 수 없다. 그 모든 저항에도 불구하고 우리는 바로 이렇게 죄책을 짊어진 교회 안에 있음을 말이다.

"하나님의 의를 모르고 자기 의를 세우려고 힘써 하나님의 의에 복종하지 아니하였느니라." 올바른 앎으로 하나님을 위해 열심을 내는 것이란 하나님의 의, 하나님 자신, 오직 하나님 한분의 의에 복종하는 것이다. 신적

13 이 책 448쪽, 각주 19. 이 책 737쪽, 각주 35. 이 책 952쪽, 각주 70.

인 예정의 비밀 앞에 무릎을 꿇는 것이다. 그리고 이러한 비밀 속에서 보좌에 앉으신 하나님을 사랑함이다. 그분만이 홀로 진정한 하나님이시기 때문이다. 그도 그럴 것이, 하나님의 의는 스스로 규범이 되시는 하나님의 자유이며, |357| 유일하게 부르시는 자이신 그분의 자유다(9:12). 야곱을 사랑하고 에서를 미워하는 것도 그분의 자유다(9:13). **그분이** 원하는 사람을 긍휼히 여기시고 **그분이** 원하는 사람을 강퍅하게 하신다(9:18). 어제나 오늘이나 내일이나 똑같이 무조건적인 절대주권을 지니신 하나님, 스스로 유일하게 하나님이 되시는 것도 그분의 자유다. 하나님에 관한 올바른 인식이란 이러한 하나님의 주권을 인정함인데, 이것은 결코 중단할 수도 없는 것이며, 이미 다 이루었다 할 수도 없는 것이며, 또다시 돌아보지 않아도 되는 그런 것이 결코 아니다. 하나님에 관한 올바른 앎이란 하나님의 의와 모든(모든!) 인간적인 의를 구분함인데, 끊임없이 철저하게 훈련하여 비판적으로 구분함이리라. 그것은 **우리에게** 중요한 모든 것보다도 (그것이 하나님에 대한 생각 속에 있는 것이라 할지라도!) 하나님의 중요성을 언제나, 무조건 그 위에 두는 것이리라. 그것은 하나님의 의로부터 나오는 **공격**, 곧 인간을 겨냥한 절대적인 공격을 올바로 알고 기꺼이 감수하는 것이리라. 이런 올바른 앎으로부터 **진정한** 열심이 나올 수 있으리니, 저 평지 경마와 같은 달음질에 가담하지 않으면서 자기 자신을 올곧게 세우는 열심, 곧 하나님을 향한 진정한 열심이 가능하다. 그러나 누가 이러한 앎을 "갖고" 있으며, 누가 그것을 관철시키는가? 누구한테라도 이 앎은 너무나 기이하고 높지 않을까?[시 139:6] 이 빛과 이 공기 속에서 누가 그것을 붙들 수 있는가? "모든 것이 멈춰" 버리려 하는데 누가 두려워하지 않으랴? 이렇듯 도저히 다가설 수 없는 **하나님의** 의 대신에 (어쩌면 더 개연성이 있으며, 확실하고 아주 세련되며, 아주 높고, 아주 소중한) **자기** 의를 세워 놓지 않은 사람

이 누구랴? "하나님의 도움으로", "하나님을 신뢰하며" 등의 말을 늘어놓으면서 어떤 계획, 프로그램, 일, 새로운 언어, 운동을 그 자리에 세워 놓는 것이다. 하나님의 의보다 이룬 것은 적으나 하는 일은 많은 어떤 것, 생각하는 것은 적으나 말하는 것은 많은 어떤 것, 고난당하는 것은 적으나 시도할 사업은 많은 어떤 것을 세워 놓음이다. 인간이(특히 종교적 인간이) 자신의 행동 욕구, 발언 욕구, 성취 욕구, 개혁이나 혁명에 대한 사그라지지 않는 열망을 가지고 쉽게 기쁨을 얻기 위해 자기 예측을 따르는 그런 일을 세워 놓음이다. 이는 그가 자기에게 닥친 심판을 잊을 수 있기 때문이다. 그에게는 모든 것보다 하나님을 두려워하고 사랑하는 것 외에는 아무것도 남아 있지 않은데도 말이다. 교회가 하나님의 의를 그런 인간적인 자기 의로 대체하려는 유혹에 빠지지 않았던 때는 언제였는가? 그런 유혹에 저항했던 때는 언제였는가? 교회가 하나님보다 인간의 (타당한) 관심사를 지키기 위한 조직이라든지, 신적인 예정의 진리를 은닉하거나 억압하기 위한 교묘한 시도라든지, 그러니까 로마교회가 다른 어떤 교회보다 완벽하게 보여주는 모습 말고 무언가 다른 것이었던 때가 있었는가? 교회가 스스로를 **이러한** 세상에서 살아가고 있는 **이 세상적인** 인간의 |358| 필요와 소원과 노력에 묶이게 만드는 모든 끈들을 끊고 철저하게 하나님만 바라보고 서려는 그런 용기를 품었던 적은 언제였는가? 도무지 교회는 그렇게 **할 수 있는가**? 그럴 수 있을 것이라는 **생각**이라도 할 수 있는가? 만일 그럴 수 **없다면**? 교회의 본질적인 계획에 따라 교회가 반드시 해야 하는 바로 그 일을 할 수 **없다면**? 그렇다면 이러한 위기 속에서 하나님에 관한 교회의 인식은 무너져 버리고 [e]인간은 인간으로서 하나님을 하나님으로 인식하는 것을 회피하고[e] 거부하게 된다. 그러니 그런 교회가—진정 인간에 의한 것이 아닌—고발을 당한다고 어찌 놀랄 수 있겠는가? 그러니 스스로를 고

소해야 하는 필연적인 상황을 어떻게 빠져나올 수 있겠는가?

어둠 속의 빛

10:4-21

교회의 곤경은 교회의 **죄책**이고, 교회의 죄책은—방금 우리가 살펴본 것처럼—교회가 자신의 **곤경**[f], 그러니까 자기가 받은 은사와 과제를 통해, 자신의 주제를 통해 마련된 그 곤경을 인정하지 않고 그 곤경을, 그래서 바로 하나님을 회피하려는 것이라면, 그것은 **다를** 수도 있음을 의미한다. 하나님을 하나님으로 인정하지 않고 하나님을 회피하는 가능성 말고 **다른** 가능성이 있음을 의미한다. 만일 교회가 이 다른 가능성을 붙잡지 않는다면 어떤 맹목적이고 치명적인 필연성을 끌어대며 변명할 수 있는 것이 아니라 오히려 거기에 대한 배상 책임을 져야 함을 의미한다. 빛이 어둠 속에서 **비춘다**[요 1:5]. 우리는 그것을 확실히 알아야 한다. 이것은 우리가 교회의 곤경이란 곧 교회의 **죄책**임을 아주 분명하고 강렬하게 의식하기 위함일 뿐 아니라, 바로 그 지점에서 그 곤경과 **소망**의 관계를 똑똑히 보기 위함이다. 하나님의 불가능한 가능성, 그것은 교회의 여러 가지 가능성의 **영역** 안에 있다. 영원한 빛, 곧 창조되지 않은 빛의 빛이 교회를 **비춘다**. 교회가 그 빛을 볼 눈이 있느냐 없느냐, 오직 그것이 문제다.

4-5. 4 그리스도는 모든 믿는 자에게 의를 이루기 위하여 율법의 마침[목표]이 되시니라. 5 모세가 기록하되 율법으로 말미암는 의를 행하는 사람은 그 의로 살리라* 하였거니와.

그리스도는 모든 믿는 자에게 의를 이루기 위하여 율법의 마침[목표]이 되시니라.|359| **하나의** 진리만이 존재한다. **하나의** 자유만이 존재한다. 그

것은 선택하실 수도 있고 버리실 수도 있는 하나님의 자유다. 또한 **하나의** 의, 곧 하나님의 의만이 존재한다. 그 의가 우리에게 "하나님의 신실하심에서 나온 의"로 다가와서, 우리가 그것을 믿음 안에서 파악하고 긍정하고 우리 것으로 만들든지(1:17), 아니면 "율법에서 나온 의", 곧 인간적인 행위를 규정하는 규범으로서, 혹은 그 행위가 지향해야 하고 그 행위의 방향을 정해 주는 목표로서 다가오든지 관계없이, 그것은 똑같은 하나의 의다. 그것은 눈에 보이지 않는 방식으로는 첫째[g], 눈에 보이는 방식으로는 둘째[h]다. 또 다른 의는 **율법**으로부터도 나올 수 없는 의, 바로 하나님의 의다. 만일 율법으로부터 나온 것이라면 그것은 하나님의 신실하심에서 나온 의다. 왜 그런가? 율법의 의미, 율법의 생각, "율법의 목표"는 하나님의 의이기 때문이다. 율법을 행하고 또 행할 수밖에 없는 교회가 "**의**의 율법", **하나님 나라**의 종교를 추구하는 것(9:31)은 괜한 일이 아니다. 그 모든 인간적인 종교가 증언(3:21)하는 목표는 **그리스도**다. 그리고 그리스도는 인간적인 필요와 소원과 노력의 목표다. 교회는 그런 필요와 소원과 노력을 잘 돌보고 만족시키는 데 온갖 애정 어린 관심을 쏟고 있노라고 주장한다. 한 번이라도 그렇게 하기만 한다면! "**의**의 율법"을 시행하는 것, **지시**와 **증언**으로서의 종교를 일깨우고 유지하는 것, 궁극 **이전**의 모든 관심사를 해체하는 **궁극적인** 관심사, 인간의 본래적이고 현실적인 관심사를 제대로 다룬다는 것의 의미를 제대로 본다면! 교회가 고유의 계획을 따라간

* 나는 찬[14]과 퀼[15]의 생각을 따라 5절을 이렇게 읽는다. γράφει τὴν δικαιοσύνην τὴν ἐκ νόμου ὅτι ὁ ποιήσας αὐτὰ ἄνθρωπος ζήσεται ἐν αὐτῇ.

14 Zahn, S. 476, Anm. 66.

15 Kühl, S. 353.

다면 결국에는 **하나님의** 진리, 자유, 의로우심과 맞닥뜨릴 수밖에 없으리라. 일단 한 번 **종교적 인간**의 가능한 가능성, 곧 "하나님" 경외, 시간과 영원의 관계라는 가능성이 떠올라 고려되면—그리고 그것이 이스라엘의 경우요 교회의 경우인데—그와 더불어 **믿음의 인간**[믿는 자]의 가능성, 곧 불가능한 가능성도 나타난다. 그것은 특수한 경우로서 눈에 보이는 것 저편의 바라봄Anschauung, 전제, 관점으로서의 가능성이다. 참으로 **진지한***ernst* 경건함, 참으로 **진지한** 인간적 의로움, 참으로 **진지한** 교회는 (시편 어디서나 말하고 있는 것처럼!) 결코 자기 자신에게 머물러 있을 수 없다. 그것은 필연적으로 자기 너머를 가리킨다. 그것은 자기가 인간적인 흔적, 중간 정류장, 길 안내판, 기억, 부정에 불과하다는 것을 알고 있다. 그것은 (다시 한 번 말하지만, 그것이 **진지하다면**, 자기의 처지를 알고 있다면!) 필연적으로 다이너마이트에 직접 불을 붙인다. 그 다이너마이트는 그 탑塔, 그러니까 위에서 말한 것들 주변에 이미 세워진, 그리고 앞으로도 생겨날 모든 탑을 폭파시킬 것이다. 율법이 **진지하게** 받아들여지면, 하나님의 계시의 영원한 순간 속에서 참 평화, 참 쉼, 참 안정이 아닌 |360| 모든 평화, 쉼, 안정은 끝이 난다. 올바른 인식에 대한 물음 외에 다른 어떤 것, 의로움에 대한 모든 "추구"가 끝이 난다(10:2). "자기 의"(10:3)를 일으켜 세우려는 모든 시도가 끝이 난다. 이것으로 무슨 말을 하려는지 우리는 알고 있다. 그것은 **기적**이 일어난다는 것이다. 시간 속에서는 단 한 순간도 충족될 수 없는 관계, 곧 인간과 하나님의 **실존적인** 관계가 사건이 되는 것이다. **믿음**이 믿는다. **하나님**이 말씀하신다. 이것이 **진지한** 경건, **진지한** 교회다! 그러나 이것은 언제나 교회가 있는 영역, 언제나 궁극 이전의 종교적 가능성이 고려되는 영역, 인간적 가능성의 영역에 (불가능한 가능성으로서!) 존재한다. 우리가 알고 있는 유일한 교회, 곧 에서의 교회도 야곱의 교회라는 가능성 때문에 살아간다.

의를 행하는 사람은 그 의로 살리라 하였거니와. 모세의 이 말(레 18:5)은 "율법으로부터 나오는 의"를 가리킨다. 모세는 자기가 무슨 말을 하는지 알고 있다. 모세는 인간의 업적에 불과한 율법, 그 율법의 대표자가 결코 아니다. 자기 자신을 이해하지 못하는[i] 교회 지도자 유형이 결코 아니다. 가장 높은 종교의 대표자라고는 하지만 통찰력도 없고 자기 확신만 있는 그런 사람도 결코 아니다. 그가 그 모든 것이라고 해도 **역시** 마찬가지다. 어떤 예언자, 어떤 사도, 어떤 종교개혁자라 하더라도 **역시** 그렇지 않겠는가? 그러나 그는 **예언자**로서, **사도**로서, **종교개혁자**로서, **모세**로서 그 것 이상이다. 그는 인간이 율법으로부터 나오는 의를 통해서 살도록 하기 위해 율법이 **이행되도록** 지시했다. "하나님 앞에서는 율법을 듣는 자가 의인이 아니요 오직 율법을 행하는 자라야 의롭다 인정하심을 받는다"(2:13). 이것이 율법에서 나오는 의에 대한 모세의 의견이다. 그런데 "율법을 행하는 자"란 무슨 의미인가? 우리는 기억하고 있다. 그것은 우리가 받은 율법을 주신 분 앞에 무릎을 꿇는 것, 오직 **하나님의** 가까움과 선택을 통해서만 인간의 의가 생겨날 수 있음을 깨닫는 것, 그리고 이것이 생겨남은 언제나 **하나님의** 가까움과 선택의 위엄을 증언하기 위함이라는 사실을 의미한다. 그러므로 모든(모든!) 인간의 의는 그것이 속한 분의 뜻에 맡겨진 것이며, 그에게(오직 그에게!) 영광을 돌리기 위함이다. 오직 율법이 이행되는(곧바로 **이행되는**!) 곳, 그래서 기적·실존·믿음·하나님의 불가능한 가능성이 그 자체로—다시 말해 그저 시간만 충족시키는 것이 아니고, 정신적이고 역사적인 사물의 표면에만 있는 것이 아니고, 인간적인 자랑의 동기를 제공하는 것도 아니고(3:27f.!)—가능해지는 곳, 바로 거기서 인간은 모세가 말하듯이 그것을 통해서 살게 **된다**. 그리고 그도 "Futurum aeternum"[영원한 미래]를 사용함으로써, 그가 말하는 언약

과 조건이란 것이 |361| 그 어떤 직접적인, 눈에 보이는 가능성이 아니라 메시아적이고 종말론적인 가능성이라는 사실을 충분히 보여주고 있다. **진지한** 교회에 부여된 은사와 과제도 이런 것이어야 한다. "율법으로부터 나온 의"를 붙잡되, 역동적으로 일어나는 변증법적인 붙잡음으로 곧장 분명해지는 것은, 그 율법의 목표가 **그리스도**라는 사실이며, 율법 그 자체로부터는 그 어떤 의도 나오지 **않으나** 그 율법이 요구하는 것을 **행함**으로써, 그 인간 곧 "추구하는" 인간이 지양되고, 하나님 곁에서 지양되고, 다시 말해 하나님의 신실하심으로부터 지양되는 그리스도로부터 의가 나온다는 사실이다. 교회가 이러한 계획을 파악하면 소스라쳐 놀라면서 자신의 가장 깊은 **곤경**을 직시하지 않을 수 없다. 왜냐하면, 살아 계신 하나님의 손에 떨어지는 것은 정말 무서운 일이기 때문이다[히 10:31]. 그러나 그렇게 되면 교회의 **죄책**이 벗겨질 수도 있다. 그리고 교회의 곤경 위로 교회의 소망이 비치는 것을 보게 될 것이다. 교회가 자신의 계획을 그렇게 파악할 수 있는 가능성을 **가지는** 한, 빛이 어둠 속에 **비친다**[요 1:5].

6-8. 6 믿음[하나님의 신실하심]**으로 말미암는 의는 이같이 말하되 네 마음에 누가 하늘에 올라가겠느냐 하지 말라 하니 올라가겠느냐 함은 그리스도를 모셔 내리려는 것이요 7 혹은 누가 무저갱에 내려가겠느냐 하지 말라 하니 내려가겠느냐 함은 그리스도를 죽은 자 가운데서 모셔 올리려는 것이라. 8 그러면 무엇을 말하느냐. 말씀이 네게 가까워 네 입에 있으며 네 마음에 있다 하였으니 곧 우리가 전파하는 믿음**[하나님의 신실하심]**의 말씀이라**(신 30:12-14).

우리가 살펴본 것처럼, 모세도 "**믿음**[하나님의 신실하심]**으로 말미암는 의**"를 시종일관 "율법의 목표"로 선포한다. 만일 교회가 하나님께 영광을 돌리기를 꺼리고 회피하면, 인간은 인간일 뿐이며 오직 인간적인 가능성만을 가지고 있다는 사실에 기댈 수도 없고 그래서도 안 된다. 알 수 없는

하나님, 홀로 위대하신 창조주 하나님에 관한 메시지는 교회와 인간에게 낯선 것이 아니다. 그 메시지는 인간에게 인간성의 한계로서 결코 낯설 수 없는 **그런** 낯선 것이다. 인간이 **자신의** 길을 진정으로 **끝까지** 걸어가면 결국 **하나님** 앞에 서게 된다. 그러면 교회는 그와 함께 교회의 저 **다른** 가능성 앞에 서는 것이다. 바로 그 지점, 곧 교회가 하나님 앞에 나아가 자기 자신을 완전히 진지하게 **받아들일 수 있는** 그 지점에서 "의의 율법"을 뒤쫓는 평지 경주(9:31), 하나님을 향한 올바른 지식 없는 열심(10:2), 눈에 보이는 자기만의 의를 세우려는 의지(10:3)는 사실 그치게 될 것이다. 그리고 교회는 인간이 본래 교회에서 찾고자 하는 그것, 교회로부터 기대하는 그것이 될 것이다. 요컨대 풍요롭고 희망적인 회개의 자리가 될 것이다. 오직 그것이 될 것이다. 그 지점에 도달하면 교회의 처절한 노력, 어떤 때는 |362| "하늘로" 올라가고 어떤 때는 "심연으로" 내려가려는 노력, "가장 높은 것"이 되든지 "가장 깊은 것"이 되려는 노력, 그것을[j] 소유하고 말하고 표현하고 나눠 주려는 노력, 그러니까 스스로 하나님의 일을 완수하려는 노력은 그야말로 **권태로운 것**이 되리라. 어떤 때는 자기들이 하는 말의 역동성과 마력을 통해, 어떤 때는 제의의 미적인 완결성을 통해, 어떤 때는 언어의 대중화를 통해, 어떤 때는 교회의 사역을 두 배, 세 배로 늘리고 그것의 토대를 더욱 강화하고 확산함을 통해, 어떤 때는 너무나도 미심쩍은 "평신도들의 바람" 하나하나에 조급하게 신경 씀을 통해, 어떤 때는 신학적인 기술을 통해, 어떤 때는 선동의 기술을 통해, 어떤 때는 미래/과거의 낭만주의적인, 진보적인, 국가적인, 사회주의적인 시대정신을 통해 하나님의 성육신과 인간성의 부활을 **무대에 올리려는** 노력 말이다! 왜냐하면 바로 그것이 중요하다고 여기기 때문이다. 그러나 거기서 교회는 알게 되리라. 인간은 그리스도를 무대에 올릴 수 없다. "끌어내릴" 수도 없고 "끌어

올릴" 수도 없다. 그리스도는 결코 높여진 인간, 변용된 인간, 이상적인 인간이 아니라 **새로운** 인간이다. 성탄절은 **우리**가 그렇게도 사랑하는, 잘 알려진 어머니와 잘 알려진 아기의 축제가 **아니다**. 성금요일은 우리가 보통 때보다 **우리의** 고난에 더 몰두하게 하는 것이 **아니다**. 부활절은 **우리의** 생명, **우리의** 열망의 승리를(예컨대 사회주의의 승리, 독일의 부활의 승리!) 표현하는 것이 아니다. 승천은 하늘을 향해 솟구치는 **우리의** 관념론의 상징이 **아니다**. 성령강림절의 불은 **우리가** 애써 꾸며 놓은 불꽃의 타오름과는 아무런 관련이 **없다**. 그 불꽃이 아무리 영감에 찬 것이고 진실한 것이라고 해도 마찬가지다. 그러므로 교회는 (목숨을 보존하기 위해 기꺼이 교회이기를 **포기**한 것 같은 모든 가능한 교회들까지 포함하여) 다른 온갖 장소들과는 달리 지극히 높고 지극히 깊으신 분에 대한 적절한angemessen(그러나 결코 측량할 수 없는!nie ausgemessen) **거리**가 지각되는 곳, 그 거리가 만들어지고 유지됨으로써 마침내 그분이 직접 말씀하시게 되는 곳이리라. 그곳은 향을 태우는 연기가 있느냐 없느냐를 따진 다음에 "침묵"할 필요가 없는 곳이다. 왜냐하면 **하나님** 앞에서 침묵이란 침묵의 의미이면서 **동시에** 바로 거기서 일어나는 (소리가 큰!) 말의 의미이기도 하기 때문이다. 그곳은 인간이 **기쁜** 메시지, 하나님의 **긍정적인** 말씀을 듣는 곳이다. 왜냐하면 그가 거기서 (그 의도야 나무랄 데 없는 모든 감상주의와 도덕성과는 달리) **십자가**라는 극도로 부정적인 말씀, 오직 그 말씀만을 듣게 되기 때문이다. 여기서 우리가 분명히 짚고 넘어가야 할 것이 있다. 무저갱에 내려가기를 원한다는 말은 교회에 마지막으로 남은 그 부정적인 말씀, 곧 "십자가의 말씀"을 어떤 인간적인 긍정성으로 탈바꿈하려는 시도, 충분히 그럴 수도 있는 그 시도를 의미하는 것이 되어서는 안 된다. 어떻게 그런 시도가 있을 수 있는가? 때로는 너무나도 익숙한 |363| 그리스도교 관념론 대신 '멈춤!' 혹은 해체에 관한

메시지를 확실한 신념과 기교를 동원하여 전달함으로써 그럴 수 있다. 때로는 모든 인간적인 것의 철저한 부정, 또 거기서 드러나는 "심연"을 어떤 새로운, 가장 기상천외하고 재기발랄한 신학적 관점으로 만듦으로써 그럴 수도 있다. 때로는 그 메시지를 구원 얻는 도구로 설교하고 이로써 그것을 자꾸만 인간적으로 가능한 입장이나 태도, 어떤 도덕으로 만듦으로써 그럴 수도 있다! 너무나도 익숙한 포괄적인 프로파간다Propaganda가 아니라 이른바 집약적인, 의미심장한, 그러나 실제로는 너무나 의도적이고 너무나 인위적이기 때문에 너무나 의심스러운 프로파간다, 곧 "기다림", 말하지 않음Nicht-Reden k과 무위無爲 속에서 구원을 추구할 수도 있다. 이것도 고려의 대상이 **아니다**!

"**말씀이 네게 가까워 네 입에 있으며 네 마음에 있다 하였으니 곧 우리가 전파하는 믿음**[하나님의 신실하심]**의 말씀이라**(신 30:12-14)." 이 말이 일차적으로 의미하는 바는, 아무런 간계도 아무런 왜곡도 필요 없다는 것이다. 긍정적이든 부정적이든 아무런 기술도 필요 없다. 필요한 것은 단 하나, 가까이 있는 것을 바라보는 것이다. 네 입의 모든 말, 네 마음의 모든 움직임이 표현하고 있는 삶의 곤경과 약속을 바라보는 것이다. 너는 그저 네가 인간이라는 사실, 인간의 한계 앞에서 "우리가 선포하는 하나님의 신실하심에 관한 말씀"만이 유일한 해답을 줄 수 있는 문제에 빠져 있다는 바로 그 사실로 말미암아 서 있다. 우리 쪽에서 그 "말씀"에 가까이 다가가기 위해 충족되어야 할 유일한 조건은 이 세상과 인생의 현존재와 존재 상태에 대한 가장 소박한, 가장 객관적인, 가장 냉정한, 세속적이며 비판적인 통찰이다. 교회로서 그 모든 거룩한 높이와 깊이에서 벗어나고, 포괄적이든 집약적이든 모든 종류의 교회적 가능성의 영역에서 벗어나 생명을 향해, 인간을 향해, 그 처지를 향해 되돌아가려고 하는 교회, 모든 아득함에서 "가

까이" 되돌아가서 현존의 문제를 마주하는 교회, 그런 교회는 마침내 자신의 진정한 과제, 곤경, 책임을 직면하게 될 것이다. 그와 동시에 교회에 그런 것을 제공하신 분, 그래서 그런 교회에 가까이 계시는 분을 직면하게 될 것이다. 다시 한 번 말한다. 우리는 이렇듯 자기를 내려놓고 집중하는 교회, 이렇듯 엄격하게 객관적인 교회, "개혁파" 이상의 교회를 야곱의 교회라 부른다. 그것은 기적의 교회, 믿음의 교회, 불가능한 가능성인 "광야 교회"[16]다. 이 교회는 다른 교회들과 나란히 나타나지 않는다. 그래서 어떤 새로운 운동이나 학파 혹은 창립의 대상이 될 수 없다. 그 교회는 어디서나 즉시, |364| 예컨대 자기 자신을 진지하게 생각하는 이런저런 교회, 모든 가능한 교회 속에서 나타날 수 있으며 나타나고자 한다. 내면의 선線으로 돌아감, 그러니까 여기서 실행되어야 할 돌아감은 어떤 계획할 수 있는 것, 한번 시작했다가 끝나는 전술 훈련이 아니라 전략적인 의미다. 교회의 훈련은 바로 그 전략적 의미를 획득하고 그것을 소유하고 그것을 유지해야 한다. 그것은 어떤 준비나 토대나 체계적인 설명이나 실천적인 고민 없이 바로 오늘 **여기 존재**할 수 있으며, 내일 다시 **일어날** 수 있다. 소망에서 곤경으로 들어가는 발걸음, 혹은 곤경에서 소망으로 들어가는 발걸음으로 말이다. 왜냐하면 그것은 영원한 발걸음이며, **모든** 인간적인 발걸음의 새로운 규정과 방향 설정이기 때문이다. 그것은 인간적으로 가능한 모든 발걸음이 동행할 수도 있고 하지 않을 수도 있는 **특별한** 발걸음이다. 그것은

16 낭트칙령(1685)이 폐지된 후 개신교 성직자들이 100년 넘게 숨어 지내면서 극도의 위험을 무릅쓰고 예배를 드렸던 시기 프랑스 개신교를 지칭했던 "광야 교회"(Église du désert)가 연상된다. Th. Schott, *Die Kirche der Wüste. 1715 bis 1785. Das Wiederaufleben des französischen Protestantismus im achtzehnten Jahrhundert*(Schriften des Vereins für Reformationsgeschichte, Bd. 43/44), Halle, 1893.

모든 인간적인 발걸음을 자극할 수도 있고 가로막을 수도 있는 발걸음이다. 그것은 모든 가능성과 비교할 때 언제나 철저히 **다른** 가능성, 바로 그렇기 때문에 언제 어디서나 열려 있는 가능성이다. 요컨대 참 하나님, 살아계신 하나님, 알려지지 않은 하나님을 향해 **열려 있는** 가능성이다. 그 가능성이 끼어들 때, 에서의 교회 뒤에, 혹은 위에, 혹은 안에 (그 교회가 제아무리 부패하고 역겨운 교회라 할지라도) 야곱의 교회가 있으리라. 그 이유가 무엇인지 다시 한 번 생각해 보자. "말씀이 네게 가까우니라!" 하나님의 의가 말씀하신다(신 30:14). 그 말씀은 언제라도 진지하게 여겨질 수 있다. 언제라도 그 영향력을 발휘하실 수 있다. 언제라도 우리를 가장 무겁게 내리누르시며 동시에 가장 높은 곳으로 자유롭게 하실 수 있다. 언제라도 우리 귀에 들리고 우리 입을 통해 선포될 수 있다. 그러나 그 말씀은 그리스도의 말씀이기 때문에 결코 완전히 들을 수 없으며 완전히 말할 수 없으리라. 우리 스스로도 그것을 듣고 말하기를 기다린다. 우리 존재의 문제가 너무나 무겁기 때문에 **저편에** 있는 궁극적인 물음과 대답의 나팔소리를 기다리지 않을 수 없다. 저편에서 울려 퍼지는 소리, 진정 저편에 있기 때문에 우리는 궁극 이전의 물음과 대답의 소음들 속에서 그 소리를 듣게 된다. 교회의 근간이 되는 "**하나님의** 말씀"도 너무나 중요하고, 너무나 의미심장하고, 너무나 초월적이기 때문에 (비록 그것을 **인간의** 귀로 듣고 **인간의** 입술로 선포한다고 해도!) 궁극적 물음과 대답의 나팔소리가 아니고는 어떤 다른 방식으로 감당할 수 없다. 말씀이 우리에게 **가까이** 있다. 우리가 어디를 보든지 다이너마이트는 이미 **준비되어** 있다. 그런데도 만일 **아무런 일도** 일어나지 **않는다면**, 혹은 언제나 어떤 **다른 일**이 일어난다면, 또 만일 우리가 가장 작은 일이지만 사실은 가장 큰 일인 그것만이라도 감행하지 않는다면, 또 만일 우리가 자꾸만 주의 궁정에서 지내는 **한** 날보다 다른 곳에서

지내는 천 날을 선호한다면[시 84:10, 원서에는 84:11로 되어 있다], 또 만일 우리의 손이 오직 빈손으로만 잡을 수 있는 것을 궁극적으로 잡기 위해 비워 두지 않는다면, 또 만일 우리의 여행이 |365| 어디로 향하는지 알기도 전에 이미 바람에 돛을 달고 키[舵]를 손에 쥐고 있다면, 또 만일 우리가 예산도 제대로 검토하지 않고 병력도 헤아려 보지 않은 채 탑을 쌓는 일을 시작하고 전쟁을 선포한다면(눅 14:28-32), 그렇다면 우리는 불가능한 어떤 일을 그만두었노라고 말해서는 안 된다. 왜냐하면 바로 그 불가능한 것이 우리에게 가까이 왔고 준비되어 있으며 가능한 것이 되어서 우리를 밀어붙이고, 우리 안에 파고들기 때문이다. 그것이 이미 와 있다. 우리가 가능하다고 여겼던 모든 것보다 더 가능한 것이 되었다. 빛이 어둠 속에 **비춘다**[요 1:5].

9-11. 9 네가 만일 네 입으로 예수를 주로 시인하며 또 하나님께서 그를 죽은 자 가운데서 살리신 것을 네 마음에 믿으면 구원을 받으리라. 10 사람이 마음으로 믿어 의에 이르고 입으로 시인하여 구원에 이르느니라. 11 성경에 이르되 누구든지 그를 믿는 자는 부끄러움을 당하지 아니하리라 하니(사 28:16).

모세는 의에 관하여 이렇게 말한다. "이것을 행하는 사람은 그것을 통해서 살 것이라!"(10:5) 이제 우리는 그 "행함"이란 무엇인지를 더 분명하게 규정하려고 한다. 저 "Futurum aeternum"[영원한 미래]가 거듭 약속으로 떠오른다. **"구원을 받으리라." "부끄러움을 당하지 아니하리라."** 그러니 우리는 여기서 한 걸음 더 나아가 "교회는……야곱의 교회가 되리라!"고 말할 수 있다. 여기서 교회가 갖추어야 할 조건은 무엇인가? 저 약속에 상응하는 율법의 "행함"은 무엇인가? 대답은 이것이다. **"네가 만일 네 입으로 예수를 주로 시인하며 또 하나님께서 그를 죽은 자 가운데서 살리신 것을 네 마음에 믿으면."** 그러면 구원을 받는다. 그리고 **"누구든지 그를 믿는 자"**는 부끄러움을 당하지 않을 것이다. **주님** 예수, **부활**, **믿음**, 이것이 조건이

다. 모세가 이미 제시한 것 말고 다른 것은 없다. 그런 요구가 있을 것을 언제나 알고 있었지만 항상 거부했던 것, 곧 하나님의 의에 굴복하는 것 말고는 아무것도 없다(10:3). 이스라엘이 자기 마음과 그 입술에 둔 말씀 외에 다른 말씀은 없다. 이스라엘이 자기 이름의 의미를 제대로 안다면, 교회가 자신을 진지하게 받아들인다면(10:6-8) 그 말씀은 끝없이 준비되어 있으며 끝없이 가깝다. 교회가 자신의 가능성과 더불어 서 있는 곳에서는 눈에 보이지 않는 것, 가능성이 없는 모든 가능성의 가능성, 아무도 뛰어들 수 없으나 우리 모두가 뛰어들 수밖에 없는 심연, 곧 **주님**, **부활**, **믿음**이다. "주님"이라는 말은 무조건적이고 최고 사령관 같은 요구를 의미한다. "부활"이라는 말은 절대적인 낯섦을 의미한다. "믿음"이라는 말은 하나님의 의라는 절대적 순간의 자유로운 주도권을 의미한다. 그런데 그분이 **예수**라는 사실, 그분의 역사적 일회성, 우연성, 시간성(8:4) 속에서 주님으로 부활하신 분으로 믿어야 하는 분으로 |366| 우리가 고백하고 믿는 분이 예수라는 사실이—모든 단순한 관념과는 구별되는—그 순간의 실존성을 나타낸다. 그러므로 또한 "마음으로 믿어 의에 이르고 입으로 시인하여 구원에 이르느니라." 여기서 "마음"이 먼저 오고 "입"이 나중에 오는 순서 자체는 중요하지 않다. 다른 것이 아니라 마음과 입이 나왔다는 사실도 (발이나 손이나 눈, 귀가 언급되어도 무방하다) 전혀 중요하지 않다. 그러나 이런 신체 기관을 언급함으로써 의도한 것, 곧 온갖 문제를 안고 살아가는 인간의 우연적인 현존재, 지금 이러한 현존의 상태를 가리킴이 중요하다. 현존재와 존재 상태의 **우연성**에 상응하며 거기에 응답하는 **실존성**, 곧 전환과 결단의 실존성을 가리킴이 중요하다. 그리고 이 실존성은 예수에 대한 직접적 관계에서, 바로 그렇기 때문에—비록 경계선의 특수한 상황이기는 하지만—인간적 가능성의 영역에서 성취된다. 이것을 행하는 인간, 곧 **고백**

하고 **믿는** 인간은—우리는 이러한 행위의 실존성을 강조하면서도 그것이 절대적으로 눈에는 보이지 않으며 인간의 귀로도 전혀 들어 보지 못한 것임을 잊지 않고 있다!—의로 말미암아 살 것이다. "율법으로부터 나오는 의"[10:5]로 말미암아 산다는 말인가? 그렇다. 우리는 **예수의** 실존성, 그를 고백하는 **입의** 실존성, 그를 믿는 **마음의** 실존성을 강조하면서 한편으로는 어쩔 수 없이 "율법", 종교, 역사, 프시케[영혼]를 말했다. 그러나 우리는 **주님** 예수, **부활하신** 예수, **믿어야 할** 분이신 예수의 실존성을 강조했으며, 이로써 그 의가—불가능한 것이 **가능하게** 됨으로써 **나오는** 것이므로—율법으로부터 나오는 것이 아니라 하나님의 신실하심으로부터 나오는 것임을 말했다. 이것이 저 약속에 상응하는 조건, 진정 저 약속의 "Futurum aeternum"[영원한 미래]에 **상응**하는 조건이다. 우리는 이 눈에 보이지 않는 약속에 정확하게 상응하는 조건이 교회에 알려지지 않은 것도 아니며, 성취 불가능한 것도 아님을 보여줄 수 있다고 생각하고 그렇게 주장하는 바이다.

12-15. 12 유대인이나 헬라인이나 차별이 없음이라. 한분이신 주께서 모든 사람의 주가 되사 그를 부르는 모든 사람에게 부요하시도다. 13 누구든지 주의 이름을 부르는 자는 구원을 받으리라. 14 그런즉 그들이 믿지 아니하는 이를 어찌 부르리요. 듣지도 못한 이를 어찌 믿으리요. 전파하는 자가 없이 어찌 들으리요. 15 보내심을 받지 아니하였으면 어찌 전파하리요. 기록된 바 아름답도다 좋은 소식을 전하는 자들의 발이여 함과 같으니라.

부활하신 주님은 자기를 부르는 **모든** 사람에게 다가오신다. |367| 눈에 보이지 않는 분이지만, 눈으로 볼 수 있게, 알려지지 않은 분이지만, 알 수 있는 모습으로, 그들의 궁극적인 물음과 대답을 말씀하시면서 마주 서 계신다. 그분은 그렇고 그런 종교 창시자나 교회 창립자가 아니다. 그분은 최고 사령관과 같은 힘과 낯섦과 자유로움을 가진 하나님의 의 그 자체이시

기 때문에, **모든** 자물쇠를 여는 열쇠요, 건물의 **모든** 층을 두루 흐르는 물결이요, **모든** 그림의 시점이다. 삶의 **온전한** 너비와 깊이와 높이는 예수의 부활에서 드러난, 철저하게 다른 방식으로 **온전한** 너비와 깊이와 높이를 가리킨다. 그러므로 그는 모든 율법과 종교의 목표점이기도 하다. 온갖 모순으로 가득한 인생 속에 놓여 있는 그 가리킴이—우리가 그것의 존재를 충분히 예감하고 있으며 그 해석을 찾고는 있으나—의심스러워지는 지점에는 어디나 율법과 종교가 있다. 그런 일이 일어나지 않는 곳이 어디 있겠는가? 잠재적으로라도 **하나님**을 "부르지" 않는, 그래서 하나님을 하나님으로 드러내는 그 주님의 이름을 부르지 않는, 그런 [부활에 대한] 예감이나 해석의 욕구가 어디 있겠는가? 인간을 몰아붙이는 죽음의 운명을 의식하면서 (불가능한!) 부활의 가능성을 의식(파악할 수 없는 의식!)하지 않을 수 있는가? 곤경의 보편성이란 것이 있다면, 구원의 보편성—결국 이것의 그림자가 곧 곤경의 보편성일지니—없이 그것을 인식하거나 언급할 수 있는가? 그러므로 극도의 감추어짐 속에서 삶의 물음에 대한 답이 되시는 주님을 부르지 않는다면 "율법"도 없을 것이며 종교도 없을 것이다. 그 율법과 종교 안에서 드러나는 그 물음, 곧 극도로 감춰진 삶의 의미에 대한 물음도 없을 것이다. 하나님은 그들이 부르기 전에 이미 대답하셨다. 바로 **그렇기 때문에**, 오직 **그렇기 때문에** 그들은 부를 수 있었다. 그들이 하나님 때문에 아픈 것은 하나님으로 인해 낫기 위함이다. 이것이 하나님과 인간의 상황이 내포하고 있는 의미다. 그리고 이 상황은 **예수** 안에서 드러났으니, 그분은 그분의 부활을 힘입어 이런 상황의 "**주님**"이 되시며, 지금 우리 존재의 곤경 **속에서**, 우리의 탄식과 물음과 찾음과 외침 **속에서** 신적인 구원과 치료의 풍요로움이야말로 이런 곤경과 탄식의 감추어진 뿌리임을 분명하게 밝히셨다. 이것이 그 상황이다. "유대인이나 헬라인이나 차별이 없

음이라. 한분이신 주께서 모든 사람의 주가 되사 그를 부르는 모든 사람에게 부요하시도다. 누구든지 주의 이름을 부르는 자는 구원을 받으리라(욜 2:32) [원서에는 욜 3:5로 되어 있다]." "누구든지 그를 믿는 자는 부끄러움을 당하지 아니하리라"(10:11). 그러나 이 모든 것이 **교회**와 관련하여, **모든** 교회와 관련하여 무슨 의미가 있는가? 자신을 진지하게 받아들이는 **모든** 교회가 야곱의 교회가 된다는 뜻 아닌가? 여기서 "모든"이라는 말, 그리고 "유대인이나 헬라인이나 차별이 없음"이라는 말은 이스라엘에게 심판의 말인가 |368| 약속의 말인가? 어쨌거나 이 말은 너무나도 명확한 말이고, "믿음"이라든지 "의"라든지 하는 개념과 관련된 바울의 가장 중요한 주석이다. 왜냐하면 이 "모든"이라는 말과 "차별 없음"이라는 말은—교회에 그런 표현이 달갑든지 아니면 유감스럽든지 관계없이—하나님의 무제한적인 자유를 나타내는 말이기 때문이다. 그리고 그 자유는 "믿음"과 "의"의 개념에서 결정적인 역할을 하는 그리스도의 십자가 죽음의 의미이기 때문이다. 바로 **그** 주님을 부르는 것이 중요하다. "모든 사람의 주가 되사 그를 부르는 모든 사람에게 부요"하신 주님, 유대인이나 헬라인이나 차별하지 않는 주님, **유대인**을 의롭다 인정하심으로써 **자신**을 의롭게 하시는 분, **자신**을 의롭게 하시되 유대인에게 얽매이지 **않으시고**, **헬라인도** 의롭다 인정하실 수 있는 분, 그래서 모든 사람에게 대하여 **하나님**이신 분이다. 이와 같이 하나님은 예수 안에서 주님으로 나타나신다. 현명한 교회라면 이 사실이 달가울 것이다. 사실이 그러하니 그 교회가 그분을 부르기만 하면, 그분은 모든 이들의 주님이시기에 적어도 그분으로부터 배제되지는 않기 때문이다. 현명한 교회라면 그래서—무엇이 어떻게 되든지—그분을 부를 것이다. 미련한 교회라면, 하나님께서 **이렇게** 예수 안에서 나타나신다는 사실이 유감스러울 것이다. 사실이 그러하니 그 교회가 무조건 받아들여지

는 것이 아니기 때문이다. 그분을 부른다고 해도 마찬가지다. 미련한 교회는 엄하신 주인에 대한 두려움 때문에 그분을 부르지 않는다. 그렇다고 무엇이 바뀌는 것은 아니다. 그 주님은—그분의 존재 그대로—"불리게" **되는** 분이다. 그들이 그분을 부른다는 말은 그분이 실존적으로 알려지고, 믿어지고, 두려움과 사랑의 대상이 된다는 의미다. 하나님의 의에 굴복하여 영원한 생명을 기다리고(10:5) 영원한 구원을 기다리고(10:9, 13) 영원히 수치를 당하지 않음을 기다리는(10:11) 사람들이 **있다**. 그들은 교회 **안에** 있는가? 교회 **밖에** 있는가? 그들 자신이 **새로운** 교회인가? 이 물음은—바로 이 물음이 교회에는 불안한 것이지만—의미 없는 물음이다. 우리는 로마나 고린도나 에베소에서 **회심한** 몇몇 "이방인"을 말하는 것이 아니다. 그들은 전적으로 다른 돌이킴[회개]의 표징일 뿐이다. 세네카와 같은 고귀한 이방인들을[17] 말하는 것이 아니다. 세상의 삶을 살아가면서도 **경건한** 이들이나, 무의식적으로 **기독교적인** 무신론자를[18] 말하는 것도 아니다. 그들은 그리스도 안에서 모든 사람을—인간적인 의와는 전혀 무관하게—

17 어떤 이방인은 그리스도에 대한 명백한 믿음 없이도 영원한 복락에 이를 수 있다는 츠빙글리의 가르침을 비꼰 것이다. *Sermonis de providentia Dei anamnema*, Sämtliche Werke, Bd. 6, 3.Teil(=CR 93,3), Zürich, 1983, S. 182, Z. 18 - S. 193, Z. 13. 다른 곳의 언급은 a.a.O., S. 182, Anm. 13. 세네카에 대해서는 a.a.O., S. 182, S. 106f. Anm. 6.

18 로테(R. Rothe)에게서 비롯된 "무의식적 기독교"(unbewußtes Christentum)라는 표현은 바르트도 하우스라트(A. Hausrath)의 전기를 통해 이미 알고 있었다. *Richard Rothe und seine Freunde*, Bd. 2, Berlin, 1906, S. 468-69. 바르트 소장본에는 이 두 쪽 사이에 책갈피가 있다. Jülicher, Römerbrief, S. 48. "8장과 7장은 긴밀한 맞물림을 깨뜨리지만 않는다면, 그리스도를 통해 저주에서 벗어난 인간은 그 모든 죄 짐에도 불구하고 깨끗한 마음과 부드러운 양심을 소유한 인간, 곧 무의식적인 기독교라는 사실을 알게 된다." 바르트는 자신의 소장본에서 "무의식적 기독교"라는 표현에 물결 모양의 밑줄을 긋고 오른쪽 여백에 다시 물결 모양의 줄을 내려 긋고 느낌표를 두 번 찍어 놓았다.

감싸고 있는 빛의 표징일 뿐이다. 우리는 교회가 더불어 경쟁할 수 있는 어떤 실체, 교회가 거기에 맞춰 자신을 평가할 수 있는 어떤 실체를 말하는 것이 아니다. 우리는 하나님의 나라를 말하고 있다. 주님을 부르는 믿음의 이방인들이라고 우리가 말하는 사람들은 철저하게 종말론적인 실체다. 한 무리의 심리학적인 개인들로 구성된 실체가 아니라 심리학적인 개인들의 총체를—교회에 소속 여부와는 무관하게—잠재적으로 포괄하는 실체다. **주님**은 자기 사람들을 아신다[딤후 2:19]. [이것은 칼 바르트 성령론의 중심 명제이며, 『교회 교의학』 IV/3, § 69.4에서 광범위하게 전개된다.] 그들은 주님께서 자기 사람들을 아신다는 사실, |369| 그 질서의 현실성을 감지하고 그분 앞에 엎드리는 이들이며, 그들에게는 이 조건의 성취가 불가능하지 않다. 우리는 이 사람들(누가 여기 속할까? 누가 여기 속하지 않을까?)을 교회와 마주 세운다. 이 조건의 성취가 교회에 불가능한 것일 수는 없다. 그 질서에 굴복하되 무언가를 더하려고 하지 **않고**, 예정의 비밀을 인간적인 "구원 질서"로 보완하여 지양하려고 하지 **않고**, 똑바로 일어서서 늘 새롭게 아브라함의 후손, 곧 **할례 받지 않은** 아브라함의 후손의 대열(4:9-12)에 서는 것이다. 하나님 앞에서 자기의 약함을 의식할 정도로 강해지는 것이다.

그러므로 "그런즉 그들이 믿지 아니하는 이를 어찌 부르리요. 듣지도 못한 이를 어찌 믿으리요. 전파하는 자가 없이 어찌 들으리요. 보내심을 받지 아니하였으면 어찌 전파하리요." 주 예수님을 부른다. 그 외침은 인간의 깊은 곤경에서 터져 나온 것이다. 다양한 율법과 종교 안에서 표출된 외침이 그런 것과 마찬가지다. 그러나 그 외침은 저 눈에 보이지 않는 앎, 확실하게 진단할 수 있는 모든 것 너머에 있는 앎, 그러나 그렇게 확정할 수 있는 모든 것에 대해 **하나님 안에서** 주어지는 전제 조건으로서 발생하는 앎, 곧 하나님을 향한 인간의 앎 없이는 일어나지[l] 않는다. 하나님에 관한 이런 앎은 완전히 감춰진 상태의 **믿음**이다. 그것은 감춰진 **들음**을 전제로 한다. 마찬가지로 감춰진 **전파**[선포], 마찬가지로 감춰진 그 선포자의 **보내심**(파송)을 전제로 한다. 한마디로 야곱의 교회라는 그 감춰진 교회의 가능성, 아니 그 현실성을 전제한다. 그 교회의 귀는 **하나님의** 말씀을 **들으며** 그 입은 **하나님의** 말씀을 **말한다**.

우리는 우리가 어떤 가능성에 관해 말하는지 알고 있다. 하나님 나라, 하나님의 능력, 하나님의 영광에 대한 복음[마 6:13], 진리가 새롭게 배치되면서 인간과 하나님이 따로 나뉘고, 하나님 앞에서 인간과 인간이 나란히 서는 것에 대한 소식, 아무도 자기 권리로 들어갈 수 없고 모두가 긍휼하심을 입어 들어가게 되는 새로운 이스라엘에 관한 소식, 그 "**좋은 소식을 전하는 자들의 발이 정말 제때에 가까이 오는**" 때가 "**올바른 때**", **마지막** 때, **은총**의 때, **심판**의 때, **하나님의** 시간이다. 하나님께서 참된 하나님이시라면 이 올바른 때가 어찌 현존하지 않을 수 있겠는가? 그때가 이르렀다면 그분이 어찌 자신의 전령들을 보내지 않으시겠는가? 어떻게 그분의 이름이 전파되지 않을 수 있겠는가? 어떻게 그 이름을 듣고 믿고 부르지 않을 수 있겠는가? 지금이 정말 하나님의 의, 그러니까 모든 사람을 낮추시는 그분의 분노와 모든 사람을 찾으시는 그분의 긍휼을 받을 만한 올바른 때인가 아닌가, 이것이 의심스러운 것은 아니다. 그런 의심이 있었던 때는 한 번도 없었다. 정말 의심스러운 것은 우리가 그럴 만한 |370| **의로운 사람들이냐** 아니냐다. 빛이 어둠 속에 **비춘다**는 사실[요 1:5]은 의심스러운 것이 아니다. 의심스러운 것은 그 빛을 바로 교회가, 바로 아브라함의 자손이 **보느냐** 그렇지 않느냐, 하는 것이다.

16-17. 16 그러나 그들이 다 복음을 순종하지 아니하였도다. 이사야가 이르되 주여 우리가 전한 것을 누가 믿었나이까 하였으니 17 그러므로 믿음은

들음[전한 것]**에서 나며 들음**[전한 것]**은 그리스도의 말씀으로 말미암았느니라.**

"**그들이 다 복음을 순종하지 아니하였도다.**" 율법의 목표점인 그 말씀은 순종을 요구한다. "율법을 **행하는 자**라야 의롭다 인정하심을 받는다"[2:13]. 여기서 영들이 갈라진다. 여기서 교회의 곤경은 교회의 **죄책**이 되고, 그 **죄책**은 곤경의 원인이 된다. 왜냐하면 우리가 앞에서(10:12f.) 밝혀진 보편적인 전제는 예컨대 **합리적** 보편주의와 혼동될 수 없으며, "종교적 선험성" religiösen Apriori 의 **합리적**(실제로는 진정한 합리주의의 정신을 흐리는!) 전제와 혼동될 수 없다. 특히, 이른바 실증적 종교의 앞뒤에 놓여 있는 보편적인 이성 종교"[19]와 혼동되어서는 안 된다. "**누구든지** 주의 이름을 부르는 자는 구원을 받으리라"(10:13)고 말했는데, 여기서 "누구든지"는 **은혜**의 보편주의, **계시**의 전제를 뜻한다. **이** 보편주의와 **이** 전제가 의미하는 것은—모든 종교적인 선험주의와 정반대로—모든 인간적인 종교의 (세움이 아니라!) 무너뜨림이며, 결정적인 지점에서 완전히 전제 **없음**을 선언함이다. 하나님은 **자유로우시다**. 구원의 소식은 그 소식이 모든(가장 초월적으로 생각한 것까지!) 인간적인 연결점과 중재와 전제 앞에 하나님의 절대적인 주권성을 마주 세우기 때문에, 바로 그렇기 때문에 **구원의** 소식이다. 칸트가 **경건** 이성 비판(근거!)[칸트는 『순수 이성 비판』을 썼다]을 저술하지 **않**

19 트뢸치의 강연 "심리학과 인식론"(*Psychologie und Erkenntnistheorie*, Tübingen, 1905)은 다음과 같은 사실에서 출발한다. "종교를 가진다"는 것은 [두 가지 측면에서] "일반 의식(normales Bewußtsein)의 한 법칙으로 입증될 수 있는데, [첫 번째 측면은] 종교의 속성인 고유한 필연감(感)과 의무감에서이고, [두 번째 측면은] 의식의 경륜과 의식의 통합과—종교를 통해서만 비로소 산출되는—객관적인 세계 이성(Weltvernunft)의 연관성 속에 있는 종교의 유기체적 지위에서이다"(S. 43f.). "종교가 이성의 선험성이라면, 종교는 자체적으로 이성 일반과 관련되며, 모든 이성은 이성 일반이 실제적인 한에서 또한 일반적으로 항상 종교적이다. 비록 이성이 그 자체로 의식되지는 못해도 말이다"(S. 46. 바르트 소장본에는 부분적으로 밑줄과 옆줄이 그어져 있다).

은 것은 나름의 충분한 이유가 있었고 최종적인 통찰에 의한 것이었다. 인간 편에서 중요한 것은 오직 하나다. 그것은 하나님의 자유를 인정하는 것(종교를 멸시하는 사람들[20]의 경우보다는 칸트에게서 그런 일이 더 많이 일어나는데!) 곧 순종이다. 순종이란 무엇인가? 그것은 회개하는 것이다. 곧 신적인 가능성, 올바른 때의 가능성, 종말적인 가능성을 향해 들어가고자[m] 함이다. 그분의 진노와 긍휼 앞에 무릎을 꿇음이다. "주님"께서 인간에게 제시하시는 일방적이고 결정적이고 배타적인 요구를 향해 자신을 여는 것이다. "부활"이라는 절대적인 낯섦을 향해 자기를 열고, "믿음"이라는 근거 없는 자유로운 주도권을 향해 자기를 여는 것이다. 순종이 의미하는 것은 무엇인가? 순종이란 이러한 인간, 곧 잘 알려진 인간에게서 저 침입 지점, 빈 공간이 생겨남이니, **새로운** 인간은 바로 거기서 숨을 쉬고 움직일 수 있다. 순종은 |371| 본래적으로 신적인 것, 특별하게 신적인 것, 하나님의 전적인 타자성에 대한 지각, 왕이며 절대군주이신 하나님에 대한 지각이다. 그러므로 순종이란 어떤 상황에서도 하나님을 지지하는 것이며, 하나님의 움직임에 기꺼이 자신의 움직임을 희생하려는 마음이며, 잘 알려진 인간의 모든 중요한 것, 필요, 요구를 죽음에게 내주는 것이다. 순종은 우리가 서 있는 모든 이런저런 것들로부터, 여기와 저기로부터, 우리가 얽혀 있는 모든 프로젝트와 사고 습관과 노동 습관과 타협과 협동과 모험으로부터 기꺼이 벗어나라는 소환에 응할 준비가 되어 있음이며, 완전히 자유롭게 가만히 멈춰 섬이며, 왔다 갔다 하던 시계추가 정지함이다. 자유 안에서 "거니는 것"이다. 다시 말해, 앞으로 가든 뒤로 가든 똑같은 길을 부단

20 슐라이어마허 『종교론』의 제목인 "종교에 관하여. 종교를 멸시하는 교양인을 위한 강연"(1799)을 암시한다.

히 떠남이다. 멈추지 **않음**이다. 주어진 모든 순간에 하나님이 일으키시는 타격과 똑같은 진지함으로 삶을 파악하고 공격함이며, 삶의 모든 영역에 여분의 공간을 부여하는 것이며, 이 하나님에게서 발견하는 지지대를 잊거나 잃지 않음이다. 그것이 구원의 소식에 상응하는 순종이리라. 그런데 도대체 누가 순종하는 사람인가? 아주 온화하게, 아주 의미심장하게 말했다. "**다 순종하지는 않았다**"라고 말이다. 이런 특정한 사람, 저런 특정한 사람이 아닌 것은 틀림없다. 어떤 다수의 사람이 아닌 것도 틀림없다. 야곱의 교회, "우리 조상 아브라함의 길, 곧 할례받지 않은 채로 믿음의 길을 걸어가는" 신실한 이방인(4:12)이라고 한다. 그렇다. 그런데 누가 그런 사람들인가? 그들은 예컨대 어디 있는가? 또한 에서의 교회, 우리의 교회, 잘 알려진 교회는 순종하는 교회인가? 반드시 그래야 할 것이다! "**그리스도의 말씀**"은 그들에게 가까이 있다. 그 말씀으로부터 전한 것, 저 "전령"들이 전파하는 내용이 나온다. 그 전한 것으로부터 하나님의 신실하심을 들을 수 있으며, 그 신실하심으로부터 "믿음" 곧 순종이 자라날 것이다. 자라난다고? 오히려 그것을 전하는 전령들은 이상하게도 언제나 버림받고, 외롭고, 대책 없고, 어디로 가야 할지 모르고, 깊은 당혹감에 빠지게 되지 않는가? 청중 앞에서, 그리고 특별히 자기 자신 앞에서 말이다. "주여 우리가 전한 것을 누가 믿었나이까"(사 53:1). 두려움과 떨림 속에서 회개가 일어나고 하나님께 대한 존경이 일어나고 하나님과의 거리가 유지되고 지키는 일이 일어나는 곳이 언제 있었으며, 그런 교회가 어디 있는가? (종교적인!) 인간에 대한 공격이 일어나고 인간 본질의 골격이 해체되는 곳이 어디 있는가? 결코 멈추지 않는 저 "거닐음"이 일어나는 것은 언제였는가? 다행스럽게도 어느 모퉁이를 돌아, 저 지속적인—근본적이기 때문에—충격이면서도 기쁨 가득한 집중으로 나아가고, 저 무조건적인 객관성으로 나아가,

하나님이 우리에게 주시는 당혹스러움 속에서도 흔들림 없이 버티고 견디는 일이 언제 어디서 일어나는가? 오히려—교회가 걸리는 질병의 몇 가지 징후가 여기서 언급되어야 한다—우리에게 요구되는 단절, 도약, 희생을 끊임없이 회피하는 일이 일어나지 않는 곳, 끊임없이 저 |372| 영주들을 몰래 곁눈질하거나 저 민중을, 지식인들을, 프롤레타리아들을, 젊은이들을, 부르주아들을, 동시대인들을, 관객들을 (저 사람들이 우리가 전하는 것에 대해 어떻게 말할까? 그것을 듣고 변화를 일으킬까? 우리의 말을 이해할 수 있을까? 어쩌면 전혀 오해할 수도 있지 않을까?) 곁눈질하지 않는 곳이 어디 있는가? 순종은 신적인 것으로부터 언제 어디서나 어떤 역사적이고 심리적인 측면을 끄집어내고, 흥미로운 공통점이나 정신적인 계보나 특기할 만한 의존성이나 차이점을 확인하고, 이른바 "유형"을 발견하든지 아니면 고안하고, 예컨대 실탄을 위험천만하게 장전했다가 다시 조심스럽게 총구에서 빼내는 정말 경이로운 기술이 되지 않는가? 또는 말랑말랑한 고무공의 신축성이 되어 그 공에 얼굴을 강타당했는데도 그런 타격의 종교적 능력에 대한 경탄할 만한 설명을 하며 맞받아칠 줄 아는, 그런 것이 되지 않았는가? 힘을 쫙 빼놓는 것 같은 친절하고 충성스러우며 모범적인 방식, 그래서 심지어는 엘리야나 아모스 같은 사람까지도—오늘날 "전령"이 되어야 할 사람들까지도—무골호인으로 만드는 그런 방식이 되지 않았는가? 또한 저 불가능한 가능성의 불꽃이 일어날 때마다 그 모든 불꽃을 어떤 운동이나 학파 같이 가능한 가능성으로 바꾸는, 어떤 "노선"이나 어떤 "서클", 하나님에게 열광하는 이들의 완전히 새로운 외침과 과장된 행동 같이 가능한 가능성으로 바꾸는 저 비상한 탄력성이 되지 않았는가? 때로는 그런 것에 상응하는 출판사까지 차리는데, 그 출판사의 이름 자체가 오만불손과 확실한 실패를 드러내는 것 아닌가?[21] 몇몇 사람들보다 아주 조금 더 알고 있

는 것 같은 사람이 있으면 누구나 지도자로 선포됨으로써 금방 끝나는 그런 신속성이 되지 않았는가? 인간이 더 이상 지양을 두려워할 필요가 없는 곳, 마침내 중립적이 될 수 있는 곳, 아무것도 내줄 필요가 없으며 자기 자신의 의로움에 대한 "확신" 속에서 기뻐할 수 있는 곳, 그런 교묘한 은신처를 언제나 늘 새롭게 찾아내는 그 능력이 되지 않았는가? 그리고 이 모든 것에도 불구하고 거의 모든 사람이 공유하는 망상이 있으니, 그것은 **자기에게는** 교회가 당연히 가장 높은 것도 아니고 자기 목적도 아니라는 망상인데, 이 망상은 결국 자가당착이다. 지금 우리는 우리가 유일하게 알고 있었고, 알고 있으며, 알게 될 교회에 관해 말하고 있다. 이 교회는 과거에도 현재에도 미래에도 본질적으로 **그런** 존재일 수밖에 없다. 모든 증상이 하나같이 증명하는 것처럼, 이 교회는 어쩔 수 없이, 정말로 에서의 교회다. 듣지 않는 교회이고 앞으로도 계속 그런 존재일 수밖에 없는 불신앙의 교회다. 그리고 이 교회는 우리가 연대하겠다고—또한 끝까지 고수하겠다고(9:1-5, 10:1)—선언한 교회다. 그러나 교회의 곤경은 바로 그 교회의 죄책이라는 사실, 그것이 바로 전체 교회의 죄책이라는 사실, 그 교회가 자꾸만 자신의 곤경을—하나님의 비밀을—언제나 또다시 지나친다는 사실, 그것에 관하여 말하지 않을 수 없다. 아니, **바로 그것**을 말해야 한다. 우리는 모든 증상 가운데 가장 중요한 증상을 떠올려야 한다. 그것은 |373| 교회가—세상이 아니라 **교회**가—그리스도를 못 박았다는 사실이다.

21 로젠슈톡휘시(E. Rosenstock-Huessy), 에렌베르크(R. Ehrenberg), 에렌베르크(H. Ehrenberg)를 중심으로 모인 밧모 서클(Patmos-Kreis)을 암시한다. 바르트는 때때로 이 서클의 일원으로 분류되었으며, 바르트의 탐바흐 강연은 1919년에 "신축 출판사"(Neubau-Verlage) 가운데 하나인 밧모 출판사(Patmos-Verlag)에서 먼저 출간되었다. Bw.Th.I, S. 373. 376. 387. 420. 422. 428. 431-433. 445. 464; Bw.Th.II, S. 3. 208. 270. 443.

18 그러나 내가 말하노니 그들이 듣지 아니하였느냐. 그렇지 아니하니 그 소리가 온 땅에 퍼졌고 그 말씀이 땅 끝까지 이르렀도다 하였느니라(시 19:4, 원서에는 19:5로 되어 있다).

교회가 그것을 아직 듣지 않았다고 그 죄책이 용서될 수 있는가? 마치 그것을 듣지 아니하였던 것처럼! "그리스도의 말씀"이 어떤 새로운 소식, 인간이 "들었다"거나 "듣지 않았다"거나 할 수 있는 것인가? 어떤 외딴 곳, 어떤 **다른** 지역에 사는 사람의 카리스마 같은 그런 것인가? 어떤 사람이 말하기를 그게 자기에게 "새로운" 것이라고 할 수 있는 그런 것인가? 알려지지 않은 하나님보다 무언가가 더 알려져 있는 어떤 것이 존재하는 것처럼, **이렇게는** 더 지속될 수 없다는 사실 외에 우리가 어떤 나은 것을 알고 있는 것처럼 행세해야 하는가? 마치 오늘 하늘에서 천사가 내려와 책상을 내리치며 천둥 같은 소리로 말한다면 우리가 그것을 **더** 잘 알 것이라고 생각하는가? 아니다. 우리는 **이미** 들었다. 우리는 우리가 누구이든 철저하게 "형상 안에" 있다. 우리가 듣지 못한 자로서 존재한다는 것은 철저한 **객관적** 불가능성이다.

19-20. 19 그러나 내가 말하노니 이스라엘이 알지 못하였느냐. 먼저 모세가 이르되 내가 백성 아닌 자로써 너희를 시기하게 하며 미련한 백성으로써 너희를 노엽게 하리라 하였고 20 이사야는 매우 담대하여 내가 나를 찾지 아니한 자들에게 찾은 바 되고 내게 묻지 아니한 자들에게 나타났노라 말하였고(신 32:21, 사 65:1).

우리가 듣기는 들었지만 이해하지 못했다고 그 죄책이 용서될 수 있는가? 그런데 이해한다는 것은 무슨 뜻인가? 유리한 역사적 상태, 혹은 정신적 상태에 있다는 건가? 시간이 있다는 건가? 충분히 성숙했다는 건가? 도덕적인 능력, 변증법적인 재능, 어떤 강력한 믿음을 가졌다는 건가? 눈에 보이지 않는 야곱의 이방 교회 안에서 **이런** 의미의 이해력을 가진 사람들

은 어디에 있다는 건가? **이런** 의미의 이해력을 가진 사람이 단 한 사람이라도 있는가? 다른 것이 아니라 오직 **하나님**과 관련된 것이라면 과연 누가 그런 상태에 있으며, 누가 시간과 성숙함과 능력과 재능과 믿음을 가졌다는 말인가? 여기서 중요한 것은 우리가 이해할 수 **없음**을 이해하는 것이라는 사실을 우리는 전혀 이해하지 못하는가? 백성이라고 할 수 없는 백성, 이해력이 없는 백성이 오히려 이해력이 있는 백성이라는 사실을 이해하지 못하는가? 그를 찾지 **않는** 자들이건만, 하나님께서 그 헤아릴 수 없는 자유하심과 그 무조건적인 긍휼하심 속에서 그들이 하나님을 찾도록 하시고, 그를 묻지 **않는** 자들에게 나타나신다는 사실을—이사야가 담대하게 말한 것을 누가 또 담대하게 말할까?—이해하지 못하는가? 여기서 요구되는 이해는 종교적 통찰의 최정상, 겨우 기어 올라갈 수 있는 봉우리가 **아니며** 최종적으로 |374| 신앙의 힘을 모아 도약하는 것도 **아니다**. 오히려 그 이해는 우리가 하나님을 이해하지 못하는 모습 그대로 이해되고 있다는 사실에 대한 이해다. 과연 이것이 이해될 수 없는 것일까?

21 이스라엘에 대하여 이르되 순종하지 아니하고 거슬러 말하는 백성에게 내가 종일 내 손을 벌렸노라 하였느니라(사 65:2).

이제 끝낼 때가 되었다. 죄책이란 죄가 없지 않음이다. 죄책이란 우리가 할 수 있으나, 하려고 하지 않음이다. 우리는 우리의 헌신을 **원하지** 않는다. 우리는 그 정상에서 내려오기를 **원하지** 않는다. 우리는 새로운 좌표체계가 통용되는 것을 **원하지** 않는다. 우리는 하나님을 맞으러 나아가는(출 19:17) 대신 우리 진영의 장막과 초막 안에 머무르려 한다. 하나님에게 맞서 끈질기게, 아무런 가망도 없는 반대의 목소리를 내고 있다. 이것이 인간의, 그리고 교회의 본래적인 본질인 것 같다. 빛이 **비춘다**. 그러나 그 빛이 비추는 곳은 참으로 **어둠** 속이다[요 1:5]. |375|

11장 교회의 소망

하나님의 하나되심

11:1-10

1-2a. 1 그러므로 내가 말하노니 하나님이 자기 백성을 버리셨느냐. 그럴 수
없느니라. 나도 이스라엘인이요 아브라함의 씨에서 난 자요 베냐민 지파라.
2 하나님이 그 미리 아신 자기 백성을 버리지 아니하셨나니.

"하나님께서 자기 백성을 버리셨느냐." "빛이 어둠에 비춘다"[요 1:5]. 요한복음에 나오는 이 말씀의 나머지 부분을 어떻게 받아들여야 할까? "어둠이 그 빛을 파악하지 못했다"는 의미일까? 아니면 좀 더 최근의, 더 나은 주석에 나오는 것처럼 "어둠이 그 빛을 이기지 못했다"고 해야 할까?[1] 하지만 객관적 내용을 보면, 첫 번째 해석이[a] 맞는 것[b] 같다. 우리는 바로 그 완고한 '아니요'를 벗어날 수 없는 것 아닌가? 사실 우리의 눈으로 볼 수 있는 영역에서는 그 '아니요'야말로 인간의 최종적인 운명이 아닌가? 교회가 자신의 주제를 지지하거나 반대해야 하는 그 불가피한 결단 앞에 서자마자, 교회의 근원적인 본질로서 부각되는 교회의 무신론에 우리가 붙잡혀 있는 것 아닌가? 하나님을 알고 있지만—인간에 대한 사랑 때문에—하나님을 알고자 하지 않으며, 그래서 하나님의 자유에 관한 말씀을 허용하기보다는 차라리 그리스도를 죽이려고 했던 사람, 곧 대심문

1 Th. Zahn, *Das Evangelium des Johannes*, Leipzig, 1921[5.6.], S. 62-64; W. Heitmüller, *Das Johannes-Evangelium*, *Die Schriften des Neuen Testaments*, hrsg. von J. Weiß, 2. Bd., 3. Abschnitt, Göttingen 1907, S. 162-314, S. 192. 바우어에 의하면, 이미 "오리게네스 이후로 대부분의 그리스어 주석"은 그 구절을 그렇게 이해했다고 한다. W. Bauer, *Wörterbuch zu den Schriften des Neuen Testaments und der übrigen urchristlichen Literatur*, Berlin/New York, 1988[6], S. 816.

관[가룟 유다]의 사탄주의에 붙잡혀 있는 것 아닌가?[2] 하나님께서 교회 안에서 (어느 교회라고 그렇지 **않겠는가**!) 거듭 배반을 당하시고, 하나님을 섬긴다고는 하지만 하나님을 섬기지 **않으려는** 사람들, 그리고 하나님이 곧 하나님이라는 사실을 수단과 방법을 가리지 않고 부정하려는 사람들에게 넘겨지신다는 사실, 그야말로 한 번도 들어 본 적이 없는 그런 일이 실제로 일어난다면, 하나님께서 자기 백성을 향해 직접 팔을 펼치신 것(10:21)은 정말 아무짝에도 쓸모없는 일이었다는 말인가? 그렇다면 소망은 어디에 있는가? 이 죽음의 지점에서 벗어나 어떤 의미로든 어떤 것이 계속될 수 있을까? 소망을 자기 손으로 살해하고 파묻어 버린 사람들에게 소망이 있을까? 가룟 유다에게도 소망이 있을까? 진정 우리는 이 물음을 처절하게 물어야 한다. 그 물음이 우리를 너무나 무겁게 내리누를지언정 그것을 잊어서는 안 된다. 그 물음은—만일 소망이란 것이 존재한다면—그저 허상에 불과한 소망을 모조리 태워 버리는 불로서 계속 타올라야 한다. "하나님께서 자기 백성을 버리셨느냐?" 이 물음이 그 배후에 없는 소망은 소망이 아니리라. |376|

하지만 여기에 어떻게 소망이 있을 수 있는가? 참혹할 정도로 타당한 이 물음 앞에서 당당히 '그럴 수 없다!'고 맞설 수 있는 용기는 어디서 얻게 되는가? 결국 인간을 위한 말이 되는 어떤 주장으로부터는 그것을 결코 얻을 수 없다. 이미 가지고 있는, 혹은 가지려고 노력하는 **또 다른** 인간적이며 눈에 보이는 가능성, 교회 안에 주어진 가능성으로부터도 얻을 수

2 도스토옙스키의 소설 『카라마조프가의 형제들』, 5권, 5장에 나오는 "대심문관" 이야기. 여기서 그리스도는 16세기 세비야(Sevilla)에 나타나셨다가 대심문관에 의해 체포되어 사형의 위협을 당한다. 유죄 선고를 받게 된 가장 중요한 근거는 그리스도가 연약한 인간에게 너무 많은 자유를 기대했다는 사실이다.

없다. 그러니까 개선된 어떤 교회의 가능성이나 새로운 어떤 교회의 가능성에서 얻을 수 없다는 말이다. 인간과 교회가 실제로 가진 **다른** 가능성, 그것을 소홀히 여김이 죄책이 되는 그 가능성은 신적이며 눈에 보이지 않는 가능성이다. 우리가 개선된 혹은 새로운 인간성이나 눈에 보이는 것에 소망을 두면, 그만큼 죄책이 늘어날 뿐이지 절대 해소되지 않는다. 오직 불가능한 것 자체, 오직 하나님과 더불어 우리는 "그럴 수 없다!"의 근거를 마련할 수 있다.

그런데 우리의 근거 제시는 역설적으로 위와 같은 언급(9:1-5, 10:1)의 맨 꼭대기에서 이런 설명을 내놓는 것으로 이루어진다. "나도 이스라엘인이요 아브라함의 씨에서 난 자요 베냐민 지파라." **하나님**을 바라지 않는 사람이 어떻게 교회의 소망을 볼 수 있겠는가? 하나님 앞에서 철저히 **엎드리지** 않은 사람이 어떻게 하나님을 바라겠는가? 다음의 사실을 깨닫지 못한다면 어떻게 진실로 하나님 앞에 엎드리겠는가? "**나도** 이스라엘인이요 아브라함의 씨에서 난 자요 베냐민 지파**이다**." 나도 대심문관[가룟 유다]이요 배반자다. 반항하는 자요 순종하지 않는 자다. 하나님과 인간을 섬긴다고는 하지만 실제로는 무슨 수를 써서라도 인간을 하나님으로부터 구해 내려고 하는 자다. 정말 중요한 것이 무엇인지 완전히 듣고 이해했으면서도(10:18, 19) 듣고 이해한 모든 것을 자기와 다른 사람에게 감추는, 곧 **하나님께** 영광을 돌리는 것이 중요하다는 사실을 감추는 아주 약삭빠른 사람이다! 우리가 어떤 사람이건wer wir auch seien c 이제 무기를 버리고 항복하자! 우리는 교회에 속한 모든 것을 고스란히 안고 있는 교회**이다**. 우리는 극도로 의심스러운 그 사업을 **운영하고 있다**. 우리는 이런저런 종교 사업의(비록 그것이 철저하게 독자적인 발명품이라 할지라도) 극도로 우려스러운 도장을 **가지고 다닌다**. 말하자면 우리는 유대교, 가톨릭, 루터파, 개혁파 교인**이**

다. (이쪽 **혹은** 저쪽으로 종파를 바꾸는 것은 엄중한 경고의 대상이다![3]) 우리는 온갖 강단이나 연단 **위에 서 있거나 그 아래 앉아 있다.** ("평신도"와 "신학자", 목사와 교수 모두 똑같이 이 점을 충분히 기억해야 한다!) 우리는 오래되고 거대한 (새롭고 작은 것도 있지만 근본적으로는 다를 바 없다!) 그리스도교 공동체의 노선 위에서 굴러간다. 그리고 지금 우리는 이 모든 존재, 운영, 가지고 다님, 서 있음, 앉아 있음, 굴러감의 비극과 |377| 유머를 알고 있다고 생각한다. 우리는 키르케고르가 이 모든 것에 대해 비판적으로 말하는 소리를 들었고 그가 옳았다고 평가했다. 우리는 매일 바로 이것, 곧 "나도 -이다"로 인해 탄식한다. 그것의 치욕과 연약함보다는 그것의 "영광"과 "능력" 때문에 탄식한다. 우리는 그것의 문제점을 잊고자 하지 않는다. 오히려 한 마디를 할 때마다, 한 걸음을 뗄 때마다 그것을 증언하고자 한다. 그러나 바로 이것, "나도 -이다"는 인간적으로만 불가피한 것이 아니라, 하나님의 관점에서 볼 때 훨씬 더 불가피한 것임을 우리는 알고 있다. 인간적으로 가장 높은 곳에 있는 가능성이(갖가지 형태의 교회야말로 바로 그 가능성인데) 파국에 처할 때가 아니면 신적인 가능성은 파악될 수 없다. 가장 근본적이고 과격한 '그럼에도 불구하고!', 곧 하나님의 '그럼에도 불구하고!'가 아니면 인간은 의로워질 수 없다. (하나님과 인간 사이에는 **오직** 이 '그럼에도 불구하고'만 존재한다는 사실이 교회에서만큼 또렷하게 나타나는 곳이 또 있을까?) 유대인이 아니고는 유대교를 벗어나지 못하며, 바리새인이 아니면 바리새주의를 벗어나지 못하고, 신학자가 아니면 신학을 벗어나지 못

3 바르트가 투르나이젠에게 보낸 1921년 8월 3일 편지, Bw.Th.I, S. 508. "나는 헥커 기사가 다행이라 생각하네. 그 보도로 교파를 바꾸는 것에 관한 짤막한 '경고 글'을 게재하게 되었다네." 출판인 테오도르 헥커(Theodor Haecker, 1879-1945)는 키르케고르와 뉴먼(Newman)을 탐독한 후 1921년 4월 5일 가톨릭으로 개종했다.

한다. 교회는 교회의 특별한 곤경과 죄책 때문에, 그리고 인간적으로 말해 아무런 소망이 **없는** 상태이기 때문에, 바로 그것 때문에 **바로 그** 소망이 있다. 곧 하나님을 향한 소망 말이다.

"하나님이 그 미리 아신 자기 백성을 버리지 아니하셨나니." 그러므로 이것은 안전한 해안이 아닌, 행복하게 노를 저어 가는 (그리고 도움의 손길이 되기 위해 노를 저어 오는!) 구조선이 아닌, 침몰하는 배에서 하는 말이다. **하나님**께 죄를 지었다, **하나님**을 배반했다, **하나님**을 부인했다는 것을 알 수 있는 사람은 오직, 교회에 속한 그 모든 것과 더불어 스스로 교회인 사람뿐이다. 만일 그가 이것을 모른다면, 만일 그가 자기 자신을 위해서 저 비참한 교회보다 나은 어떤 것을 안다면, 바로 저 교회의 당혹스러움을 돌아서 갈 수 있는 어떤 작은 길, 사적인 길을 보고 그 길로 간다면, 그래서 "나도 -이다"를 벗어난다면, 그렇다면 그는 하나님께서 하나님으로서 인간에게 주시는 **곤경**을 알지 못한다. 하나님으로서 하나님이신 분과 마주하여 인간이 붙들려 있는 **죄책**도 알지 못한다. 그렇기 때문에 그 교회 안에 고통스럽게 드러나는 것, 곧 우리의 곤경이 **하나님**으로부터 왔으며 우리가 **하나님** 앞에서 죄인이라는 사실에 근거한 **소망**도 알지 못한다. 어떻게 그러한가? 순종하지 않고 거스르는 말을 하는 백성(10:21)을 향해 종일 손을 내미시는 분이 **하나님**이시라면, 그리고 우리가 그 사실을 실존적으로 받아들인다면, 그래서 우리가 이제 와서 이 백성에 대해 어떤 입장을 취해야 하는 것이 아니라 어떤 경우라도 그 백성에 속해 있음을 알고 있다면, 그렇다면 우리는 우리가 부딪혀 산산조각이 나는 그 대상, 그분이 바로 **하나님**이라는 사실 때문에 이 백성과 우리 자신을 위한 절대적인 소망, 승리의 환호성으로 가득 찬 소망을 갖게 된다. 우리를 향해 |378| 손을 펴시는 분이 **하나님**이시라면, **우리**의 불순종과 거부가—그것이 제아무리 사탄

적인 것이라 하더라도—무슨 의미가 있겠는가? **우리**가 종말을 맞이하게 될 저 죽음의 점이 무슨 의미가 있겠는가? **우리**가 저 소망 앞에 내놓은 살인과 매장이란 무엇인가? **우리**가 저지른 배반, 곧 그리스도에 대한 배반은 무엇인가? 그리스도는 대심문관에게 다가가 "아흔 살 노인[추기경인 대심문관]의 핏기 없는 입술에" **입 맞춘다**. "그것이 그의 대답의 전부였다."[4] 그리고 바로 이것, 이 유일한 대답, 이 전적인 대답이 교회의 소망이다. 인간의 모든 생각을 뛰어넘는 긍휼, 그 무엇으로부터도 유추할 수 없으며 그 어떤 기반도 갖고 있지 않으며 오직 하나님 안에 기초한 영원한 긍휼 말이다. 인간이 하나님을 안다는 사실, 그것은 인간을 구원하지 못한다. 인간을 심판할richten 뿐이다. 그러나 인간이 하나님에 의해 **아신 바 되었다**는 사실, 그것이 인간을 구원하며, 인간을 일으켜 세운다.aufrichten 처음이기에 마지막이신 분, 바로 **하나님**이다. 버리시기에 선택하시는 분, 바로 **하나님**이다. 저주하시는 분, 바로 **하나님**이다. 바로 그렇기 때문에 그분은 사면해 주신다. 지옥으로 끌고 가시는 분도, 그래서 다시 거기서 끌어내시는 분도 **하나님**이다[삼상 2:6]. 물음을 던지시는 분도 **하나님**이다. 그 물음은 인간 공동체 상처, 그 곪아 터진 상처인 교회 안에서 터져 나오는 물음이다. 그리고 그 물음에 답을 주시는 이도 그분이다. 하나님의 **하나되심**[통일성]*Einheit*, 다시 말해 진노하시는 하나님과 긍휼히 여기시는 하나님의 동일성Identität, "Deus

4 바르트가 인용하는 텍스트는 다음과 같다. F.M. Dostojewski, *Die Brüder Karamasoff*, Sämtliche Werke, I. Abt., Bd. IX/1, München, 1908, S. 527, E. Thurneysen, *Dostojewski*, München, 1921, S. 61. 바르트가 투르나이젠에게 보낸 1921년 8월 3일 편지, Bw.Th.I, S. 508. "말이 나왔으니 말인데, 자네가 쓴 『도스토옙스키』는 모든 장에서 내내 내게 활력을 주었고 수많은 인용문을 주었다네. 나는 자네의 책에 강한 인상을 받아서 옴짝달싹 않고서 읽었다네……특히 마지막 부분의 엄청난 분석은 최고로 도움이 되었다네. 나는 그 부분을 계속해서 읽게 되네."

absconditus"[숨어 계시는 하나님]과 예수 그리스도를 죽은 자 가운데서 깨우신 분의 동일성, 에서의 하나님과 야곱의 하나님의 동일성. 그리스도의 **십자가** 안에서 철저하게 눈에 띄지 않는 모습으로, 철저하게 들어 본 적이 없는 모습으로 계시되신 하나님의 **그** 하나되심[통일성]Einheit, 그것이 우리의 소망이다. 그러므로—다른 모든 소망 없이, 다른 소망의 지원이나 중재나 인도나 협력 없이—"빛이 어둠에 비춘다. 그러나 어둠은 그 빛을 **이기지 못했다**!"[요 1:5] "여호와께서는 너희를 자기 백성으로 삼으신 것을 기뻐하셨으므로 여호와께서는 그의 크신 이름을 위해서라도 자기 백성을 버리지 아니하실 것이라"(삼상 12:22, 칠십인역).

2b-6. 너희가 성경이 엘리야를 가리켜 말한 것을 알지 못하느냐. 그가 이스라엘을 하나님께 고발하되 3 주여, 그들이 주의 선지자들을 죽였으며 주의 제단들을 헐어 버렸고 나만 남았는데 내 목숨도 찾나이다 하니 4 그에게 하신 대답이 무엇이냐. 내가 나를 위하여 바알에게 무릎을 꿇지 아니한 사람 칠천 명을 남겨 두었다 하셨으니 5 그런즉 이와 같이 지금도 은혜로 택하심을 따라 남은 자가 있느니라. 6 만일 은혜로 된 것이면 행위로 말미암지 않음이니 그렇지 않으면 은혜가 은혜 되지 못하느니라.

"**주여, 그들이 주의 선지자들을 죽였으며**[d] **주의 제단들을 헐어 버렸고 나만 남았는데 내 목숨도 찾나이다 하니.**" 우리는 하나님의 하나되심이야말로 교회의 소망이라는 사실을 그 하나됨의 철저한 역설과 접근 불가능성[e] 속에서도 **믿어야** 한다. |379| [f]오직 믿을 수만 있는 것인데, 예컨대 그것을 본다고 하거나 보려고 노력하는 것보다는[f] 차라리 완전히 은폐되어 있는 것이 낫다. 교회에 아무런 소망이 없는 것이 낫다. **이** 소망은 **최종적**인 것이고 **유일한** 것이기 때문에 철저하게 순수하고 순결하고 현실적이어야 한다. 여기서 물음을 던지심으로써 대답을 주시는 분은 하나님 자신이시며

오직 하나님이라는 사실이 분명해야 한다. 그래서 교회의 상태는 그야말로 적나라하게 드러난다. 우리는 그것을 가차 없이 말한다. 그것은 아합과 이세벨의 교회다. 엘리야가 그들을 비판하면서 한 말(왕상 19:10, 14)은 복음서가 그들을 비판하면서 할 수 있고, 해야 하는 말이다. 어제가 아니라면 분명 오늘, 오늘이 아니라면 분명 내일 말해야 한다. 이런 관점이 아니라면 분명 저런 관점에서 말해야 한다. 여기서 고소를 정당화하는 것은 한쪽 관점만으로도 충분하다. 여호와와 바알의 상대적 관계, 곧 "둘 사이에서 머뭇머뭇하는 것"[왕상 18:21]은 잘 알려진 대로 있을 수 없는 일이다. 한쪽에서 바알이 확실하게 고개를 내밀면 (예컨대 신학과 설교와 정치에 대한 교회의 입장에서) **그**가 집주인이라는 사실이 분명하다. 여호와는 바알과 집을 나눠 가질 생각이 전혀 없기 때문이다. 그러므로 키르케고르[5]나 쿠터[6] 같은 사람의 고소, 곧 "절대화하는" 고소는 **그 자체로** 옳으며, **그 자체로** 최대한 강조하고 최대한 개방적으로 받아들여야 한다. **하나님**이 주제라면 (교회의 **주제**는 어찌 되었건 하나님이다) 모든 세부적인 것이 전체에 집중한다는 뜻이다. 전체의 문제를 상기시키려면 개별적인 것을 최대한 강력하게 "과장"해야 한다. 그냥 징징대며 이의를 제기하는 것으로는 안 된다. 교

5 바르트는 키르케고르가 「순간」(Der Augenblick)에서 "공적인 기독교"를 비판한 것을 생각했던 것 같다. 바르트는 그 책을 슈렘프(Chr. Schrempf)의 번역본으로 소장하고 있었다. KGW 12, Jena, 1909[2] (SKS 13, S. 127-418). 밑줄이 많이 그어져 있는 것으로 보아 바르트가 이 책을 읽은 것으로 보인다.

6 바르트가 투르나이젠에게 보낸 1921년 8월 3일 편지. Bw.Th.I, S. 508. "쿠터가 받은 작은 (진지한 의미의) 기념비를 조심하자, 그것도……엘리야와 함께 동시에." H. Kutter, *Sie müssen! Ein offenes Wort an die christliche Gesellschaft*, Jena, 1910 9. Tsd., z.B. s. 75. "그렇다, 우리의 난쟁이 같은 삶에 살아 계신 하나님보다 더 큰 위험은 없다. 우리의 허영에 그 하나님보다 더 큰 불행은 없다. 살아 계신 하나님은 가장 폭력적인 혁명가, 인정사정없는 체제 전복자다." "그분은 우리 그리스도교의 겁에 질린 당황스러움과 우려를 마치 지푸라기처럼 흩뿌려 태워 버리실 것이다."

회가 이렇게 혹은 저렇게 바알스러운 것을 나란히 둔 상태로 여호와 하나님으로부터도 온갖 것을 얻어내고자 한다면, 그런 식으로 끌어낸 정황증거는 거센 반항을 일으킬 것이고 회개의 필연성에 저항하는 방어 장치가 될 것이다. 그러므로 여기서 필요한 것은 인내가 아니라 예언자적인 조급함이요, 관조적인 유머가 아니라 거침없는 공세요, 역사적인 정의가 아니라 안장 머리까지도 쪼개는[가장 사소한 문제도 해결할 수 있는][7] 진리에 대한 사랑이 필요하다. 그 진리 사랑은 이런저런 착실한 남자들의 불의를(이스라엘의 바알 제사장들이나 덴마크 목사들이나 스위스 목사들도 **그렇게까지** 나쁜 사람들은 아니었으니!) 비난하는 것을 모름지기 피하지 **않는다**.

"내가 나를 위하여 바알에게 무릎을 꿇지 아니한 사람 칠천 명을 남겨 두었다 하셨으니"(왕상 19:18). 바로 이것이 엘리야가 보지 못한 다른 측면이다. 하지만 그가 이 다른 측면을 어떻게 볼 수 있었겠는가? 교회사의 정교한 부분까지 보는 정교한 눈을 가지고 있다 해도 마찬가지다. 이것은 정말 어떤 숨겨진 물길, 저 아래의 흐름 같은 것이 아니라 하나님의 말씀을 드러내신 교회사의 **다른** 측면, |380| 그것도 **완전히** 다른 측면이다. 이 칠천 명은—비록 그 말이 역설적이고 본문을 거스르는 것처럼 들릴지라도—칠천이라는 숫자를 의미하는 것이 아니다. 어떤 수량이 아니고(윌리허의 주장처럼 "그 백성 가운데서 결코 미미하지만은 않은 부분"[8]이 아니다) 그 나라에서 드러나지 않게 조용히 존재하고 있는 소수의 공동체도 아니다. 엘리야가 이곳저곳에서 어떻게든 만날 수 있는 사람들, 그들의 존재를 알아보고

7 루트비히 울란트(L. Uhland)의 시 '슈바벤 소식'(Schwäbische Kunde) 중에서.

그가 말탄 자의 머리 위로 칼을 내리치셔서
안장 머리까지 쪼개시도다.

8 Jülicher, Römerbrief, S. 68.

그 이름을 열거할 수 있는 그런 사람들이 아니다. "나만 남았다"는 그의 말은 전적으로 옳다. 예언자는 언제나 절대적으로 외로운 혼자만의 존재다. 그의 외로운 영혼의 질량은 더 늘릴 수도 없고 줄일 수도 없다. 저 칠천 명은 그저 칠천 명의 심리학적인 개인이 아니라 압도적인 크기의 **온전한 칠천**으로서는 외로운 엘리야를 눈에 보이지 않게 지지하고 있으며, 금방이라도 사라질 수 있는 소수인 **겨우 칠천**으로서는 이스라엘 백성 전체를 지지하고 있으며, 그 특성으로는 버림받음의 한복판에서 선택의 대상으로서, 에서의 교회 한복판에서 눈에 보이지 않는 야곱의 교회로서 하나님 앞에, 오직 하나님 앞에 올곧게 서 있는 칠천 명이다. 이는 그가 추방하지 않은 **그의** 백성이다. 그러므로 **하나님**께서 자기 사람들을 아심은 그치지 않는다(그분을 아는 몇몇 사람들이 있다는 말이 아니다!) **하나님의** 은혜는 무한하다—칠천 명의 사람들이 은혜를 입었다는 말이 아니다!—**하나님의** 하나되심은 교회사의 문제, 무수히 많은 그 문제 속에서도 영광스럽게 승리하신다(자기 자신과 모종의 평화를 누리게 된 그렇고 그런 사람들, 많은 사람들이 있다는 말이 아니다!). **바로 이것**을 하나님의 말씀이 말한다. 하나님의 말씀은 기적에 관해 말한다. 선택에 관해 말한다. 하나님에 관해 말한다. 아시시Assis라든가 볼Boll에 관한 말도 아니요 사막의 오아시스에 관한 말도 아니다—게다가 **프란체스코**의 아시시나 **블룸하르트**의 볼Boll[바르트 『로마서』 영역자인 호스킨스Hoskyns에 따르면(312, 396쪽), 이 책 145쪽 각주 14의 일화는 뫼트링엔뿐 아니라 바트 볼Bad Boll 전역으로도 퍼져 나갔다고 한다]은 비록 전성기 때라 할지라도 결코 그런 것이 되지 못했다!—왜냐하면 이 사막에는 오아시스가 없기 때문이다. 선택이라는 눈에 보이지 않는 특성은 **분명히** 여기저기서, 이곳저곳에서 보이는 것이 된다. 비록 눈에 보이지 않는 것 속에 있다 하더라도 기적으로, 계시로 직접 나타난다. 앞서(8:18) 우리가 확인했던 것처럼, 진리의 섬은 해저에*submarin* 있다.[9] **내가 나를 위하여** 칠천 명을 남겨두었다! 여기서 하나님만이 옳으시며, 하나님만이 구원하고자 하신다. 그분이 **옳으시고** 그분이 **구원하신다**. 엘리야는 혼자가 **아니다**. 이스라엘이 **모두** 버림을 받은 것이 **아니다**. 왜 그런가? 인간의 모든 소망이 끝난 곳, 바로 그곳에서 하나님이 개입하시기 때문이다. 진노하시는 하나님이시건만 저 이스라엘의 고독한 자[엘리야]가 부르짖는 것, 오직 그것만을 기다리셨다가 **그에게, 그리고 온** 이스라엘에게 자신이 긍휼한 분이심을 증명하시기 때문이다.

"그런즉 이와 같이 지금도 은혜로 택하심을 따라 남은 자가 있느니라. 만일 은혜로 된 것이면 행위로 말미암지 않음이니 그렇지 않으면 은혜가 은혜되지 못하느니라." |381| 교회와 그 주제(교회의 주제)와의 관계는 시간과 영원의 관계, 인간과 하나님의 관계다. 이로써 교회는, 모든 교회는 끝이 났다. 그러나 어쩌면 옳다는 인정을 받을 수 있으리라. 만일 이 관계가 그 심판하는, 단 한 번에 결정적으로 끝장을 내는 의미에서 직접 하나님의 말씀이 된다면, 만일 인간이 가장 철저한 겸허함 속에서 자신의 무기력함을 의식하고, 하나님의 능력에 부딪혀 산산조각 나는 자신을 의식한다면, 계시의 영원한 순간 속에서 시간의 베일이 찢어진다면, 그리스도이신 주님께서 인간에게 몸을 굽히신다면[10] 그렇게 되리라. 이 일이 일어난다는 사실, 일어났다는 사실, 일어날 것이라는 사실, 그리고 이 사건이 곧 진리라는 사실, 바로 이것이 우리가 선포하는 복음이다. 그리고 이 일이 일어나는 한, 엘리야는 외롭지 **않으며**, 교회는(**온** 교회, 그리고 **각각의** 교회는!) 버린 바 되

9 이 책 643[해저의 섬]쪽.

10 카이저(N. Kaiser)가 지은 찬송가 '그리스도이신 주님께서 인간에게 몸을 굽히신다면'(Wenn Christus, der Herr, zum Menschen sich neigt, GER [1891] 251).

지 **않는다**. "지금이라는 시간 속"에 있는 에서의 교회 한복판에 야곱의 교회가 이미 와 있다. 볼 수 있는 눈, 들을 수 있는 귀, 집중하는 마음, 성령을 통해 마음에 부어 주신 사랑, 곧 하나님을 향한 사랑[5:5], 그저 말에 그치지 않는 말씀, 하나님의 뜻에 순종하려는 많은 이들의 자세 안에 이미 와 있다. 그 많은 이들은 누구인가? 다시 한 번 말하지만 우리가 일일이 셀 수 있는 칠천 명이 아니다. 그 숫자를 따지려는 순간 사라져 버리고, 그 순간 보이지 않게 되는 "남은 자"이다. 바다 위로 떠오른 진리의 섬 위에서라도 언제고 익사할 수 있다. 그곳에 어정쩡한 발을 내딛는 순간, 다시 바닷물로 온통 뒤덮여 은폐되기 때문이다. 모든 사람을 포괄하는 것, 그러나 그 누구도 권리를 주장할 수 없는 것, 그것이 "은혜의 선택"이다. 그 선택은 여기서 나타나지만, 여기의 이런저런 사람, 이렇고 저런 이름을 지닌 그 어떤 인간이 의롭다는 인정을 받는 것은 아니다. 그런데 다시 이런저런 사람들, 곧 하나님의 생각이 (모든 사람들 위에!) 드러남을 경험한 사람들이 **오직** 은혜를 통해서 본래의 모습을 가지고 그 자리에 서게 된다. 그들은 **오직** 은혜를 통해서 그런 신적인 특성을 지닌 모습으로 가시화된다. 그 사람들에게서 은혜로 눈에 보일 수 있게 되는 것, 그것은 **오직** 은혜(모든 사람을 위한 은혜!)다. 그러므로 이 남은 자는 인간적인 것에 대한 직접적인 관찰이 탁월한 것, 절정, 은혜의 시간, 돌파, 각성, 개혁 등으로, 하지만 결국에는 "업적"으로 확인하고자 하는 곳에서는 결코 찾을 수 없는 것이다. "그렇지 않으면 은혜가 은혜 되지 못함이니라." **물론 그런 곳에서도** 찾을 수는 있을 것이다. 하지만 그러기 위해서는 하나님께서 그런 인간적-종교적 발달의 최고점 부근에서 스스로를 드러내실 때, 거기서도 "순종"(10:16)이 일어나야 한다. 그러나 꼭 **거기서만** 그렇게 되는 것은 **아니다**. 모든 직선적인 관찰의 입장에서는 거치는 것(방해물)이 되겠지만, 확실히 거기서만 그런 것

은 아니다. (만일 거기서 **찾는다면** 심지어 **바로 거기**가 최고점이라서 확실히 **안** 그럴 것이니!) 어쩌면 전혀 다른 곳, 어쩌면 |382| 최저점 부근에서 비로소 그런 일이 있을 수도 있다. 교회 역사가들이 좋아하는 "업적"에 관해서는 전혀 할 말이 없는 곳, **모든** 시간과 **각각**의 시간이 철저하게 "중간 시대"임이 분명한 곳, **오직** 하나님만이 하나님을 향하여 눈을 열어 주시고, **오직** 하나님만이 인간의 애처로움과 구제 불능 속에서 자신을 다시 드러내 알게 하시는 그곳 말이다. 하나님의 **인식**은 스스로 결정하신다. 교회사의 곡선이 위로 올라가든지 아래로 내려가든지, 그 인식의 대상이 야만적인 알레만 사람들[서남부 독일인에 대한 옛 칭호]이든지 고분고분한 19세기 경건한 사람들이든지 관계없이 그렇다. 자기 백성을 아는 분은 **하나님**이시기 때문에(11:2), **바로 그렇기 때문에** 그분은 자기 백성을 내치지 않으신다. 인간은 **은혜**로 선택을 받았다. 이것이 우리를 낮추시는, 바로 그래서 의롭게 하시고 구원하시는 메시지, 곧 "현존하는 남은 자"에 관한 메시지이며, 그 "남은 자"의 빛이 "지금" 교회의 곤경과 죄책 한복판에서 빛을 발하고 있다. 하나님께서 **자기 자신**을 "지금" 의롭게 만드시며, **자기 자신**의 하나되심을 "지금" 증명하신다는 사실, 바로 이것만이 교회의 구원일 수 있다. 아니, 그것은 이미 교회의 소망**이다**. **하나님**께서 우리의 곤경이 되시는 분으로서, 그분에게 부딪쳐서 우리가 죄인이 되는 그런 분으로서 "지금" 그리스도 안에서 자신을 계시하시기 때문이다.

7-10. 7 그런즉 어떠하냐. 이스라엘이 구하는 그것을 얻지 못하고 오직
택하심을 입은 자가 얻었고[g] 그 남은 자들은 우둔하여졌느니라.[h] 8 기록된
바 하나님이 오늘까지 그들에게 혼미한 심령[깊은 잠]과 보지 못할 눈과 듣지
못할 귀를 주셨다 함과 같으니라. 9 또 다윗이 이르되 그들의 밥상이 올무와
덫과 거치는 것과 보응[벌]이 되게 하시옵고 10 그들의 눈은 흐려 보지 못하

고 그들의 등은 항상 굽게 하옵소서 하였느니라.

우리가 교회의 소망에 관해 말할 때 결국 의미하는 것은 **하나님**이라는 사실을 확실하게 보여주기 위해, 우리는 교회를 향한 하나님의 '**아니요**'에서 다시 한 번 **멈춰** 선다. 이 '아니요'와 씨름할 때라야 야곱의 교회가 나타날 수 있으며, 소망은 정결하고 순수하고 현실적인 소망일 수 있다. 다시 한 번(9:31) 확인되는 사실, 곧 "**이스라엘이 구하는 그것을 얻지 못했다**"는 사실이 그 '아니요'이다. 이스라엘은 그것을 얻지 못하고 있으며 앞으로도 얻지 못할 것이다. 우리는 이스라엘이 무엇을 구하는지 알고 있다. **하나님의** 의를 요술 부리듯 슬쩍 감추고 **자신의** 의를 구하고 있다(10:3). **경건한** 인간을 왕위에 앉힘으로써 **인간의** 의로움과 구원을 구하고 있다. 잠깐 동안 망설이다가는 번번이 **그것을** 구하지 않는 교회가 어디 있을까? 교회가 어떻게 생기는지 아는 사람이라면 그 누가 **이러한** 추구의 죄로부터 스스로 자유롭다 할 수 있을까? **이러한** 것을 구하는 소망은 이루어질 수 없다. **이러한** 종류의 소망은 자기 자신의 불가능성과 하나님의 불가능성에 부딪혀 언제나 실패할 수밖에 없다. 하지만 교회는 이러한 것을 구함으로써 |383| 전혀 다른 어떤 것, 자기가 감히 접근할 수 없는 무언가를 **염두에 두고 있는 것** 아닐까? 왜냐하면 인간 스스로는 그것을 절대 추구할 수 없으며, 교회는 그것에 감히 접근함으로써 자신의 철저한 의문성을 시인할 수밖에 없었기 때문이다. 그렇다면 그것을 구하는 것 자체가 죄악이 아니라(오히려 정반대다. '그를 구하라. 그리하면 너희가 살리라'[암 5:4, 6][11] 하지 않았던가!) **인간**은 그것을 구할 수 없다는 사실을 잊어버림이 유죄 아닌

11 바르트와 투르나이젠이 함께 출간한 설교집의 제목이 "하나님을 찾으라, 그리하면 너희가 살리라!"(*Suchet Gott, so werdet ihr leben!*, Bern, 1917)이다.

가? **발견할** 수 없는데도 구할 수 있다고 생각하는 그 건방짐이 유죄 아닌가? 쓸데없이 구하고 돌아다니느라, 이미 발견한 것을 **내버리는** 그 경솔함이 유죄 아닌가?

교회와 더불어 붕괴된 저 인간적인 가능성의 경계선에 서 있는 사람이 있다. 그는 잊지 않는 인간, 건방지게 자기를 높이지 않는 인간, 경솔하지 않은 인간이다. 그는 하나님의 심판 아래 엎드림으로써 의, 곧 하나님의 의를 얻은 인간이다. "**오직 택하심을 입은 자가 얻었고.**" 이것이야말로 교회가 그것을 구할 때 원래 염두에 두는 것이다. 우리는 이 "택하심을 입은 자"는 이런저런 사람이 아니요, 여기나 저기 있는 사람이 아니요, 이런저런 이름을 가진 사람이 아님을 엄히 새긴 바 있다. 그들은 은혜로써 그런 존재가 된다. 그들이 그런 존재임을 증명할 수는 없다. 어떤 프로그램에 따라 선택되는 것이 아니다. 우리는 그들과 무슨 일을 벌이거나 그들을 어떤 계산에 넣을 수 없다. 그들은 교회의 빛이 되는 것이 아니다. 어떤 학파를 만들지도 않을 것이다. 어떤 "자극"을 주지도 않을 것이다. 다만 영원한 생명을 위한 자극[12], 그것도 거치는 것[걸림돌] 형태의 자극만 될 것이다. 그들은 여기에 있고 저기에 있다. 다만 '여기다!'라고 외치는 곳에는 확실히 없다. 그들에게도 이런저런 이름은 있다. 다만 남들이 부르는 그런 이름은 확실히 없다. 그들은 알려지지 않은 자들로 알려져 있다[고후 6:9]. 그들은 나타났다가 다시 사라진다. 그들의 선택됨과 "얻음"은 어떤 역사적 실체로 나타나지 않는다. 교회사에 끼친 복된 영향력이나 교훈적인 삶의 여러 가지 형태로 나타나지도 않는다. 그들을 통해 어떤 역사적 실체로 나타나는 것은 확실히 그들의 선택됨과 얻음은 아니다. 교회는 그 사람들에게서

12 이 책 211쪽, 각주 15.

도, 곧 교회의 소망을 간직한 사람들에게서도 오직 하나님의 무한한 자유와 은폐성을 인식할 수 있으며, 오직 그 자유와 은폐성 안에서 그분의 은혜를 인식할 수 있으며, 오직 그 은혜 안에서 자신의 소망을 인식할 수 있다. 그들을 통해서 교회가 배울 수 있는 것은 오직 이것이다. "이스라엘은 구하는 그것을 얻지 못한다."

"그 남은 자들은 우둔하여졌느니라." 빛이 어둠 속에 비친다[요 1:5]. 제압되지는 않았다! 그러나 **어둠** 속에 있다! 소망 없음은 그야말로 소망 없음이다. 막다른 골목은 그야말로 막다른 골목이다. 한쪽의 영혼과 다른 쪽의 영혼 사이에는 연속성이 없다. 소망을 전하는 사람들과 그 소망을 전달받아야 하는 사람들 사이에는 연속성이 없다. 저쪽에서 이쪽으로는 중계도 전염도 "영향"도 없다. 오직 하나님 안에만 연계가 있다. |384| 그들은 오직 하나님에게서 얻는다. 만일 하나님으로부터 얻지 않는다면 아무리 구해도 소용없는 그것을 얻는다. 그들은 **타자들**에게 오직 하나님을 가리키는 **암시**일 뿐이다. 그들이 신적인 시작, 신적인 씨앗, 세포핵 등이 될 수는 없다(공관복음의 예수도 제자들을 파송할 때 하나님 나라의 도래를 **통고하라**고만 했지 그 나라를 세우라고 하지는 않았다!, 마 10:7). 그러나 그들도 하나의 중대한, 유일한, (마 10:28이 확실하게 표현한 것처럼) 치명적인 위험에 노출되어 있으니, 그것은 하나님을 망각할 수 있는 위험이다. 그렇기 때문에 그들이 가리켜 보이는 자가 되지 않는 한 철저하게 저 **타자들**에 속한 자가 되며, 그들과 더불어 "우둔하여"지고, 하나님의 가능성으로부터 완전히 차단된다. 이런 사정은 변하지 않는다. **이렇게** 교회는 자신의 소망을 파악하는 법을 배워야 한다. 하나님이 **기적**을 행하지 않으시면 (그리고 선택하심을 받은 이들에게 소식이 전해지는 것이 바로 하나님의 기적이다!) 아무런 소망도 **없다**는 사실을 배워야 한다. 유일하게 눈에 보이는 진리의 경우에도 마찬가

지다. 교회가 눈에 보이는 진리를 선포하려고 고집하는 한 모든 교회 문과 모든 설교 원고 위에, 그리고 모든 종교 서적의 첫 페이지에 이 진리가 적혀 있어야 할 것이다. **"그 남은 자들은 우둔하여졌느니라."** "남은 자들"도 "택하심을 받은 자들"과 마찬가지로 어떤 수량이 아니다. 하나님이 하나님을 통해 인식되지 않는 한 모든 사람은 "그 남은 자들"이다. 하나님은 하나님을 통해서 인식될 수 있기 때문이다. **그렇기 때문에** 택하심을 받은 자들이 나타나고, **그렇기 때문에** "그 남은 자들"은 배제된다. 그러나 선택받은 자들도 그 존재가 택하심을 받은 자의 **그것**을 의미하지 않는다면 곧장 "그 남은 자들"이 된다.

에서의 교회가 처한 철저한 곤경에서 드러나는 변함없는 사실이 있다. 그것은 하나님께서 그 교회를 깊은 잠과 보지 못할 눈과 듣지 못할 귀로 치셨다는 사실, 하나님이 보시기에 그들의 밥상, 곧 그들의 모든 행위가 올무와 덫과 거치는 것과 벌이 될 수밖에 없다는 사실, 하나님께서 그들의 등은 항상 굽게 하시고 결코 의롭다는 인정이나 구원으로 파악되지 않는 심판, 그러나 결코 피할 수 없는 심판 아래 두셨다는 사실 말이다. 바로 **이** 하나님, 곧 자신의 긍휼하심을 **나타내시면서** 그렇게 무자비하게 '아니요'라고 하시는 하나님, 모든 사람에게 애정을 쏟으시면서 그렇게 가차 없이 배제하시는 하나님, 자기 이름을 알려 주시면서도 동시에 숨어 계시는 하나님으로 자신을 드러내시는 하나님, 그렇게 계속해서 숨어 계시는 분, **그분**이 교회의 소망이다. **그분의** 하나되심, **그분의** 동일하심, **그분의** 은혜, **그분의** 진리가 소망이다. 그분은 꼭 이런 방식으로만 예수 그리스도, 십자가에 달리시고 부활하신 예수 그리스도 안에서 우리의 아버지시다. **그** 하나님께 소망을 둘 수 있으려면 어디서 그만큼 큰 소망이 교회로 들어와야 할까? |385|

밖에 있는 사람들을 향한 한 말씀

11:11-24

11 그러므로 내가 말하노니 그들이 넘어지기까지 실족하였느냐. 그럴 수 없느니라. 그들이 넘어짐으로 구원이 이방인에게 이르러 이스라엘로 시기나게 함이니라.

"그들이 넘어지기까지 실족하였느냐. 그럴 수 없느니라." 교회, 모든 교회의 맞은편에는 "이방인", "다른 사람들"이 있다. 그쪽 입장에서는 확실하게 교회인 것인데, 우리는 상대적으로 비非교회적인 그것을 일단—우리 가까이에 있는 교회와 비교하여—함께 듣지 않는 사람들, 함께 말하지 않는 사람들로 여기려고 한다. 교회의 여러 가지 시도와 실패를 그저 남의 일처럼 구경하는 사람들로 여기려고 한다. 어쨌든 그들은 저쪽에서 어떤 실패가 일어나고 있음을 보고 있다. 어떤 비틀거림, 무언가 눈에 보이지 않는 장애물에 걸려 "실족"하는 일이 있음을—세상 혹은 교회는 비록 침묵해 오기는 했으나 각각 다른 편에 그런 문제가 있음을 일찍부터 봐 왔으니—보고 있다. 만일 우리가 어느 정도만이라도 건강한, 낭만주의적 질병에 걸리지 않은 "이방인"이라면, 예컨대 가톨릭의 미사에 참석하면서 '이것은 아니다!'라는 느낌, 그러니까 이것을 하이델베르크 교리 문답으로 **훨씬 더** 강력하게 표현하지 않으면 안 된다는 근본적인 느낌을 갖게 될 수밖에 없다.[13] 만일 우리가 어딘가에서 스스로 "안에 있는" 사람이라면 (그리고 우리는 모두 그런 사람이다!) 우리는—우리가 볼 때—밖에 있는 사람들이 우리에 비

13 *Heidelberger Katechismus*, Frage 80, BSRK 704-30,32. "그러므로 미사는 근본적으로 예수 그리스도의 유일한 희생과 고난을 부정하는 것 외에 아무것도 아니며, 사악한 우상숭배다."

해 더 낫지 않다는 사실을 확실히 해두려고 한다. 그런데 각각의 "이방인들"도 아직은 나름 운이 좋은 상태다. 교회가 자기들에게는 그다지 큰 감명을 주지도 **않고**, 어떤 본질적인 일이라는 인상도 주지 **않고**, 어쩌면 존경할 만한 것 같기는 하지만 그래도 믿을 만하지는 **않은** 것 같다는 사실을 확인할 수 있는 상태이기 때문이다. 그들은 각각의 교회가 하나님의 말씀을 다루고 있다는 주장을 듣기는 하지만, 그것이 증명한다고[i] 생각하지는 않는다. 밖에 있는 사람들은 교회의 곤경과 죄책, 교회가 마주한 하나님의 '아니요'를 예리한 후각으로 감지하고 있다. 그들은 저 안에 있는 사람들이 가시채를 뒷발질하듯 헛된 저항을 하고 있음[행 9:5, 26:14]을 알고 있다. 하나님의 입장에서 교회에 맞서 할 만한 말은 실제로 상식적인 것이든 몰상식적인 것이든 "세상"의 입장에서도—그것을 이해하든지 못하든지 간에—교회에 반대하여 충분히 할 만한 말이다. 그러나 바로 그렇기 때문에, 세상이 교회에 맞서 말하는 것은 언제나 하나님이 교회에 맞서 하셔야 할 말의 의미에서 파악되어야 한다. 다른 방식으로는 안 된다. 그러니까, 이 세상 앞에서 교회의 곤경과 죄책이 드러날 때마다 동반되는 무기력함, 당황스러움, 깊은 불신이 마치 최종적인, 형이상학적인 현실인 것처럼 여겨져서는 안 된다. 교회는 끝난 게 **아니다**. 극복된 게 **아니다**. 소멸된 게 **아니다**. "이방인들"이 |386| 교회에서 지금까지 봤던 것을 열 배나 더 또렷하게 본다고 해도 마찬가지다. 이 세상이 아무리 곤경과 죄책에 빠져 있다 할지라도 하나님에게서 버림받지는 않은 것처럼, 그 세상의 미심쩍은 꼭대기인 교회도 마찬가지다. "세상"과 "교회"는 오직 서로에 대한 관계 안에서만 있는 그대로의 존재일 수 있다. 어찌 한쪽이 다른 한쪽을 절대적으로 배제한다고 말할 수 있겠는가? 절대적인 것은 그 둘이 **하나님**과 대립하고 있다는 사실이다. **하나님**의 입장에서 볼 때 물론 교회는 "끝이 났다".

하지만 세상도 마찬가지다. 이스라엘이 "끝이 났을" **뿐만 아니라** 이방인도 "끝이 났다". 그러므로 그들이 (걸림돌과 거치는 바위에, 9:33) 실족하여 넘어지는 일은 있을 수 없다.

"그들이 넘어짐으로 구원이 이방인에게 이르러." 교회의 곤경과 죄책은 눈에 보이지 않는 저 "발걸음", 하나님께서 가시는 발걸음의 하나의 계기이니, 곧 [j]버림에서 선택으로[j], '아니요'에서 '예'로, 에서에서 야곱으로, 바로에서 모세로 옮기시는 발걸음이다. [k]여기서 그분은 자신의 주권적인 자유를 확증하시고 자기 자신을 알려 주시고in dem [k] 세상의 화해를 이루신다 (9:22-23). 그러나 그렇다고 해서 교회의 곤경과 죄책이 최종적인 상황은 아니며, 그분의 의로우심이나 영광과 어깨를 나란히 하는 어떤 형이상학적인 두 번째도 아니다. 오히려 그 곤경과 죄책은 시간 속에서 그분의 영원한 의와 영광 위에, 모든 사람을 도우시려는 그분의 뜻 위에, 교회의 소망 위에 드리워진 노여움의 구름이다. "그의 노여움은 잠깐이요 그의 은혜는 평생이로다. 저녁에는 울음이 깃들일지라도 아침에는 기쁨이 오리로다"(시 30:5[원서에는 30:6로 되어 있다]). 버리심은 **택하심**이라는 빛의 그림자로 존재할 뿐이다. 하나님의 '아니요'는 이러한 세상에서 살아가는 이러한 인간들이 어쩔 수 없이 빠져드는 뒷면, 곧 하나님의 '예'의 뒷면이다. 에서는 오직 그가 **야곱**이 아니라는 점에서만 에서다. 눈에 보이지 않는 상태에서 바로의 마음이 강퍅해진 것은, 눈에 보이지 않는 상태로 **모세**가 부르심을 받은 것과 마찬가지로 똑같은 하나님의 능력을 증명한다. 하나님의 계시를 받은 **인간**은 거기에 수반되는 모든 곤경과 죄책을 그대로 안고—대표자로서stellvertretend [l]—하나님의 계시를 받고 거기서 자기의 소망을 찾은 인간 편에 서야 한다. 여기서 첫째는[m] 이스라엘이요 교회다. 그들의 실패, 그들의 파국 속에서 둘째가[n] 태어난다. "그들의 넘어짐으로 이방인

의 구원이 일어난다." "죄가 더한 곳에 은혜가 더욱 넘쳤나니"(5:20). 선택은 **버림**이라는 어쩔 수 없는 운명에 빠진 인간의 구원, 여태껏 한 번도 들어 본 적이 없는 새로운 방식으로 가능해진, 실제적인 구원이다. 그의 '**아니요**'가 완전히 뒤집혔을 때, 오직 그때에만 하나님의 '예'가 있다. 야곱은 **에서**가 아니기 때문에 야곱이다. 구제 불능의 강퍅함에 빠진 **바로**를 부르심이 없다면, 모세를 부르심도 없다. 이렇듯 교회의 넘어짐을 통해 이방인의 구원이 일어난다. 그런데 도대체 **어떻게** 일어나는가? 모든 인간적인 |387| 불의 너머에 있는 하나님의 **은혜**를 확증함으로써 그리된다. 그것에(**하나님의** 의로우심에) 장애가 되는 것은 하늘을 향해 울부짖는 이방인의 인간적인 불의가 아니라 교회의 인간적인 의로움이다. 그러므로 교회의 이러한 모습에 상대적으로 (그리고 부정적으로) 반대가 되는 모습이 곧 이방인의 풍성한 순간이다. 그래서 이방인은 오직 **교회**와 대비될 때만 의롭다는 인정을 받지, 다른 방식으로 그리되는 것은 아니다. 하나님께서 교회와 마주하여 언제나 스스로를 전능하신 분으로 입증하심으로써, **교회**가 하는 인간적인 일들이 하나님에게 부딪혀 항상 필연적으로 산산조각이 남으로써, 상황은 외부에 있는 이들에게 유리하게 변한다. **교회**가 그리스도를 십자가에 못 박음으로써 구원이 이방인에게 이른다.

"이스라엘로 시기나게 함이니라"(11:11[원서에는 9:19로 되어 있다]). 여기 서술된 맥락은 심리학적으로 "밖"에 있는 개인과 "안"에 있는 개인 사이의 형이상학적 대립을 잠시 생각하게 하지만 금방 그 대립은 지워진다. 그 둘은 하나님이 일으키시는 **한 가지** 일의 두 대상, 두 도구다. 그 **하나**를 떠맡은 둘이다. 선택받음이란 신적인 가능성으로서 언제나, **버림받은 사람들**의 가능성이다. 하나님이 말씀하시는 '예'의 빛은 그분이 말씀하시는 '**아니요**'의 가장 깊은 곳까지도 비춘다. 그것은 이 '아니요'가 그만큼 근원적인 것이며, **신적인** '아니요'이기 때문이다. 야곱의 **하나님**에 대한 기억은 야곱을 더 좋아하셨다는 도발적인 사실인데, 그것은 **에서**를 위한 것이기도 하다. 모세를 부르신 사건의 그 **신적인** 근원에는 강퍅해진 **바로**도 참여되어 있다. 그리고 이것은 오직 "시기"[질투]를 통해서만, 깊은 불안을 통해서만 가능하다. 이 시기와 불안은 선택받은 사람들의 실존을 의미하지만, 그와 동시에 버림받은 사람들을 위하시는 하나님의 자유와 은혜로운 선택의 발현을 필연적으로 의미한다. 바로 이 시기, 이 **불안**이—인간적으로 말해—교회의 소망이며 최종적인 말씀이다. 선택하심을 받지 못한 사람들에게 일어날, 일어나야 할 사건은 바로 이 말씀과 더불어 주관적인 범주로 서술된다. 게다가 교회는 "넘어지기까지" 했다. 실패했으며 신뢰를 잃었다. 본의 아니게 유머[이율배반]에 둘러싸였다. 요셉의 환난은 깊이 숨겨졌다[암 6:6]. 이것은 교회가 그 모든 것 속에서 계시되는 하나님의 자유를 새롭게 알게 하려는 것이며, 교회가 이처럼 회복에 도움이 되고 풍성하고 미래가 있는 이 시기와 불안을 새롭게 받아들이게 하려는 것이며, 교회가 하나님을 향하여 새롭게 자신을 활짝 열도록 하려는 것이다. 이 새로운 깨달음, 불안함, 열림이 새롭게 생겨나면, 교회의 곤경과 죄책은 그 목표에 도달하게 되며, 이로써—하나님 안에서—그 마지막, 완성에 이르게 된다.

12-15. 12 그들의 넘어짐이 세상의 풍성함이 되며 그들의 실패[공허함]**가 이방인의 풍성함이 되거든 하물며 그들의 충만함이리요. 13 내가 이방인인 너희에게 말하노라. 내가 이방인의 사도인 만큼 내 직분을 영광스럽게 여기노니 14 이는 혹 내 골육을** |388| **아무쪼록 시기하게 하여 그들 중에서 얼마를 구원하려 함이라. 15 그들을 버리는 것이 세상의 화목이 되거든 그 받아들이는 것이 죽은 자 가운데서 살아나는 것이 아니면 무엇이리요.**

"그들의 넘어짐이 세상의 풍성함이 되며 그들의 실패[공허함]**가 이방인**

의 풍성함이 되거든 하물며 그들의 충만함이리요." 하나님의 현실성에 걸려 넘어짐, 하나님에게서 수치를 당함, 하나님에게 부딪쳐서 죽을 수밖에 없음, 이것은 소망 가득한 일이다. 그런 일에 맞닥뜨린 사람도 넘어질 수 있다. 그러나 그를 넘어지게 만든 그 장애물을 붙들고 다시 일어날 것이다. 그러니까 그는 최종적으로 넘어진 것이 아니다. 어떤 형이상학적 의미, 경직되고 절대적인 의미, 시간의 한계를 넘어서려는 의미에서 넘어진 것이 아니다. **하나님**에 부딪쳐서 넘어진다는 것은—하나님은 **하나님**이시기 때문에—하나님의 그 자유 때문에 다시 일어설 수 있는 가능성을 의미한다. 밖에 선 채로 교회의 실패와 "공허함"을 확언하는 사람들은 이 점을 감안해야 한다. **이** 마지막은 **결코** 마지막이 **아니다**. 교회의 곤경과 죄책, 이스라엘의 실패와 "공허함"은 "세상을 위한 풍성함", "이방인을 위한 풍성함"이다. 이것은 오직 그리스도의 십자가에서 계시되고 오직 그리스도 십자가의 빛에서 이 세상에 계시될 수 있다. 왜냐하면 하나님께서는 그분의 자유, 그분의 보이지 않음, 그분의 "영원한 능력과 신성"(1:20)을 포기하지 않으셨음을, 그리고 인간의 모든 성취를 넘어선 곳에 그분 스스로, 오직 그분 홀로 하나님이심을 바로 그 파국 속에서, 그 파국을 **바라봄** 속에서 계시하시기 때문이다. **그것**이 **드러나고** 그것이 눈에 **보이는** 곳이라면, 안이든 밖이든, 바로 그러한 드러남과 봄 속에서 **선택하심**이 일어난다. "그를 부르는 모든 이에게 풍성한"(10:12) 주님, 곧 부활하신 주님이 알려지게 된다. 거기서 그분은 **겸손한 자에게 은혜**를 베푸신다[벧전 5:5, 약 4:6]. 눈에 보이는 것은 아니지만 십자가 저편에 진정 (**하나님**께서 보여주시는, **하나님**에 의해 보게 된 눈은 볼 수 있는!) 부활이 **있다**. 거기서 하나님은 스스로를 증명하시고 확증하셨다. 거기서 하나님은 자신이 모든 사물의 근원, 창조주와 구원자라는 사실을 기억나게 하셨다. 거기서 하나님은 인간적인 소

유의 풍부함**에서** 오히려 넘어짐, 마이너스, 빈 공간, 실패, 공허, 눈에 보이시지 않음을 나타나게 하심으로써 그분 소유의 풍부함을 나타나게 **하셨다**. 그분 **소유**의 풍부함이여! 이것은 그분의 의로우심, 그분의 플러스, 그분의 부요하심, 그분의 긍휼하심, 그분의 보이심이다. 인간적인 소유의 풍부함에는 마지막이 있는 것처럼, 그 풍부함에 나 있는 푹 파인 공간에도 끝이 있다. 그러나 **하나님의** 풍부함에는, 그러니까 저 마이너스를 위해 나서신 플러스에는 끝이 없다. 교회의 마지막은 하나님의 풍부하심의 시작이다. 그 풍부하심은 무한할 뿐만 아니라 **영원**하며, 그래서 그와 마주한 유한한 것들의 제한일 뿐만 |389| 아니라 그것들의 지양이다. 그 풍부하심 안에서는 선택받은 사람**과** 버림받은 사람이 따로 없고 이방인**과** 유대인, 밖에 있는 사람**과** 안에 있는 사람이 따로 없으니, 이는 그 안에서 모든 사람들이 그리스도 예수 안의 한 사람이기 때문이다[갈 3:28]. 교회의 마지막, 그것의 **부정적인** 의미(그리스도의 십자가의 의미!)가 모든 인간적인 제약으로부터 하나님께서 스스로를 자유롭게 만드시는 행위, 하나님의 은혜의 선택[예정]이라는 가능성과 현실성, 인간과 하나님의 화해, 시간 속에서 영원한 순간의 번쩍임이라면, 그것의 **긍정적인** 의미(그리스도의 부활의 의미!)는 영원한 빛 그 자체, 그 어떤 시간과도 견줄 수 없는 영원함, 부활하신 분의 생명, 이미 일어났으며 지금도 일어나고 있는 구원, 선택을 통해 버림이 불가능해짐이다. 만약 교회의 마지막이 희미해지면 최종적인 것들(죽음의 지양, 11:15, 고전 15:26!)도 희미해진다는 사실, "공허함"이(이것은 유익한 공허함일진대!) 확인되면 "성취"가(이것은 철저하게 다른 방식으로 유익한 성취일진대!) 바로 눈앞에 있는 사실, 교회의 구경꾼들, 교회의 실패를 방관하는 구경꾼들은 바로 이 사실을 의식해야 할 것이다. 교회는 이제 **끝장났다**는 사실, 그것을 확인하는 일은 오직 두려움과 떨림 속에서만 가능할 것이

다. 아니 차라리 확인하지 않는 것이 좋을 것이다. 왜냐하면 누가 감히 **그 다음에** 무슨 일이 생길는지 알 수 있겠는가?

"내가 이방인인 너희에게 말하노라. 내가 이방인의 사도인 만큼 내 직분을 영광스럽게 여기노니 이는 혹 내 골육을 아무쪼록 시기하게 하여 그들 중에서 얼마를 구원하려 함이라." "밖"에 있는 사람들, 바로 그들이 이 모든 것을 듣고 심사숙고해야 한다. 그들은 교회의 곤경과 죄책을 통해서 의롭다는 인정을 받았다. 저 안에 있는 사람들이 버림받는 순간이 곧 자기들이 선택을 받는 순간이다. 이스라엘을 심판한 것, 곧 홀로 한분이신 하나님의 영광이 그들을 구원한다. 그들도 거의 아무런 자격 없는 세속성에 빠져 있는 사람으로서 그들의 완전한 벌거벗음이란 단 한순간도 합리화하거나 미화할 수 없는 상태이며, 그들의 완전한 인간적인 연약함이란 그 어떤 진지한 요구도 내세울 수 없으며 제발이지 그런 요구를 내세우지 않았으면 하는 그런 상태이건만 구원을 받는 것이다. **그들의** 사도가 바로 바울이다. 그는 복음이 그들을 향해 있다고 본다. 이는 그들의 벌거벗음과 연약함이 바울에게는, 하나님 앞에서 있으면서 하나님께서 의롭게 하신 사람들의 모든jede o 벌거벗음과 가난함에 대한 하나의 비유이기 때문이다. 이와 반대쪽에 있는 사람들은 자기 자신의 의로움으로 가득하여서 하나님 앞에 서지도 않고 의롭게 될 수도 없다. 그런데 바로 그것이 바울을 **이스라엘**과 굳게 묶는다. 바로 그것이 바울을 거듭 **이스라엘**에게 돌아가도록 이끈다. 누가가 적절하게 묘사한 것처럼, 바울의 선포는 언제나 **이스라엘**에게서 다시 시작하지 않을 수 없다.[14] |390| 왜 그런가? 지금 p"이방인"이 처해 있는p 벌거벗음의 상태, 그러니까 이스라엘의 풍부함과는 반대로 하나님을 향해 열려 있음을 의미하는 그 상태는 하나님과 마주하여 인간이 보편적으로 처해 있는 상태, 이스라엘이라고 해서 벗어날 수 없는 상태를 의미하며, 자기 자신의 의로움—이것은

그의 심판이다—저편에서는 이스라엘에게도 하나님의 용서라는 '그럼에도 불구하고!'가 시야에 들어오는 지점을 의미하기 때문이다. 거꾸로도 마찬가지다. 용서란 세상 자녀들의 인간적인 벌거벗음의 저편에 있는 의미라는 사실을 알게 되는 것, 그것은 그 인간의 최종적이고 가장 높은 가능성, 곧 종교적 가능성이 탈진하여 모든 인간 상황의 의미가 하나님 안에서 인식될 때가 아니라면 어찌 가능할까? 완전히 항복한 교회가 아닌 다른 어떤 곳으로부터는 세상에 용서가 실제로 선포된 적이 없다. 한편으로 이 세상은 교회가 겸손한 모습으로, 그리고 좀 더 소망 가득한 방식으로 자기 자신의 모습을 알아볼 수 있게 해주는 거울이다. 다른 한편으로 교회도 이 세상에 거울의 역할을 한다. 이 거울이 없다면 세상은 자기가 하나님과의 관계 속에 있다는 사실을 인식하지 못할 것이다. 그러나 다시 한 번 기억해야 할 것이 있다. 그것은 여기서 말하는 "교회"와 "세상"은 어떤 역사적인 실체가 아니라 변증법적인 실체로 이해해야 한다는 사실이다. 하나님과 인간 사이의 무한한 질적 차이로 말미암아 교회와 세상은 마치 강철로 된 괄호 안에 묶인 것처럼 하나로 맞붙어 있다. 그 괄호가 한편에서는 인간의 버림을 다른 한편에서는 선택을 의미하는데, 어쨌거나 그 차이로 인해서 인간이 두 개의 집단으로 갈라지는 것은 무조건 불가능해진다. 어떤 사람들이 다른 사람들을 통해 불안을 느끼고 "시기"하게 됨을 감수해야 한다면, 이 다른 사람들이[¶] 자신들의 다름이라고 생각할 수 있는 것은 딱 하나, 곧 저들까지도 의롭게 되는 것, 즉시 저들 가운데 "일부"라도 "구원"을 받고 강퍅함에서 끄집어내지는 일이 소홀히 되지 않는다는 사실이다.

14 K. Barth, *Die Missionsthätigkeit des Paulus nach der Darstellung der Apostelgeschichte*, V.u.kl.A. 1905-1909, S. 148-243, bes. S. 186-192.

그래서 그들은 그들 모두의 영원한 미래는 저주가 아니라 구원이라는 사실의 징표가 된다. "이방인의 사도"가 **이방인** 안에 있는 이방인과 마찬가지로 **유대인** 안에 있는 이방인에게도 마음을 쏟지 않는다면 그는 예수 그리스도의 보냄을 받은 자가 아니다. 만일 이방인이 주장하기를 유대인은 무조건 버림을 당한 자들이요 교회는 다 끝난 것이라고 고집을 부린다면, 그는 하나님의 선택을 받은 사람이 아니리라.

"그들을 버리는 것이 세상의 화목이 되거든 그 받아들이는 것이 죽은 자 가운데서 살아나는 것이 아니면 무엇이리요." 교회의 "버림받음"은 교회가 시도한 최종적이고 가장 고귀한 인간적 시도, 곧 하나님의 말씀을 듣고 말하는 시도가 영웅[거인]의 시도가 되어 심판을 받은 불가능한 일이라는 사실이며, 바로 그 시도가 그 어떤 인간적인 시도보다도 인간에게 큰 짐이 되고 있다는 사실이다. 여기 그 증거가 있으니, 교회가 그리스도를 십자가에 못 박은 것이다. 교회는 하나님을 찾는다고 하면서도 그분을 만나면 |391| 그분을 내팽개친다. 그분을 붙잡을 수 있는 능력이 없기 때문이다. 이 파국을 인식할 때 하나님과 "세상의 화해"가 이루어진다. 교회 안에서 옛 사람이 자기 가능성의 최정상에 서지만 결국 하나님 앞에서 죄인이 되고 그 하나님 앞에서 죽어야 하는 일이 일어날 때geschehen r 그때 새 사람이 태어난다. "하나님과 평화"를 누리는 새 사람(5:1) 말이다. "우리가 원수 되었을 때에 그의 아들의 피로 말미암아 하나님과 화목하게 되었다"(5:10[원서에는 5:9로 되어 있다]). 교회의 몰락 말고 그 어디서 이 "원수됨"과 "화목이 됨"을 볼 수 있겠는가? 바울의 바리새주의가 s그의 시간적 삶을 위에서 아래로 절단하는s 힘에 의해 끝장남을 경험한 것 말고 그 어디서 새로운 세계로 들어가는 문턱을 경험했겠는가? **몰락한** 교회, **끝장난** 바리새주의야말로 바로 그 명백한 특성 때문에 현존재의 최종적인 인가認可이다. **이러**

한 유대인이 이방인의 관심사다. **이러한** 교회야말로 세상의 오롯한 관심이다. 인류에게 주어진 가능성이 마지막 결론에 도달하고 그것의 명백한 불가능성 속에서 하나님의 가능성이라는 결론이 나타나는 지점이 있다는 사실, 언제나 그런 지점이 있다는 사실, 인류는 바로 거기에 의존하고 있다. 그리고 우리는 지금 저 "버림"이 최종적인 결정이 아니라는 사실을 알고 있다. 인간적인 모든 인생의 시도Lebensversuch에 대해서도 그렇고, 교회의 여러 시도에 대해서도 마찬가지다. "화해"라든지 "하나님과의 화목"과 같이 전혀 들어 보지 못한 말도 최종적인 결정은 아니다. "버림"의 저편에서 "받아들임"이 기다리고 있다. 이것은 인간의 불가능성을 **하나님의 가능성** 안으로 받아들임이다. 본래의 근원과 지금 현존하는 상황의 **하나됨**이며, 썩을 것이 **썩지 아니할 것**을 옷 입는 것이며[고전 15:53], 시간이 **영원해짐**이며, **새** 하늘과 **새** 땅[벧후 3:13]이다. 이 모든 것이 또한 교회의 불가능성을 기다리고 있다. "버림"이 무엇인지가 그 어느 곳보다 분명하게 드러나는 곳이 바로 교회다. 그래서 이러한 세상 속에서 살아가고 있는 이 세상의 인간이 하나님과 하나됨으로 "받아들여짐"이 그 어느 곳보다 분명히 드러나는 곳도 교회일 수 있다. 만일 **인간**이 진실로 그리고 현실적으로 하나님의 말씀을 듣고 말한다면, 만일 복음이(그 어떤 그리스도교가 아니라 진정 **복음**!) 온 세상에 선포된다면[마 26:13, 병행 본문], 만일 교회의 계획이 하나님의 계획으로 수행된다면, **그때는**, 그런데 "그때는"이 무슨 말인가? 그때는 시간이 아니며 모든 시간이다! 그러므로 여기서 정말 중요한 종말론적 가능성에 대한 시간적 오해를 불식시키기 위해 **그곳은**이라고 말하자. 그곳은 교회가 구현하는 인간적 가능성이 그 교회가 의미하고 가리키는 것, 곧 오직 하나님 자신의 가능성으로 |392| 인해 무너져 내리는 곳이며, 그곳에는 화해 **이상**의 무엇, 하나님과의 평화 **이상**의 무엇이 있으며, 그곳에는

“**죽음**으로부터 **생명**”이 있다. 이것을 다른 말로 해보자. 교회가 [t]버려지지 않고 받아들여지는 것[t], 야곱의 교회가 실현되는 것이 예수 그리스도의 날의 **동터 옴**과 같으며, 우리가 지금 소망 안에서—그러나 다만 소망 안에서—자랑하는(5:2) 하나님의 영광의 **나타남**과 같으며, **하나님 안에서 구원받은 세상**과 같다. 그러므로 소망이 있는 곳에는—그리고 이는 너희가 그 자체로(너희가 그 자체인 **한에서**!) 의롭다는 인정을 받은 것처럼 “너희 이방인에게”, 밖에 있는 너희 구경꾼들에게도 말할 수 있는 것이니—교회**에도** 소망이 있다. **특히** 교회에 소망이 있다. 모든 소망은 그 자체로 교회를 위한 소망이다. 교회를 위한 소망 속에서 **모든** 소망이 결정되어 있기 때문이다. 만일 어딘가에 그 소망이 있다면, 그렇다면 세상의 질병이 터져 나오는 바로 이 지점에서 건강 회복으로의 전환이 일어나야 한다. 우리는 무엇을 기다리는가? 우리는 하나님의 말씀을 실존적으로 듣고 실존적으로 말하기를 기다린다. 만일 그 어떤 사건이 보편적-인간적 관심을 받을 만하다면 (그리고 실제로 그 모든 것에도 불구하고 항상 관심을 받고 있다면!) 그렇다면 그것은 하나님의 말씀을 듣고 말하고자 항상 시도하지만 항상 그 시도가 수포로 돌아가는 곳에서, 다시 말해 장벽 안쪽에서 일어나는 바로 그 일이다.

16-18. 16 제사하는 처음 익은 곡식 가루가[시작이] **거룩한즉 떡덩이도 그러하고 뿌리가 거룩한즉 가지도 그러하니라. 17 또한 가지 얼마가 꺾이었는데 돌감람나무인 네가 그들 중에 접붙임이 되어 참감람나무 뿌리의 진액을 함께 받는 자가 되었은즉 18 그 가지들을 향하여 자랑하지 말라. 자랑할지라도 네가 뿌리를 보전하는 것이 아니요 뿌리가 너를 보전**[지탱]**하는 것이니라.**

“**제사하는 처음 익은 곡식 가루가**[시작이] **거룩한즉 떡덩이도 그러하고 뿌리가 거룩한즉 가지도 그러하니라.**” 거룩한 “시작”, 거룩한 “뿌리”는 마지막 가능성, 종말론적 가능성이다. [u]이것이 주제요 이것이 곧

die das Thema und als solches u

교회의 심판과 약속이다. 거기서 교회가 생기며, 언제나 거기서 생길 수밖에 없다. 거기서 교회는 실패하며, 언제나 거기서 실패할 수밖에 없다. 바로 거기서 교회는, 아무런 소망이 없는 상황에서 소망하면서(4:18), 실패하지 **않게** 된다(5:5, 9:33, 10:11). 첫 곡식 가루와 떡 덩이, 뿌리와 가지의 비유가 나온다고 해서 교회와 그 근원 및 종말 사이의 어떤 "유기적"이고 연속적이고 내재적 관계에 대한 이야기라고 가정해서는 안 될 것이다. 바울이 "첫 곡식 가루"나 "뿌리"라는 말을 쓸 때 최초의 선조들을 생각했을 수도 있다. 이스라엘의 |393| 선택받은 자들(11:9)을 생각했을 수도 있다. 또는 그저 종말론적인 가능성을 가진 역사적인 인물 정도를 생각했을 수도 있다. 하지만 어떤 역사적인 전통, 땅 위나 땅 아래의 전통이나, 여하튼 어떤 세계 내적인 맥락을 생각한 것은 결코 아니다. 왜 그런가? 근원과 종말의 거룩함, 그리고 중간이 그 거룩함에 참여함, 우리가 아는 에서의 교회와 우리가 모르는 야곱의 교회 사이의 관련성은 눈에 보이는 모든 유비[喩比, Analogie]에서 벗어난 것이기 때문이다. 가장 엄격한 초월과 기적의 특성 속에 있는 하나님의 거룩하심, 그 누구도 다가설 수 없는 빛 속에 거하시는 하나님[딤전 6:16]의 거룩하심이 교회의 소망이다. 그러나 바로 그것이 그들의 소망**이다**. 방금 우리가 들은 것처럼 말이다(11:13-15). 왜냐하면 인류의 곤경과 죄책의 실체는 바로 그 "교회"라는 자리에서 오직 물음의 형태로—그 물음에 상응하는 것이 바로 **이** 대답이다—포착될 수 있기 때문이다. 그리고 이 소망은 철저하게 거룩함을 잃어버린 상태인 교회를 **거룩하게 하고** 언제나 다시 새롭게 할 것이다.

"또한 가지 얼마가 꺾이었는데 돌감람나무인 네가 그들 중에 접붙임이 되어 참감람나무 뿌리의 진액을 함께 받는 자가 되었은즉 그 가지들을 향하여 자랑하지 말라." "예수는 시골 출신이지만 바울은 그야말로 도시 출신

이다"(리츠만).[15] 아니다! 그런 이유 때문에 바울이 이처럼 원예학적으로 볼 때 얼토당토않은 비유를 쓰고 있는 것이 아니다. 여기서 다루고 있는 문제가 도저히 파악할 수 없는, 모든 가능한 비유를 배제하는 성격의 것이기 때문이다. 순종 올리브나무의 가지가 꺾였다. 이것은 교회를 버림이다. 고귀한 나무의 그 자리에 야생 올리브나무 가지를 접붙였다. 이것은 밖에 있던 자들을 선택함이다. 이것은 둘 다 황당한 일이다. 그러나 바로 그것이다. 하나님은 그분을 찾는 사람에게는 드러내지 않으시고 그분을 찾지 않는 사람에게 드러내신다(10:20). 이것은 오직 그분이 **하나님**이시기 때문이며, 그분 자신이 양쪽 모두에게 **하나님**이심을 증명하려 하시기 때문이다. 그분은 나무의 거룩한 뿌리인데, 아무리 순종 가지라 해도 그 나무에서 꺾여 나가면 더는 자라날 수 없는 것이고, 아무리 야생종이라고 하더라도 그 나무에 접붙여지면 살아서 자라날 수 있다. 그렇다고 해서 야생종이 순종 가지보다, 이방인이 유대인보다, 밖에 있는 사람이 안에 있는 사람보다 그 자체로 우선권이 있다는 것은 아니다. 만일 밖에 있는 사람들이 스스로 야생에서 자유롭게 자란 것을 내세우면서 교회 안에 있는 사람들을 거만하게 내려다본다면, 그 거만함은 정반대의 상황보다도 더 말도 안 되는 일이다. 바깥 사람들의 벌거벗음이 하나님 앞에서 안 사람들보다 나쁠게 없다. 마찬가지로 그것이 그 자체로는 존경할 만한 인간적 의로움, 곧 안에 있는 사람들의 의로움에 비해 나을 것도 없다. 왜 그런가? 잘 이해해야 한다. 하나님이 받아 주시는 **그**[der v] 벌거벗음의 상태, 하나님 앞에서 의롭다는 인정을 받고 구원함을 받을 수 있는 |394| **그**[der w] 순수함과 가련함의 상태에서, 인간은 **오직** 하나님 앞에 서 있다. 인간의 "이방인"으로서의 특

15 Lietzmann, S. 99f.

성이나, 비非교회적인 특성이나, 세상 자녀됨의 특성 때문이 아니라 하나님의 은혜 때문에 그렇게 서 있다. **그들의** 벌거벗음은 **하나님**께서 받아 주시는 그 벌거벗음의 **비유**일 뿐이다! 어떤 근원적인 자연성이 그렇게 할 수는 없다. 프롤레타리아적인 소박함과 강직함도 그럴 수 없다. 많이 열광하고 많이 가정하는 "비신학적" 사유와 강연, 곧 종교적인 "평신도"의 사유와 강연도 그럴 수 없다. 그 밖의 다른 어떤 약弱 의식, 저底 의식, 무無 의식도 그럴 수 없다. 교회적 의식성도 마찬가지다. 베네딕트 수도원의 영성 수련에서 사회민주주의 민중의 집Volkshaus의 세계관 동아리에 이르기까지 인간 안에서 이루어지는 것은 모두 **하나의** 사다리에 붙어 있는 모든 가로 막대기[이 책 573쪽]인 것이다. 심령의 가난함, 곧 예수께서 복되다고 칭찬하셨던[마 5:3] 그것, 또한[x] 하나님 앞에서 이방인을 의롭게 만드는 그 **절대적인** 비非교회성을 자랑할 수 있는 사람은 아무도 없다. 그런 것이 실제로 있었던 적은 한 번도 없었기 때문이다. 용서라는 하나님의 가능성이—저 안에 있는 사람에게는 더 이상 존재하지 않지만—그에게는 남아 있다는 사실, 그 사실은 밖에 있는 그조차도 기적으로 여기며 경배할 수 있을 뿐, 그것을 **자기의** 우선권, **자기의** 특혜로 여기며 받아들일 수는 없는 것이다.

"**자랑할지라도 네가 뿌리를 보전하는 것이 아니요 뿌리가 너를 보전**[지탱]**하는 것이니라.**" 이 문장은 다음과 같은 말을 하려는 것이다. 친애하는 이방인이여, **만일** 네가 방관자든, 심미주의자든, 자유 독일인[16]이든, 사회주의자든, 자연 애호가[17]이든, 또한 네가 하나님과의 너 자신의 자생적이고 "자율적"인 관계—혹은 네가 그것을 무엇이라 부르든 간에—를 의식하는 가운데 교회에 대해 건방 떠는 것을 그만둘 수 없다면—그리고 네가 그것을 그만둘 수 없는 까닭이 너 스스로도 어떤 작은 교회 안에 있기 때문이라면!—그렇다면 너 역시, 아무리 잘해 봐야 저 교회가 불가능한 것

으로 만든 그 가능성에 기대어 살고 있으며, 아무리 잘해 봐야 교회가 틀린 지점에서만 옳은 것이며, (다시 한 번 말하지만) 아무리 잘해 봐야 저 교회에 부정이 되어야 하는 긍정 안에 서 있다는 사실, 그 사실에는 조금도 변화가 없는 것이다. 그러므로 너는 너의 가능성과 그리고 교회의 불가능성 너머에 있는 것, [y]너의 옳음과 그리고 교회의 옳지 않음 저편에 있는 것, 너의 긍정 그리고 교회의 부정 저편에 있는jenseits deines Rechts und ihres Unrechts, jenseits deines Ja und ihres Nein [y] 어떤 것에 의해 살아가고 있다. 뿌리가 "너를 보전[지탱]하는 것"이니라. 거꾸로도 가능하다고 말한다면, 너도 순수하고 진실하고 정직한 비전문가로서 직접 뿌리가 될 수 있고 신적인 것의 근원이 될 수 있다고 말한다면 그것은 과대망상일지니! 얼핏 보기에는 저 교회의 곤경과 죄책에서 잠깐 벗어난 것 같겠지만, 너 역시도 저 교회를 압박하고 심판하는 어떤 것으로부터 벗어날 수 없으리라. 네가 지금의 존재일 수 있는 것은 바로 그 어떤 것이 [z]지금 너를 그 건방짐으로부터 해방시킬 때로다! |395| 이 해방에 대해서 건방을 떠는[z] 사람은 교회와 똑같은 곤경과 죄책에 빠져 있는 셈이다. 그는 더 이상 밖에 있는 사람이 아니다. 자기가 건방을 떨던 그 대상만큼이나, 아니 어쩌면 그보다 훨씬 지독하게 **안에 있는** 사람이요, 잘려나간 가지—그것은 잘려나간 **야생종 가지**일 수도 있다!—이다.

16 1913년 10월 12-13일 호엔 마이스너에서 열린 대회 이후로 "자유 독일 청소년"(Freideutsche Jugend)이라는 명칭을 사용하기 시작한 청소년 운동 단원들을 가리킴. W. Uhsadel, Art. "Jugendbewegung I. Geschichte und Bedeutung", RGG³ III, Sp. 1013-1018, bes. Sp. 1015; H. Blüher, *Der Charakter der Jugendbewegung*, Lauenburg, 1921, S. 40-43.

17 1905년 "스위스 자연 애호가"(Naturfreunde Schweiz) 연맹의 지부가 취리히, 루체른, 베른, 다보스에 설립되었다.

19-22. 19 그러면 네 말이 가지들이 꺾인 것은 나로 접붙임을 받게 하려 함이라 하리니 20 옳도다. 그들은 믿지 아니하므로 꺾이고 너는 믿으므로 섰느니라. 높은 마음을 품지 말고 도리어 두려워하라. 21 하나님이 원 가지들도 아끼지 아니하셨은즉 너도 아끼지 아니하시리라. 22 그러므로 하나님의 인자하심과 준엄하심을 보라. 넘어지는 자들에게는 준엄하심이 있으니 너희가 만일 하나님의 인자하심에 머물러 있으면 그 인자가 너희에게 있으리라. 그렇지 않으면 너도 찍히는 바 되리라.

"가지들이 꺾인 것은 나로 접붙임을 받게 하려 함이라 하리니." 이것은 저 "밖에" 있는, 선택받은 자들이 그때그때 "교회"를 향해 내세우는 의기양양한 주장이다. 꼭 **그래야만** 하나? 그렇지 않을 수도 있지 않은가? 오늘, 오늘 우리에 의해서, 우리에 의해 하나님과 그분의 나라 혹은 "생명" 혹은 "결단"이 관찰되고, 파악되고, 이해되고, 체험되고, 경험되고, 증언되고, 확증되고, 전파되었다. 옛 길들은 다 없어지고, 옛 판은 부서졌고 "어제의 영웅들"은 제압되었고, 우상들은 "위대한 사건 **앞에서**" 무너져 버렸다! 이제 올 것은 우리의 날, 기타 등등.

여기서 우리가 할 말은 "옳도다"이다. 이런 말의 가능성을 과연 누가 근본적으로 부정할 수 있으랴? 하나님의 바람이 이쪽에서는 문을 열고 저쪽에서는 문을 닫을 때, 하나님의 자유가 이쪽에서는 인간을 자유롭게 하고 저쪽에서는 인간을 억압할 때, 이쪽에서는 장식용 그릇을 만들고 저쪽에서는 쓰레기통을 만들 때, 이쪽에서는 빛을 비추시고 저쪽에서는 그늘을 드리우실 때, 우리의 구호는 언제나 이것이었다. 그리고 본질적인 진리의 비유는—그것이 도무지 어떤 의미를 가지고 있다면, 애초부터 단순한 오해가 아니라면—적어도 그런 말, 그런 분위기였다. 저 밖에서 선택을 받은 자들이 부르는 노래, 시간에 관한 노래, 그 속에서 살려는 욕망의 노래[18]

가 하나님을 찬양하는 노래로 바뀌지 말란 법이 있는가?

그러나 "그들은 믿지 아니하므로 꺾이고 너는 믿으므로 섰느니라." 이것이 선택받음의 기준이며, 우리는 어떤 경우에도 이 기준을 유념해야 한다. 하나님 나라에서 자신의 지위가 어디쯤 될까 따지는 것은 위험한 일이다. 자기 자신을 |396| 구원 역사에 나오는 인물로 보면서 다른 이들과 비교하는 것은 위험한 일이다! 누가 누구인지 무엇인지를 아주 잘 아는 것은 위험하다. 차라리 우리에 관해 아는 것을 하나님께 철저하게 맡기는 편이 낫다. 왜냐하면 그 모든 것이 참인지, 아니면 같은 순간에 거짓이요 상상인지 판가름하는 것은 **그분의** 지식이기 때문이다. 선택의 근거는 믿음이다. 버림의 근거는 '믿지 않음'[불신앙]이다[불신앙은 『교회 교의학』 1/2, § 17에서 "종교"로 정의된다]. 그런데 도대체 누가 **믿음 있는** 사람인가?[wer ist aa] 누가 **믿음 없는 사람이 아닌가**? **우리에게는** 눈에 보이지 않고, 이해되지 않고, 확실하지 않은 것이 믿음과 믿지 않음[불신앙]이다. 그것은 오직 하나님 안에 근거한 것이다. 뿌리, 바로 그 뿌리가 그렇게 하는 것이다. 그러니 야생종 가지가 감히 (**뿌리**가 마주 서서 버티고 있는데!) 꺾여 나간 순종 가지 앞에서 무엇을 내세울 수 있으랴?

그러므로 "**높은 마음을 품지 말고 도리어 두려워하라**." "8:28f.에서 나타나는 절대적인 확신, 곧 구원의 확신의 분위기가 특히 여기서는 느껴지지 않는다"(율리허).[19] 천만의 말씀! 거기서 말하는 것은 "하나님을 사랑하는 사람들"에 관한 것이며, 하나님을 향한 **사랑**은 언제나 하나님을 두려

18 U. von Hutten의 외침. "O seculum! O literae! Iuvat vivere"(오 세기여! 오 학문이여! 이것은 살고자 하는 욕망이로다, vgl. Büchmann, S. 91)를 암시한다.

19 Jülicher, Römerbrief, S. 70.

워함에서 나온다. 이 부분에서 우리가 새롭게 알게 되는 것은 그 두려움이, 오직 **그것**이 인식의 근본[잠 1:7]이라는 사실이다. 믿음은 인간이 자랑할 수 있는 어떤 것(예컨대 "경건함")이 아니다. 사람이 하나님과 인간을 잘 측정하여 그 경중을 따질 수 있는 것도 아니고, 그것을 놓고 하나님과 인간을 반목하게 하는 어떤 것도 아니며, 그것을 근거로 허황된 짓을 할 수 있는 것도 아니다. 두려움과 떨림[빌 2:12] 속에서, 하나님은 **하나님**이라는 사실을 아는 지식으로부터 믿음이 나온다. 거기서 나오는 것이 아니라면 그것은 믿음이 아니라 믿지 않음이며, 그것은 버림의 근거가 된다. "구원의 확신"이란 것은(만일 이 미심쩍은 단어를 어쨌거나 쓸 수밖에 없다면) 어떤 사람이, 교회에 반대하려고(혹은 찬성하려고 해도 마찬가지다!) 어딘가에서 끌어들일 수 있는 어떤 속성이 아니다. 그것은 종교개혁자들에 대한 가장 끔찍한 오해다! 결정은 **하나님**께서 하신다. 그분의 인자하심만이 아니라 그분의 준엄하심도 (**그분의** 인자하심뿐 아니라 준엄하심도 **그분의** 것으로서!) 아침마다 새롭다[애 3:23]. **그것을** 보라! 그것이 바로 **은혜의 선택**[예정]이다. 가장 배타적인 이중 예정 없는 "구원의 확신", 신新개신교주의[『교회 교의학』 IV/1, § 60에서 신개신교주의 사상 전체는 복음에 반하는 죄의 현상으로 혹독한 비판의 대상이 된다]의 의미에서 말하는 구원의 확신은 이교도보다 더 나쁜 것이다! "하갈의 하녀 근성은 무언가를 받았을 때 우쭐해진다. 그러나 그것이 곧 쫓겨나는 길이다"(슈타인호퍼 Steinhofer).[20] 그러므로 여기서 우리가 반드시 기억해야 할 것은, 교회를 보면서 저 밖에 서 있는 사람들이 자주 떠드는 승리의 언어가 실제로는 새로운 교회의 시작을 알리는 종소리였다는 사실, 그래서 그 기존의 교회가 빠져 있던 곤경과 죄책이

20 Steinhofer, S. 77; vgl. Rieger, S. 211.

머잖아 새로운 교회에도 찾아올 것이라는 사실, 그래서 그들 또한 기존의 교회와 마찬가지로 잘려 나간 가지 신세가 될 것이라는 사실이다. "하나님이 원 가지들도 아끼지 아니하셨은즉 너도 아끼지 아니하시리라. |397| 그러므로 하나님의 인자하심과 준엄하심을 보라. 넘어지는 자들에게는 준엄하심이 있으니 너희가 만일 하나님의 인자하심에 머물러 있으면 그 인자가 너희에게 있으리라. 그렇지 않으면 너도 찍히는 바 되리라." 자기가 평신도라는 사실을 무슨 특권처럼 관철하려고 하고 그것을 이용하려는 "평신도"를 조심해야 한다. 자신의 세속성을 알고서 그것을 열렬하게 기뻐하는 현세주의자를 조심해야 한다. 경우에 따라서는 온갖 목사보다 더 조심해야 한다. 밖에 있는 사람들 중에서 정말 선택받은 사람들은 그런 승리의 구호를 떠들어 대지 **않는다**.

23-24. 23 그들도 믿지 아니하는 데 머무르지 아니하면 접붙임을 받으리니 이는 그들을 접붙이실 능력이 하나님께 있음이라. 24 네가 원 돌감람나무에서 찍힘을 받고 본성을 거슬러 좋은 감람나무에 접붙임을 받았으니 원 가지인 이 사람들이야 얼마나 더 자기 감람나무에 접붙이심을 받으랴.

교회의 소망은 그 무엇으로도 흔들 수 없고 그 무엇으로도 침해될 수 없다. "이스라엘을 흩으신 이가 그들을 다시 모으시리라"(렘 31:10). 버림과 선택, 이 두 가지는 모두 하나님에게서 온다. 그 둘은 언제나 놀라운 것, 이해할 수 없는 것, 어두운 것이다. 그러나 하나님을 찾지 **않는** 사람들이 선택을 받음은, 하나님을 항상 찾는 사람들이 선택을 받는 것보다 더욱 놀랍고, 더욱 이해할 수 없으며, 더욱 어두운 것이다. 찾지 않고도 선택받은 사람들은 오직 은혜만 소망하는 기회, 그래서 교회와 **함께**, 교회를 위하여 소망하는 기회를 갖게 된다.

목표

11:25-36

25-27. 25 형제들아, 너희가 스스로 지혜 있다 하면서 이 신비를 너희가 모
르기를 내가 원하지 아니하노니 이 신비는 이방인의 충만한 수가 들어오
기까지 이스라엘의 더러는 우둔하게 된 것이라.Verstockung kam teilweise **ab** 26 그리
하여 온 이스라엘이 구원을 받으리라. 기록된 바 구원자가 시온에서* 오사
야곱에게서 경건하지 |398| 않은 것을 돌이키시겠고 27 내가 그들의 죄를 없
이 할 때에 그들에게 이루어질 내 언약이 이것이라 함과 같으니라.

* 바울은 26절에서 사 59:20을 칠십인역에 따라 인용한다. 그런데 그 인용문에 눈에 띄는 변화를 주었는데 그것은 ἕνεκεν Σιών 대신 ἐκ를 쓴 것이다. 이미 베자(Beza)는 이것이 필사자의 오류이거나 약식 표현이 아닐까 하는 추측을 했다.[21] 그의 주장은 확고하고 다른 주석가들도—내가 보기에는—이 문제를 슬쩍 넘어가고 있지만, 나는 여기에 최소한 문제 제기는 하고 싶다.[22] "Aptius ad propositum quadrabat loquutio, qua utitur propheta"[예언자가 사용하고 있는 표현법이 원래 의도에 맞다]라고 했던 칼뱅의 말은 타당하다.[23] 만일 그 ἐκ가 바울에게서 나온 것이라면, 그리고 내가 베자의 판독을 잠정적으로 따르지 않는다면, 거기에 대해서는—뒤에서 그렇게 하겠지만—설명이 필요할 것이다.

21 Th. von Beza, *Jesu Christi domini nostri Novum Testamentum, sive Novum Foedus*. Cujus Graeco contextui respondent interpretationes duae, una vtus, altera Theodori Bezae(1598), Cambridge 1642, S. 440: "Ex Zion……: pro quo Graeca editio recte habe ἕνεκεν Σ[ιών]: ac fortassis librariorum culpa ex ἕνεκα factum est ἐκ."

22 Lietzmann, S. 101; Kühl, S. 393; Zahn, S. 525, Anm. 70. 이런 학자들은 Beza의 판독 시도를 언급하지 않는다. 아마도 바르트는 자신의 본문 주석 참고 도서에 속한 뤼케르트(Rückert)의 연구를 암시한다. L. I. Rückert, *Commentar über den Brief Pauli an die Römer*, S. Bd., Leipzig, 1839², S. 151. "칠십인역에서도 원래는 ἐκ Σ.였다는 *Vitringa*의 추측, 그리고 ἐκ는 ἕνεκεν의 약어로 나온 것이라는 *Beza, Est, Koppe*의 추측은 전혀 근거가 없다."

23 Calvin, col. 227.

"형제들아, 너희가 스스로 지혜 있다 하면서 이 신비를 너희가 모르기를 내가 원하지 아니하노니." 소망한다는 것은 무엇인가? 그것은 소망 없는 현실에 확고하게 시선을 고정하고 그 현실의 상대성을 아는 것이다. 그리고 그 현실 저편의 의미이며, 그 현실이 눈에는 보이지 않는 방식으로 추구하고 있는 목표를 아는 것이다. 은폐된 이중성 속에 있는 이 현실, 오직 저 소망에 대한 간접적 인식을 통해서만 폭파될 수 있는 폐쇄성과 이해 불가능성 속에 있는 소망 없는 현실이 곧 **"신비"**(비밀)Mysterium다. 바울의 언어에서 "신비"는 우리가 역설이라고 부르는 것일 수 있다. 신비는 예수 그리스도의 날이 시작되는 것(살후 2:7)을 가로막는 인간, 곧 죄에 빠진 인간의 현존이다. 신비는 부활과 마주하여 살아 있는 사람과 이미 잠자고 있는 사람(고전 15:51) 간의 불균형, 그 거슬리는 불균형이다. 신비는 결혼을 통해 남편과 부인이 하나가 되는 것(엡 5:32), 처음에는 너무나도 미심쩍은 하나 됨이다. 신비는 무엇보다도 복음, 그 자체로는 사람의 말이지만 거기서 하나님의 말씀이 터져 나오려고 하는 그 복음이다. "Quoties desperationem nobis iniicit longior mora, occurrit mysterii nomen"[기나긴 지연이 우리에게 절망을 일으킬 때마다 신비라는 이름이 다가온다](칼뱅).[24] 그러므로 교회라는 관점에서 형성된, 하나님과 인간 사이의 상태도 **"신비"**다. 이로써 도저히 참을 수 없는 수수께끼가 주어졌다. 그것은 우리가 직접적으로는 오직 이스라엘의 곤경과 죄책만을, 에서의 교회만을 알 뿐이며, 그것만 알게 될 것이라는 사실이다. 계시, 곧 교회가 수행하고자 하며, [ac]사실은 그 자체가 되고자[ac] 하는 그 계시가 발생하는 대신 바로 그 교회 안에서는 언제 어디서나 은폐가 일어난다는 사실이다. 그리고 다른 한편으로는 교회를 미끄

24 Calvin, col. 225. 원문에는 "occurrat."

러져 빠져나가는, 언제나 모든 교회를 그냥 지나치는 계시와 선택이 있다는 사실이다. 이 신비는 무엇보다 그 자체로 **이해되어야** 한다. [ad]여기서 우리의 길을 가로막고 있는 것은 바로 하나님께서 주신 수수께끼라는 것[ad]을 우리는 그냥 지나쳐서는 안 되며 오해해서도 안 된다. 이 수수께끼 앞에서는 필연적으로 하나님께서 직접 개입하셔야 한다. 그 앞에서는 "위로가 있는 절망"[25]이라든지 "너희가 소망하기를 명하노라!"[26] 정도가 인간이 할 수 있는 최후의 말이다. 그 앞에서는 우리가 이런저런 시간적인 사건을 통해 주어진 수수께끼들을 대할 때처럼 "우연한 생각"이나 태도를 취하는 것은 적절하지 않다. 교회의 곤경과 죄책 앞에서 "우연한 생각"을 한다는 것은 하나같이 초조한, 오직 주관적으로만 설명할 수 있는, 독선적인 흥분, 과민, 실망, 엄살, 오만, 순교자인 양하는 것에 |399| 불과하며, 이런 것은 이 상황의 **궁극적인** 문제에 대한 통찰이 부족하기 때문에 나타나곤 하는 모습들이다. 교회와 하나님 나라의 대립은 무한하다[ae]는 사실(9:6)을 잘 생각해야 한다. 그 누구도 이 대립 안에서 올바른 쪽에 서 있다고 말할 수 없다. 여기서 유일하게 옳은 분, 바로 그분을 생각하려면 그 누구도 두려움과 떨림[빌 2:12] 외에 다른 방법이 없다. 그 누구도 자기 자신 때문에 절망하지 않으면서 인간의 옳지 못함 때문에 절망할 수는 없다. 그 누구도 더 이상 교회를 믿지 않아도 된다는 허가를 받지는 못한다. 딱 하나, 예외가 있다면 그 사람이 그와 동시에 자기 자신을 절대로 변호하지 않는 것이다. 그 누구도 소망하지 **않을** 수가 없다. 만일 우리가 교회의 신비 앞에 서 있다면 우리는 **하나님의** 신비 앞에 서 있다. 바로 그렇기 때문에 **소망**이 적합

25 이 책 160쪽, 각주 23.

26 J. W. von Goethe의 시 'Symbolum'(1815)의 마지막 줄. 느낌표는 바르트의 것이다.

한 것이다. 다른 방식으로는 전혀 그렇지 않다.

"이 신비는 이방인의 충만한 수가 들어오기까지 이스라엘의 더러는 우둔하게 된 것이라.Verstockung kam teilweise af" 우리는 교회의 파국을 통해서 어떤 그림과 마주하게 된다. 어떤 지점에서도 하나님에 대한 생각을 떨쳐 버릴 수가 없다. "모든 것이 그에게서 나오고 그로 말미암고 그에게로 돌아간다"(11:36). agag지금 교회가 마주한 과제를ag 불가피한 과제로 만든 것이 바로 **그분**이다. **그분**은 그 과제의 해결을 막아선 거대한 불가능성이다. 그로 인하여 인간이 바로 여기서 죄인이 되는 바로 **그분**이다. 인간을 사방에서 마치 강철 괄호로 결박하는 것도 바로 **그분**이다. 하필이면 바로 거기서 자신을 드러내시는 분, 자신을 한분 하나님으로, 인간의 곤경과 죄책 너머에 계시는 분으로, 모든 소망의 목표로 드러내시는 분도 바로 **그분**이다. 사울을 선택하신 바로 그 하나님이 사울을 내치시고 다윗을 선택하신다. 왜? 그가 하나님이시기 때문이다. "나의 영혼이 잠잠히 하나님을 향하니 그가 나를 도우시도다"[시 62:1, 원서에는 62:2로 되어 있다]. **한 번도 들어 본 적이 없는** 바로 이 행동이 하나님의 행위, 잠잠함을 요구하는 행위이며, 그 앞에서 인간은 소망**할 수 있고** 소망**해야만 한다**. 한 번도 들어 본 일이 아니라면 그것은 하나님의 행위가 아니며, 인간은 그저 잠잠히 바라기만 해서는 안 될 것이다[사 30:15]. 하나님은 이스라엘이 보기에 은폐된 분, 감춰진 분이 되셨다. 이스라엘에게 알 수 없는 분, 불가능한 분이 되셨다. 인간은 그저 인간인 한에서는 하나님을 인식**할 수** 없다. 보는 눈으로 봐서도 **안 되고** 듣는 귀로 들어서도 **안 된다**. 인간의 모든 바람과 추구와 고민과 노력이 다 쓸데없다. 결정적인 지점을 맞추지 못한다. 그럴 수밖에 없다. 회개에 이르지도 않는데, 사실—**진정한** 회개를 위해서—그럴 수도 없고 그래서도 안 된다. "이것은 마치 개가 파리를 잡으려 하는 것처럼 그렇게 달려들지만

번번이 빠져나가는 것과 같다"(루터).[27] 이것이 "우둔함"이고 이것이 에서의 교회의 상태다. 그러나 바로 이것 때문에, 곧 하나님을 통한 이스라엘의 환난이 **이렇게도** 크기 때문에, 그 환난이 끝없기 때문에, 거기에는 **진정한** 저편이 있다. 하나님 안에서 **진정한** 끝이 |400| 있다. 모든 이편의 저편이시고 모든 끝없음[無限]의 끝이신 하나님 안에서 말이다. 그 "우둔함"은 하나님에게서 온 것이기 때문에 **첫째**, 그것은 그저 "부분적"이고 그저 상대적으로 지속된다[ah]. 한쪽에는 지속적으로 버림받은 사람들의 총합이 있고 그 맞은편에는 선택받은 사람들, 환난 중에서도 이미 위로받은 사람들, 환난에서 이미 구원받은 사람들, 눈에 보이지 않는 "칠천 명"(11:4)이 있다. 언제 어디서나 사람과 하나님을 갈라놓는 벽, 하늘 높이 서 있는 벽이 투명해지나니(기적이 일어날 때만 그렇게 되고 그렇지 않은 다른 언제 어디서도 그런 일은 없도다!) 주님께서 자기 사람들을 아신다[딤후 2:19]. 둘째, 그 "우둔함"은 인간에 대한 시간적인 규정이 아니다. 시간의 한계 가치로서의 영원은 그 규정의 끝이요 시간의 근원으로서의 영원은 그 목적이다. "우둔함"의 끝과 목적은 "이방인의 충만한 수가 들어오는" 종말론적 가능성이다(11:12-13). 이러한 가능성, 곧 **하나님의** 가능성에 "앞서" **인간적** 가능성의 탈진이 있어야 한다. 새로운 인간의 태어남에 앞서 옛 사람의 죽음이 있어야 한다. 구원의 시작에 앞서 교회의 파국이 있어야 한다. 예루살렘, 곧 성전이 없는[dem ai] 예루살렘에서 구원함을 받은 이방인들은 **하나님**과 **어린양**의 영광의 빛 가운데를 다니게 될 것이다(계 21:22-24). 이 목표와 끝을 알되, 이스라엘의 우둔함이라는 절망적인 현실을 직시하는 것이 중요하다.

27 Eberle, S. 143. 바르트 소장본에 밑줄이 그어져 있다. *Kirchenpostille 1522. Epistel am S. Johannes-Tage. Sir. 15,1-6*, WA 10/I, 1,295,6f.

잠잠히 있어 소망하는 것이 중요하다.

"그리하여 온 이스라엘이 구원을 받으리라." 잃어버린 자를 찾아 구원하는 일, 의롭다는 인정을 받을 수 없는 사람이 의롭다고 인정받는 일, 죽은 자들의 부활은 교회의 파국이 시작된 곳, 바로 그곳에서 시작되어야 한다. 교회는 하나님의 계시를 수용한 **사람**의 체현體現이다. 이 사람은 그 자체로는 잃어버린 사람, 옳지 않은 사람, 죽은 사람이다. 이것이 곧 교회 안에서 터져 나오는 요셉의 환난[암 6:6]이다. 구원, 칭의, 부활은 하나님의 계시를 통해 인간에게 **새로운** 인간이 창조될 때만 기대할 수 있는 것이다. 이 새로운 인간은 눈에 보이지는 않지만 인간을 위해 나서나니, 그는 인간의 의미요 목표요 성취다. 이것은 인간이 그 어마어마한 강퍅함 중에서도 **그**를 위해 나서고, 이 세상에서 **그의** 자리를 최소한 표시는 하고 그 여지는 남겨 놓는 것과 같다. 물론 인간은 여전히 **그를** 조롱하기는 하지만 **그를** 위해 고난받고 **그를** 기다린다. 그는 "오실 자의 모형"(5:14)이다. 새로운 인간, 오고 있는 인간, 하나님의 계시를 통해 구원받고 의롭다는 인정을 받고 살아난 그 인간은 이스라엘의 선택받은 자들과 함께, 그리스도 안에서 선택된 **이방 족속**이다. 여기서 우리가 잘 생각해야 할 것은, 이것이 어떤 심리학적인 개인이나 의식적 혹은 무의식적인 "이방 그리스도인"의 총합, 역사적 실체를 뜻하는 것이 |401| 아니라는 점이다. 어쩌면 있을 수도 있는 "이방 그리스도인"의 존재는 이런 맥락에서 그저 지시적인 의미만을 갖는다. 차라리 여기서 뜻하는 바는 이스라엘의 충만함과 건강함과 배부름과 확실함과 반대되는 이방인의 빈곤함과 벌거벗음과 보지 못함과 구제 불능이며, 이런 것들은 그리스도 안에서 은혜로 선택받은 바로 **그** 인간을 의미한다. 이 새로운 인간, "야곱", 선택받은 자를 가장 또렷하게 표현한 것이 바로 **하나님께 지음받은** 인간이라는 말이다. 새로운 인간은 또한 형兄과의 확실한 대조를 통해서 극명하게 드

러난다. 그 형은 **인간으로서** 하나님의 말씀을 듣고 말하는 "에서"다. **인간으로서** 하나님을 선택한 사람은 **하나님**에 의해 선택된 사람에게 양보해야 한다는 사실을 이보다 더 또렷하게 말할 수는 없다. 우리는 바로 이것을 말하고 바로 이것을 들어야 한다. 바로 이것이 **이중 예정**의 의미이며, 하나님의 "신비"가 열림이며, 끝까지 지켜진 자유의 목표다. 만일 이것을 말하게 되고 듣게 된다면, **하나님의** 계시가 인간에게 성취되는 것이고, 그것을 받고 그 자체로는 그저 회피하고 축소하고 잘못 다룰 수밖에 없는 그 **인간**이 구원을 받고 의롭다 인정받고, 잠에서 깨어나는 불가능한 가능성, 종말론적인 가능성이 시작된다. 잃어버린 자인데 구원을 받고, 의롭다는 인정을 받을 수 없는 자인데 의롭다는 인정을 받고, 죽은 자들 가운데서 깨어난다. 이것은 그리스도 안에서 가능성의 영역으로 들어온 불가능한 상태, 곧 하나님께서 자신을 진노의 하나님만이 아니라 **긍휼**의 하나님으로 증명하시고 확증하심이다. **다른** 상황에서는, 곧 어떤 직접적인, 역사적으로나 심리적으로 일어나는 구원·칭의·부활을 통해서는 인간에게 도움이 있을 수 없다. **자기** 가능성의 최정상에 서서 하나님의 말씀을 듣고 말할 것을 꾀하는 인간에게 도움이 있을 수 없다. 이러한[aj] 상황 아래서, "Futurum resurrectionis"[부활의 미래] 속에서, 눈에 보이지 않는 하나님의 실존성을 봄으로써 그는 구원을 **받게** 된다. 그러면 이것은 **온** 이스라엘, **온** 교회, **각** 교회에도 그대로 적용된다. 그러면 교회는 **오실 자**의 모형이요 **성취된** 예언이요 **계시**의 생명수로 흘러가는 수로다. "무덤들이 있는 곳에만 부활들이 있노라"(니체).[28] 그러나 이렇

28 니체, 『자라투스트라는 이렇게 말했다』, "무덤의 노래"(Grablied) 마지막 행, NW, S. 164(NWKG, S. 141, Z. 12f.). "그렇다. 나에게 너는 아직 모든 무덤을 박살 내는 자로다. 너를 높이노라, 나의 의지여! 무덤들이 있는 곳에만 부활들이 있노라."

게 말해야 할 것이다. 오직 무덤들만 있는 바로 거기에 부활이 **있다**. 교회가 (인간의 결정이 아니라 하나님의 심판으로!) **끝난** 곳, 바로 거기서 교회가 **시작**된다. 교회가 철저하게 불의로 전락한 곳, 바로 거기서 교회의 의가 시작된다. 모든 교회가 (하나님의 입장에서 볼 때!) 끝장난 곳, 바로 거기서 그 어떤 교회도 끝장이 아니다. 거기서 모든 교회는 반대편 해안을 가리키는 지표요 그곳으로 넘어가는 문지방이요 그곳에서 넘어온 화살이며, 소망의 증거, 그리스도를 대신한 메신저[고후 5:20], 하나님의 장막이 사람들 가운데 거하심[계 21:3]이다. 이방인이 하나님의 자유와 긍휼에 관한 메시지를 가지고, |402| 또한 그 메시지와 결부된 철저한 굴욕과 약속을 가지고 교회를 선교한 그곳에서, 이방인을 향한 교회의 선교의 시간이 실제로 시작의 종을 울린 것일 수 있으며, 그것을 아무리 급하고 열정적이고 기쁘게 붙잡는다고 결코 지나친 것이 되지 않을 것이다. 우리가 지금 바울에게서 보는 것과 마찬가지로 말이다. 자기를 낮춘 교회는 이제 그 머리를 들고 자기의 주제를 받아들일 수 있으며 또 그래야 마땅하다. 잃어버린 교회가 이제는 구원의 메시지를 전달하는 자가 될 것이다. 충격에 빠져 있던 교회는 이제 우리가 의지하여 담을 뛰어넘을 수 있게 하시는 하나님에 관해 말할 수 있으며 말해야만 한다[삼하 22:30, 시 18:30]. 자신의 한계를 철저히 의식한 교회는 당황하지 않고 또 지치지도 않고 자신의 놀라운 무제한의 과제를 감행하게 된다. 제2이사야는 여호와의 종의 음성을 온 민족이 듣게 될 것이라고 예언하나니[사 49:1] 그 예언은 **그때**, **거기서** 성취된다. 십자가의 말씀이 인식되고 그 말씀이 **하나님의** 불가능성, 곧 모든 육체를 막아서는 불가능성으로서 효력을 발휘하면, 그때 인식되고 그때 효력을 발휘하는 것이 '그리스도께서 부활하셨다!'는 선언이다. 바로 이것이 영과 진리 안에 있는 하나님의 **가능성**이다[요 4:24].

"구원자가 시온에서 오사 야곱에게서 경건하지 않은 것을 돌이키시겠고 내가 그들의 죄를 없이 할 때에 그들에게 이루어질 내 언약이 이것이라 함과 같으니라"(사 59:20, 27:9). 구약성경의 묵시에 속하는 이 회상을 통해 우리가 강조하려는 것이 있으니, 그것은 우리가 저 "신비"의 열쇠로 보고자 하는 것, 지금 우리가 처한 교회사의 어두운 현황의 최종 목적으로 보고자 하는 것은 **신적인** 가능성이라는 사실이다. 우리는 **궁극적인** 것, 예수 그리스도 재림의 나타남[顯現] 그 자체에 관하여 이야기했다. **그**는 "이방인을 위한 완성"이요, 구원받지 못한 인류를 향한 신적인 긍정의 기적이다. **그**는 구원자이다. **그**는 실존적으로 하나님 앞에 서 있는 개인, 둘이었다가 하나가 된 개인으로서, 그를 통해 버림이 선택 안으로 극복되고 삼켜진다. 그는 "시온"에서, 위에서 온다. 교회의 터전, 보이지 않는 터전에서 온다. 교회의 버려짐도 바로 그 터전에서 나왔다. 그는 하나님 보좌의 영광에서 온다. 왕적인 위엄과 권능이 그와 함께 있으며, 그의 나타남은 창조를 의미한다. 그러나 그 나타남은 시간 속에서 일어나지 않으니, 이는 그것이 모든 시간의 신비이며 그것의 지양이며 토대이며 영원이기 때문이다. 그렇기 때문에 그가 하신 일도 전혀 들어 본 적이 없는 일, 곧 "야곱에게서 경건하지 않은 것을 돌이키심"이다. 지금 여기에서 눈에 보이지 않는 야곱의 교회를 뒤덮고 있는 모든 불가피한 것, 제한된 것, 왜곡된 것, 에서 같은 것의 허울을 벗겨냄이다. 하나님에게서, 오직 하나님 자신에게서 |403| 나오는 새 언약의 체결이다. 그리고 그가 하신 일은 "치워 없앰"Wegnahme이다. 온갖 죄를 뽑고 끄고 제거하고 없애셨다. 인간이 지금 여기서는 철저하게 잃어버린 하나됨, 곧 하나님과의 하나됨 속으로 되돌아감이다. 다시 우리는 우리가 말할 수 있는 것의 한계선에 서 있으니 여기서 멈추려고 한다. 바로 이 한계선이야말로 "우둔하게 됨"의 끝이며, 우리가 파악할 수 없는 하나님

의 길의 목표다.

28-32. 28 복음으로 하면 그들이 너희로 말미암아 원수된 자요 택하심으로 하면 조상들로 말미암아 사랑을 입은 자라. 29 하나님의 은사와 부르심에는 후회하심이[철회가] 없느니라. 30 너희가 전에는 하나님께 순종하지 아니하더니 이스라엘이 순종하지 아니함으로 이제 긍휼을 입었는지라. 31 이와 같이 이 사람들이 순종하지 아니하니 이는 너희에게 베푸시는 긍휼로 이제[지금]* 그들도 긍휼을 얻게 하려 하심이라. 32 하나님이 모든 사람을 순종하지 아니하는 가운데 가두어 두심은 모든 사람에게 긍휼을 베풀려 하심이로다.

"복음으로 하면 그들이 너희로 말미암아 원수된 자요 택하심으로 하면 조상들로 말미암아 사랑을 입은 자라." 이제 우리는 세 장[9-11장]의 내용을 가장 선명하게 표현해 보려고 한다. 우리는 앞에서 "교회"는 불분명한 사실이라는 점을 살펴보았다. 인간의 본성과 문화에 스며 있는 그 불분명함 전체가 교회에서 표출된다. [ak]인간적인 실용주의의 관점에서 볼 때, 여기서 대치 상태에 있는 둘 중에 하나는 그리스도의 복음이고 다른 하나는 인간의 작품인 교회인데, 이렇게 둘이 대치하고 있다면,[ak] 교회란 의심의 여지 없이 하나님과 인간의 적대 관계가 드러나는 장소다. 인간의 무관심, 인간의 오해, 인간의 반항이 가장 숭고하면서도 가장 순진한 형태로 나타나는 장소다. 마주 선 하나님의 능력, 너무나 위대한 것으로 생각되는 하나님의 능력이 강력하게 쇄도하는데도 그 어떤 전진도 일어나지 않는 지점,

* 나는 31절에 나오는 두 번째 νῦν을 빼는 것에 더 이상 동의하지 않는다.[29] 일반적으로는 30절에 ποτέ가 나왔기 때문에 아마도 τότε가 올 것이라고 기대했을 텐데, 거기에 급작스럽게 νῦν이 들어왔으니, 이것은 이 구절에 나타난 거의 견딜 수 없는 종말론적인 긴장감이라 할 수 있다.

29 Römerbrief I, S. 455, Anm. *. "31절의 두 번째 νῦν은 의미를 혼란케 하는 오기(誤記)다."

두 세계 사이에 있는 죽음의 지점이 가시화되는 장소다. 교회가 갈망했던 인간, 그리고 교회가 성취한 인간, 경건하며 그 자체로 의로워진 인간의 앎과 행함과 기도는 어쩐지 저 방벽의 이편에 있는 최종적인 장애물, 극복할 수 없을 정도로 강력한 장애물로 보인다. 인간이 하나님으로부터 자신을 방어하기 위해 시도하는 모든 것이 **이러한** 인간 속에 응집된 형태로, 최대한 집약된 형태로, 중무장한 형태로 드러나고 있다. 그렇기 때문에 "성전 정화"![30] 바로 그렇기 때문에 **이러한** 인간의 눈앞에서, 하나님과 인간 |404| 사이를 잇는 직접적인 길에 대한 생각은 철저히 가망 없는 것임이 밝혀지면서 결정적으로 포기되어야 한다. 그러나 바로 **이러한** 인간의 눈앞에서 간접적인 길의 가능성, 하나님의 용서와 긍휼이라는 길의 가능성이 나타난다. **이러한** 인간과 마주하여 그 간접적인 길의 전령, 그 용서의 증인, 그 긍휼의 그릇[9:23]이 되는 것은 언제나—그 결핍과 버려짐과 무방비 상태가 철저하게 눈에 보이는—다른[al] 인간, 바깥에 서 있는 사람, 세상 사람, 이방인이다. 그에게서 저 장애물이 제거되는 것이 보인다. 어떻게 하나님과 인간이 서로를 향해 서게 되는가 하는 것도 그에게서 분명해진다. 하나님의 법정적인 의forensische Gerechtigkeit도 그에게서 영광스러워진다. 하나님께서 이 **다른** 인간에게 자신의 명예와 자신의 긍휼을 ("너희로 말미암아") 분명히 드러내시려고 하셨기 때문에, 교회의 목표이자 결과인 **이러한** 인간은 경계선 안쪽에서 복음의 "원수"로 서게 된다. 죄가 넘치는 곳에 은혜가 넘쳐흐를 수 있다(5:20). 그러나 이방인들도 이러한 "원수됨"과 이러한 "죄의 넘침" 속에서, 이러한 상황의 철저한 상실 속에서 이스라엘과 온전

30 마 21:12-13, 막 11:15-17, 눅 19:45-46, 요 2:14-16. 바르트가 사용한 『루터성경』(Luther-Bibel, 1892)은 그 이야기에 "성전 정화" 및 "예수께서 성전을 정화하시다"는 제목을 붙여 놓았다.

히 하나가 아닌가? [am]그러나 눈에 보이지 않는 신적인 실용주의의 관점에서 볼 때는 그리스도의 복음과 교회, 곧 하나님의 말씀을 전할 만한 자격이 없는 교회가 서로 다른 둘로서 [대등하게] 대립**할 수** 없다.[am] 이것은 그리스도의 복음이 다름 아닌 계시이기 때문이며, 하나님의 원수된 바로 그들에게 해당되는 은혜, 오직 그 은혜에서 비롯된 선택(5:10)이기 때문이다. 도저히 의롭다는 인정을 받을 수 **없는** 사람, 도저히 구원받을 수 **없는** 사람, 바로 그 사람이 하나님의 약속을 받는다. 철저한 불순종의 사람이 처음부터 하나님의 긍휼 아래 서게 되고 그분의 영예를 드높이지 않을 수 없으니("조상들로 말미암아", 이방인 아브라함의 믿음으로 말미암아) 저 안에 있는 사람들도, 아니 그들이야말로 "하나님의 사랑을 입은 자들"이다. 그렇게 되면 교회 **안에서도** 경건한 인간의 위험스러운 위대함, 하나님을 거스르는 자기의 위대함은 단념되고 포기된다. 교회 **안에서도** 이방인의 법정적인 의를 위한 여지가 마련된다. 그렇게 되면, 용서를 구하는 사람들, **그래서** 거룩한 자들의 공동체, 잃어버린 자들, **그래서** 구원하심을 받은 사람들의 공동체, 죽어 가는 자들, **그래서** 살아 있는 자들의 공동체가 곧 교회다. 이러한 인간, 곧 알고 행하고 기도하는 교회의 인간의 곤경과 죄책 안에서 인간의 소망이 응집되고 집약된 모습으로 나타난다. 한 번도 들어 보지 못한 일, 곧 인간이 알지 못한 채 행하고 시도하고 완수한 그 모든 것이 옳다는 인정을 받고 구원되는 일이 일어난다. 그러면 그 사람 자신은, 그 경건한 사람은 결국 이방인이다. 하나님을 향한 모든 직접적인 길의 **끝**에 이르러서 간접적인 길의 전령이 되고, 인간적인 의로움의 파국을 증언하는 사람**으로서** 부활의 증인이 되고, 진노의 |405| 그릇**으로서** 긍휼의 그릇[9:22-23]이 된다! 이런 복된 상황에서 이스라엘이 어떻게 이방인과 정말 **함께함**이 되지 않을 수 있겠는가? 만일 이스라엘이 조상들이 선택하심을 받은

그 토대 위에 서기를 감행한다면, 만일 교회가 오직 아브라함의 믿음을 통해서 움직이고 그것을 통해서 멈추고 희생하고 내주고 내려가기를 감행한다면, 그렇게 겸손하고 실질적이고 진지하기를 감행한다면, 순식간에 얼마나 위대한 존재로 거기 서겠는가! 더는 위대하지 않기 때문에 위대한 모습, 오직 하나님의 긍휼 때문에 위대한 존재 말이다.

"하나님의 은사와 부르심에는 후회하심이[철회가] **없느니라."** "가령 그들의 신실하지 못함이 하나님의 신실하심을 폐기하겠느냐?"(3:3) "하나님의 말씀은 폐하여지지 않는다"(9:6). "하나님께서 자기 백성을 버리지 아니하셨다"(11:2). 안에 있는 자들에 비해 밖에 있는 자들이 처해 있는 의로움보다 진실한 것이 있다. 밖에 있는 자들에 비해 안에 있는 자들이 처해 있는 불의보다 진실한 것이 있다. 교회와 세상의 대립에서 비롯된 것처럼 보이는 가시적인 실용주의 전체보다 진실한 것이 있다. 그것은 언제나 교회의 주제, 곧 눈에 보이지 않는 신적인 실용주의다. 그것은 의와 불의를 주기도 하시며 빼앗기도 하시는 분이 하나님 자신, 오직 하나님이라는 사실이다. 하나님의 자유하심이라는 주제다. 그 자유는 교회에 대한 심판뿐만 아니라 교회를 일으켜 세우심까지 포괄하며, 교회를 무섭게 정화하심뿐만 아니라 그것을 채워 주심까지 의미한다. 그 모든 진리 가운데 있는 진리가 곧 하나님이다. 그 외 다른 어떤 것은 없다. 그분의 은혜 베푸심, 그분의 부르심은 선택된 자들을 **버리심**을 통하여 오히려 확증된다. 또한 그것은 그 버려진 자들을 **선택하심**을 통하여 거듭 확증**될 수 있으며** 그렇게 **될 것이다**. 이는 그 둘이 하나님 안에서—눈으로 보이지는 않지만—똑같은 하나이기 때문이다. 인류의 관심사, 곧 모든 교회에서 표출되고 있는 그 관심사는 모든 교회가—실제로 그런 것처럼—그 관심사 앞에서 번번이 실패할지라도 결코 양도할 수 없는 것이다. 모든 인간이 그 관심사를 의식하는 곳 어디서나 발생하는 **파송**은 결코 철회할 수 없는 것이다. 비록—이것 또한 실제로 그런 것인데—모든 인간이 그 의식[an]과 함께 모든 인간적인 것의 파국 속으로 휘말려 들어간다고 해도 그러하다. 인간이 자신의 곤경을 하나님께서 예비하신 곤경으로 인식하고 자신의 죄책을 하나님께 대한 죄책으로 인식하기만 한다면, 그럴 때 열린 가능성은 결코 **닫히지 않는다**. 그가 그런 상황을—우리 모두는 다른 방식으로는 그것을 알 수 없다!—넘어설 수 있으리라는 소망을 전혀 갖지 못할 때도 마찬가지다.

"너희가 전에는 하나님께 순종하지 아니하더니 이스라엘이 순종하지 아니함으로 이제 긍휼을 입었는지라. 이와 같이 이 사람들이 순종하지 아니하니 이는 너희에게 베푸시는 긍휼로 이제[지금] **그들도 긍휼을 얻게 하려 하심이라."** "바울은 교회 안에서 하나님의 |406| 놀라운 통치에 관하여 말하고 있으니, 곧 (이스라엘이라는 말로) 하나님 백성과 교회라는 이름 및 명성을 얻은 사람들은 자신들의 불신앙 때문에 버림받고, 전에는 하나님의 백성도 아니었고 불순종 아래에 있었던 다른 사람들은 이제 복음을 받아들이고 그리스도를 믿어 하나님 앞에서 올바른 교회가 되고 복을 받게 된 것이다"(루터).[31] 그렇다. 하나님의 통치가 교회에서 작용하는 방식은 "기적적인" 것, 한 번도 들어 본 적이 없는 역설적인 것이다. 어둠, 버려짐, 에서와 같음, "불순종"은 **모든** 인간적인 것 그 자체가 우선적으로 처해 있는 상황의 공통분모다. "이제"라는 말이 완전한 보이지 않음 속에서 "전에는"과 마주 서 있으니, 이것은 계시의 "이제"이며 이것은 여기**로부터** 저기를 **향해** 움직이고 있다. 그러나 "이제", 영원한 순간의 빛 속에서, 예수 그리스

31 Eberle, S. 147f. 바르트 소장본에 밑줄이 그어져 있다. *Epistel am Sonntag Trinitatis. Röm. 11,33-36*(Crucigers Sommerpostille), WA 21,515,5-10.

도의 날의 빛 속에서 "**너희**가 긍휼을 입었다." 너희 이방인, 밖에 있는 너희, 도저히 구원을 받을 수 없었던 너희, 소망 없는 너희여! 이제 버림받은 사람들이 선택되고 **그들** 안에서 야곱의 교회가 나타난다. 이제 하나님의 시계에서 **그들의** 시간을 알리는 종소리가 울려 퍼진다. 하지만 어떻게 그런 일이 일어나는가? 그들에게 닥친 긍휼의 권능, 다시 말해 그 긍휼의 신성은 인간적인 불순종과의 첨예한 **대조**를 통해 증명된다. 버림받은 사람들의 대열에서 선택받은 사람들이 **끄집어져** 나옴을 통해, 빛과 어둠의 **대립**을 통해 증명된다. 이 긍휼은 [ao]순종하지 않는 사람들(누가 그런 사람이 아니겠는가?)을 향하되[ao] 동시에 그 불순종을 가차 없이 드러내고 처벌하기 때문에, 바로 그런 점에서 **하나님의** 긍휼이다. 하나님의 **거룩하심**이 드러나지 않는 긍휼은 **하나님의** 긍휼이 아니리라. 그러나 우리는 그리스도의 죽음과 부활을 통해 계시된 긍휼에 관해 말하고 있다. 선택받은 자에게는 하나님의 사랑, 곧 그리스도의 부활이 닥쳐오고, 버림받은 자에게는 드러냄과 처벌, 곧 그리스도의 죽음이 닥쳐온다. **버림받은 자에게** 닥쳐오는 것도 또한 하나님의 긍휼이다. 그가 자기에게 닥쳐오는 것을 가지고 할 수 있는 일은, 선택받은 사람을 옹호하는 일뿐이다. 그 일이야말로 진정 자기의 일이기 때문이다. 그러므로 (선택받은 자들에게 이런 말이 떨어졌다) "너희가 그들의 불순종으로 긍휼하심을 얻었노라!" 그러나 다시 강조하지만, 하나님이 버림받은 사람에게 인간의 불순종을 드러내시고 처벌하심은 그 불순종한 사람들에게(다시 한 번 말하지만, 그렇지 않은 사람이 도대체 누구란 말인가?) **관심을 기울이시기** 때문에, 바로 그런 점에서 하나님의 이 긍휼은 진실하고 강력한 **긍휼**이다. 버려진 사람들 위에 드리워진 것은 어둠이다. 긍휼의 빛을 통해 비로소 그 성격이 드러난 어둠이다. ("이제 이 사람들이 너희에게 닥쳐온 긍휼로 말미암아 불순종한 사람들이 되었도다.") 그러나 이 일은

"이제"[지금](이것은 한쪽에서는 높이고 한쪽에서는 넘어뜨리는 "지금"이지만, 저쪽이든 이쪽이든 하나님의 자유로우심과 위엄을 선포하는 영원한 "지금"이다!) 선택받은 자들이 |407| 버림받은 자들을 옹호하는 것 말고는 다른 방식으로 일어날 수 없다. 또한 내버려진 자들은 그들의 짐, 곧 선택받은 자들의 짐을 져야 한다. 그래서 **그들에게** 닥쳐온[ap] 긍휼이 저들에게도 발견되어야 한다. 이것이 **모든** 인간적인 것의 새로운 공통분모이며, 이 공통분모는 계시의 "지금" 속에서 눈에 보이지 않는 것이 보이는 것이 된다.

"하나님이 모든 사람을 순종하지 아니하는 가운데 가두어 두심은 모든 사람에게 긍휼을 베풀려 하심이로다." 여기에 대해서 리츠만은 이렇게 말한다. "9장에서 시작된 연구가 이렇게 위안과 기쁨이 되는 결론으로 끝을 맺는다."[32] 우리는 깜짝 놀라 시선을 돌려서, 지금 우리가 다루고 있는 내용은 사실은 지독히도 우리를 두렵게 만드는 공리[Axiom]라는 사실을 확인하게 되는데, 로마서 전체의(그리고 단순히 로마서만이 아니라!) 열쇠가 여기에 있다고 말할 수 있을 것이다. 바울이 하나님, 의, 인간, 죄, 은혜, 죽음, 부활, 율법, 심판, 구원, 선택, 버림, 믿음, 사랑, 소망에 관해 말할 때, 그리고 예수 그리스도의 날에 관해 말할 때, 바울이(그리고 바울만이 아니라!) 생각하는 것이 무엇인지, 그리고 이런 근원적인 말을 제대로 말하기 위해서 어떤 범주를 사용해야 하는지는 바로 이 구절을 이해하느냐 이해하지 못하느냐로 결정된다. 이 구절은 모든 것을 측정하는 기준이요 모든 것을 다는 저울이다. 이 구절을 듣는 사람이나 읽는 사람에게 그 모습 그대로 **이중 예정**의 시금석이니, 그것의 최종적 의미를 뚜렷이 밝히고자 하는 것이 이 구절이

32 Lietzmann, S. 102. 바르트 소장본의 이 문장에 밑줄이 그어져 있다. 여백에는 "치욕과 수치"(Schmach und Schande)라고 적혀 있다.

다. 여기서 말하고 있는 신적인 "가두어 두심"은 의미심장하게 받아들여야 한다. 신적인 "긍휼"도 의미심장하고, 첫 번째 나오는 "모든"과 두 번째 나오는 "모든"도 의미심장하다. 특히 두 번째 "모든"은 칼뱅에 의해 "아주 심하게 발악하는nimis crasse delirant"[33] 사람으로 간주될 위험 요소도 있다. 바로 여기에 하나님이 계신다. 숨어 계신, 알려지지 않은, 도무지 파악할 수 없는 하나님, 불가능함이 없는 하나님이 계신다. 예수 그리스도 안에서 우리의 **아버지**가 되시는 **주** 하나님이시다. 여기에 하나님의 가능성이 있다. 그 가능성은 아주 가까운 곳까지 전적으로 밀어붙이듯 다가오시며, 전적으로 풍요로우시되, 전적으로 파악할 수 없다. 여기에 처음과 끝이 있다. 여기에 하나님의 생각의 길과 목표가 있다. 여기에 믿음의(결코 "대상"이 될 수 없는) 대상이 있다. 여기에 (모든 "본질" 위에 있는) 기독교의 본질이 있다[하르나크Adolf von Harnack의 『기독교의 본질』을 비판적으로 암시하는 듯하다]. 교회는 소망을 **가지고 있다**. 이것이 그 소망이다. 다른 소망은 **없다**. 교회는 이것을 **붙잡고자** 한다. "모든 세상과 인간적인 의를 저주하고 오직 하나님의 의, 곧 믿음을 통해 도달할 수 있는 그 의를 높이는 이 핵심 말씀을 명심하라"(루터).[34]

33-36. 33 깊도다. 하나님의 지혜와 지식의 풍성함이여. 그의 판단은 헤아리지 못할 것이며 그의 길은 찾지 못할 것이로다. 34 누가 주의 마음을 알았느냐. 누가 그의 모사가 되었느냐. 35 누가 주께 먼저 드려서 갚으심을 받겠느냐. 36 이는 만물이 |408| 주에게서 나오고 주로 말미암고 주에게로 돌아감

33 Calvin, col. 229. "Emphasis est in verbo misereri. Significat enim nullis obstrictum esse Deum, atque ideo gratis servare omnes, quia sint ex aequo perditi. Porro nimis crasse delirant, qui hinc colligunt omnes fore salvos."

34 Eberle, S. 147: Randglosse zu Röm. 11,32, WA.DB 7,67.

이라. 그에게 영광이 세세에 있을지어다. 아멘.

"깊도다. 하나님의 지혜와 지식의 풍성함이여"란 (이 책의 제1판과는 달리 여기서는 이 점을 꼭 말해야 한다) 그분의 판단은 전적으로 헤아리지 못할 것[35]을 말한다. "Deus absconditus"[숨어 계시는 하나님]이 **그 자체로** 예수 그리스도 안에서 "Deus revelatus"[계시된 하나님]이라는 사실, 이것이 로마서의 내용이다(1:16-17). 명심하라! 이 술어Deus revelatus를 가진 것이 바로 **이 주어**Deus absconditus라는 사실만이 로마서의 내용, 신학의 내용, 인간의 입으로 전달되는 하나님의 말씀의 내용일 수 있다. 그럴 **수 있고 그래야 한다**. 지혜로운 겸양으로 **이** 내용을 다시 붙잡는 것, 그것이—그 가운데 "행위는 전혀 없다"는 것을 충분히 의식하면서—가능하고도 (그 가능성을 경계 짓는 불가능성의 관점에서!) 전망 있는 과제다. 그러나 이 주어Deus absconditus가 **이 술어**Deus revelatus를 가진다는 사실, 다시 말해 그 영 자체, 신적인 진리의 충만함, 신적인 긍정의 실존성, **그것은** 로마서에 나와 있지 않다. **그것은** 말로 발설된 적도 없고 기록된 적도 없다. 진실로 "행하여진" 적도 없으니, 이는 **그것이** 도무지 인간적 노력의 대상일 수 없기 때문이다. **그 일**이 일어나면, 말하고 행동하는 것은 인간이 아니라 하나님이다. 그러면 기적이 일어난 것이다. 하나님과 그분의 기적에 대한 경외심으로 가득한 **지시**, 그러니까 세례 요한의 지위는 인간적인 노력과 성공의 최대 한계선이다. 루터는 일찍이 이런 말을 했다. "누구든지 이 서신을 마음에 잘 간직하면 **구**약의 빛과 힘을 제 안에 지닌 것이다." 추측컨대 그는 심사숙고하면서 이 말을 했을 것이다.[36]

35 Römerbrief I, S. 459f.

36 Eberle, S. 208: *Vorrede auf die Epistel S. Pauli an die Römer*, Luther, WA.DB 7,27,24f (vgl. 26,15f.).

그 누구도 **신**약의 빛과 힘을 "제 안에" 지닐 수 없기 때문이다. 그것은 그 자체로 드러나지 않는다. **신약의 빛과 힘**은 구약의 빛·힘과 **나란히** 놓일 수 있는 것이 아니다. **그것**, 그러니까 계시 그 자체, "실증적인" 것, 단순한 말 이상인 것을 바울에게서, 신학에서 "찾아볼 수 없어 아쉽다"고 말할 수 있는 사람은 아무도 없다(진실로 그 신약의 빛과 힘이 수행되고 있다면 말이다). 그런 사람이라면 왜 그것이 그 어떤 책에도 (공관복음서에도!) 나와 있지 않은가, 왜 그것은 인간적인 성과로서는 도무지 어디서도 찾아볼 수 없는가 하는 질문을 안고 직접 하나님을 향하는 편이 나을 것이다. 그리고 혹시라도 신학이 그로 하여금 바로 **이** 질문을 가지고 진정으로 하나님 **자신**을 향할 수 있게 한다면, 그것 때문에 감사해야 할 것이다. 하나님께서 행하신 일 가운데서 "분명히 보여 알려짐"은 그분의 **보이지 아니함**(1:20)이며, 하나님의 깊으심 속에서 "헤아려진" 것은 그분의 **헤아릴 수 없음**(고전 2:10)이다. 하나님을 인식함이란 그 누구도 다가갈 수 없는 빛 안에 거하시는 분(딤전 6:16), 바로 그분 앞에서 그분을 경배하며 잠잠히 멈추어 있음이다. 언제나 다시 그분의 풍성함, 그분의 가능성, 그분의 생명, 그분의 |409| 영광의 깊이, 바로 그 **숨겨진** 깊이 앞에! 언제나 다시 그분의 지혜, 그분의 생각, 그분의 판단과 길, 이쪽에서 저쪽으로 나아가시는 그분의 길의 깊이, 바로 그 **숨겨진** 깊이 앞에! 언제나 다시, 우리가 그분을 알기 전에 먼저 우리를 아시는 그분의 지식, 항상 그분 없이 있는 우리를 그냥 내버려두지 않으시는 그 지식의 깊이, 바로 그 **숨겨진** 깊이 앞에!

"그의 판단은 헤아리지 못할 것이며 그의 길은 찾지 못할 것이로다." 왜 선택하시는가? 왜 내버리시는가? 예나 지금이나 우리는 항상 다시 물을 수밖에 없다. 그리고 항상 하나의 대답을 들을 수밖에 없다. 만일 그분이 헤아릴 수 없는 방식으로 버리지 않으시고, 파악할 수 없는 방식으로 선택하지 않으신다면, 만일[aq] 그분이 승리에서 승리로 넘어가시는 그분의 위대한 **숨김** 속에서 당신이 하나님이심을 증명하지 않는다면, 다시 말해 **모든 이를 긍휼히 여기기** 원하시며 또한 그렇게 하실 하나님으로 나타나지 않으신다면, 그런 하나님은 하나님이 아닐 것이기 때문이다.

"누가 주의 마음을 알았느냐. 누가 그의 모사가 되었느냐. 누가 주께 먼저 드려서 갚으심을 받겠느냐."(사 40:13, 아마 욥 41:1[원서에는 41:2로 되어 있다])에서 리워야단 악어를 언급할 때!) 이런 하나님을 직접 인식한다고? 아니다! 그분의 결정에 영향을 끼치겠다고? 아니다! 그분을 붙잡고 묶어 두고, 그분에게 어떤 의무를 지우고, 그분과 어떤 상호 관계를 맺는다고? 아니다! 이른바 "계약 신학"Föderaltheologie[37] 같은 것은 없다! **그분**은 하나님이시다. 오직 그분 한분만이 하나님이시다. 이것이 로마서가 말하는 '예'이다.

"이는 만물이 주에게서 나오고 주로 말미암고 주에게로 돌아감이라. 그에게 영광이 세세에 있을지어다. 아멘." 마르쿠스 아우렐리우스Marcus Aurelius도 『명상록』에서 거의 똑같은 말을 했다. 달의 여신 셀레네Selene 찬가나, 심지어 어떤 마술 반지에도 이런 글귀가 그대로 적혀 있다. 필로Philo 같은 사람들에게도 이런 문장은 낯설지 않은 것이었다.[38] 그런데—이것은 잘 알려진 사실인데—후기 유대교와 마찬가지로 이런 모든 것을 어느 정도는 알

37 O. Scheel, Art. "Föderaltheologie", RGG¹ II, Sp. 922-924, 특히 922. "인간과 맺은 하나님 은혜의 계약(foedus Dei gratuitum)을 중심에 놓고 그에 따라 교의학을 형성하는 신학의 뿌리는 종교개혁 시대까지 거슬러 올라간다." "계약 개념, 곧 하나님과 인간 사이의 계약 사상은 역사적 계시와 하나님의 구원 역사를 지향하고 있다. 하나님께서는 바로 그 계약을 통해 인간에게 죄의 용서와 새 생명과 복락을 약속하시고 인간은 믿음과 회개의 의무를 지는데, 이러한 계약은 외적인 상징 곧 성례전을 통해 언급되며 강화된다."

38 바르트는 이런 암시를 리츠만에게서 얻은 것 같다. Lietzmann, S. 102. 바르트 소장본에는 위의 인용문에 밑줄이 그어져 있다.

고 있던 헬레니즘 신비주의가 어찌하여 **그것**을 더 큰 목소리로 더 분명하고 더 충격적이고 더 소망적으로 말하지 않았을까? 여기서 바울이 차용한 이 말이 어찌하여, 심지어는 펼쳐진 역사적 자료들 가운데서도, 원문보다 훨씬 원본 같은가? 그거야 어쨌건, 바울이 **이** 장을 마무리하는 마당에서, 다른 사람들도 다 알고 있는 그것을 그야말로 들을 수 있게, 위협하듯, 그리고 소망을 일깨우면서 말하는 것보다 더 의미심장한 방법이 또 있었을까?[39] |410|

39 이 책 114쪽.

12-15장 거대한 방해

윤리의 문제

12:1-2[1]

1-2. 1 그러므로 형제들아, 내가 하나님의 모든 자비하심으로 너희를 권하노니 너희 몸을 하나님이 기뻐하시는 거룩한 산 제물로 드리라. 이는 너희가 드릴 영적[합당한] **예배니라. 2 너희는 이 세대**[이 세상의 기존 형태*]**를 본받지 말고 오직 마음**[생각Denken]**을 새롭게 함으로 변화*를 받아 하나님의 선하시고 기뻐하시고 온전하신 뜻이 무엇인지 분별하도록 하라.**

* 나는 이 부분을 부정형(Infinitiv)으로 읽는 방식을 선호한다. 그것은 시간을 가리키는 두 개의 단어가 지닌 뜻에 비추어 볼 때, 뉘앙스를 세심하게 신경 쓰는 것으로 알려진 바울이 **이러한** "권면"을 직접 명령형(Imperativ)으로 썼을 리가 없기 때문이다. 다른 한편으로는 여기 나오는 명령형은 아주 손쉽게 생략할 수 있어서(구문상으로는 부정형이 1절과 어울리지만!) 오히려 후대에 지운 것으로 설명하는 편이 정반대의 해석보다 나은 것 같기 때문이다.

1 이 단락의 처음부터 끝까지 뮐러(Alfred D. Müller)의 Streiflicht에 대한 바르트의 반응이 수없이 많이 눈에 띈다. 바르트가 투르나이젠에게 보낸 1921년 8월 12일 편지(Bw.Th.I, S. 510). "……이제는 12장 이하에서 전화기의 윤리(Ethik des Telephons)[Streiflicht, S. 279]라든지, 프랑스인과 교제하는 법[Streiflicht, S. 278] 따위를 끄집어 낼 수 있는지 살펴보도록 하세. 그런 거야말로 알프레트 데도 뮐러 씨가 기뻐하실 만한 것이니 말일세.……오, 「새로운 길들」(Neue Wege)의 숫자! 오, 알프레트 데도! 오, 라가츠! 굉장한 혼란이로다!……굉장한 경건주의로다!" 투르나이젠은 1921년 8월 13일 편지(Bw.Th.I, S. 511)에서 바르트에게 이렇게 답한다. "그러니까 '독일의 라가츠'[알프레트 데도 뮐러]와 스위스의 라가츠가 이제 「새로운 길들」에서 실탄사격을 시작했군. 알프레트의 의도가 보이네. 그는 자네가 독일에서 일으킨 약간의 영향력을 위험한 것으로 생각하고 있어. 우리가 독일의 종교 사회주의 운동을 초토화시켰다는 사실을 문서로 확인해 준 셈일세! 자네 입장에 대한 그의 반론을 자네가 이미 대비해 놓았다는 사실[이 책 866쪽, 각주 5] 때문에 단단히 화가 나 있는 것 같군. 자네가 새로운 로마서에서 종교 및 교회에 관해 쓴 장(章)에 대해 이 얼마나 괴상한 설명과 모습인가!" 바르트가 투르나이젠에게 보낸 1921년 8월 20일 편지(Bw.Th.I, S. 512). "12:1-2을 자세히 보게나. 이 부분은 그 자체로도 중요하고 책 전체의 운용 면에서도 중요하지. 나한테 알프레트 데도가 제때 눈에 띈 게야."

“형제들아, 내가……너희를 권하노니.” 여기서 새롭고도(6:12-23, 8:12-13) 더욱 강력하게 떠오르는 윤리의 문제는 거대한 방해가 아닐 수 없다. 하나님 자신에 대한 생각이 모든 인간적인 행위의 입장에서는 거대한 방해를 의미한다. **하나님에 관한 대화**도 모두 이 방해로 인해 조화롭지 못한 방식으로 끝날 수밖에 없다. 만일 그 대화란 것이 예컨대, 분별력이 없는 자들이나 핵심을 파악하지 못하는 자들(그렇지 않은 사람이 어디 있으랴?)의 대화라면 말이다. 윤리의 문제는 기억과 훈계, 곧 대화의 대상이 어떤 [추상적인] 객체가 아니고, 초월 세계라든가 배후의 세계도 아니고, 어떤 형이상학이나 정신적 체험의 소중한 것도 아니고, 어떤 초월적이고 심오한 깊이도 아니라는 사실에 대한 명백한 기억이요 엄한 훈계다. 오히려 윤리적 문제의 대상은 자연과 문화 속에서 살아가는 인간의 알려진 삶이다. 좀 더 자세히 말하자면, [a]철저하게 바로 그런 대화를 하는 사람 자신이[a] 매 순간 최대한 필연적이고 구체적인 방식으로 살아야 하는 삶, 실제로 어떤 식으로든 살아야 하는 삶을 의미한다. 윤리적 문제가 등장한다는 것은 이 대화의 과정에서 사용되는 개념의 **실존성**, 자주 강조되는 그 실존성의 |411| 확보를 의미한다. 그 등장은 또한 우리가 지칠 정도로 반복하고 있는 문구 “하나님 자신, 하나님 한분!”이란 어떤 신적인 “사물”göttliches Ding 혹은 우리와 마주하고 있는 어떤 이상을 나타내는 것이 아니라, 우리가 도저히 헤아릴 수 없는 신적인 **관계**, 그러나 우리가 인간으로 그 안에 있는 관계를 나타낸다는 사실을 보증한다. 완전히 동요하고 긴장한 인간, 이 세상에서 살아가는 인간의 존재와 소유와 행위에서 이런 개념과 문구가 생기는데, 그것 자체가 추상적이고 비인간적이며 전적으로 세상과 동떨어져 있다. 그 추상화가 최악으로 오해되는 때는 그것이 그 대상으로부터 “이탈”되어 우리 일상의 구체성으로 끊임없이 되돌아와 연결되지 않을 때다. 모든 면에

서 완전히 **세상적인** 문학작품을 읽는다든지, 특히 신문을 읽는다든지 하는 일은 로마서를 이해하기 위해 적극 추천할 만하다. 왜냐하면 생각은, 만약 그것이 참된 것이라면 삶에 대한 생각이요 그렇기 때문에, 그런 점에서 하나님에 관한 생각이기도 하기 때문이다. 이 삶을 바라보는 바로 그 시선 속에서 그토록 뒤엉킨 길을 가야 하고 그토록 낯설고 막연한 곳을 떠다녀야 한다. 그 길은 마치 만화경처럼 뒤죽박죽 혼란스러운데, 바로 그런 흔들림과 긴장은—다른 모습으로는 불가능하다—삶에 상응하는 것이다. 왜냐하면 삶 **자체가** 전적으로 단순하거나 직접적이거나 명료하지 않기 때문이다. 단순하고 직접적이고 명료한 것은 언제나 개별 현상들의 표면일 뿐이다. 그러나 그것의 깊이, 그것의 맥락은 결코 그렇지 않다. [b]모든 현상이 일으키는[b] 위기도 그것이 증언하는 현실도 결코 그렇지 않다. 그러므로 생각은 오직 **변증법적인** 생각[사고]으로서 자기 목적을 달성하는데, 여기서 그 생각이란 삶의 깊이와 맥락과 실재에 대한 물음이며, 그 목적이란 삶의 의미에 대한 깊은 성찰을 일으키고 삶에 대한 의미 부여를 가능하게 함이다. 만약 그것의 길이 더 직접적이고, **덜** 굴절되고, 그 전체 모습이 **쉽게** 조망될 수 있는 것이라면, 이는 그 길이 삶을 그냥 지나쳐 가고 있음을, 다시 말해 이러한 삶이 처한 위기를 그냥 지나쳐 가고 있음을 보여주는 가장 확실한 징표일 것이다. 이른바 "복잡한" 생각은 교리적이지 않다. 오히려 사람들의 칭송을 받고 있는 "단순한" 생각[2], 곧 자기가 알지 못하는 것을 이미 다 알고 있다고 생각하는 단순한 생각이야말로 교리적이다. **그래서** 진

2 Müller, Streiflicht, S. 279. 바르트는 "단순한 것을 도저히 이해할 수 없는 복잡한 것으로 만들어서 오직 '하나님에게서 배운 학자'(der Gottesgelehrte)만 이해할 수 있도록 했으며, 핵심 내용에 필수적으로 수반되는 너비를 앗아가 버렸다."

정한 생각은 사람들이 흔히 기대하는 반듯함을 가지고 있지 않다. **그래서** 진정한 생각은 상당히 비인간적이고 완전히 낯선 모습일 수밖에 없다. 왜냐하면 그것 자체가 어떤 생물학적인 기능이 아니라 중대한 질문을 의미하며, 그 질문에 대한 대답이 모든 생물학적 기능의 가능성이기 때문이다. 왜 그런가? 생각이란 그러한 대답을 추구하는 질문으로서 그 자체가 어떤 행위가 아니라 **전제**이기 때문이다. 그러나 전제 자체란 존재하지 않고 오직 **행위**의 전제만이 있다는 사실로 인하여 굴절된 선線, 곧 진정한 생각의 굴절된 선이 생겨난다. 그리고 이 선은 항상 주지주의Intellektualismus [3]라는 비난의 표적이 된다. 하지만 이제 이런 비난과 관련하여 짚고 넘어가지 않을 수 없다. 엄밀히 말해, 생각에 대한 |412| 이러한 변명은 오직 **순수한** 생각, 곧 하나님에 관한 생각을 방어하기 때문이다. 그러나 우리는 그 자체로 자명하게 생물학적 기능이기도 한 생각하는 **행위**만을 알고 있다. 이것이 눈에 보이지는 않으나 오직 그 전제의 순수함에 참여할 때, 그 복잡함이 그저 우연함이나 괴팍함일 뿐이라는 오해를 받지 않을 수 있으며, 다른 "더 단순하게" 생각하는 행위를 선호하지 않게 된다. 바울도 로마서에서 일단 하나의 생각하는 행위를 수행하고 있으며, 우리도 그와 함께 그렇게 하고 있다. 바로 그 점에서 그의 변증법이 하나님의 생각의 반영으로 정당화된다는 것은 그 자체로 확실한 것이 **아니다**. 우리가 우리의 생각이 생

3 Müller, Streiflicht, S. 277. "우리의 주장은 이것이다. 바르트의 주지주의(Intellecktualismus)는 그 정체를 은폐하고 있기 때문에 아주 위험한 주지주의다." S. 278(원본에는 격자체로 강조되어 있다). "주지주의는 다음과 같은 곳 어디에나 있다. 존재하는 생명[삶](Leben)의 충동이 생각(Denken) 속에 머물러 있는 곳, 생각이 나아갈 생명의 길이 구축되지 않은 곳, 생각이 삶[생명]을 섬기는 수단으로 제시되지 않고 생각 그 자체의 목적으로 제시되는 곳, 생각한 것을 생생하게 체화(體化, Verkörperung)하려는 갈망이 생각—제멋대로 끝까지 간 생각—에 의해 삼켜진 곳, 바로 이런 곳에 주지주의가 존재한다."

명의 생각이라고 주장할 만큼 선한 양심을 가진 것도 **아니다**. 우리가 바울의 "교의학"과 딱 들어맞는 어떤 "윤리"에 대한 갈급함을 완전히 불필요하고 무의미한 것으로 여기면서(우리의 본래 생각은 그렇다) 거부할 수 있는 것도 **아니다**. 그렇기 때문에 우리는 윤리의 문제로 말미암아 생기는 거대한 방해를 받아들이지 않을 수 없다. 윤리의 문제가 우리에게 상기시키는 것은 바로 이것이니, [c]곧 그 문제는 생각하는 행위 자체가 아니라 그 행위의 눈에 보이지 않는 근원이며 그 행위의 순수한 전제라는 사실[c]이다. 이 세상에서 낯선 그 전제가 정당화될 수 있는 것은 바로 그것이 구체적인 것의 충만함과 상응할 때이다. 윤리의 문제는 우리에게 하나님의 진리를 상기시킨다. 그 진리는 최고로 생각하는 행위라고 해도 한순간도 주어지지 않으며 결코 자명한 것도 아니다. 역설적이지만, 하나님에 관한 대화는 대화 그 자체를 위해서가 아니라 하나님을 위해서 일어난다. 이 사실을 우리에게 말해 주는 것은 [d]그 생각하는 행위 주위에서 펴지는 일상적인 사건의[d] 요구다. 하나님 생각이 모든 인간적인 존재와 소유와 행위를 방해하는 것과 마찬가지로 윤리의 문제도 이 대화를 방해하고 지양하고 죽이는데, 방해는 그 대화의 대상을 상기시키기 위함이요, 지양은 거기에 가장 합당한 관계를 부여하기 위함이요, 죽임은 그것을 살리기 위함이다. 이런 의미에서 "내가 너희에게 권하노라. 형제들아"가 나오는 것이다. 함께 생각하고 함께 순례하고 함께 경배하는 너희여, 멈추어라! 너희의 생각을 멈추어 그것이 **하나님의** 생각이 되게 하라. 너희의 변증법을 멈추어 그것이 본래의 변증법이 **유지되도록** 하라. 하나님에 관한 너희의 인식을 멈추어 그것이 진정 의미하는 바가 되도록 하라. 곧 하나님께서 인간을 그분의 나라의 평화 속으로 불러들이시기 위하여 그리스도 안에서 그 인간에게 예비하신 위대하고 유익한 방해와 멈춤이 되도록 하라!

"하나님의 모든 자비하심으로." 나는 너희에게 권면한다. 그러니까 다른 어떤 책을 펼치는 것도 아니요, 다른 페이지를 펼쳐 읽는 것은 더욱 아니다. 이론과 나란히 어떤 "실천"을 권하려는 것도 아니다. 다만 우리의 출발점이었던 바로 그 "이론"이 **실천의 이론***Theorie der Praxis*이라는 사실을 확인하고자 한다. 우리는 "하나님의 자비하심"에 관해 말했다. 은혜, |413| 부활, 용서, 성령, 선택, 믿음, 수많은 굴절 속에서도 언제나 똑같은 빛, 창조되지 않은 빛들의 빛에 관해 말했다. 이것은 철저하게 윤리의 문제다. 철저하게 다음과 같은 질문이다. '우리는 어떻게 살 수 있는가?' '우리는 무엇을 해야 하는가?' 저 눈에 보이지 않는 관점, 어느 누구도 다가갈 수 없는 저 빛[딤전 6:16]을 향하여 끊임없이 우리의 시선을 돌리게 하는 것은 어떤 멀리 떨어져 있는 사물 혹은 생각 그 자체에 대한 기이한 욕망이 아니다. 철저하게 구체적인 현재의(1세기 로마나 모든 시대 모든 곳의) 상황이 사실(1:18f.) 우리의 굴절된 생각의 길이 시작되는 출발점이었다. 지금 우리가 무언가를 원하고 무언가를 하면서 살아가고 있는 **세상**[e]의 **현재 상태**는 과연 이 세상이 무엇인지, 나아가 우리가 거기서 어떻게 살아야 하며 또 **무엇을** 해야 하는지에 관한 깊은 숙고의 단초가 된다. 풀리지 않은 어떤 거대한 물음이 그 세상의 본질로서 우리 앞에 마주 서 있으며 **그러한** 질문 속의 **대답**으로 그리스도가, 하나님의 자비가 마주 서 있다. **이러한** (거대한, 풀리지 않은!) 질문 속의 대답으로 우리에게 "하나님의 자비하심"이 다가왔기 때문에, 바로 그렇기 때문에, 그 자비하심은 "권면"이 된다. 그러나 우리에게는 (**이러한** 물음 속의 **이러한** 대답으로서!) 일단은 **그** 질문, 곧 우리의 출발점이 되는 그 질문이 근본적으로 날카롭게 제기된다. "하나님의 자비하심"은—그것의 저 세상성[피안성]을 그대로 유지하면서도—그것과 마주하여 서 있는 이 세상성[차안성]의 최종적 규정

이다. 우리는 **다시** 우리의 현존재와 존재 상태의 이 세상성이라는 문제와 마주한다. 다시 삶과 의지와 행위의 물음과 마주한다. (그리고 이제는 **어쩔 수 없이** 그것을 가리킨다.) 우리는 다시 하나님께서 사람과 **관계**하심, 인간적인 현세성의 **지양** 모든 마주 선 것과 두 번째 것과 다른 것에 대한 가장 근본적인 **공격**은 그야말로—우리가 언제나 보아 왔던 것처럼—저 세상의 의미요 하나님의 자유의 의미다. 하지만 이렇듯 철저하게 저 세상에 속한 그런 것들은 "권면"으로서 이 세상의 것이 된다. 그러므로 이러한 "권면"이 일어나는 장소는 결코 어떤 인간적인 봉우리일 수는 없다. 그저 선량한 선생님이 올라서서 도덕을 훈계하고, 부르심을 받은 혹은 받지 않은 예언자가 올라서서 번개Blitze f를 던지고, 진짜 순교자든 스스로 순교자라고 착각하는 사람이든 올라서서 인류를 내려다보며 저주를 외치는 그런 인간적인 봉우리가 아니란 말이다. 그 장소는—만일 그것이 어떤 교회여야 한다면—모름지기 자기가 최종적으로, 어쩔 수 없이 이른바 해골 세상[4]과 한 패거리라는 사실을 의식하면서 **오직** 하나님만 소망하는 교회다. 만일 그 장소가 **윤리**에zu g 도달해야 한다면, 그것은 모든 에토스Ethos[윤리]에 대한 **비판**이 아니고서는 불가능하다. 다시 말해, 그 권면의 장소는 인간에게 주어진 모든 개별적인 |414| 지점에서 우리 인생의 문제를 근본적으로, 경우에 따라서는 아예 360도 뒤집는 움직임이다. 이것

4 Müller, Streiflicht, S. 273. "그들[바르트와 투르나이젠]은 시종일관 스스로 알고 믿고 긍정하고 사로잡힌 사람처럼 행세한다. 그러므로 이런 질문을 던지지 않을 수 없다. '너희는 무엇에 사로잡힌 사람이냐? 너희가 말하는 새로운 생명은 어떤 특징을 가진 것이냐? 위대한 '아니요'를 두루 거친 사람과 현세의 인간 사이의 차이는 도대체 무엇이냐? 그런 사람은 해골 세상(Schädelwelt)에 팔린 사람과 다른 방식으로 먹고 마시고 말하고 행동하는가? 그런 구원받은 자의 경우 원수들과는 어떻게 지내는가? 악에는 어떻게 반응하는가? 사업은 어떻게 하는가? 국가에 대한 태도는 어떤가? 정치는 어떤 식으로 하는가?"

은 무엇보다도 인간에게 가능한 모든 의도와 행위에 관하여 긍정적이든 부정적이든 평가하고 판단하는 것을 최대한 유보하는 것을 의미한다. 이는 그것이 너무나 급진적radikal이기 때문이 아니라, 오히려 너무나 급진적이지 못하여 폐기될 수 있기 때문이다. 저 야트막한 언덕에서 아래로 울려 퍼지는 소리, 승리에 도취된 교회에서 흘러나오는 소리는 결코 온 인류에게 긴급히 필요한 거대한 방해가 될 수 없다. 그것이 제아무리 초월적인 몸짓을 한다고 해도 결국은 **이 세상에 속한** 저편, 인간적인 너무나 인간적인 것에 불과하다. 누구든지 다른 사람에게 "반대"하여 무언가를 말하되 그러면서 자기 스스로를 무너뜨리지 않을 수 없는 사람이라면 교회에서 잠잠할지라[고전 14:28]. 윤리적인 문제의 테두리 안에서는 의미심장한 한 마디 말을 하는 것이 필요 없는 말을 많이 하는 것보다 낫다. 여기서 결정적인 말은 언제나 이 문제가 (모든 것 안에서 모두를 위하여!) 실제로 **지속되고 있음**을 가리켜 보여주는 것이다. 그 결정적인 말은 급진적인 말이어야 하며, 급진적인 것은 오직 **그** 말씀, 곧 (언뜻 보기에는 "이론적"이지만 실제로는 대단히 그리고 유일하게 "실천적인"[5]) 모든 (자칭!) 중간 고리들을 훌쩍 뛰어넘어 곧장 하나님의 자비하심을 가리키는, 우리 인생의 문제와 관련된 유일하게 충분한 근거와 목표를 가리키는 말씀뿐이다. **그** 말씀은 그런 급진주의 안에서 **자비하심**의 말씀이며 **이해하시는** 말씀이다. 개별적인 것, 다음의 것, 구체적인 것의 현존재와 존재 상태, 그리고 바로 거기서 보편적인 것, 실존적인 것, 결코 구체적이지 않은 것, 본질적인 것을 이해하는 말씀이다. "권면"은 단순히 요구가 아니다. "권면"은 **은혜**를 요

5 Müller, Streiflicht, S. 277. "바르트의 경우는 자신의 유형에 맞서 제기될 수 있는 모든 우려를 **이론적**으로 어떻게든 건드리고 있다." 그러나 그것은 "**실천적** 무게가 없다."

구의 모습으로 유효하게 **하는 것**이다. 있는 그대로의 어떤 것을 있는 그대로가 아닌 어떤 것을 위해서 유효한 것이 되게 **하는 것**이다. 은혜란 이미 심판을 **받았기** 때문에 심판하지 않음을 의미한다. 은혜란 나쁜 세상에서 일어나고 있는 여러 가지 일들 한복판에서 양심의 가책schlechte Gewissen[나쁜 양심]이 생기는 것이 지극히 당연함을 의미한다. 그러나 양심의 가책을 느끼는 바로 그 당연함 속에, 여태껏 한 번도 들어 본 적이 없는 새로운 가능성 곧 **위로받은** 양심의 가능성이 존재함을 의미한다. 그러므로 "권면"은 은혜를 유효하게 하는 것Geltendmachen h 으로서 (루터, 도스토옙스키와는 뜻을 같이하되 프란체스코주의와 톨스토이에게는 반대하여) 주어진 현존 안에서 그보다 앞서 주어진 것을 보고 발견하고 말을 건네는 것이다. 그러니까 그것은 결코 현존과 동떨어진 것, 현존하는 것과 나란히 서 있는 것, 혹은 그 위에 존재하는 것이 아니다. "In medio inimicorum regnum Christi est, ut Psalmus dicit"[시편이 말하는 것처럼, 그리스도께서 다스리는 나라는 원수들 가운데 있다](루터).[6] 그러므로 권면은 바리새인과 세리가[눅 18:9-14] 완전히 동일 선상에서 가능한데, 권면하는 사람이 되는 쪽에서von Seiten i 함부로 양과 염소를 나누려는 의도를 가진(마 25:31-46) 곳에서는 불가능하다. 그쪽에서 이른바 "그리스도 충동"[7] 같은 것을 감히 내세운다든지, |415|

6 M. Luther, Brief an Georg Spenlein, Augustiner in Memmingen(1516년 4월 8일), WA.B I,36,53f. Luthers Brief an Michael Dressel, Augustinerprior in Neustadt a.d. Orla(1516년 6월 23일), WA.B 1,47,27-31. 여기서 루터는 시 109:2을 인용한다.

7 바르트는 뮐러의 글에서 "그리스도 충동"(Christusimpuls)이라는 표현을 알게 되었다. 뮐러는 1919년 초에 독일과 스위스의 종교 사회주의자들 사이에 새로운 문호 개방이 된 것에 대한 회고의 글을 썼다(Streiflicht, S. 274). "그것은 진정 아주 특이한 개방성이었다. 우리는 그것이 오래된 망설임, 수백 년간 지속된 망설임의 벽이 무너진 것이라고 느꼈다. 그리스도 충동에서 기인한 **실천적인** 헌신에 대한 깊은 동경이 일깨워졌다. 우리는 세계의 구성에 대한 새롭고도 심오한 책임을

티르피츠Tirpitz [8] 같은 사람이나 베트만홀베크Bethmann-Hollweg [9] 같은 사람이나 레닌[10] 같은 사람에 대해서 도덕적인 원한Ressentiment을 가지고 있다면 불가능한 일이다. 권면이 가능하려면, 그런 인물들의 분명히 두드러진 문제가 자기 자신의 문제와, 비록 그 크기에 있어서는 미약해 보일는지 모르나 다르지 않다는 깨달음이 있어야 한다. 그들의 문제란 것이 사실은 완전히 다른 문제, 곧 모든 인간이 그 앞에서는 입을 다물 수밖에 없는 끔찍한 문제의 그림자에 불과하다는 깨달음이 있어야 권면을 할 수 있다. 그러므로 권면하는 사람이 나름의 계획과 그에 상응하는 고소장을 손에 쥐고 있는 한 권면은 불가능하다. **인간성**의 정점에서 아래를 바라보며 설교하는 이른바

느꼈다." S. 277. "바르트는 자신의 주장으로부터 단 하나의 행위라도 나올 수 있는지, 그리스도 충동의 어떤 영향력이 나올 수 있는지 생각해 보기를 바란다. 우리의 상황에서는 그것이야말로 정말 중요한 것이다. 우리가 이 세상과 마주하여, 특히 작금의 경제적 곤경과 마주하여 진정 그리스도의 진리를 실현하고자 한다면 말이다."

8 이 책 128쪽, 각주 2.

9 테오발트 폰 베트만홀베크(Theobald von Bethmann-Hollweg, 1856-1921), 제국 수상(1909-1917). 바르트가 투르나이젠에게 보낸 1921년 8월 18일 편지(Bw.Th.I, S. 511f). "나는 요즘 티르피츠의 회고록[*Erinnerungen*, Leipzig, 1920²]을 꼭 필요한 양식으로 삼아 섭취하고 있다네. 그의 책에서는 인간적인 무모함으로 기울었던 시계추가—우리의 후견인 라가츠, 알프레트 데도 등과는 달리—막 다른 방향으로 움직이기 시작하더군. 그러나 그 자체로 아주 분명한 그의 생각, 곧 티르피츠식 사고의 길에 도덕적인 주장을 가지고 뛰어들어 '멈춰!'를 외치는 걸 어디서 어떻게 해야 하는지 알기란 결코 쉬운 일이 아니네. 이런 거인의 생각하는 여정이 결국에는 몰락할 수밖에 없었다는 비극만을 읽어낼 수 있군. 그 생각하는 여정은 검질긴 저항에 부딪혀 몰락한 것인데, 그 저항은 양쪽을 이리저리 뛰어다니는 베트만홀베크(Bethmann-Hollweg)라는 사람 안에서 나타난 도덕의 저항일세. 달라도 전혀 다른 장기판에 서 있는 인물일세. 로마서 9-11장은 그 본문에 관해서 지금까지 쓰인 그 어떤 것보다도 섬뜩한 것이리라."

10 바르트가 레닌과 러시아 10월 혁명에 관심을 기울였던 것에 대해서는 1920년 4월 13일 바르트가 투르나이젠에게 보낸 편지를 참조하라(Bw.Th.I, S. 324). "레닌 사상의 전후 맥락에 관한 고찰을 토대로 노동자 연합의 볼셰비키 세미나에 관하여." *Vorträge und kleinere Arbeiten 1914-1921*.

에토스[『하나님의 인간성』에서 바르트는 "현실에서 실천된 윤리적 행동"이라고 말한다]라는 것은 모두 그 정체가 적나라하게 드러나게 된다. 그들의 등장은 절대적인 음향을 뜨겁게 추구하지만 그것이 철저하게 결여되어 있다. 그들의 목소리는 고음의 쇳소리로 돌변하고 쉰 목소리로 외치지만 전혀 울림을 주지 못한다. 기껏해야 악한 인간, **나아가 또한 선한**[j] 인간의 영웅주의[Titanismus]를 증언하고 그 **모든** 영웅주의 위에 내리는 심판에 관해 거듭 증언할 뿐이다. 권면은 인간의 옳음이란 것이 그가 옳지 않다는 사실에 근거할 때, 말하자면 오직 "하나님의 자비하심에 근거"할 때만 가능하다.

"너희 몸을……드리라"고 나는 너희에게 권면한다. 이미 우리가 결정적인 지점(6:13, 19)에서 살펴본 것처럼, 부활의 능력인 은혜가 우리에게 유일하게 남긴 일은 우리의 "지체"를 가지고 순종하는 것, 우리 자신에게 맞서 제기된 신적인 반박 앞에 그것을 "드리는 것"이다. 하필이면 "몸", "지체"를 요구하고 있다. 그도 그럴 것이, 우리가 유일하게 알고 있는 인간, 눈에 보이는 역사적인 인간은 다름 아닌 몸이기 때문이다. "하나님의 자비하심에 근거하여." 그리스도 안에 있는 새로운 인간을 통해 완전히 의문시되는 경험, 완전히 압류당하는 경험을 하게 되는 것도 이 몸이다. 윤리적 과제의 이러한 근거와 방향성, 그것의 철저한 피안성이야말로 그 과제에 진지함과 능력을 부여한다. 인간은 그 과제 앞에서 결코 뒤돌아설 가능성을 갖지 못한다. 예를 들어 한갓 내면적, 한갓 영적, 한갓 생각으로 하는 순종이란 배제된다. 존재 자체가 의문시되는 상황에서 "내면성", "영혼", "생각"이란 한편으로는 (아래에서 봤을 때는) "몸"의 고급 기능 가운데 하나일 뿐이다. 그 기능을 몸의 "저급" 기능과 엄밀하게 구분하는 [k]것이 불가능하며 그것이 계속해서 불순종 안에 머무는 것도[k] 불가능하다. 그러나 그 몸은 (위에서 봤을 때는) 그리스도 안의 새 사람이다. 바로 거기서 "몸"의 인

간, 옛 사람이 결코 빠져나갈 수 없는 거대한 방해가 나온다. 그러므로 이 은혜를 바라볼 때, 또한 그 누구도 노력해서 얻은 적이 없고 얻을 수도 없는 "하나님의 자비하심"을 바라볼 때, 죽음에서 생명으로 넘어가는 위기를 바라볼 때, |416| 곧 모든 인간의 유일한 소망인 그 위기를 바라볼 때, 그 인간이 처해 있는 신적인 관계는 그에게 순종을 요구하고 강요하는 절대성을 획득하며 에토스[윤리]는 종말론적인 긴장감die eschatologische Spannung 을 획득한다. 만일 이런 긴장감이 없다면 에토스[윤리]는 에토스가 아니다. 은혜는 신적인 비관용, 불만족, 불충족성을 의미한다. 은혜는 모든 것이 아니면 받아들여지지 않는 것을 의미한다. 은혜는 모든 잠정기Interim [부활과 종말의 재림 사이의 기간]의 원수, 그 시대가 아무리 필수적인 것이라 할지라도 그 잠정기의 원수이다. 공직이나 전문직이나 정치 영역의 시민이라면 환영해 마지않을 덕목인 선한 양심, 곧 시민에게 현대 루터파[11]의 인간 친화적인 지혜를 끊임없이 제공하는 선한 양심, 그것의 뿌리에 놓인 도끼가 은혜다. 은총을 "이론가"와 신비주의자의 안락의자쯤으로 생각하여 그것을 소망하거나 두려워하는 것보다 황당한 오해는 없다(6:15-16). 그저 자신의 생존을 염려하는 (도덕적인!) 인간의 정당한 자기방어 수단 가운데서 가장 교활한 것은 짐짓 저 루터파의 오해를 피하기 위하여 윤리의 근거를 엉뚱한 데서 찾는 것이다. 모든 목표의 비판적 부정의 개념이 아니라 세계

11 아마도 이것도 뮐러에 대한 반응일 것이다. Müller, Streiflicht, S. 281. 바르트는 "개혁파들의 세계(reformierte Welt)를 아우르고 있으며 그의 친구들은 종교 사회주의자들**이다**.……그러나 우리는 루터파들(Lutheraner)이다. 우리는 어릴 때부터 지금의 이 세계를 하나님이 원하신 질서, 절대로 변할 수 없는 질서로 이해했다. 우리의 경우에는 현재의 세계에 대한 둔감한 복종, 삶 전체를 실질적으로 지배하는 복종은 아주 불충분한 비중을 가지든지 실질적으로 거의 무의미한 비중을 가진다. 그것은 더 나은 세상에 대한 아무런 **실천 없는** 희망이다."

내적인 목표 개념에서, 죄의 용서가 아니라 어떤 자산이나 이상에서 찾으려는 시도 말이다. 갓 회심하여 언제 어디서도 뛰어들 준비가 된 것 같은 사람들, 너무나 윤리를 부르짖는 사람들이 저지르는 가장 어리석은 행동방식은 은혜를 의심하고, 인간의 은혜 입음과 행동을 두 개의 분리된 기능으로 만들고, 은혜의 저쪽 편에 있는 이른바 "인생의 시도"Lebensversuch로 넘어가는 일이다. 그렇게 할 때 "몸"이 다시 한 번 자신의 고유한 의가 되는 일에 그보다 더 확실하게 신경 써 줄 수는 없다. 인간이 은혜를 통해 불안한 것 외에 다른 불안, **진정한** 불안, 진정 **윤리적인** 불안은 없다. 은혜의 관점이 심판의 모든 법정을 통해 철저하게 관철될 때, 오직 그때 인간에 대한 **절대적인** 공격이 보장될 수 있으며, 그 공격이야말로 모든 윤리의 의미다.

"하나님이 기뻐하시는 거룩한 산 제물로 드리라. 이는 너희가 드릴 영적[합당한] 예배니라." 하나님과 인간 사이의 일반적 상황 속에서, 방금 언급한 **일차적인 윤리적 행위**, "합당한 예배"의 의미는 무엇인가? 앞에서는 "거룩함에 이르는 것"[성화]이라 했다(6:19, 22). 이제 이 개념이 상세히 설명되어야 한다. 거룩한 어떤 것이란 하나님을 위해 따로 구별함, 준비함, 그에게 바침, 제공된 것을 의미한다. 제물이라는 개념에 이것이 명확하게 드러나 있다. 하나님의 자비하심에 근거하여 인간에게 주신 권면은 결국 그의 몸, 다시 말해 그의 감각적이고 가시적이고 역사적인 존재를 "제물"로 드리라는 권면이다. 제물이란 **내주는 것**을 의미한다. 신적인 것을 위한 인간적인 것의 포기, 무조건적으로 드려지는 선물을 의미한다. 만일 그 자신이 이러한 희생, 포기, 단념의 실행, 선물의 대상이 될 때 |417| 그의 제물이란, 도저히 헤아릴 수 없는 하나님 쪽에서[m] 그에게 닥친 도무지 헤아릴 수 없는 회의와 압류를 가차 없이 받아들이는 것이다. 이 제물은 그가 끊임없이 새롭게 하나님의 자비하심과 자유를 향해 되돌아감으로써, 결

코 완료될 수 없는 그 돌아감을 통해 바치는 **유일무이한** 제물이다. **그** 제물의 가혹함과 위대함을 가장 명료하게 보여주는 것이—9-11장에서 살펴본 것처럼—바로 이중 예정 사상이다. 그러므로 "권면"은 일차적인 행위 안에서 우리를 다시 그분, 곧 오직 그의 이름으로 권면이 가능한 그분에게 인도한다. "윤리"의 문제는 "교의학"의 문제와 동일하다. "Soli Deo gloria!"[오직 하나님께 영광을!] 모든 **이차적인** 윤리적 행위는—여기에 대해서는 뒤에서 어느 정도 언급할 텐데—반드시 그 일차적인 행위에 연결되어야 하며, 거기서 출발해야 한다. 다시 말해 그 연결로부터 자신의 성격, 곧 "살아 있고, 거룩하고, 하나님께서 기뻐하시는" 것이라는 선한 성격을 취하게 된다. 그것은 삶의 목적 아래 있는(6:23) 성격이다. 그런데 여기서 주의해야 할 것이 있다. 제물이 어떤 인간적인 행위가 아니라는 사실이다. 제물을 바치는 사람이 자신의 행동을 통해서 하나님의 어떤 기관ein Organ Gottes이 되는 것 같은, 그런 의미에서 하나님의 뜻이 수행되는 인간적 행위가 아닌 것이다.[12] 제물은 오히려 하나님께서 요구하시는 것, 하나님의 영예를 위한(하나님은 영광을 받으셔야 하기에) 하나의 **외적인 표현**[시위]이다. 그러나 그것이 아무리 좋거나 나빠도 그 자체로는 다른 모든 행위와 마찬가지로 역시 인간적인 행위다. 제아무리 대단한 제물 앞에서도 하나님은 홀로 하나님이시다. 그분의 의지는 예나 지금이나 제 갈 길을 간다. 어린아이 수준의 사람은 노동절 시가행진이 그저 무언가를 시위하는 노동자 운동**일 것이라고** 생각하겠지만, 계급의식이 있는 노동자는 그런 시위에 참

12 이것은 Römerbrief I, S. 468(롬 12:1 주석)의 견해와 대립된다. "우리가 하나님에 대해 이성적으로, 다시 말해 논리적이고 객관적으로 되는 것은……세상이 나에게 영향을 끼치는 기관(Organ), 그리고 나 또한 세상에 영향을 끼치는 그 기관이 **신적인** 기관이 되게 할 때 비로소 가능하다."

여하는 것을 최고의 의무로 여기지 않을 수 없다. 한마디로, **필수적인** 시위, **요구되는** 시위, **오직** 그것만이 모든 에토스[윤리]다. 꺾인 선분의 일차적인 에토스, 자비를 베푸시는 하나님을 엎드려 경배함의 에토스도 마찬가지[로 시위]다. "인생의 시도"Lebensversuch라는 것은 존재하지 않는다. 그 시도의 에토스가 아무리 품격이 높은 것이라 할지라도 그렇다. 예컨대 하나님의 뜻이 인간의 뜻과 하나가 된다든지 거꾸로 ⁿ둘째가 첫째 속에 싹튼다든지, 둘째를 통해서 첫째가ⁿ 성취된다든지 하는 일은 없다. 모든 인간적인 행동이나 행동하지 않는 것은 오직 실제적으로 그 이름에 합당한 하나님의 행동을 가리키기 위한 **단초**에 불과하다. 윤리와 관련해서도 다음과 같은 철칙이 적용된다. 행위와 전제의 합치는 존재하지 **않는다**! "유기적으로 자라는"im organischen Wachsen o 13 하나님 나라, 혹은 더 정직하게, 하지만 더욱 도발적으로 말해서 "건축" 중에 있는 하나님 나라처럼 **보이는** 것은 하나님의 나라가 아니라 바벨탑이다. 우리가 두려움과 떨림으로[빌 2:12] 모두 우리의 방식으로 애써 실행하고 있는 위대하고 보편적인 "인생의 시도"가 있으나, 여기서는 하나님의 뜻과 |418| 인간의ᵖ 뜻이 털끝만큼이라도 맞닿거나 겹치지 않는다. 에토스 자체의 순수함이 요구하는 것처럼(이 점에서 우리는 철저하게 칸트의 생각에 동의한다), 여기서도 하늘과 땅의 혼합은 일어나지 않는다. 왜냐하면 에토스의 순수함은 그 근원에 달려 있으며, 그 근원은 모든 낭만주의적 충동을 거슬러 우리가 끝내 하나님을 하나님이라 부르고 인간을 인간이라 부르기를 고수하는 사실에서 확증되기 때문이다. 그로 인해 인간에게 제동이 걸리는 것, 실망과 좌절은 **오직** 선에서 나오는

13 Römerbrief I, S. 485(롬 12:11). 글자 그대로 "유기적으로 자라남"(organisches Wachsen)이라는 표현이 나오는 것은 아니지만 "하나님 나라의 고요한 자라남에 헌신함"이라는 말은 있다.

것이리라. 그 사람이 전에는 알지 못했던 [q]윤리적 문제에 부딪칠 때[q], 거기서 정말 중요한 것이 무엇인지를 그 "좌절"에서 파악할 수 있기를 바라노라! 저 위대하고 보편적인 "인생의 시도" 안에서는 여러 가지 시위를 시도할 수 있는 가능성밖에 없다. 이것은 의미 있게 하나님의 영광을 가리키고 증언하도록 **규정된** 행위들이다. 그 행위가 실제로 하나님의 영광에 기여하는지 아닌지는—그것이 그분의 영광에 기여해야 하는 것이기 때문에—철저하게 **그분께** 맡겨져야 한다. **그분이** 받아주시기도 하고 내버리시기도 한다. **그분의** 선택과 판단에 따라 "**그가** 각 사람에게 그 행한 대로 보응하신다"(2:6). 이렇게 하나님께 영광을 돌리기 위해 시위하는 일에 속하는 것은 일차적인 윤리적 행위만이 아니다. 그 외에도 거기서 흘러나오는, 또한 그것과sich daran [r] 연결되어 있는 **모든** 이차적인 행동들도 거기 속한다. 그 행동들이 인간의 희생, 인간의 힘과 의로움의 희생을 선포한다는 사실, 그러므로 하나님의 자비하심과 자유를 선포한다는 사실, 그 행동들이 **신적인** 선택과 내버림을 가리키는 것에 불과하다는 사실, 그래서 그 자체로는 그저 비유와 증언으로 남아 있을 뿐이라는 사실, 그리고 그 행동들의 의미는 언제나 **신적인** '기뻐하심'에 맡겨져 있다는 사실, 바로 여기에 후자[이차적 행동들]가 첫째[s][일차적 행위]에 연결되는 정당성이 있으며, 그 이차적 행동들을 "선한 것"이라고 인정할 만한 근거가 있다. 그도 그럴 것이, 오직 **이것**만이 언제나(아래에서 볼 때는 끝없이 이어지는 연속의 형태로, 위에서 볼 때는 단번에) "하나님께서 기뻐하시는 거룩한 산 제물"이다. 이 제물은 제물 **그 이상**이 되려고 하지 않으며, 외적인 표현 **그 이상**이 되려고 하지 않으며, '**그 이상**이 되려고 하지 않음'을 통해서 하나님의 자유를 침해하려고 하지 않는다. 여기서 의무와 미덕과 자산과 관련하여 언급될 만한 것은 바로 이 칼날 위에 놓여 있다. 그것을 실천하고 지키는 인간이 **진정으로** 바칠

준비가 되어 있는가, 다시 말해 **오직** 바치고 **오직** 외적으로 표현하고 **이로써** 하나님께 영광을 돌릴 준비가 되어 있는가가 바로 이 실오라기에 달려 있다. 이에서 더하는 것은—그것이 처녀 순교자의 거룩함과 순수함이라 할지라도—악으로부터 나기 때문이다[마 5:37]. 이런 하나님은 너무나 엄하신 주님이어서 "합당한 예배"를 드릴 수 없다고 생각하는 사람은 회개할지어다. 그는 **너무 많은** 재물을 가진 사람이었다![마 19:22 병행 본문] |419|

그러므로 하나님의 자비하심에 근거하여 요구되는 에토스가 인간(**모든** 사람!)에게 거대한 방해가 될 수밖에 없는 이유가 자연스럽게 드러난다. 어떤 점에서 거대한 방해가 될 것인지도 드러난다. 나는 너희에게 **"이 세상의 형태를 본받지 말고 오직……변화를 받으라"**고 권면한다. 여기서는 끊어진 선분을 명확하게 보여주는 윤리적인 행동들, **이차적인** 행동들의 의미에 관해 말하고 있다. [t]그 행동들은 무엇에 저항하여 시위해야 하며, 또 무엇을 위해 그러해야 하는가?Wogegen……wofür [t] 근본적으로 그 행동들이 제물로 바쳐진 인간의 행동—승리에 도취되지 않고 의기양양하게 개선 행진을 하지 않고 자기가 옳다고 내세우지도 않는 인간의 행동—이 되기 위한(그렇다고 해서 그 행동이 승리와 개선과 의로움의 형태를 띠지 못한다는 것은 아니다) 말은 이미 다 했다. 여기서 말하고 있는 "세상"은 우리에게 유일하게 알려져 있으며 유일하게 상상할 수 있는 세상, 우리가 살고 있는 세상, 우리가 이 "몸"과(이따금 논의되는 '영체'Astralleib [14]도 물론 이 몸에 속할 것이다) 뗄 수 없는 하나, 구별되지 않는 하나로 존재하는 세상, 그래서 인간은 ([u]그가 상상할 수 있는 모든 신비로운 중간 세계로 자신을 확장시키는 것까지 다

14 인지학 이론에 따르면 육체를 가진 모든 몸은 에테르 몸(Ätherleib)과 영체[정령의 몸]로 싸여 있으며, 후자[영체]는 영적인 세계에서 오는 영향력을 받도록 열려 있다고 한다. K. Baral, Art. "Anthroposophie", RGG[4] I, Sp. 529f.

포함한다 해도[u]) 결국 인간이며 인간으로 남을 수밖에 없는 세상, 시간과 사물과 사람의 세상, 바로 **이** 세상, **이** "세대"Äon다. 이 세상은 하나의 "형태", 하나의 도식, 하나의 원칙을 가지고 있다. 거기에는 (창조된!) 빛, 생명, 충만, 생산을 향한 보편적 충동이 있으며, 산출된 것, 곧 **피조물**에 대한 충동이 있다. 쾌락, 소유, 성공, 지식, 권력, 옳음에 대한 충동이다. 노력해서 얻을 수 있고 도달할 수 있다고 생각하는 완전함에 대한 충동이다. **업적**Werk에 대한 충동인 것이다. 여기서 인간은 그야말로 천재적인 존재der Geniale('genialis'의 사전적인 의미는 "결혼의"hochzeitlich라는 뜻이며, 'genius'는—이런 특성이 더욱 뚜렷하게 드러나는데—"사랑받는 자아"라는 뜻이다![15])이며 이 우주의 비밀스러운 중심이어야 한다고soll [v] 생각한다. "이 세상의 형태"를 "**에로스**의 도식"이라고 규정한다면 아마도 내용적으로 가장 근접한 이해에 도달할 수 있을 것이다. 우리 **모두**는, 우리의 **모든** 행동 속에서, 세상이 끝날 때까지 **모든** 나날에 세상의 이러한 "형태"를 지니고 살아간다. 그러므로 이런 형태를 지니지 않는 어떤 윤리적 행동이 존재한다는 환상에 빠져서는 안 된다. 옷을 입지 않은, 다시 말해 "에로스적"이지 않은 모습으로 나타나는 사랑, 그런 정직함, 순결함, 용맹함, 그런 비슷한 것이 있을 것이라는 환상에 빠져서는 안 된다. 순수한 생각Denk이 행동Akt으로 존재하는 일이 없는 것처럼 순수한 의지도 마찬가지다. 모든 생각하는 **행동**Denk*akt*이 그 자체로는 허황된 생각인 것처럼 모든 의지하는 **행동**Willens*akt*도 그 자체로는 리비도Libido요 욕망이다. 그러나 우리의 처지를 과소평가하는 일이 있어서는 안 된다. 이 세상의 형태를 지니지 않은 사람이 하나도 없다면, 그 형태

15 여기서 바르트가 사용한 라틴어 사전은 *Stowassers Lateinisch-Deutsches Schul- und Handwörterbuch*, Wien/Leipzig, 1916[4] S. 346인 것 같다.

를 지닌 사람이라면 바로 그렇기 때문에 일차적인 윤리적 행위, 곧 제물을 바치는 행위 안에 붙잡혀 있지 않은 사람도 없다. "이 세상의 외형[형태]은 지나감이니라"(고전 7:31). 그 보편적인 삶의 충동의 목적지는 그것의 **마지막**이다. 탄생과 |420| 직접 마주 서 있는 것이 바로 **사망**이다. 창조된 모든 것은 그것이 생물이든 사물이든 **시간**을 향해 창조되었다. 생물이든 사물이든 그것이 가장 높은 아름다움으로 우리에게 말을 건넬 때(모차르트Mozart를 생각해 보라!), 하필이면 그때 들려오는 것은 가장 깊은 **비애**悲哀다. 누가 그것을 알지 **못할까**? 우리 "몸"이 "사망의 몸"이라는 사실(7:24), 진실로 우리에게 남겨진 행위라고는 자기가 "추진하던 것"을 내려놓는 것밖에는 없다는 사실(8:13)을 누가 알지 **못할까**? 이 행위가 긴급하고 필연적이라는 사실을 누가 기억하지 **못할까**? 그것을 기억하는 순간, 내려놓은 그 행위를 이제 막 시작하지 **않은** 사람이 과연 있을까? 실존적인 차원에서 이미 자신을 제물로 바치지 **않은** 사람이 있을까? 우리에게 가장 깊은 문제로서, 그런 까닭에 가장 깊은 진리로서 다가와 우리를 압박하는 그것에 대해서 우리는 실존적으로 '예!'라고 말할 수밖에 없다. 우리는 그로 인해 실존적으로 압박을 당하고 있다. (그리고 여기서 '예!'라고 말하지 않는 사람을 과연 **우리**가 알고 있는가? 주께서 자기 사람들을 아신다!) 그래서 우리는 그 "권면"을 따른다. 그래서 이차적인 윤리적 행위[이웃 사랑]는 일차적인 행위[하나님 사랑]와 함께 곧장 시작된다. 그래서 우리는 "이 세상의 형태를 본받지 말고 오직 변화를 받는다." 인간의 독자성, 독자적 의지, 독자적 권력, 독자적 의가 무너질 때, 인간이 자신을 제물로 바친 자가 될 때, 오직 그때(그것은 어쩌면 가장 높은 차원의 삶의 긍정, 삶의 전개의 순간일 수 있다!) 인간은 윤리적으로 행동한다. 왜냐하면 그것이 세상의 마지막이요 죽은 자들의 부활이기 때문이다. 어떤 행위의 윤리적 성격이 나타날 때는 그 행위 안에서 빛이

비칠 때, 곧 인간의 극복과 관련하여—우리가 부정적으로"만" 표현하는 이유가 있다—빛이 비칠 때다. 왜냐하면 **이것은** 확실히 이 세상의 형태가 아니라 오직 변화를 받기 때문이다. [w]그 자체로 이 세상의 형태를 본받지[w] 않는 행동은 존재하지 않는다. 비록 그 자체로 거대한 오류인 것에 대항하는, 그 자체로 거의 신적인 저항의 성격을 가진 행동은 존재한다고 하더라도 말이다. 또한 [x]그 자체로 이 세상의 변화를 받는[x] 행동도 존재하지 않는다. 비록, 다가오는 세상의 빛을 거의 드러나게 할 정도로 투명한 행동이 존재한다고 하더라도 말이다. 그러나 변하지 않는 사실, 그것은 모든 행동 자체는 오직(우리가 말하는 "오직"은 무엇인가?) 하나님의 행위에 대한 **비유**요 **증언**이라는 사실이다. **하나님의** 행위는 오직(우리가 말하는 "오직"은 무엇인가?) 영원 속에서[y]만 일어날 수 있는 일, 시간 속에서는 절대 일어날 수 없는 일이기 때문이다. 그러므로 모든 참된 "태도"는 군대가 행진할 때 비로소 뽀얗게 일어난 먼지일 "뿐"이며, 바로 이곳에서 수류탄이 폭발했음을 알게 하는 흔적, 곧 움푹 파인 자리일 "뿐"이며, 지금은 산이 남아 있지 않지만 결국은 산속의 한 장소라고 규정할 수밖에 없는 산속 동굴일 "뿐"이다. 여전히 절박하게 성령과 능력의 증거로[고전 2:4] |421| 추천하고 기대할 수 있는 "행위들과 사실들"[16]도 모두 [위의 규정에 대한] 넓고도 깊은

16 라가츠의 글을 암시한다. L. Ragaz, *Warum ich meine Professur aufgegeben habe?* Neue Wege, Jg. 15(1921), S. 283-293. 라가츠는 이름은 언급하지 않았지만 바르트와 투르나이젠에 대한 자신의 반대 입장을 밝힌다. "이것을 위해서는[하나님의 진리를 대변하는 새로운 길을 향해 출발하기 위해서는] 하나님을 기다리는 것이 필요하지 않은가? 그 슬로건이 올바른 맥락에서 선포된다면 위대하고 필연적인 진리를 의미할 수 있겠으나 여기서 나는 그것이 불행한 것이라고 생각한다. 내가 보기에는 거꾸로 되어야 맞다. **하나님이 우리를 기다리신다**. 그분은 우리에게 새로운 힘과 새로운 빛을 주시고, 우리에게 놀라운 도움의 근원과 샘물을 기꺼이 여신다. 우리가 믿음 안에서 그분을 향해 새로운 세상으로 나아가는 행동, 그 한 걸음을 감히 내딛기만 하면 말이다! 그분은 자신을 알

"확증"이다. 그런데 그 과정에서 필연적으로 새로운 긍정성이 생겨나고, 새로운 관점과 독선과 (세상이라는 오래된 자동차 앞에서) 엔진의 동력[17]이 들어서는 한(그리고 이런 일은 매 순간 일어난다!), 그런 행동들도 (그러니까 그렇게 장중하게 강조하는 그런 행동들의 "실제성"도!) 이 세상의 형태를 본받을 뿐 그 세상 변화를 받지 않는다. 제아무리 영예로운 "행위들과 사실들"이라 할지라도 그것을 수행하는 것은 **인간**이다. 의기양양하게 승리를 축하할 수 있는 "일"을 가진, 혹은 저만의 "고통"을 끌어안는 **인간**, 자신의 성취를 즐기거나 자신의 비극을 즐기는 **인간**, 기분이 좋아 점점 자만심에 가득 차거나 기분이 우울하여 점점 위축되는 **인간**, 이익을 취하거나 전적으로 희생하는 **인간**, 살아가거나 죽어 가는 **인간**이다. 그 인간은 이러한 모든 가능성을 누리되 자신의 천재성 속에서, 자신의 "결혼 분위기" 속에서, 자신의 "사랑받는 자아" 속에서 아주 안전하고 확실하고 확고할 수 있다. "자살"[18]에 맞서 이쪽 편에서 제기되는 무거운 성찰도 살짝 암시할 필요는 있다. 어쨌든 모든 이러한 가능성은 (그것들이 높이 올라가면 올라갈수록, 그 성격이 결정적이면 결정적일수록, 더 개연성이 있는 것일 텐데!) 그야말

리기 위해 인간을 필요로 하신다. 그분은 오직 인간과 함께 자신의 나라를 건설하고자 하신다.…… 하나님 나라 신학은 우리를 도와주지 않는다. 그 신학이 아무리 천재적이고 강력하다 할지라도 말이다. 그 신학은 오히려 해가 된다. 우리의 마음을 하나님과 하나님 나라의 참된 능력으로부터 다른 곳으로 돌려놓을 뿐이다. 우리를 돕는 것은 오직 **행위들과 사실들**(Taten, Tatsachen)이다. 하나님을 믿고 사랑하는 사람이라면 그분께서 행위하시도록 기회를 그분께 드린다. 그것이 하나님의 행위들이다. 그리고 **절망**에 빠져 오직 폭력과 돈과 쾌락을 믿고 있지만 그럼에도 근본적으로는 무언가 다른 것을 기꺼이 믿고자 하는 이 세상 방식에서만 생기는 것이 사실들이다. 이 행위들과 사실들을 통해 영과 믿음과 사랑이 현실적이라는 것이 보이며, 이 현실성 속에서 하나님의 현실성을 체험하게 된다."

17 Müller, Streiflicht, S. 275. "아니, 세계라는 차는 실제로 새로운 엔진의 동력이 필요하다."

18 이 책 740쪽, 각주 37.

로 **프로메테우스적** 가능성일 것이다. 어떻게 "행위들과 사실들"이 에토스[윤리]의 진지함과 능력, 그 거대한 방해의 진지함과 능력을 지닐 수 있다는 말인가? 그러나 제물의 빛이 비치는 행동들이 있다. 거기서 빛나는 것은 자신을 제물로 **바친** 인간이다. 그 인간은 어떤 새로운 긍정적 혹은 부정적 인간성을 드러내는 **인간이 아니라 하나님의** 독자성, 독자적 의지, 독자적 권력, 독자적 의로우심 안에 있다. 그분은 **주님**이신 하나님이다. 그리고 이 빛은 인간을 **방해한다**. 루덴도르프-레닌 도식에 따른 이상적 인간을 방해할 **뿐 아니라** 포에르스터-라가츠 도식에 따른 이상적 인간도 방해한다.[19] 왜냐하면 이 빛은 모든 인간에 대한 공격이기 때문이다. **이러한** 세상에 살고 있는 **이러한** 인간, 천재적인 인간(누가 천재적이지 않은가?)에 대한 공격이기 때문이다. 우리 모두는 이 공격을 너무나 두려워하는데, 그것은 우리 모두가 그것을 간절히 기다리기 때문이다. 결국에는 우리 자신의 천재성에서 해방되는 것보다 더 좋은 일이 없다는 사실을 우리 모두가 잘 알고 있기 때문이다. 이것은 스스로를 공표하는 위기, 곧 죽음에서 생명으로 넘어가는 위기다. 그리고 다시 한 번 묻자. 이런 일이 일어나지 않는 곳이 어디란 말인가? **이러한** "권면"이 있는데 누구라고 기꺼이 듣지 않겠는가? 과연 누가 원수가 되어 반대편에 서겠는가? 여기서는 모든 사람이 공격하는 자가 되는데 이는 모든 사람이 공격당하는 자이기 때문이다. 여기

19 바르트가 이상적 인간 도식을 이중으로 나열한 것은 라가츠로 인한 것이리라. L. Ragaz, *Die Schweiz vor der Lebensfrage. Zur Abstimmung vom 16. Mai,* Neue Wege, Jg. 14(1920), S. 182-188. 여기서 라가츠가 다루고 있는 문제는 1919-1920년에 창설된 국제연맹(Völkerbund)에 스위스가 가입해야 하느냐 마느냐는 문제였다. 제1차 세계대전 때 독일 최고 지휘관 가운데 하나였던 루덴도르프(E. Ludendorff, 1865-1937)와 레닌은 가입을 반대했고, 라가츠와 포에르스터(F.W. Foerster)는 찬성하는 입장이었다.

서는 모든 사람이 의롭게 되는데 이는 모든 사람이 불의하기 때문이다. 악마의 보루를 겨냥한 공격 가운데서 바로 이 공격보다 강력한 것은 도저히 생각할 수 없다. 그러나 이 공격이 추진될 때, 하나님의 보루인 것처럼 행세하던 몇 가지 것들도 굉음과 함께 무너져 내릴 것이다. 여기서 일어나는 일이 |422| "이 세상의 형태를 본받지 않고 오직 변화를 받는 것"이다.

그렇다면 우리의 행동 속에서 그 제물이 빛나고, 인간의 극복이 빛나고, 이로써 하나님의 영광이 빛나기 위하여 우리는 무엇을 할 수 있을까? 우리의 행동이 빈껍데기가 아니라 잘 익은 열매가 되도록 하려면? 이 방향으로 사람들을 권면하고 초대하고 요청하여 어떤 목적을 이룰 수 있는가? 우리가 이미 언급한 것처럼, 그 목적은 자기 현존재의 문제에 대하여 '예!'라고 말하게 하는 것이고, 그것이 곧 그의 진리다. 우리는 그를 일차적인 윤리적 행위를 하도록 권면하며, 그를—무엇보다도 우리 자신을—**회개**에 이르도록 권면할 수 있다. 그 일차적인 행위에 다른 모든 이차적인 행위가 반드시 결부되어야 하며, 바로 그 일차적인 행위로부터 이차적인 행위는 빛의 힘[光力]을 얻게 된다. 이와 같은 일차적 행위는 "**오직 마음**[생각]**을 새롭게 함으로 변화를 받아 하나님의 선하시고 기뻐하시고 온전하신 뜻이 무엇인지 분별**"함이다. 그러니까 또다시 생각인가? 그렇다. 생각이다! 일차적인 윤리적 행동은 전적으로 규정된 **생각**이다.[20] 회개란 **돌이키는** 생각Um-Denken이다. 윤리적 문제의 핵심적 지위, 곧 어떤 새로운 행함을 지시하는 돌이킴이 일어나는 자리는 이 돌이키는 생각이다. 반복하건대, 이 생각도 상대성의 영역 안에서 전개된다. 이것도 그 자체로는 하나님 앞에서

20 Müller, Streiflicht, S. 278. 바르트의 경우는 "주된 관심사가……생각과 반성 속에서 새로운 삶의 충동을 발산하는 데 집중되어 있다. 온 에너지를 기울여 그것을 생생하게 구체화하는 대신 말이다."

내세울 만한 의로움이 될 수 없다. 하나님이 우리 안에서 생각하신다는 생각도 낭만주의 철학자들의 거창한 환상일 뿐이다. 아니, 하나님의 영광을 위한 최고의 시위만이 생각을 형성하고, 인간의 생각에는 그 어떤 창조의 능력도 깃들어 있지 않다. 앎 속에 있는 존재esse im nosse는 전적으로 하나님의 말씀과 역사다. 그러므로 우리는 인간에게 **순수한** 생각에 참여하라고 권면할 수 없다. 그러나 어떤 약속을 지닌 생각하는 행위가 있다. 물론 그 자체로서가 아니라, 자기 자신과 모든 행위의 지양으로서 "합당한 예배"와 하나가 되는 생각하는 행위, 단 한 번 결정적으로 엎드려 하나님을 경배하는 것과 동일한 생각하는 행위가 있다. 그 생각하는 행위가 수행되지만 [z]행위로서는 오히려 지양된다면[z], 거기에는 "하나님의 뜻이 무엇인지 분별"하는 지혜, 순간의 선택의 지혜, 올바른 "길"이 저절로 연결된다. 은혜, 부활, 용서, **영원**과 같은 생각이 존재한다. 그리고 이것은 우리의 시간적인 존재가 안고 있는 가장 깊은 문제를 긍정하는 것과 동시에 이루어진다. 만일 우리가 그 의미에 대한 **물음** 속에서 우리의 시간적 존재의 최종적인, 결정적으로 **최종적인** 의미를 인식한다면, 우리는 가장 깊은 충격 속에서 영원을 생각할 것이다. 그렇기 때문에 우리 존재의 가장 깊은 문제는 동시에 가장 깊은 진리다. 이것을 생각하는 것은 **새롭게 된** 생각이며, 돌이키는 생각이다. 이것이 곧 회개다. 우리는 |423| 그 생각이 **약속을 지닌** 것인 한, 생각하는 행위로서 스스로를 **지양**하는 한, 하나님 자신의 **순수한** 생각에 참여하는 한, 그래서 "하나님이 기뻐하시는 거룩한 산 제물" 곧 받아들여진 제물인 한, 시간만을 채우는 방식으로는 발생하지 **않는다**는 사실을 알고 있다. 그러나 우리는 그것이 "발생한다"stattfinden는 **사실**을 알고 있다. 이는 그것이 다른 모든 사상의 생각 속에 있는 위기이기 때문이다. 만일 그렇다면, "서로 고발하거나 변명하는 그 생각들이 증인이 되어"(2:15)

말하는 하나님의 창조와 그분의 역사의 관점에서는 사람들에게 그런 생각을 권면하는 것이 가능하다. 우리는 사람들을 초대하고 그들에게 요구를 해서 그들이 회개하도록 할 수 있으며, 또한 그래야 한다. 자기 스스로도 너무나 잘 알고 있는 위기, 곧 자신의 모든 생각의 위기를 회피하지 말고 오히려 그 위기를 깊이 성찰하며, 하나님의 말씀에 귀를 기울이고 하나님께서 하시는 **일**에 여지를 남겨 두라고 부탁할 수 있다. 그것이면 충분하다. 윤리에서도 은혜로 충분하다! 그것은 핵심적인 지위에서 돌아서는 것으로서 새로운 행함을 지시하고, 거대한 오류에 맞서는 신적인 저항의 성격을 이미 그 자체로 지니고 있으며, 다가오는 날의 빛을 위한 고도의 투명성을 지니고 있다. [aa]저주받은 안전함 속에 도피하고 있는 인간에게 모든 것이 무너져 내리는 충격을 가하고, 그리스도 안에 있는 새로운 인간을 통해 복된 규정으로 이끄는 것만으로 충분하다. 인간을 의인의 잠에서 깨워, 자신을 제물로 드려진 자가 되게 하는 것만으로 충분하다. 그가[aa] "선한 것, 기뻐하시는 것, 온전한 것", 곧 신적인 평가에 상응하는 그 행위, 인간의 극복과 하나님의 영광의 빛을 비추는 그 행위를 **완전히** 소홀히 하지는 **않도록** 하면, 그것으로 충분하다. 반지성주의의 잘 다듬어진 반론, **그리고** 타당한 반론은 **이** 생각에 해당되지 **않는다**. 그도 그럴 것이, 어떤 사상에 관한 생각을 통해 의로워질 수 있는 가능성마저도 "영원"에 대한 생각Gedanken 'Ewigkeit [ab] 안에서 지양되기 때문이다. 그러나 주지주의의 **무**례함Unart 때문에 흥분하는 것[21]은 아무런 의미가 없다. 어쨌거나 우리도 그 점에서는 모두 죄인이기 때문이다[3:23]. 에토스[윤리]는 로고스[생각]를 통해, 로고스는 에토스를 통해 자신의 근원을, **실존성**의 문제를 기억할 수 있

21 이 책 50-52쪽.

어야 한다. 그렇기 때문에 실제적인 삶의 문제와 관련해서도 하나님의 **말씀**을 듣고 말하는 것이 필요하다. 그렇기 때문에 그 질문, 곧 '우리는 무엇을 해야 하는가?'라는 질문을 생각할 때조차, 언뜻 꼭 필요한 것 같지 않은 대화, 곧 하나님에 관한 **대화**를 해야 할 필연성이 있다. 그렇기 때문에 온갖 급박한 실천적 과제로 넘쳐나는 세상에 직면해서도, "골목에서 일어난 사고"[22] 앞에서도, 일간신문을 들고서도 **로마서**가 있어야 하고 "바울주의"가 있어야 한다. 만일 "행위들과 사실들"로 어떤 것이 "행해진다"면, 그 모든 것은—성급하게 결론을 내는 사람들이 주장하듯이—"사실" 중단될 수도 있다. 그러나 우리가 이미 살펴본 것처럼, |424| 그것으로는 아무것도 "행해지지" 않았다. 그래서 **생각**을 새롭게 하라는 권면이 있는 것이다. 돌이키는 생각을 하고 회개하라는 권면이 있는 것이다. 우리는 이 권면에 귀 기울이고 순종하면서 무언가를 할 수 있다. 물론 여기서 다시 한 번 한계를 분명

22 이 표현도 뮐러의 논문을 살짝 바꿔서 쓴 것이다. 이로써 다시 한 번, 바르트가 뮐러의 비판, 곧 윤리를 신경 쓰지 않는다는 비판과 씨름하고 있음을 알 수 있다. 뮐러는 이렇게 주장한다(Streiflicht, S. 282). "우리 독일인에게 필요한 보완을 비스마르크처럼 정확하게 표현한 사람은 없을 것이다. 언젠가 비스마르크는 게르라흐(Gerlach) 형제, 곧 레오폴트 폰 게르라흐 장군과 루트비히 폰 게르라흐 법원장을 평가하면서 이런 말을 했다. '우리 세 사람이 여기서 창문을 내다보다가 거리에서 사고가 나는 걸 봤다면, 법원장께서는 우리의 믿음 없음과 우리나라 시설의 불완전함에 대해 대단히 지적인 진단을 하실 것이다. 또한 장군은 사고당한 사람들을 돕기 위해 저 아래에 있는 사람들이 해야 할 일을 정확하게 제시해 주실 것이다. 하지만 두 사람 모두 그냥 앉아 있는 것이다. 유일하게 나만 아래로 내려가서 사람들을 불러 모아 사고를 수습할 것이다.' 우리가 연구실에서 나와 거리로 나가도록 하는 사람, 사색에서 벗어나 헌신적인 행동을 하게 하는 사람은 누구인가?" 뮐러는 바르트 신학을 "소심한 실용주의"에 맞서는 "균형추" 역할을 하는 유익한 것이라고 평가하면서도 "지금 '거리에서 일어난 사고'에 대한 생각과 철학적 논증과 정신적 작업과 형이상학적 심화에 고착될 수도 있는 위험"에 빠져들고 있다고 비판한다. 바르트가 "거리"(Straße)를 "골목"(Gasse)으로 바꾼 것은 뮐러가 바로 그 앞에서 인용한 라베(W. Raabe)의 표현(S. 275)에 영향을 받은 것으로 보인다. "하늘의 별들을 우러러 보면서도 골목을 주의하라!"

히 하면서, 아니 강조하면서 확인할 것이 있으니, 그것은 여기서 꼭 필요한 **가르침**의 **최종적** 말씀은 하나님 자신, 오직 하나님만이 말씀하신다는 사실이다. 교의학자**와** 윤리학자가 맞닥뜨린 거대한 방해는 바로 **그분**이다.

전제
12:3-8

3a 내게 주신 은혜로 말미암아 너희 각 사람에게 말하노니 마땅히 생각할 그 이상의 생각[아무 의미도 없는 높은 곳에 오를 생각]**을 품지 말고**.

이것이 거대한 방해다. "하나님은 **사랑**"이라는 사실, 인간을 사랑하는 사랑이라는 사실에서 시작된다. 그러고 나면 드러나는 것, 그것은 **하나님**이 사랑받기를 원하는 분이라는 사실이다. 물론 하나님은 에고이스트Egoist가 아니다. 하지만 그분은 무한한 에고Ego다. 그분이 네 마음에 들기 위하여 변화될 수 없다. 오히려 **네가** 변화되어야 한다. **그분 마음에 들기 위해서** 말이다.……숙련된 궁수가 쏜 화살이 활시위를 떠나 쉬지 않고 날아서 마침내 과녁에 적중하는 것처럼, 인간은 하나님에게서 출발하여 목표이신 하나님을 향하도록 창조된 존재이며 그래서 하나님 안에서가 아닌 다른 곳에서는 쉴 수 없다.……내가 말하는 것을 실존적으로 표현하려고 하자마자, 그러니까 그리스도교적인 것을 현실로 옮기자마자, 나는 곧바로 현존재를 폭파시키고, 그 즉시 거치는 것(걸림돌)이 자리한다"(키르케고르).[23] 인간이 한 번도 들어 본 적이 없는 이 방해에 노출된다면, 그는 "권면"할

23 Kierkegaard, Buch der Richters, S. 104(SKS 23, S. 446[NB 20:99]), S. 143f.(SKS 22, S. 316 [NB 13:72]).

수 있으며(12:1) 권면을 받을 수도 있다. 여기서 바울은 그런 사람으로서 말하고 있는 것이다(1:1). 하나님께서 그에게 **"주신 은혜"**는 (5:2과 마찬가지로 여기서도) 그의 사도직이 안고 있는 역설, 곧 "특별 지시를 받아"[24] "중책을 맡은 스파이"(키르케고르)[25]가 되어야 하는 독특한 처지다. [ac]그러나 그는 또한 듣는 자로서 이러한 사람을 전제하며,[ac] 그들 사이에서 항상 논의되는 것은, 한 번도 들어 본 적이 없는 방해가 일어난 것에 대한 기억이다. 그러므로 로마서 **전체**가 곧 "권면"이다. 하나님은 하나님이라는 사실, 이것이 윤리의 전제다. 다른 모든 윤리적 규정은 이렇듯 한 번도 알려지지 않은, 결코 서둘러 지나칠 수 없는, 다반사로 간주될 수 없는 이 전제에 대한 윤리적 설명일 뿐이다. 그 전제 자체는 알려지기를 원한다. 그것 자체는 서둘러 나아가고자 한다. 그것 자체가 의사일정을 규정하고 이끌어 가고자 한다. 누가 |425| 윤리에 관해 말하고 듣고자 부르심을 받은 사람인가? **"마땅히 생각할 그 이상의 생각**[아무 의미도 없는 높은 곳에 오를 생각]**을 품지 말고."** 이렇게 되었다고 처음이자 마지막으로 말할 수 있고, 그런 말을 들을 수 있는 사람은 누구인가? 우리는 그 높은 곳이 어떤 것인지 알고 있다. 그러나 충분히 알고 있는 것은 아니다(12:1). 낭패에서 벗어나기가 무섭게 우리는 또 다른 말에 오르기 위해 그 발판에 발을 올린다. 평정을 잃어버리기가 무섭게 벌써 다른 "일"을 붙잡는다. 우리는 가르침을 받자마자 가르치기 시작한다. 역사주의와 심리학주의에 대한 환상에서 벗어나자마자 "성경"과 "살아 계신 하나님"과 "죽음의 지혜" 안에서 새로운 우상이 막 생겨나려고 한다. 자기가 얼마나 자주 오류를 범하는지 스스로 깨닫는

24 Kierkegaard, Buch der Richters, S. 64(SKS 25, S. 344[NB 29:84]).

25 Kierkegaard, Buch der Richters, S. 53(SKS 20, S. 424[NB 5:138]).

자가 있을까?(시 19:13[원서에는 19:23로 되어 있다], Luther-Bibel) 정말 부끄럽게도 우리는 언제나 그런 높은 곳에 있을 수밖에 없는 것 같다. 교회 안에서 늘 들려오는 얘기만 들어도 언제나 그런 것 같다. 하나님의 관점에서 우리의 인생에 대하여 할 수 있는 말을 말하고 듣는 곳에서 교회가 생겨난다(9:6). 어떤 교회인가? 그 교회가 인간이 어떤 식으로든 "높은 곳에" 있고자 하는 그런 교회일 가능성은 무한하다. 그렇게 되면, 하나님의 관점에서 우리 인생에 대해 말하거나 들을 수 있을 만한 것은—우리가 주지하는 바와 같이—실제로 말해지거나 들리지 않을 수 있다. 다시 말해, 항상 비본래적으로 말해지거나 들릴 수 있다는 것이다. 그 말이 이른바 더 본래적으로, 더 "본질적으로" 울려 퍼질수록 그만큼 더 그런 일이 많이 일어날 수 있다. 이러한 교회의 종말, 이런저런 바알과 아세라로 가득한 그 모든 "높은 곳"[산당, 왕하 21:3]의 종말은 야곱의 교회, 곧 눈에 보이지 않는 교회, 불가능한 교회다. 그러므로 즉시 우리는 "분별하도록 하라"는 권면조차도 어떤 인간적인 의로움, 인간적으로 가능한 의로움, 어떤 정신적 태도의 의로움이 아니라 영원한 순간을 목표로 하고 있음을 확실히 이해해야 한다. 우리는 그 영원한 순간에 **하나님** 앞에서 낮아져서 불의함을 깨닫는데, 바로 그렇기 때문에 **하나님**에 의해 높여져서 의롭다는 인정을 받는다. 하지만 그렇다고 해서 권면이 불필요한 것은 결코 아니다. 그 권면은 이차적인 윤리적 행동으로서 최고의 의미를 가지고 있다. 저 높은 곳에 올라가는 일은 정말 부질없는 일이라는 사실을 우리에게 알려 주기 때문이다! 우리의 생각, 소망, 행위가 **영웅적인 것**titanisch이라면(인간적인 노력이 그런 영웅심이 **아닐** 때도 있는가?) 그리고 이것이—비록 우리가 명백하게 "하나님"을 위한 노력을 기울인다고는 하지만—생존 투쟁의 세상에서 누가 봐도 알 수 있는 가인의 표지를 달고 있다면, 그러면서(이 모든 일이 불가피한 것처럼

보인다!) 깃발을 꽂아 세우고 회사를 세우고 탑을 쌓는다면, 결국 이것은 "이 세상의 형태"(12:2) 전체를 위협하는 저 방해에 부딪혀 산산조각이 날 것이다. 자기가 무엇이 된다고 생각하는 그 어떤 것도 빠져나올 수 없는 죽음의 법에 부딪혀 산산조각 날 것이다. 그러나 우리가 마치 망치로 때려서 끊임없이 새겨 넣듯이 그 사실을 적어도 **안다**는 것은, 그래서 "사려 깊게 **생각**"한다는 것은 결코 헛된 일이 아니리라. 물론 그 "사려 깊은 **태도**"Besonnen*heit* 라는 이교도적 덕목도 영웅적인 것이다. |426| 비록 그것이 그리스도교적인[ad] 옷을 입고 나타난다고 해도 마찬가지다. 그러므로 이 "생각"은 예컨대 그 사려 깊음을 향한 것이 될 수 없다. 그러나 기적이 일어날 수 있다. 하나님의 의로우심을 기억하는 행위, 그 이차적인 인간적인 행위로부터 "사려 깊은 **존재**"Besonnen*sein* 의 빛이 비치는 기적 말이다. 이 빛은 인간에게서 나온 것이 아니며 이 세상에서 나온 것도 아니다. 만일 우리가 그 "권면"을 따른다면? 그러면 인간이 스스로를 두르고 있는 안개, 또 다른 것들이 그 인간을 둘러싸고 있는 안개, 인간적인 자만과 독선과 허영의 안개가 **흩어질** 것이다. 인간이 공중그네 위에서 죽기 살기로 연출하고 있는 서커스가 갑자기 **끝날** 것이다. 인간적인 생각과 소망과 행위의 비유가 **말하며** [ae]이 인간의 인간성 전체를 **통해서 하나님**께서 영광을 받으시는 일이 일어날 것이다.[ae] 이런 일이 일어난다면, 그리고 그것을 볼 수 있게 된다면 그것은 곧 기적이다. 우리는 이 기적을 **행할** 수는 없으나, 그것을 **지향할** 수 있다. 기적이 일어나지 않는 한, 우리의 존재가 가장 높은 곳에서 전개된다고 해도 그것이 얼마나 무의미한 것인지를 끊임없이 숙고할 수 있다. 이것을 숙고함은 약속에 가득 찬 일이다. 왜냐하면 이로써 우리는—이것이야말로 모든 것이 걸려 있는 중요한 것인데—하나님의 의로우심을 숙고하고 모든 에토스의 근원으로 되돌아가기 때문이다.

3b-6a. 그런데 이렇게 영웅주의를 막고 근원으로 돌아가는 일(윤리의 전제)은 기이하게도 **개인**Individuum이라는 개념, 하필이면 자신의 애매함을 벗어야 할 그 개념을 통해 확보된다. 내가 너희에게 사려 깊이 생각할 것을 권면하노니 3b 오직 하나님께서 각 사람에게 나누어 주신 믿음의 분량[목표]대로 지혜롭게 생각하라. 4 우리가 한 몸에 많은viele af 지체를 가졌으나 모든 지체가 같은 기능을 가진 것이 아니니 5 이와 같이 우리 많은 사람이 그리스도 안에서 한 몸이 되어 서로 지체가 되었느니라. 6 우리에게 주신 은혜대로 받은 은사가 각각 다르니.

여기서 사용된 **몸**과 **지체** 비유의 의미는—좀 더 자세히 살펴보면—낭만적이고 보수적인 관찰, 곧 가톨릭의 교회 개념과 거기서 파생된 모든 것에 근거한 관찰, 그러니까 개별적인 인간의 **부분**, 많은 "타자"들과 더불어 세포와 같은 형태로 형성된 유기체적인 생명 조직과 그 일부의 관계에 대한 관찰이 아니다. 만일 그런 식으로 해석한다면, 그것은 어떤(아마도 아직 불명확한 수준에 머물러 있는) 자연과학적·사회학적 현상에 관한 비유는 될지 몰라도, 우리가 처음부터 바울의 글에서 기대하는 것, 곧 하늘나라에 대한 비유는 아니다. 이 비유를 그런 식으로 해석하면 "사려 깊게 생각"하라는 권면은 구속력이 없는 것이고 윤리적인 것이 될 수도 없으리라. 그렇다면 바로 이 유기체적 개념과 |427| 그 부분들의 유기체적 구성 개념은—우리가 생명이라고 부르는 것을 (적어도 첫눈에 보기에는!) 아주 생생하게 묘사하고는 있는데—인간에게 그 한계를 지시하고 하나님을 기억하게 하는 중요한 의미를 어디서 가질 수 있겠는가? 개인 앞에서 하나님의 의로우심을 대변한다고 주장하는 그리스도교 모임 개념을 어디서 얻게 되는가? 신자들의 집합이자 하나님과 인간 사이의 대표 기관으로서 "교회 공동체"는 어디서 다수성Pluralität을 확보하게 되는가? 그런데 이 비유에 대한 위의 해

석은 너무나 설득력이 있고, 또 거기에 근거한 교리, 곧 하나님과 인간의 관계에 대한 교리도 너무나 자명한 것 같은데(**너무나** 자명해서 [ag]개신교인들도 거의[ag] 거기서 벗어나지 못할 정도로!) 바로 그 점에서 그 해석은 (이 책의 제1판의 주장과도 필연적으로 반대되는 바![26]) 옳은 것일[ah] 수가 없다. 그 해석은 바울의 노선에서 철저하게 벗어나 있다. 하나님께서는 인간 앞에서 자신의 권한을 위임하시되 그렇게 정신적으로 생각한 것, **매개적인** 구성물에 위임하시지 않는다. 인간은 이른바 "[유기체적] 전체성"을 거치는 우회로를 통해서가 아니라, 제 자신의 곤경과 소망 속에서 하나님의 물음 앞에 선다. 개인은 "부분"이 아니라 그 자체가 전체다. 물론 그의 사려 깊지 못함과 교만에 대해서는 확실한 차단막을 쳐 두어야 한다. 그러나 그 차단막 치기는 인간의 엔텔레케이아[영성의 완성 작용]entelecheia에 의한 자연적 제약을 강화하는 것이 아니라, 그 목적을 위해 인간적인 동질성에 **하나님의** 영원한 비동질성이 대비되어야 한다. 그러므로 몸과 지체의 비유는 자연철학적인 의미를 가질 수 **없다**.

물론 이 비유는 개인에게 "공동체", 곧 **다른** 개인들을 기억하게 한다. 그리고 바로 그 **타자**의 문제에서 윤리의 문제가 떠오른다. '우리는 무엇을 해야 하는가?' 그러나 여기서 경험적으로 "다른" 개인이 "권면"의 주체와 객체는 아니다. 그렇다면 여기서 말하는 타자란 누구인가? 그들은 바로 우

26 Römerbrief I, S. 476. "그러므로 우리 공동체는 어떤 **집합**(Aggregat)이나 모래 더미의 이미지가 아니라—비록 우리 서로에 대한 관계가 다소간 특정한 규칙 속에서 구성되어 있지만—**유기체**(Organismus)의 이미지가 될 것이다. 그 유기체의 부분들은 이미 그 자체로 완성된 상태**이다. 그것들이** 반드시 그러해야 하는 모습을, 아니 심지어 이미 완성된 상태로 각각 전체를 대표하고 그 특징을 드러낸다. 그러나 **아무것도**, 전혀 아무것도 **자기 자신을 위해서** 존재하지 않는다. 서로 생기 넘치는 관계 속에 서 있다. 우리를 하나로 묶는 영인 실재적인 삶의 통일성이야말로 우리의 함께함이라는 규범을 볼 수 있는 직관을 우리에게 제공한다."

리가 도저히 들여다볼 수 없고 알 수 없는 타자성 속에서 믿고 있는 사람들이며, 하나님 물음의 곤경과 소망 때문에 핍박받는 사람들이며, 개인으로서 그리스도 안에 기초를 둔 사람들이다. 여기서 말하는 것은 순수하고 초월적인 '나'이다. 이 보이지 않는 '나'가 보이는 모든 구체적인 '너'의 주체다. 바로 그 '너', 경험적이며 현실적인 개인, 구체적인 개인이 우리의 의식 속에서 유일한 존재로서 나타나는 것은 시간 개념을 통해서인데, 이 시간 개념 자체가 이미 하나의 비유에 불과하며, **영원한** 개별적인 존재, **실존적**인 현실적 존재로 나아가는 "계기"에 불과하다. 그러나 이것은 그 비유, 그 계기 안의 '너'가 현실적이지 않다는 뜻일 수는 없다. 이 초월적 '나'가—그것이 **영원한** '나'이기 **때문에**—모든 **매** 순간에 **현존**하지 않는다는 뜻일 수도 없다. 그렇다. 선한 사마리아인이 |428| 제대로 보았다. 여기서 말하고 있는 것은 **"이웃"**이다(13:9-10, 막 12:28-31, 눅 10:25-37). 그러나 그 이웃은 "**모든** 인간이니, 이는 그가 다른 사람들과의 상이성 때문에 너의 이웃이 아니기 때문이며, 다른 사람과의 상이성 안에서 너와 똑같아서도 아니다. 그가 **하나님** 앞에서 너와 똑같다는 사실 때문에 그는 너의 이웃이다. **모든** 인간은 무조건적으로 **이러한** 동질성을 가지고 있으며 이것은 **무조건적**이다"(키르케고르).[27] 우리가 깊이 고민하고 사려 깊게 생각해야 할 윤리적 과제가 다른 사람과의 관계 속에서, 특히 서로를 마주하고 있는 개인의 관계 속에서 과연 무엇을 의미하는지가 이제 비로소 아주 분명해진다. [ai]그 과제가 의미하는 것은 우리가 타자에게서 직접적으로 꿰뚫어 보거나 인지할 수 있는 것이 결코 아니다. 그것은 타자가 무대에 등장하면서 드러내는 타자**됨**Andersheit의 복잡함과 다양함과 압도적인 많음 안에서 꿰뚫

27 Kierkegaard, Leben und Walten, I. Abth., S. 82(SKS 9, S. 67).

어 보거나 인지할 수 있는 것이 아니다. 그 수와 욕구와 결속의 외적인 권위를 지닌 교회 집단, 혹은 명확한 문구로 정리되어 있든 그렇지 않든 나름의 고백이 있고 삶의 관점이 있고 전통과 역사를 가지고 있어 이른바 내적인 권위를 지닌 집단, 요컨대 **직접적으로** 보이는 교회 집단이 결코 아니다. 그것은 개인을 윤리적으로 규정할 수 있는 구체적이고 직접적인 것이 결코 아니다(그렇기 때문에 우리는 가톨릭의 교회 개념을 확실하게 거부한다!) 그것은 **어떤** 타자 **한 사람**이 아니고 그 한 사람을 "권면"할 수 있는 **그를 둘러싼** 타자들도 결코 아니다. 그럼 무엇인가? 그 사람이 교회Gemeinde 안에서 맞닥뜨리게 되는 것은 **공동체***Gemeinschaft*일 수밖에 없다. 곧 철저한 타자성의 실존 안에 있는 **타자**, 이웃, 그 **한 사람**인 것이다. 공동체는 어떤 집단도 **아니고** 유기체도 **아니기** 때문이다. 공동체는 절대 그 어떤 주어진 현존이 아니라, 모든 주어진 것들의 근원적인 종합·관계성·핵심 내용이고, 궁극적으로 **눈에 보이지 않는 하나됨** 안에 있는 타자성이다.[ai] 그것은 그야말로 "communio"[공동체, 교제]이며, 그래서 결코 개인의 다름[타자성]을 지양하거나 제약하거나 지우는 것이 아니라, 오히려 개인의 다름을 요구하고 각기 다름에 나름의 의미를 부여하는 하나됨이다. 그것은 모든 타자성 너머에 있는 하나이다. 그래서 그 하나, 곧 개별자Einzelne는 다른 사람들 **곁에** 서는 한 사람이나 어떤 타자에게 **붙어 있는** 세포분열에 불과한 것이 아니다. 그 개별자는 "sanctus"[성도]이며, **모든** 타자와 마주하여 그 한 사람이 지닌 타자성의 총괄 개념이다. 그것은 증식이나 번식하는 것이 아니며 그 어떤 위계 구조도 배제하는, 그래서 그 어떤 해체도 일어나지 않는 토대, 곧 공동체의 토대다. 거꾸로 공동체는 그 어떤 자의성으로부터도 자유로운 개인의 토대가 된다. "communio-sanctorum!"[성도들의 공동체, 사도신경의 '성도가 서로 교통하는 것'('성도의 교제')의 라틴어 문구이며,

디트리히 본회퍼의 교수 자격 논문 제목도 「Sanctorum Communio」이다]. 다른 "communio"[공동체]는 없다. 다른 "sancti"[성도들]도 없다[가톨릭은 '거룩한 것들sancta의 공유'와 '거룩한 사람들sancti 사이의 친교'를 말한다. 『가톨릭 교회 교리서』 948항.] 그 "몸"은 개별적인 지체들의 총합도 아니고 그것들의 상호 제약성도 아니다. 오히려 그 지체들을 모두 합치고 제약하면서 마주 서 있는 그것, 곧 **개인**이다. 이것은 절대적으로 눈에 보이지 않는 실체, 각 지체**만이 아니라** 그 종합**과** 그 유기체적 제약성까지 |429| 절대적으로 초월하는 실체다. 지체들은 눈에 보이는, 그리고 서로 동떨어진 개별성 속에 존재하며 활동하는데, 그 존재와 활동은 모든 개별적인, 그러면서 모든 것을 초월하는 보이지 않는 하나됨, 곧 "몸"의 **하나됨**과의 관련 속에서 존재하고 활동한다. **각 개별자와 모든 개별자와 마주한 이 초월적인, 눈에 보이지 않는 하나됨**, 곧 **개인의 하나됨**이야말로(몸-개인[aj] 개념 속에서 이미지와 실제가 만난다!) 이 비유의 의미다. 이와 같이 "믿는 사람들"(하나님과의 관계 속에 있는 사람들)은 특별히 개별자로서(그러니까 그들의 개별성이 소멸되는 것이 아니라 일깨워짐으로!) 그리스도 안에서 **한** 몸, **한** 개인이다. 개인들의 무더기가 아니다. 그렇다고 어떤 총체적인 몸, 혹은 개인 군중도 아니다. ("전체"das Ganze도 아니다!) 믿는 자는 **특정한** 개인, **특정한** 하나, **특정한** 새로운 **인간**[ak](고전 12:12-13)이다. 이 **하나**야말로 **타자**의 문제 속에서, 믿는 사람들의 **집단** 속에서 우리를 향해 다가오는 "**그리스도**의 몸"이다. 우리는 "그리스도의 몸"(7:4)이란 곧 **십자가에 달리신** 그리스도라는 사실을 기억하고 있으며, 여기서 윤리의 전제로 떠오른 '개인' 개념의 결정적인 날카로움을 즉시 인식하게 된다. 십자가에 달린 그리스도야말로 **"하나님께서 각 사람에게 (그것도 자기만의 개별성을 가진 모든 각 사람에게) 나누어 주신 믿음의 분량**[목표]"이라면, 또 우리가 (인간을 죽임으로써 살게 하시는!) **"은혜대**

로 받은 은사가 각각 다르니", 그 결과 모든 사람에게 (자기만의 개별성 속에서!) 중요한 것은 오직 "주 예수 그리스도로 옷 입는 것"(13:14), 새 사람으로 옷 입는 것이라면, 항상 그 개별자 곁에 서 있는 타자는 그 다름을 통해서 더 **철저하게** 타자인 분을 기억나게 하려고 치켜든 손가락이라면, 믿는 사람들의 모임인 교회는 **공동체**며, 공동체는 **하나됨**이며, **이** 하나됨은 그 무엇으로도 측량할 수 없는 하나님 안에서—이 하나님은 생명과 죽음을 다스리는 주님이시다—**그** 인간과 **그들** 인간의 하나됨이라면? 그렇다면 그 개별자에게는 자신의 "개인됨"Individuität에 대한 기억의 힘 때문에 모든 영웅주의, "높은 곳에 있는" 모든 것이 얼씬하지 못할 것이다. "사려 깊은 생각", 다시 말해, 그러나[al] 하나님만이 높은 곳에 계신다는 깊은 생각은 그만큼 철저하게 **유일무이한** 윤리적 행위로 요구된다. 그 어떤 다수도, 그 어떤 욕구도, 그 어떤 역사적 권위도, 그 어떤 신비적이며 중간 세계적인 교회 유기체도 인간의 마음을 진지하게 움직여 인간의 굴복, 곧 그 인간의 절대적 사실성Sachlichkeit에 이르게 하지 못하건만, 위의 조건이 갖추어진다면 바로 이 굴복은 강력하고 필연적인 계명이 된다. 왜냐하면 사려 깊게 생각하는 이차적인 윤리적 행동[이웃 사랑]이 그 기억에 힘입어 일차적인 행동[하나님 사랑]으로, 자기의 **처음**으로 기울어지기 때문이다. 그리고 그 처음과 더불어 그 **근원**의 힘과 |430| 존엄에 참여한다. 그렇게 되면, 그런 성찰과 더불어 수행된 **시위**[외적 표현]가 그 행동 자체를 초월하는 **목표**를 달성한다. 그때 그 개인은 하나님 앞에 선다. 한 번도 들어 본 적이 없는 방식으로 자신의 "개별성"이 방해받으면서 산다. 인간이 이런 방해를 받는 것은 오직 하나님으로부터만 가능하다. 그렇기 때문에, 바로 거기서 승리와 소망의 표징을 보게 된다.

6b-8. 6b 우리에게 주신 은혜대로 받은 은사가 각각 다르니 혹 예언이면

믿음의 분수대로 7 혹 섬기는 일이면 섬기는 일로 혹 가르치는 자면 가르치는 일로 8 혹 위로하는 자면 위로하는 일로 구제하는 자는 성실함으로 다스리는 자는 부지런함으로 긍휼을 베푸는 자는 즐거움으로 할 것이니라[우리는 다양한 "은사"를 받았으니 아마도 어떤 이는 예언의 말씀의 은사를 받았고(그는 믿음에 알맞게 이 말씀을 말할지니라), 아마도 어떤 이는 섬김을 위한 감각을 받았고(그는 섬김을 위해 이 감각을 가질지니라), 아마도 어떤 이는 교사가 되는 은사를 받았고(그는 가르치는 자가 될지니라), 아마도 어떤 이는 설교자가 되는 은사를 받았도다(그는 설교하는 자가 될지니라). 나누는 자는 단순함으로![in Einfalt] 권위의 자리에 있는 자는 진지함으로![im Ernst] 긍휼을 베푸는 자는 명랑함으로[in Heiterkeit] 할 것이니라].

개인, 그 한분, 그리스도께서 교회를 공동체로 구성한다. 이 말은 무슨 뜻인가? 하나님 앞에 엎드림, 개인의 절대적인 사실성이 다양한 것들의 하나됨의 토대가 된다는 뜻이다. 다른 어떤 것도 불가능하다. 대단한 미덕인 것처럼 떠드는 "관용"을 한번 생각해 보자. 물론 그것을 훈련하지 않고서는 우리 모두는 적절히 살아갈 수가 없다. 그러나 그 "관용"도 본래적으로는 공동체를 **파괴**[zerstören]하는 성격을 가지고 있으며, 하나님의 방해[Störung]에 맞서 방어하는 몸짓으로 **파악되어야** 한다. 우리를 하나되게 하시는 한분이신 그분은 비非관용 그 자체다. 그분은 다스리고자 한다. 승리하고자 한다. 모든 것을 원하신다. 그분은 **모든** 친족 모임에 대한 방해이며, **모든** 교회적 평화에 대한 방해이며, **모든** "공동 사업"에 대한 방해다. 그것은 그분이 **모든** 소외, 갈등, 파당 너머에 계신 평화이시기 때문이다. 그러니까 "각자에게 자기 것을!"[28]은 윤리적 과제가 될 수 없다. 오히려 '각자가 그 하나

28 "Suum cuique"[각자에게 자기 몫을]이라는 라틴어 경구의 기원과 프로이센 제국의 프리드리히 1세가 그 말을 사용했을 때의 의미에 관해서는 Büchmann, S. 384 참조.

를!'이 맞다. 왜 그런가? 만일 우리에게 은혜가—우리가 인간인 한—언제나 **다양한** "은사"Begnadigung am로만 다가오고, 전적 타자는 **저 위에서** 언제나 개인의 타자성 안에서만 다가오고, 그래서 모든 사람 안에서 실제로 언제나 "**자기 것**"만을 만나게 된다면, 과연 무엇이 교회를 붕괴로부터 막으며, 타자의 문제가 생존 투쟁의 오해에 빠지지 않도록 지키는가? 하지만 실상이 바로 그렇다는 진단이 있는가? 탁월한 심리학적 진단이 나와 있다. 그것을 깊이 파고들면 이런 통찰에 도달한다. 인간과 인간은 언제나 투쟁 속에 있으며, 개인과 개인 사이에는 **그 어떤**(!) 화해도 **없다**는 것이다. 그러나 심리학은 윤리학이 아니다. 정직한 심리학일수록 더 그렇다. 여기서 우리에게 유일하게 도움이 되는 기억이 있다. 그것은 모든 사람이 바로 개인**으로서**, 바로 그 개인의 유일무이한 독특성 **속에서**, 하나님 안에 있는 인간의 통일성의 **비유**라는 사실을 기억하는 것이다. 그래서 모든 사람이 개별자로서—그 은사의 다양함에도 '불구하고'가 아니라 바로 그 다양함 '**때문에**'—오직 그 유일한 것으로 존재하며, 그 유일한 것을 원하며an 행할 수 있음을 |431| 기억하는 것이다. 그러나 그 유일한 것은 모든 사람에게 위기의 인식, 곧 죽음에서 생명으로 넘어가는 위기 인식 속에 있다. 그 인식 속에서 그는 그리스도 안에(그 한분 안에!) 있게 된다. 그의 강함이 아니라 그의 약함 안에, 그의 소유가 아니라 그의 결핍 안에, 그의 의로움이 아니라 그의 불의 안에 있게 된다. 그가 자신의 것을 가지고 올라갔던 모든 높은 곳에서 내려오는 것, 그래서 하나님만이 그 높은 곳에서 위엄을 가지신다. 또한 여기서도 모든 이차적인 윤리적 행동을 일차적인 것으로 돌리게 된다. 만일 이것이 근본적으로 파악된다면(그렇게 파악된 적이 과연 있었는가?), "자기의 것"이 근본적으로 그 하나 앞에 엎드린다면, 각 사람이 **자신의** "은사"를 은혜로 인식했다면, 그리고 자신의 힘과 소유와 의를 하나님

앞에 내어놓았다면(그런 일이 일어난 적이 과연 있었는가?), 그렇다면 모든 사람은 "은혜의 토대 위에서" 자신의 것, 자신의 각기 다양한 것을 자신의 "**은사**"로 이해할 수 있다. 각 사람의 "자기 것"은—각 사람에게 그 은혜와 그 "하나"를 상기시키는 위대한 유보 조건, "아마도!"와 함께—영광을 얻게 된다. 그렇다! 바로 그때 그것은 영광을 얻게 된다. 그렇게 되면 그 한분만이 아니라, 또한 지체들과 **다수의** 개별자들도[ao] 그 한분을 바라보면서, 공동체로서의 교회를 구성하게 된다. 그것은 과연 **어떤** 집단인가! 이제 우리는 상당히 조심스럽게 이 본문을 따라가 보려고 한다. 왜냐하면 여기서 부활의 소실점消失點이 전체의 이미지에 다시 끔찍할 정도로 가까이 다가오기 때문이다. 거기서 "이차적인 윤리적 행동들"이 엄청난 비중과 의미를 지닌 **사건으로 발생한다**. 거기서 목적을 의식하는 시위는 "사려 깊은 생각"(12:3a)에서 벗어나 증인의 말로 나아가며, 그 증인의 말은 실제로 **증언**이 된다. 이러한 "공동체"에서는 오직 그런 증인들만, 오직 그렇게 행동하는 사람들, 적극적이고 전투적인 사람들, 실탄사격을 하는 사람들만 시야에 들어오는 것 같다. 오직 목사만 미리 준비된 것 같다. 하지만 다시 한 번 생각해 보자. 과연 **어떤** 목사인가! 여기서는 인간적인 필요에 관해서는 아무런 언급이 없으며, 오직 하나님의 필요에 관해서만 말한다. 모든 사람은 그분께 복종해야 마땅하다. 거기서 각 사람은 마치 관을 타고 구르는 구슬처럼 자기의 길을 달린다. 그래도 괜찮고, 그래야 하며, 그럴 수 있으니 이는 그가 목표를, **바로 그** 목표를 가지고 있기 때문이다. 거기서는 자기에게 배당된 "부분 작업"만 하는 사람은 없다. 각론이나 전문 영역도 없다. 거기서는 각자가 자기의 일을 하면서 **전체**인 그 **하나**를 행한다.

"아마도" 어떤 이는 "예언의 말씀"을 전하는 사람으로 그 일을 행할 것이다. 우리는 예언자 행세를 하면서 "**전적인** 타자"를 대표한다고 주장하며

우리 앞에 나서는 모든 것들을 마땅히 경계해야 한다. 우리는 그런 행세가 제 풀에 무너져 내리면서zusammenbrechen ap **전적** 타자를 자꾸만 **아주** 다른 어떤 것으로 치욕스럽게 하는 것을 경험하면서 가슴이 쓰라렸던 적이 많이 있었다. |432| 그러나 아주 절실한 관심사 하나가 남아 있다. 그것은 한 사람이 와서 실제로 그 "전적인 타자성"을, 절대로 깨뜨릴 수 없는 낯섦 속에 있는 그 타자성을 우리 눈앞에 세우는 것이다. 만일 어떤 개별적인 사람이 "아마도"vielleicht 자기 고유의 것, 다양한 것을 은혜의 "아마도" 아래 굴복시키고, "믿음에 알맞게" 말하고, **바로 그** 사실성 속에서 하나님의 것을 하나님께 드림으로써 하나님께서 그를 통하여—마치 그가aq 있는 그대로의 **그가 아닌** 것처럼—말씀하실 수 있다면, 만일 그가 그 자체로 특정한 한 사람이라면, 그렇다면 그의 예언은 유일무이한 윤리적 가능성이다. 그 외의 다른 가능성은 없으며, 그 어떤 보충도 평형추도 필요 없다. 그도 그럴 것이, 그 예언의 유일성은 통일성을 의미하기 때문에 그 자체로 충분하며, 개인의 교만은 철저하게 배제된다.

"아마도" 어떤 이는 "섬김을 위한 감각", 돕거나 실천적인 일을 위한 감각을 가지고 있을 것이다. 역설적이지만 이 감각을 실행하는 것도 유일무이한 윤리적 가능성일 수 있다. 그리고 그 가능성을 가지고 있으되 교만하지 않는 사람도 그 한 사람일 것이다. 우리는 '섬기자! 돕자! 실천하자!'는 구호를 듣고 소스라치게 놀랄 이유를 가지고 있다. 그런 구호를 외치는 것은 언제나 어떤 대가를 치르더라도 **들으려** 하지는 않고 정말이지 "봉사"만 하려고 하는 마르다[눅 10:40]이다. 그러나 사람들을 도와야 한다는 관심사, 그 관심사는 그럼에도 지속되는 것이 마땅하다. 봉사란 일시적인 상처를 싸매는 것, 그리하여 결코 봉합될 수 없는 영원한 상처를 노출하는 것이며, 몸을 생각함으로써 영혼이 멸망하지 않도록 하는 것이며, 강도를 만나 쓰러져 있는 사람을 저 제사장이나 레위인처럼[눅 10:31-32] 지나치지 않는 것이다. 왜 그런가? **제사장 같은** 사람, 곧 **하나님**을 인식하는 것에만 모든 것을 거는 사람에게는 '도대체 누가 나의 이웃인가?'라는 질문은 더 이상 질문이 아니기 때문이다. 하지만 돕는다는 것은 제사장이나 레위인은 보려고 하지 않았던 것을 행동과 함께 보는 것이다. 실천적인 것이란 무엇인가? 인간을 불가피하게 "이론" 속으로 이끄는 것, 다시 말해 그의 **거대한** 곤경과 소망을 바라보도록 하는 것이 실천적인 것이다. 오직 사람들을 **섬기는 일**만 하는 사람, 정말 그들의 **곤경** 속에서, 정말 그들의 **환난** 속에서, 정말 그들 존재의 **위기** 속에서 그들을 섬기는 사람이 있을 수 있다. "아마도" 그 사람이, 인간은 제아무리 실천가라고 하더라도 의로움을 내세울 수 없는 존재라는 사실을 들음으로써 하나님을 섬기는 자, 선한 사마리아인으로[눅 10:33-35], 다시 말해 좋은 몫을 선택한 마리아(눅 10:42)로 **있다**고 하면, 그렇다면 그의 행위도 또한 충분하고 안전한 것이다.

"아마도" 어떤 이는 교사가 되는 은사를 받았다. 그리스도의 구원의 복음, 하나님의 말씀도 "가르침"[이론]Lehre이라고?! 신학도 학문[과학]Wissenschaft이라고?! 우리는 여기서 꼭 붙여지는 물음표의 의미를 알고 있다고 생각한다. 우리도 함께 그 물음표를 덧붙인다. 우리는 키르케고르의 목소리를 듣는다. "[신학] 교수가 된다는 것은 그리스도를 못 박는 것이다."[29] 오버베크의 목소리도 듣는다. 신학자란 "인간 사회에서 멍청이들"이다.[30] 아니다, 정말 그럴 수는 없다! 그러나 이번에도 "아마도"이다! 신학의 |433| **관심사**는 어쨌든 바로 그 거대한 물음표 앞에서도 **지속된다**. 그 물음표는 바

29 Kierkegaard, Buch des Richters, S. 136(SKS 23, S. 301 [NB 18:72]).

30 Overbeck, Christentum und Kultur, S. 173f.(OWN 6/1, S. 209).

로 부활의 감탄사이기 때문이다. 지금 우리는 거의 회피할 수 없는 가능성을 숙고하고 있다. 그 가능성이란 자신의 일 처리에서 그리스도교가 우리의 말 **뿐만 아니라** 우리의 침묵을 통해서도—이것은 오버베크의 주장과 "반대" 되는 것일 텐데—배반당하는 것이다. 그럼에도 [가르침의] 관심사는 **지속된다**. 첫째는 **성경**을 통해서 하나님 말씀의—말씀이 그 원천을 떠나 인간의 말이 되는 순간의—의미에 대해 가르치려는 관심사다. 둘째는—그러므로also **이** 인간적인 말의 대변자인also des Repräsentanten *dieses* Menschenwortes ar—"그리스도교"와 모든 인간의 문화와 야만 사이의 화해할 수 없는 대립 관계를 "**역사적으로**" 밝히 드러내되, 1,900년에 걸친 자신의 패배를 솔직하게 진술함으로써 그리하는 것이다. 셋째는 최대한 소란스럽지 않게 그래서 "**체계적으로**" 인간 그 자체에 결부된 한계성을 사열하는 것이요, 이로써 저 모순되고 언제나 하위에 있는 인간의 말과 그 인간의 제약성을 통해 제기되는 하나님 물음의 의미를 끊임없이 해석하는 것이다. 넷째는 목사가 되려는 각 사람에게, 그 길을 걸어가기에 앞서 모든 환상과 거짓 안정과 인간적인 사역의 위험성을 절박하게 경고하는 것, 사실성을 추구하라는 절박한 권면을 "**실천적인**" 신학의 형태로 전하는 것이다. 특이하게도 신학 역시 여럿 중 한 가지의 가능성이 아니라 유일무이한 윤리적 가능성이 될 수 있다. "교사로서 가르침을 위하여" 활동하는 개인도 그 한 사람der Eine이 될 수 있다.

"아마도" 어떤 이는 "설교자", 권면하는 자, 위로하는 자, 초대하는 자가 되는 은사를 받았다. 여기서는 특별히 "목사"에 대해 생각할 수 있다. 목사가 유일무이한 윤리적 가능성이라고? 누가 놀라지 않겠는가? 하지만 놀랄 건 또 무엇이란 말인가? 예를 들어 심리학, 도덕, 어떤etwas [31] 성경적

31 "가령"(etwa)의 오기?

인 이야기, 공익성, 교회 전통, 개인적 체험이 필수적이고 필연적인 주제들이 되어야 하는 것은 당연한 것처럼 보인다. 그러나 실제로는 그렇지 않다. 정말 중요한 것은 **하나님**께서 인간에게 야기하시는 당황스러움, 인간이 **하나님**에게서 받는 약속이다. "아마도" 어떤 사람이 두려움과 떨림으로 [빌 2:12] **위의** 주제와 맞닥뜨린다면, 그에게 이 주제들이 실존적으로 너무나 중요해서 그는 다른 어떤 주제를 선택할 수 없게 된다면, 그리고 **만일** 설교를 해야 한다고 하면 십자가·부활·회개가 설교의 유일한 대상이 될 것이라는 사실을 그가 통찰한다면, 설교는 **곧** 유일무이한 윤리적 가능성이게 되고, 설교하고 권면하고 위로하고 초대하게 **될** 것이다. 그렇다면 이 개별자는 각자 다양함 **속에서** 다시 그 한 사람이 된다. 무엇보다도 목사로서 부르심을 받고, 의롭다 인정하심을 받고, 선택되고, 하나님의 기뻐하심을 받게 된다.

"나누는 자는 단순함으로![in Einfalt] 권위의 자리에 있는 |434| 자는 진지함으로![im Ernst] 긍휼을 베푸는 자는 명랑함으로[in Heiterkeit] 할 것이니라." 이 시위, 곧 드러냄은 여러 증인의 말을 넘어서서 좁은 의미의 **행함**으로 뻗어 나간다. 나눔, 권위를 가짐, 긍휼을 베풂. 왜 하필이면 이런 행함인가? 그래, 왜 그러한가? 은혜란 주는 것이 받는 것보다 복되다는 사실[행 20:35]을 **뜻한다**. 은혜란 어떤 권위, 어떤 인상적인 것, 존경심을 일으키는 것이 나타남을 뜻한다. 은혜란 편협하고 닫힌 마음이 아니라 열린 마음을 갖는 것을 **뜻한다**. 공동체를 이룬 "교회", 한분을 통해 구성된 그 모임 **안에서** 개별자들은 바로 **이러한** 가능성들에 의존하며, **이러한** "은사"들을 **일으킨다**. 인간이 하나님으로부터 거대한 방해를 받음으로, 여러 "직무"들이 생긴다. 이 방해가 없다면 인간은—그가 누구라 해도—**이런 일**은 할 수 없을 것이다. 그 방해를 받지 않는 인간은 나누어 줄 수도 없고, 깊은 인상을 남길 수도 없고, 긍휼을 베풀 수도 없다. 그는 그런 행함의 겉모습은 갖출 수 있을지 몰

라도 정말 그것을 할 수 있는 힘은 그의 손에 **있지** 않다. 왜냐하면 그런 행함은 그의 철저한 인간적인 의문성 속에서 결국에는 인간의 극복을 지향하기 때문이다. 인간이 스스로를 제물로 바칠 때(12:1) 입술의 증거와 더불어 그런 행함, 그런 태도, 그런 "직무"Amt가 어떤 형태로든 들어서는 것이다. 그것은 이러한 직무들이 **하나의** 직무라는 사실, as개별자들의 다양함은 오직as 하나의 동일한 사실성 속에서 작용할 수 있다는 사실, 여기서는 하나님께 영광을 돌려야지werde at 인간이 자기의 선한 마음의 자연적 성향을 따라 자신의 뜻을 마음껏 펼쳐야 하는 것sollen au이 아니라는 사실, **모든** "직무들"이 십자가 아래 있다는 사실, 그것이 **거기** 반드시 있어야 한다는 뜻이 아니다. 왜냐하면 그것이 거기 **있다**는 사실은 특이하게도 자명한 것이기 때문이다! 이것이야말로 우리가 여기서 기억해야 하는 것이다. 이 기억 속에서 "나눔"은 "단순하게"in Einfalt 일어난다. 이 단순함이란 주는 것을 무슨 대단한 것처럼 만들지도 않고 받는 것을 씁쓸한 일로 만들지도 않는 내적인 자유를 의미한다. 주는 것과 받는 것이 저 헤아릴 수 없는 하나님의 단순하심Einfalt Gottes의 증언이 되는 그런 내적인 자유다. 권위의 실행도 그 권위가 거기에 현존하기 **때문에** 실행되는 것이지, 그런 권위를 거기에 있게 하기 **위해** 실행되지는 않는다. 그래서 권위는 바로 이런 비판적 규정성 안에서 아주 "진지하게" 행사되는 것이다. 긍휼은 어떤가? 긍휼이란 하나님으로부터 나와 인간에게 그저 주어지는 것이며, 그래서 인간이 할 수 있는 것이라고는 그 긍휼을 "즐거움"으로 베푸는 것뿐이다. 다시 말해, 자신이 궁극적으로 내맡겨진 존재라는 사실을 아는 서글픈 유머 속에서 스스로 긍휼을 베푸는 존재가 되는 것뿐이다. 그러므로 이러한 가능성은 **종말론적인** 가능성의 그림자 안에서—그 외에는 도무지 그럴 수가 없으니—윤리적 가능성이 되고, 나아가 곧바로 필연적인 가능성, 언제나 유일무이한 가능성이 된다.

그러므로 신도들의 모임인 교회Gemeinde를 공동체Gemeinschaft로 구성함을 통해 윤리의 토대를 세우자는 것인가? 그렇다. 이것이야말로 이 구절의 진정한 의미다. 교회는 하나님과 관계를 맺은 |435| 개인을 통해 구성된다. 그러나 이 관계는 각 사람들의 하나됨 속에서, 곧 개인 속에서 실현된다. **각 개별자들의 이러한 하나**, 그러니까 **모든 개별 존재의 공동체**가 곧 그리스도다. 에토스[윤리]와 관련하여, 지금도 호시탐탐 우리를 노리고 있는 영웅주의의 위험에 맞설 수 있는 다른 안전한 곳은 없다. 하나님과 다른 방식으로 관계 맺음도 없다. 오직 이것만이 탁월하고 적절하고 교회적이다. 지금 우리는 다가오는 교회, 야곱의 교회에 관해 말하고 있다. 그것을 한 번도 어디서 본 적 없다고 해서 놀랄 일이 아니다. 지금 우리가 보고 있는 에서의 교회가 철저하게 의심스러운 모습 그대로 다가오는 이 빛의 반영 속에 **있을 수 있다**는 사실 하나만으로 충분하다. 교회가 있는 곳이라면 어디나—개별성Einzelheit av 안에 있지만 "아마도" 한 사람을 향한 시선을 통해 구성된 그 모임 안에서—**윤리적인** 전제를 얻기 위한 노력과 소망과 고난이 있을 것이며, 또한 그 모든 일이 헛되지는 **않을 것**이라는 사실은 완전히 감춰져 있을 필요도 없었고 완전히 감춰져 **있지**도 않다.

긍정적 가능성들

12:9-15

9-15. 9 사랑에는 거짓이 없나니[사랑은 정직해야 하나니] **악을 미워하고 선에 속하라**[선을 붙들라]. **10 형제를 사랑하여 서로 우애하고 존경하기를 서로 먼저 하며 11 부지런하여**[진지하게 여겨im Ernstmachen] **게으르지 말고 열심을 품고**

주를 섬기라[성령 안에서 타올라라. 시간을 섬겨라*]. 12 **소망 중에 즐거워하며 환난 중에 참으며 기도에 항상 힘쓰며**[기도를 지속하며] 13 **성도들의 쓸 것을 공급하며**[성도들을 위한 |436| 일에 참여하며**] **손 대접하기를 힘쓰라.** 14 **너희를 박해하는 자를 축복하라. 축복하고 저주하지 말라.** 15 **즐거워하는 자들과 함께 즐거워하고 우는 자들과 함께 울라.**

"(사라져 버릴!) 이 세상의 형태"(12:2)에 관하여 부정적이며, 그 세상의 틀, 곧 에로스의 틀에 맞지 않으며, 거대한 오류에 맞서 저항하는 원함과

* 나는 율리허의 반론[32]에도 불구하고 11절 후반부를 κυρίῳ δουλεύοντες로 읽는 것은 그야말로 무미건조한 것이라고 말한[33] 나의 입장을 고수하고자 한다. 이 맥락에서 "주님을 섬기라"는 요구가 나에게는 정말 너무나도 뻔한 말처럼 다가오기 때문이다. 물론 골 3:24에서는 이 요구가 훌륭한 의미를 지니고 있지만, 여기서는 그런 의미가 전혀 눈에 띄지 않는다. 롬 1:1에 나오는 δοῦλος Χριστοῦ Ἰησοῦ가 이 부분을 그렇게 읽는 근거가 될 수 있다고 보는 것은 내가 보기에 더욱 설득력이 없다. 율리허는 "**오직** 주님을"이라는 해석을 통해 위의 독법을 지지하려고 한다. 그러나 일련의 권면들 전반에 걸쳐 강조점은 동사에 놓여 있고 명사는 그때그때의 문제만 가리킨다. 만일 율리허가 "오직"을 붙인 것이 타당하다고 할 것 같으면, 11절 후반부는 여기서 예외란 말인가?[34] 그러므로 여기서 내가 선호하는 것처럼 καιρῷ δουλεύοντες로 읽으면 훌륭한 역설이 생겨나는데, 이 역설은 리츠만[35]이 비난하는 바로 그 "불쾌한 울림" 때문에 오히려 진정성을 띠게 되는 것 같다. 유머 감각이 없는 필사자가 아타나시우스와 같은 생각으로 "ὅτι οὐ πρέπει τῷ καιρῷ δουλεύειν ἀλλὰ τῷ κυρίῳ"[시간을 섬긴다고 하는 것은 어울리지 않고 주님을 섬긴다고 해야 한다][36]고 했다면 이해가 될 법하다. 그러나 후대의 필사자가 정반대의 생각에서 수정을 가했다는 것은 이해가 되지 않는다. 내가 리츠만의 글을 통해서 내린 결론은 오히려 이것이 어떤 기술적인 착오로 된 일이라고 보기 어렵다는 것이다.[37]

** 13절의 μνείαις도 11절[원서에는 13절로 되어 있다]의 καιρῷ와 마찬가지로 같은 수정자의 희생물이 된 것 같다. 그는 그 단어를 좀 더 이해가 잘 되는 단어인 χρείαις로 수정했다. 당연한 말이지만 μνεία는 성인 숭배와 무관하다.[38] 오히려 1:9에서처럼, "누군가를 위한 옹호", "친절한 후원을 통해 표현된 실질적인 계획"(찬 Zahn)[39]으로 이해할 수 있다.

32 Jülicher, Paulusausleger, S. 91.

33 Römerbrief I, S. 484, Anm. *

행함은 **긍정적이며** 윤리적이다. 이 말은 본래 의미에서는 하나님의 원하심과 행하심에만 적용될 수 있는 말이다. 우리는 **절대적으로** 긍정적이며 윤리적인, 그러니까 실제적으로 에로스의 틀에서 떨어져 나온, 실제적으로 저항하는 인간적 원함과 행함에 대해서는 알지 못한다. 그러나 **상대적으로** 긍정적이며 윤리적인 행위는 알고 있다. 이 행위는 다른 모든 가능성과 마찬가지로 비록 인간적이고 세상적인 가능성에 속하며 전반적으로는 "이 세상의 형태"를 띠고 있기는 하지만, 본래적으로 결코 씻어 없앨 수 없는 우주의 기질, 곧 그 행위를 "지금의" 형태 속에서도 다소간 비유적 존재가 되게 하는 기질 덕분에 에로스에 낯선 **경향**을 지닌 행위다. 여기서 우리는 우리의 입장을 상당히 조심스럽게 표현하지 않을 수 없다. 그러니까 모든 가능한 행동 방식 가운데서 바로 이것이 다른 것에 비해 의미와 암시로 가득하고 내적인 빛들["빛과 빛들"은 『교회 교의학』 IV/3, § 69.2의 주제이며 후기 바르트의 대표적 사상이다]로 가득하게 되기가 **더 쉬울 것**이다(가

34 Jülicher, Römerbrief, S. 77. "그러나 어떤 현자가 자기 시대의 사람들에게 충고하듯이 바울이 진지함으로 그리스도인들에게 '순간'(Augenblick)을 섬기라고 요구했다고 믿기는 어렵다. 만일 바울이 그 '순간'을 재림의 순간으로 이해했다면 표현 자체가 오해의 소지가 많다. 게다가 그 순간을 준비하는 것과 그것을 섬기는 것은 서로 다른 일이다. 그저 '주(그리스도)를 섬기라'로 끝이 난다. 골 3:24을 보면 그 말의 의미를 알 수 있다. 강조점이 '주님'에게 있다. 우리는 오직 그분만을 섬겨야 한다. 거기서 우리는 힘을 얻어 바울이 이전에 요구했던 열심과 불타는 열정을 점점 빛나게 전개할 수 있다." 12:11에 대한 율리허의 번역은 다음과 같다. "열심에 있어서는 싫증을 내지 않고, 정신에 있어서는 불과 같이 주님을 섬기면서!"

35 Lietzmann, S. 105.

36 Lietzmann, S. 105. Athanasius, *Epistula ad Dracontium*, 3, MPG 25, 525C.

37 Lietzmann, S. 105. 정반대의 결론. "이것은 기술적인 착오로 일어난 것 같다."

38 Römerbrief I, S. 484, Anm. **, Anm. 21.

39 Zahn, S. 551.

령 사랑이 미움보다 그럴 것이다). 하나님의 저 거대한 방해, 위대한 돌이키는 생각이 인간에게 무엇보다도 이 가능성을 시사하는 일이 **오히려 더** 일어날 것이다. 바로 **이러한** 행함의 틀에서 위에서 언급한 "제물", 곧 하나님의 영광을 나타내는 것이 **더 개연성 있는** 일이 될 것이다. 십계명의 두 번째 돌판에 나오는 계명을 이루는 일이 첫 번째 돌판의 계명을 이행하는 것보다 더 개연성 있는 일이 될 것이다. 여기서 우리는 "더 쉬울 것", "오히려 더", "더 개연성 있는"과 같은 말을 썼다. 그것은 이러한 행위들의 필연성, 그 행위들의 에토스가 그 자체에 있지도 않고 (항상 "이 세상의 형태"를 지니고 있는) 그것의 물질적인 내용에 있지도 않고, 그것의 형식, 다시 말해 그것의 근원, 행위하는 존재의 통일성 안에 있기 때문이다. 그리고 경우에 따라서 두 번째 돌판의 계명과는 충돌을 일으키는 것이 첫 번째 돌판의 작용으로 필요한 것이 될 가능성도 항상 열려 있다.[40]

"**사랑에는 거짓이 없나니**[사랑은 정직해야 하나니]." 에로스 곁에 서 있는 최고의 긍정적인 윤리적 가능성, 두 번째 돌판에 새겨진 계명의 핵심, "이 세상의 |437| 형태" 안에서 비교적 낯선 성격을 띤 행위의 총괄 개념으로서 아가페, 사랑이 있다. 인간 대 인간의 사랑으로서 아가페 말이다. 아가페가 하나님을 향한 인간의 사랑일 때는 첫 번째 돌판의 위대한 것, 눈에 보이지 않는 위대한 일, 은혜 안에 서 있는 인간의 실존적인 행함(5:5, 8:28f.)이며, 이것은 일차적인 윤리적 행위인 경배를 의미한다. 그러나 은혜는 숨어 계신 **하나님의** 은혜이며 그래서 잘 알려진 인간의 생명력에 대한 절대적 방해라는 사실이 분명하다. 마찬가지로 [aw]이 방해는 그 인간이, 스스로

40 Eberle, S. 171. 바르트 소장본에 부분적으로 밑줄이 그어져 있다. *Fastenpostille 1525. Epistel auf den 2. Sonntag nach Epiphanias. Röm. 12,6f.*, WA 17/II,54,1-11.

그 한 사람der Eine이라고 생각하는 인간이 진정한 한 사람인 그 **타자**der *Andere*, 곧 도저히 헤아릴 수 없을 만큼 존귀하신 그 타자와 만남으로써 실행된다는 사실도 분명하다.[aw] 또한 **함께하는 사람***Mitmenschen*[이웃]의 존재, 그 수수께끼 같은 사실성을 통해 타자, 그 한분에 대한 가장 강력한 기억이 인간이 가는 길을 가로막는다는 사실도 분명하다. 또한—여기서 우리는 눈에 보이는 영역으로 들어가게 된다—일차적인 윤리적 행위인 경배의 행위는 **계속** 확산*fortsetzen*[진척]되든지 **저 너머 다른 곳으로** 전달*übersetzen*[번역]되든지 할 수밖에 없다. 그리고 그런 경배와 더불어 시작되는, 항상 시작되어야 하는 시위, 곧 하나님의 영광을 드러내는 시위는 이웃에 대한 사랑이라는 이차적 윤리적 행위를 통해 지속된다. 경배라는 것이 이웃에 대한, 그러니까 그 자체로는 한없이 무관심한 존재인 이웃, 그러나 전적인 타자의 **비유**로서, **그분**을 인식하게 하는 **단초**로서, 알 수 없는 하나님의 대리인으로서 한없이 중요한 이웃에 대한 행위, 곧 하나님을 향한 사랑에 합당한 가시적인 행위로 **의미 있게 실행된다**면, 그것은 곧 하나님을 향한 사랑(하나님의 측량할 수 없는 존귀하심을 지향하고 있는 실존적인 행함!)을 **의미한다**. 이웃은 눈으로 볼 수 있게 제기된 질문, 곧 하나님에 관한 질문이며, 눈에 보이게 대답하지 않을 수 없는 질문이다. 은혜 베푸심을 받은 사람, 다시 말해 측량할 수 없는 그분을 사랑으로 바라보는 사람의 대답은 그의 선택받음에 상응하는 가시적인 증거로서 거의 예외 없이 아가페, 곧 이웃 사랑의 아가페다. 강도의 습격을 받아 쓰러진 사람[눅 10:30-37]은 이웃을 알아볼 **단초**가 되며, 그는 오직 그런 모습으로—겉으로는 보이지 않는 형태로—나의 이웃이다. 더 말할 필요가 없다. 지금 우리가 말하는 것은 직접적이고 일반적인 "이웃" 사랑, 형제 사랑, 먼 곳에 있는 사람에 대한 사랑, 흑인에 대한 사랑이 아니다. 어쨌거나 (예정의 이중성을 고려해도 그렇고, 하나님

은 그분을 향한 최고의 사랑에 대해서도 **자유롭게** 마주 서 계신 분이라는 사실을 기억해도 그렇고!) 두려움과 떨림으로[빌 2:12] 깊이 생각해야 할 가능성, 그 어떤 절대적인 사랑의 윤리로도 치워 없앨 수 없는 남은 가능성, 곧 경배는 눈에 보이는 **다른** 행함, 곧 인간 **사랑**을 통해서도 아주 의미 있게 실행될 수 있다. 이것은 루터가 "성령의 역사인 저주"[41]에 대해 저술한 통찰력이 넘치는 그의 글(12:14에 관한 글)과 비교해 볼 수 있다. 우리는 또한 잘 이해해야 하는 요한일서와 충돌이 일어날까 두려워해서는 **안 된다**. "그러므로 |438| 이웃에 대한 사랑의 척도는 하나님의 말씀이다. 마찬가지로 제1계명은 모든 다른 계명의 척도가 된다"(루터).[42] 여기서 사랑을 어떤 절대적인 것으로 높이면서 추천하는 것은 이 본문의 중심 관심사가 될 수 없다. 그렇다고 선행 구절(12:3-8)에서처럼 신도들의 모임이나 예언이나 신학 등을 추천하는 것이 핵심인 것도 아니다. 물론 이런 상대적인 가능성들도 **거기에 있다**. 그것들은, 하나님에 의해 인간의 삶에 방해가 일어나는 그곳에 가장 큰 상대적 가능성으로서 사랑이 **현존한다**는 의미에서, 거기에 **있다**. 그러나 만일 이 사랑이 은혜의 영역에서 상대적으로 최고의 긍정적 가능성으로 현존할 때, 그 사랑의 특별한 점, 다른 것과 구별되는 특이한 점, 결정적으로 중요한 점에 대해 잘 기억해 둘 필요가 있다. 이 사랑은 **의미심장하게** 실행되어야 한다는 점이 바로 그것이다. 정말 그 (빌려온!) 이름[ax] '아가페'에 걸맞게, 정말 **긍정적인** 에토스로서, 정말 지금 인간이 인간으로서 존재하는 [ay]그 흐름에 대한 **저항**으로서 실행되어야 한다.[ay] 이것은

41 Eberle, S. 170f. 바르트 소장본에 부분적으로 밑줄이 그어져 있다. a.a.O., WA 17/II,53,5-18.31-37.

42 Eberle, S. 171. 바르트 소장본에 부분적으로 밑줄이 그어져 있다. a.a.O., WA 17/II,53,38-54,2.

결단코 저절로 실행되지 않는다. 그도 그럴 것이, 인간에 대한 사랑 치고 그것이 원래부터 본받아서는 안 되는 **그** 형태, 곧 **에로스**의 형태 이외에 **다른** 모습으로 나타나는 사랑이 있는가? 인간이 미지의 **하나님**을 경배한다고 하면서 **인간** 안에 있는 하나님, 이미 잘 알려진 하나님을 경배하는 요소가 조금이라고 없었던 적이 있을까? 우리의 인간 사랑이 예컨대 완전히 순수하고, 완전히 실제적이어서 이 세상의 형태를 본받는 욕망과 완전히 분리된 모습인 것을 본 적이 있는가? 그런 사랑을 만들거나 형성하거나 소유할 수 있는가? 에로스는 정직하지 않다. 에로스는 위선자다. 생리적인 기능으로서 에로스는 열기를 냉기로 바뀌는 데 재빠를 뿐이다. 아가페는 **정직하다**. 그래서 결코 그치지 않으며[고전 13:8], 영원에 참여한다. 이 사랑은 숨어 계신 **하나님의** 질문이 이웃의 사실성 안에서 우리의 길을 가로막고 있음을 기억한다. 그래서 이웃에 대한 우리의 행함은 어떤 경우에도 **하나님을** 영광스럽게 하는 것이 되어야 함을 기억한다. 이웃과 우리의 관계Beziehung의 순수함은 그 **관계되어 있음**Bezogenheit에 있는 것이 아니라, "돌이키는 생각"을 통해 늘 새롭게 성취되어야 하는 **근거**에 있다. 그러므로 그 순수함은 어떤 결과에 있는 것이(결과를 추구하는 것은 그것이 아무리 순수한 것이라고 해도 언제나 에로스의 일이다!) 아니라 이러한 관계 **안에서** 늘 새롭게 바쳐야 할 순수한 **제물**에 있으며, 우리의 제물을 받으실 수도 있고 받지 않으실 수도 있는 분에게 드려지는 **순종**과 **존경**의 순수함에 있다. 사랑이 정직할 때는 언제인가? 그 사랑이—고린도전서 13장에 나오는 이른바 "사랑의 찬가"에서, 조심스럽지 못하게 큰소리로 칭송되곤 하는 바로 그 노래에서 오해의 여지 없이 분명하게 기록된 것처럼—**타자** 안에서 그 **한 사람**을 찾고, 그 **한 사람**을 섬기고, 그 **한 사람**을 의미할 때다. 이것은 에로스가 두 번째 돌판의 계명에서 첫 번째 돌판의 계명으로, 이차적인 행위에

서 일차적인 행위로 되돌아가는 것, 그래서 관계란 오롯이 **근원**에 대한 관계가 될 때다. "각 사람은 자기 얼굴을 완전히 돌려 확실하게 |439| 예루살렘을 향할지라!"(테르스테겐 Tersteegen)[43] 그러면서 우리는 우리 자신을, 그리고 타인을 "침해할" 위험, 더욱 분명한 위험을 무릅쓰는 것이다.

"악을 미워하고 선에 속하라[선을 붙들라]." 그러니까 이웃과의 관계에서 그리하라는 것이다. 특히 이러한 분별은 에로스의 틀과 전혀 맞지 않는다. 에로스는 정직하지 않을 뿐만 아니라 비판적이지도 않다. 에로스는 타자 안에 있는 **타자**에 관해 전혀 아는 게 없다. 에로스는 타자 안에서 그저 **있는 그대로의** 타자만을 본다. 에로스는 비실존적인 실존 속에 있는 타자를 "사랑"하지만 이것이 자신의 "악"이라는 사실을 의식하지 못한다. 그러나 사랑은 끊임없는 선택과 버림, 곧 타자를 선택하거나 버림이다. **있는 그대로가 아닌** 그를(이것이 그의 "선"이다!) 선택하고, **있는 그대로의** 그를(이것은 그의 총체적인 "악"이다!) 버린다. 블뤼어의 지적[44]을 눈여겨봐야 한다. 그에 의하면, πονηρόν[악]은 글자 그대로 번역하면 "무거운 짐을 잔뜩 지고 있다"는 뜻이다. 다시 말해, 주어진 것에 얽매어 있기 때문에 심리적으로 존재하는 모든 현실성에 붙어 있는 애매한 것, 순수하지 않은 것, "**지고 나르기**가 고통스러운 지상 생활의 찌꺼기"[45]이며, **그 자체로** 악이다. 사랑은 타자를 향한 물음, 절박한 물음이다. '무엇이 선인가?' '무엇이 악인가?' 그래서 그 타자가 처하게 되는 위기다. 그러므로 사랑은—불가피하게 **하**

43 G. Tersteegen이 지은 찬송가 '오라 형제들이여, 우리 함께 가자'(Kommt, Brüder, laßt uns gehen)의 2절 마지막 줄 가사(GERS[1891] 327; EG 393).

44 H. Blüher, *Die Aristie des Jesus von Nazareth. Philosophische Grundlegung der Lehre und der Erscheinung Christi*, Prien, 1921, S. 254.

45 요한 볼프강 폰 괴테, 『파우스트』 제2부, 제5막, 협곡(V. 11954f.)

나님을 향한 사랑으로 되돌아감에 힘입기 때문에—감상적인 사람들이 목소리 높여 외치는 그런 것, 곧 겉보기에 분명한 것, 직접적인 것, 오해의 여지가 없는 것과는 관계가 없다. 사랑은 편안하게 마음을 건드릴 수도 있고 편안하지 않게 건드릴 수도 있다. 유연할 수도 있고 가차 없이 몰아칠 수도 있다. 평화를 유지할 수도 있고 다툴 수도 있다. 하나님의 뜻은 "내가 이웃에게 할 수 있는 모든 선한 행위와 사랑을 넘어 앞서 나간다. 설령 내가 하루 만에 온 세상을 복되게 할 수 있다 해도 그것이 하나님의 뜻이 아니라면, 나는 그것을 해서는 안 된다"(루터).[46] 악을 싫어할 수 있는 힘을 가진 사랑만이 선을 붙들 힘을 가진다. 알면서도 잊을 수 있고, 벌을 주면서도 용서할 수 있으며, **철저하게** 거부하면서도 **철저하게** 받아들일 수 있다. 타자를 파악하되 그의 '긍정'으로부터(그러나 제대로 이해된 '긍정'으로부터, 그러므로 실제로는 그의 '부정'으로부터!) 파악할 수 있으며, 타자에게 손을 대되 [az]하나님께서 손을 대신 바로 그 부분으로부터(!)[az] 손을 댈 수 있다. **이것**이야말로 그가 (탄식하며 부르짖는 그 자신의 모순에도 불구하고!) 끝내, 가장 깊은 곳에서 기다리고 있는 **그런** 사랑이다. 에로스는 그에게 진정 의롭다고 인정해 줄 수 있는 것, 진정 구원하는 것을 채워 주지 못하지만 그 사랑은 그럴 권리를 가지고 있다.

"형제를 사랑하여 서로 우애하고." 우리 모두가 하나님 앞에 서 있다고 생각해 보라. 그렇다면 우리 모두가 형제라는 생각보다 더 확실한 것이 있을까? 그러나 이렇게 "하나님 앞에 서 있음"이야말로 (우리가 유일하게 알고 있는!) "이 세상의 형태"와 상응하지 않는 것이기에, **하나님 앞에서** 형제

46 Eberle, S. 171. 바르트 소장본에 부분적으로 밑줄이 그어져 있다. *Fastenpostille 1525. Epistel auf den 2. Sonntag nach Epiphanias. Röm. 12,6f.*, WA 17/II,53,34-37.

로 서로 사랑하는 일도 결코 자명한 일이 아니다. 두려움과 |440| 떨림이 없는 형제, 우리가 오직 하나님 안에서만 형제가 될 수 있다는 사실을 모르는 형제, 모든 직접적이고 특별한 형제, 엄격하게 **섬김의 성격**을 갖지 않은 모든 형제는 조잡스럽고 문란한 비행卑行에 불과하며(1:27!) 주께서 혐오하시는 일이다. 로마서에 나오는 "우애"란 실존적인 의미에서 누군가에게 도움이 되고dienlich **ba**, 적절하고, 목표 지향적이고, 비판적인 것을 뜻한다. 형제 사랑은 오직 이런 모습으로 이 세상의 형태에 대한 시위가 될 수 있으며, 우리가 형제 사랑이라고 알고 있는 모든 것에 불가피하게 동반되는 온갖 실패와 악화와 실망을 극복할 수 있다.

"존경하기를 서로 먼저 하며." 우리가 "교회 공동체" 안에서, 또한 타자의 존재 안에서 하나님의 신비를 뚜렷하게 가시적으로 만나는 것이 진실이라면, 그렇다면 다른 사람의 인격을 존경해야 한다는 요구는 자연스러운 것이다. 하지만 우리로 하여금 의혹을 품게 하는 현실도 있다. 그것은 스스로 충분히 존경을 받지 못한다고 생각하는 사람들이 항상 그런 요구를 한다는 사실이다. 이 사실은 이러한 윤리적 가능성이 처해 있는 위기를 상기시킨다. 우리가 "이 세상의 형태" 안에서 알고 있는 예절, 곧 상대에게 존경을 표하는 방식이란, 그저 서로서로 모자를 살짝 들면서 인사를 하거나 칭찬을 늘어놓는 정도다. 그런데 이것은 감쪽같이 가장한 형태로 사실은 자기 자신을 치켜 세우는 일이다. 에토스는 우리가 타인 앞에서 존경을 표하는 것인데, 이때 그 존경은 **무**조건적인 존경이어야 하고, 상호성에 기반한 존경이 **아니라 먼저** 다가가서 호의를 베푸는 존경이어야 한다. 왜냐하면 바로 그때 존경은 우리가 하나님께 드리는 마땅한 존경을 **의미하기** 때문이다(그리고 에토스는 이런 의미함에 기초한다!) 이런 존경이 **의미하는 바**를 깊이 생각하며 배우는 것이야말로 인간의 거룩함을 존경하는 유일한 길이며, 이런 존경이 사라진 사회는 정신병원일 뿐이다.

"**부지런하여**[진지하게 여겨im Ernstmachen] **게으르지 말고**." 바울에게 진지하지 않은 순간이란 없었다는 주장(율리허)[47]은 확실하게 반박할 수 있다. 12:8에 따르면 "진지하게 여김"이란, 진정한 권위를 가진 사람에게서 나올 수밖에 없는 사실적인 감동과 관철하는 힘을 의미한다. 왜냐하면 그 사람이야말로 실질적으로 그 **한 사람**[예수 그리스도]을 타자에게 대변하기 때문이다. 이것은 누가 봐도 아주 명백한 요구, 인간에 대한 사랑과 결부된 요구다. 그렇다면 우리는 저 거대한 방해의 압력 아래 있게 되며, 바로 그 방해를 위해, 그리고 인간의 파렴치한 안전함에 맞서 앞으로 나가 시위해야 할 것이다. 진지함으로 모든 반대가 수그러들고 사라지게 해야 할 것이다. 앞서 말한 것처럼, 미리 다가가 호의를 베풀며 타자를 존경하도록 이끌고, 실제적인 우월성의 독재 체제를 정립해야 할 것이다. 그러나 **우리**가 매 순간 권위라고 알고 있었던 것, "진지함"이라고 알고 있었던 것, 바로 그것은 참으로 **그것**이 아니다! 우리가 알던 것은 "이 세상의 형태"와 **그것의** 독재 체제에 정말 너무나도 잘 들어맞는다! 무언가 다르게 말할 수 있는 권위는 어디 있는가? 다른 사람에게 무언가 감동을 불러일으키는 우리의 모든 것이 다 |441| 저울 위에 놓여 있다! "게으르지 말라!" 너희의 권위 위에 앉아 있지 말라! [bb]**너희가 아닌** 존재, **너희가 아닌** 존재가 알고 행하는 것[bb]을 관철하라! 답을 주지 말고 다만 **질문**을 하라! 너희가 모든 감동을 **포기함**으로써 감동을 주어라! 이 핵심의(너희의 핵심이 아닌 핵심!) 장중함이 아닌 다른 장중함이란 존재하지 않는다. 그러나 그 핵심이 그 장중한 언어를 말하고 너희를 윤리적 존경의 환희 속으로 인도하는 그 순간은 결

47 Jülicher, Paulusausleger, S. 91.

코 [시간 안의] 그 어떤 순간이 **아닐 것**이다!

"**열심을 품고**[성령 안에서 타올라라]." 성령이 윤리적 가능성인가? 그렇다. 사랑과 똑같은 의미에서 그렇다. 여기서 다루고 있는 모든 개념들, 눈에 보이는 개념, 다른 곳에서 도출된 개념 모두는 그것들 뒤에 있는 실체, 인간의 삶을 방해하기도 하고 또 무언가 소망에 가득 차서 치고 들어오는 보이지 않는 실체에 소급된다. 여기서 말하는 "성령"[영]은 인간적인 행위의 주관적·내적 동기와 방향성을—나중에 언급할 객관적·외적 동기는 이것과 반대되는 것인데—의미한다. 어쩌면 "양심" 혹은 "확신"과 같은 말은, 인간의 행위를 하나님께 대한 관계로 설명하려는 심리학적 규명을 위한 개념, 곧 여기서 염두에 두고 있는 개념일 수도 있다. 어쨌거나 여기서도 그 "영"이 매 순간 우리를 움직이고 있는 것(율리허)[48]처럼 생각하는 것은 바울의 생각이 아니다. 영이란 무엇을 의미하는가? 우리를 매 순간 움직이는 것은 무엇인가? 우리가 "양심"이나 "확신"과 같은 말을 쓰면서 생각하는 미지근한, 따뜻한, 뜨거운, 불타오르는 어떤 것인가? **그런 것**이라면 어쨌거나 에로스의 대열에서 빠져나오지 **못한다**. **그런 것**이라면 다른 사람들도 할 수 있다! 성령 안에서 **타올라라**! **만일** 한 번(매 순간?!) 직관과 내적인 필연성으로부터 최종적이고 직접적이고 명백한 동기부여가 이루어진다면, 그렇다면 그 일의 존귀함에 알맞게, 그에 상응하는 파워가 있는 한 방으로 너희가 스스로 일어서게 될 것이고, 그렇다면 가차 없이 너희를 심판하고 사르는 결단이 생길 것이고, 그것이 **어떤** 영이 아니고 **너희의** 영도 아니고 **참된** 영이라는 확언이 부랴부랴 그 결단을 뒤따를 필요도 없다. 그렇다면 "살갗과 가죽이 걸린 문제다. 피하지 말라!"

48 Jülicher, Paulusausleger, S. 91.

(츠빙글리)Es gelte hut und beltz, nit wyche[49] 아니, 이 순간도 [시간 안의] 그 어떤 순간이 **아닐 것**이다.

"시간을 섬겨라." 앞엣것과 정반대다. 시간, 그러니까 너무나도 당연한 다음의 과제를 가진 시간은 신적인 거대한 방해의 순간을 통해서 특별한 자격을 얻게 되지 않았는가? 그것(역사!)은 객관적인 영, 외부에서 말하는 영과는 어떤 다른 것인가? 영의 행위가 시간을 통해서 철두철미하게 동기부여를 받게 되는 것도 가능한 일 아닐까? 아니, 필연적인 일 아닐까? 그래, 하지만 그 누구라도 시간을 섬긴다! 우리의 시간이 특별한 자격을 갖춘 시간, 지금 시간(8:18, 13:11), **의미**로 가득한 시간, 그래서 우리가 지향할 수 있는 시간인지 아닌지는 매 시간의 **물음**이다. 그러므로 시간을 **섬겨라**! 그 상황의 위기, 그 순간의 |442| 위기 **속으로** 들어가라! 이렇게 **속으로** 들어감을 통해서 결단에 이른다. 우연한 규정성의 철저한 의문성 속에서도 시간은 의미로 가득하지 않을 이유가 없다. 그러므로 그것을 **섬겨라**. 거기에 **완전히** 복종하라. 시간의 모든 우연성을 뚫고, 그것을 뛰어넘고, 시간의 가장 깊고 비판적인 실체까지 파고들어라. 너희가 그렇게 하면, 이러한 동기부여의 가능성도 윤리적인 것이 된다. 그리고 너희가 시간을 섬긴다고 해서 "시간[시류]에 부합하는" 존재가 되는 것은 결코 아니다.

"소망 중에 즐거워하며." 소망도 에토스인가? 당연히 그렇다. 하나님께서 인간에게 제시하시는 위대한 소망 때문에 인간은 그 소망을 통하여 하나님을 위해, 그러나 이 세상의 흐름에는 반대하여 시위를 벌이지 않을 수

49 H. Zwingli, *In epistolam ad Romanos annotationes*, Opera, Bd. 6, Teil II, Zürich, 1838, S. 122. 바르트는 『로마서』의 영역자인 호스킨스(E.Cl. Hoskyns)에게 보낸 1932년 9월 18일 편지(KBA 9232.268)에서 이 표현의 뜻을 이렇게 설명한다. "사람이 비록 살과 가죽을 저당 잡힌다고(희생한다고) 해도 회피하지 말라!"

없다. 하지만 "소망"하지 않는 사람도 있는가? 우리의 소망을 윤리적 행위로 만드는 것은 과연 무엇인가? 기쁨이다! 소망한다는 것은 보지 못함, 결핍, 빈손이다. '아니요!' 앞에 서 있음(8:24-25)이다. 그와는 반대로 기쁨이란 현재, 가지고 있음, 기다리지 않음, 이미 가짐이다! 소망 안에 있는 기쁨이란, 보이는 것이 없는데도 소망 안에서[bc] 하나님을 알고 **거기에 만족**하는 것이다. 그래서 기쁨은 소망을 윤리적 행동으로 만든다. 소망 안에 있는 기쁨, 하나님을 향한 소망은 우리를 부끄럽게 하지 않는 **바로 그** 소망이다[5:5].

"환난 중에 참으며." 환난도 에토스인가? 물론이다. 환난이 아니고서야 우리가 어디서, 어떻게 하나님께 영광을 돌릴 수 있겠는가? "우리가 환난 중에도 즐거워하나니[환난까지 자랑하나니]"(5:3). 환난을 당하는 것은 인간의 긍정적인 행함이다. 환난은 인간이 내몰림Verdrängtsein, 하나님이 앞으로 나아오심Vordrängen을 의미한다. 그러나 이것도 즉시 그렇게 되는 것이 아니다. 직접 그렇게 되는 것도 아니다. 우선 환난은 "악을 행하는 모든 인간의 영혼에게" 온다(2:9). 환난은 자연적인 삶의 충동과 부정적으로 짝을 이루는 것이다. 환난이 이 세상의 흐름을 **거스르는** 저항이 되는 것은 오직 **참음**[견딤]을 통해서다. 참음이란 우리를 괴롭히고 압박하는 사람을 사랑하는 것이다. 보이는 것은 없지만 환난 **안에서** 하나님을 알고 **거기에 만족**하는 것이다. 그래서 참음은 환난을 윤리적 행동으로 만들고, 여기서 저기로 넘어가는 한 걸음의 의미를 부여한다. 참음이 의미하는 것, 그것은 여기서 하나님을 **믿게 되는 것**이다.

"기도에 항상 힘쓰며[기도를 지속하며]**."** 기도도 에토스인가? 그렇다. 기도는 진정으로 하나의 행함이다. (우리가 여기서 명확하게 말하는 것은 일차적인 행함인 경배, 곧 모든 행함을 개시하는 행위로 이해하고 있는 그 일차적인 것이 아니라 이차적인 행함, 구체적인 일로서의 기도다.) 우리가 처한 상황의 엄청

난 압박, 그 측량할 수 없는 압박 아래서 우리가 인간으로서 할 수 있는 일이 무엇이겠는가? 하나님을 부르고, 하나님께 소리 지르는 것 외에 또 무엇이 있겠는가? 그 옛날 시편의 시인들이, 그리고 모든 사물의 실체를 파악한 사람들이 하나님을 향해 **외쳤던 것**처럼 그럴 수밖에 없는 것이다. 그분이 **하나님**이시니 |443| 그분 앞에 엎드리는 것이다. 그분이 **하나님**이시라는 사실에 감사하는(물론 이 감사에는 경악함이 빠질 수 없다!) 것이다. 그분이 영원히 **하나님**, **우리의** 하나님이 되어 달라고 간청하는 것이다. **이** 행함은 한 번도 들어 본 적이 없는 낯섦으로 인간의 세계 속에 파고든다. 이것은 하나의 비유로부터 절대적인 행함 속으로 가까이 뚫고 들어간다. 한 번도 들어 본 적이 없는 방식으로 가까워진다. 그러나 그 어떤 인간적인 행함이 **이것**만큼 모든 인간적인 행함의 문제 속에 깊이 서 있으랴? 하필이면 바로 그 "기도의 세계"가 **얼마나** 세속적인지, 하필이면 바로 이 문제에서 우리가 천하의 멍청한 인간과 **얼마나** 가까운지를 무서울 정도로 분명하게 보여준 것이 바로 하일러의 책이다.[50] "우리는 마땅히 기도할 바를 알지 못한다"(8:26). 기도가 윤리적 행위가 되는 것은 **지속**[*Anhalten*]을 통해서다. 지속이란 기도의 양을 늘리는 것도 아니요 기도의 질을 높이는 것도 아니다. 기도 안에서 **기도**가 계속되는 방향으로 지속하는 것이다. 기도는[Gebet **bd**] **하나님**께 집중하고 하나님을 찾는 것이다. **하나님**은 우리가 기도하는 것을 원하신다. 그래서 기도는 이러한 방향 설정으로서 우리 안에 있는 영의 탄식, 우리의 영이 아닌 **바로 그** 영의 탄식(8:27)을 의미한다.

"**성도들의 쓸 것을 공급하며**[성도들을 위한 일에 참여하며] **손 대접하기를**

50 Fr. Heiler, *Das Gebet. Eine religionsgeschichtliche und religionspsychologische Untersuchung*, München, 1920².

힘쓰라." 이 말이 지금까지 언급된 모든 가능성과 얼마나 직접적이고 구체적으로 연관된 말인지는 바로 이 두 가지 요구의 역사적 일회성을 통해 밝혀진다. 첫 번째는 고린도후서 8-9장에서 예루살렘 교회를 위한 헌금을 언급할 때다. 바울은 수수께끼 같은 방식으로 이것을 강조하면서 거기 동참할 것을 촉구한다. 두 번째는 로마로 여행을 오거나 로마를 두루 여행하는 사람들 가운데 믿음의 형제들을 받아들이는 것과 관련된 내용이다. 이 두 가지 경우의 공통점은, 그 요구가 그리스도 안에서 교회 공동체의 하나됨을 통해 납득할 수 있는 요구이기는 하지만 인간적으로 볼 때는 납득되기 **어려운**, **낯선** 종류로 다가오는, 당연하지 **않은** 행동에 관한 요구라는 사실이다. 그저 그 자체로 **이해되어야** 하는 경우들이다. 여기서 바울은 그 행동의 구체적인 **목표**와 **내용**에 관해서는—그것이야말로 현대의 사랑 실천에서는 최고이고 모든 것인데—고린도후서의 경우와 마찬가지로 전혀 관심을 두고 있지 않은 것 같다. 그 행동의 뜻깊음은 그 형식, 갈등을 극복하는 그것의 시위적인 성격, 타자에게서(여기서는 대단히 함축적인 의미에서 **이방인**!) 그 한 사람을 인식함에 있으며, 바로 그 뜻깊음이 그 행동의 에토스다.

"너희를 박해하는 자를 축복하라. 축복하고 저주하지 말라." 하나님에 의한 방해는 그것이 다른 사람에게도 방해가 되기 때문에 처음 그 방해를 당한 사람에게는 필연적으로 박해가 따른다. 사회에 대한 그리스도교의 공격이 눈에 잘 보이지 않고 간접적일수록 그 공격은 처벌을 피할 수 없다. 그러므로 "박해"도 은혜와 더불어 근본적이고 즉각적으로 주어진 상황이다. 그러나 그에 상응하는 |444| 에토스는 주어진 것이 아니다. 이런 상황에서는 "저주"를 하는 것이 "이 세상의 형태"와 어울리는 행동일 것이다. 저주는—바로 그렇기 때문에 여기서 분명히 언급된 것인데—성경 전반에 걸쳐 **충분히** 예상되고 있는, 최종적인, 장중한 가능성, 곧 저항의 가

능성이다. 그러니까 "악마의 저주에 맞서는 하나님의 저주로서 그런 것이다. 악마가 자기 사람들을 통해 하나님의 말씀에 저항하고 그 말씀을 더럽히고 방해한다면……그때야말로 믿음이 솟구쳐 올라 저주하고, 그런 방해물이 무너져 내리기를 빌어야 할 때니, 그래야 하나님의 복이 들어오리라"(루터)[51]. 그러나 여기서는 **이러한** 맥락이 아니다. 만일 그 박해자가 하나님의 은혜를 받은 사람에게 개인적으로 고통을 주어 위협한다면, 그 사람이야말로 원수가 아니라 환영받아 마땅한 하나님의 **심부름꾼**이다. 그는 가장 어두운 불가사의함 속에 있는 **타자**다. 그러므로 정말 비할 데 없는 기회, 무언가 상대적으로 명백한 것을 행할 수 있는 기회다. 이 경우에는 저주를 하는 대신 무기를 내려놓고 축복할 수 있는 기회다. 이렇게 전혀 기대할 수 없는 행동을 통해서 (완전하고 실질적인 냉엄함으로) 바로 그 사람이 두려워하는 그 방해를 진정 거대한 방해로 만들 수 있다. 그렇게 되면 이런 축복은 생존을 위한 투쟁의 한복판에서 우리가 하나님의 영광을 위해, 타자에게서 그 한 사람을 발견하는 가장 특별하고 강력한 방법을 의미한다.

"즐거워하는 자들과 함께 즐거워하고 우는 자들과 함께 울라.[be]" 지금까지 우리가 추적해 온 노선의 끝에서 마지막 전망이 열린다. 만일 우리를 박해하는 타자가 하나님의 심부름꾼이라면, 그 타자도 자기만의 기쁨과 자기만의 비탄에 빠지지 않을까? 예컨대 즐거워하는 것과 우는 것은 생물학적인(에로스적인) 파토스[격정]의 최고봉일 **뿐**인가? 그 기쁨에 맞서 스토아적인 우월성을 내세우고 그 고통에 맞서 스토아적인 평정심을 내세우는 것이 적절한가? 그것이 타자를 통해 우리에게 제기된 물음에 대한 바

51 Eberle, S. 171f. 바르트 소장본에 부분적으로 밑줄이 그어져 있다. *Fastenpostille 1525. Epistel auf den 2. Sonntag nach Epiphanias. Röm. 12,6f.,* WA 17/II,53,10-12.14f.

른 대답일까? 아니다. 웃음과 눈물이 있는 곳은 우리를 깊은 생각으로 안내하는 단초가 된다. 우리는 인간적인 파토스 자체가 하필이면 그 **한계** 지점에서 너무나도 의심스러워져서 마침내 그 자신 너머의 무언가를 가리키게 되고 그래서 **비유**의 힘을 갖는다는 사실을 깊이 생각하게 된다. 웃음은 웃음이되 생명을 의미하는 웃음이 있다. 울음은 울음이되 죽음을 의미하는 울음이 있다. 웃음 **혹은** 울음이 있는데, **하나의 동일한 것**을 의미하는 웃음 **혹은** 울음이 있다. 그렇다면 모든 금욕주의와 도덕주의, 누군가를 가르치고 회심하려는 모든 소원, 물질주의적으로 대조되는 모든 행동은 위험하다. 그것이 하나님과 맞서 싸울 수 있기 때문이다. 언약궤 앞에서 춤을 추는 다윗에게 맞서 미갈이 그랬듯이(삼하 6:16), 욥의 친구들이 욥의 절규 앞에서 그랬듯이[욥 4-28장] 말이다. 여기에 대처할 수 있는 저항이 있다면, 놀랍게도 그것은 자신의 기쁨이나 고통의 가장 높은 무아지경에 있는 그 사람을 그대로 **긍정하는 것**이다. 여기서 에토스는 저 역설적인 알아보지 못함 곧 하나님의 아들의 식별 불가능성 속으로 들어가야 한다. "죄의 지배를 받는 육신의 비유"(8:3) 속으로 들어가야 한다. 자유로운 사람은 여기서 자유롭게 **짐을 져야** 한다. 아는 사람은 여기서 알지만 |445| **알고 있지 않아야** 한다. 왜냐하면 바로 여기서 "이 세상의 형태"에 맞서는 시위는 타자로 하여금 그가 우리에게 타자라는 사실을 **잊게** 하기 때문이다. 그는 오히려 자신이 우리에게 가장 높고 가장 깊은 격동 속에서 한 사람의 증인이라는 사실을 보아야 한다(이로써 그는 자기 자신을 보는 것이다!) 에로스와 사기꾼 때문에 이리저리 흔들리는 인간과 더불어 웃고 우는 것이 하나님의 진리, 하나님의 긍휼을 선포하게 될 수도 있다. 그러므로 즐거워하는 자들과
bf 함께 **기뻐하라**! 우는 자들과 함께 **울라**! 모든 윤리적 가능성이 최종 **위기** 아래 놓여 있다. 그리고 이 요구 속에서는 그 확실하고 결정적인 전환이 **중**

지되고 또한 그 표현은 가장 큰 무례함, 곧 죄인들 속에 계시는 예수 그리스도를 의미할 수 있다. 그런데 무엇보다 이 요구를 통해 분명해지는 것이 있다. 그것은 이 요구로 인해 우리에게 몰려오는 바로 그 불안을 통해 다시 절박하게 부각되는 시선, 곧 모든 이차적인 행동에서 눈을 돌려 일차적인 윤리적 행동을 보게 하는, 한 걸음 더 나아가 그 근원을 바라보는 시선이다.

부정적 가능성들

12:16-20

16-20. 16 [하나를 향해] **서로 마음을 같이하며 높은 데 마음을 두지 말고 도리어 낮은 데 처하며 스스로 지혜 있는 체하지 말라**[너희의 우연한 통찰을 따르지 말라]. **17 아무에게도 악을 악으로 갚지 말고 모든 사람 앞에서 선한 일을 도모하라. 18 할 수 있거든 너희로서는 모든 사람과 더불어 화목하라**[평화를 유지하라]. **19 내 사랑하는 자들아, 너희가 친히 원수를 갚지 말고 하나님의 진노하심에 맡기라. 기록되었으되 원수 갚는 것이 내게 있으니**[정의를 세우는 것이 나의 일이니] **내가 갚으리라고 주께서 말씀하시니라. 20 네 원수가 주리거든 먹이고 목마르거든 마시게 하라. 그리함으로 네가 숯불을 그 머리에 쌓아 놓으리라.**

우리가 **부정적이며** 윤리적이라고 부르는 원함과 행함은 다가올 세상과의 관계 속에서는 긍정적인 것이며, **이** 세상의 변화된 모습(12:2)과 어울리는 것이다. 이것 또한 본질적인 의미에서는 오직 하나님 자신의 원함과 행함과 관련해서만 말할 수 있다. 그 자체로 하늘나라의 가능성이 될 만한 인간적인 가능성은 없다. 그런 부정적인 행함, 곧 행하지 않음이란 존재하지 않는다. 그러나 원함과 행함의 경우에도 그렇듯이, 원하지 **않음**과 행하지 **않음**의 경우에도 비록 철저하게 상대적이지만 비유와 같이 될 수

있는 능력, 증언의 능력, 저 세상의 경향으로 가득한 원하지 않음과 행하지 않음이 있다. 그것은 인간의 |446| **하지 않음***Unterlassungen*이다. 아무것도 하지 않으면서, 인간의 눈에 보이지 않는 방식으로 마주 서 있는 하나님의 행위만을 절박하게 가리키는 것이다. 인간의 행위를 쳐부수시는(12:18) 하나님의 행위를 가리킨다. 인간적인 행함이라는 곧은 선이 기묘하게 구부러짐이다. 이것은 눈에 보이지 않는 어떤 원인의 힘이 가해졌다는 사실을 의미하고 또한 그 힘의 존재를 선포할 수 있다. 은혜의 영역에서는 이러한 '하지 않음'이 **일어날 수 있는 개연성이 크다**. 우리는 **더** 말하지 않는다. 그러므로 우리는 여기서도 이차적인 행동의 이른바 정확한 윤리, 절대적인 윤리를 거부한다. 어떤 절대적인 금지 조항을 만드는 것을 확실하게 거부한다. 그도 그럴 것이, 긍정적 가능성이든 **혹은** 부정적 가능성이든 그 가능성이 언급할 만한 것은 모두 **인간의** 가능성이다.[sind bg] 그것은 하나님의 유보에 굴복해야 하며, 첫째 돌판 계명의 심판하는 법정에 굴복해야 하고, 죽음에서 생명으로 넘어가는 위기에도 굴복해야 하는 애매한 가능성이다. 그런데 바로 이 **근원**과의 **관계** 때문에 그것은 **윤리적** 가능성이다. 그러나 에토스를 가능성 안에서, 그 **내용** 안에서 찾는다면 그 **에토스**는 **배신**을 당한다.

"[하나를 향해] 서로 마음을 같이하며 높은 데 마음을 두지 말고 도리어 낮은 데 처하며." 여기서는 모든 행함과 행하지 않음보다 앞서는 "사려 깊은 생각"(12:3), 곧 "아무 의미도 없는 높은 데 마음을 두는 것"과는 반대되는 어떤 근본적인 규칙으로서 "사려 깊은 생각"에 대해 말하는 것이 아니라, 이미 잘 알려져 있는 "높은 데"와 "낮은 데"에 대한 인간의 태도, 우연적인 삶의 내용으로서 "예"와 "아니요"를 대하는 인간의 태도에 관해 아주 구체적이고 명백하게 말하고 있는 것 같다. 그리고 여기서 분명하게 말해 둘 것이 있다. 그것은 이 세상의 모든 "높은 데"에 대해 근본적으로 불

신하는 태도, 그리고 그것의 "낮아짐"을 도모하며 근본적으로 **기울어짐**은 하나님께서 사람에게 일으키신 방해의 불가피한 결과라는 사실이다. 부활은—우리가 종종 듣는 바와 같이—이 세상에 있는 모든 긍정 **그리고** 모든 부정의 부정이다. 그러나 부활은 무엇보다도 **이 세상에 있는**[bh] **부정**의 가장자리에서 일어난다는 사실, 부활의 분명한 비유는 [bi]결단코 삶의 충만함이나 삶의 계발과 같은 요소가 아니라[bi] 그리스도께서 육신을 따라 몸으로 **죽으심**이라는 사실에는 전혀 변화가 없다. 우리의 우연적 삶의 내용 가운데 "낮은 곳"은 높은 데보다 상대적으로 **더 많은** 증언의 가치를 지니고 있다. **우리는** '예'보다 '아니요'에 **더 깊숙이** 서 있다. 우리는 삶의 관점과 관련된 [긍정과 부정의] 균형이 이처럼 **방해**받고 있다는 이해를 로마서와 그 메시지를 이해하는 데 "conditio sine qua non"[필수 불가결한 조건]으로 삼아야 할 것이다. 우리가 우선적으로 **생명**, 충만함, |447| 거대함, 형체, "높음"으로 알고 있는 모든 것은 부활의 빛으로 본다면 **죽음**의 비유에 불과하다. 하지만 부활의 빛 속에서 **생명**의 비유가 곧 **죽음**이며, 줄어듦과 작아짐과 약해짐과 결핍과 "낮아짐"의 모습으로 죽음과 가까운 모든 것이다. "그는 흥하여야겠고 나는 **쇠하여야** 하리라"[요 3:30]. 이것이 거대한 방해다. 이로써[bj] 중요하지 않음, 의문스러움, 우려스러움의 그림자가 모든 "높은 곳"에 드리워진다. **결코 간과할 수 없는** 그림자다. 그것은 우리의 일상적인 일정의 모든 지점에 **하나하나** 부담이 된다. 그러므로 그저 뭉뚱그려 전제할 수도 없으며, 재빠르게 재발견한 관념론으로 중간 지대를 선언할 수도 없다. 그 그림자는 언제나 하나의 물음으로, 그것도 절대 해결되지 않는 물음으로 간주해야 한다. 이 선언이 합법적인 것이냐 그렇지 않으냐는 물음[bj] 말이다. 그리스도교는 "높은 데 마음을 두지 않는다." 그리스도교는 이 세상의 창조적인 전개에 관해서, 학문이나 기술이나 예술이나 도덕이나 종

교의 체계나 발전의 계획 또는 완성에 관해서, 육체적인 건강이나 정신적인 건강에 관해서, 복지와 번영에 관해서, 결혼이나 가족이나 교회나 국가나 사회의 영광에 관해서 **지나치게** 요란하고 확신에 찬 목소리 듣는 것을 좋아하지 않는다. 그리스도교는 어떤 "이상"을 강화하는 기능을 하지 않는다. 그 이상이 개인적인 것이든 집단적인 것이든, 한 민족의 것이든 국제적인 것이든, 인본적인 것이든 교회적인 것이든, 독일적인 것이든 서구적인 것이든, 청순한 것이든 성숙한 것이든, 구체적인 것이든 추상적인 것이든 상관없다. 그리스도교는 "자연"이든 "문화"든, 낭만주의든 끊임없는 진보든 오히려 냉담한 태도로 대한다. 어디든 높은 탑이 세워지는 곳에는 제대로 된 방식으로 함께하지 않는다. 언제나 그런 건물을 보면서 무언가 지연시키는 것, 느리게 하는 것을 간파한다. 그러면서 항상—인간적으로 보면 냉정하지만, 그렇다고 완전히 부정할 수도 없는 불신을 가지고—우상 숭배의 기미를 눈치 챈다. 그리스도교는 저 높은 탑을 보면서 적어도 죽음의 **비유**를 찾아낸다. 부유한 사람을 보면서 그가 죽음 속에 있지는 않아도 확실히 지옥의 고통 속에 있음[눅 16:23]을 본다. 그래서 그리스도교는 인간에게 "낮은 데 처하라"고 권한다. '예'보다는 '아니요'에서 더 많은 진리를 본다. 하늘과 땅 사이에 있는 인간의 처지가 너무나 큰 위협을 받고 있어서, 저기 서 있는 모든 기둥들이 계속 서 있을 것이라고 믿지 못한다. 저기 있는 모든 가치의 가치를 믿지 못한다. 저기 있는 모든 중요한 것의 중요성을 진지하게 믿을 수가 없다. 그리스도교는 어디론가 가고 있는 사람을 본다. 정확히 말하면 **내려**가고 있는 사람이다. 그리스도교는 지금 존재하는 모든 것, 앞으로 존재할 모든 것을 어떤 거대한 손이 뒤흔들고 있는 것을 본다. 인간적으로 높은 곳, 모든 높은 곳 위에 떠 있는 물음표를 본다. 아무도 모르는 사이에 들보가 우지끈 무너지는 소리를 듣는다. 보이는

것과 들리는 것을 **넘겨**보고 **넘겨**들을 수 없다. 그래서 그리스도교는 가난한 자, 무거운 짐을 지고 가는 자, 굶주린 자, 목마른 자를 사랑하며[마 5:3-4, 6] 불의함을 겪고 있는 자를 사랑한다. 그리스도교는 결혼하지 않고 사는 삶을 아주 진지하게 추천하는데[고전 7:26], 그러면서도 |448| 인간이라는 종의 번식이 끝나고 "모든 긍정적 사유의 기본 전제"가 폐기되는 것에 대한 두려움이 **없다**. "말하자면, 삶이 어떻게든 무언가 가치 있는 것이 되어야 한다"(하르나크)[52]는 두려움이 **없다**. 그리스도교는 예컨대 "건강하고 복음적인 대중적 경건성"보다는 금욕주의자나 경건주의자의 이상한 노력에 어쨌거나 더 친근함을 느낀다. 서구 유럽의 형제들보다는 "러시아인"에게 더 친근함을 느낀다. 그리스도교는 크건 작건 인간의 중대한 "물음"을 그냥 지나치지 않는다. 그러나 본래적인 관심사는 그 "물음" 안에 있는 **물음**이다. 그리스도교는 아무런 해법이 없는 곳에는 언제나 존재하나, 인간이 다시 자기 자신을 납득하는 곳에서는 존재하지 **않는다**. 그리스도교는—바로 그렇기 때문에 긴 안목으로 보면 사회민주주의자들이 그리스도교의 박수를 받는데!—일종의 편파성을 띠고 있으니, 그것은 억압당하는 자들과 손해를 보는 사람들과 원숙하지 못한 사람들과 까다로운 사람들과 언제라도 반발하는 사람들을 우선적으로 더 좋아한다. 그리스도교는 불쌍한 나사로가 바로 하나님이 계신 그곳은 아니더라도 최소한 아브라함의 품에는 안겨 있음을 본다[눅 16:23]. 그리스도교는 어디나 존재하는 "낮은 데"서 최소한 생명의 **비유**를 보는데, 이것은 그리스도교가 부활

52 Harnack, Marcion, S. 264. "금욕주의가 인간의 번식을 전적으로 중단시킬 그 정도까지 밀어붙일 것이라고 보는 신관과 세계관은 옳은 것일 수 없다. 왜냐하면, 금욕주의는 모든 긍정적인 사유의 근본 전제, 말하자면 삶이 어떻게든 무언가 가치 있는 것이 되어야 한다는 사실을 지양하기 때문이다."

의 의미를 잊을 수 없기 때문이다. '필경 저 아래에서는 인간이 복되다는 칭송을 받을 수 있으리라!'는 말은 '필경 저 위에서는 그럴 수 없다!'는 뜻이다. 이보다 강력한 말이 또 있으랴. 저 앞의 불신과 여기 이곳의 호의, 저 앞의 경고와 여기 이곳의 약속이 "concreto"[구체적으로] 곧 우리 현존재의 "높은 데"와 "낮은 데"에 **적용**되고 있는데, 이것은 언제나 **비유적인 방식으로** 한 말이라는 사실을 잠깐이라도 시야에서 놓쳐서는 안 된다. 구체적인 경우에 **어떤 것이** 그리스도교가 등을 돌리는 "높은 데"인지, **어떤 것이** 그리스도교가 관심을 쏟는 "낮은 데"인지를 매 순간 새롭게 물을 수 있고 또 그래야만 한다. 언제나 우리가 **생각하는** 것은 **인간**의 높은 데와 **하나님**의 낮은 데다. 그런데 실제로 적용될 때는(예정과 관련된 우리의 설명을 다시 한 번 떠올려 보라) 끊임없이 첫째가 꼴찌가 되고 꼴찌가 첫째가 될 수 있다[마 19:30, 20:16 병행 본문]. 흔히 "낮은 데"라고 생각한 것이 이미 오래전에 "높은 데"가 되지는 않았는지, 저 아래 있는 사람들의 겸손이 악취 나는 교만이 되지 않았는지, 문제성이 우상이 되고 "갈기갈기 찢김"은 최신 유행 신학이 되지 않았는지, "프롤레타리아"가 조잡스러운 개념 따위가 된 것은 아닌지, "세상" 문화에 대한 저항이 이제는 허무맹랑하고 괴팍한 일거리가 되지는 않았는지 묻게 된다. 탑 건축자의 역할이 이미 오래전에 '예'라고 말하는 사람에서 '아니요'라고 말하는 사람으로 넘어가지 않았는지, 이렇게 '아니요'라고 말하는 사람의 '아니요'가 오래전에—그리스도교가 슬픈 얼굴로 고개를 돌릴 수밖에 없는—'예'dem Ja bk(우연히 '아니요'를 통해 확실해진 인간의 '예')가 되지는 않았는지 묻게 된다. 우리는 물을 수 있고 또 물어야 한다. 전혀 흔들림이 없는 바이에른 농부가 "러시아인"보다 |449| 하늘나라에 가까운 것은 아닌지, 계산에 몰두하는 기술자나 장사꾼이 하나님의 깊은 곳에 관해 숙고하는 목사보다 더 진리 안에 있는 것은

아닌지, 차라리 "낮은 데로 내려가" 세상이라는 집을 아무렇지도 않게 들어가, 아내와 자식을 **얻고** 그들을 **사랑하고**, 학문 활동을 **하고**, 당원이(사회민주당이 **아니**더라도!) **되고**, 예술을 **높이** 평가하고, 문화를 "**긍정**"하고, 심지어 마지막 비극과 마지막 유머의 빛 속에서 교회 지도자가 되는 것도 가치 있는 일이 될 수 있지 않을까, 물을 수 있고 또 물어야 한다. 저기서는 명제를 제시하는 동일한 그리스도교가 여기서는 반명제를 제시할 수도 있다. 그리스도교는 일정 부분 명제가 우세한 쪽에, 그 명제가 큰[bl] 개연성이 있는 쪽에 머무른다. 왜냐하면 죽음의 비유도 하나의 비유에 불과하지만, 그것이 **너무나** 강하게 목소리를 내기 때문이다. 그러나 그리스도교는 자신의 '예'와 '아니요'를 이렇게 **또** 저렇게 분할할 수도 있다. 세우기도 하고 무너뜨리기도 한다. 내보내기도 하고 후퇴 명령을 내리기도 한다. 주기도 하고 거두기도 한다. 물론 항상 같은 의도, 같은 논리와 규칙을 따른다. 그것은 "높은 데"에 **반대함**이요 "낮은 데"를 **위함**이다. 언제나 사람들에게 [구원의] 확신certitudo을 전하지만, 그것은 하나님의 영광을 위한 것이며, 그럼에도 불구하고 우리에게는 [구원의] 보장securitas[53]이 되지 않는다. 그것의 적용은 결코 지속적이지 않으며, 우리 가운데 한 사람이나 몇몇 사람에게 정당성을 부여하는 것도 아니고, [bm]우리에게 결코 편안한 쉼을 허용하지 않으며,[bm] 우리의 시간을 언제나 하나님의 영원에 비추어 측정한

53 루터에게 "Certitudo"[확신]은 헛된 "Securitas"[안전, 보장]과 반대되는 참된 신앙의 확신을 의미한다. 헛된 안전은 하나님에 대한 신뢰 속에서 무언가를 감행하는 것이 아니라 그 외의 다른 근거를 의지하는 것이다. *Vorlesung über Jesaia 1527-1529*, WA 25,238,29-31: "Fides igitur est certitudo certissima, quae apprehendit verbum et in verbo haeret non considerata externa facie rerum." *Predigt am 1. Sonntag nach Trinitatis*, WA 29,393,130-14: "Ideo praedicanda est ira dei, ita ut nostram securitatem reiiciamus et ad deum confidamus."

다. 우리의 모든 행함이 상대성의 영역 안에서 움직일 뿐이라는 사실을 보면서 충격을 느끼는가? 그것이야말로 우리가 직시해야 하는 것이다. 다시 한 번 짚고 넘어가자. 상대성은 연결되어 있음을 뜻한다. 모든 **윤리적** 행동은 어떤 상황으로서, 이렇게든 저렇게든 규정된 인간의 태도로서 그 근원과 **연결되어** 있다. 바로 이것이야말로 "그리스도교"가 수행할 수 있고 또 수행해야 하는 것, 말하자면 **그것**을 우리가 알아차릴 수 있도록 해주는 것이다. 그리스도교 윤리의 본질은 철저하게 오직 하나의 **물음** 안에 있으며, 그 윤리의 전개도 철저하게 오직 **물음들** 안에서 이루어진다. 그런데 그 물음에는 오직 하나님만이 대답이 될 수 있다. 바로 이것이 그리스도교 윤리의 절대성이다. 실제로 여기서 충격적으로 명확해지는 것이 있으니, 그것은 모든 인간적인 에토스가 무언가를 **오직** 시위할 수 있으며, **오직** 의미할 수 있으며, **오직** 봉헌할 수 있을 뿐이라는 사실이다. 그리고 바로 이 "오직"에는 안심의 여지가 없으니, 왜냐하면 이 "오직"도 하나님에 관한 기억이기 때문이다. 그분으로 인해 '우리는 무엇을 해야 하는가?'라는 물음이 도저히 빠져나갈 수 없는 진지함으로 우리 앞에 세워져 있다. 그리스도교의 '아니요!'는 **이렇게도** 포괄적이다. "낮은 데"에 대한 암시는 **이렇게도** 절박하다. 인간에게 닥친 방해는 **이렇게도** 근본적이다. 그리스도교가 우리에게 드리운 그림자는 **이렇게도** 깊다. 그리스도교는 자꾸만 타자 안에서 그 **한 사람**을 우리에게 마주 세우는데, **이렇게도** 강력하게 세운다. "[하나를 향해] **서로 마음을 같이하라!**" 너희가 높은 데 다다를 생각을 하지 **않고** 몸을 낮추어 낮은 데로 내려가면 그 하나에 마음을 모으게 **될 것이다**. 왜냐하면 이 규칙(규칙 중의 **규칙**인 "Soli Deo gloria!"[오직 하나님께 영광을!])의 |450| 변증법에서 위대한 대립이 발생하기 때문이다. "문화 부정"과 "문화 긍정"의 대립, "열광주의"와 "현실감각"의 대립, "죽음의 지혜"와 "삶의 지혜"의

대립[54]이다. 이런 대립은 변증법 안에서 늘 새롭게 하나가 되어, "sub specie aeterni"[영원의 관점에서] 인생에 대한 통일된 관찰에 이를 수 있고 또 그래야 한다. 그런데 **그** 관찰이 그 자체로는 절대 일어나지 않는다는 사실, 아무도 그 관찰을 "가질" 수 없다는 사실, 그 관찰이란 실상은 인간이 관찰**되는 것**이라는 사실, 바로 이것이야말로 그 관찰이 가지고 있는 힘, 무조건적으로 하나되게 하는 힘이다. 지금 우리는 아파서 **하나의** 병원에 있는 것이 아닐까? 지금 우리는 **하나의** 혐의 아래 기소되어 있는 것 아닐까? 지금 우리는 **하나의** 재판을 받고 있는 것 아닐까? 그렇다면 서로 마음을 같이하여 하나를 생각하는 것 말고 우리가 할 수 있는 일이 무엇이겠는가?

"스스로 지혜 있는 체하지 말라[너희의 우연한 통찰을 따르지 말라]"(잠 3:7). 이것은 스스로 낮은 데 처할 때 제일 먼저 터득하게 되는 부정적인 규칙이다. 저 위에서는—어떤 "높은 데"든 상관없이—인간이 "우연한 통찰"(11:25)을 갖게 된다. 이렇게든 저렇게든 **자기** 보존, **자기** 계발, **자기** 주장, **자기** 변호의 필요성에 집중한다. 그리고 이 "자기"란 것도 우연한 것이다. 인간은 생존경쟁을 위한 무비판적인 척도들을 필요로 한다. 인간은 순진하게도 "나", "너", "우리", "다른 사람들"과 같은 개념을 믿는다. 인간은 자기가 어떤 "자리" 혹은(오, 우습지 않은가!) 어떤 "입장"에 서 있다고 생각한다. "원수", "우월함", "승리"에 대해서 비극적으로 말한다. 그러나 자기 역시 이런 기준의 포로가 되어 있다. 인간은 "자기를 관철시키"기도 하고 그렇게 못하기도 한다. "위로 올라갔다"가 다시 내려온다. 싸워서 행복하게 되기도 하고 불행해지기도 한다. 성공을 거둘 때도 있다. 하지만 타격을 입거나 상처를 입거나 실망과 멸시를 받기도 한다. 우리가 그런 상황에

54 이 책 290쪽, 각주 35.

서 얻게 되는 것은 죄다 "우연한" 통찰이다. 인간은 특별히 검증되지 **않은** 순간의 인상을 가지고 판단한다. 그때그때 마음의 격동에 따라 판단하는데, 이것은 "원수"에 의존한 판단, 나아가 자기 자신에게는 더욱, 일차적으로 의존하는 판단이다. 바로 이것이—정확히 말하면—우리 행동의 중단되지 **않는** 규칙이라는 사실을 우리는 결코 잊어서는 안 된다. 우리는 우연한 통찰을 따른다. 어쨌든 이러한 노선은 설령 중단되지는 않는다고 해도 굴절되거나 찌그러질 수는 있다. 은혜라는 근본적인 공격, 인간을 겨냥한 은혜의 공격은 그 흔적을 남긴다. 그리스도교 에토스의 진지함과 능력은 대답의 예리함이 아니라(그 대답이란 것도 그저 시위적인 형태로, 그저 보는 사람들을 위한 것이다!) **물음**의 예리함이라는 사실이야말로, 그리고 은혜의 에토스가 지니고 있는 **상대성**이야말로 "우연한 통찰"의 뿌리에 놓인 도끼다. 왜냐하면 모든 "우연한 통찰"의 뿌리, 모든 "높은 데"의 비밀은 절대적인 윤리적 대답이며, 인간적인 안전함은 바로 그런 대답을 가지고 있어야 그 무엇과도 비교할 수 없는 |451| bn최고의 영예를 자기에게 안겨 줄 수 있기bn 때문이다. 바로 그런 그리스도교 에토스는 모든 절대적인 윤리적 대답의 종말이며, 이런저런 높은 데 서 있을 때 동반되는 온갖 승리와 고통의 근본적인 종말이다. 그리스도교 윤리의 입장에서 보면 모든 높음이란 것이 그저 우화일 뿐이다. 여기 서 있다, 저기 서 있다 하는 것도 우화적인 말이다. 이 세상에서 인간 간의 모든 투쟁과 대립은 그것이 제아무리 거룩하고 필연적인 것이라 해도 우화일 뿐이다. **참된** 진리[die Wahrheit]는 우리가 **어떤 일반적인** 진리[eine Wahrheit]에 빠지게 하는 에너지를 우리에게서 빼앗아 버린다. **참된** 불의는 우리가 **어떤 일반적인** 불의를 마치 무언가 특별한 것과 마주한 것처럼 받아들이는 용기를 우리에게서 빼앗아 버린다. **참된** 승리는 우리가 **이런저런** 승리를 기다리게 하는 긴장감을 우리에게서 빼앗아 버린

다. 그러니 이것으로 우리는 다시 "낙담되는" 것[55]인가? 어쩌면 우리 몸의 뼈가 전부 녹아내리는 것인가? 그렇다. 바로 그것이다. 이러한 낙담의 한계를 넘어서지 못하는 곳에서 우리가 용기라고 부르는 것, 그것이 **죽어야 한다**. 이런 정화의 불길을 통과하지 않은 에토스는 에토스가 아니라 비오스Bios[생명], 파토스, 에로스다. 필연이 아니라 우연이요 자의恣意다. 자유가 아니라 부자유다. 그것은 하나님으로부터 설명될 수 있는 것이 아니라—병리학적으로는 아닐지라도—간신히 심리학적으로 설명될 수 있는 것에 불과하다. 그러나 그리스도교의 에토스는(이것은 결코 어떤 현존하는 것으로 농축될 수 없는데) **참된** 용기다. 거기에 비하면 우리의 모든 용기는 비겁함이다. 그리스도교의 에토스는 (**각** 개인성의 굴절로서) 개인의 토대다. 이것은 (결코 "순수성"으로 나타나지 않으니!) 우리의 행위를 모든 생물학적이고 심정적이고 에로틱한 요소로부터 초월적으로 정화하는 것이고, **인간**이 차지한 모든 높은 곳에 대한 절대적인 저항이다. 바로 그렇기 때문에, 바로 그 점에서 절대적인 에토스가 된다. 바로 그 점에서, 바로 그 안에서 다가오는 세상의 선포다.

"아무에게도 악을 악으로 갚지 말고." 그리스도교가 말하는 "악"은 **모든** 행동의 가시적인 실재 안에 내재된 필연적인 특성이다. "악"이란 인간의 행함이 만든—그런데 인간의 행함은 결국 **인간존재 그 자체**다—타성 덩어리다. 선은 악과 마주한 제2의 가능성이 아니다. 선은 악에 대한 심판이

55 Müller, Streiflicht, S. 276f. "절대적인 목표를 바라보면서도 우리가 거기서 얼마나 멀리 떨어져 있는지 상관없다는 생각, 어차피 도달할 수 없는 것은 **마찬가지**라는 생각처럼 낙담되는 것이 있을까? 그것이 이론적으로 옳을 수는 있다. **실천적으로는 가장 작은 접근도 측량할 수 없는 의미**를 가진다. 하지만 그런 낙담이 세상을 있는 모습 그대로……그냥 내버려 두는 것으로 이어져야 하는가! 우리는 바르트가 이 지점에서 자기가 원하는 것의 정반대의 결과에 이르게 되지 않을까 두렵다."

요, 악의 지양이다. 하나님을 통해 인간이 의롭게 됨이요, 악에서 **구원**되는 불가능한 가능성이다. "어찌하여 선한 일을 내게 묻느냐. 선한 이는 오직 한분이시니라"(마 19:17). 타자와 우리가 맺는 관계의 규칙은—이 관계가 "사랑"이라고 불린다 할지라도—악을 악으로 갚는 것이다. 그러니까 우리는 타자를 보면서, **있는 그대로의 그가 아닌** 한 사람(선한 사람!)을 보지 못하고(12:9), **있는 그대로의 그**로 존재함에 그에게 책임을 지운다. 이로써, 이웃에 대한 이런 직접적인 시선으로써, 그가 우리에게 보여주는 가시적인 측면에 머물러 있음으로써, 우리는 선을 위해서는 그를 근본적으로 포기하는 셈이 된다. 비록 우리가 |452| 그 사람에게서 온갖 "선한 것"을 본다 하더라도 말이다. 이렇게 그 사람에게 '책임을 지우는 것'이 곧 "악으로 갚음"이기 때문이다. 예컨대 타인과의 싸움이 시작되기 훨씬 전부터, 충격에는 충격으로 맞서는 놀이가 (온갖 "악한" 방법을 동원하여) 시작되기 훨씬 전부터 우리는 그 '책임을 지우는 것'으로써, **있는 그대로의 그가 아닌 것**을 보지 않음으로써 그에게 악으로 되갚았다. 보지 않음은 우리 쪽에서도 악의 작품이요 타성 덩어리의 행동이기 때문이다. 그리고 이것은 우리 모두가 한 명도 예외 없이 벗어나지 못하는 선이다. 그러나 그 선도—완전히 끊어지지는 못할망정—꺾일 수는 있다. 우리가 타자의 악을 불의하게 긍정함으로써 우리의 악도 긍정하는 것이라는 사실을 깊이 생각할 때 꺾인다. 타자 안에 있는 선함, 그 안에 있는 한 사람을 긍정하는 것만이 우리의 칭의를 의미할 수 있음을 깊이 생각할 때 꺾인다. 우리가 진지하다면, 윤리적으로 진지하다면 "악을 악으로 갚는" 태도를 그대로 유지할 수 없다. 그 누구에게도 그럴 수 없다. 왜 그런가? 타자의 사악함 중에서 가장 사악한 것이라 할지라도 우리 자신의 심판을 더욱 분명하게 보여줄 수 있으며, 우리 자신의 칭의에 대한 질문을 더욱 무겁게 하기 때문이다. 이러한 비판적

인 성찰이 앙갚음하지 않음, 책임을 지우지 않음, 맞서지 않음 속에서 겉보기에는 그저 "약함"으로 해석될 수밖에 없는 태도, 곧 타인의 악을 모른 체하는 태도 안에서 다소간 명료한 모습으로 나타난다면, (인간적인 행위라는 직선 안에서 일어난 신기한 방해로서) 보이지 않는 무언가를 최소한—눈에 보이게끔—**표시**라도 해둘 수는 있을 것이다. 타자 안에 있는 한 사람, 또한 내 안에도 있는 그 한 사람을 표시해 두고, 하나님께서 죄를 기억하지 않으심을 표시해 두는 것이다. 물론 이 직선의 **단절**은 존재하지 않으며, **절대적으로** 선한 태도라는 것도 존재하지 않는다(존재해서도 안 된다!)는 사실을 기억해야 한다. 그 기억이 우리로 하여금 그 태도, 곧 스스로 저항하지 않는 태도를 절대화하지 않도록 해줄 것이니, 이것이 다가올 세상의 소망에 해가 되지는 **않는다**.

"모든 사람 앞에서 선한 일을 도모하라"(잠 3:4). 여기서 우리는 다시 한 번 칸트의 윤리학과 만나게 된다. 어떤 행동이 모든 것 안에 계신 보이지 않는 분에 의해 승인을 받으면서, 많은 사람들이 가시적으로 행하는 것과는 대조적인 모습으로[bo] 마주 설 때, 그것은 윤리적인 행동이다. 왜냐하면 어떤 윤리적인 행위에서 저항의 성격이 완전히 사라질 수는 없기 때문이다. 모든 사람 안에 있는 한 사람이 많은 사람의 행동에 저항한다. 하지만 바로 그렇기 때문에 그 한 사람이 그 저항의 척도다. 모든 사람들의 눈에 (볼 수 있는!) 선한 것만이 선하다. 어떤 행위가 진정으로 하나님께서 인간에게 일으키시는 방해를 의미하려면, 자격 없는 인간이 다른 인간에게 일으키는 자의적인 방해가 되지 않으려면, 그 행위는 보편타당한 |453| 기준을 벗어나서는 안 된다. 공공성의 불빛을 피해서는 안 된다. **사사로운** 역설에 근거하거나 호소해서도 안 되고, 개별적인 존재 속에서 그 한 사람을 망각해서도 안 된다. 왜냐하면 윤리적 역설

이란 바로 이 한 사람, 곧 눈에 보이지 않는 한 사람dieses bp에 대한 **깊은 생각** 속에 있기 때문이다. 그 역설 외에 **제2의** 다른 역설은 존재할 수 없다(이 지점에서 키르케고르의 사상은 부분적으로 칸트의 수정을 받아들여야 한다). 윤리적 행위는 결코 **구석진 곳에서의** 행복[56]을 (혹은 불행도 마찬가지다!) 목표로 삼아서는 안 된다. 인간 공동체의 역사적 현실과 개인의 관계는 때로는 무질서할 수밖에 없지만(1:1의 사도직!), 그것의 기초를 구성하는 진리와의 관계는bq 질서 정연해야 한다. 질서는 모종의 예언자적인 무질서와 관련해서도 원칙ratio이 되어야 한다. 어떤 다수의 판단에 호소하는 일은 당연히 그만둘 수 있지만, **전체의** 판단에 호소하는 일은 한 순간도 그만둘 수 없다. 이것이야말로 눈에 보이는 모든 불규칙적인 행동을 평가할 수 있는 기준이다. 영웅이나 지도자, 새로운 계명의 선포자, 금욕주의자, 경건주의자 모두 이 기준에 묶여 있다. 모든 종류의 초인[57], 예술가, "고귀한 인물", 천재적인 사람들도 바로 거기서 자기 정당성을 느낄 것이다. 특별한 사람을 위해 따로 존재하는 특별한 도덕은 없다. 바로 그렇기 때문에 평범한 사람을 위한 도덕도 따로 존재하지 않는다. 우리가 윤리적으로 경탄하든지 혹은 인정할 수밖에 없는 행위는(예를 들어 어떤 예언자의 행위!) 바로 이것을 통해 구속력을 갖는다. 우리는 거기서 벗어날 수 없다. "**루터**나 되니까 그랬지!" 하면서 회피할 수 없다. 근본적으로 인간의 행동은 오직 하나님과의 관계에서만 근본적으로 **비범**非凡한 것이 될 수 있다. 바로 그렇기 때문에 그 행동은 모든 인간과의 관계 속

56 "구석진 곳에서의 행복"(Das Glück im Winkel)이라는 표현은 1896년에 발표된 헤르만 주더만(Hermann Sudermann, 1857-1928)의 연극 제목이다.

57 이 책 229쪽, 각주 27.

에서도 근본적으로 정상적인 것이다. (이 "모든"이라는 말의 불분명함이 꼭 필요한 교정 수단을 제공한다!) "높은 데 마음을 두지 **말고**", "스스로 지혜 있는 체하지 **말고**"(12:16), **이렇게 함으로써** 다가오는 세상의 진리를 선포하는 것이다. 이 진리는 모든 사람 안에 있는 한 사람의 진리다.

"할 수 있거든 너희로서는 모든 사람과 더불어 화목하라[평화를 유지하라]." 평화를 유지하는 것은 아주 적절한 시위가 될 수 있다. 이것은 하나님이 인간을 옴짝달싹 못하게 해놓으신지라 인간이 감히 호흡을 가다듬고 정당하면서도 정확한 일격을 위해 팔을 치켜들 수도 없게 된 상황을 의미한다. 인간과 인간 사이의 상황은 그 자체로는 언제나 철저한 불화의 역사다. 언제라도 서로에게 일격을 가할 채비를 갖춘 상태다. 사실 인간은 결코 평화를 요구할 수 없는 존재다. 타인은 그야말로 여러 형태로 우리를 도발한다. 그는 우리가 너무나도 잘 알고 있는 인간, 그러나 근본적으로 구제불능이고 변덕스럽기 짝이 없고Schrullenhaftigkeit br 강퍅하고 전혀 사랑받을 만하지 않은 그 인간, 그런데 늘 새로운 모습, 점점 더 짜증나는 모습으로 다가오는 그 인간의 화신化身이다. 이러한 존재, 곧 우리에게 우리 자신의 '나'로 다가와 |454| 엄청난 부담을 주는 이 존재를 우연히 타인에게서 만날 때가 있는데, 그런 그를 친절하게 대하라는 것은 그야말로 불가능한 요구다. 게다가 다른 사람과의 다툼은 오히려 우리 자신과의 다툼과 관련하여 어느 정도 정신적 부담을 덜어 주기도 하는데, 도대체 싸우지 말아야 할 이유가 무엇인가? 전쟁만큼 자연스러운 것이 없다. 그러나 전쟁은 언제나 궁극적으로는 이미 알고 있는 사람을 겨냥한 것이기 때문에, 바로 그런 이유에서 그 자체를 넘어서는 무언가를 가리킨다. 전쟁은 우리가 인간을, **있는 그대로의** 인간을 그의 불가능성 안에서 이미 인식했다는 사실의 표현이다. 그러고 그런 그를 벗어나고 싶다는 사실의 표현이다. **있는 그대로의 그**

가 아닌 한 사람의 빛에서 그를 보지 않으려고 하는 표현이다. 정말 엇나간 표현이다! 왜 그런가? 이웃과 우리의 싸움은 '이미 알고 있는 인간'이 부정되도록 할 수 없기 때문이다. 결코 그럴 수 없다. 비록 우리가 그 우연한 인간과의 싸움을 끝까지 밀어붙여 그를 없애 버리는 데까지 이른다 할지라도[fortführten bs] '이미 알고 있는 인간'은 죽지 않는다. '이미 알고 있는 인간'의 부정은—드러내어 말하자면—모든 사람 안에 있는 한 사람, 곧 예수 그리스도다. 우리가 그것을 인식하는 순간, 우리 자신과의 싸움도 이웃과의 싸움도 끝난다. 싸움의 대상이 사라졌기 때문이다. 그리스도 안에서는 그 어떤 전쟁도 불가능하다. 그는 우리의 평화로다![엡 2:14] 이런 사람 또는 저런 사람이 한 인간이라는 사실 때문에, 그 사람을 다시 한 번 특별히 힘들게 하는 일이 있어서는 안 된다! 모든 사람과 맞서는 하나님의 권리에 근거해 모든 사람과 맞서는 한 사람의 권리를 주장하는 일이 있어서는 안 된다! 다른 사람에게서 눈에 띄게 나타나는 도발적인 모습이 오히려 그의 다른 모습, 곧 눈에 보이지는 않지만 하나님이 그를 의롭다고 인정해 주셨음을 암시하고 있다는 사실을 간과해서는 안 된다! 전쟁은 인간의 자연스러운 행위다. 어떤 인간인가? 동료 인간과는 다른 **자기**의 어떤 측면을 절대화하고 스스로 하나님처럼 되려는 인간이다. 그러므로 우리는 어떤 대가를 치르더라도 평화를 유지해야 한다. 그것도 **모든** 사람과 더불어! 만일 우리가 하나님이 아니라면, 도대체 어디서 호흡을 고르고 싸움을 벌이기 위한 파토스[격정]를 찾겠는가? 우리는 그저 평화를 유지하면서 하나님의 자유와 긍휼을 위해 시위**해야 하지** 않겠는가? "할 수 있거든 너희로서는" 평화를 **유지하라**! 여기서 **더 이상**을 말할 것이 없는 이유를 우리는 알고 있다. 우리로부터 가능한 것의 한계선이 곧 하나님이다. 우리가 평화라고 부르는 것 가운데 그 무엇도—바로 여기가 칸트에게 동의할 수 없는 지

점이다—"**영원한** 평화" 혹은 "실천이성의 나라"[58]에 이르는 아득히 먼 전 단계조차도 될 수 없다. 우리가 이웃에게서 예수 그리스도를 본다고 말할 때, 전쟁 속에서 평화를 본다고 말할 때, 그리고 평화를 유지함으로써 그렇게 보는 것을 실행에 옮길 수 있고 또 그래야 한다고 말할 때, 그때 핵심이 되는 것은 **하나님**과 **그분의** 평화를 아는 것이다. 하나님은 **완전하게** 인식될 수 **없다**. 그러나 그분은 인식**되신다**. 하나님은 계속해서 자유로운 분으로 계신다. 우리가 우리 자신과 싸울 수밖에 없는 가능성은 계속 남아 있다. 이웃과 싸울 수밖에 없는 가능성도 좀 더 멀리 남아 있을 것이다. 하나님께서 |455| 우리로 하여금 이런 혹은 저런 사람 안에서 예수 그리스도를 보지 못하도록 우리를 **가리시는 것** 같은, 그런 유보 상황도 남아 있을 것이다. 오해해서는 안 된다. 우리는 지금 **하나님의** 유보에 관해 말하고 있다. 이것은 루터파가 궁할 때면 **자기 스스로** 허용하곤 하는 그 유보 정책인 이른바 "산상수훈의 지급 유예"Moratorium [59]와 혼동되어서는 **안 된다**. 어떤 인

58 I. Kant, *Zum ewigen Frieden. Ein philosophischer Entwurf*(『영원한 평화』, 아카넷), B 111f; B 90, Akademie-Ausgabe, I. Abt. Bd. 8, Berlin, 1912, S. 386 "비록 단지 무한히 진보하면서 접근할 수밖에 없다 할지라도, 공법의 상태를 실현하는 일이 의무라면, 그리고 동시에 그렇게 할 근거 있는 희망이 있다면……**영원한 평화**는 공허한 이념이 아니라, 오히려 차츰차츰 해결되어 그 목표에 끊임없이 더 가까이 다가서는 하나의 과제이다." S. 378 "다시 말하자면 이렇다. 즉 '우선 순수 실천이성의 나라와 그 나라의 **의**를 위해 힘써라. 그러면 너희의 목적(영원한 평화의 은혜)은 저절로 받게 될 것이다."

59 이 표현은 원래 영국 평화주의에서 나왔다. 1914년 런던의 킹슬리 홀에서 뮤리엘 레스터(Muriel Lester, 1883-1968)와 그를 따르는 사람들은 "전쟁의 지속을 위해서 산상수훈의 시행 유보(moratorium) 선언을 하는 것"에 반대했다(*Ambassador of reconciliation. A Muriel Lester reader*, Philadelphia, PA 1991, 39-56). 이 표현은 윌리엄 바일즈 경(Sir William Pollard Byles, 1839-1917)이 1916년 5월 24일 하원에서 행한 연설을 통해서 유명해졌다. 바일즈는 전쟁 복무 거부자들과 관련해 이렇게 천명했다. "그것이야말로 내가 산상수훈의 시행 유보라고 생각하는 것이오."(The Official Report, House of Commons [5th Series], vol. 82, Sp. 2204). 독일어권에서는 쿠르트 투홀스키

간적인 필연성에 의한 유보와도 혼동해서는 **안 된다**. 그것이 제아무리 고귀한 필연성이라 할지라도 말이다. 예컨대 질서를 위한다는 명목으로 진압에 나서는 것이라면 전혀 "양심의 거리낌"을 느낄 필요가 없다는 식의 전쟁 설교를 위한[60] 구실이 되어서는 **안 된다**. 전시에나 평상시에나 인간은 "양심의 거리낌"이 없어서는 **안 된다**. 가장 정직한 마음으로 평화를 사랑하는 사람조차도 우리가 언제든지 타자 안에서 그 한 사람을 보지 **않을** 수 있고, 악을 미워하지(12:9) **않을** 수 있다는 사실을 알고 있다. 왜 그런가? 타자 안의 한 사람은 결코 주어진 어떤 것이 아니기 때문이다. 그렇기 때문에 싸움과 전쟁의 현실을 그대로 드러내 보이는 일이 요구된다. 전쟁과 관련된 물음에서 하나님을 인식한다는 것은, 우리가 전투가 벌어지

(Kurt Tucholsky)가 "산상수훈의 시행 유보라는 쓰라린 말"이라는 표현을 썼다. Kurt Tucholsky, *Macchiavelli*, Die Weltbühne, Jg. 14(1918), Nr. 42, 357-359. 바르트가 이 표현을 사용한 이유는 제1차 세계대전 중에 종종 루터의 발자취를 따른다는 명목(vgl. z. B. *Die Zirkulardisputation über Matth. 19, 21*(1539), WA 39/II,40,16-37)으로 산상수훈은 "개인의 영혼과 영원하신 하나님과의 관계"에 해당되는 것이며 "그래서 우리의 국가와 관련된 법은 아니다"(O. Baumgarten, *Der Krieg und die Bergpredigt. Rede am 10. Mai 1915* [Deutsche Reden in schwerer Zeit 24], Berlin, 1915, S. 15)는 주장이 제기되었기 때문이다. "그리스도교의 시행 유보"에 관한 논쟁은 K. Barth – M. Rade, *Ein Briefwechsel*, hrsg. von Chr. Schwöbel, Gütersloh, 1981, S. 131f. 참조.

60 바르트가 마르틴 라데에게 보낸 편지(1914년 8월 31일)에 나타난 비판 참조(NW, Jg. 8, S. 429-432 = K. Barth – M. Rade, *Ein Briefwechsel*, a.a.O., S. 95-99). "독일인이 지금 무엇을 해야 하는지와 관련해 모든 종교적 관련성과 더불어 침묵하는 것도 하나의 저항이 될 수 있습니다. 그러나 독일인이……양심의 가책 없이 총을 쏘고 불태워도 되는 것처럼 하나님을 현장에 끌어들이는 것은 안 됩니다. **그건** 아닙니다! 죄에 물든 세상적인 필연성과 맞서서 양심의 가책만이 그리스도교적으로 유일하게 가능한 것인데, 바로 지금 당신이 가책 없는 선한 양심을 설교하고 있습니다. 인간의 죄가 무섭도록 폭발하고 있는 지금 그들의 행위를 보면서도 선한 양심의 위로를 말한다면 이런 인간들이 어떻게 진보할 수 있을까요? 현재의 상황에서 '회개' 말고 무언가 다른 것이 있을까요? 선생님은 그렇다고 말합니다. 무언가 다른 것이 있다고 말이죠. 하늘의 천사들이여 독일의 전쟁 동원을 기뻐하여라. 독일의 여인들이여 북소리에 맞춰 전쟁 기도를 드리세……."

는 모든 높은 곳에서 **내려**오는 것을 의미하지, 우리가 어떤 평화로운 높은 곳으로 **인도**되는 것이 아니다. 그것은 우리를 하나님께 인도할 뿐, 인간의 행함이나 상태로 인도하는 것이 아니다. "전쟁"으로도 "평화"로도 인도하지 않는다. 그러므로 자기가 무엇을 원하는지 알고 있는 교회는 군사주의를 강력한 손길로 물리친다. 그러나 평화주의도 부드러운 손길로 물리친다. 평화를 유지하라는 계명의 진지함^Ernst^은 **첫**^*erst*^ 계명을 생생하게 설명하기에 이 명령도 하나님을 가리키고 있다. 그것이 진지한 명령인 까닭은 절대적인 평화의 계명이 **아니기** 때문이고 정확한 평화의 계명도 **아니기** 때문이다. 이 명령은 바로 이렇게 **불완전함**("할 수 있거든 너희로서는") 속에서 다가오는 세계의 평화를 가리킨다.

"내 사랑하는 자들아, 너희가 친히 원수를 갚지 말고 하나님의 진노하심에 맡기라. 기록되었으되 원수 갚는 것이 내게 있으니[정의를 세우는 것이 나의 일이니] 내가 갚으리라(신 32:35)고 주께서 말씀하시니라. 네 원수가 주리거든 먹이고 목마르거든 마시게 하라. 그리함으로 네가 숯불을 그 머리에 쌓아 놓으리라"(잠 25:21-22).

다시 한 번 "원수"라는 개념을 짚고 넘어가 보자. 우리가 해서는 **안** 되는 것이 그에게는 아주 분명하게 나타나는 것처럼 보인다. 앞에서 이미 살펴본 것처럼(12:14) "원수"는 가장 알 수 없는 타자이다. 우리 쪽에서는 평화를 유지해서는 **안 될** 필요성이 더 큰 것처럼 보인다. 왜 그러한가? 이웃에게서 느껴지는 불가사의함, 온통 어두컴컴한 그 수수께끼 같은 분위기가 단단히 한데 뭉쳐진 것 같아 보이기 때문이다. 그에 대한 어렴풋한 감정과 비관적인 판단이 정말 맞는 것처럼 보이기 때문이다. 그가 나에게 원수가 되어—개인적인 원수건 국가적인 원수건, 사상적인 원수건 계급적인 원수건—마주 선 순간, 그에 대하여 생물학적으로 주어진 |456| 관계를

벗어나는 것은, 투쟁의 관계에서 벗어나는 것은 완전히 불가능해 보인다. 도대체 "원수"란 누구인가? 시편 기자는 그것을 알고 있었다. 나의 경쟁자, 적대자, 나를 성가시게 하는 자, 박해하는 자만 원수인 것은 아니다. 놀랍게도 나의 눈앞에서 **객관적으로 불의를** 행하는 자, 내가 알고 있던 "사람 안에서 저 악한 자"(12:17)[바르트는 『교회 교의학』 IV/3, § 70에서 마귀를 직접 마귀라고 분명히 표현해서는 안 되는 이유를 설명하면서 "인간 속의 그 무엇"Etwas im Menschen이라고 간접적으로 표현한다]를 경험하게 하는 자, 그래서 악을 악으로 갚게 하는 자도 원수다. 그러므로 루터가 자기의 원수인 로마교황을 그저 하나의 원수로만 보지 않았던 것은 너무나도 당연한 일이었다. 로마교황은 지금 활동하고 있지만 실은 **옛** 원수[61]였던 것이다. 시편 기자의 격정적인 노래를 읽어 보면, 그 "원수"는 바로 **하나님** 앞에서 거의 절대적인 실체로 떠오르며, 시편 기자는 **하나님**께서 그에게 복수해 주실 것을 부르짖는다[시 7:7, 143:12]. "원수"는 이웃을 보면서 내가 남 몰래 느끼던 불쾌함을 직시하게 하는 존재다. "원수"는 그게 바로 악이라며 그것을 나에게 내민다. "원수"는 우리가 잘 알고 있는 사람에게서 그 악이 궁극적이고도 본질적인 것임을 나에게 보여준다. "원수"는 그 악이 안과 밖에서 아무런 제약 **없이**, 망설임 **없이**, 저항 **없이**, 방해 **없이** 그냥 마음껏 질주하고 하고 있음을 나에게 보여준다. "원수"는 내 안에서 폭풍과도 같은 외침을 자아낸다. 어떤 (눈앞에 있지 않은) 더 높은, 평등하게, 복수하는 **정의**를 갈구하는 외침, 그 사람과 나 사이의 문제를 심판해 줄 어떤 (그 자리에 있지 않은) 심판관을 갈구하는 외침 말이다. "원수"와도 같이 그렇게 나에게 위기를 불러일으키는 존재는 과연 누구인가? [bt]만일 내가 그런 근본적

61 이 책 551쪽, 각주 26.

이고 압도적인 체험을 한다면, 모든 보복적 정의가 **중단**된 것 같은 체험을 한다면 "나는 무엇을 해야 하는가?"[bt] 만일 [bu]내가 그 "원수"를 보면서[bu], 그에게 "해줄 수 있는" 일은 그저 악일 뿐이라는 사실을 분명하게 깨닫는다면, 악이야말로 더 높은 정의를 집행하는 일이며 저 "원수"에게는 바로 그런 일이 일어나야 하는데 그렇지 못함을 내가 가슴 아파하고 있다는 사실을 분명히 깨닫는다면, 그러면 나는 도대체 무엇을 해야 하는가? 바로 여기에 영웅주의의 최후·최고의 유혹이 섬뜩하게 다가와 도사리고 있다. 나 **자신으로부터** 의로움을 획득하기 위한 **투쟁**을 시작하려는 유혹이다. **정당성**[정의]을 위한 **투쟁**을 **나**로부터 시작하려는 유혹이다. 나를 하나님, 곧 눈에 보이지 않는 **하나님**의 자리에 세우려는 유혹, 원수에게는 **원수**가 되고 영웅에게는 **영웅**이 되려는 유혹 말이다. 내가 그렇게 한다면 누가 나를 심판할까? '누가 나의 의로움을 되찾아 주랴?'는 물음에 짓눌리다가 '나는 무엇을 해야 하는가?'라는 정당한 물음의 노선, 정해진 노선 위를 그대로 더 달려갈 뿐인가? 저 "원수" 앞에서 말과 행동으로, 법의 폭력과 무기의 폭력으로, 힘의 정치와 방어의 정치로 진노하고 처벌하고 심판하면서, 부재 중인 하나님의 자리를 떠맡는 것 말고 무슨 **다른 일**을 내가 할 수 있단 말인가? 만일 인간이 **객관적인 정당함을 행할 수 있고 또 행해야 한다면**, 그렇다면 |457| 정당성을 위한 **투쟁**은 불가피하다. 그렇다면 예컨대 티르피츠와 같은Tirpitzischen [bv] 생각[62]을 도덕적으로 반박하는 것, 다시 말해 위에

62 이 책 868쪽, 각주 9. Tirpitz, a.a.O., S. 382f. "언뜻 보기에 우리는 양심의 가책을 받고 있는데 이로써, U보트 전쟁은 부도덕한 것이라는 영국식의 해석에 무게가 실렸다.……독일 민족은 무제약적으로 이단적인 상태에서 흔들리다가 길을 잃었다. 독일 민족은 여태껏 황금기를 구가하던 영국 민족에게 파산, 붕괴, 폐결핵, 죽음의 탄식을 초래한 기아 전쟁을 내내 신적인 세계 질서의 한 부분으로 보았다. 그런데 U보트 전쟁은 잔인하고 부도덕한 것이라는 사실이다. 거기서는 적의

서 말한 전제 위에서 반박하는 것은 애초에 불가능하다. 하지만 바로 그것이다. 인간이 객관적인 정당함을 행할 수 있고 또 행해야 하는지의 여부는 인간에 대한 하나님의 방해를 통해 혼란스러운 것이 되었다. 물론 우리는 "원수" 앞에서 객관적 정당함을 "행해야" 한다. 하지만 바로 여기서는 영웅주의 없이, 하나님의 홀에 손대는 일 없이 그것은 진행되지 **않는다**. 그리고 다시 한 번, 바로 여기서는 이 말이 무슨 뜻인지 혼동해서는 **안 된다**. 한마디로 우리는, 진노하며 하나님 옆에 서는 그 행동을 통해서, 하나님의 진노가 다스리는 땅에 발 딛는 것이다. 바로 다음 시도가 "원수"의 비밀이다. 그의 행동도 본질적으로는 하나님의 홀을 차지하려는 시도다. 그 역시 어떤 방식으로든 더 높은 차원의 정의가 나타나야 한다고 생각했던 것이다. 그 역시 '나는 무엇을 해야 하는가?'라는 질문의 노선 위에서 앞으로 치고 나갔다. 이 정의를 자기 손으로 세울 수 있는 가능성, 반드시 그래야 한다는 결단까지 치고 나간 것이다. 최악의 원수조차도 주관적으로는 언제나 객관적인 정당함을 행한다고 생각한다. 그러나 바로 **그렇게 해서** 나의 정당함에 관한 의식을 손상하는 것이다. 바로 **그것이** 내 눈에는 그의 객관적 부당함이다. 바로 이렇게 그는 하나님과 인간에게 무법자가 된 것이다. 그를 자기 마음의 욕망에 그냥 내버려 둔 것(1:24)은 하나님의 타는 진노, 내가 그 안에서 만난 것도 그분의 진노다. 나도 그 진노에 붙잡히는가? 나도 내 손으로 정당함을 보존하려고 하는가? 다시 한 번 말한다. 나도 그렇게 **할 수 있다**. 어쩌면 그렇게 **해야만 한다**. 내가 영웅을 영웅주의로 마주 대

생명은 하나도 희생시키지 않고 적의 뱃짐만 공격하지 않았는가. 서부전선에서 하루 동안 죽은 독일 군인의 수, 그리고 독일이 항복한 뒤에 비인간적으로 시행한 고립 정책으로 굶어 죽은 독일인의 수에 비하면 희생은 그리 크지 않았다."

하는 것 말고 **다른** 가능성을 볼 수 있으려면 어떻게 해야 할까? 내가 나 자신의 영웅주의적인, 비극적인 운명을 보면서, 공포와 연민[63]을 불러일으키는 그 운명을 보면서, 나 역시 객관적 정당함을 실행하려는 의도로 객관적 부당함을 행했다는 사실을 알게 된다면, 어찌 놀라지 않을 수 있겠는가? 더 높은 정의를 **세우려는 것**은 곧 그것을 **포기하는 것**이다. 왜냐하면 "하나님의 진노가 인간의 **모든** 경외하지 않음과 불순종 위로 나타나기"(1:18) 때문이다. 악한 사람 안에 있는 불경**뿐만 아니라** 선한 사람 안에 있는 경외하지 않음[64] 위에도, 나의 원수**뿐만 아니라** 내 위에도 나타난다. 만일 내가 내 원수의 원수가 되고자 한다면 말이다. **이것은** 군국주의에 대한 비판이다. 그냥 지나치는 것 같지만 결국에는 평화주의에 대한 비판이기도 하다. 그 영역을 인간의 진노가 아닌 하나님의 진노로부터 벗어나게 할 사람은 누구인가? 여기서(그러나 여기서만 그런 것은 아니다!) 중요한 것은 하나님의 압도적인 행위가 인간의 행위를 무찌르심이라는 사실을 보고 있는 건 누구인가? 객관적인 정당함을 **묻는 것** 외에는, (우리에게 "원수"를 통해서 아주 생생하게 |458| 드러난) 삶의 변증법 속에서 다른 선택이 없다는 사실을 누가 보고 있는가? 그렇다. 이것이야말로 "원수"가 본래 우리에게 해줄 수 있는 말이다. 원수는 하나님의 정의가 마치 악에 빠지지 않고서도 우리 인간에게 "가능한" 것인 양 생각하는 최후의 망상을 갈기갈기 찢을 뿐이다. 그는 우리 앞에 하나님의 정의를 세운다. 그 철저하게 멀고 낯선 정의, 어떻게

63 아리스토텔레스에 의하면 비극은 "연민과 공포"(Mitleid und Furcht)를 통해 작동한다. Aristotles, *Poetik*, 6, 1449b 24-28.

64 쿠터(H. Kutter)의 『로마서』 1:19f., 2:1f. 해설 제목이 "악한 사람 안에 있는 경외하지 않음"과 "선한 사람 안에 있는 경외하지 않음"이다(H. Kutter, *Das Bilderbuch Gottes für Groß und Klein, I. Römerbrief Kapitel 1-4*, Basel, 1917). 이 두 개의 글은 1918년 "특별판"의 형태로 출간되었다.

해볼 도리가 없는 정의를 우리에게 마주 세운다. 하나님의 정의는 그 원수에게서 완벽한 부재로 드러난다. 하나님의 진노로, 철저하게 오직 "Deus absconditus"[숨어 계시는 하나님]으로 나타난다. 만일 내가 이런 비판적인 성찰의 인도를 받는다면, 이 "원수" 앞에서 내가 할 수 있는 것이라고는 모든 행함에서 근원적인 행하지 않음으로, 모든 대답에서 물음으로, 모든 행위에서 근본 전제로 되돌아가는 것 말고 또 무엇이 있겠는가? 무언가를 바로잡겠다는 공세의 몸짓이 내게 허용되지 않는다면, 어떤 몸짓을 할 수 있겠는가? 철저하게 불가능한, 비실용적인 몸짓, 합리적으로는 도저히 이해할 수 없는 몸짓밖에 없다. 네 원수가 굶주리면 그를 먹여라! 그가 목마르거든 마실 것을 주어라! 이것이 오롯이 **의미하는 것**, 너무나도 이상한 방식으로 의미할 수 있는 것은, 내가 하필이면 그 "원수"를 통해서, 타자로 완벽하게 가장한 그 한 사람을 통해서 가장 강력한 요구, 곧 하나님께 영광을 돌리라는 요구를 **들었다**는 사실이다. "원수 갚는 것이 **내게** 있으니 **내가** 갚으리라고 주께서 말씀하시니라"[12:19]. 우리의 몸짓은 바로 이 '내게!'와 '내가!'를 증언하는 것, 하필이면 원수의 모습 속에서 인식되고 도래하는 하나님 자신의 의, 오직 하나님만의 의를 위해 시위하는 것, 그래서 그 "원수"가 우리에게 던지는 문제가 우리를 너무나도 심하게 압박한 나머지, 예컨대 군국주의적인 생각을 아무런 비판 없이 따라가는 것은 그야말로 불가능한 일이라는 사실을 표시해 두는 것이다. 네 원수가 굶주리면 그를 먹여라! 그가 목마르거든 마실 것을 주어라! 우리는 즉각 신호를 보내는 욕구가 있음을 알고 있다. 이 가능성을 길과 방법과 목적으로서, 그야말로 가능성으로서 실천적이며 실용적으로 납득하게 하려는 욕구가 그것이다. 그러나 우리는 이런 욕구를 만족시키려는 모든 시도가 무의미함도 알고 있다. 원수 사랑은 인간의 행함으로는 절대로 생생하게 보여줄 수

가 **없다**(윤리적 역설: 타자 안에 있는 한 사람은 여기서 가장 분명한 모습으로 자신을 관철한다!) "타오르는 숯불"이 원수의 머리에 쌓아 올려져야 한다. 다른 말로 하면, 우리의 행함은 도저히 거부할 수 없도록 행사된 압력을 통해 타자를 그 "원수"의 자리에서 몰아내는 것이어야 한다. 타자 곧 "원수"의 모습으로 숨어 있는 한분은 그 알려지지 않음을 떨치고 바로 그 한분으로서 밖으로 나올 필요가 있다. 그래서 나는 "굶주리고 목마른 사람"으로 나타난 그를 알아보아야 한다. 그가 실제로는 (비록 외적으로는 승승장구하고 있는 것 같지만!) 자신의 비극적인 운명의 희생자일 뿐이며 하나님의 진노하심으로 두들겨 맞은 피해자에 불과하다는 사실을 알아보아야 한다. 그러므로 내가 그 사람에게 맞서 추구하는 객관적 정의, 바로 그것도 이미 세워진 상태라는 사실을 알아보아야 한다. **하나님께 두들겨 맞은** "원수"의 모습 속에 있는 타자는 나에게 |459| 더 이상 미지의 존재일 수 없다. 그는 죽음의 비유 속에 있는 그 한분이다. 그러나 이 깨달음은 **행동으로** 얻은 것이라야 진정한 깨달음이다. 그러므로 먹여라, 마시게 하라! **하나님께 두들겨 맞은** 원수와 너는 일치한다. 그의 악이 너의 악, 그의 고통이 너의 고통, 그의 의롭게 됨이 너의 의롭게 됨이다. 그리고 오직 **그를** 구원하는 것만이 **너도** 구원할 수 있다. 너와 그의 이 상관관계를 명백히 드러낼 수 있는 "행함"은 모두 선하다. 영웅들이 서로에게 행하곤 하는 것과 비교할 때 그저 행하지 않음으로 이해될 수밖에 없는 모든 행함이 선하다. 요컨대 낮은 곳에 처함이 높은 곳에 오름이다. 너희 행위가 "원수 사랑"이라는 높은 곳이 된다면, 그 행위는 중요한 의미를 갖게 된다.

'나는 무엇을 해야 하는가?'라는 질문에 어떤 내용을 주는 대답은 불가능하다. 그래서 우리의 실질적인 행함의 **근거**와 **목적**에 관한 질문으로 인식된다. 그래서 오직 하나님 자신과 그분의 행함만이 답이 될 수 있는 **절대**

적인 질문으로 역전된다. 바로 이것이, 그리스도교 윤리학이 원수 사랑과 관련하여 특별한 관심을 두는 내용이다. 이것이 기독교 윤리학의 의미이며, 그 의미는 오고 있는 세상을 선포하는 것이다.

거대한 부정적 가능성

12:21-13:7

21 악에게 지지 말고 선으로 악을 이기라. 1 각 사람은 위에 있는 권세들에게
복종하라. 권세는 하나님으로부터 나지 않음이 없나니 모든 권세는 다 하나
님께서 정하신 바라. 2 그러므로 권세를 거스르는 자는 하나님의 명을 거스
름이니 거스르는 자들은 심판을 자취하리라. 3 다스리는 자들은 선한 일에
대하여 두려움이 되지 않고 악한 일에 대하여 되나니 네가 권세를 두려워하
지 아니하려느냐. 선을 행하라. 그리하면 그에게 칭찬을 받으리라. 4 그는 하
나님의 사역자가 되어 네게 선을 베푸는 자니라. 그러나 네가 악을 행하거든
두려워하라. 그가 공연히 칼을 가지지 아니하였으니 곧 하나님의 사역자가
되어 악을 행하는 자에게 진노하심을 따라 보응하는 자니라. 5 그러므로 복
종하지 아니할 수 없으니 진노 때문에 할 것이 아니라 양심을 따라 할 것이
라. 6 너희가 조세를 바치는 것도 이로 말미암음이라. 그들이 하나님의 일꾼
이 되어 바로 이 일에 항상 힘쓰느니라. 7 모든 자에게 줄 것을 주되 조세를
받을 자에게 조세를 바치고 관세를 받을 자에게 관세를 바치고 두려워할 자
를 두려워하며 존경할 자를 존경하라.

이제 우리는 그때그때 존속하는 **질서들**, 곧 인간적인 공동체 생활의 질서에 관해 언급해야 한다. 그리고 이것이 |460| 도래하는 세상의 질서를 위한 큰 **시위**[bw]가 되어야 한다는 것에 대해, 지금의 질서들을 **무너뜨려서는**

안 된다는 것에 대해 말해야 한다. 여기서 말해야 하고 들어야 하는 것과 함께, 우리는 뜨거운 주제, 뜨겁게 논란이 되고 있는 주제에 들어서게 된다. 실제적인 사안에 지나친 관심을 보이는 자들, 특히나 어떤 반향을 불러일으킬 만한 것이 없나 캐고 다니는 자들을 향해 경고를 해두는 것은 부적절해 보이지 않는다. 그런 사람들은, 만약에라도 이 책을 읽는다면, 어쨌거나 **여기서** 시작하지 않는 것이 좋을 것이다. 우리를 전체적으로 이해하지 못하는 사람이라면 왜 우리가 **더도 덜도** 아니고 **바로 이것**을 말하는지 여기서 전혀 이해하지 못할 것이기 때문이다.

타자 안에 숨어 계신 그 한분, 결국 "원수"라는 개념 속에서 우리가 가장 첨예한 형식으로 만나게 되는 한분의 문제 전체는 저 인간적인 질서들의 존속이라는 사실에 집중되어 있다. 하나님을 기억하는 순간이 영원한 것은 오직 그것이 **시간** 속에 있는 하나의 순간, 그것의 이전과 이후에 특별한 특성을 부여하기 때문이다. 우리 행함의 윤리적 위기가 절대적인 까닭도 오직 그것이 언제나 아직 "지양되지" 않았거나 더 이상 "지양되지" 않는 행함과의 **관계** 속에 있기 때문이다. 타자 안에서 그 한 사람을 발견하는 일은 언제나 아주 특정한 타자에게서, 개인들의 구체적인 **많음**[다수성]에서 일어날 수 있다. 그 많은 사람은 **한** 개인에게는 너무나 불가사의한 수수께끼라서 윤리적 해결이 포기된 상태다. "생각의 갱신"(12:2), 곧 우리 행함을 영원이라는 사고의 생각을 통해 하나님 안에 있는 그 생각의 근원과의 관계 속에서 비판적으로 검토하면 아주 특이한 사실과 부딪힌다. 그것은 시간의 특성화가 **이미** 발생했다는 사실, 인간의 행함과 절대적인 것과의 관계가 **이미** 존재한다는 사실, 그 한 사람의 수수께끼를 풀 수 있다고 주장하는 그 많음이 **이미** 현존한다는 사실이다. 생각의 갱신은 아주 풍성한 윤리적 상황들과 부딪힌다. 개별적인 개인이 이룩한 다소 시끌

벅적한 실험들과 마주할 뿐만 아니라—겉보기에는 모든 우연과 임의를 훌쩍 뛰어넘은 곳에서, 높은 객관성의 영역에서—국가·법·교회·사회와 같이 거대한 입장들과 마주하게 된다. 이 입장들 안에서 '우리가 무엇을 해야 하는가?'라는 윤리적 물음에 이미 답을 알고 있다고 주장하는 것은 전체라는 한계선에 부딪힌 개인의 다수성이다. 이러한 주어진 상황들은 생기발랄하게, 그리고 가장 명백한 주장의 도움을 받아, 자신들은 그저 주어진 상황들에 불과한 것이 아니라, 우리가 과도하게 찾고 또 찾던 해법이라고 주장한다. 인간적인 행함의 해법, 질서, 진로라는 것이다. 그 현존하는 상황들은 인정과 복종을 요구한다. 우리는 그것들이 요구하는 것을 **인정**해야 할지 **거부**해야 할지, 그 문제를 놓고 씨름하지 않으면 안 된다. 만일 우리가 첫 번째 것을[bx] 선택하면 우리는 **합법성**의 |461| 원리를 선택한 것이다. 만일 우리가 두 번째 것을[by] 선택하면 **혁명**의 원리를 선택한 것이다. 그러나 우리는 하나님의 영광을 드러내는 시위를 선택한다. 이 선택은 성급한 독자들, 아니 오히려(왜냐하면 여기서는 모두가 처음부터 정당[Partei]이기 때문에) 반[反]혁명적인 독자들이 원하는 첫 번째[bz]가 아니다. 하지만 두 번째[ca]도 아니다. 이 책의 또 다른 일부 독자들은 이쯤해서 슬쩍 두 번째 입장이 부각되기를 바랄 테지만 말이다. 오히려(왜 그런지를 곧 밝힐 것이다) **두 번째 입장의 부정**이다. 말하자면 우리는 "혁명"을 선택하지 **않았다.**[*Nicht*-Revolution] [cb] 이로써 우리는 암묵적으로 "합법성"을 선택하지 **않았다**[*Nicht*-Legitimität]는 사실까지도 지적한 셈이다. 이것을 분명히 말하지 않은 데는 이유가 있다.

이것은 **거대한 부정적** 가능성이다! **거대한**이라고 말하는 것은 우리의 시위가 개별적인 태도나 행위 안에서 가까운 이웃에게만 실행되는 것이 아니라, [cc]이웃 전체의 경계와 맞닿을 정도로 많은 이웃에 대해[cc] 실행되어야 하기 때문이다. 또한 이것을 **부정적**이라고 말하는 것은, "국가를 도덕적 권력으로 무조건 수용"(율리허)[65]하는 것, "모든 국가 권력의 신적인 근원을 칭송"(베르레)[66]하는 것이 이 시위의 동기와 의미가 아니기 때문이다. 여기서도 중요한 것은 **인간**에 대한 공격, 인간이 "높은 데 마음을 두는 것"(12:16)에 대한 공격, 인간의 프로메테우스적 교만에 대한 공격이다. 우리의 관심은 인간의 **질서들**이 아니다. 그리고 그 질서들을 위해 실천해야 하는 인간적인 **행위**("시민의 의무", 율리허[67])도 아니다. 오히려 우리의 관심은 인간이 이 질서들을 **무너뜨리지 않는 것**, 다시 말해 그 질서들 앞에서 인간의 '행하지 **않음**'이다. 여기서 정조준하는 대상은 혁명적인 **인간**이다. 이 구절은 바로 그 사람의 손에서 혁명의 원리를 억지로 빼앗으려고 한다. 그리고 이것은 철저하게 오직 교훈의 목적을 가진 것, 철저하게 어떤 물질적인 이해관계나 편견과는 무관한 것이다! 왜 하필이면 **혁명적인** 인간인가? **혁명적인** 인간이 가진 너무나 명백한 위험에 직면하여 이것은 매우 타당한 질문이다. 변증법이라는 자동차는 실제로 여기서 이례적으로 급커브를 만나고 있다. 그러므로 우리는 낱말 하나하나의 무게를 잘 헤아리면서, 궤도에서 벗어나지 않도록 조심해야 한다. 우리는 이렇게 대답한다. 그것은 로마서의 토양 위에서 어떤 혁명적인 사람이 되는 것은 거의 가능성이 없는 일이기 때문이라고 말이다. 여기서 위협하고 있는 휘브리스[교만]는 부정의 휘브리스다. 실제로 그리스도교가 결정적으로 선호하는(12:16) 저 불안, 저 물음, 저 거부, 죽음과 닮아 있는 저 모든 것을 마치 인간을 의롭

65 Jülicher, Römerbrief, S. 80.

66 Wernle, S. 163. 베르레는 우연히 "나는 이 책[『로마서』 제1판]을 읽을 때 처음 부분이 아니라 13장을 읽었다. 솔직히 말하자면, 공연히 국가를 경멸하는 이 저자가 모든 국가 권력의 신적인 권위를 칭송하는 바울의 텍스트를 어떻게 다루는지 궁금해서였다"라고 말한다.

67 Jülicher, Römerbrief, S. 79.

게 하는 인간적인 태도이자 **방법**인 것처럼 생각하는 혼동이다. 그리고 전복과 갱신과 |462| 가치 전도의 영웅주의를 그렇게 생각하는 혼동이다. 심지어는 이렇게도 말할 수 있다. 혁명적인 영웅주의는 근본적으로 반동주의보다 진리의 근원에 훨씬 더 가깝기 때문에, 바로 그렇기 때문에 반동주의보다 훨씬 더 위험하고 훨씬 더 무신론적이 된다. 그러므로 모름지기 반동적인 인간은 우리에게 조그마한 위험이나, 그의 붉은 형제는 큰 위험이다. 우리는 그 큰 문제와 씨름하려는 것이고, 우리의 관심은 하나님께 영광을 돌리기 위하여 혁명적인 사람을 (특별히 근사한 재물로서!) 체포하는 것이다.

"악에게 지지 말고 선으로 악을 이기라." 현존하는 모든 질서는 그 자체로 우리를—"원수"(12:19-20)보다도 훨씬 근본적으로—**의의 승리**에 관한 물음, 불의를 누르고 이기는 승리에 관한 질문 앞에 세운다. 하나님의 질서를 **추구하는 사람**에게 현존하는 질서가 어떤 인상을 주겠는가? 의기양양하게 승리를 거두는 불의의 화신과도 같은 인상 아니겠는가? 현존하는 질서, 이미 **발견된** 질서 말이다. 그 질서야말로 하나님께 대항하는 인간을 새롭게 강화하고 보호하는 것 아닌가? 세상이 진행되는 경로의 전제가 거대한 의문성 때문에 사방에서 뒤흔들림으로써 발생하는 불안에 맞서 정상적인 세상 경로를 안정시키는 것 아닌가? 많은 사람들의 고요와 지혜와 힘이 끝난 곳에서, 오직 거기서만 들려올 수 있는, 바로 거기서 들려오는 그 한 사람의 목소리에 맞서 '너무나도 많은 사람들'[68]이 공모하고 있는 것 아닌가? 질서! **존속하는** 질서란 과연 무엇인가? 인간이 가식적으로 다시 한

68 "너무나도 많은 사람들", 곧 "있으나 마나 한 사람들"에 대한 니체의 비판을 암시한다. Zarathustra, Vom neuen Götzen, NW, S. 70(NWKG, S. 58, Z. 5.7.24); Von Kind und Ehe, NW, S. 103(NWKG, S. 87, Z. 1).

번 자기 자신을 납득하게 된 것이다. 겁쟁이 인간이 자기 존재의 비밀 앞에서 다시 한 번 안전한 소굴 속으로 들어간 것이다. 멍청한 인간이 자신의 사형선고가 집행되는데 다시 한 번 15분만 그 집행을 뒤로 미뤄 달라고 애걸한 것이다. 요한계시록에서 니체에 이르기까지, 세례 요한에서 무정부주의자들까지 수많은 사람이 그 질서를 고발했는데, 그것은 그 질서의 질質이 낮아서도 아니고 그 질서가 다소간 심각하게 썩었기 때문도 아니었다. 그들이 문제 삼은 것은 그것의 **존속**이었다. 여기서 인간들은 인간에게 애초부터 더 높은 "정의"를 감히 제시하려고 하고, 애초부터 인간의 모든 행동을 어느 정도 통제하려고 하고 그 행동을 특정한 궤도에 올려놓으려고 한다. 여기서는 그 권리의 요구가 즉각 허구로 들통날 수밖에 없는 어떤 실체가 권력이라는 유일하고 실제적인 후광을 입고 마치 자신이 신의 권력이라도 되는 것처럼 복종과 희생을 요구한다. 여기서는 다수가 자신들의 입을 통해 말했던 사람이 그 한 사람인 것처럼 말하는데, 약속이라도 한 듯이 그렇게 말한다. 여기서는 어떤 소수 혹은 다수도(비록 그것이 가장 민주적인 다수, 그러니까 한 사람만 반대하는 것이라 할지라도!) 공동체를 |463| 이룰 것을 요구한다. 여기서는 생존 투쟁을 마찰 없이 조직하는 일에 대한 협약, 극도로 우연적인 협약이 마치 모든 사람이 갈망하고 존경받아 마땅한 평화인 것처럼 행세를 한다. 이렇게 극도로 내재적인 질서의 철저한 초월은 모든 질서가—지금 존속하는 **최고의** 질서**마저도**—하필이면 정의 의식 가장 깊은 곳에 주는 상처인 것이다. 그 정의가 더 완전한 모습으로 나타날수록 그것이 더 심각한 불의라는 사실이 드러난다. "summus ius, summa iniuria"[최고의 의는 최고의 불의다].[69] 비록 이것이 **신정정치**神政政治의 형태

69 이 표현의 출처는 푸블리우스 테렌티우스 아페르(Publius Terentius Afer)의 「고행자」

로 나타난다고 해도, 또한—어떤 이상적인 교회가 (예컨대 칼뱅의 교회가 개선되어 국제연맹 [형태의] 교회로 확대되었듯이!) 자기를 신뢰하는 무리들을 위해 발전시킨[70]—고도의 정신적 지도력Geistesleitung cd의 형태로 나타난다고 해도, 이렇게 현실적으로 최고의 정의도 역시 최고의 불의인 법이다. **악마**가 그리스도에게 나타나 이 세상 왕국을 주겠다고 말할 때[마 4:8-9 병행본문] 바로 거기서 이 꿈도 필연적으로 끝난다. 도스토옙스키의 대심문관[71]의 경우도 마찬가지다. 인간이 다른 인간에게 객관적으로 정의를 주장할 권리, 바로 그 권리가 인간에게는 **없다**. 그가 그런 정의를 주장하면서 둘러치는 객관성의 기품이 크면 클수록, 그가 다른 사람에게 끼치는 불의도 그만큼 크다. 그 다른 사람은 **한 사람**의 정의를 기다린다. 하지만 언제, 어디서 그렇게 많은 사람의 정의가 한 사람의 정의일 수 있는가? 오히려 그것이 횡령되거나 찬탈되지 않는 때, 그런 곳은 언제 어디인가? 합법성을 주장하되 그 뿌리는 불법이 아닌 경우가 대체 있는가? 권위가 세워지면서 독재가 되지 않은 권위가 대체 있는가? 존속하는 것이 안고 있는 몇 가지 **결핍**은 그 존속하는 것 자체가 악이라는 깨달음의 **단초**를 제공한다. 좋은 주인 아래서든 나쁜 주인 아래서든, 다수가 우리에게 채우려는 족쇄, 어쩌면 너무나 좋은 의도에서 채워진 족쇄에 반항하는 어떤 것이 주체할 수 없는 자유의 충동 속에서 꿈틀댄다. 우리 안의 그 어떤 것이 저들이 족쇄를

(*Heautontimoroumenos*) IV,5,48인 듯하다. 키케로도 이 표현을 관용어처럼 사용하고 있다(Cicero, *De officiis* I, 10,33). Büchmann, S. 333.

70 1921년 루돌프 오토가 창설한 "종교적 인류 동맹"(Religiöser Menschheitsbund)을 암시한다. 창설자의 의도는 이 연맹이 "국제연맹"(Völkerbund)을 정신적으로 지원"하는 기능을 하려는 것이었다. R. Otto, *Vom religiösen Menschheits-Bunde*, ChW, Jg. 34(1920), Sp. 473; ders., *Religiöser Menschheitsbund neben politischem Völkerbund*, a.a.O., Sp. 133-135.

71 도스토옙스키, 『카라마조프가의 형제들』, 5권, 5장.

만드는 데 사용하는 허구를 예리하게 꿰뚫어 본다. 질서 속에 있는 악에 대한 인식, 그 질서가 존속한다는 **사실** 때문에 존속하는 악에 대한 인식 속에서 **혁명적인 인간**이 태어나곤 한다. 그 악과 맞서 싸우고 그것을 무너뜨리기 위해 일어섬으로써, 불의의 화신인 기존 질서를 없애고 새로운 것, 정의를 그 자리에 세움으로써 악에게서 벗어날 생각을 하는 인간 말이다. 그리고 그 자체로는 흠잡을 데 없이 설득력 있는 계획이 있으니, 우리는 거기 참여하는 것을 도저히 거절할 수 없다. 예컨대 "원수"[적대자](12:19)에게는 적대감으로 응수하거나 이웃과 투쟁하려는 계획들은 그 자체로 철저하게 납득이 가는 내용들이다. 그러나 바로 그 혁명적인 인간(물론 그가 처음부터 그렇게 경멸하는 행동, 곧 피의 폭력을 사용하지는 않는다. 처음에는 기존 질서에 |464| 독기 어린 반감을 은밀하게 품는다. 그런데 "폭력"을 혐오하는 사람일수록 더욱 그런 반감에 빠져든다!), 바로 그 사람이 들어야 할 말이 있다. 그가 이런 계획을 세움으로써 이미 "악에게 진" 것이라는 말이 바로 그것이다. 그는 자기가 그 한분이 아니라는 사실을 잊는다. 그는 자신이 그렇게도 갈망하는 자유로움의 **주체**가 아니라는 사실을 잊는다. 섬뜩할 정도로 날카로운 시선으로 바라보고 계신 **그분**이 아니라는 사실, 대심문관과 마주 서 있는 **그리스도**가 아니라는 사실을 잊는다. 오히려 그는 그리스도와 마주 서 있는 대심문관이다. 언제나 그랬고 이제는 더욱 그렇다. 그 역시 인간이 할 수 없는 요구를 내세운다. 그 역시 정의가 드러나게 한다. 그 역시 옳음을 주장하며 다른 사람 앞에 나선다. 그는 자신에게 속하지 않은 자리를 억지로 차지한다. 합법성을 얻지만 그것의 뿌리는 합법성과 거리가 멀다. 권위를 차지하지만 그것은 우리가 볼셰비즘의 경우에 몸서리치게 경험한(그러나 우리는 이런 경우를 훨씬 더 지성적인 앞선 사건들에서도 찾아볼 수 있는데) 권위, 오래지 않아 그 허울이 벗겨지고 독재의 진면목이 드

러난 권위인 것이다. 도대체 어떤 인간이 "새로운 것", "새로운" 시간 혹은 "새로운" 세상, 심지어 "새로운 정신"을 불러내고 그것을 대변할 수 있단 말인가? "새로움"이 인간에 의해 세워질 **수 있는** 것이라면, 그런 모든 "새로움"은 기존 질서로부터 태어난 것 아닌가? 그리고 ceᐟ그것이 인간에 의해 세워지는 **순간**, 그것 자체가 또한 곧장 기존의 것이 **되지** 않는가?ce 자기가(자기가!) "새로운" 것을 세운다고 하면서, 바로 그것으로 악을 행하지 않는 인간이 어디 있겠는가? 그가 물리치고자 하는 옛것도 한때는 인간에 의해 세워진 것 아닌가? 바로 그렇기 때문에 옛것, 악한 것 아닌가? 보수적인 사람보다 혁명적인 사람이 "악에게 지는" 수가 훨씬 많다. 그는 자신의 '아니요!'를 가지고 하나님 옆에 섬뜩할 정도로 가까이 다가서기 때문이다. 이것이 그의 비극이다. 악은 악에 대한 답이 아니다. 기존의 질서 때문에 훼손된 정의 의식은 그것을 끊음으로써 회생하지 않는다. "선으로 악을 이기라!" 이렇게 말하는 이제 남아 있는 가능성은 무엇을 의미하고 표현하는가? 기존 질서 안에서, 또 혁명 안에서 의기양양한 **인간**의 종말 외에 무엇이 있을까? 인간이 영락없는 인간으로서 가장 강렬하게 어떤 행동에 나서라는 목소리를 들었다고 느끼는 순간, 바로 그 순간 우리의 마지막 가능성은 저 불가사의한 행하지 않음으로 나타나는 것 말고 다른 길이 있을까? 혁명가는 잘못 생각했다. 그가 의도했던 혁명이란 **저 유일무이한** 혁명을 뜻한다. 그것은 바로 불가능한 가능성인 가능성이며, 죄의 용서이며, 죽은 자의 부활이다. 이것이 기존 체제에 놓여 있는 모욕에 대한 대답이다. **예수**는 승리자![72] 그러나 그는 **다른** 혁명을 추진했다. 불만, 미움, 불순종, 반란, 파괴의 가능성, 곧 가능한 가능성을 추구했다. 이것은 그 맞은편

72 이 책 145쪽, 각주 14.

에 있는 만족, 충족, 안전, 월권보다 낫지 않다. 오히려 더 나쁘다. 하나님을 |465| 훨씬 잘 이해했으나 훨씬 심각하게 남용했기 때문이다. 그는 참된 질서의 수립을 의미하는 **그 유일무이한** 혁명을 의도하지만 **다른** 혁명을 추진한다. 그런데 이 혁명은 참된 반동이다(이것은 정통주의자[Legitimist]가 그 나름대로 악에게 져서, 말로는 합법성[Legitimität]을 운운하지만—사실 그것은 참된 혁명의 도화선이 되는데—실제로는 다른 합법성, 곧 폭동을 방어하는 꼴이 되는 것과 완전히 닮은꼴이다!) 인간이 **행하는** 것은 언제나 자신이 원하는 것에 대한 심판이다(7:15, 19). 혁명적인 인간이 이 심판을 인식하면 그는 그렇게도 탄탄한 근거 위에 서 있던 행동, 그렇게도 의롭고 혁명적인 행동의 보임에서 떨어져 나와 **하나님의** 행하심의 보이지 않음으로 내던져진다. 그런데 그가 하나님의 행하심을 어떻게 시위할 수 있을까? 그가 기존 질서 안에서 만난 악을 인식하고 **혁명적인** 인간으로 **태어난** 곳, 바로 그 자리에서 혁명적인 인간으로서 죽는 길 외에는 다른 길이 없다. 바로 그 자리에서 "행하지 않음"의 원천으로 되돌아가서 화내지 **않고**, 공격하지 **않고**, 무너뜨리지 **않는** 것보다 더 강력한 행동이 있을까? 이 되돌아감이 '선으로 악을 이기라'는 요구에 담긴 윤리적인 요소다. 이 요구는 기존 질서를 위하는 말이 전혀 아니다. 오히려 기존 질서에 속한 모든 원수에게 불리한 말, 끝이 없는 말이다. **하나님**께서는 기존 질서의 불의를 이기는 승리자로 인식되고자 하신다. 이것이 그 요구의 의미다. 그리고 이것이 "로마서 13장"의 의미다.

"각 사람은 위에 있는 권세들에게 복종하라." 여기서 "복종하라"는 말은 제아무리 분명한 태도처럼 그 모습을 갖춘다고 해도 윤리적인 개념으로서는 순전히 부정적인 개념이다. 이것은 뒤로 물러섬, 피함, 화내지 않음, 무너뜨리지 않음 등을 뜻한다. 기존 질서에 맞서는 폭도여 돌아서라, 폭도가 되지 말라! 왜? 그가 폭도가 되어 뛰어든 싸움은 사실 그와 "그때

그때 통치하는 권세" 사이의 싸움으로 전개되지 않기 때문이다. 여기서 벌어지는 싸움은 악과 악의 싸움이다. 가장 급진적인 혁명도 기존 세력에 맞서는 또 다른 기존 세력이 될 수밖에 없다. 가장 급진적인 혁명도 결국 폭동Revolte이 될 수밖에 없다. 이것은 이른바 "정신적인" 혹은 "평화적인" 혁명에도 적용된다는 사실을 유념해야 한다. 가장 급진적인 혁명도 기존 질서를 합리화하거나 강화하는 것일 수밖에 없다. 왜 그런가? 혁명이 **승리**를 거두었을 때, 기존 질서가 가진 모든 상대적인 정당함은 혁명의 상대적인 부당함을 통해 그 옳음이 판명될 뿐이다. 반면, 혁명의 상대적인 정당함은 **승리**하는 경우라 해도 어떤 경우에도 기존 질서의 상대적 부당함을 통해 그 옳음을 입증받지 못한다. 그러므로 기존 세력의 저항력은 혁명 세력이 퍼붓는 **승리**에 찬 공격에도 결코 꺾이지 않고 |466| 그저 뒤로 밀려나 위축되어 있다가 다른 형태로 변환되는데 이로써 더욱 위험한 모습이 된다. 반면 어떤 혁명의 **승리**는 다만 혁명적 에너지를 탈색하고 전혀 위험스럽지 않은 것으로 만들 수 있을 뿐이다. 혁명은 **폭도**의 **행위**를 통해 결코 기존 세력에 대한 **심판**이 될 수 없다. 여기에는 예외가 없다. 폭도가 조심성 없이 뛰어든 싸움은 **하나님의** 질서와 기존 질서 사이의 싸움이다. 만일 **그가** 직접 하나님의 질서에 호소한다면 "**그는** 평온한 마음으로 하늘을 향해 손을 뻗고 저 위에 떠 있는 별들처럼 가져올 수도 없고 깨뜨릴 수도 없는 그분의 영원한 의를 끌어내리는 것이다"(실러).[73] 이로써 그는 "독재 권력에도 한계가 있다"[74]는 아주 탁월한 통찰을 증명한다. 그러나 자신이 하늘을 향해 평온하게 손을 내뻗는 것에는 그런 한계가 없다고 생각한다. 이

73 프리드리히 폰 실러, 『빌헬름 텔』, 2막, 2장, 1277-1281절.

74 A.a.O., 1275절.

로써 그는 역사의 판단에서 가장 큰 의로움을 가지는데, 바로 이것 때문에 그는 하나님의 판단에서는 가장 큰 불의를 가진 사람인 것이다. 이런 결과는 다음과 같은 사실을 증명한다. "**인간**이 **인간**과 마주한 곳에서는 자연의 저 유구하고 오래된 상태가 항상 회귀한다."[75] 존속하고 있는 것 그 자체에 내려지는 **하나님의** 물음, 그분의 판단, 그분의 심판은 인간이 그분의 자리에서 행동함으로써 어쩔 수 없이 중단되고 아무런 활동도 하지 못하게 된다. 폭도는 자신의 폭동으로 기존 세력의 자리에 오른다. 바로 그렇기 때문에 돌아서야 한다. 폭도가 되지 **말아야** 한다. 기존의 질서 곧 국가·교회·법률·사회·가정 등의 총체성을 다음과 같이 표현해 보자.

(a b c d)

그 총체성에 마주 다가오시는 하나님의 근원적 질서를 통해 그것이 지양됨을 괄호 앞의 마이너스로 표현해 보자.

−(+a +b +c +d)

이로써 분명해지는 것이 있다. 하나의 역사적인 행위로 일어날 수 있는 모든 혁명은—그것이 아무리 급진적인 것이라 할지라도—인간적인 질서 그 자체의 총체성을 모두 지양하는 신적인 마이너스, 괄호 앞의 마이너스 부호로 간주될 수 없다. 기껏해야 괄호 안에 있는 **기존의** 질서로 또 다른 기존의 질서를 가진 **인간적인 플러스 부호**를 지양하는 데 성공함을 의미할 뿐이다. 그래서 이런 수식이 나올 수 있다.

−(−a −b −c −d)

여기서 누구라도 알아차릴 수 있게 된다. 괄호 **앞**에 있는 크고도 신적인 마이너스 부호는 괄호 **안**에서 시도된 독단적이고 혁명적으로 선취된

75 A.a.O., 1282절.

마이너스를 놀랍게도 곧장 다시 플러스로 바꿀 수 있다는 사실 말이다. 다른 말로 하면 이렇다. 하나님과 인간의 관계를 염두에 두고 보면, 혁명적인 계산에 따른 그 옛것은 그것이 무너진 뒤에 새롭고 강화된 모습으로 다시 나타난다. |467| 정통주의자의 계산도 물론 틀렸다. 틀려도 단단히 틀렸다. 이는 그들이 괄호 **안**의 요소에 **의식적으로**(바로 이 의식 속에도 과도한 욕심이 박혀 있고, 그것의 근본성과 정통**주의**Legitim*ismus* 안에는 영웅적인 것이 박혀 있다!) 플러스 부호를 붙여 놓기 때문이다. 괄호 앞에 있는 신적인 마이너스는 **모든** 인간적인 의식성, 원칙성, 독선, 원리, 어떤 주의-ismus **그 자체**에 대해서, **모든** "통치와 권세와 능력"[8:38, 엡 1:21] **그 자체**에 대해서, 그것들을 끝내는 심판이 된다. 그러므로 "각 사람은 복종하라!"는 말은 인간적인 계산 **그 자체**가 얼마나 잘못된 것인지를 각 사람이 신중하게 생각하라는 의미다. 우리는 그 결정적인 마이너스 부호를 붙일 수 **없다**. 우리는 우리가 부가하는 플러스와 마이너스가 그 결정적인 마이너스와 만날 때 얼마나 부끄러운 것이 될 수밖에 없는지를 확실히 알 수 있을 뿐이다. 그러나 여기서 추천하는 "복종"도 인간이 다시 승리의 기쁨을 느끼면서 정의를 거머쥐게 하는durch die cf 어떤 새로운 계산, 아주 교묘한 계산도 아니다. 여기서 추천하는 것처럼, 기존의 질서를 소리 없이, 그리고 환상 없이 **인정하는 것**, 그것보다 힘차게 기존 질서를 **전복하는** 길은 없다. 정말 그렇다. 국가, 교회, 사회, 실정법, 가족, 전문적 학문 등은 언제나—군목軍牧의 활력과 온갖 종류의 그럴싸한 허풍을 통해 배양되는—인간의 종교심을 먹고 산다. 그것들에게서 파토스[격정]를 빼앗아 보라, 그러면 너희는 그것들을 가장 확실하게 굶겨 죽이리라! 혁명이 내뿜는 활력은 그 파토스에 새로운 음식을 제공하는 꼴이다. 혁명을 단념하는 것도 참된 혁명을 준비하는 가장 좋은 방법이다. 그러나 이것은 결코 어떤 특효약 같은 것이 아니다. "순종"의 가장 좋은

의미는 어떤 **목적 없는** 행함이다. 이것은 **오직** 하나님께 대한 순종에서 나올 수 있다. 인간이 하나님과 맞닥뜨리는 것, 그리고 [cg]그분께 심판을[cg] 맡길 수밖에 없는 것, **오직** 그것이 그 행함의 의미일 것이다. 이 심판이 실제로 **시작되는** 것, 그것이 **이** 인간의 **의도**일 것이다. 은밀한 계산이 아니다.

이 사실에 근거하여 다음의 말도 이해할 수 있다. "권세는 하나님으로부터 나지 않음이 없나니 모든 권세는 다 하나님께서 정하신 바라." 기존 질서를 긍정적으로 정당화하는 것 같지만 사실은 겉보기에만 그렇다. 기존 질서에 대한 긍정은 방금 전까지 설명한 "각 사람은 복종하라"의 의미와 반대다. 결정적인 단어 "하나님"이 여기서 갑자기—로마서 전체의 내용과 상반되게—형이상학적인 명확성과 현존성을 가질 수 없음이 분명하기 때문이다. 이 **말씀**의 본래 의미[das Wort]에 대한 신실함을 희생시켜서 얻은 것이라면, 글자 그대로의 의미[Wortlaut ch]에 대한 신실함이 무슨 도움이 되겠는가? **주** 하나님, 알려지지 않은 분, 숨어 계신 하나님, 창조주**이시며** 구원자, 선택**도 하시고** |468| 내치시기**도 하는** 분, 바로 그분에게서 "권세"가 **나온다**. 바로 그분이 그때그때 현존하는 권세를 **정하신다**. 이 말은 무슨 뜻인가? "권세"라는 실체도 다른 모든 인간적·시간적·물질적인 실체들과 마찬가지로 하나님이 판단하시는 것이다. 하나님은 그것의 처음이자 마지막이며, 그것에게 정당함을 부여하시고 그것을 심판하신다. 그것의 긍정이시며 부정이시다. 우리가 그 권세에 맞서 일단 혁명가의 입장을 취하지만(로마서는 "권세"를 "원수"의 범주 바로 뒤에 배치함으로써, 그리고 그 문단을 "악"의 극복에 관한 말로 시작함으로써 가장 확실하게 그렇게 하고 있다) 그 혁명적인 사고의 흐름에 제동을 걸면서 그것을 가로막는 심오한 사고가 있으니, 그것은 오직 **하나님**만이 기존 체제의 악을 정말 악하다고 판단하실 수 있는 분이라는 생각이다. 오직 **하나님**만이 괄호 안에 있는 거짓된 긍정을 효과

적으로 지양할 수 있는 마이너스, 곧 괄호 앞에 있는 큰 마이너스 부호다. (그래서 기존 체제의 낭만주의자는 그 긍정들이 오직 하나님의 큰 마이너스를 통해서 참된 긍정으로 세워질 수 있다는 말을 받아들여야 한다.) 우리를 하나님의 척도로 무장하고 마치 하나님이 우리를 통해서 행하시는 것처럼 행동하는 것은 **우리의** 일이 될 수 없다. 혁명도 **낭만주의**의 푸른 꽃[76]을 포기해야만 한다. **하나님**과의 관계 속에서 악은 우리의 고발의 대상이 될 수 없다. (마찬가지로 선도 **하나님**과의 관계 안에서는 우리의 찬양의 대상이 될 수 없다!) **하나님**과의 관계 속에서 기존 질서의 악으로 인식된 것은 직접적으로 그 피해를 당했거나 상처를 입은 관찰자가 **하나님** 앞에 엎드리게 하는 자극이 될 뿐이니, 그분은 놀랍고 기이한 하나님, 모든 신들 위에 뛰어난 하나님이시다[시 96:4, 97:9]. **하나님**이 심판자이신데 누가 거기서 함께 심판하려는가? **하나님**이 심판자이신데 정의가 없는 곳이 있으랴? 거기서는 악도 선을 가리키는 암시로 가득하지 않으랴? 현존하는 것들도 현존하지 않은 것, 근원적인 것과의 관계로 가득하지 않으랴? 기존 체제도 그렇게 아직 존재하지 않는 것의 비유로 가득하지 않으랴? "피조물이 허무함에 굴복하는 것은 자기 뜻이 아니요 오직 **소망을 향하여 굴복하게 하시는 이로 말미암음**이라"(8:20). 기존의 것은 기존의 것으로서 쓰러지고 사라진다. 우리는 혁명적인 사람들이 그 통찰로부터 유래했음을 보았다. 그러나 그 사람도 이러한 자신의 통찰의 진리가 어디에 근거하고 있는지 기억하리라. 기존의 질서는 바로 **하나님** 앞에서 쓰러지고 사라진다는 사실, 거기에 그 진리

76 낭만주의 시문학의 상징이자 무한성에 대한 열망의 상징이다. 이 이미지는 노발리스(Novalis)의 미완성 소설 *Heinrich von Ofterdingen*(1802)에서 나온 것으로, 거기서 푸른 꽃은 연가(戀歌) 가수의 그리움을 만족시킨다. Büchmann, S. 177.

의 근거가 있다. 바로 그것이 기존 질서를 또한 **그** 앞에서, 혁명가 앞에서 정당화하며, 그로 하여금 그 기존의 것에 대한 정죄와 그것에 대한 투쟁을 **자신의** 손에 두지 말 것을 요구한다. 오히려 그것이 악**으로서** 선을 암시하고 있으며, **하나의** 질서이기는 하지만 필연적으로 **참된** 질서와는 대립하고 있으며, 바로 그래서 본의 아니게 |469| 참된 질서의 증언과 그림자 역할을 하고 있다는 사실을 붙잡으라고 요구한다. 기존 질서의 보편적인 현존재와 존재 상태는 "하나님에 의해", 어떤 특정한 형태로 "하나님께서 **정하신**" 것이며, 그 형태 안에서 바로 그에게 바로 지금 문제가 된다. 그 **위기**, 곧 기존의 질서가 하나님으로부터 시작할 때 초래되는 그 위기는 그래서 우리에게 분노의 가능성이 되며, 분노하지 **않을** 가능성에 대해서는 불리하게 된다. 어쨌거나 그 위기는 활기·파토스·열광을 빼앗고, "더 높은 것"을 끌어들이지도 못하게 하니, 요컨대 "하늘을 향해 평온하게 손을 내뻗는"[77] 모습으로 진정한 분노를 터뜨리는 데 없어서는 안 되는 것들을 빼앗는다. "정의를 세우는 것이 **나의** 일이니"(12:19). 우리가 "복종"하는 것을 통해서 명백하게 말하고자 하는 것은 정의를 세우는 것이 **우리의** 일이 **아니**라는 사실에 대한 인정, 괄호 앞에 있는 **신적인** 마이너스 부호의 신속한 작용을 미리 계획된 부정이 감히 어찌할 수 없다는 사실에 대한 인정이다. (질서유지를 맡은 사람으로서 이렇게 정의를 세우는 일에 힘을 쓰고자 하는 사람이라면, 바로 **자신들에게는 혁명**이 악으로 "정해진" 것임을 기억해야 할 것이다. 악은 그들에게 선을 가리켜 보이기 위함이니, 이로써 그들도 아무런 의로움도 없고 아무런 낭만주의도 없게 함이며, 이로써 그들도 돌이켜 질서유지자가 되지 않도록 함이라!)

"그러므로 권세를 거스르는 자는 하나님의 명을 거스름이니 거스르는

77 이 책 956쪽, 각주 73.

자들은 심판을 자취하리라." 한 가지 판례Präjuiz가 있다. 이것은 기존 질서를 위한 것은 아니지만, 혁명에는 반대한다. 이 판례의 핵심 내용은, 참된 혁명은 하나님으로부터 오는 것이요 인간의 분노로부터 오지 않는다는 것이다. 위에 있는 권세는 이렇듯 분노하는 사람에게 맞서는 **신적인** 분노의 위엄을 대변한다. 그는 그 권세를 통해 신적인 분노의 의미는 질서이지 무질서가 아님을 배워야 한다. 그는 타자 안에서 한 사람을 발견하는 일이 인간적인 발걸음을 통해서는 이루어질 수 없다는 사실을 그 권세를 통해 배워야 한다. 그는 그 권세 앞에서 겸손해야 한다. 그 겸손이 없다면, 기존 세력 안에서 악을 인식함은 오히려 헛된 교만에 불과하다. 만일 그가 이와 다르게 행한다면, 마치 **그가** 타자 안에서 예컨대 이미 그 한 사람을 발견하기라도 한 것처럼, 마치 **그가** 새로운 창조를 가져오는 사람이라도 된 것처럼 **그가** 권세에 분노한다면, 그렇다면 그는 인간적인 권위를 하나님께서 세우시고 명령하신 것으로 착각하는 것에 그치지 않는다. 더 나아가 그는 자신이 분노하는 그 순간, **자신에게** 마주 서 있는 권세가 얼마나 그 정당성을 인정받은 권세인지를 간과한다. 그는 감히 재판관의 칼을 붙잡는데, 권세가 자기보다 먼저 그 칼을 붙잡았다는 사실 때문에 그것이 용서되지는 않는다. 이것은 **그 권세의** 심판이지만 **그의** 권리인 것은 아니다. 그가 여전히 옳다고 하더라도 객관적으로는 옳지 못하다. **그가** 저항으로 넘어가는 순간 **그에게** 저항이 일어난다. |470| "남을 판단하는 것으로 네가 너를 정죄함이니 판단하는 네가 같은 일을 행함이니라"(2:1). 그의 행동은 인간에게는 가능하다(예컨대 백색 수비대die Weißgardisten의 행동[78]이 가능한 것처럼!) 하지만 (저것까지 포함하여!) 하나님 앞에서는 불가능하다. 그리고 기존의 것(새로운 것도 결국에는 기존의 것!) 뒤에는 하나님이 계신다. **그분**이 심판자요 **그분**이 법이다! 반항은(우익의 반항도 있다!) 그분에 대한 **반항**이다. 악에게 패배한 인

간은 악이 악에게 **심판**이 될 **수밖에 없는** 영역으로 들어간다. 그렇게 되었을 때 그는 자신의 **운명**을 보면서 적어도 이상하게 생각해서는 안 된다.

"다스리는 자들은 선한 일에 대하여 두려움이 되지 않고 악한 일에 대하여 되나니 네가 권세를 두려워하지 아니하려느냐. 선을 행하라. 그리하면 그에게 칭찬을 받으리라. 그는 하나님의 사역자가 되어 네게 선을 베푸는 자니라." 정의에 대한 의식이 모독을 당하면, 다시 말해 국가나 교회나 사회에서 일어나는 다수의 압력을 악한 것으로 느끼게 되면, 사람은 혁명가가 되곤 한다. 기존 체제 안에 있는 불의가 우월한 힘을 쥐고 의기양양한 모습을 보이는 것에 "두려움"을 느끼는 것이다. 이 "두려움"은 도대체 어떤 점에서 정당한가? 그것은 우리 자신의 행함이 "권력을 가진 자들"이나 독선가의 행함과 **동일한** 차원에서 움직이는 한에서만 그렇다. 그래서 우리가 생각과 말과 행위로써 그 악에게 악으로 대응할 때만 그렇다. 이른바 권위에는 이른바 자유로, 합법성에는 불법성으로, 상대적인 질서에는 상대적인 무질서로, "옛것"에는 "새것"으로, 거친 통나무에는 거친 쐐기로["오는 말이 고와야 가는 말이 곱다"에 해당하는 표현] 대응할 때만 그렇다. 이러한 토양 위에서는, 우리에게 알려진 유일한 토양, 눈으로 보이는 인간적인 행함의 토양 위에서 우리는 공격하고 상처를 주면서 우리 스스로도 공격을 받고 상처를 입을 수밖에 없다. 여기서는 압력과 반대 압력의 끝없는 나선형의 악

78 바르트는 이 책의 영역자인 호스킨스(E.Cl. Hoskyns)에게 보낸 편지(1932년 9월 18일)에서 이렇게 썼다(KBA 9232.268). "백색 수비대의 행동이란 혁명에 반대하는 사람들의 행동, 부르주아적 기존 질서를 따르는 사람들의 행동을 뜻합니다. 이 표현은 러시아에서 일어난 '백색' 반동운동(Denikin, Koltschak 등)에 대한 그 당시(1920!!) 신문 보도에서 나온 것입니다. '백색 수비대'라는 말은 그 당시 스위스와 독일의 사회주의 운동권과 공산주의 운동권에서는 부르주아 계층의 자기 보호 조직들을 경멸하는 욕설처럼 사용되었습니다."

순환이 있다. 여기서 "권력을 가진 자들"은 혁명가에게 "두려움"을 의미할 수밖에 없다. 불쾌함과 격분과 걱정과 공포와 방어와 쓰라림의 영원한 동기인 것이다. (이것은 혁명가가 권력자에게 "두려움" 그 자체인 것과 똑같다.) 이러한 "경악"은 지극히 당연한 것이다. 왜냐하면 이것은 자기 자신의 악 앞에서 인간이 느끼는 두려움이며—그 악이 그의 행동 전체를 포괄하기에—자기 자신의 현실 앞에서 느끼는 두려움이다. 결국 이것은 그가 처한 상황, 곧 하나님의 심판 앞에서 느끼는 경악이다. 기존 질서가(그것이 바로 그 질서에 반대해 일어난 혁명의 질서라 해도!) 인간의 악한 행위를(**인간**의 행위 치고 악하지 **않은** 것이 있을까?) 하나님의 심판 아래 놓는다는 사실이 그 질서의 "신적인 것"이다. 기존 질서는 그것을 위해 "정해진 것"이다. 바로 그렇기 때문에 선한 일에 대해서는 공포를 의미하지 않는다. 어찌 |471| 그럴 수 있으랴? 선이 실행되는 곳에서는 권력을 가진 자들에게 권력이 없다. 생각들은 자유롭다.Die Gedanken sind frei [79] 그러나 우리 모두 안에 있는 그 한분의 행하심, 눈에 보이지 않는 그 행하심은 철저하게 다른 방식으로 자유롭다. 그분은 격분하지 않으신다. 무엇 때문에denn wogegen ci 격분하시겠는가? 그분이 악을 행하지 않으시는 것은 그분이 악에게 압박당하지 않으시기 때문이다. 그분은 공격을 당하지 않으시니 이는 그분이 공격하지 않으시기 때문이다. 상처 입지도 않으시니 이는 그분이 상처를 주지도 않으심이라. 그분은 악이 악에게 심판이 되는 곳에 서 계시지 않으므로 운명의 지배도 받지 않으신다. 그분은 하나님께 이미 심판을 받은, 그러나 바로 그렇기 때문에

79 "생각들은 자유롭다"로 시작되는 노래는 독일의 민속학자이자 시인, 작가인 아힘 폰 아르님(Achim von Arnim)과 클레멘스 브렌타노(Clemens Brentano)가 수집해서 펴낸 『독일 옛 노래집. 소년의 마적』(Des Knaben Wunderhorn. Alte deutsche Lieder, 1806-1808)에 수록되어 있다.

이미 의로워진 인간이다. 그러니 그분의 "선한 행함"이란 이처럼 그가 심판과 정의의 영원한 토대 위에 서 계심이 아니고 무엇이겠는가? "선한 행함"이라는 개념은 **"이러한 인간"**이라는 주체의 지양이며, 하나님 안에서 개인의 기초가 놓이는 것이며, 모든 행함 속에 있는 행하지 않음이다. 바로 이것을 통해서 모든 행함은 그것의 근원과 관계를 맺는다. 권세는(**혹은** 권세의 전복은!) 이러한 선한 행함, 곧 시간 속에서 일어나지 않는 행함에게는 결코 "두려움"을 의미하지 않는다. 오히려 그 반대다. 인간이 선을 행하는 한, 그는 기존 체제에 반대하는(혹은 그것을 위하는) 프로메테우스적 투쟁에 필연적으로 동반되는 경련과 발작에서 자유로워진다. 그는 악의 영역 안에서 행할 수 있는 것, 곧 종말[궁극] 이전das Vorletzte의 것 너머에 있는 종말[궁극]의 것das Letzte을 바라본다. 그는 그 영역에서는 점점 눈에 보이지 않고, 귀에 들리지 않고, 그 어떤 차원에도 속하지 않는 존재가 된다. 그는[cj] 모든 파토스를 잃어버린다. 모든 성급함과 투지도 잃어버린다. 그는 더 이상 다른 신들과 투쟁하는 분노의 신이 아니다. 그는 현실적이 된다. 그래서 그는 심지어 "권세"에게 "인정"을 받기도 한다. 아무것도 모르는 그 권세는 이렇게 놀라울 정도로 조용한 시민을 기뻐하는데, 그 행동이 "오직" 하나님의 심판을 의미하는 사람이—그 권세에게—그러한 시민으로 커 나가며, 반대할 것이 많이 있지만 더 이상 권세에게 반대하지 않는 사람이 그러한 시민으로 커 나간다. 그러나 그는 실제적으로도(오직 아이러니한 방식으로만 그렇기 **때문에**!) 모든 낭만주의가 사실성으로 돌아서는 바로 그것 때문에 "좋은 시민"이 될 것이다. 그는 스스로 우상숭배에서 자유로워졌으므로 지속적으로 우상에게 저항할 필요가 없다.[nicht ck] 그때그때 주어진 해결책과 질서와 방법들이 너무나도 불충분하다는 사실 때문에 지속적으로 흥분할 필요도 없다. 그는 심판의 그림자가 모든 것 위에 놓여 있음을 보

면서 그 그림자가 정의의 그림자라는 사실을 간과하지 않는다. 그는 인간적인 행함을 정화하려는 시도들이 실제로 가지고 있는 것, 곧 증언으로서의 가치와 비유로서의 가치를 간과하지 않는다. 거기서 모든 것을 제멋대로 하려는 인간의 마음을 향해 확실하게 '정지!' 명령이 떨어진 것이다. 그리고 이것은 우리에게 요구되는 "몸"의 제물(12:1)을 떠올리게 한다. 거기서는 어떤 철저함이 있는 복종이 요구된다. 하나님의 은혜가 요구하는 복종과 몇 가지 유사점을 가진 철저함이다. 거기서는 개인의 에로스와 한분의 존귀함이 |472| 대립하고, 산산조각이 나거나 덩어리로 뭉쳐진 많음과 공동체의 존귀함이 대립하고, 생존을 위한 일반적인 투쟁과 평화의 존귀함이 대립한다. 그는 이런 모든 시도들의 근본적인 문제와 관련하여 그 어떤 망상에도 빠지지 않는다. 그런 시도가 거의 성공을 거둔 것처럼 보일 때도 마찬가지다. 그는 그런 시도를 **결코** 어떤 **계단**으로—예컨대 선한 일은 아주 성공한 시도로서 그 계단과 **이어지는** 것으로—이해하지 **않는다**. 그는 그렇게 성공한 시도들이 아니라, 도저히 헤아릴 수 없는 하나님의 뛰어나심 속에서**만** 선한 것을 보고자 하며, 거기서 시도되고 있는 것과 마주하여 그런 시도들의 철저하고 순수한 부정성을(그저 "불완전성"만이 아니라!) 보고자 한다. 그는 이 모든 것에도 불구하고 인내와 예리한 안목과 유머의 소유자다. (다름 아닌 비판적인 성찰이 이러한 "중간 지대"Interim [80]를 그에게 허용, 아니 명령한다!) 그는 악의 한복판에서 선의 가능성, 이러한 상대적인 가능성을 인정하며, 어떤 마주 서 있는 것의 윤곽을 보게 하는 그림자가 바

80 1548년 아우크스부르크 가신조 협정(Augsburger Interim)을 암시한다. K.F.W. Wander, *Deutsches Sprichwörterlexikon. Ein Hausschatz für das deutsche Volk*, 2. Bd., Leipzig, 1870[Nachdr. Darmstadt,1964], Sp. 964.

로 그 가능성이라는 사실을 인정하고 그것을 진지하게 받아들이며, 그것을 끊임없이 훈련하고 설명함으로써 실천하고자 한다. 그러면 기존 질서가 "하나님의 봉사자"이다. (그러나 이것이 자신을 불안하게 하지도 않고 징벌하지도 않는 사람, 오히려 자기가[er cl] 옳다는 생각만 강해지는 그 사람에게는 혁명이 "하나님의 봉사자"라고 말해야 할 것이다!) 어떤 의미에서 그러한가? 모든 현존하는 것이 그것의 순수한 부정성과 함께 인식되면, 현존하지 않는 것의 긍정성, 곧 하나님의 긍정성 속에서 빛을 발하기 시작한다는 의미에서 그런 것이다. 그렇게 되면 혁명적인 발작 대신 "의"와 "불의"에 대한 고요한 사색이 들어선다. 이것이 고요한 것인 까닭은, 여기서는 **최종적인** 주장과 고발이 더 이상 문제가 되지 않기 때문이다. 선과 악의 싸움이라는 교만한 생각은 사라지고 "현실"을 사려 깊게 헤아린다. **인간이** 국가와 교회와 사회에서 다른 인간과 더불어, 혹은 다른 인간에게 맞서 새로운 실험을 시도하고 기묘한 체스 놀이를 하게 되는 곳이라면 그 어디나, 하나님 나라와 적그리스도의 대립이 중심 주제가 아니라는 사실을 아는 진정한 인간성과 세상성이 나타난다. 이런 일의 본질적인 놀이적 성격이 환히 드러나는 순간, 여기서 우리가 말할 수 있는 것은 객관적인 정의가 아니라는 사실이 분명해지는 순간, 절대적인 것을 요구하는 목소리가 우리의 명제 혹은 반명제에서 사라지고 인간의 가능성에 대한 어쩌면 상대적으로 온건하거나 어쩌면 상대적으로 급진적인 모색이 들어서는 순간, 바로 그 순간부터 예컨대 정치가 **가능**해진다. 물론 우리가 잠시도 잊지 말아야 할 것이 있다. 그것은 "선한 것"은 인간이 가령 이런 온건함 속에서 자부할 수 있는 어떤 것이 아니라는 사실이다. "선한 것"은 우리에게 언제나 선에 대한 **물음**일 뿐이라는 사실이다. 그리고 우리에게 그 "복종"이 선한 일이 되는 것은 오직, |473| 인간의 공동체 생활이 모든 낭만주의에서 해방되고 인간적

인 **하루** 계획표에서 하나님을 **제외하는 것***Absetzung* cm이 바로 그 선에 대한 물음을 제기할 뿐 아니라, 가장 긴박하게 치고 들어오는 **거대한** 부정 곧 하나님을 향한 결정적인 사유를 언제나 불가피한 것으로 만들 때뿐이다. (혁명 반대주의자들이라고 해서 여기서 그 옳음을 인정받은 것은 결코 아니며, 그들도 이 모든 것을 자신들의 관점에서 철저하게 생각해야 마땅하다.)

"그러나 네가 악을 행하거든 두려워하라. 그가 공연히 칼을 가지지 아니하였으니 곧 하나님의 사역자가 되어 악을 행하는 자에게 진노하심을 따라 보응하는 자니라." 우리는 악을 행하지 말라는 경고를 흘려들을 수도 있다. 그리고 우리가 그 경고를 끊임없이 흘려듣는다는 사실과 관련해서는 착각이 불가능하다. 우리가 이 세상에서 내딛는 모든 발걸음은 악의 그림자 속에 있다. 우리가 악의 한복판에서 선을 행할 때 발휘하는 올바름도, 우리가 혁명을 포기하면서 되돌아가는 끈질긴 개혁 작업도 우리를 그 그림자에서 벗어나게 못한다. 눈에 보이는 행위, 곧 우리의 모든 행위는 기존의 것에 대한 긍정이나 부정이기 때문이다. 바로 그렇기 때문에 우리는 이미 불의함 속에 있다. 우리는 **하나님**과의 관계 속에서 아무것도 행하지 않을 때에만 의로울 수 있다. 그러므로 여기서 중요한 것은 우리가 이 그림자의 나라에서 실제로 경험한 것을 확인하는 것이며, 이 그림자의 나라에 너무 깊이 빠져들지 말라는 권면일 것이다. 악의 그림자 나라에서 우리는 **두려워해야 한다**. 여기에는 원수, 반대하는 사람, 시기하는 사람, 위험한 친구, 불안정한 수행자, 남의 불행을 은근히 기뻐하는 방관자 등이 있다. 여기에는 반격, 정체, 방해, 실망, 실패, 패배가 예측할 수 있는 순서로 기다리고 있다. 여기에는 온갖 심판, 갈등, 오류, 혼란, 비극적인 얽힘이 잇따른다. 이 장기판 위에서는 어떤 수를 써도 위험천만한 역공을 당하게 된다. 어디로 발을 내디뎌도 어떤 식으로든 대가를 치른다. 모든 가능성이 이미 그 자체

의 불가능성을 내포하고 있다. 우리는 기존의 것과 (친밀한 관계든 적대적인 관계든!) **동일한** 토대 위에 **서 있으며**, 그것과 더불어 **동일한** 심판에 직면한다. 우리는 이 토대 위에서 가능한 긍정과 부정 어딘가에 우리의 발판을 두고, 모든 긍정과 부정이 이 토대 위에서는 상대적이라는 사실을 어쩔 수 없이 받아들여야 한다. 우리는 공격하거나 방어한다. 세우거나 허문다. 우리는 |474| 싸움을 벌이거나 평화를 유지한다. 긍정하거나 부정한다. 그러나 언제나 우리의 맞은편에는 최종적인 '정지!' 명령이 있다. 이것은 최종적으로 우리를 위협하는 위험이며, 우리가 인간이라는 바로 그 사실에 대한 최종적인 처벌, 가장 무거운 처벌이다. 하나님은 인간적인 도발에(우리가 그런 도발을 하지 **않는** 때도 있던가?) 끄떡없으시다. 위에 있는 권세의 "칼"을 휘두르며 달려드는 자의 도발에도 (또한 "혁명"의 칼을 휘두르며 달려드는 정통주의자의 도발에도!) 끄떡없으시다. 그러나 우리는 그들의 운명을 보면서 우리 자신의 운명을 보고 두려움과 연민을 느끼지 않을 수 없다. 왜냐하면 하나님의 진노가 우리 모두에게 어떤 방식으로든 집행되기 때문이다. 어떤 방식으로든 우리 모두를 향해 겨누어진 "칼"이 있다. "보여주기"에 그치는 것이 아니다. 정확하게 우리를 치기 위함이다. 어떤 방식으로든 우리 모두는 그 칼에 맞았다. 어떤 방식으로든 우리 모두는 거대한 인간적인 긍정성을 일으켜 세우지만 와르르 무너져 우리 스스로를 의롭게 하려는 모든 시도 중에 박살이 나버린다. 바로 이것이다. 이것이야말로 결코 성공**할 수** 없는, 반드시 성공**해서도 안 되는** 것이다.

"그러므로 복종하지 아니할 수 없으니 진노 때문에 할 것이 아니라 양심을 따라 할 것이라." 하나님의 진노를 오직 하나님의 **진노**로만 경험하는 것은 영원한 죽음이리라. 그러나 "양심"은 우리를 향해 빼어 든 칼의 '정지!'를 **이해**하고 진노 안에 계신 **하나님**을 인식한다. 그것은[cn] 우리로 하여금,

우리에게 적중한 그 악을 단순히 압박이나 운명으로 파악하지 않게 한다. 그것은 우리 스스로가 악을 행하고 있음을 기억하게 한다. 양심은 우리의 비극적인 운명 속에서 우리를 정확하게 때리시는 하나님 손의 정의를 인식한다. 그것은 악이 우리에게 행하는 "선을 위한 봉사"를 본다. 그것은 우리가 처해 있는 심판을 우리에게 설명한다. 그 심판은 우리의 이익을 위한 것이 아니라 우리의 구원을 위한 것이다. 양심은 우리가 만나는 불의를 가지고 우리의 의를 만들지는 않으나 소망을 준다. 그것은 우리에게 닥쳐오는 가혹한 일로 인해서—다시 격분하여—새로운 반항에 나서는 것을 허용하지 않는다. 그 대신 악에서 또 악으로 옮겨 가는 저주스러운 순환의 종결을 선언한다. 양심은 우리를 인간적 행함과 고통의 우왕좌왕에서 벗어나 근원이신 하나님께 돌아가게 한다. "그러므로 복종하지 아니할 수 없다." 혁명은 하나님이 하시는 일을 행하려고 하는 거대한 가능성이다. 그리고 그것은 불가능하다. 우리는 혁명이라는 높은 곳에서 내려와야 한다. 우리는 우리의 "새로움"이 결코 **참된** 새로움이 아니라는 사실을 직시해야 한다. 우리는 우리의 격분이 처음 시작된 곳으로 돌아가야 한다. 기존 체제 안에 있는 악에 대한 인식으로 돌아가야 한다. 혁명적 인간이 태어나기 **전에**, 격분하는 생각과 행동이 그로부터 발생하기 **전에** 말이다. 거기서는 우리가 경악한다는 것이 무죄였다. 우리는 피조물의 탄식 앞에서 하나님과 함께 소스라쳐 놀랐다. 그러나 우리는 피조물의 소망에 관하여 무한히 더 |475| 많이, 더 강렬하게 알고 있기도 했다. 그것은 인간과 하나님의 관계에 관한 가장 단순한 통찰의 순간이었으며, 앞서 언급한 "선한 일"과 동일한 것이었다. 그러나 이 순수한 순간은 시간 속의 순간이 아니었다. 그러므로 ["위에 있는 권세들에게 복종하라"는 말씀의] "복종"도 어떤 행함이 아니다. 오히려 어떤 인식이다. 그것은 우리가 옳을 때에도, 아니 만

일 우리가 옳다고 한다면 더욱 우리는 옳은 게 아니라는 그 인식 말이다. 이러한 인식 속에서 우리는 진실로 어떤 소망을 가진다. 그것은 다가오는 하나님의 세상에 대한 소망이다. 그 세상은 한분 안에 있는 혁명과 질서일 것이다.

"너희가 조세를 바치는 것도 이로 말미암음이라." 주목할 만한 결론이다. 너희가 무언가를 행하는데, 많건 적건 자발적으로 행하는 것이다. 너희는 세금을 국가에 낸다. 너희는 너희가 무슨 일을 하는지 알아야 한다. 그것은 행하지 않음으로 가득한, 인식으로 가득한, 소망으로 가득한 행함이다. "그들이 하나님의 일꾼이 되어 바로 이 일에 항상 힘쓰느니라." 권력을 가진 자, 정부 당국, 기존 체제의 공식적인 대변자, 이들이 하나님의 제사장이라고? 그렇다. 바로 그들이다. 너희 앞에서 그들의 온 존재, 그들의 온 권세, 그리고 그들의 온전하고 이상한 의로움은 소리 높여 한 가지를 선포한다. 그것은 인간의 불의, 그리고 하나님의 세상이라는 목표다. 그런데 너희는 이렇게 소리 높여 전적으로 다른 질서에 관해 말하는 이 [현존하는] 질서를 무너뜨리려고 하는가? 아니다. "모든 자에게 줄 것을 주되 조세를 받을 자에게 조세를 바치고 관세를 받을 자에게 관세를 바치고 두려워할 자를 두려워하며 존경할 자를 존경하라." 이러한 요구는 진부하고 재미도 없다. 너희가 어차피 하고 있는 일을 하라! 이 요구는 우리에게 "아무런 만족도 주지 못한 채" 기존 체제와 혁명의 정당성에 대한 우리의unserm co 물음만 남겨 놓는다. 어쩌면 그럴 수밖에 없는지도 모른다. 우리가 행할 수 있는 모든 흥미롭고 대단한 것의 저편에서 그것이 우리를 기다리고 있다. 그렇다. **하나님의** 거대한 부정적 가능성이 기다리고 있다. 어쩌면 우리가 어차피 하는 일을 (알면서!) 하는 것이야말로 그 가능성을 가장 훌륭하게 시위하는 것일 수 있다.

거대한 긍정적 가능성

13:8-14

8-14. 8 피차 사랑의 빚 외에는 아무에게든지 아무 빚도 지지 말라. 남을 사랑하는 자는 율법을 다 이루었느니라. 9 간음하지 말라[말아야 한다] **살인하지 말라**[말아야 한다] **도둑질하지 말라**[말아야 한다] **탐내지 말라**[말아야 한다] **한 것과 그 외에 다른 계명이 있을지라도 네 이웃을 네 자신과 같이 사랑하라 하신 그 말씀 가운데 다 들었느니라. 10 사랑은** |476| **이웃에게 악을 행하지 아니하나니 그러므로 사랑은 율법의 완성이니라. 11 또한 너희가 이 시기를 알거니와**[순간을 인식하여 이런 일들을 행하라] **자다가 깰 때가 벌써 되었으니 이는 이제 우리의 구원이 처음 믿을 때보다 가까웠음이라. 12 밤이 깊고 낮이 가까웠으니 그러므로 우리가 어둠의 일을 벗고 빛의 갑옷을 입자. 13 낮에와 같이 단정히 행하고 방탕하거나 술 취하지 말며 음란하거나 호색하지 말며 다투거나 시기하지 말고 14 오직 주 예수 그리스도로 옷 입고 정욕을 위하여 육신의 일**[경향]**을 도모하지 말라.**

"**피차 사랑의 빚 외에는 아무에게든지 아무 빚도 지지 말라.**" 빚을 진 채로 살아가지 말라. 다른 말로 하면, 저항하지 말라! 악의 토대 위에서 부정과 파괴를 통하여 결단을 추구하지 말라! 이것이 우리가 "부정적 가능성"(12:16-20), 결론적으로 그것의 맥락 속에서 "거대한 부정적 가능성"(12:21-13:7)이라고 표현한 행하지 **않음**의 가능성, 그 기묘한 가능성 전체의 의미다. 그러나 **예외가 있다**. 이로써 우리는 다시 방향을 돌린다. 우리 자신이 쌓은 장벽에 돌파구를 뚫는다. 보란 듯이 '행하지 않음'에서 보란 듯이 '**행함**'으로, "**긍정적** 가능성"(12:9-15) 쪽으로 돌아선다. 그 예외는 서로 사랑하는 것이다. 우리는 **모든 사람에게** 사랑의 빚을 **져야 한다.**

우리가 악의 그림자 나라에서 오직 행하지 않음을 통해서만 다가오는 세상을 증언할 수 있다고 말하면서 사랑의 부족을 정당화해서는 안 된다. 이 그림자 나라 **안에서** 반드시 사랑의 행함에 **이르러야** 한다. 왜냐하면 그 사랑은 악의 법 아래에 있지 않기 때문이다. 이 세상의 흐름에 대한 저항은 "서로 사랑"을 통해 **투입**되어야 하며 결코 중단되어서는 안 된다. 물론 우리는 기억하고 있다. "이 세상의 형태"(12:2)를 본받지 **않은** 행함, 그러나 이러한 틀 속에서 완전히 드러나지 않게 하나님의 낯섦을 증언하는 행함이 곧 긍정적이며 윤리적인 것이라는 사실 말이다. 우리가 "복종"을 "거대한 부정적 가능성"이라고 불렀던 것과 똑같은 이유로 바로 이 사랑을 "**거대한** 긍정적 가능성"이라고 부르고자 한다. 여기서 중요한 것은 개별적인 행위가 아니라 "긍정적인"(저항하는!) 것이라고 말할 수 있는 모든 윤리적 가능성의 전체 맥락이며, 윤리적인 **총체적** 태도의 의미다. 그러나 우리가 사랑을 "거대한 **긍정적** 가능성"이라고 부르는 이유는 그 안에서 모든 에토스의 **혁명적인** 의미가 밝히 드러나기 때문이다. 또한 그것이 실제로는 |477| 기존 체제를 부정하고 무너뜨리기 때문이다. 혁명가가 처해 있는 불의도 있지만, 그저 혁명적인 사람의 불의까지도 결정적으로 폭로하는 것이 바로 사랑이다. 만일 우리가 서로 사랑하면, 우리는 기존 체제를 유지하고 싶어 **할 수** 없기 때문이다. 그러면 우리는 사랑 **안에서** 옛것을 무너뜨리는 새것을 행하게 된다. 그러므로 바로 이 돌파구, 도저히 파악할 수 없는 행하지 않음의 장벽에 난 돌파구에 관해서 말할 차례다. 더욱 파악하기 어려운 행함, 곧 사랑의 행함에 관해 말할 차례다.

"남을 사랑하는 자는 율법을 다 이루었느니라." 인간과 하나님의 관계에 대한 우리의 깊은 생각, 그 생각의 꼭대기에서, 그러니까 그 관계의 주어진 가능성이라든지 주어진 것으로 상상할 수 있는 가능성 너머, 그러니까 "율법"과 종교가 인간의 생각과 의지를 향한 모든 요구 너머, 정확하게 그 너머에서 우리가 만나는 것은 **사랑**이라는 개념, 극도로 불가사의한 그 개념인데(5:5, 8:28, 12:9), 이것은 최고의 인간적인 노력의 비가시적 접촉점으로서, 그래서 동시에 그 노력의 철저한 전환으로 나타난다. 우리는 이 개념을 이렇게 정의한다.[81] 그것은 절대로 인간적 사유 **행위**, 혹은 의지의 **행위**가 아니며, 단순한 심리적 전제 조건도 아니다. 그것은 인간 현존재의 문제와 관련하여 오직 성령의 "부으심"(5:5)으로 설명될 수밖에 없는 사실성인데, 인간은 그 사실성의deren cp 힘으로 하나님을 인식하고 하나님을 파악하고 하나님께 매달린다.cq 모든 주어진 삶의 내용에 대한 **최종적** '아니요!' 안에 있는 **최종적** '예!'이며 알려지지 않으시며 숨어 계신 하나님께 말이다. 사랑이란 인간이 실존적으로 하나님 앞에 서 있음Vor-Gott-Stehen이다. 하나님의 자유에 의해 건드려짐이다. 그리고 바로 그 접촉 안에서 그의 인격성의 기초가 정립된다. 어쩌면 이것을 우리는 "개성화"Individuation라고 부를 수 있을 것이다. 사랑은 "파악이 불가능한 길"(고전 12:31)로서, 파악이 가능한 우리 모든 길의 영원한 의미다. 우리의 길이 도달할 수 있는 가장 높은 지점이 현실화된 것, 종교적 인간의 가능성이 하나님의 가능성으로 현실화된 것이다. 바로 그렇기 때문에, 그런 한에서 **"율법의 완성"**이다. 그러나 만일 이런 모든 숙고가 숙고 그 자체로는 중단되었다는 사실, 그러니까 우리가 그 절대적인 일회성과 구체성 속에서 살아야 하는 그 **삶**과의 관계를 통해서 중단되었다는 사실, 그리고 하나님에 대한 우리의 **대화**는 바로 그 정점에서 하나님 자신에 의해 방해받는다는 사실, 그분은 '우리가 무엇을 해야 하는가?'라는 질문 속에서 다시 **알려지지**

81 이 책 671쪽 이하.

않은 하나님으로서 우리에게서 벗어나 우리와 마주 서신다(12:1)는 사실을 우리가 고려한다면, 이 모든 것이 무엇을 의미한다는 말인가? 이 질문에 대한 답은 다음과 같다. 누구든지 **타자**를 사랑하면, **그는** 앞서 말한 사실성을 실천하는 사람이요, **그는** 파악이 불가능한 길을 걷는 사람이요, **그는** 율법을 다 이루었다. 너는 네 이웃을 너 자신과 같이 사랑하라(레 19:18). |478|

"너는 네 **이웃**을 사랑하라!" 우리는 이웃의 현존 안에서 가장 높고 가장 궁극적인 형태로 우리 현존재의 문제, 도저히 헤아릴 수 없는 그 문제와 만나게 된다. 바로 거기서 "**인간**이 **인간**에게 마주 서 있다"[82]는 사실, **이** 인간이 **저** 인간에게 마주 서 있다는 사실, 한 개인이 타자의 개별성을 통해서 자기 자신의 개별성, 다시 말해 자기 자신의 피조물됨, 자신의 타락, 자신의 죄, 자신의 죽음을 떠올리게 된다는 사실, "자연의 근원적 상태"인 그 수수께끼가 가장 높고 가장 궁극적인 형태로 우리에게 부여된다. 우리가 하나님에 관한 우리의 대화 속에서 언제나 맞닥뜨리는 하나님의 불가능한 가능성, 곧 인간적인 가능성 너머에 있는 그 가능성이 그저 형이상학적인 허깨비인지 아닌지는 여기서 결정되어야 한다. 우리가 심리학적 전제 조건을 주장한다든지, 하나님을 향한 사랑이 우리의 마음에 쏟아 부어졌다[5:5]고 주장한다면, 그것은 그야말로 꿈꾸는 것에 불과한지 아닌지 여기서 결정되어야 한다. 우리가 최종적인 '아니요!'에서 최종적인 '예!'를 인식한다고 주장하는 것은 최종적으로는 공포 사격에 그치는 일이 아닌지, 우리의 하나님 이해는 "간격을 둔 이해"(키르케고르)[83]에 불과한 것은

82 이 책 957쪽, 각주 75.

83 Kierkegaard, Leben und Walten, I. Abth., S. 107(SKS 9, S.84). "근본적으로 우리 모두는 '가장 높은 것'을 이해하고 있다." "차이가 있다면 우리가 그것을 멀리서 이해해서 그 이해한 것에 따라 행동하지 않거나, 아니면 가까이서 이해해서 그 이해한 것에 따라 행동'할 수밖에 없거나'의 차이이다."

아닌지, 알려지지 않은 하나님이 정말 예수 그리스도 안에서 우리에게 말씀하시는지, 하나님의 자유에 의해 건드려짐이 과연 인격성Persönlichkeit cr의 기초라고 할 수 있는지, "파악이 불가능한 길"에 들어서는 것이 과연 실존적인 사건인지, 여기서 결정되어야 한다. 우리가 **"이웃"**의 알 수 없음 속에서, **타자**의 다름 속에서, 현존재의 모든 수수께끼를 하나로 요약하여 행위로 대답할 것을 요구하는 그 다름 속에서 그 알 수 없는 이를 인식하고 사랑하느냐 그렇지 않느냐, 이것으로 결정된다. 우리가 **그 사람** 안에서 그 **한분**의 음성을 듣느냐 그렇지 않느냐, 이것으로 결정된다. 우리는 기억하고 있다. cs하나님을 향한 사랑은 우리가 현존재의 문제 속에서 우리와 마주서 있는, 눈에 보이지 않는 **너**와 강력하게 만나는 사건 속에서 실행된다는 사실을!cs 그 결과 어쩔 수 없이 우리는 '도대체 **나**는 누구인가?'라는 물음과 부딪히게 된다는 사실, 그리고 바로 이 물음Frage ct 속에서 그 물음만의 대답을 인식하게 된다는 사실, 그리고 모든 생각을 뛰어넘는 **하나됨**, 곧 철저히 의문스럽게 된 **나**와 마주 서 있는 **너**의 하나됨을 인정하는 것 말고 다른 가능성이 없다는 사실을 기억한다. 그런데 우리는 이렇게 묻기도 하고 답하기도 하는 너를 "강도에게 습격당한" 이웃의 문제[눅 10:30-37]에서 가장 높고 가장 궁극적인 형태로 만나게 된다. 만일 내가 여기서 물음**만이 아니라** 대답**까지** 듣지 않는다면, 만일 내가 여기서 타자의 음성만 듣고 그 타자의 음성 **속에** 있는 **한분**의 음성을 진정 듣지 않는다면, 그렇다면 나는 그 음성을 전혀 듣지 않은 것이다.

그러므로 "너는 네 이웃을 **네 자신과 같이** 사랑하라!" 이웃은 눈에 보이지 않는 숨겨진 모습으로 언제나 **바로 그** 타자이며, 그와 마주해서 나는 결코 타자로 머물러 있을 수 없는 자다. 내가 **하나님**을 사랑하는 한, 사랑하는 것이 확실하다면, 내가 나 자신을 사랑하듯 사랑할 수밖에 없는 **바**

로 그 타자이다. 물음에서 대답으로, '아니요!'에서 '예!'로, 심판에서 정의로, 죽음에서 생명으로의 전환이신 그리스도 안에서 나는 |479| 하나님과 함께하는 한 사람일 뿐 아니라 (하나님과 함께하기 때문에 그리고 하나님과 함께하면서!) 이웃과 함께하는 한 사람이다. 사랑은 이웃에 대한 "영적인 관계"(키르케고르)[84]다. 다시 말해, 저기 마주하고 있는 (영의!) '너'라는 물음과 대답, 곧 나를 향한 물음과 나에게 주어진 대답을 통해 조성된 관계, 곧—하나님과 (친밀한 소통 관계, "communio"[교제] 안에서) 하나되었기에—이웃과 하나된 관계를 의미한다. **누가** 나의 이웃인가? 이것이 율법학자의 물음이다. 그가 들은 대답은(그렇게 대답하지 않을 수 없다!) 강도의 습격을 받은 사람에게 자비를 베푼 사람이다. 가서 너도 이와 같이 하라! 너 **스스로** 이웃이 된다면, 모든 물음은 그친다(눅 10:29, 30-37). 이웃, 그러니까 '도대체 나는 누구인가?'라는 물음에 대한 대답으로 인식된 그 이웃, 너이고 나이고 그인 **한분**으로 인식된 그 이웃이야말로 우리가 볼 수 없는 하나님을 향한 사랑의 확증이며 실현이다[요일 4:20].

그러므로 "너는 네 이웃을 **사랑**해야 한다!" 사랑이란 하나님에 관한 인식을 통해 그리스도 안에 근거한 (그래서 깨어진!) 관계, 곧 다른 사람에 대한 관계다. 인간이 인간에게 마주 서 있는 관계가 아니라 하나님과 하나님이 마주 서 있는 관계다. 이 관계에서 평화가 필요한가 아니면 다툼이 필요한가 하는 문제, 그러니까 이 관계가 우리가 보통 "사랑"이라고 부르는 그것인가, 아니면 훨씬 더 쓰라리고 혹독한 것인가 하는 문제는 이차적

84 Kierkegaard, Leben und Walten, I. Abth., S. 76(SKS 9, S.63). "이웃 사랑은 두 존재 간의 사랑으로서, 각자는 서로에게 영으로 영원히 규정되어 있다. 이웃사랑은 영적인 사랑이다." S. 77. "……오직 이웃 사랑 안에서, 사랑하는 자아는 영으로서 순수하게 영적으로 규정되며, 이웃 또한 하나의 순수한 영적 규정성이다."

인 것이다(12:9). 어쨌든 사랑은 언제나 타자 안에서 그 한분을 발견하는 것이다. 그것도 **이런저런** 타자, 곧 **각** 타자에게서 그분을 발견하는 것이다. 사랑은 절대적으로 그 대상과("이웃"과!) 한데 묶여 있으니, 이것은 사랑이 그 대상에게 절대적으로 독립된 채로 마주 서 있기 때문이다. 사랑은 모든 "이웃"에게서, 사랑받아 마땅한 분의 **비유**만을 본다. 사랑은 그것을 정말로 **본다**. 그리고 모든 이웃에게서 사랑해야 하는 분을 본다. 사랑은 모든 **시간적인** 너에게서 우리와 마주 서 있는 **영원한** '너'의 모습을 보고 그의 목소리를 듣는다. 그 너가 없다면 나도 없다(12:3b-6a). 사랑은 바로 그 인간, 어떤 구체적인 인간에 대한 사랑이다. 이것은 무엇보다 그 사랑이 이런저런 사람에 대한 **우선적** 사랑Vorliebe[총애]과는 무관하기 때문이다. 이 사랑은 이웃이 너무나도 짜증나고 놀랍고 특이한 상태에 있을 때에도 그를 사랑한다. 사랑이 그런 특성과 상태를 은근하게 풀어 주고 느슨하게 해주기 때문이다. 마치 그의 어깨에서 벗어야 할 옷(키르케고르)[85]처럼 말이다. 사랑은 그 어떤 사람에게도 **그가** 원하는 대로 "합당하게 맞추는" 일이 없기 때문에 "평등하게 하는 영원한 정의"(키르케고르)[86]다. 사랑은 **오직** 공동체를 추구하는 사랑이기 때문에 교회 공동체를 건립한다. 이 사랑은 아무것도 기대하지 않는다. 이미 목표점에 와 있다. 이 사랑은 아무것도 추구하지 않는다. 이미 찾았기 때문이다. 이 사랑은 아무것도 원하지 않는다. 이미 행했기 때문이다. 이 사랑은 묻지 않는다. 이미 알기 때문이다. 이 사랑은 싸우지 않는다. 이미 승리했기 때문이다. 이 사랑은 항상 무언가를 갈구하는 에로스가 아니다. 영원히 그치지 않는 아가페이기 때문이다[고전 13:8]. |480|

85 Kierkegaard, Leben und Walten, I. Abth., S. 119-121(SKS 9, S.92-94).

86 Kierkegaard, Leben und Walten, I. Abth., S. 111(SKS 9, S.87).

그러나 바로 그렇기 때문에 "**너는** 네 이웃을 사랑**해야 한다**!" 엄격하게 생각해 보면, 이 사랑은 **새로운** 인간의 행함으로서 **의무**이며, 또한 의무로서 모든 자의적인 것과 실망과 오용을 거부한다. 하나님의 명하신 모든 부정 명령, 곧 "**너는 -하지 말아야 한다**"(간음하지 말아야 한다, 살인하지 말아야 한다, 도둑질하지 말아야 한다, 탐내지 말아야 한다, 출 20:13-17, 신 5:17)는 바로 이 "**-해야 한다**"에서 "**정점에 이른다.**" 모든 행함으로부터 행하지 않음으로 (하나님께) 뒷걸음질 치는 인간은 여기서(하나님으로부터) 다시 행함에 나선다. 바닥으로 내동댕이쳐진 사람이 여기서 다시 일어선다. 죄인이 의로워진다. 죽임을 당한 사람이 살아난다. 바로 이 '-해야 한다!'에서 번개처럼 번뜩이는 칼, 죽음과 영원의 칼이 보인다. 바로 그렇기 때문에 사랑은 그 자체로 완전한 행함, **새로운** 행함이다. 모든 행하지 않음의 의미요 완성인 **참된** 행함이며, 우리가 악의 영역에서 살아가면서 호흡마저 빼앗길 때, 호흡할 수 있게 해주는 공기다.

"사랑은 이웃에게 악을 행하지 아니하나니." 그러므로 사랑은 악을 이기고(12:21) 기존의 체제를 부정하고 무너뜨리는 "선의 행함"이니, 이것은 폭동을 통해서는 일어날 수 **없는** 일이다. 악에서 악으로 이어지고 반동에서 혁명으로 이어지는 그 순환의 고리에 관여하지 않음이야말로 사랑의 새로움, 사랑의 낯섦이다. 사랑은 현존하는 모든 것을 철저하게 뒤집어엎는 것이니, 이는 그 사랑이 주어진 모든 것 안에 있는 앞서 주어진 것을 철저하게 인정하기 때문이다. 사랑은 모든 우상을 쓰러뜨리는데, 스스로 새로운 우상을 세우지 않음으로써 그렇게 한다. 사랑은 하나님과 유사한 모든 것의 종말이다. 온갖 위계질서, 간접성, 권위의 종말이다. 이는 그 사랑이 한 치의 오해도 없이 언제나 각기 개별적인 사람들 안에서 그 한분에게 말을 건네기 때문이다. 사랑은 항변하지 않는다. 그래서 반박의 대상도 되지 않는다. 사랑은 경쟁하지 않는다. 그래서 패배하는 일도 없다. 사랑은 결단을 추구하지 않는다. 그래서 결단 그 자체인 것이다. 사랑은 악의 영역에서는 절대적으로 부정否定의 형태로만 진술된다(고전 13장!) 바로 그렇기 때문에 그 영역을 절대적으로 뛰어넘는 행동인 것이다. 이 영역(우리가 알고 있는 유일한 영역!) 안에서 선을 행함이 불가능하지만, 그 불가능함이 나에게서 사랑의 의무를 면제해 주지 않는다. 사랑은 이 세상의 흐름에 대한 저항일진대 내가 사랑하기를 그만둔다면, 나는 하나님도 사랑하지 **않는** 것이다. 그렇게 되면 제물도 **없다**. 새롭게 된 생각도 **없다**(12:2). 그만큼 절박하고, 그만큼 불가피할 정도로unausweichlich [cu] 진지한 것이 사랑의 계명이다! **"그러므로 사랑은 율법의 완성이니라."**

"또한 너희가 이 시기를 알거니와[순간을 인식하여 이런 일들을 행하라]." 언제, 어디서 이런 사랑의 |481| 행함, 도저히 파악할 수 없는 그 사랑의 실천이 일어나는가? 이웃이라는 수수께끼에서 인간이 뒷걸음질하며 하나님께로 물러서다가 다시 하나님에게서 돌이켜 이웃을 향하고 그 이웃 안에서 자기 자신을 발견하게 되는 그in der [cv] 사랑의 행함이 언제, 어디서 일어나는가? 율법이 완성되는 가능성, 그 불가능한 가능성은 언제 어디서 시작되는가? [cw]만일 이 행함의 요구를 통해서 우리가 마주하게 되는 문제를 직시하고자 한다면[cw], 우리는 여기서도 그 거리Distanzen [뒤에서 언급될(이 책 982쪽) "가리킴"과 "내다봄"의 시간적 거리를 말한다]를 줄여서는 안 될 것이다. 이 행함의 **의미**, 한 번도 들어 본 적이 없는 그 의미는 역시 한 번도 들어 본 적이 없는 **계기**와 상통한다. 우리는 이렇게 대답한다. 만일 우리가 그 사실, 곧 시간은 영원과 같이 되고 영원은 이 시간과 같이 된다[87]는 사실을 인식한다면, **그러면** 이 가능성이 시작된다. 이 가능성은 "이 시기를 앎으로[순간을 인식하여]" 시작된다. 이 순간Augenblick은 시간들 사이[88]의 한

"**순간**"이지, 시간 속에 있는 순간은 아니다. 시간 속에 존재하는 모든 순간은 **이** 순간의 가득 찬 위엄을 결코 받을 수 없다. 이 순간은 **영원한** 순간이다. 가는 과거와 오는 미래가 멈춰 선 **지금**이다. 시간은 자기의 비밀을 폭로한다. 사실 가고 오는 것은 **시간**이 아니라 인간이다. 하나님 안에 있었고 장차 그 안에 있게 될 것은 **인간**이다. 죽고 살고, 넘어지고 일어나는 것도 인간이다. **있는 그대로**의 인간이다. 또한 **있는 그대로가 아닌** 인간이기도 하다. 이런 모습 저런 모습으로 창조된geschaffen ist als cx 인간, 한 사람으로 새롭게 창조된 인간, 철저한 일회성과 보편성 속에 있는 개인으로 창조된 인간이기도 하다. 이 인간은 언제나 첫 번째 인간**이고** 두 번째**이기도** 하다. 더 정확하게 말하면 첫 번째를 극복한 두 번째 인간이다. 이것은 그리스도 안에서 이루어진 극복이다. 시간의 **전환**, 곧 눈에 보이지 않는 전환 속에서 그 극복이 이루어진다. "우리는 흘러갈 뿐이오며 한 해에서 다음 해로 떠나가나이다."[89] **이것이** 시간의 비밀이며, 그 비밀은 영원한 순간 속에서 계시된다. 언제나 있으면서 한 번도 있지 않은 그 영원한 순간, 계시의 순간이다. 과거는 소환 불가능한 상태로 황망히 떠나고 미래는 쉬지 않고

87 야코프 뵈메(Jacob Böhme)의 Stammbuchvers를 암시한다.

시간이 영원과도 같은 사람,
영원은 시간과도 같은 사람,
그 사람은
모든 분쟁에서 자유로워진 사람이라.

Barth, Konfirmandenunterricht, S. 41.

88 고가르텐(Fr. Gogarten)의 논문 「시간들 사이에서」(Zwischen den Zeiten)를 암시한다. ChW, Jg. 34(1920), Sp. 374–378 = Anfänge II, S. 95–101.

89 파울 게르하르트의 찬송가 'Nun laßt uns gehen und treten'의 2절 앞부분, GERS(1891) 67; EG 58; RG 548.

다가옴을 나타내는 비유다. 시간의 **되돌릴 수 없음**을 의미한다. 또한 시간들 "사이"의 **현재**는 완전히 감춰져 있으며, 눈으로 볼 수 없으며, 현존하는 어떤 것이 아님을 비유로 나타낸다. 영원한 순간이라는 비유는 이 두 가지 관점에서 시간의 **모든** 순간이다. 모든 순간은 태어난 적이 없는 비밀, 곧 계시의 비밀을 담고 있다. 모든 순간이 **자격 있는** [영원의] 순간이 될 수 있다. "순간의 **인식** 속에서 이와 같은 일이 이루어진다." 그러니까 인식된 순간, 그 초월적 의미가 포착되고 파악된 순간이야말로 사랑의 행함이 나타나는 순간, 도저히 파악할 수 없는 그 행함이 나타나는 순간인 것이다. 눈에 보이지 않는 방식으로 중심에 놓여 있는 '지금!' 곧 계시의 '지금'을 통해서 이전과 이후가 특별한 자격을 부여받을 때, **바로 그때** "사랑의 삶과 사랑의 통치"(키르케고르)[90]가 사건이 된다. 이 **계시를 보는** 믿음이 곧 율법의 완성이다. 최고의 **앎**에서 솟아난 행함은 바로 그와 같은 인간적인 행함이다. **하나님의 자유와** |482| **접촉한** 인간은 사랑하는 인간이다. 만일 거대한 긍정적 가능성인 이 사랑이[cy] 계명이 되면, 어떤 최종적이고 핵심적인 계명이 되면, 그때는 언제나 이 최종적이고 핵심적인 귀환, 곧 시간으로부터 영원으로의 귀환은 의문시되며, 오직 기적을 통해 가능해지는 관계, 곧 영원과의 관계도 의문시된다. 우리는 오직 순간의 **인식** 속에서만 우리가 하는 일을 할 수 있으며, 바로 그렇기 때문에 "이미 했다"고 할 수 있는 상황은 결코 존재하지 않는다. 이러한 인식 속에서 무언가를 "이미 했다"고 할 수 있는 때가 언제란 말인가? 우리가 하는 일을 할 수 있게 되는 것은 언제나 그리스도 안에서 일어났고 일어나며 일어날 극복을 **가리킴**[지시]*Hinweis* 으로만 할 수 있다. 언제나 개인성으로부터 개인이 태어남을 **내다봄***Hinblick* 으로만

90 앞에서 여러 번 인용된 키르케고르의 책 제목이 "삶과 통치"(Leben und Walten)다.

할 수 있다. 언제나 (시간, 사물들, 인간 세상의) 종말을—그 종말은 시작이기도 한데—**기대**만 할 수 있다. 사랑이 그렇게 가차 없이 거리Distanz를 두기 때문에, 이미 했던 모든 일에서 가차 없이 거리를 두고 자기 자신으로부터 벗어나 저 종말—시작인 종말—을 가리키기 때문에, 바로 그렇기 때문에 사랑은 이웃에게 악을 행하지 않는다. 그래서 사랑은 율법의("너는 -하지 말아야 한다!"nicht! cz고 말하는 모든 율법의) 완성이다. 사랑이 악의 영역에 발을 딛는 것은 오직 그곳을 즉시 떠나기 위함이다. 사랑은 거기에 초막을 짓지 않는다. 근본적으로 시간 속에 계속 남는 것, 어떤 "지속적인 것"을 만들려고 하지 않는다. 사랑은 오직 영원한 순간을 **인식**하면서 자기가 하는 일을 한다. 바로 그렇기 때문에 본질적으로 혁명적인 행위다.

"자다가 깰 때가 벌써 되었으니 이는 이제 우리의 구원이 처음 믿을 때보다 가까웠음이라. 밤이 깊고 낮이 가까웠으니." 그 **영원한** 순간은 다른 **모든** 순간과 비교할 수 없다. 이는 그 영원한 순간이야말로 모든 순간의 초월적인 의미이기 때문이다. "구원"과 "낮"과 하나님 나라는 다른 **모든** 순간과 비교할 수 없다. 이는 그것이 모든 시간의 완성이기 때문이다. 그러나 우리는 순간들의 연속 속에, 시간의 변화 속에 살고 있다. 만일 우리가 여기서 사랑하지 않으면, 우리는 전혀 사랑하지 못한다. 이 연속 바깥 어딘가가 아니라 이 연속 안에서, 이 변화 안에서 **예수**가 그리스도이셨으므로 우리에게는 영원한 순간에 대한 **인식**이 있으며, 이 인식 **안에** 사랑을 위한 공간과 시간과 계기가 있다. **바로 그 특정한** 순간의 인식은 **어떤** 순간 속에서 사건이 되어야 하며, 영원으로의 회귀는 어떤 **시간** 속에서 그러해야 한다. 이 순간, 이 시간이 곧 "자다가 깰 때"이며, 눈에 보이지 않는 방식으로 중심에 놓인 '지금!'을 통해서 특별한 자격이 부여된 이전과 이후다. 모든 시간Zeit, 모든 순간Augenblick이 이때Stunde는 아니다.ist da 그 어떤 것도 **그 자체로**

는 그렇게 될 수 없다. 눈에 보이지 않는 방식으로 중심에 놓인 '지금!'은 모든 시간에게 낯선 것, 헤아릴 수 없는 것, 접근할 수 없는 것이다. "우리가 믿게 |483| 되었던"(3:28) 시간의 경우도 마찬가지다. 믿음은 어떤 주어진 것일 수 없다. 한번 존재하기 시작하여 계속 그렇게 현존하는 어떤 사물일 수 없다. 믿음은 시간의 모든 순간 속에서 시작이요 기적이요 창조다. 믿고 있는 모든 **존재**의 경우도 마찬가지다. 주어진 것이 될 수밖에 없는 것은—비록 "믿음"이라는 이름을 스스로 붙인다고 하더라도—자격이 갖춰지지 않은 시간, 곧 "잠자는" 시간에 속한 것이다. 계시를 **기억하지** 않는 믿음은 없다. 필연적인 앎을 **기억하지** 않는 행동은 없다. 하나님의 자유를 **기억하지** 않는 인간은 없다. 그런 기억이 "아직" 일어나지 않았다면 (그것이 언제 "이미" 일어났겠는가?) 인간은 **자고 있는 것**이다. 사도라도 마찬가지, 성자라도 마찬가지, 사랑하는 사람이라도 마찬가지다. 거기서 인간은 시간에 팔린 것이다. 거기서 인간은 "시간의 강" 바닥에 놓인 조약돌처럼 서 있으니, 시간의 물결이 그 위를 밀려가듯 밀려오듯 쉼 없이 나아간다. 그는 **자신의** 행함에서 두려움으로 뒷걸음질해 행하지 않음으로 가지 **않는다**. 그는 **자신의** 행하지 않음에서 행함으로 뛰어 나서지 **않는다**. 그는 언제나 자기가 해서는 안 되는 것을 행한다. 해야 할 것은 언제나 행하지 않는다. 그러므로 특별한 자격을 갖춘 시간, 후퇴의 시간, 진격의 시간, **윤리적으로** 긍정적이고 **윤리적으로** 부정적 가능성들의 시간은 그 특별한 시간이 비로소 **되어야** 한다. 그 점에서 모든 시간에 똑같이 낯선 순간, 영원한 순간 앞에서 시간들은 **구분**된다. 가까운 시간과 먼 시간, 밤의 시간과 동터 오는 아침의 시간, 잠자는 시간과 깨어나는 시간이 있다. 그 점에서 그때그때 영원한 '오늘'만 있는 것이 아니라 **연대기적** 특성만을 지닌 '오늘'도 있다. 오늘, 오늘 너희가 그의 음성을 듣거든 너희 마음을 완고하

게 하지 말라![시 95:7-8, 히 3:7-8, 15, 4:7] 물론 그 오늘과 반대되는 것도 있다. "하나님의 말씀이 희귀하여 이상이 흔히 보이지 않던"(삼상 3:1) 나날이 바로 그것이다. "**지금** 우리의 구원은 우리가 믿게 된 **그때**보다 가까이 있다." 우리의 평온한 있음[존재]의 "그때"와 우리의 있지 않음[비존재]의 혼란을 기억하는 "지금" 사이에는 **언제나** 그러한 긴장이 있다. "이미" 일어난 계시의 시간, 다시 말해 "이미" 인식된 하나님이 "이미" 실행에 옮기신 행위Taten, des **db**의 시간이 한편에 있다. 다른 한편에는 "이미" 존재한다고 추정되는 그것이 실존적인 사건으로 발생할 것을 생각하고 기대하고 내다보는 시간, 다시 말해 예수 그리스도의 나타남과 재림과 임재의 영원한 순간을 생각하고 기대하고 내다보는 시간이 있다. 그 둘 사이에는 **언제나** 긴장이 있다. 그러나 잘 알려진 것처럼, 재림이 "아직" 일어나지 않은[91] 교회의 역사, 저 유명한 1,900년 동안의 교회사와, 시간들 사이의 이 긴장과 그 관계는 로마서가 고린도에서 로마로 여행했던unterwegs gewsen ist **dc** 뵈뵈(16:1)의 짐가방 속에 보관되었던 몇 주나 몇 달과의 관계, 혹은 바울이 불러 준 다음 더디오(16:22)가 받아 |484| 적기 전까지 흐른verstrichen sind **dd** 순간들과

91 바이스(J. Weiß)는 예수의 하나님 나라 선포가 종말론적 성격을 띠고 있다고 보았다. 하나님 나라의 이런 종말론적 성격을 재발견한 슈바이처(A. Schweitzer)는 바이스의 생각을 이어받아 다음과 같은 명제를 발전시켰다(*Die Predigt Jesu vom Reiche Gottes*, Göttingen, 1892). "파루시아(재림)가 일어나지 않은 것은 그리스도교에 탈(脫)종말론화의 시작보다 더 근본적인 의미를 지니게 되었다." A. Schweitzer, *Von Reimarus zu Wrede. Eine Geschichte der Leben-Jesu-Forschung*, Tübingen, 1906, S. 356. "오늘에 이르기까지 '그리스도교'의 역사 전체, 그것의 내적이고 현실적인 역사는 '재림의 지연'에 기초하고 있다. 다시 말해 재림이 일어나지 않고 종말론이 포기되는 것이다. 이와 맞물려 진행되면서 영향을 끼친 것이 종교의 탈종말론화이다. 그러므로 여기가 '그리스도교의 역사'에서 첫 번째 날이다. 이것이 예수의 활동에 무언가 변화를 가져오는데 이것은 다른 방식으로는 설명이 불가능하다."

의 관계 정도다. 왜 그런가? 깨어나는 시간, "마지막" 때, 그 종소리가 여기서 선포되는 그 시간은 그 안에 또 다른 시간, 거기서 (연대기적으로!) 이어지는 또 다른 시간 곧 완성의 시간을 내다본다는 의미를 가진 것이 아니기 때문이다. 마치 **죽음**에서 나온 생명이, 모든 '있음'을 지양하는 '**있지 않음**'이, **심판받은 자들**의 의로움이, 모든 이전과 이후의 **중심**에 있는 '지금!' 이 시간 **옆에** 있는 (그래서 결국에는 다시 그 **안에** 있는!) 어떤 시간을 채울 수 있는 것처럼 생각해서는 안 된다. 시간이란 알지 못하는 시간들, 회상의 시간들일 뿐이다. 여기서는 모든 인간에게 회개하라는 명령[행 17:30]이 들려온다. 그 너머에 있는 것은 시간이 아니라 영원이다. 아니, "마지막" 때Stunde의 인간, 예수 그리스도의 재림을 기대하는 인간은 모든 시간의 **경계선**에 서 있다. 모든 시간Zeit과 모든 시간 내용의 **지양**을 의미하는 벽, 모든 것 위로 드리워진 하나님의 벽 앞에 서 있다. 그는 바로 **그** 낮 앞에 서 있다. 아무도 모르는 그때, 하늘의 천사도 모르고 아들도 모르고 **아버지만** 아시는 (막 13:32[원서에는 12:32로 되어 있다]) **그때** 앞에! 귓가에 쟁쟁 울리는 소리를 아무도 듣지 못한단 말인가? "지연된"ausgebliebenen 재림에 관해 쓸데없는 잡담이 그칠 줄 모른단 말인가? 그리고 도대체 "지연되다"ausbleiben라는 말은 그 개념만 보더라도[ausbleiben은 aus(밖에)+bleiben(머무르다)로 조어(措語)되었다] 전혀 "등장"eintreten[ein(안으로)+treten(들어오다)]할 수 없는 것 아닌가? 신약성경이 선포하는 종말은 어떤 시간적인 사건이 아니다. 우화에나 나오는 황당한 "세계 종말"도 아니다. 이런저런 역사적인, 지질학적인, 우주적인 재난과도 전혀 무관하다. 신약성경의 종말은 정말로 **마지막**을 뜻한다. 1,900년 역사의 의미가 줄어드는 정도가 아니라 그야말로 **무**無가 될 수밖에 없는 완전한 마지막이다. 그것의 가까움 혹은 먼 것과 관련해서는, 이미 아브라함이 그날을 보고 기뻐했을 정도로[요 8:56] 완전한 마지막이다. 누가 우리에게 이

영원한 진리를—이것에 관해서는 **오직** 비유로만 말할 수 있기 때문에—어떤 시간적인 실재로 그 뜻을 약화하는가? 혹은, 여기서 모든 말이 오직 비유일 뿐이라는 사실을 알고 있으므로 그 "오직"이라는 말로 안심하는가? 누가 우리로 하여금 하나님을 우상으로 여기게 하는가? 그래서 **그분의** 실재에 대한 우리 자신의 오해에 근거해서 그분을 진지하게 받아들이지 않는 뻔뻔함을 보이게 하는가? 우리로 하여금 마지막에 대한 기대를, 살아 있는 자는 변화되고 죽은 자는 부활하여 **함께** 하나님 앞에 서는(고전 15:51-52) **저** 순간에 대한 기대를 조잡하고 난폭하고 떠들썩한 연극 작품처럼 여기게 하는 자는 누구인가? 그리고 그 마지막이 당연히 "지연될" 때, 우리를 편안한 마음으로 다시 잠자리에 들게 하는 것은? 그래서 교의학 마지막에 살짝, 아무런 위협이 되지 않는 "종말론" 파트가 우리의 유일한 기억이 된다. 이것은 우리가 본래 기억해야 하는 기억이지만 사실 우리가 바라는 기억이기도 하다! "지연"되고 있는 것은 재림이 아니라 우리의 깨어남이다. 만일 우리가 **깨어난다**면, **기억한다**면, 자격 없는 시간에서 |485| 자격을 갖춘 시간으로 넘어가는 그 걸음을 **실행한다**면, 우리가 원하든지 원하지 않든지 모든 시간적인 순간 속에서 사실 모든 시간의 한계선에 서 있다는 사실을 알고 **깜짝 놀란다**면, 한계선에 서 있는 채로 그 알 수 없는 분을 사랑하며 마지막 속에서 처음을 인식하고 포착하는 일을 **감행한다**면, 우리는 잔뜩 흥분한 사람들과 함께 어떤 빛나는 피날레 혹은 끔찍한 피날레를 기다리지도 않을 것이고, [de]저 완고한 문화 개신교도들이 가진 그야말로 뻔뻔스러운 "경건"으로 그 피날레가 일어나지 않음을 믿지도[de] 않을 것이다. 우리는 [df]이런 사람들 혹은 저런 사람들처럼[df] "가까이 다가온" 낮의 쓰라린 진지함을 그렇게 굴욕적으로 피하지 않을 것이다. 오히려 그 **영원한** 순간이 "등장하지" **않았다**는 사실 속에서도, 우리에게 주어진 시간적인 순간의 가치와 의

미를 인식하고 그 순간의 특성과 윤리적 계명을 인식할 것이다. 그때 우리는 **재림을 기대할 것**이다. 다른 말로 하면, 우리의 실제적인 삶의 상황을 **있는 그대로 진지하게** 받아들이고 예수 그리스도를 창시자요 완성자[히 12:2]로 **인식**하게 될 것이다. 그때 우리는 회개를 거부하지 않을 것이다. 돌이켜 생각하고[dg], 영원을 생각하며 그래서 사랑하게 될 것이다. 그러나 그 순간의 **인식** 없이는 아무것도 이루어지지 않는다. 이 인식 없이는 사랑도 없다.

"낮이 가까웠으니." 행동하는 것, 순간 속에 있는 [영원한] 순간을 인식하면서, 우리가 살아가는 나날의 이전과 이후의 중심 곧 눈에 보이지 않는 그 중심을 내다보면서, **우리가** 그리스도 안에서 사랑을 받았으므로 사랑하는 것, 이것이야말로 거대한 긍정적 가능성의 총합이자 근거이며 더불어 모든 윤리적 가능성의 총합이자 근거다. 하나님 나라는 너무나도 가까이 왔다. 모든 것 위에 드리워진 영원의 벽(모든 돌멩이 하나하나, 꽃송이 하나하나, 인간의 얼굴 하나하나에서 다 볼 수 있으니!), 시간의 **한계선**("memento mori!"[네가 반드시 죽는다는 것을 기억하라]), 시간의 전환점인 예수 그리스도의 임재가 **너무나도** 우리를 몰기 때문에 인간적인 행함의 반듯한 노선, 주어진 노선, 비오스[Bios][자연적 생명]와 에로스와 파토스로 결정되는 노선은 방해를 받지 않고 그대로 남아 있을 수가 없다. 그 노선은 이미 방해받은 **상태**다. 이 세상의 형태는 **사라지고**[고전 7:31] 하나님 나라는 **오고 있다.**[92] 사랑은, 그리고 사랑에서 나온 것은 그 사라짐과 다가옴을 현시한다.

"그러므로 우리가 어둠의 일을 벗고……방탕하거나 술 취하지 말며 음란하거나 호색하지 말며 다투거나 시기하지 말고……정욕을 위하여 육신의 일[경향]을 도모하지 말라." 이 말씀은 "로마에서 하나님의 사랑하심을 받

92 『디다케』10:6.

고 거룩함으로 부르심을 받은"(1:7) 자들을 향한 것이다. 하지만 **그런** 가능성들이 |486| 고려된다면 우리 역시 카라마조프가 형제들의 나라 한복판에 있음이 분명하지 않은가? **우리**가 "하나님 나라"라고 부르는 것과 **그** 나라는 적지 않은 부분이 서로 겹치는 두 원圓인 것처럼 보인다. 만일 여기에 어떤 확실한 구분이 있다면, "어둠의 일을 벗음"이 있다면, 그렇다면 그것은 **최종적인** 구분이어야 하며, "순간의 인식 속에서" 일어나는 구분이어야 한다. 인간적인 행함의 노선, 주어진 노선은 **절대** 굴절되지 **않는다**는 것 말고 무슨 말을 할 수 있으랴? 경건한 사람이든 세속적인 사람이든 그 안에서 "육신의 일[경향]"은 변화하지 **않는다**는 것, 시간이라는 실타래는 단 일초도 끊어지지 **않는다**는 것 말고 무슨 말을 할 수 있으랴? **인간의** 거룩함, 직접적으로 알 수 있는 명백한 거룩함은 나타나지 **않는다**는 것 말고 무슨 말을 할 수 있으랴? 세상은 **세상**이고 인간은 **인간**이다. 그 인간의 고상한 도덕뿐만 아니라 평범한 도덕도 의심스럽다. 언제나 의심스럽다. 거룩한 사람들 안에서도 카라마조프적인 가능성들이[dh] 보인다.[93] 그러나 ("순간의 인식 속에서!") **하나님**의 입장에서 볼 때 인간은 그렇게 의심스럽고 그렇게 불가능하고 그렇게 바보 같다. [di]자기가 항상 낭떠러지의 끝에 서 있다는 사실, 가장 비참한 의심스러움에 그렇게 깊이 연루되어 있다는 사실이 놀랄 만한 일인가?sich darüber wundern……zu finden [di] 인간이 무엇이기에 주께서 그를 생각하시나이까?[시 8:4, 원서에는 8:5로 되어 있다] 하지만 만일 그가 예컨대 인류의 높은 도덕성으로 그것을 버티지 못한다면, 저 밑바닥의 야수

93 도스토옙스키는 무신론의 심리적·윤리적 결과의 묘사를 예술가로서 자신의 가장 중요한 과제 가운데 하나로 여겼다. 이 모티브는 그의 마지막 소설 『카라마조프가의 형제들』(1880-1881)에서 최고의 예술적 경지에 도달한다.

성으로 버텨야 한다는 말인가? 인생의 수수께끼는 저 위보다 저 아래에서 좀 더 쉽게 풀린다는 말인가? 그 한분에게서, 사랑에서 도망치는 것은 어떤가? 하나님의 공격을 받는 것은 **전인**全人이다. 하나님의 나라는 모든 긍정, 모든 욕망 속에 있는 인간을 숨 막힐 정도로 몰아친다. 그 "거대한 방해"는 복구가 불가능하다. 그것은 성자에게도 돼지에게도 해당된다.[94] 장기적으로 우리는 이 공격을 피하는 선택을 할 수도 없고, 모든 것을 하나님께 허용하는 선택을 할 수도 없다. 그리고 사랑은 율법의 완성이다.

그러므로 "빛의 갑옷을 입자. 낮에와 같이 단정히 행하고……오직 주 예수 그리스도로 옷 입고." 반명제와도 같은 **이** 말을 똑같은 인간에게 하노라! 그래도 우리는 하나님의 사랑하심을 받은 사람들인가? 그렇다. 그리고 **그것이** 진실이다. 그들에게는 **이러한** 가능성들도 있다. 하늘의 가능성, 영원한 가능성들이 있다. 악에 맞서는 무기, 오직 하나님만이 주실 수 있는 수비 및 공격 무기, 주 예수 그리스도로 "덧입는" 가능성, 그 거대한 긍정적 가능성이 있다. 그 누가 "순간의 인식 속에서" 그들 가운데 단 한 사람이라도 제외하려는가? 여기서 그 누가 스스로를 제외하겠는가? |487|

자유로운 "인생의 시도"의 위기

14:1-15:13

바울의 "권면"과 그가 전하는 소식 전체의 마지막 부분은 "경고"다. 어쩌면 이제는 자기도 바울과 같은 생각이라고 느끼고, 그것이 자신의 생각 안에서 확인되었다고 느끼는 수신자 모두를 향한 경고 말이다. 여기서 다시

94 이 책 622쪽, 각주 38.

한 번, 성급하게 무언가를 붙잡으려는 손길은 모두 거부당한다. 함께 뛰어가던 사람들의 맹렬한 달음박질이 한순간 제지당한다. 남의 말을 그대로 따라하는 사람의 일장 연설이 끊어진다. 그러면 이제 무엇이 있는가? 여기서 떠올랐다가 다시 사라진 말·개념·물음·깨달음 너머에서, 인간이 말로써 시도하는 모든 것의 오르락내리락 기묘한 출렁임 너머에서 우리 모두는 하나의 지점을 예감하고 주목하고, 어쩌면 멀찍이서 그것을 보고 있다. 우리가 서 있는 지점, 우리가 바로 거기로부터 **살** 수 있게 되는 지점이다. 우리가 하고 있는 대화의 이러한 시점視點, 언제나 가까우며 언제나 먼 시점을 자주 **하나님의 자유**라는 말로 표현했다. 로마서라는 **담론**의 시도가 우리에게 아주 특정한 **인생**의 시도를 요구하고 있다면, 아마도 그런 인생의 시도를 "**자유로운** 인생의 시도"*freie* Lebensversuch라고 부를 수 있을 것이다. 여기서 자유롭다는 말은 그 시도가 하나님의 자유를 발견한 충격에서 시작하여 저 신적인 거대한 방해에 대한 직접적이고 실천적인 대답으로 즉각 발생하는 것처럼 보인다는 의미다. 누가 감히 그 자유를 생각하는 데 그치지 않고 그 자유를 바라보며 **살** 수 있으랴? 이것이 로마서가 우리에게 던지는 물음이다. 바울적으로 산다는 것은 **자유롭게** 사는 것을 의미한다. 자유롭다는 것은 사방에서 하나님의 압박을 받는다는 것, 모든 관점에서 하나님으로 인해 지양된다는 것, 끊임없이 죽음을 떠올린다는 것, 그래서 언제나 생명이 있는 곳을 바라보게 된다는 것이다. 자유롭다는 것은 우리가 우리의 인간적인 결속과 결박과 소심함의 동굴에서 전적으로 쫓겨나, 양심과 살아 있는 것과 영원한 것을 바라보는 것이다. 자유롭다는 것은 죄의 용서인데, 이것은 우리에게 유일하게 확실한 것이며, 바로 그 안에 어떤 것과도 비교할 수 없는 지침, 곧 우리의 행동을 위한 지침이 있다. 자유롭다는 것은 모든 상대적인 실체·효력·가치들에 대한 경외감은 철저하

게 흔들리고, 바로 그것을 통해 그것들과 본질적인 관계를 맺는 것이다. 자유롭다는 것은 하나님께 묶이는 것이며, 바로 그렇기 때문에 오직 하나님 자신으로부터 직접 우리에게 제시된 것이 아닌 물음·요구·계명들에 대해서는 평온하고 독립적인 입장을 취하는 것이다. 자유롭다는 것은 풀려나는 것, 그래서 모든 강압·권위·질서가 (부정적인 의미에서든 긍정적인 의미에서든) 상대화되고 하나님과 유사한 척하는 것들이나 권력이나 권세들 [엡 3:10, 골 1:16, 2:10, 15]로 이루어진 모든 세상, 우리의 세상이 상대화되는 것이다. 이런 인생의 시도를 과감하게 실행에 옮기는 사람들이—우리는 **프로테스탄티즘의 본질**에 관해 |488| 말하고 있다![95]—스스로를 "**강한 자들**"(15:1)이라 부른다면 충분히 그럴 만하지 않는가? 그들은 진정 강한 자, 자유로운 자, 우월한 자, 알고 있는 자들이다. 한 번도 들어 본 적이 없는 신적인 짐을 지고 가는 자, 바로 그렇기 때문에 한 번도 들어 본 적이 없는 신적인 계획을 수행하는 자들이다. 앞에서 우리가 논의했던 모든 긍정적·부정적 가능성은 저 불가능한 가능성의 모험, 곧 **믿음**의 가능성을 가리키는 것 아닐까? 그러나 믿는다는 것은 곧 자유롭다는 것, 큰 신적인 제약을 받고 있으므로 다른 어떤 선의 제약 혹은 악의 제약도 인정하지 않음을 의미한다. 저 유일한 신적인 제약과 함께 선은 보장되었고 악은 심판을 받았기 때문이다. 그리고 믿음이라는 위대한 발걸음을 감행한 자는 "강한 자" 아닌가? 이제 이미 가까운 항구의 불빛들이 우리를 향해 손짓하는 순간, 우리가 "per varios casus, per tot discrimina rerum"[온갖 역경과 그렇게

95 프로테스탄티즘[개신교주의]의 본질 또는 원리에 관한 논의에서 "[개신교주의의] 유래에 대한 원칙적인 비판과 함께 개인이 가진 믿음의 확신이라는 종교적 개인주의"가 근본적인 특징으로 부각되었다(E. Troeltsch, Art. "Protestantismus. II. Protestantismus im Verhältnis zur Kultur", RGG[1] IV, Sp. 1912-1920).

도 많은 위험을 통과하여][96] 마침내 오직 '예!'라고만 대답할 수 있는 물음 앞에 서게 된 순간, 우리는 최종적인 '정지!'와 만나게 된다. 다시 한 번 우리는—정말 충분히 많이 그 '정지!'와 맞닥뜨린 다음에—**경고**의 목소리를 듣는다. 다시 한 번 브레이크가 걸린다. 다시 한 번 조심스럽게 생각하면서 불확실함을 느낀다. 끊어질 수 있는 관계가 다시 한 번 끊어져야 한다. "바울주의"[97]에 **반대하는** 바울! 모든 로마서 입장에 **반대하는** 로마서 자체! 하나님의 자유를 인식할 때 필연적으로 나타나는 자유로운 인생의 시도에 **반대하는** 하나님의 자유! 이것이 로마서 14장의 놀라운 전환이긴 하지만, 통찰력이 있는 사람들에게는 그다지 놀랄 만한 일은 아니다.

반대한다고? 그렇다. **찬성**하기 때문이다! 자유로운 자와 강한 자가 자유롭고 강한 것은, 오직 그들의 자유와 강함에도 붙어 있는 큰 물음표 덕분이다. 이 경고는 믿음에 대한 경고가 아니라 **우리의** 믿음에 대한 경고다. 우리가 서 있는 지점, 거기로부터 우리가 살 수 있게 되는 근원이 되는 지

96 Vergil, *Aeneis* I, 204.

97 "바울주의"(Paulinismus)라는 말은 자유주의신학이 예수의 선포와 바울의 선포를 엄격하게 분리할 때 주로 사용한 용어다. A. Jülicher, *Die Religion Jesu und die Anfänge des Christentums bis zum Nicaenum*, *Die Kultur der Gegenwart, ihre Entwicklung und ihre Ziele*, hrsg. von P. Hinneberg, Teil I, Abt. IV: Die christliche Religion, I. Hälfte, Berlin/Leipzig, 1906, S. 41-128, 88-89. "마침내 우리가 바울의 종교와 예수의 종교를 비교한다면, 처음 갖는 인상은 둘 사이에 큰 차이가 있다는 것이다. 예수의 종교는 탁월한 소박성과 직접성이라면 그것에 대립하는 바울의 종교는 복잡한 사상적 체계이며 수없이 많은 삼단논법으로 작동하는 신학이다.……예수에게서는 바울의 그런 그리스도론적인 구성의 단초가 없다." 이러한 구별은 개신교가 지나치게 바울에게 집중하여 "성경을 오직 바울주의의 빛에서 너무나 일방적으로" 읽었던 것에 대한 비판이기도 했다(E. Troeltsch, *Protestantisches Christentum und Kirche in der Neuzeit(1906/1909/1922)*, hrsg. von V. Drehsen u.a., Kritische Gesamtausgabe, Bd. 7, Berlin, 2004, S. 90). 여기서 바르트는 무엇보다도 이런 맥락을 암시한다.

점, 바야흐로 눈에 보이게 된 그 지점에 대한 경고가 아니라 **우리의** 서 있음에 대한 경고다. 거기서 살고, 거기로부터 사는 **우리의** 삶에 대한 경고다. 자유로운 인생의 시도 자체에 대한 경고가 아니라 그 시도가 나타날 때의 애매함에 대한 경고일 것이다. 그리고 그런 시도를 할 때 우리의 눈에 걸어갈 수 있는 것처럼 보이는, 반드시 걸어야 하는 것처럼 보이는, 그렇게 걷는 것이 정당한 것처럼 보이는 어떤 길을 걷고, 어떤 태도를 취함으로써 하나님의 비판을 확실히 벗어날 수 있다고 생각하는데, 그런 확신에 대한 경고일 것이다. 강한 자는 그 비판을 인식할 때 비로소 강한 자가 된다. 그리고 이 비판은 강한 자 자신, 그의 인식, 그의 강함에 이르기까지 도달한다.

"그리스도인"이나 자유인이나 바울주의자나 자신을 제물로 바친 자(12:1)라도 그 자체로 의롭다는 인정을 받은 것은 **아니다**. (이 문제에 관해서는 1장부터 마지막까지 한 점의 의심도 없다!) 확실히 로마서는 아주 특정한 어떤 인생의 시도를 요구하는 책이다. 로마서를 단순히 신학적이며 철학적인 논쟁diatribe(물론 이것도 **맞다**!)으로만 파악하고, |489| 로마서의 요청, 로마서의 팡파르 곧 '이것은 바로 **너**의 문제다! 그리고 너는 **-해야 한다**!'라는 트럼펫 소리를 흘려듣는 사람이 있다면 그 사람은 로마서를 완전히 오해하고 있는 사람일 것이다. 그리고 여기서 요구하고 있는 인생의 시도에 어떤 의미가 있다면, 그 의미는 분명 자유다. 그리스도께서 가져오신 자유, 그러나 모든 시대의 "대심문관"은 부적절하고 위험한 것으로 여겨 거부하고 배척하는 자유, 곧 하나님께 붙잡힘 속에 있는 자유다. 그러나 이 자유 안에 있는 **자유**는 **하나님의** 자유다. 그리고 이러한 인생의 시도Lebensversuch가 가진 **생명력***Lebendige*은 **인간**이 생명Leben[인생]이라고 부르는 모든 것이 정당하다고 인정받지 못함이다. 누구든지 로마서의 깨달음으로 무장하고 공격에 나서려고 하는 순간에 로마서가 **그 자신**에게 행하는 공격을 피하는

사람이 있다면, 그 또한 로마서를 완전히 오해하고 있는 사람일 것이다. 왜 그런가? 로마서는 독자들 중에서도 특히 이해력이 좋은 사람, 수용력이 좋은 사람, 선천적으로 바울적인 사람들을 향해 아주 분명한 '정지!' 표지를 마주 세움으로써 마지막 부분에서 스스로를 지양하고 있는데, 이것은 로마서가 바로 **그렇게 함으로써**, **오직** 그렇게 함으로써 자신을 확증할 수 있기 때문이다. 이것을 모든 독자를 위해 구체적인 실례를 들어 검토하고자 한다. 과연 독자는 자기가 파악한 것, 파악했다고 믿는 것 전부를 다시 한 번 이 경고로 완전히 내려놓는 일을 감당할 수 있을지 점검하는 것이다. 만일 "거대한 방해"가 강력하게 **파고들지** 않는다면, 만일 그것이 모든 의식의 위기가 되지 않는다면(그것을 직접 내용으로 삼은 사람들의 경우에도 그렇다. 아니 그들에게 더욱 그렇다!), 오직 하나님만 남지 않는다면, 알려지지 않으시고 숨어 계시는 하나님께서 그 영원한 능력과 신성 속에서[1:2] 강한 자의 **유일한** 강함으로 계시지 않는다면, 그렇다면 모든 것은 소리 나는 구리와 울리는 꽹과리[고전 13:1]임을 보았다. 이제 우리는 로마서의 출구에서 또다시 (예컨대 도스토옙스키의 소설 마지막 부분이 그런 것처럼) 도저히 꿰뚫어 볼 수 없는 삶의 문제(그리스도교의 문제 그리고 그리스도교적인 공동체 삶의 문제도!) 앞에 서게 된다. 그런데 거기서 출구를 발견하지 **못하고** 다시 제대로 처음부터 시작하게 되며, 하나님에 관한 우리의 대화 때문에 힘들어하면서 빠져드는 환난을 또다시 마주하게 된다. 함께 살아가는 인간의 존재는(이 사실이 우리 앞에 놓이는 **윤리** 문제인 것이다) 또다시 우리에게 거대한 방해가 된다.

1-4. 1 믿음이 연약한 자를 너희가 받되[교제하되][halten Gemeinschaft] 그의 의견을 비판하지 말라. 2 어떤 사람은 모든 것을 먹을 만한 믿음이 있고 믿음이 연약한 자는 채소만 먹느니라. 3 미먹는 자는[Der, der isst] 먹지 않는 자를 업신

여기지 말고 먹지 않는 자는 먹는 자를 비판하지 말라.[dj] 이는 하나님이 그를 받으셨음이라[그와 교제하셨음이라].Gemeinschaft mit ihm 4 남의 하인을 비판하는 너는 누구냐. 그가 서 있는 것이나 넘어지는 것이 자기 주인에게 있으매 그가 세움을 받으리니 이는 그를 세우시는 권능이 주께 있음이라. |490|

"믿음이 연약한 자를 너희가 받되[교제하되]." **자유로운** 인생의 시도 역시 인간의 방대하고 보편적인 인생의 시도 가운데 하나다. 그것도 가장 눈에 띄지 않고, [dk]다른 것과 가장 구별되지 않고[dk], 가장 쉽게 사라져 버리는 종류다. 만일 그 시도가 그렇지 않다면, 그건 그 자유가 무언가 잘못이기 때문이다. 왜냐하면 그 시도의 의미는 결코 한 개인의 행함이 아니라 개인 안에 있는 한분의 행함이기 때문이다. 그것의 의미는 공동체다. 그 시도에서 나타나는 유별난 성격은 이런 의미를 위태롭게 하는 것이다. 그 시도는 **무언가** 특별한 것으로 나타나지 않아야 하는 **정말** 특별한 것이다. 그것은 **유일한** 가능성으로 존재하는 의식 속에서 스스로 다른 가능성들과—마치 **다른** 가능성들이 정말 존재하기라도 하는 것처럼—나란히 선다. 그것은 강하다. 자기 안의 강함이 폭발할지도 모른다는 것 외에는 아무것도 두려워하지 않는다. 그것은 자신이 마치 강하지 않은 것처럼 그 강함을 취한다. 그런 인생의 시도는 **참된** 움직임이다. 그래서 어떤 **하나의** "움직임"처럼 나타나지 않고, 굳이 말하자면 **다른** 움직임들의 모터로(그러나 금세 브레이크로도!) 나타난다. 순수한 바울주의자는(하지만 바울 자신도 항상 "순수"하지는 않았으며 우리는 더 말할 것도 없다!) 자기를 다른 사람과 구별할 마음도 그럴 능력도 없다. 비록 그들을 대상으로는 그런 일이 맹렬하게 일어나고 있다 할지라도 말이다. 그는 고발하고 비난하면서 그들의 "입장들" **앞에** 서는 것이 아니라, 온전히 참여하고 물음을 던지는 모습으로 그들의 "입장들" **뒤에** 선다. 그는 반대자들이 생겨나기 훨씬 전에 자기 스스로의

반대자가 된다. 그는 바울적이지 않은 가능성들이 눈에 띄게 많다는 사실을 담담히 받아들인다. 그리고 그런 가능성들을 그다지 진지하게 받아들이지 않기 때문에, 반대 의견을 강조하고 확고히 하려는 충동을 조심스럽게 삼간다. 만일 그런 충동대로 한다면 그에게는 전혀 승산이 없다. 그도 그럴 것이, **그의** 입장은 **아무런** 입장도 **아니기** 때문이다. 그러나 입장과 입장이 정중하고 견실하게 대립할 때 슬쩍 꾐에 빠져 그 영역에 들어서게 된다면 화 있으리라. 그래서 그는—어찌 보면 소크라테스 신봉자보다 **훨씬** 조심스럽게—다른 사람 안에 있는 "**확신들에 대한 의심**"을 일으킬 마음이 없다. 그렇다! 타인도(여기서 타인 안에 있는 **한분**이라는 전제는 아주 근본적인 것이다!) 자기 자신의 길을 끝까지 걸어가야 한다. 자유로운 인생의 시도는 확신과 확신이 맞부딪히며 싸울 때가 아니라 모든 확신의 길이 공동으로 **마치는 것**에서 승리를 거둔다. 정말 강한 자는 "관용"과 완전히 동떨어져 있다. 누군가에게 그의 확신을 **허용하고자** 하는 모습과 완전히 동떨어져 있다. 그런데 그만큼 "불관용"과도 완전히 동떨어져 있다. 그 누군가에게서 그의 확신을 **빼앗고자** 하는 모습과도 완전히 동떨어져 있다. 그는 인간이 걸어가는 다양한 길이 가지고 있는 진지함을 염두에 둔다. 하지만 그 모든 길의 기원이 되며 목표가 되는 위기를 염두에 둘 때만 그리한다. 그가 스스로 걷는 |491| 길이 특별한 것은 그가 이 위기를 잊지 않고 곰곰이 생각하기 때문이다. 그는 **자기** 스스로 정당성을 지니려고 하지 **않는** 한에서만 **정당성**을 지닌다. 그는 "다른" 모든 인생의 시도에 대해서 자연스럽게 지양하고 분해하는 역할, 비판적이고 소크라테스적인 역할을 한다. 그러나 어떤 방식으로? 모임을 떠나지 **않고**, 혼란스럽게 하지 **않고**, 와해하지 **않고** 오히려 그 모임 **안에서** 공동체를 유지하고 추구하고 전제한다. 그는 **통솔**하지 않으면서 인도한다. 그는 **아무것도** 파괴하지 **않으면서** 돌파한

다. **그**는 드러나지 않으면서 비춘다. **그**는 **본받으면서** 이긴다. 그는 결단코 평화를 깨뜨리는 사람이 되지 **않으면서**, 하나님의 거대한 방해를 가져온다. 그러나 **이러한** 계획의 수행을 위해서는 꼭 필요한 것이 있으니, 그것은 어떤 모습으로든 생길 수 있는 로마서의 봉우리에서, 바로 거기서도 언제든지 예고 없이 내려오는 것이다.

"어떤 사람은 모든 것을 먹을 만한 믿음이 있고." 이 말에 배어 있는 지독한 유머를 누가 못 느끼겠는가? **이것**이야말로 믿음(로마서 3장과 4장의 믿음!)이다. 그것이 **우리의** 믿음, 분별력을 지녔거나 각성의 경험을 했거나 가르침을 받은 이런저런 사람들의 믿음이라면 즉시 그렇다고 할 수 있다. "모든 것을 먹을 만한 믿음"(!!), 고기와 와인을 즐기는 것이 전혀 죄가 아니라는 믿음, 고행을 한다고 축복을 받는 것은 아니며 삶의 개혁을 통해서 하나님 나라를 건설할 수 있는 건 아니라는 믿음, 그리스도인에게는 아무런 길도 아무런 방법도 아무런 틀도 절대적인 계명도 없다는 믿음, 공관복음서의 예수의 행동이나 산상수훈의 말씀에서 그리스도인의 실천적인 삶을 위한 직접적 행동 규범을 끌어낼 수는 없다는 믿음, 또 한 가지 예를 들자면, 군사적 무력의 사용 금지도 확고부동한 원칙은 결코 아니라는 믿음(12:18)이다! "믿음"이라고? 그렇다고 하자. 도대체 이 믿음은 무엇을 믿는 것인가? 예를 들어 "믿는 사람의 양심의 무한한 자율성을 선포하는 장엄한 사상"(율리허)[98]을 믿는 것인가? 그야말로 장엄한 입장이다! 자유주의적인 시민들과 그들에게 맞장구 치는 목사들이 오래전부터 지지하고 있는 입장이다! 사람이 모든 것을 먹을 만한 믿음은 정말 그럴 만한 가치가 있는 일인가? 강하다는 것을 이렇게 값싸게 얻을 수 있는가? 이제 우리가 그런 강함

98 Jülicher, Paulusausleger, S. 93.

을 우리 것으로 만든다면 어떻게 될까? 이제 우리가 모든 권위와 전통과 교회의 지도 등에서 자유롭다고, 아주 자유롭다고 생각한다면 어떻게 될까? 그렇게 한다고 하늘과 땅 사이에 있는 인간의 상황이 눈곱만큼이라도 변한다는 말인가? 한 번 보면 어쩔 수 없이 수도원 비슷한 것에 대한 그리움을 갖게 되는 소담한 낙원이여! 하지만 그 자유로운 인생의 시도가 어떻게 그 모습을 드러내는지, 그것이 어떤 인간적인 행함 혹은 행하지 않음에서 실현되어야 하는지 묻는다면? 어쩌면 현대 프로테스탄티즘의 경우처럼 |492| 무엇을 우리의 "양심의 자유"라고, 과연 무엇을 "모든 것을 먹을 만한 믿음"이라고 불러야 하는지, **오직 그 문제만** 질문해야 하는가? 이러한 빈곤 앞에서 우리는 아주 겸손해야 하지 않을까? 강한 자의 입장이 실제로는 **아무런** 입장이 **아니며**, 만일 그렇지 않다면 모든 허상 중에서도 가장 나쁜 것이라는 사실을 바로 그 빈곤을 통해 확실히 알아야 하지 않을까?

이와는 대비되는 모습이 있으니 "믿음이 연약한 자는 채소만 먹느니라." 이것도 물론 눈에 보이는 입장이다. 가르침을 받지 않은 자들, 바울주의자가 아닌 경우는 ᅟᅵ자신들의 의심스러움이 명백하게 드러나지 않는다ᅟᅵ는 장점, 오히려 항상 무언가가 일어나는 것같이 보인다는 장점이 있다. 여기에는 능력 있고 생명력 있는 교회 체제, 종파 체제, 정당 체제가 있다. 여기서는 무언가 일이 추진된다. 여기서는 입장 표명이 있다. 여기서는 확실한 특징이 부각된다. 전기 집필에 딱 알맞은 영역이다. "행위와 결과"가 나온다. 여기서 우리는 채소 먹는 로마 사람들의 뒤를 잇는 수많은 무리를 본다. 오르페우스교도, 디오니소스교도, 신新피타고라스파, 치료사들, 고대의 에세네파[99], 중세의 여러 수도회, 종교개혁 시대의 재세례파, 현대

99 위에서 언급된 채식주의자들에 관해서는 Lietzmann, S. 109f. 참조.

의 금욕주의자, 채식주의자, 자유분방한 이상주의자들 말이다. 여기서 우리는 진지하게 **장엄하다**고 말할 수 있는 시도, 곧 가톨릭주의의 인생의 시도를 본다. 하지만 개혁주의의 정밀한 윤리[100]도 그렇고 톨스토이도 그렇다. 상당수의 종교 사회주의자들, 평화주의자들도 마찬가지다. 우리는 **이런** 인생의 시도가 어떻게 생겨났는지를 생각한다. 언제나 그런 시도가 정말 깊은 진지함에서, 정말 존경할 만한 곤경과 개방성과 의욕과 헌신에서 생겨난다는 사실을 생각한다. 우리는 영웅, 성자, 순교자, 예언자들의—그들의 소망과 본질은 이러한 토양에서 자라난 것이다—기나긴 대열을 생각하며 경의를 표하지 않을 수 없다. 채소만 먹는 로마인들의 이런저런 모습으로 서 있는 사람들이 바로 인류 가운데 가장 존경스러운 인물들이다. 이러한 토양에서는 결코 피할 수 없는 비극에 대해 바로 여기서, 로마서의 끝머리에서, 더 이상 말을 하는 것은 불필요하다. 우리는 그저 "연약한 자"를(정말 역사적으로나 심리적으로 볼 때, 그야말로 약한 것이니!) "강한 자"와 마주 세움으로써 강한 자도 **자신의** 비극을 기억할 수 있게 하고, "모든 것을 먹을 만한" 자신의 믿음이 채소만 먹는 연약한 믿음과 비교할 때 정말 그렇게 우월한 것인지 스스로 묻게 하는 것이다. 그래서 강한 자가 연약한 자와 친교의 공동체를 유지하지 않고 그들과 자신을 구별하려고 하는 모습이 정말 괜찮은 것인지 묻게 하는 것이다. 서로에게 맞서 "입장"을 검토하는 것이 중요하다면 가톨릭의 입장, 세례자의 입장, 혹은 거기서 파생된

100 특히 네덜란드 경건주의 안에서 진행된 논쟁의 과정에서 이른바 "정밀주의"(Präzisismus)가 태동하는데, 이것은 양심의 자유를 강조하는 것에 반대하여 삶의 질서 전체를 윤리화하려는 입장이다. E. Troeltsch, *Die Soziallehren der christlichen Kirchen und Gruppen*, Gesammelte Schriften, I. Bd., Tübingen 1912, S. 773-789. 바르트 소장본에는 이 부분에 수없이 많은 밑줄이 그어져 있다. A. Ritschl, *Geschichte des Pietismus*, Bd. I, Bonn, 1880, S. 104, 112f., 157.

것들이 적어도 현대 프로테스탄트의 입장보다는 |493| 훨씬 큰 장점을 갖지 않을까? 강한 자들도 어쩔 수 없이 자신의 특징적인 모습을 가지고 있는데, 강한 자들의 강함은 특성 **없음**이라는 역설은 강한 자로 하여금 그런 모습을 발전시키고 강조하는 것을 삼가도록 하지 않을까? **이러한** 대조의 기묘한 무의미성에 대한 기억은 어쨌거나 강한 자로 하여금 그 강함을 **자신의** 강함 속에서 추구하지 않도록 하지 않을까?

우리는 이렇게 말한다. "**업신여기지 말고.**" 마찬가지로 "**비판하지 말라.**" 우리는 "양심의 자유"와 "엄밀함"을 대립시키는 것은 현명한 방법이 아니라고 생각한다. [dm]어떤 하나가 다른 하나[dm]를 대립시키는 것은 우리가 여기서 강조하려는 것이 아니다. 강한 자를 편들 이유가 전혀 없다. 강한 자는 반대편에 있는 "활동가", "열광주의자", "바리새인들"을 업신여길 때가 많다. 거꾸로 개혁주의자들은 영적인 사람들을 향해 "비텐베르크에서 부드럽게 살아가는 육신"[101]이라는 정죄의 말로 응수하곤 한다. 아니, 훨씬 강력하게 그들을 몰아붙인다. 그것은 "circulus vitiosus"[악순환]이다. 고발하는 양쪽이 다 옳기 때문인데(물론 채소만 먹는 사람이 위풍당당하게 앞서 있다!) 그래봐야 고발할 때만 그렇다. 그렇게 계속 버티는 것은 정말 무의미하다. 진정한 "강자"는 그것을 알고 있어야 한다. 그런 의미에서 양쪽은 동등하지 않다. 약한 자는 그것을 알 수 없기 때문이다. 개혁주의자들은 모두 바리새인이며, 유머 감각이 떨어지고 남을 정죄하는 일을 멈추지 못한다. 금욕주의자, 진정한 종교 사회주의자, 교회지도자, 평화주의자에

101 이것은 토마스 뮌처가 쓴 글의 제목에서 인용한 말이다. *Hoch verursachte Schutzrede vnd antwwort wider das Gaistloße Sanfft lebende fleysch zů Wittenberg*(1524), Th. Müntzer, *Schriften und Briefe*. Kritische Gesamtausgabe, unter Mitarbeit von P. Kirn hrsg. von G. Franz(QFzR, Bd. 33), Gütersloh, 1968, S. 321-343.

게서 도덕적 진노의 파토스를 빼앗아 보라! 그러면 그들의 척추를 부러뜨리는 셈이다. 채소만 먹는 사람들은—평화로운 양식을 먹는데도 불구하고—은밀한, 혹은 공공연한 저항으로 살아간다. 이 세상의 어리석음에 탄식하고 고개를 절레절레 흔들며 살아간다. 다른 사람과 자기를 구별함으로 살아간다. 이는 인간 삶의 본질적인 비극이 얼마나 거대한 것인지를, 그래서 누구라도 그 앞에서는 입이 꽉 막힐 수밖에 없다는 사실을 알지 못하기 때문이다. 그러나 우리가 여기서 주목하는 사람은 그가 아니다. 오히려 바울을 따른다는 사람이다. 그는 자신의 자유를 "본분"으로 삼고 그로써 자기는 연약한 자들보다 약하다는 사실을 증명하는 사람이다. 그는 자신의 반대자가(그러나 그는 그 타자를 반대자로 여겨서는 안 된다) 모르는 것을 알고 있다. 그것은 다음과 같은 사실을 말한다. **"하나님이 그를 받으셨음이라**[그와 교제하셨음이라]Gemeinschaft mit ihm**."** 다시 말해, 하나님이 타자와 교제하셨다는 말씀이다. **"남의 하인을 비판하는 너는 누구냐."** 만일 네가 "justitia forensis"[법정적인 의]가 무엇인지 알고 있다면, 너는 바로 이 앎을 알지 못하는 자들을 반대하는 데 사용하지 않을 것이다. 그 앎은 바로 그들을 **위한** 것이다! **"그가 서 있는 것이나 넘어지는 것이 자기 주인에게 있으매."** 하나님의 의, 곧 눈에 보이지 않는 의, 그 이유가 없는 의는 "믿음이 약한 자"들, 가르침을 받지 못한 자들, 바울주의자가 아닌 |494| 이들에게도, 아니 바로 그들에게 도움이 되어야 하는 것 아닌가? 한 번도 듣지 못한 사실, 곧 하나님께서 오직 긍휼하심으로 사람과 교제하신다는 사실을 어느 정도 아는 사람이라면, 어떻게 다른 사람을—그 다른 사람이 바로 **그 사실을** 알지 못하고 거침없는 도덕적 우월감으로 가득 차서 낙관적으로 계속 노력하고 있다는 이유로—업신여기겠는가? 하나님께서 세리와 창녀뿐만 아니라 바리새인과도 연합하는 관계를 맺는다면, 그것은 하나님의 자유의 가능성

바깥의 일이라도 된다는 말인가? "그가 세움을 받으리니 이는 그를 세우시는 권능이 주께 있음이라." 아무리 바울을 따르는 사람이라고 하더라도 그가 도덕주의자를 "업신여기는" 순간 바리새인을 반대하는 바리새인이 되고 스스로 불의한 자가 된다는 사실은 분명하지 않은가? 그는 저 위에 있는 불쾌한 정죄자를 경멸함으로써 정죄한다. 그래서 약하다. 스스로 정죄자의 자리에 앉게 되는 사람은 **모두** 약한 사람이다. **누가** 주인인가? **누가** 판결할 수 있는가? **누가** 무너뜨리거나 일으켜 세울 수 있는가? 사람인가 하나님인가? 강한 사람은 그것을 알아야 한다! 그러므로 "우리"가 아는 것을 아는 **그 사람**이라고 해서 전혀 앞서 나가는 것도 없고, 어떤 특권이 있는 것도 전혀 아니다. 그렇다. 그 사람이라고 해서 전혀 우월할 것이 없다! 자기가 무언가 "우월"하다고 생각하는 사람은 "우리"가 아는 것을 모르는 사람이다! 무언가 앞선 것이 있다면, 그것은 **단 하나**, 하나님의 선택이다! 그러나 로마서를 앞뒤로 달달 외우는 사람보다 웬 순진한 채식주의자가, 그러니까 굳건한 의지를 지닌 채식주의자가 오늘날 **먼저** 그 선택에 참여할 수 있다. 너, 바보 같은 프로테스탄트여! 너의 그 믿을 만한 프로테스탄트주의보다 어떤 수도사 같은 어떤 것이 오늘날 하나님을 더 기쁘게 해드릴 수 있다. "하나님이 그를 받으셨다[그와 교제하셨다]."Gemeinschaft mit ihm 이는 그를 세우시는 권능이 주께 있음이라. 진실로 이러한 가능성 덕분에 우리는 그와 더불어 공동체Gemeinschaft를 유지할 수 있다. 만일 우리가 그렇게 하지 않는다면, 오히려 우리가 무조건 강한 자이고 싶다면, 그때 우리는 **확실히** 약한 자다. 높은 앎의 경지에 올라가자마자genug, von dn 다시erklommen haben, wieder do 거기서 내려오는 것을 충분히 알지 못한다면, 우리는 **확실히** 모르고 있는 것이다. 우리가 다시 특성 있는 사람들이 되고자 한다면, 우리는 바로 그렇기 때문에 확실히 그 "character indelebilis"[지워질 수 없는 표지,

이 책 239쪽, 각주 1]를 읽게 될 것이다.

보론: **5-6.** **5 어떤 사람은 이 날을 저 날보다 낫게 여기고 어떤 사람은 모든 날을 같게 여기나니 각각 자기 마음으로 확정할지니라. 6 날을 중히 여기는 자도 주를 위하여 중히 여기고* dp*먹는 자도 주를 위하여 먹으니 이는 하나님께 감사함이요 먹지 않는 자도*Auch der, der……dp *주를 위하여 먹지 아니하며 하나님께 감사하느니라.* |495|

아무래도 사람마다 차이를 보이는 지점들이 있고, 그 지점에서 사람들은 다른 사람에게 맞서 자기의 입장을 내세우곤 한다. 그런데 강한 사람도 약한 사람의 엄격함을—비록 그 엄격함을 따르지는 않는다고 할지라도—어쨌든 이해할 수는 있다. 그는 침묵하고 존중하고 기다린다. 그리고 알고 있다. 중요한 것은 "다른 사람에게 맞서 확고한 신념을 가지고 자기 의견을 주장하거나 다른 사람의 생각을 반박하는 것이 아니라, 하나님 앞에서 그리고 시험 속에서 **자기의** 의향이 확실한 것이다. 그런데 이러한 모습은 그저 환히 알고 있는hellberichtet dq 양심의 경우보다는 더 유연한 것일 때가 많다"(슈타인호퍼).[104] 그는 어떤 방식으로든 눈치 채고 있다. 그 엄격한 행동이 "주님에게" 한 일이며, 비록 그가 오해하고 있기는 하지만 그런 행동 뒤에는 신적인 당황스러움이 있다는 사실을. 그래서 그는 약한 사람

* 여기서 γάρ은 생략해서는 안 된다. 5-6절은(나는 퀼[102]에게는 반대하고 찬의 입장을 따른다) "어떤 다른 경우, 곧 그리스도교 내에서 허용할 만한 것으로 인정된 다른 삶의 모습을 통해서 비슷하면서도 아주 설득력 있는 사례"[103]를 들고 있다.

102 Kühl, S. 449f. "후에 추가된 γάρ은 방금 바로 앞의 5절에서 내린 판단을 정당화하기 위한 것으로서, 교훈적 병행 본문이라고 이해할 때만 의미가 통하는데 그런 이해는 틀린 것이다."

103 Zahn, S. 572f.

104 Steinhofer, S. 88; vgl. Rieger, S. 220.

을 무시하지 않는다. 또 그는 이렇게 생각한다. "배는 넓은 바다를 향해하는 것이 좋기는 하지만, 어쩔 수 없는 경우에는 좁은 운하를 지나가는 것도 괜찮다"(벵겔).[105] 그는 자기가 스스로를 이해하는 것보다 "연약한 자"를 더 잘 이해할 수 있는[106] 그런 개별적인 가능성들을 보편적인 관찰 방식으로 확장시키는 것이 정말 중요하다고 생각하게 된다. 이는 하나님께 감사함이요. 바로 이 관계, 하나님과의 관계가 인간적인 행함의 가치 혹은 무가치를 결정한다. 이 관계는 엄격한 자의 엄격함을 재는 저울이요 자유로운 자의 자유를 재는 저울이다. "우리 인생의 근본 규칙은 다음과 같은 사실이다. 인간은 하나님의 손짓에 전적으로 의지하기에, [dr]인간은 절망적이고 흔들리는 심적 상태에서는 손가락을 까딱할 엄두조차 감히 낼 수 없다"[dr](칼뱅).[107] 이 근본 규칙의 적용은 그 속성상 모든 연약한 자의 관점에서는 눈에 보이지 않는다. 연약한 자가 수도사처럼 행한 일들이 결국에는 "하나님"을 가리키고 있다는 주장, 곧 연약한 자의 주장을 **받아**들이는 것 말고—설령 그와 하나님 사이에 어떤 우상이 끼어든 것이 분명해 보인다고 할지라도—우리가 뭘 더 하겠는가? 어쨌든 하나님을 가리키는 것일 **수 있다**. 어쨌든 그의 행위에 뜻과 의미가 배어 있을 **수 있다**. 하나님의 영광을 위해 꼭 필요한 시위일 **수 있다**. 그러나 하나님은 경우에 따라서는 먹지 않는 것보다 먹는 것을 더 기뻐하실 수도 있다는 사실은 두말할 필요도 없

105 Bengel, Bd. II, S. 88. "et tamen potest aliquis, qui vel hoc vel illud statuit, *pleno cursu ferri in sua mente*, sicut cymba potest vel in angusto canali, vel in spatioso lacu inoffensum habere cursum."

106 이 책 444쪽, 각주 12.

107 Calvin, col. 259s. "Ac omnino tenendum est, hoc recte vivendi principium esse, si pendeant homines a Dei nutu nec sibi dubio et vacillante animo vel digitum movere permittant."

다. 그러므로 연약한 자는 전혀 이해하지 못하는 예정 사상**이야말로** 강한 자가 약한 자와 같은 대열에 설 수 있도록 해줄 것이다.

본론: 7-12. 7 우리 중에 누구든지 자기를 위하여 사는leben 자가 없고 자기를 위하여 죽는 자도 없도다. 8 우리가 살아도 주를 위하여 살고 죽어도 주를 위하여 죽나니 그러므로 사나 죽으나 우리가 주의 것이로다. 9 이를 위하여 그리스도께서 죽었다가 다시 살아나셨으니 곧 죽은 자와 산 자의 주가 되려 하심이라. 10 네가 어찌하여 네 형제를 비판하느냐. 어찌하여 네 형제를 업신여기느냐. 우리가 다 하나님의 심판대 앞에 서리라. 11 기록되었으되 주께서 |496| 이르시되 내가 살았노니 모든 무릎이 내게 꿇을 것이요 모든 혀가 하나님께 자백하리라 하였느니라. 12 이러므로 우리 각 사람이 자기 일을[우리 자신에 대해] 하나님께 직고[해명]하리라.

강함이란 인간이 인간으로서 어떤 최종적인 위기, 결코 회피할 수 없는 위기 속에 있다는 사실을 인식하는 것을 의미한다. "우리 중에 누구든지 자기를 위하여 사는leben 자가 없고……우리가 살아도 주를 위하여 살고." 생명Leben[사는 것] 그 자체란 존재하지 않는다, 오직 하나님과의 관계 안에 있는 생명만이 있다. 하나님의 심판과 약속 아래에 있는 생명 말이다. 죽음을 그 특징으로 하는 생명, 그러나 그리스도의 죽음을 통해서 **영원한** 생명의 소망이 되는 자격을 갖춘 생명이다. 이 생명은 엄격한 인생의 시도**만이 아니라** 자유로운 인생의 시도와 관련해서도 위기를 의미한다. 어쩌면 그 둘도 바로 그 "생명"을 지향하고 있는지 모른다. 그러나 그 "생명" 속에 있는 **생명**은 하나님의 자유이며, 이것은 우리에게 죽음을 의미한다. 우리는 오직 **주님**을 위해 살아 있다. 이러한 규정이 엄격한 인생의 시도와 관련해서는 결정적인데 자유로운 인생의 시도의 경우에는 덜 결정적이라고 할 수 있는가? 후자는 의식적으로 영원한 생명을 보고 전자는 그것이 추구하는

"생명"의 개념이 그저 **생물학적인** 생명을 의미할 것이라는 의혹에서 완전히 자유롭지 못하니 그렇다고 할 수 있는가? 하지만 자유로운 인생의 시도가 의식하고 있는 것도 **생물학적인** 생명 아닌가? 아무리 최고로 생각하는 "행위"라 할지라도(그런데 우리는 과연 어떤 것을 생각하는 "행위"로 알고 있으며 또한 그것을 실행하는가?) 어떻게 그것이 다른 행위보다 우월함을 입증할 만한 확실성과 의로움을 갖고 있다고 할 수 있는가? **주님**만이 약속의 확실한 보장이시다. "주님께서 집을 세우지 아니하시면 세우는 자의 수고가 헛되다"[시 127:1a]. 그러나 주님은 어떤 경우에도 역시 "**심판자**"이시니, 오직 "**그리스도의 죽음**"을 통해서만 우리의 소망은 살아 있는 소망이 된다. 이것은 뒤집어도 마찬가지다. "누구든지……자기를 위하여 죽는 자도 없도다. 우리가……죽어도 주를 위하여 죽나니." 죽음 그 자체는 존재하지 않는다. 오직 하나님과의 관계 속에서 죽음이 있는 것이다. 이 죽음은 장벽이면서 동시에 하나님에게 가는 출구다. 이 죽음은 우리가 생명이라고 부르는 것의 죽음이며, 그리스도의 부활로 인해 **화해**의 징표라는 자격을 갖게 된 죽음이다. 이것도 엄격한 인생의 시도가 맞부딪힌 위기**일 뿐 아니라** 자유로운 인생의 시도의 위기이기도 하다. 두 가지 모두 나름의 방식으로 죽음을 향해 나아간다. 그러나 "죽음" 안에 있는 **죽음**은 하나님의 자유이며, 우리에게는 생명이다. 우리는 오직 **주님께 대하여** 죽는다. 여기서도 "연약한 자"는 자신의 인생의 시도가 맞닥뜨린 상대적인 부정, 지양, 근절Ertötungen ds이 그저 생물학적인 죽음일 것이라는 의혹을 벗겨 내야만 한다. 반면 "강한 자"는 우리가 추구해야 하는 죽음이 부활을 통해 |497| 특별해진 죽음이며 그 밖의 다른 어떤 것이 아니라는 사실을 좀 더 의연하고 폭넓게 알고 있다. 그러나 죽음이라는 진리와의 관계는 강한 자에게도 똑같이 결정적인 것이다. 그 또한 자신의 **생물학적** 죽음의 확실성을 통해 규

정된 앎, **그저** 비유에 불과한 앎을 내세울 수 있을 뿐이다. 영원 사상에 대한 **우리의** 생각이 어떻게 우리를 의롭게 할 수 있겠는가? 화해를 이루는 죽음에 대한 **우리의** 견해가 우리에게 화해를 가져다줄 수 있겠는가? **주님**만이 부활의 보증인이시다. "주님께서 성을 지키지 아니하시면 파수꾼의 깨어 있음이 헛되다"[시 127:1b]. 그러나 또다시 주님은 어떤 경우에도 역시 **심판자**이시니, 오직 **그리스도의 부활**을 통해서만 우리 모두의 위에 있는 십자가의 의미가 주어진다. **"그러므로 사나 죽으나 우리가 주의 것이로다. 이를 위하여 그리스도께서 죽었다가 다시 살아나셨으니 곧 죽은 자와 산 자의 주가 되려 하심이라."** 강하다는 것은 그리스도 안에 있는 하나님을 인식하는 것이다. 다시 말해, 우리의 삶(생명)과 죽음에서 불가피한 궁극적 위기 속에서, 그러니까 그분의 **긍휼** 외에는 다른 **아무것도 없는** 거기서 그분을 인식하는 것이다. 강하다는 것은 모든 사물보다 하나님을 두려워하고 사랑하는 것을 의미한다.[108] 그분은 우리 생각의 최고 범주의 변증법 속에서 **주님**으로서 우리와 만나신다. 만일 우리가 "주를 위하여 살고" "주를 위하여 죽는다"는 사실을 알고 있다면, 이로써 우리는 우리의 생명과 죽음, 우리의 긍정과 부정이 다른 의로움, 그러니까 오직 하나님만이 주실 수 있는 **바로 그** 칭의 외에 다른 의로움을 요구할 수 없다는 사실을 고백하는 것이다. 우리의 생명도 우리의 죽음도, 우리의 긍정도 우리의 부정도 그 자체로는 정당화될 수 없다. 모든 인간적인 행함의 양쪽 끝에서 볼 때, 우리의 엄격한 인생의 시도나 우리의 자유로운 인생의 시도나 정당화될 수 없다. "연약한" 자가 이것을 모른다면(그가 이것을 모른다는 사실이 곧 그의 연약함이다) 강한 자는 그만큼 더 잘 알고 있어야 하며, 바로 그렇기 때문에

108 이 책 740쪽, 각주 39.

사격을 중지하고 하나님의 비밀 앞에 엎드려, 저 연약한 자를 기다리는 대신 언제나 첫걸음을 내딛어야 한다. 겸손, 곧 **하나님**이 아신다는 사실을 알기 때문에 **우리**는 **아무것도** 알지 **못한다**는 사실을 아는 겸손의 발걸음을 내딛는 것이다.

그러므로 **"네가 어찌하여 네 형제를 비판하느냐."** 더 도발적으로 묻는다. **"어찌하여 네 형제를 업신여기느냐."** 네가 업신여기는 그는 **"네 형제"** 다! 어떤 이유로도 신도들의 모임을 깨뜨려서는 안 된다. 어떤 수를 써서라도 공동체를 유지해야 한다. 우리가 **인간**으로서(강한 자나 연약한 자로서가 아니라, 하나님 앞에 서 있는 한분 그리스도 안에 응축되어 있는 인간으로서, 다시 말해 **형제**로서!) 속해 있는 |498| 진리, 곧 "주님을 위함"이라는 크고도 결정적인 진리는 우리에게 그 길을 지시해 준다. **"우리가 다 하나님의 심판대 앞에 서리라."** 방금 우리가 들은 것처럼, 주님은 생명과 죽음을 다스리시는 **심판자**이시다. 우리는 이 사실을 모든 방향에서 철저히 생각해야 한다. 우리는 모두 하나님의 심판대 앞에 "서게 될 것"이기 때문에, 이렇게 서게 된다는 사실의 "Futurum aeternum"[영원한 미래]가 우리의 현존재와 존재 상태의 결정적인 진리이기 때문에, 바로 그렇기 때문에 우리 모두는 있는 모습 그대로 여기 "서 있다." **어떤 사람들**은 "강한 자"로 또 **다른 사람들**은 "연약한 자"로 서 있다. 여태껏 한 번도 듣지 못했던 최종적인 사실, 곧 우리가 "주의 것"이라는 사실에 대한 가장 깊은 놀라움 속에서, 우리는 이렇게 혹은 저렇게(여기서 우리의 이해 혹은 오해는 무엇을 의미하는가?) 인생의 시도, 곧 하나님께 합당한 삶을 살려는 시도를 한다. 똑같이 계시된 비밀 앞에서, 똑같은 당황스러움과 소망 앞에서 길이 갈린다. 한쪽은 자유에 다다르는 길, 다른 쪽은 엄격함에 다다르는 길이다. 우리가 하나님의 **"심판대"** 앞에 설 것이기 때문에, 또 하나님의 심판 곧 이중 예정은 우리의

생명과 죽음의 결정적인 진리이기 때문에, 바로 그렇기 때문에 어떤 사람은 **강한 자**요 다른 사람은 **연약한 자**이다. 강한 자들의 태도는 두말할 것도 없이 선택이요, 연약한 자들의 태도는 버림이다. 왜냐하면 양심의 자유에 담긴 의미는 하나님의 자유와 그분의 행하심을 인정하는 것이며, 반면 엄격함의 의미는 인간과 그 인간의 행함이 속박된 상태라는 사실을 인정하는 것이기 때문이다. 그러나 우리가 "하나님의" 심판대 앞에 설 것이기 때문에, 그것이 우리 위에 있는 결정적인 진리, 곧 선택하시거나 내치시는 분은 오직 하나님이라는 진리이기 때문에, 그렇기 때문에 이 상황은 강한 자("선택받은 자")가 연약한 자("버림받은 자")에 비해 조금이라도 옳음을 내세울 수 있는 상황이 아니다. 믿음은 **하나님의** 신실하심이기에 의롭게 한다. 인간적인 인식은 **하나님을** 인식할 때 참된 것이 된다. 소망은 **하나님을** 바라는 소망일 때 우리의 구원이다. 사랑은 **하나님의** 사랑이기에 우리가 도저히 파악할 수 없는 길[고전 12:31]이다. 그러므로 언제나, 믿는 자든 인식하는 자든 소망하는 자든 사랑하는 자든 자신의 행함에서는 **어떤** 공로도 **어떤** 옳음도 **어떤** 요구도 나올 수 **없는** 그런 방식이다. 그러므로 "모든 무릎이 **내게** 꿇을 것이요 모든 혀가 **하나님께** 자백하리라!"(사 45:23) 하나님과 그분의 자유가 인간과 그의 "경건"으로 대체되자마자, 또한 그럴 때만 인간의 태도는—그것이 어떤 종류든—버림이 된다. 인간의 태도가 선택이 될 때는 공로와 옳음과 요구를 **포기**할 때, 이런저런 특징의 "경건"이라는 우상을 포기할 때뿐이다. **"이러므로 우리 각 사람이 자기 일을**[우리 자신에 대해] **하나님께 직고**[해명]**하리라."** 다른 사람의 경우 이러한 포기가 어떻게 일어나는지 우리가 알 수 있는가? 우리는 언제나 그의 **행위**만을, 그의 "경건"만을 볼 수 있다. 우리의 눈에는 버려짐으로 보이지만 바로 그것이 그의 선택됨인지 아닌지, 그의 연약함이야말로 그의 "강함"인지 아닌지

|499| 우리는 알지 못한다. 우리가 다른 사람에게서 **볼** 수 있는 것이라고는 오직, 하나님께 심판받은 사람, 그리고 하나님께 심판받아야 할 사람뿐이다. 다시 말해, 인간적인 태도로는 언제나 **의미** 있을 만한 모든 것 너머에서, 하지만 선택됨과 버려짐이라는 대조마저도 넘어선 저편에서, 하나님 앞에 서 있는 한분der Eine이다. 우리가 **바로 그** "강한 자"로서 **바로 그** 연약한 자에게서 **볼** 수 있는 것은 오직 그리스도, 오직 형제다. 우리가 연약한 자 안의 그리스도와 형제에 대하여 소크라테스적 질문을 던질 수 있는 유일한 방식은, 우리가 **스스로** 포기함을 통해서다. 우리가 (우리를 "강한 자"로 만드는) **근본적인** 포기를 통해서 이미 얻었다고 생각하는 **그** 옳음마저도 포기함을 통해서다. 아무것도 쟁취된 것이 없다. 우리가 다른 사람보다 먼저 가지고 있다고 여기는 모든 것이 의문시된다. 왜냐하면 우리는 언제나 우리 자신에 대해 가장 엄중한 해명을 해야 하기 때문이다. 그래서 역사적·심리적 기준에 따른 모든 심판은 무의미하다(마 7:1). 또한 그런 기준에 따른 (소심한 교회 지도자, 엄격한 분파주의자, 열정적인 종교 사회주의자, 경우에 따라서는 자유의 바리새인까지 포괄하는 사람들의!) 물음도 무의미하다. 다른 사람의 영혼 구원에 관한 물음은 그것이 어떤 형태이든 무의미하다. 하나님과 **그의** 관계를 판단하려는 시도 역시—그 시도가 좌 편향이든 우 편향이든!—무의미하다. 모든 것은 하나님의 심판에 내맡겨졌다. '심판하지 **말라!**'는 유일한 가능성이며, 그러므로 그쪽에서 보면 가능성도 **아니고** 처방도 **아니고** 행동 규칙도 **아니다**. 오히려 그 가능성은 **우리를** 기다리는 심판의 자리에 우리를 세워 놓는 가능성, 하나님의 긍휼하심이라는 불가능한 가능성을 향한 끝없는 소망 안에 있는 가능성이다.

13-15. 자유로운 인생의 시도와 엄밀한 인생의 시도의 "이론적"theoretisch 입장과 관계된 경고를 이제는 "실천적"praktisch 실행과 관련하여 깊이 생각해

볼 차례다. 13 그런즉 우리가 다시는 서로 비판하지 말고 도리어 부딪칠 것이나 거칠 것을 형제 앞에 두지 아니하도록 주의하라. 14 내가 주 예수 안에서 알고 확신하노니 무엇이든지 스스로 속된[부정한] 것이 없으되 다만 속되게 여기는 그 사람에게는 속되니라. 15 만일 음식으로 말미암아 네 형제가 근심하게 되면 이는 네가 사랑으로 행하지 아니함이라. 그리스도께서 대신하여 죽으신gestorben ist dt 형제를 네 음식으로 망하게 하지 말라.

로마서의 입장은—그것을 "입장"으로 취한다면—하나님의 입장이다! 누군가를 그 입장에서 정죄한다는 것은 하나님이 그를 내치셨음을 확실하게 보여주고, 하나님의 진노를 느끼게 하고, 하나님이 주시는 바 부딪칠 것이나 거칠 것을 그에게 |500| 두는 것이다. **이러한** 입장을 취하고자 하는 것은 이로써 **끝**나야 한다! 로마서가 요구하는 인생의 시도에서 결국 중요한 것은 하나님의 입장을 "취하는 것"이 아니라, 오직 그 입장을 모든 각도에서 살피고 그 입장을 깊이 생각하며, 그다음 이러한 심사숙고 속에서 살아가는 것이다. "정죄"란 유죄판결을 내리는 것, 진노에 휩싸이는 것이며, 물론 하나님께서 계속해서 하시는 일이기도 하다. 그러나 **그분이** 하시는 정죄는—눈에 보이지는 않게—의로움의 계시, 용서와 하나다. 반면 **우리가** 하는 정죄는 불행히도 아주 명백하다. 우리는 누군가를 선택하거나 버릴 수 있는 신적인 자유를 갖고 있지 **않다**. 우리가 누군가를 버리기로 마음을 먹으면 **우리는** 거기에 꼼짝없이 붙들려 있다. 우리가 기껏 할 수 있는 것이라고는 하나님의 진노라는 우상을 **자기 곁에** 세우는 것이다. 정죄는 이렇듯 치명적인 방식으로 작동한다. "연약한 자"는 수도사의 열심 안에서 끊임없이 그런 정죄에 빠진다. 그러나 만일 "강한 자"가 야채 먹는 자의 비난, 나아가 유감에 가득 찬 탄식에 자극받아서 그들을 경멸한다면, 그래서 정죄하는 자가 되고, 그래서 스스로 약한 자, 자유의 바리새인이 된다면,

강한 자의 정죄도 그에 뒤지지 않는다. 진정 강한 자라면 분명히 **"판단력"**을 가지고 있을 터인데, 이것은 다른 방식으로 실현되어야 한다. 이 판단력은 자기 자신을 향해야 한다. 그리고 그 "형제"를 하나님의 진노를 짊어진 자로 대하지 않는다는("강한 자"라면 분명히 알고 있는 것처럼, 이것은 그 어떤 인간에게도 허용되지 **않기** 때문이다!) 점, 그를 정죄하지 않을 뿐만 아니라 그에게 "부딪칠 것이나 거칠 것"을 두지도 않는다는 점이야말로 이 판단력의 확실한 특징이다. 왜냐하면 그런 것을 두는 것은 오직 신적인 행위로서만 신적인 것이며, 인간적인 행위로는(이것 역시 치명적으로 명백한데) 철저하게 불가능하기 때문이다. "부딪칠 것과 거칠 것을 두는 것"이란 누군가를 잘못된 길로 인도하는 것, 현혹하는 것, 받아들이지 않는 것, 완고하게 하는 것, 하나님과 갈라놓는 것, 회개할 가능성을 박탈하는 것을 의미한다. 물론 이것은 하나님이 하시는 일이기도 하다!(9:33) 그러나 하나님이 하시는 이 일도 눈에 보이지 않는 하나님의 일로서 그 반대와 일치한다. **하나님**께서는 **자신이** 두시는 부딪칠 것과 거칠 것을 통해 **자신의** 심판을 실행하시면서 동시에 인간을 받아들이신다. 배척하고 완고하게 하는 주체가 **하나님**이실 때(11장!) 약속이 있으며 소망이 있다. 배척된 자가 부딪히게 될 돌, 바로 그 돌에 대해 이런 말이 나온다. "그를 믿는 자는 부끄러움을 당하지 아니하리라!"(9:32-33) 그러나 인간이 하나님의 자리를 차지하려고 하면서 다른 사람에게 부딪칠 것을 두는 경우는 사정이 다르다. 그는 완고하게 할 **뿐** 자유롭게 하지 못하며, 폐쇄할 **뿐** 풀어 주지 못하며, 죽일 **뿐** 살리지 못한다. 채소 먹는 자들의 선의의 노력으로 무엇을 이루겠는가? 그 노력으로 인해 수많은 사람들의 눈이 닫히고, |501| 수많은 사람들의 기분이 씁쓸해지고, 회개할 가능성이 박탈된beraubt worden sind **du**것 말고 도대체 무엇을 이루겠는가? 가장 고귀한 바리새주의도 사람들의 마음을 완고하게 하고 부정적인

방식으로 작용하는 데 그쳤다. 그러나 "모든 것을 먹을 만한 믿음"이라고 볼 수 있는가? 만일 거기에 "판단력"이 없다면, 자유 안의 자유가 없다면, 자신의 믿음도 믿음이지만 어떤 경우에는 모든 것을 먹지 않을 수도 있는 가능성이 없다면, 양심의 자유라는 바리새주의가 되는 것이고, 그것의 작용 또한 아주 부정적이다. 여기서 다시 한 번 분명해지는 것이 있다. 그것은 **우리가** 최고의 의를 **우리의** 의로움으로 취하게 되면, 그것이 최고의 불의라는 사실이다.

"내가 주 예수 안에서 알고 확신하노니 무엇이든지 스스로 속된[부정한] 것이 없으되." 그 "형제"가 붙잡고 있는 관점은 옳지 않은 것이며, 그리스도 안에서 애초부터 극복된 것이다. 금욕주의와 생활 개혁은 비유로서의 가치, 표현으로서의 가치를 가지고 있다. **그 자체로는** 아무런 가치도 없다. 그런 것들은 결단코 하늘나라에 이르는 전 단계가 될 수 없다. 오직 **하나의** 선이 있음 같이 오직 **하나의** 악이 있으며, 오직 **하나의** 정결한 것이 있음 같이 오직 **하나의** 부정한 것이 있다. 하나님 앞에서는 모든 것이 부정하며, 바로 그렇기 때문에 그 **어떤 것도** 특별히 부정하지 **않다**. 어떤 것이 특별히 부정하다는 판단은 망상에서—그 망상이 은밀한 것이든 공공연한 것이든—나온 것이다. 마치 하나님 앞에서 **모든 것**이 부정하지 않을 것이라고 착각하는 망상 말이다. 또한 그런 판단은 진정으로 회개하는 것에 대한 거부에서—그 거부가 은밀한 것이든 공공연한 것이든—나온 것이다. 금욕주의자와 개혁자의 진지함은 더욱 진지해져서 마침내 철저하게 진지해지고, 그래서 악의 문제에 **철저하게** 대응할 수 있어야 한다. "다만 속되게 여기는 그 사람에게는 속되니라." 올바르지 않은 견해, 이미 끝난 견해를 고수하는 한 사람이 있다고 가정해 보자. 그는 근본적으로 틀린 헤아림에 사로잡혀 있고, 어떤 특정한 부정에 대한 혐오에 사로잡혀 있다고 가정해 보

자. 그렇다면 그가 헤아리는Rechnung 방식 자체가 다른 방식으로 바뀌지 않으면 안 될 것이다. **자신이** 헤아리는 방식의 범위 안에서는 자신이 도달한 결과가 그 자체로 옳으며 반론의 여지가 없기 때문이다. 그가 사용하는 구구단은 옳지만, 그가 말하는 숫자가 틀린 것이다. 그가 가진 혐오의 진지함과 단호함은 적절한데, 그 혐오의 대상을 제멋대로 고른 것이 치명적인 오류다. 그러므로 그는 그 혐오의 근원을 찾아 거슬러 올라가야 한다. 도대체 어떻게 해서 그런 혐오가 발생했는가? 아무래도—인간적으로 볼 때—강한 자가 가진 양심의 자유가 발생한 곳과 똑같은 근원, 그와 똑같이 삶의 불안, 곧 오히려 치유의 약이 되는 불안에서 나왔을 것이다. 똑같은 최종적인 물음, 곧 절박한 마지막 물음에서 나왔을 것이다. 똑같은 열망, 곧 하나님의 뜻에 부응하려는 열망에서 나왔을 것이다. 그 혐오의 방향을 틀고자 할 때, 어떤 경우에도 이 불안, 이 물음, 이 열망은 깨어 있어야 한다. 모든 인간이 가장 깊은 곤경 속에서 하나님을 만날 때, 그 인간을 감싸는 자유가 방해받아서는 안 된다. 그러나 만일 그가 자신의 헤아림의 결과는 뒤집어엎으면서도 자신이 헤아리는 방식의 올바르지 못함은 보지 못한다면, |502| 만일 그의 단호함과 진지함이 본질적인 대상을 찾지 못하고 헤매고만 있다면, 만일 그가 하나님의 자유, 곧 깨끗한 자들에게 모든 것이 깨끗하도록 하시는(딛 1:15) 하나님의 자유를 얻기 위하여 철저하게 근본으로 돌아가고, 이전과 똑같은 단호함과 똑같은 진지함으로 임하는 대신, 과거 그가 엄격하고 확고했던 지점에서 경박하고 무관심하고 불투명해진다면, 그렇다면 그 자유는 방해**받는다**. 인간은 잘못된 안내를 **받고** 마음이 완고해**진다**. 부딪칠 것과 거칠 것이 그의 앞에 **놓인다**. 회개의 가능성은 모든 사람이 **자신의** 길을 끝까지 가는 것과 결부되어 있다. 그도 그럴 것이, 회개는 인간의 마지막이면서, 하나님 안에서 새로운 시작으로서 절대적으로 개인적이

고 일회적이고 유일한 행위이며, 그 누구도 다른 사람에게서 이 가능성을 빼앗아서는 안 된다.

"만일 음식으로 말미암아 네 형제가 근심하게 되면 이는 네가 사랑으로 행하지 아니함이라." 이웃을 "근심하게 하는 것"은 그가 **자신의** 길을 끝까지 가는 것을 가로막는 행위, **그가** 해서는 **안** 되는 일을 하게 하는 행위, 그가 할 수 있는 가장 좋은 일과 가장 풍요로운 일을 약화시키는 행위, 그의 반항과 고집 속에 감춰져 있는 삶의 불안을 상쇄하는 행위, 그가 발견해서는 **안** 될 평화, 곧 자기 자신과의 평화에 이르도록 도와주는 행위, 한마디로 그에게서 회개를 빼앗는 모든 행위를 말한다. 나는 그를 잘못된 길로 인도하면서 승리에 도취된다. 나는 그의 도덕적인 태도의 가장 깊은 동기를 이해하지는 못한 상태에서 그 태도의 영웅주의에 맞서 싸운다. 그래서 그는 나로 인해 더욱더 위험한 영웅주의, 곧 자유의 영웅주의에 빠지는 결과를 초래한다. 물론 나 자신도 (**나의** "강함" 속에서) 바로 그 영웅주의에 빠져 있다. 나는 그에게 어떤 자유를 보여주지만, 그 자유는 그에게 가장 치명적인 족쇄다. 나는 그에게 하나님에 관한 인식을 전하지만, 차라리 악마에 관한 인식이라고 불리는 게 나을 것이다. 어쩌면 이로써 나는 하나님께서 정확히 그에게 주시려는 **그** '거칠 것'을 두는 것인지 모른다("걸려 넘어지게 하는 것이 없을 수는 없다"[마 18:7b 병행 본문]). 어쩌면 내가 그에게 하는 일이 그가 가는 길의 끝인지도 모른다. 바로 거기서 그에게 회개의 가능성이 주어질는지도 모른다. 어쩌면 내가 그를 시험에 빠뜨려 그가 자신을 넘어서고 삶의 불안까지 넘어서 하나님 앞에 서도록 할지도 모른다. 그러나("걸려 넘어지게 하는 그 사람에게는 화가 있도다!"[마 18:7c]) **이 사실로부터 나는** 무엇을 알 수 있는가? 내가 어떻게 이런 신적인 '어쩌면!'을 목표로 하여 행동할 수 있겠는가? **나는** 나의 이웃 안에 있는 형제를 망각하

고, 타자 안에 있는 그 한분을 망각하고, 이웃 곧 그의 "연약함" 속에 있는 그리스도를 망각한다. "사랑으로 행하지 아니함이라." 나는 내가 옳다는 사실로도, 또 하나님이 의로우시다는 사실로도 의롭다고 인정받지 못한다. 그러므로 "그리스도께서 대신하여 죽으신 형제를 네 음식으로 |503| 망하게 하지 말라." dv그리스도는 그를 위하여 죽으셨는데Christus ist für ihn gestorben dv, 나는 그를 거슬러 **먹고 있다니**! 이것은 불가능한 것, 곧 나의 가장 가능한 가능성의 불합리함이며, 나의 최고의 의로움의 불의다. 내가 모든 것을 하나님의 진노에 맡기지 않고 하나님의 보좌에 앉으려 하면서, 나의 행위를 통해 "부딪칠 것과 거칠 것"을 두고 "형제"를 혼란스럽게 한다면[12:19], 바로 그 순간 나의 양심의 자유, "모든 것을 먹을 만한" 내 "믿음"의 의기양양한 승리도 나에게 정당함을 부여하지 못한다. 바로 그 순간 나의 자유, 나의 믿음은 끝장난 것이고 나의 모든 지식은 아무것도 모르는 것이나 매한가지다.

16-18. 16 그러므로 너희의 선한 것이 비방을 받지 않게 하라. 17 하나님의 나라는 먹는 것과 마시는 것이 아니요 오직 성령 안에 있는 의와 평강과 희락이라. 18 이로써 그리스도를 섬기는 자는 하나님을 기쁘시게 하며 사람에게도 칭찬을 받느니라.

우리는 강한 자의 강함을 가로막은 철통같은 차단막 앞에 서 있다. 우리가 우리의 자유라고 부르는 것의 위기 앞에 서 있다. 우리는 이 자유를 우리의 "선한 것"으로 여기며 기뻐한다. 그러나 그것이 "선한 것"이 될 때는 오직 그것이 **바로 그 자유**, 곧 "하나님의 나라"일 때다. 이것이 분명한가? 하나님이 우리의 행함과 행하지 않음 속에서 이루시는, 이루셔야 할 하나님의 자유인가? 아니면 **우리**가 그분의 이름으로 우리의 어떤 자유를 이루려고 하는 것인가? 우리는 하나님께서 우리의 자유 안에서 그분의 자

유를 시위하실 때 비로소 우리의 자유도 가치 있는 것이 된다는 사실을 알고 있는가? 아니면 자유 그 자체가 가치 있다고 생각하는가? 우리가 우리의 강함을 증명할 때, 우리의 관심은 "의와 평강과 희락"인가? 아니면 결국에는 "먹는 것과 마시는 것"인가? 우리는 **반드시 해야 하는 것**[Müssen]을 해도 되는 것[Dürfen]인가? 아니면 자율적으로 **해도 되는** 것을 의무적으로 해야 하는 것인가? 지금 우리가 말하는 것은 진리의 자율성인가? 아니면 **우리의** 약간의 자율성인가? 만일 그것이 후자[diese dw]라면, 우리의 "선한 것"은 이미 비방당한 것, 바로 우리 자신에게 비방을 당한 것이다. 그러니 다른 사람들의 비방거리가 되는 것도 지극히 당연한 일이다. 바울주의라는 것도 마찬가지다. 그것이(현대 프로테스탄티즘의 경우 확실히 그런 것처럼!) 그 무시무시한 혼동, 곧 **인간의 자기 정당화**를 하나님의 비밀을 인식함으로 혼동한다면, 바울주의란 얼마나 의심스럽고 가소로운 것인가? 아니, 얼마나 가식적이고 위험한 것이 되는가? **이러한**[dx] 목표에 도달하기 위해서라면 반드시 로마서를 거쳐 갈 필요도 없다. 그것이 전부라면(바울주의자 치고, 그것이 전부인 것처럼 행동하는 위험에서 단 한순간이라도[ye dy] 벗어났던 사람이 어디 있으랴!) "연약한" 자들의 합창이 예전부터 로마서에 반대하며 제기했던 비판은 그 얼마나 옳은가! 대심문관이 그리스도가 가져온 자유에 대해 진정 타당성 있는 우려를 표명한 것은 그 얼마나 |504| 옳은가! 도덕주의자, 심리학·교육학·사회학에 관심 있는 자, "역사적으로 사유하는 자", 확신으로 가득 찬 자, 올곧은 자, 실천적인 자, 건강한 지성의 지지자들의 무리가 주장하는 것은 또 얼마나 옳은가! 그들의 깊은 분별 **없음**은 또 얼마나 쉽게 용서가 되는 가벼운 것이며, 그 얼마나 타당하고 정당한 것이 되겠는가! 그렇다면 가능한 한 재빠르게 가까이 있는 최고의 율법에 복종하는 것이 또 얼마나 시급한 일이 되겠는가! 우리가 너무 앞으로 나갔다는

생각에서 다시 가톨릭교회의 어머니 같은 품으로 돌아가는 가능성이 그 얼마나 추천할 만한 일이 되겠는가! 그러나 우리는 이러한 위기로 이끄는 것은 하나님의 나라[Reich dz] 자체다. 이 나라는 **하나님의** 나라로 인식되지 않은 상태에서는 우리에게 심판이 된다. "성령" 안에 있는 사람이 그리스도를 섬기는 것이지, "우리의" 영 안에 있으면서는 결코 그럴 수 없다. 만일 우리가 이 두 번째 가능성을[diese zweite Möglichkeit ea] 고른다면, 또 우리 인생의 시도의 자유가 목표하는 것이 결국 "우리의" 영이 영광을 받는 것이라면 (그 가능성에 무한히 수렴하지 않을 때가 있을까?) 그런 우리가 "하나님을 기쁘시게" 하지도 못하고 "사람에게도 칭찬을" 받지 못하는 것은 당연한 일이다. 만일 우리가 종교개혁이라고 무조건 **축하하는 것**이 아니라, 그것이 영웅주의의 모험일 수도 있기 때문에 진지하게 염려하는 법을 배운다면, 오히려 그것이 바른 통찰의 징표일 것이다. 그러면 그 이상을 배울 시간이 따라올 것이다. 그 이상이란 **유혹**의 크기로 **약속**의 크기, 곧 우리가 "종교개혁의 토대 위에" 서 있다는 약속의 크기를 재는 법을 배우는 것이다. 일단 우리는 대개의 경우 인간이 **바로 그** 토대 위에서 얼마나 많이, 얼마나 깊이 추락하여 상처를 입을 수 있는지를 보면서 그것을 알게 된다.

19-23. 19 그러므로 우리가 화평[평화]의 일과 서로 덕을 세우는 일을 힘
쓰나니 20 음식으로 말미암아 하나님의 사업을 무너지게 하지 말라. 만물이
다 깨끗하되 거리낌으로 먹는 사람에게는 악한 것이라. 21 고기도 먹지 아
니하고 포도주도 마시지 아니하고 무엇이든지 네 형제로 거리끼게 하는 일
을 아니함이 아름다우니라. 22 네게 있는 믿음을*[너는 믿음을 가지고 있느냐]
하나님 앞에서 스스로 가지고 있으라. 자기가 옳다 하는 바로 자기를 정죄
하지 아니하는 자는 복이 있도다. 23 의심하고 먹는 자는 정죄되었나니 이
는 믿음을 따라 하지 아니하였기 때문이라. 믿음을 따라 하지 아니하는 것

은 다 죄니라.

바울적인 인생의 시도, 두 번이나 굴절된 그 선, 그 좁은 길, 결코 당연하지 않은 그 길은 우리의 온갖 생각과 성찰을 통해 분명해지는가? 다시 한 번 요약해 보자.

"화평[평화]의 일……을 힘쓰나니." 그렇다. 하지만 평화 제일, 평화 최고를 |505| 힘쓰는 것은 아니다. 그런 것은 하나님보다 인간에게 더 복종하는 것이다. 우리가 말하는 것은 하나님의 자유 안에 있는 평화다. 그리고 이것은[was eb] 온 세상과의 전쟁을 의미할 수도 있다. 그러므로 독립적인 양심이 네 도덕의 낮에 태양이 되게 하라![109] 그렇다. 그러나—두 번째 반전—이것은 하나님 안에서 독립적인 양심이며, 우연적인 이성보다 높은 **하나님의** 평화[빌 4:7], 이웃에게도 자유가 될 수 있는 바로 그 자유 안에 있는 평화다. "서로 덕을 세우는 일"이 없이는 평화도 없다. 이제 한복판으로 너의 길을 가라!

"음식으로 말미암아 하나님의 사업을 무너지게 하지 말라." 우리는 위험 속에서 선한 것, 신적인 것을 본다. 우리는 고난당하는 사람들을 본다. 개입하고 희생하고 실천할 필요성을 인식한다. 진실로 "음식으로 말미암아", 또한 인간이 자신의 자유를 소유하고 주장하려고 하기 때문에, 꼭 필요한 일이 일어나지 않는다거나 하나님의 사업이 무너져서는 안 된다. 그렇다. 그러나 "만물이 다 깨끗하되." 만물이다! 이것은 모든 가파른 도덕성의 종

* ἔχεις 앞에 있는 ἣν은 필사자가 22a가 의문문이라는 사실을 인식하지 못한 상태에서 문장 구성을 평이하게 하려고 써넣은 것 같다.

109 괴테의 시 '유산'(Vermächtnis) 중에서.

이는 독립적인 양심이
네 도덕의 낮에 태양이기 때문이라.

말이고, 모든 직접적인 행위[110]의 원칙적인 종말이며, 모든 사람을 위한 양심의 자유의 선언이다. 프로테스탄티즘은 무제약적으로 옳다. 그렇다. 그러나—두 번째 반전—"거리낌으로 먹는 사람에게는 악한 것이라." 남은 문제가 있다. 나의 자유를 사용하는 것이 그 곤경을 악화시킨다. 나의 이웃이 유혹에 처해 있다. 그가 흔들림 없이 자신의 길을 가야 하는데 내가 그와 충돌한다. 그를 멈춰 세운다. **그래도 되는가**? **그래도 된다면** 반드시 그렇게 하기를 **원해야만 하는가**? 내가 직접적인 행위를 경멸**해도 되는가**? 그런 행위를 안 **해도 되는가**? 강도에게 습격을 당해서 쓰러져 있는 사람이 있는데 [눅 10:30] 나의 자유를 위해서 그냥 지나쳐 가도 **되는가**? 그러므로 한 걸음 더 나아간다. "고기도 먹지 아니하고 포도주도 마시지 아니하고 무엇이든지 네 형제로 거리끼게 하는 일을 아니함이 아름다우니라." 성령은 **내가** 가진 법이 아니라 객관적인 법이다. 시냇물 위에 솟아 있는 디딤돌이 보이는가? **한** 발로 하나씩 디뎠다가 곧장 다음으로 뛰어야, 그래야 건너편으로 갈 수 있으리니!

"너는 믿음을 가지고 있느냐." 물론 가지고 있다! 그러나 그 믿음은 "스스로" 그리고 "하나님 앞에서" 가지고 있는 것이다. 오직 너 자신을 위해, 그리고 오직 하나님 앞에서 믿을 수 있다. 그 믿음 안에서는 철저하게 너와 하나님 둘밖에 없다. 철저하게 그분에게만 묶여 있으며, 철저하게 그분을 향해 내던져진 상태다. 그분 외에는 그 누구도 너의 재판관이 될 수 없

110 이것은 당사자들이 함께 힘을 모아 목표를 위해 직접적으로 개입하는 정치적-사회적 투쟁의 형태를 암시한다. 상부 기관의 조정을 받지 않고 파업을 추진하는 것을 말한다. 바르트는 1918년 12월 17일에 에밀 브루너(E. Brunner)에게 보낸 편지에서 자신의 『로마서』 제1판을 염두에 두고 "직접적인 행위"를 언급한다(K. Barth – E. Brunner, *Briefwechsel 1916-1966*, hrsg. von der Karl Barth-Forschungsstelle an der Universität Göttingen [Leitung E. Busch] [Gesamtausgabe, Abt. V], Zürich, 2000, S. 38f.)

고 그 누구도 너의 구원자가 될 수 없다. **"자기가 옳다 하는 바로 자기를 정죄하지 아니하는 자는 복이 있도다."** 그렇다. 그러나—두 번째 반전—그렇게 하나님과 자기만 있는 것은 두려운 일이다. 그분만이 선하신 분이시며 업신여김을 받지 않으시는 분[마 19:17 병행 본문, 갈 6:7]이시고, 우리에게서 모든 것을 빼앗아 가심으로써 모든 것을 요구하는 분이라는 사실을 아는 것은 두려운 일이다. 그리고 이제 너에게든 다른 사람에게든 |506| 의심의 가능성, 한없이 그럴 법한 가능성이 있으니, 그것은 우리가 행하는 많은 것, 어쩌면 모든 것이 믿음을 따라 일어난 것이 **아닐** 가능성이다! **"의심하고 먹는 자는 정죄되었나니 이는 믿음을 따라 하지 아니하였기 때문이라. 믿음을 따라 하지 아니하는 것은 다 죄니라."** 여기서 옳다는 인정을 받을 수 있는 사람이 누구인가? 누가 감히 나는 믿음이 있노라고 말할 수 있는가? 누가 감히 다른 사람을 위한 책임을 떠맡을 수 있는가? 아니, 자기 자신만이라도 책임을 질 수 있는가? 누가 여기서 꿋꿋이 **자신의** 자율성을 주장할 수 있는가? 그러니 이 무시무시한 불확실성 속에서 꼭 붙들어야 할 **하나의** 끈이 있으니, 그것이 바로 하나님이다! 하지만 과연 누가 붙들 수 있으랴? 직접 붙들리지 않고서야 그 누가 스스로 붙들 수 있으랴?

1-6.* **1 믿음이 강한 우리는 마땅히 믿음이 약한 자의 약점을 담당하고**[짊어지고] **자기를 기쁘게 하지 아니할 것이라. 2 우리 각 사람이 이웃을 기쁘게 하되 선을 이루고 덕을 세우도록 할지니라. 3 그리스도께서도 자기를 기쁘게**

* 이 책의 제1판에서는 톨루크·호프만·찬과 같은 선상에서, 16:25-27을 이곳으로 가져와 해석을 시도했다.[111] 그 본문은 다음과 같다. 25 나의 복음과 예수 그리스도를 전파함은(리츠만: '나의 복음 안과 예수 그리스도를 전파함 안에 있는') 영세 전부터 감추어졌다가 26 이제는 나타내신 바 되었으며 영원하신 하나님의 명을 따라 선지자들의 글로 말미암아 모든 민족이 믿어 순종하게 하시려고 알게 하신 바 그 신비의 계시를 따라 된 것이니 이 복음으로 너희를 능히 견고하게(리츠만: '계시 안에서', 찬: '견고하게')

하지 아니하셨나니 기록된 바 주를 비방하는 자들의 비방이 내게 미쳤나이
다 함과 같으니라. 4 무엇이든지 전에 기록된 바는 우리의 교훈을 위하여 기
록된 것이니 우리로 하여금 인내로 또는 성경의 위로로 소망을 가지게 함이
니라. 5 이제 인내와 위로의 하나님이 너희로 그리스도 예수를 본받아 서로
뜻이 같게 하여 주사 6 한마음과 한 입으로 하나님 곧 우리 주 예수 그리스도

하실 27 지혜로우신 하나님께 예수 그리스도로 말미암아(찬은 이 부분을 생략했다) 영광이 세세무궁하도록 있을지어다(찬: 영원히 이르리라). 그러나 나는 그때 이후로 이루어진 코르센(Corssen)[112], 리츠만[113], 하르나크[114]의 본문비평 연구에 영향을 받고 새로운 주석학적 성찰(찬이 제대로 언급했듯이[115], 여기서 마지막으로 결정적인 역할을 하는 그 성찰)에 근거하여 더 이상 이전의 견해를 고수할 수 없게 되었다.

2세기에서 3세기로 넘어가는 전환기, 어쩌면 심지어 그 이전에 교회 안에는 바울 서신의 라틴어 필사본들이 이미 존재했는데, 거기에는 롬 15-16장이 없었을 것이라는 추측에 무게가 실렸다. 14장의 주제가 15장 이후에도 대대적으로 다뤄지고 있다는 사실을 감안한다면 이런 생략을 어떻게 이해할 수 있는가? 거기에는 어떤 외적인, |507| 혹은 내적인 요인이 있었을까? 특히 이것은 마르키온의 텍스트와 그 텍스트에 관하여 오리게네스는 이렇게 썼다. "ab eo loco ubi scriptum est 'omne autem quod non est ex fide, peccatum est' usque ad finem cuncta dissecuit" [그(마르키온)는 '믿음에서 나오지 않은 모든 것은 죄'라고 기록된 그 부분부터 마지막까지 잘라 냈다].[116] 어떤 연관이 있을까? 이런 질문에 대해서는 거의 알려진 바가 없다. 그저 이 (마르키온과의 연관성 속에서만 그런 것이 아니라, 그것과 관계가 있다고 증명되지 않은 교회의 텍스트 안에서도) 삭제의 가능성이 아주 크기 때문에, 삭제의 의미를 정확히 짚을 수는 없다고 하더라도 그것이 실제로 일어났다는 것만큼은 충분히 추정해야 한다. 이 기묘한 사실을 전제한다면 "예전(禮典)적 성격을 가진—아마도 예배의 자리에

111 Römerbrief I, S. 556f. 1판과 뒤따르는 반복된 번역들에 괄호가 없다. Zahn, S. 587, Lietzmann, S. 124f.

112 P. Corssen, *Zur Überlieferungsgeschichte des Römerbriefes*, ZNW, Jg. 10(1909), S. 1-45. 바르트는 퀼의 책 488쪽에 있는 비평을 통해서 이 논문의 결론을 이미 알고 있었던 것 같다

113 Lietzmann, S. 124-126.

114 Harnack, Marcion, S. 145-148(Beilage III).

115 Zahn, S. 621.

116 Lietzmann, S. 125.

의 아버지께 영광을 돌리게 하려 하노라. |508|

믿음이 "강한" 우리. 우리를 강하게 **하는** 것, 그것은 언제라도 우리의 **강함** 위로 쳐들어오는 위기로부터 거침없이 솟아난다. 이쪽으로든 저쪽으로든 깎아지른 낭떠러지 사이에 좁게 난 길, 우리는 그 길 외에는 다른 길을 바라지 않는다. 한 발을 내딛자마자 바로 다음으로 넘어가야 하는 징검

서 그 서신을 읽었기 때문에—꽤 긴 분량의 종결부"(리츠만)[117]의 필요성이 있었고, 그래서 "영광송"(Doxologie)을 끼워 넣음으로써 그 필요를 충족시킨 것이라는 주장은(전에는 나 자신이 이런 가설에 철저하게 반대했지만) 전혀 불가능한 주장은 아니다. 그렇게 본다면 14장과 15장의 연관성에 대한 통찰의 부족은 예전학자에게 부담이 되는 것이 아니라 그 훼손된 텍스트의 편집자에게 부담이 된다. 그러나 16:25-27은 **영광송**이다. 나는 이와 관련하여 호프만[118]이 대담하게 제기한(찬은 원칙적으로 거부한[119]) 가능성, 곧 16:25의 τῷ δὲ δυναμένῳ를 15:1의 ὀφείλομεν δὲ의 여격 목적어로 끌어오는 가능성에 현혹되지 말았어야 했다. 호프만의 제안을 받아들일 때 구성되는 문장의 조합은 너무 터무니없다. 그리고 병행 본문인 엡 3:20, 유 24-25절도(조금 덜 분명하기는 하지만 순교자 폴리카르포스 20Mart. Polyk. 20도) 이것이 이어지는 문장과 별개의 장엄한 **기원문**(Invokation)이라는 사실을 분명하게 밝혀 주는 아주 확실한 증거다. 그렇다면 호프만 스스로도 인정하는 것처럼[120] 14:23 뒤와 15:1 사이에 16:25-27이 있는 것은 전체적인 맥락을 심각하게 거스르는 셈이다. 이 송영이 왜 여기 있어야 하는지 도무지 이해되지가 않는다. 왜냐하면 나는 이 송영이—호프만의 추측이 여전히 가능하다고 보기는 하지만—바울의 견해를 대변하는 "중심 사상의 한 부분"[121]이라고 생각할 수 없기 때문이다. 그것의 사상적 내용은 "연약한 자"를 배려하라는 요청의 근거로 파악될 수 있긴 하지만, 그래도 상당히 이상하고 전혀 사리에 맞지 않는 논증인 것 같다. (그것을 그 자체로 주석하려는 모든 시도는 유일하게 στηρίξαι라는 단어에만 치중하고 있다!) 게다가 15:3-12이 제시하고 있는 근거, 그러니까—그 내용이란 것과는 완전히 다르게—문맥상 필연적으로 드러나는 근거와 묘한 긴장 관계를 이루고 있는 것 같다. 여기서 16:25-27은 없어도 아무 문제 없는, 오히려 있어서

117 Lietzmann, S. 125. "보다 긴 분량의 종결부".

118 Hofmann, S. 577-579.

119 Zahn, S. 585.

120 Hofmann, S. 577.

121 Römerbrief I, S. 557f. 각주

다리 외에 다른 건널목을 바라지 않는다. 우리는 하나님 외에 다른 발판을 바라지 않는다. 그러나 위기는 지속된다. 우리의 믿음과 관련하여 자기 주장, 자유사상, 성취, 정당성 주장, 요구가 될 수 있는 모든 것, 그것은 어떤 경우에도 우리의 강함이 **아니다**. 우리의 "자유로운" 인생의 시도가 은밀히 이러한 목적을 가지고 있다면, 우리는 차라리 엄밀한 사람들, 곧 "연

방해가 되는 꼴이다. 이 부분은 전체 맥락과는 무관한 예전적 성격의 맺음말로 밖에는 설명이 되지 않는다. 14:23이 로마서의 결말이 **아니라면** (오래된 증거들이 있긴 하지만, 우리는 아무래도 **이러한** 가설에 동의하기 어려울 것 같기 때문에) 이 영광송은 원래 여기 속하지 않았을 것이다. 그렇다고(나는 이미 제1판에서도 이런 입장이었는데) 바울이 쓴 로마서의 마지막 부분에 속하는 것일 수도 없다. 왜 거기 있어야 하는가? 어떤 교회 절기에 맞춘 설교가 이런 식으로 끝난다면, 그것은 "심리학적으로 충분히 이해가 되는"(퀼)[122] 일이다. 그러나 로마서는 절기 설교가 아니라 실질적인 메시지이다. 이 메시지는 16:17-20의 짤막한 논박, 21-23절의 고린도에서 보내는 인사, 그리고 (생략할 수 없는!) 24절의 축복으로 끝을 맺는다. 그것이 자연스럽다. 그런데 바울이 다시 한 번 펜을 들어 "예전적 성격을 가진 부분"을 추가했다는 추측은 나로서는 받아들일 수가 없는 생각이다. 결국 내가 이 부분을 직접 주시한다. 엡 3:20-21의 병행 본문과는 불편할 정도로 뚜렷한 차이를 보이는 문체상의 과장, 구조상의 비틀림, 누가 봐도 낯선 개념들이 사용되고 있다는 사실, 게다가 이 여덟 줄이 마르키온주의의 근본 특징을 가지고 있다는 하르나크의 지적[123] 말이다(하르나크에 의하면, 그 부분이 수정을 거치면서 교회에는 그런대로 봐줄 만한 것이 되었지만 바로 그것 때문에 객관적으로는 그야말로 봐주지 못할 모양새가 되었다고 한다). 그리고 다음과 같은 결론에 도달했다. 이 부분은 **바울에게서 나온 것이 아니다**. 이것은 (지금의 형태인지, 아니면 좀 더 짧은 마르키온 스타일의 형태인지는 불확실한데) 1-14장으로만 이루어진 |508| 필사본에 예전적 종결부로 **추가되었다**. (오래된 목차를 보면, 1-14장과 영광송으로 구성된 라틴어 필사본이 존재했음을 알 수 있다[124]) 그리고 거기서 다시, 1-16장으로 구성된 텍스트 안으로 **넘겨졌다**. 어떤 것은 14장과 15장 사이에 그 구절을 그냥 두었고, 어떤 것은 끝부분에 옮겨 놓았고(이때는 16:24이 밀려난다), 어떤 것은 두 군데 다 있다. 그런데 영광송은 아예 없지만(하지만 16:24은 있는) 다른 모든 면에서는 완전한 필사본도 있으며, 나는 이것을 본래의 텍스트로 간주하고 싶다.

122 Kühl, S. 491. 바르트 소장본에는 해당 구절에 밑줄이 그어져 있고 여백에 물음표가 있다.

123 Harnack, Marcion, S. 146(Beilage III).

124 Lietzmann, S. 125.

약한 자들"의 진영으로 넘어가는 편이 나을 것이다. 왜냐하면 연약한 자들이야말로 그런 것을 중시하기 때문이다. 그렇다면 우리에게 남아 있는 것은 도대체 무엇인가? 눈에 보이는 것으로는 아무것도 없다! 우리가 확실하게 짚고 갈 수 있는 것은 오직 이것이다. 곧 우리는 알고 있는 사람, 우월한 사람, 자유로운 사람**이지만 그래도 역시** 연약한 사람이라는 사실이다. 우리도 저들과 같은 대열에 설 뿐이다. 누군가를 무시하는 것, 우리와 저들은 다르다고 선을 긋는 것, 사람들을 선도하려고 하는 것, **그 모든 것**을 우리가 내려놓으면 놓을수록 좋다!

"**믿음이 약한 자의 약점을 담당하고**[짊어지고]." 그냥 겉보기에만 그렇게 하는가? 조금 생각해 주는 척하는 것인가? 그러면서 속으로는 또다시 우리의 강함과 자유로움을 기뻐하는 것인가? 아니다. 그런 것은 **짊어짐**이 아니다. 신약성경은 연극이 아니다. 짊어짐이란 철저하게 실존적인 의미다. 연약한 자들과 더불어 정말 연약한 것이다. 사실 그들은 진지한 의미에서는 연약한 것이 아니다. 그들의 연약함은 스스로가 능력을 펼치고 있다고 생각하는 것, 바로 그것이다. 그러나 우리는 그들이 짊어질 수 없는, 혹은 짊어지려 하지 않는 짐을 지고 나가야 한다. 그 짐이란 결국 하나님께서 인간에게 주시는 저 불안의 짐 **전체**를 말한다. 우리는 인간이—엄밀함으로든 양심의 자유로든, 가톨릭으로든 개신교로든, 고행과 개혁으로든 "모든 것을 먹을 만한 믿음"으로든—그 짐을 벗어날 수 없다는 사실을 아는 사람이 되어야 한다. **최후의** 곤경에 빠진 인간에게는 **모든** 길이 그릇된 방향으로 빠지게 되며 오직 하나님이 열어 주시는 하나의 현관문이 있다는 사실을 아는 사람이 되어야 한다. 연약한 자도 이렇듯 짊어지는 자, 제사장의 역할을 하는 자, 아는 자가 있다는 사실에 의존한다. "**자기를 기쁘게 하지 아니할 것이라.**" 바로 이것이 우리의 자유로운 인생의 시도다. 우리가

그것을 바라는 즉시, 우리는 전투에서 |509| 패한 것이다. 프로테스탄트들의 진노가 다 무엇이냐! "반反로마 투쟁"이 다 무엇이냐! 우리의 강함은 우리 자신이 전혀 드러나지 않은 채 짊어지는 것이다. 오직 그럴 때만 우리는 기억하는 사람, 깊이 우려하는 사람으로 **존재**한다. 바울주의의 다룰 수 **없음**, 소용 **없음**이야말로, 프로테스탄티즘의 **낯섦**, 실용적이지 **않음**, 대중적이지 **않음**이야말로 **최고의** 덕목이다. 바울주의와 프로테스탄티즘이 하나의 중요한 실체나 요인이 되려고 하고 어떤 역할을 맡으려고 하는 순간, 스스로를 포기하는 것이다. 그것이 문화·사회·세계관·종교의 가장 끝에서 단순한(실제로는 결정적인!) 물음표 내지 느낌표가 되는 것을 감행하지 않을 때, 그것이 도무지 무엇인가로 존재하기를 원하고 저 로마의 채식주의자와 **경쟁**하려고 할 때, 오직 그럴 때 그것의 위기가 찾아온다. "우리 각 사람이 이웃을 기쁘게 하되 선을 이루고 덕을 세우도록 할지니라." 이것이 바로 강한 자에게 요구되는 희생, 포기, 사막 수행이다. 그의 눈에는 이웃이 있다. 우리는 기억하고 있다. 이웃이야말로 모든 사람 안에 있는 한분이다. 바로 거기서 인생의 시도의 모든 경쟁, 모든 특별함이 사라진다. 강한 자는 강하기 때문에 그 누구와도 맞서지 않고, 모든 사람의 뒤에 선다. 그는 서둘러 앞서가지 않고 기다린다. 그는 편히 쉬지 않고 깨어 있다. 그는 비판하지 않고(그러기에는 너무 비판적이다!) 소망한다. 그는 훈육하지 않고 기도한다. 혹은 기도하면서 훈육한다. 그는 나서지 않고 물러선다. 그는 아무 데도 없다. 어디나 있기 때문이다.

"그리스도께서도 자기를 기쁘게 하지 아니하셨나니." 우리는 그리스도 안에 있는 하나님 계시의 은폐성에 관해 (특히 3장과 8장에서) 우리가 들었던 모든 것을 기억하고 있다. 여기서 의미하는 바가 바로 그것이다. 그 은폐성이 윤리학에서도 입증되어야 한다. "그는 외치지 아니하며 목소리를

높이지 아니하며 그 소리를 거리에 들리게 하지 아니한다." **그렇기 때문에** 바로 **그것**, 곧 모든 "입장"과 불가분 연결되는 일이 일어나지 **않는다**. "그는 상한 갈대를 꺾지 아니하며 꺼져가는 등불을 끄지 아니하고 진실로 정의를 시행할 것이다"(사 42:2-3). "그는 하나님과 동등됨을 취할 것으로 여기지 아니하신다"(빌 2:6). 그분이 선포하는 하나님의 **나라**는 진정 하나님의 **자유**다. 그래서 그분의 온 생애가 희생, 포기, 물러섬이다. "**주를 비방하는 비방이 내게 미쳤나이다**"(시 69:9[원서에는 69:10로 되어 있다]). 이렇게 그분은 고난받는 위대한 종(이사야 53장!)으로서 구약의 역사를 관통하신다. 이렇게 그분은 십자가에 못 박힌 분으로서 우리 앞에 서 계신다. "**우리의 교훈을 위하여 기록된 것이니.**" 이 이미지는 "**인내**"와 "**위로**"로 가득하다. 그러나 이것은 단순한 이미지 이상이다. 왜냐하면 "**인내와 위로의** |510| **하나님이**" 그 뒤에 계시기 때문이다. 그분은 도무지 파악할 수 없는 것을 가르치신다. 아니 가르치실 뿐 아니라 **가지게 하신다**. 그것은 우리가 철저하게 서로 다르고 분열된 상태에서도 "**뜻이 같게**" 될 수 있으며, 고도로 사상적인 게임의 한복판에서 그 한분과 그 하나를 우러러볼 수 있고, 불협화음이 그치지 않는 교회 속에서도 공동체의 목소리가 커질 수 있다는 사실, 그 파악할 수 없는 사실이다. 그래서 그 공동체는 "**한마음과 한 입으로 하나님 곧 우리 주 예수 그리스도의 아버지께 영광을 돌리게**" 된다.

7-13, 7 **그러므로 그리스도께서 우리를 받아**[너희와* 교제하셔서] **하나님께 영광을 돌리심과 같이 너희도 서로 받으라**[교제하라]. 8 **내가 말하노니 그리스도께서 하나님의 진실하심을 위하여 할례의 추종자가 되셨으니 이는 조상들에게 주신 약속들을 견고하게 하시고** 9 **이방인들도 그 긍휼하심으로 말미**

* ἡμᾶς는 후대의 일반화다. 바울은 여기서 다시 한 번 특별히 "강한 자들"을 향해 말하고 있다.

암아 하나님께 영광을 돌리게 하려 하심이라. 기록된 바 그러므로 내가 열방
중에서 주께 감사하고 주의 이름을 찬송하리로다 함과 같으니라. 10 또 이르
되 열방들아, 주의 백성과 함께 즐거워하라 하였으며 11 또 모든 열방들아
주를 찬양하며 모든 백성들아, 그를 찬송하라 하였으며 12 또 이사야가 이르
되 이새의 뿌리 곧 열방을 다스리기 위하여 일어나시는 이가 있으리니 열방
이 그에게 소망을 두리라 하였느니라(시 18:50, 신 32:43, 시 117:1, 사 11:10).
13 소망의 하나님이 모든 기쁨과 평강을 믿음 안에서 너희에게 충만하게 하
사[erfülle ec] 성령의 능력으로 소망이 넘치게 하시기를 원하노라.

그리스도는 자유로운 인생의 시도의 위기다. 그분은 하나님의 영광을 위하여 강한 자를 강하게 하신다. 그러나 그분은 하나님의 영광을 위하여 그를 언제나 약한 자들이 있는 곳으로 인도하신다. 그분은 이스라엘의 그리스도, 교회의 그리스도다. 약한 자들이 그분을 위해 증언하는 것이 아무리 빈약하다고 하더라도 전혀 대상이 없지는 않으며, 그분에게 상응하는 하나님의 **진리**가 전혀 없는 것은 아니기 때문이다. 그러나 그분은 이방인들의 그리스도, 세상의 그리스도이시기도 하다. 강한 자들이 하나님의 **긍휼**을 발견했던 때는 그들이 아직 연약한 자였을 때다(5:6). 진리와 긍휼, 이 두 가지가 유대인과 이방인, 교회와 세상을 하나로 묶는다. 여기서 누가 강한가? 누가 약한가? 모든 인생의 시도 앞에, 뒤에, 위에 "소망의 하나님"이 계신다. 그분의 진리와 긍휼에 의해 발견된 사람들의 모든 음성[alle Stimmen ed]은 그분을 향해 환호성을 지른다. 그분은 강한 자 안에서 약한 자를 보시고 약한 자 안에서 강한 자를 보신다. **그분은** 이 모든 자들이 가장 높은 차원과 가장 낮은 차원에서 그분의 나라, 그분의 자유의 복된 비밀에 참여함을 **직접** 자신의 **눈으로** 보신다. [511]

사도와 신도들

15:14-33, 16:1-24

14 내 형제들아, 너희가 스스로 선함이 가득하고 모든 지식이 차서 능히 서로 권하는 자임을 나도 확신하노라.

로마서가 전하는 것은 전혀 새로운 것이 아니라 오래된 진리, 낯선 것이 아니라 이미 알고 있는 진리, 개인적인 것이 아니라 보편적인 진리다. 물론 로마서는 스스로 독창적이고 심오하고 정신적으로 풍부한 것이라는 주장을 내세우지 않는다. 그러나 이를 핑계로 자신의 진정한 요구가 거부되는 것도 허락하지 않는다. 로마서는 교의학이 아니다. 하지만 그렇다고 교의학에 반대하는 장광설로 로마서에 접근하거나 대답하려고 해서는 안 될 것이다. 로마서는 바울의 권위를 선포하지는 않는다. 그렇다고 이 모든 것은 기껏해야 바울의 주장일 뿐—바울은 그리스도가 아니다!—이라는 결론으로 끝내서도 안 된다. 그런 식의 논리는 그야말로 있으나 마나 한, 너무나 천박한 진리다. 그리스도는 그 어떤 책에 계신 것이 **아니다**. 로마서를 기록한 사람이나 로마서가 기록하고 있는 바를 "믿는 것"은 전적으로 논외다. 우리는 오직 **하나님**만 믿을 수 있다! 바로 이것이 로마서의 명제, "바울주의"의 명제다. 바울주의는—적대자가 나타나서 간신히 숨을 고르고 소심하게 경고의 말을 하기 훨씬 전에—이 명제와 더불어 자기 자신을 지양한다. 바울주의를 하나의 "체계"System [1]라고 생각해서 그런 바울주의와 맞서 흥분하는 사람은 가상의 적을 세워 놓고 공격하는 사람일 뿐이며, 자기가 아무것도 배운 게 없으며 아무것도 잊은 게 없다는 사실을 드러낼 뿐

1 이 책 993쪽, 각주 97.

이다. 로마서는 어떤 권위에 대한 믿음에 호소하거나 구성적인 사유 능력에 호소하지 않는다. 고차원적인 세상의 인식[2]이나 어떤 특별한 체험 능력에 호소하지 않는다. 교양을 쌓은 양심이나 종교적 감정에 호소하지도 않는다. 로마서는 "sensus communis"[공통 감, 상식常識. 이 말을 칸트는 인식론적 접근에서 "공통**감각**"으로 번역했고, 가다머Gadamer는 공동체적 접근에서 "**공동**감각"으로 번역했다. 바르트는 윤리학의 토대적 접근에서 "신적 지혜처럼 모든 사람에게 부과된 진리의 규칙"Werpehowski, Rose으로 해석했다. 다시 말해 바르트에게 이 말은 진리 인식의 문제와 관계된다. 그래서 생득관념처럼 모두에게 "공통"적이지만, 슐라이어마허 식의 감정이 아니라는 점에서 "감"을 써서, "공통 감"으로 옮기고, 인식認識적 요소를 부각하기 위해 "상식"常識을 병기하였다], 곧 "보편적인 진리 감"allgemeine Wahrheitsgefühl(외팅거)[3]에 호소한다. 이 세대가 자랑하는 소위 "단순함"Einfachheit [4]이란 것이 얼마나 뒤죽박죽인지를 꿰뚫어 보고 거기에 신물이 난 사람들의 어린아이 같은 순수함Einfalt(바로 이것이다!)에 호소한다. 또한 로마서는 **이방인들**의 **정직**Ehrlichkeit에 호소하고, 인간 삶의 정황을 객관적으로 관찰한 것에서 주저하지 않고 기꺼이 전적으로 회피하지 않으려는 마음에 호소한다. 로마서는 수신자들 속에 있는 "형제"에게 말을 건넨다. 모든 사람들 안에 있는 |512| 실존적인 한 사람der Eine에게 말을 건넨다.

2 이 책 269쪽, 각주 19.

3 *Friedrich Christoph Oetingers Leben und Briefe, als urkundlicher Commentar zu dessen Schriften*, hrsg. von K. Chr. E. Ehmann, Stuttgart, 1859, S. 198-204(*Die Untersuchung über das allgemeine Wahrheitsgefühl*. Bericht über seine Schrift *Inquisitio in sensum communem et rationem*……, Tübingen, 1753) C.A. Auberlen, *Die Theosophie Friedrich Christoph Oetinger's*, mit einem Vorwort von R. Rothe, Basel, 1859[2], S. 65-82. 두 책 모두 바르트의 서재에 있고, 꼼꼼하게 밑줄이 그어져 있다.

4 이 책 66쪽. 이 책 92쪽

일체의 이데올로기를 혐오하며 사물을 있는 그대로 "단순하게"einfach 받아들이는 사람이라면 아무도 진지하게 거부할 수 없는 **그런** 참여, 이해, 협력을 로마서는 기대한다. 로마서는 모든 사람이 이미 들은 것을 말한다. 모든 사람이 자신에게 말할 수 있는 것을 말한다. 언제 어디서나 진실한 것을 열어 보인다. 로마서는 이미 지식이 많은 사람들을 가르치고, 알고 있는 사람들에게 메시지를 보낸다. 선한 의지를 가진 사람들에게 권면한다. 로마서가 주목을 끌며 등장하거나, 자신의 깃발을 펼쳐 진군하고, 적들을 무찌르고 영토를 탈환하는 것은 하나같이 그저 비유적으로 하는 일이다. 로마서는 그 일이 일어난 뒤에는 마치 아무 일도 일어나지 않은 것처럼 그 영역을 떠난다. 로마서에 반대하여 자기주장을 내세우려는 사람은—거기에 대해 스스로 책임만 진다면—얼마든지 그렇게 할 수 있다. "너희가 스스로 선함이 가득하고 모든 지식이 차서 능히 서로 권하는 자임을 나도 확신하노라." 그러므로 경건한 이여, 너무 신경을 쓸 것 없노라![5] 네가 지닌 입장을 최대한 기뻐하라! 할 수 있다면, 지금 제기된 물음에 너의 귀를 틀어막으라! 우리는 네가 생각하는 것보다 훨씬—이건 정말 진지하게 하는 말인데—열려 있다. 그러나 반反정통주의적 **원한**Ressentiment의 폭발에 대해서는 그야말로 **해학적인**humoristisch 의미 외에는 다른 의미를 길게 부여할 수가 없다.

15-16. 15 그러나 내가 너희로 다시 생각나게 하려고 하나님께서 내게 주신 은혜로 말미암아 [부분적으로] **더욱 담대히 대략 너희에게 썼노니 16 이 은**

5 O. Myconius, *Vom Leben und Sterben Huldrych Zwinglis. Das älteste Lebensbild Zwinglis*. Lateinischer Text mit Übersetzung, Einführung und Kommentar, hrsg. von E. G. Rüsch, St. Gallen, 1979, S. 48: "Dum verbis ardentioribus detonaret[sc. Zuinglius] in ocium, et pensiones, ……adiecerat semper: Frommer man, nim dichs nit an." H. Zwingli, Sämtliche Werke, Bd. 1 (=CR 88), Berlin, 1905, S. 174, Z. 10; S. 576, Z. 16; Bd. 3(=CR 100), Leipzig, 1914, S. 485, Z. 9f.

혜는 곧 나로 이방인을 위하여 그리스도 예수의 일꾼이 되어 하나님의 복음의 제사장 직분을 하게 하사 이방인을 제물로 드리는 것이 성령 안에서 거룩하게 되어 받으실 만하게 하려 하심이라.

실제로 로마서의 입장은 "[부분적으로] 더욱 담대"한 입장이다. **이러한** 가능성의 그림자 안에서 사는 것보다는 다른 어려움 속에서 사는 편이 더 평화롭기는 하다. 여기서 우리에게 제시된 단서, 알지 못함Nicht-Wissen을 아는 단서는 놀라울 정도로 가늘고, 우리가 인도되는 길은 끔찍할 정도로 낭떠러지에 가깝고, 우리가 가는 데마다 마주하는 양자택일의 상황은 너무나도 엄격하다. 꼭 **그래야만** 하는가? 꼭 이렇게 극단적이고 무방비 상태인 입장(그래서 어떤 입장이라고 할 수도 **없는** 입장!)을 취해야 하는가? "그 **물음** 속의 답"이 아닌 모든 것은 무조건 배제되어야 하는가? 모든 친절하고 평화롭고 실용적인 길, 역사적으로나 심리학적으로 충분히 납득할 만한 중간 길은 무조건 배제해야 한다는 말인가? 꼭 이렇게 가장 가파른 경계선의 가능성을 선택해야만 하는가? 우리는 이렇게 대답한다. 결코 아니다! 우리는 로마서에서조차 인간적인 행위·가능성·방법으로 부득불 선명하게 드러나는 어떤 것을 일반적인 |513| 길로 제시하려는 의도가 전혀 없다.weit davon entfernt a 이것은 일단 우리가 더없이 진지한 상태에서는 **모든** "일반적인 길" 자체를 향해 **경고하는 것** 외에는 달리 할 수 있는 일이 없기 때문이다. 우리는 과격하게 말하거나, 어떤 과격한 윤곽을 희미하게 제공하거나 하는 것에는 전혀 관심이 없다. 우리는 바울주의도 그 자체로는 언제든지 불의에 처할 수 있다는 사실, 바울주의가 여러 가지 입장의 대열에 서서 제시하는 가능성 곧 가장 가파른 경계선의 가능성도 그 자체로는 의미가 아니며 그저 그 의미의 비유일 뿐이라는 사실을 반복한다. 그리고 우리는 좀 더 상대적인 다른 관찰 가능성, 좀 더 무해한 관찰 가능성들이 지닌 나름의 의미와 생

산성을 나름 높게 평가할 줄도 안다. 우리는 가톨릭 신자들, "실증주의자들", 문화 프로테스탄트들, 국제연맹 신학자들[6] 곁에(그렇다. 그 옆에 서지 못할 사람이 어디 있겠는가?) 나란히 서서 안심시켜 주는 말, 어디서나 간절히 듣고 싶어 하는 말을 해줄 수 있다. "네가 옳다!"라고……. 그러나 이것은 안심을 깨뜨리는 조건하에서 가능하다. 그 조건이란 너도 틀렸다는 사실이다. 여기서 우리의 "[부분적으로] 더욱 담대"한 주장이 시작되며 그것을 기어이 말하고자 하는 긴급한 관심도 시작된다. 만일 **하나님**에 관해 말하는 것이라면, 그러니까 어떻게 우리 자신을 위로하고 도울 것인가에 관해서가 아니고, 어떻게 우리가 "종교적으로 전진할 것"(베른레)[7]인가에 [b]관해서도 아니고, 어떻게 "뭔가를 시작"할 수 있는가에 관해서도 아니고nicht davon [b], **우리**가 우리 자신의 명제들을 짊어지는 사람이 되도록 만드는 저 형이상학적 X에 관해서가 아니라 우리가 우리 삶의 현실 속에서—진정성을 가지고 해석하자면 바로 예수 그리스도 안에서(우리가 그것을 기꺼이 받아들이든 그렇지 않든 상관없이)—만나게 되는 하나님, 곧 알려지지 않은 하나님, 삶과 죽음을 다스리시는 주님, 거룩하신 하나님에 관해 말하는 것이라면, 만일 좀 더 상대적이고 무해한 관찰 가능성들이 **역시 결국**에는 인간의 실존 물음, 곧 정직하게 물어 왔고 정직하게 물을 수밖에 없는 그 물음을 다루고 있다면, 만일 **그것**이야말로, 그러니까 "다시 생각나게" 하는 것이야말로—왜냐하면 우리 **모두**가 그 알려지지 않은 하나님을 **잊어**버렸고 그 한분을 **잊어**버렸고 그 자유롭게 만드는 진리를 **잊어**버렸기 때문에—하나님에 관하여 가능한 **모든** 말과 들음의 주된 관심사라면, 그렇다면 (가능한 모든 관점

6 이 책 952쪽, 각주 70. 이 책 532쪽, 각주 13.

7 Wernle, S. 169.

에서) 로마서는 "[부분적으로] 더욱 담대히" 그것을 **말**해야 하며, **실탄**을 발사해야 한다. 그렇다면 중요한 것은(우리의 이웃 가운데서 **그 누구도** 물러서 있지 **않을** 것이며 또한 그럴 수도 **없으리니**!) 그야말로 가차 없이, 완전히 "경건하지 않게", 흔들림 없는 공평함으로 질문 중의 질문을 제기하는 것이다. 또한 십자가에 달려 죽으시고 부활하신 구주의 역설을 드러내는 것이다. 모든 것을 남김없이 믿음이라는 **하나**의 실에 매달고 모든, 바로 모든 도움에 대한 상상, 포템킨 마을[이 책 225쪽에 나오는 겉치레뿐인 마을], 허울뿐인 현실을 후려쳐서 무너뜨리고, 부단히 두 개의 낭떠러지 사이에 난 바로 그 길을 |514| 걸어가는 것이다. 그렇다면 눈길을 끌려는 모든 것[위조품]에 맞서는 인정사정없는 실탄 사격이 이루어진다. "가장 위험스러운" 결과 앞에서도 두려워 양보하거나 물러서는 일은 없다. "성령 안에서 타올라라"(12:11). 물론 우리는 잘 알고 있다. 이것이 "담대한" 것이라고는 하지만 "**부분적으로** 더욱 담대한" 말에 불과하다. 다시 생각나는 사건, 그 실존적인 사건은 다른 행위들과 똑같은 행위가 아니라는 사실을 알고 있다. 또한 그것은 어떤 경우에도 돌파하는 절대적인 말에 이를 수 없으며 그렇게 되지도 않으리니, 이것은 그것이 만물의 종말이 될 것이며 우리는 감히 거기에 손을 대서는 안 되기 때문이다. 아무튼 저 평범하고 정상적이고 "시민적인" 관찰 가능성들 옆에(아니, 그것들 **옆에**가 아니라, 희비극적이고 희망적으로 그 **모든** 것들 **안에**!) 비범하고 불규칙적이고—가장 중요한 의미에서는—혁명적인 가능성, 곧 담대한 진격Vorstoß [c]의 가능성이 있다. 로마서는 바로 이러한 진격, **모든 사람**[d] 안에 있는 한분과의 **가장 깊은** 의기투합 속에서 추진하는 진격이다. 하나님에 관한 대화, 곧 신학이다. 이 신학은 가능한 모든 다른 경우 가운데서 (**모든** 경우들의 경우로서!)—"이 은혜는 곧 나로 이방인을 위하여 그리스도 예수의 일꾼이 되어 하나님의 복음의 제사장

직분을 하게 하사 이방인을 제물로 드리는 것이 성령 안에서 거룩하게 되어 받으실 만하게 하려 하심이라."—비범하고 불규칙적이고 혁명적인 경우다. 다시 한 번 말한다. 이 경우도 하나의 비유일 **뿐**이다! 그러나 어쨌든 하나의 비유다! 신학은 은혜를, "절대적 순간"[8]을, 시간과 영원의 변증법을, 그 치열하게 묻고 뜯는 변증법을 다룬다. 다른 학문들은 다행스럽게도—조금 더 다행스럽거나 덜 다행스러울 수 있을지는 몰라도—모두 그 변증법 앞에서 자기를 방어할 수 있다고 생각했다. 그러나 변증법은 그 학문 모두를sie doch alle e 여전히 위협하고 있다. **그들의** 계산[헤아림]에서 이 항목, 그러니까 결코 정식 항목이 될 수 없는 **바로 이** 항목은 하나님의 가능성, 곧 불가능한 가능성의 기능을 하고 있다. 그리고 이 항목은 매 순간 다른 모든 계산을 뒤집어엎을 기세다. 그 가능성은 "이방인을 위한 제사장 직분"이다. 다시 말해, 이것은 뻔히 눈에 보이는, 역사적이고 구체적인 개인을 향함으로써 그에게 자신에 관해 가르치기 위한 것이다. 무엇을 가르치는가? 그가 하나의 인간, 눈으로 볼 수 없는 인간, 하나님 앞에서 벌거벗은 채로 서 있는 인간이라는 사실을 가르치는 것이다. 그 가능성의 관심은 오로지 이방인(이방인 가운데 **이방인**, 그래서 이방인이 아닌 자들!)이다. 하나님께 "제물"로 바쳐지는 인간, 바쳐지지 않을 수 없는 인간, **오직** 그 인간이 관심이다. **성령**으로 그가 거룩해지는 것, 쇠사슬에서 풀려나는 것, 구원받는 것, 하나님 안에서 그의 자유, 오직 그것이다. 이것은 철저하게 비실용적이고 비종교적인 시도인데, 그 이유는 바로 이것이 모든 관심사 중에서도 가장 실용적인 관심사, 또한 모든 종교의 |515| (저편에 비로소 존재하는!) 의미이기 때문이다. 신학은 끝없이 의도적이고 최고의 성과를 확신하면서도 **전**

8 이 책 446쪽, 각주 15.

혀 의도가 없는 모습으로 나타나야 하며, 그 어떤 임의의 성과도 절대 인정해서는 **안 된다**. 신학은 그 자체가 인간의 **최종적** 모험이지만, 인간의der f **모든** 모험이란 것이 결국은 시위요 비유**일 뿐**이라는 사실을 또렷하게 응시해야 한다. 그러나 신학은 바로 이러한 **최종적** 모험이기 때문에, "하나님의 복음에 봉사하는 거룩한 직분"이기 때문에 신학으로 존재한다. 만일 신학이 그런 것이 아니라면, 그런 신학이 될 자신이 없다면, 하루라도 빨리 자진 해산하는 편이 나을 것이다. 왜 그런가? 신학이란 오직 이러한 본질, 곧 필연적으로 담대하게 밀어붙일 수밖에 없는 **모험**이라는 본질, 특별하고 불규칙적이고 혁명적인 **진격**이라는 본질 때문에 역사 속에서 존재하게 되었으며, "universitas litterarum"[종합 대학] 안에서도 위치를 차지하게 되었다. **오직** 이 모험과 진격만이 (**교회** 사역을 위한 목적성도 아니고 부득불 **역사**학을 많이 차용하는 것은 더더욱 아니고!) 신학의 지위를 유지하게 해줄 수 있다. 학문성은 사실성Sachlichkeit을 의미한다. 신학에서 사실성은 신학이 다루는 주제의 유일무이함에 대한 무조건적인 존중이다. 그 주제란 최종적인 곤경과 소망 속에 있는 인간, 곧 하나님 앞에 있는 인간이다. 학문적 신학은 회개, 돌이키는 생각, "새로워진 생각"이다(12:2에서 이 개념을 확고히 하는 방책들을 잘 살필 것). 신학은 대학에서 제일 끝에 찍혀 있는 물음표이자 느낌표다(직관력이 있는 사람들이라면 진실로 어떤 방식으로든 거기에 그걸 찍어 놓으리니!) 이것은 교회가 인간 문화의 제일 끝에서 그와 똑같은 역할을 함으로써 교회의 필연적 본질을 추진해야 하는 것과 마찬가지다. 신학과 교회가 그 본연의 모습으로 존재할 용기가 없다면 정말 자진 해산하는 편이 낫지 않느냐는 질문은 언제라도 던질 수 있어야 한다. 그러나 만일 자진 해산을 하지 **않을** 정도로 충분한 용기가 있을 수도 있다. 그렇다면 겸허하게 모든 인간 행위의 피할 수 없는 진부함을 기억하되 적어도 그 진부함이 너무나 엄청나거나 의식적이거나 의기양양한 것이 되어서는 안 되리라! 그렇다면 로마서의 흐름을 생각하되 적어도 "[부분적으로] 더욱 담대한" 연설은 될 수 있으리라! 이런 위험천만한 자리에 서지 않아도 되는 사람은 복이 있도다. 그러나 화 있을진저! 거기 서 있으면서 자기가 무엇을 하는지 **알지** 못하는 사람이여!

17-21. 17 그러므로 내가 그리스도 예수 안에서 하나님의 일에 대하여[하나님 앞에서] 자랑하는 것이 있거니와 18 그리스도께서 이방인들을 순종하게 하기 위하여 나를 통하여 역사하신 것 외에는 내가 감히 말하지 아니하노라. 그 일은 말과 행위로 19 표적과 기사의 능력으로 성령의 능력으로 이루어졌으며 그리하여 내가 예루살렘으로부터 두루 행하여 |516| 일루리곤까지 그리스도의 복음을 편만하게 전하였노라. 20 또 내가 그리스도의 이름을 부르는 곳에는 복음을 전하지 않기를 힘썼노니 이는 남의 터 위에 건축하지 아니하려 함이라. 21 기록된 바 주의 소식을 받지 못한 자들이 볼 것이요 듣지 못한 자들이 깨달으리라(사 52:15) 함과 같으니라.

그렇지 않으면, 예컨대 바울주의의 "자랑", 여기 기록된 것과 같은 자의식이 로마서의 내용에 어떤 부정적인 영향을 끼치는 것일까? 그 내용을 회피하는 구실이 되는 것일까? 그렇다. 이 지면을 통해 목소리를 내고 있는 것은 확실히 자의식Selbstbewußtsein이다.ist [g] 그러므로 우리가 물어야 할 것은 '이것은 **누구의** 자의식이냐?'는 것이다. **바울**의 자의식인가? 물론 바울의 자의식도 포함된다. 그럴 수밖에 없지 않은가? 한 인간이 하나님에 관해 말하는데, 그것도 늘 그렇듯이 분명하게ausdrücklich [h] 하나님에 관해 말했다고 한다면, 이 인간의 자의식이 대대적으로, 방해가 될 정도로 충분히 드러나지 않을 수 없다. 그러나 [i]이런 인간적인 자의식 속에서 동시에 전적으로 다른 자의식이 반영되어 나타난 것[i]은 죄 용서의 능력을 힘입어 그렇

게 되었을 것이다. 겸손한 사람들의 비판과 소망은 여기서 화강암처럼 단단한 저항에 부딪힐 수도 있다. 그들이 여기에 바울이 있을 것이라 생각했던 그곳에 바울이 없기 때문이다. 바울은 "그리스도 예수 안에서 하나님의 일에 대하여[하나님 앞에서]" 자랑하기 때문이다. 바울은 누구인가? 바울은 내맡겨진 존재다. 바울이 서 있는 언덕은 그다지 높은 곳이 아니다. 바울이 "경험한" 것, 바울이 아는 것과 말하는 것과 이룬 것vollbracht hat j, 그런 것에 관해서 바울은 다음과 같이 말한다. "내가 감히 말하지 아니하노라." 바울은 아무것도 아니다. 그러나 어쩌면 바울에게 정말 위험한 곳은 그가 바로 이 "아니하노라"와 동시에 뒤로 물러서는 곳이다. 어쩌면 바울주의의 "자랑"으로서는 불만스럽게 여겨지는 것은 "그리스도 안에서 하나님 앞에서" 하는 자랑에 대한—그 빛은 결코 말 아래 둘 수 없나니—증언, 오로지 그 증언뿐이다. 어쩌면 그 자랑이야말로 겸손한 듯 전혀 겸손하지 않은 자들에게 너무나 도발적인 것, 바울주의의 등장을 사실 견디기 힘든 것으로 만드는 것이다. 바울의 역사적 선교 전체를 평가할 때와 바울주의를 평가할 때 바로 이 점을 고려해야 할 것이다. 바울 사도는 바로 이런 자의식 때문에 전혀 호감이 가지 않는 사람, 전혀 매력적이지 않은 사람이었던 것이 분명하다. 그가 누군가를 납득시킬 때는 자기를 통해서가 아니라, 자기 자신을 거슬러서 그렇게 했다. 그의 복음도 그렇다. 그것은 정신의 역사에서 어떤 방해 요소다. 할 수만 있다면 생각하고 싶지 않은, 그래서 언제라도 그렇게 할 수 있는 요소다. 본질적으로 그 역사 속 어디로도 들어간 적이 없다. 평화롭게 서로 맞물려 돌아가는 톱니바퀴 사이에 있는 모래알, 아니 조약돌이다. 그 복음의 역사적 효력은 단 한 가지 사실에서 비롯된다. 그것은 |517| 그의 복음이 전적으로 다른 실체, 도저히 비교할 수 없는 실체, 곧 예수 그리스도를 섬뜩할 정도로 잘 이해했다는 사실이다. 바울주의의 특

징 가운데서 가장 두드러진, 가장 불친절한 특징도 거기서 비롯된다. 그 특징이란 "남의 터 위에 건축"하는 것을 자랑스럽게 **거부**한 것이다. 바울은 철저하게 비역사적으로(우리는 구약성경을 대하는 바울의 태도를 그 반대 입장을 증명하기 위해 끌어들이지 않을 것이다!) 사유한다. 그는 기존의 그리스도교적인 것과 접촉하지 **않음으로써** 가장 비타협적인 방식을 택한다. 그는 가장 신성한 전통을 계승하지 **않는다**. 그는 가장 위대한 역사적 유산들에 대해서 직접적으로 '예!'라고 말하지 **않는다**. 그중에서도 가장 위대한 역사적 유산, 곧 "육신을 따라 아는 그리스도"[고후 5:16]에 대해서도 마찬가지다. 그는 모든 기존의 "기둥들"(갈 2:9)에 대해 기묘한 의심, 비웃는 듯 의심을 제기한다. 그는 혈육과 의논하지 않았다. 그는 가장 원칙적인 방법, 곧 예루살렘으로 올라가는 것을 택하지 않고 오히려 아라비아로 내려갔다(갈 1:16-17). 그는 자신의 복음이 그 어떤 인간에게서 받거나 배운 것이 아니라는 사실을 철저하고 확실하게 주장했다(갈 1:11-12). 이른바 "건전한" 신학적·교회적 중용이 어느 때건 "역사적이지 않은 열광주의"[9]를 향해 던지는 비판은—원하든 원하지 않던—바울에게도 그대로 적용된다. 사실 이 모든 낯선 것은 전혀 중요하지 않으며, 다른 현상과 마찬가지로 역사적인 현상이 분명하다. 하지만 뭔가 의미심장한 것일 수도 있다. 전적으로 다른 낯섦, 전적인 타자성의 증언일 수도 있다. 그렇다면 **거기에 대해** 비방하는 것은 얼마나 불필요하고도 위험한 일인가! 신학의 입장에서는 여기서 신학을 향해 날아온 그 경고를 따라가는 편이 훨씬 나을 것이다.

9 아마도 이것은 『로마서』 제1판의 해당 부분 비판에 대한 반응일 것이다. Jülicher, Paulus-Ausleger("성경 해석"을 "영지주의자의 일, 계시의 담지자만의 일"로 이해하고[S. 94-95], "역사 비평적 잡티"는 전혀 허용하지 않는다[S. 89]는 비판). 이 책 123쪽 각주 1.

22-29. 22 그러므로 또한 내가 너희에게 가려 하던 것이 여러 번 막혔더니 23 이제는 이 지방에 일할 곳이 없고 또 여러* 해 전부터 언제든지 서바나로 갈 때에 너희에게 가기를 바라고 있었으니 24 이는 지나가는 길에 너희를 보고 먼저 너희와 사귐으로 얼마간 기쁨을 가진 후에 너희가 그리로 보내 주기를 바람이라. 25 그러나 이제는 내가 성도를 섬기는 일로 예루살렘에 가노니 26 이는 마게도냐와 아가야 사람들이 예루살렘 성도 중 가난한 자들을 위하여 기쁘게 얼마를 연보[Hilfeleistung][k]하였음이라. 27 저희가 기뻐서 하였거니와 또한 저희는 그들에게 빚진 자니 만일 이방인들이 그들의 영적인 것을 나눠 가졌으면 육적인 것으로 그들을 섬기는 것이 마땅하니라. 28 그러므로 내가 이 일을 마치고 이 열매를 그들에게 확증한 후에 너희에게 들렀다가 서바나로 가리라. 29 내가 너희에게 나아갈 때에 그리스도의 충만한 복을 가지고 갈 줄을 아노라. |518|

실질적인 일을 수행하는 공동체에서 개인적인 만남과 접촉은 참 아름다운 일(1:9-13)이며 섬김의 길을 가는 동안 잠시 머물 수 있는 정거장으로서 가장 기쁜 마음으로 바랄 만한 것, 환영할 만한 것이다. 그러나 특이하게도 거기에 덧붙여서 고린도-예루살렘-로마로 살짝 돌아가는 길이 제시된다. 앞서 언급된(12:13) 연보를 일단 예루살렘에 있는 그리스도인들에게 전달해야 한다. 그리고 이것은 이방인과 유대인의 하나됨, 가까이 있는 이와 멀리 있는 이의 하나됨, 알려진 이와 알려지지 않은 이의 하나됨, 바로 이[die][l] 하나됨을 알리는 것이니, 이것이야말로 로마서의 주제다. 이탈리아의 영역 안에서는 이미 "일할 곳이 없고"라고 생각하는 한 남자의 다음 프로젝트는 스페인, 그러니까 보란 듯이 온 세계 교회의 땅끝을 향해 나아

* 필경사는 πολλῶν이 과장으로 보여서 ἱκανῶν으로 대체했을 것이다.

가는 것이다. 합리적인 계획이라기보다는 정말 묵시적인 성격이 훨씬 두드러지는 이 계획에서 중요한 역할을 하는 것 가운데는 그 지점, 곧 [m]이 편지의 저자와 독자가 개인적으로[m] 만나고 또 다시 만나야 하는 지점도 있다.

30-33. 30 형제들아, 내가 우리 주 예수 그리스도와 성령의 사랑으로 말미암아 너희를 권하노니 너희 기도에 나와 힘을 같이하여[나와 함께 싸워] **나를 위하여 하나님께 빌어 31 나로 유대에서 순종하지 아니하는 자들로부터 건짐을 받게 하고 또 예루살렘에 대하여 내가 섬기는 일을 성도들이 받을 만하게 하고 32 나로 하나님의 뜻을 따라 기쁨으로 너희에게 나아가 너희와 함께 편히 쉬게 하라. 33 평강의 하나님께서 너희 모든 사람과 함께 계실지어다. 아멘.**

그렇게 돌아가는 길이 결코 쉽거나 안전해 보이지는 않는다. 거기서 바울에게 무슨 일이 일어날 것인가? 바울은 어찌 되었건 어떤 "싸움"을 예상하고 있다. 유대-예루살렘은 사실 모든 면에서 교회의 중심지다. 그곳에서는 유대인들이 사사건건 트집을 잡으려 들 것이다. "성도들"이—비록 연보를 들고 가기는 하지만—바울을 잘 받아들일 것인지도 결코 확실하지 않기 때문에so sicher zu sein, dass [n] 기도를 하지 않을 수 없다. 지금 여기서 말하고 있는 사람은 어디를 가더라도 낯선 사람 취급을 받을 모양이다. 그는 자신에게 호의를 가지고 있는 사람 모두에게, 하나님 앞에서 자신의 끔찍스러운 외로움을 공감하며 기억해 달라고 호소하고 있다.

1-16. 1 내가 겐그레아 교회의 일꾼으로 있는* die [o] **우리 자매 뵈뵈를 너희에게 추천하노니 2 너희는 주 안에서 성도들의 합당한 예절로 그를 영접**

* οὖσαν 뒤에 나오는 καὶ는 생략해서는 안 된다. 리츠만[10]이 잘 지적했듯이 바울에게서 καὶ는 그다음에 나오는 말을 강조할 때 쓰이며, 8:24에서도 수정을 위해 생략되었다.

10 Lietzmann, S. 118.

하고 무엇이든지 그에게 소용되는 바를 도와줄지니 이는 그가 여러 사람과
나의 보호자가 되었음이라. 3 너희는 그리스도 예수 안에서 나의 동역자들인
브리스가와 아굴라에게 문안하라. 4 [(]그들은 내 목숨을 위하여 자기들의 목
까지도 내놓았나니 나뿐 아니라 이방인의 모든 교회도 그들에게[denen p] 감사
하느니라[)] 5 또 저의 집에 있는 교회에도 문안하라. |519| 내가 사랑하는[der q]
에배네도에게 문안하라. 그는 아시아에서 그리스도께 처음 맺은 열매니라.
6 너희를* 위하여 많이 수고한 마리아**에게 문안하라. 7 내 친척이요 나
와 함께 갇혔던 안드로니고와 유니아에게 문안하라. 그들은 사도들에게 존
중히 여겨지고 또한 나보다 먼저 그리스도 안에 있는 자라.[Christen gewesen sind r]
8 또 주 안에서 내 사랑하는 암블리아에게 문안하라. 9 그리스도 안에서 우
리의 동역자인 우르바노와 나의 사랑하는 스다구에게 문안하라. 10 그리스
도 안에서 인정함을 받은 아벨레에게 문안하라. 아리스도불로의 권속에게
문안하라. 11 내 친척 헤로디온에게 문안하라. 나깃수의 가족 중 주 안에 있
는 자들에게 문안하라. 12 주 안에서 수고한 드루배나와 드루보사[die Tryphosa s]
에게 문안하라. 주 안에서 많이 수고하고 사랑하는 버시에게 문안하라. 13
주 안에서 택하심을 입은 루포와 그의 어머니에게 문안하라. 그의 어머니는
곧 [(]내[)] 어머니니라. 14 아순그리도와 블레곤과 허메와 바드로바와 허마
와 및 그들과 함께 있는 형제들에게 문안하라. 15 빌롤로고와 율리아와 또

* ὑμᾶς가 아니라 ἡμᾶς로 읽어라. 이 편지의 수신자들을 위한 그녀의 노력 때문에 이 여인을 칭찬하는 것은 맥락에 맞지 않으며 그 자체로도 이상하고 예외적인 느낌을 줄 것이다.[11]

** Μαριάμ에서 Μαρίαν이 나왔다. 반대는 아닐 것이다.[12]

11 Zahn, S. 607. 바르트 소장본에 밑줄이 그어져 있다.

12 Zahn, ebd.

네레오와 그의 자매와 올름바와 그들과 함께 있는 모든 성도에게 문안하라.
16 너희가 거룩하게 입맞춤으로 서로 문안하라. 그리스도의 모든 교회가 다
너희에게 문안하느니라.

(주 안에서!) 고난과 용기와 연단, (주 안에서!) 상호 도움과 존중의 아담한 세계가 여기서 우리 앞에 그 모습을 드러낸다. 어쩌면 우리는 여기서 로마서의 "말씀"에 상응하는 "행위와 사실"이 어떤 것인지 문의해야 할지도 모른다. 로마서에서는 여간해서 찾아볼 수 없었던 소박한 "삶"이 바로 여기 있다. 독자 스스로가 **이** 질문에 대한 대답이다. 각자가 각자의 방식으로! 오늘 이때까지도! 위의 안부 인사 목록에서 마치 골동품 연구하듯 관심을 가질 법한 모든 것들, 그리고 그 목록의 문제점 같은 것들에 관하여 기대할 만한 모든 정보는 찬[13]과 리츠만[14]에게서 찾아볼 수 있다. 이 목록이 원래는 에베소 교회에 보내려던 것인데, 실수로 로마서에 들어온 서신의 주요 부분이라는 가설은 전혀 마음에 들지 않는다. 로마서가 실제로 이 땅에mit irdischem t 얼굴과 이름이 있는 사람들을 염두에 두고 쓴 편지라는 사실을 명확하게 밝히는 것이 바람직하기 때문이다. 꼭 **그래야만** 한다. 주후 50년대 중반에 공동체의 어떤 자매가 이 편지를 고린도에서 로마로 가지고 갔다. 남자와 여자, 그리스인, 로마인, 유대인, 주인과 노예 등이 이 편지의 수취인들이다. 예컨대 드루배나와 드루보사, 또 그 밖의 "평신도"들이 (이 긴 목록에 "신학자"도 있었을 테지만!) **이것을**[이 편지를] 이해하지 못했을 것이라는 추측은 |520| 맞지 않은 것 같다. 자신들의 고유한 질문에 로마서가 답이 되리라 기대한 한 무리가 한때 있었을 것이며(이러한 추측이 옳다

13 Zahn, S. 603-611.

14 Lietzmann, S. 119f.

하더라도 마찬가지인데!), 그 무리는 어떤 방식으로든 이 로마서를 이해하고 소중히 여겼을 것이 틀림없다. 그리고 [이 무리에게] 신학은(**이** 신학은!) 즉각적으로 **가장** 현실적인 주제가 되었을 것이다. 이 무리의 문제는 일반적으로 다른 많은 무리의 문제(경우에 따라서는 신학적인 문제!)가 끝나는 곳에서 시작되는 것 같다. 그들은 아주 자유롭고 넓은 정신, 아주 민첩한 정신의 소유자였던 것 같다. 로마서가 우리에게 던지는 여러 가지 다른 역사적 문제들보다도 바로 이 무리가 우리의 놀라움의 대상이다. **이** 사람들 사이에서는 심지어 "거룩하게 입맞춤"이 가능했다는 사실은 어쩌면 너무나도 당연한 일이다.

17-20. 17 형제들아, 내가 너희를 권하노니 너희가 배운 교훈을 거슬러 분쟁을 일으키거나 거치게 하는 자들을 살피고 그들에게서 떠나라. 18 이같은 자들은 우리 주 그리스도를 섬기지 아니하고 다만 자기들의 배만 섬기나니 교활한[거창한] 말과 아첨하는 말[축복의 말]로 순진한 자들의 마음을 미혹하느니라. 19 너희의 순종함이 모든 사람에게 들리는지라. 그러므로 내가 너희로 말미암아 기뻐하노니 너희가 선한 데 지혜롭고 악한 데 미련하기를 원하노라. 20 평강의 하나님께서 속히 사탄을 너희 발 아래에서 상하게 하시리라. 우리 주 예수의 은혜가 너희에게 있을지어다.

최후의 절박한 요청이다. 진실로 이런 요청은 로마서에서 어떤 생뚱맞은 요소가 아니라, 로마서의 논쟁적 입장을(로마서에서 논쟁적이지 **않은** 부분도 있던가?) **한**마디로 요약한 것이다. 혼동을 경계하라. 그럴듯하고[u] 가장 설득력 있어 보이는 것을 제일 경계하라! 으리으리한 가게들이 즐비하게 늘어서 있는 종교적 연시年市를 경계하라! 그 **이유**는 너희가 바로 그 한복판에 있기 때문이다. 그리고 "우리의 주 그리스도를 섬기지 아니하고 다만 자기들의 배만" 섬기는 자들로부터 빠져나올 수 있으려면 "다시 생각나

게 함"(15:15) 외에는 다른 기준이 **없기** 때문이다. 경계하라, 너희 자신을 경계하라! 우리 인간이 여러 가지 의견의 혼잡함 속에 완전히 잠겨 익사하지 않게 해주는 것, 곧 지혜로운 개방성과 우직한 폐쇄성의 힘은 이 "다시 생각나게 함" 속에 있다. "Etiam cultores saepe veritatis ea, quibus haud assuevere, tardius admittunt. Cum pridem audierunt: *Hoc est!* quaerunt denique: *Quid est?* cumque demonstratio defluxit, postulata sibi proponi queruntur. Nonnulli obitu demum suo veritati, in patre non agnita, officere desinunt. Veruntamen non frustra laboratur: dum alii praeter opinionem desunt, alii praeter |521| opinionem se dedunt vel dedent. Lux crescit in dies: per adversa ad victoriam enititur veritas"[진리를 많이 숭상하는 사람도 전혀 그 진리에 익숙해지지 않고 서서히 그것을 받아들인다. 그들은 전에 '이것이다!' 하고 들었는데도 나중에 '무엇이냐?'고 묻는다. 증명이 실패하면 자신들에게 제기된 요구에 대해 불평을 늘어놓는다. 어떤 사람들은 자신의 죽음이 가까이 다가왔을 때야 비로소—부분적으로는 알아차리지도 못하지만—진리에 반항하는 것을 그만둔다. 그렇지만 그들의 수고가 헛된 것은 아니다. 어떤 사람은 예상 밖으로 부족하고 어떤 사람은 예상 밖으로 헌신하고 있거나 앞으로 헌신할 것이다. 빛은 나날이 커진다. 진리는 반대를 통해 승리에 도달하고자 한다](벵겔).[15] "잠이나 오게 하는 평화의 하나님이 아니라 참된 평화의 하나님은, 사람들이 조금만 더 인내할 수 있어서 너무 성급하게 박수치며 달려들지만 않는다면, 가장 좋은 것을 반드시 행하실 것이고 가끔은 그것을 속히 행하시리라"(슈타인호퍼).[16]

15 Bengel, Bd. II, S. 724(aus der "Conclusio operis."), Römerbrief I, S. 4, Anm. 3.

16 Steinhofer, S. 99, Rieger, S. 231. 리거의 글에는 "가장 좋은 것을 반드시 행하실"(muß das Beste tun)이라고 되어 있으나 슈타인호퍼의 글에는 "가장 많은 것[대부분]을 반드시 행하실"(muß das Meiste tun)이라고 되어 있다.

귀 있는 자는 들을지어다[마 11:15, 13:9 병행 본문].

21-24. 21 나의 동역자 디모데와 나의 친척 누기오와 야손과 소시바더가
너희에게 문안하느니라.es grüßen v 22 이 편지를 기록하는 나 더디오도 주 안에
서 너희에게 문안하노라. 23 나와 온 교회를 돌보아 주는 가이오도 너희에게
문안하고 이 성의 재무관 에라스도와 형제 구아도도 너희에게 문안하느니
라. 24[개역개정 난외 역] 우리 주 예수 그리스도의 은혜가 너희 모든 이에게 있
을지어다. 아멘.*

* 24절은 생략할 수 없으나, 16:25-27의 "영광송"은 생략이 가능하다. 이에 관해서는 이 책 1022-1025쪽의 * 참조.

본문 비판

제2판 서문

a 나중에 삭제하기 전의 인쇄원고에는 다음과 같이 되어 있다. "에버하르트 피셔와 또한 에른스트 슈테헬린(Ernst Staehelin)[7]에게 맡길 수는 **없다**."von Eberhard Vischer und auch *nicht* von Ernst Stahelin.

b 인쇄원고: "대부분의 신학자들"die meisten Theologen.

c-c 인쇄원고: "로베르 르죈"Robert Lejeune.

d-d 인쇄원고: "하나님"Gott.

e 2쇄(1923[3]) : "사건들"Ereignisse.

f 인쇄원고: "더 속박된"gebundenere.

g 2쇄(1923[3]): "내가"*ich*.

h 인쇄원고: Nach-Denken.

i 인쇄원고: "반문하지 않을 수 없을."

j 인쇄원고에는 있었으나 나중에 삭제된 내용. "그것은 대개 로마교회에 대한 바울 사도의 개인적이고 구체적인 관계와 관련된 부분들인데 이번에도 이 부분들은 내게 생생하게 다가오지 않았다."

k 인쇄원고에는 있었으나 나중에 삭제된 내용. "마치 버르장머리 나쁜 아이가 수프를 남기듯!"

l 인쇄원고: "않다."

m 인쇄원고: "전제하는데".

n-n 2쇄(1923[3])에 추가됨.

7 슈테헬린의 논문 「프란츠 오버베크와 관련된 원 역사와 교회사에 대한 사고」(Gedanken über Urgeschichte und Kirchengeschichte im Anschluss an Franz Overbeck, KBRS, Jg. 36, 1921, S. 113-115, 117-119)를 암시한다.

제3판 서문

a 2쇄(1923[3]): "'그리스도의, 영의'". 인쇄원고에 따른 수정

1장

a 인쇄원고: "**심부름꾼.**"*Sendbote*.

b-b 1쇄(1922[2]): "예외적으로, 사실 불가능한 현상이다."eine ausnahmsweise, ja unmögliche Erscheinung. 바르트 교정 소장본.

c 인쇄원고: "**원한다.**"*will*.

d 인쇄원고: "그 말씀(16:27)."gehaltenen(16:27), sie.

e-e 1쇄(1922[2]): "예수를 그리스도로 계시하고 발견하는 것, 예수 안에서 하나님의 나타나심과 하나님을 인식하는 것."die Offenbarung und Entdeckung Jesu als des Christus, die Erscheinung und Erkenntnis Gottes. 부분적으로 바르트 교정 소장본.

f 인쇄원고: "안에서"im.

g-g 1쇄(1922[2]): "우리는 아무것도 아니고 둘 다 아무것도 가진 것이 없다."wir sind und haben beide nichts. 바르트 교정 소장본. 위의 텍스트는 잘못해서 2쇄(1923[3])를 그대로 받아들인 것이다. "우리 양자는 아무것도 아니고 아무것도 가지지 않았다."wir beide sind und haben nichts.

h 1쇄(1922[2]): "우리 건너편."jenseits uns.

i 인쇄원고: "에"zu.

j 인쇄원고: "다른"den-andern.

k 인쇄원고: "그리스도-교"Christen-tum.

l 인쇄원고: "아니요!"Nein!.

m 인쇄원고: "인간의"des.

n 인쇄원고: "물러서지"zurückschrickt.

o 인쇄원고: "아니요!"Nein!

p 인쇄원고: "사람들의"der.

q 인쇄원고: "인간을"den.

r 1쇄(1922[2]): "최고로 가까운 것"Nächstliegendsten. 바르트 교정 소장본.

s 인쇄원고: "다른 분"der ist, der.

t 1쇄(1922[2]): "불가피한 진노"Zorn unvermeidlich. 바르트 교정 소장본.

u 인쇄원고: "교회, 돈 등"Kirche, Geld, u.s.f.

v 인쇄원고: "우리가"wir.

2장

a 2쇄(1922[3]): "받아들일"aufzunehmen.

b 1쇄(1922[2]): "간격들"Distanzen.

c 인쇄원고: **"못하였노라."***nicht!*

d 1쇄(1922[2]): **"그가"***Er*.

e 인쇄원고: "참된"Wahrheit.

f 인쇄원고: **"율법"***Gesetzes*.

g 인쇄원고: **"사람들의"***der*.

h-h 1쇄(1922[2]): "네 존재와 소유에"was du bist und hast. 바르트 교정 소장본.

i 인쇄원고: "계셔야 한다고"müsste.

j 인쇄원고: "노동하는"arbeiten.

k 1쇄(1922[2]): "무언가가 되려고 하고 만들려는"sein und machen. 바르트 교정 소장본.

3장

a 1쇄(1922[1]): "그럴 수 없느니라?" Unmöglich? 바르트 교정 소장본.

b-b 2쇄(1923[3]): "노력"Strebens.

c 인쇄원고: "모든 것"was.

d 인쇄원고: "참되시다!"wahr!

e 인쇄원고: "주도하고 있는 바로 그"uns ja die.

f 인쇄원고: **"없는"***nicht*.

g 1쇄(1922[2]): "긍정적"positiv.

h 1쇄(1922[2]): "바로 그 간격"durch die Distanz.

i 인쇄원고: "유일한"einzig.

j 2쇄(1923[3]): Gottes ist der.

k-k 1쇄(1922[2]): "법정적인 의: 재판관"justitia forensis: Der. 추가어는 바르트 소장본 여백에 기재되어 있다.

l 1쇄(1922[2]): "표현할 수 없는 것, 그것은 사건이다"das Unbeschreibliche, es ist Ereignis. 바르트 교정 소장본.

m 1쇄(1922[2]) : "바로 그 어떤 점을 통해"an welchem. 바르트 교정 소장본.

n 1쇄(1922[2]) : "인간들의"der. 바르트 교정 소장본.

o 인쇄원고: "믿음"Glaube.

p 인쇄원고: "무!"Nicht!.

q-q 1쇄(1922[2]) : "옛 세상의 지속이 아니라 새것으로"ist es als *neue*, nicht als Fortsetzung der alten Welt.

r 인쇄원고: "그것을 위해 존재할 수 있는"dazu besteht.

s 2쇄(1923[3]) : "으깨진다"zerreiben.

t-t 인쇄원고: "어떤 인간의 도움도 받지 않고 나와서 그 상의 발에 부딪혀 그것을 부수었다." lösen ohne Zutun von Menschenhand, der das Bild an seine Füße trifft und zermalmt sie.

u [원서에는 [t]로 되어 있다.] 1쇄(1922[2]) : "너무나"werden, so.

v [원서에는 [u]로 되어 있다.] 2쇄(1923[3]) : "전제 안에"in.

w [원서에는 [v]로 되어 있다.] 1쇄(1922[2]) : "행동하거나 심지어"oder gar. 바르트 교정 소장본.

x-x [원서에는[w]로 되어 있다.] 1쇄(1922[2]): "어떤 그 무언가를 자랑하는 것"sich irgend etwas zu rühmen, was. 바르트 교정 소장본.

4장

a-a 1쇄(1922[2]) : "모든 이전과 이후의"alles Vorher und Nachher. 바르트 교정 소장본.

b 2쇄(1923[3]) : "그것은"es.

c 1쇄(1922[2]) : "그가"er.

d 인쇄원고: "그 안에서"darin.

e 인쇄원고: "으로부터"aus.

f 2쇄(1923[3]) : "그것은"es.

g 1쇄(1922[2]), 2쇄(1923[3]) : "그것은"es. 인쇄원고에 따른 수정.

h 1쇄(1922[2]) : "이끄는"ziehen.

i 2쇄(1923[3]) : "모든"jeder.

j 1쇄(1922[2]), 2쇄(1923[3]) : "형제 백성의"Brudervolkes. 인쇄원고에 따른 수정.

k-k 1쇄(1922[2]) :"아브라함의 소명과 믿음"Berufung und der Glaube Abrahams. 바르트 교정 소장본.

l 1쇄(1922[2]) : "그의"Sein.

m 2쇄(1923[3]) : "이긴다"siegt.

n 1쇄(1922[2]) : "에"*der*.

o 1쇄(1922[2]), 2쇄(1923[3]) : "눈에 보이는"anschaulichen. 인쇄원고에 따른 수정.

p 2쇄(1923[3]) : "그런"der.

q 인쇄원고: "이 책의"dieses Buchs.

r 인쇄원고: "그가 겸손하게……형식 전체의 세계성"er sich demütig der Weltlichkeit.

s 2쇄(1923[3]) : "특성 앞에서"vor.

t 2쇄(1923[3]) : Eberle 원본과는 상이하다. "참되고 진실한"rechten wahrhaftigen.

u 1쇄(1922[2]) : "그 하나의 지나간 것의 다양성"Einen Vergangen.

5장

a 인쇄원고: "모든 습관"Alle Gewohnheit.

b 1쇄(1922[2]) : "사람들이"der.

c 1쇄(1922[2]), 2쇄(1923[3]) : "이성에서 나온"von. 식자공의 착오인 듯. Eberle는 "이성 앞에서는"vor der Vernunft.

d 1쇄(1922[2]) : "리거"Rieger. 바르트 교정 소장본.

e-e 1쇄(1922[2]) : "그가 인간으로서 그의 존재와 그가 가진 것"was er als Mensch ist und hat. 바르트 소장본 여백에 부분적으로 교정되어 있다("und was er hat").

f-f 1쇄(1922[2]) : "……관련된 발언"Aussagen, daß……rühmen, beziehen. 바르트 교정 소장본.

g 2쇄(1923[3]) : "안에서"in.

h 2쇄(1923[3]) 보충: 바르트 소장본에 표시된 보충.

i-i 수정되지 않았다: 바르트 교정 소장본에 따르면 두 문장 다 "**우리**의 존재, **우리**의 소유와 행위"was *wir* sind, was *wir* haben und tun로 고쳐야 한다.

j 1쇄(1922[2]) : "앞서-설정된"voraus-gesetzt.

k 1쇄(1922[2]) : "허공에"an die Luft.

l 인쇄원고: "빛"*Licht*.

m 2쇄(1923[3]) : "고전 4:22"

n-n 인쇄원고: "바로 이것이 복음의 내용(1:1, 16)인 하나님의 능력"das ist als Inhalt der Heilsbotschaft(1,1, 16) die Kraft Gottes.

o 1쇄(1922[2]) : "최종적"letzten.

p 1쇄(1922[2]) : "근원적으로 하나님"Gott ursprünglich.

q 1쇄(1922[2]) : 앞 문장과 연결되어 있다. "……것이며 그."

r 인쇄원고: "분출"Ausbruch.

s 인쇄원고: "아들로"Sohn.

t 인쇄원고: eingegangen.

u 1쇄(1922²): "그러나"의 위치가 다르다.

v 인쇄원고: "저(底)의식"Unterbewusstsein.

w 인쇄원고: "또한 인간의 불의가."

x 인쇄원고: eingegangen.

y 2쇄(1923³): "한쪽의."

z 2쇄(1923³): "추시계"Standuhr.

aa 안셀무스 인용은 1쇄(1922²)에는 없는데 2쇄(1923³)에 추가된 것이다. 바르트 소장본 여백에 "Anselm S. 25"가 적혀 있다. 이 쪽수가 무엇과 관계된 것인지는 아직 밝혀지지 않았다.

ab 인쇄원고: "모든 물음이 **물음으로서** 이미."

ac 1쇄(1922²): "확인한다."

ad 2쇄(1923³): das 강조 없음.

ae 1쇄(1922²): "다층적인"mannigfaltig.

af 인쇄원고: "직관"Intuitionen.

ag 인쇄원고: *So*.

ah 인쇄원고: und.

ai 2쇄(1923³): 강조 없음.

6장

a 1쇄(1922²): "그와 같은"dgl.

b 인쇄원고: niedern.

c-c 1쇄(1922²): "그다음에는 다시 죄가 은혜의 뒤따름을 받기gefolgt 위함이라는."

d 인쇄원고: ewiger.

e 1쇄(1922²), 2쇄(1923³): "죽음의 형벌"Todesstrafe. 인쇄원고에 따른 수정.

f 인쇄원고: voraus-gesetzt.

g 1쇄(1922²): "몸"Leibe 강조 없음.

h 1쇄(1922²): "가능성들."

i-i 1쇄(1922²): "우리의 존재, 우리가 아는 것."

j 인쇄원고: "입증"Erweis.

k 2쇄(1923³): "깊음"Tiefe.

l 인쇄원고: "이제"nun.

m 인쇄원고: "과"und 강조.

n 1쇄(1922²): am. 바르트 교정 소장본.

o 인쇄원고: "인간들의."

p 1쇄(1922[2]) : "**하나님의**"Gottes 강조.

q 인쇄원고: 강조 없음.

r 인쇄원고: "으로부터"aus.

s 2쇄(1923[3]) : "생산된"erzeugt.

t 인쇄원고: "분출한다"zum Ausbruch kommen.

u 인쇄원고: "**과**"und 강조.

v 1쇄(1922[2]) : "분리될 수 없이 그리고 구분될 수 없이."

w 인쇄원고: Begnadigt.

x-x 1쇄(1922[2]) : "않다면, 만일."

y 1쇄(1922[2]) : Stell.

z-z 1쇄(1922[2]) : jenseits alles Optimismus. 바르트 교정 소장본 여백: jenseits von Optimismus.

aa 바르트 교정 소장본에 "우리가 하는 것"이라고 되었지만 반영되지 않음.

ab 1쇄(1922[2]) : "vom."

ac 인쇄원고: "그 지평" 강조.

ad 인쇄원고: "은혜", "믿음."

ae 인쇄원고: "사실"zwar.

af 2쇄(1923[3]) : 강조 없음.

ag 인쇄원고: "안 된다!"

ah 인쇄원고: "사멸하는 것이"

ai 2쇄(1923[3]) : "그것은"es.

aj 1쇄(1922[2]) : **Begnadung**.

ak 인쇄원고: "보아야만"sollen.

al-al 인쇄원고: "-인지 아닌지"ob.

am 2쇄(1923[3]) : "소유"Besitz.

an 인쇄원고: "되려고 했던"wollte.

7장

a 1쇄(1922[2]) : Begnadung.

b 1쇄(1922[2]) : im.

c 인쇄원고: "가장 강한."

d 인쇄원고: 강조.

e 1쇄(1922²): 강조 없음.

f 1쇄(1922²): "그의."

g 2쇄(1923³): "그것이."

h 2쇄(1923³): 강조 없음.

i 인쇄원고: "가능성들을."

j 1쇄(1922²): Wesentlichheit.

k 1쇄(1922²): "꽉 닫혀 있는"abgeschlossen. 바르트 교정 소장본.

l-l 1쇄(1922²): "자신의 존재와 소유"was er ist, hat. 바르트 교정 소장본(여백에 보충).

m 인쇄원고: verlassenheit만 강조.

n 1쇄(1922²): Begnadung.

o 1쇄(1922²): Begnadung.

p 1쇄(1922²): "위에."

q 인쇄원고: begnadigt.

r 1쇄(1922²): stufenweise.

s 2쇄(1923³): "했든지 혹은"oder.

t 1쇄(1922²): Tu non cogitasti. 바르트 교정 소장본.

u-u 1쇄(1922²): "철저하고 부분적인 철폐." 바르트는 자신의 소장본에 "철저하게 혹은 부분적으로 수행된 철폐"라고 수정 했지만, 2쇄(1923³)에서 "수행된"vollzogen을 빠뜨림으로써 제대로 수정되지 않았다.

v 2쇄(1923³): "대열"Reihe.

w 2쇄(1923³): "각각의 모든"jede.

x-x 1쇄(1922²): was er ist und tut. 바르트가 자신의 소장본에 메모했으나 이 본문의 수정이 2쇄(1923³)에서는 제대로 반영되지 않았다.

y 1쇄(1922²): "가장 집중적인."

z 바르트 소장본 여백의 메모: "경배하면서"anbetend. 그는 이 문장을 다음과 같이 바꿔 보려고 했던 것 같다. "그러나 그녀는 자기를 그분으로부터 갈라놓음으로써 그를 경배하면서."

aa 1쇄(1922²): 강조 없음.

ab 인쇄원고: "이 세상에게서"aus.

ac 인쇄원고: "최고의-간접성."

ad 2쇄(1923³): diesem.

ae 2쇄(1923³): "갈망"Sehnen.

af 2쇄(1923³): "저급한"niedrig.

ag-ag 1쇄(1922²): das was ich religiös bin und habe.

ah 인쇄원고: "하나님께서 일으키시는"gottgewirkt.

ai 1쇄(1922[2]) : wahrhaftig, was er wollte.

aj 1쇄(1922[2]) : "원하는 것"was.

ak 2쇄(1923[3]) : *Tun an*.

al 1쇄(1922[2]) : Das ist die.

am 1쇄(1922[2]) : beide.

an 인쇄원고: "거북스러운 행동"Gehaben.

ao 2쇄(1923[3]) : 강조 없음.

ap 인쇄원고: "분출되는."

aq 인쇄원고: 강조.

ar 인쇄원고: 강조.

8장

a 인쇄원고: ent-setzt.

b 2쇄(1922[3]) : 강조 없음.

c 2쇄(1922[3]) : "전복된." 인쇄원고와 1쇄(1922[2])에 따른 수정.

d 2쇄(1922[3]) : 강조 없음.

e 2쇄(1922[3]) : 강조 없음.

f 인쇄원고: "우리는 그럴 수밖에 없기 때문이다"weil wir müssen. Aber.

g 인쇄원고: "그렇다면"dann.

h 인쇄원고: "다가오고 있음을."

i 인쇄원고: "가지지 않은."

j 인쇄원고: "유일한"der Einzige.

k 인쇄원고: nicht.

l 인쇄원고: nicht. 누군가가 인쇄원고에 "nichts"라고 고쳐 놓음.

m-m 인쇄원고: "끼워 맞춘 부분"sich einfügender Sektor.

1쇄(1922[2]) : "맞춰야 하는 요인……끼워 맞춘 자료." 바르트 교정 소장본.

2쇄(1922[3]) : "맞춰야 하는 자료……끼워 맞춘 요인." 제대로 반영하지 못했음.

n 1쇄(1922[2]), 2쇄(1922[3]): mehr als Gleichnis sein Wollen. 바르트는 수정을 위해 소장본에 "Mehr"라고 표시해 두었다.

o-o 인쇄원고: "어떤 인간적인 긍정적인 서술어들."

p 1쇄(1922[2]), 2쇄(1922[3]): steht로 오기. 인쇄원고와 Eberle, WA를 따라 수정.

q-q 1쇄(1922[2]) : "스스로를 계시하신다"sich offenbaren에서 "스스로"sich를 맨 앞에 둠.

r 1쇄(1922[2]) : "대열 속으로 들어오셔서"sich einreihen에서 sich가 뒤에 있음.

s 1쇄(1922[2]) : "그 주체를 설명하는 모든 서술어(alle seine Prädikate)가 지양됨을 뜻하는데, 이 지양은 주체가 자기 자신과의 동일시에 이를 때까지 진행되며, 그 동일성 자체에도 진행된다."

t 2쇄(1922[3]) : "통일되지도"vereint.

u 2쇄(1922[3]) : "길들"Umwege. 1쇄(1922[2])와 인쇄원고는 동일함.

v-v 1쇄(1922[2]) : "벗어나기"sich Lösendes에서 sich 위치가 다름.

w-w 인쇄원고: in positivem oder negativem.

x 인쇄원고: nebenherlaufenden.

y 1쇄(1922[2]) : "주장했는가"wagte.

z 1쇄(1922[2]) : "이해하려는가?"will. GERS(1891) 가사에 따라 바르트 소장본에도 수정됨.

aa 1쇄(1922[2]) : "하늘의"Himmels. GERS(1891) 가사에 따라 바르트 소장본에도 수정됨.

ab 1쇄(1922[2]): teilhaftig, das. 바르트 교정 소장본.

ac 인쇄원고: "불가해하게"unauflöslich.

ad 1쇄(1922[2]): "하나님의 앎"Wissen Gottes. 바르트 교정 소장본.

ae 인쇄원고: "만나려고 할까?"wollen?

af 1쇄(1922[2]): *wir* sind die jenigen, die. 바르트 교정 소장본: *wir* sind die, die.

ag-ag 1쇄(1922[2]): auf was sie hinweist, an dem sie. 바르트 교정 소장본: worauf 강조 없음.

ah 1쇄(1922[2]), 2쇄(1922[3]): zu. 인쇄원고에 따른 수정.

ai-ai 1쇄(1922[2]): die direkt an *ihn* sich wendet. 바르트 교정 소장본.

aj 1쇄(1922[2]): Gegnestück jenes Optimismus. 바르트 교정 소장본.

ak 2쇄(1923[3]): "다르게"anders.

al 1쇄(1922[2]): "충분하지 않은 것"Unzulängliche. 이 책 263쪽, 각주 14. 바르트 교정 소장본.

am 인쇄원고: "없었을 테니"könnten.

an 1쇄(1922[2]): "가진 것" 강조.

ao 1쇄(1922[2]): Jenseits dieses. 바르트 교정 소장본.

ap 1쇄(1922[2]): unterwege lassen. 아무래도 편집자나 교정자가 잘못 본 것 같다.

aq-aq 멜란히톤이 쓴 이 구절의 인용은 1쇄(1922[2])에는 없고 2쇄(1923[3])에 추가된 것이다. 바르트 소장본에는 "Mel. Loci S. 120"이라는 메모가 있다.

ar-ar 루터가 쓴 이 구절의 인용은 1쇄(1922[2])에는 없고 2쇄(1923[3])에 추가된 것이다. 바르트 소장본에는 "E. A. XIV, 243"이라는 메모가 있다.

as 1쇄(1922[2]): "이 사람들과"und.

at 2쇄(1923[3]): 강조 없음.

au 인쇄원고: 강조.

av 1쇄(1922[2]): das.

aw-aw 1쇄(1922[2]): "전자가 후자보다 진실하게 들릴 수도." 바르트 교정 소장본.

ax 1쇄(1922[2]): "가장 불가피한."

ay 1쇄(1922[2]): Satzung. 바르트 교정 소장본.

9장

a-a 1쇄(1922[2]): "바로 그 숨어 계신 분이 스스로를 계시하셨다는 사실." 바르트 소장본 여백에 써넣은 교정 메모에는 "그리고 이것이 **복음**이다"라고 되어 있으나 강조 표시는 반영되지 않음. S. 454, Anm. b.

b 1쇄(1922[2]): "자유로워진 자로 살아가는 가능성이다 – 이것이 **복음**, 예수 그리스도의 구원의 메시지다." 바르트 교정 소장본.

c 인쇄원고: am angemessensten.

d-d 1쇄(1922[2]): "이편의 연장에 그치는데 거기서."

e-e 1쇄(1922[2]): "인간이 그렇게 존재할 수 있고 가질 수 있고."

f 1쇄(1922[2]): "어떤 무한한 대립이라는."

g 2쇄(1923[3]): "우화와 같은."

h 인쇄원고: "거짓말하지"lügen.

i-i 1쇄(1922[2]): in dem diese Beziehung sich betätigen.

j 인쇄원고: die unanschauliche, die unbekannte.

k 1쇄(1922[2]), 2쇄(1923[3]): **"하나님의"*Gottes***. 인쇄원고에 따른 수정.

l 인쇄원고: "현실적으로"wirklich.

m 인쇄원고에는 뜻을 더 애매하게 하는 쌍점이 나오는데 이것은 편집자가 추가한 것으로 보인다.

n-n 바르트 소장본 여백에 "전환이 일어나다"sich wenden로 되어 있지만 반영되지 않았다.

o 바르트 소장본에 보충된 "그가 모세에게 말씀하시기를 내가" 부분이 보충되었지만 반영되지 않았다.

p 1쇄(1922[2]): "등)으로." 바르트 교정 소장본.

q 1쇄(1922[2]): "다름 아닌"gerade. 바르트 교정 소장본.

r 인쇄원고: "**우리**."

s 인쇄원고: "**큰 바위 틈**."

t-t 1쇄(1922[2]): sich 위치가 다름. 바르트 교정 소장본.

u 인쇄원고: "**과**"*und*.

v 인쇄원고: "과"*und*.

w 1쇄(1922[2]): sich 위치가 다름. 바르트 교정 소장본.

x 인쇄원고: "자랑스러운 일만은 아니고."

y 인쇄원고: "지상적인"irdisch.

z-z 1쇄(1922[2]): sich 위치가 바뀌고 auch도 빠져 있음. 바르트 소장본에 기입됨.

aa 1쇄(1922[2]): Jede Geltendmachung.

ab 1쇄(1922[2]): "음각으로 존재할." 바르트 교정 소장본.

ac 인쇄원고: "이제는"nun이 없고 "안으로"zum.

ad 1쇄(1922[2]): entgegen–mit.

ae-ae 1쇄(1922[2]): "누가"가 물음표 다음에 온다.

10장

a-a 인쇄원고: "그런 식의 율법, '의의 율법.'"

b 1쇄(1922[2]): "것으로부터"aus.

c 인쇄원고: *zeit*gemäß.

d-d 1쇄(1922[2]): sich 위치가 다름.

e-e 1쇄(1922[2]): sich 위치가 다름.

f 2쇄(1923[3]): 강조 없음.

g 1쇄(1922[2]): "전자"erstere.

h 1쇄(1922[2]): "후자"letztere. 바르트 교정 소장본.

i 2쇄(1923[3]): "자신을 이해하는."

j 1쇄(1922[2]): "그것을"es이 없음. 바르트 교정 소장본.

k 2쇄(1923[3]): "움직이지 않음"Nicht-Regen.

l 1쇄(1922[2]): "존재하지."

m 1쇄(1922[2]): "들어서고자."

11장

a 1쇄(1922[2]): "전자가."

b 1쇄(1922[2]): "더 맞는 것."

c 1쇄(1922[2]): "우리가 어떤 사람이더라도"wer wir doch seien. 바르트 교정 소장본.

d 2쇄(1923[3]): "죽이며."

e 인쇄원고: "불충분함"Unzulänglichkeit.

f-f 1쇄(1922²): "오직 믿을 수만 있는 것이 자꾸만 보이거나 그것을 보려는 시도가 있는 것보다는." 바르트 소장본에 메모되었지만, 수정된 부분은 2쇄에서 반영되지 않았다.

g 1쇄(1922²), 2쇄(1923³): "얻고." 바르트 소장본에는 수정되었지만 2쇄에서 반영되지 않았다.

h 1쇄(1922²), 2쇄(1923³): "우둔하여지느니라." 바르트 소장본에는 수정되었지만 2쇄에서 반영되지 않았다.

i 1쇄(1922²): "증명되었다고"bewiesen.

j-j 1쇄(1922²): "선택에서 버림으로."

k-k 1쇄(1922²): in welchem.

l 2쇄(1923³): "자신을 대표하면서"Selbstvertretend.

m 1쇄(1922²): "전자는." 바르트 교정 소장본.

n 1쇄(1922²): "후자가." 바르트 교정 소장본.

o 1쇄(1922²): "저"jene.

p-p 1쇄(1922²): sich 위치가 다름. 바르트 교정 소장본.

q 1쇄(1922²): "후자인 사람들이." 바르트 교정 소장본.

r 인쇄원고: "보일 때"gesehen.

s 1쇄(1922²): sich 위치가 다름. 바르트 교정 소장본.

t-t 1쇄(1922²): "버려지지-않고 받아들여지는 것." 바르트 교정 소장본.

u-u 1쇄(1922²): welche das Thema und welche als solches. 바르트 교정 소장본.

v 1쇄(1922²): derjenigen. 바르트 교정 소장본.

w 1쇄(1922²): derjenigen. 바르트 교정 소장본.

x 1쇄(1922²): "칭찬하셨고 또한."

y-y 1쇄(1922²): jenseits von deinem Recht und ihrem Unrecht, jenseits von deinem Ja und ihrem Nein. 바르트 교정 소장본.

z 1쇄(1922²): "지금 너를 해방시킬 때로다! 만일 그렇다면, 이 해방에 대해서 건방을 떠는." 바르트 교정 소장본.

aa 인쇄원고: *ist*.

ab 1쇄(1922²): "부분적으로 우둔하게 되어"Teilweise Verstockung kam.

ac-ac 1쇄(1922²): "사실은 되고자."

ad-ad 1쇄(1922²): uns의 위치가 다르다.

ae 1쇄(1922²): "무한한 것이다."

af 1쇄(1922²): "부분적으로 우둔하게 되어"Teilweise Verstockung kam.

ag-ag 바르트 교정 소장본의 sich 위치가 반영되지 않음.

ah　1쇄(1922²): "있다"ist.

ai　1쇄(1922²): welchem. 바르트 교정 소장본.

aj　1쇄(1922²): "**이러한**"diese 강조.

ak　1쇄(1922²): sich 위치가 다름. 바르트 교정 소장본.

al　1쇄(1922²): "**다른**"andere 강조.

am　바르트 교정 소장본의 sich 위치가 반영되지 않음.

an　1쇄(1922²): "의식됨"Bewußtwerden.

ao-ao　1쇄(1922²): sich 위치가 다름. 바르트 교정 소장본

ap　1쇄(1922²): "닥쳐오고 있는."

aq　바르트 교정 소장본의 "선택하지 않으시면, 만일"이 반영되지 않음.

12-15장

a-a　1쇄(1922²) : 어순이 다르다. 바르트 교정 소장본. 2쇄(1923³)에서는 "철저하게"durchaus 가 빠져 있는데 식자공의 실수인 것 같다. 바르트가 직접 표시를 하지 않았기 때문에 이 책에서도 그대로 두었다.

b-b　1쇄(1922²) : sich 위치가 다르다.

c-c　1쇄(1922²) : es 위치가 다르다. 바르트 교정 소장본. 2쇄(1923³)에서는 원래 있던 es를 삭제하지 않았는데 식자공의 실수인 것 같다. 이 책에서는 바로잡았다.

d-d　1쇄(1922²) : sich 위치가 다르다. 바르트 교정 소장본. 2쇄(1923³)에서는 원래 있던 sich를 삭제하지 않았는데 식자공의 실수인 것 같다. 이 책에서는 바로잡았다.

e　1쇄(1922²) : 강조 없음.

f　2쇄(1923³) : "시선"Blicke.

g　1쇄(1922²) : zur.

h　1쇄(1922²) : "유효하게 만듦"Geltendmachung. 바르트 교정 소장본.

i　1쇄(1922²) : seitens. 바르트 교정 소장본.

j　1쇄(1922²) : "선한" 강조 없음.

k-k　1쇄(1922²) : "것, 후자들이 계속해서 불순종 안에 머무는 것도."

l　1쇄(1922²) : diejenige eschatologische Spannung. 바르트 교정 소장본.

m　1쇄(1922²) : seitens. 바르트 교정 소장본.

n-n　1쇄(1922²) : "후자가 전자 속에 싹튼다든지, 후자를 통해서 전자가." 바르트 교정 소장본.

o　인쇄원고: in 'organischem Wachsen'.

p　1쇄(1922²) : "그리고 인간의." 바르트 교정 소장본.

q-q 1쇄(1922²) : sich 위치가 다르다.

r 1쇄(1922²) : daran sich. 바르트 교정 소장본.

s 1쇄(1922²) : "전자."

t-t 1쇄(1922²) : Gegen was……für was. 바르트 교정 소장본.

u-u 1쇄(1922²) : "그가……것과 상관없이." 바르트 교정 소장본.

v 1쇄(1922²) : "할 것이라고"sollte.

w-w 1쇄(1922²) : sich 위치가 다르다. 바르트 교정 소장본.

x-x 1쇄(1922²) : sich 위치가 다르다. 바르트 교정 소장본.

y 1쇄(1922²) : "속으로."

z-z 1쇄(1922²) : sich 위치가 다르다. 바르트 교정 소장본.

aa-aa 1쇄(1922²) : "-하는 것을 위해서 충분하다.……-하는 것을 위해서 충분하다." 바르트 교정 소장본.

ab 1쇄(1922²) : Gedanken der 'Ewigkeit'. 바르트 교정 소장본.

ac-ac 1쇄(1922²) : "이러한 사람을 염두에 두며"auf solche Menschen rechnen. 바르트 교정 소장본.

ad 인쇄원고: "가장 그리스도교적인."

ae 1쇄(1922²) : sich 위치가 다르다.

af 2쇄(1923³) : vieler.

ag 1쇄(1922²) : 어순이 다르다. 바르트 교정 소장본.

ah 1쇄(1922²) : "옳은 해석일."

ai-ai 인쇄원고에는 이 부분의 이전 구상이 밑줄 그어진 본문으로 남아 있다.

aj 인쇄원고: "몸=개인."

ak 1쇄(1922²) : 강조 없음.

al 인쇄원고: "그러나, 다시 말해."

am 1쇄(1922²) : Begnadung.

an 1쇄(1922²) : "유일한 것으로 존재하기를 원하며."

ao 인쇄원고: "개별자들은 이제."

ap 1쇄(1922²), 2쇄(1923³): zusammenzubrechen. 바르트 교정 소장본. 인쇄원고에 따른 수정.

aq 1쇄(1922²) : "그가"er 강조.

ar 1쇄(1922²) : "이 인간적인 말의 대변자로서"als des Repräsentanten *dieses* Menschenwortes.

as-as 1쇄(1922²) : sich 위치가 다르다.

at 인쇄원고: werden. 원고 점검 담당자(Lektor)나 편집자(Korrektor)가 werde로 바꾸었다.

au 2쇄(1923³) : "펼치기를 원하는 것"wollen.

av 인쇄원고: Einzelnheit.

aw-aw 1쇄(1922[2]) : sich 위치가 다르다.

ax 2쇄(1923[3]) : Nomen.

ay-ay 1쇄(1922[2]) : sich 위치가 다르다. 바르트 교정 소장본.

az 1쇄(1922[2]) : "하나님께서 이미 손을 대신……" 바르트 교정 소장본.

ba 1쇄(1922[2]) : "직무를 수행하고"dienstlich.

bb 1쇄(1922[2]) : "너희가 아니고 너희가 알지 아니하고 행하지 아니하는 것."

bc 1쇄(1922[2]) : "안에서"in 강조.

bd 1쇄(1922[2]) : Gebet:.

be 인쇄원고에는 이 설명의 이전 구상으로 보이는 문장들이 적혀 있고 거기에 줄을 그어 삭제 표시를 해 놓았다. 그 내용은 다음과 같다. "우리는 여기서 긍정적인-윤리적 가능성의 최종적 가능성, 꼭짓점에 도달한다. 이곳은 서두름이 기다림[이 책 148쪽, 각주 19]으로 넘어가는 지점이며, 이 지점부터는 은혜로 말미암아 행함이 행하지 않음으로 기술될 수 있다. 모든 윤리적 가능성들이 그렇듯이."

bf 2쇄(1923[3]) : "즐거워하는 자와."

bg 1쇄(1922[2]) : es sind.

bh 인쇄원고: "그러한 이 세상에 있는."

bi-bi 1쇄(1922[2]) : etwa 위치가 다르다.

bj-bj 1쇄(1922[2]) : 문장 순서가 다르다. 부분적으로 바르트 교정 소장본.

bk 인쇄원고: *dem* Ja.

bl 인쇄원고: "더 큰."

bm-bm 1쇄(1922[2]) : "우리에게"uns 위치가 다르다. 바르트 교정 소장본.

bn-bn 1쇄(1922[2]) : sich 위치가 다르다.

bo 1쇄(1922[2]) : "-것을 통제하는 모습으로". 바르트 교정 소장본.

bp 2쇄(1923[3]) : "한 사람들"dieser.

bq 1쇄(1922[2]), 2쇄(1923[3]): er. 인쇄원고에 따른 수정.

br 1쇄(1922[2]) : Schrulligkeit. 바르트 교정 소장본.

bs 1쇄(1922[2]) : fortführen würden. 바르트 교정 소장본.

bt-bt 1쇄(1922[2]) : "저 보복적 정의의 중단이라는 근본적이고 압도적인 체험과 직면하여 '나는 무엇을 해야 하는가?'"

bu-bu 1쇄(1922[2]) : mir 위치가 다름. 바르트 교정 소장본.

bv 1쇄(1922[2]) : Tirpitzschen.

bw 인쇄원고: "하나님의 질서를 위한 위대한 시위."

bx 1쇄(1922²): "전자를."

by 1쇄(1922²): "후자를."

bz 1쇄(1922²): "전자를."

ca 1쇄(1922²): "후자를."

cb 2쇄(1923³): *Nicht-Revolution*.

cc-cc 1쇄(1922²): "많은 이웃 혹은 거의 이웃 전체에 대해."

cd 2쇄(1923³): "정신적 업적"Geistesleistung.

ce 1쇄(1922²): "그것이……기존의 것이 **된다**."

cf 1쇄(1922²): mittels derer.

cg 1쇄(1922²): "심판을 그분께."

ch 인쇄원고: Wort*laut*.

ci 1쇄(1922²): denn gegen was.

cj 2쇄(1923³): "그것은"es.

ck 1쇄(1922²): geworden, nicht.

cl 1쇄(1922²): "자기가"*er*.

cm 인쇄원고: *Ab*setzung.

cn 2쇄(1923³): "그는."

co 1쇄(1922²): unsern.

cp 1쇄(1922²): welcher.

cq 1쇄(1922²): sich 위치가 다르다.

cr 1쇄(1922²): Persönlichheit.

cs-cs 1쇄(1922²): ich 위치가 다르다.

ct 1쇄(1922²): *Frage*.

cu 2쇄(1923³): unausweislich.

cv 1쇄(1922²): in welchem.

cw-cw 1쇄(1922²): "……문제를 직시하기 위하여."

cx 인쇄원고: geschaffen als.

cy 인쇄원고: "이 사랑이 우리에게."

cz 인쇄원고: *nicht!*

da 인쇄원고: *ist*.

db 1쇄(1922²): Taten des……Gottes.

dc 1쇄(1922²): unterwegs war.

dd 1쇄(1922²): verstrichen.

de-de 1쇄(1922²) : uns 위치가 다르다.

df-df 1쇄(1922²) : "전자에 속한 사람들 혹은 후자에 속한 사람들처럼."

dg 인쇄원고: "돌이켜 생각하고."

dh 1쇄(1922²) : "가능성들도."

di-di 1쇄(1922²) : sich wundern darüber, so weit am Rande des Abgrundes sich immer wieder zu finden.

dj-dj 1쇄(1922²) : Der, welcher…….

dk-dk 1쇄(1922²) : sich 위치가 다르다.

dl-dl 인쇄원고: "자신들의", "않는다" 강조.

dm-dm 1쇄(1922²) : "전자가 후자."

dn 1쇄(1922²) : genug, um von.

do 1쇄(1922²) : erklommen, wieder.

dp-dp 1쇄(1922²) : Auch der, welcher…….

dq 슈타인호퍼(Steinhofer)와 리거(Rieger)의 글에는 "반쯤 알고 있는"(halbberichtet)으로 되어 있다. 1쇄(1922²), 2쇄(1923³)의 착오다.

dr-dr 1쇄(1922²) : sich 위치가 다르다.

ds 2쇄(1923³) : "언급"Erörterungen.

dt 1쇄(1922²) : starb.

du 1쇄(1922²) : beraubt wurden.

dv 1쇄(1922²) : Christus starb für ihn.

dw 1쇄(1922²) : das Letztere.

dx 2쇄(1923³) : "이러한" 강조 없음.

dy 2쇄(1923³) : ja.

dz 2쇄(1923³) : "의"Recht.

ea 1쇄(1922²) : das Letztere.

eb 1쇄(1922²) : welcher.

ec 2쇄(1923³) : erfüllt.

ed 1쇄(1922²) : alle die Stimmen.

15-16장

a 1쇄(1922²): weit entfernt davon.

b-b 1쇄(1922²): von dem.

c 2쇄(1923[3]): "위반"Verstoß.

d 1쇄(1922[2]): "모든 것." 바르트 교정 소장본.

e 1쇄(1922[2]): doch sie all.

f 1쇄(1922[2]): des.

g 인쇄원고: *ist*.

h 인쇄원고: "분명하고도 인상적으로"ausdrücklich und eindrücklich.

i 1쇄(1922[2]): sich 위치가 다름.

j 1쇄(1922[2]): vollbrachte.

k 1쇄(1922[2]): Hilfsleistung.

l 1쇄(1922[2]): diejenige.

m-m 1쇄(1922[2]): sich 위치가 다름.

n 1쇄(1922[2]): so sicher, daß.

o 1쇄(1922[2]): *welche*.

p 1쇄(1922[2]): *welchen*.

q 1쇄(1922[2]): welcher.

r 1쇄(1922[2]): *Christen waren*.

s 1쇄(1922[2]): *Tryphosa*.

t 1쇄(1922[2]): mit einem irdischen.

u 1쇄(1922[2]): "가장 그럴 듯하고."

v 1쇄(1922[2]): es grüßt.

잠언

전도서

이사야

예레미야

예레미야애가

다니엘

로마서

고린도전서

고린도후서

갈라디아서

에베소서

요한계시록

찾아보기 | 인명

ㄷ

ㄹ

ㅁ

ㅂ

ㅅ

ㅇ

ㅈ

ㅊ

ㅋ

ㅌ

찾아보기 | 주제

지명(地名)도 포함되었다. 기재된 쪽에 각 항목이 표제어 그대로 항상 제시되지 않고, 때로는 동의어나 유사한 용어 등이 하나의 공통적인 표제어로 통합되기도 하였다.

ㄱ

ㄷ

ㄹ

ㅂ

ㅇ

ㅊ

ㅋ

ㅌ

ㅍ

ㅎ

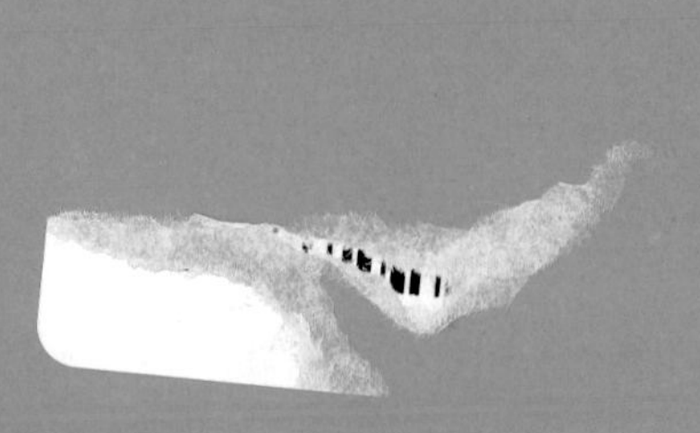